AF642135

**Duden**

# Österreichisches Deutsch

# Duden

# Österreichisches Deutsch

Wörterbuch der Gegenwartssprache
in Österreich

5., völlig überarbeitete und erweiterte Auflage

Von Jakob Ebner

**Dudenverlag**
Berlin

Die **Duden-Sprachberatung** beantwortet Ihre Fragen
zu Rechtschreibung, Zeichensetzung, Grammatik u. Ä.
**montags bis freitags zwischen 09:00 und 17:00 Uhr.**
Aus Deutschland: **09001 870098** (1,99 € pro Minute aus dem Festnetz)
Aus Österreich: **0900 844144** (1,80 € pro Minute aus dem Festnetz)
Aus der Schweiz: **0900 383360** (3.13 CHF pro Minute aus dem Festnetz)
Die Tarife für Anrufe aus den Mobilfunknetzen können davon abweichen.
Den kostenlosen Newsletter der Duden-Sprachberatung können Sie
unter www.duden.de/newsletter abonnieren.

**Bibliografische Information der Deutschen Nationalbibliothek**
Die Deutsche Nationalbibliothek verzeichnet diese Publikation in der Deutschen Nationalbibliografie; detaillierte bibliografische Daten sind im Internet über http://dnb.dnb.de abrufbar.



5. Auflage, 3. Druck 2023



**Redaktion** Dr. Ilka Pescheck
**Autor** Dr. Jakob Ebner

**Herstellung** Ursula Fürst
**Umschlaggestaltung** Tom Leifer Design, Hamburg
**Satz** Sagittarius-A, Hirschberg
**Druck und Bindung** Athesia Druck GmbH, 39100 Bozen GmbH

Printed in Italy

ISBN 978-3-411-04985-1

www.duden.de
www.cornelsen.de

PEFC
PEFC/18-31-166

PEFC-zertifiziert
Dieses Produkt stammt aus nachhaltig bewirtschafteten Wäldern
www.pefc.de

Liebe Leserin, lieber Leser,

als dieses Wörterbuch unter dem Titel »Wie sagt man in Österreich?« vor fünfzig Jahren erstmals erschien, war es ein Versuch. Österreichisches Standarddeutsch (im Unterschied zu den Dialekten) war kaum noch ein Thema und wurde höchstens in Abgrenzung zu Deutschland gesehen. Auch für die nächsten Auflagen konnte man noch von einem relativ klar abgegrenzten österreichischen Deutsch ausgehen. Das ist seit den 1990er-Jahren nicht mehr möglich. Die zunehmend verschwimmenden Grenzen zwischen den regionalen und nationalen Sprachräumen des Deutschen lassen keine genauen Abgrenzungen mehr zu. Insofern bewegt man sich auf einer Gratwanderung zwischen dem modernen Sprachgebrauch und dem traditionellen österreichischen Deutsch. Es geht in diesem Wörterbuch daher nicht um Abgrenzung von fremdem Sprachgebrauch, sondern um Information über den österreichischen Sprachgebrauch und um die Sensibilisierung für die vielfältigen Ausprägungen des Deutschen.

Das Wörterbuch spiegelt ein halbes Jahrhundert Sprach- und Wörterbuchgeschichte des österreichischen Deutsch.

An wen ist das Wörterbuch gerichtet?

- An Deutsche oder Schweizer, die sich im Urlaub oder beruflich in Österreich aufhalten und aus Interesse oder Notwendigkeit mit den sprachlichen Gepflogenheiten vertraut machen,
- Österreichern dient das Buch als einsprachiges Wörterbuch, das im Unterschied zu allgemeinen deutschen Wörterbüchern den österreichischen Wortschatz genauer ausführt,
- an kulturell Interessierte, die sich als Leser, Literaturwissenschaftler oder auf dem Theater mit österreichischer Literatur beschäftigen und spezielle Sprachinformationen brauchen,
- Leser österreichischer Zeitungen, Journalisten, Historiker,
- Lehrerende für Deutsch als Fremdsprache,
- Sprachwissenschaftler und Übersetzer, die sich mit Varietäten der Standardsprache beschäftigen.

Von anderen Wörterbüchern unterscheidet sich dieses vor allem dadurch, dass es nicht einen Querschnitt durch den gesamten Wortschatz bietet, sondern nur den Teil des Wortschatzes, der sich in Österreich vom Wortschatz in Deutschland oder der Schweiz unterscheidet. Es ist ein Wörterbuch der österreichischen Standardvarietät (mit Berücksichtigung der Umgangssprache) und kein Dialektwörterbuch.

Schon in der 4. Auflage wurden veraltete Wörter gestrichen und die Belege auf das Gegenwartsdeutsch beschränkt. Fanden sich in den früheren Auflagen noch Literaturzitate, anfangs sogar aus dem 19., später aus dem ganzen 20. Jahrhundert, so wurden die Belege jetzt auf die aktuelle Gegenwartssprache beschränkt. Österreichisches Deutsch sollte nicht als Sprachmuseum gesehen werden, sondern eingebettet in die Entwicklung der deutschen Gegenwartssprache.

Auch in Bezug auf die Sprachschichten wurde eine neue Orientierung gesucht: War in den ersten Auflagen noch Umgangssprache und Dialektales in den literarischen Texten als Gegenstück zu einem damals stark amtlich geprägten Deutsch zu dokumentieren, so ist das heute nicht mehr nötig, da Nichtstandardsprachliches in hohem Maß in die Sprache der Öffentlichkeit eingedrungen ist. Viele veraltete und dialektnahe Stichwörter, die besser in Dialektwörterbüchern dargestellt werden, wurden ausgeschieden. Es schien wichtiger, österreichisches Deutsch auch in Hinblick auf die internationale und europäische Geltung als Standardvarietät zu dokumentieren.

Die vorliegende 5. Auflage mit neuem Titel bringt eine komplette Durchsicht und Erneuerung des Wortschatzes. Auch die Ergebnisse der 2. Auflage des »Variantenwörterbuchs des Deutschen« wurden berücksichtigt. Manche Wörter wurden gestrichen, weil sie inzwischen im gesamten Sprachraum verwendet werden und keine Austriazismen mehr darstellen. Beibehalten wurde die starke Ausrichtung auf Bedeutungsunterscheidungen, phraseologischen Sprachgebrauch und Wortbildungstypen. Das Verweissystem wurde zur besseren Übersichtlichkeit vereinfacht, die weiblichen Formen konsequenter berücksichtigt. Die Belege wurden auf Zeitungs- und Internetquellen beschränkt.

Zur Erfassung der Wortbedeutung und -verwendung sind viele Belege nötig. Sie stammen aus manueller Exzerption, aus den Archiven der Tageszeitungen, dem Korpus der Dudenredaktion und anderen deutschen Korpora sowie dem Austrian Media Corpus (AMC), das dankenswerterweise vom Austrian Centre for Digital Humanities (ACDH) der Österreichischen Akademie der Wissenschaften und der Austrian Press Agency (APA) bereitgestellt wird: Hier danke ich besonders Mag. Hannes Pirker für seine Unterstützung bei der Recherche.

Lexikografie kann sich aber nicht auf die statistische Auswertung von Korpora beschränken. Die ständige Beobachtung der Sprache in Medien und privater Kommunikation und eine kritische Bewertung der Belege bezüglich Sprechsituation, Alter und Stilschicht ist weiterhin Aufgabe von Lexikografen mit ihrer sprachlichen Kompetenz.

Der Diskussion mit vielen Fachkollegen bin ich zu Dank verpflichtet. Für konkrete Korrekturen und Hinweise danke ich Prof. Dr. Heinz Dieter Pohl, Prof. Dr. Peter Wiesinger und Dr. Robert Sedlaczek.

Linz, im Jänner 2019 — Jakob Ebner

# INHALT

# Zum Gebrauch des Wörterbuchs

## Die Auswahl der Stichwörter

1. Das Buch ist als Darstellung der **Standardsprache** in Österreich gedacht und nicht mit einem Dialektwörterbuch zu verwechseln. Die Umgangssprache wird ausführlich behandelt, wobei die schriftliche Verwendung oder die Verwendung in Medien ein wichtiges Aufnahmekriterium darstellt. Dialektwörter (Wörter aus regionalen Basisdialekten) werden nicht verzeichnet. Dem Dialekt noch nahe, aber durch literarische oder mediale Verwendung dem Dialektstatus enthobene Wörter werden angeführt, wenn sie in schriftlichen Quellen (nicht aber in Dialektliteratur) vorkommen; sie werden als »mundartnah« gekennzeichnet.

2. Das Buch behandelt in erster Linie die **Gegenwartssprache.** Veraltete oder veraltende Wörter werden verzeichnet, wenn sie bei der älteren Generationen noch bekannt sind, in schriftlichen Quellen vorkommen oder wenn wichtige ältere, häufig gelesene literarische Texte eine Aufnahme nahelegen.

3. Gegenstand des Buches sind natürlich **Austriazismen.** Allerdings ist es schwierig, österreichischen Sprachgebrauch von den Nachbarländern abzugrenzen. Der Nutzen eines Buches, in dem nur die reinen Austriazismen, d. h. die auf Österreich beschränkten Spracheigentümlichkeiten, behandelt werden, wäre gering. Will man die österreichische Standardsprache in allen ihren Erscheinungen erfassen, muss man jene Wörter mit einbeziehen, die auch in einer benachbarten Sprachlandschaft vorkommen. Ebenso werden die Wörter behandelt, die nur in einem Teil Österreichs vorkommen. Die regionale Verbreitung wird jeweils angegeben (z. B. *auch bayr., auch südd., auch schweiz., auch ostd.* usw.) bzw. die beschränkte Verbreitung innerhalb Österreichs. Eine Abgrenzung von Deutschland ist unter anderem deshalb schwer durchzuführen, weil auch Deutschland selbst regional sehr unterschiedlich ist. Bei vielen Formen, meist betrifft es die Betonung, gibt es in Deutschland zwei oder mehrere **Varianten:** Wenn in Österreich nur eine davon üblich ist, erscheint ein entsprechendes Stichwort in diesem Wörterbuch. Auch gemeindeutsche Wörter mit einer signifikant höheren Frequenz in Österreich werden in diesem Buch aufgenommen.

Das Buch bezieht sich auf den allgemeinen **Gebrauchswortschatz.** Sachspezifika und Wörter aus Fachsprachen finden nur dort Aufnahme, wo dies aufgrund der großen Verbreitung (z. B. weil eine große Berufsgruppe betroffen ist und daher ein Wort in den Medien oft genannt wird) oder der Relevanz für die Bürger (z. B. Rechts- und Verwaltungssprache) sinnvoll erscheint.

## Wie ist das Wörterbuch angelegt?

1. Dem unterschiedlichen Benutzerkreis entsprechend ist auch die Anlage des Wörterbuchs mehrschichtig. Für die Stichwörter, die auf Österreich (und die Nachbarlandschaften) beschränkt sind, stellt es dem Typ nach ein **einsprachiges Bedeutungswörterbuch** (ähnlich dem »Duden – Universalwörterbuch«) dar. Die entsprechenden Artikel sind **Primärartikel**.

2. Für Stichwörter, die den **Unterschied** zum allgemeinen Standard in Deutschland zeigen, ist es dem Typ nach ein **Differenzwörterbuch**, die entsprechenden Wörterbuchartikel also **Differenzartikel.** – In der Formulierung wird unterschieden zwischen eigenständigem Lemma und bloßer unterschiedlicher Form eines Lemmas. Daher lautet die Formulierung: *Abschreib...: österr. Form, in D Abschreibungs-; Diskonter: bes. österr. Form, in D meist Discounter.*

**a) Aufbau der Primärartikel:**
Lemma (fett, blau) mit dazugehörigen Angaben – Doppelpunkt – Bedeutungserklärung mit eventuellen Zusatzangaben – Doppelpunkt – Belege oder Beispiele (Beispieltext kursiv). Es folgen fakultativ: klärende Hinweise (nach Gedankenstrich), Redewendungen (fett, durch * gekennzeichnet), Verweise (fett, durch ↑, oder mager, durch *Vgl.* gekennzeichnet), Zusammensetzungen und Ableitungen in Nestanordnung (fett, schwarz; durch Raute ◆ vom übrigen Artikel abgesetzt).

**b) Aufbau der Differenzartikel:**
Die Differenz ist verbal so ausformuliert, dass auf den Unterschied deutlich hingewiesen wird. Die Vergleichsform ist meist angeführt, außer sie ergibt sich eindeutig aus dem Zusammenhang. Solche Unterschiede können sich auf Aussprache, Betonung, Geschlecht der Substantive, Beugungsformen, Sprach-, Stil- oder Altersschicht, Wortbildung, Verwendungsweise oder Bedeutung beziehen.

3. Für Unterschiede in der **Wortbedeutung** kann es sich dabei um folgende Fälle handeln:
- ein Wort hat in Österreich eine zusätzliche Bedeutung,
- eine Bedeutung fehlt in Österreich,
- die Bedeutung ist von Grund auf anders,
- eine gemeinsame Bedeutung wird in anderen Nuancen angewandt.

Diese Unterschiede werden in den Wörterbuchartikeln meist nicht einzeln erklärt, um sie nicht zu kompliziert und zu schwer lesbar zu machen. Daher werden in diesem Wörterbuch bei Bedeutungsdifferenzen grundsätzlich nur die in Österreich neuen Bedeutungen angegeben und nicht die Vergleichsposition. Man kann also davon ausgehen, dass alle anderen Bedeutungen gemeindeutsch sind und daher nicht angeführt werden. In den meisten Fällen versteht sich das von selbst. Wenn die Wendung *im Jahre Schnee* angeführt ist, wird kein Benutzer daran zweifeln, dass natürlich auch die Grundbedeutung von *Schnee* in Österreich vorkommt. Und bei *Pass* im Sinne von ›Gruppe von Arbeitern‹ oder ›Bund unverheirateter Burschen‹ zweifelt auch niemand, dass die Bedeutungen ›Reisepass‹ und ›Bergübergang‹ die gemeindeutschen Hauptbedeutungen sind. Wo aber eine Klärung nötig ist, weil bei selteneren Wörtern nicht von jedem Benutzer eine genaue Kenntnis der Bedeutungen erwartet werden kann oder erfahrungsgemäß Missverständnisse auftreten, wird eigens auf die Unterschiede hingewiesen, z.B. mit Formulierungen wie »die Bedeutung ... ist gemeindeutsch«. Beispiel: *Klampfe* bedeutet in Österreich auch ›Bauklammer‹, dazu der Hinweis »Die Bedeutung ›Gitarre‹ ist gemeind.«

4. Die **Erklärungssprache:** Die in den Erklärungen verwendeten Wörter sollen sowohl für Österreicher als auch für Deutsche verständlich sein und auch der eigenen Norm entsprechen; d.h., es soll nicht die eine Norm die maßgebliche für die andere sein. Daher soll nicht *Topfen* einfach durch ›Quark‹ erklärt werden, weil *Quark* kein Standardwort für Österreich darstellt. Umgekehrt gilt natürlich dasselbe. Andererseits wäre es unnötig aufwendig, würde man bei Wörtern, die zwar regional begrenzt, aber allgemein verstanden werden, eine komplizierte »neutrale« Erklärung liefern. Daher wird *Marille* einfach mit ›Aprikose‹ umschrieben. Um aber anzuzeigen, dass *Aprikose* nicht in Anspruch nehmen kann, das übergeordnete Wort auch für Österreich zu sein, wird es selbst durch in Klammern gesetzte vorangestellte Länderangaben (in D) *Aprikose* als regional gekennzeichnet.

## Welche Informationen enthalten die Artikel?

### Angaben zum Lemma:

*Betonung und Quantität:* a̱, ạ Ein Punkt unter einem Vokal bezeichnet Kürze, ein Strich Länge der betonten Silbe.

*Grammatik:* Bei Substantiven wird der Artikel und die Deklination, bei Verben die Konjugation (mit der Perfektbildung mit *sein* oder *haben*) angegeben. Die grammatischen Angaben werden aber aus Platzgründen weggelassen, wenn sie mit einem gemeinsprachlichen Wort übereinstimmen oder – bei spezifisch österreichischen zusammengesetzten oder abgeleiteten Wörtern – das Grundwort als Stichwort vorkommt.

Die Wortart wird nur angegeben, wenn die Wortarten unterschieden werden müssen, z.B. Adjektiv oder Adverb, Präposition oder Konjunktion.

Alle anderen Angaben sind durch bestimmte Zeichen gekennzeichnet:
// Schrägstriche für grammatische Angaben,
⟨ ⟩ Winkelklammern für etymologische Angaben,
[ ] eckige Klammern für die Aussprache,
( ) runde Klammern für alle Stil-, Schicht- und Regionalangaben.

### Angaben zur Bedeutungserklärung:

*Hinweise, zur Bedeutungserklärung* stehen vor der Definition in runden Klammern. Das sind z. B. Angaben, dass ein in der Erklärung verwendetes Wort nur in Deutschland vorkommt oder dass ein umgangssprachliches Wort zur Erklärung herangezogen wird. Die erklärenden Zusätze sind an die Bedeutungserklärung in runden Klammern direkt angefügt, wenn sie sehr kurz sind, ausführlichere Hinweise stehen, durch Gedankenstrich getrennt, nach den Belegen.

Die *Bedeutungserklärungen* sind nicht typografisch gekennzeichnet, weil sie durch Doppelpunkte abgegrenzt sind. In kommentierenden Textteilen sind Worterklärungen durch halbe Anführungszeichen ›...‹ erkennbar, zitierte Wörter durch Kursivdruck.

Die einzelnen Bedeutungen sind durch Ziffern und Buchstaben unterschieden. Homonyme und Lemmata mit unterschiedlicher Grammatik werden in getrennten Artikeln mit hochgestellten Ziffern behandelt.

*Beispiele und Belege:* Alle Beispiele und Belege sind durch Kursivdruck gekennzeichnet und durch Semikolon (;) getrennt. Frei formulierte Beispiele beginnen immer mit Kleinbuchstaben. Belege sind oft aus Platzgründen in Ausschnitten zitiert.

Die *Phraseologismen* sind durch Stern * und fette Schrift gekennzeichnet. Unter Phraseologismus sind Redewendungen, Redensarten, häufige fest gefügte Attribuierungen und Wortverbindungen (Kollokationen) zusammengefasst. Wenn zu einem gemeindeutschen Wort nur ein Phraseologismus als österreichisch zu verzeichnen ist, folgt nach dem Hauptlemma gleich das Sternchen.

## Belege und Beispiele

Beispiele (durch Kursivdruck gekennzeichnet) sollen die Bedeutung eines Wortes erhellen, den Gebrauch innerhalb des Satzes verdeutlichen und zugleich Beleg für das Vorkommen sein. Die Beispiele sind im Allgemeinen Belege aus Zeitungen, Zeitschriften und aus Internetquellen, nur für typische Verwendungsweisen wird, wenn nötig, zusätzlich ein frei formuliertes Beispiel angefügt.

Die Zeitungsbelege stammen aus den wichtigsten Tageszeitungen verschiedener Bundesländer, entweder aus Exzerptionen oder aus Internetarchiven, und zwar ab dem Jahr 2000. Diese zeitliche Begrenzung soll sicherstellen, dass aktueller Wortschatz dargestellt wird. Die Internetquellen sind kurz so zitiert, dass die Institution (Behörde, Firma usw.) erkennbar ist.

## Regionale Angaben

Für die regionalen Verhältnisse werden folgende Termini verwendet:

**Außerhalb Österreichs:**

*gemeindeutsch:* im gesamten deutschen Sprachgebiet in annähernd gleichem Maß vorkommend,

*schweizerisch,*

*bayerisch:* bezeichnet die Sprache im heutigen Freistaat Bayern, bezieht sich meist nur auf Altbayern,

*bairisch:* dient zur Bezeichnung des ganzen Volksstammes und des gesamten Dialektraumes und umfasst daher Altbayern, Österreich (ohne Vorarlberg) und Südtirol,

*süddeutsch:* ungefähr die Bundesländer Bayern und Baden-Württemberg (bzw. das bairische, schwäbische und alemannische Dialektgebiet in Deutschland),

*südwestdeutsch:* ungefähr Baden-Württemberg (bzw. das schwäbische und alemannische Dialektgebiet in Deutschland),

*westdeutsch:* im Wesentlichen das Rheinland,

*ostdeutsch,*

*norddeutsch.*

Für die Länderbezeichnungen Deutschland und Schweiz werden die Siglen D und CH gesetzt.

**Innerhalb Österreichs:**

*ostösterreichisch:* das unter Wiener Einfluss stehende Gebiet (Wien, Niederösterreich, Burgenland, Oststeiermark),

*westösterreichisch:* im Wesentlichen Tirol und Vorarlberg,

*südösterreichisch:* im Wesentlichen Kärnten, Osttirol (je nach Stichwort in unterschiedlicher Ausdehnung),

*südostösterreichisch:* Steiermark und Kärnten,

*Vorarlberg:* bezeichnet zugleich das Bundesland als auch das alemannische Gebiet in Westösterreich (mit dem Tiroler Außerfern).

Außerdem werden die Bundesländerbezeichnungen zur geografischen Zuordnung herangezogen.

## Sprachschichten, Stilbewertungen und Angaben zum Wortgebrauch

Diese Angaben folgen der in Dudenbänden üblichen Form:

**Sprachschichten:**

*standardsprachlich* (im Wörterverzeichnis nicht näher gekennzeichnete Wörter gelten als standardsprachlich),

*umgangssprachlich* (z. B. *sich abputzen, Zwutschkerl, fuzeln*),

*mundartnah:* in seltenen Fällen, in denen die Herkunft eines Wort aus dem Dialektsystem noch deutlich ist, es aber weitere Verbreitung hat (z. B. *Brotrenken, Göd*).

Für das Verständnis der sozialen Markierungen ist vor allem der Unterschied zwischen *umgangssprachlich* und *mundartnah* wichtig. Vereinfacht kann man sagen, dass *umgangssprachlich* vom Gesichtspunkt des Standards ausgeht, aber eine die Norm weniger streng beachtende, stärker emotional und situativ orientierte Sprachform bezeichnet, während *mundartnah* vom Gesichtspunkt des kleinräumigen Dialekts ausgeht, von dem aber einzelne Wörter in eine großräumigere, auch schriftliche Verwendung gelangt sind.

Die beiden Sichtweisen können sich in der Mitte treffen. Dass es hier keine klar formalisierbaren Unterscheidungskriterien gibt, versteht sich von selbst. Die Entscheidung ergibt sich aus Quellenbelegen und aus der aus langjähriger Sprachbeobachtung gespeisten persönlichen Einschätzung des Lexikografen.

Davon zu unterscheiden sind lexikalisierte Dialektformen, die in ihrer Form auch in Zusammenhang mit Standardsprache verwendet werden, z. B. *drahn* (dialektal für ›drehen‹, aber in dieser Schreibung verfestigt zu der Bedeutung ›sich vergnügen‹), auch als fachsprachliche Bezeichnungen (z. B. *Pfeid* als altdialektales Wort für ›Hemd‹, heute Fachwort in der Trachtenmode; in der Küchensprache z. B. *Kiachl, Gröstl*). Für diese Ausdrücke wird unter der Herkunftsangabe *verschriftlichte Dialektform* angeführt.

Ähnliches gilt für Fachausdrücke der Volkskunde (Bezeichnungen für Gebräuche u. a.), die auf Dialektwörtern beruhen, aber als Fachwörter zur Standardsprache gehören.

**Stilschichten** und Angaben über besondere Nuancen: *gehoben, formell, salopp, derb, abwertend, aufwertend, scherzhaft, emotional; Behördensprache* (als Stilangabe, oft auch Amtsdeutsch genannt, im Ggs. zur Bereichsangabe *Verwaltung*).

**Zeitliche Angaben:** *Neubildung* (z. B. *Einforstung*), *veraltend* (z. B. *Ruderleibchen, Bestschießen*), *veraltet* (z. B. *Dürrkräutler*).

**Bereichsangaben:** *Verwaltung, Rechtssprache, Volkskunde, Sport, Politik* u. a. (nur verwendet, wenn der Bereich aus der Bedeutungserklärung nicht eindeutig hervorgeht).

## Das Verweissystem

Die Verweise dienen dazu, einerseits die Wortfamilien aufzuzeigen, andererseits auf Synonyme hinzuweisen. Dadurch werden nicht nur einzelne Wörter erklärt, sondern auch in den Zusammenhang des Wortfeldes und der Wortfamilie gestellt, z. B. *Gegenstand:* ↑ *Hauptgegenstand, Lehrgegenstand, Lieblingsgegenstand, Nebengegenstand, Pflichtgegenstand, Unterrichtsgegenstand, Wahlpflichtgegenstand.* Auf Wörter der Wortfamilie (Ableitungen und Zusammensetzungen) wird mit ↑ hingewiesen, auf Synonyme oder inhaltliche Zusammenhänge mit *Vgl.*

Aus Platzgründen wird aber nicht auf Stichwörter verwiesen, die in der alphabetischen Reihenfolge unmittelbar folgen oder vorausgehen. Die Verweise stehen am Schluss des Artikels. Von den einzelnen Zusammensetzungen wird auf alle anderen Wörter mit demselben Grundwort verwiesen. Wenn das Verweisnest aber aus mehr als zwei Wörtern besteht, wird der Übersichtlichkeit halber nur auf ein in KAPITÄLCHEN gesetztes Zentralwort verwiesen, bei dem man Verweise auf weitere Zusammensetzungen findet, z. B. zu KNÖDEL: *Bröselknödel, Erdäpfelknödel, Fleischknödel, Germknödel, Grammelknödel, Grießknödel, Hascheeknödel, Heidenknödel, Kasknödel, Kaspressknödel, Kirsch[en]knödel, Leberknödel, Marillenknödel, Mohnknödel, Powidlknödel, Pressknödel, Reiberknödel, Semmelknödel, Serviettenknödel, Speckknödel, Topfenknödel, Wurstknödel, Zwetschkenknödel.*

Zusammensetzungen und Ableitungen werden in Lemmaschrift nach Raute ◆ angefügt, wenn sie nicht als Artikel im Wörterbuch erscheinen. Dies ist dann der Fall, wenn sie mit gemeindeutschen Wörtern gebildet werden und sich die Bedeutung selbst erschließt. Wenn sie aber mit einem weiteren Austriazismus gebildet werden oder wenn eine Bedeutungsangabe nötig ist, wird ein eigenes Stichwort angesetzt. (Die alphabetische Anordnung kann dadurch unterbrochen werden.) So sind *Marillenbaum* und *Marillenbrand* an den Artikel angehängt, weil auch *Aprikosenbaum* und *Aprikosenbrand* gebildet werden können, dagegen erhalten *Marillenkoch* und *Marillenröster* einen selbstständigen Artikel, weil auch *Koch* (›Mus‹) und *Röster* Austriazismen sind.

## Ausspracheangaben

Die Aussprache wird nur bei seltenen Fremdwörtern, bei dialektnahen Wörtern und in Differenzartikeln mit Ausspracheunterschied angegeben. Grundlage ist das standardsprachliche gemeindeutsche Lautsystem, das aber mit den spezifisch österreichischen Ausprägungen in Verbindung gebracht wird (siehe *Aussprache* und *Betonung* Seiten 65–71).

In der folgenden Tabelle werden die verwendeten Lautzeichen (nach IPA) angegeben und ihre Aussprache mit den spezifisch österreichischen Ausprägungen erklärt. Für standardsprachliche Wörter bildet im Wesentlichen die Dudennorm die Grundlage, wobei eine gegebenenfalls abweichende Realisierung in Österreich vermerkt wird.

| a, aː | helles a | hat, Rahm |
|---|---|---|
| ã, ãː | nasaliertes helles a, in vielen Dialektwörtern | Mandl |
| ɑ̃, ɑ̃ː | nasaliertes dunkles a, bes. in franz. Fremdwörtern | Chance |
| ɐ | abgeschwächtes a | mustern |
| ɐ̯ | unsilbisches, abgeschwächtes a; nach r; in dialektalen Diphthongen oa, ea, ia, ie, ua | Uhr, mir; Hoangart, Buam |
| ʌ | abgeschwächtes dunkles a in engl. Fremdwörtern | Cup |
| æ, æː | sehr offenes, dem a angenähertes e in engl. Fremdwörtern | Ranking |
| e, eː | geschlossenes e | lebt |
| ɛ, ɛː | offenes e (wird in Österr. oft geschlossen gesprochen und steht hier meist für den Schwa- oder Murmellaut) | hätte, Sprache |
| ə | Murmellaut, in D in Nebensilben (dafür in Österr. offenes, schwach betontes e) | Tante, Ware |
| i, iː | geschlossenes i | bis |
| ɪ | offenes i (wird in Österr. meist geschlossen gesprochen) | Billard |
| i̯ | unsilbisches i, wie im zweiten Bestandteil des ei-, ai-Diphthongs | Medaille, Pension |
| o, oː | geschlossenes o | Loge, jovial |
| ɔ, ɔː | offenes o; auch für verdumpftes bairisches a mit unterschiedlicher Lautfärbung | noch, Patschen |
| ø, øː | geschlossenes ö | Höhe |
| œ | offenes ö | öfter |
| u, uː | geschlossenes u | Ruhe |

| ʊ | offenes u (wird in Österr. oft geschlossen gesprochen) | Geruch |
|---|---|---|
| y, yː | geschlossenes ü | Mühe, übernehmen |
| ʏ | offenes ü (wird in Österr. oft geschlossen gesprochen) | Bütte |
| y̆ | unsilbisches ü in franz. Fremdwörtern | Etui |
| b, d, g | stimmhafte Verschlusslaute (Lenes; in Österr. meist stimmlos gesprochen) | baden, gehen |
| p, t | stimmlose Verschlusslaute (Fortes; fallen in Österr. vielfach mit den stimmlosen Lenes zusammen) | platt, tun |
| k | stimmloser, behauchter Verschlusslaut | kahl |
| f | f-Laut | Feuer |
| h | Hauchlaut | hohl |
| j | j-Laut | Jänner |
| l | l-Laut (in unterschiedlichen Ausprägungen) | Kehle, lachen; Gstanzl, Stockerl |
| m, n | m-Laut, n-Laut | Mut, Nacht |
| ŋ | ng-Laut | gingen, Sänger |
| r | r-Laut (in unterschiedlichen Ausprägungen) | rufen, warum |
| s | stimmloser (»scharfer«) s-Laut (stimmlose Fortis) | Masse, Maus |
| z | stimmhafter (»weicher«) s-Laut (stimmhafte Lenis; in Österr. meist stimmlos gesprochen) | singen, Mäuse |
| ʃ | stimmloser sch-Laut | schön |
| ʒ | weicher, stimmhafter sch-Laut (in Österr. meist stimmlos gesprochen) | Journal, Regie |
| v | w-Laut | weit |
| x | Achlaut | acht |
| ç | Ichlaut | echt |
| pf | Affrikata aus p+f | Pfad |
| ts | Affrikata aus t+s | Zaun |
| tʃ | Affrikata aus t+sch (stimmlos) | Patschen |
| dʒ | Affrikata aus d+sch (stimmhaft) | Joker |
| ː | Länge des Vokals | |
| ̯ | unsilbischer Vokal (bei i, a, u) | |
| ˈ | steht vor der betonten Silbe | |

## Im Wörterverzeichnis verwendete Abkürzungen

| | |
|---|---|
| Abk. | Abkürzung |
| Abl. | Ableitung(en) |
| Adj. | Adjektiv |
| AHS | allgemeinbildende höhere Schule |
| Akk. | Akkusativ |
| APA | Austria Presse Agentur |
| arab. | arabisch |
| bair. | bairisch |
| bayr. | bayerisch |
| Behördenspr. | Behördensprache |
| Berufsbez. | Berufsbezeichnung |
| bes. | besonders |
| Bez. | Bezeichnung(en) |
| Bgld. | Burgenland |
| BHS | Berufsbildende höhere Schule |
| CH | Schweiz |
| D | Deutschland |
| Dat. | Dativ |
| dt. | deutsch |
| eig. | eigentlich |
| engl. | englisch |
| fachspr. | fachsprachlich |
| fam. | familiär |
| franz. | französisch |
| gemeind. | gemeindeutsch |
| Ggs. | Gegensatz |
| griech. | griechisch |
| hist. | historisch |
| i. S. v. | im Sinne von |
| Inf. | Infinitiv |
| Int | Internet |
| ital. | italienisch |
| jidd. | jiddisch |
| jmd. | jemand |
| jmdm. | jemandem |
| jmdn. | jemanden |
| kath. | katholisch |
| Kinderspr. | Kindersprache |
| Ktn. | Kärnten |

| | |
|---|---|
| lat. | lateinisch |
| niederld. | niederländisch |
| NÖ | Niederösterreich |
| nordd. | norddeutsch |
| OÖ | Oberösterreich |
| oö. | oberösterreichisch |
| ORF | Österreichischer Rundfunk |
| österr. | österreichisch |
| Österr. | Österreich |
| ostösterr. | ostösterreichisch |
| Part. | Partizip |
| Rechtsspr. | Rechtssprache |
| Sbg. | Salzburg (Land) |
| schweiz. | schweizerisch |
| slaw. | slawisch |
| slowen. | slowenisch |
| span. | spanisch |
| Stmk. | Steiermark |
| st. V. | starkes Verb |
| südd. | süddeutsch |
| südösterr. | südösterreichisch |
| südostösterr. | südostösterreichisch |
| südwestd. | südwestdeutsch |
| sw. V. | schwaches Verb |
| tschech. | tschechisch |
| ugs. | umgangssprachlich |
| Ugs. | Umgangssprache |
| ung. | ungarisch |
| urspr. | ursprünglich |
| Vbg. | Vorarlberg |
| vgl. | vergleiche |
| Verkl. | Verkleinerung |
| verschriftl. | verschriftlicht |
| Verw. | Verwaltung |
| westd. | westdeutsch |
| westösterr. | westösterreichisch |
| Zus. | Zusammensetzung(en) |

## Quellenverzeichnis

Verzeichnis der gedruckten Quellen (mit Abkürzungen)
(Dazu kommt eine große Zahl elektronischer Quellen: Internetseiten von Behörden, Institutionen, Firmen usw. Sie sind nicht einzeln aufgelistet, sondern nur beim Stichwort zitiert.)

| | |
|---|---|
| | **APA** (Austria Presse Agentur) |
| | **Augustin,** Obdachlosenzeitung, Wien |
| | **auto touring,** Clubmagazin des ÖAMTC, Wien |
| | **Bauernzeitung,** Wochenzeitung, Wien |
| BVZ | **Burgenländische Volkszeitung,** Wochenzeitung, St. Pölten |
| | **Datum,** Magazin, Wien |
| ST | **Der Standard,** Tageszeitung, Wien |
| FU | **Die Furche,** Wochenzeitung, Wien |
| PR | **Die Presse,** Tageszeitung, Wien |
| PRaS | **Presse am Sonntag,** Sonntagszeitung, Wien |
| | **Falter,** Wochenzeitung, Wien |
| | **Format,** Magazin, Wien |
| | **Gewinn,** Wirtschaftsmagazin, Wien |
| | **Grazer,** Magazin, Graz |
| | **Heute,** Gratis-Tageszeitung, Wien |
| KIZ | **Kirchenzeitung,** Wochenzeitung, Linz |
| | **Konsument,** Testmagazin, Wien |
| KZ | **Kleine Zeitung,** Tageszeitung, Graz |
| KTZ | **Kärntner Tageszeitung,** Klagenfurt (bis 2014) |
| KR | **Neue Kronen Zeitung,** Tageszeitung, Wien |
| KU | **Kurier,** Tageszeitung, Wien |
| NÖN | **Niederösterreichische Nachrichten,** Wochenzeitung, St. Pölten |
| NVT | **Neue Vorarlberger Tageszeitung,** Bregenz |
| | **News,** Magazin, Wien |
| | **Oberländer Rundschau,** Wochenzeitung, Imst |
| OÖN | **Oberösterreichische Nachrichten,** Tageszeitung, Linz |
| ÖST | **Österreich,** Tageszeitung, Wien |
| | **OTS Textservice,** Wien |
| | **profil,** Wochenmagazin, Wien |
| | **Rundschau,** Wochenzeitung, Linz |
| SN | **Salzburger Nachrichten,** Tageszeitung, Salzburg |
| | **Steirer Monat,** Monatszeitung, Graz |
| TT | **Tiroler Tageszeitung,** Innsbruck |
| | **TV-Media,** Magazin, Wien |

VB **Volksblatt,** Tageszeitung, Linz
VN **Vorarlberger Nachrichten,** Tageszeitung, Bregenz
**Wiener,** Magazin, Wien
**Wienerin,** Magazin, Wien
WZ **Wiener Zeitung,** Tageszeitung, Wien
**WirtschaftsBlatt,** Wien (bis 2016)
**Wohnwelt,** Zeitschrift, Wien
**Woman,** Magazin, Wien

## Die sprachlichen Verhältnisse in und um Österreich

TSCHECHIEN
tschechisch
SLOWAKEI
slowakisch
Nieder-
österreich
Wien
Ober-
sterreich
Burgen-
land
UNGARN
magyarisch
Steiermark
Kärnten
SLOWENIEN
slowenisch

# Deutsch in Österreich – österreichisches Deutsch

## Ein Blick in die Sprachgeschichte

### Mittelalter und frühe Neuzeit

Österreich nahm an der Entwicklung der deutschen Sprache in unterschiedlicher Weise aktiv oder passiv teil. Von einer spezifisch österreichischen Sprachgeschichte kann in den Anfängen nicht gesprochen werden. In althochdeutscher Zeit (8.–11. Jahrhundert) entstanden in Klöstern wie Mondsee Werke, die zu den ältesten Sprachdenkmälern des deutschen Sprachraums gehören. Im Hochmittelalter war der Süden des deutschen Sprachraums die treibende Kraft der Sprachentwicklung. Auf dem Gebiet des heutigen Österreich entstanden, besonders vom Babenbergerhof in Wien ausgehend, wesentliche Werke der mittelhochdeutschen Dichtung. Erst ab dem 16. Jahrhundert, als sich das politische Gewicht mehr und mehr nach Mitteldeutschland verlagerte, gingen von dort die weiteren Impulse der Sprachentwicklung aus. Zunehmend stand der Süden, und somit auch Österreich, abseits der Entwicklung hin zum Neuhochdeutschen.

Verantwortlich waren dafür folgende Faktoren:
- die historisch gewachsenen Dialektlandschaften;
- die Kanzleisprache der habsburgischen Verwaltung, die aber weit größere, meist süddeutsche, Gebiete umfasste als das heutige Österreich;
- die konfessionelle Spaltung: Als nach der Gegenreformation Österreich wieder katholisch war, wurden die meist »protestantischen« mitteldeutschen Sprachformen, die in hohem Maß von Luthers Schriften geprägt waren, abgelehnt.

Damit ist auch der geografische Bezugsrahmen des österreichischen Deutsch genannt: der bairische und der oberdeutsche Raum.

### Aufklärung und Sprachreform

Als in der Aufklärung das System einer neuhochdeutschen Schriftsprache feststand, sah sich das habsburgische Österreich nicht nur sprachlich an den Rand gedrängt.

In Österreich erkannte man bald, dass ein oberdeutscher Sonderweg keine Zukunft hat. Dem bildungspolitischen Rückstand setzte Maria Theresia eine

Sprachreform nach dem mitteldeutschen Muster von Johann Christoph Gottsched entgegen, obwohl sie selbst barock-katholisch eingestellt war und privat Dialekt sprach. Mit der Einführung der allgemeinen Schulpflicht (1774 unter Maria Theresia und Joseph II.) wurde auch in Österreich das Gottsched'sche Deutsch als offizieller Standard festgelegt (in der Verwaltung verbindlich ab 1780).

Für die sprachliche Reform in Literatur, Predigt und Schule wurde der Gelehrte Johann Ignaz Felbiger aus Schlesien nach Wien geholt, der für Schule und öffentlichen Gebrauch Lehrwerke verfasste. Gerade für die Predigt entstand eine Diskussion, wie weit man volkstümliche Sprache beibehalten solle, um nicht am Volk vorbeizureden.

Zu dieser Zeit trat der österreichische Aufklärer, Verwaltungsreformer, Schriftsteller und Professor für politische Wissenschaften an der Universität Wien, Joseph von Sonnenfels (1732–1817), für die Vereinheitlichung der Sprache ein. Er verfasste 1784 das Lehrbuch »Über den Geschäftsstil: die ersten Grundlinien für angehende österreichische Kanzleybeamten«, das bis 1848 das Standardwerk an den österreichischen Universitäten (insbesondere an den juridischen Fakultäten) war. Erklärtes Ziel dieses Lehrbuchs war, die Sprache der Verwaltung so zu normieren, dass sie überall im Vielvölkerstaat einheitlich verwendet werden konnte. Dabei stand weniger eine einheitliche deutsche Standardsprache im Vordergrund, vielmehr war die allgemeine Verständlichkeit des Sprachgebrauchs der staatlichen Verwaltung sein Anliegen. Somit bedeutete sein Lehrbuch den Beginn der Entstehung einer österreichischen Standardvarietät der deutschen Sprache. In diese Richtung weist auch die Tatsache, dass Johann Christoph Adelungs Wörterbuch 1812 in Wien dreimal nachgedruckt wurde und für Österreich die Norm vorgab.

Es entstand dadurch ein starker Gegensatz zwischen gesprochener und geschriebener Sprache, der sich auch in der Literatur zeigte. Während das Volksdrama (Raimund, Nestroy usw.) auf gesprochener (wienerischer) Sprachform beruhte, schloss sich die höhere Literatur (Grillparzer, Stifter usw.) der Sprache der deutschen Klassik an, die kaum Merkmale eines regionalen Deutsch enthielt.

## Die Anfänge des »österreichischen Deutsch«

Erst in der zweiten Hälfte des 19. Jahrhunderts, als sich in der Politik die Entscheidung zwischen kleindeutscher und großdeutscher Lösung zuspitzte und Österreich schließlich aus dem deutschen Reich ausschied, gewann die Idee eines eigenständigen österreichischen Deutsch an Bedeutung. Ein neues habsburgisches Kulturbewusstsein der österreichisch-ungarischen Monarchie sollte staatstragend werden. Erst jetzt entstanden fassbare Ausprägungen eines österreichischen Deutsch, vor allem in der Sprache der Verwaltung, des gesellschaftlichen Lebens und der Koch- und Speisenkultur. Von manchen wurden die Austriazismen aber auch sehr kritisch und als fehlerhaft angesehen. Auch die deutschnationalen Kräfte, die eine enge Verbindung mit Deutschland betonten, standen dem österreichischen Deutsch skeptisch gegenüber.

Während die Zeit der Ersten Republik vielfach nostalgisch an der Kultur der Monarchie festhielt, hinterließ die Zeit des Nationalsozialismus mit dem Anschluss ans Deutsche Reich sprachliche Spuren.

Nach dem Zweiten Weltkrieg, als eine Distanzierung von Deutschland einsetzte, wurde mit dem bewusst so genannten »Österreichischen Wörterbuch«, das 1951 erstmals als schmales Schulwörterbuch erschien, ein erstes Zeichen einer sprachlichen Selbstständigkeit gesetzt. Nach dem Staatsvertrag von 1955 wandte man sich zunehmend einem anderen Nationsbegriff zu: Statt der auf der deutschen Aufklärung und Romantik beruhenden Vorstellung von Nation als Gemeinschaft gleicher Kultur, Sprache und ethnischer Herkunft trat der auf der Französischen Revolution beruhende westeuropäische Nationsbegriff von der Gemeinschaft aller, die sich zu einem Staatswesen bekennen ohne Unterschied ihrer ethnischen Herkunft. Nun wurde Österreich in diesem Sinne als »Nation« bezeichnet, womit die Eigenständigkeit trotz gemeinsamer Geschichte und Sprache mit Deutschland betont wurde. Die Eigenständigkeit der Sprache wurde in der Folge als wichtiges konstitutives Element der österreichischen Nation gesehen und österreichisches Deutsch zu einem Begriff und zu einem politischen Thema. Historisch gesehen ist also die Vorstellung einer nationalen Varietät »österreichisches Deutsch« sehr jung. Die Sprachwissenschaft hatte sich bisher vor allem mit den Dialekten beschäftigt und erst spät das österreichische Standarddeutsch aufgegriffen und erforscht. Die Impulse dazu gingen bezeichnenderweise seit den 60er-Jahren des 20. Jahrhunderts vom Ausland aus. Die ersten Darstellungen entstanden in Schweden, in der damaligen Tschechoslowakei und in Deutschland. Auch die erste Auflage des vorliegenden Wörterbuchs aus dem Dudenverlag von 1969 gehört in diesen Zusammenhang. Nach einer Reihe von Einzeluntersuchungen und Wörterbüchern wurden seit Mitte der 1990er-Jahre große Forschungsprojekte zu nationalen Varietäten und somit zum österreichischen Deutsch gefördert.

# Was heißt österreichisches Deutsch?

## Varianten und Varietäten

Deutsch ist keine einheitliche Sprache, die über den ganzen deutschen Sprachraum hinweg im Hinblick auf die Aussprache, die Grammatik oder gar den Wortschatz gleich ist. Ganz im Gegenteil: Das Deutsche hat viele Erscheinungsformen, die sich in historischer, regionaler, sozialer, stilistischer und vielerlei anderer Hinsicht voneinander unterscheiden. Das ist gar nichts Besonderes und gilt auch für andere Sprachen.

Bevor wir die Frage nach dem österreichischen Deutsch beantworten können, sind einige begriffliche Klärungen nötig.

Fast allen geläufig ist das Gegensatzpaar **Standardsprache** (auch: Hochsprache, Hochdeutsch oder Schriftsprache) – **Dialekt** (auch: Mundart). Mit **Standardsprache** wird die in der Öffentlichkeit gebrauchte, normgebundene und überregional geltende Erscheinungsform einer Sprache bezeichnet. Die Standardsprache ist in Wörterbüchern und Grammatiken dokumentiert und geregelt. Auch wenn sie mehr oder weniger festgeschriebenen Normen unterliegt, verändert sie sich im Laufe der Zeit. Auch das, was wir als deutsche Standardsprache ansehen, ist in sich nicht völlig einheitlich. Sie zeichnet sich dadurch aus, dass sie zu bestimmten sprachlichen Erscheinungen **Varianten** aufweist. So spricht man in Österreich und in Teilen Süddeutschlands das Wort *Geschoß* mit einem langen o aus, während es im Norden des deutschen Sprachraums mit kurzem o gesprochen und dann auch entsprechend *Geschoss* geschrieben wird. Beide Aussprachen gelten in ihrem Verbreitungsgebiet als standardsprachlich. Neben derartigen Aussprachevarianten gibt es solche grammatischer Natur wie zum Beispiel bei *Gesangsbuch* und *Gesangbuch* – hier geht es um die unterschiedliche Wortbildung mit und ohne Fugenelement – oder solche auf der Ebene des Wortschatzes, wie sie sich bei *Marille* und *Aprikose*, *Sackerl* und *Tüte* und vielen anderen Wortpaaren ergeben. Was uns in Österreich im Verkehr der *Vorrang* ist, ist in der Schweiz der *Vortritt* und in Deutschland die *Vorfahrt*; wo bei uns ein *Landeshauptmann* regiert, amtiert in der Schweiz der *Landammann* und in Deutschland der *Ministerpräsident*. Alle diese Wörter sind gleichwertige Elemente der deutschen Standardsprache, auch wenn sich ihre Geltungsbereiche nicht decken. Eine für Österreich typische Variante heißt im Fachausdruck **Austriazismus**, wovon eine für die deutsche Standardsprache in der Schweiz typische Form als **Helvetismus** abgegrenzt wird. Für die in Deutschland charakteristischen Ausprägungen der deutschen Standardsprache gibt es keine allgemein akzeptierte Bezeichnung. Meist werden sie **Teutonismus** oder **Deutschlandismus** (als Adjektiv **bundesdeutsch, teutonisch** oder **deutschländisch**) genannt. Die logische Bezeichnung wäre **Germanismus,** die aber vermieden wird, weil sie in anderer Bedeutung verwendet wird.

Eine Ausprägung einer Sprache, die durch Varianten charakterisiert ist, nennt man **Varietät.** Wenn sie die Standardsprache betrifft, eine **Standardvarietät.**

Varietäten können groß- oder auch kleinräumige Verbreitung haben. Wenn sie weitgehend mit einem Staatsgebiet zusammenfallen, haben wir es mit »nationalen« Varietäten zu tun. Eine **nationale Varietät** ist also die in einem politischen Staat gültige Form einer Sprache. Nationale Varietäten des Englischen sind neben anderen das britische Englisch, das amerikanische Englisch oder das australische Englisch. Nationale Varietäten des Deutschen sind entsprechend das **österreichische Deutsch,** das Deutsch in Deutschland und die hochsprachliche Ausprägung des Schweizerdeutschen. (Allerdings sind die deutschen nationalen Varietäten infolge der von Anfang an dezentral verlaufenden historischen Entwicklung und angesichts der räumlichen Nähe und des intensiven Kontakts nicht mit den englischen u.a. Varietäten mit räumlicher Trennung in verschiedenen Kontinenten und frühen Ausbildung von Sprachzentren vergleichbar.)

Neben den nationalen Varietäten gibt es **regionale Varietäten.** Diese sind in Teilgebieten innerhalb eines Staates (beispielsweise als ostösterreichisch, norddeutsch) oder auch grenzübergreifend in benachbarten Teilgebieten zweier Staaten (zum Beispiel in Gebieten Österreichs und Bayerns oder Westösterreichs und Südwestdeutschlands bzw. der Schweiz) gültig.

Die österreichische Sprachwissenschaft vertritt in der Frage des österreichischen Deutsch verschiedene Auffassungen: Die Extrempositionen sprechen einerseits von einer nahezu eigenständigen österreichischen Sprache auf ostösterreichischer Grundlage (»österreichisch-national«). Andererseits wird ein selbstständiges österreichisches Deutsch mit dem Argument in Abrede gestellt, dass die Staatsgrenzen keine sprachhistorisch gewachsenen Grenzen seien und nur die Fachsprache der Verwaltung mit dem Staatsgebiet übereinstimme (»deutsch-integrativ«). Dazwischen steht die Ansicht, dass österreichisches Deutsch eine selbstständige Varietät im Rahmen der deutschen Standardsprache bildet (»österreichisch-integrativ«). Es wird aber auch die Frage aufgeworfen, ob diese plurinationale Sichtweise angesichts der großräumigen (»supranationalen«) politischen und wirtschaftlichen Entwicklungen der Gegenwart noch tragfähig ist.

## Deutsch in Österreich – österreichisches Deutsch

Wenn von **Deutsch in Österreich** oder der **deutschen Sprache in Österreich** die Rede ist, sind prinzipiell alle sprachlichen Ausprägungen der deutschen Sprache in Österreich gemeint (von den Dialekten, der Umgangssprache, den Sondersprachen, Fachsprachen bis hin zur Standardsprache). **Österreichisches Deutsch** meint hingegen die Standardvarietät des Deutschen in Österreich, wozu sowohl innerösterreichische regionale Ausprägungen gehören, sofern sie standardsprachlich sind, als auch Ausprägungen, die mit den Nachbarlandschaften in Deutschland, der Schweiz und Südtirol übereinstimmen. Österreichisches Deutsch ist somit die Gesamtheit der in Österreich oder einer österreichischen Landschaft vorkommenden standardsprachlichen Ausprägungen.

Alle diese theoretischen und terminologischen Festlegungen sind zwar wichtig, berühren die Sprachpraxis aber wenig. Man kann die Bezeichnung österreichisches Deutsch offen und ideologiefrei als das Standarddeutsch, das in Österreich verwendet wird, bezeichnen. Eine klare Abgrenzung zum Deutsch in Deutschland, wie sie früher versucht wurde, ist heute nicht mehr möglich. Seit den zunehmenden internationalen Verflechtungen, hervorgerufen durch EU-Beitritt, die Verfügbarkeit von ausländischen Fernsehprogrammen und kommunikativen Netzwerken funktioniert die Abgrenzung nicht mehr, die terminologisch festgelegten Verwaltungstermini ausgenommen. Insofern ist es nicht mehr sinnvoll, wenn sich österreichisches Deutsch durch den Unterschied von Deutschland definiert.

Trotz aller Ausgleichstendenzen und von manchen geäußerten Zweifeln, ob es ein österreichisches Deutsch gebe, wird man im Ausland sprachlich als Österreicher erkannt, sogar noch im benachbarten Bayern. Abgesehen von einigen Kennwörtern, wie *Bankomat* oder *Jänner*, ist es heute vor allem die Aussprache und Intonation und weniger der Wortschatz, der als typisch österreichisch erkannt wird.

In den Schulen war österreichisches Deutsch kaum ein Thema, da Lehrziel allgemein richtiges Deutsch ist und Lehrerinnen und Lehrer die österreichische Varietät ohnehin unreflektiert verwenden. Heute wird das Thema aber auch in der Didaktik aufgegriffen im Sinne der Sprachaufmerksamkeit und Bewusstseinsbildung über sprachliche Möglichkeiten. Varietät ist nicht nur Abgrenzung, sondern auch Chance und Bereicherung: Sie eröffnet neue Ausdrucksmöglichkeiten und ermöglicht sprachliche Vielfalt. Varianten, die aus Deutschland kommen, muss man nicht als Bedrohung empfinden, sondern in kreativer Weise in den eigenen Sprachgebrauch integrieren. Die Frage ist dann nicht so sehr, ob ein Wort »unösterreichisch« ist, sondern ob es in den jeweiligen Kontext stilistisch passt. Österreich kann sich nicht aus dem Prozess der Sprachgeschichte ausklinken und das österreichische Deutsch zu einem Museum erstarren lassen.

## Wie entstehen Austriazismen?

Nationale Varianten resultieren aus verschiedenen sprachgeschichtlichen Ursachen.

### 1. Varianten aufgrund des Dialektraumes

Dabei sind ursprüngliche Dialektwörter in die regionale Standardsprache aufgestiegen.

Beispiele:

Bairisch: *Sterz, selchen, herinnen, heraußen, fieseln, absperren, Tandler, anpatzen, picken, hussen, aufscheinen, Austrag, auslassen, auswalken, zwicken, zuzeln, Zuwaage, auflassen, Schmankerl, Schaff, Wimmerl, Nudelwalker.*

Alemannisch: *Flädle, Znüne, Fasnat(umzug), Eierschwämmle, Ähne, Kilbi, Alpe, Nuggi, Beiz, Maisäß, Schübling, Schnorre, Riebel.*

Wienerische Elemente in der Standardsprache: *Schmäh, Hacken, hackeln, Lurch, Haberer, Bim.*

### 2. Oberdeutsche Varianten

Das sind Varianten aufgrund der **gesamtoberdeutschen** (süddeutschen, österreichischen, schweizerischen) Entwicklung.

Beispiele:

*Orange, nützen, Leintuch, Randstein, Zuber, Bub, Kutteln, Föhre, Hafner, Rechen, Schlegel, Knopf, läuten, schlecken, Masche, Zins, Stecken, Wagner, Sulz.*

### 3. Unterschiede in der sprachgeschichtlichen Entwicklung

Bestimmte Entwicklungen der gesamtdeutschen Standardsprache wurden in Österreich nicht mitvollzogen. Es handelt sich also nicht um Neuprägungen, vielmehr blieben ältere Varianten, die in Deutschland verschwunden sind, in Österreich in der Standardsprache erhalten. Hierzu einige Beispiele:

Das Deutsche schwankte nach der Übernahme der lateinischen **Monatsbezeichnungen** zwischen stärker eingedeutschten und lateinischen Formen. Die eingedeutschte Form *Jenner* oder *Jänner* wurde vom Mittelalter bis in die Zeit der deutschen Klassik bevorzugt. Erst im 19. Jahrhundert setzte sich die latinisierte Form *Januar* (lat. *[mensis] Ianuarius*) in Deutschland durch, während man in Österreich meist bei *Jänner* blieb.

Das Wort *Pennal* aus mittellat. *pennale* bezeichnete schon Ende des 15. Jahrhunderts eine Federbüchse, entwickelte sich aber in Deutschland weiter zu einer Scherzbezeichnung für Schüler, später für eine höhere Schule, wurde dann aber durch *Penne* abgelöst. Österreich hat, gestützt durch die schulische Verwendung, die ursprüngliche Bedeutung ›Behälter für Schreibutensilien‹ bis heute erhalten und alle weiteren Entwicklungen nicht mitvollzogen.

Ebenso war die **Perfektbildung** mit *sein* bei *liegen, sitzen, stehen* usw. bis Ende des 18. Jahrhunderts im Deutschen die allgemein übliche; erst dann ging man im Mittel- und Norddeutschen zur Perfektbildung mit *haben* über. Das Oberdeutsche hat diese Entwicklung nicht mitgemacht, heute ist das Perfekt mit *sein* vor allem noch in Österreich erhalten.

Die **Fachsprache vieler Sportarten** wurde im Deutschen aus dem Englischen entlehnt. Die englischen Fußballausdrücke, wie *Forward* (Stürmer), *Zenterforward* (Mittelstürmer), *Half* (Verbindungsstürmer), *Back* (Verteidiger), verschwanden in Deutschland in den 1920er-Jahren, blieben in Österreich aber bis in die 1950er-Jahre erhalten, einzelne Wörter aber charakterisieren bis heute die Fußballsprache, z. B. *Out* (Aus), *Corner* (Eckball), seltener *Referee* (Schiedsrichter), *Penalty* (Elfmeter), *Goal* (Tor), *Keeper* (Tormann), *Leader* (Tabellenführer).

Austriazismen können durch **unterschiedlich schnelle sprachliche Entwicklung** vorübergehend entstehen. Oft hat sich ein aussterbendes Wort in Österreich länger erhalten; Randlagen sind generell konservativer als Binnenlagen. Das ursprünglich gemeindeutsche Wort *Kerker* wurde in Deutschland durch *Zuchthaus* ersetzt, blieb in Österreich aber noch in der Rechtssprache erhalten, bis es auch hier – wenigstens formell – außer Gebrauch kam. So war *Kerker* vorübergehend ein Austriazismus, heute ist es wieder ein gemeindeutsches historisches Wort.

## 4. Die staatliche Verwaltung schafft nationale Varianten

Eine schriftliche und benotete Arbeit in der Schule wird im gesamtdeutschen Sprachraum ganz unterschiedlich bezeichnet: *Klassenarbeit, Schulaufgabe, Schularbeit, Probe, Klausur.* Alle diese Bezeichnungen wären auch in Österreich denkbar. Da die Bezeichnung *Schularbeit* in die Verordnungen und Gesetze für das österreichische Unterrichtswesen eingegangen ist, wurde sie zu einer nationalen Variante im ganzen österreichischen Staatsgebiet. Die manchmal geäußerte Meinung, österreichisches Deutsch bestehe nur aus der Fachsprache der Verwaltung, ist also differenziert zu sehen. Einerseits haben diejenigen Austriazismen, die mit dem Staatsgebiet zusammenfallen, tatsächlich fast immer mit staatlicher Verwaltung zu tun. Andererseits gehen Fachwörter aus Bereichen, von denen die breite Masse der Bevölkerung betroffen ist, aus der Fachsprache der Verwaltung in die Alltagssprache über, z. B. die Terminologie der Schule, des Verkehrswesens, des Gesundheits- und Versicherungswesens. Insofern entstehen tatsächlich »nationale«, also mit dem Staatsgebiet übereinstimmende, Ausprägungen.

**Austriazismen verschwinden** aber auch durch staatliche organisatorische Eingriffe. So kamen typische österreichische Wörter wie *inskribieren* durch organisatorische Maßnahmen im Universitätsbereich außer Gebrauch. Durch die Polizeireform von 2002 verschwand auch das Wort *Gendarmerie*, weil die zusammengelegten Exekutivorgane aus Gründen der Internationalität als *Polizei* bezeichnet wurden. Heute ist *Gendarmerie* daher ein gemeindeutsches Wort, das sich auf historische oder in anderen Ländern geltende Bedeutungen bezieht.

## 5. Fremdworteinflüsse

Die Unterschiede zwischen Österreich und den übrigen deutschsprachigen Staaten in der Geschichte und geografischen Lage bedingen andere Fremdworteinflüsse.

### Italienisch

Der wichtigste kulturelle Partner Österreichs mit dem größten Fremdworteinfluss war bis ins 18. Jahrhundert Italien. Die Übernahmen kommen teils aus oberitalienischen Dialekten, teils aus der italienischen Handels- und Verwaltungssprache, während die italienische Finanz- und Musiksprache gemeindeutsch wurde:

*Akonto* (Anzahlung)
*Aranzini* (Orangeat)
*Aviso* (Hinweis)
*Baraber* (ugs.; Arbeiter)
*Bassena* (Waschbecken)
*Biskotten* (Löffelbiskuit)
*Bollette* (Behördenspr.; Zollerklärung)
*detto* (dito)
*Faktura* (Rechnung)
*Fasche* (Binde)
*Fierant* (Marktfahrer)
*Fisolen* (grüne Bohnen)
*Karfiol* (Blumenkohl)
*Kassa* (Kasse)
*Koriandoli* (Konfetti)
*Krida* (Konkursvergehen)
*Maroni* (Edelkastanien)
*Massette* (veraltend; Eintrittskartenblock)
*Melanzani* (Auberginen)
*Nikolo* (Nikolaus)
*Pafese* (eine Mehlspeise, Armer Ritter)
*Pallawatsch* (ugs.; Durcheinander)
*Pinze* (ein Gebäck)
*Pipe* (Fasshahn)
*Polizze* (Police)
*Ribisel* (Johannisbeere)
*Sensal* (Makler)
*skartieren* (ausscheiden)
*Spalett* (Fensterladen mit Lamellen)
*Tangente* (Quote, Anteil)
*Tschinelle* (Becken)
*Zappin* (Spitzhacke)
*Zibebe* (Weinbeere)
*Ziment* (veraltet; ein Hohlmaß)

### Französisch

Viele aus dem Französischen stammende, meist im 18. Jahrhundert übernommene Wörter sind bereits veraltet. Heute noch allgemein üblich sind z. B.:

*Apportl* (ugs.; Wurfgegenstand für den Hund)

*assanieren* (sanieren)

*delogieren* (zum Ausziehen aus der Wohnung zwingen)

*Fadesse* (veraltet; Langeweile)

*Falott* (ugs.; Gauner)

*faschieren* (durch den Fleischwolf drehen)

*Frappé* (Milchmixgetränk)

*Kokosette* (Kokosflocken)

*Magazineur* (Magazinverwalter)

*Parte(zettel)* (Todesanzeige)

*Partie* (Gruppe)

*Pouvoir* (Vollmacht)

*Pralinee* ( französisierend; Praline)

*Rayon* (Amtsbezirk)

*retour* (zurück)

*reversieren* (umkehren)

*Rondeau* (rundes Beet)

*schmafu* (ugs.; geizig)

*Trafik* (Tabakladen)

### Latein

Da die Amtssprache in Österreich bis in das 18., vereinzelt noch ins frühe 19. Jahrhundert hinein Latein war, haben sich im österreichischen Deutsch zahlreiche lateinische Wörter oder Silben erhalten:

*Auditor* (veraltet; Auditeur)

*dirimieren* (veraltet; entscheiden)

*Evidenz* (Liste)

*Inquisit* (veraltet; Häftling)

*inskribieren* (einschreiben)

*Konsumation* (Verzehr)

*Kontumaz* (veraltet; Quarantäne)

*Kooperator* (Kaplan)

*Kriminal* (veraltet; Gefängnis)

*lukrieren* (Gewinn erzielen)

*Manipulant* (Behördenspr.; Hilfskraft)

*Matura* (Reifeprüfung)

*Pennal* (Federschachtel)

*perlustrieren* (durchsuchen)

*Primar(arzt), Primarius, Primaria* (leitender Arzt/leitende Ärztin)

*prolongieren* (verlängern)

*Radiallinie, -straße* (vom Zentrum aus)

*Realitäten* (veraltet; Immobilien)

*refundieren* (zurückerstatten)

*Remuneration* (Vergütung)

*Sekundararzt* (Assistenzarzt)

*spondieren* (den Magistertitel verliehen bekommen), *Sponsion*

Dazu gehören der Wortbestandteil *Austro-* (österreichisch) und die Fugensilbe *-ial* (*Ferial-, Gremial-*).

### Englisch

Der englische Einfluss auf das österreichische Deutsch durch moderne Anglizismen entspricht dem internationalen Trend. Österreichspezifische Übernahmen hingegen sind selten. Dazu zählen *Juice* (Fruchtsaft), *powdern, Signation, Wastewatcher, Zipp* oder *Substandard*, das aber inzwischen auch gemeindeutsch ist. Zu den englischen Fußballausdrücken siehe oben. Englische Einflüsse zeigen sich aber in älteren Aussprachemerkmalen, z. B. *Flirt, Jumper, Rummy, Spurt.*

### Slowenisch

Manche slowenischen Wörter sind nur in Kärnten oder in der Steiermark erhalten, z. B. *Klapotetz, Strankerl,* einige aber in die gesamtösterreichische Standardsprache eingedrungen, z. B. *Keusche, Potitze,* darunter auch das österreichische Schibboleth *Jause*, umgangssprachlich ist *petschiert sein* (ruiniert sein).

### Tschechisch/Slowakisch

Vom ursprünglich großen tschechischen und slowakischen Einfluss ist in der österreichischen Standardsprache nur noch wenig zu spüren, vor allem noch in der Küchensprache, z. B. *Brimsen, Haluschka, Kaluppe, Kolatsche, Kren, Skubanki;* umgangssprachlich ist *trischaken* (verprügeln; nach einer bestimmten Art Tarock spielen).

### Ungarisch

Aus Ungarn gab es zahlenmäßig keine große Zuwanderung nach Wien, da Ungarn in der Monarchie als praktisch selbstständiger Staat eigene Zentren und eine andere Wirtschaftsstruktur hatte. Dem entsprechend ist der sprachliche Einfluss geringer als aus den slawischen Sprachen und auf Ostösterreich beschränkt, z. B. *Fogosch* (Zander), *Maschikseite* (ugs.; Kehr-, Rückseite), *Mulatschag* (ausgelassenes Fest), *mulatieren* (veraltet; ausgelassen feiern), *Schinakel* (Boot), *Gate(hose)* (ugs.; Unterhose), *Dobostorte, -schnitte.*

### Rumänisch

Einige rumänische Wörter, wie *Palatschinke* oder *Hotter,* sind über slowakische bzw. ungarische Vermittlung nach Österreich gekommen. Direkt aus dem Rumänischen entlehnt ist *Ramasuri* (Durcheinander, turbulente Situation). Die Endung *-uri* kommt von dem produktiven rumänischen Pluralsuffix *-uri* (aus lat. *-ora*, z. B. *tempus – tempora*) und wurde auch im österreichischen Deutsch in einigen Fällen produktiv, z. B. *Bramburi, Kramuri.* Dabei wird *-uri* betont, während im Rumänischen die Silbe unbetont ist.

# Sprachräume und Staatsgebiet

## Sprachliche Nachbarn

Das Geltungsgebiet des österreichischen Deutsch und das österreichische Staatsgebiet decken sich nicht. Aus historischen Gründen gelten viele österreichische Merkmale des Deutschen auch in benachbarten Gebieten, die politisch nicht zu Österreich gehören: in **Bayern,** in ganz **Süddeutschland, Südtirol** oder in der **Schweiz.** Diese Überlappungen in den benachbarten Landschaften machen eine sprachliche Abgrenzung zwischen Deutschland und Österreich schwierig.

Die Varietäten des Standarddeutschen sind mit den englischen Varietäten in Europa, Amerika, Australien usw. nicht vergleichbar. Denn die deutschen nationalen Varietäten liegen in geografisch benachbarten Ländern mit intensivem wirtschaftlichem, medialem und menschlichem Kontakt. Daher unterliegen auch die Varietäten des Standarddeutschen einem ständigen Austausch. Wenn eine kleine Sprachgemeinschaft einer großen gegenübersteht, ist immer der Einfluss der größeren Sprachgemeinschaft stärker als umgekehrt. Daher gehen viele traditionelle Eigenheiten des österreichischen Deutsch zugunsten deutschländischer Formen zurück.

Aus österreichischer Sicht werden Varianten aus Deutschland oft vereinfacht oder fälschlich als »norddeutsch« bezeichnet. Im engeren Sinn sind die norddeutschen Varianten die auf niederdeutschen Dialekten oder besonderen norddeutschen Verhältnissen aufbauenden Sprachformen, z. B. *Krug* (für Gasthaus), *Forke* (für Gabel). Davon zu unterscheiden ist diejenige Erscheinungsform der deutschen Standardsprache, die sich seit dem 16. Jahrhundert auf der Grundlage des Ostmitteldeutschen ausgeprägt und sich seit dem 19. Jahrhundert über ganz Norddeutschland verbreitet hat. Sie umfasst, vereinfacht gesagt, die Gebiete nördlich des Mains, also Mittel- und Norddeutschland. Dieses in Österreich meist so bezeichnete »Norddeutsch« – es entspricht ungefähr dem, was man früher als »Binnendeutsch« bezeichnet hat – findet vor allem in den überregionalen Medien seinen Niederschlag und wirkt auch in hohem Maß auf den Sprachgebrauch in Österreich ein. Da Mediensprache gewöhnlich die moderne Sprachform repräsentiert, sind somit auch Fernsehen und Rundfunk Hauptträger des mittel- und norddeutschen Einflusses. Da zudem fremdsprachige Filme in aller Regel in Norddeutschland synchronisiert werden, wirkt der Einfluss des dadurch verbreiteten Norddeutschen sehr stark auf Kinder und Jugendliche. Ein Teil der medialen Jugendsprache wird wieder zugunsten einheimischer Formen abgebaut. Mit dem Warenimport aus Deutschland werden auch die norddeutschen Produktbezeichnungen nach Österreich importiert. Journalisten übernehmen oft unreflektiert die Ausdrucksweise der deutschen

Agenturmeldungen, z. B. *Oberbürgermeister* für *Bürgermeister*. Es geht heute weniger um norddeutsche Einflüsse in Österreich, sondern um mediensprachliche Einflüsse.

In umgekehrter Richtung ist der Spracheinfluss geringer, kommt aber ebenfalls vor. Das Wort *Maut* ist in Deutschland heute allgemein gebräuchlich, die Wendung *im Nachhinein* galt vor einigen Jahrzehnten noch eher als österreichisch (wie *im Vorhinein*), ist heute aber gemeindeutsch. Vor allem sind es aber – in der mündlichen Kommunikation sehr wichtige – Kurzwörter, die nach Deutschland gelangen, z. B. *eh* und *halt*.

Mit der Schweiz gibt es einen geringeren Sprachaustausch, wenn man von den sehr intensiven Sprachkontakten zwischen Vorarlberg und der Schweiz absieht. Auch die gesamtoberdeutschen Ausprägungen der deutschen Standardsprache haben Österreich und die Schweiz gemeinsam.

## Österreichisches Deutsch im Ausland

Durch die Dominanz des deutschländischen Deutsch ist es für die österreichische Kulturpolitik schwierig, die österreichische Varietät im Ausland bewusst zu machen. Lektoren an ausländischen Universitäten und Deutschkurse im Inland sollen das Standarddeutsch österreichischer Prägung vermitteln oder wenigstens dahin wirken, dass Austriazismen bei Prüfungen nicht als Fehler gewertet werden. Ein eigenes österreichisches Sprachdiplom wurde eingerichtet. Wenn man aber bedenkt, dass das Deutsche im internationalen Wissenschaftsbetrieb zunehmend zugunsten des Englischen an Einfluss verliert, trifft das für die kleinräumigen Varietäten wie die österreichische noch stärker zu.

Eine besondere Bedeutung gewinnt die Sprachfrage in der Europäischen Union. Dort geht es für das österreichische Deutsch vor allem darum, in der Fachsprache der Verwaltung und des Rechts, also überall dort, wo es um Terminologie geht, in den Texten der EU repräsentiert zu sein.

Das Problem wurde anlässlich des österreichischen EU-Beitritts relevant. Österreichisches Deutsch wurde aber in den Beitrittsverhandlungen nur in Form einer kleinen Liste von 23 Lebensmittelbezeichnungen, die schon im Lebensmittelrecht der EWG eine Rolle spielten, im Protokoll Nr. 10, eingebracht:

*Beiried*

*Eierschwammerl*

*Erdäpfel*

*Faschiertes*

*Fisolen*

*Grammeln*

*Hüferl*

*Karfiol*

*Kohlsprossen*

*Kren*

*Lungenbraten*

*Marillen*

*Melanzani*

*Nuss*

*Obers*

*Paradeiser*

*Powidl*

*Ribisel*

*Rostbraten*

*Schlögel*

*Topfen*

*Vogerlsalat*

*Weichseln*

Diese Liste von Wörtern, die »in der deutschen Sprachfassung neuer Rechtsakte den in Deutschland verwendeten Ausdrücken in geeigneter Form hinzugefügt« werden müssen, betrifft also nur Rechtstexte und beeinflusst die alltägliche Sprachpraxis nicht. Sie hat eher symbolischen als wirklich praktischen Wert.

## Binnengliederung

Innerhalb Österreichs können folgende größere Sprachlandschaften grob unterschieden werden:

**Ostösterreich** mit Wien, Niederösterreich, dem Burgenland und der Oststeiermark. In Ostösterreich ist der sprachliche Einfluss Wiens naturgemäß stärker als in anderen österreichischen Sprachlandschaften.

**Mittelösterreich** mit Oberösterreich und Salzburg. Mittelösterreich hat eine ostösterreichische Basis, aber auch deutliche Gemeinsamkeiten mit Bayern, die nicht weiter nach Ostösterreich reichen. Von den Landeshauptstädten Linz und Salzburg wird aber zunehmend aktuelles Wienerisches aufgegriffen.

**Süd- und Südostösterreich** mit der Steiermark und Kärnten. Auch diese beiden Sprachlandschaften haben eine ostösterreichische Basis, aber mit deutlich eigenständigen regionalen Ausprägungen.

**Westösterreich** mit Tirol, dem westlichen Salzburg und Vorarlberg. Westösterreich weist erkennbare Unterschiede zum ostösterreichischen Standarddeutsch in Wortschatz und Aussprache auf, wobei Vorarlberg (einschließlich des Tiroler Bezirks Reutte) wegen seiner alemannischen Dialektbasis, die es mit der Schweiz und Südwestdeutschland teilt, eine Sonderstellung einnimmt.

Beispiele:

**Kärnten:** *Docker* (ugs.; einfältiger Mensch), *Dulle* oder *Tulle* (ugs.; Stier, Tölpel), *Frigga* (eine Speise), *Tschentsche* (Nörgler), *Kulter* (ugs.; Decke), *Reindling* (ein Kuchen).

**Kärnten und Tirol:** *Tschurtschen* (Koniferenzapfen), *Türken* (Mais), *Widum* (Pfarrhof), *Plenten* (Polenta), *Frigelesuppe* (veraltet; Suppe mit Teigeinlage), *Gitsche* (ugs.; Mädchen).

**Ostösterreich:** *Bartwisch* (Handbesen), *fechsen* (ernten), *Greißler* (Kaufmann), *Strotter* (Stöberer), *Krügel* (Bierglas), *Hotter* (Burgenland; Gemeindegebiet, -grenze), *Brimsen* (Schafkäse)

**Österreichweit, aber nicht in Westösterreich:** *Ribisel* (Johannisbeere), *Rauchfang*

**Wien:** *Bassena* (Waschbecken), *Mezzie* (veraltend; Schnäppchen), *Powidl* (Pflaumenmus), *Koloniakübel* (Mülltonne), *Hundstrümmerl* (ugs.; Hundeexkremente).

**Steiermark:** *Klapotetz* (Windrad), *Plutzer* (Kürbis), *Schilcher* (ein bestimmter Roséwein: Blauer Wildbacher).

**Steiermark und Kärnten:** *Röhrlsalat* (Löwenzahnsalat), *Sterz* (eine Speise), *Tommerl* (eine Speise), *Verhackert(s)* (ein Aufstrich).

**Salzburg und Oberösterreich:** *Flesserl* (Zopfgebäck), *Schranne* (Markt), *Dult* (Jahrmarkt), *Zehrung* (Totenmahl).

**Westösterreich:** *Kamin* (Rauchfang), *Hauser, Häuserin* (Hauswart/-in), *Fasnacht* (Fasching), *Dekan* (Dechant), *Zugeherin* (Haushaltshilfe).

**Vorarlberg:** *Alpe* (Alm), *Fasnat* (Fasching), *Flädle* (Suppeneinlage), *Gob* (Kind), *Maisäß* (Voralpe), *Rüfe* (Mure), *Täfer* (Täfelung).

Wie differenziert die Verhältnisse auch innerhalb Österreichs sind, zeigen einige Beispiele von **Bedeutungsunterschieden,** die nicht selten zu Missverständnissen führen:

**Most** bezeichnet im Großteil Österreichs (wie süddeutsch und schweizerisch) einen ›alkoholischen Obstsaft‹, in Ostösterreich (wie regional auch in Deutschland und in der Schweiz) einen ›unvergorenen, süßen Obstsaft‹.

**Speck** bezeichnet gemeindeutsch und ostösterreichisch ›die Fettschicht zwischen Haut und Muskeln beim Schwein‹ und kann somit nur fettes Fleisch bezeichnen, besonders westösterreichisch aber hat es die Bedeutung ›geräuchertes Fleisch vom Schwein‹ und ist synonym zu *Geselchtes*, in diesem Sinn kann es auch mageres Fleisch sein.

**abhausen** bedeutet österreichisch (außer im Westen) ugs. ›pleitegehen‹. In Westösterreich sagt man dazu **aufhausen**, das aber in Südösterreich wiederum ›den Hof gut bewirtschaften (Gegenteil von *abhausen*)‹ bedeutet.

**Obers** gilt im Allgemeinen als typisch österreichisches Wort, das trifft aber nur eingeschränkt zu, wie die gesamtdeutsche Verteilung von **Sahne/Rahm/Obers** zeigt:

| | **Oberbegriff** | **süß** | **sauer** |
|---|---|---|---|
| **ostösterr.** | *Rahm* | *Obers* | *Rahm* |
| **westösterr. (auch südd., schweiz., westd.)** | *Rahm* | *süßer Rahm* | *saurer Rahm* |
| **nordd., mitteld.** | *Sahne* | *süße Sahne* | *saure Sahne* |

## Die Sprachsituation in Österreich

Wie in den meisten deutschen Gegenden gibt es in Österreich neben der genormten **Standardsprache** verschiedene Sprachschichten.

**Dialekt** ist die sprachgeschichtlich ursprüngliche und kleinräumige Erscheinungsform einer Sprache, die meist auf Themen des Alltags beschränkt ist und ein eigenes grammatisches System aufweist.

Zwischen den kleinräumigen Dialekten und den großräumigen regionalen oder nationalen Varietäten der Standardsprache steht die **Umgangssprache**. Sie ist großräumiger als der Dialekt und kann der Standardsprache näher sein, wobei Standardnormen weniger genau eingehalten werden, so in den Städten und in großen Gebieten Deutschlands. Sie kann auch dialektnäher sein, wobei aber dann basisdialektale Merkmale fehlen, so in vielen Gegenden Österreichs. Wieweit dialektale Merkmale in der Umgangssprache erhalten sind, ist regional sehr verschieden.

Zum **Gemeindeutschen** gehören alle Erscheinungsformen, die im gesamten Sprachgebiet einheitlich sind.

Für das österreichische Deutsch ist außerdem die Unterscheidung von **formellem** und **informellem** Sprachgebrauch von Bedeutung. Oft gibt es Wörter, die zweifellos standardsprachlich sind, in bestimmten öffentlichen Situationen aber vermieden werden, z. B. *Paradeiser* (Tomate). So bezeichnet man einen Kleiderschrank üblicherweise als *Kasten*, im Handel wird aber das formelle Wort *Schrank* verwendet.

Österreichische und deutschländische Formen schließen einander nicht unbedingt aus. Wenn *Erdapfel* in das österreichischen Standarddeutsch aufgestiegen ist, heißt das nicht, dass deshalb *Kartoffel* unösterreichisch wäre. Gerade das Nebeneinander verschiedener Formen eröffnet Möglichkeiten zu besonderen sprachlichen Nuancierungen, die ein Charakteristikum österreichischer Literatur ausmachen. Österreichische Schriftsteller verwenden keineswegs bewusst österreichisches Deutsch, sondern wählen nach Bedarf aus allen vorhandenen sozialen, situativen und regionalen Registern. Andererseits wird oft beklagt, dass Lektoren deutscher Verlage Austriazismen ohne sprachliches Verständnis eliminieren.

In Österreich haben die Dialekte einen hohen Stellenwert. Abgesehen von den alemannischen Gebieten in Vorarlberg und einem kleinen Teil von Westtirol gehört Österreich (mit Altbayern und Südtirol) zum bairischen Dialektgebiet, das aber dialektgeografisch in sich stark gegliedert ist. Auch in der sozialen Staffelung ist der Dialektgebrauch sehr unterschiedlich. Neben sehr dialektnahen Gebieten mit hoher Geltung des Dialekts auch in der Öffentlichkeit (z. B. in Oberösterreich) gibt es Gebiete mit starkem Dialektschwund, besonders im Umland von Großstädten. Typisch für Österreich (besonders für den Osten) ist ein gleitender Übergang zwischen Standardsprache und Dialekt, sogar innerhalb eines Satzes, das Dialekt-Standard-Kontinuum. Das Gegenteil ist die Diglossie (»Zweisprachigkeit«), d. h. eine klare Trennung zwischen Dialekt und Standardsprache je nach Handlungssituation, wie sie in der Schweiz und in geringerem Maß in Westösterreich, bes. Vorarlberg, besteht.

Für Deutsche, besonders aus mittel- und norddeutschen Gebieten, in denen kaum noch Dialekt gesprochen wird, ist dieses Nebeneinander von Dialekt und Standardsprache oft schwer erklärbar, weshalb österreichisches Deutsch für sie den Charakter eines Dialekts hat, was Österreicher im Allgemeinen verstimmt und zu der Feststellung veranlasst, man würde sie ja gar nicht verstehen, wenn sie erst wirklich ihren Dialekt sprächen.

Andererseits sind es Österreicher gewohnt, dass die »offizielle« Ausdrucksweise eine andere ist als die im Alltag gebrauchte. Auf diese Weise werden die aus Deutschland bekannten Wörter oder Formen mangels sprachgeografischer Kenntnisse automatisch als die besseren oder richtigen empfunden.

Aus demselben Grund kommt es manchmal zu hyperkorrekten Formen, z. B. *Abwäsche* (im Handel für *Abwasch* [Spülbecken]). Aus dem gleichen Grund wird oft *Kohlrabi*, ein gemeindeutsches Wort, das aber der Form nach, vielleicht wegen des *-i*, oft als mundartlich empfunden wird, durch *Kohlrübe* ersetzt, obwohl dieses Wort in der Standardsprache eine andere Pflanze bezeichnet. Aus einer *Scheibtruhe* (Schubkarren) wird manchmal eine *Schiebetruhe* (offenbar weil bayerisch-österreichisches *kegelscheiben* in Deutschland *kegelschieben* heißt).

Ein Beispiel für die geografischen und historischen Bezüge innerhalb Österreichs sind die Bezeichnungen für den Fleisch verarbeitenden Handwerker. Im Osten und Südosten sprach man ursprünglich vom *Fleischhacker*, im Westen (wie in großen Gebieten in Deutschland) vom *Metzger*. Das *Metzger*-Gebiet umfasst den Westen Oberösterreichs, Salzburg, Tirol und Vorarlberg. Diese alten Wörter wurden in die Mundart und Umgangssprache zurückgedrängt und durch das neue Wort *Fleischhauer* ersetzt, das in Österreich keine Dialektdeckung hat und über die Wiener Behörden Verbreitung fand. Die historisch gewachsenen Bezeichnungen wurden also durch ein übergeordnetes Verwaltungswort ersetzt. Diese Entwicklung kam aber in den letzten zwei Jahrzehnten des 20. Jahrhunderts zum Stillstand: Vom Westen her breitet sich *Metzger* aus, und zwar nicht nur, dass es in seinem ursprünglichen Verbreitungsgebiet wieder in die Standardsprache aufsteigt, sondern auch, dass es weiter nach Osten ins *Fleischhacker*-Gebiet eindringt. Überlagert werden diese Bezeichnungen von dem ebenfalls vorkommenden gemeindeutschen Wort *Fleischer*, eine amtliche Bezeichnung, die auf eine Übernahme der ostmitteldeutsch-schriftsprachlichen Handwerkerbezeichnung in die Gewerbeordnungen unter Maria Theresia zurückgeht. Das Beispiel zeigt, dass das österreichische Deutsch ständig im Fluss war und ist.

Mit dem Infragestellen von Normen in der Gesellschaft und der neuen Aufwertung der Dialekte in Kultur und Medien seit den 1970er-Jahren wird auch in Österreich die Standardsprache stark dialektal durchsetzt. Österreichische Film- und Fernsehproduktionen verwendeten zunehmend Dialekt. Allerdings wurde in Wien der Dialekt in seiner derben Form verwendet und skurrilen Kriminalkommissaren oder Unterschichtfiguren, wie Mundl Sackbauer, zugeschrieben, was den Dialekt als normale Kommunikationssprache unmöglich machte, da man sich mit diesen Figuren nicht identifizieren konnte. Auch Sportmoderatoren verwenden heute in hohem Maß Dialekt. So kommt es zu der öfter geäußerten Beobachtung, dass Österreicher bei Sportübertragungen wegen der sachlicheren Sprache lieber einen deutschen Sender einschalten, deutsche Nachbarn aber einen österreichischen, weil sie sich an der emotional-dialektalen Sprache amüsieren.

Vielfach ist besonders im mündlichen Sprachgebrauch auf dem Land von einer Standardverweigerung zu sprechen. Dies führt auch in den Schulen und teils sogar in den Universitäten zu Problemen in der sachlichen Diskussion und im Umgang mit Ausländern, die Deutsch als Fremdsprache gelernt haben. Andererseits nimmt der Standardgebrauch, besonders in den Städten, stark zu. Das Problem im Sprachunterricht verlagert sich vom Gegensatz Dialekt – Standardsprache zum Gegensatz mündlich – schriftlich.

Unsicherheiten im Sprachgebrauch resultieren zum Teil daraus, dass man sich vor allem auf der politischen Ebene mit der Sprache in Österreich beschäftigt, besonders mit dem Verhältnis zum Deutsch in Deutschland, nicht aber mit dem Deutsch in Österreich selbst, die internen Fragen von Sprachrichtigkeit und Sprachpflege also umgeht. Daher gibt es auch keine Sprachgesellschaft und keine Sprachzeitschrift, wie in der Schweiz und in Deutschland.

Auf der **staatlichen Ebene** ist in Österreich die deutsche Sprache in der Verfassung verankert. Daneben gibt es als anerkannte Minderheitensprachen Slowenisch, Kroatisch, Tschechisch, Slowakisch, Romanes und die Gebärdensprache.

## Über das Verhältnis von Standardsprache und Dialekt

Zwar sind Standardsprache und Dialekt zwei verschiedene Systeme, doch beeinflussen sie sich in Übergangsgszonen, vor allem wenn ein Dialektwort in die Standardsprache übernommen wird.

Für den Status, den solche ursprünglichen Dialektwörter in einem neuen Kontext annehmen, gibt es folgende Möglichkeiten:

1. als dialektales Zitatwort (wie ein lateinisches oder englisches Zitatwort) oder als lexikalisiertes Dialektwort, d. h., das Wort wird in der Dialektform in die Standardsprache übernommen, z. B.:

*zahn* (zerren), *abizahn, Abizahrer, anzahn*

*drahn* (drehen), abidrahn

*drüberstrahn* (-streuen)

*Kripperlroas* (-reise)

*Laberl* (zu Laib)

*Millirahmstrudel* (Milchrahm-)

*mir san mir* (wir sind wir)

*Musi* (Musik)

*-kas* (*Erdäpfelkas, Topfenkas,* zu Käse).

Manche Dialektwörter werden zu volkskundlichen Termini und behalten als Fachwort die Dialektschreibung bei, z. B. *Troadkasten* (Getreidespeicher).

2. in das standardsprachliche Schriftsystem übergeführtes Wort, z. B. *urassen, stessen, Weimberl, wie nicht gescheit, Ahnl, zwider.* Wenn die Dialektform in das standardsprachliche Lautsystem passt, ist das problemlos. Interessant

wird die Frage aber dort, wo Lautungen, die es im Standard nicht gibt, in Schriftform umgesetzt werden müssen. Das betrifft vor allem Wörter mit verdumpftem *a* sowie mit den Diphthongen *ua, oa* und *ie.*

Verdumpftes *a* wird in Bayern oft mit *o* geschrieben (z. B. *Odel, ozapft is*). Diese Schreibung ist in Österreich ungebräuchlich und auch nicht sinnvoll, da die Aussprache in Österreich generell etwas weiter dem *a* angenähert ist und in der städtischen jüngeren Generation Ostösterreichs häufig bereits *a* gesprochen wird, weil der etymologische Zusammenhang des Dialekts aus dem Bewusstsein schwindet.

Die dialektalen Diphthonge müssen in der Standardsprache anders realisiert werden. Da die Lautfolge *-ar-* oder *-ir-* mündlich als Diphthong gesprochen wird, wird umgekehrt hyperkorrekt [oa] als *-ar-* geschrieben. Dadurch entstehen die Formen *Bartwisch* (Handbesen) aus etymologisch *Borstwisch, Scharten* (Späne) aus *Scheiten, Lurch* (Staubflocken) aus *Luch, Irxe* (Achselhöhle) aus *Üechse.*

In der Umgangssprache kommen noch Ortsadverbien wie *eini, aussi* vor. Es sind Reste eines differenzierten dialektalen Systems mit einer Unterscheidung der Perspektive vom/zum Sprecher, z. B. zum Sprecher gerichtet *geh eina* (herein), vom Sprecher weg: *geh eini* (hinein). Die richtungsangebende Silbe *her* bzw. *hin* steht vor der lageangebenden Präposition *auf, aus, in, über* usw., z. B. *ausher* gegenüber standardsprachlich *heraus.* Daraus ergibt sich eine große Zahl von Formen wie *ausher/aushin, aufher/aufhin, einher/einhin, abher/abhin, umher/umhin* usw. Diese Wörter werden allerdings mit Betonung auf der ersten Silbe gesprochen, wodurch *-hin* bzw. *-her* abgeschwächt und mit *-a* bzw. *-i* wiedergegeben wird: *aussa/aussi, auffa/auffi, aba/abi, umma/ummi.*

## Der Wortschatz des österreichischen Deutsch

Österreichischer Wortschatz ist nicht in allen Bereichen gleich ausgeprägt. In vielen Sachbüchern oder auch literarischen Werken sind kaum Austriazismen zu finden. Sie zeigen sich aber hochfrequent in einigen Sachgebieten: der Küche, der Verwaltung und Politik, des Schulwesens und auch des Gesellschaftslebens.

In den folgenden Listen sind einige wichtige Beispiele aus ausgewählten Bereichen des österreichischen Wortschatzes zusammengestellt; die Worterklärung findet man im Wörterbuchteil.

## Die Sprache der Küche

Wie auch in anderen Sprachen ist die Küchensprache (oder Sprache der Kochkunst) entsprechend der geografischen und kulturellen Vielfalt regional ausdifferenziert. Daher gibt es neben vielen für ganz Österreich geltenden Wörtern der Küchensprache zahlreiche andere, die für einzelne Regionen innerhalb Österreichs spezifisch sind. Die folgende Liste enthält einige Speisen- und Fruchtbezeichnungen.

*Beinfleisch*
*Beiried*
*Beuschel*
*Biskotten*
*Blunzen*
*Brimsen*
*Buchteln*
*Eierspeis*
*Eiklar*
*Erdapfel*
*Farfeln*
*Faschiertes*
*Faschingskrapfen*
*Fisole*
*Fleck*
*Flesserl*
*Fogosch*
*Frittaten*
*Germ*
*Geselchtes*
*Grammeln*
*Gröstl*
*Gugelhupf*
*Häuptelsalat*
*Karree*
*Kasnocken*
*Kletzenbrot*
*Kolatsche*
*Kren*
*Lungenbraten*
*Marille*
*Mehlspeise*
*Melanzani*
*Obers*
*Pafese, Pofese*
*Palatschinke*
*Paradeiser*
*Pogatsche*
*Powidl*
*Quargel*
*Ribisel*
*Röster*
*Schilcher*
*Schlagobers*
*Schlegel*
*Schmarren*
*Schöpsernes*
*Schwammerl*
*Stelze*
*Sterz*
*Tafelspitz*
*Teebutter*
*Topfen*
*Verhackert*
*Vogerlsalat*
*Wecken*

## Die Sprache der Verwaltung und Institutionen

*Abfertigung*
*Altstoffsammelzentrum*
*Amtshelfer*
*ASVG-Pension*
*Aufsandung*
*bedingt*
*Behaltefrist*
*Bezirk*
*Bezirksgericht*
*Budget*
*Chefarzt*
*Dirimierungsrecht*
*Edikt*
*Einschau*
*Exekution*
*Feuerbeschau*
*Flächenwidmungsplan*
*Gebietskrankenkasse*
*Grundwehrdiener*
*Istgehalt, Istlohn*
*juridisch*
*Jus*
*Karenzurlaub*
*Klub*
*Knoten*
*Konzipient*
*Landeshauptmann, -frau*
*Landesrat, -rätin*
*Lenker*
*Mandatar*
*Markt*
*Nationalrat*
*Nominale*
*Organmandat*
*Partei*
*Pension* (auch für *Rente*)
*pragmatisieren*
*Präsenzdienst*
*Primar*
*Rayon*
*Realitäten*
*Rechtsfreund*
*Rettung*
*Schubhaft*
*Statutarstadt*
*strafverifizieren*
*Tagsatzung*
*Turnus*
*Umfahrung*
*unbedingt*
*Vorrang*
*Vorrückung*
*Wählerevidenz*
*Zeitausgleich*
*Zulassungsschein*

## Beispiele aus dem Gesellschaftsleben

*Adabei*
*baba*
*Damenspende*
*Deixfigur*
*gnä' Frau/Herr*
*L'amour-Hatscher*
*Seitenblickegesellschaft*
*Snowciety*

### Bezeichnungen aus dem Schulwesen

| | | |
|---|---|---|
| *AHS* | *Klassenvorstand/-ständin* | *Schulbuchaktion* |
| *Berufsreifeprüfung* | *Lehrverpflichtung* | *Schulerhalter* |
| *BHS* | *Matura* | *Schulgemeinschaftsausschuss* |
| *Bildungsdirektion* | *Maturant/-in* | *Schulsprengel* |
| *Bundesgymnasium* | *Mittelschule* | *Schulstufe* |
| *Bundeslehranstalt* | *Pflichtgegenstand* | *supplieren* |
| *Externist* | *Pflichtschule* | *Volksschule* |
| *Gegenstand* | *Polytechnische Schule* | *vorwissenschaftliche Arbeit* |
| *Handelsakademie* | *Professor/-in* | *Wahlpflichtgegenstand* |
| *HTL* | *Praxisschule* | *Zentralmatura* |
| *Integrationslehrer/-in* | *Schularbeit* | |

## Phraseologie

Einen wichtigen Teil des Wortschatzes machen Phraseologismen aus, das sind die typischen Wortverbindungen, festen Fügungen, Wendungen und Redensarten einer Sprache. Die österreichspezifischen Phraseologismen stammen entweder aus dem Amtsdeutsch, aus dem saloppen (Stadt)dialekt oder sie entstehen dadurch, dass in einer gemeindeutschen Redewendung ein Wort ausgewechselt wird. Zu diesen Fällen einige charakteristische Beispiele:

### Redewendungen

*im letzten Abdruck* ›im letzten Augenblick‹

*anno Schnee* ›vor langer Zeit‹

*in Evidenz halten* ›registrieren, auf dem Laufenden halten‹ (Behördenspr.)

*erste Reihe fußfrei* ›sich in einer günstigen Situation befindend‹

*auf die Gant kommen* ›in Konkurs gehen‹ (veraltend)

*in die Hacken gehen* ›zur Arbeit gehen‹ (ostösterreichisch salopp)

*zum Handkuss kommen* ›draufzahlen‹

*sich über die Häuser hauen* ›die Flucht ergreifen‹ (ostösterreichisch salopp) *ums Haxl hauen* ›übervorteilen‹ (ugs.)

*etwas ist für den Hugo* ›etwas ist umsonst‹ (ugs.)

*in Karenz gehen* ›einen Karenzurlaub bzw. Mutterschaftsurlaub antreten‹

*sich einen Karl machen* ›sich einen Spaß machen‹ (ostösterreichisch salopp)

*auf zwei/vielen Kirchtagen/Kirtagen tanzen* ›überall dabei sein [wollen]‹

*im Krankenstand [sein]* ›krankgemeldet sein‹

*in den Krankenstand gehen* ›sich krankmelden‹

*die Krot fressen/schlucken müssen* ›sich mit etwas Unangenehmem abfinden müssen‹ (salopp), in Deutschland selten: ›die Kröte schlucken müssen‹

*sich auf ein Packl [zusammen]hauen* ›sich verbünden, einen Pakt bilden‹ (salopp)

*die Patschen aufstellen/strecken/beuteln* ›sterben‹ (derb)

*ein Schäuferl nachlegen* ›einen Konflikt eskalieren lassen; anheizen‹ (ugs.)

*[einen] Schmäh führen* ›mit witzigen Bemerkungen unterhalten; Sprüche klopfen‹ (ugs.)

*jemanden am Schmäh halten* ›zum Narren halten‹ (ugs.)

*der Schmäh rennt* ›es herrscht gute Stimmung, ein Gag jagt den andern‹ (ugs.)

*auf die Seife steigen* ›ins Fettnäpfchen treten‹ (salopp)

*etwas haut jemanden vom Stockerl* ›etwas verblüfft völlig; etwas haut jemanden vom Hocker‹

*außer Streit stellen* ›nicht in Zweifel ziehen‹

*zu Sturz kommen* ›stürzen‹

*sich ziehen wie ein Strudelteig* ›sehr zäh vorangehen‹ (ugs.)

*in Summe* ›insgesamt‹

*keinen Tau von etwas haben* ›keine Ahnung haben‹

*unter der Tuchent* ›im Verborgenen, Geheimen‹ (ugs.)

*die Überfuhr verpassen/versäumen* ›die Chancen vorbeigehen lassen‹

*in Verwendung stehen* ›verwendet werden‹

*volle Wäsch[e]* ›in vollem Ausmaß‹ (ugs., salopp)

*[jemandem] im Wort bleiben* ›eine Vereinbarung, Zusage einhalten‹

*am Wort sein* ›in einer Diskussion das Wort haben‹

*[nicht] den Wurstel machen* ›[nichts] Unangenehmes übernehmen, das andere ausführen können‹

## Redensarten

*Damit kannst du dich [ab]brausen!* ›Das kommt nicht in Frage!‹ (salopp)

*Da fährt die Eisenbahn drüber!* ›Das steht unabänderlich fest!‹ (salopp)

*Da gibt es nichts!* ›Da kann man nichts dagegen sagen!‹ (ugs.)

*Da schau her!* Ausdruck des Erstaunens, in Deutschland: ›Siehe einmal an!‹

*Ich bin ja kein Kopfschüssler!* ›Ich bin ja nicht blöd!‹ (salopp)

*Das macht das Kraut nicht fett!* ›Das macht eine Sache auch nicht besser!‹; in Deutschland: ›Das macht den Kohl auch nicht fett!‹

*No na [net]* ›Das ist ja offensichtlich!‹ (ugs.)

*Wir werden keinen Richter brauchen!* ›Wir regeln das unter uns!‹

*Red' keinen Senf!* ›Red keinen Unsinn!‹, in Deutschland: ›Mach keinen langen Senf!‹ (salopp)

*[Na] servus!* Ausdruck der Überraschung (ugs.)

*Die Suppe ist zu dünn.* ›Die Fakten sind für ein weiteres Vorgehen nicht ausreichend.‹

*Den Wurstel kann keiner erschlagen!* ›Wer sich entsprechend dumm oder dreist aufführt, ist unangreifbar‹

## Feste Attribuierungen

(Verbindungen von einem Substantiv und einem Attribut, die einen Gesamtbegriff bilden)

*Aktion scharf* ›polizeiliche Schwerpunktkontrolle‹

*die Grüne Mark* ›Steiermark‹

*faschierte Laibchen* ›Fleischlaibchen, Buletten, Frikadellen‹

*eine gemähte Wiese / gmahte Wiesen* ›eine leicht zu bewältigende Sache‹ (ugs.)

*eine besoffene Geschichte* ›ein nicht ernst zu nehmendes Verhalten [da unter Trunkenheit entstanden]‹ (salopp)

*ein hatscherter Vergleich* ›ein hinkender Vergleich‹ (ugs.)

*picksüßes Hölzl* ›Piccoloklarinette‹

*paritätische Kommission* ›paritätisch zusammengesetzte Kommission der Sozialpartner für Lohn- und Preisfragen‹ (früher)

*wilde[r] Abgeordnete[r]* ›keiner Partei angehörende[r] Abgeordnete[r]‹

## Wortbedeutung

Ein großer Teil der Austriazismen besteht aus gemeindeutschen Wörtern, die in Österreich eine andere oder eine zusätzliche Bedeutung haben. Es kann zu einer gemeindeutschen Bedeutung entweder in Deutschland oder in Österreich eine neue Bedeutung hinzukommen oder eine Bedeutung fehlen. In der folgenden Liste sind dazu Beispiele zusammengestellt. In der 2. Spalte sind die gemeindeutschen (G) oder nur auf Deutschland beschränkten (D) Bedeutungen angeführt. Die Bedeutungsangaben sind vereinfacht. Gegebenenfalls sind kurze Hinweise für den Gebrauch hinzugefügt. Bei den mit * gekennzeichneten Stichwörtern handelt es sich um etymologisch verschiedene Wörter.

| **Stichwort** | **bedeutet in Deutschland (D) oder gemeindeutsch (G):** | **bedeutet in Österreich zusätzlich zu eventuellen gemeindeutschen Bedeutungen:** |
|---|---|---|
| *abfertigen* | G: zum Versand, zur Abfahrt fertigmachen: *einen Zug abfertigen* | abfinden, eine Abfindung auszahlen: *einen Angestellten abfertigen; Abfertigung* |
| *adaptieren* | G: anpassen (vor allem Biologie und Soziologie) | eine Sache für einen bestimmten Zweck zurichten, eine Wohnung, ein Haus herrichten: *das Schloss wird als Museum adaptiert* |
| *angeloben* | D: etwas feierlich versprechen | feierlich vereidigen: *Rekruten angeloben, der Bundespräsident wird angelobt; Angelobung* |
| *anschaffen* | G: erwerben, kaufen: *ein Auto anschaffen;* durch Prostitution Geld verdienen | 1. (ugs.) befehlen: *Wer hat dir das angeschafft?*; 2. (ugs.) im Gasthaus bestellen: *Habt ihr schon angeschafft?* |
| *Ansitz* | G: Hochsitz (Jagdwesen) | repräsentativer Wohnsitz |
| *auflassen* | G: 1. aufbehalten: *den Hut auflassen.* 2. aufbleiben lassen: *die Kinder länger auflassen.*<br>D: offen lassen: *das Fenster auflassen* | stilllegen, schließen, aufgeben: *einen Betrieb, ein Geschäft, eine Bahnlinie auflassen* |
| *aufsteigen* | G: einen höheren Rang einnehmen: *beruflich aufsteigen* | in die nächste Klasse zugelassen werden: *der Schüler darf aufsteigen* (in D: versetzt werden) |

| Stichwort | bedeutet in Deutschland (D) oder gemeindeutsch (G): | bedeutet in Österreich zusätzlich zu eventuellen gemeindeutschen Bedeutungen: |
|---|---|---|
| *ausrasten* | G: sich aus einer Befestigung lösen: *die Halterung ist ausgerastet* | ausruhen: *ich muss mich ein bisschen ausrasten* |
| *Aussendung* | G: das Aussenden | Pressemitteilung |
| *Bäckerei* | G: Betrieb, der Backwaren erzeugt | süßes Kleingebäck, Keks usw.; *Teebäckerei, Weihnachtsbäckerei* |
| *Beilage* | G: 1. etwas einer Zeitung usw. Beigelegtes. 2. Gemüse, Kartoffeln usw., die zu einer Fleischspeise gereicht werden | etwas, was einem Brief, einem Gesuch usw. beigelegt wird (in D: Anlage) |
| *berufen* | G: 1. in ein Amt einsetzen; *er wurde als Professor berufen.* 2. sich auf etwas beziehen: *sich auf einen Zeugen berufen* | Berufung einlegen: *gegen ein Urteil berufen* |
| *BH* | G: (der) Büstenhalter | 1. (die) Bezirkshauptmannschaft. 2. (das) Bundesheer |
| *Eierspeise* | D: hauptsächlich aus Eiern zubereitete Speise | Speise aus in der Pfanne zerrührten Eiern (in D: Rührei), meist in der Form *Eierspeis* |
| *Exekution* | G: Hinrichtung | Pfändung |
| *Exekutive* | G: vollziehende Gewalt im Staat | Gesamtheit der Organe zur Ausübung der vollziehenden Gewalt, Polizei |
| *Feuilleton* | D: Kulturteil einer Zeitung | populärwissenschaftlicher oder unterhaltender Beitrag in einer Zeitung |
| *Galerie* | G: umlaufender Gang an einem Gebäude, Gemäldesammlung usw. | Tunnel an einem Berghang mit Öffnungen nach der Talseite (Straßenbau) |
| *Gebrechen* | G: körperlicher Schaden | Schaden an Installationen |
| *Gegenstand* | G: 1. Körper, Ding. 2. Thema. 3. Objekt von Handlungen | Schulfach |
| *Hafen/Häfen** | G: Anlegeplatz für Schiffe | (veraltet) Topf |
| *Havarie* | G: Unfall, Schaden an Flugzeugen und Schiffen | Unfall, Schaden an Kraftfahrzeugen |
| *heikel* | G: schwierig, gefährlich, delikat | wählerisch beim Essen |

| Stichwort | bedeutet in Deutschland (D) oder gemeindeutsch (G): | bedeutet in Österreich zusätzlich zu eventuellen gemeindeutschen Bedeutungen: |
|---|---|---|
| *Kabinett* | G: 1. Regierung.<br>2. kleinerer Museumsraum | kleines Zimmer mit nur einem Fenster: *Kabinett zu vermieten* |
| *Karree* | G: Viereck, Geviert | Rippenstück vom Schwein, Kalb oder Lamm |
| *Klampfe* | G: einfache Gitarre | Bauklammer |
| *Klub* | G: Vereinigung; ihre Räumlichkeiten | Parlamentsfraktion; *Klubobmann, Klubzwang* |
| *Koch* | G: Berufsbezeichnung | Brei, Mus, z. B. *Grießkoch* |
| *Kohl* | Kraut | Wirsing, Wirsingkohl |
| *Krampen* | D: U-Haken zum Befestigen von Draht an Zäunen usw. | Spitzhacke |
| *läuten* | G: läuten (Glocken) | klingeln (Wohnungstür, Wecker usw.) |
| *leeren* | G: 1. leer machen: *das Glas leeren.* 2. leer werden: *der Saal leerte sich* | ausgießen, schütten: *das Wasser, den Kübel ins Gras leeren* |
| *Lurch** | G: Amphibie | Staubflocken |
| *Mandatar* | D: jemand, der im Auftrag eines anderen handelt, z. B. ein Rechtsanwalt | Abgeordneter: *die gewählten Mandatare* |
| *Masche* | G: 1. (ugs.) Vorgangsweise, Trick.<br>2. Schlinge beim Stricken oder Häkeln | Schleife: *Haarmasche, Masche im Schuhband* |
| *Montur* | G (veraltend): Uniform | Arbeitsanzug, Blaumann |
| *Moos* | G: Pflanze, die in Sumpfböden, an Baumstämmen u. Ä. in Form von Polstern wächst | Sumpf, Moor |
| *Panier** | G (das; gehoben) Fahne, Banner, Feldzeichen | (die) Masse zum Panieren |
| *pannonisch* | geogr. Fachausdruck: die *Pannonische Tiefebene* | altburgenländisch; *pannonische Küche* |
| *Partie* | G: 1. Teil, Abschnitt. 2. Durchgang, Runde in einem Spiel.<br>3. Gesangsrolle usw. | für eine bestimmte Aufgabe zusammengestellte Gruppe von Arbeitern |

| Stichwort | bedeutet in Deutschland (D) oder gemeindeutsch (G): | bedeutet in Österreich zusätzlich zu eventuellen gemeindeutschen Bedeutungen: |
|---|---|---|
| *Pech* | G: 1. Rückstand bei der Erdölverarbeitung.<br>2. Missgeschick | Harz |
| *Pfusch* | G: nachlässig und schlampig ausgeführte Arbeit | Schwarzarbeit (ugs.) |
| *Plateau* | G: Hochfläche, Hochebene | künstlich errichtete Fläche, z. B. an einem Aussichtspunkt |
| *Polster* | G (das): Auflage, Polsterung auf Sitz- und Liegemöbeln | (der): Kissen |
| *präpotent* | D (veraltet, selten): übermächtig | überheblich, frech, angeberisch |
| *Psyche* | G: Gesamtheit des menschlichen Fühlens, Empfindens und Denkens | (veraltend) Frisiertoilette mit Spiegel |
| *Realitäten* | G: Plural zu Realität: Wirklichkeit, Tatsache | Immobilien |
| *Rettung* | G: das Retten, Bewahren | 1. Rettungsdienst: *die Rettung anrufen.* 2. Rettungswagen |
| *richten* | mehrere gemeindt. Bedeutungen | 1. reparieren: *die Uhr richten, die Wege sind gerichtet worden.*<br>2. für einen bestimmten Zweck herrichten |
| *Ried** | D: Riedgräser, Schilf; mooriges Gebiet | Nutzfläche in den Weinbergen (auch *Riede*) |
| *Rodel* | D (der, südwestd., schweiz.): Verzeichnis, Liste<br>G (der): zum Rodelsport geeigneter Schlitten | (die/der) kleinerer Kinderschlitten |
| *Röster* | G: Gerät zum Rösten | Mus oder Kompott aus Zwetschken, Holunder oder Marillen |
| *Schiefer* | G: eine Gesteinsart | Holzsplitter |
| *schlichten* | G: beilegen, vermitteln: *einen Streit schlichten* | stapeln: *Brennholz schlichten* |
| *Schularbeit* | D: schriftliche Hausaufgabe (dafür in A: *Hausübung*) | schriftliche Prüfungsarbeit (dafür D: *Klassenarbeit*) |

| Stichwort | bedeutet in Deutschland (D) oder gemeindeutsch (G): | bedeutet in Österreich zusätzlich zu eventuellen gemeindeutschen Bedeutungen: |
|---|---|---|
| *Schwamm* | G: 1. Lebewesen (auf dem Meeresgrund). 2. saugfähiges Material zum Waschen und Putzen usw. | Pilz; *Schwammerl* |
| *schwätzen* | D (süddeutsch): sich unterhalten; weitererzählen | während des Unterrichts heimlich und unerlaubterweise reden |
| *schwemmen* | G: durch Wasser transportieren: *der Fluss schwemmt den Sand ans Ufer* | 1. (die Wäsche) spülen.<br>2. (Holz) flößen |
| *Sturm* | G: 1. heftiger Wind.<br>2. schneller Angriff | in Gärung übergegangener Traubenmost |
| *Sturz* | G: 1. das Fallen, Stürzen.<br>2. tragender Abschluss einer Maueröffnung | kurz für *Glassturz:* Glasglocke |
| *Stutzen* | G: 1. Jagdgewehr mit kurzem Lauf.<br>2. kurzes Rohrstück.<br>3. Strumpf, der die Wade bedeckt, nicht aber den Fuß | Kniestrumpf |
| *Tangente* | G: Gerade, die eine Kurve berührt; Straße am Rand eines Ortes | Anteil, Quote |
| *Turnus* | G: regelmäßiger Wechsel, festgelegte Wiederkehr | 1. Schicht (im Arbeitsablauf).<br>2. Praxisausbildung eines Jungarztes |
| *unbedingt* | G: ohne Einschränkung: *unbedingter Gehorsam* | (juristisch) ohne Bewährungsfrist; *eine unbedingte Strafe* |
| *Vatertag* | Himmelfahrtstag, an dem sich die Männer ohne Frauen vergnügen | Ehrentag der Väter am 2. Junisonntag (analog zum Muttertag) |
| *Verschleiß* | G: Abnützung durch langen Gebrauch | (Behördenspr.) Vertrieb, Kleinverkauf |
| *Vorrang* | G: größere Bedeutung vor etwas anderem: *dieses Projekt hat Vorrang* | (Verkehr) das Recht, als Erster in die Kreuzung einzufahren (in D: *Vorfahrt*) |
| *Vorwort* | G: Einleitung zu einem Buch | Präposition (in D: *Verhältniswort*) |

## Wortfelder

Die Besonderheiten des Wortschatzes erschließen sich oft nicht allein über die Gegenüberstellung von Bezeichnungen oder durch den Vergleich der Bedeutung des einzelnen Wortes, sondern man muss manchmal das gesamte **Wortfeld** betrachten. Hierzu einige Beispiele:

### Semmel / Brötchen / belegtes Brötchen / Weckerl

Das Wort *Semmel* ist kein spezifisch österreichisches Wort, es ist in weiten Teilen Deutschlands üblich, aber eher als Zweitform neben *Brötchen.* Spezifisch österreichisch ist die Bedeutung von *Brötchen* als ›kleines, fachmännisch garniertes belegtes Brot‹, z. B. bei einem Empfang. Da das Wort *Brötchen* im deutschländischen Deutsch bereits semantisch besetzt ist, braucht es dort ein verdeutlichendes Attribut: *belegtes Brötchen.* In der gleichen Bedeutung verwendet man in Österreich das Wort *Sandwich,* das hier also nicht nur ›zwei zusammengelegte belegte Brotscheiben‹, sondern auch ein ›belegtes kleines Brot‹ bezeichnet. Dazu gibt es die Zusammensetzung *Sandwichwecken* (sehr lange und dünne Form von Weißbrot). Alle anderen Komposita, wie *Sandwichbauweise, Sandwichkind* (zwischen zwei Geschwistern aufgewachsenes Kind), hängen aber mit der gemeindeutschen Bedeutung zusammen. – Die Produktpalette der Bäckereien hat sich aber in letzter Zeit stark gewandelt zu kleinerem Gebäck unterschiedlicher Form und Rezeptur. Alle diese Arten werden in Deutschland ebenso als *Brötchen* bezeichnet (z. B. Roggenbrötchen, Schinkenbrötchen, Milchbrötchen, Mohnbrötchen), wodurch sich der Verwendungsbereich von *Brötchen* ausgeweitet hat und sowohl die klassische Semmel als auch andere Gebäckarten bezeichnet. In Österreich bleibt *Semmel* auf die urspr. Bedeutung beschränkt, alle anderen Arten werden dem *Weckerl* zugeordnet (z. B. Mohnweckerl, Kümmelweckerl, Kornweckerl, Dinkelweckerl), das urspr. nur ein kleines längliches Gebäck bezeichnete. Nur für das geflochtene *Mohnweckerl* gibt es bes. in Oberösterreich auch das Wort *Flesserl.*

### Sack / Tasche / Tüte / Stanitzel / Sackerl

Auffallend ist in diesem Wortfeld die geringe Begriffsdifferenzierung von *Sack* im österreichischen Deutsch. In Deutschland stehen dafür drei Wörter zur Verfügung:

| Deutschland | Österreich |
|---|---|
| ***Sack*** *(Kartoffel, Mehlsack)* | ***Sack*** *(Kartoffelsack, Mehlsack)* |
| ***Tasche*** *(Manteltasche, Rocktasche)* | ***Sack*** *(Mantelsack, Hosensack),* veraltend |
| ***Tüte*** *(Papiertüte, eine Tüte Kirschen)* | ***Sack*** *(Papiersack, Plastiksack),* häufig jedoch in der Verkleinerung *Sackerl (ein Sackerl Zuckerln, Jausensackerl, Plastiksackerl)* |

Für die nach unten spitz zulaufende Tüte im engeren Sinn steht in Österreich noch das ältere Wort *Stanitzel* zur Verfügung.

## Schale / Tasse / Tablett / Häferl

Die gemeindeutsche Grundbedeutung von *Schale* ist ›flaches, oben weit offenes rundes oder ovales Gefäß‹, z. B. zum Aufbewahren von Früchten, kleineren Gegenständen, von Milch für ein Tier u. Ä. Auf dem Umweg über die Form mancher Teegefäße (weit und ohne Henkel) hat das Wort in Österreich eine zusätzliche Bedeutung erhalten, nämlich die Bedeutung ›Trinkgefäß für Tee und Kaffee‹ und ist so ein Synonym zu *Tasse.* Das Wort *Tasse* ist aus Deutschland nach Österreich gekommen und hier auf ein gleichlautendes Wort *Tasse* aus *Tazze* gestoßen. Dieses aus dem Italienischen stammende *Tasse/Tazze* hatte ursprünglich die Bedeutung ›Tablett‹. Daneben gibt es *Tasse* noch in der (seltener verwendeten) Bedeutung ›Unterteller einer Kaffee- oder Teeschale‹. Für eine größere Form von Kaffeegeschirr kennt das österreichische Deutsch das Wort *Häferl,* ursprünglich eine Verkleinerungsform von *Hafen* ›Kochgeschirr‹. *Tasse* steht im österreichischen Deutsch aber auch für ›Wanne‹, so in der Zusammensetzung *Brausetasse.*

Die semantischen Verschiebungen zeigt die folgende Übersicht. Die untereinander stehenden Wörter sind gleichbedeutende Entsprechungen.

| **Österreich** | *Schale* | *Tasse* | *Häferl, Haferl* | *(Brause)tasse* |
|---|---|---|---|---|
| **Deutschland** | *Tasse* | *Tablett* | *Tasse* | *(Dusch)wanne* |

### Haube / Mütze / Kappe

In Deutschland ist *Mütze* die allgemeine Bezeichnung für eine überwiegend aus weichem Material gefertigte Kopfbedeckung mit oder ohne Schirm. Im österreichischen Sprachgebrauch gab es dafür ursprünglich zwei Wörter mit unterschiedlicher Bedeutung: *Haube* und *Kappe. Haube* bezeichnet eine eng an den Kopf passende Kopfbedeckung, meist aus Wolle (in Zusammensetzungen z. B. *Wollhaube, Pudelhaube, Skihaube*). *Kappe* bezeichnet eine steife Kopfbedeckung mit Schild (Zusammensetzungen *Sportkappe, Uniformkappe, Seemannskappe;* daneben die häufig vorkommende Verkleinerung *Kapperl*). *Haube* steht gemeindeutsch für ›Motorhaube‹ und für ›Kopfbedeckung aus gefälteltem, oft gestärktem Material für Frauen‹ (die Haube der Krankenschwestern oder die Trockenhaube beim Friseur).

Aus den drei Arten von Kopfbedeckungen ergibt sich daher folgende Verteilung:

| | aus Wolle gestrickt, weich, eng anliegend | steif, mit Schirm | aus Stoff, genäht, locker, für Frauen |
|---|---|---|---|
| **Österreich** | *Haube* | *Kappe* | *Haube* |
| **Deutschland** | *Mütze* | *Mütze* | *Haube* |

Dazu gibt es Synonyme als Zweitform: In Deutschland kann *Kappe* statt *Mütze* gebraucht werden, in Österreich *Mütze* statt *Haube*. Es gibt Überlappungen, wo die Bedeutungselemente von der Sache her nicht klar getrennt sind, z. B. *Pullmannkappe* und *Pullmannmütze, Pelzhaube und Pelzkappe, Pudelhaube* und *Pudelmütze.*

### Hacke / Beil / Haue / Häunel / hacken / häuneln

*Hacke* bedeutet in Österreich so viel wie *Beil,* in Deutschland aber bezeichnet man damit ein Gerät zur Bodenbearbeitung, wofür in Österreich – da das Wort *Hacke* schon semantisch besetzt ist – *Haue* eingesetzt wird. Dazu gibt es für kleinere derartige Gartenwerkzeuge eine umgangssprachliche Verkleinerung *Häunel* oder in an die Aussprache angelehnter Schreibung *Heindl.* Das Verb *hacken* unterscheidet sich in der Bedeutung ›mit dem Beil spalten‹ nicht in den beiden Sprachgebieten, dagegen wurde *hacken* im Sinne von ›den Boden bearbeiten‹ in Österreich entsprechend den Substantiven durch *häuneln* bzw. *heindln* ersetzt. In Österreich ungebräuchlich ist der Gebrauch von *Hacke* in der norddeutschen Bedeutung ›Ferse‹ oder ›Schuhabsatz‹. In der ostösterreichischen Umgangssprache hat aber *Hacke,* meist in der Form *Hacken* und mit verdumpftem *a* gesprochen, die Bedeutung ›Arbeit, Beschäftigung‹, z. B. in die *Hacken gehen* (›zur Arbeit gehen‹), *hackenstad* (›arbeitslos‹), dazu die Verbableitung *hackeln* (›arbeiten‹), von dem die Wörter *Hackler* (›manuell Arbeitender‹) und das wegen der Pensionsreformen auch in den politischen Diskurs eingegangene Wort *Hacklerregelung* abgeleitet sind.

### niederlegen / sich niederlegen / zurücklegen

*Niederlegen* mit Akkusativ (z. B. einen Kranz niederlegen) ist im österreichischen und deutschländischen Sprachgebrauch gleich verbreitet. *Sich niederlegen* dagegen gilt in Deutschland als selten oder gehoben, in Österreich ist es die häufigste Verwendung und steht also auch dort, wo man in Deutschland *sich hinlegen* sagt. Dafür ist in Österreich die Verwendung von *niederlegen* im Sinne von ›ein Amt, einen Posten nicht mehr ausüben‹ ungebräuchlich, diesen Platz im Wortfeld nimmt im österreichischen Deutsch *zurücklegen* ein, wie allgemein *zurück* als Vorsilbe in Österreich produktiver ist als in Deutschland (z. B. *zurückstellen, zurückrufen*).

### Kuchen / Gebäck / Mehlspeise / Süßspeise

Das Wort *Kuchen* kann in Österreich und im Binnendeutschen gleich definiert werden. Es ist ein ›größeres, meist in einer Backform gebackenes Stück einer Speise aus Mehl, Fett, Zucker, Eiern und anderen Zutaten‹. Die Verwendung des Wortes unterscheidet sich insofern, als es in Österreich schärfer von verwandten Speisen abgegrenzt wird und z. B. eine *Torte* oder ein *Apfelstrudel* im Allgemeinen nicht mehr als *Kuchen* bezeichnet werden. In Deutschland ist *Kuchen* ein Oberbegriff für eine breitere Palette, die Formulierung »Kaffee und Kuchen« scheint dem Österreicher sogar »typisch deutsch«. Diese Funktion des breiteren Oberbegriffs füllt in Österreich das Wort *Mehlspeise* aus. Somit ist *Mehlspeise* in Österreich semantisch stark besetzt und hat auch zwei Bedeutungen: 1. ›jede Speise aus Mehl als Gegensatz zu Fleischspeisen‹ (diese Bedeutung ist gemeindeutsch). 2. ›eine süße oder salzige Speise, die aus Mehl, Eiern usw. zubereitet wird‹, z. B. Topfenpalatschinken, Germknödel. Die Verwendung geht oft so weit, dass das Wort auch für Speisen ohne Mehl (z. B. Reisauflauf) verwendet werden kann, als Gegenbegriff zu Fleischspeise. In Deutschland verwendet man dafür *Süßspeise.* 3. svw. bundesdeutsch ›Kuchen‹. – Dass *Mehlspeise* ein so breites Feld abdeckt, kann dazu führen, dass das Wort auch im Sinne von ›Nachtisch‹ verwendet wird, der dann sowohl aus einer Süßspeise als auch aus einem Stück Kuchen bestehen kann. Demnach gibt es in der österreichischen Küche die speziellen Berufsbezeichnungen *Mehlspeiskoch* bzw. *Mehlspeisköchin* sowie die Zusammensetzung *Mehlspeisteller* (Kuchenteller, Dessertteller). Auch *Gebäck* wird von der Umschichtung des Bedeutungsfeldes betroffen. In Österreich ist *Gebäck* ein Oberbegriff für Semmel, Kipfel, Weckerl usw., im Binnendeutschen dagegen versteht man darunter ein »feines, süßes Backwerk in geformten, festen Einzelstücken«. Dass in Fremdenverkehrsgebieten die Verbreitung von binnendeutsch *Kuchen* größer ist als sonst in Österreich, braucht nicht erwähnt zu werden. Aber auch im übrigen Gebrauch sind immer wieder auf Grund der unterschiedlichen Ausformungen und Zwischenformen, die in der Küche und im Bäckergewerbe erzeugt werden, Überlappungen im Wortgebrauch und Abweichungen von der üblichen Verwendung möglich.

### Fachausdrücke der Politik und Verwaltung

Auch Begriffe aus der **Politik und Verwaltung** unterscheiden sich in den deutschsprachigen Staaten. Teils werden vergleichbare Funktionen anders bezeichnet, teils ergeben sich aufgrund des unterschiedlichen politischen Systems andere Bezeichnungen. Ein *Bundeskanzler* ist in Österreich und Deutschland der Regierungschef auf Bundesebene, in der Schweiz dagegen der Leiter des Sekretariats der Regierung. Der *Bundespräsident* ist in allen drei Ländern das Staatsoberhaupt. Und trotzdem muss man unterscheiden: In Österreich und Deutschland liegt der Unterschied in den jeweiligen verfassungsmäßigen Kompetenzen und in der Wahl (Volkswahl bzw. durch das Parlament), in der Schweiz hat der Bundespräsident eine ganz andere Funktion, nämlich die eines Bundesrates (Ministers), der turnusmäßig für ein Jahr die Repräsentation des Staates übernimmt.

Die folgende Übersicht stellt einige politische Fachbegriffe einander gegenüber. (In der Schweiz gibt es wegen der föderalen Struktur eine Vielfalt von Bezeichnungen in den diversen Kantonen, von denen nur einige wichtige angeführt sind.) Zu allen Funktionsbezeichnungen gibt es natürlich auch weibliche Formen.

## Volksvertretungen

| | Österreich | Deutschland | Schweiz |
|---|---|---|---|
| gesetzgebende Volksvertretung | *Nationalrat* | *Bundestag* | *Nationalrat* |
| Versammlung der Bundesländer bzw. Kantone | *Bundesrat* | *Bundesrat* | *Ständerat* |
| Gesamtheit des Parlaments | *Bundesversammlung* | *Bundesversammlung* | *Bundesversammlung* |
| Volksvertretung eines Bundeslandes bzw. Kantons | *Landtag* | *Landtag* | *Kantonsrat* |

## Funktionsbezeichnungen

| | Österreich | Deutschland | Schweiz |
|---|---|---|---|
| Staatsoberhaupt | *Bundespräsident* | *Bundespräsident* | *Bundespräsident* |
| Regierungschef | *Bundeskanzler* | *Bundeskanzler* | |
| Ressortchef | *(Bundes)minister* | *(Bundes)minister* | *Bundesrat* |
| Chef einer Länderregierung | *Landeshauptmann* | *Ministerpräsident* | *Landamman, Regierungspräsident* u. a. |
| Minister einer Länderregierung | *Landesrat,* in Wien: *Stadtrat* | *Minister* | *Regierungsrat* u. a. |
| Chef einer Stadtregierung | *Bürgermeister* | *Oberbürgermeister,* in Berlin: *Regierender Bürgermeister* | *Gemeindepräsident, Stadtpräsident* u. a. |
| Ressortchef einer Stadtregierung | *Stadtrat* | *Bürgermeister,* in Berlin, Bremen und Hamburg: *Senator* | *Stadtrat, Gemeinderat* u. a. |

## Wortbildung

Hier geht es nicht um unterschiedliche Wörter, sondern um Elemente, mit denen Ableitungen oder Zusammensetzungen gebildet werden.

**Fugenzeichen:** Vorwiegend nach Gaumenlauten (g, k, ch) steht in Österreich ein **Fugen-s**: *Abbruchs-* (z.B. *Abbruchsbescheid*), *Fabriks-* (*Fabriksarbeiter*), *Gelenks-* (*Gelenksentzündung*), *Gepäcks-* (*Gepäcksaufgabe*), *Gesangs-* (*Gesangsbuch*), *Zugs-* (*Zugsverspätung;* allerdings verwendet die ÖBB die *s*-lose Form). Wie im gesamten süddeutschen Raum heißt es *Rindsbraten, Rindsschnitzel* gegenüber dem in Deutschland auch sonst geläufigen *Rinderbraten.* Auch die Zusammensetzungen mit *Spital* als Bestimmungswort werden in Österreich mit *-s* gebildet (*Spitalsaufenthalt, Spitalsarzt*). Ein Fugen-*s* statt Fugen-*e* haben die femininen Bestimmungswörter *Aufnahms-, Übergabs-, Übernahms-* (gegenüber *Aufnahme-* usw.). Diese Formen sind aber veraltend. Völlig veraltet sind verlängerte Formen wie *Fabrikantensgattin, Arztenswitwe, Beamtens-, Diplomatens-.*

Im Gegensatz dazu haben andere Wörter wiederum **kein Fugenzeichen:** *Abschreibposten, Absteigquartier, Einreichtermin, Einsteigstelle, Tagblatt, Tragtasche* (gegenüber in Deutschland *Abschreibe-* usw.). Zusammensetzungen mit *Advent* werden im österreichischen Deutsch immer ohne *-s* gebildet (*Adventkranz,* in Deutschland dagegen *Adventskranz*). Ähnlich *maschinschreiben* (in Deutschland *maschineschreiben*), *Offertabgabe (Offertenabgabe), strapazfähig (strapazierfähig), Toilett(e)artikel (Toilettenartikel), Schattseite (neben Schattenseite), Sonnseite (neben Sonnenseite), Nadelstreif- (Nadelstreifen-).*

Bei **Verben** neigt das österreichische Deutsch zu Ableitungen auf *-ieren,* wo in Deutschland die Nachsilbe *-en* genügt oder eine Ableitung ungewöhnlich ist: *praktizieren* (›ein Praktikum absolvieren‹), *psychiatrieren* (›psychiatrisch untersuchen‹), *regressieren* (›Regress einlegen‹), *editieren* (neben: edieren), *typisieren* (›eine Typenbescheinigung besorgen‹), *ressortieren* (›einem Ressort zugeordnet sein‹).

**Auch viele lateinische** Endungen sind im österreichischen Deutsch erhalten, so z.B. in *Akquisitor* (in Deutschland: *Akquisiteur*), *Austro-, Aviso* (in Deutschland: *Avis*), *Ferial-* (in Deutschland: *Ferien-*), *Gremial-* (in Deutschland: *Gremiums-*), *disziplinär* (in Deutschland: *disziplinarisch, disziplinell*); **italienische** Endungen liegen in *Kassa* und *Molo* vor.

**Umlaute:** Gegenüber den in Deutschland gebräuchlichen Formen sind im österreichischen Deutsch umgelautet: *-hältig, -grädig, -zöllig, -färbig, Kommissär, benützen*; nicht umgelautet dagegen ist *Luster.*

Die **Ableitungen mit Zahlen** werden im österreichischen Deutsch (und auch in Bayern) mit der Nachsilbe *-er* gebildet: *der Einser, Zweier, Fünfziger.* In Deutschland ohne Nachsilbe und Femininum: *die Eins, die Zwei.*

**Adjektive,** die in Deutschland auf *-e* enden, bleiben oft endungslos, z. B. *blöd, fad.*

## Produktive Wortbestandteile

Mit manchen Wörtern können die verschiedensten Zusammensetzungen gebildet werden. Sie nehmen dann in diesen Zusammensetzungen eine ganz eigene Bedeutung an, die nicht mehr ihrer ursprünglichen Bedeutung gleichkommt. Im Folgenden hiefür einige Beispiele aus dem österreichischen Wortschatz.

**Austro-:** ›österreichisch‹:
*Austro-Slowenen, Austro-Krimi, Austro-Popper, Austro-Notenbanker, Austro-Chinese* usw. In politischen Begriffen: *Austrofaschismus, austrofaschistisch, Austromarxismus, austromarxistisch, Austrokatholizismus, Austroslawismus*

**-diener** (Behördenspr.): ›Dienstleistender, Dienstpflichtiger‹:
*Gedenkdiener, Grundwehrdiener, Präsenzdiener, Wehrdiener, Wehrersatzdiener, Zivildiener*

**-geher:** ›-gänger‹:
*Fußgeher, Kinogeher, Kirch(en)geher, Spaziergeher, Theatergeher, Tourengeher*

**-kaiser** (salopp): ›mit souveräner Macht ausgestatteter Politiker oder Funktionär‹:
*Bezirkskaiser, Betriebskaiser, Dorfkaiser, Immobilienkaiser, Liftkaiser, Ortskaiser*

**-schmäh:** ›Trick; taktischer Kniff; originelle Wortmeldung‹:
*Lavendelschmäh, Marketingschmäh, Ökoschmäh, Politschmäh*

**-tiger** (ugs.): ›begeisterter Liebhaber von bestimmten Speisen, Sportarten u. Ä.‹:
*Fleischtiger, Mehlspeistiger, Rindfleischtiger, Suppentiger; Balltiger, Partytiger, Pistentiger*

**-werber** (Behördenspr.): ›Bewerber‹:
*Asylwerber, Aufnahmswerber, Bauwerber, Beitrittswerber, Exekutionswerber, Prüfungswerber, Staatsbürgerschaftswerber, Subventionswerber, Versetzungswerber, Wahlwerber, Wohnungswerber*

**-zuckerl:** ›eine besondere Vergünstigung, ein Anreiz‹:
*Lohnzuckerl, Preiszuckerl, Sozialzuckerl, Steuerzuckerl, Wahlzuckerl*

**-station:** ›gastronomische Einrichtung, Restaurant‹:
*Autobahnstation, [Back-, Brat]hendlstation, Grillstation, Jausenstation, Raststation*

**Pimperl-** (ugs., abwertend): ›etwas Kleines, keine Anstrengung Erforderndes‹: *Pimperlbahn, Pimperlzug, Pimperlverein, Pimperlabfahrt* (Skisport)

**Zieh-:** ›Pflege-‹: *Ziehmutter, Ziehsohn, Ziehtochter, Ziehvater*

**Wahl-:** ›Adoptiv-, auch: jemand, der in einer bestimmten Rolle gesehen wird‹: *Wahleltern, Wahlkind, Wahlkindschaft, Wahlmutter, Wahlvater, Wahloma, Wahlonkel, Wahlopa, Wahltante*

## Regionale Wortbildungselemente

Wenn Wörter mit regionalen oder dialektalen Wortbildungselementen, meist Vor- oder Nachsilben, in die Standardsprache gelangen, stellt sich oft die Frage, in welche standardsprachliche Form solche Silben umgesetzt und wie sie grammatisch behandelt werden sollen. Der folgende Vorschlag zeigt, wie das Problem in diesem Wörterbuch und in den Dudenbänden gehandhabt wird. Die Beispiele betreffen ursprünglich süddeutsche und österreichische Dialektismen, die Muster können aber sinngemäß auch für andere Regionen gelten.

### 1. Die Vorsilbe *Ge-/ge-*

Im Dialekt wird *Ge-* mit der folgenden Silbe zusammengezogen und *G-* gesprochen, z. B. *gsprungen.* In der schriftlichen Form ist eine lautliche Schreibung, z. B. *Gfrieß*, oder eine mehr etymologische Schreibung, z. B. *Gefrieß*, denkbar. Eine Vollform *Ge-* ist dann sinnvoll, wenn der Stamm des Wortes noch erkennbar ist und somit auch die Vorsilbe *Ge-* als solche deutlich wird. Das trifft z. B. bei *Gefrett* zu, da es auch das Verb *fretten* gibt. Weitere Beispiele: *Gewurl* (zu *wurln*), *Gespritzter* (*spritzen*).

In allen anderen Fällen, also wenn das Grundwort nicht erkennbar ist oder wenn es sich gar nicht um eine solche Bildung mit *ge-* handelt, verwendet man das lautgetreue *G-*, z. B. *Gfrast, gneißen, Graffel, Grätzel, Gschlader, Gschnas, Gspusi, Gwirkst.*

Es gibt lexikalisierte Wörter, d. h. in dieser Form mit einer eigenen Bedeutung festgelegte, die ihre Schreibung beibehalten, obwohl eine Ursprungsform ohne *ge-* vorhanden oder denkbar ist, z. B. Tiroler *Gröstl* (aber: *geröstet*), *Rahmgmachterl, Gstätten.*

Bei der Probe mit dem Stamm ohne *ge-* ist gemeint, dass die Bildung mit *Ge-* heute noch bildbar und aktuell ist, und nicht, dass man sie nur in einer weit zurückliegenden Etymologie findet und die Bildung mit *Ge-* längst erstarrt ist. In *Gstanzl* und *Gspaß* gibt es zwar eine italienische Ursprungsform *stanza* und *spasso*, aber die Vorsilbe ist ein rein dialektales Element, somit ist nur *G-* sinnvoll.

Bei Dialektschreibung gilt ausschließlich *G-*, z. B. *Gschisti-Gschasti.* Dies ist dann von Bedeutung, wenn man ein Wort sozusagen als dialektales Zitatwort verwendet oder ein Wort stilistisch mehr dem Dialekt zuordnen will. Die Redensart von der *gemähten Wiese* wird bei stärkerer Dialektannäherung *gmahte Wiesen* geschrieben. Wenn man statt ›erlogene Geschichte‹ *Gschichtl* schreibt, gibt man dem Text eine spezielle stilistische Ausrichtung. So schreibt man heute meist *gschafteln, Gschaftlhuber, gschamig, gschupft.*

Da Stilnuancen nicht so einfach festlegbar sind, sind auch eingebürgerte Doppelformen zu akzeptieren, wie *Gfrett/Gefrett, Griss/Geriss, Gschau/Geschau, Gspritzter/Gespritzter.*

## 2. Die Nachsilbe *-el* bzw. *-l*

Da in der österreichischen Umgangssprache *-l* eine Möglichkeit der Verkleinerung ist (z. B. *Kastl*), kommt es zu Unsicherheit in der Schreibung der Nachsilbe. Die Verkleinerungssilbe trifft in der Standardsprache nämlich auf das Suffix *-el* (wie z. B. *Schlüssel,* das ja kein Diminutiv ist). Beim Suffix *-el* gibt es keine *-e*-lose Form, wohl aber bei der Verkleinerung *(Heft – Heftl).*

Die **volle Form *-el*** wird angesetzt,

- wenn es sich um ein Suffix in standardsprachlichen Wörtern handelt, z. B. *Knödel, Semmel, Striezel.* (Auch hier gilt, dass es sich um ein Suffix nach heutigem Sprachverständnis handeln muss, also nicht *Knödl,* obwohl es regional im alten Basisdialekt noch ein Wort *Knodn (Knoten)* gibt.)
- in lexikalisierten Wörtern, z. B. *bissel, Madel/Mädel* (gleichbedeutend mit »Mädchen« und keine Verkleinerung).

Die **Form *-l*** wird angesetzt,

- wenn es Diminutivsuffix ist, z. B. *Bandl* (zu Band), *Bübl* (Bub), *Glasl* (Glas), *Kuchl* (Küche), *Pratzl* (Pratze)
- in Wörtern mit *-d-* für den Gleitlaut: *Bründl, Christkindl, Dirndl, Hendl, Mandl, Landl (*danach *Landler), Nierndl, Pfandl, Radl, Reindl, Standl, Köndlbauer, Hörndlbauer, Wadl, Wandl.* – Etymologisch gesehen würde man *Brünnel, Dirnel* usw. schreiben; die Form mit *-dl-* hat sich aber allgemein eingebürgert.
- in allen Vornamen: *Bartl, Ferdl, Friedl, Gustl, Hansl, Mundl, Poldl, Resl.* (Dass man im Märchen *Hänsel und Gretel* schreibt, liegt an der mitteldeutschen Herkunft der Märchen.)

### 3. Der Plural der Wörter auf *-el, -l* und *-erl*

Der Plural richtet sich bei den **Wörtern auf *-el*** nach den Regeln der Grammatik: Maskulina und Neutra auf *-el*, Feminina auf *-eln (die Kutteln; die Schlegel).*

Der Plural der **Wörter auf *-l*** lautet bei diesen immer auf *-n* (*Dirndln, Mandln* usw.)

Um die Unsicherheit, ob der Plural der **Wörter *-erl*** ohne Endung *-erl* oder *-erln* lautet, zu beseitigen, wird in den Duden-Wörterbüchern seit Langem einheitlich *-erln* angesetzt. Es ist die häufigste Form und unterscheidet sich vom Singular, z. B. *Pickerln, Stockerln, Zuckerln.*

## Verkleinerung

**-erl**

Wie im Bairischen gibt es im österreichischen Deutsch die Verkleinerungssilbe *-erl*, die in Österreich aber verschiedene Funktionen haben kann:

- In der Umgangssprache bezeichnet sie eine Verkleinerung im eigentlichen Sinn, wobei der Stammvokal nicht umgelautet wird, z. B. *Tascherl* (für *Täschchen*), *Sackerl, Wagerl, Schaferl; Hauserl* (jünger: *Häuserl*)
- In der Umgangssprache ist sie ein Ausdruck der emotionalen Zuwendung, z. B. *Enkerl, Flascherl, Schifferl, Wamperl, Achterl*
- In der Standardsprache findet sie sich in Wörtern, bei denen es nur die Form mit *-erl* gibt (die Nachsilbe drückt hier keine Verkleinerung aus). Hierzu gehören z. B. *Zuckerl* (›Bonbon‹), *Pickerl* (›Aufkleber, Vignette‹), *Stockerl* (›Hocker‹), *Wimmerl* (›Pickel‹), *Flankerl* (›Fussel, Flocke‹), *Tommerl* (eine Speise), *Körberlgeld* (ugs., ›Zuverdienst‹), *Bummerl* (ugs., ›Minuspunkt bei Kartenspielen‹).

**-l**

Außerdem gibt es die Verkleinerung mit *-l*, z. B. *Kastl, Fassl, Dirndl, Standl,* in Vornamen: *Ferdl, Bartl, Hansl, Gustl, Resl.* Auch hier gibt es Standardwörter, in denen *-l* keine Verkleinerung ausdrückt, z. B. *Gstanzl* (vierzeiliges Scherzlied); das gilt besonders auch in Küchenwörtern: *Gröstl* u. a.

**-le**

In Vorarlberg gibt es die schwäbisch-alemannische Verkleinerungssilbe *-le* (z. B. *Flädle, Säckle*), der die Schweizer Form *-li* (*Flädli, Säckli*) entspricht. Es gibt aber auch in Kärnten *-le*, z. B. *Achte(r)le, Bisserle* usw.

## Rechtschreibung

Seit der Rechtschreibreform 1996/2006 bestehen zwischen Österreich und Deutschland keine wesentlichen Unterschiede in der Rechtschreibung. Vereinzelte erlaubte österreichische Schreibvarianten sind: *Szepter* statt *Zepter*, *Tunell* neben *Tunnel*, *Spass* neben *Spaß*, *Kücken* statt *Küken*, *Geschoß* statt *Geschoss*, *Gulyás* als ungarische Form neben *Gulasch*.

Andere Unterschiede ergeben sich aus einer anderen Wortverwendung: Wenn *früh* in Österreich so wie *Morgen, Abend* usw. als Bezeichnung einer Tageszeit verwendet wird, muss es folglich auch großgeschrieben werden: *heute Früh* (›am Morgen‹), *morgen Früh*. Davon zu unterscheiden ist aber das Adjektiv *früh* in *zu früher Stunde, zu früh aufhören*.

Die Fügung *zu Abend essen* kann in Österreich auch zu einem Verb zusammengefasst werden, daher gibt es hier die nur im Infinitiv und Partizip vorkommende Schreibung *Ich gehe abendessen, mittagessen, ich habe abendgegessen, mittaggegessen*.

## Aussprache

Auch wenn Österreicher keine typisch österreichischen Wörter verwenden, erkennt man deutlich ihre sprachliche Herkunft. Es sind oft nicht klar fassbare Merkmale der Aussprache, Betonung und Intonation, die in der Gesamtwirkung österreichisches Deutsch kennzeichnen. Dass in den Dialekten und in der Umgangssprache die Aussprache ganz unterschiedlich ist, ist selbstverständlich. Im Folgenden geht es aber um Unterschiede in der Standardlautung. Der Übersichtlichkeit halber wird versucht, die Unterschiede in Tabellenform dazustellen. Die Gegenüberstellung muss stark vereinfacht sein, da es auch in Deutschland starke Abweichungen von der Standardaussprache gibt. Die Zuordnungen österreichisches Deutsch und deutschländisches Deutsch in der folgenden Tabelle sind daher sprachgeografisch und nicht staatlich zu verstehen. (Ausspracheangaben sind in eckige Klammern [ ] gesetzt.) Näheres zu einzelnen Beispielwörtern siehe im Wörterbuchteil.

## Systemhafte Aussprachemerkmale

| österreichisches Deutsch | deutschländisches Deutsch |
|---|---|
| Weicher, einschleifender **Stimmeinsatz**, wodurch der von Deutschen als »weich« empfundene Klang des österreichischen Deutsch entsteht. | **Harter Stimmeinsatz** in der deutschen Normaussprache |
| In bestimmten unbetonten Silben steht ein voller, aber nicht betonter Vokal. In *Feste, rennen* z. B. folgt dem stark betonten ein unbetontes [e]. Diese Abfolge von betont und unbetont wird von Deutschen oft als Singsang empfunden. | In bestimmten unbetonten Silben steht eine gemurmelt gesprochene Schwundstufe des *e*, der **Schwa-Laut**. In *Feste, rennen* z. B. folgt dem Vollvokal [e] ein Schwa-Laut [ə]. |
| Bei den **Verschlusslauten** *d/t, g/k, b/p* ist der Unterschied zwischen dem stimmlosen, harten Laut (Fortis) und dem stimmhaften, weichen Laut (Lenis) weitgehend zugunsten eines stimmlosen harten (Fortis) bzw. weichen Lautes (Lenis) aufgegeben. Der Unterschied zwischen österreichischer und deutscher Aussprache liegt vor allem in der Druckstärke. | Bei *d/t, g/k, b/p* klarer Unterschied zwischen dem stimmlosen harten, scharfen Laut (Fortis) und dem stimmhaften weichen Laut (Lenis) |
| Beim **s-Laut** wird (ähnlich wie bei den Verschlusslauten) nicht zwischen stimmhaft und stimmlos unterschieden, sondern vielmehr zwischen stark (Fortis) und schwach (Lenis). Stimmhaftes *s* wird nur von geschulten Sprechern verwendet. | Beim s-Laut (vor allem im Norddeutschen) klare Unterscheidung zwischen stimmlos und stimmhaft |
| Die betonten Silben in Fremdwörtern auf *-it, -ik, -atik, -atisch* werden mit kurzem Vokal gesprochen, z. B. *Granit, Politik, Thematik, thematisch.* Dazu gehört auch *Aurikel, Elite, Litauen, Saloniki, Zyklus.* | Meist Aussprache mit langem Vokal |
| Die Kurzvokale *i, u* und *ü* werden in geschlossener Silbe geschlossen (oder wenigstens halbgeschlossen) gesprochen: *Wille, müssen, uns.* | Aussprache mit offenem Vokal |
| In der Lautfolge *-er-* erscheint das *e* in Österreich als geschlossenes *e*, z. B. in *Mineral, operieren.* | Aussprache als abgeschwächtes *a* |
| Der Umlaut *ä* wird im österreichischen Deutsch als geschlossenes *e* gesprochen, es fehlt also der offene Laut [ɛ]. | Aussprache mit offenem *e* [ɛ] |

| **österreichisches Deutsch** | **deutschländisches Deutsch** |
|---|---|
| Vor Nasalen und Lauten, bei denen die Luft auf den Seiten des Mundes entweicht (z. B. *l, r*), fallen Vokale in unbetonten Nebensilben weg, das betrifft vor allem die Endsilben *-en* und *-len*, z. B. *gehen* [geːn], *kühlen* [kyːln]. Das gilt aber nicht nach Nasalen, z. B. *nehmen, kommen* [neːmən, kɔmən]. | Aussprache mit [-ə-], z. B. *gehen* [geːən], *kühlen* [kyːlən]<br><br>Nach Nasalen fällt das -ə- oft aus, z. B. *nehmen, kommen* [neːm, kom] |
| Nach Vokalen wird *-r-* – vor allem in Ostösterreich – vokalisiert, z. B. *fahren* [faːɐn] bzw. mundartnah [fɔːɐn], *verlieren* [fɐˈliːɐn], in der (mundartnahen) Umgangssprache gilt das auch für *-l-*, z. B. in *Schuld* [ʃʊːid]. | Aussprache laut Norm [faːrən, fɛɐliːrən, ʃʊlt], allerdings mit deutlichen regionalen Unterschieden, wobei *r* und *l* oft wegfallen |
| Die Adjektivendung *-ig* wird in Österreich [-ik] gesprochen. Allerdings trifft das auch für weite Teile Deutschlands zu, wie auch in Österreich teilweise von ausgebildeten Sprechern oder im Gesang [-iç] zu hören ist. | Aussprache [-iç] |

## Charakteristische Einzelbeispiele oder Beispielgruppen

| **österreichisches Deutsch** | **deutschländisches Deutsch** |
|---|---|
| Wörter auf *-on* (*Pension, Balkon, Beton, Salon, Karton* usw.) werden [-oːn] ausgesprochen. (Hinweis: die Aussprache mit *-ong* wird in Österreich emotional abgelehnt.) *Pension* wird außerdem deutsch [pɛn…] ausgesprochen. | Aussprache *-ong* [-oŋ] oder [-oːn] |
| Wörter mit dem Anlaut *ch-* vor *e* und *i* werden mit [k-] gesprochen: *Chemie, Alchemie, Cheops, Cherub, Cherusker, Chiasmus, China, Chinin, Chirurg, Chitin* (jeweils mit allen Ableitungen und Zusammensetzungen). | Aussprache vor *e* und *i* mit *ch-* [ç-] oder [ʃ], vor *o* gemeind. mit [k-], z. B. *Choral* |

| österreichisches Deutsch | deutschländisches Deutsch |
|---|---|
| In französischen Fremdwörtern wird das *-e* am Wortende und im Wortinnern nicht ausgesprochen: *Abonnement, Bagatelle, Boulevard; Branche, Bronze, Brosche, Chance, Chauffeuse, Enquete, Loge, Mayonnaise, Melange, Nuance, Redoute, Sauce, Toilette* usw. sowie alle Wörter auf *-age* (*Blamage* usw.), *-ige (Prestige)* und *-iere* (*Premiere, Chansonniere* usw.). Diese Aussprache gilt aber in den Medien zunehmend als veraltend. Bei *Orange* bzw. *orange* zeigt die Aussprache auch einen Bedeutungsunterschied. | Aussprache mit *-e* am Schluss |
| Einige Wörter werden mit kurzem Vokal gesprochen: *Afrika, Art, Arzt, Bart, Behörde, Dusche, Erde, erst, Erz, Geburt, Gehorsam, Husten, Krebs, Montag, rösten, Schwert, Tratsch.* | Aussprache mit langem Vokal |
| Eine Gruppe von Wörtern hat langen Vokal: *bis, Bischof, Dogma, hin, Bruch, Geruch, Geschoß, Kapuze, Most, ob, Obst, Phlegma, rächen, Rebhuhn, Rum, Vorteil,* ebenso die Wortbestandteile *a-* und *Mono-*. | Aussprache mit kurzem Vokal |
| Fremdwörter mit *st-* im Anlaut werden meist noch mit [st-] gesprochen, z. B. *Standard, Star, Start, Stil.* | Aussprache mit *scht-* [ʃt…]) |
| Dagegen werden *-st-* und *-sp-* in manchen Wörtern auch im Wortinnern mit -sch- [ʃ] gesprochen, z. B. *Kasperl, Inspektor, Installateur.* | Aussprache mit […s…] |
| Das Wort *Chef* unterscheidet sich sowohl durch die lange als auch geschlossene Aussprache des *e*: [ʃe:f]. | Aussprache [ʃɛf] |
| Die Endung *-ier* wird in *Portier, Brigadier* deutsch ausgesprochen: [pɔrˈti:ɐ]. | Französische Aussprache [porˈti̯e:] |
| Der Buchstabe *-v-* wird in Lehnwörtern – bes. in der Umgangssprache – oft als […f…] ausgesprochen: *Advent, evangelisch, Initiative, inklusive, Olive.* | Aussprache mit […v…] |
| In Fremdwörtern mit *-illon, -ille, -ail(le)* wird *-ll-* als […j…] gesprochen: *Bouillon, Cedille, Detail, Email, Kanaille, Patrouille, Taille,* urspr. auch *Billard.* | Aussprache mit […lj…] |
| Wörter auf *-ett* werden nach franz. Originalform mit […e:] gesprochen: *Kabarett, Bukett.* | Aussprache mit […ɛt] |
| *Neutrum, neutral* werden österr. dreisilbig, mit *e* und *u* als getrennte Vokale, gesprochen. | zweisilbig mit Diphthong *eu* |
| *q* und *j* werden als [kve:], [je:] buchstabiert. | [ku:], [jɔt] |

| österreichisches Deutsch | deutschländisches Deutsch |
|---|---|
| In Fremdwörtern mit *-ai-* und *-o-* wird der Vokal als Diphthong [eɪ] bzw. [oʊ] gesprochen, z. B. in *Trainer, Mail, Joker, Poster.* | Aussprache auch als Monophthong: [eː], [oː] |
| In Wörtern wie *Familie, Milieu* wird *i* als Vokal ausgesprochen [...li-ɛ, ...li-ˈøː]. | in D als Halbvokal [...ˈli̯øː] |
| Wörter mit *y* wie *Forsythie, Hieroglyphe* werden mit [i] statt [y] gesprochen. | Aussprache mit [y] |
| In Wörtern wie *Luise, Luitpold* wird *ui* als Diphthong gesprochen. | Aussprache mit getrennten Vokalen *u* und *i* |

Die in Deutschland zunehmende Rundung von Vokalen, z. B. [würken, Würtschaft] *wirken, Wirtschaft* ist in Österreich unüblich und wird als beispielhaft für D angesehen.

In alten englischen Fremdwörtern sind teilweise ältere Ausspracheformen erhalten (siehe im Wörterbuchteil): *Flirt, Jockey, Jumper, Kombination, Referee, volley.*

Zu Einzelfällen in der Aussprache siehe den Wörterbuchteil:
*Alice, Bacchanal, Bonbon, Ceylon, Champignon, Dessert, eh, Guillotine, Guido, Giraffe, Isaak, Izmir, jovial, Jakob, Kai, Litschi, Matrize, Mediceer, Offizier, Orchester, Quitte, rangieren, Rochett, Schema, Shampoo, Virginia.*

## Betonung

**Französische Fremdwörter** (oder als solche empfundene) werden in Österreich auf der letzten Silbe betont, in Deutschland meist auf der ersten Silbe, z. B.:

| | | | |
|---|---|---|---|
| *Benelux* | *Kakadu* | *Porphyr* | *Saphir* |
| *Essay* | *Kanapee* | *Potpourri* | *Sellerie* |
| *Fakir* | *Kanu* | *Rokoko* | *Tabak* |
| *Forint* | *Mogul* | *Rollo* | *Tampon* |
| *Frottee* | *Moloch* | *Romadur* | *Tapir* |
| *Jaspis* | *Mufflon* | *Sakko* | *Telefon* |
| *Kaffee* | *Platin* | *Sanskrit* | *Vampir* |

Das Wort *Mathematik* wird wie *Grammatik* auf dem *a* der vorletzten Silbe betont.

**Erstbetonung** gilt für viele Fremdwörter und Namen (Betonung in Deutschland dagegen häufig auf der letzten Silbe):

| | | | |
|---|---|---|---|
| *Anis* | *Kimono* | *Marzipan* | *Radar* |
| *Antimon* | *Kolik* | *Muezzin* | *Salbei* |
| *Dechant* | *Kollaps* | *Muskat* | *Salmiak* |
| *Demeter* | *Kolleg* | *negativ* | *Schibboleth* |
| *Diakon* | *Kormoran* | *Oblate* | *Topas* |
| *Guardian* | *Labor* | *Oboe* (veraltet) | *Tschibuk* |
| *Hornisse* (veraltet) | *Lampas* | *Papagei* | *Uniform* |
| *Kasuar* | *Leguan* | *Postillion* | |
| *Kibbuz* | *Majoran* | *Prähistorie* | |

**Erstbetonung** gilt auch für

- viele zusammengesetzte Adjektive und Adverbien (Betonung in Deutschland oft auf der letzten oder vorletzten Silbe): *allgemein, augenscheinlich, ausführlich, gleichermaßen, nachher, offenbar(en), ursprünglich, vorzüglich.* Auch die Vorsilben *un-* (*unbegreiflich, unbekümmert* usw.), *ins- (insgeheim)* und *Ober- (Oberlandesgericht, Oberstleutnant)* werden betont.
- fremdwörtliche Zusammensetzungen mit *a- (achromatisch), Anti- (Antialkoholiker), Makro- (Makrokosmos), Mikro- (Mikrobiologie), Geo- (Geobotanik), Italo- (Italowestern), Zenti- (Zentiliter).*

**Erstbetonte Namen** (in Deutschland häufig endbetont):

| | | | |
|---|---|---|---|
| *Äskulap* | *Gibraltar* | *Johann* | *Romanow* |
| *Augustin* | *Hadrian* | *Konstantin* | *Sophie* (ugs.) |
| *Belfast* | *Herodot* | *Melanchthon* (neben -ạ-) | *Trajan* |
| *Bonifaz* | *Irkutsk* | *Nepal* | *Vatikan* |
| *Calvin* | *Joachim* | *Pankraz* | |
| *Ganymed* | *Jodok* | *Pippin* | |

*Domitian, Leviathan* und *Melchisedek* werden auf der zweiten (in Deutschland auch auf der letzten oder vorletzten) betont.

Umgekehrt werden Wörter **in Deutschland erstbetont**, in Österreich auch oder nur auf den folgenden Silben:

| | | |
|---|---|---|
| *Alge̲bra* | *Kredịtor* | *prosịt* |
| *Ammo̲niak* (in D erst- oder letztbetont) | *Lieselọtte* | *Rizi̲nus* |
| | *Linole̲um* (in D ...*no̲*...) | *Samari̲a* (in D ...*ma̲*...) |
| *Ange̲la* | *Massạker* | *Spezi̲men* |
| *Ara̲ber* | *obli̲e̲gen* | *Tingeltạngel* |
| *Blueje̲a̲n* | *obsi̲e̲gen* | *Transịt* |
| *Bovịst* | *Penạlty* | *Triạngel* |
| *elẹndig* | *Pingpọng* | *Vi̲e̲rtelstunde* |
| *Gise̲la* | *Pkw̲* | *Ypsi̲lon* (auch *ịpsi-*) |

In **ungarischen Namen,** z.B. *Lehár,* wird in Deutschland der Akzent, der ein helles *a* kennzeichnet, gelegentlich irrtümlich als Betonungszeichen aufgefasst, in Österreich werden diese Namen dem Ungarischen entsprechend erstbetont. Dagegen werden die norddeutschen **Namen auf *-ow*** (z.B. *Teltow, Krolow*) in Österreich statt [oː] irrtümlich meist [-of] ausgesprochen.

In **mehrsilbigen Wörtern** neigt man in Österreich zur Trennung des *-ie* und Betonung auf der drittletzten Silbe: *Zeremo̲ni-e, Ko̲pi-e.*

Ein Beispiel aus der **Satzbetonung:** Wenn *sich* (und entsprechend auch *mich, dich* usw.) in Verbindung mit einer Präposition steht, wird in Österreich *sich* betont (im Norddeutschen und in der Schweiz die Präposition): *etwas von **sich** geben, zu **mir** nehmen, bei **sich** haben.*

## Grammatik

Das grammatische System ist im österreichischen Deutsch im Prinzip dasselbe wie im gesamten Sprachraum. Es gibt nur punktuelle Unterschiede.

### Verben

**Bildung des Perfekts mit *haben* oder *sein:***
Dabei sind folgende Fälle zu unterscheiden: 1. Verben der Körperhaltung, 2. transitiv oder intransitiv, 3. Bewegung oder Tätigkeit.

1. Verben, die eine **Körperhaltung** ausdrücken (Positionsverben), bilden das Perfekt mit *sein* (so auch ursprünglich süddeutsch und schweizerisch, bairisch meist heute noch): *Ich **bin** gestanden* (im Mittel- und Norddeutschen *ich **habe** gestanden*). Zu diesen Verben gehören *sitzen, liegen, stehen, kauern, hocken, schweben, knien, baumeln, lungern* sowie alle zusammengesetzten Ver-

ben, z. B. *daliegen, beistehen, vorliegen.* Bei *hängen* und *stecken* gilt das nur bei intransitivem Gebrauch: *Ich bin am Seil gehangen,* aber: *Ich habe den Mantel an den Haken gehängt; Ich bin im Schlamm gesteckt,* aber: *Ich habe das Kabel in die Steckdose gesteckt.*

2. Bei **fahren** kann die Bewegung in eine Richtung gemeint sein, z. B. *ich bin nach Wien gefahren* (intransitiv), oder das Objekt (benützte Verkehrsmittel; transitiv), z. B. *ich bin/habe einen VW gefahren.* Im ersten Fall ist allgemein *sein* üblich, im zweiten ist tendenziell in Österreich *sein,* in Deutschland *haben* oder *sein* üblich, aber ohne klare geografische Abgrenzung.

3. Bei **schwimmen** geht es entweder um Bewegung, z. B. *ich bin ans andere Ufer geschwommen/gefahren/gerudert* usw., oder um die Tätigkeit, z. B. *ich bin/habe zwei Stunden geschwommen/gefahren/gerudert.* Im ersten Fall gilt im Deutschen allgemein *sein,* im zweiten ist sowohl *sein* als auch *haben* möglich, wobei in Österreich meist *sein* verwendete wird, das auch in Deutschland die häufigere Form ist.

Für die nationalen Varianten sind nur die Verben der Körperhaltung von Belang. Bei den anderen variiert der Gebrauch im ganzen Sprachraum. Das gilt auch für Verben wie *enden, wechseln.*

### Erzähltempus

In der gesprochenen Sprache wird in Österreich hauptsächlich das Perfekt als Erzähltempus verwendet, in der geschriebenen Sprache ist wie in Deutschland das Präteritum die Norm. (Das Tempussystem wird allerdings heute allgemein im Deutschen sehr frei gehandhabt.)

### Konjugation

Einzelne Verben werden in der österreichischen Umgangssprache schwach gebeugt, im Standarddeutschen dagegen stark: *Ich bin gehängt, er hat gehaut* (gegenüber *gehangen, gehauen*).

In der Umgangssprache wird die 2. und 3. Person Singular Präsens der starken Verben ohne Umlaut gebildet, z. B. *du stoßt, du fahrst, er tragt, sie sauft.*

### Valenz der Verben

Es gibt vereinzelt Unterschiede in der Valenz der Verben: *vergessen* wird in der Bedeutung ›vergessen, etwas zu tun‹ mit *auf* verbunden (*Ich habe auf das Telefonat vergessen* ›vergessen zu telefonieren‹, aber: *Ich habe den Schirm vergessen* ›liegen lassen‹). *Impfen* wird ugs. ohne Präposition angeschlossen *(Ich gehe Pocken impfen, Zecken impfen).* In vielen Wendungen wird in Österreich eine reflexive Verwendung bevorzugt, z. B. *sich mit etwas spielen* (›spielerisch bewältigen‹), *sich stellen auf* (›kosten‹). In formellen Texten neigt man im Österreichischen zu Funktionsverben: *zur Besetzung gelangen, in Verwendung nehmen, eine Aktion setzen.*

## Substantive

Der **Plural** wird (wie im gesamten süddeutschen Raum) in vielen Fällen mit Umlaut gebildet: *die Krägen, Kästen, Wägen, Pölster, Bögen.* Eine abweichende Pluralbildung ist z. B. *Risken* (analog zu *riskieren*) neben *Risiken. Bluejean* kann als Singular verwendet werden, neben *Bluejeans.* Umgangssprachlich werden *Hirsch* und *Wirt* schwach dekliniert (*einen Hirschen, ich gehe zum Wirten*).

Unterschiede im **Geschlecht der Substantive**
(diese Liste einiger ausgewählter Beispiele ist vereinfacht und geht auf regionale Unterschiede in Deutschland nicht ein):

*Abszess:* der und das (in D nur der)

*Ar:* das (in D auch der)

*Ärar:* das und der (in D nur das)

*Aspik:* der und das (in D nur der)

*Ausschank* (›Schankraum‹): die (in D der)

*Biskuit:* das (in D der und das)

*Blackout:* das (in D meist der)

*Brösel:* das (norddeutsch der)

*Bund:* der (in D das)

*Coca-Cola, Cola:* das (in D die)

*Dress:* die und der (in D der)

*E-Mail:* das, formell die (in D meist die)

*Fauteuil:* das und der (in D der)

*Flysch:* der (in D das)

*Gulasch:* das (in D das und der)

*Gummi:* der (norddeutsch das)

*Imprimatur:* die [bei Betonung auf der letzten Silbe] und das (in D das)

*Joghurt:* das und (ostösterr. veraltend) die (in D der)

*Labsal:* die (norddeutsch das)

*Loft:* das (in D der und das)

*Nominale:* das (in D die)

*Prospekt:* der und das (in D der)

*Puder:* das (in D der)

*Puff:* das (in D der)

*Revers:* der (in D das)

*Risotto:* das und der (in D der)

*Sago:* der und das (in D der)

*Sakko:* das (in D der und das Sạkko)

*Sandwich:* das (in D der und das)

*Schlamassel:* das (in D der und das)

*Schneid:* die (in D der)

*SMS:* das (in D die)

*Spachtel:* die (in D der)

*Spagat* (gespreizte Beine): der (in D meist das)

*Sugo:* der und das (in D der und die)

*Triangel:* das (in D der oder das)

*Vokabel:* das (in D die)

*Zinnober:* das (in D der)

## Präpositionen

In vielen Fällen können Präpositionen anders verwendet werden als in Deutschland, oder es werden andere Präpositionen an ein Verb oder Substantiv angeschlossen.

**am:** ›auf dem‹ (nicht bei Feminina):

*am rechten Auge*

*am Boden*

*am falschen Fuß erwischen*

*am Gehaltszettel*

*am Heuboden*

*am Kalender*

*am Kerbholz*

*am Kopf*

*am Land*

*am Laufenden*

*am Plakat*

*am Programm*

*am Prüfstand*

*am Rücken*

*am Strich*

*am Stuhl*

*am richtigen Weg*

*am Zahnfleisch*

Nicht korrekt ist *am* für »auf den/das« als Angabe einer Richtung: *Ich lege das Buch am Tisch.*

**an:**

*an der Adresse wohnen*

*sich an etwas wagen*

**aus:** ›in‹ (Schulfach):

*Schularbeiten aus Latein*

**bei:** ›an, zum‹,

| |
|---|
| *bei* (an) *der Kasse* |
| *beim* (zum) *Fenster hinausschauen* |
| *beim* (zum) *Hals heraushängen* |

**über:** ›auf‹ (Behördenspr.):

| | |
|---|---|
| *über Antrag* | *über Intervention* |
| *über Auftrag* | *über Vorschlag* |
| *über Bitten* | *über Wunsch* |
| *über Einladung* | *über Zureden* |
| *über Ersuchen* | *über Zuweisung* |

**um:**

**a)** (gibt bei Verben den Grund an):

*um die Zeitung gehen*

*jemanden um Milch schicken*

**b)** (bei Preisangaben) ›für‹:

| |
|---|
| *etwas um 10 € kaufen* |
| *etwas um eine Million verkaufen* |
| *um diesen Lohn arbeiten* |

**c)** in Verbindung mit bestimmten Wörtern:

*froh um* (über) *etwas sein*

*ansuchen um ...*

**zu:** Angabe eines Zeitpunktes, besonders eines Festes (in D *an*):

| | |
|---|---|
| *zu Weihnachten* | *zu Neujahr* |
| *zu Pfingsten* | *zum Jahreswechsel* |
| *zu Ostern* | *zu Floriani* |
| *zu Silvester* | *zu Josefi* usw. |

**zum:**
**a)** ugs. häufig vor Verben statt eines Infinitivs:

*nichts zum Essen haben*

*zum Hungern aufhören*

**b)** in Verbindung mit *Abgeordneter* zur Angabe der Volksvertretung:

*Abgeordneter zum Bundesrat, Landtag*

**Datumsangaben** ohne Wochentag werden nach den Präpositionen *ab, seit* österr. (und südd., westd.) meist ohne Artikel verwendet, im übrigen Sprachgebiet mit Artikel *(seit dem ..., ab dem ...): Der Zwölf-Stunden-Arbeitstag ist seit 1. Jänner erlaubt.* (Die Presse 9. 1. 16); *Eigentlich hätten neue Sozialversicherungskarten bereits ab 1. Jänner 2019 mit einem Lichtbild versehen werden sollen.* (Der Standard 18. 4. 18).

## Pragmatik

Unter Pragmatik versteht man die Anwendung von Sprache in verschiedenen Handlungssituationen. Unterschiede zwischen Deutschland, Österreich und der Schweiz sind im Gesamteindruck deutlich, können aber im Einzelnen schwer genau beschrieben werden.

Für Deutschland ist eine direktere und kürzere **Art der Rede** typisch, die in Österreich als härter und weniger höflich empfunden wird. Dagegen neigt man in Österreich und der Schweiz zu einem indirekten Redeeinstieg, der sich nur langsam dem Thema nähert. Bitten werden häufig im Konjunktiv gehalten *(Ich hätte gerne ..., Dürfte ich Sie bitten ...).* Fragen oder Bitten um Auskünfte werden häufig mit Entschuldigungen begonnen, z.B. *Entschuldigen Sie bitte, könnten Sie mir sagen ...*

Sätze beginnen oft mit einer **Einleitung,** wie *Es ist so, dass ..., Ich bin der Meinung, dass ...,* während Deutsche den Satz gleich mit dem Subjekt beginnen. Die österreichische Art kann verbindlicher und kommunikativer wirken, andererseits aber auch umständlich oder sie kann den falschen Eindruck von geringerer Fähigkeit, sich mündlich in der Standardsprache auszudrücken, erwecken. Folgenreich kann eine solche Ausdruckweise sein, wenn die Einleitungsfloskel aus Unkenntnis der sprachlichen Pragmatik als Unsicherheit der Aussage gedeutet wird und z.B. vor Gericht als weniger glaubwürdig gilt.

Ein charakteristisches Merkmal für österreichischen Sprachgebrauch ist die Verwendung von **Titeln.** Zwar sind viele alte und oft karikierte Amtstitel durch Verwaltungsreformen verschwunden, doch ist es in Österreich üblicher als anderswo, die Funktionsbezeichnungen in Namenlisten, Türschildern, Zeugnissen usw. anzuführen. Manche Bezeichnungen, die in Deutschland und in der Schweiz nur als Zertifikate oder Qualifikationsausweis dienen, werden als Titel verwendet, so der akademische Titel *Magister/Magistra* (abgekürzt: Mag.), der in der mündlichen und brieflichen Anrede wie auch in Briefadressen wie *Doktor* (abgekürzt: Dr.) verwendet wird, während in Deutschland und der Schweiz die mit Magister vergleichbaren Titel nicht als Anrede gebraucht werden. Auch in den Schulen werden Lehrerinnen und Lehrer nicht mit Namen, sondern mit Amtstitel angesprochen *(Frau Professor, Herr Fachlehrer).* Das alles ist Zeichen dafür, dass der Name gegenüber dem Titel zurücktritt. Diese Verhältnisse sind aber heute einem starken Wandel unterworfen; auch im Wissenschaftsbereich spricht man sich heute zunehmend mit dem Namen (statt mit dem Titel oder mit »Kollege«) an, die Kommunikation über E-Mail trägt zur Verstärkung des Namens gegenüber dem Titel bei.

Als weit zurückreichende Ursachen der unterschiedlichen Titelverwendung kann man feststellen, dass im Vergleich zur Schweiz oder zu Deutschland in Österreich die einzelne Person (Name) gegenüber dem Rang und der institutionellen Position (Titel) zurücktritt. Dazu kommt die Tendenz, Verdienste und Leistungen nicht materiell, sondern durch ehrende Titel abzugelten.

## Wörterbücher zum österreichischen Deutsch

Ammon / Bickel / Ebner u. a.: Variantenwörterbuch des Deutschen. Die Standardsprache in Österreich, der Schweiz und Deutschland sowie in Liechtenstein, Luxemburg, Ostbelgien und Südtirol. Berlin 2004 (de Gruyter).

Ammon / Bickel / Lenz u. a.: Variantenwörterbuch des Deutschen. Die Standardsprache in Österreich, der Schweiz, Deutschland, Liechtenstein, Luxemburg, Ostbelgien und Südtirol sowie Rumänien, Namibia und Mennonitensiedlungen. 2., völlig neu bearbeitete und erweiterte Auflage. Berlin / Boston 2016 (de Gruyter).

Duden. Das große österreichische Schulwörterbuch. 3. Auflage. Berlin 2018 (Dudenverlag).

Duden. Die deutsche Rechtschreibung, 27. Auflage. Berlin 2017 (Dudenverlag).

Duden. Deutsches Universalwörterbuch, 8. Auflage. Berlin 2015 (Dudenverlag).

Duden. Das große Wörterbuch der deutschen Sprache (elektronische Ausgabe) 2011 (Dudenverlag).

Lazarescu, Ioan / Scheuringer, Hermann: Limba germană din Austria. Un dictionar German-Român. Österreichisches Deutsch. Ein deutsch-rumänisches Wörterbuch. Bukarest / Passau 2007 (Editura Niculescu / Karl Strutz Verlag).

Markhart, Heidemarie: Wörterbuch der österreichischen Rechts-, Wirtschafts- und Verwaltungsterminologie. 2. Auflage. Frankfurt / Main 2009 (Peter Lang).

Muhr, Rudolf: Österreichisches Aussprachewörterbuch. Österreichische Aussprachedatenbank. Frankfurt a. M. 2007 (Peter Lang).

Österreichisches Wörterbuch, 43. Auflage. Wien 2016 (öbv).

Pohl, Heinz Dieter: Die österreichische Küchensprache. Ein Lexikon der typisch österreichischen kulinarischen Besonderheiten (mit sprachwissenschaftlichen Erläuterungen). Wien 2007 (Präsens Verlag)

Sedlaczek, Robert: Österreichisches Deutsch. Wien 2005 (Ueberreuter).

Sedlaczek, Robert: Wörterbuch der Alltagssprache Österreichs. Innsbruck-Wien 2011 (Haymon).

Daneben gibt es eine Reihe kleinerer Wörterbücher, von denen manche nur auf umgangssprachliche Kuriositäten ausgerichtet sind.

Je nach Sprachauffassung findet sich in den Wörterbüchern eine unterschiedliche Art der Darstellung. Im »Österreichischen Wörterbuch« sind die Austriazismen nicht gekennzeichnet, da in dem österreichischen Normwörterbuch die österreichische Form die Normalform ist und daher die Formen aus Deutschland, seltener auch die aus der Schweiz, markiert sind, was aber sparsam eingesetzt wird. In demselben Sinn sind in der Duden-Rechtschreibung die deutschländischen Formen unmarkiert, die österreichischen Formen aber markiert. »Das große österreichische Schulwörterbuch« dagegen geht streng nach dem plurizentrischen Prinzip vor und markiert sowohl österreichische als auch deutschländische Wörter und Formen.

Das »Variantenwörterbuch« und das vorliegende »Wörterbuch der Gegenwartssprache« sind von vornherein als Differenzwörterbücher konzipiert und beschreiben nur die spezifischen Wörter und Bedeutungen bzw. den Unterschied zwischen den Ländern oder Sprachlandschaften.

## Ausgewählte Literatur zum österreichischen Deutsch

### Historisch interessante Arbeiten:

Domašnev, Anatolij Ivanović (1967): Očerk sorremennogo nemeckogo jazyka v Austrii [Abriss der modernen deutschen Sprache in Österreich]. Moskva.

Hrauda, Carl Friedrich (1948): Die Sprache des Österreichers. Salzburg.

Kretschmer, Paul (1969², [1918]): Wortgeographie der hochdeutschen Umgangssprache. Göttingen (Vandenhoeck & Ruprecht).

Lewi, Hermann (1875): Das österreichische Hochdeutsch, Versuch einer Darstellung seiner hervorstechendsten Fehler und fehlerhaften Eigentümlichkeiten, Wien.

Luick, Karl (1996): Deutsche Lautlehre. Mit besonderer Berücksichtigung der Sprechweise Wiens und der österreichischen Alpenländer. Leipzig / Wien (Deuticke). Reprint der dritten Auflage 1932. [1. Aufl. 1904]. Nebst einem Nachdruck des »Österreichischen Beiblattes zu Siebs«, hg. von Otto Back.

Nyhlén, Lars-Olof (1961): Die Sonderstellung der deutschen Schriftsprache in Österreich. Eine Übersicht über ihre Entwicklung und heutige Lage. Masch., Stockholm.

Popowitsch, Johann Sigmund Valentin (1780): Versuch einer Vereinigung der Mundarten von Teutschland als Einleitung zu einem vollständigen Teutschen Wörterbuche mit Bestimmungen der Wörter und beträchtlichen Beiträgen zur Naturgeschichte aus den hinterlassenen Schriften des berühmten Herrn Prof. J. S. V. P. Wien.

Regeln für die deutsche Rechtschreibung nebst Wörterverzeichnis, Große Ausgabe. Wien / Leipzig 1934.

Rizzo-Baur, Hildegard (1962): Die Besonderheiten der deutschen Schriftsprache in Österreich und in Südtirol. (= Duden-Beiträge 5). Mannheim.

Valta, Zdeněk (1967): Die österreichischen Prägungen im Wortbestand der deutschen Gegenwartssprache. Masch., Prag.

**Grundlagenwerke:**

Ammon, Ulrich (1995): Die deutsche Sprache in Deutschland, Österreich und der Schweiz. Das Problem der nationalen Varietäten. Berlin/New York (de Gruyter).

Eichhoff, Jürgen (1977/1978/1993/1994): Wortatlas der deutschen Umgangssprachen. 4 Bde. Bern/München usw. (Francke/Saur).

Wiesinger, Peter (2014): Das österreichische Deutsch in Gegenwart und Geschichte. 3. Auflage, Münster/Wien (Austria: Forschung und Wissenschaft – Literatur.2).

**Sammelbände:**

Muhr, Rudolf / Schrodt, Richard (Hg.) (1997): Österreichisches Deutsch und andere nationale Varietäten plurizentrischer Sprachen in Europa: empirische Analysen. Wien (hpt).

Muhr, Rudolf / Schrodt, Richard / Wiesinger, Peter (Hg.) (1995): Österreichisches Deutsch. Linguistische, sozialpsychologische und sprachpolitische Aspekte einer nationalen Variante des Deutschen. Wien (hpt).

Wiesinger, Peter (Hg.) (1988): Das österreichische Deutsch (= Schriften zur deutschen Sprache in Österreich 12). Wien/Köln/Graz (Böhlau).

**Allgemeine Darstellungen:**

Ebner, Jakob (2008): Österreichisches Deutsch. Eine Einführung. Mannheim/Leipzig/Wien/Zürich (Dudenverlag).

Pohl, Heinz-Dieter (2013): Zur Diskussion um das österreichische Deutsch. Einige Bemerkungen aus Sicht der allgemeinen Sprachwissenschaft. In: Tribüne 4/2013, 11–31.

Pohl, Heinz-Dieter (2014): Österreichisches Deutsch. Überlegungen zur Diskussion um die deutsche Sprache in Österreich. In: Klagenfurter Beiträge zur Sprachwissenschaft Bd. 37–38 (2011–2012 [2014]), 63–123.

Reiffenstein, Ingo (1983): Deutsch in Österreich. In: Tendenzen, Formen und Strukturen der deutsche Standardsprache nach 1945. Marburg.

Scheuringer, Hermann (1997): Sprachvarietäten in Österreich. In: Stickel, Gerhard (Hrsg.), Varietäten des Deutschen. Regional- und Umgangssprachen. Berlin/New York (Institut für deutsche Sprache. Jahrbuch 1996), 332–345.

Scheuringer, Hermann (2001): Die deutsche Sprache in Österreich. In: Knipf-Komlósi, Elisabeth / Berend, Nina (Hrsg.), Regionale Standards. Sprachvariationen in den deutschsprachigen Ländern. Budapest/Pécs, 95–119.

Variantengrammatik des Standarddeutschen (2018). Ein Online-Nachschlagewerk. Verfasst von einem Autorenteam unter der Leitung von Christa Dürscheid, Stephan Elspaß und Arne Ziegler.

Zeman, Dalibor (2009): Überlegungen zur deutschen Sprache in Österreich. Linguistische, sprachpolitische und soziolinguistische Aspekte der österreichischen Varietät. Hamburg 2009 (Verlag Dr. Kovač).

## Einzeldarstellungen:

### Wortschatz

Ebner, Jakob (1988): Wörter und Wendungen des österreichischen Deutsch. In: Wiesinger, Peter (Hg.) (1988): Das österreichische Deutsch (= Schriften zur deutschen Sprache in Österreich 12). Wien/Köln/Graz (Böhlau), 99–187.

Ebner, Jakob (1995): Vom Beleg zum Wörterbuchartikel – Lexikographische Probleme zum österreichischen Deutsch. In: Österreichisches Deutsch. Hrsg.: Muhr/Schrodt/Wiesinger. Wien (hpt), 178–197.

Elspaß, Stephan / Möller, Robert: Atlas zur deutschen Alltagssprache. Online-Atlas mit jährlichen Umfragen seit 2003. Universität Salzburg.

Tatzreiter, Herbert (1988): Besonderheiten der Morphologie der deutschen Sprache in Österreich. In: Wiesinger, Peter (Hg.) (1988): Das österreichische Deutsch (= Schriften zur deutschen Sprache in Österreich 12). Wien/Köln/Graz (Böhlau), 71–98.

### Soziolinguistik

Ebner, Jakob (2013): Aufhin – hinauf – nach oben – hoch. Betrachtung zu den Lokaladverbien in sprachgeschichtlicher, soziolinguistischer und arealer Sicht. In: Schneider-Wiejowski, Karina / Kellermeier-Rehbein, Birte /Haselhuber, Jakob: Vielfalt, Variation und Stellung der deutschen Sprache. Berlin/Boston (de Gruyter).

Lenz, Alexandra N. (Hg., 2015): Dimensionen des Deutschen in Österreich: Variation und Varietäten im sozialen Kontext. Frankfurt a.M./Wien [u.a.] (Peter Lang Edition).

Lenz, Alexandra N. (Hg., 2015): Standarddeutsch im 21. Jahrhundert: theoretische und empirische Ansätze mit einem Fokus auf Österreich. Göttingen (V & R unipress, Vienna Univ. Press).

Reiffenstein, Ingo (1977): Sprachebenen und Sprachwandel im österreichischen Deutsch der Gegenwart. In: Sprachliche Interferenz. Festschrift für W. Betz, Tübingen.

### Aussprache

Moosmüller, Sylvia / Schmid, Carolin / Sellner, Manfred B. (Hg., 2017): Phonetik in und über Österreich. Wien (Verlag der Österreichische Akademie der Wissenschaften).

Takahashi, Hideaki (1996): Die richtige Aussprache des Deutschen in Deutschland, Österreich und der Schweiz – nach Maßgabe der kodifizierten Normen. (= Duisburger Arbeiten zur Sprach- und Kulturwissenschaft 27). Frankfurt a. M. (Peter Lang).

**Sprachpolitik und Didaktik**

Bundesministerium für Bildung und Frauen (Hg., 2014): Österreichisches Deutsch als Unterrichts- und Bildungssprache. Wien (Basistexte und Lern- und Lehrmaterialien).

Markhardt, Heidemarie (2005): Das österreichische Deutsch im Rahmen der EU. Frankfurt/Main (Peter Lang).

Ransmayr, Jutta (2007): Der Status des österreichischen Deutsch an nichtdeutschsprachigen Universitäten. Frankfurt a. M. (Peter Lang).

# Aa

**a-:** die verneinende Vorsilbe *a-* in Fremdwörtern wird österr. meist lang ausgesprochen, in D meist kurz, z. B. asozial, asymmetrisch, atonal

**Aalraupe,** die; -, -n: [Süßwasser]dorsch: *Eine angeblich probate Methode zur Verhütung der Fraisen bestand darin, einer Aalraupe – das ist ein Süßwasserfisch mit froschähnlichem Schädel – lebendig den Kopf abzubeißen, diesen zu dörren und sodann in pulverisierter Form dem Kindlein noch vor der Taufe einzugeben.* (WZ 26. 11. 05)

**Aalrutte,** die; -, -n (auch südd.): /ein [Süßwasser]dorsch/: *Es geht darum, ob sich die Aalrutte unter nachhaltigen Bedingungen in Österreich züchten lässt.* (SN 18. 8. 15). ↑**Aalraupe, Rutte**

**Abänderungsantrag,** der: Antrag auf Änderung eines Gesetzes[entwurfs]: *Heute ... könnte ein entsprechender Abänderungsantrag zum ASVG im Sozialausschuss eingebracht werden.* (SN 25. 5. 05)

**abberaumen,** sw. V/hat (Behördenspr.): einen (anberaumten) Termin absagen: *Er hat daher einen Antrag auf Gewährung von Verfahrenshilfe eingebracht, so dass der Oberste Gerichtshof (OGH), wo am Donnerstag die Berufungsverhandlung stattfinden hätte sollen, den Termin kurzfristig abberaumen musste.* (TT 20. 9. 00)

**abbeuteln** (auch bayr.): abschütteln: *»Ich glaube, die SPÖ kann und darf sich nicht abbeuteln wie der Hund von den Flöhen ...«* (PR 14. 6. 06). ↑BEUTELN

**Abbrandler Abbrandlerin,** der bzw. die (auch bayr.): ↑Abbrändler: *Schon am Tag nach einem Brand laden neun Vertrauensleute und der Obmann des Vereins den Abbrandler ein, um den Schadensfall zu bewerten und die zu erbringende Leistung zu ermitteln.* (SN 29. 7. 10)

**Abbrändler Abbrändlerin,** der bzw. die (auch südd.): Bauer, dessen Hof durch einen Brand zerstört wurde: *Schinnerl listet die »Abbrändler« im Tennengau auf, nennt die Gründe für die Brände auf den Bauernhöfen und erzählt die Schicksalsschläge, die hinter den Fällen der Tennengauer Versicherung stehen.* (SN 31. 12. 02)

**abbrausen:** ***sich abbrausen können** (ugs.): nicht gehört werden, keine Chance haben, Zustimmung zu finden: *Aus rechtlicher Sicht kann sich der Beschwerdeführer im übertragenen Sinn »abbrausen«.* (OÖN 20. 5. 10); *Damit kannst du dich [ab]brausen!* (Das kommt nicht in Frage!, salopp)

**abbrennen** (veraltend): braun werden, braun machen, bräunen (von der Sonne): *sich abbrennen lassen; die Sonne brannte ihn tüchtig ab; von der Sonne abgebrannt kehrten wir aus Italien zurück.* – *Abgebrannt* in der Bedeutung ›ohne Geld‹ ist gemeind.

**abbrocken** (ugs., auch südd.): abpflücken: *Blumen, Beeren, Kirschen abbrocken; Dass einem neuerdings aber sogar die gesunden Samen der Brennnessel vor der gutgläubigen Nase abgebrockt werden – das geht zu weit.* (OÖN 25. 8. 16). ↑**brocken**

**Abbruchs-:** österr. Form, (in D) Abbruch-: **Abbruchsarbeiten:** *Vier große Firmen teilen sich die Abbruchsarbeiten.* (PR 23. 11. 01); **Abbruchsauftrag:** *Auch die Baubestimmungen sind zu überprüfen – wenn Gebäude anders als bewilligt gebaut wurden, ist theoretisch sogar ein Abbruchsauftrag möglich.* (Wirtschaftsblatt 15. 12. 06); **Abbruchsbescheid:** *Drei Bescheide – einmal ja, einmal nein, dann Abbruchsbescheid bis spätestens 31. Juli 2008.* (VN 17. 5. 07); **Abbruchskosten:** *Bei den angeführten Abbruchskosten sind die Zusatzkosten für den Abbruch und die Entsorgung von kontaminiertem Material nicht berücksichtigt.* (WZ/Amtsblatt 29. 1. 11); **Abbruchsunternehmen**

**abbusseln** (ugs., auch südd.): abküssen: *Das Konzept, schöne Menschen im Liebesdusel taumeln zu lassen, bis sie einander abbusseln, wird aber sein Publikum erreicht haben.* (OÖN 10. 8. 07). ↑**busseln**

**abcashen,** sw. V/hat [ˈabkɛʃn̩] (salopp, seltener auch in D): abkassieren: *Ich bin überzeugt, dass Raiffeisen in Österreich etwas Spezifisches ist. Wir eignen uns sicher nicht zum Abcashen.* (SN 20. 10. 07). ↑**einstreifen**

**Abdeckband,** das (auch schweiz.): Klebeband zum Abdecken von Fenster- und Türrahmen oder anderen Gegenständen bei Malerarbeiten; Kreppband: *Ich erinnere mich, den Staub vom Abdeckband der Behälter gewischt zu haben.* (WZ 11. 10. 13)

**abdrehen:** schließen, stilllegen, (ugs.) abwürgen: *Doch die tollen Geschäfte abdrehen, solange alles gut geht, das bringt kein Vorstand zusammen.* (ST 16. 9. 07). Die Bedeutung ›ausschalten‹ ist gemeind.

**Abdruck,** der: ***im letzten Abdruck:** im letzten Augenblick, auf den letzten Drücker: *Die*

*ÖVP hat in das Regierungsprogramm im letzten Abdruck 500 Millionen Euro für einen Fonds hereingenommen, aus dem neue Energieformen gefördert werden soll.* (ST 15. 2. 05)

**abeisen:** **1.** (veraltend): abtauen: *den Kühlschrank abeisen.* **2.** (Autoscheiben, Straßen usw.) vom Eis befreien: *Ein Bediensteter einer Autofirma wollte am Montag am Freigelände einen BMW 525 XD abeisen und startete das 55.000 Euro teure Gefährt.* (KR 8. 1. 08)

**Abend:** steht österr. auch in Verbindung mit einer Uhrzeit, (in D) abends: *Um zehn Uhr Abend strömten sie am Sonntag zu den Mauern des Kremls.* (PR 5. 3. 12) Vgl. Mittag, Mitternacht, Nachmittag, Nacht, Vormittag

**abendessen** /nur im Inf. und 2. Part./: zu Abend essen: *Dann wird in Linz auch abendgegessen und eingekauft.* (OÖN 13. 3. 08). Vgl. mittagessen

**Abendkassa,** die: (in D) Abendkasse: *Tickets gibt's an der Abendkassa ab einer Spende von 15 Euro.* (ST 22. 12. 16). ↑ KASSA

**Abendspitze,** die: Stoßzeit im Abendverkehr (Ggs. ↑ Frühspitze): *Der neue Planungsstadtrat hat vorgeschlagen, zur Morgen- und Abendspitze den Schwerverkehr von dem Beton- und Stelzenmonster fernzuhalten.* (SN 8. 6. 01)

**aber:** ***aber geh!*** ↑ geh

**Abfahrt,** die (Vbg. und schweiz. kurz für) ↑ Alpabfahrt

**abfertigen,** sw. V. / hat: ›jmdm. eine ↑ Abfertigung zahlen‹: *Dabei würden alle Mitarbeiter gekündigt und abgefertigt.* (PR 7. 2. 12). ↑ **ausfertigen**

**Abfertigung,** die: **1.** vom Arbeitgeber an den Arbeitnehmer bei Beendigung des Arbeitsverhältnisses zu zahlendes, nach Gehalt und Dauer des Arbeitsverhältnisses berechnetes einmaliges Entgelt; Abfindung: *Doch warten viele Arbeitnehmer nicht bis zur Pension, sondern lassen sich ihr Geld als Abfertigung auszahlen, sobald das möglich ist.* (PR 4. 4. 17). **2.** ***vor Abfertigung** (Behördenspr.): nach Genehmigung des Entwurfes, aber vor der Reinschrift: *Der Berufungswerber hat ... diesem alle abzufertigenden Erledigungen vor Abfertigung ... zur Genehmigung vorzuschreiben.* (WZ 4. 6. 02). – Auch als Formel nach der Unterschrift am Ende eines amtlichen Schriftstücks

**Abfertigungsanspruch,** der: Anspruch auf ↑ Abfertigung: *Einen gesetzlichen Abfertigungsanspruch haben nur Arbeiter und Angestellte.* (SN 20. 1. 05)

**Abfertigungskaiser** ↑ -KAISER

**Abfertigungsrücklage,** die: für die Zahlung von ↑ Abfertigungen bestimmte Geldreserve: *Über die steigenden Lohnnebenkosten, Abfertigungsrücklagen oder Pensionskassen sei noch nicht gesprochen worden.* (PR 21. 3. 02)

**abfieseln** (ugs., auch südd.): **1.** (Knochen) abnagen: *Der Beinschinken ist immer noch nicht abgefieselt* (profil 4. 4. 16). **2.** mit den Fingern ablösen: *Erst müssen sie geknackt werden, und dann beginnt für so manche das langwierige Abfieseln des bitteren Häutchens, was sich aber nur bei ganz frischen Nüssen bewerkstelligen lässt.* (OÖN 22. 9. 01); *Dafür braucht man reichlich abgefieselte Ribiseln.* (Falter 1. 7. 15). ↑ FIESELN

**abfotzen** (derb, auch bayr.): ohrfeigen, (ugs.) abwatschen: *Warum müssen sich die Schauspieler so oft abfotzen oder gegenseitig boxen?* (OÖN 18. 1. 03). ↑ **fotzen**

**abfretten,** sich; sw. V. / hat (ugs., auch südd.): **1.** sich mühevoll im Leben durchbringen: *der Mann ist fort, sie muss sich allein mit den Kindern abfretten.* **2.** große Mühe mit etwas haben: *Sie muss sich beim Heizen immer mit diesem alten Ofen abfretten; sie müssen sich jetzt angeblich mit den sozialen Grauslichkeiten einer ASVG-Pension abfretten.* (OÖN 22. 12. 07). ↑ FRETTEN

**Abgabe,** die (Verw.): von einer öffentlichen Institution oder zu einem bestimmten Zweck erhobene Steuer (in D seltener). ↑ **Bodenwert-, Bundes-, Gemeinde-, Kommunal-, Konsumations-, Landes-, Lustbarkeits-, Normverbauchs-, Solidar-, Verwaltungsabgabe**

**Abgabenbehörde,** die (formell): für Steuerbelange verantwortliches Amt, Finanzbehörde: *Musste die Abgabenbehörde bisher ein Finanzstrafverfahren einleiten, um das Bankgeheimnis aufzuheben, genügt in Zukunft, dass sie einseitig Bedenken gegen die Richtigkeit der Abgabenerklärung hat, und kann mit diesen Bedenken ein Auskunftsverlangen an die Bank richten.* (WZ 12. 5. 15)

**Abgabepostamt,** das (Behördenspr.): die auf einer Postsendung angegebene Abgabestelle: *Adlwang und Aschach an der Steyr sind kleine Ämter, Rohr ist ein reines Abgabepostamt.* (OÖN 10. 8. 01)

**Abgang,** der (Behördenspr.): Fehlbetrag: *Die Wiener Gebietskrankenkasse wird heuer ein Defizit von 140 Millionen Euro einfahren. Auch in den kommenden Jahren wird ... mit weiteren*

*Abgängen gerechnet.* (PR 19. 12. 07). – Die allgemeinere Bedeutung ›Verlust, Abfall (z. B. beim Handel durch Transportschäden)‹ ist gemeind.

**abgängig:** vermisst; nicht nach Hause zurückgekehrt (von Menschen und Tieren): *Das Mädchen in Tirol war seit Allerheiligen abgängig.* (PR 26. 11. 07); *Auch in Haidershofen haben zwei Katzenhalter ihre Lieblinge abgängig gemeldet und dafür Verbrecher verantwortlich gemacht.* (OÖN 2. 1. 15) ◆ **Abgängige/-r**

**Abgängigkeitsanzeige,** die: Vermisstenanzeige: *Seine Frau wollte eine Abgängigkeitsanzeige erstatten und identifizierte den Toten als ihren Mann.* (PR 7. 10. 16)

**Abgangsklausel,** die (Schule): Vermerk auf dem Zeugnis, das die ordnungsgemäße Abmeldung von der Schule bestätigt

**ABGB,** das; -s: Allgemeines Bürgerliches Gesetzbuch (entspricht dem deutschen Bürgerlichen Gesetzbuch BGB)

**abgebrannt** ↑ abbrennen

**abgedreht** (ugs., auch bayr.): durchtrieben, verdorben, skrupellos: *Da muss jemand schon wirklich abgedreht sein, wenn er erklären will, dass das gerechtfertigt ist.* (PR 15. 12. 13)

**abgehen: 1.** (auch bayr.) /mit Dativ/: fehlen: *du gehst uns sehr ab; »Ich vermisse das Läuten sehr, es geht mir ab.«* (NÖN 5. 5. 17). **2.** (auch schweiz.): ablaufen, losgehen: *Um zu demonstrieren, was alle vier Minuten ein Zug bedeutet, ließ Gorton bei der gestrigen Medieninformation alle vier Minuten einen Wecker abgehen.* (KU 11. 11. 04)

**Abgeltung,** die (auch schweiz.): Vergütung, Kostenersatz: *Offen bleibe aber die Frage nach der Abgeltung für das Wohnen.* (SN 6. 11. 07). ↑ **Inflationsabgeltung**

**Abgeordnete** ↑ zum

**abgreifen** (auch bayr.): abtasten: *ich lasse mich nicht von jedem abgreifen; Er wusste, dass das Mädchen erst zwölf Jahre alt war, und dass man es weder küssen noch seine Brust abgreifen darf.* (KU 30. 5. 06). ↑ **angreifen**

**abhauen:** das 2. Part. lautet österr. (und bayr.) *abgehaut* (in D *abgehauen*): *Er hatte schon so viel mitgemacht. Er ist von überall abgehaut.* (OÖN 7. 12. 07); ***sich über etwas abhauen** (ugs., salopp): über etwas sehr lachen: *Ich kann mich zum Beispiel über Mr. Bean abhauen.* (OÖN 14. 4. 15). ↑ HAUEN

**abhausen** (ugs., außer westösterr., auch bayr.): **1.** Pleite machen, in Konkurs gehen: *Die Wirte werden nicht gleich abhausen, wenn die Politiker die Sperrstunden auf 3 Uhr früh vorverlegen.* (KR 9. 10. 05); (übertragen) *Stronach hat sich nicht umsonst die abgehausten Politiker aller Fraktionen in sein Boot geholt.* (KR 3. 2. 04). **2.** /meist im 2. Part./ abnützen, abwohnen *entscheidend für die Konzentration in abgehausten Gründerzeitvierteln seien aber die niedrigen Mieten.* (ST 12. 11. 10). ↑ **aufhausen**

**abkiefeln** (ugs.): abnagen: *Geehrter Herr Obelix, Verzeihung, dass ich beim Abkiefeln der Wildschweinripperl störe.* (OÖN 2. 6. 18). ↑ **kiefeln**

**abklauben** (regional auch in D): mit den Fingern abnehmen: *Da musste ich natürlich auch mitarbeiten, zum Beispiel Eier abklauben, das Vieh auf die Weide treiben, bei der Ernte helfen.* (KZ 4. 10. 10); *Raupen abklauben, in heißem Wasser verbrühen und dann auf alle Fälle immer wieder in die Sträucher hineinschauen, ob neue Raupen da sind.* (Falter 1. 6. 11). ↑ KLAUBEN

**abknöpfeln,** sw. V. / hat (ugs.): abknöpfen: *Besonders gut einsetzbar sind Jacken mit Anna-Karenina-Pelzkrägen, die man jedoch untertags abknöpfeln kann.* (KU 13. 9. 01). ↑ **zuknöpfeln**

**abkrageln,** sw. V. / hat (ugs., auch bayr.): (Geflügel) den Hals umdrehen, abschneiden: *Tauben waren einmal auf den Bauernhöfen das Vorrecht des Großknechtes, der sie in einem Schlag züchten ... durfte und wenn sie rund genug waren, abkrageln und verkaufen.* (OÖN 15. 1. 05); (derb:) *er drohte dem Nachbarn, ihn abzukrageln*

**abkristeln,** sw. V. / hat (Sport): durch eine Drehung die Fahrt anhalten: *Gelenkt wird mittels Gewichtsverteilung, durch die Taillierung carvt der Scoot mit geringem Kraftaufwand durch den Schnee. Gebremst wird durch Abkristeln oder Querstellen des Geräts.* (profil 18. 11. 02)

**Ablaufdatum,** das (auch schweiz.): Verfallsdatum für Lebensmittel oder Medikamente: *Abgelaufener Räucherlachs war mit neuem Ablaufdatum versehen worden.* (SN 25. 4. 07); (übertragen) *Nicht nur die guten Vorsätze, die jeweils zum Jahreswechsel gefasst werden, weisen ein ziemlich kurzes Ablaufdatum auf.* (SN 20. 12. 07)

**abliegen,** st. V. / ist: **1.** durch längeres Liegen mürbe, trocken usw. werden, an Qualität gewinnen: *Das Fleisch bleibt lange im Salz. ... Dann wird durch Walken das Fett herausgepresst. Danach: drei Monate Abliegen, weitere* *acht Monate Lufttrocknen.* (SN 6. 12. 03); (übertragen) *Sie redete lieber von der noch notwendigen Evaluierung und ließ die nach Jahren endlich erstellte Studie Monate in ihrem Schreibtisch abliegen.* (PR 9. 8. 07). 2. (westösterr., auch schweiz. und südwestd.): sich hinlegen: *Nach dem zehnten Zug verharren wir für 10 Sekunden in der höchsten Spannung. Nein! Noch nicht abliegen.* (VN 11. 11. 06). ↑LIEGEN

**Ablöse,** die: 1. bei Beginn eines Mietverhältnisses für eine Wohnung einmal vom Mieter zu leistende Summe, (in D) Abstand: *Ablösen für Renovierungsarbeiten des Mieters würden häufig nämlich nur dann gezahlt, wenn dies vertraglich festgelegt wurde.* (PR 8. 4. 15); ***verbotene Ablöse** (Rechtsspr.): Zahlung an den Vermieter oder Vormieter ohne entsprechende Gegenleistung: *Liegt die Kaution darüber, liegt der Verdacht nahe, dass es sich um eine verbotene Ablöse handelt.* (PR 8. 9. 12). 2. (ugs. auch in D) Ablösesumme für Sportler: *Denn falls eine Ablöse fällig ist, wird der Transfer platzen.* (SN 11. 12. 07). 3. a) Zahlung bei Enteignung von [bebautem] Land durch Bund, Land oder Gemeinden, das für Bauten im öffentlichen Interesse gebraucht wird: *Bei der Feinplanung werde man den Betroffenen, denen die Bahn »vor die Nase gesetzt« werde, helfen – bei der Verhandlung um die Ablöse des Hauses oder beim Lärmschutz.* (SN 20. 11. 07). b) Kaufpreis für Grundstücke u. Ä. im öffentlichen Interesse: *Ab nächster Woche werden die Eigentümer jener Grundstücke zu Gesprächen eingeladen, um die Frage der Ablösen zu klären. »Die Ablösen werden marktkonform und gerecht sein.«* (OÖN 11. 12. 07). ↑**Barablöse, Grundablöse, Investitionsablöse, Möbelablöse, Urlaubsablöse**

**ablösefrei:** ohne ↑Ablöse zu mieten erhältlich: *Möblierte 1-Zimmerwohnung ablösefrei!* (KR 28. 5. 17, Inserat) – Die Bedeutung ›ohne Ablöse spielberechtigt‹ im Sport ist gemeind.

**ablösen:** 1. [für eine Wohnung] eine Ablösesumme zahlen: *Ich will meine Genossenschaftswohnung aufgeben und habe einen Nachmieter gefunden. Dieser würde mir auch die Möbel ablösen.* (KU 19. 8. 00); *Er lässt sich nach einem Autounfall die Reparatur ablösen* (statt der Reparatur gegen eine Abschlagszahlung das Auto übernehmen). 2. durch behördliche Verfügung abkaufen (in D nur im Bankwesen): *Für die Begleitwege wollte das Land den Winzern, deren Weingärten an der Straße liegen, jeweils drei Meter Grund ablösen.* (KU 15. 1. 08). 3. einen Sachpreis bei einem Gewinnspiel in Geld ausbezahlen: *Der Preis kann nicht in bar abgelöst werden.* (OÖN 25. 7. 05). ↑**auslösen**

**abmachen** (bes. ostösterr., auch bayr.): (Salat) mit Marinade zubereiten, anmachen: *Inzwischen Pinienkerne anrösten, Salat mit Himbeeressig und Sonnenblumenöl abmachen, Walnüsse unterrühren.* (PR 4. 7. 03). ↑**anmachen**

**Abonnement,** das ⟨franz.⟩: wird österr. [abɔnˈmãː] ausgesprochen, in D meist [abɔnəˈmãː], in CH [abɔnəˈmɛnt]

**abpaschen,** sw. V. / ist (ostösterr. ugs.): heimlich, plötzlich verschwinden; (ugs.) abhauen: *Mir war die Sache dann nicht mehr sicher genug. Ich bin abgepascht.* (OÖN 29. 11. 08)

**abpecken,** sw. V. / hat: 1. durch picken abbrechen: *Irgendeinen Schaden muss man ja jedes Jahr hinnehmen, einmal sind es die Vögel, die alles abpecken, heuer war es eben der Frost.* (NÖN 9. 8. 12). 2. /sich/ (ugs.) sich biegen vor Lachen: *Was sind denn die Situationen, bei denen Sie sich abpecken müssen?* (Falter 20. 9. 17)

**abputzen,** /sich/ (ugs.): sich reinwaschen, eine Schuld auf jmd. anderen abwälzen: *Wenn man mit an der Spitze ist, ist man mitverantwortlich. Da will ich mich nicht abputzen.* (OÖN 7. 11. 15). ↑PUTZEN

**absammeln:** von einzelnen Personen einsammeln: *die Schularbeitenhefte absammeln; Es sei auch nicht in Ordnung, dass man bei außenpolitischen Aktionen »mit dem Hut absammeln« gehe.* (PR 22. 2. 02)

**abschasseln,** sw. V./ hat (ostösterr. ugs. salopp) jmdn. abfertigen: *Die Gräfin Czernin von Chudenitz ... ließ sich von den SS-Schranzen Heinrich Himmlers nicht abschasseln.* (PR 22. 3. 08)

**abschauen** /sich etwas/ (auch schweiz., regional auch in D): etwas Gesehenes nachahmen, (in D) absehen: *was wir Österreicher uns von den Amerikanern abschauen sollten: die Kinderfreundlichkeit.* (PR 17. 4. 17). ↑SCHAUEN

**abschichten:** Die Grundbedeutung ›in Schichten abtragen‹ und übertragen allgemein für ›abtrennen, absondern‹ ist gemeind. In Österreich wird das Wort vor allem im Finanzwesen für »Vermögensteile,

Beteiligungen usw. abtrennen« verwendet: *Eine direkte Beteiligung an Banken hätte der Bund ... mit hohem Gewinn abschichten können.* (PR 22. 2. 14); *Mit Ende 2012 betrug der Wert der Beteiligungen rund fünf Millionen Euro. ... Viele Unternehmen konnten das Geld abschichten.* (KZ 14. 9. 13)

**Abschichtung,** die (Verw.): Aufteilung der Vermögenswerte nach Auflösung einer Gesellschaft auf die Gesellschafter: *Die Sanierungskosten – 2,6 Mio. Euro für die Bedienung der Quote und 1,3 Millionen Euro zur Abschichtung der stillen Beteiligungen – sollten vom neuen Eigentümer ... getragen werden.* (PR 19. 4. 12). – In D ist diese Bedeutung selten, das Wort ist aber als Fachausdruck im Erbrecht häufig; in der Bedeutung »Aufteilung von Prüfungen« in der juristischen Ausbildung gemeind.

**abschießen** (ugs., auch südd., schweiz.): die Farbe verlieren, ausbleichen: *abgeschossene Vorhänge; der Stoff schießt schon stark ab.* ↑**schießen**

**abschlecken** (auch südd., schweiz.): ablecken: *Und dass man das Messer nicht abschlecken darf, ist eh klar* (SN 5. 12. 07). ↑**schlecken, aufschlecken**

**abschmalzen,** sw. V. / hat (auch bayr.): (Teigwaren o. Ä.) in Fett schwenken [und mit gebräunter Zwiebel und gerösteten Bröseln vermengen], (südd.) abschmälzen: *Mit Salz und Pfeffer abschmecken, über die Brezenstücke gießen und mit brauner Butter abschmalzen.* (SN 3. 11. 07)

**Abschnitzel,** das (auch südd.): kleines Stückchen Holz (als Abfall beim Schnitzen) oder Papier, kleines Fleischstückchen: *Gemüse-Sternchen ausstechen und als Einlage in die Suppe geben, die Abschnitzel mitkochen und pürieren.* (KU 17. 12. 05)

**Abschöpfer,** der (bes. österr. salopp): kurz für *Abschöpfungsauftrag*

**Abschöpfungsauftrag,** der (Bankwesen): Auftrag zur monatlichen Abbuchung vom Gehaltskonto auf ein Sparkonto oder -buch, wenn der Kontostand einen vereinbarten Rahmen übersteigt

**Abschöpfungsverfahren,** das (Rechtsspr.): letzte Stufe im Privatkonkurs, ähnlich dem Restschuldbefreiungsverfahren in D

**abschreib-, Abschreib-:** österr. Form, (in D) abschreibungs-, Abschreibungs- (in Bezug auf die Steuer): **abschreibfähig; Abschreibmöglichkeit:** *So werden sich die Deutschen darauf einstellen müssen, dass ihnen einerseits weniger gegeben wird, indem etwa Abschreibmöglichkeiten radikal gekürzt werden.* (ST 14. 11. 05); **Abschreibposten:** *Abschreibposten oder Absetzbeträge gibt es für ... außergewöhnliche Belastungen wie Krankheitskosten.* (ST 22. 2. 06)

**abseihen** sw. V. / hat: durch ein Sieb oder Tuch leeren, durchseihen: *2 Teelöffel Kraut oder Blüten mit einer Tasse kochendem Wasser aufgießen, 10 Minuten ziehen lassen und abseihen.* (SN 27. 11. 07)

**abseit** [auch ab...] (veraltend): abseits (auch für den Regelverstoß bei Ballspielen): *er ist auch Anwalt für das, was es ... an wahrem bäuerlichen Leben abseit jeder Pseudo-EU-Romantik zu bewahren gilt.* (KU 18. 2. 07) ◆ **Abseit,** das: *»Über links kommt eine Kaltfront, aber die Wolke steht im Abseit.«* (KU 29. 6. 08)

**Absenz,** die ⟨lat.⟩ (auch südd., schweiz.): Abwesenheit von einem Ort, bes. von der Schule: *Das von ihr vorgeschlagene Frühwarnsystem sieht vor, dass die Schulbehörde bei häuslichem Unterricht oder bei auffälligen Absenzen automatisch die Jugendwohlfahrt benachrichtigen muss.* (SN 14. 2. 07)

**Absetzbetrag,** der (Verw.): Betrag, der bei der Steuerberechnung von Lohn oder Gehalt abzuziehen ist, (in D) Abzugsbetrag: *Deutschland habe erfolgreich einen Absetzbetrag von 600 Euro für Handwerkerleistungen eingeführt.* (SN 11. 5. 07) ◆ **Alleinerzieherabsetzbetrag; Alleinverdienerabsetzbetrag:** *Schüssel ... nannte als Schwerpunkte das Kinderbetreuungsgeld für alle Frauen, die Pensionsreform, die Erhöhung des Alleinverdienerabsetzbetrags und das Schließen der Einkommensschere.* (ST 18. 9. 06) ◆ **Arbeitnehmerabsetzbetrag; Kinderabsetzbetrag; Pensionistenabsetzbetrag; Steuerabsetzbetrag; Verkehrsabsetzbetrag; Unterhaltsabsetzbetrag**

**Absetzposten,** der (Verw.): ↑Absetzbetrag: *Als Absetzposten kommen u. ä. die Ausgaben für die Instandhaltung der Wohnung ... in Betracht.* (SN 6. 11. 07)

**absiedeln** (auch südd.): umsiedeln, an einem anderen Ort ansiedeln: *Das Dorf Graun wurde damals wegen des Baus dieses Stausees abgesiedelt.* (OÖN 16. 7. 16) ◆ **Absiedlung**

**absieden:** 1. längere Zeit sieden lassen: *das Fleisch, die Suppe absieden; Die Fleckerln im Salzwasser absieden, dann durch ein Sieb seihen, damit das Wasser davon weg kommt.* (OÖN 11. 5. 13). 2. abkochen; durch Kochen haltbar, keimfrei machen: *die Milch absieden, dass sie nicht sauer wird.* ↑ SIEDEN

**absperren** (auch südd.): abschließen: *Vandalismus in der Kirche ... Ein Absperren der Kirche kommt für ihn aber auch nach den Ereignissen der Vorwoche nicht in Frage.* (SN 14. 7. 06). ↑ SPERREN

**absprudeln:** verquirlen: *Ei mit Mehl sehr gut absprudeln und mit heißer Suppe aufgießen. Fortsprudeln.* (OÖN 3. 9. 15). ↑ **sprudeln, versprudeln**

**abspülen,** sw. V.; hat (westösterr., auch bayr.): (in der Küche) abwaschen, (in D) spülen: *Seit fünf Jahren suche ich jemanden zum Abspülen, aber ich finde niemanden.* (SN 16. 11. 03)

**Abstattungskredit,** der (Wirtschaft): Kredit, der nur einmal ausgenutzt werden kann und danach in Raten zurückzuzahlen ist (Ggs. Kontokorrentkredit): *Bei laufenden Abstattungskrediten muss die Bank zu viel verrechnete Zinsen rückbuchen, bei anderen Krediten können die Kunden sie zurückfordern.* (PR 21. 10. 13)

**Absteigquartier,** das: österr. Form, (in D) Absteigequartier: *Anders als das LG für Zivilrechtssachen, das die Wohnung bloß als Absteigquartier ansah, billigte der OGH die Kündigung nicht.* (PR 2. 10. 01)

**abstieren** (ugs.): jmdm. auf hinterhältige Weise Geld abnehmen, jmdn. schröpfen, berauben: *Mit voller Wucht ... tritt das Landesgericht St. Pölten gegen zwei Männer und eine Frau an, die einen Gast mit Gangstermethoden abgestiert haben.* (KU 9. 3. 07). ↑ STIEREN

**abstreifen** sw. V. / hat (auch südd., schweiz.): (die Schuhsohlen) durch Herunterstreifen an einer Matte o. Ä. abputzen: *»Schuhe abstreifen, nicht drängeln, keine Getränke auf den Gängen ...« Die Liste der Verbote und Gebote, laut Schulordnung, ist lang.* (VN 12. 9. 02). ↑ **Fußabstreifer**

**abstrudeln,** sich (ugs., ostösterr.): sich abmühen: *Aber obwohl sich Szene wie Musik auf hohem Niveau non- stop abstrudeln, zeitigt all die Exaltiertheit und Dauerdrastik nur wenig belebende Wirkung.* (ST 23. 5. 14). ↑ **strudeln**

**Abszess,** das ‹lat.›: Eitergeschwür: österr. auch Neutrum, in D nur Maskulinum. *Dafür löse ich einen Salzkristall in Wasser auf, tränke damit einen Wattebausch und lege diesen auf das Abszess.* (KU 24. 6. 06)

**abtreiben** (auch südd.): Fett bei Zimmertemperatur so lange rühren, bis es flaumig wird: *Geriebene Schokolade mit Wasser befeuchten und im Rohr weich werden lassen; fein verrühren und mit Butter, Dotter u. Zucker abtreiben.* (OÖN 4. 3. 17). ↑ **austreiben**

**Abtrieb,** der (auch südd.): (in D) Rührteig: *Keksbrösel mit Schoko und Mehl unter den Abtrieb heben und in die Form füllen.* (KZ 26. 12. 15). ↑ **Butterabtrieb** ◆ **Abtriebmasse,** ↑ Masse

**Abverkauf,** der (seltener und ugs. auch in D): Verkauf [der gesamten Waren] unter ihrem Wert; Räumungsverkauf, z. B. wegen Geschäftsauflösung: *Der Mann ist stinkreich und erwirbt seine Nachtkastln vermutlich nicht im Abverkauf.* (OÖN 28. 12. 07). ↑ **Konkursabverkauf**

**abverkaufen:** einen Abverkauf veranstalten (z. B. der gesamten Waren wegen Geschäftsauflösung): *»Wir werden uns von allen unseren Perserteppichen trennen und ohne Rücksicht auf den tatsächlichen Wert abverkaufen.«* (SN 23. 2. 07)

**Abwasch,** die; -, -en: Abwaschbecken, (in D) Spüle: *Als mögliche Brandursache ermittelten die Polizeibeamten einen Defekt in einem Durchlauferhitzer, der in der Küche unter der Abwasch montiert war.* (KZ 26. 2. 15). – Der in D vorkommende Gebrauch von *der Abwasch* »das abzuwaschende Geschirr« ist in Österr. ungebräuchlich. ↑ **Abwaschfetzen**

**Abwäsche,** die: bes. im Handel übliche (hyperkorrekte) Form von ↑ Abwasch (Spülbecken): *Bad ist ohnehin keines eingebaut, die Frau muss sich in der Abwäsche waschen.* (ÖST 10. 3. 10)

**Abwäscher Abwäscherin,** der bzw. die: Person, die Geschirr spült (Berufsbez.): *Anfangs als Abwäscher angestellt, ist Drawer inzwischen in vielen Bereichen die rechte Hand seines Chefs.* (ST 5. 2. 05); *Die 39-jährige Rumänin ist seit drei Wochen als Abwäscherin und Putzfrau ... in der Salzburger Altstadt beschäftigt.* (SN 5. 8. 15)

**Abwaschfetzen,** der: [Schwamm]tuch zum Geschirrabwaschen, (in D) Abwaschlappen, Spültuch: *Sie ist jener Typ Mensch, den andere gern als Abwaschfetzen für das Grobe hernehmen.* (OÖN 7. 12. 15). ↑ FETZEN

**Abwaschschaff,** das; [e]s, -e (veraltend): weites Gefäß, Schaff, das zum Geschirrspülen verwendet wird: *Von Nerzmantel bis zum Abwaschschaffel lautet die Kurzformel für den Arbeitsbereich einer First Lady.* (FU 15. 4. 04). ↑ SCHAFF

**Abwaschschaffel,** das; -s, -n: ↑Abwaschschaff. ↑SCHAFFEL

**abwatschen** (ugs.): ohrfeigen: *Johannes Gruber ... möchte man am liebsten gleichzeitig abwatschen und in den Arm nehmen, um ihm zu versichern, dass auch er einmal ein richtiger Mensch sein wird.* (OÖN 11. 3. 16); (übertragen) *Das zünftig-deftige parteipolitische Abwatschen machte einem treuherzigen Kampfkuscheln Platz.* (PR 5. 12. 10). ↑**watschen**

**abzuzeln** (ugs., auch bayr.): ablecken: *R. A. begriff nicht, was er tat, als er sein Opfer tötete, zerteilte und letztendlich dessen Organe in den Mund nahm, »um davon Blut abzuzuzeln«.* (News 31. 1. 08); (übertragen) *Der Busek ... meint von der schwarzen Führungsschicht, dieselbe wäre überwuzelt und ihre Themen abgezuzelt.* (KR 28. 8. 05). ↑**zuzeln, auszuzeln**

**achromatisch:** wird österr. auf der ersten Silbe betont, in D auf der dritten

**Achtel,** das; -s. -: ein Achtelliter, bes. die üblicherweise bestellte Menge Wein im Gasthaus: *Dort ein Seidl Bier, da ein Achtel Wein und »für die Gesundheit« noch ein Stamperl Schnaps.* (SN 15. 11. 06)

**Achtele,** das; -s, -n (west-, südösterr.): ↑Achtel: *Die hochbetagte humorvolle Jubilarin setzt sich gerne mit Besuchern zusammen und genehmigt sich in gemütlicher Runde ein Achtele.* (VN 13. 12. 07)

**Achter,** der: **1.** (auch südd.): Ziffer, Note, Linie Acht, (in D) die Acht: *er ist einen Achter gefahren.* Ebenso alle Zahlen, z. B. der Elfer, der Sechzehner (Linie 11, 16). **2.** der Form der Ziffer 8 ähnliche Verformung eines Fahrrad-Rades: *Laufräder und Felgen bleiben länger rund – es entstehen keine »Achter«.* (SN 16. 4. 04). ↑**Dreier, Einser, Fünfer, Neuner, Nuller, Sechser, Siebener, Vierer, Zehner, Zweier, Zwölfer**

**Achterl,** das; -s, -n (bes. ostösterr.): ↑Achtel: *Immerhin gibt es hier kaum derart kleine Heurigen, die nur selten geöffnet haben und ein Achterl Wein um 0,80 Euro ausschenken.* (PR 2. 1. 16). ↑**Fluchtachterl, Reiseachterl, Stehachterl.** Vgl. Vierterl

**Achtziger,** der (auch südd., schweiz): 80. Geburtstag: *Wenn der Amtsträger dieser Tage seinen 80er begeht, ist er gleichzeitig noch so »jung« in seinem Amt* (FU 12. 4. 07). – In der Bedeutung ›Mann von 80 Jahren‹ gemeind.

**Adabei,** der; -s, -s (ugs., auch bayr.) ⟨eig. »auch dabei«⟩ (salopp): Person, die sich überall wichtig und dazugehörig fühlt, in der höheren Gesellschaft anerkannt sein möchte: *Mit Lust und Ausdauer ist G. überall dabei, wo sich Macht, Einfluss und Geld oder auch nur Adabeis treffen.* (PR 21. 11. 07). – Seit etwa 1930 als Titel von Klatschspalten in Boulevardzeitungen

**adaptieren** ⟨lat.⟩: anpassen: **1.** eine Wohnung, ein Haus renovieren, sanieren: *In der dritten Phase werden bestehende Pavillons saniert und adaptiert.* (PR 15. 4. 17); in Wohnungsanzeigen häufig in den Wendungen *neu adaptiert,* ↑*top adaptiert.* **2.** einen Raum, ein Gebäude für einen bestimmten Zweck anpassen: *Die bestehende West-Stehplatztribüne soll adaptiert und in eine Sitzplatztribüne für ca. 2.000 Personen umgewandelt werden.* (PR 28. 11. 07) ◆ **Adaptierung:** *Andere Bundesländer haben in den letzten Jahren zwischen 20 und 30 Millionen Euro für Adaptierungen ihrer Landesmuseen ausgegeben.* (ST 15. 12. 07); **Adaptierungskosten; Adaption**

**adaptierungsbedürftig:** renovierungsbedürftig (häufig in Wohnungsanzeigen für Altbauwohnungen): *Gewerbeobjekt, 3 Garconnieren, Lagerräumlichkeiten und ein Cafe adaptierungsbedürftig* (ST/Immobilien, 2008, Int); (übertragen) *Daher ist das Gesetz jetzt adaptierungsbedürftig.* (PR 25. 4. 03)

**adjustieren** ⟨lat.⟩ **1.** (Behördenspr.): dienstmäßig kleiden: *An der Außenmauer des Unteren Belvederes machen die perfekt adjustierten Garde-Soldaten erste Aufwärmübungen.* (APA 24. 5. 07). **2.** richten, in Ordnung bringen: *In einem kleinen Nebenzimmer konnte sich der FP-Chef standesgemäß für seinen Wahl-Auftritt im Bierzelt adjustieren.* (PR 17. 9. 15). **3.** (oft scherzhaft) für einen bestimmten Zweck zurechtmachen, ausstaffieren: *Bis 6. Jänner besuchen die als Heilige Drei Könige adjustierten Buben und Mädchen Österreichs Haushalte und bitten um Spenden für einen guten Zweck.* (APA 30. 12. 11)

**Adjustierung,** die: **1.** (Behördenspr.) Uniform, dienstmäßige Kleidung: *Etwa 20 bewaffnete Soldaten in voller Adjustierung sorgten für Verwirrung, als sie sich mit Helm, Gesichtsschutz und Kampfausrüstung über den Hauptplatz ... bewegten.* (KZ 13. 4. 17); *Die Kellnerinnen in schwarzer Adjustierung und weißem Häubchen wuchten die Bierkrüge durch die Menge.* (PR 3. 10. 07). **2.** (scherzhaft) Aufmachung: *Ernesto Populari und seine Kollegen haben aber kein Problem, sich in voller Indianer-Adjustie-*

*rung samt Federschmuck unters Publikum zu mischen.* (VN 2. 9. 02)

**Administrator Administratorin,** der bzw. die (Schule): Lehrperson, die für administrative Aufgaben teilweise vom Unterricht freigestellt ist

**Adress-:** bes. österr. (und schweiz.) Form, (in D) Adressen-: *In einem beigeschlossenen Kuvert sind Informationen enthalten: Kurzbiografie und ggf. Bibliografie, alle Adress-Koordinaten (Tel.-Nr., evtl. E-Mail) ...* (OÖN 23. 11. 07); die Form *Adressen-* ist auch in Österreich zunehmend üblich; **Adressänderung; Adressangabe; Adressaufkleber**

**Adresse:** ***an der Adresse sein/wohnen,** (in D nur im Akk.: sich an die richtige A. wenden, bei jmdm. an die falsche/verkehrte/unrechte A. kommen, geraten): *A. war seit wenigen Wochen an der Adresse gemeldet.* (KU 29. 8. 07)

**Adresspickerl,** das: Adressenaufkleber: *Mag sein, dass mancher Empfänger das Adresspickerl als ziemlich unpersönlich empfunden hat – aber angekommen ist die Karte verlässlich.* (ST 15. 7. 10). ↑ PICKERL

**Advent,** der: wird österr. (und schweiz.) auch [...f...] ausgesprochen, in D nur [...v...]. Die Zus. werden österr. ohne Fugen-s gebildet: **Adventbeleuchtung** (in D): Adventsbeleuchtung: *Schloss Mattsee in Adventbeleuchtung.* (SN 31. 12. 14); **Adventfeier; Adventgottesdienst; Adventkalender:** *Vier Adventkalender schmücken das Wohnzimmer.* (SN 24. 12. 16); **Adventkonzert; Adventkranz:** *Ein Adventkranz hatte Feuer gefangen.* (KZ 26. 12. 15); **Adventlied:** *Aus welchen zwei Adventliedern stammen die zitierten Verse?* (KIZ 51/2007); **Adventmarkt; Adventsammlung; Adventsingen:** *Die Liedertafel lädt Sonntag (19.30 Uhr) zum Adventsingen in die Pfarrkirche.* (OÖN 20. 12. 07); **Adventsonntag; Adventzeit**

**affichieren,** sw. V. / hat [afiˈʃiːɐ̯n] ‹franz.› (auch schweiz.): [an einem öffentlichen Ort] ankleben, plakatieren: *Andreas Khol versucht es staatstragend – mit Plakaten, die man schon unter Adolf Schärf hätte affichieren können.* (ST 3. 4. 16)

**Afrika:** wird österr. (und südd., schweiz.) mit kurzem Vokal ausgesprochen, in D auch mit langem

**A-Führerschein,** der: Führerschein für Motorräder: ... *Spätstarter, Motorradfahrer über 39 Jahren, die den A-Führerschein erst in diesem Alter absolvieren.* (ST 9. 12. 14)

**-age:** Die Wörter auf *-age* werden österr. [...aːʃ] ausgesprochen, also ohne Endungs-e und mit stimmlosem -sch in D [...aːʒə], z. B. *Agiotage, Apanage, Arbitrage, Bagage, Bandage, Blamage, Collage, Courage, Montage, Drainage, Emballage, Equipage, Eremitage, Eskamotage, Etage, Garage, Grillage, Kolportage, Leckage, Libertinage, Mariage, Massage, Menage, Passage, Persiflage, Rage, Reportage, Sabotage.* Die Aussprache mit -e am Schluss nimmt in den Medien aber zu

**Agenden,** die /Plural/ ‹lat.›: Aufgaben, Obliegenheiten: *Der Job verschmilzt die Agenden des EU-Außenbeauftragten Javier Solana sowie der Außenkommissarin Benita Ferrero-Waldner.* (SN 19. 10. 07). ↑ **Zollagenden**

**agentieren,** sw. V. / hat ‹ital.› (veraltend): als Agent tätig sein; Käufer, Kunden werben: *Es ist daher insbesondere verboten ..., in den Friedhöfen zu betteln, zu hausieren, zu agentieren oder eine wie immer geartete Reklametätigkeit zu entfalten.* (Friedhofsordnung der Stadtgemeinde Schwechat, 2008, Int)

**Ägidi** (auch südd.): Fest des hl. Ägidius (meist in Zeitangaben). ↑ FLORIANI

**Agiotage,** [aʒi̯otaːʃ] die ‹franz.›: unerlaubter Handel mit Eintrittskarten (in D nur für Börsenspekulation): *Sensationell gestaltete sich der Auftritt der Philharmoniker im Großen Saal des Moskauer Konservatoriums in der Tat: Schon die Agiotage vor dem Konzert war selbst für Kenner der Szene unbeschreiblich.* (SN 1. 7. 03). – Zur Aussprache ↑ -age

**Agioteur Agioteurin,** der bzw. die [aʒi̯otøːɐ̯] ‹franz.›: Person, die mit zu überhöhten Preisen angebotenen Eintrittskarten handelt: *»Total ausverkauft« wie zu Karajans Zeiten, als Agioteure für jede Karte Wahnsinnspreise verlangen konnten, war das Festival 2009 nicht.* (KR 12. 4. 09)

**agnoszieren,** sw. V. / hat ‹lat.› (Behördenspr., veraltend): identifizieren: *Mit Hilfe der DNA agnosziert* (KU 1. 1. 02); (übertragen) erkennen, feststellen: *In Wort wie in Schrift erweisen sich Autoren als besondere Kennzeichenträger, nämlich als Liebhaber bestimmter Stilmittel und Vokabeln, an denen sie ... leicht zu agnoszieren sind.* (WZ 11. 3. 11) ◆ **Agnoszierung**

**Agrargemeinschaft,** die: Kooperation mehrerer Berechtigter, die zum Zweck der gemeinsamen Nutzung Grundstücke verschiedener Art, wie Waldungen, Alpen, Weiden und

Äcker, verwalten: *Ein Bauer stellte auf dem rechtlichen »Geisterweg« eine Schranke auf. Dagegen klagte nun die örtliche Agrargemeinschaft.* (KZ 2. 4. 17)

**Agrasel,** das; -s, -n [ɔː...] (ostösterr., mundartnah): Stachelbeere: *Die Stachelbeeren oder Agrasel findet man als gelbliche, grünliche, weißliche, rötliche und sogar bräunliche Frucht.* (BVZ 23. 7. 08)

**Ähne,** der; -s, - (Vbg.): Großvater: *Große Freude bereiteten ihm seine fünf Enkelkinder, die Tag und Nacht bei ihrem Ähne willkommen waren.* (VN 10. 11. 14). – Auch in der Form *Ehni.* Die entsprechenden bairischen Bez. *Ahnl* (Großmutter), *Urahnl, Ehnl* (Großvater), *Urehnl* sind dialektal veraltet

**AHS,** die; -, -: (buchstabierte Abk. für) allgemein bildende höhere Schule, Gymnasium: *Englischlehrer der AHS und Hauptschulen beurteilten die Kenntnisse der Volksschulabgänger von »nichts« bis »Anfangskenntnisse«* (SN 21. 12. 07) ◆ **AHS-Lehrer/-in; AHS-ler/-in** (ugs.); **AHS-Maturant/-in:** *Das Zertifikat dazu ist eine Zusatzqualifikation, die die Job-Chancen von AHS-Maturanten nicht wenig erhöht.* (PR 27. 11. 07)

**Aitel,** der; -s, - (auch bayr.): Döbel (ein Fisch): *Als Untersuchungsobjekte dienen Karpfen aus heimischen Gewässern wie Aitel, Russnase oder Laube, die im Mondsee vorkommen.* (PR 25. 3. 07)

**ajourieren,** sw. V. / hat [aʒuˈriːʁn] ⟨franz.⟩: aktualisieren: *Die Informationen im Web – es gibt einen eigenen Link-Button für den »Streikflugplan« – würden ständig ajouriert.* (APA 17. 5. 01) ◆ **Ajourierung**

**AK,** die: (buchstabierte Abk. für) ↑Arbeiterkammer

**akademisch:** ***Akademisches Gymnasium:** Titel eines Gymnasiums, das auf eine universitäre Anstalt (häufig der Jesuiten im 17./18. Jh. bzw. eine ältere protestantische Landschaftsschule) zurückgeht: *Schauplatz Akademisches Gymnasium, Wien. Die Schüler vor dem Schultor sind sich nicht ganz einig, warum gerade die sechste Schulstunde entfällt.* (SN 5. 10. 07)

**Akklamation,** die; –, -en (auch schweiz.) (gehoben) ›Applaus‹: *Ein Thielemann-Dirigat, das bedeutet im Ende ja meist: eine Springflut der Akklamation.* (ST 2. 12. 05); ***durch/per/mit Akklamation** (formell) ›Abstimmung durch Beifallsbezeugung‹: *Am Ende ... übernahm Sanders persönlich das Mikro und sprach sich für eine »Suspendierung der Regeln und für die Nominierung von Hillary Clinton per Akklamation« aus.* (WZ 27. 7. 16)

**akklamieren** ⟨lat.⟩ (gehoben): **1.** mit Beifall aufnehmen, applaudieren: *Das Robert-Wyatt-Programm »Market Rasen« ... von Max Nagl wurde beim Jazzfestival Saalfelden nicht zufällig heftig akklamiert.* (ST 15. 11. 06). **2.** zustimmen, beipflichten, anerkennen: *Immerhin hat der Mann seine international rezipierte und von Feinspitzen akklamierte Diplomarbeit 2009 am Institut für Musikwissenschaft ... geschrieben.* (WZ 23. 2. 16) – Die Bedeutung ›jmdn. in einer Versammlung durch Zuruf wählen‹ ist gemeind.

**akkordieren,** sw. V. / hat ⟨franz.⟩: aufeinander abstimmen, gemeinsam festlegen: *Schmied erklärte, der Bericht der Arbeitsgruppe sei noch nicht akkordiert und werde erst morgen offiziell präsentiert.* (PR 14. 11. 07) ◆ **Akkordierung**

**Akonto,** das; -s, -s und Akonten ⟨ital.⟩ (auch schweiz.): Akontozahlung, Anzahlung: *ein Akonto leisten; Laut Arbeiterkammer dürften bei der Buchung maximal zehn oder 20 Prozent Akonto verlangt werden.* (NVT 10. 10. 07) ◆ **Akontozahlung:** *Strittig ist nun, ob es sich bei der Akontozahlung nicht in Wahrheit um ein Gesellschafterdarlehen gehandelt habe.* (PR 18. 6. 14)

**Akquisitor,** der; -s, ...oren ⟨lat.⟩: Kundenwerber: österr. veraltende Form, (in D) Akquisiteur: *... seither als Akquisitor für Hotelansiedelungen im Montafon tätig.* (VN 20. 11. 13)

**Akt,** der; -[e]s, -en: österr. (und bayr.) Form, (in D) die Akte: *Der Akt soll am Donnerstag der Staatsanwaltschaft übermittelt werden.* (SN 22. 12. 07). – Im Krimi wird auch in Österr. *die Akte* verwendet. ↑**Personalakt, Verwaltungsakt** ◆ **Exekutionsakt** (↑Exekution), **Gerichtsakt, Polizeiakt, Strafakt, Verlassenschaftsakt** (↑Verlassenschaft)

**Aktenzahl,** die (Behördenspr.): Aktenzeichen: *Das Ermittlungsverfahren (Aktenzahl 32 St 41/11x) zur sogenannten Inseratenaffäre ... gewinnt an Spannung.* (WZ 22. 10. 12)

**Aktion:** ***in Aktion sein:** als Sonderangebot verbilligt verkauft werden; ***Aktion scharf:** Schwerpunktkontrolle der Polizei: *Kein Wunder daher, dass die Polizei gerade jetzt mit Planquadraten und einer Aktion scharf dem Alkohol am Steuer den Kampf ansagt.* (OÖN 29. 11. 07); ***eine Aktion setzen:** (durch eine spektakuläre Maßnahme) ein Zeichen setzen (bes. in Politik oder Kunst): *Wie groß ist der harte Kern, der auch extremistische Aktio-*

*nen setzt, und wie viele sind nur Mitläufer?* (PR 4. 3. 16). ↑ **setzen**

**Aktivbezug,** der (Behördenspr.): Gehalt, ↑ Bezug eines aktiven Beamten (im Ggs. zum Bezug des Pensionisten): *Seit 1993 sind Pensionserhöhungen vom Anstieg der Aktivbezüge abgekoppelt.* (PR 22. 11. 07). ↑ BEZUG

**Aktivität:** ***Aktivitäten setzen:** (sportlich, politisch) aktiv werden, Maßnahmen ergreifen: *Damit wir es tatsächlich erreichen können, ist es wichtig, dass auf allen Ebenen konkrete Aktivitäten gesetzt werden.* (VN 7. 2. 12); *In der Musikförderung will er gemeinsam mit dem Österreichischen Musikfonds ergänzende Aktivitäten setzen.* (PR 12. 9. 06). ↑ **setzen**

**Aktivzulage,** die (Behördenspr.): Zulage eines aktiven Beamten, die nicht für die Pension, sondern für eine Pensionszulage wirksam wird: *Sie pickten sich mit Aktivzulagen und Zusatzpensionen alle Rosinen der verschiedenen Systeme heraus.* (NVT 4. 5. 00)

**Alarmkamera,** die; -, -s: Überwachungskamera: *Aus der Alarmkamera der DM-Filiale, die er offenbar am 2. Mai aufgesucht hatte, wurden Bilder des Verdächtigen gesichert.* (PR 6. 5. 14)

**Alchemie,** die; - ⟨arab.⟩: österr. (und schweiz.) nur so, (in D auch) Alchimie: *Moderne Alchemie: Ars Electronica will Bits und Atome verbinden.* (WZ 1. 9. 16); wird österr. auch [alk…] ausgesprochen, in D nur [alç…] ◆ **Alchemist:** *Alessandro Graf Cagliostro, ital. Abenteurer und Alchemist.* (SN 26. 8. 05); **Alchemistin; alchemistisch:** *Bei Himmel war es weniger eine alchemistische Tätigkeit in der Dunkelkammer als ein besonderes Ausloten von Unschärfe durch Langzeitbelichtung.* (WZ 17. 11. 14). Vgl. Chemie

**Algebra,** die; - ⟨arab.⟩: wird österr. (und schweiz.) urspr. auf der zweiten Silbe betont, in D auf der ersten. Heute gibt es beide Betonungen

**Alice:** wird österr. ohne Endungs-e ausgesprochen

**aliquot** ⟨lat.⟩: anteilsmäßig: *Zudem soll eine befristete Tätigkeit aliquot auf das Jahr umgerechnet werden können.* (SN 19. 11. 07)

**aliquotieren,** sw. V. / hat ⟨lat.⟩: anteilsmäßig aufteilen: *Und dann kommt noch dazu, dass die Zuverdienstgrenze monatlich aliquotiert ist.* (PR 19. 7. 07) ◆ **Aliquotierung**

**Alko-:** in Zus. kurz für Alkohol-, bes. im Verkehrswesen, z. B. ↑ Alkolenker

**Alkolenker Alkolenkerin,** der bzw. die: alkoholisierte/-r Fahrer/-in: *Eine groß angelegte Aktion scharf gegen Alkolenker im Advent zog die Polizei am Wochenende durch.* (SN 10. 12. 07). ↑ LENKER

**Alkolimit,** das: Promillegrenze: *... und daraufhin unbedingt das Alkolimit von 0,8 auf 0,5 Promille gesenkt werden musste.* (PR 12. 11. 07)

**Alkosünder Alkosünderin,** der bzw. die: alkoholisierte/-r Fahrer/-in: *Alkosünder hatte 3,1 Promille.* (SN 15. 10. 07)

**Alkotest,** der (seltener auch in D): Alkoholtest: *Ein erfolgter Alkotest ergab umgerechnet 1,8 Promille.* (ST 16. 8. 07)

**Alkovortest,** der: vorläufiger Test, der zu einem offiziellen, genormten Test führt: *Von 24. April bis inklusive Sonntag wurden 1.012 sogenannte Alkovortests und 67 Alkomattests durchgeführt.* (WZ 4. 5. 15)

**Allee,** die: bezeichnet österr. (und bayr.) meist eine Baumreihe entlang einer Straße, in D die Straße selbst: *eine Allee pflanzen; Der Gestaltungsbeirat fordert eine Bepflanzung des Parkplatzes und eine Allee an der Ennser Straße.* (OÖN 4. 12. 07)

**Alleinerhalter Alleinerhalterin,** der bzw. die: unverheiratete Person, die mit ihrem Gehalt alleine eine Familie ernährt (in D seltener): *Eine Familie mit drei Kindern, in der der Mann als Alleinerhalter 3500 Euro brutto pro Monat verdient, könnte ... mit einer Ersparnis von 600 Euro monatlich rechnen.* (PR 10. 8. 10)

**Alleinerzieher Alleinerzieherin,** der bzw. die: (in D) Alleinerziehende/-r: *Betroffen sind demnach vor allem Alleinerzieher und Familien mit mehreren Kindern.* (PR 27. 11. 07). – Steuerrechtlich ist ein/-e *Alleinerzieher/-in* ein/-e Steuerpflichtige/-r mit mindestens einem Kind, der bzw. die mehr als sechs Monate im Kalenderjahr ohne Partner/-in lebt

**Alleinerzieherabsetzbetrag** ↑ Absetzbetrag

**Alleinuntermiete,** die: Vermietung einer ganzen möblierten Wohnung an Untermieter, wobei der Hauptmieter nicht in der Wohnung lebt: *Zuwanderer leben noch häufiger als die einheimischen sozial Schwachen in privaten Mietwohnungen, und hier außerordentlich oft in Alleinuntermiete.* (Webservice Wien/ Forschung, 2008, Int)

**Alleinverdienerabsetzbetrag** ↑ Absetzbetrag

**Allerheiligen,** die /Plural/: wird österr. als Plural gebraucht und wird (wie regional auch in D) mit *zu* verbunden, in D (bes. im Südwesten) und CH mit *an*: *Petrus schenkte heuer allen, die im Andenken an geliebte Menschen zu Allerheiligen von melancholischen oder ein-*

*samen Gefühlen heimgesucht wurden, laue Herbstsonne.* (OÖN 7. 11. 07). Ebenso: **Allerseelen:** *Reden wir doch zu Allerseelen, einem Tag, der auch zur Entschleunigung gedacht wäre, einmal über das Tempo.* (KU 2. 11. 07). Vgl. Ostern, Pfingsten, Silvester, Weihnachten

**allerweil, alleweil, allweil** (ugs.): immer: *In feinen Häusern in Monaco, in der wild-herben Bretagne oder im allerweil sonnigen Tunis.* (PR 4. 4. 03)

**allfällig** (auch schweiz., dort mit Betonung auf der ersten Silbe): gegebenenfalls vorkommend; etwaig: *Das ZRS ... beantragte Haftung der Republik für allfällige zukünftige, derzeit noch nicht bekannte Folgeschäden.* (PR 30. 9. 16)

**Allfällige,** das; -n /nur ohne Artikel gebraucht/ (auch schweiz.): das gegebenenfalls, eventuell Vorkommende; bes. als letzter Punkt einer Tagesordnung, (in D) Verschiedenes: *Es ist damit zu rechnen, dass der steirische LH Voves das Bleiberecht und die Asyldebatte unter »Allfälliges« thematisieren werde.* (WZ 4. 10. 07)

**allgemein:** wird österr. (und schweiz.) auf der ersten Silbe betont, in D meist auf der letzten

**allweil** ↑ allerweil

**Almdudler®,** der: eine Kräuterlimonade: *Käsekrainer liegen auf dem Grill, ein Schnitzel wird gerade goldbraun gebraten und Gäste bestellen Rieder Märzen oder Almdudler.* (OÖN 9. 1. 16)

**almen,** sw. V. / hat (bes. Tirol): (Vieh) auf der Alm halten: *Südlich von Walchsee liegt der Ebersberg, auf dem die Walchseer ihr Vieh vom Frühling bis Herbst almen.* (KR 27. 9. 09). – Das Substantiv *Alm* ist gemeind.

**Almenrausch** ↑ Almrausch

[1]**Almer Almerin,** der bzw. die (bes. Tirol, auch bayr.): Betreuer/-in des Viehs auf der Bergweide; ↑ Senn: *Ihre Bärenbad-Alm im Brandberger Zillergrund war ... von einer riesigen Mure verschüttet worden. Eine Kuh und vier Schweine kamen um. Die Almerin, ihr Melker und drei Feuerwehrmänner konnten sich in letzter Sekunde retten.* (TT 13. 7. 05)

[2]**Almer,** der; -s, - ‹lat.› (mundartnah): Vorratsschrank für Lebensmittel, Milchschrank in der altbäuerlichen Kultur

**Almhalter Almhalterin,** der bzw. die: Person, die eine Alm bewirtschaftet: *Mit Almhalter, Melkern und Praktikantinnen sind sie ein achtköpfiges Team.* (KZ 21. 8. 16). ↑ **Halter**

**Almkirchtag,** der: ↑ Almkirtag. ↑ **Kirchtag**

**Almkirtag,** der: Sommerfest auf der Alm: *Am Samstag beginnt um 10 Uhr ein musikalischer Almkirtag, bei dem altes bäuerliches Handwerk zu bewundern ist.* (OÖN 29. 9. 16). ↑ KIRTAG

**Almputzer Almputzerin,** der bzw. die: Person, die die Almen von Gebüsch u. Ä. säubert: *Die Flüchtlinge Mortaza und Abdullah arbeiten auf der Kallbrunnalm, hier mit Almputzer Walter Haitzmann.* (SN 21. 7. 16)

**Almrausch,** der (auch südd.): behaarte, rostrote Alpenrose; Rhododendron: *Dazu zählen etwa vollkommen geschützte Pflanzen wie ... die Zirbe oder der Rostrote Almrausch.* (KZ 19. 3. 17)

**Almrose,** die (auch südd.): Alpenrose: *Ende Juni sind die Matten oberhalb der Waldgrenze mit leuchtend roten Almrosen übersät.* (ST 7. 12. 07)

**Alp,** die (Vbg., auch schweiz.): ↑ Alpe

**Alpabfahrt,** die (Vbg., auch schweiz.): Almabtrieb: *Zum letzten Mal wurden die Kühe auf der Alpe gemolken, bevor es galt, die Tiere für die Alpabfahrt entsprechend hübsch herzurichten.* (VN 19. 9. 13)

**Alpauffahrt,** die (Vbg., auch schweiz.): Almauftrieb: *Mit der Alpauffahrt nach Laguz wird aufgrund der Witterungslage erst morgen, Freitag, 23. Juni gerechnet.* (VN 22. 6. 06). ↑ AUFFAHRT

**Alpauftrieb,** der (Vbg., auch schweiz.): Almauftrieb: *Da ... eine Sanierung des Weges bis zum Alpauftrieb nicht möglich ist, werden die Kühe heuer auf die Alpe Oberes Hinterjoch aufgetrieben werden.* (NVT 7. 4. 06)

**Alpbutter,** die (Vbg., auch schweiz.): Butter aus der Sennerei: *Nach 20 Minuten Drehen entstehen dann rund 40 Kilo goldgelber Alpbutter.* (VN 21. 9. 06)

**Alpe** ↑ Alp

**Alpe,** die; -, -n (Vbg., auch südwestd., in der Form *Alp* auch schweiz.): Alm: *Vom Dorfplatz Sonntag-Buchboden führt ein Wanderweg direkt zur Alpe.* (NVT 15. 9. 12); *Das kann auf der heimatlichen Weide passiert sein, genauso wie auf einem Maisäß oder auf einer Alpe.* (VN 30. 1. 18); (oft in Verbindung mit Ortsnamen:) *Weiterhin gesperrt blieben die Arlbergpass-Verbindung zwischen Alpe Rauz und St. Christoph.* (VN 13. 12. 07)

**alpen,** sw. V. / hat (Vbg., auch schweiz.): ↑ almen: *Offensichtlich werden Kühe, die aufgrund ihres Zustandes nicht auf die Alpen gehören,* *aus förderungstechnischen Gründen gealpt.* (VN 8. 9. 07) ◆ **Alpung**

**Alpendollar,** der; - (informell, früher): österreichischer Schilling: *Dabei erklärten 37 Prozent, sich total auf den Euro umgestellt zu haben. ... Vor allem die Generation 50 plus kann sich vom »Alpendollar« schwer trennen.* (PR 21. 11. 13) – Die Bezeichnung kam zur Zeit der Ersten Republik auf und spielte auf die Politik einer stabilen Währung an. Vgl. ATS, öS, S

**Alpenzoo,** der: Zoo mit Tieren aus Gebirgsregionen, (in D) Bergzoo: *Da es die Quarantänestation in der Schweiz nicht mehr gebe, soll die Katze diese zwei bis drei Wochen im Alpenzoo Innsbruck verbringen* (KZ 27. 1. 16)

**Alpfahrt,** die (Vbg., auch schweiz.): Almauftrieb: *Als einziger Ort des Tals konnten die Tannheimer zudem die Alpfahrt bei traumhaftem Herbstwetter begehen, was das Fest noch um einiges schöner machte* (Oberländer Rundschau 25. 9. 13) – Vgl. Alpauffahrt, Alp

**Alpgenossenschaft,** die (westösterr., auch schweiz.): ›Zusammenschluss von Bauern zur gemeinsamen viehwirtschaflichen Nutzung von alpinen Bergweiden‹: *Weniger erfreulich ist für viele Alpgenossenschaften die verlangte exakte Feststellung der Almfutterflächen durch neue Erhebungsmethoden als Voraussetzung für die Auszahlung der Alpförderung* (VN 11. 3. 13) – Vgl. Agrargemeinschaft, Alp

**Alphütte,** die (Vbg., auch schweiz.): Almhütte: *Inzwischen ist in Nähe der alten Alphütte ein Neubau mit kleiner Stallung erbaut worden.* (VN 15. 11. 07)

**Alpin-** (auch schweiz.): Bestimmungswort i. S. v. 1. Alpen-', Hochgebirgs-', in D wird dafür das Adj. *alpin* als Attribut gebraucht: **Alpinarzt; Alpinärztin; Alpinmedizin; Alpinmediziner:** *Alpinmediziner untersuchen Auswirkungen von Sauerstoffmangel in Höhen bis 5.000 Metern.* (ST 19. 4. 10); **Alpinmedizinerin; alpinmedizinisch; Alpinpolizei:** *Neben der Alpinpolizei standen über 20 Mann der Bergrettung, drei Lawinensuchhunde und zwei Hubschrauber im Einsatz.* (ST 17. 3. 17); **Alpinpolizist/-in.** 2. alpiner Skilauf: **Alpinchef:** *Der Österreichische Skiverband hat das ... Ziel bei den 39. Alpinen Weltmeisterschaften in Aare erreicht, die Bilanz von Alpinchef Hans Pum fällt demnach positiv aus.* (SN 18. 2. 07); **Alpinchefin; Alpinsektor:** *Den Schritt zum Komplettanbieter will Fischer auch im Alpinsektor machen.* (SN 11. 10. 01); **Alpinski:** *»Wir werden um gut 20 Prozent weniger Alpinski verkaufen.«* (PR 4. 12. 07)

**Alpkäse,** der (Vbg.): auf der ↑Alpe hergestellter Käse: *Der im Nenzinger Himmel produzierte Alpkäse hat sich ... bereits einen Namen gemacht. Heuer wurde der Alpkäseanschnitt erstmals feierlich zelebriert.* (VN 7. 9. 06)

**Alpsenn,** der (westösterr.): ↑Senn: *Mit diesem und einem weiteren Laib wird der junge Alpsenn am heutigen Samstag bei der Käseprämierung in Schwarzenberg ins Rennen gehen.* (VN 16. 9. 17)

**Alpung,** die: das sommerliche Halten von Vieh auf einer Alp: *Wir praktizieren schon jahrelang die Alpung von Milchkühen ohne Kraftfuttergabe und mit nur geringer Heu-Zufütterung.* (VN 14. 9. 07)

**Alpweide,** die (Vbg., auch schweiz.): Bergweide: *Wie immer wieder festzustellen ist, dort wo weniger Alpweide getätigt wird, auch weniger Äsungsplätze beachtet werden können.* (VN 15. 11. 07)

**Alpwirtschaft,** die (Vbg., auch schweiz.): Almwirtschaft: *Im Sinne einer nachhaltigen Alpwirtschaft sollte man sich wirklich Gedanken machen, welche Tiere auf die Alpen geschickt werden sollen.* (VN 12. 10. 07)

**Alpzeit,** die (Vbg., auch schweiz.): Zeitraum, in dem eine Alm bewirtschaftet wird: *Denn die wichtigste Aufgabe eines Hirts ist es, nach der Alpzeit möglichst alle Tiere gesund und ›gut gesömmert‹ wieder hinunter ins Tal zu bringen.* (VN 24. 8. 17)

**alsdann!** (auch südd.): also dann!, nun! (Ausruf oder zur Einleitung einer abschließenden Bemerkung): *Alsdann: Die Maß ist ein Liter Bier in einem Gefäß, das diese Menge ... aufnimmt.* (ST 26. 9. 07)

**Alt-:** in Anzeigen auf dem Wohnungsmarkt bildet *alt* mit dem Substantiv eine Zus. zur Bezeichnung eines Altbaus: **Alteigentum; Altetage; Althaus; Altmiete:** *In ein und derselben Stiege begegnet man zwei Mietern, von denen einer eine sehr niedrige Altmiete bezahlt, der andere für eine Wohnung derselben Größe aber ein Vielfaches davon.* (PR 6. 8. 07); **Altmietzins,** ↑Zins

**Alte,** der: Wein von einer früheren Ernte; bereits ausgegorener Wein (im Ggs. zum ↑Heurigen)

**Altersdispens,** die: Nachsicht einer Bedingung wegen zu hohem oder zu geringem Alter: *Es war nämlich ziemlich mühsam, für mei-*

*nen im September ... geborenen fünfjährigen Sohn – der sich im Kindergarten fadisierte – eine Altersdispens* (für frühzeitigen Schuleintritt) *zu erhalten.* (PR 2. 8. 08). ↑**Dispens, Sprengeldispens**

**Alterspension,** die: Pension zum gesetzlichen Antrittsalter von 65 bzw. 60 Jahren, (in D) Altersrente: *Der Juni brachte mit 115.968 vorzeitigen Alterspensionen den niedrigsten Stand seit Oktober 2000.* (SN 26. 7. 07). ↑PENSION

**Altjahrstag,** der (auch schweiz.): 31. Dezember: *Am Altjahrstag gingen sie früher von Haus zu Haus, wünschten ein Gutes Neues Jahr und kassierten so nebenbei auch das Kehrgeld für das vergangene Jahr.* (OÖN 30. 12. 06)

**Altl,** der und das (ostösterr. ugs.): Altersgeschmack beim Wein, Alterston, Firne

**Altstoff,** der: gebrauchtes, wiederverwertbares Material: *Hier können Firmen die Sammlung und Verwertung ihrer Altstoffe direkt an private Entsorger vergeben.* (PR 25. 6. 15) ◆ **Altstoffentsorgung; Altstoffrecycling; Altstoffsammlung:** *Die EU-Wettbewerbshüter wollen nun das Monopol bei der Altstoffsammlung in Österreich unter die Lupe nehmen.* (PR 22. 7. 11)

**Altstoffsammelzentrum,** das: Sammelstelle für recycelbare Abfälle, Abk. ASZ: *Der neue Bauhof soll die beiden bestehenden ersetzen und wird um ein Altstoffsammelzentrum ergänzt.* (NVT 1. 12. 07)

**Alttirol:** das hist. Tirol vor der Trennung in Nord- und Südtirol

**altvaterisch** (österr. neben) altväterisch: *Dass die eigenen vier Wände altvaterisch daherkommen, will schließlich kaum jemand – außer wenn man vielleicht eine Bauernstube einrichten möchte.* (OÖN 22. 2. 14)

**Alzerl,** das; -s, -n (ugs., ostösterr.): ein [ganz klein] wenig, ein kleines bisschen: *Es fehlt halt das Alzerl Selbstvertrauen und auch ein bisserl Glück.* (PR 23. 5. 07)

**am:** die Präposition *am* steht österr. bei Maskulina und Neutra auch für ›auf dem‹, in D für ›an dem‹ (nur in einigen Fügungen der Kaufmannssprache, z. B. *am Markt, am Lager, am Rande bemerken,* auch in D für ›auf dem‹); in einigen Fügungen steht *am* auch, wo in D *im* verwendet wird: *am rechten* **Auge;** *Urlaub am* **Bauernhof;** *Ich bin nicht davon abhängig, am* **Bildschirm** *zu erscheinen* (OÖN 22. 2. 17); *Die Opposition dagegen liegt am* **Boden** *und ist zu sehr mit innerparteilichen Streitereien beschäftigt.* (SN 19. 4. 17; häufig auch im gesamten Osten des Sprachgebiets); *Auch die ... Jüngeren haben mittlerweile schon einige Jahre am* **Buckel.** (SN 23. 3. 17); *am* **Dach;** *am falschen* **Fuß** *erwischen* ↑Fuß; *am* **Gang** *Der 63-Jährige touchierte das Auto des 34-Jährigen und kam leicht verletzt mit seinem Auto am* **Gehsteig** *zu stehen.* (OÖN 7. 4. 16); *am* **Herd;** *am* **Hof;** *am* **Kalender** (in D *im*) *anstreichen; Am morgigen Dienstag steht schon das nächste Spiel am Kalender.* (OÖN 1. 12. 14); *Es hat zumindest drei Beutezüge in Wien am* **Kerbholz.** (KU 13. 8. 07); *Geld am* **Konto;** *am* **Kopf;** *die aktuellen Trends am* **Küchensektor.** (Wohnwelt 2/07); *am* **Laufenden** ↑laufend; *Der Wecker am Nachtkästchen wird überflüssig.* (OÖN 20. 3. 14); *am* **Plakat;** *am* **Programm;** *am* **Prüfstand;** *Der Mann trug das schwarze Gewehr in einem Tragegurt am* **Rücken.** (OÖN 30. 8. 16); *am* **Schoß;** *der Motor läuft am* **Stand** (in D *im*); *am* **Strich;** *Doch Kerns Solo, bei dem er souverän mal mit dem Arm am* **Tisch,** *mal das Gesagte mit reduzierten Gesten unterstreichend referierte, dürfte ein einmaliger Auftritt bleiben.* (OÖN 9. 9. 16); *am richtigen* **Weg;** *am* **Vorfeld** *des Flughafens;* ***am längeren/steigenden Ast sitzen** ↑Ast; ***am Wort sein** ↑Wort; ***am Zahnfleisch gehen** ↑Zahnfleisch. – Als nicht korrekt gilt *am* bei Angabe einer Richtung: *ich lege das Buch am Tisch.* ↑**an**

**Ambo,** der; -s, -s und Amben ‹ital.›: 1. österr. Form, (in D) Ambe (Verbindung zweier Größen in der Kombinationsrechnung). 2. Lottotreffer mit zwei gezogenen Nummern: *Diesen Samstag steht bei den Varianten »Ambo« und »Terno« die vorerst letzte Prämien-Runde auf dem Programm.* (KU 22. 2. 08). Vgl. Terno

**Amen:** ***[so sicher] wie das Amen im Gebet:** österr. Form, (in D) ... wie das Amen in der Kirche: *Diesmal allerdings dürfte so sicher wie das Amen im Gebet sein, dass eine neuerliche Niederlage gegen Österreich das Schicksal Capellos in Russland besiegeln würde.* (WZ 11. 6. 16)

**Ammoniak,** das ‹lat.›: wird österr. auf der zweiten Silbe betont, in D auf der ersten oder letzten

**AMS:** (buchstabierte Abk. für) Arbeitsmarktservice (Arbeitsamt)

**Amtfrau,** die: im Bgld. für ›Leiterin eines Gemeindeamtes‹: *Personalentscheidung: Amtfrau in Starlöchern.* (BVZ 26. 3. 14)

**Amtmann,** der: im Bgld. für ›Leiter eines Gemeindeamtes‹: *Dieser Schritt, wenige Tage vor*

*Weihnachten, zeigt, wie dieser Bürgermeister und sein Amtmann Menschlichkeit und Politik verstehen.* (BVZ 3. 1. 13)

**amtsbekannt** (Behördenspr.; seltener auch in D): aktenkundig: *Dass das Kanzler-Gehalt im Vergleich zur reinen Privatwirtschaft nicht sehr hoch ist, ist amtsbekannt.* (VN 28. 12. 07)

**amtsführend:** ***amtsführender Stadtrat/ amtsführende Stadträtin:** Stadtrat/Stadträtin mit einem eigenen Ressort; Ressortchef in der Wiener Stadtregierung (im Ggs. zu nicht amtsführenden Stadträten): *Die exakte Zahl der Stadträte und wie viele davon amtsführende sein werden sind politische Entscheidungen der Verhandler.* (PR 22. 10. 15)

**amtshandeln** (Behördenspr.) /nur im Infinitiv und Partizip/: in amtlicher Eigenschaft vorgehen: *Nur zirka 10 bis 15 Mal müssen wir wegen Rodelunfällen amtshandeln.* (VN 21. 12. 04). – Das Substantiv *Amtshandlung* ist gemeind.

**Amtshelfer,** der: Leitfaden, Informationen für Bürger über Behörden und rechtliche Bestimmungen: *So könne sich der seit zehn Jahren bestehende Amtshelfer www.help.gv.at über zehn Millionen Besuche pro Monat freuen.* (SN 17. 4. 07); *Online-Amtshelfer für Jugendliche.* (ST 1. 1. 08)

**Amtskalender,** der: jährlich erscheinendes Handbuch der Verwaltung und öffentlicher Institutionen: *Wenn nun also schon ganz normale Beamte nach außen zu Parteienvertretern werden, sollte man das künftig bitte gleich auch im Amtskalender vermerken.* (PR 22. 2. 07)

**Amtskanzlei,** die (veraltet): Büro einer Behörde: *Der Grund: Er war zu spät in einer Amtskanzlei.* (ST 13. 8. 12). ↑KANZLEI

**Amtskappl,** das; -s, -n (ugs.): **1.** (veraltend) Dienstmütze, Uniformkappe (nach der historischen Kopfbedeckung als Zeichen der Autorität eines Beamten): *Doch sieht man einmal vom roten Amtskappl ab, so vermag kaum jemand sonst so wie er verwirrendes Datenmaterial zu ordnen.* (ST 26. 3. 15). **2.** überheblicher Beamter bzw. sein Verhalten: *Es ist überraschend genug, dass viele »Staatsdiener« ... das alte Amtskappel längst abgelehnt haben.* (VN 16. 3. 02). ↑Kappl ◆ **Amtskappler/-in:** *Vor-Ort-Recherche hilft nicht weiter, ihr wohnt die Gefahr eines handfesten Streits mit einem Amtskappler inne.* (ST 28. 10. 13), ↑Kappler; **Amtskapplmentalität:** *Gegenüber Amtsorganen hat diese jedenfalls nichts zu suchen, ebenso wenig wie Amtskapplmentalität beim Gegenüber* (TT 7. 3. 16)

**Amtsleiter Amtsleiterin,** der bzw. die: Leiter/-in eines Gemeindeamtes: *Laut S. habe der Amtsleiter offenbar die von den Bürgern bezahlten Gebühren seit 2012 nicht oder nur unvollständig an den Wasserverband ... weitergeleitet.* (PR 20. 7. 16)

**Amtsstampiglie,** die: Amtsstempel.: *»Während der sieben Jahre der nationalsozialistischen Herrschaft hatte er die alten österreichischen Amtsstampiglien in der untersten Schublade seines Schreibtisches verwahrt gehalten.* (OÖN 16. 4. 14). ↑**Stampiglie**

**Amtsstunden,** die /Plural/ (auch südd.): Öffnungszeiten einer Behörde: *Ebenfalls mit »Entsetzen« habe man die Entscheidung des Verwaltungsgerichtshofs mitverfolgt, dass sogar im elektronischen Rechtsverkehr die Amtsstunden ... einzuhalten sind.* (PR 2. 6. 16)

**Amtstafel,** die: offizielles Anschlagbrett einer Behörde; schwarzes Brett: *Zuvor war das Bauansuchen drei Wochen auf der Amtstafel ausgehängt.* (OÖN 21. 12. 07). ↑TAFEL

**Amtstag,** der: Sprechstunden einer Behörde: *Der lange Amtstag am Montag wird im Land Salzburg mit 1. Dezember abgeschafft.* (SN 27. 10. 03)

**Amtstitel,** der (auch schweiz.): (in D) Amtsbezeichnung: *In der Stadt Salzburg gibt es mehr als 700 Bedienstete, die einen Amtstitel tragen.* (SN 12. 6. 03)

**Amtstrasse,** die: die von der überregionalen Behörde projektierte Trasse, Straßenführung (im Ggs. zu lokalen Vorschlägen): *1998 wurden zehn Varianten für eine Verkehrsplanung Feldkirch-Süd geprüft, als Bestlösung gab der Bund die Amtstrasse des Letzetunnels frei.* (VN 20. 6. 07)

**amtswegig** (Behördenspr.): von Amts wegen handelnd: *Nach einer Beschwerde leitete der VfGH 2006 amtswegig ein Prüfverfahren ein, ob die Maßnahme dem Grundrecht Datenschutz widerspricht.* (OÖN 3. 5. 07)

**Amtswegigkeit,** die; - (Behördenspr.): Rechtsprinzip, dass eine Behörde von Amts wegen vorzugehen hat: *Wichtig sei ihm, dass die BWB* (Bundeswettbewerbsbehörde) *nicht nur reagiere, sondern öfter von sich aus tätig werde. »Ich will die Amtswegigkeit stärken«, heißt das im Juristendeutsch.* (SN 14. 8. 07)

**an:** steht österr. oft, wo in D *auf* oder eine andere Präposition verwendet wird, z. B. an der Anschrift, ↑Adresse: *Es ist rasch klar, wer für* *die nächsten vier Jahre als Präsident an der Anschrift Pennsylvania Avenue 1600 in Washington residiert.* (TT 8. 11. 12). ↑**am** (auf dem)

**Ananas,** die; -, - und -se ‹indian.-span.› (ugs.): Gartenerdbeere, (kurz für) Ananaserdbeere, Fragaria ananassa: *Eine Kiste voll mit Ananas. ... Und zwölf weitere Kisten voller Salatköpfe, Erdäpfel, Äpfel, Birnen und Melonen.* (WZ 23. 7. 15). – Als tropische Frucht gemeind.

**anbampfen** ↑anpampfen

**Anbot,** das; -[e]s, -e: auf eine Ausschreibung hin erstelltes Angebot, Kostenvoranschlag, Offerte: *Während bisher das »technisch und wirtschaftlich günstigste« Anbot aufgrund vorab definierter Zuschlagskriterien zu wählen war, ist in Zukunft eine Alternative zulässig.* (PR 8. 4. 17). – Die Zus. werden mit Fugen-s gebildet, in der Behördenspr. gibt es auch die Formen ohne *-s-*. ↑**Kaufanbot, Meistbot** ◆ **Anbotsausschreibung; Anbotseröffnung:** *Außerdem hätten die nach Anbotseröffnung geführten Preisverhandlungen nicht den Grundsätzen der Objektivität und Gleichbehandlung der Bieter entsprochen.* (ST 24. 1. 03); **Anbotsfrist; Anbotslegung:** *Auch Premiere wurde wieder zur Anbotslegung eingeladen.* (ST 20. 10. 04); **Anbotsprüfung:** *Die Bieter wurden am Dienstag über das Ergebnis der Anbotsprüfung informiert.* (SN 31. 3. 07); **Anbotsstellung:** *Die Schutzwürdigkeit endet aber beim Haustürgeschäft, wenn der Verbraucher ... einen Unternehmer zur Anbotsstellung einlädt.* (VN 27. 4. 02); **Anbotssumme:** *Die Alpine war mit einer Anbotssumme von 3,6 Mill. Euro Best- und Billigstbieter.* (SN 27. 7. 05); **Anbotsunterlagen; Anbotsverhandlung**

**anbraten** (ugs., salopp): anbändeln, für sich gewinnen, svw. ↑einbraten, (in D) anmachen: *Glauben Sie, dass sich jede Frau von jedem Mann anbraten lassen muss?* (ST 27. 4. 07). ↑**einbraten, überbraten**

**Anbringen,** das; -s, - (Behördenspr.): jede Art der Kontaktaufnahme mit der Behörde für ein eigenes Anliegen: *Es besteht auch die Möglichkeit, schriftliche Anbringen an das Bundesministerium für Verkehr, Innovation und Technologie ... zu übermitteln.* (WZ 4. 4. 17)

**anbrunzen** (derb, auch südd., schweiz.): 1. auf, an etwas urinieren. 2. verleumden, schlechtmachen: *Der Generaldirektor schrieb Ihnen in einem an die Öffentlichkeit gelangten E-Mail wörtlich, Sie hätten das Unternehmen »angebrunzt«.* (OÖN 22. 12. 11). ↑**brunzen**

**ander:** in der Verbindung mit *jemand, niemand, wer* steht österr. (und südd., schweiz.) die gebeugte Form, z. B. anderer, andere (in D überwiegend unverändert *anders*): *Es ist nie zu erwarten, dass diesen Dialog wer anderer übernimmt.* (OÖN 12. 11. 16);

**Anderl** (auch bayr.): (Koseform für) Andreas

**andrerseits:** österr. (und schweiz.) Form neben andererseits: *Einerseits wird der Kinderschwund beklagt, und andrerseits der Tag der Verhütung gefeiert.* (OÖN 26. 9. 07)

**aneifern,** sw. V. / hat (auch südd., veraltend): anspornen, anregen, anfeuern: *Auch die Mädchen standen angeeifert durch die Zuschauer an Kampfgeist und Flinkheit nichts nach.* (KZ 20. 5. 01) ◆ **Aneiferung:** *Jedenfalls ist dieser Bub derzeit ein direktes Vorbild und eine Aneiferung für alle Altersgenossen, die eine ähnliche Neigung aufzuweisen haben!* (TT 14. 2. 04)

**anessen,** sich (ugs.): sich satt essen: *Im Linzer »Special Service Club« der Amis haben wir uns schon beim Musizieren mit der kostenlosen Verpflegung angegessen.* (OÖN 26. 7. 08) – In der Bedeutung ›durch Essen erwerben, zuziehen‹, z. B. sich einen Bauch anessen, gemeind.

**Anfallsalter,** das (Behördensprache): Mindestalter für die Pensionierung: *Ab 2014 gelten allerdings andere Voraussetzungen: Für Männer ab dem Jahrgang 1954 wird das Anfallsalter schlagartig auf 62 Jahre angehoben* (WZ 25. 1. 10). ↑**Antrittsalter**

**anfangen:** ***sich mit jmdm. etwas anfangen** (auch bayr.): sich mit jmdm. in nähere Kontakte, Geschäfte, Streit, Liebesverhältnisse usw. einlassen: *er wollte sich mit dem streitsüchtigen Nachbarn nichts anfangen; fang dir mit diesem Menschen ja nichts an!*

**Angabe,** die: Anzahlung: *Und was die Architektur anbelangt, gewannen neuerlich Neumann und Steiner, nachdem sie ... diverse weitere Angaben geleistet ... hatten.* (ST 29. 1. 00)

**Angela:** wird österr. auf der zweiten Silbe betont, in D auf der ersten

**angeloben:** feierlich vereidigen: *Vor fast genau einem Jahr wurde er als Kanzler angelobt.* (SN 4. 1. 08)

**Angelobung,** die: feierliche Vereidigung auf eine Funktion, ein Amt (auf die Verfassung wird aber [wie in D] *vereidigt*): *Die Zeiten, da der Kanzler und seine Regierungsmitglieder würdevoll und unter Applaus zu ihrer Angelobung über den Ballhausplatz schrei-*

*ten konnten, sind wohl endgültig vorbei.* (PR 26. 2. 07)

**angetrunken** ↑ antrinken

**angifteln,** sw. V. / hat (ugs.): mit bösartigen Bemerkungen beleidigen: *Zwei alte Herren sitzen auf der Parkbank, granteln und gifteln einander an.* (PR 20. 10. 08). ↑ **gifteln**

**angluren** (ugs., ostösterr.): anstarren. ↑ **gluren**

**angreifen** (regional auch in D): anfassen, berühren: *Vor allem den Blauen Eisenhut sollte man nicht angreifen. Er ist stark giftig.* (OÖN 3. 10. 15). ↑ **abgreifen**

**Angriff,** der (Rechtsspr.): [Versuch einer] Straftat, Zugriff (betrifft jede Art von Rechtsgut): *»Angesichts der Schwere der zahlreichen Angriffe gegen fremdes Vermögen ... steht der Einsatz der Videofalle in einem vertretbaren Verhältnis zu den damit verbundenen Eingriffen in die Rechte unbeteiligter Dritter«* (PR 2. 5. 06); ***gefährlicher Angriff** (Rechtsspr.): Begehung oder Vorbereitung gerichtlich strafbarer Handlungen unter bestimmten Bedingungen. ↑ **Löschangriff**

**angriffig** (auch schweiz.): draufgängerisch, angriffslustig, aggressiv: *Beide Kandidaten zeigten sich* (bei der TV-Diskussion) *angriffig und untergriffig.* (WZ 15. 5. 16)

**Anhaltelager,** das (in D selten): Internierungslager: *das australische Asylrecht beinhaltet die »Mandatory Detention« – wer ohne gültiges Visum einreist, muss in ein Anhaltelager.* (ST 14. 1. 08)

**Anhaltezentrum,** das (Verw.): ↑ Polizeianhaltezentrum

**Anhaltung,** die (Behördenspr., auch schweiz.): das Anhalten von Personen durch die Polizei zum Zweck einer Kontrolle, Verwarnung oder Verhängung einer Ordnungsstrafe: *Wichtigster Punkt darin ist die geplante Anhaltung von mutmaßlichen Rowdys während der EURO 2008.* (SN 5. 12. 07). – In der Bedeutung ›vorübergehendes Festhalten in einer Justizanstalt u. Ä.‹ gemeind.

**anhauen,** sich; sw. V. / hat (ugs.; auch bayr., in starker Beugung auch in D): sich stoßen, anstoßen: *Es ist zum Beispiel ein schlechtes Konzept, dass der Mensch das Schienbein vorne hat, wo man sich doch so selten das Wadl anhaut.* (KZ 3. 9. 13). ↑ HAUEN

**Animo,** das; -s ‹ital.› (veraltend): Schwung, Lust auf etwas, Antrieb zu etwas: *Zweimal zu scheitern ist natürlich kein Animo, sich noch ein drittes Mal zu bewerben.* (OÖN 7. 7. 07)

**Anis,** der: wird österr. (und schweiz.) auf der ersten Silbe betont, in D meist auf der letzten

**Anisbogen,** der /meist Plural/: feines, mit Anis bestreutes [Weihnachts]gebäck: *Weihnachtszeit ist Kekszeit, das ist kein Klischee, sondern eine wunderbare Tradition: Ob Vanillekipferl oder Anisbögen – seien wir ehrlich: Die Rezepte von Oma, Mama oder Tante Anni sind immer noch die allerbesten.* (KZ 25. 11. 14)

**Anisbrot,** das: mit Anis bestreutes Biskuit (in D eine Art von Brot): *Nur Guglhupf, Anisbrot und Hühner-Eintopfsuppe und Schokopudding mit Vanillesauce mache ich noch ganz gerne für meine Urenkerl.* (OÖN 22. 11. 13). ↑ BROT

**Anisscharte,** die: ↑ Anisbogen

**ankennen** (ugs., auch bayr.): anmerken: *Doch der Herr Pfarrer war ein Mensch, der hat sich das nicht ankennen lassen, auch nicht gerne darüber gesprochen.* (OÖN 27. 12. 06)

**ankreuzeln,** sw. V. / hat (ugs., auch bayr.): ankreuzen: *Hunderttausende Österreicher glauben bei jeder Wahl, dass sich Wesentliches zum Besseren verändert, wenn sie dieses Mal eine andere Partei ankreuzeln.* (OÖN 21. 12. 07)

**ankünden,** sw. V. / hat: österr. (und schweiz.) Form neben ankündigen: *»Südtiroler Platz – Hauptbahnhof« wird dann bald die neue weibliche Stationsansage in den U-Bahnen ankünden.* (PR 24. 10. 12)

**anlangen,** sw. V. / hat: **1.** (auch südd., schweiz.) (an einem Ort, Ziel) ankommen: *»Mir wurde bewusst, dass ich in unterschiedliche Vergangenheiten schaue, da die Sterne verschieden weit weg sind und das Licht verschieden lange braucht, bis es auf der Erde anlangt.* (KZ 13. 5. 16). **2.** anbetreffen, anbelangen (meist in der Wendung *Was jmdn./etwas anlangt*): *Diese messen mit zweierlei Maß, was Regeln und Steuerpflichten anlangt.* (WZ 8. 4. 16) – Die Bedeutung ›berühren, ergreifen‹ ist gemeind. ↑ **einlangen**

**Anlassfall,** der: Umstand oder Ereignis, das eine Reaktion auslöst, z. B. die Einführung einer Vorschrift oder eines Gesetzes: *Immerhin haben die Höchstrichter den Asylbehörden hiermit – über den Anlassfall hinaus – den Auftrag erteilt, vor Abschiebungen ... die familiären Verhältnisse ... zu prüfen.* (ST 17. 8. 07)

**anlassig** (ugs.): **1.** ausgelassen; aufreizend, provozierend: *Bei Interviews ist er manchmal betrunken, manchmal verkatert, manchmal klug, manchmal dumm; manchmal anlassig* *und zweifellos neurotisch.* (KU 12. 2. 02). **2.** sexuell begierig, sinnlich, geil: *Für sie ist es eben Belästigung, wenn der Bursche aus der Rechtsabteilung es nicht lassen kann, anlassige Mails abzusondern.* (KU 7. 2. 04)

**anlaufen:** ***anlaufen lassen** (Küche): in wenig Fett andünsten, sodass es leicht Farbe bekommt: *glasig anlaufen lassen; Zwiebel und Knoblauch fein hacken, in heißem Fett anlaufen lassen und das Faschierte dazugeben.* (OÖN 14. 7. 00)

**anläuten:** **1.** die Türklingel betätigen: *Es kommt auch immer wieder vor, dass Unbekannte anläuten und ersuchen, für einen angeblichen Nachbarn eine Nachricht hinterlassen zu dürfen.* (SN 13. 8. 05). **2.** (veraltend, bes. südd., schweiz.) *anrufen.* ↑ **aufläuten, läuten**

**Anlehre,** die (auch schweiz.): Kurzausbildung für Menschen, die eine normale Berufsausbildung aufgrund Behinderung oder schulischer Schwäche nicht absolvieren können: *Doch zuerst stehe die Suche nach einem Platz für die Anlehre und ein gemeinsamer Englischkurs mit ihrer Mutter auf dem Programm.* (KZ 25. 11. 16)

**anmachen** (auch schweiz., regional auch in D): (Salat) zubereiten, mit einem Dressing versehen: *Rohkostsalate ... Oder exotisch: Apfel- und Birnenstückchen, Trauben und Rosinen, mit einer Salatsauce aus Joghurt, Curry, Salz und Zitrone anmachen.* (OÖN 21. 4. 05)

**annadeln,** sw. V. / hat: mit einer [Steck]nadel befestigen: *Dabei steht es Ihnen selbstverständlich frei, nach Lust und Laune die einzelnen Farben und Breiten der Deko-Bänder zu kombinieren und diese durch Knoten, Binden, Kleben, Nähen und Annadeln zu fixieren!* (floristik24.at, Int)

**annehmen:** wird österr. meist mit *um* verbunden, in D mit dem Genitiv: *Und in der Zwischensaison? »Da wollen wir uns um die Autobusgäste und Reisegruppen annehmen, die ... das Salzkammergut besuchen.«* (OÖN 20. 7. 17). ↑ **um**

**anno:** ***anno Schnee** ↑ Schnee

**annullieren** (lat.): das in D bildungssprachl. Wort für ›für ungültig, nichtig erklären‹ wird österr. (und schweiz.) auch für ›stornieren‹ verwendet: *Warnstreiks: Hunderte Flüge in Deutschland annuliert.* (PR 27. 3. 12) ◆ **Annullierung**

**anpachten** (bes. Behördenspr.): in Pacht nehmen: *Optisch fällt diese Entwicklung nicht auf, weil die Bauern ... in der Regel die ›aufgelassenen‹ Grundflächen anpachten und weiterbewirtschaften.* (OÖN 8. 6. 01)

**anpampfen,** /sich/ (ugs.): sich vollessen; in sich hineinstopfen. – Auch in der Schreibung *anbampfen.* ↑ **pampfen**

**anpatzen:** **1.** (auch bayr.) beschmutzen, bekleckern: *Patz dich nicht an!; Den Beamten erklärte der Mann, er habe sich bei Anstreicharbeiten auf dem Dach angepatzt und nach einer Dusche den Bademantel angezogen.* (SN 31. 3. 17). **2.** verleumden, schlecht machen: *Es wäre unerträglich, wenn ein schwer angeschlagener Provinzpolitiker ... den Bundespräsidenten noch länger ungestraft anpatzen darf.* (VN 27. 6. 06). ↑ **patzen**

**anpfauchen:** anfauchen: *Irgendwie klang es, als würden sich Wildkatzen anpfauchen, ehe sie übereinander herfallen.* (PR 27. 8. 04). ↑ **pfauchen**

**anpicken** (auch bayr.): ankleben: *Von weithin ins Auge springt der würfelförmige Baukörper, der aussieht, als ob er an die obersten zwei Stockwerke nachträglich angepickt worden wäre.* (KU 29. 4. 04). ↑ PICKEN

**Anrainer Anrainerin,** der bzw. die: wird österr. (und südd.) auch dort gebraucht, wo in D *Anlieger* steht: *Anrainer entlang der Brennerroute resignieren.* (PR 7. 1. 08); *Zufahrt verboten, ausgenommen Anrainer.* – Das Wort ist heute gemeind., in Österreich aber, vor allem im Verkehrswesen, häufiger gebraucht ◆ **Anrainerbeschwerden:** *Als im Jänner wegen Anrainerbeschwerden das Ausfließen von Benzin publik wurde, war zunächst nur von 2000 Litern die Rede.* (PR 16. 1. 08); **Anrainerfest; Anrainerfestl** ↑ Festl; **Anrainermaut,** ↑ Maut; **Anrainerstraße; Anrainerverkehr:** *Sie beharren darauf, dass nur Anrainerverkehr auf der Isidorstraße erlaubt werden sollte.* (OÖN 29. 9. 06)

**Anrainerpickerl,** das: spezielle Parkerlaubnis für die Bewohner einer Straße mit gebührenpflichtiger Kurzparkzone: *Siedlervereine fordern daher ein Anrainerpickerl – genau wie rund um die Stadthalle.* (KU 5. 1. 07). ↑ PICKERL

**anrauchen:** **1.** ***sich eine [Zigarette/Pfeife usw.] anrauchen**: eine Zigarette usw. rauchen: *Der Pensionist wollte sich gegen 11.25 Uhr im Bett eine Zigarette anrauchen, ließ dabei aber sein Sauerstoffgerät eingeschaltet.* (OÖN 19. 7. 09). – In D bedeutet diese Wendung ›die Zigarette anzünden und die ersten Züge tun‹ oder ›jmdm. Rauch ins Gesicht blasen‹. In Österreich steht die Tätigkeit des

Rauchens im Vordergrund, in D der Vorgang des Anzündens. **2.** (ugs., salopp, Fußball) scharf schießen. ↑ **ausrauchen**

**ạnräumen:** anhäufen, vollräumen: *Jetzt haben sich alle den ganzen lieben Advent lang abgehetzt, um den Gabentisch so recht anräumen zu können.* (PR 18. 7. 16); (übertragen) *Batmanglijs Produktion gießt diese Gefühlsum- und -überschläge in zum Bersten angeräumte Arrangements mit rhythmischen Schlaglöchern.* (WZ 23. 9. 16)

**ạnrennen,** sich (ugs.): **1.** (regional auch in D) sich anstoßen: *er hat sich [das Knie] angerannt.* **2.** ***jmdn. anrennen lassen:** jmdn. ins Verderben laufen lassen; zusehen, wie jmd. eine schlechte Erfahrung macht: *Dass die Länder die Koalition wechselweise blockieren, sie vor sich hertreiben und anrennen lassen, ist weder neu noch sonderlich überraschend.* (PR 2. 7. 15). ↑ RENNEN

**ạnrösten:** mit etw. Fett in einem Kochgefäß bei starker Hitze kurz anbraten, dünsten: *Schalotte feinwürfelig schneiden und in heißem Fett anrösten.* (PR 5. 5. 04). – Die Bedeutung ›anbraten, braun werden lassen‹ ist gemeind.: *Inzwischen Pinienkerne anrösten* (PR 4. 7. 03)

**Ạnsage,** die (veraltet; in der Grundschule): Diktat: *Null Fehler habe sie heute bei der Ansage gehabt, erzählt die Kleine ihrer Omi stolz.* (KZ 26. 5. 02)

**ạnschaffen** (auch bayr.): befehlen: *Mir hat nie jemand was angeschafft.* (OÖN 16. 2. 17) ◆ **Anschaffer/-in:** *Das System bräuchte einen Anschaffer und einen Zahler.* (OÖN 25. 3. 08)

**ạnschauen:** **1.** (auch südd., meist für) ansehen: *Also warum nicht einen Film im Familienkreis anschauen, wenn schon einmal alle beieinander sind?* (SN 8. 5. 07). **2.** prüfen: *Auch die Österreichische Volksbanken AG kündigte an, dass man sich die Angebotsunterlagen »grundsätzlich anschauen« werde.* (SN 1. 4. 06). **3.** sich wundern; eine [unangenehme] Überraschung erleben: ... *»Ihr werdet euch schon noch anschauen, mit Schlafen ist es dann erst einmal vorbei!« Wie oft haben wir in den vergangenen neun Monaten diese Prophezeiung gehört.* (OÖN 9. 5. 12). **4.** ⟨mit *für*⟩ (ugs., auch bayr.) jmdn. für etwas halten, jmdm. eine bestimmte Eigenschaft zuschreiben: *Weil die Macher dieses Werkes die Menschen offenbar für blöd anschauen.* (PR 28. 11. 05). ↑ SCHAUEN

**ạnschließen** (Behördenspr.): anfügen, beilegen: *Überdies können weitere Unterlagen angeschlossen werden.* (WZ 11. 10. 16). ↑ **beischließen**

**ạnschmähen** (ugs.): *anschwindeln, anlügen: Man hat die Leute vor der Wahl einfach angeschmäht und im Unklaren gelassen, wie die finanzielle Situation tatsächlich ausschaut.* (VN 7. 10. 09). ↑ SCHMÄH

**ạnschmettern** (ugs.): anschwindeln: *Haben die ÖVP-Bauernvertreter nicht ihre eigene Klientel permanent angeschmettert und am sogenannten freien Markt geopfert?* (NÖN 6. 4. 04)

**ạnschreiben,** st. V. / hat **1.** (im Handel, auch schweiz.): den Preis schriftlich angeben: *Dieser unnötige Bürokratismus sei ein Beweis des Misstrauens der Regierung gegenüber der Wirtschaft und den Unternehmen. Diese würden die Preise freiwillig doppelt anschreiben.* (TT 4. 7. 00). **2.** (Sport) einen Erfolg, ein Tor verbuchen können: *Ebenso etwas gutzumachen hat die Mannschaft aus Schardenberg, die am ersten Spieltag nicht anschreiben konnte.* (OÖN 25. 8. 16)

**ạnschupfen:** leicht anstoßen, anschieben: *Einfach nur frech, wie der Stürmer den Ball kurz anschupfte.* (ÖST 24. 8. 12); (übertragen) *Und die SP muss man manchmal anschupfen und manchmal bremsen.* (TT 5. 7. 07). ↑ **schupfen**

**ạnschütten:** **1.** (auch schweiz.) Flüssigkeit auf etwas schütten: *Der Brandexperte betonte, dass das Opfer »mit Sicherheit mit Benzin angeschüttet« worden sei.* (SN 14. 2. 07). **2.** (Politik) verleumden, beschimpfen: *In noch nie da gewesenem Ausmaß wird der politische Gegner angeschüttet.* (SN 29. 8. 06)

**ạnsempern** (ugs.): jmdm. durch ständiges Jammern, Nörgeln lästig fallen: *Semper mich nicht immer an!; »Das österreichische Ansempern kann nur unserem Verhältnis schaden«, fügt er hinzu* (PR 24. 1. 08). ↑ **sempern**

**Ạnsitz,** der (bes. westösterr., auch bayr.): [großer, repräsentativer] Wohnsitz: *Ansitze entstanden gegen Ende des 15. Jahrhundert bis ca. 1700 und sind rein optisch eine Art Mittelding zwischen herrschaftlicher Villa und Burg.* (ST 1. 8. 03)

**ạnspeiben** (ugs., auch bayr.): durch Erbrechen verschmutzen: *»Danach bekommen die Tiere eine Klammer um den Hals, damit sie sich nicht anspeiben«* (OÖN 7. 11. 01). ↑ **speiben**

**ạnspendeln** (ugs., veraltend): mit einer Stecknadel befestigen: *Die großen, vom Bundespräsidenten verliehenen Orden ... können von den Damen sowohl an einer Masche am Dekolleté* *angespendelt werden als auch an einer rot-weiß-roten Schärpe.* (profil 25. 1. 10). ↑**spendeln**

**Ansprache,** die (auch südd.): Möglichkeit zum Gespräch; Unterhaltung: *Die Kleinen ... haben keine Ansprache, manche haben noch nie die Sonne gesehen, weil niemand da ist, der mit ihnen rausgeht.* (TT 10. 11. 00)

**Ansprechperson,** die (auch schweiz.): Ansprechpartner/-in

**Anstand,** der (auch südd., veraltend): Schwierigkeiten, Ärger, Grund zu Beanstandung: *Er hatte auch nie dienstliche oder gar disziplinäre Anstände.* (KZ 28. 9. 08)

**anstehen,** st. V. / ist (ugs.): angewiesen sein: *auf dich, auf dein Geld stehe ich nicht an.* ↑STEHEN

**ansuchen:** /in Verbindung mit *um*/: ein Gesuch einreichen (in D veraltet oder Behördenspr. i. S. v. ›förmlich bitten‹): *Ein weiterer Trend betrifft Unternehmen, die um Kredit ansuchen.* (PR 14. 10. 08). ↑**um**

**Ansuchen,** das: gleichbedeutend mit ›Gesuch‹ (in D eine ›förmliche Bitte, ein Anliegen‹): *Das Ansuchen um humanitären Aufenthalt sei seinerzeit gestellt und »aus gewichtigen Gründen« abgelehnt worden.* (SN 15. 11. 07). ↑**Bauansuchen, Förderansuchen**

**Ansucher Ansucherin,** der bzw. die (selten): Antragsteller/-in: *Ein Drittel der Ansucher wagte die Umsetzung ihrer Pläne nicht mehr.* (OÖN 28. 9. 02)

**antauchen** (ugs., auch bayr.): **1.** anschieben, anstoßen: *Wir waren schon mit der Schule auf dem neuen Spielplatz, da waren wir zu dritt in der Schaukel und haben uns von acht Leuten richtig antauchen lassen.* (OÖN 28. 4. 03). **2.** fördern, nachhelfen: *Bei jedem Kind sollte man dort antauchen, wo es Schwierigkeiten gibt.* (PR 5. 12. 07). **3.** sich mehr bemühen; mehr leisten; sich mehr anstrengen: *Du musst in der Schule mehr antauchen!; Bei den Weltcup-Siegen müssen einige schon ordentlich antauchen.* (SN 9. 2. 07). ↑**tauchen, übertauchen**

**anti-, Anti-:** Die Wörter mit der Vorsilbe *anti-* werden österr. (und schweiz.) auf der ersten Silbe betont, in D meist auf einer der letzten, z. B.: *Antialkoholiker/-in; antiamerikanisch; antiautoritär; antidemokratisch; Antifaschismus; antiklerikal; Antikritik; Antisemit/-in; antizyklisch*

**Antimon,** das; -s ‹arab.›: wird österr. auf der ersten Silbe betont, in D auf der letzten

**Antlass,** der (früher): Ablass

**Antlasstag,** der (Volkskunde): **1.** Gründonnerstag: *Die Büßer mussten früher ab Aschermittwoch in Sack und Asche gehen, erst am Gründonnerstag, dem allgemeinen Antlasstag, wurden sie aus ihren Sünden entlassen.* (VN 13. 4. 17). **2.** (Tirol) Fronleichnamstag: KALENDARIUM: *Donnerstag: Fronleichnam, Antlasstag; Philipp Neri, Alwin.* (TT 25. 5. 05)

**Antlassritt,** der (Volkskunde, Tirol): Volksbrauch zu Fronleichnam

**antrenzen** (ugs., auch bayr.): **1.** anjammern. **2.** mit Speichel, Flüssigkeit beschmutzen: *Als, endlich, »Move Your Body Close To« Me das Festzelt erfüllte, hatten sich die ersten Alt-Casanovas schon mit Champagner angetrenzt.* (KU 23. 6. 04). ↑**trenzen**

**antreten:** zu der gemeind. Bedeutung »sich zu etwas anschicken, etwas beginnen«, z. B. einen Posten antreten, kommt österr. die Wendung: ***die Pension antreten:** in den Ruhestand gehen: *Sie will, dass Polizisten wegen der vielen Nacht- und Schichtdienste die Schwerarbeiterpension schon vor dem 60. Lebensjahr antreten können.* (PR 26. 4. 06). ↑**Antritt**

**antrinken,** sich (ugs.): sich betrinken (in D nur mit Objekt, z. B. sich einen Rausch/einen antrinken): *Die Exekutive hat die Feststellung gemacht, dass Jugendliche zu dritt und zu viert unterwegs sind, sich antrinken und dann nach Hause fahren als sei nichts geschehen.* (KU 8. 4. 02). – Dem entsprechend bedeutet *angetrunken* nicht wie in D »leicht betrunken«, sondern »voll betrunken«: *Ein stark angetrunkener Mann hat am Dienstag in Berlin zwei Polizeibeamten in Zivil seinen Pkw zum Verkauf angeboten.* (PR 14. 8. 07)

**Antritt,** der: bezieht sich österr. zusätzlich zu der gemeind. Bedeutung »Beginn«, z. B. einer Reise, eines Amtes, auch auf den Übertritt in die Pension: *Je nach Einzelfall werden die Mehrleistungen dann mit Geld bezahlt oder vor dem Antritt der Pension in Anspruch genommen.* (PR 15. 4. 07). ↑**antreten, Pensionsantritt**

**Antrittsalter,** das: Mindestalter für den Pensionsantritt: *Das Pensionsantrittsalter in Österreich steigt weiter, allerdings hat sich der Trend heuer verlangsamt.* (PR 7. 9. 16). ↑**Anfallsalter, Pensionsantrittsalter**

**antun:** ***sich etwas antun: a)** sich [grundlos] über etwas aufregen: *tu dir nichts an!; Er sah eine Dame, die einen Hundebesitzer auffor-*

*derte, die Hinterlassenschaft seines Pudels wegzuräumen. Der antwortete: »Wegen dem bisserl Scheiße brauch' ich mir nix antun. «* (KU 5. 3. 08). **b)** sich für etwas die Mühe machen: *Diesen Ärger will ich mir nicht mehr antun.* (ST 9. 10. 07); *Diese Stimmung in Teilen der Bevölkerung ist mitverantwortlich dafür, dass die Wirte sich sagen: Warum soll ich mir das noch antun?* (OÖN 30. 9. 16). **c)** sich bemühen, engagieren: *er tut sich sehr viel an; tu dir etwas mehr an!*

**antuschen** sw. V. / hat (ugs.): angeben, auftrumpfen ↑ **tuschen**

**anverwahrt** (Behördenspr.): beiliegend: *Das BMWA übermittelt anverwahrt nachstehende Stellungnahme zu gegenständlichem Fragebogen im Rahmen des Konsultationsverfahrens zur Klimastrategie.* (Bundesministerium für Wirtschaft und Arbeit, 29. 6. 05, Int)

**Anwert,** der (auch bayr.): Wertschätzung: *Den größten Anwert aber fanden die auf einigen Bauernstandeln blühenden Schneeglöckchen.* (OÖN 20. 3. 04)

**anziehen** (auch südd.): **1.** (Küche) (den Teig o. Ä.) stehen lassen, damit er die Flüssigkeit aufnehmen kann: *Obers schlagen und unter die Creme heben. Masse etwas anziehen lassen. Torte damit füllen und verzieren.* (OÖN 21. 2. 14). **2.** ansteigen (in Bezug auf Witterungserscheinungen); kälter werden, gefrieren: *das Eis, die Temperatur hat angezogen*

**anzipfen** /nur unpersönlich/ (ugs., salopp): aufregen, verärgern, stören: *Der leidenschaftslose Kick einiger Spieler zipft mich an.* (OÖN 15. 11. 13). ↑ Zipf

**anzuckern: 1.** mit Zucker bestreuen: *Gefrorenes Parfait beidseitig dünn mit flüssiger Kuvertüre bepinseln, in kaiserschmarrengroße Stücke teilen und anzuckern.* (OÖN 7. 12. 07). **2.** mit einer dünnen Schneeschicht bedecken: *Wenn der erste Schnee die Mühlviertler Granitlandschaft angezuckert hat, denkt man meist nicht mehr ans Wandern.* (OÖN 21. 12. 07)

**anzwidern,** sw. V. / hat (ugs.): sich jmdm. gegenüber mürrisch verhalten: *Also, mich zwidern die Leute kaum an. Ich erkläre mir das so, dass die Menschen von den handelnden Personen in der Landespolitik eine gute Meinung haben.* (VB 21. 3. 12). ↑ **zwider**

**aper** (auch südd., schweiz.): schneefrei (durch den Skisport teils auch in D bekannt): *Wo es jetzt noch aper ist, gibt es also grüne Weihnachten.* (SN 18. 12. 07); *Aktuell lassen apere Hänge statt weißer Pisten Ausfälle im Wintertourismus befürchten.* (SN 27. 12. 15)

**apern,** sw. V. / hat (auch südd., schweiz.): tauen: *die Hänge apern bereits;* /meist unpersönlich:/ *es apert* (der Schnee schmilzt); *Wenn's sonst im Skiverbund Amadé apert, entstehen verständlicherweise lange Warteschlangen bei der Gletscherbahn.* (SN 15. 11. 03). Meist ↑ **ausapern, herausapern**

**Aperschnalzen,** das; -s (Volkskunde, auch bayr.): ein Volksbrauch, bei dem mit langen Peitschen Laute erzeugt werden, die den Winter vertreiben sollen: *Beim Aperschnalzen am Wochenende hat es wieder so richtig gekracht.* (SN 12. 2. 07). ↑ **aper, Schnalzer**

**Apfelbutz,** der: Kerngehäuse des Apfels: *Durch insgesamt 23 Kilometer Kanalsystem werden dann Apfelbutzen und Zuckerlpapier in die Müllverbrennungsanlage transportiert.* (PR 19. 4. 12). – Auch in der Form *Apfelbutzen.* ↑ **Butz**

**Apfelfleckerln,** die /Plural/: süßer Auflauf mit Teigwaren und geriebenen Äpfeln: *Bei diesem Apfelfleckerl Rezept werden die Äpfel geraspelt, in Brösel angeröstet, mit Fleckerl vermengt und in einer Auflaufform gebacken.* (Guteküche.at, Int). ↑ Fleckerl

**Apfelfülle,** die (regional auch in D): Apfelfüllung: *Geröstete Butterbrösel gleichmäßig über die ganze Teigfläche streuen, die Apfelfülle auf dem unteren Drittel des Teigs verteilen.* (OÖN 3. 9. 11). ↑ Fülle

**Apfelkiachl,** der: ↑ Apfelkücherl: *In dem Kochbuch findet man das Rezept zur legendären Brezn-Suppe genauso wie zu ... Apfelkiachl mit Hollermandl.* (SN 29. 8. 13). ↑ **Kiachl, Hollerkiachl**

**Apfelkoch,** das: Apfelmus: *Hollerröster, kaltes Koch und Äpfelkoch und Leinölerdäpfel waren eine begehrte Abwechslung im Herbst.* (OÖN 20. 11. 04). – Häufig in der Form *Äpfelkoch.* ↑ Koch

**Apfelkren,** der: Sauce aus Kren/Meerrettich und fein geriebenen rohen Äpfeln: *Nach dem Kochen muss der Tafelspitz rasten – mit Cremespinat, Rösterdäpfeln, Apfelkren, Schnittlauchsauce servieren.* (KU 25. 5. 07). ↑ Kren

**Apfelküachle,** das (Vbg.): ↑ Apfelkücherl: *Auf der Agenda stand Freunde treffen, nach Geschenken stöbern und die köstlichen regionalen Schmankerl wie Apfelküachle, Gerstensuppe und Raclettebrot genießen.* (VN 30. 11. 17). ↑ **Küachle**

**Apfelkücherl,** das: in Teig herausgebackene Apfelscheiben, (in CH) Apfelküechli, (bayr.)

Apfelküchel: *Wie wir dann plaudernd den Supermarkt verließen, um für immer zusammen Apfelkücherl zu backen.* (WZ 30. 1. 04). ↑**Kiachl, Kücherl**

**Apfelradl,** das: in Teig herausgebackene Apfelscheiben, Apfelspalten, ↑Apfelkücherl: *Glühwein und Apfelradl'n wurden für einen guten Zweck ausgegeben* (KZ 14. 12. 07). ↑**Radl**

**Apfelschlangerl,** das; -s, -n: mit Äpfeln u. Ä. gefüllte und mit einer Sauce übergossene Mehlspeise: *Da blieb der Oma schon das Apfelschlangerl im Hals stecken.* (OÖN 12. 4. 16)

**Apfelschnitte,** die /meist Plural/: Apfelkuchen: *Im Kühlraum habe er gefrorene Apfelschnitten verspeist, »großartig mit Kaffee«.* (SN 8. 5. 15). ↑**Schnitte**

**Apfelspalte,** die: eine Mehlspeise, ↑Apfelkücherl: *»Frau Eva, wissen Sie, wie lange ich die schon nicht gegessen habe?«, habe er dann gesagt, als sie zum Nachtisch gebackene Apfelspalten servierte.* (PR 25. 9. 16). – In der Bedeutung ›durch Zerschneiden eines Apfels entstandener halbmondförmiger Teil‹ gemeind.

**Apfelspatzen,** die /Plural/: eine Süßspeise, eine Art ↑Nockerln aus Creme und Äpfeln: *Die süßen »Apfelspatzen« werden jedoch nicht aus Germteig, sondern aus einem besonders dickflüssigen Schmarrnteig hergestellt.* (OÖN 27. 10. 00). ↑**Spatzen**

**Apfelsteige,** die: Obstkiste für Äpfel: *»Das ist ein bisserl ein Massenauflauf«, entschuldigt sich der ... steirische FP-Obmann ... bei einer verwundert hinter ihren Apfelsteigen hervorblinzelnden Marktfrau.* (PR 9. 11. 02). ↑**Steige**

**applanieren,** sw. V. / hat ‹franz.›: (einen Konflikt o. Ä.) beilegen, schlichten: *Man wollte eine Blamage vermeiden, einen Fehler wiedergutmachen, die Sache applanieren.* (ST 16. 7. 06) ◆ **Applanierung**

**Apportl,** das; -s, -n ‹franz.› (ugs., auch bayr.): Gegenstand, der geworfen wird, damit ihn der Hund apportiert, zurückbringt: *such's Apportl!* (Zuruf an den Hund)

**Approbation,** die ‹lat.›: behördliche Genehmigung, Zulassung, bes. als Unterrichtsmittel (in D nur die Zulassung zum Arzt oder Apotheker): *ein Schulbuch, Lehrmittel im Unterrichtsministerium zur Approbation einreichen; Das erste Schulbuch für Geschichte liegt vor: Bei der Approbation wurde auf eine ganzheitliche Sicht Wert gelegt.* (PR 25. 2. 03)

**Approbationskommission,** die: Kommission, die über eine ↑Approbation entscheidet, bes. von Schulbüchern, Schulversuchen u. Ä.: *Eine Approbationskommission prüfte am Montag die Projektanträge der Landesschulräte.* (SN 22. 1. 08)

**approbieren,** sw. V. / hat ‹lat.› (veraltet auch in D): behördlich oder von einer zuständigen Person genehmigen, zulassen: *das Schulbuch wurde nicht approbiert; Die Studienpläne an den Unis müssen ebenfalls von der Kirche approbiert werden.* (PR 24. 8. 16)

**Ar,** das; -s, -e ‹lat.›: Flächenmaß: ist österr. nur Neutrum, in D auch Maskulinum

**Araber Araberin:** kann österr. (und südd., schweiz.) auf der ersten oder zweiten Silbe betont werden, in D nur auf der ersten; auf der ersten Silbe mit Lang- oder Kurzvokal, auf der zweiten nur mit Langvokal

**Aranzini,** die /Plural/ ‹ital.›: überzuckerte oder mit Schokolade überzogene Orangenschalen; Orangeat: *Dann ein Achtel Schlagobers, 20 dag Mandelblättchen und 25 dag kleingeschnittene Aranzini ... dazu und fünf Minuten köcheln lassen.* (PR 17. 12. 02)

**Ärar,** das und der; -s, -e ‹lat.› (veraltend): Fiskus, Staatsvermögen im weitesten Sinn, z. B. Monopole; auf dem Land bes. für staatlicher Wald: *Früher hat alles dem Ärar gehört. Die Salinen, die Forste – das war alles in einer Hand.* (OÖN 3. 7. 13). – Ist österr. auch Maskulinum, in D nur Neutrum. ↑**Forstärar** ◆ **Ärarialwald**

**ärarisch** ‹lat.› (veraltend, noch oft ironisch): staatlich: *Und nebenbei änderte er nicht nur die bis dahin geradezu ärarische Güterverwaltung, in der sich ... so manche Pfründen haben etablieren können.* (ST 1. 5. 16)

**Arbeiterabfertigung,** die: ↑Abfertigung, Abfindung für Arbeiter

**Arbeiterkammer,** die: (kurz für) Kammer für Arbeiter und Angestellte: Interessenvertretung aller Arbeitnehmer; Abk. AK ↑**Kammerstaat** ◆ **Arbeiterkammerpräsident/-in, Arbeiterkammertag, Arbeiterkammerumlage, Arbeiterkammerwahl**

**Arbeiterschutz,** der; -es: Bestimmungen zum Schutz von Arbeitnehmern vor Gefahren aus ihrer Berufsausübung, (in D) Arbeitsschutz: *Im Sozialbereich will man den zuständigen Minister ... durch einen Antrag zum Thema Arbeiterschutz ... zur Offenbarung zwingen.* (PR 11. 9. 07)

**Arbeitnehmerabsetzbetrag** ↑Absetzbetrag

**Arbeitnehmerschutz,** der (auch schweiz.): ↑Arbeiterschutz

**Arbeitnehmerveranlagung,** die: Neuberechnung der Lohnsteuer für das im Kalenderjahr bezogene Einkommen, (früher) [Lohnsteuer]jahresausgleich

**Arbeitsbehelf,** der: Arbeitsmittel, Arbeitsunterlagen: *Die ausführliche ... Kommentierung, die einheitliche Gliederung und auch das handliche Format machen den Kommentar zum unerlässlichen Arbeitsbehelf für Rechtsanwälte und alle mit Suchtmitteldelikten befassten Personen.* (SN 16. 12. 06). ↑Behelf

**Arbeitsbewilligung,** die (auch schweiz., seltener auch in D): Arbeitserlaubnis: *Zunächst benötigten die Zuwanderer keine Arbeitsbewilligungen.* (PR 15. 7. 16). ↑Bewilligung

**Arbeitsinspektion,** die (Verw., auch schweiz., in D nur i. S. v. ›das Inspizieren‹): staatliches Organ zur Durchführung der Arbeitsschutzgesetzgebung; Gewerbeaufsicht: *Von einer Beschwerde bei der Arbeitsinspektion sehen die meisten ab, Strafen für Arbeitgeber kommen so gut wie nie vor.* (PR 5. 11. 07)

**Arbeitsinspektor Arbeitsinspektorin,** der bzw. die (Verw.): Beamter/Beamtin des ↑Arbeitsinspektorats: *Die Arbeitsinspektoren sind berechtigt, Betriebsstätten jederzeit – auch ohne vorherige Ankündigung – zu betreten.* (PR 14. 10. 06)

**Arbeitsinspektorat,** das; -s, -e (Verw., auch schweiz.): (in D) Gewerbeaufsichtsamt: *Seither muss das Arbeitsinspektorat die Wirtschaftskammer vorab über Kontrollen informieren.* (PR 5. 10. 04). ↑**Inspektorat**

**Arbeitskräfteüberlasser,** der (Behördenspr.): Berufsgruppe der Unternehmer, die anderen Unternehmern Arbeitskräfte zur Verfügung stellen: *Bedenklich stimmt Hofer aber, dass ausgerechnet die Arbeitskräfteüberlasser zu jenen Branchen gehören, in denen die Arbeitslosigkeit besonders stark gestiegen ist.* (PR 2. 12. 14)

**Arbeitskräfteüberlassung,** die (Behördenspr.): Verleih von Arbeitskräften, Personalleasing, Personalbereitstellung: *Vom offenbar stärker als prognostizierten Wirtschaftswachstum profitieren der Bau und Industriebereich sowie die Arbeitskräfteüberlassung.* (PR 1. 9. 16) ◆ **Arbeitskräfteüberlassungsgesetz**

**Arbeitslose,** die; - (ugs.): Arbeitslosenunterstützung: *Als sie gekündigt wird, »habe ich drei Monate keine Arbeitslose bekommen und wusste nicht, wie ich meine Familie erhalten soll.«* (OÖN 16. 5. 14)

**Arbeitsmarktservice,** das; -[s], -[s]: (Neubenennung von) Arbeitsamt; Abk. AMS: *Die Arbeitsmarktstatistik des Arbeitsmarktservice (AMS) spricht eine deutliche Sprache.* (FU 1. 3. 07)

**ARBÖ:** (als Wort gesprochene Abk. für) Auto-, Motor- und Radfahrerbund Österreichs (Abkürzung nach der früheren Bezeichnung ›Arbeiter-Radfahrer-Bund Österreichs‹). Vgl. ÖAMTC

**Architektens-:** (in Zus. veraltet für) Architekten-: **Architektensgattin, Architektenstochter.** ↑**Arztens-, Beamtens-, Diplomatens-, Fabrikantens-**

**Arena,** die ‹lat.› 1. (veraltend): kurz für ↑Sommerarena: Freilichtbühne (nur noch im Namen einer Sommerbühne in Baden bei Wien): *Und zur Eröffnung der Sommersaison inszeniert Herzl in der Arena in Baden den »Zigeunerbaron«.* (PR 5. 1. 02). 2. alternatives Kultur- und Kommunikationszentrum in Wien: *Der US-Musiker gastiert am Dienstag in der Wiener Arena.* (ST 27. 8. 18)

**arg** (auch schweiz., regional auch in D): 1. schlimm, übel: *Er wettert so arg, dass sich Jahrhunderte später Naziverbrecher in Prozessen damit rechtfertigen werden, sie hätten ja nur getan, was Luther einst gefordert hatte.* (SN 15. 4. 17). 2. /intensivierend bei Adj. und Verben/ sehr, überaus: *es ist arg warm; Manchmal muss ich mich über die ÖVP doch arg wundern.* (KU 15. 9. 08)

**Arge, ARGE,** die: (kurz für) Arbeitsgemeinschaft: *Dafür verantwortlich ist unser Generalübernehmer, die ARGE WSG und Neue Heimat, die außerdem die Einhaltung des Kostenrahmens garantieren.* (OÖN 23. 5. 17)

**Armenausspeisung,** die: Verköstigung für Notleidende, Armenküche: *Die Suche nach Ersatz für die seit Ende September geschlossene Armenausspeisung in der Tagesaufenthaltsstätte »Saftladen« hat fürs Erste ein Ende* (ST 16. 11. 05). ↑**Ausspeisung**

**Armensünder-:** österr. Form, (in D) Arm[e]sünder-: **Armensünderbank; Armensünderglocke; Armensünderhemd; Armensünderkarren; Armensündermiene; Armensünderzelle**

**Armutschkerl,** das; -s, -n (ugs.): bedauernswertes, armseliges Wesen: *Zwar muss aus einem Nichtleser nicht zwangsläufig ein geistiges Armutschkerl werden, aber es ist schon erschreckend genug, wenn jemand das Lesen verlernt.* (OÖN 8. 3. 12)

**Arrestantenwagen,** der (veraltet): Wagen zum Häftlingstransport; grüner ↑Heinrich:

*Fünf Minuten nach dem Einbruch saß der junge Mann bereits im Arrestantenwagen.* (OÖN 14. 3. 05)

**Arzt Ärztin:** ***praktischer Arzt, praktische Ärztin:** Arzt/Ärztin für Allgemeinmedizin, (in CH) Allgemeinpraktiker: *Er betreibt seit 1989 eine Ordination als praktischer Arzt in Innsbruck und ist Lehrbeauftragter an der Medizinischen Universität Innsbruck.* (ST 21. 8. 16)

**Ärztekammer** ↑Kammerstaat

**Arztens-:** (in Zus. veraltet für) Arzt-: **Arztensfrau; Arztensgattin:** *E. B., früh verwitwete Arztensgattin, lebte von 1928 an in Salzburg.* (Salzburgwiki 2013). ↑**Architektens-, Beamtens-, Diplomatens-, Fabrikantens-**

**Aschanti,** die; -, -[s] ‹afrikanisch›: (kurz für) ↑Aschantinuss: *Süßigkeiten noch und nöcher: Neben Lebkuchenherzen, Aschanti und Zückerle gab es auch Riesen-Schaumrollen.* (VN 15. 10. 07)

**Aschantinuss,** die ‹afrikanisch› (bes. Wien, ugs. veraltend): Erdnuss: *Wer sollte nun die roten Papiersäckchen bringen, gefüllt mit Schokolade, Mandarinen und Aschantinüssen?* (PR 5. 12. 11)

**ASFINAG,** die: (als Wort gesprochene Abk. für) Autobahnen- und Schnellstraßen-Finanzierungs-Aktiengesellschaft (zuständig für Bau, Finanzierung und Bemautung des Autobahn- und Schnellstraßennetzes)

**Äskulap** ‹griech.›: griech.-römischer Gott der Heilkunde: wird österr. (und schweiz.) auf der ersten Silbe betont, in D meist auf der letzten

**ASO:** (nur geschriebene Abk. für) Allgemeine Sonderschule

**Asperl,** das (ostösterr.): Mispel; Frucht des Mispelbaums: *Neben klaren Schnäpsen aus Quitten, Vogelbeeren, Asperln, Schlehen, Marillen oder Birnen hat sie auch verschiedene Wein- und Tresterbrände.* (PR 2. 4. 16)

**Aspik,** das und der ‹franz.›: ist österr. Maskulinum und Neutrum, in D nur Maskulinum

**Aspirant Aspirantin,** der bzw. die: **1.** (auch schweiz.) Person, die sich in Ausbildung in der Justizwache, Polizei oder Militär befindet: *Demnach sind gerade rund 100 sogenannte Aspiranten zum Einsatz in diversen Justizanstalten in Österreich unterwegs.* (PR 31. 12. 12). **2.** Person, die nach dem abgeschlossenen Pharmaziestudium ein Praxisjahr in einer Apotheke absolviert. – Die Bedeutung ›Anwärter auf einen [Beamten]posten‹ ist gemeind.

**assanieren,** sw. V. / hat ‹lat.-franz.›: (einen größeren Komplex, ein Stadtviertel) von Grund auf sanieren, verbunden mit Enteignungsrechten, Verkaufsverbot u. ä. Maßnahmen der öffentlichen Hand ◆ **Assanierung:** *Assanierung bedeutet Stadterneuerung in radikaler Form – alte Gebäude werden abgerissen und durch neue ersetzt.* (PR 18. 5. 12)

**Assanierungsgebiet:** zur ↑Assanierung vorgesehenes Stadtgebiet: *Im 16. Bezirk, direkt hinter der Ottakringer Brauerei, hatte das Rathaus auf Antrag der Bezirksvertretung bereits acht heruntergekommene Baublöcke als erstes Assanierungsgebiet Wiens festgelegt.* (PR 15. 1. 05)

**assentieren,** sw. V. / hat ‹lat.› (veraltet): auf Militärtauglichkeit hin untersuchen: *Die assentierten Burschen wurden von der Dorfmusik begleitet und die Tauglichen von den Untauglichen mit Sträußchen von künstlichen Blumen beschenkt.* (PR 25. 10. 02; M. Rauchensteiner) ◆ **Assentierung**

**Assistenzeinsatz;** der: nicht militärischer Einsatz des Bundesheeres zum Schutz der verfassungsmäßigen Einrichtungen, z. B. Grenzschutz: *Im Rahmen des bis Herbst 2008 fixierten Assistenzeinsatzes werden sich die Soldaten an einem »routineartig ausgebreitete Schleierfahndungsnetz« der Exekutive beteiligen.* (ST 4. 1. 08)

**Ast:** ***am längeren Ast sitzen:** sich in einer günstigeren Position befinden, (in D) am längeren Hebel sitzen: *Dieser Poker ist für die MOL aber ein gefährliches Spiel, bei dem die OMV mit Sicherheit am längeren Ast sitzt.* (PR 10. 7. 07); ***am aufsteigenden Ast [sein, sich befinden u. Ä.]:** sich in seinen Leistungen verbessern; in eine bessere [gesundheitliche, wirtschaftliche] Lage kommen: *Nach dem unverhofften Viertelfinale sieht sich Thiem im Aufwärtstrend. »Ich denke, dass ich wieder auf dem aufsteigenden Ast bin.* (ST 19. 8. 16); *Im ORF-Zentrum sieht man statt Pröll-Mann Richard Grasl Oberösterreicher auf dem aufsteigenden Ast.* (PR 8. 11. 14); ***am absteigenden Ast [sein, sich befinden u. Ä.]:** sich in seinen Leistungen verschlechtern; in eine schlechtere [gesundheitliche, wirtschaftliche] Lage kommen: *Seit Jahren auf dem absteigenden Ast befindet sich die Wettbewerbsfähigkeit Österreichs.* (WZ 27. 7. 15); *Mittelschicht am absteigenden Ast?* (ST 19. 5. 16)

**ASVG:** (buchstabierte Abk. für) Allgemeines Sozialversicherungsgesetz

**ASVG-Pension,** die: ↑Pension nach dem ASVG (im Ggs. zur Beamtenpension), (in D) Rente: *Die Pensionsreform führe dazu, dass Akademikerinnen theoretisch gar keine ASVG-Pension erreichen können bzw. finanzielle Einbußen hinnehmen müssen.* (KU 4. 9. 08). ↑PENSION

**ASVG-Versicherung,** die: Sozialversicherung nach dem ASVG: *Damit müsste sie sich zusätzlich zur ASVG-Versicherung als Selbstständige versichern.* (ST 3. 4. 07)

**Asylwerber** ↑-WERBER

**Asylwesen,** das (auch schweiz.): Gesamtheit aller das Asylrecht betreffenden Angelegenheiten: *Und genau da zeigt sich ein Systemfehler im österreichischen Asylwesen.* (WZ 14. 1. 16)

**ASZ:** (buchstabierte Abk. für) ↑Altstoff-Sammelzentrum

**AT:** Buchstabencode für Österreich. ↑AUT

**-atik, -atisch:** Die Wörter auf *-atik* werden mit kurzem betontem a ausgesprochen: z. B. *Mathematik, Systematik, Akrobatik, Automatik, Dogmatik, Dramatik, Fanatiker, Idiomatik, Pneumatik, Pragmatik, Problematik, Thematik.* Dasselbe gilt für die dazugehörigen Adjektive auf *-atisch,* z. B. *mathematisch, systematisch,* ebenso *asiatisch, fanatisch, bürokratisch, demokratisch, klimatisch, magistratisch, phlegmatisch, schematisch, soldatisch, sympathisch*

**ATX** der ‹engl.›: (buchstabierte Abk. für) Austrian Trade Index: Österreichischer Aktienindex: *Der ATX konnte seine Verlaufsgewinne nicht im vollen Umfang bis Mittag halten.* (PR 25. 10. 16)

**Au,** die; -, -en: österr. (und südd., schweiz.) Form, (in D) Aue: *Um diese ökologische Funktion nutzen zu können, muss die Au natürlich mit dem Hauptstrom verbunden sein.* (PR 3. 7. 07)

**Auditor,** der; -s, -en ‹lat.› (Behördenspr., früher, heute noch schweiz.): Ankläger bei einem Militärgericht, (in D) Auditeur in der Bedeutung ›Richter bei einem Militärgericht‹

**auf Wiederschauen** ↑Wiederschauen

**auf:** 1. wird österr. auch mit Verben wie ↑**denken,** ↑**vergessen,** verbunden. 2. steht österr. (z. T. auch südd., schweiz.) dort, wo in D *an, für, in, zu* verwendet wird: **an:** *Er musste dann auf Krücken gehen.* (SN 17. 9. 07); *Der Mann erlag noch auf der Unfallstelle seinen Verletzungen.* (NVT 28. 10. 07); **für** (zur Angabe eines angestrebten Zeitpunkts, regional auch in D): *ich habe das Taxi auf 16 Uhr bestellt;* **in:** *Auf diesem Sektor werden wir 2008 aber mit weiteren Ideen für Impulse sorgen.* (SN 10. 1. 08); (mit Dativ oder Akkusativ in Verbindung mit *Urlaub*): *Die Österreicher fahren am liebsten mit dem Auto auf Urlaub.* (SN 27. 6. 07); *In Wien steigen wieder einmal die Preise für Wasser, Müll, Autofahren. Zufälligerweise im August, wenn alle auf Urlaub sind.* (PR 19. 8. 16); **zu[m]:** *Weshalb die Initiative wie die Grünen die Rückwidmung auf Forstland fordert.* (OÖN 21. 2. 05); *Unbekannte Täter haben in der Nacht auf Sonntag ein Seil über die Gleise der Pyhrnbahn bei Ansfelden ... gespannt.* (SN 22. 1. 08); *Der gute Nikolaus kommt auf Besuch.* (BVZ 10. 9. 08); (Vbg., auch schweiz. in Verbindung mit *müssen, gehen* usw.:) *ich muss auf den Zug, auf den Bus;* **um** (Vbg., auch bayr., schweiz. in Verbindung mit einer Uhrzeit:): *er bestellte ihn auf acht Uhr ins Büro.* 3. /in Verbindung mit Adj./ ein bestimmtes Verhalten aufdringlich zeigend: *auf echt* (wie echt); *Mir ist wichtig, dass im Ort alles läuft. Auf Facebook muss ich nicht ständig mit irgendwelchen Meldungen auf wichtig machen!* (OÖN 11. 12. 14); ***auf Lepschi gehen** ↑Lepschi; ***auf die Nacht** ↑Nacht

**aufbähen:** aufbacken: *Außerdem habe ich einen unbezwingbaren Hang, mein aufgebähtes Frühstückskipferl in meinen lauwarmen Milchmalzkaffee zu tunken.* (PR 6. 6. 07). ↑**bähen**

**aufbetten** (auch bayr.): das Bett, die Betten machen: *hast du schon aufgebettet?; Die klassischen Symptome einer Hausstaubmilbenallergie: ... Asthmasymptome beim oder nach dem Aufbetten* (PR 23. 11. 01). – In D regional und meist mit Objekt: *dem Kranken aufbetten, die Kissen aufbetten*

**aufbirnen** (ugs.) /unpersönlich, mit Akk./: stürzen: *Das muss ein Rennläufer aushalten. Wer verletzt war, den muss es einmal aufbirnen.* (PR 29. 1. 03)

**aufbrezeln** (ugs.): sich herausputzen, etwas verschönern: *... wie man sein Outfit und seine Wohnung »aufbrezeln« kann.* (OÖN 22. 9. 12); *ihre Polizeieinsätze mit totalem Schusswaffengebrauch sind praktisch gelungene Bewerbungen fürs Aufbrezeln billiger TV-Krimis im Vorabendprogramm.* (PR 9. 11. 12)

**Aufdecker Aufdeckerin,** der bzw. die (auch schweiz.): Person, die Missstände öffentlich macht; Whistleblower: *Peter Pilz in der Rolle* *des grünen Aufdeckers der Nation ist ja schon hinlänglich bekannt.* (PR 30. 5. 17)

**aufdoppeln:** 1. verdoppeln; denselben Betrag dazulegen: *Bisher mussten die Länder jeden Euro vom Bund durch zusätzliche eigene Mittel aufdoppeln.* (KZ 17. 6. 14). 2. (veraltend): mit neuer Sohle versehen: *Die Kunden Pöttlers lassen Schuhe aufdoppeln, Sohlen erneuern oder auch verstärken.* (KZ 25. 1. 14). ↑ **doppeln**

**aufdrehen** (auch südd.): 1. einschalten: *Seit 1. Jänner ist es also nicht mehr strafbar, wenn Autofahrer am Tag das Licht nicht aufdrehen.* (SN 17. 1. 08). – Im wörtlichen Sinn ›durch Drehen öffnen‹ auch in D, z. B. *die Heizung, das Wasser aufdrehen. Das Radio aufdrehen* bedeutet österr. ›einschalten‹, in D ›lauter drehen‹. 2. (ugs.) wütend werden, laut zu schimpfen und fluchen anfangen, aufbegehren: *Die Bühne ist riesig, doch wenn er aufdreht, wenn er Frauen und Freunde mit Wucht attackiert, ... bekommt man Platzangst.* (PR 30. 1. 12)

**Aufenthaltsbewilligung,** die: (in D) Aufenthaltsgenehmigung: *Laut Rechnungshof zahlt Wien die Mindestsicherung auch an Menschen, deren Aufenthaltsbewilligung abgelaufen ist.* (PR 18. 2. 17). ↑ Bewilligung

**Auferstehungsgottesdienst,** der (Vbg.): Totenmesse: *Würdevoll wurde der Auferstehungsgottesdienst mit anschließender Beisetzung am 4. Jänner in der Pfarrkirche Frastanz gestaltet.* (VN 25. 1. 08)

**Auffahrt,** die: festlicher Zug mit Fahrzeugen (in D veraltet i. S. v. ›feierlicher Aufzug‹): *am Sonntag findet auch eine Auffahrt der Oldtimertraktoren statt.* (OÖN 25. 8. 16); *Die Auffahrt zu den Festspielen ist nun zu einem abendlichen Ereignis der Salzburger geworden.* (SN 23. 8. 07). ↑ **Alpauffahrt, Nikolausauffahrt, Nikoloauffahrt**

**auffetten,** sw. V. / hat (salopp): aufbessern, aufstocken: *Auch mit Zulagen können Wiener Beamte ihr Gehalt ordentlich auffetten.* (profil 1. 9. 09); *»Frauen kommen nur gelegen, wenn die Herren grad mal nicht so gut sind und sie die Medaillenbilanz auffetten können.«* (profil 20. 6. 15) ◆ **Auffettung**

**auffirnen,** sw. V. / hat: körnig und weich werden (vom über Nacht gefrorenen Schnee): *Auf dem abschließenden Schwarzkopf taucht noch ein laut schnarrendes Schneehuhn auf und verkürzt mit seinem langen Auftritt die Zeit vor dem Auffirnen.* (SN 11. 5. 00)

**auffretten** (ugs.): aufscheuern: *die Schuhe haben ihn aufgefrettet; er hat sich an den Fersen aufgefrettet.* ↑ fretten

**auffrisieren:** 1. ›(die Haare) kunstvoll oder frisch frisieren [so dass sie mehr Volumen haben]‹: *Die Promis lassen sich von ihr gerne auffrisieren.* (KZ 6. 2. 08); 2. ›(Fakten, Statistiken) schönen; frisieren‹: *Zweck der Fusion sollte es für die Bawag letztlich sein, die Postsparkasse bilanziell auszunehmen. Mit den Mitteln, die man ihr solcherart entzog, wollte man dann das Erscheinungsbild der Bawag auffrisieren.* (profil 17. 6. 06). 3. einen Motor, ein Kraftfahrzeug leistungsstärker machen; frisieren: *Die betreffenden Leute würden immer wieder Firmen finden, die ihre Mopeds auffrisieren.* (OÖN 17. 4. 14). 4. neu gestalten und wirkungsvoll aufwerten: *Dann noch schrilles »Toxic«, ein kühn auffrisiertes »Baby one More Time«, ehe es mit dem Kracher »Womanizer« ins Finale ging.* (PR 5. 6. 09); *Das über 30 Jahre alte Murkraftwerk in Weinzödl wird um 24 Millionen Euro »auffrisiert«.* (KZ 24. 2. 14)

**Aufgabe,** die: wird österr. (und bayr.) in der Bedeutung ›Hausübung, Hausaufgabe‹ auch im Singular verwendet, sonst nur im Plural: *Ich komme in die Schule! Seit Wochen schon übe ich Tasche packen und Aufgabe machen.* (KU 2. 9. 02)

**aufgaberln** (Fußball, ugs.): mit der Fußspitze den Ball in die Höhe heben: *Ball verkehrt zum Tor stehend mit der Brust heruntergenommen, einmal aufgegaberlt – und aus der Drehung volley aus 18 Meter ins Gehäuse gedonnert.* (PR 19. 3. 07). ↑ **gaberln**

**Aufgabeschein,** der: Quittung über eine bei der Post aufgegebene Sendung: *Bei der Kontrolle der beiden Männer in Salzburg stießen die Beamten etwa auf einen Aufgabeschein für ein 20 Kilogramm schweres Paket.* (KZ 22. 4. 15)

**aufganseln** (ugs.): aufreizen, anregen: *Pornografie hingegen richtet den Blick immer auf das Publikum und will aufganseln.* (PR 11. 10. 12)

**aufgelegt** (ugs.): 1. (regional auch in D) klar, offensichtlich: *Eder sagt, es sei kurios und ein aufgelegter Blödsinn, den Unterpinzgauern Geheimverhandlungen zu unterstellen.* (SN 3. 2. 04). 2. (beim Kartenspiel) im Ergebnis von vornherein aufgrund der ausgegebenen Karten feststehend: *ein aufgelegter Schnapser.* 3. so einfach vorbereitet, dass es für einen andern einfach zu realisieren ist: *ein aufgelegtes Tor* (eine Spielsituation, die dem Gegner einen Torschuss leicht macht); *ein aufgelegter Elfer* (ein leichtfertig verursachter und daher für den Gegner eine große Chance); (übertragen) *Bürgerinitiativen machen gegen den Kapuzinerbergtunnel mobil. »Vor den Wahlen 2009 ist das für uns ein aufgelegter Elfer«, sagte ein Sprecher.* (SN 8. 9. 07)

**aufgemascherlt** ↑aufmascherln

**aufhauen** (ugs.) **1.** (bes. ostösterr.): angeben, ostentativ prassen: *Das »Aufhauen« des Star-Gewerbes liegt ihm nicht.* (PR 11. 5. 02). **2.** scheitern, straucheln: *bei der Prüfung hat es mich aufgehaut; »Aber irgendwann, wenn Bund und Land nicht munter werden, wird's die Gemeinden aufhauen.«* (OÖN 17. 12. 14). ↑HAUEN

**aufhausen: 1.** (westösterr., ugs.): Pleite machen, in Konkurs gehen. **2.** (südösterr.) materiell aufsteigen, an Wert gewinnen: *Zwar sind der Alte und der Neue Platz ein umstrittenes Radfahrthema, dennoch hat die Landeshauptstadt in den vergangenen Jahren radeltechnisch aufgehaust.* (KZ 7. 4. 12). (zu 1.:) ↑**abhausen**

**aufhussen** (ugs., auch bayr.): aufhetzen, aufwiegeln: *lass dich nicht von ihm aufhussen!; Mit maßlosen Übertreibungen flößen Sie naiven Menschen Angst ein und hussen sie gegen Flüchtlinge auf.* (OÖN 13. 2. 16). ↑**hussen** ◆ **Aufhusser/-in; Aufhusserei:** *... dass »man mit menschenverachtender Aufhusserei ohnedies nicht weit kommt.«* (ST 23. 9. 07)

**aufkaschieren,** sw. V. / hat: aufkleben, aufziehen: *Innenschiebe-Dämmläden für Fenster aus 50-mm-EPX-Kern, Holzrahmen und beidseitig aufkaschierter Glasfasertapete.* (SN 12. 1. 14)

**aufkehren** (auch südd.): (Dreck, Staub o. Ä.) ↑zusammenkehren: *Drei Stunden später sind die Fenster verschalt und die Glassplitter aufgekehrt.* (PR 10. 8. 06)

**aufklauben** (auch südd.): (vom Boden) aufheben, aufsammeln: *Für Landwirte, die aber nur Streuobst haben, ist das eine kleine Katastrophe. Die haben den Arbeitsaufwand und zahlen natürlich drauf, wenn sie für das Aufklauben noch jemanden zahlen müssen.* (KZ 23. 10. 08); (übertragen) *er hat eine Infektion, Grippe aufgeklaubt.* ↑KLAUBEN

**aufkochen** (auch südd.): (bei besonderen Anlässen) sehr reichlich kochen: *Im August 2008 wird der Franzose im Restaurant Ikarus in Salzburg aufkochen.* (KU 26. 11. 07). ↑**auskochen, einkochen**

**auflassen** (auch südd.): schließen, stilllegen, aufgeben: *ein Geschäft, Amt auflassen; »Nachteil könnte sein, dass die ÖBB die Bahnhaltestelle Lustenau Markt auflassen wollen, da wegen der Trassenanhebung ein Neubau fällig wäre.«* (VN 18. 10. 07) ◆ **Auflassung:** *Mit einer Auflassung des Abfallcontainerstandplatzes in Lacken ... wird unsere unzureichende Klimabilanz weiter belastet.* (OÖN 22. 11. 07)

**aufläuten:** durch Klingeln wecken, herausholen: *Mit einer Glocke werden alle Rundumstehenden aufgeläutet.* (OÖN 14. 5. 01); *das Telefon hat ihn mitten in der Nacht aufgeläutet.* ↑**anläuten, läuten**

**auflegen: *jmdm. eine auflegen** (ugs. salopp): jmdm. eine Ohrfeige geben: *Viele meinten, ich hätt' ihm eine auflegen sollen.* (KU 3. 1. 08). – Die Bedeutung ›den Ball so zuspielen, dass daraus leicht ein Tor erzielt werden kann‹ ist gemeind.

**aufliegen,** st. V. / ist (auch bayr., schweiz.): zur Einsicht bereitliegen (in D seltener, dafür meist *ausliegen*): *Die erstellten Gutachten werden öffentlich aufliegen.* (KU 2. 2. 08). ↑**liegen**

**aufmascherln,** sw. V. / hat (ugs.): **1.** aufputzen, auffällig kleiden, schmücken; aufdonnern, auftakeln: *Nirgendwo sehen Prominente bekanntlich bescheuerter aus als da, wo sie sich anlassbezogen aufmascherln.* (ST 20. 4. 16). **2.** attraktiver gestalten und aufwerten: *Weil auf der Blumau das Musiktheater entsteht, lässt die Stadt den Südteil der Landstraße aufmascherln.* (OÖN 15. 9. 11); /meist im 2. Part./: *Exakt 30 Minuten später stand der ehemalige VSV-Torwart ... aufgemascherlt in der Empfangshalle des Hotels.* (KZ 8. 3. 14). ↑**Mascherl**

**Aufnahmestopp,** der: vorübergehende Sperre bei der Einstellung von Beamten: *Gewerkschaft fordert Ende des Aufnahmestopps im öffentlichen Dienst.* (ST 2. 10. 16)

**aufnahms-, Aufnahms-:** österr. Form neben aufnahme-, Aufnahme-: **aufnahmsfähig:** *Die EU sei mittelfristig nicht wirklich aufnahmsfähig.* (PR 4. 10. 05); **Aufnahmsgesuch; Aufnahmsprüfung:** *Allerdings legen die Fakultäten wert darauf, die Aufnahmsprüfung autonom so zu gestalten* (PR 6. 2. 17); **Aufnahmsvoraussetzung:** *Diese sportliche Tätigkeit war aber nicht die Aufnahmsvoraussetzung an unser Sportgymnasium.* (OÖN 28. 6. 04)

**Aufnahmswerber** ↑-WERBER

**aufnehmen:** engagieren, einstellen: *Aus Gesprächen mit Unternehmern wissen wir auch,* *dass zahlreiche Betriebe gerne noch mehr Lehrlinge aufnehmen würden.* (SN 19. 1. 08)

**aufpappen** (ugs., regional auch in D): aufkleben: *Am Ende heißt die Lösung aus Kostengründen meist Kunststofffenster und schnell aufgepappter Vollwärmeschutz.* (PR 23. 4. 05). ↑**zusammenpappen**

**aufpassen:** ***aufpassen wie ein Haftelmacher** ↑Haftelmacher

**aufpecken: 1.** aufpicken, durch Picken aufnehmen: *die Taube peckt das Brotstück auf.* **2.** die Schale, Hülle durch Picken öffnen: *Viele Innviertler Landwirte klagten in den vergangenen Monaten über Schäden durch die Zunahme der Krähen, die u. a. Siloballen aufpecken und damit unbrauchbar machen.* (OÖN 19. 2. 09) ↑**pecken, zerpecken**

**aufpelzen: 1. a)** (auch bayr.) aufbürden: *jmdm. eine Strafe aufpelzen; »Wie viele Verkehrserreger will man uns noch aufpelzen?«, fragt ein Sprecher der Bürgerinitiative.* (KU 6. 9. 00). **b)** (Sport) jmdm. Tore schießen (bes. wenn dadurch die große Überlegenheit ausgedrückt werden soll): *die Mannschaft hat wieder vier Tore aufgepelzt bekommen.* **2.** aufpfropfen, veredeln: *Bereits Großvater und Vater beschäftigten sich intensiv mit dem »Aufpelzen«.* (KU 4. 5. 05). ↑**pelzen**

**aufpeppeln** (ugs.): aufschlagen: *Der Allradler hebt ab, liegt einen Moment lang in der Luft und plumpst schließlich auf den sandigen Abhang, die Köpfe einiger Insassen peppeln kurz am Autohimmel auf.* (ST 29. 10. 07). ↑**peppeln**

**aufpicken:** aufkleben: *Demnach warten derzeit noch rund 85 Prozent der Autofahrer mit dem Aufpicken der safrangelben Vignette.* (PR 24. 1. 03). ↑PICKEN

**aufpimpen** (ugs.): aufpeppen, einer Sache Schwung geben: *Man kann den Salat mit Parmesan, Prosciutto oder Huhn aufpimpen.* (PR 30. 9. 16)

**aufpudeln,** sich; sw. V. / hat (ugs.): **1.** sich aufspielen: *Der Herzog überantwortet die ihm entgleitenden Amtsgeschäfte seinem Stellvertreter Angelo, der sich gleich als beinharter Sanierer aufpudelt.* (KZ 18. 8. 11). **2.** sich aufregen, entrüsten: *Der Herr Stadtrat hat also die sich in einer Tour aufpudelnden Wiener gerade noch vor dem Schlimmsten bewahrt.* (PR 7. 9. 07)

**Aufräumerin,** die: Putzfrau: *Eine schreckliche Entdeckung machte eine Aufräumerin gestern Vormittag in einem Jagdschloss der Bundesforste bei den Langbathseen in Ebensee.* (OÖN 13. 3. 03). Vgl. Bedienerin, Putzerin, Zugehfrau, Zugeherin

**aufrecht: 1.** (Rechtsspr.): rechtsgültig: *Im Falle einer verpflichtenden Regelung sollten die Pensionszeiten während der aufrechten Ehejahre herangezogen werden.* (PR 11. 6. 07). **2.** bestehend, auf dem jetzigen Stand /in Verbindung mit *sein, bleiben*/: *Das Wirtschaftswachstum ... werde sich zwar vermutlich abschwächen, der Wachstumsvorsprung von zwei bis vier Prozent ... aber aufrecht bleiben.* (PR 25. 1. 08)

**aufreiben,** st. V. / hat: **1.** (den Boden) reinigen, ↑ausreiben: *das Vorhaus mit der Bürste aufreiben.* **2.** durch Reiben aufrauen: *Bleche aufreiben; Doch den Fachleuten zum Trotz hielt der Betonboden perfekt ... Er blieb hart und ließ sich nicht aufreiben.* (OÖN 31. 5. 07). **3.** (ugs.) zum Schlag ausholen; aggressiv werden: *Da sie aber in den soeben eingereichten Scheidungspapieren das alleinige Sorgerecht ... beantragte, darf man darauf gefasst sein, dass Bobby Brown aufreiben wird.* (KU 20. 10. 06). ↑**ausreiben, reiben**

**Aufreibfetzen,** der: seltener für ↑Ausreibfetzen; Scheuertuch, Putztuch. *Folglich fliegen zwischen den Geschlechtern die Aufreibfetzen.* (OÖN 4. 6. 05). ↑FETZEN, **reiben**

**aufrichten** (ugs.): aufschichten, stapeln: *Der 37-jährige Bauer aus Schwand wollte Holzscheiter aufrichten und hatte dafür eine Leiter aufgestellt.* (OÖN 23. 6. 06). ↑RICHTEN

**aufrollen** (Wirtschaft): unterschiedlich hohe Steuerbemessungsgrundlagen innerhalb eines Jahres bei der Lohnsteuerberechnung durch den Arbeitgeber (im Ggs. zum Finanzamt) am Jahresende ausgleichen ◆ **Aufrollung:** *Diese Aufrollung wirkt wie ein rückwirkender Jahresausgleich und erspart einem das Warten auf den Arbeitnehmer-Steuerbescheid irgendwann im nächsten Jahr.* (WZ 23. 10. 03); **Lohnsteueraufrollung**

**Aufsandung,** die (Rechtsspr.): Einwilligung eines Liegenschaftseigentümers, dass die Liegenschaft belastet, verkauft usw. werden darf: *Jedenfalls ist danach noch ein förmlicher Kaufvertrag mit sogenannnter Aufsandungsklausel zu errichten, damit Ihr Eigentum auch wirklich im Grundbuch eingetragen werden kann.* (WZ 26. 2. 05) ◆ **Aufsandungserklärung; Aufsandungsurkunde**

**aufschauen** (auch südd., schweiz.): aufblicken: *Schon Sylvester Stallone musste zu ihr aufschauen.* (OÖN 10. 10. 07). ↑SCHAUEN

**aufscheinen,** st. V. / hat (auch bayr.): (auf einer Liste o. Ä.) erscheinen, vorkommen: *Im Internet ist eine Terror-Zielobjektsliste aufgetaucht, auf der auch österreichische Politiker aufscheinen.* (SN 29. 9. 07)

**aufschlecken:** auflecken: *Der Kirgise holt Schleim aus Hals und Nase, ... spuckt ihn auf seine rechte Hand, drückt den Kopf des Deutschen hinunter und lässt ihn alles aufschlecken.* (KU 17. 8. 13). ↑**schlecken, abschlecken**

**aufschlichten:** aufstapeln: *»Das Aufschlichten der Holzscheite haben vorwiegend die Knechte übernommen.«* (OÖN 27. 8. 05). ↑SCHLICHTEN

**aufschließen:** (ein Grundstück) an die öffentliche Versorgung anschließen, (in D) erschließen: *Es ist mir ein Anliegen, dass wir Baugründe aufschließen, um erschwingliche Baugründe für junge Familien anbieten zu können.* (NÖN 6. 4. 18)

**aufschmeißen,** st. V. / hat **1.** (salopp) /unpersönlich mit es/ scheitern: *Als Vollblutunternehmer ... musst du aber Dinge tun, die du aus dem Bauch heraus spürst. ... Die Frage ist nur, ob es dich damit gleich einmal aufschmeißt.* (Steirer Monat 15. 2. 11). **2.** (ostösterr. ugs., salopp): bloßstellen, blamieren: *er schmeißt mich auf vor allen Leuten*

**aufschnaufen** (ugs., auch südd.): aufatmen: *Michael stellte die Rückentrage ab, den Herrn Sohn ins Gelände und ließ sich selbst wohlig aufschnaufend auf der Wiesenböschung nieder.* (PR 9. 6. 12). ↑**ausschnaufen**

**aufschobern:** zu Schobern anhäufen: *Um eine in der Erde befestigte Stange wird das trockene Heu gewickelt, aufgeschobert.* (NÖN 2. 10. 02). ↑SCHOBER, **schobern**

**aufsieden** (veraltend): aufkochen, aufwallen lassen: *die Milch aufsieden; Zuletzt gibt man die Stücke der Fischotter mit einem Stückchen Rindschmalz hinein, und lässt es langsam aufsieden.* (PR 22. 2. 15). ↑SIEDEN

**Aufsitzer,** der: **1.** Falle, List, mit der man getäuscht wird; Reinfall: *dieses Geschäft war ein Aufsitzer.* **2.** (Sport) Ball, der einmal auf dem Boden aufprallt, bevor er das Ziel erreicht: *Die Wiener profitierten bei den Toren in der ersten Hälfte jeweils von Fehlern des Admira-Goalies ..., der zunächst einen harmlosen Aufsitzer von Gorgon ins eigene Tor ablenkte.* (PR 7. 5. 16)

**Aufsperrdienst,** der: Schlüsseldienst; Firma, die verschlossene Türen öffnet: *Da gibt es die Geschichte vom Nackerten auf dem Balkon, der im Winter auf den Aufsperrdienst wartete.* (OÖN 10. 12. 02)

**aufsperren** (auch bayr.): **1.** aufschließen: *Als ich die Tür aufsperrte, sah ich schon dichte Rauchwolken.* (OÖN 6. 8. 10). **2.** (ein Geschäft) offen halten: *Nein, sie sperren nicht jedes Jahr noch früher auf, aber trotzdem schon sehr bald: In zwei Wochen startet Wien offiziell in die Punschstand- und Adventmarktsaison.* (PR 27. 10. 16). **3.** (ein Geschäft) gründen, eröffnen: *2007 haben gleich drei Märkte eröffnet, mindestens ein weiterer wird heuer aufsperren.* (SN 12. 1. 08). ↑SPERREN

**aufsteirern:** sw. V. / ein Volksfest der Steirer in Graz feiern: *Vor allem am Rathausplatz, am Hauptplatz, rund um die Stadtpfarrkirche und neuerdings immer stärker auch am Standesamtsplatz. Hier heißt es »Aufsteirern« im besten Sinn des Wortes.* (KZ 30. 12. 08)

**aufsteigen** (auch bayr.): in die nächste Klasse kommen, (in D) versetzt werden: *der Schüler ist geeignet, in die zweite Klasse aufzusteigen* (Zeugnisvermerk); *Es ist die Woche der Nachprüfungen und es geht um Aufsteigen oder Sitzenbleiben.* (SN 12. 9. 07)

**aufstellen** (ugs., salopp) /es stellt jmdn. auf/: (mit einem Fahrzeug, Skiern usw.) zu Sturz kommen, einen Unfall erleiden: *Ein Goiserer musste kürzlich ins Spital, weil es ihn mit dem Fahrrad aufgestellt hat.* (OÖN 20. 11. 09)

**aufsulzen,** sw V. / hat: weich, sulzig werden (vom Schnee): *Am Morgen sind die Abfahrten gefroren, aber später sulzen sie auf.* (KR 29. 12. 13). ↑**sulzen**

**aufwaschen** (regional auch in D): (den Boden) feucht reinigen: *Ist der Boden aufgewaschen, sind Teppiche gepflegt?* (KU 8. 11. 04)

**aufzahlen** (auch südd.): dazuzahlen, einen Mehrpreis zahlen: *Weil die zwei Buslinien ... unterschiedliche »Waben« des Verkehrsverbunds durchfahren, mussten Wochen- und Monatskartenbesitzer bisher aufzahlen, wenn sie einmal eine andere Linie nahmen.* (SN 6. 6. 07) ◆ **Aufzahlung:** *Das Gratis-Reise-Angebot würde sich mit Aufzahlungen für Flug und Ausflugspaket mit Kosten ... von 569 Euro zu Buche schlagen.* (ST 25. 2. 06)

**aufzeigen: 1.** (regional auch in D) die Hand heben, um sich zu Wort zu melden: *Mit dem Projekt »Frei leben ohne Gewalt – Starke Schülerinnen zeigen auf« belegte die Schule bundesweit den ersten Platz.* (NÖN 30. 6. 10). **2.** durch Leistungen auf sich aufmerksam machen: *Der 34-jährige Vorarlberger hat 2007 im Doppel mächtig aufgezeigt.* (KU 6. 8. 08)

**Auge:** 1. ***fades Aug** (ugs., bes. ostösterr.): gelangweilter, betrübter Blick: *Ein »fades Aug'« leistet sich keiner der 950 Beschäftigten.* (KU 10. 6. 06); *»In den vergangenen Monaten bin ich oft mit einem faden Aug zum Training gegangen.«* (KU 20. 6. 01); ***anschauen mit dem faden Aug:** gelangweilt, missbilligend anschauen; ***ein fades Aug kriegen/haben:** sich langweilen: *Wenn ich früher in einer Vorlesung über Pensionen geredet habe, haben die Studenten ein fades Aug' gekriegt.* (OÖN 7. 4. 03). 2. ***mit freiem Auge** (in D selten): (in D) mit bloßem Auge: *Mittlerweile sieht man am österreichischen Firmament höchstens noch rund zehn Prozent der an sich mit freiem Auge erkennbaren Sterne.* (OÖN 17. 12. 16)

**Augenauswischerei,** die: etwas, was nur den Anschein gibt, etwas nur vortäuscht, (in D) Augenwischerei: *Man wird den Eindruck nicht los, dass es nur um Augenauswischerei zur Beruhigung der Bevölkerung geht.* (ST 6. 1. 16)

**Augengläser,** die /Plural/: Brille: *Die Beamten stellten ein weinrotes Brillenetui samt Augengläsern ... sicher* (ST 25. 10. 14). – In D ist *Augenglas* veraltend und wird als Sammelbez. für Brille, Monokel usw. verwendet

**augenscheinlich:** wird österr. auf der ersten Silbe betont, in D auch auf der zweiten

**Augsburger,** die: eine Wurstsorte, ähnlich der Knackwurst, die der Länge nach aufgeschnitten gebraten wird; auch eine in dieser Art gebratene Knackwurst: *Neben Bratwürstel, Frankfurter, Debreziner, Augsburger werden auch Salzburger gerne bestellt. Die sind etwas feiner als die Knacker.* (OÖN 27. 6. 15)

**Augustin:** der wird österr. immer auf der ersten Silbe betont; in D wird der Name des Heiligen auf der letzten Silbe betont (in Österr. selten, dafür nur Augustinus)

**aus:** wird österr. (und bayr.) auch bei der Angabe eines Schulfaches verwendet: *ein »Sehr gut« aus Mathematik; So hat in Österreich jeder dritte Schüler der vierten Klasse Volksschule Schwierigkeiten mit einfachsten Aufgaben aus Mathematik und Naturwissenschaft.* (WZ 10. 12. 08)

**ausapern** (auch bayr., schweiz.): 1. /ist/ aper werden, tauen: *Unter dieser Schutzschicht konnten die Gletscher die Rekordtemperaturen im Sommer besser überstehen und sind erst spät ausgeapert.* (SN 4. 4. 14. 2. /hat/ aper machen: *die Sonne apert die Wiesen aus.* 3. /ist/ durch Schnee- oder Eisschmelze zum Vorschein kommen: *Wenn im kommenden Frühjahr in Wien der Schnee schmilzt, werden aus den Schneebergen die tiefgefrorenen Hundstrümmerl des gesamten Winters ausapern.* (SN 27. 12. 06). ↑ **apern, herausapern**

**Ausaperung,** die: 1. das ↑ Ausapern: *Die Schneeschmelze und Ausaperung der Gletscher kann auf Webcams verfolgt werden* (SN 2. 9. 15). 2. ausgeaperte Stelle: *Leider konnte er einer in der Mitte der befahrenen Piste gelegenen Ausaperung ..., in der sich zahlreiche Steine befunden haben, nicht mehr ausweichen.* (SN 19. 2. 08)

**ausbeineln,** sw. V. / hat (ugs., veraltend, häufiger schweiz., in der Form *ausbeinen* auch südd.): 1. Knochen aus dem Fleisch lösen: *ein Tier ausbeineln.* 2. zerlegen, um Verwertbares zu gewinnen: *einen alten Computer ausbeineln.* 3. ausfragen, untersuchen: *Sie habe Hermann Leopoldi, Hans Moser, Fritz Grünbaum interviewt, nur Paula Wessely habe sie leider nicht »ausbeineln« können.* (PR 26. 2. 05). – Oft in einer der ostösterr. Mundart nahekommenden Form *ausban[d]eln*

**ausbeuteln** (auch bayr.): ausschütteln: *Ehe ich noch meine Polster ausbeuteln konnte, haben sie schon überall ihre Schneekanonen aufgefahren. ... Hochachtungsvoll, Frau Holle.* (OÖN 22. 12. 06). ↑ BEUTELN

**Ausbildner Ausbildnerin,** der bzw. die: österr. (und schweiz.) Form, (in D) Ausbilder/-in: *Konsequenzen sollten aber nicht nur die betroffenen Rekruten spüren, sondern auch die Vorgesetzten, die Ausbildner.* (SN 5. 9. 07). ↑ **Lehrausbildner, Lehrlingsausbildner**

**ausborgen,** sich (regional auch in D): sich ausleihen: *ich habe mir ein Buch [bei, von ihr] ausgeborgt.* – Die in D vorkommende Bedeutung ›jmdm. etwas leihen‹, z. B. *die Nachbarin hat mir ihre Leiter ausgeborgt,* ist in Österr. unüblich, dafür nur *... hat mir die Leiter geborgt.* ↑ **ausleihen, borgen, herborgen**

**ausburren** (ugs., ostösterr.): wütend, schnell davonlaufen, den Raum verlassen. ↑ **burren**

**ausdämpfen** (selten auch in D): durch Ersticken auslöschen: *einen Docht der Kerze ausdämpfen; Am Montag soll er laut Plan seine letzte Zigarette ausdämpfen.* (KU 12. 1. 08); *Dummerweise lässt sich das Rauchen nämlich nur mit Verboten, die auch geahndet werden, ausdämpfen.* (FU 1. 3. 07)

**Ausfahrer Ausfahrerin,** der bzw. die (regional auch in D): Fahrer/-in, der/die bestellte Waren zu den Kunden bringt: *»Unsere Ausfahrer kennen zwar jeden Schleichweg. Trotzdem wird* *es immer schwieriger, die Kunden rechtzeitig zu beliefern.«* (SN 16. 11. 05)

**Ausfallshaftung,** die (Rechtsw.): die österr. übliche Form, in D sowie österr. fachspr. Ausfallhaftung, Ausfallbürgschaft: *Der Aufsichtsrat hat das Budget abgesegnet, der Bund zugesagt, 40 Prozent der Ausfallshaftung zu übernehmen.* (SN 7. 12. 06)

**ausfassen:** 1. bekommen, in Empfang nehmen: *Es schüttet in Strömen, als wir auf dem Parkplatz beim Gletscher ankommen, wo wir die Ausrüstung ausfassen.* (OÖN 6. 8. 16). 2. (eine Strafe) bekommen: *Die maximale Strafe für einen Mini-Diebstahl in einem Amstettener Supermarkt wird ein 51-jähriger Molkereiarbeiter ausfassen.* (KU 27. 9. 07)

**ausfertigen:** fertigstellen, die letzten Feinheiten durchführen (bezogen auf Gegenstände und Waren): *In seinem Keller und in den anderen Räumlichkeiten herrscht peinliche Sauberkeit. Alles ist in Edelstahl ausgefertigt, ein Labor für Versuchszwecke könnte nicht ordentlicher aussehen.* (OÖN 7. 1. 10). – Bezogen auf ›Schriftstücke, Urkunden ausarbeiten oder unterzeichnen‹ gemeind. ↑ **abfertigen** ◆ **Ausfertigung**

**ausfolgen** (Behördenspr.): übergeben, aushändigen: *Diese Frist beginnt mit der Ausfolgung einer Urkunde, die ... eine Belehrung über das Rücktrittsrecht enthält, an den Besteller ... zu laufen. Diese Belehrung ist dem Konsumenten anlässlich der Entgegennahme seiner Vertragserklärung auszufolgen.* (SN 27. 2. 07) ◆ **Ausfolgung**

**ausforschen** (Behördenspr., auch bayr.): [durch die Polizei] ausfindig machen, ermitteln; (in D) eingehend befragen, erkunden: *Die Polizei konnte eine Bande von elf Tschetschenen im Alter zwischen 20 und 30 Jahren ausforschen.* (SN 14. 12. 07) ◆ **Ausforschung**

**ausfratscheln** (ugs., auch bayr.): indiskret ausfragen: *Ganz schlimm erleben Jugendliche ständige Fragerei. Wobei nicht die anteilnehmende und respektvolle gemeint ist, sondern bohrendes Ausfratscheln.* (KU 22. 4. 07). – Selten auch in der Form *ausfrascheln.* ↑ **fratscheln**

**ausführlich:** wird österr. (und südd., schweiz.) meist auf der ersten Silbe betont, in D auch auf der zweiten

**Ausgabenbremse,** die (auch schweiz.): gesetzliche Bestimmungen, die eine Verminderung der Staatsausgaben verlangen: *Sein Lösungsansatz: eine staatliche Ausgabenbremse und der radikale Umbau des Steuersystems.* (PR 5. 9. 16); ***auf die Ausgabenbremse treten/steigen**: mit öffentlichen Sparmaßnahmen beginnen: *Deshalb muss die Regierung heuer unbedingt auf die Ausgabenbremse steigen und endlich sparen.* (PR 9. 1. 08)

**ausgabenseitig** (Verw.): in Bezug auf die Ausgaben, bes. im Budget: *Ausgabenseitig wird etwa bei der Betreuung in Kinderspielplätzen und Parks gespart.* (PR 23. 11. 16)

**Ausgedinge,** das; -s, - (regional auch in D): 1. Anteil am Besitz, den sich jmd. nach der Hofübergabe zur Altersversorgung behält; Altenteil: *Unseren Pensionisten wird ein fiktives Ausgedinge abgezogen. Es entspricht nicht mehr der Realität, dass Hofübergeber von den Übernehmern so viel Naturalien erhalten.* (OÖN 2. 10. 10). 2. Lebensabschnitt nach der Hofübergabe. 3. Wohnung im Lebensabschnitt nach der Hofübergabe: *Mein Hof steht nicht in der Absiedlungszone. Wir werden wahrscheinlich nicht wegziehen, sondern uns ein hochwassersicheres Ausgedinge einrichten.* (OÖN 28. 12. 13); (häufig übertragen in der Politik:) *Natürlich muss ein erfahrener Ex-Regierender wie Tony Blair nicht gleich ins politische Ausgedinge geschickt werden.* (SN 29. 6. 07) ◆ **Ausgedinger/-in**

**ausgehen,** sich /unpersönlich/ (auch bayr.): zeitlich oder räumlich gerade noch reichen, passen: *»Passt, das geht sich aus«, rufen die Arbeiter. Langsam erhebt sich der Ponton in die Lüfte.* (OÖN 24. 7. 15); *Ein Platz im Tabellen-Mittelfeld geht sich aus.* (OÖN 7. 8. 14); ***etwas geht sich an jmdm. aus** (ugs.): jmd. wird als Schuldtragender hingestellt, hat die Folgen zu tragen: *die Scherereien gehen sich wieder an mir aus*

**Ausgelöste,** das; -n: ausgelöstes, ausgebeintes Fleischstück; ***hintere Ausgelöste:** saftiges Fleisch vom vorderen Rückenteil des Rindes, bes. zum Dünsten und Kochen geeignet; Fehlrippe; ***vordere Ausgelöste:** fettarmes Fleisch vom Bug des Rindes, meist als Suppenfleisch verwendet; Tristel. ↑ **auslösen**

**Ausgesteuerte** ↑ aussteuern

**ausgewerkelt** ↑ auswerkeln

**Ausgleich,** der (Rechtsspr.): gerichtlicher oder außergerichtlicher Vergleich eines Schuldners mit seinen Gläubigern, bei dem die Gläubiger auf einen Teil ihrer Forderung verzichten, um die Fortführung und Sanierung eines Unternehmens zu ermöglichen, (in D) Vergleich: *Am Dienstag folgte die* *nächste Hiobsbotschaft für die rund 850 Mitarbeiter: Der Ausgleich ist gescheitert.* (SN 14. 5. 03); ***den Ausgleich anmelden/in den Ausgleich gehen:** vor Gericht ein Ausgleichsverfahren eröffnen: *Die Kärntner Sportartikelkette F. hat am Freitag beim Landesgericht Klagenfurt Ausgleich angemeldet.* (KZ 1. 2. 08) ◆ **Ausgleichsantrag; Ausgleichseröffnung; Ausgleichsgericht; Ausgleichsschuldner/-in; Ausgleichstagsatzung** (↑Tagsatzung), **Ausgleichsverfahren; Ausgleichsverwalter/-in**

**Ausgleichstaxe,** die (Verw.): Abgabe, die Arbeitgeber zu entrichten haben, wenn sie die Einstellungspflicht für Menschen mit Behinderung nicht erfüllen: *Nicht alle Unternehmen im Bundesland erfüllen die Einstellungsquote: 1080 Firmen zahlen die Ausgleichstaxe.* (SN 6. 10. 07). ↑TAXE ◆ **Ausgleichstaxfonds**

**Ausgleichszulage,** die (Verw.): Zulage, mit der Pensionsbeziehern ein Einkommen in Höhe der Mindestpension gesichert wird: *In Oberösterreich braucht jeder fünfte Bauer (7600 von 39.600 Pensionsbeziehern) wegen zu geringer Rente eine Ausgleichszulage.* (OÖN 29. 1. 08) ◆ **Ausgleichszulagenbezieher/-in; Ausgleichszulagenempfänger/-in**

**ausgsteckt** ↑ausstecken

**aushacken** (ostösterr.): (ein geschlachtetes Tier) fachmännisch zerlegen, auslösen: *ein Schwein aushacken; Große Braten mit Knochen, die vorher vom Fleischhauer »ausgehackt« wurden, müssen Sie nur noch entlang der langen Rippen schneiden.* (News 26. 9. 02)

**aushaftend** (Finanzwesen): noch nicht zurückbezahlt: *Bis Mitte letzter Woche waren offene Rechnungen aus dem zweiten Quartal bei insgesamt 86 Objekten aushaftend.* (SN 11. 8. 05); (oft in Verbindung mit *Kredit, Darlehen*) *Es sei sogar von einer 20-prozentigen »Überdeckung« der aushaftenden Kredite die Rede gewesen.* (PR 3. 10. 07)

**aushauen** (ugs.): ausschlagen: *das Pferd hat ausgehaut; »Dann wollte er meinen Gürtel aufmachen«, schildert die 16-Jährige. »Ich hab' ausgehaut und geschrien …«.* (KU 18. 8. 07). ↑HAUEN

**ausheben: 1.** (Bücher, Akten usw.) aus dem Magazin oder Archiv einem Entleiher bringen: *Das Aufgabengebiet umfasst im Wesentlichen das Ausheben und Einstellen von Büchern in den Magazinen und die Mitarbeit bei der Bestandserhaltung und -pflege.* (Österr. Nationalbibliothek); **2.** Daten aus einem Archiv o. Ä. holen: *Sie lässt nun jedenfalls wieder die Protokolle des U-Ausschusses ausheben, um den genauen Wortlaut der Beteiligten nachzusehen.* (SN 18. 2. 15). **3.** (veraltend) leeren (von Briefkästen): *Nach einem Anruf beim Stützpunkt Itzling … wurde der Briefkasten ausgehoben, um nachzusehen, ob meine Briefsendung noch zurückzuhalten war.* (SN 17. 12. 03) ↑**beheben, einheben, erheben** ◆ **Aushebung:** *Die letzte Aushebung aus den Magazinen für das Wochenende findet jeweils am Freitag um 18.00 Uhr statt, an Samstagen und Sonntagen erfolgt keine Aushebung.* (Österr. Nationalbibliothek, Benützungsordnung); *»Weihnachtsgrüße von Wien nach Gramatneusiedl am Sonntag den 23. 12. 2001 in einen Postkasten mit Aushebung an Sonn- und Feiertagen eingeworfen, zugestellt den 3. 1. 2002.«* (KU 1. 3. 02)

**ausjassen** (ugs., Vbg., wie schweiz.): **1.** (beim Jassen) bei Gleichstand den Sieger ermitteln: *Spielablauf: an jedem Tisch spielen immer gemischte Länderpaare, wobei die Paarungen für jede Passe jeweils neu ausgelost werden, gesamt werden 4 Passen zu jeweils 12 Spielen ausgejasst.* (VN 21. 6. 07). **2.** untereinander ausmachen, aushandeln, vereinbaren: *Da alle wahlwerbenden Parteien unter diese Kategorie fallen, ist es nur logisch, keine von ihnen zu wählen, zumal sie im Kollektiv die … Parteiensubventionen … unter sich ausjassen.* (VN 18. 10. 06). ↑JASSEN

**ausjudizieren,** sw. V. / hat ‹lat.›: (einen Rechtsstreit) von einem obersten Gericht entscheiden lassen: *Das kann so nicht weitergehen, wir werden jetzt einen Fall ausjudizieren und der Schattenwirtschaft Einhalt gebieten.* (SN 24. 5. 07) ◆ **Ausjudizierung**

**auskegeln,** sich (regional auch in D): ausrenken, auskugeln: *Es hat sich nur die Schulter ein wenig ausgekegelt, aber gebrochen war nichts.* (SN 14. 10. 16)

**auskochen** (veraltend): warme Küche führen; für jmdn. die volle Verpflegung übernehmen: *Freiwillige Helfer der Tabea Lebenshilfe kochen nun auch am Wochenende aus.* (KZ 3. 7. 14); *Ausgekocht werden auch immer fünf Menüs.* (KZ 16. 10. 12). ↑**aufkochen, einkochen**

**auskommen** (auch südd.): entkommen, entwischen: *Laut Polizei waren die Tiere kurz zuvor aus einer Weide ausgekommen und auf den Bahndamm gelaufen.* (SN 8. 11. 14). ↑**drauskommen**

**Auskunftsperson,** die (auch schweiz.): Person, die bei Behörden eine Auskunft gibt: *206 Aktenbände, jeweils mit Hunderten Seiten, wurden durchforstet. 700 Einvernahmen Beschuldigter, Zeugen und Auskunftspersonen durchgeführt.* (PR 14. 10. 16)

**Auslandszivildienst**, der: Zivildienst an ausländischen Gedenkstätten oder im Friedensdienst

**Auslangen:** ***das/sein Auslangen finden:** 1. auskommen; den Lebensunterhalt bestreiten können: *Daran, dass acht Prozent der Erwerbstätigen kein Auslangen mit ihrem Einkommen finden, hat sich aber nichts geändert.* (ST 15. 4. 16). 2. genug haben mit etwas; ausreichen: *Überhaupt finden sie, dass der Vorstand des Konzerns mit zwei statt mit derzeit vier Personen das Auslangen fände.* (PR 3. 10. 16)

**auslassen,** st. V. / hat (auch bayr.): 1. a) freilassen, nicht länger eingeschlossen lassen: *den Vogel auslassen.* b) loslassen: *»Einfach auslassen«, sagt Ch. B., Guide im Hochseilpark Teufelsgraben in Seeham. Gar nicht so leicht, wenn einen über dem Kopf nur ein Seil und unter den Füßen gar nichts hält.* (SN 21. 2. 07). 2. versagen, schwächer werden: *seine Füße, die Kräfte lassen immer mehr aus; Dass die US-Wirtschaft als Wachstumsmotor der Weltkonjunktur auslassen wird, ist unbestritten.* (SN 26. 1. 08)

**ausleihen,** sich etwas: kann österr. nur i. S. v. ›sich etwas bei jmdm. leihen‹, z. B. *ich leihe mir ein Buch aus,* verwendet werden, nicht aber, wie in D auch, für ›jmdm. etwas leihen, etwas verleihen‹, z. B. *ich habe ihm ein Buch ausgeliehen,* dafür österr. *ich habe ihm ein Buch geborgt.* ↑ **ausborgen**

**auslösen.** 1. (auch südd.): (aus den Hülsen) herauslösen; aushülsen, (Hülsenfrüchte) schälen: *Wer junge Erbsen am Bauernmarkt kauft, sollte sie möglichst rasch auslösen und zubereiten.* (KZ 15. 9. 14). 2. (regional auch in D) (Knochen aus dem Fleisch) lösen: *Zuerst die Lammkeule hohl auslösen.* (SN 14. 3. 03). ↑ **Ausgelöste, ablösen**

**ausmalen** (regional auch in D): (einen Innenraum) streichen, tünchen (in D ›eine Wand, z. B. einen Kirchenraum, mit Malereien schmücken‹): *Wir sind zusammengesessen und haben überlegt, woher das Geld für Maßnahmen wie das Ausmalen des Kindergartens ... herkommen soll.* (KZ 1. 4. 16)

**Ausmaß,** das: kann österr. auch mit Zahlenangaben verbunden werden, in D ist das ungewöhnlich: *2007 ... exportieren die heimischen Unternehmen Waren und Dienstleistungen im Ausmaß von 155 Milliarden Euro.* (SN 11. 1. 08). ↑ **Beschäftigungsausmaß, Höchstausmaß, Strafausmaß, Stundenausmaß**

**ausmustern:** 1. (Militär) nach Abschluss der Ausbildung den nächsten Dienstgrad erreichen, z. B. nach der 4-jährigen Ausbildung vom Fähnrich zum Leutnant, nach der 2-jährigen Ausbildung vom Unteroffizier zum Wachtmeister befördert werden. 2. (Polizei) die Ausbildung in der Polizeischule abgeschlossen haben: *Im kommenden Jahr werden im Juli und November Polizisten an der Polizeischule ausmustern.* (SN 20. 9. 05). – In D bedeutet das Wort ›bei der Musterung für den Militärdienst untauglich einstufen‹

**Ausnahms-:** österr. Form neben Ausnahme-: ◆ **Ausnahmserscheinung; Ausnahmsfälle:** *In einzelnen Ausnahmsfällen, wie z. B. bei Rhodesien, Nordzypern und der Republika Srpska, habe der Sicherheitsrat zwar Unabhängigkeitserklärungen verurteilt ...* (PR 6. 8. 10); **Ausnahmsregelung; Ausnahmsstellung; Ausnahmszustand:** *Ein und zwei italienische Klassen tiefer, in denen ebenfalls ausnahmslos Profis spielen, herrscht bereits der Ausnahmszustand.* (KU 3. 9. 02). – Die Adjektive *ausnahmsweise, ausnahmslos* sind gemeind.

**ausnehmen:** (trotz Dunkelheit, unklarer Sicht) erkennen, wahrnehmen, unterscheiden können: *Dann folgt noch eine Aufforderung zur Denunziation, falls man irgendwelche verdächtigen Aktivitäten im dunklen Kinosaal ausnehmen kann.* (OÖN 12. 11. 04)

**ausnützen:** ist österr. (und südd., schweiz.) die überwiegende Form gegenüber *ausnutzen.* ↑ **nützen, benützen**

**auspackeln** (ugs., abwertend): aushandeln: *Wahlverlierer packeln Koalition aus.* (KZ 11. 6. 08). ↑ **packeln**

**auspapierln** (ugs., auch bayr.): aus einem Papier auswickeln: *Einen Schlierbacher Käse hat er sich auspapierlt und genüsslich gegessen.* (OÖN 27. 1. 07). ↑ **papierln, einpapierln**

**ausplauschen** (ugs. veraltend, regional auch in D): (ein Geheimnis) ausplaudern: *Therapeuten, die während der Behandlung ihre ganze Lebensgeschichte ausplauschen.* (KU 15. 10. 11). ↑ **plauschen**

**ausputzen** (auch schweiz.): 1. (ein Gefäß o. Ä.) innen reinigen: *einen Topf ausputzen; Dachrinnen reinigen und ausputzen, da sie dann* *nicht so leicht verstopfen.* (SN 25. 3. 06); *ein Rest Tiramisu zum Ausputzen* (zum Aufessen einer in einem Topf zurückgebliebene kleinen Portion). 2. reinigen, den Schmutz von etwas entfernen: *ein Zimmer, den Fleck im Anzug ausputzen; Mit dem bloßen Ausputzen des Moor-Gewässers ist es dabei nicht getan.* (KZ 16. 1. 07). 3. von unnötigen Ästen oder Trieben befreien: *In Eisenstadt wurde Montag mit dem Ausputzen der Bäume auf dem Parkplatz Osterwiese begonnen.* (KU 16. 4. 02). 4. aushöhlen, das Innere ausnehmen: *Seine Gattin ... sieht das Ausputzen der vom Acker auf den Hof gebrachten Kürbisse als gesellschaftliches Ereignis.* (KU 25. 10. 04). ↑ PUTZEN

**ausradeln,** sw. V. / hat (auch bayr.): mit einem Teigrad ausschneiden (in D ausrädeln): *Den Teig mit dem Teigrand halbkreisförmig um die Kugeln ausradeln, den Nudelrand festdrücken.* (KZ 9. 1. 09). ↑ **radeln**

**ausrasten,** sich, sw. V. / hat (auch bayr.): sich ausruhen: *leg dich hin und raste dich ein wenig aus; Arbeitslos zu sein fühlt sich überhaupt nicht wie Ausrasten an* (ST 17. 8. 16); *Damit sich die Beine ausrasten können, machen wir jetzt weiter mit Rücken und Brust!* (OÖN 17. 12. 15); ***sich auf seinen Lorbeeren ausrasten:** sich auf seinen Lorbeeren ausruhen: *Er hätte sich auf seinen Lorbeeren ausrasten können; trotzdem hat der Physiker weiter geforscht und noch die allgemeine Relativitätstheorie entwickelt.* (OÖN 28. 11. 15). ↑ **rasten**

**ausrauchen,** sw. V. / ist (auch südd.): durch Verdunsten, Luftzufuhr den Geschmack verlieren (bei Kaffee, Gewürzen, alkoholischen oder kohlehältigen Getränken): *Und dann hat man sechs halb ausgetrunkene Flaschen, bei denen es einem irgendwie leidtut, dass die da jetzt vor sich hin oxidieren, ausrauchen und zwei Tage später nur mehr einen Bruchteil von dem bieten, was am Tage der Eröffnung geschmacklich los war.* (ST 23. 12. 02). ↑ **anrauchen**

**ausreden** (auch südd., schweiz.): ausführlich besprechen, offen aussprechen, bereden: *»Wollts das nicht miteinander ausreden?«, wandte sich Richter H.K. zum Auftakt des »Saualm«-Prozesses an die Streitparteien.* (ST 11. 10. 13); *Ja, ich habe meiner Ex-Freundin viele SMS geschrieben, aber wir haben uns jetzt ausgeredet und das ist erledigt.* (OÖN 17. 3. 17)

**ausreiben:** [mit einer Bürste] reinigen, schrubben: *den Boden ausreiben; Der Mist musste vergraben, die Stallungen ausgerieben werden.* (NÖN 21. 3. 01) – Die Bedeutung ›Die Innenfläche reinigen‹, z. B. die Pfanne ausreiben, ist gemeind. ↑ **reiben, aufreiben**

**Ausreibfetzen,** der: Putz-, Scheuertuch: *Es war so schlimm, dass selbst wohlhabende einheimische Familien am Wochenende mit Staubsauger und Ausreibfetzen zum gemeinsamen Wohnungsputz ausrücken mussten.* (ST 19. 9. 09). ↑ FETZEN

**ausrichten** (ugs., auch bayr.): schlecht machen, herabsetzen: *Wir widmeten uns dem, was wir am besten können: Wein in Wasser verwandeln, zu laut lachen und Leute ausrichten.* (KU 9. 12. 06). ↑ RICHTEN

**ausrinnen** (auch südd.): herausfließen, auslaufen: *Sieben Spezialschiffe sind im Einsatz. Wie viel Öl noch ausrinnen wird, ist derzeit noch unklar.* (OÖN 26. 11. 02); (übertragen) *Der Rest der Inszenierung rinnt aus, wie das Theaterblut von den Wunden der Gefallenen.* (KU 16. 3. 07). ↑ **rinnen**

**Ausritt,** der (salopp): beleidigende Äußerung, unqualifizierter Angriff, (in D) Ausfall: *Doch erfreulich sei für die »Stadt der Menschenrechte«, dass sich ÖVP, SPÖ, KPÖ und Grüne von den ausländerfeindlichen Ausritten durchwegs distanzierten.* (ST 11. 1. 08)

**Ausrückung,** die: Aufmarsch in Formation: ist in D nur aufs Militär bezogen, österr. auch auf andere Bereiche, z. B. Feuerwehr, Vereine: *Nach dem Erlernen des Trompetenspiels folgte die erste Ausrückung 1966 und im selben Jahr noch der Wechsel auf das Tenorhorn.* (VN 26. 4. 07). – Das Verb *ausrücken* ist gemeind.

**aussackeln,** sw. V. / hat (ugs., auch bayr.): ausbeuten, schröpfen, ausnehmen: *Die Gemeinden wollen mehr Geld vom Land, das Land will mehr Geld vom Bund und der wird es sich vom Steuerzahler holen. So was nennt man Aussackeln auf Umwegen.* (SN 9. 4. 04). ↑ **einsackeln** ◆ **Aussackler/-in:** *Ich ärgere mich immer wieder, wenn man den Finanzminister ... als Aussackler und dgl. beschimpft.* (KU 11. 1. 04). ↑ SACK

**Ausschank,** die; -, ...schänke: ist österr. i. S. v. ›Schankraum; Schanktisch‹ Femininum, in D Maskulinum: *Die Küche, die Ausschank und die Toiletten wurden komplett neu eingerichtet.* (SN 27. 7. 07). ↑ SCHANK

**ausschauen** (auch südd.): aussehen, einen bestimmten Eindruck machen: *er schaut gut, krank aus; Details, wie solche »Erziehungscamps« genau ausschauen könnten, gebe es* *noch keine.* (SN 29. 1. 08); /unpersönlich:/ *Bei uns schaut es aus wie in einem Kriegsgebiet.* (OÖN 6. 6. 16); ***Wie schauts aus?** (ugs.) ›Wie geht es dir?; wie steht es mit der Sache?‹: *So schaut's aus!* (verstärkende Redensart): *Ein Reklamations-E-Mail ist seit fünf Tagen unbeantwortet. So schaut es aus!* (OÖN 21. 1. 14). ↑SCHAUEN

**ausschicken:** (Schriftstücke, Texte) aussenden: *eine Tagesordnung, Fragebögen ausschicken; Schon kommende Woche will die Richterin einen ersten groben Verhandlungsplan erstellen, um möglichst früh die Ladungen an Angeklagte, Anwälte, Zeugen ausschicken zu können.* (KU 78. 3. 07). – In der Bedeutung ›zur Erfüllung eines Auftrags wegschicken‹, z. B. *jmdn. nach Brot, auf Kundschaft ausschicken*, gemeind.

**ausschnapsen** /meist mit *sich*/ (ugs.): vereinbaren, aushandeln: *Die Republik steht unmittelbar vor der Öffnung des Glücksspielmarktes, den sich ... die Casinos Austria und die Österreichischen Lotterien ausschnapsen.* (KU 13. 7. 06); *Wie wir da tun, werden wir uns nach der Wahl ausschnapsen.* (OÖN 8. 8. 5). ↑SCHNAPSEN

**ausschnaufen** (ugs., auch südd., schweiz.): sich verschnaufen; kurz stehen bleiben, um zu rasten: *»Ich konnte nicht richtig ausschnaufen, irgendwann hatte ich zuviel verbrauchte Luft in mir und das schwächt dich.«* (OÖN 13. 3. 06). ↑**aufschnaufen**

**ausschoppen** (ugs., auch bayr.): ausstopfen: *In der verflossenen Woche sollte der verstorbene ... Angelo Solemann, ausgegraben und für das Naturalienkabinett ... ausgeschoppt werden.* (WZ 12. 12. 00). ↑**schoppen**

**ausschroten,** sw. V. / hat (Behördenspr., sonst veraltet): **1.** (Fleisch) fachgerecht für den Verkauf zerlegen; aushacken: *Fleischer (Handwerk), eingeschränkt auf das Ausschroten und die Verarbeitung von Wildbret.* (Wirtschaftskammer OÖ, Firmenverzeichnis, 2017) **2.** publizistisch, propagandistisch ausschlachten: *das Ereignis wurde reichlich ausgeschrotet* ◆ **Ausschrotung:** *Abholen des Wildbretes von Jagdplätzen und Ausweidung bzw. Ausschrotung von Wild und jagdbarem Federwild.* (Wiener Arbeitsruhegesetz-Verordnung 25. 9. 17)

**ausschulen** (bes. Vbg., sonst veraltend): **1.** aus der Schule entlassen: *R. wurde 1936 in Lustenau geboren und als er ausgeschult war, arbeitete er zunächst in einer Stickerei.* (VN 11. 5. 07). **2.** von der Schule abgehen: *Doch unabhängig davon werden es im Herbst »ganz sicher weniger Schülerinnen und Schüler sein, denn es sind im Juli mehr ausgeschult, als Erstklässler angemeldet wurden.«* (VN 30. 7. 07) ◆ **Ausschulung:** *Die elterliche Stickerei war nach der Ausschulung ihre Arbeitsstätte.* (VN 21. 12. 07)

**aussenden** (Behördenspr.): **1.** (eine offizielle Mitteilung an alle zuständigen Stellen, an die Presse) versenden: *... wo doch 80 Prozent aller Forschungsmittel von der Wirtschaft getragen würden, heißt es in einer Presseerklärung der IV, die gestern ausgesandt wurde.* (OÖN 24. 10. 15). **2.** (einen Gesetzesentwurf) den zuständigen Stellen zur Begutachtung vorlegen: *Geplant ist eine deutliche Verkleinerung, allerdings ist dies in dem von Stöger ausgesandten Begutachtungsentwurf noch nicht enthalten.* (PR 27. 10. 16)

**Aussendung,** die: **1.** Rundschreiben, Pressemitteilung; Verlautbarung: *Das Verkehrsministerium wird jedoch Umfang und Inhalt der Statistik genau festlegen und datenschutzrechtliche Bestimmungen vorgeben, hieß es in der Aussendung.* (PR 2. 11. 16). **2.** von einem Zustelldienst verteiltes Informations- und Werbematerial: *Eine Werbeaussendung mit den Eröffnungsangeboten geht per Post an alle Haushalte im Bezirk Scheibbs.* (NÖN 24. 11. 09). ↑**Presseaussendung**

**Außenstiege,** die: an der Außenseite eines Hauses führende Stiege: *Die Bewohner wurden über das Treppenhaus, den Lift und über die Außenstiege gerettet.* (OÖN 25. 10. 12). ↑STIEGE

**außer obligo:** ↑obligo

**äußerln** /nur im Inf., meist mit *führen* oder *gehen*/ (ugs., bes. ostösterr.): den Hund zur Verrichtung der Notdurft ins Freie führen; Gassi gehen: *Dogsitter oder Besitzer mehrerer Hunde sollen es zunehmend ausgenützt haben, dass sie Tiere jenseits der Wiener Stadtgrenze straffrei Äußerln führen konnten, ohne die Trümmerl wegräumen zu müssen.* (ST 17. 4. 14)

**Außerstreitgericht,** das (Rechtsspr.): für ein ↑Außerstreitverfahren zuständiges Gericht: *Und schafft man es nicht, sämtliche Unterschriften einzusammeln, bleibt nur noch der Weg zum Außerstreitgericht.* (PR 1. 7. 06)

**Außerstreitrichter Außerstreitrichterin** der bzw. die (Rechtsspr.): Richter im ↑Außerstreitverfahren. *Reicht es nicht für eine hundertprozentige Zustimmung, können die fehlen-*

*den Unterschriften durch den Außerstreitrichter ersetzt werden.* (PR 3. 6. 06)

**Außerstreitverfahren,** das (Rechtsspr.): zivilrechtliches Verfahren für bürgerliche Rechtssachen ohne Prozess, z.B. für familien-, erbrechtliche oder firmenrechtliche Angelegenheiten, (in D) Verfahren der freien Gerichtsbarkeit: *Verfassungsrechtliche Bedenken äußert die Rechtsanwaltschaft zum vorliegenden Entwurf des neuen Außerstreitverfahrens in Verlassenschaftssachen.* (SN 23. 9. 03); ***außerstreitiges Verfahren:** *Zudem muss der Mieter die fehlende Brauchbarkeit nicht gesondert rügen, vielmehr kann er sofort den Antrag auf Herabsetzung des Hauptmietzinses im außerstreitigen Verfahren stellen.* (ST 24. 5. 06)

**außertourlich:** zusätzlich [eingesetzt]; außerplanmäßig: *Eine außertourliche Belastung sei das EU-Klima- und Energiepaket, das zusätzlich von bis zu 1 Mrd. Euro im Jahr ab 2013 kosten werde.* (PR 25. 1. 08)

**ausspechteln** (ugs., auch bayr.): erspähen, ausspionieren: *Wird der Mensch sich selbst zum Rätsel, droht er gar im Meer der Lebensfragen zu ertrinken, sei ihm geraten, die Tierwelt auszuspechteln.* (OÖN 27. 6. 09). ↑**spechteln**

**ausspeisen** (veraltend, auch bayr.): 1. (Kinder oder Bedürftige) verpflegen, bes. in Kriegs-, Notzeiten: *Er war es, der den Stadtpfarrer beauftragte, am vierten Fastensonntag mit der Corpus Christi Bruderschaft ... die Armen auszuspeisen.* (KR 6. 3. 16). 2. (selten) Schüler in der Schule verköstigen. 3. die Kunden usw. mit Essen versorgen: *Am 17. Dezember wurde am Aistersheimer Dorfplatz von der örtlichen Jägerschaft »Hasenjunges« ausgespeist.* (OÖN 28. 12. 06)

**Ausspeisung,** die: 1. Verköstigung von Notleidenden: *In Peru, wo es keine staatliche Altersversorgung gibt, hat Pater Windischhofer eine tägliche Ausspeisung in den Pfarrhöfen eingerichtet.* (OÖN 15. 2. 16). 2. Verköstigung von Schülern in der Schule: *Lebensmittel werden als Auslöser für die Massenerkrankung ausgeschlossen, denn in der Volksschule gibt es keine Ausspeisung, an der alle Kinder teilnehmen.* (KZ 12. 5. 11). 3. Schulküche, Mensa: *Vor knapp einem Jahr wurde der Zubau der Schule mit neuer Schulküche, Ausspeisung, Turnsaal und EDV-Raum fertiggestellt.* (OÖN 10. 3. 15). ↑**Armenausspeisung, Schulausspeisung**

**ausspotten** (auch bayr.): verspotten: *Vor einem Jahr wurde er in Wengen von Fans ausgespottet, heuer feierte er mit dem Sieg auf dem Lauberhorn eine glanzvolle Auferstehung.* (OÖN 7. 2. 03)

**ausstallieren,** sw. V. / hat (ostösterr. ugs.): aussetzen, bemängeln: *So wie es einst Krankl gewesen war, wenn die Granden der 50er-Jahre nur ihre Leistungen glorifiziert und Krankls Generation ausstalliert hatten.* (KU 14. 10. 07)

**Ausstand,** der (veraltet, auch südd.): Ausscheiden aus der Schule (bes. nach Beendigung der Pflichtschule) oder aus einem Dienstverhältnis: *Vor seiner Amtsübergabe lud Josef »Pepi« Gruber, Bürgermeister der Spitzer Partnergemeinde Taufkirchen in OÖ zum »Ausstand« ein.* (NÖN 7. 4. 15). – Die übrigen Bedeutungen sind gemeind. ↑**ausstehen, Einstand, einstehen**

**ausständig** (auch südd.): ausstehend; fehlend; noch nicht erledigt: *Ein Gutachten hinsichtlich sexuellen Missbrauchs sei noch ausständig.* (SN 7. 12. 07)

**ausstecken** (auch bayr.): /meist unpersönlich im Part./ zum Zeichen, dass heuriger Wein ausgeschenkt wird, einen Buschen, Kranz o.Ä. über dem Tor des Gasthauses oder Weinkellers aufhängen: *Zum Beispiel der Heurige Zahel ..., der noch bis 14. November ausgesteckt hat und auch Gansl serviert.* (PR 7. 11. 15); *ausgsteckt ist!*

**ausstehen,** st. V. / ist (veraltet, auch südd.): aus der Schule, aus einer Stellung ausscheiden: *unsere älteste Tochter ist bereits aus der Schule ausgestanden.* ↑**Ausstand, Einstand**

**Austrag,** der (auch bayr.): Altenteil; Naturalausgedinge der Bauern nach Übergabe ihres Hofes: *1967 übergab das Ehepaar den Hof an den Sohn Ernst und zog in den »Austrag«.* (OÖN 15. 2. 02) ◆ **Austragbauer:** *Gestorben ist J. S., Austragbauer vom Iringbauergut in Ainhausen, am 1. Dezember im 74. Lebensjahr.* (OÖN 13. 12. 12); **Austragbäuerin; Austraghaus:** *Nachdem nun der Baubescheid vorliegt, kann das Austraghaus eines Landwirts fertiggestellt werden.* (TT 30. 12. 15); **Austraghäusl,** ↑Häusl; **Austrägler/-in; Austragstüberl:** *Im Museum sind die Rauchkuchl, Stube, das Austragstüberl, die Tenne und der Stall zugänglich.* (SN 12. 6. 16). ↑STÜBERL

**austragen,** sich etwas (veraltet): ausbedingen: *ich trage mir das Wohnrecht aus.* Vgl. Austrag

**austreiben,** st. V. / hat: (Teig) ausrollen: *Den Blätterteig auf einem Brett oder einer ähnlichen Unterlage austreiben.* (BVZ 17. 3. 04). ↑**abtreiben**

**Austriacum,** das; -s, Austriaca ‹lat.› 1. (Bibliothekswesen) Publikation über ein österr. Thema: *Antonicek wusste, wie man auf den Spuren eines musikologischen Austriacums zum Ziel kommen konnte.* (PR 25. 4. 14). 2. österr. Eigenart: *Korrupte Freunderlwirtschaft geht international nicht mehr als nettes Austriacum durch.* (PR 17. 11. 09). – Auch in der Schreibung *Austriakum*

**Austriake Austriakin,** der; -n, -n bzw. die; -, -nen ‹lat.› (ironisch oder abwertend): Österreicher/-in: *Als ambitionierter Austriake musste man schon immer reisen, aufbrechen aus den Tälern, um dann zurückzukehren.* (SN 26. 4. 14) ◆ **austriakisch:** *Erwin Steinhauer und Fritz Schindlecker erkundeten im Buch Sissi, Stones und Sonnenkönig genüsslich austriakische Seelenlandschaften.* (ST 26. 10. 16)

**Austrittserklärung,** die (Verw.): Beendigung des Arbeitsvertrags durch den Arbeitnehmer ohne Einhaltung der Kündigungsfrist: *»Wir nehmen die Austrittserklärung von H. M. an. Die gesamte Angelegenheit stellt eine schwere Belastung für die Politik im Allgemeinen dar.* (SN 31. 8. 15)

**Austro-** ‹lat.›: produktiver Wortbestandteil 1. zur Bez. einer bes. österr. Ausprägung, auch einfach statt des Attributs *österreichisch:* **Austro-Barde:** *Der dritte Austro-Barde ... erlebte im Mozarteum dagegen ein echtes Waterloo.* (SN 28. 12. 01); **Austro-Film:** *Erfolg für Austro-Film.* (KU 23. 1. 08); **Austro-Gag:** *Was als bombastisches Spektakel im Londoner Dominion Theatre seit Mai 2002 die Kassen klingeln lässt ..., wurde für Wien mit Lokalkolorit und Austro-Gags aufgepeppt.* (KU 24. 1. 08); **Austro-Hitparade:** *Keyboarderin der »Gerald Gaugeler Band« in der Austro-Hitparade.* (KU 16. 12. 07); **Austrokanadier:** *Nach den Austrokanadiern im Eishockey jetzt die Austrogermanen im Fußball.* (FU 13. 9. 07); **Austro-Satellit:** *Und auch ein eigener Austro-Satellit schwirrt (noch) nicht durchs All.* (KU 4. 10. 07). 2. Bez. bestimmter politisch-ideologischer Ausprägungen, z. B. **Austrokatholizismus**

**Austrochinese Austrochinesin,** der bzw. die: 1. in Österreich eingebürgerte/-r chinesische/-r Bürgerin, bes. Sportler/-in: *Pech hat Chen Weixing. Der Austro-Chinese kann nicht antreten.* (OÖN 24. 10. 07). 2. Inhaber eines österr. China-Restaurants

**Austrofaschismus,** der: autoritäre Richtung ca. 1930 bis 1938 ◆ **austrofaschistisch**

**Austromarxismus,** der: österr. Ausprägung des Marxismus ca. 1900–1934; **austromarxistisch:** *Neurath habe sich von einem sozialliberal orientierten, mit der revisionistischen Strömung innerhalb der deutschen Sozialdemokratie sympathisierenden Berliner Studenten zu einem austromarxistischen Intellektuellen im Roten Wien entwickelt.* (ST 20. 3. 14)

**Austromasochismus,** der (selbstkritisch, ironisch): angeblich typisch österreichische Neigung zu pessimistischer Einstellung zum eigenen Land: *Die Zahl resultiert aus der jüngsten Konjunkturprognose der Notenbank, die ihr Chef für einen Anlass hält, die »derzeitige Phase des Austromasochismus« zu beenden.* (ST 6. 12. 13)

**Austronaut,** der (salopp): österr. Astronaut: *Dem 41jährigen »Austronauten« eröffnete dieser neuntägige Ausflug eine internationale Karriere.* (PR 10. 8. 02)

**Austropop:** Popmusik österr. Prägung mit Texten in [Wiener] Dialekt: *Aus der Feder von Austro-Pop-Kultfigur Georg Danzer stammen die Lieder ...* (KU 4. 1. 08) ◆ **Austropopper/-in:** *Wer würde musikalisch besser zum Winter-Saisonstart passen als Austro-Popper Wolfgang Ambros?* (SN 22. 11. 07)

**Austrosklerose,** die (selbstkritisch, ironisch): politischer Stillstand, Reformstau in Österreich: *Wir haben es mit dem Phänomen einer fortgeschrittenen institutionellen Verkrustung dieser Republik zu tun. »Austrosklerose« in lehrbuchartiger Form.* (PR 8. 1. 17)

**Austroslawismus:** politische panslawistische Richtung der Slawen in der österr.-ungarischen Monarchie: *Die studentische Jugend gab angesichts der Vergeblichkeit der Föderalisierungswünsche mit dem Ziel eines vereinten Slowenien den »Austroslawismus« auf.* (ST 22./23. 2. 03)

**ausverhandeln:** die Verhandlungen über etwas zu einem Ergebnis, zu einer Entscheidung führen: *Das Modell sei noch nicht ausverhandelt, aber so gut wie fix.* (PR 31. 1. 08)

**auswalken,** sw. V. / hat (auch bayr.): (Teig) ausrollen: *Teig in 5 Teile schneiden und in 1 cm dicke Rechtecke auswalken.* (OÖN 24. 2. 07)

**auswassern,** sw. V. / hat (ugs.): in Wasser legen; auswässern: *In den Becken des barocken Fischkalters im Stift Kremsmünster wassern seit dem Abfischen der Schacherteiche Anfang November die Karpfen aus.* (OÖN 22. 5. 18). ↑WASSERN

**ausweihen** (veraltet, auch bayr.): weihen: *Zusperren, ausmalen, ausweihen und neu anfangen, solche Ratschläge hört man im Volk, wenn es um die Kritik an undurchschaubaren Institutionen geht.* (PR 25. 5. 02)

**Ausweis,** der (Behördenspr.): inoffizielles Schulzeugnis (im Ggs. zum offiziellen Jahreszeugnis). ↑ **Semesterausweis**

**auswerkeln:** (ugs., auch bayr.) /meist im 2. Partizip/: ausleiern, stark abnutzen: *Auf der Prinz-Eugen-Straße mussten die Wiener Linien schnell reagieren. Denn die Bim-Geleise sind ausgewerkelt.* (KU 9. 7. 04). ↑ **Werkel**

**auswinden** (auch südd., schweiz.): die Nässe durch Zusammendrehen herausdrücken, (in D) auswringen: *Jetzt ist es auch egal, dass es wie aus Kübeln gießt und jeder Laufschritt klingt, als würde man einen Tafelschwamm auswinden.* (SN 8. 9. 07)

**auszählen** (regional auch in D): durch Abzählen aussondern und zu etwas bestimmen: *jeder Zehnte wurde zum Heraustreten ausgezählt; für das nächste Spiel haben die Kinder schon ausgezählt*

**Auszählreim,** der: (in D) Abzählreim: *Ene, mene, mu und raus bist du. Dieser kindliche Auszählreim ist nicht immer Spiel.* (KU 30. 10. 03)

**Auszählvers,** der: (in D) Abzählvers: *Für die Titelerzählung musste der Auszählvers dennoch übersetzt werden.* (Falter 6. 10. 04)

**ausziehen** (Küche): (den ausgewalkten Strudelteig) mit der Hand vorsichtig dehnen, dass er ganz dünn wird: *ausgezogener Apfelstrudel; Den Teig ... auf einem mit Mehl bestaubten Tuch so groß wie möglich ausrollen, mit Öl bestreichen und schließlich auf dem Tuch ganz dünn ausziehen.* (SN 13. 9. 02)

**auszucken,** sw. V. / ist (ugs.): ausflippen, ausrasten, die Beherrschung verlieren: *»Ich bin eine, die sehr ehrgeizig ist. Wenn's einmal im Training nicht läuft, kann ich auch schon einmal auszucken.«* (SN 23. 10. 16)

**Auszucker,** der (ugs.): Unbeherrschtheit, Ausraster: *Siklenka erhielt für den Auszucker die Rekordmarke von 37 Strafminuten.* (SN 23. 2. 12)

**Auszug,** der: Altenteil ◆ **Auszügler/-in:** *Denn immer wieder richteten sich solche Giftmorde gegen alte Auszügler und Einleger und sonstige Personen, die nur noch zur Last fielen.* (OÖN 24. 6. 06); **Auszugsbauer:** *Ehe es die Zuschussrente gab, hatte der Auszugsbauer keine soziale Absicherung.* (OÖN 4. 10. 08); **Auszugsbäuerin; Auszugshaus:** *Und gleich daneben erhebt sich anstelle eines ehemaligen Auszugshauses ein Neubau, der dem ländlichen Umfeld in mehr als einer Hinsicht Rechnung trägt.* (OÖN 3. 12. 05); **Auszugshäusl** (*Häusl* bezeichnet dabei keine Verkleinerung): *Die Ausstellung ist in einem alten, ursprünglich restaurierten Mühlviertler Auszugshäusl zu sehen.* (OÖN 14. 7. 06), ↑ Häusl

**auszuzeln** (auch bayr.): aussaugen: *Die guten Sitten versiegen wie der letzte ausgezuzelte Tropfen Wein.* (KZ 14. 11. 13); *Die Bayern zuzeln sie aus, wir ziehen die Haut ab und genießen.* (KZ 28. 9. 08); *Der AMD-Prozessor zuzelt den Akku in weniger als drei Stunden aus.* (E-Media 26. 8. 11). ↑ **zuzeln, abzuzeln**

**AUT:** Buchstabencode für Österreich. ↑ AT

**Autobahnknoten,** der: steht österr. sowohl für eine Verzweigung einer Autobahn oder eine Stelle, an der sich zwei Autobahnen vereinigen, (in D Autobahndreieck), als auch für eine Kreuzung zweier Autobahnen mit Möglichkeiten, diese Autobahnen zu wechseln, (in D Autobahnkreuz): *An dem Unfall zwischen Autobahnknoten Hirschstetten und Autobahnknoten Kaisermühlen in Fahrtrichtung Vösendorf waren ein Pkw und ein Lkw beteiligt.* (PR 25. 1. 16). – Allerdings kommen Autobahnkreuze in Österr. kaum vor, das »Voralpenkreuz« an A1/A9 in OÖ wird vor allem als Name verwendet: *Durch die Totalsperre der A1 in Richtung Salzburg bildete sich ein rund sieben Kilometer langer Rückstau bis zum Knoten Voralpenkreuz.* (OÖN 26. 7. 16). ↑ **Knoten, Nahverkehrsknoten**

**Autobahnpickerl,** das: ↑ Vignette, mit der die Autobahngebühr bezahlt wird: *Ab Freitag darf man nur noch mit dem neuen korallenroten Autobahnpickerl unterwegs sein.* (OÖN 28. 1. 08). ↑ Pickerl

**Autobahnstation,** die: Autobahnraststätte: *Auf der Heimreise befand sich eine Familie aus Frankreich und legte am Wochenende an der Autobahnstation Gralla eine Rast ein.* (KU 26. 8. 08). ↑ Station

**Autobahnumfahrung,** die: Autobahn als Umgehungsstraße: *Würden Frächter direkt über Prag, Budweis, Freistadt und Linz fahren, könnten sie sich so mautpflichtige Kilometer und Zeit sparen. Noch dazu, wenn 2016 mit dem Bau der Autobahnumfahrung in Budweis begonnen wird.* (OÖN 20. 2. 14). ↑ **Ortsumfahrung, Umfahrung**

**Autodrom,** das; -s, -e ‹griech.›: **1.** Fahrbahn für elektrische Kleinautos auf Vergnügungsstätten, Jahrmärkten o.Ä.: *Autodrom und Karussells der Firma Gschwandtner sowie eine gute Stimmung bei Speis und Trank sorgen für eine lockere Volksfest-Atmosphäre.* (SN 29. 7. 04). **2.** elektrisches Kleinauto, (in D) Skooter: *Dort fand am 15. August immer ein Kirtag statt. Ich habe ein bisschen Geld bekommen, das ich großteils zum Autodromfahren verwendet habe.* (SN 17. 5. 05). – In D wird *Autodrom* i.S.v. ›Motodrom‹ gebraucht. Vgl. Hippodrom

**Autolenker Autolenkerin,** der bzw. die (auch schweiz.): Autofahrer: *Der 38-jährige Autolenker aus dem Bezirk Baden war von Kottingbrunn kommend in den Kreisverkehr eingefahren.* (KU 1. 2. 08). ↑LENKER

**Automatenbuffet,** das: Automatenrestaurant; Schnellimbissstätte: *Dort war das intern »WK 24« (Werkskantine, 24 Stunden geöffnet) genannte Automatenbuffet zur »Blue Box« umgestaltet.* (PR 1. 5. 09). ↑BUFFET

**automationsunterstützt:** (in D) computerunterstützt: *Die ... Umstellung auf ein elektronisches Firmenbuchregister wurde in Österreich bereits 2005 durch Umstellung der Urkundensammlung auf automationsunterstützte Datenverarbeitung (ADV) realisiert.* (PR 2. 10. 06)

**Autospengler Autospenglerin,** der bzw. die (auch bayr., schweiz.): Person, die Reparaturen an Autokarosserien durchführt, (in D) Karosserieschlosser: *Nur wenige Meter weiter legen nämlich die Autospengler an den dutzendfach aufgestellten Karosserien Hand an.* (KZ 4. 9. 09) ↑SPENGLER ◆ **Autospenglerei:** *Heute ... führt Siller in Kuchl seine eigene Autospenglerei und hält vor allem über das Haus Schnitzer weiter Kontakt zur Motorsportszene.* (SN 13. 6. 15). ↑**Spenglerei**

**autostoppen** /nur im Inf., meist substantiviert/: per Autostopp fahren: *Ein Taxi nach Hause sei zu teuer und Autostoppen zu gefährlich.* (SN 23. 6. 05)

**Autostopper Autostopperin,** der bzw. die (auch schweiz.): Person, die per Autostopp fährt: *Die Beamten in Zivil erkannten in einem Autostopper einen gesuchten Räuber, forderten ihn freundlich zum Mitfahren auf – und chauffierten den 35-Jährigen prompt zu einer Polizeiwache.* (KU 30. 8. 05)

**Aviso,** das ‹ital.›: Hinweis, Wink, Ankündigung, (in D) Avis: *Das Aviso an die schwarzen Granden war zunächst ohne Bekanntgabe des Tagungsortes für das ÖVP-Treffen hinausgegangen.* (PR 10. 5. 16). – Auch als Überschrift bei wichtigen Mitteilungen

**Avisotafel:** [über der Fahrbahn angebrachte] Hinweis- und Warntafel [an Autobahnen]: *Auf der Südost-Tangente (A23) werden Avisotafeln die Verkehrsteilnehmer über die bevorstehenden Arbeiten informieren.* (PR 2. 4. 07). ↑TAFEL

# B*b*

**baba!** Auf Wiedersehen (Abschiedsgruß an Kinder, salopp auch zwischen befreundeten Erwachsenen): *Mit einem »Baba« verabschiedete sich Heinz Fischer in den Ruhestand.* (ST 9. 7. 16); ***baba und fall ned** (scherzhaft): *»Danke, baba und foi ned!« – Vorarlbergs Grünen-Chef Johannes Rauch verabschiedet die »Ich-AG« Peter Pilz.* (OÖN 4. 8. 17) – In D bedeutet baba svw. ↑[pfui] gack!

**Bacchanal,** das; -s, -e ‹lat.›: Trinkgelage: wird österr. meist [...k...] ausgesprochen, in D [...x...]. Ebenso: *Bacchanalien; Bacchant; Bacchantin; bacchantisch; Bacchus*

**bacherlwarm** (ugs.): angenehm warm; lauwarm: *Das Wasser ist bacherlwarm.* (KU 4. 2. 06)

**backen:** bezieht sich österr. (regional auch in D) nicht nur auf Teig und Kuchen, sondern auch auf in der Pfanne Zubereitetes (paniertes Fleisch, Fisch, Gemüsegerichte): *Krapfen backen; Am Heiligen Abend wird gebackener Fisch serviert* (KU 22. 12. 07); *Nun das Schnitzel mit ... mit Mehl, Ei und Semmelbrösel panieren und in Butterschmalz goldgelb backen.* (SN 24. 1. 08). ↑**herausbacken, überbacken**

**Bäckerei,** die: [süßes] Kleingebäck; Keks o.Ä. – Die Hauptbedeutung ›Betrieb des Bäckers‹ ist gemeind. ↑**Teebäckerei, Weihnachtsbäckerei, Windbäckerei, Zuckerbäckerei**

**Bäckerwecken,** der (früher): ↑Brotwecken vom Bäcker (im Ggs. zum Hausbrot): *Ein Bäckerwecken oder eine Semmel waren im frühen 20. Jahrhundert für viele Bauernkinder noch ein Festtagsschmaus.* (OÖN 4. 11. 06). ↑WECKEN

**Backfett,** das: Fett zum Braten und Backen (Butterschmalz, Margarine, Schweinefett): *Backfett auf 170 Grad erhitzen. Krapfen beidseitig goldgelb backen, mit einem Schaumlöffel herausheben, abtropfen lassen.* (OÖN 4. 1. 08)

**Backhendl,** das, -s, -n (auch bayr.): paniertes gebackenes Huhn; Backhuhn: *Auch bei unse-*

*ren Wirten in der Region esse ich nach wie vor gerne mein Backhendl und lasse es mir schmecken.* (OÖN 1. 12. 16). ↑Hendl ◆ **Backhendlessen; Backhendlsalat; Backhendlwirt** ↑Wirt

**Backhendlfriedhof,** der (ugs., scherzhaft): [dicker] Bauch: *So tragen z. B. der Otti einen Weißwurstbauch und der Henry einen Backhendlfriedhof vor sich her.* (OÖN 10. 4. 03)

**Backhendlstation,** die: Restaurant, das bes. ↑Backhendl anbietet: *Diesmal ist irgendwo auf dem Land ein Mord geschehen, in einer Backhendlstation.* (SN 11. 3. 08). ↑Station

**Backhuhn,** das: (seltener für) ↑Backhendl: *Das Öl mit den Bratenrückständen vom Backhuhn durch ein feines Sieb passieren, dann noch einmal erhitzen und die Petersilie darin kurz backen.* (SN 17. 3. 08)

**Backofen,** der: wird österr. nur für den Ofen des Bäckers zum Brotbacken usw. verwendet, nicht aber, wie in D, für einen Teil des Herdes, in dem z. B. Kuchen gebacken wird. Dafür österr. ↑Backrohr

**Backrohr,** das (auch bayr.): (in D) Backofen, Backröhre: *90 Minuten bevor die Gäste kommen, legt man die Hühnerteile auf ein Backblech und gibt sie bei 130 Grad ins vorgeheizte Backrohr.* (SN 18. 5. 17). ↑**Rohr, Ofenrohr**

**Backschaufel,** die: Bratenwender, Pfannenwender: *dann wurde man am Schlafittchen gepackt und zum Waschbecken geschleppt, wo man den restlichen Schultag damit verbrachte, Backschaufeln abzukratzen, verbrannte Kuchenformen zu schrubben oder Töpfe zu scheuern.* (PR 26. 10. 12). ↑Schaufel

**Backteig,** der: Teig aus Mehl, Eiern, Milch, Wein oder Bier, in den Gemüse, Obst, Fleisch- oder Fischstückchen vor dem Frittieren getaucht werden: *Da die Lamellen eines Parasols sehr viel Fett aufsaugen, wird er bei der Zubereitung zumeist »versiegelt« – entweder mit Ei, Panade oder mit Backteig.* (SN 24. 8. 06). ↑**Tropfteig**

**Badehaube,** die (veraltend auch in D): (in D) Bademütze: *Ab der Kurzbahn-WM wird den Schwimmern die Individualwerbung auf der Badehaube untersagt.* (KU 19. 10. 05) ↑Haube

**Badeschlapfen,** der (ugs.): Badepantoffel: *»Ich zieh' nicht einmal die Badeschlapfen von jemand anderem an.«* (SN 29. 11. 07) ↑Schlapfen

**Badewaschel,** der (ugs., salopp): Bademeister: *Die Alte Donau ist dabei allerdings eine Welt für sich: Mit kleinen Cafés und Stanitzeleis, dem braungebrannten Badewaschel und Sonntags-Seglern.* (KU 10. 12. 04). – In Bayern in der Form *Baderwaschl* i. S. v. ›Friseur‹ bekannt. ↑**Ohrwaschel, Waschel**

**Badezuber,** der (auch schweiz., regional auch in D): Bottich zum Baden: *Die Menschen der Gotik lebten mit Schmutz und Gestank, denn Baden war teuer, weshalb die gesamte Familie gemeinsam im Badezuber saß oder viele sich nur im Sommer wuschen.* (OÖN 11. 10. 02). ↑Zuber

**Badhur,** die (derb, auch bayr.): /Schimpfwort/: *Die harmloseste Beleidigung, der seine Gattin ausgesetzt war, sei »Badhur« gewesen.* (OÖN 2. 11. 00)

**Bafese** ↑Pofese

**Bagatelle,** die (franz.): wird österr. meist ohne Endungs-e ausgesprochen

**bagschierlich** (ostösterr. ugs., veraltet): herzig, entzückend, lieblich: *Aber das ist schon recht so, Musiktheater mit Straßentheater-Option soll es ja sein. Und im roten Mieder ist die temperamentvolle 51-Jährige ein recht bagschierliches Teufelchen.* (WZ 23. 4. 11)

**bähen,** sw. V. / hat (auch südd., veraltend): (in Scheiben geschnittenes Brot oder Gebäck) leicht rösten: *Von Kalbseinmachsuppe mit Zunge und Bries über Ochsenmark mit gebähtem Schwarzbrot ... sind da lauter Klassiker versammelt.* (ST 9. 10. 15). ↑**aufbähen**

**Bahnhofsbuffet,** das: kleines Imbissrestaurant am Bahnhof: *Am 8. Mai war gegen 7 Uhr früh vor dem Bahnhofsbuffet in Feldkirchen ein Streit brutal eskaliert.* (KZ 29. 6. 16). – In CH in der Form *Bahnhofbuffet* und in der Bedeutung ›Bahnhofsrestaurant‹. ↑Buffet

**Bahnhofsozialdienst,** der: christliche Hilfsorganisation als Anlaufstelle für soziale Notfälle, (in D und österr. früher) Bahnhofsmission: *In einer Querstraße wird im Büro des Bahnhofsozialdienstes gerade eine Flüchtlingsfamilie betreut.* (SN 31. 3. 17)

**Bahnhofsvorstand,** der: (in D) Bahnhofsvorsteher, (in CH) Bahnhofvorstand: *Kurt Reicher ... war nämlich letzter klassischer Bahnhofsvorstand von Leibnitz.* (KZ 16. 8. 11). ↑Vorstand

**Bahnschranken,** der: österr. (und südd.): (in D) die Bahnschranke: *Die Stadtgemeinde will endlich einen Ausbau des Bahnhofs, die ÖBB gleichzeitig die Beseitigung von lästigen Bahnschranken.* (SN 12. 10. 06). ↑**Schranken**

**Bahnübersetzung,** die: Bahnübergang: *Der betrunkene Lenker eines Kleintransporters ver-*

*wechselte Sonntag früh eine Bahnübersetzung im Bezirk Weiz mit einer Straßenkreuzung.* (OÖN 15. 5. 12)

**Bahnwächter,** der (veraltet): Bahnwärter: *Abgerissen wurde das Haus, das im 19. Jahrhundert den Bahnwächter der ältesten Eisenbahnstrecke zwischen Budweis und Gmunden beherbergte, von den privaten Eigentümern.* (OÖN 24. 4. 08)

**Bahöl,** der; -s (ugs., bes. Wien): großer Lärm, Geschrei, Tumult: *Es folgt ein Bahöl, als hätte der Schaffner völlig unerwartet Freibier für alle verkündet.* (PR 1. 8. 12)

**Baisse,** die ‹franz.›: Kurssturz an der Börse: wird österr. ohne Endungs-e ausgesprochen

**Bakk.:** (nur geschriebene Abk. für) Bakkalaureus, Bakkalaurea (Träger[in] des Bakkalaureats)

**Bakkalaureat,** das ‹lat.›: unterster akademischer Grad in Österreich, England und Nordamerika

**Balken,** der: Fensterladen, (kurz für) Fensterbalken: *Fenster wurden eingeschlagen, die Balken heruntergerissen, eine Bank in ihre Einzelteile zerlegt.* (OÖN 3. 10. 07). ↑ **Fensterbalken, Grenzbalken, Rollbalken**

**Balkon,** der; -s, -e: ‹franz.› (auch schweiz.): der Plural lautet Balkone, in D auch Balkons: *Fenster, Türen, Wintergärten, Balkone, Heizungen, alles kann auf der Messe gesehen und bestaunt werden.* (OÖN 17. 2. 17). – Zur Aussprache ↑ -on

**Ballawatsch** ↑ Pallawatsch

**Ballesterer,** der; -s, - ‹ital. *balestro* ›Armbrust‹; urspr. ein Gegenstand, mit dem der Ball geschleudert wird, daraus ein Schlagballspiel und jüngere Bedeutung Fußball spielen› (ugs., salopp, bes. ostösterr.): Fußballspieler: *Sehr viele Skandinavier haben es diesmal nicht in die Endrunde der Fußball-EM geschafft: Nur Schweden und Überraschungsteilnehmer Island verteidigen die Ehre der nordeuropäischen Ballesterer.* (PR 10. 6. 16)

**ballesterisch** (ugs., salopp): fußballerisch: *Man scheitert an den beiden Grundformen des ballesterischen Zirkulierens: Ballhalten bei statischen bzw. schnelles Ans-Ziel-Bringen bei dynamischen Verhältnissen.* (ST 14. 10. 07)

**ballestern,** sw. V. / hat ‹ital.› (ugs., salopp): Fußball spielen: *Dank intensiver Materialforschung hält das pflegeleichte Grasimitat auch im Spitzensport Einzug – und macht das Ballestern berechenbarer und wetterunabhängiger.* (ST 2. 1. 08)

**Ballhausplatz,** der: Bundeskanzleramt (nach dem ehem. Ballhaus gegenüber der Hofburg, in dem sich das Bundeskanzleramt und Außenministerium befinden). Vgl. Hofburg

**Ballmutter,** die: Organisatorin eines Ballfestes: *Als legendäre »Ballmutter« ging Lotte Tobisch in die Geschichte der Traditionsveranstaltung ein. 15 Jahre lang hatte sie für das Gelingen des Events gesorgt.* (SN 16. 2. 12). Vgl. Ballvater

**Ballschani,** der (ugs.): Kind, das den Ball wieder ins Spielfeld zurückbringt: *Als er noch Ballschani im Dynamo-Stadion war ..., habe er außerdem die Tore von Blochin, seinem Idol, bejubelt.* (ST 13. 6. 12). ↑ **Schani**

**Ballspende,** die: kleines Geschenk der Ballveranstalter an die Damen: *Heuer sollen die Mitglieder des Jungdamen- und Jungherrenkomitees auch eine Ballspende erhalten.* (SN 31. 1. 06). ↑ **Damenspende, Wortspende**

**Balltiger,** der (ugs.): Person, die gern Bälle besucht: *Dem Zauber der Montur erliegen heuer so viele Balltiger und Gschnasfreunde wie noch nie.* (SN 28. 1. 08). ↑ -TIGER

**Ballvater,** der (selten): Organisator eines Ballfestes: *Ballvater Pereira, bestens beraten von Sacher-Chefin Elisabeth Gürtler und Protokollchefin Susanne Harf, hatte den Ball ein bisschen so wie sein Festspielprogramm angelegt: von allem etwas.* (SN 1. 9. 12). Vgl. Ballmutter

**Bamperletsch** ↑ Pamperletsch

**bampfen** ↑ pampfen

**bamstig** (ugs., ostösterr.): **1.** aufgedunsen, schwammig; müde, schwer auf den Gliedmaßen lastend: *Das bamstige Gefühl kennen die meisten von uns: ... Eine Spritze wird verabreicht, die ... die Region links oder rechts um den Mund für einige Stunden lähmt.* (ST 11. 10. 07); *Dazu kommt ein Taubheitsgefühl: die Hand »schläft ein«, wird »bamstig« und schmerzt höllisch.* (SN 4. 4. 12). **2.** unfreundlich, aufgeblasen, protzig: *Daraufhin fragte Helmut Hornsteiner, warum der Wirt denn so »bamstig« sei?* (NÖN 4. 2. 08). **3.** holzig, nicht kernig; welk: *die Radieschen sind, der Karfiol ist bamstig* ◆ **Bamstigkeit:** *Symptome für einen Schlaganfall sind Sprachstörungen, Schwindel, Lähmungen oder »Bamstigkeit« zum Beispiel in einer Hand.* (ST 27. 10. 14)

**Bandl,** das; -s, - (ugs., auch bayr.): Band; Bändchen: *Nur wer auf der Liste stand, bekam ein Einlass-Ticket samt Bandl.* (SN 8. 11. 04); *Seinem Gefühl nach sei auch »mit dem Bandl im*

*Knie« alles in Ordnung und auch die Schulter müsse nicht operiert werden.* (OÖN 19. 11. 01); ***am Bandl hängen** (ugs.): abhängig sein: *heute hängen wir am elektronischen Bandl von Handy und Blackberrys, sind 24 Stunden verfügbar.* (OÖN 21. 10. 06); ***jmdn. am Bandl haben/halten** (ugs.): jmdn. völlig beherrschen, in Abhängigkeit halten: *sie tanzt, scherzt und hält die Junggesellen am Bandl.* (OÖN 13. 11. 09)

**Bandlkramer Bandlkramerin,** der bzw. die (hist.): Wanderhändler/-in mit Kurzwaren: *Doch ein wandelnder Bandlkramer bot ihnen für jedes Stück vier Florentiner und 50 Kronen.* (NÖN 7. 2. 13)

**Bankerl,** das; -s, -n (ugs.): **1.** (Verkl. zu) Bank: *Ich habe am Südbahnhof am Bankerl im Warteraum geschlafen.* (ST 5. 10. 07); ***ein Bankerl reißen** (ugs., salopp): sterben: *Wenn es die Umstände erlauben, will ich hier meinen letzten Atemzug tun und ein Bankerl reißen.* (ST 23./24. 3. 13). **2.** (Sport) Ersatzbank: *Der neue Reds-Coach Rafael Benitez konnte es sich ohne Probleme leisten, Micheal Owen das Bankerl drücken zu lassen.* (ST 24. 8. 04)

**Bankerldrücker Bankerldrückerin,** der bzw. die (Sport, salopp): Ersatzspieler/-in: *Warum der Salzburger Bankerldrücker überhaupt auf dem Feld stand?* (ST 11. 9. 13)

**Bankomat,** der; -en, -en (®, in der Schreibung *Bancomat* auch schweiz.): (in D) Geldautomat: *Premiere für den ersten blindengerechten Bankomat Österreichs.* (SN 1. 4. 08)

**Bankomatkarte,** die: Scheckkarte, mit der bei einem Geldautomaten Bargeld abgehoben oder bar bezahlt werden kann, (in D) EC-Karte: *Anfang des Jahres hatte das Geldinstitut ihre Bankomatkarte eingezogen.* (SN 17. 3. 08)

**Bankomatkassa,** die: Kasse, an der mit Bankomatkarte bezahlt werden kann: *Jede dritte Bankomatkassa in Österreich ist laut Schaufler bereits NFC-fähig.* (PR 2. 6. 16); auch in der Form *Bankomatkasse.* ↑ KASSA

**Bankstelle,** die (seltener auch schweiz.): Bankfiliale, -niederlassung: *Das größte Filialnetz in der Region hat mit 1313 Bankstellen die Erste Bank.* (PR 14. 5. 07) ◆ **Bankstellennetz**

**Baon,** das; -s, -s: (nur schriftlich verwendetes Kurzwort zu) Bataillon: *Das ganze Baon ist stolz auf seinen bergsicheren mutigen Gletscherpfarrer.* (NÖN 25. 9. 14)

**Baraber,** der; -s, - ⟨oberital. *barabba* ›Landstreicher, Taugenichts‹ aus dem biblischen Namen *Barabbas*⟩ (ugs., auch bayr.): manuell arbeitender Hilfsarbeiter, bes. [Straßen]bauarbeiter: *Der 15-Jährige half zuerst daheim mit, wurde Träger ..., dann Baraber, Schwerarbeiter, in Kaprun.* (VN 29. 4. 06)

**barabern,** sw. V. / hat ⟨ital.⟩ (ugs., auch bayr.): schwer arbeiten: *Rund 500 Arbeiter baraberten mehr als 11 000 Arbeitsstunden lang, um Bühne und Zuschauerraum in einen noblen Ballsaal zu verwandeln.* (ST 16. 3. 07)

**Barablöse,** die: Auszahlung eines Sachwerts in bar, (in D) Barablösung: *Die GewinnerInnen werden vom STANDARD schriftlich verständigt. Der Rechtsweg ist ausgeschlossen. Keine Barablöse.* (ST 1. 6. 16). ↑ ABLÖSE

**Bareinhebung,** die: Einkassierung durch Barzahlung: *Erleichterungen bei der Vergebührung gibt es bei Verlusten von Kfz-Dokumenten und Kennzeichen, wo Stempelmarken auch durch Bareinhebung ersetzt werden können* (NÖN 19. 4. 00). ↑ EINHEBUNG

**Bärendreck,** der (ugs., auch südd., schweiz.): Lakritze: *Im Süden dagegen kann man mit dem »Bärendreck« nicht viel anfangen. Eine Lakritze-Expertin sieht den Grund dafür in der fehlenden Nähe des Meeres.* (PR 12. 3. 07)

**Bärenzucker,** der; -s (amtlich): Lakritze: *Und so finden auch immer wieder Rohstoffe aus der Apotheke ihren Weg in das Bier ... Also Ingwer- und Süßholzwurzel, Wermutkraut, Bärenzucker oder Wacholderbeeren.* (www.leonfeldnerbier.at 2018, Int). ↑ **Bärendreck**

**Barn,** der; -s, -e (auch südd.): Futtertrog. ↑ **Futterbarn**

**Barometer,** der/das: österr. (und schweiz.) auch Maskulinum, in D nur Neutrum

**Barriere,** die ⟨franz.⟩: wird österr. meist ohne Endungs-e ausgesprochen

**Bart,** der: wird österr. mit kurzem Vokal ausgesprochen, in D mit langem. Ebenso: *bärtig*

**Barterl,** das; -s, -n (ugs., auch bayr.): Kinder-, Brustlätzchen: *Ob Barterl oder Latzhose, der Eltern- und Familientreffpunkt Bunter Kreis Enns kann alles brauchen, was Wickelkinder anziehen.* (OÖN 26. 9. 01). ↑ **Trenzbarterl**

**Bartl:** ***wissen/zeigen, wo Bartl den Most holt:** seine Überlegenheit demonstrieren; österr. (und südd.) Form, (in D) ... wo Barthel den Most holt, (in CH) ... wo Bartli den Most holt: *Weil wenn jemand weiß, wo der Bartl den Most holt, ist das der Bürgermeister.* (SN 8. 9. 16)

**Bartwisch,** der: Handbesen, Handfeger: *Mag es damit zu tun haben, dass sich Asseln immer dort aufhalten, wo man mit seinem Bartwisch*

*nicht hinkommt.* (ST 19. 9. 16). Vgl. Beserl, Kehrwisch

**Barvorlage,** die (Finanzwesen): Barkredit zur kurzfristigen Überbrückung von Zahlungsschwierigkeiten: *Er bestätigte, dass es für die sogenannten Barvorlagen keine Gemeinderatsbeschlüsse gab, denn es seien »kurzfristige Kredite, keine Darlehen« gewesen.* (ST 12. 10. 15)

**Bassena,** die; -, -s ‹franz. *bassin*, mit einer alten Pluralendung *Bassenen*› (bes. Wien): Wasserbecken im Flur eines alten Wohnhauses, von dem mehrere Wohnparteien das Wasser holen: *Das Haus steht heute noch, die Fassade ist unverändert, ebenso das Stiegenhaus, die Türen und Gangfenster, die Klos, die Bassena.* (PR 17. 11. 12); (übertragen als Ort der Kommunikation unter den Hausbewohnern, meist negativ im Sinne von Tratsch und Gezänk, heute wieder aufgewertet als Name verschiedener Wiener Stadtteil- oder Jugendzentren, z. B. »Bassena 10«, »Bassena – Stadtteilzentrum Am Schöpfwerk«:) *Ich entnehme die Themen, die hierorts verhandelt werden, ja gern der Bassena des 21. Jahrhunderts: Facebook.* (PR 1. 4. 17) ◆ **Bassenaaffäre; Bassenagerücht; Bassenaniveau:** *»Ich habe kein Interesse, mich auf Bassena-Niveau mit einem frustrierten Altkanzler auseinanderzusetzen.«* (OÖN 8. 2. 00); **Bassenastreit:** *Prompt entwickelt sich eine Art Bassena-Streit über die noch nicht exakt geklärte Ursache der Explosion* (KU 20. 8. 04); **Bassenawohnung:** *Ja, vor 30 Jahren war Wohnen viel billiger, aber damals gab es auch noch zahlreiche Bassena-Wohnungen in Wien.* (ST 15. 11. 12)

**Bassenatratsch,** der (bes. Wien): Tratsch, Klatsch niedrigsten Niveaus: *Mit dem »Ritual« Fernsehen spricht sie den guten, alten Bassenatratsch an – mit dem Unterschied, dass im Zeitalter der Digitalisierung Fernsehen konsumiert und gleichzeitig darüber kommuniziert wird.* (ST 10. 6. 11). ↑**Tratsch**

**Batz, Batzerl** ↑Patz, ↑Patzerl

**Batzerlgugelhupf, Batzerlkuchen** ↑Patzerlgugelhupf, ...kuchen

**batzig** ↑patzig

**batzweich** ↑patzweich

**Baualterplan,** der /meist Plural/ (Verw.): topografische Erfassung des Bauzustands von Städten, Burgen, Klosteranlagen u. Ä.

**Bauansuchen,** das; -s, - (Behördenspr.): Antrag, Gesuch um Baubewilligung: *Die Staatsanwaltschaft hatte dem gesamten Gemeinderat außerdem vorgeworfen, das Bauansuchen abgelehnt zu haben, obwohl sämtliche Bewilligungen vorgelegen wären ...* (ST 9. 3. 16). ↑**Ansuchen, Förderansuchen**

**Bauanzeige,** die: Mitteilung an die Behörde über kleinere Bauvorhaben, für die keine Baubewilligung nötig ist: *Ausgangspunkt der Redeschlacht um moslemische Gebetshäuser war eine Bauanzeige für eine Betriebsstätte in einem Althaus.* (KU 6. 10. 06)

**Baubewilligung,** die (auch südd., schweiz.): (in D) Baugenehmigung: *errichtet hat die umstrittenen Silos aber das Land, und zwar ohne Baubewilligung.* (SN 27. 2. 08). ↑BEWILLIGUNG

**Bauchfleck,** der; -s, -e (ugs.): **1.** ungeschicktes Auftreffen mit dem Bauch auf dem Wasser beim Kopfsprung, (in D) Bauchklatscher: *einen Bauchfleck machen; Als junger Mann muss man sich vor den Mädchen übermäßig strapazieren, kann es beispielsweise nicht bei einem Bauchfleck belassen, sondern sollte einen richtigen Kopfsprung hinkriegen.* (SN 9. 6. 07). **2.** Scheitern, Misserfolg: *Hamon hatte den Makel der unbeliebten Hollande-Präsidentschaft als Ballast an Bord, während die Konservativen aus der unbelasteten Oppositionsrolle starten konnten und trotzdem einen veritablen Bauchfleck fabrizierten.* (ST 8. 5. 17)

**Bauchspeck,** der: fettes Bauchfleisch, Schweinebauch: *Jeweils zwei Gruppen mit vier Testern prüften, unabhängig voneinander, Karree-, Schinken- und Bauchspeck sowie Roh- und Rinderschinken.* (OÖN 15. 3. 08). – In D bedeutet das Wort ›Fettansatz am Bauch‹. ↑SPECK

**Bauern-:** steht oft als Bestimmungswort als Ausdruck der Urwüchsigkeit, Echtheit; direkt vom Bauern kommend oder nach bäuerlicher Art: **Bauerngeselchtes:** *»Meine Gäste beklagten, dass es kein gutes Bauerngeselchtes mehr gebe.«* (OÖN 6. 7. 07); ↑Geselchte; **Bauerngröstl:** *Mit heimischer Hausmannskost ging's weiter: Das Eferdinger Bauerngröstl ... hätte pikanter sein können und das Fleisch nicht so trocken.* (OÖN 21. 7. 06). ↑Gröstl; **Bauernomelett; Bauernschinken, Bauernspeck:** *Mit Bauernspeck und Bauernschinken punktet die Fleischhauerei Enzenhofer aus dem Schmankerldorf Vorderweißenbach im Mühlviertel.* (OÖN 15. 12. 06). ↑Speck

**Bauernjanker,** der (selten): traditionelle Trachtenjacke: *Man konnte den Einklang mit*

*Mensch und Natur nunmehr in der Vorstadtidyllik zu leben trachten oder in das Landleben schlüpfen wie aus dem Straßenanzug in den Bauernjanker* (FU 29. 7. 04). ↑Janker

**Bauernkrapfen,** der: tellergroßes, in Fett herausgebackenes, flaches Hefeteiggebäck, das mit Marmelade, Kompott oder Sauerkraut gegessen wird (im Ggs. zum Faschingskrapfen): *Beim Hoffest am 6. Mai gibt's Pflanzen, Musik und Bauernkrapfen.* (SN 19. 4. 17). ↑Krapfen

**Bauernschmaus,** der: eine Art Schlachtplatte mit Schweinsbraten, Würstel und Kraut. – In D regionale unterschiedliche Bedeutungen, z. B. eine Mahlzeit aus Bratkartoffeln mit Rührei und Speck

**Bauernschnapsen,** das: die Normalform des Kartenspiels ↑Schnapsen mit vier Spielern: *Wir spielen gerne Kreuz- oder Bauernschnapsen und beteiligen uns mit Freude auch am Preisschnapsen.* (KZ 4. 5. 13). ↑Schnapsen

**Baufläche,** die (Verw.): zum Bauen gewidmetes Land, Bauland: *In einem »Masterplan« soll nun einmal ganz grundsätzlich Nutzungen und mögliche Baufläche erhoben werden.* (KU 25. 7. 08)

**Baugebrechen,** das (Verw.): technischer Schaden an einem Bau, der die Benützung verhindert oder beeinträchtigt: *Wer sein Wohnhaus verfallen lässt, kann auch von der Behörde aufgefordert werden, Baugebrechen oder Sicherheitsrisken zu beseitigen.* (PR 14. 9. 12). ↑Gebrechen

**Baumeister,** der: bedeutet österr. auch ›Bauunternehmer‹ (in D nur ›Bautechniker mit Meisterprüfung‹): *Wenn Bauplatz und Bauordnung es verlangen oder der Bauherr noch Änderungen wünscht, bieten wir dafür Serviceleistungen an und stellen Kontakte zu Architekten, Baumeistern, Statikern, Haustechnikplanern oder Innenraumgestaltern her.* (KZ 18. 10. 14)

**baumeln,** sw. V. / ist: das Perfekt wird österr. (seltener auch südd., schweiz.) mit *sein* gebildet, in D mit *haben: Noch vor wenigen Stunden ist er in 40 Metern Höhe an einem Seil vom Wiener Stephansdom gebaumelt, unter ihm staunende Touristen mit Kameras.* (PR 6. 9. 13)

**Baumstrunk,** der (auch südd., schweiz.): Baumstumpf: *Riesige Baumstrünke sind zu Objekten verarbeitet, teils ihrer Rinde entledigt, teils in Farbe gefasst.* (KZ 27. 8. 12)

**Baunzerl,** das; -s, -n (auch bayr.): kleines längliches Weißbrot; mürbes Milchbrötchen: *Der Bienenstich und die guten Weckerl und Baunzerl werden mir fehlen.* (SN 6. 2. 12). Vgl. Bosniak

**Bauschen,** der; -s, - (auch bayr.): (Nebenform zu) Bausch: *ein Bauschen Watte; Diesen Bauschen gut mit warmem Andorn-Tee tränken, auflegen, abdecken und befestigen.* (KR 19. 1. 06)

**Bausparer,** der (ugs.): (kurz für) Bausparvertrag: *Vielleicht noch heuer wird das Sparbuch den Bausparer als Anlage-Favorit überholen.* (KU 3. 8. 07). – Die Bedeutung ›Person, die bauspart‹ ist gemeind.

**Bauverhandlung,** die (Verw.): an Ort und Stelle durchgeführte Verhandlung mit der Baubehörde über ein Baugesuch: *Bei den Seegrundstücken handelt es sich um gewidmete Bauplätze, es hat Bauverhandlungen und keine negativen Bescheide gegeben.* (SN 16. 4. 17)

**Bauwerber** ↑-werber

**Bauxerl,** das; -s, -n (ostösterr. ugs.): kleines, durch Aussehen und Verhalten liebenswertes Kind: *»So ein kleines Bauxerl, das verletzt da liegt, – das geht dem stärksten Mann an die Nieren.«* (SN 19. 8. 04)

**Bazi,** der; -, - (ugs.): **1.** (auch bayr.) Lump, Gauner /nicht ernst gemeintes Schimpfwort/: *das Schlechtere hat er mir überlassen, so ein Bazi!; Lass bald von Dir hören, alter Bazi!* (PR 26. 4. 08); *Diesen hatte der Bazi mit dem einfachen Vorwand einer Probefahrt ergattert. Geworden ist daraus eine verbrecherische Flucht.* (NÖN 3. 12. 13). **2.** (veraltend) angeberischer Wiener (Schimpfwort der Bewohner der österr. Bundesländer für die Wiener): *Es gab nichts, was man Happel nicht angedichtet hätte. Eben ein Wiener Bazi.* (PR 14. 11. 02); *Roman Palfrader, auf Komödienkaiser oder Wiener Bazi abonniert, trumpft darstellerisch als emotional Aufgefressener groß auf.* (KZ 16. 10. 15). Vgl. Gescherte

**Beamtenpension,** die: verdeutlichend, da in Österr. *Pension* auch für *Rente* verwendet wird, (in D) Pension: *Damit sind auch ihre Ansprüche auf eine Beamtenpension verfallen.* (VN 19. 10. 06). ↑Pension

**Beamtens-:** (in Zus. veraltet für) Beamten-: **Beamtensgattin; Beamtenswitwe:** *M. A., Polizeibeamtenswitwe aus Salzburg, feiert heute ihren 90. Geburtstag.* (SN 17. 3. 04). ↑**Architektens-, Arztens-, Diplomatens-, Fabrikantens-**

**beamtshandeln,** sw. V. / hat (Behördenspr., auch scherzhaft): *Indem er etwa jene Polizis-*

*ten massiv verteidigte, die den Schubhäftling Marcus Omofuma tödlich beamtshandelt hatten.* (PR 14. 6. 07)

**beangaben,** sw. V. / hat (Behördenspr., Kaufmannssprache): eine Anzahlung leisten auf: *Das Honorar in Höhe von 150 000 Schilling wurde damals mit 5 000 öS beangabt. Auf den Rest von 145 000 Schilling ... wartet die Künstlerin immer noch.* (News 2. 12. 04)

**beanständen** (veraltet, noch Behördenspr.): beanstanden: *Die Liste der beanständeten Mängel umfasst im Wesentlichen 3 wichtige Punkte.* (OTS Textservice 9. 8. 01) ◆ **Beanständung**

**Bedachtnahme,** die; - /meist in Verbindung mit *auf*/ (Behördenspr.): Berücksichtigung, das Bedachtnehmen auf etwas: *Sie forderten einmal mehr Maßnahmen, um das Ensemble »unter Bedachtnahme auf seine bedeutende historische und kulturelle Wertigkeit als Einheit zu respektieren.«* (ST 14. 2. 17)

**bedanken** /mit Akk., meist im Passiv/ (auch südd.): jmdm. für etwas danken: *Der scheidende Kulturstadtrat wurde bedankt, der neue begrüßt und Arnold Schönberg wurde gewürdigt.* (KU 22. 4. 01)

**bedecken** (Wirtschaft): (Zahlungsverpflichtungen, Kosten) decken, abdecken: *ein Defizit bedecken; Betriebe müssen Ansprüche auf Abfertigungen und Pensionen nicht mehr mit Wertpapieren bedecken.* (SN 31. 10. 06) ◆ **Bedeckung:** *Brändle erläuterte eingehend die angefallenen Mehrausgaben von 360.300 Euro und die Bedeckung hiefür.* (VN 25. 10. 07)

**Bedeckungsvorschlag,** der: Vorschlag zur Finanzierung von Gesetzesvorhaben: *Für die Mehrbelastung von 37 Millionen im Jahr 2014 sowie von 19,9 Millionen im Jahr darauf soll Hundstorfer einen Bedeckungsvorschlag vorlegen.* (ST 4. 9. 12)

**Bedenkjahr,** das: Gedenkjahr, urspr. auf 1988 (50-Jahr-Gedenken der Besetzung Österreichs 1938) bezogen, dann aber in den allgemeinen Sprachgebrauch, bes. auf Gedenkjahre im Zusammenhang mit dem Nationalsozialismus, übergegangen: *Das Klimt-Jahr, das Mozart-Jahr und Bedenkjahre wie 1988 waren nichts dagegen: Die Zeitschrift Neues Museum listet ... 31 Ausstellungen auf, die sich 2014 in Österreich mit der ersten »Urkatastrophe« des 20. Jahrhunderts auseinandersetzen.* (ST 3. 9. 14)

**bedenklich:** ***bedenklicher Ankauf** (Rechtsspr.): fahrlässige Hehlerei: *Die Polizei warnt vor bedenklichem Ankauf und bittet um Hinweise auf die Täter.* (KR 12. 6. 05)

**bedienen:** 1. (ugs., salopp) benachteiligen: *der Schiedsrichter hat unsere Mannschaften bedient;* ***bedient sein** (ugs.): geschädigt sein: *Ein Bekannter von mir war 35 Jahre als Lkw-Fahrer im Einsatz, er ist körperlich schwer bedient und trägt einen Herzschrittmacher.* (OÖN 16. 4. 13). 2. (bes. ostösterr.) als ↑Bedienerin arbeiten: *Die Männer waren arbeitslos, meine Großmutter und meine Mutter mussten bedienen gehen, um alle durchzubringen.* (KZ 12. 2. 04)

**Bedienerin,** die; -, -nen: Haushaltshilfe, Putzfrau: *Sie hätte ihm angeboten, für ihn zu kochen oder einzukaufen, aber er hätte abgelehnt und gemeint, er habe eine Bedienerin.* (WZ 5. 10. 06). Vgl. Aufräumerin, Putzerin, Zugehfrau, Zugeherin

**Bedienung,** die (ostösterr. veraltend): 1. Haushaltshilfe: *Wir suchen eine Bedienung.* 2. Stelle als Hausgehilfin: *sie hat eine Bedienung gehabt.* – In der Bedeutung ›Kellner‹ gemeind.

**Bedingnis,** das; -ses, -se (Behördenspr., veraltend): Bedingung; Voraussetzung, unter der etwas erbaut, betrieben o. Ä. werden kann: *Wenn die Künstlergenossenschaft diese »Bedingnis« nicht genau erfüllt, habe der Staat das Recht, »den gegenwärtigen Vertrag aufgelöst zu erklären ...«* (KU 14. 10. 15)

**bedingt** (Rechtsspr., auch schweiz.): (in D) mit Bewährung; unter Festsetzung einer Probezeit: *eine bedingte Strafe; bedingte Entlassung; bedingte Strafnachsicht; Je acht Monate bedingt für einen Tiroler Schützenobmann und einen Liftmonteur wegen Zuhälterei.* (SN 4. 4. 08). – In ähnlichen Verwendungen, z. B. *bedingter Straferlass*, auch in D. ↑**teilbedingt**

**beeiden,** sw. V. / hat (Behördenspr.): in Eid nehmen, vereidigen, beeidigen: *Denn von Beginn im September 1999 bis April 2000 waren ... zehn Hauptgeschworene bestellt, obwohl nur acht als Hauptgeschworene beeidet werden dürfen. Die übrigen sind als Ersatzgeschworene zu beeiden.* (TT 10. 6. 00). – In der Bedeutung ›unter Eid aussagen‹ gemeind.

**beeinspruchen,** sw. V. / hat (Behördenspr.): gegen etwas Einspruch erheben: *eine Entscheidung, Note beeinspruchen; Die Bürgerinitiativen wollen das Vorhaben neuerlich beeinspruchen.* (KU 29. 12. 07) ◆ **beeinspruchbar; Beeinspruchung**

**Beerenkoch,** das (selten): Beerenmus: *In den warmen Bröseln die gekochten Knödel wenden* *und mit dem Beerenkoch und – nur für Könner – mit Schilcher-Eis servieren.* (News 14. 3. 02). ↑Koch

**Beerenröster,** der: Beerenmus: *Auf dem Programm standen Erdäpfelkäs, überbackene Vollkornnudeln, Dinkelreisbällchen mit Faschiertem, bis hin zur Grammeltorte und Schneenockerl mit Beerenröster.* (NÖN 20. 2. 14). ↑Röster

**befetten:** mit Fett bestreichen, (beim Backen) einfetten (in D selten bzw. nur technisch-fachspr.): *Dann Haushaltspapier mit Öl beträufeln und den Grillrost damit mäßig befetten.* (KZ 19. 7. 16)

**beflegeln:** jmdn. respektlos beschimpfen: *Macron ist völlig aus der Rolle gefallen, er hat Le Pen beflegelt und nur geschimpft.* (KZ 5. 5. 17)

**Befreiungsschein,** der (Behördenspr.): Urkunde, mit der bestätigt wird, dass die Vorschriften über die Beschäftigung von Ausländern für die betreffende Person nicht angewandt werden (Voraussetzung für eine Arbeitserlaubnis): *Entschieden lehne die FPÖ den Befreiungsschein für türkische Staatsbürger, der ihnen uneingeschränkten Zugang zum österreichischen Arbeitsmarkt gewährleiste, ab.* (KZ 1. 5. 15)

**befürsorgen,** sw. V. / hat (Behördenspr., selten auch in D): betreuen: *Statt sie wie bisher in übertriebener Weise zu befürsorgen, sollten die Neuankömmlinge die Möglichkeit erhalten, sich selbst etwas aufzubauen.* (PR 10. 4. 16) ◆ **Befürsorgte,** der bzw. die; **Befürsorgung**

**Begehren,** das (Behördenspr.): Forderung: *Die Vorinstanzen wiesen ihr Begehren allerdings ab. Für die unrichtige Begutachtung hafte nur der Pathologe, der Frauenärztin sei nichts vorzuwerfen, so ihr Urteil.* (PR 11. 5. 17)

**Beginn:** ***von Beginn weg** (auch südd., schweiz.): von Anfang an: *Die Pittsburgh Steelers hatten beim 30 : 12 gegen die Miami Dolphins von Beginn weg leichtes Spiel.* (OÖN 10. 1. 17)

**Beginnzeit,** die: Uhrzeit des Beginns einer Veranstaltung, des Unterrichts; Anfangszeit: *Die genauen Veranstaltungstermine inklusive Beginnzeiten finden Faschingshelden auf dem nebenstehenden Plakat.* (SN 16. 2. 17)

**Begleitlehrer Begleitlehrerin,** der bzw. die (Schule, selten auch in D): Lehrer/-in, der/die mit dem Klassenlehrer den Unterricht gestaltet oder ihn auf Schulveranstaltungen unterstützt, häufig für Kinder in sonderpädagogischem Förderbedarf. Vgl. Stützlehrer

**begriffsstützig** (veraltend): begriffsstutzig: *Leider bin ich ein bissl begriffsstützig.* (WZ 16. 7. 15) ◆ **Begriffsstützigkeit**

**Begutachtungsentwurf,** der: Gesetzesentwurf, der im ↑Begutachtungsverfahren zur Diskussion steht: *Hinter verschlossenen Türen wird zwar dem Vernehmen nach schon an einem Gesetz gefeilt. Ein Begutachtungsentwurf liegt aber noch nicht vor.* (PR 17. 4. 17)

**Begutachtungsplakette,** die (Behördenspr.): Aufkleber, der die behördliche Fahrzeugüberprüfung anzeigt; ↑Pickerl; (in D) TÜV-Plakette: *Bei den Erhebungen wurde festgestellt, dass ... ihr Auto in einem desolaten Zustand war. Auch die Begutachtungsplakette war abgelaufen.* (PR 1. 8. 16)

**Begutachtungsverfahren,** das (Verw.): Einholung von Stellungnahmen von Interessengruppen zu einem Gesetzesentwurf, (in D) Anhörungsverfahren: *Jetzt handle es sich um ein Begutachtungsverfahren, und die Ärzteschaft sei eingeladen, zu den Vorschlägen Stellung zu nehmen.* (PR 4. 4. 08)

**Behaltefrist,** die (Behördenspr.): Frist, innerhalb der ein Arbeitnehmer nicht entlassen werden darf (z. B. nach Militärdienst, Ende der Lehre oder des Karenzurlaubs): *Er hat im August 2011 ausgelernt, im Februar 2012 war die Behaltefrist zu Ende, er wurde aber nicht verlängert.* (SN 21. 10. 14)

**Behaltepflicht,** die (Behördenspr.): 1. Verpflichtung, einen Arbeitnehmer nach der Lehr-, Karenz-, oder Bundesheerzeit eine bestimmte Zeit weiter zu beschäftigen: *Arbeiter im Friseurgewerbe verdienen während der Behaltepflicht nur 1.137 Euro als Mindestlohn.* (PR 13. 1. 17). 2. Veräußerungsverbot nach dem Kauf (z. B. bei Firmenkäufen, Schenkungen): *Die fünfjährige Behaltepflicht beispielsweise sei zusätzlich im Syndikatsvertrag verankert.* (ST 9. 4. 08) ◆ **behaltepflichtig**

**Beharrungsbeschluss,** der (Politik): erneuter Beschluss eines abgelehnten Gesetzes. (Im Normalfall betrifft das ein vom Nationalrat beschlossenes Gesetz, das vom Bundesrat abgelehnt wurde. Der Nationalrat kann aber auf dem Gesetz durch einen neuen Beschluss bestehen. Ähnlich wird das Wort auf andere Gremien angewandt): *Der Publikumsrat könnte diesen Beschluss nicht gänzlich ablehnen – fällt seine Stellungnahme negativ aus, müsste der Stiftungsrat aber einen Beharrungsbeschluss fassen.* (PR 7. 12. 16)

**behebbar** (Bankwesen): abhebbar (nur in Verbindung mit Geld, Kapital u. Ä.): *Dabei handelt es sich jedoch um das »Sumsi-Sparen« für Kinder bis zehn Jahre – das Geld sei täglich behebbar und könne auch von Erwachsenen für Kinder abgeschlossen werden.* (PR 8. 7. 11) – Die Bedeutung ›reparierbar‹ (von Schäden usw.) ist gemeind.

**beheben: 1.** (Geld) abheben: *Die junge Frau, die ihren Kinderwagen ebendort hinschiebt, um Geld zu beheben, macht deutlich, wer die Zielgruppe für den Bankenbus ist.* (ST 17. 5. 15). **2.** abholen: *Rinnt das Land aus und wird es zur dürren Steppe, in der wir keine Möglichkeit mehr finden, Briefe aufzugeben, die hinterlegten Einschreiben zu beheben, Pakete zu versenden?* (OÖN 5. 6. 10); *Auf einer Toilette am Flughafen Wien hatte er zwischenzeitlich eine Waffe deponiert, die er im Februar beheben wollte.* (SN 5. 5. 17). ↑**ausheben, einheben, erheben** ◆ **Behebung; Behebungsfrist**

**Behelf,** der; -[e]s, -e (auch schweiz.): [Hilfs]mittel; bes. in Zus.: *orthopädischer Behelf; Viele Priester holten sich heute Anregungen für Predigten und Behelfe für die Messgestaltung im Internet.* (SN 5. 11. 15). ↑**Arbeitsbehelf, Dienstbehelf, Heilbehelf, Lehrbehelf, Lernbehelf, Prüfungsbehelf, Unterrichtsbehelf, Zeichenbehelf**

**Behelfsdienst,** der: Servicestelle für Hilfsmittel, Materialien: *Der Kalender ist auch in Blindenschrift erhältlich und kann um 8,70 Euro beim Behelfsdienst im Pastoralamt der Diözese Linz bestellt werden.* (OÖN 22. 11. 10)

**Behörde,** die: wird österr. mit kurzem Vokal gesprochen, in D mit langem

**Behördenverfahren,** das: Instanzenweg durch die zuständigen Behörden: *Nach dem Ja des Bundes zum Ausbau des Flughafens Salzburg kommen heftige Proteste von Anrainern. Es gibt Kritik am Behördenverfahren.* (SN 28. 8. 07)

**behüten:** ***behüt' dich Gott** (veraltend, auch schweiz.): Abschiedsgruß. ↑**pfiat di Gott**

**bei:** die Präposition wird österr. (und bayr.) häufiger gebraucht als in D, bes. statt *an, zum* und überall, wo eine räumliche Beziehung hergestellt werden soll: *Sie hat das Geld mit vollen Händen beim* (zum) **Fenster** *hinausgeworfen.* (KU 25. 2. 08); *Auf dem Weg dorthin trifft man heilige Kühe auf der Straße, die mit ihren Kulleraugen frech beim* (zum) **Fenster** *der Autos hineinschauen.* (OÖN 20. 8. 16); *»Hängen uns eigentlich die Leute, die in den letzten zweieinhalb Jahren Politik gemacht haben, nicht schon beim* (zum) **Hals** *heraus?«* (KU 11. 11. 02); *Bei* (an) *der* **Kassa** *kann die Suche nach der richtigen Karte Staus verursachen.* (KU 21. 6. 07)

**beichthören** /nur im Inf. oder substantiviert/ (auch südd., schweiz.): die Beichte hören: *Von 1809 bis 1813 war er praktisch zu Untätigkeit verurteilt, ganz selten nur durfte er predigen und beichthören.* (NÖN 7. 3. 07)

**beidseits** /Adv./ (auch südd., schweiz.): beiderseits: *Künftig wird es beidseits der Karlskirche annähernd die gleiche Höhenentwicklung geben.* (PR 18. 5. 17)

**Beilage,** die (auch schweiz.): etwas Beigelegtes, Mitgeschicktes; Anlage [zu einem Brief, Schriftstück]: *in der Beilage übersende ich einen Lebenslauf und zwei Zeugnisse; Es ist also die schiere Flut an Schriftsätzen, Daten und Beilagen, welche die Richterin ... in den Griff bekommen muss.* (PR 2. 5. 17)

**beiläufig:** bedeutet österr. (und bayr.) auch: ungefähr, etwa: *Denn schon der griechische Philosoph Demokrit riet vor beiläufig 2500 Jahren zur Bildung des Geistes.* (SN 13. 5. 17). – In der Bedeutung ›nebenbei gesagt‹ gemeind.

**Bein,** das; -[e]s, -e/(ugs.: -er) (auch bayr.): Knochen: *der Hund nagt an einem Bein;* ***das närrische/narrische Bein:** Stelle am Ellbogen, der einen elektrisierenden Schmerz verursacht, (in D) Musikknochen. – In älteren Zus., wie *Beinhaus, Beinhaut,* gemeind. Vgl. Fuß

**Beinfleisch,** das; -es: fettdurchzogenes Fleisch vom Rind, das vor allem für Suppen verwendet wird: *Eine kräftige Rindsuppe, zubereitet aus einem Stück Beinfleisch vom Salzburger Rind, gehört für viele Salzburger zum Heiligen Abend wie der Christbaum und die Geschenke.* (SN 15. 12. 16)

**Beinrichter,** der (hist.): Heilpraktiker, der Knochenbrüche behandelt: *Er war zu diesem Zeitpunkt bereits mit einer Goiserin verheiratet und auf diese Art zum Bauern geworden. Einen Namen machte er sich aber als Beinrichter.* (OÖN 24. 4. 13)

**Beinscherzel,** das: eine Rindfleischsorte vom hinteren Teil des Rindes, meist gekocht: *Kenner wissen sehr wohl zu unterscheiden zwischen Beinscherzel, Meisel, Hüferschwanzel oder Tafelspitz.* (OÖN 29. 4. 10). ↑SCHERZEL

**Beiried,** das; -[e]s, und die; -: **1.** /eine Rindfleischsorte/ hinteres Rumpfstück vom Rücken; Roastbeef: *Der Zwiebelrostbraten vom*

*Beiried entpuppt sich als zwei Zentimeter dickes Stück regionales Rind, das butterweich auf dem Teller liegt.* (OÖN 15. 7. 16). 2. Rindfleischspeise, meist gedünstet oder in Scheiben geschnitten und gebraten; Steak: *Der milde Majo- und der scharfe Paprika-Dip passten gut zu knusprig angebratenem faschierten Laibchen, Beiried, Pute und Schwein.* (OÖN 30. 1. 15). ↑**Rieddeckel, Schlemmried**

**beischließen** (Behördenspr.): beilegen, anschließen: *Adolf Holl hat in einer knappen, einfühlsamen Skizze zu Autor und Werk, die als eine Art Nachwort der dreibändigen Edition beigeschlossen ist, den Roman ... belobigt.* (PR 29. 9. 12). ↑**anschließen**

**Beischluss,** der (Behördenspr.): das Beilegen, Anschließen: *Die Bewerbungsunterlagen sind bei der ausschreibenden Stelle per E-Mail anzufordern und ausgefüllt und unterfertigt unter Beischluss der nachfolgenden Nachweise fristgerecht einzureichen.* (WZ 2. 4. 14)

**Beisel,** das; -s, - (auch bayr.): einfaches Gasthaus, (in D) Kneipe: *Klaura selbst sitzt an diesem Vormittag an einem Tisch in ihrem Beisel, ihren Tee vor sich in einem Ottakringer-Krügerl.* (PR 17. 1. 17). ↑**Eventbeisel, Marktbeisel, Stammbeisel, Stehbeisel, Szenebeisel**

**Beißer,** der, -s, - (ugs.): 1. längere Eisenstange zum Lockern und Heben schwerer oder großer Gegenstände, Brechstange: *Es war vier Uhr früh, als zwei Maskierte die Eingangstür des Juweliergeschäfts Lackner mit Krampen und Beißer malträtierten.* (KZ 21. 9. 00). 2. (abwertend) polemisch argumentierender; aggressiver Mensch: *»Seit den Wahlen herrscht eine vergiftete Stimmung. Zudem kann ich mich mit der Oppositionsrolle nicht abfinden, ich bin kein Beißer.«* (NÖN 21. 10. 10). 3. Person, die sich in etwas verbeißt, sich besonders anstrengt, um ein Ziel zu erreichen; ehrgeiziger, ausdauernder Mensch: *Er war ein unglaublicher Beißer und ließ nie nach. Bei Wettkämpfen hat er immer sein Bestes gegeben.* (OÖN 14. 11. 16)

**Beißkorb,** der (auch bayr. und regional in D): Maulkorb: *Die neue Regelung sieht vor, dass Hunde bei Menschenansammlungen ... an einer kurzen Leine gehalten werden und zusätzlich noch einen Beißkorb tragen müssen.* (OÖN 2. 11. 06)

**Beistand,** der (veraltend): Trauzeuge: *Zudem feierten Bräutigam-Vater Franz und sein Bruder, Beistand Hans R., just am Tag der Hochzeit beide ihren Geburtstag.* (BVZ 26. 9. 13)

**beistellen**: [zusätzlich] zur Verfügung stellen, bereitstellen: *das Quartier, das Lehrmaterial wird beigestellt; Auf Wunsch können Sie Ihren Messestand auch beistellen und aufbauen lassen.* (OÖN 6. 9. 13); *Universalmuseen wie das Wien Museum sind ... besser gerüstet als klassische Kunstmuseen, da sie den kulturhistorischen Kontext aus ihren Beständen beistellen könnten.* (PR 9. 5. 14) ◆ **Beistellung**

**Beistrich,** der: Komma: *Ein fehlender Beistrich in einem Überstunden-Gesetz könnte eine Molkerei im US-Bundesstaat Maine teuer zu stehen kommen.* (PR 17. 3. 17); ***auf Punkt und Beistrich:** bis ins Kleinste, (in D) auf Punkt und Komma: *Die polizeiliche Leichenkommissionierung ist in Wien auf Punkt und Beistrich geregelt.* (KU 10. 9. 08)

**Beitragsgrundlage,** die (Verw.): 1. Betrag, der aus verschiedenen Faktoren, wie Dauer und Ausmaß der Erwerbstätigkeit, abgeleitet wird, und der als Basis für die Berechnung der Pension herangezogen wird. 2. nach Höhe des Gehalts bestimmter Betrag, der der Sozialversicherung zugeführt werden muss: *Die Beitragsgrundlage soll analog zur Krankenversicherung gelten.* (KU 28. 9. 07)

**Beitrittswerber** ↑-WERBER

**Beiwagerl,** das (ugs.): 1. Beiwagen, Seitenwagen des Motorrads: *Denn Vera sitzt im Beiwagerl ihres Motorrad-Herrls ..., hält ihre markanten Ohren tapfer gegen den Wind und ist sich dabei ihrer Bedeutung bewusst.* (SN 5. 2. 08). 2. (scherzhaft) Anhängsel, etwas Zweitrangiges: *So wäre es in Wien notwendig, nicht nur ... zu hoffen, demnächst als Beiwagerl der Mehrheitspartei fungieren zu dürfen, sondern sich selbstbewusst zu präsentieren.* (PR 19. 2. 15); *Die Politik ist nur mehr Beiwagerl der Wirtschaftstreibenden.* (KU 29. 1. 05). ↑**Wagerl, Einkaufswagerl**

**Beiz,** die; -, -en (ugs., Vbg., auch schweiz., bayr.): Kneipe, ↑Beisel: *Zuerst bekam er vom Wirt nichts mehr zu trinken, dann verletzte er sich am Kopf, als er in seinem Zorn das Mobiliar der Beiz demolierte.* (NVT 4. 10. 07). ↑**Stammbeiz**

**beiziehen,** st. V. / hat (auch südd., schweiz.; sonst nur in der juristischen Fachsprache): jmdn. zu etwas zuziehen; jmdn. teilnehmen lassen; etwas zusätzlich verwenden, heranziehen: *Was tun, wenn man einen Anwalt beiziehen darf, sich aber keinen leisten kann?* (PR 1. 4. 08) ◆ **Beiziehung:** *Das vor zehn Jahren eingereichte Projekt sei »im Zuge des Beschwer-*

*deverfahrens einer neuerlichen umfassenden Überprüfung unter Beiziehung von Sachverständigen unterzogen« worden.* (PR 9. 2. 17)

**Bekenntnisgemeinschaft,** die (Behördenspr.): rechtsfähige religiöse Vereinigung: *Die religiöse Bekenntnisgemeinschaft der Schiiten klagt, nicht eingebunden worden zu sein.* (PR 11. 11. 14)

**Belangsendung,** die (früher): von einer Interessenvertretung (Gewerkschaft, Kammern, Parteien) gestaltete und verantwortete Rundfunksendung, für die kostenlos Sendezeit zur Verfügung gestellt wird: *Nach dem Motto »Tue Gutes, und rede darüber« befasste man sich im Stil einer Belangsendung fast einzig mit dem Phänomen Haselsteiner.* (ST 6. 10. 16)

**Belastungsverbot,** das (Rechtsspr.): Verbot, Grundeigentum zu verpfänden; meist in der Wendung ***Veräußerungs- und Belastungsverbot:** *Das Veräußerungs- und Belastungsverbot zugunsten seiner Eltern im Grundbuch sei auf Wunsch der Eltern vorgenommen worden.* (ST 9. 2. 11)

**belehnen** (auch schweiz.): als Pfand geben, (in D) beleihen: *Die Bilder waren bei Sotheby's belehnt.* (PR 6. 8. 07)

**Belfast:** der Name der Hauptstadt Nordirlands wird österr. auf der ersten Silbe betont, in D auch auf der letzten

**Belvedere,** das: der italienische Name des Barockschlosses in Wien wird oft als französisch angesehen und daher ohne Endungs-e ausgesprochen

**Bemmerl,** das; -s, -n (ugs.): Kot mancher Tiere, z. B. Wild, Mäuse, in Form kleiner Kügelchen: *Einerseits halten sich Mäuse vermehrt in gesunden Habitaten auf und hinterlassen so ihre Bemmerl an Orten, die günstig für neuen Baumwuchs sind.* (PR 5. 3. 07); ***etwas ist kein Bemmerl** (ugs.): etwas ist keine Kleinigkeit: *600 Euro sind selbst für Hardcore-Homeshopper kein Bemmerl.* (OÖN 23. 2. 05); *102 PS (bei 12.000 U/min) sind ja kein Bemmerl, wenngleich das Drehmoment von maximal 64 Newtonmeter einen nicht gerade vom Bankerl reißt.* (OÖN 11. 6. 11)

**benachrangt** (Behördenspr., Verkehr): sich im ↑Nachrang befindend (von Straßen oder Verkehrsteilnehmern): *Im Gegensatz zu anderen verkehrsberuhigten Bereichen ... zählt die Begegnungszone zum fließenden Verkehr und ist daher nicht gegenüber anderen Verkehrsflächen benachrangt.* (SN 26. 11. 15); *Als Benachrangter fuhr ein 19-jähriger Schüler am Samstag in eine Kreuzung in Klagenfurt ein.* (KZ 31. 10. 15). ↑**bevorrangt, Nachrang**

**Benelux:** wird österr. auf der letzten Silbe betont, in D auch auf der ersten

**benützen:** österr. (und südd., schweiz.) Form, (in D) benutzen: *Derzeit gibt es in Gaißau und Höchst fünf Kinder, denen es nicht möglich ist, alleine öffentliche Verkehrsmittel zu benützen.* (VN 29. 12. 07). – Das gilt auch für alle Zus. und Abl.: **benützbar:** *Wenn in einem Raum Musik gemacht werde, sei dies in den anderen Räumen deutlich zu hören und diese nicht mehr benützbar.* (SN 11. 10. 07); **Benützbarkeit; Benützer:** *Das vollflächige, rutschsichere Aufsteigen auf Stufen ist als ... normale Verhaltensweise von Benützern öffentlicher Verkehrsmittel vorauszusetzen.* (OÖN 30. 9. 04); **benützerfreundlich:** *Immer schneller sollen ihre Lösungen benützerfreundlich parat stehen.* (ST 11. 7. 05); **Benützerin; Benützung; Benützungsbewilligung:** *Immobilienmakler müssen Interessenten über das Bestehen oder Fehlen von Bau- und Benützungsbewilligungen aufklären.* (ST 2. 9. 02), ↑Bewilligung; **Benützungsgebühr; Benützungsentgelt:** *Pro Kilometer fielen für die Bahn rund 2,50 Euro an Benützungsentgelt für die Infrastruktur an.* (SN 23. 6. 07); **Benützungsordnung; Radwege-Benützungspflicht:** *Weiters sollten laut Chorherr Einbahnen konsequent für Radfahrer geöffnet werden und die Radwege-Benützungspflicht fallen.* (ST 25. 9. 02). ↑**nützen, ausnützen**

**benzen, penzen,** sw. V. / hat (ugs., auch bayr.): (um etwas) bitten, ständig betteln: *Natürlich ist er jetzt bei Shows und Galas im In- und Ausland der Stargast. Muss Rede und Antwort stehen, wenn Journalisten benzen.* (KZ 29. 5. 05); *Dann penzen jene beim Chef, die bis dahin unterdurchschnittlich verdienten.* (Falter 10. 10. 12)

**Benzin,** das: ugs. auch der; -s: *Meiner Meinung nach ist der Benzin eh viel zu billig.* (OÖN 14. 6. 18)

**beobachten:** in der österr. (und südd., schweiz.) Aussprache des Wortes ist kein Silbenschnitt zwischen e und o und kein Kehlknacklaut hörbar, das o ist lang und geschlossen

**Bereichssprecher Bereichssprecherin,** der bzw. die: für einen bestimmten Bereich (z. B. Außenpolitik) zuständiger Sprecher einer Parlamentsfraktion: *Vom Bereichssprecher bis zum Hinterbänkler ist jeder fünfte Volksvertre-*

*ter beamtet, obwohl es viel mehr Nicht-Beamte gibt.* (OÖN 28. 3. 11). ↑SPRECHER

**Bergbauernbetrieb,** der (auch schweiz.): Landwirtschaft in steilen Berglagen: *Seitdem bewirtschaftet er gemeinsam mit seiner Frau Margarethe den Bergbauernbetrieb auf 1260 Metern Höhe.* (SN 22. 9. 16)

**Bergbuch,** das (Verw.): grundbücherliches Verzeichnis der Liegenschaften mit Bergbau (vergleichbar mit dem Grundbuch). Vgl. Wasserbuch

**Bergfex,** der (auch südd.): begeisterter Bergsteiger: *Für die großen Bergfexe gibt es zahlreiche Skitouren und Wanderwege.* (PR 12. 8. 16). ↑**Fex**

**Bergkraxler Bergkraxlerin,** der bzw. die (ugs.): Bergsteiger/-in; Kletterer/Kletterin: *illustriert wird auch die Landschaft aus der Sicht der Touristen, der Bergkraxler, der Sommerfrischler.* (OÖN 10. 4. 09). ↑**kraxeln**

**Berglehne,** die (auch südd., schweiz.): Bergabhang: *Die an eine Berglehne angeklebte Kirche in Tiffen war Schauplatz für einen Violinabend.* (KZ 18. 8. 06). ↑**Lehne**

**Bergler Berglerin,** der bzw. die (auch schweiz.): Person, die [unter schwierigen Bedingungen] auf dem Berg wohnt: *Zumindest von seiner Ausrüstung her war er in Wanderjacke-, -hose und -schuhen ein echter Bergler.* (VN 5. 8. 06)

**Bergrettung,** die: Bergrettungsdienst, (in D) Bergwacht: *Örtliche Feuerwehr und Bergrettung begannen mit der Suche nach den Vermissten.* (KZ 21. 5. 17) ◆ **Bergrettungsfrau:** *Derzeit sind eine Bergrettungsfrau sowie 35 Bergrettungsmänner mit dabei.* (VN 28. 7. 02); **Bergrettungsmann:** *500 Gendarmen, Bergrettungsmänner und unzählige Freiwillige suchten damals nach den Vermissten.* (ST 11. 4. 14). ↑**Rettung, Wasserrettung**

**Bergschrund,** der (auch südd., schweiz.): Riss im Gletschereis entlang des Randes; Randspalte zwischen Gletscher und Felsaufbau: *Gesichert waren Gletscherspalten und Bergschrunde mit Aluleitern und Seilen.* (NÖN 13. 5. 03). ↑**Schrund**

**Bergstadel,** der: Hütte, kleineres Haus auf einem Berg als Stall im Sommer oder als Aufbewahrungsort für Futter: *... so sind wir über den Westgipfel und über den Stemmerkogel zum Bergstadel gewandert.* (Der Thalheimer, Gästezeitung, 2006, Int). – Auch in der Form *Bergstadl.* Häufig in Namen von Restaurants. ↑STADEL

**berufen** (Rechtsspr.): Berufung einlegen: *Die Haftstrafen sind um die Hälfte niedriger als von der Staatsanwaltschaft gefordert. Die Anklagebehörde will gegen die Urteile berufen.* (PR 17. 5. 17); /auch ohne Objekt/: *Das Urteil ist nicht rechtskräftig. Der Angeklagte beruft.* (BVZ 14. 10. 09)

**Berufsanwärter Berufsanwärterin,** der bzw. die: Bewerber/-in in Ausbildung in einem bestimmten Beruf, bes. Wirtschaftsprüfer/-in, Jurist/-in: *Und anders als bisher sollen die Berufsanwärter nicht mehr drei Jahre, sondern nur mehr 18 Monate warten müssen, bis sie zur ersten Teilprüfung antreten dürfen.* (PR 1. 4. 17)

**berufsbildend:** der Berufsausbildung dienend: *eine berufsbildende Schule; eine berufsbildende höhere Schule* (berufsorientierter Schultyp mit Matura; Abk. BHS); *eine berufsbildende mittlere Schule* (berufsorientierter Schultyp ohne Matura; Abk. BMS)

**Berufsförderungsinstitut,** das: Dachorganisation der beruflichen Fortbildungseinrichtungen der Arbeitnehmerorganisationen; Abk. BFI (im Ggs. zum ↑Wirtschaftsförderungsinstitut der Wirtschaft)

**Berufsmatura,** die (auch schweiz.): ↑Berufsreifeprüfung: *Es wurden im Rahmen der Berufsmatura am BFI Salzburg mehr als 12.000 Prüfungen abgenommen und hervorragende Ergebnisse erzielt.* (SN 12. 5. 17). ↑MATURA

**Berufsreifeprüfung,** die (Verw.): Prüfung für Berufstätige, die die Reifeprüfung ersetzt, bestehend aus den Fächern Deutsch, Mathematik, einer lebenden Fremdsprache sowie einem Fachgebiet der beruflichen Praxis, (in D) Fachabitur; Abk. BRP: *Auszubildende haben die Möglichkeit, begleitend die Berufsreifeprüfung zu machen.* (PR 10. 10. 07)

**Berufstitel,** der: Titel, der für besondere berufliche Leistungen verliehen wird, z. B. Hofrat, Medizinalrat, Schulrat, Kammerschauspieler, Professor (mit den entsprechenden weiblichen Formen)

**Berufsunfähigkeitspension,** die: (in D) Berufsunfähigkeitsrente; bezieht sich in Österr. sowohl auf Beamte als auch auf die allgemeine Sozialversicherung: *Er bezieht nach einem Arbeitsunfall eine Berufsunfähigkeitspension von rund 2250 Euro brutto sowie eine Versehrtenrente von knapp 750 Euro netto im Monat.* (PR 23. 10. 16). ↑PENSION

**Berufungswerber Berufungswerberin,** der bzw. die: Person, die Berufung einlegt: *Der*

*Rechtskommende hätte Vorrang gehabt, und nicht er, sondern der Berufungswerber hätte stehenbleiben müssen.* (PR 30. 6. 13); ↑-WERBER

**besachwaltet** (Behördenspr.): unter ↑Sachwalterschaft stehend: *Bei besachwalteten Klienten ohne Vermögen hätten die Anwälte aber nicht einmal Anspruch auf Ersatz der Barauslagen, etwa Kopier- oder Fahrtkosten. »Hier muss es subsidiären Kostenersatz durch die Republik geben.«* (OÖN 28. 9. 16). ↑**Sachwalterschaft** ◆ **Besachwaltete/-r**

**Beschäftigungsausmaß,** das: Ausmaß des Arbeitsverhältnisses in Stunden pro Woche: *Ein Arbeitgeber darf nicht einseitig das Beschäftigungsausmaß einer Mitarbeiterin herabsetzen.* (PR 21. 2. 18). ↑AUSMAß

**Beschäftigungsbewilligung,** die: Arbeitserlaubnis für Ausländer: *Ihre Anträge auf Beschäftigungsbewilligung für Stammarbeitskräfte aus Bosnien und Serbien wurden abgelehnt.* (SN 9. 6. 16). ↑BEWILLIGUNG

**Beschäftigungsgruppe,** die: Einstufung [von Beamten] nach ihrer beruflichen Tätigkeit und Ausbildung; Verwendungsgruppe: *»Frauen verdienen nach wie vor und in allen Beschäftigungsgruppen deutlich weniger als Männer«, so das RH-Fazit.* (SN 20. 12. 16)

**Beschau,** die (Behördenspr.): amtliche Kontrolle, Überprüfung: *Eine Weitergabe des getöteten Tiers ohne Beschau sei nicht möglich.* (PR 14. 8. 18). ↑**Feuerbeschau, Hausbeschau, Totenbeschau**

**Beschwichtigungshofrat,** der (scherzhaft): jmd., bes. Beamter, der nur abwimmelt und Argumente nicht ernst nimmt: *Die Wutbürger sind, scheint's, in die innere Emigration gegangen. Statt ihnen haben die Beschwichtigungshofräte die Diskussionsleitung übernommen.* (SN 5. 1. 14)

**Besenkammerl,** das (ugs.): Abstellraum: *Damit das Reinigungsunternehmen diverse Utensilien für das Saubermachen verstauen kann, wurde ihm ein Besenkammerl von seinem Auftraggeber zur Verfügung gestellt.* (PR 11. 9. 13). ↑KAMMERL

**Beserl,** das; -s, -n (ostösterr.): ↑Bartwisch, (in D) Handfeger: *Selbstverständlich wären auch von unserer Testkandidatin Staubsauger, Mop und Beserl zur Verfügung gestellt worden.* (ST 27. 10. 05)

**Beserlpark,** der (Wien, ugs.): [kleiner] Park mit wenig Sträuchern: *Ümit kickte im Beserlpark, sein erster Verein war Wacker Wien.* (ST 14. 1. 17). Vgl. Hundstrümmerlpark

**Besetzung:** ***zur Besetzung gelangen** (Behördenspr.): besetzt, vergeben werden (von Stellen und Dienstposten): *Das Bundesministerium für Bildung und Frauen gibt bekannt, dass im Bereich des Landesschulrates für die Steiermark die Stelle einer Landesschulinspektorin respektive eines -inspektors für allgemein bildende höhere Schulen zur Besetzung gelangt.* (WZ 21. 6. 16)

**Besitzer Besitzerin,** der bzw. die (veraltend, in bestimmten Verwendungen): Besitzer/-in eines Hauses, Anwesens o. Ä. (mit der Nebenbedeutung: eingesessener Bewohner): *gestorben ist N. N., Besitzer in ...*

**besoffen:** ***eine besoffene Geschichte** ↑Geschichte; ***besoffener Kapuziner** ↑Kapuziner; ***besoffene Liesl** ↑Liesl

**Besserverdiener Besserverdienerin,** der bzw. die: gut Verdienende/-r, (in D häufiger) Besserverdienender: *Trumps Steuerpläne kämen wohl in erster Linie Besserverdienern zugute.* (SN 7. 12. 16)

**best-** (veraltend) /als Bestimmungswort in Zus./: sehr gut, z. B. **bestbekannt** (sehr bekannt; auch schweiz.); **bestbemittelt** (sehr reich); **besteingerichtet:** *besteingerichtetes* (mit höchstem Komfort versehenes) *Zimmer in schöner Lage zu vermieten;* **bestqualifiziert:** *Wir wären nicht in Österreich, hätten sich nicht rein zufällig zwei Herren mit politischer Vergangenheit nach Ausschreibungen als bestqualifiziert erwiesen.* (VN 16. 3. 07); **bestsituierte:** *Doch während es den achtziger Jahren vor allem bestsituierte* (reiche, materiell gesicherte) *Ältere oder Beamte waren, die ... Funktionärs- oder Vortragstätigkeiten wahrnahmen, kamen später neue Gruppen dazu.* (PR 8. 8. 08)

**Best,** das; -[e]s, -e (veraltend, auch bayr.): höchster ausgesetzter Preis (bes. bei einem Wettkampf, Scheibenschießen, Tombola, Ball): *Der Vorstand bittet alle, zu dieser Veranstaltung maskiert zu kommen und für die Tombola ein Best mitzubringen.* (NÖN 22. 2. 00) ↑**Bestkegelscheiben, Bestschießen** ◆ **Bestverteilung**

**Bestand,** der: 1. (Behördenspr., auch südd.) Pacht, Miete: *Dazu reiche »ein länger andauerndes oder wiederholtes vertragswidriges Verhalten des Mieters aus, das ... die Aufrechterhaltung des Bestandverhältnisses nicht mehr zumutbar macht.«* (PR 20. 7. 15); ***in Bestand geben:** verpachten: *Das marode Stadion soll langfristig dem FC Magna in Bestand gegeben werden und mit Magna-Mitteln modernisiert* *werden.* (NÖN 10. 3. 08); ***in Bestand nehmen:** pachten: *Der Gesetzgeber will den schützen, der eine leere Räuumlichkeit in Bestand nimmt und anschließend aus eigener Kraft ein Unternehmen aufbaut.* (ST 28. 4. 10). 2. Dauer des Bestehens: *Ganz groß gefeiert wurde das Jubiläum des zehnjährigen Bestandes des Nationalparks Kalkalpen.* (OÖN 18. 6. 07) ◆ (zu 1.:) **Bestandgegenstand:** *Er machte vom außerordentlichen Kündigungsrecht wegen »erheblich nachteiligen Gebrauchs des Bestandgegenstands« ... Gebrauch und klagte den Mieter auf Räumung der Wohnung.* (PR 20. 7. 15); **Bestandverhältnis; Bestandvertrag:** *Eine Zinsminderung ist ausgeschlossen, wenn der Bestandnehmer in Kenntnis einer gewissen Gebrauchsbeeinträchtigung den Bestandvertrag abschließt* (SN 19. 11. 15). (zu 2.:) **Bestandsjubiläum:** *Im alten Wiener Rathaus feierte das Polnische Kulturinstitut am Mittwochabend sein 30-jähriges Bestandsjubiläum.* (PR 25. 6. 04)

**Bestandgabe,** die (Behördenspr.): Vermietung, Verpachtung: *Über die weitere Bestandgabe (Vermietung/-pachtung) von Grundflächen im Ausmaß von insgesamt 14.500 Quadratmetern im Betriebsbaugebiet Südpark Linz entscheidet der Gemeinderat am Donnerstag.* (OÖN 18. 9. 13)

**Bestandgeber Bestandgeberin,** der bzw. die (Behördenspr.): Vermieter/-in, Verpächter/-in (Ggs. ↑Bestandnehmer): *Von dieser Einschränkung abgesehen, hat also der Bestandgeber (Vermieter) Anspruch auf Wiederherstellung des ursprünglichen Zustands der Bestandsache (Wohnung).* (SN 8. 8. 06)

**Bestandnehmer Bestandnehmerin,** der bzw. die (Behördenspr.): Mieter/-in, Pächter/-in (Ggs. ↑Bestandgeber): *Der mit dem Bestandnehmer Salzburg Sport GmbH (Red Bull) neu gefasste Mietvertrag wurde erst im September 2011 unterfertigt.* (SN 14. 3. 12)

**bestandsfrei** (Behördenspr.): nicht mit einem Pacht-, Mietvertrag belastet: *Denn die Liegenschaft muss dem Bund für ein Schulgebäude kostenlos und bestandsfrei zur Verfügung gestellt werden.* (SN 11. 5. 02)

**Bestandzins** (Behördenspr.): Miet-, Pachtzins: *Der Bestandnehmer würde sich einer völlig unabschätzbaren künftigen Kostenlast ... aussetzen, während dem Bestandgeber der Bestandzins und die Befreiung von jeglichem Erhaltungsaufwand für sein gesamtes Eigentum zugutekäme.* (PR 28. 1. 13). ↑ZINS

**Bestattnis,** die (Vbg.): Bestattung: *Eine große Trauergemeinde nahm beim Auferstehungsgottesdienst und der anschließenden Bestattnis auf dem Friedhof ... Abschied.* (VN 24. 11. 00)

**Bestattnisgottesdienst,** der (Vbg.): kath. Begräbnisgottesdienst: *Unser besonderer Dank gilt ... Herrn Pfarrer ... für die würdige Gestaltung des Bestattnisgottesdienstes.* (VN 5. 11. 05)

**bestauben:** mit Mehl, Pulver o. Ä. überziehen, (in D) bestäuben: *Die Fische mit Salz und Pfeffer würzen, leicht mit Mehl bestauben und in Butter braten.* (OÖN 18. 6. 16). ↑STAUBEN

**Bestbieter Bestbieterin,** der bzw. die: Anbieter/-in nach einer Ausschreibung, der/die das günstigste Angebot unter Berücksichtigung anderer Faktoren als nur den niedrigsten Preis legt: *Andere Firmen als die von ihm ermittelten Bestbieter hätten den Zuschlag erhalten.* (PR 10. 3. 17). ↑**Bieter, Billigstbieter**

**Bestemm,** der; -[e]s (ugs.): grundsätzliches oppositionelles Verhalten, Widersetzlichkeit, Ablehnung jeder Zusammenarbeit: *Erst viel später wurde mir (wie bei vielem was Lehrer, Eltern etc. so von sich gaben) klar, wie wertvoll dieser sein Bestemm war.* (ST 14. 9. 15); meist in der Fügung ***aus Bestemm:** *Er hielt sich schlecht, was Schmiss und Auftreten anlangte, offenbar aus Bestemm.* (PR 24. 12. 04) ◆ **Bestemmaktion:** *Das ist eine politische Bestemm-Aktion, entstanden aus politischem Beleidigtsein der SPÖ.* (PR 1. 3. 07); **Bestemmhaltung:** *Er sehe nicht ein, warum aus einer »Bestemmhaltung« eines einzelnen Landeshauptmannes ... Verbesserungen für alle nicht umgesetzt werden können.* (PR 15. 9. 08)

**Bestkegelscheiben,** das; -s (veraltet): Preiskegeln: *Durch Veranstaltungen wie Tombolas und Bestkegelscheiben konnte nach und nach ... die Schuld abbezahlt werden.* (Freiwillige Feuerwehr Bergham-Kösslwang, 2006, Int). ↑**Best, Kegel**

**bestoßen** (auch schweiz.): (eine Alm) mit Vieh beschicken: *Ein Kuriosum stellt die Alpe Vermunt dar, die zwar eindeutig auf Vorarlberger Gebiet liegt, aber von Galtür aus bestoßen wird.* (NVT 27. 7. 02); *Fast 2000 bestoßene Almen ... mit einer Fläche von 57.400 Hektar liegen in der Grünen Mark.* (KZ 7. 3. 16) ◆ **Bestoßung**

**bestqualifiziert** ↑best-

**bestreifen** (Behördenspr.): mit Polizeistreifen überwachen: *Wir haben dieses Gebiet verstärkt bestreift.* (OÖN 25. 11. 05) ◆ **Bestreifung**

**Bestschießen,** das: 1. (veraltet) Preisschießen. 2. (Sport) Sieg mit vielen Toren: *Wer darin aber den Auftakt zu einem Bestschießen des Welt- und Europameisters erwartet hatte, der sah sich enttäuscht.* (PR 14. 6. 12). ↑**Best**

**bestsituiert:** ↑best-

**Beta,** das: griechischer Buchstabe: wird österr. mit kurzem e ausgesprochen, in D meist mit langem. Ebenso: *Betablocker, Betastrahlen*

**betakeln,** sw. V. / hat (ugs.): betrügen, beschwindeln: *Ihre politische Elite, ihre Staatsklasse hat sie betakelt und verraten!* (PR 2. 2. 02)

**beteilen** (veraltend): (Spenden u. Ä.) auf jmdn. aufteilen; versorgen; beschenken: *Pro Tag werden zwei Tonnen Lebensmittel abgeholt und an 5500 Bedürftige abgegeben. 25 Institutionen werden damit beteilt.* (PR 11. 9. 06) ◆ **Beteilung**

**Betonierer Betoniererin,** der bzw. die (abwertend): 1. jmd., bes. Politiker, der die Natur durch rücksichtsloses Bauen zerstört: *Immer noch feiern die Grünen den Sieg über die Betonierer, die Landschaftsmörder, die bösen Kraftwerksbauer.* (SN 28. 7. 07). 2. Person, die unflexibel ist und andere Vorschläge aus Angst vor Machteinbußen abblockt: *»Wir sind keine Betonierer. Wir sind gesprächsbereit. Wir ärgern uns aber, dass nicht verhandelt wird. Es wird diktiert.«* (SN 10. 4. 01); *Auch in den Ländern bläst ein scharfer Wind gegen die Ausweitung: »Ich bin keine Betoniererin. Aber bei den Kunden ist der Wunsch nach längeren Öffnungszeiten nicht da«, glaubt Niederösterreichs Kammerpräsidentin ...* (SN 11. 1. 01)

**betreten** (Behördenspr., sonst veraltend) /meist im Passiv/: ertappen, festnehmen: *Um 15.15 Uhr wurde der Mann dann schließlich erneut auf frischer Tat betreten.* (KU 30. 6. 13)

**Betretung,** die (Behördenspr.): Feststellung einer Übertretung einer Vorschrift: im Fall, dass jmd. ertappt wird: *Zum einen kommt es zu Beitragszuschlägen im Falle einer Betretung in Höhe von 800 Euro für den Prüfeinsatz sowie in Höhe von 500 Euro für jede nicht angemeldete Person.* (Kärntner Wirtschaft 9. 5. 14) ◆ **Betretungsfall:** *Spielsachen, überhaupt alle nicht zum Unterrichte gehörigen Dinge, werden im Betretungsfall abgenommen.* (KZ 12. 9. 10)

**Betreuungslehrer Betreuungslehrerin,** der bzw. die: Lehrkraft an Pflichtschulen, die Schüler mit besonderen psychischen oder sozialen Schwierigkeiten zusätzlich betreut: *1,2 Millionen Euro gibt das Land Oberösterreich frei, um bis zu 30 zusätzliche Betreuungslehrer zu engagieren. Diese sollen Kinder in Krisen und Klassen, in denen es Probleme mit dem Sozialverhalten gibt, betreuen.* (OÖN 13. 1. 15). In der Bedeutung ›Lehrkraft, die Lehramtsstudenten im Praktikum betreut‹ auch in D

**Betriebsbewilligung,** die (auch schweiz.): (in D) Betriebserlaubnis: *Die Sachverständigen ... wurden ... beauftragt, die Vorerhebungen für die Betriebsbewilligung der Hochmaisbahn durchzuführen.* (SN 19. 1. 06). ↑BEWILLIGUNG

**Betriebsertrag,** der (auch schweiz.): Umsatz: *Die Betriebserträge konnten auf 126,8 Millionen Euro gesteigert werden.* (SN 11. 5. 15)

**Betriebskaiser, Betriebsratskaiser** ↑-KAISER

**Betriebswirtschafter Betriebswirtschafterin,** der bzw. die (auch schweiz.): in Betriebswirtschaft Ausgebildete/-r, Betriebswirt

**betroppezt** ‹vermutlich jidd.› (ugs.): bestürzt, sehr überrascht; sprachlos: *Kommt das Tier aus dem Wasser, wirkt es kurz ziemlich betroppezt, dann schüttelt es sich kräftig und spritzt dabei alle Umstehenden an.* (PR 14. 10. 13)

**Bettbank,** die: als Bett verwendbare Couch, Schlafcouch: *Kurz vor Mittag stürzte das eineinhalbjährige Mädchen aus dem dritten Stock, nachdem es beim Spielen auf eine Bettbank gekrabbelt und an das Fenster gelangt war.* (PR 18. 7. 07)

**Bettenbelag,** der: Zahl der belegten Betten in einem Krankenhaus, Hotel: *Als logistisches Steuerungselement fungiert ein Computersystem, das einen Überblick über alle KAV-Spitäler ermöglicht. »Bei Bedarf erhalte ich stündlich eine Bettenbelagsmeldung über alle Häuser.«* (WZ 19. 10. 07)

**Bettflasche,** die (westösterr., auch südd., schweiz.): Wärmeflasche: *Man gab ihr gewürzten Wein zu trinken und heiße Bettflaschen sorgten für eine leicht erhöhte Körpertemperatur.* (VN 20. 10. 05)

**Bettgeher Bettgeherin,** der bzw. die (früher): Untermieter, der nur nachts zum Schlafen anwesend ist; Schlafgänger: *Es sind unsere sozialdemokratischen Genossen gewesen, die aus Taglöhnern, aus Bettgehern stolze Arbeitnehmer gemacht haben.* (SN 24. 3. 17); *Als Magd ausgebeutet, floh das Mädchen vom Land in die Metropole, wurde Dienstbotin, Abwäscherin, Bettgeherin, und des Lebens müde.* (WZ 8. 10. 16). ↑-GEHER

**Bettlade,** die (seltener auch in D): Bettzeuglade: *Die Tote wurde, in Decken und Plastik ge-*

*hüllt, in der Bettlade einer Couch verstaut.* (SN 21. 9. 14). ↑ LADE

**bettlägrig:** österr. (und südd., schweiz.) Form, in D bettlägerig: *Das erinnerte an Gontscharows Romanfigur Oblomow, den bekanntesten Bettlägrigen der Literaturgeschichte.* (PR 19. 5. 17) ◆ **Bettlägrigkeit**

**Bettpatschen,** der (ugs., veraltet): warme Söckchen fürs Bett: *Im besten Fall gab es eine Zipfelmütze für den kahlköpfigen Herrn des Hauses. Und für die Hausfrau ein Paar selbst gestrickte Bettpatschen.* (SN 10. 12. 11). ↑ PATSCHEN ◆ **Bettpatscherl** ↑ Patscherl

**Bettpolster,** der: Bettkissen: *Die tiefgefrorene Fenstereinfassung hat aber auch einen großen Vorteil ... Der Nachteil: Der Bettpolster friert ständig am Rahmen fest.* (SN 1. 12. 12). ↑ POLSTER

**Bettstatt,** die; -, ...stätten (veraltend, auch südd., schweiz.): Bett, Bettgestell: *Eine schlichte, selbst gebaute Holzhütte auf Rädern, ausgestattet mit einer einfachen Bettstatt.* (SN 6. 6. 07)

**Bettüberwurf,** der (auch schweiz.): Tagesdecke für ein Bett: *Sofa, die bodenlangen Vorhänge und die Bettüberwürfe sind aus dickem, graubraunem Loden.* (SN 10. 10. 15). ↑ **Überwurf, Diwanüberwurf**

**Beugel,** das; -s, - (auch bayr.): 1. süßes Gebäck aus Mürbteig in gebogener Form; ↑ Hörnchen, Kipfel, (meist kurz für) ↑ **Mohnbeugel,** ↑ **Nussbeugel**. Vgl. Hörnchen. 2. (kurz für) ↑ **Fastenbeugel**

**Beunte,** die; -, -n (südd. in der Form *Beunde*): kleines Haus (im Ggs. zum Bauernhof) mit Grundstück. – In Ortsnamen erscheint das Wort meist in der Form *Point[e].* Dadurch kommt es bes. in Tourismusorten zu Überschneidungen mit dem engl. Wort *Point* für ›Treffpunkt‹. Vgl. Bündt ◆ **Beuntler/-in; Beuntner/-in**

**Beuschel,** das; -s, - (auch bayr.): 1. Speise aus Tierinnereien; (in D) Lungenhaschee: *Mit einem guten Beuschel mit Knödel kann ein Gasthaus manchen Stammgast gewinnen und gehört auch zum Repertoire der gehobenen Küche.* (ST 1. 7. 04). 2. (derb) Eingeweide des Menschen: *Das Zielpublikum, auf das er noch bis in die Achtzigerjahre bauen konnte, lässt sich mittlerweile von großen Hollywoodstudios Blut und Beuschel frei Haus liefern.* (PR 17. 5. 10). Vgl. Züngerl, saure Lunge. ↑ **Fischbeuschel, Kalbsbeuschel, Kalbsrahmbeuschel, Salonbeuschel, Schweinsbeuschel**

**Beuschelreißer,** der (ugs., salopp, abwertend): 1. scharfer, grober Tabak; starke, schlechte Zigaretten: *Anderen hilft Schocktherapie – ein Bild von einer schwarzen Raucherlunge etwa. Wieder andere geben sich an einem Tag so viele Beuschelreißer, bis es ihnen endgültig graust.* (ST 1. 6. 04). 2. scharfer Schnaps. 3. bekannte, mitreißende Melodie, aufregender Film o. Ä.: *Bewusst will man ... nicht nur mit filmischen Beuschelreißern, sondern auch mit allerlei karnevaleskem Drumherum für gute Laune sorgen.* (ST 19. 9. 12); *»Es ist ja so schön, wenn man etwas kennt«, sagt Frank Castorf, der den Südstaaten-Beuschelreißer »Endstation Sehnsucht« von Tennessee Williams inszenieren wird.* (OÖN 19. 7. 00)

**Beuschelreißerfilm,** der (salopp): reißerischer und publikumswirksamer Film: *Vielschichtiges Wüten und Toben, schwere Industrial Beats und Kreissägensounds aus der Geschichte des Beuschelreißerfilms werden teilweise mit wunderbaren Melodien und Cinesmascope-Pathos aufgeladen.* (ST 11. 12. 15)

**Beuschelreißerkino,** das (salopp): reißerisches und publikumswirksames Filmgenre: *Der große Verrückte des US-Popcorn- und Beuschelreißerkinos lehnte 1982 diese Kompositionen für das auch nicht schwache Schnee- und Eisgemetzel The Thing ab.* (ST 15. 1. 16)

**beuteln:** schütteln: *den Kopf beuteln; Maschinenbauer tüfteln bereits an Erntemaschinen, um die Äpfel und Birnen direkt von den Ästen auf Traktoranhänger zu beuteln.* (OÖN 19. 4. 04). – In übertragener Bedeutung, z. B. *das Leben hat ihn gebeutelt,* gemeind. ↑ **abbeuteln, ausbeuteln, durchbeuteln**

**Bevölkerungsschlüssel,** der: Berechnungsgrundlage für die Zuwendungen des Bundes an Gemeinden oder Städte: *Dennoch wird auch in der kommenden Periode der Großteil der Geldmittel nach dem abgestuften Bevölkerungsschlüssel vergeben werden.* (WZ 2. 11. 16)

**bevorrangt** (Behördenspr., Verkehr): sich im ↑ Vorrang befindend (von Straßen oder Verkehrsteilnehmern): *Radler werden gegenüber Autofahrern bevorrangt.* (WZ 4. 12. 12). Vgl. benachrangt. ↑ **Vorrang**

**Bewerb,** der; -s, -e: Wettbewerb, Wettkampf: *Für Sturm geht es noch um die Teilnahme an einem internationalen Bewerb.* (OÖN 8. 4. 17). ↑ **Hauptbewerb, Speedbewerb** ◆ **Cupbewerb:** *Zudem gewann er alle europäischen Cupbewerbe sowie den Weltpokal zumindest einmal.* (ST 27. 6. 06); **Damenbewerb; Herren-**

**bewerb; Mannschaftsbewerb; Schlussbewerb; Staffelbewerb; Teambewerb**

**Bewilligung,** die: steht österr. (und schweiz.) bes. in Zus., (in D meist) -genehmigungs: *Zusätzlich habe man ein besonderes Augenmerk auf eine strenge Personalisierung bei Akkreditierungen und Parkbewilligungen gelegt.* (SN 31. 12. 15). ↑**Arbeits-, Aufenthalts-, Bau-, Benützungs-, Beschäftigungs-, Betriebs-, Exekutions-, Niederlassungsbewilligung**

**Bewilligungspflicht,** die; - (auch schweiz.): Genehmigungspflicht: *Das habe die Aufhebung der chefärztlichen Bewilligungspflicht nach der Hochwasserkatastrophe in Ober- und Niederösterreich im August 2002 gezeigt.* (PR 5. 9. 06) ◆ **bewilligungspflichtig:** *dass die Landesregierung bereits jetzt per Verordnung die Haltung von bestimmten Hunden bewilligungspflichtig hätte machen können.* (SN 31. 8. 07)

**Bewilligungswerber** ↑-WERBER

**Bezirk,** der: bezeichnet österr. (und schweiz.) eine kleine Verwaltungseinheit, die über mehreren Gemeinden steht, (in D) Kreis. Die amtliche Bez. lautet: politischer Bezirk; Abk. [pol.] Bez. ↑**Bobo-Bezirk, Flächenbezirk, Gemeindebezirk.** – Die Bedeutung ›Stadtbezirk‹ (Wien, Graz) ist gemeind. ◆ **Bezirkshauptstadt**

**Bezirksamt,** das (Verw., Wien): Dienststellen des Magistrats in den einzelnen Wiener oder Grazer Bezirken für die Angelegenheiten der Bezirksvertretung, meist ***magistratisches Bezirksamt**

**Bezirksanwalt Bezirksanwältin,** der bzw. die (Verw.): Vertreter der Staatsanwaltschaft beim Bezirksgericht: *Ein Asylbewerber aus Algerien soll am Dienstagnachmittag im Salzburger Bezirksgericht zwei Bezirksanwälte mit dem Umbringen bedroht haben.* (SN 14. 4. 16)

**Bezirksgericht,** das (auch in manchen schweiz. Kantonen): Gericht eines Gerichtsbezirkes (kleinste Einheit der Justizverwaltung), (in D) Amtsgericht: *Ein Richter am Bezirksgericht Lambach weigerte sich laut Anwaltskammer, einvernehmliche Scheidungen durchzuführen.* (SN 30. 11. 07)

**Bezirkshauptfrau,** die: von der Landesregierung ernannte Vorsteherin eines politischen ↑Bezirks: *Viele Aktionen und Projekte gegen familiäre Gewalt wurden seither erfolgreich durchgeführt, wie Bezirkshauptfrau Rosmarie Drexler ... erläuterte.* (SN 22 11. 07)

**Bezirkshauptmann,** der: von der Landesregierung ernannter Vorsteher eines politischen Bezirks: *Zu seiner letzten jährlichen Bürgermeisterkonferenz hat der scheidende Bezirkshauptmann Leo Walser... alle 29 Gemeindechefs des Bezirks Bludenz eingeladen.* (VN 29. 9. 07). Vgl. Bezirksvorsteher. ↑**Landeshauptmann, Stadthauptmann**

**Bezirkshauptmannschaft,** die: **1.** Verwaltungsbehörde eines politischen Bezirks; Abk. ↑BH: *Die Bezirkshauptmannschaft Vöcklabruck hat angekündigt, einen Antrag auf humanitären Aufenthalt ... an den Innenminister zu richten.* (PR 11. 10. 07). **2.** Gebäude der Verwaltungsbehörde: *Im Oktober 2016 war der Betrieb in ein neu errichtetes Gebäude neben der neuen Bezirkshauptmannschaft in Hallein übersiedelt.* (SN 11. 5. 17)

**Bezirkskaiser Bezirkskaiserin,** der bzw. die: [politisch mächtige/-r] Bezirkshauptmann/-frau bzw. Wiener Bezirksvorstehe/-r: *Auf diese Weise können unliebsame Bezirkskaiser nach der Wahl noch um ihr Mandat gebracht werden.* (NVT 30. 3. 03); *... die SPÖ hat mit Hermine Mospointner in Favoriten ihre Bezirkskaiserin.* (OÖN 17. 9. 10). ↑-KAISER

**Bezirksparlament,** das: Volksvertretung eines [Wiener] Bezirks: *Die Neos im dritten Bezirk, den das Projekt betrifft, haben dieses im Bezirksparlament sehr befürwortet.* (PR 2. 6. 17)

**Bezirksrat Bezirksrätin,** der bzw. die: Abgeordnete in der Bezirksvertretung (in Wien): *Fünf auf einer angeblichen Wählerliste angeführte SPÖ-Bezirksräte sollen keine Doppelstaatsbürger sein. Ein grüner Bezirksrat besitzt die Doppelstaatsbürgerschaft legal.* (PR 27. 4. 17)

**Bezirksvertreter Bezirksvertreterin,** der bzw. die (Wien): Volksvertreter eines Bezirks: *»Die Frage ist, wem ich mich verpflichtet fühle: ... Den Bezirksvertretern, die mehrheitlich in der Bezirksvertretung zugestimmt haben?«* (PR 26. 4. 17) ◆ **Bezirksvertretung**

**Bezirksvorsteher Bezirksvorsteherin,** der bzw. die: ↑Bezirkshauptmann in Wien und Graz: *Promi-Wohngegend Rudolfsplatz ist für Bezirksvorsteherin Ursula Stenzel ein Beispiel für die »Verslumung« der City.* (ST 17. 8. 07) ◆ **Bezirksvorstehung**

**Bezirkswappler Bezirkswapplerin,** der bzw. die (ugs., bes. Wien): umtriebiger, aber einflussloser Parteifunktionär: *»Was der hundertvierzigste Bezirkswappler sagt, muss uns egal sein«, sagt ein grüner Spitzenmann, »es geht darum, dass wir vorankommen.«* (Falter 13. 10. 10)

**Bezug,** der: wird österr. i.S.v. ›Gehalt, Einkommen‹ auch im Singular verwendet, in D nur im Plural: *Bei einem Brutto-Monatsbezug von 1.500 Euro bleiben einem Beschäftigten ... nach Abzug von Lohnsteuer und Sozialversicherung knapp 1.200 Euro netto.* (PR 13. 1. 17). ↑**Aktivbezug, Grundbezug, Pensionsbezug, Ruhebezug**

**Bezugszettel,** der: Gehaltszettel im öffentlichen Dienst: *Hier unterstützen wir auch immer wieder Bedienstete und helfen bei der Kontrolle der Bezugszettel.* (NÖN 1. 5. 14)

**BH:** 1. (nur geschriebene Abk. für) Bundesheer (als Kfz-Kennzeichen). 2. (buchstabierte Abk. für) Bezirkshauptmannschaft: *ich gehe auf die BH; Es folgte eine längere Diskussion mit mehren Mitarbeitern der BH-Steyr.* (OÖN 13. 11. 07) – Die Bedeutung ›Büstenhalter‹ ist gemeind.

**BHS,** die: (buchstabierte Abk. für) Berufsbildende Höhere Schule

**Biegel,** das; -s, - (ugs.): Schenkel, Keule von Back-, Brathendln ◆ **Hühnerbiegel; Gansbiegel:** *Die klassische Choucroute wird mit Bergen geräucherter Würste, gepökeltem Fleisch, knusprig gebratenen Gansbiegeln, Blunzen, Stelzen ... zum Inbegriff eines festlichen Schmauses.* (ST 10. 3. 06)

**biegen** (veraltet): deklinieren, beugen ◆ **Biegung**

**Biennalsprung,** der: ↑Biennium: *Die Harmonisierung sieht vier Vorrückungen vor, wobei die Angestellten auf einen Biennalsprung verzichten.* (SN 19. 10. 04)

**Biennium,** das; -s, ...ien ‹lat.›: im Abstand von zwei Jahren stattfindende ↑Gehaltsvorrückung [der Beamten]: *Man könnte ja bei uns jedes zweite Biennium streichen.* (PR 31. 7. 13). – In D nur ›Zeitraum von zwei Jahren‹

**Bierkäse,** der: während des Reifens mit Rotschmiere behandelter pikanter Schnittkäse: *Die Marktstandler werden Bierwurst, Bierbrot, Bierkäse und andere Köstlichkeiten anbieten.* (OÖN 20. 2. 17) – In D ein pikanter Schmelzkäse

**Bierkiste,** die (auch südd., westd.): (in D) Bierkasten: *Man konfrontiere sie mit ihrer größten Angst: allem, was Spaß macht. Luftstreitkräfte haben Pornohefte und Bierkisten über dem Gebiet abgeworfen.* (WZ 27. 11. 15). ↑**Kiste, Sandkiste**

**Bierkrügel,** das: Krug oder Henkelglas für einen halben Liter Bier: *Bei Leuten, bei denen das Geld locker sitzt, kann man mit Bierkrügeln, die klingen, punkten.* (PR 7. 3. 06). ↑**Krügel**

**Bierlokal,** das (seltener auch in D): Gasthaus, in dem v.a. Bier ausgeschenkt wird: *In der Wagnergasse haben wir die Qual der Wahl – zwischen Italiener, urigen Bierlokalen, asiatisch oder Retro-Lokal.* (SN 24. 2. 17). ↑Lokal

**Bierradi,** der: Bierrettich: *Frisch aus dem Gemüsegarten kommen Petersilie, Broccoli, Bierradi, Karotten und Zwiebeln.* (OÖN 1. 10. 15). ↑**Radi, Radisalat**

**Biertazzerl,** das (ugs.): Bierdeckel: *Man wolle mit den Motiven Leichtigkeit vermitteln – Biertrinken werde bei uns immer zu ernst genommen, so der Brauerei-Chef. Die »Biertazzerln« wurden in einer limitierten Auflage von 250.000 Stück hergestellt.* (VB 8. 11. 01). ↑**Tazzerl**

**Biertippler,** der (ostösterr. ugs.): Biertrinker, der von Lokal zu Lokal zieht und sich langsam betrinkt: *So saß er da, hatte die Gaststube im Überblick, so musste es sein. An den Tischen die üblichen Biertippler und Weinbeißer.* (PR 4. 5. 07)

**bieseln,** sw. V. / hat (auch bayr.): urinieren: *Die erste Mass trinken die Gäste um zehn. Um zwölf wollten gestern alle gleichzeitig zum Pieseln.* (SN 25. 9. 12). – Wird meist mit Bayern assoziiert. ↑**wischeln**

**Bieter Bieterin,** der bzw. die: Person, die bei gewerblichen Ausschreibungen ein Angebot legt: *Den Zuschlag für ein Projekt sollen künftig auch wieder Bieter bekommen, die zwar mit viel zu niedrigen Preisen agieren, das aber betriebswirtschaftlich begründen.* (OÖN 8. 4. 17). ↑**Bestbieter, Billigstbieter**

**Bildstock,** der (auch südd., schweiz.): im Freien auf einem Sockel oder Pfeiler angebrachtes Kruzifix, Heiligen- oder Marienbild: *Gilgen besitze viele Kapellen, Bildstöcke, Marterl sowie Weg-, Wetter- und Gipfelkreuze, die auf die zahlreichen historischen Begebenheiten hinweisen.* (SN 15. 4. 17). Vgl. Marterl

**Bildungsanstalt,** die (Behördenspr.): offizielle Bez. mancher Schultypen, z.B. Bildungsanstalt für Kindergartenpädagogik, für Sozialpädagogik

**Bildungsberater Bildungsberaterin,** der bzw. die: (Verw.): Lehrer, der an einer [höheren] Schule für Bildungs- und Berufsberatung zuständig ist. (Als Berufsbezeichnung für Berater an der Bildungsagentur oder Arbeitsmarktservice Tätige gemeind.). ↑**Schülerberater**

**Bildungsdirektion,** die (Verw.): zentrale Bildungsbehörde eines Bundeslandes (ersetzt mit erweiterten Aufgaben) den Landesschulrat ◆ **Bildungsdirektor/-in**

**Bildungskarenz,** die (Verw.): mit dem Arbeitgeber vereinbarte Freistellung von der Arbeit zur Weiterbildung ohne Verlust des Arbeitsplatzes: *Die Bildungskarenz ermöglicht einen geförderten Ausstieg aus dem Berufsleben, der für Weiterbildung genutzt werden muss.* (PR 23. 4. 17). ↑Karenz

**Bildungsteilzeit,** die (Verw.): Mit dem Arbeitgeber vereinbarte Reduzierung der Arbeitszeit für Weiterbildung: *Die Bildungsteilzeit wiederum ermöglicht die Reduktion der Arbeitszeit um 25 bis 50 Prozent.* (SN 34. 4. 17)

**Billard,** das; -s, -s: der Plural lautet österr. Billards, in D Billarde. Die Aussprache lautet [biˈjaːr und bilˈjaːr] mit Betonung auf der zweiten Silbe, in D [ˈbɪljart], schweiz. [ˈbɪljaːr]

**Billet,** das; -[e]s, -s [biˈjeː, bilˈjeː, ugs.: bɪˈlɛt biˈjɛt] ⟨franz.⟩: Glückwunschkarte in einem Kuvert, Briefkarte: *Die Trauung ... fand bereits Anfang August in Gmunden statt, wurde aber erst jetzt per Billet bekannt gemacht.* (OÖN 22. 9. 16). – Auch in der gemeind. Schreibung *Billett* ◆ **Geburtstagsbillet; Glückwunschbillet; Hochzeitsbillet; Weihnachtsbillet:** *Indem man zum Wein ein nettes Weihnachtsbillet legt.* (OÖN 14. 12. 07)

**Billeteur Billeteurin Billeteuse,** der bzw. die [bijɛˈtøːɐ̯] ⟨franz.⟩: Platzanweiser, der im Theater oder Kino die Eintrittskarten überprüft und Programme verkauft: *Aus großem Interesse am Kabarett und finanziellen Gründen arbeitete er am Abend als Billeteur im Kleinkunstlokal.* (PR 9. 5. 14) ◆ **Kino-, Theaterbilleteur/-in**

**Billigsdorfer,** der (salopp): Billigware: *Kaum zu glauben, dass der tschechischen Traditionsfirma, als sie 1991 unter das Dach des VW-Konzerns fuhr, einmal die Rolle zugedacht war, als Billigsdorfer die immer lästiger werdende Konkurrenz aus Korea auf Abstand zu halten.* (ST 8. 12. 16)

**Billigstbieter Billigstbieterin,** der bzw die: Anbieter mit dem billigsten Kostenvoranschlag: *Letztere war zwar nicht der Billigstbieter, erhielt aber aufgrund der Bestbieter-Bewertung den Zuschlag.* (BVZ 26. 6. 13); *Die Bietergemeinschaft Porr/Alpine-Mayreder ist demnach Billigstbieterin.* (Wirtschaftsblatt 3. 2. 05). ↑**Bieter, Bestbieter**

**Bim,** die; - (salopp): Straßenbahn: *Vor allem in Wien sind Bim, Bus und U-Bahn beliebt.* (ST 20. 5. 17) ◆ **Bimfahrer/-in; Bimfahrt:** *Bei einer Bimfahrt verriet Gery Keszler, was der 18. Life Ball bietet* (PR 24. 3. 10); **Bim-Gleis; Bim-Haltestelle; Bim-Linie**

**Binder Binderin,** der bzw. die (auch südd.): Böttcher, Fassbinder: *Es war eine Kunst der alten Binder, so ein Fass herzustellen und die Reifen auf das Fass zu schlagen.* (KR 11. 9. 11). ↑**Fassbinder, Rastelbinder, Weißbinder** ◆ **Bindermeister/-in**

**Bindl,** das; -s, -n: /eine Trachtenkrawatte/: *»So, des Bindl gehört anders gebunden«, erklärt die 21-Jährige ihrem Hofstaat, wie man die Tracht richtig anzieht.* (KZ 26. 5. 10)

**Binkel,** der (ugs., auch bayr.): **1.** Bündel: *Auf ihrer Strohpresse ... pressten die Landwirte dieser Tage den Millionsten Binkel.* (NÖN 31. 8. 10); *Wir würden so einen Binkel Geld bekommen, dass wir's gar nicht zählen können.* (NÖN 31. 3. 03); ***sein Binkel packen:** aufbrechen, weggehen: *Wenn der nicht will, dass ich Teilzeit arbeite, dann kann ich mein Binkel packen.* (FU 3. 3. 05). **2.** (ähnlich nordd. *Pinkel*) nicht näher bezeichneter [unsympathischer] Mann: *Wer dagegen ein SUV sucht, das so viel kostet wie ein paar Aufpreisposten bei den feinen Binkeln, der wird bei Suzuki fündig.* (PR 13. 1. 17); *Schuld ist natürlich der Koch. Ein nervöser Binkel offenbar, der dem Eigengeschmack seiner Zutaten nicht vertraut.* (KU 10. 5. 01). ↑**Zornbinkel**

**Binkerl,** das; -s, -n: Bündel: *Benedikt packt sein Binkerl, inklusive einer Stange Wurst und Schnaps.* (KZ 8. 12. 15); *Oft wohl, weil Erwachsene seit der Kindheit ein Binkerl mit sich schleppen, das ihnen ihr Leben erschwert oder als Binkel gar vergällt.* (WZ 5. 2. 16). ↑**Herzbinkerl, Nervenbinkerl**

**Birebrot,** das (Vbg., auch schweiz.): an den Dialekt angelehnte Schreibung von ↑Birnenbrot. ↑Brot

**birnen,** sw. V. / hat (ugs.): **1.** verprügeln: *Sie rasierten mir die Haare ab und haben mich ordentlich gebirnt.* (OÖN 19. 12. 09). **2.** /unpersönlich mit *es*/: stürzen: *In den ersten beiden Trainings hatte es ihn gebirnt* (ST 19. 1. 01)

**Birnenbrot,** das (Vbg., auch schweiz.): ↑Kletzenbrot: *So finden sich neben Weihnachtsstollen, Birnenbrot und Adventstrudel auch herrliche Keksrezepte.* (VN 27. 11. 07). ↑Brot

**Birnenzelten,** der (westösterr.): Früchtebrot mit gedörrten Birnen; ↑Kletzenbrot: *Dem*

*Birnenzelten aus der Außerfratte und dem Bienenhonig aus der Innerfratte konnte sie einfach nicht widerstehen.* (VN 15. 12. 16). ↑Zelten

**bis:** wird österr. (und bayr.) [biːs] ausgesprochen, also lang und mit offenem i, in D [bɪs]

**Bischof,** der (mundartnah): Hinterteil des Geflügels, Bürzel: *Die Tipps gehen von rund ums Rind, über das Huhn vom Bischof bis zum Kragen, Waldviertler Karpfen ...* (NÖN 25. 2. 04). – Wird österr. (und bayr.) [ˈbiːʃoːf] mit langem, geschlossenem i und o (im Plural ö) ausgesprochen, in D auch [ˈbɪʃɔf]

**Bischofsbrot,** das: feiner Kuchen mit Rosinen, Mandeln o. Ä.: *»Ich hab grad ein Bischofsbrot gebacken«, nötigte die herzensgute Frau uns zur Jause.* (PR 23. 4. 10). ↑Brot

**Biskotte,** die; -, -n ‹ital. *biscotto* ›zweimal gebacken‹›: Biskuit in länglicher Form mit zwei runden Enden, (in D) Löffelbiskuit: *Bei süßen Snacks ... von Ferrero oder Biskotten für Kinder von Manner spielen Zucker und Fett gewichtige Rollen.* (SN 23. 10. 14) ◆ **Biskottentorte**

**Biskuit,** das [bisˈkviː, bisˈkvit]: ist österr. Neutrum, in D auch Maskulinum. Zur Aussprache ↑-it, -itisch

**Biskuitroulade,** die (auch schweiz.): Kuchen aus eingerolltem und mit Marmelade gefülltem Biskuitteig: *eine 80 Zentimeter lange Biskuitroulade übergab der Linzer Bäckermeister Dieter Hofmann an die Kinderkrebshilfe.* (OÖN 11. 10. 06)

**bisserl** (ugs., auch südd.) /attributiv und adverbial/: ein bisschen: *»Ich habe schon ... am Ende gemerkt, dass ich schon ein bisserl an den Reserven bin.«* (SN 20. 5. 17); *Wenn die Herren Trump und Co allesamt ein bisserl Streichquartett spielten, würde die Welt wahrscheinlich anders aussehen.* (SN 15. 5. 17). – Auch in der Form *bissel, bissl*

**Bissgurn,** die; -, - (ugs., abwertend, auch bayr.): zänkische, tyrannische Frau: *Oft verpasste man ihr das Image einer harten Überobermanagerin oder Bissgurn.* (OÖN 16. 2. 11)

**Bitsche, Pitsche,** die; -, -n (ugs.): Kanne mit Deckel: *Im Spätherbst in der Dämmerung eine letzte Runde durch den Garten ziehen, eine Pitsche heißen Rum mit Tee in der Hand, ... das gehört zu den absoluten Höhepunkten des Gärtnerjahrs.* (ST 25. 11. 11) ◆ **Milchbitsche**

**Bittleihe,** die (Rechtsspr.): widerrufbare, auf eine Bitte hin erfolgende Einräumung eines Rechts, das keinen Rechtsanspruch begründet; Prekarium: *Wie genau die Verträge zwischen den Grundeigentümern und dem Innenministerium aussehen werden, ist noch offen. Pacht oder Bittleihe seien denkbar.* (KZ 27. 11. 15)

**bitzeln, pitzeln,** sw. V. / hat: 1. (ugs.) jähzornig, wütend sein: *Nicht dass ich französische Kinder nie bitzeln sehe, aber ... bei meinen Frankreichreisen hat mich immer der Familiensinn beeindruckt.* (PR 25. 10. 14). 2. (bes. ostösterr.) sich übergenau mit Kleinigkeiten abgeben: *Esterházy kann klotzen, das Land muss kleckern; der Richter nun notgedrungen pitzeln.* (ST 23. 1. 17) – In D regional in der der Bedeutung ›prickeln‹

**Bitzler, Pitzler** (ugs.): 1. jähzorniger, leicht erregbarer Mensch: *»Er war ein Pitzler, aber ein hervorragender Lehrer.«* (KU 24. 11. 00); *Von einer rhethorischen Lachnummer, einem schnell beleidigten Bitzler wurde er zum gewandten Interviewpartner.* (SN 5. 2. 00). 2. kleinlicher, genauer Mensch: *Als Edelfeder gilt Stephan Eberharter, aber auch als Bitzler, wenn's ans Redigieren geht.* (Falter 18. 10. 06); *Ich bin ein bisserl ein Pitzler. Wenn ich ein kleines Unkraut-Pflanzerl sehe, wird's sofort ausgestochen.* (KU 30. 3. 08)

**bitzlig, pitzlig** (ugs.): 1. jähzornig, leicht erregbar: *Läuft etwas nicht nach seinen Vorstellungen oder gar zu langsam, kann er bitzlig werden.* (SN 5. 2. 00). 2. heikel, schwierig: *eine bitzlige Arbeit, Angelegenheit*

**BKA:** (buchstabierte Abk. für) Bundeskanzleramt, Bundeskriminalamt

**BLA:** (buchstabierte Abk. für) ↑Bundeslehranstalt (Oberbegriff für verschiedene Formen)

**Black-out,** das: ist österr. (seltener auch schweiz.) Neutrum, in D Maskulinum: *Am Resultat änderte das Blackout des Unparteiischen aber auch nichts mehr.* (NÖN 12. 9. 07)

**blad** ‹eig. ›gebläht‹› (ugs., abwertend, auch bayr.): dick, von großer Körperfülle (auch als Schimpfwort): *Andy, blad bist worden. Könnterst net ein bisserl abnehmen?* (OÖN 17. 11. 06) ◆ **Blade,** der und die: *Der Mann soll ... diesen mit den Worten »Schieß auf den Bladen!« zum Waffengebrauch aufgefordert haben.* (PR 15. 6. 07)

**Blasbalg,** der (und südd., schweiz.) Form, (in D) Blasebalg: *Für viele Ohren war es Lärm: das Schlagen der Hämmer ... und das Fauchen des Blasbalgs.* (PR 10. 6. 06)

**Blassel,** der; -s, - (ugs.): Tier mit weißem Fleck auf der Stirn; Blesse. Vgl. Bless

**Blattl,** das: 1. (Verkl. zu) Blatt: *»Es ist schon komisch, dass man mehr Ausbildung braucht, um ein Blattl Wurscht zu verkaufen, als um Politiker zu werden.«* (profil 27. 10. 08). 2. (abwertend) Zeitung: *»In deinem Blattl stelle ich nix richtig.«* (BVZ 31. 3. 11)

**Blattlinie,** die: Grundsätze der Berichterstattung und politisch-weltanschauliche Ausrichtung einer Zeitung: *Es ist bei den SN nun schon jahrelang Blattlinie, der Landwirtschaft nur dann ein positives Image zuzugestehen, wenn sie extensiv oder biologisch betrieben wird.* (SN 17. 1. 03)

**blau:** ist im österr. politischen Spektrum die Farbe der Freiheitlichen: *Als weitere Eckpunkte einer blauen Regierungsbeteiligung nannte er neben Integrationsthemen ein Ausmisten von Steuerrecht und Gewerbeordnung* (SN 23. 5. 17) ◆ **Blauen,** die: *Neuordnung der Kompetenzen ohne die Blauen* (OÖN 1. 4. 17)

**Blaufränkische,** der: /eine Rotweinsorte/: *Der Blaufränkische ist eine Institution des Mittelburgenlandes. Aber auch im Weinviertel gibt es davon im Überfluss.* (Falter 18. 3. 15)

**Blaukraut,** das (auch südd.): (in D) Rotkohl: *Ich mag Kaiserschmarrn und Schweinshaxe mit Semmelknödel und Blaukraut, aber das gönne ich mir selten.* (KZ 8. 5. 17). Vgl. Rotkraut ↑ KRAUT

**Blaulichtsteuer,** die (ugs.): Verwaltungsgebühr, die zu entrichten ist, wenn die Polizei zu einem Verkehrsunfall ohne Personenschaden gerufen wird; Unfallmeldegebühr: *Die Blaulichtsteuer ist in der Straßenverkehrsordnung § 4 Absatz 5b geregelt.* (WZ 31. 7. 14)

**Blechhäferl,** das: 1. Gefäß aus Blech: *Und dabei nimmt er doch dankbar den nächsten heißen Schluck aus dem Blechhäferl.* (SN 5. 1. 02) 2. (scherzhaft) Pokal aus Metall: *Ein Blechhäferl für die Siegerehrung.* (PR 28. 3. 07). ↑ HÄFERL

**bledern** ↑ pledern

**Bleistiftabsatz,** der (auch schweiz.): hoher, dünner Absatz an Stöckelschuhen: *Ich sehe fast nie Frauen, die im Alltag hohe Bleistiftabsätze tragen.* (ST 29. 4. 09)

**Bleistiftwert,** der (Rechtsspr.): der bei einer Versteigerung voraussichtlich erzielbare Wert: *Bei der Beurteilung der Voraussetzungen ist mangels anderer Entscheidungsgrundlagen vom Bleistiftwert auszugehen.* (deranwalt.at 29. 6. 05, Int)

**Bless,** der/die: Tier mit weißem Stirnfleck, (in D) Blesse: *Darunter eine Kuh, die der Landwirt »Bless« nennt. Ihre fuchsroten Flecken auf dem milchweißen Fell glänzen in der Sonne.* (News 11. 9. 14) Vgl. Blassel

**Bletschen,** die (ugs.): großes Salatblatt, Pflanze mit großen, dicken Blättern: *Ich kann also kaum von der Salatmischung essen, bevor ich nicht die Bletschen beseitigt habe.* (OÖN 9. 4. 10)

**Blitzgneißer Blitzgneißerin,** der bzw. die (ugs., salopp, oft ironisch das Gegenteil ausdrückend): Person, die etwas sehr schnell kapiert, (in D) Schnellmerker: *Der designierte Chef verspricht rasches Lernen: »Ich bin ein Blitzgneißer.«* (ST 10. 12. 15); *Als sich Beth wider Erwarten ... als Blitzgneißerin entpuppt, wird sie zum offiziellen Glücksbringer von Dink Inc.* (Wienerin 10. 8. 12). ↑ **gneißen**

**blitzsauber** (regional auch in D): sehr hübsch: *Das Leben auf dem Land ist anders als in den gelackten »Da, wo die ...«-Filmen, in denen Hansi Hinterseer als edler Ritter armen, aber blitzsauberen Bauerndirndln das Erbe rettet.* (OÖN 19. 5. 06). – In der Bedeutung ›ganz sauber, blitzblank‹ gemeind.

**Bloch,** der und das; -[e]s, -e/(selten:) Blöcher (auch südd.): gefällter und von Ästen gesäuberter Baumstamm: *Beim Entasten eines Baumes wurde ein 35-jähriger Weststeirer vom Bloch mitgerissen und schwer verletzt.* (KZ 16. 9. 16); *Dabei wurde er auf dem steilen Gelände von einem abrollenden* **Holzbloch** *am linken Bein getroffen.* (OÖN 25. 4. 07)

**Blochholz,** das: in Form von Baumstämmen geliefertes Holz: *Blochholz verkauft man derzeit um 90 Euro je Festmeter, für einen befallenen Baum erhält man um mindestens ein Drittel weniger.* (KZ 29. 8. 15)

**Blochziehen,** das; -s (Volkskunde): 1. (west-, südösterr., auch schweiz.) Faschings- und Fruchtbarkeitsbrauch, bei der ein geschmückter ↑ Bloch auf einem Wagen gezogen wird: *Früher durften nur ledige Männer beim Blochziehen mitmachen.* (VN 5. 1. 00). 2. (Südburgenland) Brauchtumsveranstaltung mit Umzug und einer fingierten Hochzeit: *Der Höhepunkt im abgelaufenen Jahr war aber sicherlich das Blochziehen, das weit über die Ortsgrenzen hinaus Beachtung fand.* (BVZ 21. 2. 13). 3. (Ktn.) Geschicklichkeitswettbewerb in der Pferdehaltung: *Über 500 Besucher aus ganz Kärnten, Friaul und Slowenien waren zum Blochziehen auf der Wiese hinter dem Feuerwehrhaus in Achomitz gekommen.* (KZ 10. 10. 16) ◆ **Blochzug**

**Blọckredezeit,** die (Politik): aliquote Zuteilung der Redezeit auf die einzelnen Fraktionen im Parlament: *Vorgesehen sind kürzere Blockredezeiten für die Klubs.* (ST 3. 12. 13)

**blö̱d:** österr. (und südd., schweiz.) nur so gebrauchte Form, (in D auch) blöde: *Blöd ist nur unser Mangel an Worten, weswegen wir diese Riechstoffe nicht alle beschreiben können.* (SN 28. 5. 17); ***jmdn. für blöd anschauen** ↑anschauen; ***etwas geht blöd her** ↑hergehen; ***jmdn. blöd sterben lassen** ↑sterben

**blo̱ßfüßig** (in D selten und veraltet): barfuß: *Mit langen weißen Haaren und bloßfüßig wirbelte sie wie eine Gestalt aus einem Fantasy-Film auf der Bühne herum.* (SN 11. 9. 16)

**Blo̱ßfüßige,** der und die; -n, -n (ugs.): **1.** barfüßiger Mensch: *Diese fuhren jedoch weiter, weil sie erkannten, dass es sich bei dem Bloßfüßigen nicht um einen Polizisten handeln könne.* (SN 29. 4. 15). **2.** (abwertend) naiver Mensch, Verlierer; Mensch aus einem unterentwickelten Land: *Die Olympischen Spiele sind vorbei und wir zählen nun ... zu den olympischen Bloßfüßigen, sprich: Medaillenlosen.* (SN 15. 8. 12)

**Bluejea̱n,** die: -, -s [bluːˈdʒiːn]: wird österr. auf der zweiten Silbe betont und kann auch im Singular gebraucht werden; in D nur Bluejeans (Plural) mit Betonung auf der ersten Silbe: *Im Billigladen kostet eine Bluejean 20 Euro.* (PR 18. 4. 15)

**Blu̱menkistchen,** das; -s, - (auch schweiz.): Behältnis für [Balkon-, Fenster]pflanzen: *Auf der Spanischen Treppe stehen längst keine Blumenkistchen mehr, weil Vandalen sie jede Nacht die Stufen hinuntergeworfen haben.* (PR 1. 8. 07)

**Blu̱menkistl,** das (ugs.): ↑Blumenkistchen: *In der Stadt hingegen, mit ihren Parkanlagen, Alleen mit Rosskastanie, Ahorn und Linde und den Kleingärten, Blumenkistln und Gstätt'n, finden die Bienen immer reichlich blühende Nahrung.* (ST 1. 6. 12). ↑**Kistl**

**Blu̱na®,** das; -s, -s: ist österr. (und südd., schweiz.) Neutrum, in D meist Femininum. Ebenso ähnliche Getränkenamen wie ↑Fanta, ↑Cola

**Blụnze,** die; -, -n (auch bayr.): **1.** Blutwurst: *Kartoffeln und Blunzen in Butterschmalz anrösten bis alles leicht braun ist. Die Eierschwammerln putzen und waschen und zur Blunze hinzugeben.* (SN 26. 9. 05); ***etwas/jmd. ist jmdm. blunzen** (ugs., salopp): etwas/jmd. ist jmdm. gleichgültig: *Dass es dann keinen echten Fleischer mehr in der Stadt gibt, ist mir nicht blunzen.* (NÖN 26. 3. 08); ***geradelte Blunzen** ↑Blunzenradl. **2.** (abwertend) dicke, unbewegliche Frau (auch als Schimpfwort): *Fettabsaugung, Silikonimplantate, Lippenaufspritzung ... machen aus der schiarchsten Blunzen, pardon, wir wollten sagen, ... von der Natur etwas benachteiligten Frau, eine Grazie erster Klasse.* (ST 14. 8. 03). – Auch in der Form *Blunzen*

**blunzenfẹtt** (ugs., derb): völlig betrunken: *Egal ob blunzenfett oder nur angeheitert, die Symptome sind entscheidend.* (ST 12. 12. 12)

**Blụnzengröstl,** das: Gröstl mit Blutwurst: *Das Blunzengröstl in seiner edelsten Form, minimalistisch auf dem Teller, hochpreisig auf der Rechnung, hat bereits Einzug in heimische Gourmet-Tempel gefunden.* (SN 12. 9. 06). ↑Gröstl

**Blụnzenradl,** das: Speise aus Blutwurstscheiben: *Patron Müller schickte höchstpersönlich speziell komponierte Schmankerl auf den Weg. Blunzenradl wurden mit karamellisierter Ananas kombiniert.* (OÖN 3. 10. 16). ↑Radl

**Blụnzenstrudel,** der: Strudel mit Blutwurstfüllung: *besonders gut kann sie Gerichte wie Blunzenstrudel oder Beuschel, die gut ankommen, da sich Gäste den großen Aufwand dieser Kocherei nicht antun wollen.* (OÖN 15. 3. 01). ↑Strudel

**Blụnzentascherl,** das: Tascherl mit Blutwurstfüllung: *Es gibt aber noch weitere Möglichkeiten, Blunze zuzubereiten. ... Sie kann auch in Form von Blunzentascherln – wie in diesem Fall – mit Selleriesalat als Vorspeise serviert werden.* (ST 15. 3. 17). ↑Tascherl

**Blu̱ttommerl,** der (Bgld., Stmk.): mit Blutwurst zubereiteter Tommerl: *Was am Ende des Tages übrig blieb, war ein Schwein, zerlegt in all seine Einzelteile, ... vom Blut war längst nichts mehr übrig, weil es in Form eines Bluttommerls aufgegessen wurde.* (KZ 19. 2. 13). ↑Tommerl

**Bo̱bo,** der und die, -, -s ‹Kurzwort aus franz. *bourgeois* u. *bohémien;* aus dem Amerikanischen› (oft abwertend): Angehörige/-r einer modernen städtischen, individualistischen, genussorientierten Gesellschaftsschicht: *Und was, wenn – in einem Land der Bobos und Bauern, der Gutmenschen und Schlechtmenschen, der Radler und Autofahrer – diese Politik das Beste ist, was wir bekommen können?* (PR 21. 5. 17); *Nun wissen wir auch, dass der Gra-*

*ben nicht zwischen linken und rechten Flügeln* (in der SPÖ) *verläuft, sondern zwischen Landgenossen und Wiener Bobos.* (PRaS 30. 9. 18); *Prompt hatte die SPÖ eine neue öffentliche Debatte am Hals: »Bobos« gegen »Prolos«.* (ST 7. 10. 18). – In D ›Spaßmacher, Narr im spanischen Theater‹ ◆ **Bobo-Bezirk:** *Die ist auch für Wiener Feinkosthändler wichtig. Vor allem, wenn sie sich nicht in den bekannten Bobo-Bezirken ansiedeln.* (ST 18. 5. 17), ↑Bezirk; **Boboismus; Bobo-Lage:** *Doch der Traum vom großzügigen Wohnen in putziger Bobo-Lage mit Aussicht auf den Biomarkt ist im Begriff, sich zu wandeln.* (ST 13. 4. 17); **Bobo-Viertel:** *Die Aufsteiger aus dem proletarischen Milieu verstehen die Welt ihrer Herkunftsfamilien nicht mehr, wenn sie dann gut situiert in ihren Bobo-Vierteln leben.* (PR 6. 5. 17)

**Boboville,** das ‹Prägung der Autorin Andrea Maria Dusel›: Gegend in Wien, in denen Bobos wohnen [in denen die Mieten steigen und die Grünen größere Wähleranteile haben]: *In Boboville ist man grundsätzlich miteinander per Du.* (Falter 23. 11. 16); *Kapitalismus statt Kinderjause in Boboville.* (ST 18. 2. 11); *Dann trifft sie auf den Gymnasiasten Fabian, und damit kommt das gehobene Boboville-Ambiente ins Spiel.* (PR 1. 12. 17) ◆ **Bobovillain,** der bzw. die

**Bockerl,** das; -s, -n (ugs.): **1.** (ostösterr.) Zapfen von Nadelbäumen, bes. Föhrenzapfen: *Der Pfad schlängelt sich bergauf und bergab, durch luftige Pinienwälder und duftende Macchia, Bockerln von Pinien knacken in der Sonne.* (PR 8. 6. 12). **2.** (auch bayr.) kleiner, kurzer Schlitten: *Wer keinen fahrbaren Untersatz für die Rodelstrecke zur Verfügung hat, kann sich vor Ort Rodeln oder Bockerl ... ausleihen.* (SN 9. 2. 07). – In Bayern ›kleine Dampflokomotive, kleine Eisenbahn‹

**Bockshörndl,** das; -s, -n (ugs.): Frucht des Johannisbrotbaumes: *In das kleine Geviert legten die Eltern stellvertretend für den Nikolaus ihre kleinen, süßen Gaben: rote Äpfel, Dörrobst, Nüsse, Feigen und »Bockshörndl«.* (SN 4. 12. 04) ◆ **Bockshörndlbaum**

**Bodenfetzen,** der: grobes Tuch zum Reinigen des Fußbodens: *Also steht der Junggeselle zuweilen selbst im Geschäft ... und greift zum Bodenfetzen, »wenn die Putzfrau nicht gekommen ist.«* (PR 31. 3. 12). ↑Fetzen

**Bodenwachs,** das: Wachs für die Bodenpflege, (in D) Bohnerwachs: *Für weniger exponierte Flächen ... gibt es spezielle Bodenwachse oder Versiegelungen, die Sie einfach mit dem Wischwasser aufbringen können.* (VN 24. 1. 15)

**Bodenwertabgabe,** die (Verw.): Abgabe für nicht landwirtschaftlich genutzte unbebaute Grundstücke: *Also soll Vermögen mittels höherer Grundsteuer oder Bodenwertabgabe stärker herangezogen werden?* (ST 31. 1. 06). ↑Abgabe

**Bogen,** der; -s: der Plural lautet österr. (und südd.) Bögen, in D meist Bogen: *Kuppeln oder Bögen* (OÖN 31. 3. 17); *Für Frauen und Kinder sind Bögen in verschiedenen Stärken vorhanden, denn nicht jeder ist ein Kraftlackel.* (KZ 31. 10. 13)

**böhmakeln** [ˈbeːmakl̩n] sw. V. / hat: Deutsch mit böhmischem Akzent sprechen: *Und als Schwejk bleibt er auch im Böhmakeln bis heute ohne Konkurrenz.* (SN 17. 7. 03)

**böhmisch:** ***böhmische Dalken** ↑Dalken; ***eingehen wie eine böhmische Leinwand** (ugs., salopp, veraltend): zusammenbrechen, mutlos werden: *Aber am Verhandlungstisch gehen sie dann ein wie die böhmische Leinwand.* (Falter 19. 12. 01)

**Bohnschote, Bohnenschote,** die: grüne Bohnen, ↑Fisole: *Bevor die Zucchini ganz fertig gegart sind, die Bohnschoten und die Paradeiswürfel untermengen und kurz mitgaren.* (KZ 4. 8. 10); *Die Bohnenschoten putzen und einmal durchbrechen.* (NVT 22. 8. 01)

**Bohrist Bohristin,** der bzw. die: Facharbeiter, der Sprenglöcher bohrt: *Vorerst kurz bei Bildhauer Schöner tätig, trat er 1949 als Bohrist in den Dienst der Firma Elektra Bregenz.* (VN 3. 7. 07)

**Bollette,** die; -, -n ‹ital. *bolletta* ›Berechtigungsschein, Zollschein‹› (Behördenspr., veraltet): Zollerklärung

**Bombardement,** das ‹franz.›: wird österr. [bɔmbardˈmɑ̃ː] ausgesprochen, in D [bɔmbardəˈmɑ̃ː]

**Bonbon,** das ‹franz.› (auch bayr): gefüllte, meist mit Schokolade überzogene Süßigkeit; Konfekt, Praline. – In D bedeutet *Bonbon* eine ›Süßigkeit zum Lutschen‹, dafür österr. ↑*Zuckerl.* – Aussprache österr. (und südd.) [bõbõː] oder [bõmˈboːn], in D [bɔŋbɔŋ], schweiz. [ˈbõbõ]. ↑-on; Genus immer Neutrum, in D meist Maskulinum

**Bonboniere, Bonbonniere** die ‹franz.›: wird österr. ohne Endungs-e ausgesprochen

**bonieren** ‹franz.›: an der Registrierkasse für etwas einen Kassenbon tippen; (in D meist) bongen: *Lange ungeklärt war beispielsweise die Frage, ob Pizzaboten ihre Rechnungen unbedingt am Lieferort ausstellen müssen oder die heiße Ware wie bisher mit einer zentralen Kasse im Restaurant bonieren dürfen.* (ST 2. 5. 16)

**Bonifaz:** der Name wird österr. meist auf der ersten Silbe betont, in D meist auf der letzten

**Bonus-Malus-System,** das: ein Kfz-Versicherungssystem, in dem die Höhe der Prämie von den verursachten Schäden bestimmt wird, seltener auch im Sozialversicherungswesen. – In D als *Bonus-Malus-Regelung* in anderen Zusammenhängen, z. B. Arzneimittelverordnung

**Borax,** das; -es: ist österr. auch Neutrum, in D nur Maskulinum

**BORG,** das (Schule): (gesprochene Abk. für) Bundesoberstufenrealgymnasium

**borgen:** wird österr. nur i. S. v. ›jmdm. etwas leihweise überlassen‹, z. B. *ich habe ihr ein Buch geborgt,* verwendet, vgl. herleihen; nicht wie in D i. S. v. ›sich etwas ausleihen, etwas leihweise bekommen«, z. B. ich habe [mir] bei ihr/von ihr ein Buch geborgt, dafür verwendet man ↑ **ausborgen, ausleihen, herborgen**

**Börse,** die: ↑ Geldbörse (in D gehoben oder veraltet): *Er bat darum, eine 2-Euro-Münze in kleinere Münzen zu wechseln und bediente sich dabei geschickt in den Börsen der Opfer.* (SN 18. 2. 16). ↑ **Börsl, Geldbörse**

**Börse-, börse-:** österr. überwiegende Form, in D Börsen-, börsen-: **Börseboom:** *Hintergrund des Börsebooms ist die Politik von Premierminister Shinzo Abe.* (PR 27. 7. 13); **Börsefond; Börsegang:** *Der Mut beim Börsegang der OMV vor 20 Jahren täte in der heutigen Krise Not.* (PR 28. 11. 07); **börsefit:** *Eine der wesentlichen Aufgaben ... wird sein, dass das gesamte Unternehmen ... tatsächlich börsefit gemacht wird.* (PR 22. 7. 07); **Börsegesetz:** *Es gehe dabei nicht um politische Fragen, sondern Verpflichtungen nach dem Börsegesetz, betonte man im Ministerium.* (SN 4. 3. 15); **börsenotiert:** *Die heimischen börsenotierten Unternehmen sind ein entscheidender Faktor für den Wirtschaftsstandort und den Wohlstand in Österreich.* (PR 12. 11. 07), (in D) börsennotiert, (in CH) börsenkotiert; **Börsetauglichkeit:** *Ziel müsse es jetzt sein, mit einem neuen Postgesetz sowohl die Börsetauglichkeit der Post AG wie auch die flächendeckende Postversorgung sicherzustellen.* (ST 30. 4. 05); **Börsetrend:** *Aktienkurs widersetzte sich dem schwachen Börsetrend.* (ST 22. 9. 11)

**Börsesensal,** der; -s, -e: Börsenmakler: *Gemäß § 33 Abs. 1 BörseG darf als Börsesensal nur bestellt werden, wer mindestens 24 Jahre alt ist, sowie die volle Geschäftsfähigkeit besitzt, die Börsesensalenprüfung bestanden hat und über eine wenigstens fünfjährige qualifizierte Praxis in der einschlägigen Branche verfügt.* (WZ 10. 4. 10). ↑ **Sensal**

**Börsl,** das; -s, -n: Geldbörse, (in D) Portmonnaie: *In dieser Region habe eine Frau »am Ende des Jahres satte 11.140 Euro weniger im Börsl als ein männlicher Kollege«.* (OÖN 30. 9. 16). ↑ **Börse, Geldbörsl**

**bösgläubig** (Rechtsspr.): in böser Absicht: *Bei besonders schweren, bösgläubigen Markenverletzungen kann außerdem als Pönale ein Schadenersatz bis zum Dreifachen des festgestellten Schadens festgesetzt werden.* (PR 24. 4. 14)

**Bosna,** die; -, -: scharfe Bratwurst mit Zwiebeln in geröstetem Weißbrot oder einem ↑ Weckerl (ähnlich Hot Dogs, früher *Würstel im Schlafrock*): *»Man muss den Kunden heute mehr bieten als Würstel, Bosna und Fleischlaberl.«* (OÖN 20. 11. 07). – Auch in der Form *Bosner.* Die Endung *-a* geht auf das Bosnische zurück, kann aber auch als dialektales *-a* für *-er* gemeint sein (vgl. Jager-)

**Bosniak Bosniakin,** der bzw. die: **1.** Bewohner Bosniens, (in D) Bosniake: *Doch bei der Frage, wie ein Kompromiss auszusehen habe, üben sich muslimische Bosniaken, Serben und Kroaten ... im unnachgiebigen Stellungskampf.* (PR 3. 11. 07). **2.** (bes. ostösterr.) kleines, rundes Schwarzgebäck mit Kümmel ◆ (zu 2:) **Bosniakerl**

**Bosnigel,** der (ugs., auch bayr.): boshafter Mensch (oft auch scherzhaft bei Kindern): *Ein unbekannter Bosnigl hat im Gemeindegebiet von Gampern ... einen Hochstand angezündet.* (OÖN 13. 10. 04). – Auch in der Form *Bosnigl.* ↑ NIGEL

**Bouillon,** die; -, -s ‹franz.›: Fleischsuppe ohne Einlage: wird österr. [buˈjõː] ausgesprochen, in D [bʊlˈjoŋ], schweiz. [ˈbujõ]. ↑ -illon

**Boulevard,** der ‹franz.›: wird österr. [bulˈvaːɐ̯] ausgesprochen, in D [buləˈvaːɐ̯], schweiz. [ˈbulvaːɐ̯]

**Bouquet** ↑ Bukett

**Bovist,** der: wird österr. auf der zweiten Silbe betont, in D meist auf der ersten

**Brachse,** die (auch südd.): /ein Karpfenfisch/, (in D) Brasse: *Erstmals errang eine Frau die Würde eines Fischerkönigs, ... die den schwersten Fisch, eine Brachse, an der Angel hatte.* (OÖN 11. 8. 16)

**Bramburi,** die /Plural/ ⟨tschech. *brambor* ›Brandenburger, Kartoffel‹ bzw. Diminutiv *brambůrek*, mit rumänischer Endung⟩ (ugs., veraltend, meist scherzhaft): Kartoffeln: *Es folgen ein paar minutiöse Rechenübungen, damit der Fisch auch zur rechten Zeit, also mit den Bramburi fertig ist.* (ST 20. 8. 07)

**Branche,** die: wird österr. ohne Endungs-e ausgesprochen

**Branchenleader,** der (auch schweiz.): Marktführer einer Branche: *Die heutigen Branchenleader Apple und Google waren nur Randnotizen, als die US-Technologiebörse Nasdaq im März 2000 ihren Höchststand erreicht hat.* (PR 18. 2. 15). ↑**Leader, Marktleader**

**brandeln,** sw. V. / hat (ugs., auch bayr.): **1.** nach Verbranntem riechen: *Ich hab bei meiner Schwester im Zimmer geschlafen. In der Früh bin ich plötzlich aufgewacht, weil es so gebrandelt hat.* (KR 1. 12. 03); (übertragen) *Es brandelt, nicht nur in Österreich und nicht erst seit wenigen Tagen.* (SN 17. 3. 17). **2.** (salopp) (übermäßig viel oder sehr ungern) zahlen: *Am heftigsten brandelt der Mittelstand, den Rot-Schwarz eigentlich entlasten wollte.* (OÖN 3. 3. 07)

**Brandleger Brandlegerin,** der bzw. die: Brandstifter: *Kriminalisten vermuten, dass der gesuchte Innviertler Brandleger unterwegs war.* (SN 21. 10. 06) ◆ **Brandlegung:** *Zugerechnet wird der Gruppe auch eine Brandlegung: Auf einem Firmengelände in Fischamend ging ein Stapel Bauholz in Flammen auf.* (PR 7. 8. 07)

**Brandobjekt,** das (Behördenspr.): Gebäude o. Ä., das einem Brand zum Opfer gefallen ist: *Am Brandobjekt selbst war nicht mehr viel zu machen. Es ist völlig ausgebrannt.* (SN 28. 10. 06)

**Brandteigkrapferl,** das: gefülltes süßes Gebäck aus Brandteig: *Sehr erfreulich die hausgemachten Nachspeisen: zarte Brandteigkrapferl mit Erdbeersauce* (OÖN 20. 8. 04). ↑Krapferl

**Branntweiner,** der: **1.** (Behördenspr.) Lokal, Wirt mit Spezialllizenz zum Schnapsbrennen: **2.** Branntweinschenke, Schnapsbude: *Ihr Plan war, aus dem als Branntweiner verschrienen Lokal, in dem mehrere Spielautomaten standen, ein Eventbeisel zu machen.* (PR 13. 5. 17)

**Brat,** das; -[e]s (auch bayr.): fein gehacktes Fleisch als Wurstfüllung, (in D und fachspr.) Brät: *Das rohe Brat aus Rind- und Schweinefleisch wird in kochendem Wasser gesotten.* (OÖN 22. 12. 10)

**Bratenpfanne,** die (selten auch in D): Kochgeschirr mit Deckel zum Braten und Dünsten, (in D) Bräter, Bratentopf: *Mit Teigrad kleine Rechtecke ausschneiden und in Bratenpfanne überlappend schlichten, ins kalte Backrohr geben und bei Ober/Unterhitze bei 200 Grad ca. 1 Stunde backen.* (OÖN 5. 7. 12)

**Brathendl,** das (auch bayr.): (in D) Brathähnchen: *Allein 700.000 geröstete Brathendl drehen sich in den Hochleistungsgrills, bis sie die richtige goldbraune Farbe zeigen.* (PR 14. 9. 07). ↑Hendl

**Brathendlstation,** die: auf Brathendl spezialisiertes Lokal: *All die Jahre über hatte er die eine Melodie ... gespielt, ... später auch in den Brathendl-Stationen des »Wienerwald«-Konzerns.* (PR 1. 7. 06). ↑Station

**Bratl,** das; -s, -n (auch bayr.): ↑Schweinsbraten: *Nicht Hochgestochenes lockt zum Freiseder, sondern Bratl, Knödel, Speck, Bauernkrapfen.* (OÖN 16. 11. 07); ***Bratl in/aus der Rein:** Schweinebraten mit ↑Knödel, Kraut, Kartoffeln (ein rustikales Menü in manchen Restaurants): *Beim gemütlichen Zusammensitzen beim Bratl in der Rein fand der Abend einen genussvollen Abschluss.* (OÖN 29. 11. 07); *So gibt es zum Beispiel am Freitag eine Stadtführung durch Salzburg, abends ein Bratl aus der Rein.* (OÖN 30. 4. 09) ◆ **Bratlfett:** *Speck, Bratlfett und Hascheeknödel sind genauso begehrt wie Erdäpfelkas, Bauerntopfen und Ziegenkäse.* (OÖN 21. 7. 07)

**Bräu,** das (bes. bayr., auch in österr. Gegenden, die an Bayern angrenzen): **1.** Biersorte: *Den Anstich nahm Conrad Seidl vor, Österreichs wohl renommiertester Bier-Experte, der das Leimer-Bräu in seinem »Bier-Guide« mit vier von fünf möglichen »Krügerln« ... bedachte.* (OÖN 3. 12. 07). **2.** Brauerei, oft verbunden mit einem Bierlokal: *Auf großen Zuspruch stieß der vom Salzburger Volksliedwerk organisierte Kathreintanz Ende November im Müllner Bräu.* (SN 7. 12. 07). – Als Braubetrieb, Braugaststätte in Bayern veraltend auch Maskulinum. ↑**Bräustüberl** ◆ **Bräugasthaus**

**Brauch:** ***der Brauch sein** wird österr. (und schweiz.) mit dem Artikel *der* gebraucht, (in

D) Brauch sein: *Neben den klassischen Trophäen gab es für alle Teams auch ein Osternest. Dies ist der Brauch seit 30 Jahren.* (NÖN 4. 4. 13)

**brauchen** /unpersönlich in Verbindung mit *es*/ (auch südd., schweiz.): **1.** benötigen, bedürfen: *Es braucht aber gute Lösungen, die niemanden benachteiligen.* (OÖN 17. 1. 17); *Dafür braucht es keinen Arzt.* (SN 30. 5. 17). **2.** dauern: *Es braucht Jahre, um einen Film wie »Toni Erdmann« herzustellen.* (PR 11. 7. 16) – Der Konjunktiv II wird österr. (wie südd., schweiz.) zur besseren Unterscheidung vom Indikativ umgelautet zu *bräuchte* (in D *brauchte*): *Nur bleiben diese Interessen höchst vage und selbst wenn sie klarer definiert wären, bräuchte es Glaubwürdigkeit und Stärke, sie zu vertreten.* (SN 27. 5. 17)

**Bräuer Bräuerin,** der bzw. die (veraltet): Brauer: *Dadurch werden die Realitäten auf der Klause zur Hälfte entwertet und die Zufuhr der Bräuer zu den dortigen Bierkellereien sehr verteuert.* (Oberländer Rundschau 29. 7. 15)

**Bräundl,** der; -s, - (ugs.): braunes Pferd: *den Bräunl einspannen.* – Auch in der Form *Bräunl*

**Braune,** der; -n, -n: (im Kaffeehaus) Mokka mit Milch; ***kleiner/großer Brauner:** kleiner/großer Mokka mit Milch (im Kaffeehaus): *Im Alkovener Restaurant ... kosten sowohl der kleine Braune als auch der Verlängerte 1,80 Euro.* (OÖN 19. 8. 05). Vgl. Schwarze

**Braunschweiger,** die: /eine Wurstsorte/: *Kohl-Eintopf: Zutaten: 1 mittlerer Kohlkopf, 4 Erdäpfel, Quimiq, Suppenpulver, 30 dag Braunschweiger oder andere Wurst.* (OÖN 27. 11. 14)

**Brause,** die (in D veraltet): **1.** Dusche, Duschkabine: *Steht in ihrem Vertrag, dass sie pro Film mindestens einmal mit nassem Haar nackt aus der Brause steigen muss?* (News 21. 8. 08); *Wer sich öfters als einmal pro Tag unter die Brause stellt, sollte auf jeden Fall ein rückfettendes Duschgel verwenden.* (VN 23. 6. 07). **2.** Duschbad: *Morgens machen die Brausen fit für den Tag, abends sitzt man in heißem Dampf.* (OÖN 7. 8. 04). **3.** Brausenkopf: *Daher gibt es keine Duschkabine, aus der Brause tröpfelt es nur.* (PR 14. 6. 14)

**brausen,** sw. V. / hat (selten auch in D): duschen: *Wir mussten mit Mineralwasser Zähneputzen und zum Brausen mit den Kindern zu Verwandten fahren.* (SN 13. 1. 04); ***sich brausen [gehen] können** (ugs.): mit etwas nicht ernst genommen werden: *Meine Ex kann sich brausen.* (KU 15. 4. 04); *Dann können sich die Chinesen brausen gehen mit ihrer Pimperl-Mauer.* (WZ 18. 10. 12); *Geh dich brausen!* (Lass mich in Ruhe!)

**Brausetasse,** die: Duschwanne: *Im Bad hilft es ungemein, wenn die Brausetasse möglichst flach ist, damit sie ebenso kein Hindernis darstellt.* (OÖN 23. 12. 06). ↑**Duschtasse,** TASSE

**Bräustüberl,** das (auch bayr.): Bierlokal: *Der Seniorenbund Mauerkirchen fährt am Mittwoch, 13. April, mit dem Zug nach Salzburg ins »Müllner Bräustüberl«.* (OÖN 31. 3. 16). ↑**Bräu,** STÜBERL

**Brein,** der; -s (auch bayr.): **1.** Hirse; Hirsebrei; Rollgerste: *Es gibt ja regional verschiedene Kärntner Nudeln, aber meine Oma macht die besten, mit Brein und Topfen gefüllt.* (ST 2. 6. 01). **2.** Brei aus gebrochener Gerste. ↑**Heidenbrein ◆ Hirsebrein**

**Breinfleisch,** das; -es (Ktn.): Speise aus Hirse und Fleisch, ähnlich dem Reisfleisch: *Wenige Speise wurden mit grünem Fleisch zubereitet (Breinfleisch, Fleisch mit sauren Rüben, Fleischknödel, Kirchtagsbraten).* (Kuratorium Kulinarisches Österreich, Kärntner Küche, Int)

**Breinwurst,** die (Stmk.): eine der Blutwurst ähnliche Wurst mit Buchweizen oder Gerste: *schwarze Breinwurst* (mit Blut), *weiße Breinwurst* (ohne Blut zubereitet): *Dabei stehen mit kulinarischer Raffinesse zubereitete Gerichte wie Breinwurst mit Sauerkraut oder Kalbsbackerl mit Semmelkren zur Auswahl.* (KZ 10. 5. 13)

**Breinwurstgröstl,** das (Stmk.): Gröstl mit gerösteter ↑Breinwurst: *Wir probierten deftig-derbes Breinwurstgröstl mit mildem Sauerkraut.* (KZ 6. 1. 08). ↑GRÖSTL

**Breitegrad,** der: bes. österr. (und schweiz.) Form, in D meist Breitengrad: *Der 38. Breitegrad markiert geografisch die schicksalshafte Trennung der Halbinsel.* (KU 15. 10. 05)

**Breme,** die (auch südd., schweiz.): Bremse, Stechfliege

**bremseln,** sw. V. / hat (ugs.): ähnlich einem elektrischen Schlag in den Muskeln kribbeln, zucken: *Als die Oberarme nach Klimmzügen in der Halbhorizontalen bremseln, wird klar: Ist nicht zu unterschätzen, das Körpergewicht.* (KZ 3. 3. 13)

**Bremsler,** der: Zucken in einem Glied oder Knochen; Ruck, nervöse Zuckung

**brennen:** ***brennen wie ein Luster** (ugs.): ↑Luster

**brennheiß** (ugs.): sehr heiß: *Die brennheiße Atemluft entwickelt sich während der Tests zum größten Feind.* (SN 4. 5. 16)

**Brennsuppe,** die (auch südd.): ↑Einbrennsuppe: *Eine Brennsuppe kann man sicher verfeinern. Man muss nicht so viel Butterschmalz verwenden, sondern kann stattdessen mit Olivenöl arbeiten.* (PR 9. 9. 05); ***nicht auf der Brennsuppe/Nudelsuppe dahergeschwommen sein** (ugs.): nicht ahnungslos, minderwertig sein, wie andere vermuten: *»Ich bin selbst Jurist und nicht auf der Brennsuppe dahergeschwommen.«* (SN 9. 8. 13). ↑Suppe

**bretteln** sw. V. / ist (ugs.): **1.** (mit einem Fahrzeug, Skiern) schnell fahren, rasen: *Ich fahre nicht Ski, sondern Snowboard. Sprich, bretteln ist nicht drinnen.* (KZ 20. 2. 18)

**Brettl,** das; -s, - (auch südd.): **1.** (Verkl. zu) Brett. **2.** Holzbrett, auf dem rustikale Speisen serviert werden, vgl. Brettljause: *Das beste Bratl am Brettl, frisch, prima gewürzt mit Knusperkrustl.* (OÖN 27. 10. 11). **3.** Skisportgerät (Ski. Surfbrett u. Ä.): *Eine Familie hüpfte aus dem Sessellift, alle schnallten sich die Brettl ab und suchten sich ein sonniges Plätzchen.* (SN 3. 12. 15). – *Brettl* i. S. v. ›Kabarett, Kleinkunstbühne‹ ist gemeind. Bedeutung (3) auch in der Form *Brettel*

**brettleben** (ugs.): ganz flach, bretteben: *Der Hang ist teilweise brettleben und dann wieder steil.* (OÖN 8. 11. 06)

**Brettljause,** die: auf einem Holzteller servierter kalter Imbiss aus Wurst, Käse usw.: *Schreibt doch auf die Speisekarte, was bei der Brettljause dabei ist!* (OÖN 9. 12. 14). ↑Jause

**Breze,** die; -, ...en (auch bayr.): [Brauchtums] gebäck aus Roggen- oder Weizenmehl, etwa in Form eines Achters (in D nur in der Form *die Brezel*): *Einen Palmbuschen zu tragen ist Sache der Kinder. Die werden dafür belohnt – mit Brezen und Geld.* (SN 10. 4. 06); ***eine Brezen reißen** (ugs.): **a)** [beim Skifahren] stürzen: *Die größten »Brezen« werden im Skisport gerissen.* (OÖN 6. 3. 10). **b)** einen Misserfolg einstecken müssen: *»Wir trauen uns was, auch wenn wir damit einmal eine Brezen reißen sollten.«* (KU 13. 2. 04)

**Brezel,** das; -s, -: (österr. neben) die Brezel; -, -n, bes. in Vbg. auch Maskulinum: der; -s, -: *Auch das Brezel, das im Jahr 610 von einem norditalienischen Mönch erfunden wurde, zählt dazu.* (KU 1. 12. 07); *Es gab ein großes Buffet mit selbst gemachten Kuchen, Krapfen, einen gefüllten Brezel, Kaffee, dazu ein abwechslungsreiches Programm.* (VN 3. 2. 05). – Das Neutrum wird gebraucht, wenn *Brezel* als Verkleinerung zu *Breze* verstanden wird

**Briefkastl,** das (ugs.): Briefkasten: *Wer einen Brief von »Governor Arnold Schwarzenegger« im Briefkastl hat, darf ein bisserl stolz sein.* (KZ 22. 3. 09). ↑Kastl

**Briefkuvert,** das (veraltend auch in D): Briefumschlag: *Im vollen Bewusstsein, das Gesetz nicht zu erfüllen, habe man Briefkuverts vorzeitig »geschlitzt«.* (PR 1. 7. 16). ↑**Kuvert, Wahlkuvert**

**Brieskicker,** der (Sport): Spieler, der das Spiel seiner Mannschaft entscheidend bestimmt; Spielmacher: *Der ehemalige brasilianische Brieskicker Romario sitzt mittlerweile im brasilianischen Kongress und engagiert sich für die Säuberung des Fußballs von problematischen Figuren und zwielichtigen Geschäftspraktiken.* (PR 14. 11. 11)

**Brigadier,** der; -s, -e und (selten:) -s ‹franz.›: wird österr. [...ˈtiːɐ̯] ausgesprochen, in D [...ˈti̯eː]

**brillieren:** wird österr. [brɪˈjiːɐ̯n] oder [brɪˈliːɐ̯n] ausgesprochen, in D [brɪlˈjiːrən]

**Brimsen,** der; -s ‹rumänisch-slowakisch› (ostösterr.): Schafkäse: *Am besten wird der Liptauer mit Brimsen, einem topfigen Schafkäse aus der Slowakei. Da heute Brimsen kaum erhältlich ist, kann als Ersatz Gervais verwendet werden. Der Brimsen oder Gervais und die Butter müssen Zimmertemperatur haben.* (NÖN 27. 11. 07). – In der EU als landestypische Spezialität der Slowakei (Bryndza) geschützt ◆ **Brimsenkäse:** *Und der Mann führt ... guten Brimsen-Käse, er importiert den Frischkäse aus Schafsmilch direkt aus der Slowakei.* (PR 26. 9. 08). ↑Nockerl ◆ **Brimsennockerl**

**bringen:** (Holz) transportieren; ins Tal, zu einem Lagerplatz schaffen: *Um das Holz aus den Hängen zu bringen, muss der Eigentümer etwa 80 Euro pro Festmeter aufbringen, der Verkauf bringt aber nur 40 Euro.* (SN 27. 9. 07)

**Bringung,** die (Behördenspr.): Transport ins Tal, zur Straße: *In den Bereichen Motorsägenwartung, ... Bringung mit der Traktorseilwinde und Auffrischung in der Waldbewirtschaftung werden laufend Kurse für private Waldbesitzer angeboten.* (VN 8. 11. 07). ↑**Holzbringung, Zubringung**

**Bringungsanlage,** die (Behördenspr.): Transportanlage, z. B. Materialseilbahnen, Güterwege: *Es handelt sich um keine Rodung im*

*Sinne des Forstgesetzes, sondern um eine forstliche Bringungsanlage.* (NÖN 2. 12. 10)

**Bringungsgenossenschaft,** die: Genossenschaft zur gemeinschaftlichen Errichtung von ↑ Bringungsanlagen: *Mit einem Anteil von 47 % beteiligt sich die Marktgemeinde – neben 17 weiteren Anrainern und Interessenten – an der Bringungsgenossenschaft Forstweg Kirchholz.* (NÖN 22. 11. 12)

**Bringungsrecht,** das (Rechtsspr.): Recht, Personen oder Güter zu einem land- und forstwirtschaftlich genutzten Grundstück über fremde Liegenschaften zu befördern

**Brioche,** das; -, -s [briˈoːʃ] ‹franz.› (ostösterr.) /eine Art von Germstriezel/: *Viele Familien kamen mit ihren Kindern, ließen sich den köstlichen Fair-Trade-Kaffee, Kipferl und Brioche schmecken.* (KZ 27. 5. 13) – Als ›kleines rundes Gebäck‹ im Femininum gemeind.

**brocken,** sw. V. / hat (auch bayr.): pflücken: ... *wie die Schöpfer voll Schwammerlgulasch von den Herrenpilzen, die H. im Sommer in den Wäldern brockt.* (OÖN 8. 2. 06); *Ich habe mit der Sense das Gras gemäht, die Kühe gemolken, mit bloßen Händen Kukuruz gebrockt.* (KZ 15. 1. 17). ↑ **abbrocken**

**Bröckerl,** das; -s, -n (ugs.): kräftiger, dicker Mensch: *Logisch, dass ein leichter Athlet bessere Chancen habe als ein Bröckerl.* (PR 22. 12. 04)

**brodeln,** sw. V. / hat (ugs.): trödeln; Zeit unnütz verschwenden; sich langsam bewegen: *brodel nicht so!* ↑ **herumbrodeln** ◆ **Brodler/-in:** *Der Brodler und sein Gewicht: Wenn das Essen vor lauter Zeitlassen kalt wird und den Mitspeisenden beim Zuschauen schon die Augen zufallen, hat der Brodler eher ein soziales als ein Gewichtsproblem.* (OÖN 16. 3. 04)

**Bronze,** die ‹franz.›; wird österr. [brõːs], also ohne Endungs-e, ausgesprochen, in D [brõːsə, brɔŋsə]

**Brosche,** die ‹franz.›: wird österr. [ˈbroːʃ] ausgesprochen, in D [ˈbrɔʃə]

**¹Brösel,** das; -s, -: **1.** die /Plural/ (regional auch in D) Semmelbrösel, Paniermehl: *In eine mit zerlassener Butter ausgestrichene und mit Bröseln ausgestreute Auflaufform füllen und ca. 30 Minuten backen.* (KZ 26. 12. 15). **2.** das; -s, - (als Maskulinum auch in D) kleines Bröckchen, Krümel: *Die Brösel werden aufgekehrt, die Tische gewischt.* (KZ 12. 11. 15); ***kein/nicht ein Brösel/Bröserl** (ugs.): gar nichts: *»Es war kein Brösel von mir zu finden, kein einziges Haar, nichts«, sagt sie.* (OÖN 19. 12. 06) **3.** Streit, Reibereien: *»Brösel« mit SPÖ-Gegenüber Michael Schickhofer innerhalb der Reformpartnerschaft in der Steiermark erwartet Schützenhöfer nicht.* (KZ 16. 5. 17). – Zu 2.: Auch in der Form *Bröserl*

**²Brösel,** der; -s, - (Vbg.): ↑ Riebel: *Der »Riebel« im Rheintal, der »Stopfer« im Bregenzerwald und der »Brösel« im Montafon unterscheiden sich nur in Feinheiten.* (VN 25. 4. 02)

**Bröselknödel,** der: aus Semmelbrösel hergestellte Knödel: *Wir bestellen, nachdem Herr Hütt uns die Speisekarte überlassen hat: eine Kitz-Einmachsuppe mit Bröselknödel.* (KU 29. 5. 04). ↑ KNÖDEL

**Bröseltopfen,** der (west-, südösterr.): bröseliger Topfen: *Dazu erzeugen sie mehrmals in der Woche Frischkäse mit Kräutern, Liptauer, Graukäse, Mozzarella, Bröseltopfen, Butter, saure Milch, Joghurt.* (KZ 7. 7. 13). ↑ TOPFEN

**Bröserl** ↑ ¹Brösel

**Brot:** ***etwas brauchen wie ein Stück Brot:** etwas sehr dringend brauchen: *wieder einmal in der Opposition wird sie dieses Recht brauchen wie ein Stück Brot.* (FU 19. 4. 07). ↑ **Anisbrot, Birebrot, Birnenbrot, Bischofsbrot, Butterbrot, Gustobrot, Jausenbrot, Kletzenbrot, Klotzenbrot, Knödelbrot, Körndlbrot, Liptauerbrot, Marmeladebrot, Steckerlbrot, Verhackertbrot, Zeltenbrot**

**Brötchen,** das; -s, -: kleines belegtes Brot: *Der Verhaftete hatte dem Bericht zufolge im Auftrag der »Madame« ... Sekt und Brötchen für das Event beschafft* (PR 31. 3. 17). – In D bedeutet *Brötchen* svw. ↑ Semmel, ↑ Weckerl

**Brötle,** das; -s, - (Vbg.): kleiner Weißbrotfladen mit Kümmel: *Dann spielte und sang Horst mit Begleitung zur Unterhaltung auf und schließlich wurden uns heißer Leberkäse und Brötle serviert.* (VN 3. 5. 07)

**Brotrenken,** der (mundartnah): eine große Schnitte Brot. ↑ **Renken, Speckrenken**

**Brotwecken,** der (auch bayr.): länglich geformtes Brot, meist 1 kg schwer: *»Den theoretischen Teil mit Rohstoffkunde, einem Rechenteil und Fachkunde habe ich hinter mir, ... jetzt kommt gleich das Plundergebäck an die Reihe«, sagt sie, nachdem sie schon schöne Brotwecken gewirkt hat.* (OÖN 16. 5. 12). ↑ WECKEN

**Bruch,** die: wird österr. mit langem Vokal ausgesprochen, in D mit kurzem

**Bruckfleisch,** das: Fleischstücke, die beim Schlachten übrig bleiben, bes. Innereien (die früher von der Schlachtbank, der »Schlagbrücke«, weg verkauft wurden): *Vorher vielleicht ein Schnitzel goldbraun und mit welliger Panier, ein Pariserschnitzel, ein Naturschnitzel oder gar das Bruckfleisch als Gabelfrühstück?* (PR 26. 9. 13)

**Bruderschaft,** die: Duzfreundschaft: österr. (und bayr.) Form, (in D) Brüderschaft; ***Bruderschaft trinken:** österr. Form, (in D) Brüderschaft trinken: *»Ja, das ist schon richtig, aber mit dem hab' ich zu Silvester Bruderschaft getrunken!«* (OÖN 27. 12. 08)

**Brühwurst,** die: durch Erhitzen behandelte Wurstware, z. B. Aufschnitt, Leberkäse, Brat-, Weißwurst. – In D bedeutet das Wort ›vor dem Verzehr in siedendem Wasser heiß gemachte Wurst‹: *Die Kärntner Arbeiterkammer ließ 39 Produkte sogenannter Brühwurst in Klagenfurter Supermärkten testen.* (KZ 31. 5. 12)

**Bründl,** das: Quelle, Brunnen: *Begegnet man also trotz schönen Wetters einem Wanderer mit Regenschirm, möchte er höchstwahrscheinlich die Wirkung dieses Bründls im Klostergraben erproben.* (ST 22. 11. 13); (auch in Orts- und Flurnamen:) *Vorbei auch am »Kalten Bründl«.* (PR 28. 9. 07)

**brunzen,** sw. V. / hat (derb, auch südd., schweiz.): urinieren: *Er bemerkt, dass über ihm ein Fenster geöffnet wird, dreht seinen Kopf nach oben und schreit: »Kann man denn nicht einmal mehr in Ruhe brunzen?«* (OÖN 29. 10. 13). ↑**anbrunzen, Schneebrunzer**

**Brunzstecken,** der: Spazierstock, an dem Männer den Urin ableiten konnten: *Bei dieser Gelegenheit sei an Zeiten erinnert, in denen sich so mancher Stammgast bei Heurigen seinen ... Brunzstecken mitnahm. Dieser erlaubte es dem geschätzten Heurigengast, beim Urinieren im Gastgarten einfach sitzen zu bleiben.* (ST 15. 5. 13)

**Brustspitz,** der (auch schweiz.): zum Sieden und Dünsten verwendetes Rindfleisch von der Brust: *Er berät perfekt, welches Fleisch sich für welches Gericht am besten eignet. Er offeriert Beinscheibe, Brustspitz, Lungenbraten, Faschiertes, Leber, Knacker und mehr.* (OÖN 6. 5. 10). ↑Spitz

**Bruttonationalprodukt,** das: Bruttosozialprodukt, Abk. BNP: *So erwägt er kühl, wie viel Zuwanderung ein Staat auf lange Sicht verkraften kann ... und ob sich in absehbarer Zeit durch deren Beitrag am Bruttonationalprodukt diese Investitionen in einen Gewinn für alle verwandeln.* (PR 28. 4. 16)

**Bschütte,** die; - (mundartnah, Vbg.): Jauche: *Das Bschütte-Fass wird mit 100 Litern Wasser gefüllt.* (NVT 9. 7. 00); *Die Ausbringung mittels Schleppschläuchen ... wäre zumindest eine umweltverträglichere Art, mit der Bschütte umzugehen.* (VN 21. 8. 14)

**Buaba,** die /Plural/ [ˈbuɐ̯bɐ] (Vbg.): ↑Buam: *Groß und Klein hatten ihren Spaß, als am Nachmittag das Trio Max, Albert und Reinhold von den ehemaligen »Fraxner Buaba« ihre Hits zum Besten gaben.* (VN 11. 10. 07)

**Buam,** die [ˈbuɐ̯m] /Plural/ (auch bayr.) ⟨eig. ›Buben‹⟩: feste Gruppe von Burschen, meist Musikgruppen (vgl. Dirndl, ähnlich wie *Brothers* usw.): *Tobias Reiser sen. hat in Grödig mit den legendären »Grödiger Dirndln und Buam« den Grundstein für die volkstümliche Kunst in Grödig gelegt.* (SN 27. 9. 07)

**Bub,** der; -en, -en (auch südd., schweiz.): **1.** allgemeine Bez. für männliches Kind, (in D) Junge: *Als siebenjähriger Bub hat er dem Vater in Neuseeland zum ersten Mal beim Schürfen geholfen.* (PR 29. 5. 17). **2.** Lehrling, junger Knecht, noch nicht voll Ausgebildeter. – Nicht zu verwechseln damit ist das gemeindeutsche veraltete und abwertende Wort *Bube* ›niederträchtiger Mensch‹. Vgl. Knabe. ↑**Gassenbub, Halterbub, Keuschlerbub, Lehrbub, Ratscherbuben, Rotzbub, Schlosserbuben, Schusterbub, Spitzbub** ◆ **Bauernbub; Schulbub**

**Buberl, Büberl,** das; -s, -n (ugs., salopp, oft abwertend): Koseform zu ↑Bub: *... und müsste sich verdächtigen lassen, ein metrosexuelles Buberl zu sein.* (OÖN 15. 11. 05); *Toll, wie der Tiroler und der Türke kameradschaftlich durch denselben Gatsch kriechen und dem Wiener seinen Rucksack schleppen, weil das Hietzinger Büberl schlapp macht!* (PR 19. 9. 12); *Der ist schon als armes Bübl immer über die Grenze nach Salzburg geradelt, um sich Mozartkonzerte anzuhören.* (OÖN 20. 1. 06). – Auch in der Form *Bübl*

**Buberl-:** Bestimmungswort in Zus. für ›jung, unreif‹: **Buberlgesicht:** *Der Täter trug eine hellbraune Kunstlederjacke, sein Begleiter hatte ein »Buberlgesicht«.* (KZ 19. 3. 10); **Buberlpartie:** *Das war jene langhaarige Buberlpartie, die es schaffte, in Wien null Punkte zu holen und damit den letzten Platz zu belegen.* (ST 8. 5. 18), ↑Partie; **Buberlparty:** *Ausgerechnet die sehen aus wie eine Buberlparty aus den 80ern und machen Musik wie aus den 90ern, die sich auf die 70er bezieht.* (KU 18. 7. 10); **Buberlstück:**

*Das Buberlsück 1977. Vor 30 Jahren entführten RAF-Sympathisanten in Wien den Industriellen Walter Michael Palmers.* (FU 20. 9. 07); **Buberltruppe:** *Und es war tatsächlich eine »Buberltruppe«, die da am Samstag gegen die routinierten Kleinkirchheimer zu Hause unterging.* (KZ 12. 10. 04); **Buberltyp**

**Bücherkasten,** der (auch südd.): Bücherschrank: *Das Buch gehört ... in jeden Steyrer Bücherkasten.* (OÖN 21. 6. 06). ↑KASTEN

**Büchl,** das; -s, -n (ugs., auch bayr.): **1.** (Verkl. zu) *Buch.* **2.** oft verwendetes und dem Benützer wichtiges Buch, Notizbuch; ***wie er/sie/es im Büchl steht:** wie man sich etwas normalerweise vorstellt; Musterbeispiel für etwas: *Abend feiert er seinen runden Geburtstag: Felix Gasselich, ein Fußball-Trickser, wie er im Büchl steht.* (OÖN 24. 12. 05); *Eine Antiklimax, wie sie im Büchl steht.* (ST 8. 8. 05). **3.** Sparbuch: *Populär ist das »Büchl« deshalb, weil es ein hohes Maß an Sicherheit bietet.* (OÖN 31. 10. 07). **4.** Kontrollkarte, -buch als Bescheinigung über die ärztliche Untersuchung der Prostituierten. Vgl. Deckel. ↑**Traumbüchl**

**Buchtel,** die; -, -n /meist Plural/ ⟨tschech. *buchta*⟩ (auch bayr.): im Backrohr hergestellte Speise aus einzelnen Germteigstücken (↑Germ), oft mit Marmelade o. Ä. gefüllt: *Dass ich Kochen hasse, bedeutet allerdings nicht, dass ich es nicht kann, ein paar Gerichte gelingen mir sogar vorzüglich, Buchteln mit Vanillesauce etwa.* (PR 6. 2. 16). ↑**Dukatenbuchtel, Mohnbuchtel, Powidlbuchtel, Wuchtel**

**buckelfünferln:** ***jmd. kann jmdn. buckelfünferln** (ugs., salopp): jmd. möchte mit jmdm. nichts mehr zu tun haben, jmd. kann den Buckel runterrutschen: *Die neunmalklugen Eierschädel mit ihren pädagogischen Empfehlungen soll'n uns buckelfünferln.* (Falter 30. 9. 09)

**Buckelkraxe,** die (ugs., auch bayr.): Traggestell, das auf dem Rücken getragen wird: *Eifrige Familien produzierten pro Tag bis zu 200 Bilder, die von wandernden Hausierern in Buckelkraxen durch viele Länder getragen und verkauft wurden.* (OÖN 3. 11. 16); ***jmdn. buckelkraxen tragen/nehmen** (ugs.): (in D) huckepack tragen/nehmen. ↑**Kraxe**

**Buckerl,** das; -s, -n (ugs.): **1.** Verbeugung: *wenn der Österreicher tatsächlich vor einem Mächtigen steht, entsinnt er sich meistens seiner guten Erziehung und bleibt artig. Auch ein kleines Buckerl ist nicht ausgeschlossen.* (OÖN 2. 4. 09). **2.** Bückling; unterwürfiges Verhalten: *Ich muss vor niemandem ein Buckerl machen, ich muss niemandem die Hand geben, ... ich bin enorm privilegiert.* (PR 24. 8. 02)

**bucklert** (ugs.): bucklig: *»Ich gehe bucklert, aber ich schäme mich nicht dafür«, sagt sie.* (OÖN 21. 10. 10)

**bucklig:** ***krumm und bucklig:** sehr stark /verstärkend bei Verben/: *Die kassieren weiter fleißig zwölf Prozent Zinsen, das Risiko trägt die EU. Die verdienen sich krumm und bucklig.* (NVT 22. 6. 11); *Manchmal frage ich mich, ob es nicht ein bisschen irre von mir ist, mich da an Sonntagnachmittagen krumm und bucklig zu schuften.* (Wienerin 25. 6. 09); *Ich ärgere mich krumm und bucklig.* (KR 21. 4. 01); *Die Südkoreaner werden sich krumm und bucklig zahlen und viel zu spät an Deutschland und seinen Mauerfall denken.* (Wienerin 25. 6. 09)

**Budel,** die; -, -n (ugs., auch bayr.): **1.** Ladentisch: *Auf der Stirnseite der Budel liegt eine mindestens 500 Kilogramm schwere Mortadella-Köstlichkeit.* (OÖN 16. 6. 07). **2.** Theke, Schanktisch: *Ein Kaffeehaus im Welser Zentrum: Der Verlängerte ist seit einer Dreiviertelstunde ausgetrunken. Hinter der Budel stehen vier Verkäuferinnen und tratschen.* (OÖN 11. 2. 12); ***unter der Budel:** verbotenerweise: *Ganz besonders sind die Kraft trainiernden Hobbysportler und Bodybuilder gefährdet, die oft zu leistungssteigernden Substanzen greifen, die in manchem Fitness-Center unter der Budel verkauft werden.* (KU 25. 2. 06)

**Buderl,** das; -s, -n (ugs.): größeres Schnapsglas mit ca. 6 cl, Schnapsfläschchen: *Maßvoll getrunken, kann uns auch ein »Jagatee« angenehm erwärmen. Als Zutaten nehmen wir: 1 Buderl Rum, 1 Buderl Obstler, 3 EL Zucker, Tee.* (SN 13. 11. 04)

**Budget,** das [byˈdʒeː, byˈtʃeː] ⟨franz.⟩: wird österr. (und schweiz.) sowohl in der Wirtschaft als auch in Politik und Staatswesen gebraucht, in D in der Politik meist *Etat,* in der Wirtschaft *Budget*: *Vor allem kritisiert wurde, dass die Kosten für den Tschad-Einsatz nicht absehbar seien und diese auch noch dem Bundesheer mit seinem ohnehin kargen Budget umgehängt würden.* (PR 6. 12. 07). ↑**Doppelbudget, Landesbudget, Nachtragsbudget** ◆ **Budgetdebatte; Budgetdefizit; Budgetkonsolidierung; Budgetentwurf**

**Budgetausschuss,** der: Parlamentsausschuss, der für Budgetfragen zuständig ist;

(in D) Haushaltsausschuss: *Über die Stichhaltigkeit der Annahmen im Stabilitätsprogramm soll es Freitag nächster Woche eine Debatte im Budgetausschuss des Nationalrats geben.* (PR 20. 4. 17)

**budgetieren** sw. V / hat (auch schweiz.): im Budget einplanen; das Budget erstellen: *Allein für die Mindestsicherung wurden heuer 700 Millionen Euro budgetiert.* (PR 31. 5. 17). ↑**unterbudgetiert**

**Budgetloch,** das; -s, ...löcher (salopp): Haushaltsdefizit: *Vor zwölf Jahren war Deutschland der kranke Mann Europas – mit fünf Millionen Arbeitslosen, mit riesigen Budgetlöchern.* (PR 3. 3. 17)

**Budgetvoranschlag,** der: Budgetentwurf, (in D) Haushaltsplan: *Auch die optimistischere Prognose im Budgetvoranschlag vom April 2014 mit minus 1,4 Prozent wurde letztendlich unterboten.* (SN 31. 3. 16). ↑VORANSCHLAG

**Buffet,** das [bʏˈfeː, in D bʏˈfeː, schweiz. ˈbyfɛ] ‹franz.› (auch bayr.): kleines Imbissrestaurant, (in D auch) Büfett: *Im Sommerbad wird daher neben dem bestehenden Buffet eine zusätzliche Gastronomie-Ausgabestelle eingerichtet.* (PR 27. 4. 17). ↑**Automatenbuffet, Bahnhofsbuffet, Heurigenbuffet**

**Bügelladen,** der; -s, ...läden: Bügelbrett: *Den Bügelladen raus, das neue Designerbett rein: Immer mehr Salzburgerinnen und Salzburger entdecken das Schlafzimmer als »Wohn-Raum«.* (SN 9. 10. 03)

**Bügelfernsehen,** das (scherzhaft): Nachmittagsprogramm im Fernsehen: *Etwa, wenn sich Verena Scheitz, die mit Conchita durch den Abend des Life Ball führen wird, vorstellt, indem sie erklärt, normalerweise mache sie Bügelfernsehen.* (PR 22. 5. 17)

**Bügerl,** das; -s, -n (ostösterr. ugs.): ↑Biegel: *Der eine ist nach einem Bügerl satt, der andere verputzt das ganze Grillhendl und könnte noch immer was vertragen.* (PR 3. 1. 14) ◆ **Hühnerbügerl**

**Bühel,** der; -s, - (auch südd., schweiz.): Hügel: *Als sie das Klacken von Schritten hört, kauert sie sich wieder zusammen, äugt den Bühel hinunter und wartet.* (PR 7. 9. 07); heute bes. in Bergnamen: *Windische Bühel* (in der Steiermark)

**Bühnendienstvertrag,** der (Verw.): Vereinbarung über das Dienstverhältnis von Künstlern in Theaterunternehmen (in D Normalvertrag Bühne bzw. verschiedene Spartenverträge)

**Bühnentürl,** das; -s, -n (ugs.): Bühneneingang: *Ich konnte es nicht glauben, aber schon am ersten Probentag, als ich das Haus betrat, standen Menschen vor dem Bühnentürl und wollten ein Autogramm von mir.* (PR 12. 12. 14). ↑TÜRL

**Bukett,** das, Blumenstrauß, Duft des Weins: wird österr. [buˈkeː] ausgesprochen, in D [buˈkɛt]

**bummelig:** rundlich, dicklich (Schreibvariante zu gemeind. *pummelig*): *Die bummelig ausstaffierte Sarah Viktoria Frick zeigt eine packend wahre Studie mentalen und sozialen Mangels.* (WZ 14. 12. 10)

**Bummelzug,** der: Personentransport in Form eines Zuges für Stadtrundfahrten oder Zubringerdienste bei Veranstaltungen: *Neu ist auch der Gratis-Shuttle-Dienst mit dem Bummelzug, der im Halbstundentakt zwischen dem Parkplatz bei der alten Versteigerungshalle und der Innenstadt pendelt.* (OÖN 4. 5. 17) – In der Bedeutung ›an jeder Station haltender Zug‹ gemeind.

**Bummerl,** das; -s, -n (ugs.): **1.** Verlustpunkt beim Kartenspiel, bes. beim Schnapsen: *»Bei einem Glas Rotwein und einem Bummerl beim Schnapsen lässt es sich aushalten.«* (KZ 9. 1. 17); ***das Bummerl haben:** den Nachteil haben, der Leidtragende sein: *Sicher ist nur, dass am Ende die Steuerzahler das Bummerl haben werden.* (PR 2. 3. 14). **2.** (Fußball, salopp) Tor: *Keinen einzigen Schuss der wuseligen Paraguayaner ließen WIR in unser Gehäuse herein. ... Dass auch WIR kein Bummerl schossen, war klar.* (PR 4. 6. 07)

**Bummerlsalat,** der: Wintersalat, Eisbergsalat: *Naschkatzen können sich ruhig gelegentlich ein Dutzend Köpfe Bummerlsalat (ohne Öl!) gönnen.* (ST 18. 3. 16)

**bummfest** (ugs.): sehr fest; unverrückbar: *Die Glastüren seien nicht der typische Eingang. Zu Beginn der Vorstellung seien diese »bummfest zu«.* (SN 1. 7. 06)

**bummvoll** (ugs.): überfüllt, sehr voll, (in D) bumsvoll: *Bummvoll war gestern Abend das Oberbank-Forum in Linz, wo Hausherr F. G. hochkarätige Gäste begrüßte.* (OÖN 14. 11. 07)

**bumstinazi** (ugs., bes. Kinderspr.): bums (lautnachahmend für einen Fall oder Stoß): *Ich spielte mit einem Besen vor dem Theseustempel, plötzlich sagt ein Kind zu mir: »Bumstinazi, der staubt.«* (Falter 8. 10. 03)

**Bund,** der; -[e]s, Bünde: ist in der Bedeutung ›Bündel, Zusammengebundenes, z. B. ein Bund Petersilie, ↑Schlüsselbund‹ österr.

(und schweiz.) Maskulinum, in D Neutrum (das; -[e]s, -e): *Einen Bund Petersilie, die Zwiebel und Knoblauchzehen klein hacken.* (BVZ 31. 1. 07)

**Bundesabgabe,** die (Verw.): dem Bund zufließende Steuer: *Der Finanzausgleich, bei dem Bund, Länder und Gemeinden die gemeinsamen Bundesabgaben verteilen, sollte nicht nur über vier Jahre, sondern längerfristig fixiert werden.* (VN 30. 11. 06). ↑ABGABE

**Bundesanstalt,** die: dem Bund unterstehende Einrichtung für Forschung und Kontrolle in einem Bereich, z. B. Bundesanstalt für Agrarwirtschaft, für Verkehr, für Geowissenschaft und Rohstoffe, Geologische Bundesanstalt; (in D) Bundesinstitut: *Der Nationalrat hatte im Juli des Vorjahres die Umwandlung der Gedenkstätte Mauthausen in eine gemeinnützige Bundesanstalt beschlossen.* (SN 9. 5. 17)

**Bundesbahn,** die (auch schweiz.): staatliches Eisenbahnunternehmen, kurz für Österreichische Bundesbahnen, Abk. ↑ÖBB

**Bundesbahner,** der (auch bayr.): Eisenbahner: *Der Musikverein der Bundesbahner Wels eröffnet am Donnerstag um 20 Uhr die heurige Saison der Burggartenkonzerte.* (OÖN 1. 6. 16)

**Bundesbetreuung,** die; - (Behördenspr.): staatliche Betreuung von Asylbewerbern durch Bezahlung der Kosten für Unterbringung, Verpflegung und Krankenbetreuung: *Es kommen auch viele Asylbewerber, die aus der Bundesbetreuung herausgefallen und nicht mehr krankenversichert sind.* (SN 16. 10. 07)

**Bundesbetrieb,** der (auch schweiz.): im Eigentum des Staates stehender Betrieb: *»Was muss eigentlich alles passieren, bis die Geschäftsführung eines Bundesbetriebs den Hut nimmt?«* (ST 17. 2. 14)

**Bundesdenkmalamt,** das: für den Denkmalschutz zuständige Bundesbehörde, Abk. BDA: *Er ist Leiter der Abteilung für Bodendenkmale beim Bundesdenkmalamt (BDA) in Wien.* (SN 26. 5. 17)

**Bundesfinanzgesetz,** das: Budgetgesetz, (in D) Haushaltsgesetz: *Die »Erste Lesung« ist eine erste Generalaussprache über das sogenannte Bundesfinanzgesetz, ehe es in der Ausschussarbeit einer genaueren Betrachtung unterzogen wird.* (SN 15. 10. 15)

**Bundesgymnasium,** das: staatliches Gymnasium (im Ggs. zu Privatgymnasium), auch in offiziellen Bez. von Schulen (Abk. BG), z. B. 2. BG Linz ◆ **Bundesoberstufenrealgymnasium** (Abk. BORG); **Bundesrealgymnasium** (Abk. BRG)

**Bundesheer,** das: österr. Militär, Abk. BH, (in D) Bundeswehr, (in CH) Schweizer Armee: *Auch Verteidigungsminister Norbert Darabos (S) bezeichnete den Einsatz des Bundesheeres »aufgrund der neuen weltpolitischen Lage« als unerlässlich.* (PR 6. 12. 07) ◆ **Bundesheerkaserne; Bundesheeroffizier/-in; Bundesheersoldat/-in**

**Bundeshymne,** die: österr. Nationalhymne: *Österreichische Fans proben vormittags im Zug die Bundeshymne, kommen aber über die ersten beiden Zeilen nicht hinaus.* (KU 24. 6. 08). ↑**Landeshymne**

**Bundesimmobiliengesellschaft,** die: *Gesellschaft, die die bundeseigenen Gebäude und Liegenschaften nach privatwirtschaftlichen Grundsätzen verwaltet;* Abk. BIG

**Bundesjugendvertretung,** die: Interessenvertretung von bundesweit agierenden Jugendverbänden: *Die Bundesjugendvertretung pochte darauf, dass die Schieflage am Arbeitsmarkt beseitigt wird und forderte eine Neugestaltung der Berufsorientierung.* (SN 8. 3. 17)

**Bundeskartellanwalt Bundeskartellanwältin,** der bzw. die: dem Wirtschaftsministerium unterstellter Vertreter der öffentlichen Interessen bei Fragen des Wettbewerbsrechts: *In längeren Gesprächsrunden sei der Verkauf von ATV an ProSiebenSat1Puls4 von der Bundeswettbewerbsbehörde, dem Bundeskartellanwalt und der KommAustria vorbereitet worden.* (PR 2. 2. 17)

**Bundesländerzeitung,** die: Regionalzeitung, die in einem Bundesland hergestellt, gestaltet und dort auch vorwiegend gelesen wird: *Österreichweit bleiben die OÖN ... die zweitgrößte Bundesländerzeitung hinter der »Kleinen Zeitung«.* (OÖN 11. 10. 13)

**Bundeslehranstalt,** die: ***Höhere Bundeslehranstalt:*** Oberbegriff für verschiedene meist berufsbezogene höhere Schulen des Bundes; Abk. HBLA: *Sie präsentieren derzeit einen Teil ihrer Werke in der »Scolarta«, der Galerie der Höhere Bundeslehranstalt für wirtschaftliche Berufe (HBLA).* (SN 18. 10. 07)

**Bundeslehrer Bundeslehrerin,** der bzw. die: vom Bund angestellter Lehrer, vor allem Lehrer an höheren Schulen (Ggs. ↑Landeslehrer): *schulfeste Stellen bieten schließlich einen erhöhten Versetzungsschutz ... Allein in Vorarlberg verfügen derzeit 1079 Landes- und*

*309 Bundeslehrer über eine solche Planstelle.* (VN 25. 4. 07)

**Bundesmuseum,** das /meist Plural/: staatliches Museum

**Bundespolizei,** die: Wachkörper der Republik Österreich (2005 durch Fusion der früher selbständigen Wachkörper Gendarmerie, Polizei u. ä. entstanden), Abk. BP. – In D und CH Bezeichnung für spezielle Polizeieinheiten, z. B. Kriminalpolizei, Grenzschutz

**Bundesrat,** der: 1. zweite Kammer des Parlaments als Vertretung der Bundesländer; auch in D, allerdings in anderer Zusammensetzung. 2. Abgeordnete/-r zum Bundesrat; Abk. BR: *Und Stefan Schennach aus Tirol war der erste grüne Bundesrat.* (SN 10. 8. 07) ◆ **Bundesratsabgeordnete/-r**

**Bundessprecher Bundessprecherin,** der bzw. die (Politik): Sprecher einer politischen Partei auf Bundesebene (nur bei bestimmten Parteien): *Die Art, wie die Balkanroute geschlossen wurde, sei falsch, sagt auch die grüne Bundessprecherin.* (PR 23. 5. 17). ↑Sprecher

**Bundestheater,** das /meist Plural/: österr. Staatstheater in Wien (Burgtheater, Staatsoper, Volksoper) ◆ **Bundestheaterverwaltung**

**Bundesverfassung,** die; - (auch schweiz.): Verfassung des Gesamtstaates, (in D) Grundgesetz

**Bundesverfassungsgesetz,** das: 1. die österreichische Bundesverfassung (von 1929); Abk. B-VG. 2. Gesetz im Verfassungsrang, das die Bundesverfassung ergänzt, Abk. BVG

**Bundesversammlung,** die: gemeinsame Sitzung von ↑Nationalrat und ↑Bundesrat (in Deutschland hat die Bundesversammlung nur die Aufgabe, den Bundespräsidenten zu wählen)

**Bundesvoranschlag,** der: zahlenmäßige Darstellung des Bundesbudgets im Bundesfinanzgesetz: *2006 haben die Einnahmen der KöSt die Erwartungen aus dem Bundesvoranschlag sogar um 26 Prozent übertroffen.* (PR 4. 1. 17). ↑Voranschlag

**Bundeswettbewerbsbehörde,** die: Bundesbehörde zur Sicherung des Wettbewerbs und zur Prüfung der Anwendung des Kartellgesetzes; Abk. BWB, (in D) Bundeskartellamt, Vgl. Bundeskartellanwalt

**Bündt,** die; -, -e (Vbg., ähnlich auch schweiz.): 1. eingefriedetes Grundstück vor dem Haus, Obstgarten: *In früheren Zeiten stand in jeder Bündt ein Bienenhaus.* (VN 1. 6. 06); *Einem Fußacher hat der Feuerbrand den Bestand in seiner Bündt dezimiert.* (VN 8. 8. 02); häufig als Flurname mit Genitiv des Besitzers: *Vor allem die Verlängerung der L 58 im Bereich der Junkers-Bündt bleibt so manchem ein Dorn im Auge.* (VN 13. 9. 07). 2. Weide, Wiese für das Vieh: *Die dreieinhalb Hektar große Bündt ... liegt frisch geschnitten in der warmen Junisonne. Drei Wochen später wie gewöhnlich konnte Greber endlich mähen.* (VN 13. 6. 06). ↑**Hausbündt**

**Burenhäutl,** das; -s, -n (ugs., salopp, Wien): ↑Burenwurst: *Was dem Österreicher sein Burenhäutl, ist dem Berliner die Currywurst.* (ST 19. 9. 12)

**Burenwurst,** die (ostösterr.): eine grobe Wurst, die heiß an einem Wurststand oder in einem Buffet gegessen wird: *War ihm Wien eine Reise wert, um sich mit mir eine Burenwurst beim Würstlstand zu teilen?* (PR 5. 11. 07)

**Burg,** die: (kurz für) Burgtheater: *Mit 24 Jahren ist sie das jüngste Ensemblemitglied der Burg.* (ST 12. 4. 17) ◆ **Burgschauspieler/-in:** *Was passte besser zu einem Burgschauspieler als Nestroy oder Raimund?* (SN 12. 1. 07)

**Burgenlandensia,** die /Plural/ (Bibliothekswesen): Publikationen über das Burgenland

**Burgenlandkroate Burgenlandkroatin,** der bzw. die: Angehöriger der kroatischen Minderheit im Burgenland: *Der gebürtige Burgenlandkroate sowie studierte Jurist und Slawist hat 1988 seine Laufbahn bei McKinsey begonnen.* (PR 18. 1. 16)

**Bürgeranwalt Bürgeranwältin,** der bzw. die: Person, die sich für die Rechte der Bürger(innen) einsetzt: *»Wir kämpfen weiter und werden Landes- und Bundespolitik sowie den Bürgeranwalt einbinden.«* (KZ 26. 8. 15)

**Bürgerkarte,** die: Chipkarte, die als elektronischer Ausweis den Zugang zu E-Government im Internet ermöglicht: *Auch kann man den Antrag zum Kinderbetreuungsgeld online mit elektronischer Signatur (Bürgerkarte oder Handysignatur) stellen.* (SN 18. 1. 17)

**Bürgerschule,** die: (frühere Bez. [1883–1927] der jetzigen) Hauptschule bzw. Neuen Mittelschule: *Bereits 1919 gab es in Bischofshofen eine dreiklassige Bürgerschule.* (SN 9. 9. 04)

**Burghauptmannschaft,** die: Behörde für die Verwaltung und Betreuung historischer Gebäude

**Burgi, Burgl** (auch bayr.): (Koseform zu) Walburga, Notburga

**Burli,** das; -, - (Koseform): ↑Bub: *Ein Jahr alt ist er diese Woche geworden, der »Burli«, wie ihn seine Großeltern liebevoll nennen.* (OÖN 20. 7. 13)

**burren,** sw. V. / hat (ugs., ostösterr.): **1.** surren, ein dumpfes, anhaltendes Geräusch von sich geben, das durch schnelle Bewegung verschiedener Art hervorgerufen wird: *Wir sind von einer Übung zurück ins Feuerwehrhaus, da hat dreimal die Sirene geburrt und wir sind sofort wieder ausgerückt.* (OÖN 3. 2. 14). **2.** sich lärmend, rasch bewegen: *er ist aus dem Zimmer geburrt.* ↑**ausburren**

**Bursch,** der; -en, -en (auch bayr.): **1.** junger Mann im Alter von ca. 14 bis 18 Jahren; (in D) Bursche, Junge: *Bei den Jungen im Land, zwischen zwölf und 18 rauchen 29 Prozent der Mädchen und 25 Prozent der Burschen.* (KZ 31. 5. 17); ***klasser Bursch:** toller Kerl: *Er ist ein klasser Bursch mit einem großartigen Talent und einer vorbildlichen Einstellung.* (SN 11. 10. 05). ↑**Schankbursch, Zechbursch**

**Burschenschafter,** der: österr. meist gebrauchte Form, in D meist Burschenschaftler: *Schon damals bemühten sich die Burschenschafter, ihre Veranstaltungen, Bälle und Kommerse in möglichst prunkvollem Rahmen abzuhalten.* (profil 3. 2. 14)

**Bürscherl,** das; -s, -n (salopp, auch bayr.): Bürschchen: *»Grey Garden« wühlte im Schlamm einer von Thomas Mann 1912 ausgedachten homoerotischen Liebe zwischen einem alternden Künstler und einem antikisch schönen Bürscherl namens Tadzio.* (PR 25. 11. 07)

**bürsteln** sw. V / hat: **1.** abbürsten, durch Bürsten reinigen: *Wie bei einer elektrischen Zahnbürste – nur dass beim Bürsteln nicht extra Strom verbraucht werden muss* (ST 13. 11. 12). **2.** (ugs., salopp) viel Alkohol trinken: *Alfred Gusenbauer oder Michael Häupl traut man zu, dass sie gelegentlich ein zweites Achtel Barolo bürsteln.* (ST 12. 6. 15)

**Buschauffeur Buschaufferin,** der bzw. die: Person, die berufsmäßig einen Bus lenkt: *Der Buschauffeur wurde bei dem Unglück schwer verletzt.* (OÖN 5. 1. 17). ↑**Chauffeur, Taxichauffeur**

**Buschen,** der; -s, - (ugs., auch bayr.): **1.** Büschel, Strauß, Bund von Zweigen (häufig verbunden mit Brauchtum): *Traditionellerweise werden die Heilpflanzen rund um den Feiertag zu einem Buschen gebunden.* (OÖN 10. 8. 16); *Die gebundenen Buschen aus Weiden-, Buchs- und Segensbaumzweigen erinnern dabei an die Palmenzweige beim Einzug Christi in Jerusalem.* (SN 6. 4. 17). **2.** Strauß von Zweigen vor einer ↑Buschenschank zum Zeichen, dass hier Heuriger ausgeschenkt wird: *Immer wieder sieht man auch die für den Karst typischen, an den Straßen aufgehängten frasca-Buschen.* (OÖN 21. 4. 17) ↑**Hochzeitsbuschen, Palmbuschen**

**Buschenschank,** die; -, -en: Heurigenlokal; (in D) Straußenwirtschaft: *Der Tisch unter dem Nussbaum in der gegenüberliegenden Buschenschank war immer für ihn und seine Freunde ... reserviert.* (PR 1. 12. 16). ↑Schank ◆ **Buschenschanker/-in**

**Buschenschenke,** die (selten, formell): ↑Buschenschank: *Von Pöllau im Tal führt sie über Oberneuberg an Wirtshäusern und Buschenschenken vorbei bis hinauf zum Masenberg-Gipfel.* (KZ 23. 5. 17)

**Büscherl,** das; -s, -n: (Verkl. zu) ↑Buschen; Sträußchen: *Am Markt angebotene Büscherl sind mit 1,50 Euro deutlich überhöht, es lohnt sich daher, den Weg zur Mutter Natur selbst zu gehen.* (OÖN 1. 4. 05)

**büseln,** sw. V. / hat ‹ital. *pisolare* ›schlummern‹› (ugs., ostösterr., salopp): schlafen: *Prinzipiell bin ich kein neidiger Mensch, aber in Momenten, in denen alle selig büseln, nur ich nicht, kommt tatsächlich finsterer Schlafneid auf.* (PR 23. 4. 13)

**Buserer,** der (ugs., Wien): Blechschaden, kleinerer Unfall, Delle: *Nach Begutachtung des Buserers sei sie dann einfach weitergefahren; das geschädigte Auto war ihr dabei offenbar egal.* (ST 10. 8. 15)

**Bussel,** das; -s, - (ugs., auch südd.): Kuss: *Nie am Abend ohne Bussel ins Bett gehen.* (KU 3. 12. 11)

**busseln,** sw. V. / hat (ugs., auch südd.): küssen. *Und genießt. Ihr Verwöhnprogramm. Ihre Küsse. Ihre Liebkosungen. Herzen, busseln, tasten, suchen.* (SN 2. 6. 06). ↑**abbusseln**

**Busserl,** das; -s, -n (ugs., auch südd.): **1.** svw. ↑Bussel; Küsschen: *Er feierte mit seiner Familie, bekam von seiner Johanna ... ein Busserl und versprach artig wie ein Schulbub, sowohl Claudia ... als auch Sabrina ... die Daumen zu drücken.* (PR 11. 8. 08). **2.** kleines süßes Gebäck aus Eiweiß und Zucker: *Mit einem Spritzsack auf ein Backblech Busserl spritzen. Bei ca. 180 Grad backen. Wenn die Busserl ausgekühlt sind, mit Ribiselmarmelade zusam-*

*mensetzen, die halbe Seite in Schokoglasur tauchen.* (OÖN 29. 1. 14). ↑**Kokosbusserl**

**Bussi,** das; -s, - (auch südd.): (fam. und kindertümliche Form zu) ↑Bussel; Küsschen: *Anscheinend wollte die 19-Jährige nur ein Bussi von der kleinen Halbschwester.* (OÖN 4. 6. 07). – *Bussi-Bussi* als Bez. für die modernere Begrüßungsform ist gemeind. ↑**Zwickerbussi**

**Butte,** die (auch südd.): hölzernes Traggefäß, (in D) Bütte: *Unten angekommen, wo sie das vielstimmige Klopfen der Bronzepickel empfing, schulterte sie wie jeden Tag ihre Butte.* (OÖN 23. 8. 14)

**Butter:** ***Butter am/auf dem Kopf haben** (ugs., auch südd.): ein schlechtes Gewissen haben, verlegen sein: *Freilich weiß heute schon jeder Anfänger in der Politik, wie man sich in der Öffentlichkeit in gutes Licht stellt, auch wenn man Butter auf dem Kopf ... hat.* (SN 9. 3. 07)

**Butterabtrieb,** der: Rührteig mit Butter: *Eiklar und Zucker zu Schnee schlagen, zum Butterabtrieb geben und fein gemahlene Kürbiskerne und Mehl locker unterheben.* (OÖN 1. 10. 03). ↑**Abtrieb**

**Butterbrot:** ***um ein Butterbrot** (salopp): sehr billig, zu einem kleinen Preis: *Es ist klar, das Ex-Stars nicht um ein Butterbrot ihre Fußballschuhe schnüren.* (SN 3. 3. 07). ↑**Brot, um**

**Butterschnitzel,** das: gedünstetes faschiertes Laibchen aus Kalbfleisch: *Als Tagesempfehlung gab es Butterschnitzel und Ossobuco, aber kein günstiges Mittagsmenü.* (OÖN 14. 2. 14)

**Butterstriezel,** der: **1.** in einem Model geformte (Alm)butter: *Ein Beamter beschlagnahmte alles, was in ihren Rucksäcken zu finden war. Der eine hatte unter seinem Mantel einen Butterstriezel versteckt.* (OÖN 26. 7. 01). **2.** mit Butter zubereiteter Hefeteigzopf: *Bis in die Abendstunden herrschte Hochbetrieb in der Backstube, wurden von Jung und Alt Lebkuchenherzen verziert, Butterstriezel geflochten und Marzipanfiguren modelliert.* (OÖN 23. 9. 16). ↑**Striezel**

**Butz,** der; -en, -en (auch südd., ugs.): Kerngehäuse: *Äpfelschalen und alle Abfälle von den Äpfeln, also Kernhaus samt den Kernen, Butzen u. s. w., werden in einem irdenen Kochgeschirr mit Wasser tüchtig verkocht.* (PR 6. 9. 15). ***mit Butz und Stingel** (ugs.): vollständig, radikal: *Er hat seine Seele mit Butz und Stingl verkauft!* (ST 10. 1. 07). – Auch in der Form *Butzen.* ↑**Apfelbutz**

# Cc

**Cafetier,** der [kafeˈti̯eː] ‹franz.› (auch schweiz., in D veraltet): Kaffeehausbesitzer: *Als sich aber vor rund zehn Jahren die Cafetiers zur Ruhe setzten, machte sich Nervosität unter den Gästen breit.* (ST 23. 5. 06)

**Calvin:** der Name des Genfer Reformators wird österr. (und südd., schweiz.) auf der ersten Silbe betont, in D auf der letzten

**Campanile,** der ‹ital.›: frei stehender Glockenturm: die in Österr. übliche Schreibung, in D Kampanile

**campieren** ‹franz.› (auch südd., schweiz.): zelten, auf einem Campingplatz usw. übernachten, (in D) campen bzw. kampieren: *Beispiel Nationalpark Donauauen. Informationstafeln sonder Zahl verkünden den Besuchern en détail, was hier zu tun und, vor allem, was zu lassen sei: kein Reiten, kein Campieren, kein Bootfahren.* (PR 14. 3. 17). – Auch in der Schreibung *kampieren.* – *Kampieren* bedeutet in D ›schlecht, notdürftig wohnen‹, oder allgemein ›im Freien übernachten‹, aber nicht auf Camping und Freizeit bezogen ◆ **Campierer/-in:** *Nach einer Anzeige durch den Grundstückseigentümer des Stifts Admont wurden die Campierer aufgefordert, das Gelände unverzüglich zu verlassen.* (SN 8. 8. 16)

**Carinthiaca,** die /Plural/ (Bibliothekswesen): Publikationen über Kärnten

**carinthisch:** von lat. *Carinthia* abgeleitete Schreibung für ↑karinthisch ›kärntnerisch‹: *Carinthischer Sommer* (Festival am Ossiacher See); *Aber wenn man nach dem carinthischen Katastrophenjahrzehnt ... eine moralische Erneuerung und Hygiene im öffentlichen Leben haben will, wird es nicht genug sein, ... eine Partei auszuwechseln.* (PR 23. 8. 12)

**Cartellverband,** der: Zusammenschluss von kath. Hochschulverbindungen in Österreich; Abk. CV

**Casino,** das: die in Österr. übliche Schreibung, in D nur Kasino: *Dafür sollte der einstige Chef der uniformierten Polizei dem Freund helfen, unliebsame Farbige aus seinem Casino zu entfernen.* (KU 19. 9. 08)

**Causa,** die ‹lat.›: **1.** Sache, Angelegenheit: *Auch in dieser Causa hatte er den diplomatischen Weg in den Vordergrund gerückt.* (FU 12. 4. 07). **2.** Streitfall: *Die Causa Meinl wird vom neuen Leiter der Wirtschaftsgruppe in der Staatsanwaltschaft ... geführt.* (ST 15. 9. 07). –

In D nur in der Rechtsspr. in der Bedeutung ›Grund, Ursache‹

**Cedille,** die ‹franz.›: wird österr. [se'di:j], also ohne Endungs-e, ausgesprochen, in D [se'di:jə]

**Cercle,** der; -s [sɛrkl] ‹franz.›: die ersten Reihen vor der Bühne /eine Platzkategorie im Theater oder Konzertsaal, z. B. im Burgtheater und Theater an der Wien ◆ **Cerclesitz**

**Ceylon:** wird österr. (und schweiz.) ['tseilɔn] ausgesprochen, in D ['tsailɔn]

**Champignon:** wird österr. ['ʃampinjɔ:n oder 'ʃãmpɪnjõ:] ausgesprochen, in D ['ʃãmpɪnjõ:, ...jɔŋ]

**Chance,** die ‹franz.›: wird österr. [ʃɑ̃:s] ausgesprochen, also ohne Endungs-e und deutlich genäselt. Gegen die norddeutsche Aussprache [ʃaŋsə] besteht eine emotionale Abneigung

**Chancenvernebler Chancenverneblerin,** der bzw. die (Fußball): Spieler, der Torchancen verspielt, (in D) Chancentod: *Auf der Gegenseite präsentierte sich Stürmerstar Llorente als Chancenvernebler.* (ST 20. 10. 11)

**Chansonnette, Chansonette,** die ‹franz.›: wird österr. ohne Endungs-e ausgesprochen

**Chansonniere, Chansoniere,** die ‹franz.›: wird österr. ohne Endungs-e ausgesprochen

**Chanteuse,** die ‹franz.› [ʃɑ̃'tø:z] wird österr. ohne Endungs-e ausgesprochen

**Charge,** die ‹franz.›: ['ʃarʒ] wird österr. ohne Endungs-e ausgesprochen

**Chauffeur Chauffeurin,** der bzw. die [ʃo'fø:ɐ̯] ‹franz.›: bezeichnet österr. (und schweiz.) auch einen berufsmäßigen Lenker eines öffentlichen Verkehrsmittels, Busses oder Taxis, (in D nur einen Fahrer, der berufsmäßig einen Pkw für jmd. anderen lenkt, z. B. der Fahrer eines Politikers): *Der Chauffeur hat den Bus noch rechts angehalten, Löschversuche mit einem Handlöscher haben nicht gewirkt.* (SN 15. 4. 17); *Eine Trolleybus-Chauffeurin angelt mit langer Stange nach den Stromabnehmern, die sich im hohen Drahtgewirr verhaspelt haben.* (PR 11. 11. 11). ↑**Buschauffeur, Taxichauffeur**

**Chauffeuse,** die ‹franz.› [ʃo'fø:s]: wird österr. ohne Endungs-e ausgesprochen

**Chef Chefin,** der bzw. die ‹franz.›: wird österr. (und bayr.) mit langem und geschlossenem e ausgesprochen [ʃe:f], in D mit kurzem offenem e [ʃɛf]

**Chefarzt Chefärztin,** der bzw. die [ʃe:f...]: Arzt/Ärztin, der/die im Auftrag einer Behörde, Krankenkasse usw. Überprüfungen und Kontrollen durchführt: *Die Zahl jener Medikamentenverschreibungen, für die Patienten eine Bewilligung des Chefarztes brauchen, ist 2005 gegenüber dem Vorjahr um 40 Prozent gesunken.* (SN 7. 3. 06). – In D bezeichnet *Chefarzt* einen ›leitenden Arzt eines Krankenhauses‹ ◆ **chefärztlich:** *Somit ist das Medikament Tamiflu ab sofort wieder durch den chefärztlichen Dienst vorbewilligungspflichtig.* (NVT 21. 3. 07)

**Chefarztpflicht,** die: Verpflichtung, eine Behandlung nur nach Genehmigung durch den ↑Chefarzt der Krankenkasse zu bezahlen: *Die Gebietskrankenkasse hat für Salzburg Grippealarm ausgegeben. Impfungen kosten vier Euro, für Tamiflu gibt es keine Chefarztpflicht mehr.* (SN 9. 2. 07) ◆ **chefarztpflichtig:** *Ab 1. April sollen chefarztpflichtige Arzneimittel mit Hilfe der Karte nur noch schnellstmöglich auf dem elektronischen Weg genehmigt werden.* (VN 3. 12. 05)

**Chefitäten,** die /Plural/ (salopp): die Führungsschicht, Chefetage: *Zwar hatte auch Ex-Sportsstaatssekretär Karl Schweitzer gute Ideen ..., in der Umsetzung aber wurde er von den Chefitäten zu wenig unterstützt.* (KU 2. 5. 07) – In D ist das Wort seltener und meist im Singular gebraucht

**Chefverhandler Chefverhandlerin,** der bzw. die: Leiter/-in einer Verhandlungsdelegation, (in D) Chefunterhändler: *Anfang Mai hat der EU-Chefverhandler für die Brexit-Gespräche ... Großbritannien eindringlich dazu ermahnt, seinen Finanzverpflichtungen gegenüber der EU nachzukommen.* (PR 15. 5. 17) ↑**Verhandler**

**Chemie,** die: wird österr. (und südd., regional auch schweiz.) mit [k-] im Anlaut ausgesprochen, in D mit [ç-]. Ebenso: *Chemikalie, Chemiker/-in, chemisch, Chemismus, Chemokeule, Chemotherapie* usw.

**Cheops:** wird österr. mit [k-] im Anlaut ausgesprochen, in D mit [ç-]. Ebenso: *Cheopspyramide*

**Cherub,** der ‹hebr.›: wird österr. nur mit [k-] im Anlaut ausgesprochen, in D auch mit [ç-]. Ebenso: *cherubinisch*

**Cherusker:** der Name des Volkes wird österr. mit [k-] im Anlaut ausgesprochen, in D mit [ç-]

**Chiasmus,** der ‹griech.› : wird österr. mit [k-] im Anlaut ausgesprochen, in D mit [ç-]. Ebenso: *chiastisch*

**China:** wird österr. (und südd., regional auch schweiz.) mit [k-] im Anlaut ausgesprochen, in D [ç-]. Ebenso: *Chinese, Chinesin, chinesisch*

**Chinin:** wird österr. (und südd., regional auch schweiz.) mit [k-] im Anlaut ausgesprochen, in D [ç-]

**Chirurg Chirurgin,** der bzw. die: wird österr. (und südd., regional auch schweiz.) mit [k-] im Anlaut ausgesprochen, in D [ç-]. Ebenso: *Chirurgie, chirurgisch*

**Chitin,** das; -s: wird österr. (und südd., regional auch schweiz.) mit [k-] im Anlaut ausgesprochen, in D [ç-]. Ebenso: *Chitinpanzer* usw.

**Chor,** der [k…] (auch bayr.): Orgelempore: *Zu Beginn der Veranstaltung standen die … auf dem Chor neben der Orgel und eröffneten das Konzert sanft mit dem geistlichen Lied.* (NÖN 25. 3. 09)

**Christkindl,** das; -s, -n (auch bayr.): **1.** /ohne Plural/ Christkind i. S. v. ›Bringer der Weihnachtsgeschenke‹: *Weihnachtsgeschichten für die lieben Kleinen verkürzen Zeit, bis das Christkindl endlich fertig ist.* (SN 24. 12. 16). **2.** Geber von Weihnachtsgeschenken: *Jedes fünfte »Christkindl« … schenkte Bargeld, ebenso viele Schmuck.* (PR 27. 12. 05); *Auch heuer werden österreichweit Last-Minute-Christkindln die Einkaufszentren und -straßen bevölkern.* (PR 20. 12. 16). **3.** Weihnachtsgeschenk: *Jene Bürger, die den großen Heizkostenzuschuss beziehen, bekommen unbürokratisch das »Christkindl« der Stadt zugewiesen.* (KZ 26. 11. 16). **4.** Jesuskind, Figur des Jesuskindes [in der Krippe]: *Zu bestaunen gibt es mitunter Krippen mit lebenden Tieren, das Christkindl am Domplatz und liebevoll angefertigtes Kunsthandwerk.* (SN 12. 11. 15). **5.** (ugs., regional auch in D) am 24. 12. Geborene/-r: *Denn während sich andere unter dem Jahr über Torte, Party und Packerln freuen dürfen, gibt es für »Christkindln« … nur zu Weihnachten Geschenke.* (KZ 24. 12. 16) – Das Wort *Christkind* ist gemeind.

**Christkindlaktion,** die: weihnachtliche Spendenaktion: *Zweimal hatte sie an der Christkindlaktion der OÖ. Landlerhilfe teilgenommen.* (OÖN 22. 12. 15)

**Christkindlbrief,** der: Wunschbrief ans Christkind: *Die Caritas organisiert seit Jahren unter anderem über soziale Medien die Aktion Christkindlbrief, bei der heuer 6000 Menschen, die in Caritas-Einrichtungen leben, Wünsche aufgeschrieben haben.* (PR 20. 12. 13)

**Christkindlmarkt,** der (auch bayr., in ähnlicher Form, z. B. *Christkindlesmarkt,* regional auch in D): Weihnachtsmarkt: *So richtig weihnachtlich wirkt der Christkindlmarkt am Wiener Rathausplatz zwar noch nicht, so ganz ohne Schnee.* (ST 25. 12. 06)

**Christtag,** der (auch bayr.): Feiertag am 25. Dezember, Weihnachtstag: *Am Standort Wien außerdem frei: Neujahr, Ostermontag und Pfingstmontag sowie zu Weihnachten Christtag und Stefanitag.* (PR 13. 4. 17)

**Cisleithanien, Zisleithanien** ‹eig. ›Land diesseits der Leitha‹› (österr. hist.) inoffizielle Bez. für den westlichen Teil der österreichisch-ungarischen Doppelmonarchie. Vgl. Transleithanien

**Club** ↑Klub

**Cobra,** die (kurz für EKO-Cobra): Spezialeinheit der Polizei für Einsätze mit hoher Gefährdung: *Da zunächst nicht klar war, ob Waffen im Haus sind …, wurde die Spezialeinheit Cobra gerufen.* (PR 30. 5. 17)

**Coca-Cola®, Cola,** das; -s, -s: ist österr. (seltener auch südd., schweiz.) Neutrum, in D meist Femininum: *In Japan ist ein neues Cola auf den Markt gekommen.* (PR 26. 4. 17). – Ebenso ähnliche Getränkenamen wie ↑Bluna, ↑Fanta

**Colonia-** ↑Kolonia-

**conferieren,** sw. V. / hat ‹franz.› (veraltend): als Conférencier fungieren; moderieren: *er conferierte den Vereinsabend; Mit lustig-traurig stilisierten Clowngesichtern werden conferierend die Widersprüche zur Verfassung ausgeforscht.* (ST 13. 3. 06)

**Corner,** der; -s, - [k…] ‹engl.› (auch schweiz., Fußball): Eckball, Eckstoß: *Er tritt immer noch alle Standardsituationen, es gibt keinen Corner, der nicht von ihm ausgeführt wird.* (PR 17. 11. 07) ◆ **Cornerfahne; Cornerschütze**

**Cottage,** das; -, -s ‹engl.› [ˈkɔtɪdʒ]: Villenviertel in Wien, urspr. in Währing: *Während in Hietzing der Plafonds bei 4.500 bis 6.000 Euro erreicht ist, sind im Cottage 5000 bis 9.000 zu erzielen.* (PR 4. 11. 16). – Ugs. veraltend auch als Femininum in französisierender Aussprache [kɔˈteːʃ]. Vgl. auch ↑Kombination, volley ◆ **Cottagegasse; Cottagelage:** *Angekauft werden sollen entsprechend dem bisherigen Fokus Zinshäuser mit Entwicklungspotenzial in attraktiven Innenstadt- oder Cottagelagen mit Schwerpunkt Wien.* (ST 5. 11. 02); **Cottageviertel:** *Im Bereich rund um das Cottage-Viertel gilt Währing als Nobelbezirk.*

(PR 13. 5. 17); **Cottagevilla:** *Ein Architektenwettbewerb soll für die Zukunft neue Typen von modernen, zeitgemäßen Cottage-Villen schaffen.* (PR 22. 12. 06); **Cottagewohnung**

**Creme,** die; -, -n [kreːm]: bildet österr. (und schweiz.) den Plural auf -n, in D nur auf -s: *Sämtliche Cremen sind gut verträglich.* (ST 9. 10. 07)

**Cremeschnitte,** die /meist Plural/ (auch schweiz.): Schnitte mit Cremeschichten: *Ich saß im Café Dommayer in Hietzing und habe eine Cremeschnitte gegessen.* (PR 1. 10. 15). ↑Schnitte

**Cupfinale,** das; -s, - [kʌp...]: (in D) Pokalendspiel, -finale: *Juni hat Salzburg sogar die Chance, mit einem Sieg im Cupfinale gegen Rapid zum vierten Mal das Double zu gewinnen.* (SN 15. 5. 17)

## D*d*

**da:** ist österr. gleichbedeutend mit ›hier‹, wodurch ein Gegensatzpaar *da – dort* entsteht: *da* bezeichnet etwas sich in der Nähe des Sprechers Befindendes, *dort* etwas Entferntes. Der Satz *Ich fahre dieses Jahr nicht nach Berlin, ich war gerade im Vorjahr da!* müsste österr. *ich war gerade im Vorjahr dort* lauten

**d'accord** [daˈkoːɐ̯] ‹franz.›: einer Meinung, einig, einverstanden: *Alle Parteien und die Bevölkerung sind d'accord: Wer für den Putsch verantwortlich ist, wer von Kampfjets aus auf Menschen schießt, der gehört bestraft.* (PR 4. 11. 16)

**Dach:** ***jmdm. eine/etwas aufs Dach geben** (ugs.): **a)** jmdm. einen Schlag auf den Kopf geben: *Vor allem die schwungvollen Szenen, in denen die drei Freunde mit ihrem Fahrrad ungebremst einen Hügel hinunterbrettern oder dem bösen Wolf ordentlich eins aufs Dach geben.* (TV-Media 14. 10. 09). **b)** jmdm. einen Verweis, eine Rüge erteilen: *Müssen wir die Al-Kaida so lange »kratzen«, bis es denen einmal zu blöd wird und sie auch uns »eine aufs Dach geben«? Übernehmen Sie dann die Verantwortung dafür?* (KR 13. 8. 05); ***eine/etwas aufs Dach bekommen/kriegen** (ugs.) **a)** einen Schlag auf den Kopf bekommen. **b)** eine Niederlage erleiden: *Ausgerechnet bei der Heim-WM bekamen die Hausherren eine aufs Dach.* (KU 31. 1. 01). **c)** einen Verweis, eine Rüge erhalten: *»Die Leute sind erzürnt, weil sie ständig eine aufs Dach bekommen.«* (OÖN 19. 1. 13). – In D lauten diese Wendungen **eins aufs Dach geben** bzw. **bekommen; *Feuer am Dach** ↑Feuer

**Dachgaupe,** die (auch bayr.): aus dem Dach ragendes Fenster, (in D) Dachgaube: *In Göteborg hatte Kranawetter drei Tage Zeit, um ein zwei Mal 2,5 Meter großes Modell mit halbrunder Dachgaupe einzufassen und zu verkleiden.* (OÖN 12. 12. 16)

**Dachgleiche,** die: das Erreichen der obersten Gebäudehöhe, Fertigstellung des Dachstuhls: *Das Projekt, das nun Dachgleiche gefeiert hat, ist die derzeit größte Ziegelbaustelle Österreichs.* (PR 21. 10. 16)

**Dachgleichenfeier,** die: Feier bei der Erreichung der ↑Dachgleiche, (in D) Richtfest: *Das touristische Großprojekt läuft derzeit auf Hochtouren. Für Donnerstag dieser Woche ist die Dachgleichenfeier angesetzt.* (PR 5. 10. 09). ↑**Firstfeier, Gleichenfeier**

**Dachkapfer,** der; -s, - (westösterr.): aus einem Dach herausgebautes senkrechtes Fenster, ↑Dachgaupe: *Der Dachkapfer wurde ohne Baugenehmigung errichtet.* (TT 15. 1. 09)

**Dachtel,** die; -, -n (ugs.): Ohrfeige; Schlag mit der Hand auf den Hinterkopf: *Während jede zweite Dachtel bereits vor Gericht verhandelt werden muss – ziehen wir uns gleichzeitig und regelmäßig Gewaltexzesse ohne mit der Wimper zu zucken rein.* (ST 16. 11. 12)

**Dacke, Dackerl** ↑Tacke, Tackerl

**dafürstehen,** st. V. / ist: **1.** (auch bayr.) /sich; nur unpersönlich/: sich lohnen: *Das würde nicht dafürstehen, weil die Prämie für die Versicherung schon fast so hoch wie die auszuzahlenden Prämien wäre.* (OÖN 28. 8. 08); *Wir sind uns einig, dass die Kosten nicht dafürstehen.* (SN 1. 4. 17). **2.** für etwas einstehen, Garant für etwas sein: *Die ÖVP steht dafür, jene zu unterstützen, die für Leistung in der Arbeitswelt, zuhause oder in Vereinen stehen.* (News 20. 10. 11). ↑stehen

**dag:** (nur geschriebene Abk. für) ↑Dekagramm (100 g): *Zutaten: 40 dag Mehl 30 dag Butter 15 dag Staubzucker 15 dag geriebene Nüsse.* (SN 29. 11. 07)

**daheim:** ist österr. (und südd., schweiz.) das hauptsächlich gebrauchte Wort für: **1.** zu Hause: *Wer dieser Tage versuchte, der Eiszeit auf den Straßen zu entgehen, konnte daheim im warmen Zimmer auch ganz schön ausrutschen.* (OÖN 27. 12. 00). **2.** in der Heimat: *Daheim siegen ist das Größte.* (SN 27. 12. 07)

**Daheim,** das (auch südd., schweiz.): das Zuhause: *Sie ist nach langer Krankheit in ihrem geliebten Daheim friedlich eingeschlafen.* (VN 24. 12. 07)

**daher-** (auch südd.): produktives Bestimmungswort bei Verben zur Verstärkung oder Abwertung, z. B. **dahergehen, daherplappern, daherkriechen, daherlaufen, daherhinken, daherlügen:** *Wie es bei Wirtshausraufereien so üblich ist, gibt es Zeugen, die relativ dumm daherlügen.* (PR 22. 3. 07)

**daherbringen** (abwertend oder verstärkend): [herbei]bringen: *Die wird natürlich mit einer mächtigen Obershaube dahergebracht, schmeckt diskret nach Most und tapfer nach Einbrenn.* (Falter 20. 4. 05). – *Daherkommen* und *daherreden* sind gemeind.

**dahinfretten,** sich; sw. V. / hat: sich mühsam durchbringen: *Die Folge: kein echter Tod – und daher keine Auferstehung, sondern ein Dahinfretten ohne Perspektive.* (PR 9. 4. 05). ↑FRETTEN

**dahinwursteln,** sw. V. / hat (ugs., auch bayr.): in Provisorien, ohne klares Ziel arbeiten: *Dem AUA-Hauptaktionär ÖIAG kann vorgeworfen werden, viel zu lange der AUA beim Dahinwursteln zugeschaut zu haben.* (ST 2. 7. 09)

**Dalk,** der; -[e]s, -e (mundartnah, auch bayr.): ungeschickter Mensch: *du Dalk!; so ein Dalk!*; *Er wird es inzwischen erfahren haben, dass in Österreich Depp gleichbedeutend ist mit Dummian, Dalk, Dodl, Surm oder Koffer.* (KR 24. 9. 16)

**dalken,** sw. V. / hat (ostösterr. mundartnah, veraltend): dumm, kindisch reden

**Dalken,** die /Plural/: eine Mehlspeise in Form von kleinen Fladen, die unterschiedlich gefüllt oder bestreut werden: *Auf die Dalken etwas Topfen-Joghurtcreme dressieren und sofort servieren.* (NÖN 15. 7. 10); ***böhmische Dalken:** mit Powidl oder Marmelade bestrichene Dalken: *Kulinarische Ermittlung über böhmische Dalken, die Unverzichtbarkeit des Gulaschs und andere importierte und gebliebene Rezepturen.* (ST 3. 4. 03) ◆ **Grießdalken; Mohndalken:** *Hingegen geht auf jeden Fall ganz viel süßer Germteig wie Striezel, Buchteln mit Vanillesauce, Krapfen, Mohndalken oder Germknödel.* (ST 17. 12. 16)

**Dalkenpfanne,** die: Pfanne mit mehreren runden Vertiefungen: *In eine Dalkenpfanne ½ TL Butter in jede Vertiefung geben, mit einem Esslöffel kleine Dalken einlegen und beidseitig goldbraun backen.* (SN 20. 7. 13)

**Dalkerei,** die (mundartnah, veraltend, auch südd.): Dummheit; sinnloses Getue: *hört auf mit den Dalkereien!*

**dalkert** (mundartnah): dumm, ungeschickt, kindisch: *Fällt der überraschte Bayer dann blöderweise dalkert ... um, braucht er für seine blutende Nase sicher ein Sacktüchel.* (SN 26. 9. 15)

**Damenspende,** die: kleines Geschenk der Ballveranstalter an die Damen zur Erinnerung an den Ball; Ballspende: *Grund für die gähnende Leere zwischen den Ballsälen war die Ausgabe der Damenspende und der Startschuss zur Tombola.* (PR 12. 2. 07). ↑**Ballspende, Wortspende**

**Damian,** der; -s, -e ⟨zu ↑damisch, gebildet in Anlehnung an den Vornamen *Damian*, analog zu ↑Dummian⟩ (ugs., veraltend, regional auch in D): ungeschickter, unreifer Mensch. Vgl. Dummian, Fadian, Schmutzian

**damisch** (ugs., auch bayr.): **1.** schwindlig, wie benommen: *Hören tust ein Rauschen, das dich ganz damisch macht.* (Falter 1. 6. 05). **2.** wirr, wütend: *Dass die Monika seit Kurzem mit einem anderen eine Beziehung hatte, hat ihn damisch gemacht.* (OÖN 25. 9. 10). **3.** dumm, läppisch: *Jetzt hör mir gut zu: Du hast dieses damische Rezept aus New York mitgebracht.* (PR 8. 10. 07). **4.** /verstärkend bei Adj. und Verben/ sehr, ungeheuer: *Wir freuen uns ganz damisch. Und wir möchten uns bei allen, die uns gewählt haben, herzlich bedanken.* (OÖN 19. 3. 14)

**Dämmerungseinbrecher,** der: Person, die in der Dämmerung Einbrüche verübt: *Dämmerungseinbrecher beginnen wieder mit ihren Beutezügen.* (PR 23. 10. 09)

**Dämmerungseinbruch,** der (auch schweiz.): Einbruch, der in der Dämmerung, in frühen Abendstunden verübt wird: *Das Innenministerium erklärte die Zunahme mit besonders vielen Dämmerungseinbrüchen zu Winterbeginn 2013/2014.* (PR 13. 3. 15)

**Dampfl,** das; -s, -n (auch bayr.): mit Hefe angesetzte kleine Teigmenge, die, nachdem sie aufgegangen ist, mit der eigentlichen Teigmasse vermischt wird; Vorteig, Vorbereitungsteig: *das Dampfl anmachen, herrichten; Dann Mehl, Dampfl und alle anderen Zutaten zu einem festen, glatten Teig mischen.* (OÖN 19. 2. 15)

**Dampfnudel,** die /meist Plural/ (auch südd.): Speise aus Germ-, Hefeteigkugeln, die in einer zugedeckten Kasserolle gedünstet werden: *Zu den kulinarischen Höhepunkten ... zählen Dampfnudeln auf Zwetschken, Lammkoteletts mit Kürbisgemüse, Fleischknödel, eine Mandelforelle und Apfelnockerl.* (KZ 29. 12. 09). ↑NUDEL

**Danachachtung** ↑Darnachachtung

**Darlehenserstreckung,** die (Behördenspr.): Verlängerung der Laufzeit eines Darlehens: *Kaiser will den Pflegeregress – Angehörige zahlen für Pflegekosten der Eltern – abschaffen, durch Darlehenserstreckung die Mieten senken und eine Strompreissenkung erreichen.* (SPÖ aktuell, Onlinemagazin, 28. 2. 13). ↑ERSTRECKUNG

**Darnachachtung,** die: ***zur Darnachachtung** (Behördenspr., veraltend): zur Beachtung, zur Befolgung: *Der Landesschulrat für Burgenland übermittelt in der Beilage den Erlass des Bundesministeriums für Unterricht, Kunst und Kultur vom 10. Juni 2013, ... zur gefälligen Kenntnis und Darnachachtung.* (Landesschulrat Burgenland, 28. 8. 13)

[1]**dasig** [...ɔː...] /nur attributiv/ (veraltend, mundartnah, auch bayr.): hiesig: *Im Abstand von zwei Monaten präsentieren sich in der Kulturwerkstatt ... jeweils hiesige und dasige Erzmusiker.* (KZ 14. 11. 14)

[2]**dasig** [...aː...] (mundartnah, auch südd.): verwirrt, schüchtern, benommen: *Sie sagt heute, er sei vom Mast gestürzt, habe sich wohl verletzt und sei »ganz dasig gewesen«.* (SN 27. 10. 01); *Andreas Gabaliers »MTV Unplugged«: Der Hiesige, der einen dasig macht.* (ST 25. 11. 16)

**Dasige,** der und die (mundartnah): Einheimische/-r: *Erneut legt Frau Dr. med. Hofer ihren Arztkoffer beiseite und »Hiesige wie Dasige« auf die Kabarett-Couch.* (WZ 29. 9. 10)

**Däta, Däti,** der; -s, - (Vbg.): Vater: *Zum Schluss war sie so zahm, dass der Däta ihr mit der Hand Salz geben konnte.* (NVT 8. 7. 12); *Vergelt's Gott allen, die unseren Däti in den letzten Wochen liebevoll betreut und ihm dadurch das Daheimsein bis zuletzt ermöglicht haben.* (VN 18. 6. 04)

**Dati, Tati,** der; -s, - (mundartnah, Kosewort): Vater: *Der scheidende Bürgermeister gab seinem Nachfolger einen guten Rat mit auf den Weg: »Du hast zu mir immer g'sagt, fahr nach Graz zur Mami um a' Geld – jetzt muasst halt du zum Dati um a' Geld fahren.«* (KZ 19. 4. 00)

**Dätschen** ↑Tätschen

**Daubel,** die; -, -n (ostösterr.): auf elastische Stäbe gespanntes quadratisches Hebenetz, das zum Fang auf den Flussgrund abgesenkt und wieder gehoben wird (bes. in der Donaufischerei um Wien und an Thaya und March): *Der Mann verrichtete gerade Renovierungsarbeiten, als er sah, dass sich der Tote in seiner Daubel verhangen hatte.* (ST 1. 11. 04) ◆ **Daubelfischen:** *Beim »Daubelfischen« muss man sich nicht aus der Hütte wegbewegen, nur ab und zu das Netz hochkurbeln.* (ST 5. 8. 12); **Daubelfischer/-in:** *Sonst gibt es einen schmalen Pfad direkt am Rande des Gewässers, der von einer Daubelfischer-Hütte zur anderen führt.* (ST 16. 3. 12); **Daubelfischerei; Daubelnetz; Daubler/-in**

**Dauer:** ***auf Dauer:** von Bestand, dauerhaft: *Wer soziale Gerechtigkeit fordert, kann slowakische Pflegerinnen nicht auf Dauer vom Arbeitsmarkt ausschließen* (KU 10. 9. 08)

**dazugehen** (ugs.): beitreten: *Zwar würden viele Jugendliche dazugehen, dann aber wieder abwandern, bevor sie ins einsatzfähige Alter kommen.* (OÖN 31. 8. 07)

**dazuschauen** (auch bayr.): sich bemühen, zusehen: *Und dann müssen wir dazuschauen, um wieder auf diesen Level zu kommen.* (KZ 16. 11. 14). ↑SCHAUEN

**DDr.:** doppelter Doktor, (in D) Dr. Dr.

**Dechant,** der ‹lat.›: einem Dekanat vorstehender Geistlicher: wird österr. (außer in Westösterr.) auf der ersten Silbe betont, in D auf der letzten

**Deckel,** der (ugs.): Kontrollkarte als Bescheinigung über die ärztliche Untersuchung einer Prostituierten. Vgl. Büchl; ***jmdm. eine auf den Deckel geben** (ugs.): jmdn. zurechtweisen; ***eine auf den Deckel bekommen/kriegen** (ugs.) **a)** gerügt, zurechtgewiesen werden: *Für diesen Leichtsinn hat er eh eine auf den Deckel bekommen.* (OÖN 21. 9. 15). **b)** eine Niederlage erleiden: *»Es ist befriedigender eine Liga tiefer erfolgreich aus dem Stadion zu gehen, als in der Bundesliga ständig eine auf den Deckel zu kriegen.«* (KU 20. 7. 08). – In D lauten diese Wendungen *eins auf den Deckel geben* bzw. *bekommen/kriegen*

**Deckentram,** der: Deckenbalken: *Der ursprüngliche Vierkanter, von dem noch ein hölzerner Deckentram mit der Jahreszahl 1798 erhalten ist, wurde bei einer solch starken Expansion bald zu klein.* (OÖN 11. 11. 05). ↑**Tram**

**Defensio,** die: mündliche Präsentation und Diskussion einer Dissertation als Abschluss eines Doktoratsstudiums: *An die Stelle der drei Rigorosen tritt eine Defensio.* (PR 27. 4. 09)

**definitiv** ‹lat.› (Verw.): unkündbar: *Die Verpflichtung der Übernahme in ein definitives Dienstverhältnis nach Jahresfrist bleibt.* (OÖN 29. 4. 05); ***definitiv stellen:** in ein unkündbares Beamtendienstverhältnis übernehmen: *Ein Beamter kann nach sechs Dienstjahren definitiv gestellt werden.* (PR 4. 7. 06)

**Definitivstellung,** die: Anstellung in einem ↑definitiven Dienstverhältnis: *Und unangetastet bleibt das Definitivum, also der Status der Unkündbarkeit von Inhabern von Altverträgen. 2001 hatte es die letzten Definitivstellungen gegeben.* (PR 15. 12. 15)

**defizient** ‹lat.› (Behördenspr., veraltend): wegen Alter oder Krankheit dienstunfähig. – In der allgemeineren Bedeutung ›unvollständig, unzulänglich‹ gemeind.

**Defizient** (veraltend, auch südd.): dienstunfähiger Priester: *Jakob Fuchs, ..., war 16 Jahre Kurat in Navis und seit 1857 Defizient ... in Innsbruck.* (Oberländer Rundschau 14. 1. 15)

**Deixfigur,** die ‹nach dem Karikaturisten Manfred Deix›: ins Lächerliche verzerrte karikierte Darstellung eines Österreichers: *Aber vielleicht gehört es ja wirklich zu den Wesenszügen des Wieners, sich so zu benehmen, dass man als Deixfigur, Berufsquerulant, notorischer Besserwisser und kleinlicher Bürgerinitiativler gute Figur machen könnte.* (ST 24. 12. 03)

**Deka,** das; -[s], - ‹griech.›: (Kurzform für) ↑Dekagramm, Abk. ↑dag: *Der Halbkilobrocken war auf der Küchenwaage nur noch schwache zwanzig Deka schwer.* (OÖN 1. 9. 16)

**Dekagramm,** das ‹griech.›: wird österr. als übliche Gewichtseinheit verwendet; man verlangt österr. also *10 Dekagramm*, in D *100 Gramm*; Abk. *dag*): *Portionsfische, die etwa 30 Dekagramm oder mehr auf die Waage bringen, brauchen rund zwei Jahre, bis sie herangewachsen sind.* (SN 6. 10. 16)

**Dekan,** der ‹lat.› (westösterr., regional auch in D): ↑Dechant: *Dekan Franz Hofmann zelebrierte mit dem neuen Seelsorger gemeinsam die heilige Messe in der Amraser Kirche.* (TT 7. 9. 09)

**delogieren,** sw. V. / hat [deloˈʃiːɐ̯n] ‹franz.› (selten auch in D): zum Ausziehen aus der Wohnung zwingen, zwangsräumen: *Ich delogiere den Musiker vom vierten Stock, der die Miete nicht zahlt.* (SN 29. 8. 16) ◆ **Delogierung**

**Demeter,** die; - ‹griech.› : Göttin des Ackerbaues: wird österr. (und bayr.) auf der ersten Silbe betont, in D auf der zweiten

**demolieren** ‹lat.-franz.›: (ein Gebäude) abreißen: *das Gebäude soll demoliert und als Holzhaus neu errichtet werden* (SN 7. 9. 07). – In D bedeutet *demolieren* ›zerstören, mutwillig beschädigen‹, z. B. ein Auto demolieren ◆ **Demolierung:** *Wenn das erledigt ist, beginnt die eigentliche Demolierung des Altbestandes.* (SN 21. 5. 16)

**denken:** kann österr. (und südd.) ugs. auch mit *auf* verbunden werden, in D nur mit *an*: *denk auf das Blumengießen!* ↑**auf**

**deponieren** ‹lat.›: eine Aussage machen, öffentlich kundtun: *Nach dem Querschuss von Finanzminister Hans Jörg Schelling (ÖVP) haben die vier Sozialpartner-Präsidenten ... ihre Zuversicht in Sachen Arbeitsmarktpaket deponiert.* (ST 6. 5. 17)

**Depp,** der; -en, -en (ugs., auch südd., schweiz.): **1.** Dummkopf: *Der Bürgermeister von Salzburg findet, wir Deppen am Land sollten Fahrgemeinschaften bilden, wenn wir schon in seine tolle Stadt hereinfahren.* (SN 23. 12. 16). **2.** der Leidtragende, Draufzahlende: *Der Mittelstand darf nicht länger ... der Depp sein.* (KZ 8. 2. 17)

**deppensicher** (ugs., selten auch in D): sehr einfach und für jedermann zu verstehen, idiotensicher: *Das ganze Gericht ist in 15 Minuten leicht machbar und trotz der teuren Zutat deppensicher.* (ST 1. 5. 17)

**Depperl,** das; -s, -n (ugs., auch bayr.): **1.** leicht Behinderter: *Hat der nicht für sie gesorgt wie für debile Depperln?* (PR 18. 3. 10). **2.** Person, die sich in einer Sache nicht auskennt und dumm anstellt: *Und weil die Natur kein Depperl ist, bedeutet Anti-Insekt in unserem Fall Pro-Mensch.* (OÖN 6. 12. 13)

**deppert** (emotional, auch bayr.): **1.** dumm, einfältig: *Das ist ein Fakt, auch wenn mich viele für deppert erklärt haben oder es immer noch tun.* (KZ 29. 4. 16). **2.** lästig, ärgerlich: *Ich habe es immer schon gehasst, das depperte Ding von der Windschutzschreibe runterzukratzen.* (ST 27. 4. 17). **3.** verrückt, durchgedreht: *Hier ist es auch immer sehr harmonisch, selbst wenn 30 Leute da sind, werden sie nicht »deppert«, sondern sehr persönlich zueinander.* (ST 28. 4. 17); ***deppert sterben lassen** (ugs.): ↑sterben

**Depscher,** der (ugs.): Delle: *Allerdings ist die Marille recht zart besaitet, wenn der Obstbauer handgreiflich wird. Im Juli muss sie vom Baum herunter, vorsichtig, denn sie mag keine Depscher.* (PR 23. 3. 07); (übertragen) *Der hohe*

*Euro gibt der Konjunktur noch zusätzlich einen kräftigen Depscher.* (KU 22. 5. 03). ↑**eindepschen, zerdepschen**

**der-** (ugs., auch bayr.): verstärkende Vorsilbe bei Verben: **derpacken:** *Wir werden als österreichische Landwirtschaft nicht den Weltmarktpreis derpacken.* (OÖN 5. 9. 15); **derschlagen:** *Dabei wird sich lange keiner mehr blicken lassen, die können jetzt beim Mauscheln im Hinterzimmer Fliegen derschlagen.* (OÖN 29. 3. 12); *»Ich hab sie derschlagen. Sperrts mi ein ...«* (ST 16. 1. 07); **dertreten; derwischen:** *Schon lange habe sie »Politiker, die ich derwisch, beim Krawattl nehmen« wollen.* (SN 3. 10. 14); **derzähln:** *»Jössas, das muss i' ja gleich dem Kanzler derzähln.«* (PR 24. 6. 06)

**Derby,** das: wird österr. nach englischem Muster [daːrbi] ausgesprochen, (in D) [ˈdɛrbi, ˈdœːɐ̯bi]

**derfangen** /sich/ (ugs.): sich erholen, sich wiederfinden: *Das Schnäuztüchl für danach hat ihm die Oma bestickt. Bei »I sing a Liad für di« haben sich alle wieder derfangen.* (ST 3. 5. 12). ↑**erfangen**

**derheben** (ugs.): heben können; sich gegen jmdn. durchsetzen können: *Keiner der beiden neuen Parteichefs ist nach den bitteren Stimmeneinbußen von SPÖ und ÖVP stark genug, um altgediente Minister zu »derheben«.* (SN 15. 10. 08)

**derrennen** (ugs.): **1.** etwas rennend erreichen: *Mayer schließt aber nicht aus, dass Christian Hoffmann am Samstag über 50 Kilomter eine Medaille »derrennt«.* (ST 27. 2. 03). **2.** /sich/: verunglücken: *Aber wir haben die Wahl, uns zu besinnen, die Sinne wieder in Betrieb zu nehmen oder ... uns zu derrennen.* (OÖN 9. 3. 02). ↑RENNEN

**derstessen** /sich/ (ugs.): **1.** sich stoßen: *Das war ein Durchwuzeln und Derstessen am Rande der Panik* (OÖN 24. 12. 05). **2.** scheitern: *Aber vielleicht kriegen die Freiheitlichen doch nur ... das Verkehrsressort, nach dem Motto: »Sollen sie sich derstessen.«* (OÖN 16. 10. 15). **3.** verunglücken: *Das Raserschwein soll sich in der nächsten Kurve derstessen.* (OÖN 25. 5. 16)

**derwuzeln** (ugs.): überrollen: *den hats bei dem Unfall derwuzelt!* ↑WUZELN

**Dessert,** das ‹franz.›: wird österr. [dɛˈseːɐ̯] ausgesprochen, in D auch [deˈsɛrt], schweiz. [ˈdɛseːɐ̯]

**Detail,** das ‹franz.›: wird österr. [deˈtaɪ̯l] ausgesprochen, in D [deˈtaɪ̯], schweiz. [ˈdetaɪ̯l]

**Detailverkauf,** der (auch schweiz., in D selten): Einzelverkauf: *Wir haben zwei Standbeine, den Großhandel, der 80 Prozent des Umsatzes ausmacht, und den Detailverkauf, der hier im Geschäft stattfindet.* (WZ 8. 12. 15)

**Detschen** ↑Tätschen

**detto** ‹ital.› (Behördenspr., auch bayr.): dasselbe; wie oben; (in D) dito: *Es sei vielmehr die ÖVP, die versuche, der SPÖ Neuwahlwünsche anzudichten. Detto die Töne aus der ÖVP.* (WZ 24. 1. 17)

**Deuter,** der (ugs.): Wink; Kopf- oder Handbewegung, um auf etwas aufmerksam zu machen: *Die schluchzende Tresl ... schaute mich mit strengem Blick an und machte einen Deuter mit ihrem Kopf, der mir sagte, dass ich verschwinden solle.* (PR 1. 12. 12)

**deutsch:** ***Deutsches Eck** ↑Eck

**deutschnational** (Politik): **1.** (im 19. Jh.) zu einer liberalen Bewegung in Österreich gehörend, die die Anlehnung des deutschen Österreich an Deutschland forderte. **2.** (im 20. Jh.) Bewegung, die den Anschluss Österreichs an Deutschland fordert oder einen extremen deutschbezogenen Kulturbegriff (im Ggs. zu einem österreichischen) vertritt: *Das Land wurde jahrzehntelang von der SPÖ dominiert, die sich gleichermaßen antiklerikal und deutschnational gerierte.* (SN 1. 2. 06). – In D bezeichnete das Wort eine monarchistische und betont nationalistische Partei der Weimarer Republik ◆ **Deutschnationale,** der und die

**Deutschösterreich** (hist.): **1.** die deutschsprachigen Länder und Gebiete der österreichisch-ungarischen Monarchie. **2.** Name der Republik von 1918 bis 1919

**DI, Dipl.-Ing.:** (österr. Abk. für) Diplom-Ingenieur

**DI (FH):** Diplom-Ingenieur an einer Fachhochschule

**Diakon,** der ‹griech.›: wird österr. (und südd.) auf der ersten Silbe betont, in D auf der letzten

**Diäten,** die ‹franz.› /Plural/: wird in D nur mit Bezug auf Abgeordnete und Hochschullehrer verwendet, österr. allgemeiner für jede Art von Aufwandsentschädigung, z. B. auch bei Dienstreisen: *Ich habe in zwölf Jahren keine Diäten und kein Kilometergeld verrechnet.* (NÖN 9. 1. 07)

**Dickerl,** das; -s, -n (ugs., auch bayr.): dickes Kind: *Was hat es denn nun mit der verbreiteten Meinung auf sich, »Dickerl« würden mehr Kalo-*

*rien zu sich nehmen als schlank Gebaute?* (OÖN 9. 3. 05); *»Schultern wie ein Henderl, hundsmager noch«, auch stimmlich nicht gerade ein Dickerl.* (PR 2. 8. 14)

**Dieb-:** die Zus. mit *Dieb* werden österr. mit *Diebs-* gebildet, in D mit *Diebes-:* **Diebs-Quartett:** *Leugnen half dem Diebs-Quartett wenig.* (OÖN 13. 9. 02); **Diebsbande:** *Nur so kann die Mühlviertler Bevölkerung gegen die kriminellen Diebs- und Einbruchsbanden geschützt werden.* (OÖN 3. 8. 09); **Diebsbeute:** *Im Fahrzeug lagerte die Diebsbeute.* (KU 10. 9. 08); **Diebsfahrt; Diebsgut:** *Benzin und Diesel sind teuer – und werden damit immer mehr zum begehrten Diebsgut.* (SN 29. 7. 08); **Diebspack; Diebstour:** *Frauen auf Diebstour.* (SN 31. 3. 08); **Diebswerkzeug**

**Diech,** der; -s, -e [...ie̯...] (Wien, mundartnah, alte Fachspr.): Fleisch vom hinteren Viertel des Rindes

**-diener,** der (Behördenspr.) /nur als produktives Grundwort in Zus./: Person, die eine Dienstpflicht zu erfüllen hat, (in D) Dienstleistender, Dienstpflichtiger, z. B. zu *Wehrersatzdienst* der *[Wehr]ersatzdiener.* (Eine weibliche Form ist in dieser Bedeutung nicht üblich.) ↑**Gedenkdiener, Grundwehrdiener, Präsenzdiener, Wehrdiener, Wehrersatzdiener, Zivildiener**

**Dienstbehelf,** der (Verw.): Zusammenfassung von Vorschriften sowie Geräte für den Dienstgebrauch: *Praktisch bedeutet die Rückkehr des Beamten in seine Funktion, dass er auch seine Dienstbehelfe wieder zur Verfügung gestellt bekommt.* (ST 11. 2. 09). ↑Behelf

**Dienstbeschädigung,** die (Behördenspr., selten auch in D): gesundheitlicher Schaden durch Dienstausübung beim Militär: *Gesetzlich determiniert wird im Heeres-Entschädigungsgesetz, dass ... ein Anspruch auf Witwenrente bzw. Waisenrente auch dann besteht, wenn der Tod nicht Folge einer Dienstbeschädigung ist.* (SN 21. 11. 16)

**Dienstgeber Dienstgeberin,** der bzw. die (selten auch in D): Arbeitgeber: *Die Dienstgeber argumentieren, dass höhere Löhne die Branche umbringen würden.* (SN 14. 4. 17); *Die Haushälterin berichtete außerdem, ihre Dienstgeberin hätte am Vortag Besuch erwartet.* (SN 5. 9. 06) ◆ **Dienstgebervertretung**

**Dienstgeberbeitrag,** der: Anteil der Sozialabgaben, die vom Arbeitgeber zu leisten sind: *Mit dem Dienstgeberbeitrag finanziert die Wirtschaft zu 75 Prozent den Familienlastenausgleichsfonds.* (SN 19. 4. 07)

**Dienstklasse,** die (Verw., selten auch in D): Rangstufe im öffentlichen Dienst: *Gemäß § 26 Wohnungsgemeinnützigkeitsgesetz (WGG) dürfen Vorstände demnach höchstens so viel wie Bundesbeamte der Dienstklasse IX verdienen.* (PR 11. 3. 16)

**Dienstleistungsscheck,** der (Verw.): Gutschein, mit dem personennahe Dienstleistungen im Haushalt erworben werden, wodurch Haushaltshilfen legalisiert werden; Abk. DLS: *Im Schnitt lösen Haushaltshilfen Dienstleistungsschecks in Höhe von 45 Euro pro Monat ein.* (PR 1. 9. 07)

**Dienstnehmer Dienstnehmerin,** der bzw. die: Arbeitnehmer: *Das Krankenhaus verfügt über 99 Patientenbetten und hatte im Vorjahr 176 Dienstnehmer.* (SN 22. 11. 07)

**Dienstpragmatik,** die ⟨lat.⟩ (Behördenspr., früher): Regelung des Dienstverhältnisses der Bundesbeamten: *Die Beamten denken gewiss zuerst an die Dienstpragmatik, an Gehaltserhöhung und gesichertes Avancement eventuell auch an Geschäftsverminderung.* (SN 22. 7. 03). – 1979 offiziell ersetzt durch *Beamtendienstrecht*

**Dienststand,** der (Behördenspr.): die im aktiven Dienst stehenden, einschl. karenzierten, Beamten (im Ggs. zum Ruhestand): *Weiters solle man auch dienstrechtliche Maßnahmen zur Unterstützung des längeren Verbleibs im Dienststand ... diskutieren.* (PR 26. 8. 15)

**Dienststellenausschuss,** der (Verw.): Personalvertretung an einer Dienststelle; Abk. DA): *Gewählt werden rund 1.200 Dienststellenausschüsse in allen Dienststellen mit mehr als 20 Bediensteten.* (SN 26. 11. 14). ↑**Zentralausschuss**

**Dienststunden,** die /Plural/ (auch bayr.): Öffnungszeiten einer Behörde, Amtsstunden (in der Bedeutung ›Arbeitsstunden‹ gemeind.): *Auskünfte zur Ausschreibung können während der Dienststunden beim Stadtamt Traun ... eingeholt werden.* (WZ/Amtsblatt 16. 1. 09)

**Dienstverhinderung,** die: Verhinderung, den Dienst auszuüben: *Generell kann in bestimmten Fällen eine bezahlte Dienstverhinderung vorliegen, wenn der Arbeitnehmer aus wichtigen Gründen nicht pünktlich am Arbeitsplatz erscheint.* (SN 1. 8. 16)

**Dienstzettel,** der: schriftliche Festlegung des Dienstgebers über die wesentlichen Rechte und Pflichten des Dienstnehmers, Arbeitsvertrag: *Freie Dienstnehmer müssen künftig einen Dienstzettel erhalten, in dem alle Vereinbarungen mit dem Arbeitgeber zur Information aufgelistet sind.* (PR 18. 3. 04)

**Dienstzuteilung,** die: vorübergehende Versetzung eines Dienstnehmers an eine andere Dienststelle: *Zur Sicherstellung einzelner Organisationseinheiten stockt das Innenministerium den Personalstand regelmäßig mittels Dienstzuteilungen auf.* (ST 19. 7. 13)

**diesfalls** (auch schweiz.): in diesem Fall: *Ein anderer O'Donnell stand übrigens hunderte Jahre später erneut an einer Weggabelung der Geschichte, diesfalls der österreichischen* (ST 21. 4. 17)

**Dill-:** die Zus. mit *Dille* werden österr. ohne Fuge gebildet, in D meist Dillen-: **Dillcremesuppe; Dillfisolen; Dillkürbis; Dillkraut:** *Unter den Pflanzen, die sich nur ungern bevormunden lassen, nimmt das Dillkraut einen der vordersten Ränge ein.* (ST 5. 5. 08); **Dillsauce,** ↑Sauce; **Dillsoße:** *Ein filetiertes Lachsforellenfilet in Butter gebraten, mit frischem Knoblauch, pochiert mit Dillsoße oder gerösteten Mandeln ist eine der Kleefeld Spezialitäten.* (SN 4. 4. 17); **Dillspitze; Dillstängel; Dillsud**

**Dille,** die; -, -n: (neben) der Dill: *Sie enthalten weniger Fett und Salz, dafür Heilkräuter wie ... Melisse und Dille.* (SN 7. 2. 17)

**Dinkellaibchen,** das: Laibchen aus Dinkelmehl: *»Gesundes Schulessen – einfach genial, genial einfach!« bemüht sich, Kinder ... davon zu überzeugen, Junkfood gegen Dinkellaibchen und Vollkornmüsli auszutauschen.* (ST 2. 5. 07). ↑LAIBCHEN

**Dion:** (Kurzwort für) Direktion, (seltener auch) Division

**Diplomatens-:** (in Zus., veraltet) Diplomaten-: **Diplomatensgattin.** ↑**Arztens-, Architektens-, Beamtens-, Fabrikantens-**

**Diplomkaufmann,** der (auslaufender Titel): wird österr. auch Dkfm. abgekürzt, in D nur Dipl.-Kfm.

**Dippel,** der; -s, - (ugs.): Beule: *Schnell malte ich ihr mit meinem Kugelschreiber eine schmerzstillende, linksdrehende Spirale um den Dippel.* (OÖN 31. 7. 10). ↑**Gelsendippel**

**Dippelbaum,** der: Balken, der bei Bauten für Zimmerdecken o. Ä. verwendet wird: *Durch Jahrzehnte war Wien eine graue Stadt, an deren Bausubstanz durch bröckelnde Fassaden und faulende Dippelbäume Milliardenschäden entstanden.* (profil 15. 12. 14) ◆ **Dippelbaumdecke:** *Auch Originalstiege und Dippelbaumdecke durften bleiben.* (ST 16. 12. 06)

**Direktion,** die: Leitung einer Schule, (in D meist Rektorat): *Die Schulaufsicht werde sich mit dem Lehrer und der Direktion in Verbindung setzen.* (OÖN 10. 3. 17)

**Direktor Direktorin,** der bzw. die: Leiter/-in einer Schule (in D meist Rektor/-in): *So kann es etwa für Junglehrer ein entscheidender Vorteil sein, die »gleiche Farbe« wie ihr Direktor zu haben, um eine Fixanstellung zu erhalten.* (PR 25. 7. 13). – Alle anderen Verwendungen von *Direktor* bzw. *Direktorin* sind gemeind.

**Direktrice,** die ‹franz.›: wird österr. (und schweiz.) ohne Endungs-e ausgesprochen

**Direktverrechnung,** die: direkte Abrechnung zwischen Patienten und Versicherung: *Einnahmen, die aus Direktverrechnungen an Patienten kommen, werden immer wichtiger.* (PR 22. 2. 16). ↑-VERRECHNUNG

**dirimieren,** sw. V. / hat ‹lat.› (Behördenspr., selten): bei Stimmengleichheit entscheiden: *Das hieße, dass Bürgermeister Heinz Schaden (SPÖ) bei der Abstimmung dirimieren müsste.* (SN 7. 11. 16) ◆ **Dirimierung; Dirimierungsrecht:** *Natürlich hat dann der Vorsitzende ein Veto- und Dirimierungsrecht.* (PR 15. 6. 16)

**Dirn,** die; -, -en (früher, auch bayr.): Magd bei einem Bauern: *In den 30er-Jahren konnten vom Ertrag des Hofes acht Leute leben, »die Eltern, die Tante, der Großvater, Knecht, Dirn und zwei Kinder.«* (SN 29. 4. 05). – Die Bez. ist nicht abwertend. Im Nordd. bedeutet *Dirn* svw. ›Mädchen‹ ◆ **Stalldirn**

**[1]Dirndl,** das; -s, -n: **1. a)** (ugs., auch bayr.) Mädchen: *Ihre Mutter daheim in Kuchl will aus lauter Sorge gar nicht mehr wissen, was das Dirndl noch so alles ausheckt.* (KU 15. 2. 08). **b)** /Plural/ aus Mädchen, Frauen bestehende Musikgruppe (vgl. Buam): *Echte Volksmusik erklingt am 22. Dezember, 19 Uhr, in der Pfarrkirche Gunskirchen u. a. mit den »Schwarz Dirndln« aus dem Mühlviertel, dem »Salzach-Dirndl-Dreigsang« und einem Brass-Quintett.* (OÖN 16. 12. 16). **2.** (in der Mode auch in D) Dirndlkleid; Trachtenkleid nach bayr.-österr. Vorbild: *Der Sonntag wird zum Tag der Tracht, an dem Besucher, die in Lederhose, Dirndl oder Salonsteirer kommen, ermäßigten Eintritt erhalten.* (KZ 20. 4. 17)

**[2]Dirndl,** das; -s, -n /meist im Plural/ (bes. ostösterr.): **1.** Kornelkirsche (als Baum oder Strauch): *Zwischen den Dirndln durchs Piel-*

*achtal wandern.* (KU 23. 3. 08). **2.** Frucht der Kornelkirsche: *Hildegard Göllner bietet bei ihrem Schrannen-Tischchen ... auch Likör und Gelee von Dirndln an.* (SN/Beilage 20. 9. 07) ◆ **Dirndlbaum; Dirndlbrand; Dirndlfrucht:** *Eine Vermarktungskampagne rund um die Pielachtaler Dirndlfrucht.* (ST 9. 1. 12); **Dirndlhecke; Dirndlparfait; Dirndlpüree; Dirndlsaft:** *Dirndlsaft gibt es schon als Begrüßungsdrink.* (WZ 6. 5. 11); **Dirndlschnaps; Dirndlstrauch:** *So ein alter Dirndlstrauch ist auch vom Erscheinungsbild her einem Olivenbaum nicht unähnlich.* (WZ 6. 5. 11)

**Dirndle,** das; -s, -n (ugs., süd-, westösterr.): ↑[1]Dirndl, Mädchen: *»Meine Mutter hat nur noch gesagt: Dirndle pass auf dich auf!«* (KZ 6. 9. 00)

**Dirndlgewand,** das: Trachtenkleid: *Außerdem fühle ich mich im Dirndlgewand sehr wohl.* (OÖN 2. 5. 13). ↑[1]**Dirndl, GEWAND**

**Dirschenöl,** das (Tirol): aus Ölschiefer gewonnenes Öl; Steinöl: *Viele Jahre später entdeckten Bauern im Stein das heilsame Dirschenöl (Thyrsusblut) und seitdem wird es als Volksmedizin gegen vielerlei Krankheiten bei Mensch und Vieh angewendet.* (Tiroler Steinölwerke, Pertisau, 2007, Int)

**Diskont,** der ⟨ital.⟩: (kurz für) ↑Diskontgeschäft, bes. österr. Form, (in D) Discount: *Kika-Leiner ... ist erst jetzt wieder auf eine Doppelstrategie umgestiegen: Kika mit Diskont, während Leiner als Qualitätsmarke präsentiert werden soll.* (OÖN 3. 11. 16). – Die Bedeutung Diskontsatz (Zinssatz) ist gemeind.

**Diskonter,** der: ↑Diskontgeschäft, (in D meist) Discounter: *Bier in der 0,5-Liter-Pfand-Flasche ist österreichweit erhältlich – außer bei den Diskontern.* (KZ 3. 5. 17)

**Diskontgeschäft,** das: Einzelhandelsgeschäft, in dem nicht preisgebundene Produkte zu niedrigen Preisen verkauft werden, (in D) Discount-: *Beamte der Spittaler Polizei kontrollierten am Mittwoch auf dem Parkplatz eines Diskontgeschäftes in Spittal einen verdächtigen Pkw.* (KZ 28. 3. 13). – In der Bedeutung ›Ankauf von noch nicht fälligen Wechseln oder Schecks unter Abzug des Diskonts‹ gemeind.

**Dispens,** die; -, -en ⟨lat.⟩: Befreiung von einer Verpflichtung; Ausnahme: ist österr. (und bayr., wie auch im kath. Kirchenrecht) Femininum, in D auch Maskulinum: *Mit der Konvertierung stellte der »Familienpriester« bei Kardinal Schönborn als zuständigen Ortsbischof einen entsprechenden Antrag auf eine Dispens.* (ST 28. 6. 07). ↑**Altersdispens, Sprengeldispens**

**Dissertant Dissertantin,** der; -en, -en bzw. die; -, nen ⟨lat.⟩: Person, die an einer Dissertation arbeitet: *Sie leiden als berufstätiger Dissertant wohl kaum an Langeweile. Warum zusätzlich eine Projektmanagement-Ausbildung?* (SN 13. 5. 06)

**dissertieren** ⟨lat.⟩ (auch schweiz.): an einer Dissertation arbeiten (vgl. promovieren): *Vor einiger Zeit bin ich nämlich auf Hannah Arendts Doktorarbeit gestoßen. Sie hat mit 22 Jahren dissertiert.* (PR 10. 1. 17). – In D seltener, da auch *promovieren* gleichbedeutend verwendet wird

**Distinktion,** die ⟨franz.⟩: Rangabzeichen: *Sie tragen keine Uniform. Ihre Autorität müssen sie durch ihre Persönlichkeit und nicht durch Distinktion unter Beweis stellen.* (Falter 30. 1. 08) ◆ **Distinktionszeichen**

**disziplinär** ⟨lat.⟩: die Disziplin, Ordnung betreffend, (in D) disziplinarisch, disziplinell: *»Es ist zum Glück nichts passiert«, erzählt Schuldirektor M. S., »doch natürlich hätte ich da disziplinär eingreifen müssen«.* (SN 21. 10. 06)

**Divisionär,** der ⟨franz.⟩ (Militär, auch schweiz.): Befehlshaber einer Division

**Diwanüberwurf,** der: Diwandecke. ↑**Überwurf, Bettüberwurf**

**Dkfm.:** (Abk. für) Diplomkaufmann (neben Dipl.-Kfm.)

**dkg:** (frühere Abk. für) ↑Dekagramm, heute ↑dag

**DKT:** (Abk. für: Das kaufmännische Talent): bes. österr. Bezeichnung für das Spiel Monopoly: *Ganz jung sind sie noch mit vorgelesenen Geschichten zu fesseln, die ihre eigene Fantasie aufmöbeln. Später sind sie mit Live-Kämpfen wie DKT und Schach spielend vom Fernseher wegzukriegen.* (PR 18. 1. 10)

**do.** (Behördenspr.): (Abk. für) ↑dortig

**Dobosschnitte,** die [ˈdoːbɔʃ...] ⟨ung.⟩: ↑Dobostorte in Form einer ↑Schnitte: *Wer sich selbst an den Herd stellen will, kann aus guten regionalen Lebensmitteln auch einmal eine leckere Dobosschnitte backen.* (BVZ 18. 12. 12). ↑SCHNITTE

**Dobostorte,** die [ˈdoːbɔʃ...] ⟨ung.⟩: eine aus mehreren Teigschichten bestehende glasierte Cremetorte: *Hernach landen sie unweigerlich in einem Café bei Aperitiv und Dobostorte.* (OÖN 6. 6. 09)

**Docke,** die; -, -n (mundartnah): Puppe; Holzfigur: *Interessierte können Johann Gaigg bei der Arbeit über die Schulter blicken. Und eine Docke im Heimathaus kaufen.* (OÖN 15. 7. 04)

**Docker,** der; -s, - (Ktn., mundartnah): einfältiger Mensch: *Oba dann regen se de ganzen Docker sichalich erst recht wieder auf.* (profil 27. 8. 12)

**Dodel,** der; -s, -n (ugs., abwertend): 1. blöder Mensch; Trottel: *Jetzt macht man die Wahlbeisitzer zu den Dodeln der Nation* (PR 3. 7. 16). 2. Zeichen für Dummheit: *»Die Lenkerin hat uns den Dodel gezeigt und ist dann vorbeigefahren.«* (KZ 26. 4. 17)

**Dogma,** das; -s, ...men ‹griech.›: wird österr. mit langem geschlossenem o ausgesprochen, in D mit kurzem offenem

**Doktorat,** das ‹lat.› (auch schweiz.): Studienabschluss mit dem Doktortitel: *Zur Juristin ausgebildet wurde sie in Graz, nach ihrem Doktorat 1987 hatte sie Lehraufträge in Bürgerlichem Recht und Mietrecht.* (SN 31. 12. 05)

**Doktoratsstudium,** das: Studiengang, der zum Erwerb des Doktorats führt, (in D) Promotionsstudium: *Das Doktoratsstudium für Absolventen von Fachhochschulen zu öffnen ist eine Forderung, die zwar bereits gesetzlich verwirklicht wurde, in der Praxis aber nicht immer gelebt wird.* (PR 10. 4. 17)

**Dolm,** der; -s, -e (ugs.): Dummkopf /Schimpfwort/: *Kaum ein Tag, an dem nicht irgendein dahergelaufener Dolm unserem Herrn Bundeskanzler das politische Totenglöckchen läutet.* (SN 3. 3. 15)

**Dolmetsch Dolmetschin,** der bzw. die ‹ung.›: (in D) Dolmetscher/-in; österr. meist gebrauchte Form, in D nur in der übertragenen Bedeutung (i. S. v. ›Fürsprecher‹): *gerichtlich beeideter Dolmetsch; Richterin C. B. vertagte zur Ladung eines Dolmetschs.* (SN 2. 3. 17); *Die Dolmetschin für Farsi gab Auskunft bzw. nannte ihm Ämter, die Hilfe bieten können.* (NÖN 26. 2. 16)

**Domitian:** der Name wird österr. nur auf der zweiten Silbe betont, in D auch auf der letzten

**Donnerstag:** ***Unsinniger Donnerstag** ↑unsinnig

**Doppelbudget,** das: Budget für zwei Finanzjahre: *Die Doppelbudgets 2014/2015 werden jedenfalls ohne die Finanztransaktionssteuer geplant, man wolle keine Unsicherheiten im Budgetfahrplan haben.* (PR 18. 2. 14). ↑BUDGET

**Doppelconférence,** die [...kɔnfərɔ̃:s]: 1. Kabarettnummer, bei der zwei gegensätzliche Figuren einen Dialog spielen, z. B. Ernst Waldbrunn und Karl Farkas: *Mit bissigen Sprüchen wie diesen führte die Schauspielerin in einer Doppelconférence mit Bardame Beatrix Brunschko durch den Abend.* (PR 2. 2. 17). 2. Moderation durch zwei Personen, z. B. in Sportübertragungen, Nachrichtensendungen: *Die Doppelconférence in der Kommentatoren-Kabine hat im deutschsprachigen Raum kaum Tradition.* (ST 23. 9. 13)

**Doppeldoktor,** der: Person, die zwei Doktortitel erworben hat, Abk. DDr.: *Peter Wehle, Kabarettist, Schriftsteller, Doppeldoktor, polyglotter Sprachwissenschaftler und Musiker, wäre am 9. Mai 100 Jahre alt geworden.* (KU 4. 5. 14)

**Doppelmagister,** der: Person, die zwei Magistertitel erworben hat, Abk. MMag ◆ **Doppelmagistra:** *Die Doppelmagistra in Jus und BWL stammt aus einer Seiersberger Unternehmerfamilie, ist im Betrieb Gesellschafterin und seit 2011 aktiv tätig.* (KZ 27. 2. 14).

**Doppelmaut,** die: doppelte ↑Maut für bestimmte Strecken (sowohl durch Vignette als auch durch Maut für bestimmte Bergstrecken): *Der Lungauer Wirtschaftsverkehr hat schon bisher unter der Doppelmaut auf der Tauernautobahn zu leiden.* (SN 16. 5. 07). ↑MAUT

**doppeln,** sw. V. / hat (auch bayr.): (Schuhe) neu besohlen: *Sie wurden geflickt, gedoppelt und waren nicht aus Plastik und kamen nicht aus China.* (OÖN 27. 1. 07). ↑**aufdoppeln**

**Doppelstaatsbürger Doppelstaatsbürgerin,** der bzw. die: Person, die die Staatsbürgerschaft von zwei Staaten besitzt: *Niederösterreichs Landeshauptfrau Johanna Mikl-Leitner (ÖVP) spricht sich im Hinblick auf illegale Doppelstaatsbürgerschaften für beschleunigte Kontrollen aus.* (ST 7. 5. 17)

**Doppler,** der: 1. (auch bayr.) erneuerte Schuhsohle: *Ist ein »Doppler« bei den Stiefeln nötig, ist der Herbst die beste Zeit dafür.* (APA 22. 9. 02). 2. (ugs.) Doppelliter: *Früher war man so etwas von unrasierten Herren auf Parkbänken gewohnt, die einen halb leeren Doppler Wein neben sich stehen hatten.* (PR 28. 7. 12). ↑(zu 1.:) **Schuhdoppler** ◆ **Dopplerflasche:** *Franzi, trifft nicht – wie ausgemacht – eine leere Dopplerflasche Wein, sondern den Opa.* (OÖN 22. 3. 17)

**Dorfkaiser Dorfkaiserin,** der bzw. die (salopp): Dorfbürgermeister/-in: *Der klassische Dorf-*

*kaiser werde aber immer rarer, sagt Politologe Karlhofer, eine Folge der Direktwahl.* (ST 12. 7. 16). ↑-KAISER

**Dorfkotter,** der: Dorfarrest: *Anschließend wurden alle Räumlichkeiten besichtigt, vom Uhrturm bis zum ehemaligen Dorfkotter im Erdgeschoß des Gebäudes, der natürlich die Kinder am meisten beeindruckte.* (mein bezirk.at 11. 4. 16). ↑KOTTER

**Dörflifest,** das (Vbg.): Dorffest: *Die Trachtenkapelle Fontanella veranstaltet heuer wieder das Dörflifest in Fontanella.* (VN 12. 8. 06)

**Dorfzentrum,** das: Veranstaltungs- und Verwaltungsgebäude eines Dorfes: *Mit einem Vortrag ... eröffnet der Naturpark Attersee-Traunsee heute um 19 Uhr im Dorfzentrum seine vierte Generalversammlung.* (OÖN 8. 4. 16). – Die Bedeutung ›Ortskern‹ ist gemeind.

**Dorli:** (österr. und schweiz. Kurzform für) Dorothea, (in D) Dorle

**Dorotheum,** das; -s: Name eines traditionellen Auktionshauses, auch allgemein für Pfand- und Auktionsfirmen: *Die Salzburger Kripo konnte nun jene zwei Männer ausforschen, die ... einen Weißgoldring im Wert von 6.000 Euro aus dem Dorotheum in der Stadt Salzburg gestohlen haben.* (SN 24. 11. 07)

**Dörrzwetschke,** die: Dörrpflaume: *Das heurige Zwetschkenjahr lädt zur mannigfaltigen Verarbeitung dieser frühherbstlichen Frucht ein, wobei Köche bei der Herstellung von Dörrzwetschken und Powidl sehr schnell an ihre Grenzen stoßen können.* (PR 29. 8. 15). ↑**Zwetschke**

**Dotter,** der: ist österr. (und bayr.) Maskulinum, in D auch Neutrum

**Doyen,** der [doa'jɛ̃:] ‹franz.›: ältester Schauspieler eines Theaters, bes. des Burgtheaters (als Dienstältester in einer Disziplin auch schweiz., in der Diplomatie gemeind.): *Doyen Michael Heltau über sein Faible für englische Bühnen* (PR 19. 11. 07) ◆ **Doyenne,** die [doa'jen]: *In Bettina Oberlis Film »Die Herbstzeitlosen« ist auch Burgtheater-Doyenne Annemarie Düringer zu sehen.* (PR 22. 8. 07)

**Dragoner,** der (Mode): Rückenspange am Rock und am Mantel: *Dragoner: Die Stoffspange dient zum Einhalten der Rückenform.* (OÖN 5. 4. 14)

**Drahdiwaberl,** das; -s, -n (ugs.) ‹verschriftl. Dialektform, urspr. in Wien für *dreh dich, Barbara*›: etwas sich Drehendes, Drehbares, z. B. ein Kreisel, drehbares Verkaufsgestell, und weitere übertragene Verwendungen: *Am Mittwoch Südost, gestern Nordost – A so a Drahdiwaberl war der Wind wirklich schon lang nimma!* (OÖN 8. 6. 07); *Erst die leopoldstädtische Praterstraße, die sich nach dem Auto-Drahdiwaberl rund um den Praterstern als Lassallestraße fortsetzt, dann die Reichsbrücke.* (SZ 25. 4. 08); *»Das Drahdiwaberl in Gang zu setzen«, das ein Weiterziehen der Kunsthalle Richtung Künstlerhaus bedeuten würde, halte sie für »eine absolut sinnvolle Maßnahme«, so die Ministerin.* (KZ 1. 10. 09). – Heute ist das Wort vor allem als Name der von Stefan Weber 1969 gegründeten Rockgruppe bekannt

**drahn,** sw. V. / hat (ostösterr., ugs., salopp) ‹verschriftl. Dialektform von *drehen*›: **1.** nächtlich ausgelassenen Vergnügungen nachgehen; saufen; prassen; die Nacht zum Tag machen: *Beim Drahn wurde weniger Wert auf Etikette, dafür mehr auf uneingeschränkten Genuss gelegt.* (KU 9. 6. 00) **2.** /sich/ (ugs., abwertend): aufbrechen; sich entfernen: *»Drah di« rülpst der zweite, der auch noch nette Handzeichen schickt, um seine Ablehnung unwiderruflich zu machen.* (OÖN 27. 9. 02)

**Drahrer Drahrerin,** der bzw. die (ostösterr., ugs., salopp): Person, die Vergnügungen nachgeht und wenig arbeitet; Nachtschwärmer: *die Nationalbibliothek, nicht gerade ein Asyl für Weinbeißer, Drahrer und Falotten, wie sie das Wienerlied so bevölkern.* (PR 27. 2. 02) ◆ **Drahrerei**

**Drängerei,** die: Gedränge, Drängelei: *»Normalerweise schauen mir in der Küche nicht so viele Menschen zu«, meinte er angesichts der Drängerei vor dem Lebkuchen-Stand.* (SN 20. 9. 15)

**drapp** ‹franz.› (selten): sandfarben ◆ **drappfarben:** *Auf der Bühne des Großen Festspielhauses steht bereits das Bühnenbild für den ersten Aufzug. Hohe, drappfarbene Flügeltüren, von denen der Lack absplittert, sind in schäbige Wände eingelassen.* (SN 22. 3. 14)

**Draufgabe,** die: **1.** etwas Zusätzliches, Dreingabe, Zuwaage: *Dass wir das gleich am ersten Tag schaffen, ist großartig. Wir können den Giro jetzt genießen, alles was jetzt kommt, ist Draufgabe.* (PR 7. 5. 17). **2.** Zugabe eines Künstlers: *Zum Dank für die Begeisterungsstürme gab er als Draufgabe dreimal Chopin.* (PR 9. 4. 08)

**draufgeben:** als Zugabe, Draufgabe vortragen: *Und der Radetzky-Marsch wurde so unmilitärisch-verspielt draufgegeben, als seien die Zeiten Hans Knappertsbuschs wieder angebrochen.* (SN 2. 1. 06)

**drausbringen** (ugs., auch südd., schweiz.): jmdn. aus dem Takt, aus der Fassung, aus dem Konzept bringen: *Wir sind nach wie vor auf einem guten Weg und dürfen uns nicht drausbringen lassen.* (PR 10. 3. 13)

**drauskommen** (auch südd., schweiz.): **1.** aus dem Takt, aus der Fassung kommen: *ich bin drausgekommen, ich muss von vorne anfangen; Besonders eindrucksvoll war auch der äußere Rahmen für diese Feier – sogar Pater Johannes, der die Messe feierte, gestand schmunzelnd ein, dass er beinahe drausgekommen sei, als ein Roter Milan seine Kreise zog.* (VN 29. 9. 16). **2.** aus einem Geschäft usw. herausholen, ein Resultat erzielen: *Sie sind bei dem Geschäft gut drausgekommen* **3.** nicht betroffen, belangt werden, sich heraushalten können: *Es geht aber nicht an, dass wir Gemeinden finanziell die TKV-Lasten tragen und die Verursacher der Schlachtabfälle drauskommen.* (OÖN 21. 12. 00). ↑**auskommen**

**Drauskommen:** ***sein Drauskommen haben/finden** (ugs.): sein Auskommen haben: *Es gab mehrere Dachdeckerbetriebe in Mattersburg, die so recht und schlecht ein Drauskommen hatten.* (BVZ 13. 2. 14)

**Drecklatsche,** die (ugs.): dreckige Pfütze. ↑**Latsche**

**Dreckpatzen,** der: Erd-, Dreckklumpen: *Aber selbst der Revisor ... bekommt bald auf seinen Business-Anzug Dreckpatzen ab.* (PR 13. 9. 11). ↑**Patzen**

**Dreier,** der (auch südd., schweiz.): Ziffer, Note Drei, (in D) die Drei: *Es sollte aber auch kein Dreier im Zeugnis sein.* (OÖN 18. 10. 05). ↑**Achter**

**Dreiersteigerer,** der (Vbg.): Spiel beim Jass, bei dem zwei gegen einen spielen

**dreifärbig** ↑**färbig**

**Dreikanter,** der: ↑Dreikanthof: *Der rund 100 Jahre alte Dreikanter in Gerersdorf hingegen war Liebe auf den ersten Blick.* (KZ 1. 5. 14)

**Dreikanthof,** der (Volkskunde): aus drei zusammenhängenden Trakten mit einem durchgehenden Dach bestehender Bauernhof, der an der vierten Seite durch eine Tormauer an der Straßenseite abgeschlossen wird: *Der typisch burgenländische Dreikanthof schien ein Volltreffer zu sein: die Gegend ein Traum, die Substanz des Hauses okay.* (KZ 9. 8. 09). Vgl. Vierkanthof

**Dreiradler,** der: Dreirad: *Aber auch als Entwickler eines irren Dreiradlers namens „Rivet«, das der Hollywood-Veteran zusammen mit der US-Firma American Wrench entwickelt hat.* (KZ 28. 4. 15)

**Dreiseiter,** der: ↑Dreiseithof: *Bei dem Hof handelt es sich um einen »Dreiseiter«, erbaut um 1780 (rechteckiger Innenhof, nach Süden hin offen).* (OÖN 23. 9. 16)

**Dreiseithof,** der (Volkskunde): Bauernhof, bei dem drei eingeschoßige Trakte um einen Hof angeordnet sind, der an der vierten Seite durch eine Tormauer abgeschlossen wird: *Der Großdöllnerhof ist ein etwa 400 Jahre alter Mühlviertler »Dreiseithof« in Rechberg.* (OÖN 29. 9. 16). Vgl. Vierseithof

**Dreisternhotel** ↑-Stern

**Dreizehnte,** der: (kurz für 13. Monatsgehalt, auch schweiz.): Urlaubs-, Weihnachtsgeld: *Bis wohin, fragen sich die über drei Millionen besorgten Nutznießer des 13. und 14.* (SN 13. 2. 12). ↑**Vierzehnte**

**dreizöllig** ↑-zöllig

**Dress,** die; -, -en ⟨engl.⟩: Sportbekleidung: ist österr. Femininum, in D Maskulinum: *Immer öfter ist hier der zwölfte Mann weiblich. Trägt stolz sie die Dress der Lieblingself.* (SN 9. 6. 08). – Das Maskulinum setzt sich zunehmend durch

**Dressenwerbung,** die: (in D) Trikotwerbung: *mit 131,6 Mio. Euro lukrierten die Vereine aus der Dressenwerbung so viel wie noch nie zuvor.* (PR 7. 8. 09)

**dringlich:** ***dringliche Anfrage** (auch schweiz.): dringliche parlamentarische Anfrage, (in D) Dringlichkeitsanfrage: *Die Grünen wollen nun die Regierung im Parlament zum »Offenbarungseid« zwingen. Dazu wollen sie nächste Woche eine Dringliche Anfrage einbringen.* (PR 1. 12. 07) ◆ **Dringliche,** die: *Auf den zweiten wird ersichtlich, dass die SPÖ-Dringliche wegen der Geschäftsordnung einen geplanten Misstrauensantrag der Grünen ... verhindert.* (SN 30. 10. 06)

**drinnen** ***etwas ist drinnen:** österr. (und südd.) Form, (in D) etwas ist drin: *15 Betten würden dazu kommen. »Mehr ist nicht drinnen, weil sonst ja die anderen Kapazitäten nicht mehr ausreichen würden.«* (OÖN 26. 5. 11)

**Drischel,** die; -, -n (auch bayr.): Dreschflegel; Schlagkolben am Dreschflegel: *»Kukuruz rebeln« sowie »Drischel dresch'n« und vieles mehr gehören im Herbst zu den typischen und oft beschwerlichen Tätigkeiten in der bäuerlichen Arbeitswelt.* (NÖN 10. 10. 13)

**Drittabschlagen,** das; -s: österr. Form, (in D) Drittenabschlagen (Kinderspiel); (oft übertragen) *Aber auch Matt hat noch die Slalomkugel im Visier. Ein Drittabschlagen mit Byggmark zeichnet sich ab.* (PR 26. 2. 07); *... wenn man sich nur im Drittabschlagen an Schuldzuweisungen übt, wer der Sündenbock ist.* (PR 28. 4. 03)

**drittgereiht** ↑-gereiht

**Dr. med. univ.:** doctor medicinae universae (Doktor[in] der gesamten Medizin)

**Drop-out-Rate,** die ⟨engl.⟩: Ausfallsrate, bes. in der Ausbildung; Anteil von Schul- oder Studienabbrechern: *Allerdings deutet die niedrige Drop-out-Rate darauf hin, dass es den meisten berufstätigen Studierenden ganz gut gelingt, Job und Studium unter einen Hut zu bringen.* (PR 7. 3. 15)

**Drops,** das; -s, - /meist im Plural/: ist österr. (und bayr.) Neutrum, in D meist Maskulinum

**drüber** (ugs., auch bayr.): **1.** /Adverb/ jenseits: *drüber der Donau.* **2.** /Adj./ jenseitig: *Weil die Menschen am drüberen Ufer des Großen Teiches auf den ersten Gelände-Volvo so scharf sind, tröpfeln bei uns herüben die XC 90 nur langsam zu den Händlern.* (OÖN 25. 1. 03)

**drüberfahren,** st. V. / ist (ugs.): rücksichtslos übergehen: *»Wir wollen hier nicht über die Leute drüberfahren«, sagt der Stadtrat.* (OÖN 3. 11. 07)

**drüberstreuen:** ***zum Drüberstreuen:** als Abschluss, Abrundung: *Diesmal gibt es einen Reindling, einen Mohnkuchen und zum Drüberstreuen noch ein Nuss-Stangerl.* (OÖN 6. 3. 14); *Anna Gasser kann auf eine mehr als nur gelungene Saison zurückblicken: Freestyle-Weltcup, Big-Air-Weltcup – und zum Drüberstreuen noch die Goldmedaille bei der Weltmeisterschaft in der Sierra Nevada.* (KZ 31. 3. 17). – In der Grundbedeutung ›über etwas streuen‹ gemeind.

**Drüberstreuer,** der: Abrundung; zusätzlich Gebotenes: *Eine Mehlspeise als Drüberstreuer oder g'schmackiger Nachtisch, kann von mehreren Standeln mitgenommen werden.* (OÖN 2. 7. 04); *Und als »Drüberstreuer« singt Jinxu Xiahou die Arie des italienischen Sängers mit Strahlkraft und bombensicheren Höhen.* (PR 8. 12. 15)

**Drucksorte,** die /meist Plural/: [amtlicher] Vordruck, Formular; Schriftstück unterschiedlicher Art: *Die kbprintcom.at fertigt aber nicht nur die Stimmzettel und Briefwahlkuverts, sondern auch andere Drucksorten wie Kundmachungen, Infoblätter, Niederschriften.* (SN 21. 8. 16) ◆ **Drucksortenstelle; Drucksortenverlag**

**Drud,** die; -, en (Volkskunde, auch bayr.): Nachtgeist, weiblicher Alb, (in D) Drude: *Die gespenstische Drud – der Geist einer besessenen Frau – schleicht sich durch das Schlüsselloch in das Schlafgemach, kniet sich auf die Brust des Schläfers und löst durch Atemnot Ängste aus.* (SN 29. 9. 16)

**Dschibuti:** wird österr. meist mit kurzem u gesprochen, in D meist mit langem

**dudeln:** bezeichnet in der Wiener Volksmusik auch ›[in etwas kunstvollerer Art] jodeln‹: *Und wichtiger als die richtigen Töne sei der emotionale Inhalt, die Lebendigkeit des Gesangs. Denn Uniformität gäbe es beim Dudeln nicht.* (ST 8. 7. 11) – In der Bedeutung ›[ständig] lange und eintönig kunstlose Klänge von sich geben‹ gemeind. ◆ **Dudler/-in**

**Dukatenbuchtel,** die: Buchtel in Vanillesauce: *Das Menü präsentiert sich als Zitatenschatz von Kreationen, die seine Fans fast ausnahmslos schon kennen dürften: ... Rindsfilet mit Ganslebersauce und so weiter in der Legenden-Sammlung, bis zu den Dukatenbuchteln in Vanillefondue.* (ST 31. 3. 08). ↑Buchtel

**Dulle,** der; -n, -n (mundartnah, Ktn.): **1.** Ochs, Stier. **2.** ungeschickter, behäbiger Mensch

**Dulliäh, Dullióh,** das und der, -s: **1.** Ausgelassenheit, Lärm einer fröhlichen Stimmung: *In Adolf Bäuerles Vormärzposse »Aline oder Wien in einem anderen Erdteil« träumt der wienerische Mensch fernab der Heimat im tiefen Dschungel bei den Menschenfressern vom Gspusi, Dulliöh, dem kleinen Glück und der großen Liebe.* (OÖN 13. 9. 03). **2.** leichter Rausch: *Da war es durchaus drin, dass so mancher mit leichtem »Dulliöh« den Heimweg antrat.* (OÖN 30. 1. 09)

**Dult,** die; -, -en (Sbg. und westl. OÖ, wie bayr.): Volksfest, Jahrmarkt, Messe: *Viele Besucherhighlights auf der Dult von 26. Mai bis 3. Juni im Messezentrum Salzburg.* (SN 24. 5. 07). ↑**Maidult**

**dumm:** ***jmdn. dumm sterben lassen** ↑sterben

**Dummerl,** das; -s, -n (ugs., fam., auch bayr.): naiver Mensch, dummes Kind, (in D) Dummerchen: *Wir leben zwar in ländlicher Gegend, anscheinend ist das Kulturkuratorium deshalb der Meinung, dass hier nur Dummerl wohnen, die von Kultur eh keine Ahnung haben.* (KZ 23. 9. 15)

**Dummian,** der; -s, -e (auch bayr.): Dummkopf; Dummerjan: *»Sie haben den Präsidenten lächerlich gemacht, sie haben ihn als Dummian beschimpft, das tut man nicht.«* (PR 5. 11. 04). Vgl. Damian, Fadian, Schmutzian

**dunkel:** der Komparativ lautet österr. meist *dünkler*, in D nur *dunkler*: *Auf jeden Fall die Krawatte dünkler als das Hemd wählen.* (OÖN 20. 11. 00)

**dunsten:** 1. ***jmdn. dunsten lassen** (ugs.): a) jmdn. warten lassen, hinhalten, im Ungewissen lassen: *Dann lasse ich ihn eine halbe Stunde dunsten.* (OÖN 17. 3. 12). b) eingesperrt sein: *Drei gemeinsam unterwegs gewesene Rauschgiftkuriere aus Österreich dunsten nun in bayerischen Haftanstalten.* (OÖN 17. 8. 10)

**Dunstkoch,** das: 1. Suppeneinlage, bei der die verwendete Masse (Leber, Hirn, Kartoffeln, Gemüse usw.) in eine Form gefüllt und in Wasserbad gekocht wird: *Auf dem Speiseplan stehen Rindsbouillon mit Dunstkoch von der Kalbsleber, Tafelspitz vom Almochsen unter Krenhaube und ein Apfelstrudel-Parfait.* (KZ 7. 3. 14). 2. ähnlich hergestellte Süßspeise aus Pudding, Schokolade und Früchten: *Auf dem Speiseplan stehen Rindsbouillon mit Dunstkoch von der Kalbsleber, Tafelspitz vom Almochsen unter Krenhaube und ein Apfelstrudel-Parfait.* (KZ 7. 3. 14). ↑ KOCH ◆ **Grießdunstkoch; Hirndunstkoch; Leberdunstkoch**

**Dunstobst,** das: gedünstetes Obst: österr. nur so gebrauchte Form, in D auch Dünstobst: *Neben Konfitüren erzeugt der Betrieb auch Fruchtsirup, Kompott, Dunstobst und Fruchtaufstrich.* (KZ 8. 2. 13)

**durch** /Präp. mit Akk./: während /Angabe einer Zeitdauer/: *Tulln ist in den letzten Jahren zu einer Top-Stadt aufgestiegen und das ist auch noch durch längere Zeit zu finanzieren.* (NÖN 26. 8. 10); *Ich habe meine Wohnung durch viele Jahre gleichermaßen mit Flüchtlingen wie Wirtschaftsflüchtlingen geteilt.* (profil 23. 11. 09). – Alle anderen Verwendungen von *durch* sind gemeind.

**durchbeuteln:** durchschütteln: *Mit Syrien, Brexit und Trump hat es die Welt seither ordentlich durchgebeutelt.* (SN 3. 12. 16). ↑ BEUTELN

**durchfretten,** sich; sw. V. / hat (ugs., auch bayr.): unter großen Schwierigkeiten für den Lebensunterhalt sorgen: *Landwirte, die sich mit wenigen Hektar im Nebenerwerb nicht mehr durchfretten können, verpachten, was andere noch größer macht.* (OÖN 7. 9. 01). ↑ FRETTEN

**durchgehends** (veraltend): durchgehend: *Die burgenländischen Mineralwasseranbieter zeigen sich durchgehends zufrieden mit dem derzeitigen Trinkverhalten der überhitzten Burgenländer.* (BVZ 25. 7. 07). Vgl. durchwegs, ferners, öfters, weiters

**durchhanteln,** sich; sw. V. / hat: sich [geschickt, mühsam] durchkämpfen: *Ja, wir hanteln uns jetzt gemeinsam durch und versuchen gute Literatur zu finden.* (ST 20. 9. 16)

**Durchhaus,** das: Haus mit einem Durchgang, der zwei Straßen verbindet; Durchgangshaus: *Wegen der Küche wäre es nicht gewesen, aber die Location mit dem überdachten Durchhaus war echt genial.* (PR 3. 9. 15); (übertragen) *Die »Festung Europa« ist zu einem Durchhaus geworden.* (PR 11. 9. 15); *»Die Abwehr der österreichischen Nationalmannschaft ist leider ein Durchhaus.«* (ORF 14. 11. 17)

**durchrechnen** (Behördenspr.): die Höhe einer Pension auf der Grundlage des Verdienstes innerhalb eines mehrjährigen Zeitraumes vor der Pensionierung berechnen: *Die Bemessungsbasis wird schlechter: 2033 soll auf 40 Jahre durchgerechnet werden, der Etappenplan sieht ab 2004 im ASVG die Verlängerung um je ein Jahr, für Beamte um 18 Monate pro Jahr vor.* (KZ 8. 3. 03)

**Durchrechnung,** die (Behördenspr.): 1. die Heranziehung des Einkommensdurchschnitts aus mehreren Jahren zur Pensionsberechnung: *Wie dort werde auch bei den Beamten bis 2030 eine 40-jährige Durchrechnung eingeführt.* (SN 2. 4. 03). 2. Berechnung der Arbeitszeit mit mehrtägigem oder mehrwöchigem zusammenhängenden Zeitausgleich: *Die geltende Durchrechnung bringe mit sich, dass es keinen Überstundenzuschlag gebe.* (KZ 10. 3. 13); **Durchrechnungszeit; Durchrechnungszeitraum:** *Vida-Gewerkschaftschef R. H. hat die von der Wirtschaft gewünschte Flexibilisierung mit zwei Jahren Durchrechnungszeitraum gar als »brutalen Lohnraub« durch die Arbeitgeber bezeichnet.* (PR 13. 2. 17)

**durchreitern** (auch bayr.): durchsieben: *Angefangen vom Rasenmähen bis zum Blumensetzen, Vertikutieren, Kompost durchreitern und Sträucher schneiden, mache ich alles.* (NÖN 26. 4. 12). ↑ **reitern**

**durchwegs:** österr. (und südd., schweiz.) Form, (in D) durchweg: *Durchwegs einstimmige Beschlüsse gab es bei der Gemeinde-*

*ratssitzung in Brunnenthal.* (OÖN 6. 4. 17). Vgl. durchgehends, ferners, öfters, weiters

**durchwuzeln,** sich; sw. V. / hat (ugs., auch bayr.): sich durchzwängen: *Die Sparer? Die mussten sich zur Sparschweinentleerung durchwuzeln.* (NÖN 7. 11. 13). ↑ WUZELN

**Durchzugsstraße,** die: Hauptverkehrsstraße durch einen Ort: *Vor allem im Bereich Tabor, wo mehrere tausend Bewohner in unmittelbarer Nähe der Durchzugsstraße wohnen, werde es zu einer Entlastung kommen.* (OÖN 26. 9. 16)

**Durchzugsverkehr,** der: Transitverkehr: *Umgekehrt werden zahlreiche Ortsdurchfahrten vom Durchzugsverkehr befreit.* (SN 20. 11. 07)

**Dürrkräutler Dürrkräutlerin,** der bzw. die (veraltet): Person, die getrocknete Heilpflanzen verkauft: *Er betrachtete einen seit Jahrzehnten geschlossenen »Dürrkräutler«-Laden, deren es um die Jahrhundertwende viele gegeben hatte.* (OÖN 1. 6. 02)

**Durst:** wird ugs. meist mit *ein* verbunden (in D ohne Artikel): *Der Erste, der wach wird, ist natürlich der Kleine, der Samuel. Der hat einen Durst.* (OÖN 23. 3. 13); ***über den Durst trinken** wird österr. (und schweiz.) ohne Ergänzung gebraucht: *er hat wieder einmal über den Durst getrunken,* (in D nur) ein Glas/eins usw. über den Durst trinken: *Wieder Einsätze mit Jugendlichen, die weit über den Durst getrunken haben.* (OÖN 25. 6. 07)

**Dusche,** die: wird österr. (und bayr.) mit kurzem u ausgesprochen, in D mit langem. Ebenso: *duschen*

**Duschtasse,** die: Duschwanne: *Moderne Duschtassen werden heutzutage bodengleich, also flächenbündig und damit barrierefrei, aufgelegt.* (SN 6. 10. 14). ↑ TASSE

**Dutte, Duttel, Dutter** ↑ Tutte, Tuttel, Tutter

**Duwort, Du-Wort,** das: Anrede mit Du: *Uns verbindet kein Duwort, wir gehören keinem gemeinsamen Klub an.* (PR 7. 4. 15); *Gäbe es da nicht auch ein paar Formalismen, die man opfern kann? Zum Beispiel, wer wem das Duwort anbietet?* (KU 25. 6. 16); *Dass er aber dem Ärztekammer-Chef das Du-Wort entzogen habe, sei »ein Gerücht ohne Grundlage«.* (OÖN 11. 11. 14)

**dzt:** (Abk. für) derzeit(ig), (in D meist) dz.: *Einzig unser dzt. Herr Bundespräsident ist hier eine bemerkenswerte Ausnahme.* (PR 29. 5. 06)

# Ee

**Eau de Cologne:** wird österr. [oː də ... ˈlɔn], in D [ˈoː də ... ˈlɔnjə] ausgesprochen

**ebbes, ebbis** (mundartnah, westösterr., auch südwestd.): etwas: *Ebbes vo allem ... und für alle hat das »Duo PS« ... das Programm getitelt.* (VN 15. 11. 01)

**E-Card,** die; -, -s [ˈiːkaːt] ⟨engl.⟩: elektronischer Krankenschein, (in D) Gesundheitskarte: *Die Rechtsanwälte sprechen sich einmal mehr dafür aus, die Patientenverfügungen auf der E-Card zu speichern.* (SN 13. 12. 07)

**echt:** ***in echt** (ugs.): in der Wirklichkeit: *Nun stehen wir uns in echt gegenüber.* (PR 24. 12. 11)

**Eck,** das; -[e]s, -en (auch südd.): die Ecke: *Für eine Kommune mit knapp 1400 Einwohnern, die nicht gerade im belebtesten Eck des Burgenlandes beheimatet ist, ein absoluter Glücksfall.* (SN 27. 4. 17); *Ins radikale Eck drängen ... lasse man sich jedoch auch rückblickend nicht.* (ST 26. 4. 17). – In D nur noch in geographischen Namen, im Sport (›Ecke des Tores‹) und in den Zus. *Dreieck* usw; ***im Eck sein/stehen:** **a)** in schlechter Verfassung, außer Form sein: *Die Deutschen waren zuletzt hinsichtlich Form im Eck – wie wichtig ist diese Konkurrenz?* (VN 28. 11. 07). **b)** in Bedrängnis, zurückgedrängt sein: *Wahrscheinlich wird ein e-Analphabet noch weit mehr im Eck stehen als ein Analphabet in der heutigen Zeit.* (OÖN 14. 6. 00); ***etwas ins Eck stellen:** etwas aufgeben, an den Nagel hängen: *Schultz, der zuvor nicht einmal Insidern ein Begriff gewesen war, hatte mit dem Schachbrett auch die Violine ins Eck gestellt.* (OÖN 8. 8. 01); ***jmdn. ins Eck stellen/drängen:** als Außenseiter behandeln, zur Seite schieben: *Damit fühlte man sich weiter ins Eck gedrängt.* (OÖN 28. 6. 07); *Jetzt kämpft er darum, nicht als »Verrückter« ins Eck gestellt zu werden.* (SN 30. 11. 07); ***übers Eck:** diagonal, (in D) über Eck[e]: *Und übers Eck wachsen, mit geradezu tropenpflanzenhafter Geschwindigkeit, alte Bürgerbauten neu empor.* (SN 3. 11. 05). ***ums Eck:** gleich nebenan: *Ums Eck gibt es Nobelboutiquen.* (SN 29. 4. 17); ***jmdn. ums Eck bringen** (ugs., salopp): umbringen, (in D) um die Ecke bringen: *Ritter Blaubart beauftragt den Alchemisten Popolani, seine fünfte Ehefrau ums Eck zu bringen.* (OÖN 10. 8. 06); ***Kleines Deutsches Eck** (Verkehr): Straßenverbindung zwischen Salzburg und Tirol, Bundesstraße über Bad

Reichenhall: *Bei einem Frontalzusammenstoß im sogenannten Kleinen Deutschen Eck ist am Mittwochnachmittag ein 21-Jähriger aus dem Bezirk Braunau ums Leben gekommen.* (OÖN 25. 10. 18); ***Großes Deutsches Eck** (Verkehr): Autobahn- und Bahnverbindung zwischen Salzburg und Tirol über Rosenheim: *Es gibt aber auch Tempolimits auf bestimmten Strecken, etwa im Großen Deutschen Eck und auf Teilen der A8 zwischen Salzburg und München.* (SN 29. 4. 17). – In D bedeutet *Deutsches Eck* ›Zusammenfluss von Rhein und Mosel in Koblenz‹

**Eckerlkäse,** der: Streichkäse in Form eines kleinen Dreiecks oder eines Kreissektors: *Früher, so sinnierte unlängst ein Freund bei einer Jause, früher, da hab ich so gern den Zigeunerkäse gegessen. So einen scharfen Eckerlkäse.* (SN 24. 9. 04)

**Edikt,** das ‹lat.› (Rechtsspr.): öffentliche Aufforderung, z. B. für die Eröffnung eines Ausgleichs oder Konkurses, eine vom Gericht angeordnete Versteigerung: *Forderungen sind laut Edikt bis spätestens zum 6. Februar 2017 beim Handelsgericht anzumelden.* (PR 22. 12. 16) ◆ **Versteigerungsedikt**

**editieren,** sw. V. / hat ‹lat.›: herausgeben, (in D) edieren: *Die sorgfältig editierte, ursprünglich mehr als 600 Briefe umfassende Korrespondenz der beiden Ausnahmefrauen kann man auf vielerlei Weise lesen.* (PR 10. 2. 15). – Die Bedeutung in der EDV ›Daten in ein Terminal eingeben, löschen, verändern‹ ist gemeind.

**Egart,** die; -, -en (hist.; auch bayr.): Grasland, das in anderen Jahren als Acker benutzt wird; Brache

**Egartwirtschaft,** die: Art der Bodennutzung, bei der ein Grundstück in bestimmtem Wechsel als Acker oder Wiese benutzt wird. – Auch in der Form *Egartenwirtschaft*

**e. h.** (Abk. für): eigenhändig, (in D für) ehrenhalber

**eh** (ugs.): ohnehin, sowieso: *Dann war eh alles offen. »... Ich muss schauen, dass ich derjenige bin, der am Drücker ist, was eh schwer genug ist gegen ihn.«* (SN 30. 4. 17); *Symptomatisch ist das alljährliche enthusiastische Absingen der »Internationalen« auf dem Rathausplatz: eh retro, eh lässig.* (PR 1. 5. 17). – Das Wort war urspr. südd. und österr., kann heute als gemeind. gelten, allerdings in D mit einem langen, geschlossen e, österr. mit kürzerem und offenem e ausgesprochen; ***eh klar** (ugs.): natürlich, war ja zu erwarten: *Bei einer Niederlage wären wir der Depp, bei einem Sieg sagt jeder: »Eh klar!«* (SN 6. 4. 17); ***eh scho[n] wissen** (ugs., salopp): wie ja ohnehin bekannt ist; kennt man ja!: *Na gut, ich muss schon gestehen, ich hab halt einen Bekannten, der einen kennt ... – eh scho wissen.* (OÖN 23. 12. 02); ***ja eh** (ugs.): abweisende Floskel: *Kaum ist die Zucker-Apokalypse ausgerufen, bellen wir Skeptiker zurück: »Ja eh, aber die Dosis macht's.«* (OÖN 24. 3. 17); *Man werde ihn in Evidenz halten. Ja eh.* (PR 29. 5. 11)

**ehebaldig:** so bald wie möglich: *Richtig ist auch, dass Arbeitnehmer vor dem Damoklesschwert einer drohenden Entlassung ... ein Recht auf ehebaldige Klarheit haben sollen.* (ST 23. 11. 06)

**ehebaldigst:** sehr bald; so bald wie möglich: *»SPÖ und ÖVP werden von immer mehr Wählern als eine Art Besatzungsmacht empfunden, die es ehebaldigst loszuwerden gilt«.* (PR 17. 6. 15)

**Ehebuch,** das (früher): amtliches Register der Eheschließungen: *»Nach der Willenserklärung muss im Standesamt die Eintragung ins Ehebuch erfolgen.«* (SN 6. 8. 01). – Durch *Zentrales Personenstandsregister* ersetzt

**Ehepakt,** der (Rechtsspr., selten auch in D): Vertrag über die wirtschaftliche Seite einer Ehe: *Der Medienreferent der Notariatskammer ... begrüßte ... den Vorschlag des Justizministers, mit einem Ehepakt jahrelange Scheidungsprozesse zu erleichtern.* (SN 4. 9. 01)

**ehest** (Behördenspr., veraltet, seltener auch in D): baldigst; so bald wie möglich: *Die Gefahrenstelle soll ehestens eliminiert werden.* (OÖN 9. 3. 17)

**ehestens:** ↑ehest: *Sinkt die Zahl der gewählten Aufsichtsratsmitglieder unter den satzungsgemäßen Mindestumfang, hat der Vorstand ehestens eine Generalversammlung zwecks Ersatzwahl einzuberufen.* (WZ/Amtsblatt 4. 6. 14)

**ehestmöglich:** frühestmöglich, so bald wie möglich: *Auch dem zitierten Urteil sei ja nur zu entnehmen, dass ehrenrührige Äußerungen ehestmöglich entfernt werden müssen.* (ST 25. 4. 06)

**Ehre:** ***[Ich] habe die Ehre:** **a)** (oft scherzhaft) veraltete Grußformel unter nicht vertrauten oder nicht eng befreundeten Personen: *Wie er mich sieht, stellt er sein Glas hin, lächelt, nickt mir zu, als wäre nichts geschehen, und grüßt mich heiter:»Habe die Ehre, Herr Doktor, auch eine kleine Erfrischung gefällig?«*

(PR 12. 8. 14). **b)** (ugs.) /Ausdruck des Erstaunens/: *Der hat immer so viel Wein bei mir gekauft, dass ich gedacht habe, »na habe die Ehre, der sauft ganz schön«.* (NÖN 18. 11. 09)

**Ehrenschutz,** der: Patronanz, Schirmherrschaft: *Bürgermeister Christian Stöckl hat den Ehrenschutz übernommen.* (SN 29. 11. 07)

**Eierlaberl,** das (ugs., salopp): eiförmiger Ball, bes. beim American Football: *Auf einem ovalen Spielfeld, flächenmäßig größer als zwei Fußball-Plätze, kämpfen 18 Spieler ... um ein »Eierlaberl« – und natürlich um Tore.* (ST 16. 10. 06). ↑ LABERL

**Eiernockerl,** das /meist Plural/: mit Eiern bereitete Nockerln: *Unlängst war ich mit Freunden in einem Lokal, als plötzlich Eiernockerln als Zwischengang serviert wurden.* (KZ 8. 8. 15). ↑ NOCKERL

**Eierpecken,** das; -s: Osterbrauch, bei dem zwei gekochte Eier an einem der beiden Enden aneinander geschlagen werden, wobei der mit dem widerstandsfähigeren Ei als Sieger hervorgeht: *Tradition und Familie werden in Österreich zu Ostern groß geschrieben. Vom traditionellen Weihfleischessen bis hin zum Eierpecken stehen die gängigsten Bräuche am Programm.* (KZ 16. 4. 17). ↑ **pecken**

**Eierschwamm,** der (Vbg., wie schweiz.): Pfifferling: *Doch die Zweikilogrenze beim Sammeln von Eierschwämmen und Steinpilzen wird meist übertreten.* (VN 7. 8. 00)

**Eierschwammerl,** das: Pfifferling: *bei geringen Niederschlägen wachsen die Eierschwammerl nur in den dauerhaft feuchten Bereichen.* (SN 27. 4. 17). ↑ SCHWAMMERL

**Eierschwämmle,** das; -[s], - (Vbg.): Pfifferling: *Steinpilz, Eierschwämmle & Co. Pilzesuchen ohne Vorkenntnisse nicht empfehlenswert.* (VN 20. 9. 01)

**Eierspeis,** die; -, ...sen: (in D) Rührei: *»Nun, einen Schinken-Käse-Toast sollte man in meinem Alter vielleicht schon draufhaben, Eierspeis sowieso, einen Pizzateig anständig belegen auch ...«* (ST 20. 8. 07). – Auch in der Form *Eierspeise*

**Eiertutschen,** das; -s (südostösterr.): ↑ Eierpecken: *Das »Eiertutschen«, das »Eierhecken« mit einer Münze oder das »Eierscheiben« auf zwei Rechenstielen waren früher ein beliebter Zeitvertreib für die ganze Familie.* (SN 15. 4. 17). – In der Form *Eiertütschen* bes. schweiz

**Eigengoal,** das (Sport, auch schweiz.): Eigentor: *Defensive hält beim 2 : 0 weiter dicht, vorne half der Gegner mit einem Eigengoal.* (ST 25. 8. 12); (übertragen) *Es ist ein Eigengoal, wenn man nicht das in der Bevölkerung vorhandene Potenzial nutzt.* (SN 3. 12. 15). ↑ **Goal, Steirergoal**

**Eigenpension,** die: Pension aus selbst erworbenen Versicherungsansprüchen: *Mit der Ausgleichszulage wird eine niedrige oder fehlende Eigenpension bis zur Höhe einer Mindestpension ... erhöht.* (PR 16. 2. 11). ↑ PENSION

**eigenständig:** wird österr. auch i. S. v. ›selbstständig‹ verwendet: *Der Trend zur Nutzung von Online-Banking ermöglicht Bankkunden die eigenständige Abwicklung einfacher Bankgeschäfte über das Internet.* (ST 3. 12. 07)

**Eigentum,** das: **1.** (kurz für) Eigentumswohnung; oft in Zus.: **Komforteigentum, Luxuseigentum, Alteigentum** usw. **2.** ***in jmds. Eigentum stehen:** jmds. Eigentum sein: *Heute stehen sie im Eigentum der Salzburg AG, an der das Land 42,56 Prozent und die Stadt Salzburg 31,31 Prozent halten.* (SN 29. 9. 07)

**Eiklar,** das (regional auch in D): weißer Teil im Ei: *Um zu vermeiden, dass das Eiklar flüssig bleibt, müssen Schüssel und Rührbesen sauber und fettfrei sein, außerdem darf keine Spur Eigelb in der Schüssel landen.* (ST 25. 4. 17). – Das in D übliche Wort *Eiweiß* wird österr. nur als wissenschaftlicher Terminus verwendet. ↑ **Klar**

**Eilzugstempo:** ***im Eilzugstempo** (auch schweiz.): sehr schnell, eilig: *Die erste Sitzung in der nunmehrigen Zusammenstellung des Gemeinderates verlief im Eilzugstempo.* (OÖN 13. 11. 15)

**einantworten** (Behördenspr.): [gerichtlich] übergeben: *Es befand sich 1961 in der Verlassenschaft von Ucicky und wurde seiner Witwe eingeantwortet.* (ST 8. 6. 04) ◆ **Einantwortung:** *Auseinandersetzungen vor der Einantwortung mussten bis Ende 2004 auch im Klageweg, nämlich mittels der so genannten Erbrechtsklage, ausgetragen werden.* (SN 26. 7. 05); **Einantwortungsurkunde**

**einarbeiten** (selten auch in D): versäumte Arbeitszeit einbringen: *Vier-Tage-Woche und Gleitzeit-Modelle sowie das Einarbeiten können auf Betriebsebene vereinbart werden.* (ST 4. 6. 07) ◆ **Einarbeitung**

**einbegleiten** (veraltend, noch Behördenspr.): einleiten, einführen: *Ihr Konzert Dienstagnacht in der Münchner Elserhalle ließen sie durch den konservierten A-cappella-Gesang von schwarzen Farmarbeitern aus dem Süden einbegleiten.* (SN 27. 10. 05) ◆ **Einbegleitung**

**einbekennen:** 1. (gehoben auch in D) bekennen, eingestehen: *Bereits im dritten Quartal hatte UBS Verluste aus Subprime-Anlagen einbekennen müssen.* (PR 10. 12. 07). 2. (Behördenspr.) die Steuererklärung abgeben; (ein Einkommen) zur Versteuerung angeben: ↑**Schuldeinbekenntnis** ◆ **Einbekennung; Einbekenntnis**

**einbraten** (ugs., salopp): 1. für sich gewinnen, herumkriegen, um den Finger wickeln: *»Er spielte mir jeden Abend auf der Gitarre vor, schenkte mir Rosen in der Anzahl unserer gemeinsamen Tage. ... Er hat mich eingebraten«, lacht Ekaterina.* (News 27. 5. 10). 2. in die Bratpfanne geben, langsam zu braten beginnen: *Wir wissen nicht, wie viele Ganslesser kommen und müssen auf Verdacht einbraten.* (KZ 9. 11. 13). ↑**anbraten, überbraten**

**einbremsen** (auch südd.): 1. (selten) abbremsen: *Nicht an der Ampel aufs Gas hupfen, mit quietschenden Reifen wegfahren, ordentlich durchziehen und an der nächsten Ampel wieder radikal einbremsen.* (ST 27. 8. 04); *Der nachkommende 19-jährige Wiener wollte den Niederösterreicher ebenfalls überholen, musste sich aufgrund des Gegenverkehrs aber einbremsen und prallte gegen das Kleinfahrzeug.* (SN 23. 2. 17). 2. Zurückhaltung auflegen, mäßigen: *Sie sollen den Vorstand aber kontrollieren, also notfalls seine Pläne auch einbremsen.* (KZ 27. 11. 16); *brems dich wieder ein!* (beruhige dich)

**Einbrenn,** die; - (auch bayr.; in der Form *Einbrenne* auch südd.): in Fett geröstetes Mehl; (in D) Mehlschwitze: *Mit Butter und Mehl auf dem Herd eine leichte Einbrenn anrühren.* (SN 27. 4. 17). Vgl. Einmach

**einbrennen** (auch südd.): mit einer Einbrenne bereiten; mit einer ↑Einbrenn binden: *»Bei uns gibt's sauer eingelegte Halm-Rüben. ... Die kann man als Beilage zu Leber- oder Blutwurst einbrennen oder mit Zwiebeln und Öl als Rohkost anrichten.«* (OÖN 14. 1. 06)

**Einbrennsuppe,** die: mit ↑Einbrenn und Zwiebel, Pfeffer, Majoran u. a. Gewürzen bereitete Suppe: *Am Sonntag, dem 15. März, wird ... die Lieblingssuppe von Chefkoch Adi Plos, eine Einbrennsuppe mit Brotschnitten, aufgetischt.* (KZ 5. 3. 09). ↑**Brennsuppe, Suppe**

**einbringen** (Behördenspr.): einreichen, vorbringen: *Die Finanzprokuratur wird nun Rekurs gegen das Zivil-Urteil einbringen.* (PR 6. 12. 07) ◆ **Einbringung:** *Derzeit führt die Wiener Strafrichterin ... den Akt, der schon bei Einbringung der Anklage im Juli 2016 aus 206 dicken Aktenbänden bestanden hat.* (PR 21. 4. 17); **Einbringungsstelle**

**eindepschen,** sw. V. / hat (ugs.): einbeulen: *Genau gegenüber ein VW-Transporter mit eingedepschter Hecktüre.* (ST 25. 1. 05). ↑**Depscher, zerdepschen**

**einditschen,** sw. V. / hat (ostösterr., ugs.): ↑eindepschen: *Ich möchte mir gar nicht ausmalen, was passieren würde, wenn der Wagen nach einem Unfall auf dem Dach landet und dieses ein wenig eingeditscht wird.* (Wikipedia Diskussion)

**einfahren** /ist/ (ugs., salopp): sich täuschen und dadurch Nachteile erleiden: *mit diesem Kauf bin ich eingefahren; Ganz schön eingefahren ist ein ehemaliger Kollege des Stadtgartenamts mit dem verdächtigen Tischler. Denn er bürgte für einen 400.000 Schilling-Kredit – und musste auch zahlen.* (NÖN 13. 6. 13). – In den Bedeutungen ›einen sportlichen Sieg, (ein Wahlergebnis) erzielen‹ gemeind.

**einfärbig** ↑FÄRBIG

**einfaschen:** umwickeln; mit einer ↑Fasche verbinden, bandagieren: *einen Fuß einfaschen; Jede andere Nahrung habe die Krankheit so verschlechtert, »dass die Haut offen war, ich sie jeden Tag hab einfaschen müssen.«* (OÖN 4. 8. 01). ↑**faschen**

**einfatschen:** ↑einfaschen. ↑**fatschen**

**Einforstung,** die (Verw.): Nutzungsrecht aus einem fremden Wald; Servitut: *Durch die Reform der Agrarbezirksbehörden wird Stainach das Kompetenzzentrum für Almwirtschaft und Einforstung* (KZ 12. 11. 03) ◆ **Einforstungsgenossenschaft, Einforstungsrecht:** *Die Fläche sei außer Jagd gestellt, es bestünden keine Einforstungs- und Weiderechte.* (SN 17. 2. 17); **Einforstungsverband**

**einfrischen,** sw. V. / hat (regional): einkühlen: *Langes Leben der Schnittblumen ist dann garantiert, wenn die Pflanzen beim Kauf frisch sind und nur in kaltem Wasser eingefrischt werden.* (OÖN 10. 1. 03)

**einführen:** (neben) einfahren, einbringen: *das Heu einführen.* ↑FÜHREN

**eingeben,** st. V. / hat (Behördenspr., veraltend, auch schweiz): einreichen: *ein Gesuch eingeben; eine Beamtin zur Beförderung eingeben; Dr. Georg Thum, Rechtsanwalt der Stadt, wird Berufung eingeben.* (NÖN 11. 5. 09); *Viele Firmen hatten extra Mitarbeiter abgestellt, die die Anträge eingeben hätten sollen.* (KZ 3. 1. 14)

**Eingesottene,** das; -n (veraltet): eingemachte Früchte: *Du weißt nicht einmal, wo deine Mutter das Eingesottene aufbewahrte.* (VB 19. 12. 15) ↑**einsieden**

**Eingetropfte,** das; -n: flüssiger Teig, den man als Einlage in eine kochende Suppe tropfen lässt: *Denn was da aus der Suppenschüssel geschöpft wird, die Suppe mit ... dem Eingetropften oder dem Milzschöberl oder den Backerbsen oder dem Frühlingsgemüse, das ist doch alles kein Erlebnis.* (PR 19. 8. 08). ↑**Eintropfsuppe, Tropfteig**

**eingraben,** st. V. / hat (ugs.): beerdigen: *»Ich dachte mir, das ist ein armer Mensch. Genauso könnte er sich jetzt schon eingraben.«* (PR 20. 1. 17); *Wie überhaupt die Zahl jener, die sich in Urnen in Hausgärten eingraben lassen, immer noch die große Ausnahme sei.* (OÖN 31. 10. 12)

**einhakeln** (ugs.): **1.** hängen bleiben, (in D) einhaken: *Und mit dem Eisengestell in den Straßenbahngleisen einhakeln ist sicher keine Freude.* (ST 22. 3. 07). **2.** einen Haken anbringen, mit einem Haken befestigen, mit einem Haken verschließen: *Kleine Vertiefungen erlauben das »Hooken«, bei dem das Beil nicht ins Eis geschlagen, sondern nur »eingehakelt« wird.* (ST 10. 12. 04); *Beim »Fuaßhagln« ... sollte es dem Flinkeren gelingen, den in verkehrter Richtung neben sich Liegenden ... durch Einhakeln des Beins auszuheben und herumzuschmeißen.* (OÖN 17. 1. 04)

**einhängen,** sich; sw. V. / hat (auch südd., schweiz.): (in D) sich einhaken: *Seine Ehefrau hat sich bei ihm eingehängt.* (KU 3. 3. 08)

**einheben** (auch bayr.): einziehen, eintreiben, kassieren, (in D) erheben: *Die unterschiedliche Höhe erklärt sich daraus, dass Bund und Länder unterschiedliche Zuschläge zur ORF-Gebühr einheben.* (SN 14. 12. 07). ↑**ausheben, beheben, erheben**

**Einhebung,** die (auch bayr.): das Eintreiben, Kassieren, (in D) Erhebung: *Auch bei der Einhebung sieht Obwexer eine Diskriminierung, weil Ausländer vor der ersten Autobahnfahrt eine Vignette buchen müssen, Inländer hingegen die Infrastrukturabgabe bei der Einhebung der Kfz-Steuer mit Bescheid vorgeschrieben bekommen.* (KZ 31. 3. 17). ↑**Bareinhebung, Gebühreneinhebung, Mauteinhebung, Steuereinhebung, Zolleinhebung** ◆ **Einhebungsbeamte/-r, Einhebungstermin**

**einkasteln,** sw. V. / hat (ugs.): **1.** einsperren, inhaftieren: *Kinder nicht in stationären Heimen einkasteln.* (KZ 10. 4. 10); *Heute müssen wir absperren, uns einkasteln und sind Gefangene im eigenen Heim.* (WZ 1. 12. 16). **2.** (regional auch in D) mit einem Viereck (↑Kastl) umrahmen: *Wir kennen den anvisierten Ort nicht, er wird in unserem Atlas als sehenswert ausgezeichnet (braun eingekastelt) und befindet sich in der Nähe des Meeres.* (Augustin 19. 5. 10). **3.** in einen Kasten zwängen, von Mauern einschließen u. Ä.: *Jede neue Lärmschutzwand muss drei Mal überdacht werden. Wir können uns ja nicht komplett einkasteln.* (OÖN 18. 11. 09); *Ich bin gegen das Einkasteln und das Bauen von Zäunen oder Mauern.* (KZ 12. 10. 16). **4.** in ein bestimmtes Schema zwängen: *Folgt man den gängigen Klischees, dann lassen sich Millionäre ganz leicht als »neureich« oder »traditionell« einkasteln.* (PR 27. 10. 10)

**Einkaufswagerl,** das: Einkaufswagen: *Wie viele Bakterien wachsen auf Schiebegriffen von Supermarkt-Einkaufswagerln, Liftknöpfen und Türschnallen öffentlicher Klos?* (ST 23. 12. 15). ↑**Beiwagerl, Wagerl**

**einkochen** (ugs. scherzhaft): durch geschicktes Vorgehen jmdn. zu etwas bewegen; (ugs.) herumkriegen: *Wer fleißig der Landlust gefrönt hat, soll Eingekochtes mitbringen, auch wenn sich die Rabtaldirndln keineswegs einkochen lassen.* (PR 18. 4. 14). ↑**aufkochen, auskochen**

**einköpfeln** (auch schweiz.): (in D) einköpfen: *Das Ehrentor zum 1:3 gelang dann dem ... eingewechselten Kastner, der freistehend eine Flanke von Reitprecht einköpfelte.* (PR 31. 7. 07). ↑**köpfeln**

**einkühlen:** (ein Getränk) kalt stellen: *Nach dem 6:2 gegen die im Abschluss versagenden Red Bulls kann der VSV den Sekt einkühlen.* (SN 31. 3. 06); *Die Shrimps mit dem Rest des Gelees bedecken. Terrine nun wieder 2 Stunden einkühlen.* (OÖN 5. 9. 05). – Für ›Haltbarmachen in einer Kühlanlage‹ gemeind.

**einlangen:** ankommen, eintreffen (von Postsendungen, Nachrichten u. Ä.): *Bis detailliertere Informationen einlangen, behält das Parlament zehn Prozent der für den Irak vorgesehenen Hilfsgelder für kommendes Jahr ein.* (PR 22. 11. 07). ↑**anlangen**

**einlassen** (auch südd.): (Fußböden, Holz) mit Wachs, Öl u. Ä. einreiben, einwachsen: *Frühjahrsputz. Böden werden eingelassen, Fenster geputzt.* (KZ 21. 3. 04); *Bei stärker beanspruchten Flächen wird das Holz am besten mit natürlichen Wachsen und Ölen eingelassen.* (OÖN

7. 8. 10); *Sitze schamponieren, Motor einlassen mit Korrosionsschutzwachs, Staub saugen.* (VN 24. 10. 02)

**Einlaufkasten,** der: Postkasten an der ↑Einlaufstelle: *Die Radständer vor dem Gericht sind derzeit nicht erreichbar, lediglich der Eingang und der Durchgang zu dem Einlaufkasten wurden gesichert.* (NÖN 30. 5. 13). ↑KASTEN

**Einlaufstelle,** die: Stelle bei Behörden, in der die eingehenden Post- und Aktenstücke gesammelt werden: *Pro Werktag kommen an die 1000 Anzeigen in die Einlaufstelle der Staatsanwaltschaft.* (ST 24. 4. 06)

**Einmach,** die; -: ↑Einbrenn: *Aus der restlichen Butter und dem Mehl eine helle Einmach zubereiten, mit Suppe aufgießen und mit den passierten Zwiebeln vermischen.* (OÖN 14. 4. 14)

**Einmachsauce,** die: aus einer ↑Einmach zubereitete helle Sauce: *Anrichten mit Reis, der mit Einmachsauce überzogenen Hühnerbrust und der Zunge mit den Trüffel.* (OÖN 2. 6. 18). ↑SAUCE

**Einmachsuppe,** die: aus einer ↑Einmach zubereitete Kalbsknochensuppe mit Weißbrotstückchen oder Knödeln als Einlage: *Somit wurden oft nur sehr einfache und günstige Mahlzeiten serviert – wie zum Beispiel Brot und diverse Einmachsuppen aus Hafer.* (PR 27. 6. 13). ↑SUPPE

**einmahnen** (seltener auch in D): einfordern, in Erinnerung rufen, (in D) anmahnen: *Diese soll künftig gemäß des Ehrenkodexes der Presse wahrhaftige und korrekte Berichterstattung einmahnen.* (Falter 13. 6. 07)

**Einmalerlag,** der (Finanzwesen): einmalige Zahlung einer normalerweise in regelmäßigen Abständen geleisteten Zahlung (bei Spar-, Versicherungsverträgen), (in D) Einmaleinlage: *Die Versicherungswirtschaft wünscht sich neben der Ermöglichung des Einmalerlages auch eine Öffnung der Zukunftsvorsorge für die Pflege.* (ST 16. 10. 07). ↑**Erlag**

**Einnahme-:** die Zus. im Plural werden österr. (und schweiz.) mit *-n* gebildet (Einnahmen-), seltener auch mit *-ns* (Einnahmens-); im Singular vereinzelt mit *-s* (Einnahms-; vgl. auch Ausnahms-), in D Einnahme-: **Einnahmenausfall:** *Zuständig ist der Hauptverband der Sozialversicherungsträger, der dadurch mit einem Einnahmenausfall von 60 Mill. Euro rechnen muss.* (SN 12. 7. 07); *Die Befreiung bedeutet aber für die oö. Gemeinden in Summe Einnahmensausfälle von 17 Millionen Euro pro Jahr.* (OÖN 22. 3. 05); **Einnahmen-Ausgaben-Rechnung** (in D) Einnahme-Ausgaben-Rechnung); **einnahmen- und ausgabenseitig** (in D auch einnahme- und ausgabenseitig); **Einnahmenbuch; Einnahmenerwartung; Einnahmenposten; Einnahmenseite:** *Die Versprechen bedeuten aber für den Staatshaushalt ein Minus auf der Einnahmenseite von rund 60 Mrd. Euro.* (SN 31. 1. 07); **Einnahmensituation; Einnahmensoll; Einnahmenüberschuss:** *Damit liegt die Nutzung weit über den Erwartungen, was zu einem erheblichen Einnahmenüberschuss geführt hat.* (ST 5. 6. 07); **Einnahmsquelle:** *Eine Finanztransaktionssteuer stellt in ihren Augen eine Panazee dar, ein Wundermittel, mit dem man ...eine neue Einnahmsquelle erschließen kann.* (WZ 15. 9. 09)

**Einnahmentangente,** die (Verw.): Einnahmensoll: *Mit 50.000 Euro über der Einnahmentangente, hoffnungsvollen Signalen aus dem Kunstministerium und einem potenten Förderverein kann man wieder konkreter zu träumen beginnen.* (News 3. 11. 11). ↑TANGENTE

**Einöd,** die; -, -en (auch bayr.): (Nebenform zu) Einöde: *wohl außerhalb eines Dorfes gelegen, aber nicht in der Einöd.* (PR 24. 12. 1968) ◆ **Einödbauer; -bäuerin; Einödhof**

**einpapierln** (ugs., auch bayr.): **1.** in Papier einwickeln: *das Zuckerl einpapierln;* (übertragen) *mit kickenden Patienten kann er sich seine Leistungssteigerer einpapierln und muss die Praxis zusperren.* (OÖN 20. 7. 07). **2.** herumkriegen, (ugs.) einwickeln: *Ein Pro und Kontra beherrscht jedenfalls die Autorenrepublik. So wollen sich u. a. Kathrin Röggla, Josef Haslinger oder Peter Rosei nicht einpapierln lassen.* (OÖN 10. 9. 04). ↑**auspapierln, papierln**

**einpicken:** einkleben: *Der Geruch dieser Pickerl hat ja auch etwas Spezielles. Der ist mir beim allerersten Einpicken im neuen Album abgegangen.* (OÖN 22. 4. 14). ↑PICKEN

**Einreich-:** österr. Form, (in D) meist Einreichungs-: **Einreichprojekt:** *Wie viele Einreich-Projekte gab es, wie kam die nun gültige Auswahl zustande?* (OÖN 21. 5. 05): **Einreichfrist:** *Die Einreichfrist endet am 16. Dezember.* (SN 16. 11. 07); **Einreichplan:** *Die Architekten erstellen Studien, Entwürfe, Einreich- und Ausführungspläne.* (OÖN 9. 4. 05); **Einreichschluss:** *Am 6. November ist Einreichschluss.* (OÖN 9. 10. 04); **Einreichtermin:** *Weiters wurden vom Kuratorium ... aus dem letzten Einreichtermin ab 2014 zwölf Gruppen für eine Zweijahresförderung und zehn Gruppen für* *eine Einjahresförderung empfohlen.* (WZ 6. 6. 13)

**einrexen,** sw. V. / hat: in einem Einmachglas haltbar machen, einwecken: *Das »Einrexen«, also das Aufbewahren von frisch Gekochtem in einem durch ein Gummiband luftdicht gemachten Glas, ist vor allem dienlich, wenn es keinen Kühlschrank gibt.* (WZ 20. 6. 14). ↑ **Rexglas**

**einringeln:** einkreisen, mit einem kleinen Kreis markieren: *»Demokratisierung« sagt hingegen Schmid zu einer Entwicklung, die er dreimal rot einringeln würde.* (PR 1. 11. 11)

**einsackeln** (ugs.): **1.** in Säcke, Tüten verpacken: *Die Arbeiter der Lebenshilfe machen aber auch andere Jobs. Zum Beispiel Prospekte »einsackeln«.* (OÖN 10. 3. 07). **2.** sich einverleiben; einstecken: *Sie sehen sich in erster Linie dafür zuständig, das Geld, das der Bund von den Steuerzahlern brav einsackelt, mit beiden Händen wieder auszugeben.* (PR 7. 8. 09). ↑ **aussackeln**

**einsagen** (auch südd.): in der Schule etwas zuflüstern, vorsagen: *»Bei Tests wird das Netzwerkkabel rausgezogen«, erzählt die Schülerin. Damit sich die Prüflinge per Internet nichts »einsagen« können.* (OÖN 3. 12. 03)

**Einsager Einsagerin,** der bzw. die (auch südd.): **1.** Person, die [in der Schule] einsagt. **2.** Einflüsterer, Berater: *Die Politik und die vielen Einsager haben es aber verabsäumt, jenen Bereich anzusprechen, in dessen Verantwortung die Fehlentwicklungen liegen.* (PR 22. 1. 08).

**einschalten:** (als Inserent eine Anzeige, einen Werbetext u. Ä.) veröffentlichen lassen; schalten: *Von einem »Führen des Wahlkampfs« kann bei der vorliegenden Werbemaßnahme der Beklagten nicht gesprochen werden, umfasst doch dieser Begriff ... nicht bloß das Einschalten zweier bestimmter Werbespots ...* (rechtsprobleme.at, 2008, Int) ◆ **Einschaltung:** *eine entgeltliche Einschaltung; Das Bundeskanzleramt verteidigt das Inserat. »Der Nutzen dieser Botschaft übersteigt bei weitem die Kosten für die Einschaltungen«* (PR 27. 2. 06). ↑ **Werbeeinschaltung**

**Einschaltziffer,** die (in D selten): Einschaltquote: *Noch schlechter für die Einschaltziffern ist es aber, wenn die Finali der Damen und der Herren am gleichen Tag stattfinden.* (PR 11. 9. 11)

**Einschau,** die (Behördenspr.): **1.** Kontrolle, behördliche Überprüfung, (in D) Revision: *Über Einschauen im Rahmen der normalen Steuererklärung gibt es bis jetzt keine offiziellen Daten.* (PR 22. 2. 17). **2.** Möglichkeit der Einsichtnahme: *Der nachfolgende Punkt »Bericht über die Einschau in die Gebarung der Gemeinde Altach« sorgte für Turbulenzen in der Gemeindestube.* (VN 6. 7. 00)

**Einschaubericht,** der: Kontrollbericht: *oder er hat aus Schlamperei auch nach fünf Jahren den Einschaubericht der Nationalbank nicht studiert.* (PR 29. 4. 06)

**einschauen** (auch schweiz.): bei verschiedenen Spielen (z. B. Versteckspielen) den Kopf so halten und die Augen schließen, dass man nicht sieht, was inzwischen die anderen Mitspieler tun: *Zuvor gilt es die Regeln genau abzustimmen. Wichtig ist es vor allem, auszumachen, wie lang der Sucher »einschaut«.* (OÖN 10. 7. 07). ↑ SCHAUEN ◆ **Einschauplatz**

**Einschicht,** die; -, -en (auch bayr.): Einöde: *Was ist in Ihrem Stadtleben passiert, dass Sie in die Einschicht wollten, in ein abgelegenes Forsthaus im Nationalpark Kalkalpen?* (OÖN 3. 10. 15)

**Einschichthof,** der: Bauernhof in der Einöde: *Vom Einschichthof war es zu Fuß ganz schön weit in die Kirche, wo der Bub ministrierte.* (OÖN 2. 6. 07)

**einschichtig** (auch südd.): **1.** abgelegen, einsam: *Der Brandhof am Fuße des Seebergsattels war ein uralter, einschichtig gelegener Bauernhof.* (SN 21. 11. 13). **2.** einseitig: *Die immer gebrachte Kritik an den überaus stark steigenden Medikamentenkosten ist auch nur einschichtig.* (SN 24. 2. 01). **3.** oberflächlich, niveaulos: *Von einschichtigen Gags und Interviews reicht das Level bis zu Gehirnjogging, wenn Comedy-Gäste vor intellektuellem und/oder politischem Witz sprühen.* (SN 25. 1. 17) – Die Bedeutungen ›nur aus einer Schicht bestehend‹ und ›nur im Ein-Schicht-Betrieb arbeitend‹ ist gemeind.

**einschleifen,** st. V. / hat: **1.** (Zahlungen) nach und nach anpassen: *Vor allem Niedrigverdiener entlasten soll ein Einschleifen der Sozialversicherungsbeiträge zwischen 500 und 1530 Euro.* (OÖN 16. 1. 15). **2.** (ugs.) einbremsen: *E-Biker seien sehr oft viel zu schnell unterwegs, ... Daher der Appell ..., dass sich E-Biker vor allem am 15. April im Donautal freiwillig »einschleifen«.* (OÖN 5. 4. 12); *Ein wenig einschleifen mussten wir David Schießl von der FPÖ. Er hat die zehn Fragen besonders ausschweifend beantwortet.* (OÖN 10. 9. 09)

**Einschleifregelung,** die (Behördenspr.): Regelung, bei der nicht starre Grenzen, sondern Übergangszonen angewandt werden (in Bezug auf Steuer-, Beihilfengrenzen): *Voll anerkannt werden die Ausgaben bis zu einem steuerpflichtigen Jahreseinkommen von 36.400 Euro, darüber greift eine Einschleifregelung.* (PR 13. 4. 13)

**einschlichten**: einlagern, einschichten: *Kaum einer dieser Pendler kann lesen und schreiben und schlichtet trotzdem Displays ... genau nach Vorgabe mit sechs Geschmackssorten Sirup ein.* (OÖN 1. 2. 06). ↑SCHLICHTEN

**einschneiden,** st. V. / hat: (eine Scheibe) zurechtschneiden und in den Rahmen einsetzen: *Glas, ein Fenster, einen Spiegel einschneiden; »Ich kann Euch zu Weihnachten nichts geben, ich kann euch für den Christbaum, wenn ihr überhaupt einen habt, keine Kerzen geben, kein Stück Brot, keine Kohle, kein Glas zum Einschneiden.«* (oft zitierter Satz von Bundeskanzler Figl, 1945)

**Einschreib-:** österr. Form, (in D auch) Einschreibe-: **Einschreibbrief:** *Per Einschreibbrief erklärte der Kunde am 12. Oktober den Rücktritt vom Vertrag.* (OÖN 21. 11. 07); **Einschreibfrist:** *So meldete die TU Wien am Freitag 952 Erstinskribenten im ersten Monat der Einschreibfrist.* (PR 6. 8. 05); **Einschreibgebühr:** *Wer dem elitären Club angehören will, muss als Einschreibgebühr zunächst einmal 48.000 Euro hinblättern.* (OÖN 18. 9. 06); **Einschreibnummer:** *Paradestück ist der sechste Brief, der jemals in Christkindl gestempelt wurde, was die Einschreibnummer belegt.* (OÖN 11. 1. 02); **Einschreibsendung:** *Als Standarddienstleistungen gelten jene, die Privatkunden am häufigsten in Anspruch nehmen ..., einschließlich normale und prioritäre Zustellung sowie Einschreibsendungen.* (ST 6. 5. 03)

**Einschub,** der (ugs.): **1.** zusätzlich verkehrendes Verkehrsmittel: *Im Nachmittagsverkehr der S-Bahnen wird durch Einschub von zwei weiteren Zügen ... ein durchgängiger Halbstundentakt realisiert.* (NÖN 31. 10. 13). **2.** zusätzliche Vorstellung: *Dieser wird nun durch den Einschub von Zusatzvorstellungen prolongiert.* (OÖN 7. 1. 09)

**Einschubwagen**, der: zusätzlich zum Linienverkehr verkehrender Bus oder Wagen der Straßenbahn: *Vom Marktplatz fährt dann der Einschubwagen weiter als Linie »O« über die Museumstraße.* (TT 13. 9. 00)

**einsegnen**: einen Toten mit der entsprechenden Zeremonie bestatten: *Unbeweglich verharrt die Ehrenwache der Berufsfeuerwehr, als Dompfarrer Anton Faber den Verstorbenen eingesegnet.* (PR 6. 11. 08). – In D bedeutet *einsegnen* ›konfirmieren, einweihen‹ ◆ **Einsegnung:** *Die eigentliche Trauerfeier ... kann vom relativ strikten Ritus der katholischen Kirche mit Einsegnung und Messe bis hin zur frei gestalteten Feier ... reichen.* (KZ 12. 1. 15)

**Einser,** der (auch südd.): Ziffer, Note, Linie Eins, (in D) die Eins: *Ich hatte lauter Einser im Zeugnis – nur einen Zweier, in Deutsch.* (OÖN 8. 9. 12); ***römischer Einser:** Steigerung der Note Eins, in römischer Ziffer geschrieben, heute meist übertragen für eine hervorragende Leistung: *Man habe in den über 20 Jahren seiner Präsidentschaft zwei Kontrollamtsprüfungen mit römischen Einsern bestanden.* (SN 19. 1. 15). ↑ACHTER

**Einser-** (salopp): bezeichnet in Zus. ›Platz in der ersten Auswahl, Mannschaft‹: **Einsergarnitur:** *Die Einsergarnitur des SVM holte sich den Turniersieg.* (BVZ 16. 12. 10); **Einsergoalie:** *Österreich braucht wieder einen soliden Einsergoalie mit Spielpraxis.* (NÖN 27. 7. 18), ↑*Goali;* **Einsersturm:** *Rose reagierte, wechselte mit Dabbur und Gulbrandsen den Einsersturm ein.* (PR 9. 4. 18)

**Einserkastl,** das (Fachjargon): kurze Glosse auf Seite 1 einer Tageszeitung

**Einserleiberl,** das: **1.** Tormanntrikot (Nr. 1): *Wer auch immer das Einserleiberl ergattert, er wird sich ... gegen die »Oranjes«... auf einiges an Arbeit einstellen müssen.* (PR 24. 3. 08). **2.** Führungsposition: *Das Duell um das Einserleiberl im österreichischen Tennis.* (KU 25. 7. 06). ↑LEIBERL

**Einsiedeglas,** das (auch südd.): Einmachglas: *Der Minzetee mit Ingwer wird in einem Gefäß serviert, das frappant an Omas Einsiedegläser erinnert.* (SN 23. 1. 15)

**einsieden** (auch südd.): einkochen: *Allerhand Zusatzgeräte zum Dampfentsaften, Einsieden und sogar Kaffeekochen kamen auf den Markt und wurden in Kochvorführungen vorgestellt.* (VN 23. 2. 06). ↑**Eingesottene,** SIEDEN

**Einspänner,** der (ostösterr.): **1.** schwarzer Kaffee im Glas mit einer Haube ↑Schlagobers (eine Zubereitungsart im Kaffeehaus): *Wer im Café Glockenspiel einen Einspänner bestellt hatte, der bekam stets einen Espresso mit üppiger Schlagobershaube.* (SN 13. 2. 15). **2.** einzelnes Frankfurter Würstchen (von einem

Paar): *Man genieße zwei Portionen Nudelsuppe mit Einspänner ... und Hausbrot.* (OÖN 1. 4. 04). – Die Bedeutung ›Kutsche mit einem Pferd‹ ist gemeind.

**einsperren:** kann österr. (und bayr.) auch auf Sachen bezogen werden: etwas an einen Ort bringen und diesen abschließen, (in D) einschließen: *das Fahrrad im Keller, die Dokumente im Schreibtisch einsperren; Bei sieben Gastgebern ... kann man übernachten und die Räder in einem Abstellraum einsperren lassen.* (KU 24. 8. 08). ↑SPERREN

**Einsprache,** die (veraltet, auch schweiz.): Einspruch: *Und für die ersten sechs Werke ... bietet der Staat eine finanzielle Bürgschaft, falls sich der Bau wegen Einsprachen verzögern sollte.* (PR 18. 10. 07)

**Einstand,** der: Dienstantritt; Beginn einer Tätigkeit, eines Geschäfts, Feier zum Dienstantritt, zur einer Eröffnung usw.: wird österr. (und südd.) veraltend auch auf den Eintritt in ein Lehrverhältnis oder in die Schule bezogen: *Nach der Schließung der kleinen, aber beliebten VS Langwies gibt es in Ebensee nur noch zwei Volksschulen. ... Der Freude jener Kinder, die heuer in der Salinengemeinde ihren Schul-Einstand feiern, tat dies aber keinen Abbruch.* (OÖN 13. 9. 16). ↑**Ausstand, ausstehen, einstehen**

**einstauben:** einpudern, einstäuben: *Dann aus dem Ofen nehmen, etwas abkühlen lassen und noch am Backpapier einstauben.* (KZ 2. 12. 14). ↑STAUBEN

**einstehen,** st. V. / ist (veraltend, auch südd.): **1.** eine Arbeitsstelle antreten. **2.** in die Schule eintreten: *der Bub ist sechs Jahre alt und steht im Herbst in die Schule ein.* ↑**Ausstand, Einstand,** ↑STEHEN

**Einsteig-:** österr. Form, (in D) Einsteige-: **Einsteighilfe:** *Manchmal ist der Einstieg trotz neuer Technik so hoch, dass man keine Chance hat, einzusteigen. Somit ist die Investition für die Einsteighilfe der Linz-Linien umsonst.* (OÖN 26. 7. 05); **Einsteigmöglichkeit:** *Besonders gelobt wird die stufenlose Einsteigmöglichkeit.* (OÖN 9. 10. 03); **Einsteigbahnhof; Einsteigdiebstahl:** *Erst vor wenigen Wochen ertappte ihn die Polizei nach einem Einsteigdiebstahl im Lagerhaus auf frischer Tat.* (NÖN 8. 4. 02); **Einsteigschacht; Einsteigstation:** *Die Bahn wird den Plänen zufolge zwischen den Einsteig- und Aussteigstationen mit einer Umlenkstation und nur fünf Liftstützen auskommen.* (PR 10. 12. 14); **Einsteigstelle:** *Die Einsteigstelle befindet sich bei den Linienbussen, Aufgang Zentrum.* (NÖN 20. 12. 12)

**einstreifen** (ugs., oft abwertend): kassieren, [auf rücksichtslose Weise] bezahlt bekommen, (in D) einstreichen: *Wenn man mehr als 13.000 Euro im Monat verdient, muss man wirklich nicht noch einige hundert Euro als Aufsichtsrat eines städtischen Unternehmens einstreifen.* (OÖN 10. 2. 17)

**einsuren:** einpökeln: *Grammel ausbraten oder Fleisch einsuren lernte sie von Frauen aus dem Ort, die im Wirtshaus kochten.* (OÖN 1. 2. 07). ↑**suren**

**eintrankeln,** sw. V. / hat (ugs., salopp): betrunken machen: *Und da ist ein Mann, der Geld braucht und sich, immer ein bisschen eingetrankelt, auf ein Abenteuer einlässt.* (PR 6. 7. 05). ↑**Trankler**

**Eintropfsuppe,** die: heiße Rindsuppe, in die ein Teig aus Mehl und Eiern getropft wird: *Mit dem Inhalt meines Körberls geht sich ein Sonntagsmenü aus. Eintropfsuppe, Lammkoteletts, dazu frischer Saft.* (KZ 19. 11. 12). ↑**Eingetropfte,** SUPPE, **Tropfteig**

**eintunken** (regional auch in D): **1.** eintauchen: *Eines gilt für unseren Senf auf jeden Fall: Man sollte nicht nur Würstel darin eintunken.* (KZ 29. 3. 14). **2.** (ugs.) jmdn. absichtlich schädigen: *Bei uns nennt man das Bashtainment-Kabarett: Promis fest eintunken, auf dass sie uns als angeschüttete böse Buben möglichst lange aufregen bzw. zum Auslachen anregen.* (ST 13. 1. 12)

**einverleiben,** sw. V. / hat (Behördenspr.): ein Recht oder eine Last ins Grundbuch eintragen: *Nur für jene etwa 12 Prozent aller österreichischen Grundstücke, die in den Grenzkataster einverleibt sind, ist der Grenzverlauf rechtsverbindlich dokumentiert.* (OÖN 20. 8. 05). ↑**Grundbuchseinverleibung** ◆ **Einverleibung:** *Darin begehrt die Bank die Einverleibung eines Belastungs- und Veräußerungsverbots im Grundbuch.* (SN 5. 5. 06); **Einverleibungsgebühr**

**Einvernahme,** die (auch schweiz., seltener auch in D): Vernehmung vor Gericht; Verhör: *Nach dem mysteriösen Schussattentat ... hat es vorerst keine Einvernahme des Mannes gegeben, der in einem Spital operiert worden ist.* (ST 30. 4. 17). ↑**Zeugeneinvernahme**

**einvernehmen** (auch schweiz.): jmdn. vor Gericht vernehmen; verhören: *Die einvernommenen (Ex-)Politiker sagten widersprüchlich aus.* (ST 28. 4. 17)

**einwassern** (ugs.) 1. (Blumen) in die Vase, in Wasser stellen: *Am 4. Dezember Barbarazweigerl einwassern.* (OÖN 30. 11. 06). 2. Pflanzen im Boden Wasser zuführen, (in D) einwässern: *Diesen dann in das Loch geben, ausreichend Pflanzenerde dazu und fest antreten, damit die Luft aus dem Boden entweicht. Dann einwassern.* (KR 2. 10. 10). 3. vor dem Einpflanzen in Wasser legen: *Schließlich kann man ... die Zwiebeln beispielsweise verspätet jetzt einwassern. Blühen sie halt erst im Jänner oder Februar.* (ST 19. 12. 09). 4. in Wasser legen; weichen lassen; nass machen: *Alte Tapeten mit einer Malerbürste einwassern.* (KU 17. 9. 04); *Wer gestern die Berge mied und die Stadt für einen Bummel nutzte, wurde kräftig eingewassert.* (KR 21. 6. 10). 5. betrunken machen: *ich brauche niemanden einwassern, ich gewinne auch so.* (KZ 2. 1. 13). ↑WASSERN

**einwässern** (auch bayr.): (Blumen) in die Vase, in Wasser stellen: *Vor dem Einwässern die Stängel mit einem scharfen Messer schräg anschneiden.* (OÖN 13. 2. 07). – In D nur ›in Wasser legen, wässern‹

**einweimberln,** sich; sw. V. / hat (ostösterr. ugs., veraltend): sich einschmeicheln: *Mit »ich hör nichts, ich seh nichts und ich halte dicht« können sie sich allenfalls bei inkompetenten Vorständen einweimberln.* (Falter 22. 7. 09). – Auch in der Form *einweinberln*

**Einziehungsauftrag,** der: Auftrag an die Bank, vom Konto eines Kunden oder Spenders Beträge automatisch abzubuchen, (in D) Einzugsverfahren, Bankeinzug: *Die Patenschaft kann als Dauerauftrag oder Einziehungsauftrag organisiert werden und jederzeit gelöst werden.* (SN 2. 6. 07)

**einzwicken** [sich]: [sich] einklemmen: *Und dann kann man sich auch noch die Finger an der darunter verlaufenden Alu-Leiste wunderbar einzwicken.* (PR 5. 8. 11). ↑**zwicken**

**Eisenbahn:** ***da fährt die Eisenbahn drüber** (ugs., salopp): da gibt es keine Rücksichten; das wird konsequent durchgezogen: *Die Einsparung der Betriebskosten von 120 Millionen Euro sei »hieb- und stichfest«: »Da fährt die Eisenbahn drüber.«* (PR 23. 8. 08); *»Das hat die Regierung vorgelegt, und da fährt die Eisenbahn drüber.«* (PR 19. 10. 13)

**Eisenbahnkreuzung,** die: schienengleicher Bahnübergang: *Ein deutscher Reisebus mit 60 Schulkindern war auf der Eisenbahnkreuzung in Pfarrwerfen direkt auf den Schienen liegen geblieben.* (SN 20. 7. 07)

**Eishackler,** der (ugs., salopp, auch bayr.): Eishockeyspieler: *Zunächst war es der Schwede Hardy Nilsson, seit mittlerweile drei Saisonen trainiert der Kanadier Pierre Pagé die Salzburger Eishackler.* (WZ 7. 4. 10). ↑**Hackler**

**Eiskasten,** der (auch südd.): Kühlschrank: *Vor dem Eiskasten stehend oder hockend, aßen sie, was dieser zu bieten hatte.* (PR 18. 3. 17); (übertragen) *Ein verschlossener Mann, dem nachgesagt wird, er hätte seine Gefühle im Eiskasten verwahrt.* (WZ 27. 11. 16). ↑KASTEN

**Eislaufplatz,** der: Kunsteisbahn, zum Eislaufen präparierte Fläche: *Die mutigsten Finnen verschrieben sich dem Kitesurfen – mit Kufen auf den Schuhen und einem Gleitschirm an den Händen rasten sie über den riesigen Eislaufplatz.* (OÖN 27. 2. 17)

**Eislaufschuh,** der: Schlittschuh: *Da wurden Skier angeschnallt, um auf echtem Schnee herumzurutschen, Eislaufschuhe geschnürt oder Bekanntschaft mit dem Zillen-Fahren gemacht.* (PR 1. 10. 07)

**Eismänner,** die /Plural/ (auch südd.): Pankratius, Servatius, Bonifatius (12., 13., 14. Mai), (in D) Eisheilige: *Nur die niederen Temperaturen am Morgen erinnerten an die Eismänner, die alle vorsichtigen Gärtner wegen des gefürchteten Frostes abwarten.* (SN 13, 5. 05)

**Eissalon,** der (regional auch in D): (in D) Eisdiele, Eiscafé: *Die großen Eissalons haben meist gar keine Winterpause, die kleinen melden sich nun zurück.* (PR 4. 3. 17)

**Eisstanitzel,** das: Eistüte: *Wie sie unbeholfen den Gesichtsschleier ... lüpfen, um an ihr Eisstanitzel heranzukommen, und wie im Hintergrund dazu der Kapruner Gletscher aufragt.* (PR 2. 9. 14). ↑**Stanitzel**

**Eisstoß,** der (auch bayr.): in Flüssen aufgestautes Eis; Eisstau: *Ein Eisstoß auf der Thaya hat am Dienstagabend zu Hochwasser ... in der Waldviertler Gemeinde Waidhofen a. d. Thaya-Land geführt.* (PR 22. 2. 17)

**Eitrige,** die; -n, -n (ugs., scherzhaft, Wien): ↑Käsekrainer: *Zur flotten Charlotte heißt der erste überdachte Wurst-Imbiss. ... Damit muss man sich dann auch nicht mehr mit seiner Eitrigen verstecken.* (ST 21. 1. 17)

**ELAK:** (als Wort gesprochene Abk. für) elektronischer Akt

**elendig:** wird österr. (und bayr.) auf der zweiten Silbe betont, in D auf der ersten

**Elfer,** der /ein Gewinnrang im Toto/: *Neue Gewinnränge: Es gibt einen 13er, 12er, 11er und*

*10er, dazu den 5er-Bonus, wenn alle Fixspiele richtig sind.* (OÖN 10. 9. 13). ↑ ACHTER

**Elferfrage,** die ‹nach der Spielregel eines TV-Quiz› (salopp, selten auch in D): sehr schwierige Frage: *Wäre ein Euro-Rauswurf oder -Austritt Griechenlands eine Lösung des Dilemmas? ... Das ist eine Elferfrage.* (ST 5. 6. 12)

**ELGA:** (als Wort gesprochene Abk. für) elektronische Gesundheitsakte

**Elite,** die ‹franz.›: wird österr. ohne Endungs-e und mit kurzem Vokal ausgesprochen

**Elternkarenz,** die: Anspruch auf Freistellung von der Arbeitsleistung gegen Entfall des Arbeitsentgelts für Mütter und Väter: *Dass dies funktioniert, zeigt Schweden, das bereits seit den Siebzigern bei der Elternkarenz die Väter genauso mit einbezieht.* (OÖN 3. 11. 07). ↑ KARENZ

**Email,** das ‹franz.›: wird österr. (und südd.) [e'mail] ausgesprochen, in D meist [e'mai oder e'ma:j]. – Die in D häufigere Form *die Emaille* ist in Österr. ungebräuchlich

**E-Mail,** das und die: ist österr. (und südd., schweiz.) meist Neutrum, fachspr. und schriftlich auch (wie in D) Femininum: *Man sei auf der Suche nach einer vertrauenswürdigen Person, hieß es in einem E-Mail.* (SN 31. 3. 17)

**Embryo,** das; -s, -s und -nen ‹griech.›: (veraltend neben) der Embryo: *Auch bei professionellem Eingriff stehen die Chancen, dass die Kuh das Embryo nicht abstößt, 50:50.* (OÖN 30. 12. 00)

**EMS:** (buchstabierte Abk. für) Express Mail Service: Eilzustellung der Post

**Endbericht,** der (selten auch in D): Schlussbericht: *Mit ersten Zwischenergebnissen ist im September zu rechnen, der Endbericht soll zu Jahresende vorliegen.* (BVZ 9. 8. 12)

**Ende: 1.** in den Fügungen **Ende Jahr/Monat/Woche/Saison** steht in Vbg. (wie schweiz.) *Ende* ohne Genitiv, sonst *Ende des Jahres* usw.: *Eine Entscheidung über die Zukunft des Standorts Reuthe wird Ende Monat fallen* (VN 3. 6. 00). – In Verbindung mit Monatsnamen, z. B. *Ende Jänner,* gemeind. **2.** ***Ende nie** (salopp): sehr; sehr viel(e), ohne Ende: *Allein in Indonesien sind 180.000 Menschen gestorben, aber ich habe keine Toten gesehen, aber Verwüstung Ende nie.* (OÖN 13. 12. 14)

**Endel,** das; -s, - (auch bayr.): [verstärkter] Stoffrand: *das Endel einnähen; Kostbare Arabesken zieren die Kleider, versammeln sich entlang ihrer Endel, um Naht an Naht der Welt den letzten Schrei entgegenzuplärren.* (SN 23. 7. 16)

**endeln,** sw. V. / hat (auch bayr.): die Ränder eines Stoffs, Gewebes o. Ä. einfassen: *Auch C. P. ... sitzt an der Endelmaschine. »Die ist praktisch, weil sie nicht nur endelt, sondern gleich den überflüssigen Stoff wegschneidet.«* (KZ 16. 4. 11)

**enderledigen** (Behördenspr.): zu Ende führen, vollständig abwickeln: *Mit dem Eintreffen des polizeilichen Abschlussberichtes werde der Fall enderledigt, sagte der Sprecher der Staatsanwaltschaft am Mittwoch.* (SN 27. 5. 15) ◆ **Enderledigung:** *Positiv vermerkt der Rechnungshof, dass die ... Dauer für die Enderledigung der Anträge von 5,6 auf 3,1 Monate verkürzt wurde.* (SN 18. 9. 15)

**Endesgefertigte,** der und die; -n, -n (Behördenspr. veraltet): der/die Unterschriebene: *Ich, Endesgefertigte/-r ..., geboren am ... erkläre hiermit an Eides statt, ...* (standardmäßige amtliche Formulierung); *Ein endesgefertigter »Dr. Erwin Pröll, Landeshauptmann« konnte sein Entsetzen nur mühsam in Worte fassen.* (ST 12. 3. 12). ↑ **Gefertigte**

**Endrang,** der (selten auch in D): Rang im Schlussklassement: *Mit dem 2:0-Sieg ... ist die Austria in der Fußball-Bundesliga endgültig auf Kurs Richtung Endrang zwei eingeschwenkt.* (PR 24. 4. 17)

**Endredaktion,** die (auch schweiz.): abschließende, endgültige Redaktion, (in D) Schlussredaktion: *Erna N. befasst sich derzeit mit der Endredaktion eines Berichtes über das Schulschwänzen.* (PR 26. 2. 12)

**Energieausweis,** der: Dokument über die Energieeffizienz eines Gebäudes: *Muss der Verkäufer eines Einfamilienhauses bzw. einer Eigentumswohnung dem Käufer einen Energieausweis übergeben?* (PR 12. 4. 17)

**Energieferien,** die /Plural/ ‹urspr. als Energiesparmaßnahme als Folge der Ölkrise 1973 eingeführte Ferienwoche im Februar› (veraltend): Semesterferien der Schulen: *Und aus Elternperspektive kommen die guten alten Energieferien immer genau zu dem Zeitpunkt, in dem man nach der Weihnachts- und Jahreswechselpause den Alltag endlich wieder einigermaßen auf Schiene gebracht hat.* (PR 3. 2. 17)

**Energiepickerl,** das (informell): Plakette zum Nachweis des Energieverbrauchs: *Der Stromverbrauch von neuen Heizungspumpen kann sehr unterschiedlich sein, daher gibt es seit kur-*

*zem auch für Pumpen das »Energiepickerl«.* (OÖN 24. 3. 07). ↑ PICKERL

**Enkerl,** das; -s, -n (emotional, auch bayr.): Enkel (drückt keine Verkleinerung aus): *»Bei Erwerb einer Kapitalanlage von Todes wegen«, fällt keine Steuer mehr an – egal, ob das Sparbuch an ein Kind, das Enkerl oder an eine beliebige andere Person geht.* (OÖN 4. 12. 07)

**Enquete,** die ‹franz.›: Arbeitstagung mit Diskussionen: *In einer parteiinternen Enquete zur Schulreform hat sich die ÖVP Salzburg am Freitag eingeschworen.* (SN 16. 6. 07). – In D nur eine ›groß angelegte Untersuchung, Erhebung zu sozial- oder wirtschaftspolitischen Verhältnissen‹ – Das Wort wird österr. (und schweiz.) ohne Endungs-e ausgesprochen

**Entenjunge,** das; -n (auch schweiz., in der Form *Entenjung* auch bayr.): (in D) Entenklein: *Weich gekochtes Entenjunges nach Belieben sorgfältig auslösen, Herz und Magen in mundgerechte Stücke schneiden.* (ichkoche.at, Int). ↑ -JUNGES

**Entfall,** der (auch südd.): der Wegfall, das Entfallen: *Erst im September 2016 wurde erstmals ein Warnstreik ... abgehalten, wobei in erster Linie der geplante Entfall von Nachtdiensten bekrittelt wurde.* (OÖN 9. 2. 07) ◆ **Einkommensentfall; Unterrichtsentfall**

**Entgegnungswerber** ↑ -WERBER

**enthaften:** aus der Haft entlassen: *Der Angeklagte wurde vom Richtersenat ... sofort enthaftet* (ST 17. 5. 17) ◆ **Enthaftung:** *Ein Richter habe noch am Mittwoch die Enthaftung angeordnet* (ST 1. 6. 17)

**entlehnen,** sw. V. / hat (in D veraltet bzw. selten): (in D) entleihen: *Zwischen 15. August und 18. September können daher keine Bücher aus der UB entlehnt werden.* (PR 7. 7. 16) ◆ **Entlehnabteilung; Entlehnausweis; entlehnbar; Entlehnberechtigung; Entlehner/-in; Entlehnfrist; Entlehnkarte; Entlehngebühr; Entlehnordnung; Entlehnstelle; Entlehnung:** *Dabei soll nicht nur ... Entlehnung und Rückgabe von Büchern möglich sein, sondern es sollen auch die Räumlichkeiten selbst zum Lernen, Schmökern oder Verweilen zur Verfügung stehen.* (PR 29. 8. 16); **Entlehnzeiten**

**entrisch** (ugs. veraltet, auch bayr.): unheimlich, nicht geheuer: *mir wird ganz entrisch; Lustig-entrisch endet der Montag mit dem »Theater Kuckucksheim« und dem Zombie-Stück »Die g'schenkte Stund'«.* (OÖN 14. 3. 07)

**entsprechen,** st. V. / hat: wird österr. in der Bedeutung ›den Anforderungen entsprechen, etwas leisten‹ ohne Dativ gebraucht: *»Ihre Leistung hat nicht entsprochen. Als Führungsspieler müssen sie vorne weggehen, das war nicht der Fall.«* (OÖN 29. 3. 10)

**Eprouvette,** die; -, -n [epruˈvɛt(ɛ)] ‹franz.›: Reagenzglas: *Frau Vasic hat als Putzfrau in einem Spitalslabor den mysteriösen Inhalt einer verschütteten Eprouvette aufwischen müssen.* (SN 6. 12. 02). Vgl. Proberöhrchen

**erbarmen:** die Verbindung ***etwas/jmd. erbarmt jmdm.:** etwas/jmd. tut jmdm. leid: wird österr. mit Dativ gebraucht, in D mit Akk.: *du erbarmst mir; »Ich kann nur eines sagen: Der Mensch erbarmt mir heute noch«, sagte einer.* (SN 29. 3. 07)

**Erbhof,** der: Ehrenbez. für einen Bauernhof, der über eine bestimmte Zahl von Generationen von derselben Familie bewirtschaftet wurde: *Das Anwesen ist seit 350 Jahren im Familienbesitz. Der Erbhof wurde vor 13 Jahren neu gestaltet und dennoch von seinem Charakter her nicht verändert.* (OÖN 4. 11. 06). – Als historischer Rechtsbegriff im Höferecht gemeind.

**Erbhofbauer Erbhofbäuerin,** der bzw. die: Inhaber/-in eines ↑ Erbhofs, (in D im Höferecht) Erbbauer: *Ich bin ja kein Erbhofbauer – auch wenn ich ein geborener Bauernbub bin.* (SN 2. 11. 16)

**Erbsen:** ***gebackene Erbsen:** (Nebenform zu) ↑ Backerbsen

**Erbsenreis,** der: Reis mit Erbsen, ↑ Risipisi: *Das halbe Backhendl mit frittierter Petersilie, Erbsenreis und Erdäpfelsalat etwa ist tadellos paniert.* (ST 16. 12. 05)

**Erdapfel,** der; -s, Erdäpfel (in verschiedenen südd. und schweiz. Gebieten dialektal, in Österr. standardsprachlich): Kartoffel: *Fisch harmoniert ausgezeichnet mit dem knofeligen Bärlauchgeschmack, dazu gibt es knusprige Erdäpfel.* (ST 29. 3. 17); ***geröstete Erdäpfel:** Bratkartoffeln: *Kaum hatte ich das Wirtshaus ... betreten, sprang ein essender (geröstete Erdäpfel mit Kohlrabi) Gast auf und rief herzlich: »Herr Nowak!«* (PR 15. 3. 06); ***gesottene Erdäpfel** (veraltend): Pellkartoffeln; ***Erdäpfel in der Montur/Schale:** Kartoffeln in der Schale: *Dazu gibt's heurige Erdäpfel in der Schale, in Rosmarinwasser gekocht und in Butter geschwenkt.* (OÖN 5. 5. 14). – Alle Zus. mit *Kartoffel-* können auch mit *Erdäpfel-* gebildet werden. ↑ **Folienerdapfel, Salaterdäpfel.** Vgl. Geröstete, Kartoffel ◆ **Erdäpfelauflauf; Erdäpfelgulasch:** *Was internationale Spitzen-*

*köche im Mühlviertel über Erdäpfelgulasch, Holzfisch und österreichische Jagdzeiten lernen.* (PR 18. 8. 17); **Erdäpfelkraut; Erdäpfelnockerl,** ↑Nockerl; **Erdäpfelpresse; Erdäpfelpuffer:** *Oder die Lokale, in denen jeder Koch ein anderes Rezept für Erdäpfelpuffer hütet, einer willkommenen Alternative zu Hamburgern und Pizzas.* (OÖN 13. 11. 04); **Erdäpfelpüree:** *Dabei werden Erdäpfelpüree und Apfelmus zur Wurst serviert.* (ST 15. 3. 17); **Erdäpfelsack:** *Wimmer »Hansei« streifte sich in Ermangelung eines adäquaten Stoffs einen Erdäpfelsack über, bestückte diesen mit Tannenzweigen und drückte die Dirndln beim Tanz an sich.* (SN 20. 2. 12), ↑Sack; **Erdäpfelsalat:** *Dabei gibt es Leute, die behaupten, Wiener Schnitzel mit Erdäpfelsalat wäre unser Nationalgericht.* (ST 8. 4. 17); **Erdäpfelsuppe:** *Angela Merkel, Deutschlands Bundeskanzlerin, geht an keiner Erdäpfelsuppe vorüber.* (OÖN 20. 10. 07), ↑Suppe; **Erdäpfelteig:** *Den Erdäpfelteig daraufgeben und flachdrücken.* (NVT 27. 7. 07)

**Ẹrdäpfelgröstl,** das: geröstete, gekochte und zerkleinerte Kartoffeln: *Michael benötigt für seine gebratenen Karpfenfilets und das Erdäpfelgröstl folgende Zutaten.* (SN 2. 2. 17). ↑Gröstl

**Ẹrdäpfelgulasch,** das: ↑Gulasch mit Kartoffeln [und Wurst]: *Bei Erdäpfelgulasch, Butternockerln und Linsen mit Speck geht es vor allem darum, eine Unterlage für heimisches Bier vom Fass zu schaffen.* (PR 17. 12. 07). – Auch in der Form *Erdäpfelgulyás*

**Ẹrdäpfelkas,** der; - ⟨verschriftl. Dialektform⟩ (auch bayr.): ↑Erdäpfelkäse: *Vom Liptauer und Erdäpfelkas bis zu Pofesen und den bekannten Hasenohren reichte die Palette.* (SN 23. 10. 03). ↑-kas

**Ẹrdäpfelkäse,** der; -: aus zerdrückten Kartoffeln, Gewürzen und Rahm zubereiteter Brotaufstrich: *Dazu zählt beispielsweise das »Holzingergut« (Mostbauer) zwischen Scharfling am Mondsee und St. Gilgen, wo Schmalzbrot, Erdäpfelkäs', Bratl und Ripperl aufgetischt werden.* (SN 10. 4. 03)

**Ẹrdäpfelknödel,** der: Kartoffelknödel, (in D) Kartoffelkloß: *Dieser Tage muss es eine Gans geben. Für Traditionalisten in der bewährten Dreifaltigkeit mit Rotkraut und Erdäpfelknödel.* (PR 10. 11. 16). ↑Knödel

**Ẹrdäpfelkoch,** das (ugs., veraltend): Kartoffelbrei. ↑Koch

**Ẹrdäpfelkrapfen,** der: Speise aus in Öl gebackenem Kartoffelteig: *Und Feinheiten werden wahrhaftig geboten: Speziell erwähnen muss man ... die frisch und fantastisch gefüllten, gschupftn Erdäpfelkrapfen aus der Küche.* (ST 9. 5. 14). ↑Krapfen

**Ẹrdäpfelnudeln,** die /Plural/: gebackene oder gekochte fingerdicke Nudeln aus Kartoffelteig: *Danach: seidige, direkt beschützenswert fragile Calamariringe mit streichholzdünnen »Erdäpfelnudeln« und Vogerlsalatcreme.* (PR 9. 12. 15). ↑Nudel

**Ẹrdäpfelpaunzen,** die /Plural/: ↑Erdäpfelnudeln: *Dass Miller den Spagat zwischen Klassik und Moderne perfekt beherrscht, bewies er schließlich am Beispiel einer mit Gänseleber gefüllten Wachtelbrust, die er mit Champagnerlinsen und – als Hommage an die Tiroler Hausmannskost – mit Erdäpfelpaunzen servierte.* (profil 3. 11. 03). ↑Paunzen

**Ẹrdäpfelplatzke,** die /Plural/ ⟨tschech. Endung⟩ (ugs., Wien, veraltet): **1.** Kartoffelplätzchen; Fladen aus Kartoffelteig. **2.** in Schmalz gebackene Kartoffelpuffer

**Ẹrdäpfelschmarren,** der: in Fett gebratene zerkleinerte Kartoffeln: *Feine Rahmfisolen, gewürzt mit viel Dill, die zu gekochtem Rindfleisch und Erdäpfelschmarren gut schmecken.* (OÖN 9. 7. 05). Vgl. Erdäpfelsterz. ↑Schmarren, **Sterz**

**Ẹrdäpfelstampfer,** der: Küchengerät zum Zerdrücken von Kartoffeln: *Die gegarten Erdäpfel schälen und mit einem Erdäpfelstampfer zerstampfen oder durch die Kartoffelpresse drücken.* (OÖN 25. 10. 08)

**Ẹrdäpfelsteige,** die: Kartoffelhorde: *eine 74-jährige Altbäuerin nahm die Tasche mit und versteckte sie im Keller hinter einer Erdäpfelsteige.* (KU 10. 10. 06). ↑Steige

**Ẹrdäpfelsterz,** der (auch bayr.): in Fett gebratene zerkleinerte Kartoffeln: *Erdäpfelsterz und Karottenstrudel, Topinambursuppe und Saubohnensauce. ... Doch was dazu noch fehlt, ist der rechte Braten.* (ST 22. 10. 09). ↑**Erdäpfelschmarren,** Sterz

**Ẹrdbeerfrappee,** das ⟨franz.⟩: ↑Frappee mit Erdbeeren: *Die zahlreichen Käufer konnten ... sich auch an den delikaten Schmankerln wie Bratkartoffeln, Würsteln, Erdbeerfrappé usw. laben.* (NÖN 1. 7. 08). – Auch in der Schreibung *Erdbeerfrappé*

**Ẹrde,** die: wird österr. mit kurzem *e* ausgesprochen, in D mit langem. Das gilt auch für alle Zusammensetzungen und Ableitungen

**erfạngen,** sich (ugs.): sich wieder erholen, eine Krise überstehen: *Aber allemal hat sich die* *engagierte Gruppe erfangen und aus ihren Reihen viele bedeutende Persönlichkeiten hervorgebracht.* (OÖN 20. 10. 07). – Dialektnah auch in der Form ↑ derfangen

**Ergänzungsabteilung,** die: Abteilung des Militärkommandos, die für die Erfassung der Wehrpflichtigen für das österr. Bundesheer zuständig ist, (in D) Kreiswehrersatzamt

**erheben,** st. V. / hat (Behördenspr., auch südd.): (behördlich) feststellen, Nachforschungen anstellen: *Allein* (der Polizei) *stehe es zu, personenbezogene Daten zu erheben, wann und wo jemand zu schnell mit seinem Auto oder dem Motorrad gefahren ist.* (SN 22. 8. 08). ↑ **ausheben, beheben, einheben**

**Erhebung,** die: Nachforschungen, Faktenaufnahme der Polizei. ↑ **Vorerhebung**

**Erkenntnis,** das; -ses, -se (Behördenspr., veraltet auch in D): [Gerichts]bescheid: *Wir sind guter Dinge, haben den Bescheid des Flughafens genau analysiert und glauben, dass das Erkenntnis nicht auf uns übertragbar ist.* (PR 3. 5. 17). ↑ **Straferkenntnis**

**Erlag,** der; -[e]s, Erläge (Behördenspr.): Bezahlung einer Gebühr: *Mit dem Erlag der Kaution war der Verdächtigte unabhängig von einer möglichen Beschwerde der Staatsanwaltschaft zu enthaften.* (VN 20. 7. 07). ↑ **Einmalerlag**

**Erlagschein,** der: Zahlkarte, Einzahlungsschein der Post: *Dazu teilt das Rathaus mit, alle Organmandate seien generell per Erlagschein einzuzahlen.* (VN 22. 3. 07)

**Erlass,** der; -es: der Plural lautet österr. Erlässe, in D Erlasse: *Die neue Judikatur sowie die Erlässe und Richtlinien des Finanzministeriums sind eingearbeitet.* (SN 4. 12. 07)

**Erlassung,** die (Behördenspr.): das Anordnen, Herausgeben einer behördlichen Verfügung: *Müssen Unternehmen, die schon vor Erlassung der Richtlinie Förderanträge eingebracht haben, nun befürchten, dass ihre Anträge womöglich gar nicht gelten?* (PR 30. 3. 17). – In der Bedeutung ›das Nachlassen, das Entbindung von einer Strafe‹ gemeind.

**erlegen** (regional auch in D): (einen Geldbetrag) bezahlen: *die Gebühren, das Eintrittsgeld, eine Kaution erlegen; Die Kasse muss 23,5 Mill. Euro in bar erlegen.* (SN 26. 5. 04)
◆ **Erlegung**

**erliegen,** st. V. / ist (Behördenspr.): hinterlegt sein: *Beim Portier erliegt ein Telegramm für ihn; Im Verwaltungsakt erliegt das Formular über eine ärztliche Untersuchung.* (Rechtsinformationssystem, 25. 4. 04, Int)

**Ermäßigungsausweis,** der: Ausweis, der zu Benutzung öffentlicher Verkehrsmittel oder zu verbilligtem Eintritt berechtigt: *Dort erfuhr sie, dass ihre Tochter aufgrund der Behinderung einen Ermäßigungsausweis lösen kann.* (OÖN 22. 7. 10)

**Ersatzmaut,** die: Strafgeld für fehlende Autobahnvignette: *Bevor die Asfinag dann Ersatzmaut fordert oder Strafmaßnahmen einleitet, werden die Bilder noch von zwei Mitarbeitern nachkontrolliert.* (PR 13. 12. 07). ↑ MAUT

**Ersatzvignette,** die: Vignette als Ersatz bei Beschädigung oder Schaden am Fahrzeug. ↑ VIGNETTE

**erschießen:** ***erschossen sein** (ugs., salopp): in einer schwierigen, ausweglos scheinenden Lage sein: *ohne Auto ist man hier heraußen völlig erschossen; Als Fremdenführerin muss man absolut kritikfest sein. ... Wenn man da in den ersten zehn Minuten nicht den richtigen Ton trifft, ist man erschossen.* (KU 4. 4. 13)

**Ersparnis,** die; -, -se: ist in der Bedeutung ›das Ersparte‹ veraltend auch Neutrum: das; -ses, -se: *Im Schnitt beträgt das Ersparnis 92 Euro pro Jahr.* (OÖN 12. 3. 08); *Das brächte eine Ersparnis von 25 Millionen Euro.* (ST 21. 8. 10)

**erst:** wird österr. mit kurzem e ausgesprochen, in D mit langem. Das gilt auch für alle Zusammensetzungen und Ableitungen

**Erstattungskodex,** der (Verw.): Verzeichnis der von den Krankenkassen bezahlten Arzneimittel: *Die Neuregelung sieht vor, dass für die Aufnahme von Medikamenten in den Erstattungskodex der Kassen künftig der EU-Durchschnittspreis zu gelten hat.* (PR 30. 3. 17)

**Erstaufnahmezentrum,** das (auch schweiz.): Anstalt, in der sich Asylwerber während der Ermittlung ihres Asylstatus aufhalten müssen: *A. D. lebt seit zwei Monaten im Erstaufnahmezentrum für Flüchtlinge in Bergheim bei Salzburg.* (SN 2. 4. 17)

**erstgereiht** ↑ gereiht

**Erstinskribent,** der: Studienanfänger: *Die Uni-Statistik zeigt die Überholspur der weiblichen Studenten am deutlichsten ..., im Studienjahr 1992/93 überholten sie bei den Neuzugängen erstmals die Zahl der männlichen Erstinskribenten.* (PR 30. 12. 09). ↑ **inskribieren**

**Erstklass-** (westösterr., wie schweiz.): erstklassig (in Zus.): **Erstklassbus; Erstklasshotel:** *Untergebracht sind die Reiseteilnehmer im Erstklasshotel Grecotel »Royal Rhodos« mit Vollpension.* (VN 15. 4. 03); **Erstklassschiff:**

*Ein Erstklass-Schiff mit jeglichem Komfort.* (VN 13. 1. 01)

**erstrecken** /nicht reflexiv/ (Behördenspr., auch schweiz.): **1.** verlängern, hinausschieben (von einem Zeitraum oder Zeitpunkt): *einen Termin erstrecken; Die Frist für Anträge ... wird heuer um einen Monat auf den 31. Oktober 2002 erstreckt.* (VN 9. 9. 02). **2.** ausdehnen, ausweiten: *Keine Wartezeit gibt es für Kinder, wenn die Staatsbürgerschaft der Mutter oder des Vaters ... auf sie erstreckt wird.* (PR 15. 11. 05)

**Erstreckung,** die (seltener auch in D): **1.** Verlängerung: *Die EU kämpft jetzt um eine Erstreckung bis August 2006.* (PR 4. 7. 05). **2.** Ausdehnung: *Die Erstreckung auf Ehefrauen bzw. Ehemänner bei der Einbürgerung erfolgt künftig ebenfalls nach sechs Jahren.* (PR 13. 9. 05). ↑**Darlehenserstreckung, Fristerstreckung, Terminerstreckung**

**Erstsemestrige,** der und die (auch schweiz.): Student im ersten Semester, (in D) Erstsemester: *Gut 44 Prozent aller Erstsemestrigen an öffentlichen Universitäten und rund 32 Prozent aller Studienanfänger einer Fachhochschule haben laut Statistik Austria zumindest einen Elternteil mit Hochschulabschluss.* (ST 3. 5. 17)

**Erstversorgungsambulanz,** die (Verw.): Krankenhausabteilung für Primärversorgung, Abk. EVA: *Die Einbeziehung der Ambulanzen bedeutet, dass im Gegensatz zu den Sonntagsreden von der Aufwertung der Allgemeinmedizin genau das Gegenteil geplant ist, nämlich die Förderung der Erstversorgungsambulanzen.* (WZ 12. 6. 13)

**Erstwohnung,** die (auch schweiz., in D selten): **1.** [staatlich unterstützte] Wohnung junger Familien, die zum ersten Mal einen selbstständigen Haushalt führen: *Abschaffung der Maklergebühren für die Erstwohnung.* (WZ 11. 8. 08). **2.** Wohnung, die als Hauptwohnsitz gilt: *Aus der Zweitwohnung in Altenmarkt wurde ihre Erstwohnung.* (SN 22. 1. 04)

**eruieren** ‹lat.› (auch schweiz.): jmdn. ermitteln, ausfindig machen (in D bezieht sich das Wort nur auf Sachen i. S. v. ›durch gründliche Untersuchungen, Nachforschungen herausfinden, feststellen‹): *Eine DNA-Analyse konnte den Angeklagten als den richtigen von drei möglichen Kandidaten für die Schwangerschaft eruieren.* (SN 22. 9. 07) ◆ **Eruierung**

**erwarten,** sich: an jmdm./etwas bestimmte Erwartungen stellen: *Ich erwarte mir von jedem 100-prozentigen Einsatz.* (BVZ 10. 10. 07); *»Ich erwarte mir von Frau R., dass sie mir zumindest den zuvor bestandenen telefonischen Kontakt zu meinen Kindern ermöglicht.«* (News 12. 2. 04)

**Erz:** wird österr. immer kurz ausgesprochen, in D auch lang

**erzeugen**: produzieren, herstellen: *Kleider, Ski, Möbel erzeugen; Durch die Vorwärmepresse kann der Abtenauer Betrieb nun um 30 Prozent mehr Brettschichtholz (Leimbinder) erzeugen.* (SN 29. 11. 07). – Das Wort bezieht sich in D nur auf Ursprungsprodukte der Natur (z. B. Landwirtschaft, Strom), in Österr. auch auf Gebrauchsgüter

**Erzeuger Erzeugerin,** der bzw. die: Hersteller, Produzent (von Gütern): *Der Maschinenbau und die Erzeuger von Medizin-, Mess-, Steuer- und Regelungstechnik lukrierten 2006 mit über 27 bzw. 26 Prozent den Löwenanteil der Fördermittel.* (SN 1. 6. 07); auch in beliebigen Zus.: *Anfang August starteten sieben Lehrlinge den Lehrberuf als Maurer,* **Betonwarenerzeuger,** *Tiefbauer und Sanitär-Klimatechniker beim »ausgezeichneten Lehrbetrieb« Nägelebau.* (VN 13. 9. 07); *Auch bei Österreichs größtem* **Eiserzeuger** *... begann die Eissaison früher als gewohnt.* (PR 8. 5. 07); **Pellet-Ofen-Erzeuger** *ging pleite.* (VN 28. 11. 07); *Zwölf verschiedene Unternehmen aus Vorarlberg zeigen das beachtliche Wirken der regionalen Skierzeuger.* (VN 24. 12. 15); *Der* **Textil-** *und* **Wäscheerzeuger** *erwirtschaftete einen Umsatz von 100 Mill. Euro und drei Mill. Euro Gewinn.* (SN 25. 4. 07)

**Erzeugung,** die: **1.** /ohne Plural/ Herstellung, Produktion, Anfertigung: *BMW setzt bei der Motorenerzeugung weiter auf den Standort Steyr.* (SN 30. 6. 01). **2.** Produktionsbetrieb: *1930 heiratete sie den Textilkaufmann Ferdinand Feurstein aus Dornbirn und baute mit ihm eine Wäscheerzeugung ... auf.* (VN 4. 4. 00)

**erziehlich** (Behördenspr.): erzieherisch: *erziehliche Maßnahmen; Wiederentdeckung des Erziehlichen in der Schule als gemeinsame Lehrer- und Elternaufgabe.* (PR 14. 11. 06)

**Essay,** der und das; -s, -s ‹engl.›: wird österr. [ɛˈseɪ] ausgesprochen, in D [ˈɛse, ɛˈseː], und wird immer auf der letzten Silbe betont, in D auch, in CH nur auf der ersten

**Essiggurkerl,** das; -s, -n: Essiggurke: *Wenn wir »Süßes oder Saures« gesagt haben, haben wir auch einige Male ein Essiggurkerl angeboten bekommen.* (OÖN 27. 10. 16). ↑**Gurkerl**

**Etablissement,** das: wird österr. (und schweiz.) [etablɪsˈmãː] ausgesprochen, in D auch [etablisəˈmãː]

**Etikette,** die; -, -n ‹franz.› (auch schweiz.): Schildchen, das Etikett: *Die Etikette darf nicht beschädigt sein.* (OÖN 24. 9. 16)

**eurer-** österr. (und schweiz.) nur so gebrauchte Form, (in D veraltend auch) euer-: **eurerseits** (in D euerseits), **euresgleichen; eurethalben; euretwegen:** *Das passierte nur euretwegen.* (SN 6. 11. 12); **euretwillen**

**evangelisch:** wird österr. (und bayr.) bes. ugs. mit [...f...] ausgesprochen, in D mit [...v...]

**Eventbeisel,** das (ostösterr.): Gasthaus mit [Konzert]veranstaltungen: *Ihr Plan war, aus dem als Branntweiner verschrienen Lokal ... ein Eventbeisel zu machen. Mit Lesungen, Konzerten und anderen Veranstaltungen wollte sie das Lokal für ein anderes Publikum öffnen.* (PR 13. 5. 17). ↑Beisel

**evident** (Behördenspr.): ***evident halten** (selten für) in ↑Evidenz halten: *Wenn ... dies aber vorerst noch als »Unmutsäußerung« zu werten sei, somit noch keine konkrete Drohung darstelle, dürfe die Polizei dieses Material nicht »evident halten«.* (PR 25. 7. 11) ◆ **Evidenthaltung:** *Den Landesgeschäftsstellen obliegt die Besorgung der Geschäfte der Apothekerkammer von regionaler Bedeutung; insbesondere ... die Evidenthaltung der in ihrem Wirkungskreis tätigen Mitglieder.* (SN 19. 10. 12)

**Evidenz,** die; -, -en ‹lat.› (Behördenspr.): Liste von Daten: *Denn viele Auslandsösterreicher haben ... sich bei der außertourlichen Aktualisierung der Wählerverzeichnisse für die Wiederholung in die Evidenz eintragen lassen.* (SN 2. 12. 16); ***in Evidenz halten:** [in einer Liste] auf dem Laufenden halten: *Ich konnte ihn vor mir sehen, wie er kopfschüttelnd den Deckel zuklappte und meinen Akt ablegte. In Evidenz halten! notierte er darauf mit Bleistift.* (PR 13. 7. 13). ↑**Wählerevidenz**

**Evidenzbüro,** das ‹lat.› (Behördenspr.): Stelle, an der bestimmte Personen, Dinge registriert werden; Registratur: *Ronge aber blieb ... schließlich als Chef eines »Staatspolizeilichen Evidenzbüros« im Bundeskanzleramt.* (FU 19. 4. 07)

**Evidenzliste,** die (Behördenspr.): laufend geführte Liste: *Im Pflichtschulbereich wurden 401 Stellen neu besetzt, weitere 400 Pädagogen stehen noch auf der Evidenzliste.* (ST 2. 10. 09)

**Evidenzstelle,** die (Behördenspr.): Stelle in der Verwaltung, an der Listen, Dateien verwaltet werden: *Auch bei der Ausbildung zu Hauptschul- und Sonderschullehrern verzeichnen die Evidenzstellen in diesem Studienjahr einen Anstieg von Studienanfängern um fast 60 Prozent.* (PR 29. 9. 09)

**E-Voting,** das ‹engl.› (auch schweiz.): Wahl auf elektronischem Weg: *Und in einer Enquete soll zumindest über E-Voting für Auslandsösterreicher und Mehrheitswahlrecht geredet werden.* (SN 16. 2. 17)

**exekutieren** ‹lat.› (Behördenspr., in D veraltet): pfänden: *»Wer Geld oder ein Einkommen hat, der wird exekutiert.« Dass es Leute auf die Exekution ankommen lassen, kommt ... aber durchaus vor.* (OÖN 6. 12. 12). – Die Bedeutungen ›hinrichten‹, ›(ein Gesetz) ausführen‹ sind gemeind.

**Exekution,** die ‹lat.›: (Behördenspr., in D veraltet): Pfändung: *Da das Haus nach der Scheidung die Existenzgrundlage und einzige Wohnmöglichkeit von Frau T. war, kämpfte sie rechtlich gegen die Exekution an.* (SN 1. 12. 07). ↑**Fahrnisexekution, Forderungsexekution, Gehaltsexekution, Lohnexekution** ◆ **Exekutionsakt** (↑Akt); **Exekutionsantrag; Exekutionsbefehl; Exekutionsbewilligung:** *Danach wird die Exekutionsbewilligung an die verpflichtete Partei zugestellt.* (SN 30. 7. 05), ↑Bewilligung; **Exekutionsrecht; Exekutionsverfahren:** *Auch andere Gerichtskosten steigen an, etwa beim Exekutionsverfahren.* (SN 1. 8. 06); **Exekutionswerber/-in** ↑-werber; **Exekutionsgericht,** das (Verw.): für die Vollstreckung von Pfändungen u. Ä. zuständiges Gericht, d. i. das jeweilige Bezirksgericht, in Wien das eigenständige Exekutionsgericht in Wien I: *Die SVA-Beiträge treiben ... Selbstständige entweder in den Konkurs oder vor das Exekutionsgericht.* (PR 20. 7. 12)

**Exekutionstitel,** der ‹lat.› (Behördenspr.): Begründung einer Exekution: *Erweisen sich die Vorwürfe als richtig, dann bekomme die Bank einen Zuspruch, der gleich als Exekutionstitel anwendbar sei.* (PR 5. 6. 07)

**Exekutive,** die; - ‹lat.›: Gesamtheit der Organe zur Ausführung der vollziehenden Gewalt, im Wesentlichen die Polizei: *Ein Großeinsatz der Exekutive folgte, der Entschärfungsdienst wurde angefordert.* (PR 3. 5. 17). – Als vollziehende Staatsgewalt im Ggs. zur Legislative gemeind. ◆ **Exekutivbeamter/-beamtin**

**Exekutor Exekutorin,** der bzw. die ‹lat.› (Behördenspr.): Gerichtsvollzieher: *Deshalb sa-*

*hen sich die Finanzaufseher gezwungen, St. einen Exekutor vorbeizuschicken.* (PR 23. 5. 15)

**Exerzierdienst,** der (Militär): Schulung einer Formation in Fortbewegung und Stillstand: *Bis zu 180 Einsätze spielt die Militärmusik jährlich. Zusätzlich gibt's Theorie, neue Stilrichtungen und den Exerzierdienst für die sehenswerten Rasen-Shows.* (OÖN 1. 3. 05)

**Expedit,** das; -[e]s, -e ⟨lat. ⟩: Versandabteilung [einer Firma]: *B. ist neuer Abteilungsleiter des Rechnungswesens sowie Leiter der Bereiche Wertpapiersettlement, Materialverwaltung und Expedit.* (VN 11. 6. 02). – Zur Aussprache ↑ -it, -itisch

**Expeditor Expeditorin,** der bzw. die; -s, ...en bzw. -, nen (selten auch in D): 1. Expedient, Versandleiter. 2. Linienkoordinator der Bahn oder Straßenbahn: *Früher hätten zumindest Expeditoren die Fahrer vor Antritt kontrolliert und bei Verdacht nicht fahren lassen: »Aber die Expeditoren wurden alle eingespart.«* (WZ 24. 4. 09)

**Expositur,** die ⟨lat.⟩: 1. auswärtige Zweigstelle einer Firma oder Institution: *Am 1. Mai 1906 eröffnete die Oberbank Linz eine Expositur im »Haus Austria«.* (SN 1. 6. 06). 2. selbstständig geführter Teil einer Schule oder Hochschule: *Zwanzig Jahre war ein Teil der Hauswirtschaftsschule Winklhof als Expositur im Bildungszentrum Heffterhof untergebracht.* (SN 7. 7. 16)

**Externist Externistin,** der; -en, -en bzw. die; -, -nen: 1. Schüler, der keinen Unterricht besucht, sondern nach privater Vorbereitung die entsprechenden Prüfungen ablegt: *Ich habe jedenfalls mit 14 Jahren zu arbeiten begonnen, habe meine Mittelschulausbildung nebenberuflich als Externist in einer Realschule ... abgeschlossen.* (OÖN 6. 3. 07). 2. externer (außerhalb des Internats wohnender) Schüler einer Internatsschule ◆ **Externistenmatura:** *Also hat er in Czernowitz die Externisten-Matura gemacht.* (PR 11. 4. 05), ↑ Matura; **Externistenprüfung:** *Dann müssen diese aber trotzdem jährliche Externistenprüfungen vor Experten machen, um in die nächste Schulstufe zu kommen.* (PR 11. 9. 06); **Externistenreifeprüfung**

**extra** /Adj./ ⟨lat.⟩ (ugs., auch bayr.) anspruchsvoll, wählerisch: *sei nicht gar so extra!*

**Extrawurst,** die: extrafeine, mit Knoblauch gewürzte Kalbfleischwurst: *Das Wichtigste auch bei der Extrawurst ist der baldige Verzehr.* (KZ 27. 4. 17). – Die ugs. Wendungen, z. B. *für jmdn. eine Extrawurst braten,* sind gemeind.

**Extrazimmer,** das: kleiner, abgesonderter Raum in einem Restaurant: *Gar nicht so selten kam es vor, dass so mancher Stammgast dann im Extrazimmer übernachtete.* (KZ 2. 10. 15)

**extrig** (ugs.): 1. eigens, extra: *Ich bin sogar extrig nach Indien gereist, um die Erleuchtung wieder los zu werden. Leider ohne Erfolg.* (BVZ 24. 12. 08). 2. gesondert: *der Chef hat extrig das Büro gehabt.* (NÖN 6. 2. 14)

**Ezzes,** die /Plural/ ⟨jidd.⟩ (ugs.): Tipps, Ratschläge: *Wer einen lukrativen Auftrag verliert, gibt seinem Nachfolger eher nicht so gern Ezzes und Beistand bei der Übernahme des Projektes.* (PR 27. 1. 17)

# F*f*

**Fabrik,** die ⟨franz.⟩: die betonte Silbe wird österr. (und südd., schweiz.) kurz ausgesprochen, in D meist lang. Das gilt auch für alle Ableitungen und Zusammensetzungen

**Fabrikantens-:** (in Zus. veraltet für) Fabrikanten-: **Fabrikantensgattin:** *Eine der Erbinnen, die »Fabrikantensgattin« Paula Schöller geborene Thonet, übernahm das Maria Enzersdorfer Anwesen.* (Maria Enzersdorfer Rundschau 2/2001, Int); **Fabrikantenstochter; Fabrikantenswitwe:** *In der Fremdenliste wimmelt es nur so von Oberstengattinnen, Rouleaux-Fabrikantenswitwen.* (WZ 6. 8. 15). ↑ **Architektens-, Arztens-, Beamtens-, Diplomatens-**

**Fabriks-, fabriks-:** die Zus. werden österr. mit -s- gebildet, (in D) Fabrik-, fabrik-: **Fabriksanlage:** *das Unternehmen baut Fabriksanlagen, stellt Chemie- und Militärprodukte her, betreibt einen beliebten Vergnügungspark in Südkorea.* (PR 16. 11. 13); **Fabriksarbeiter/-in; Fabriksbesitzer:** *Unter anderem liegt hier Fabriksbesitzer Viktor Hämmerle begraben.* (NVT 1. 11. 06); **Fabriksbesitzerin; Fabrikserzeugnis; Fabriksgelände; Fabrikashalle:** *Drei Buben ... sind laut Polizei für den Großbrand in einer stillgelegten Fabrikshalle in Freilassing ... verantwortlich.* (SN 17. 9. 07); **fabriksmäßig:** *1899 gegründet, wurde in Graz ... 1906 die fabriksmäßige Fertigung von Automobilen aufgenommen.* (ST 22. 7. 02); **fabriksneu:** *Am Montag kommen über 500 fabriksneue Produkte unter den Auktions-Hammer.* (VN 22. 3. 07); **Fabriksschlot:** *Sie zeigt uns aus ihrem Bürofenster den* *symbolträchtigen Blick auf einen riesigen Fabriksschlot.* (PR 11. 7. 11); **Fabrikssirene:** *Vom Vogelgezwitscher zu den Fabrikssirenen.* (PR 12. 8. 12); **Fabrikstor**

**Fabriksverkauf,** der: Verkauf von Waren direkt vom Produzenten: *Der Run auf die Schaumküsse scheint auch im Niemetz-Fabriksverkauf auf dem Betriebsgelände im dritten Wiener Gemeindebezirk anzuhalten.* (SN 8. 2. 13)

**fad:** bes. österr. (und südd., schweiz.) Form, in D fade: *Die Stimmung ist fad und die Witze der gesamten Bagage mehr als schal.* (VN 26. 1. 08); *Beim Trinken schmeckt es aber oft fad, etwas Fruchtgeschmack wäre nicht schlecht.* (OÖN 17. 10. 15); ***jmdm. ist fad:** jmd. langweilt sich: *»Fad« sei ihnen auf der Party gewesen, und »nichts zu tun« hätten sie gehabt* (ST 27. 1. 08); ***sei nicht fad!** (ugs.): a) zier dich nicht: *sei nicht fad und komm mit!* b) sei nicht zimperlich, ängstlich!: *»Sei kein Feigling, sei nicht fad, probier es doch«.* (SN 10. 6. 06); ***fader Zipf** ↑Zipf; ***fades Aug** ↑Auge

**Fadesse,** die; - [faˈdɛs] ⟨franz.⟩: Langeweile, Fadheit: *Drohende Fadesse schreckt ebenso ab wie Sicherheitsbedenken, wenn man auf der Reise ganz auf sich allein gestellt wäre.* (ST 8. 2. 17)

**Fadian,** der; -s, -e: fader Mensch; langweiliger, zimperlicher Mensch: *Ich war früher auch nicht so ein Fadian, wie ihr mich jetzt darstellt* (profil 20. 12. 04). Vgl. Damian, Dummian, Schmutzian

**fadisieren,** sich; sw. V. / hat (ugs.): sich langweilen: *Statt sich im Internat zu fadisieren, verwendete er die Zeit zum Lernen.* (OÖN 17. 7. 15); (salopp:) *sich zu Tode fadisieren*

**Fahrnis,** die; -, -se (Rechtsspr., auch südd., schweiz.): beweglicher Besitz: *Der Wert des Tierbestandes liegt bei 350.000 Euro, der Wert der Fahrnis ... bei knapp 80.000 Euro.* (KU 8. 5. 04) – Als Neutrum gemeind.

**Fahrnisexekution,** die ⟨lat.⟩ (Rechtsspr.): gerichtliche Pfändung von beweglichem Vermögen, (in D) Fahrnisvollstreckung: *2014 hat österreichweit 818.607 Anträge auf Fahrnisexekution gegeben.* (KZ 14. 4. 15). ↑Exekution

**Fahrtspesen,** die /Plural/: Reisespesen: *Unter anderem ging es um Fahrtspesen von Kärnten nach Wien in der Höhe von jährlich etwa 2.300 Euro.* (ST 29. 12. 16)

**Fahrverkäufer Fahrverkäuferin,** der bzw. die: Fahrer, der eine bestellte Ware zum Kunden fährt und den Preis kassiert; (in D) Verkaufsfahrer: *Denn vor allem ältere Menschen sind wenig mobil, bei den Fahrverkäufern können sie Grundnahrungsmittel kaufen.* (KZ 1. 3. 14)

**Fahrzeuglenker Fahrzeuglenkerin,** der bzw. die (auch südd., schweiz.): [Auto]fahrer/-in: *Sechs Fahrzeuglenker mussten ihren Führerschein an Ort und Stelle abgeben, da ihr Blutalkoholwert 0,8 Promille überstieg.* (VN 21. 1. 08) ↑Lenker

**Fakir,** der ⟨arab.⟩: wird österr. auf der zweiten Silbe betont, in D auf der ersten

**Faktura,** die; -, Fakturen ⟨ital. *fattura*, relatinisiert zu *factura* ›Bearbeitung‹⟩ (auch schweiz.): Rechnung, (in D veraltet) Faktur: *Hier geht es vor allem um Geschäftsbriefe, von der Stromrechnung über die Faktura bis zum Lohnzettel.* (PR 2. 10. 07)

**fallen:** ***durch den Rost fallen** (auch südd.): nicht berücksichtigt werden, benachteiligt werden, nicht zum Zug kommen: *Die Gefahr, dass immer mehr sozial Schwächere durch den Rost fallen, sei groß.* (OÖN 2. 12. 16)

**fallweise** (seltener auch in D): gegebenenfalls; in einzelnen Fällen, von Fall zu Fall: *Natürlich werde ich mir fallweise auch ein Match im Fernsehen anschauen.* (BVZ 16. 4. 08); *Auch für die fallweise Büronutzung gibt es entsprechende Angebotspakete.* (NÖN 18. 2. 08)

**Falott,** der; -en, -en ⟨franz.⟩ (ugs.): Gauner: *Keine Rede von einem sozialistischen Realismus, der ordentliche Staatsbürger bei der Erfüllung ihrer Pflicht zeigt, überall Falotten, Drückeberger, Widerständler, Individualisten.* (SN 8. 1. 17)

**Falter,** der: Faltblatt, Faltprospekt: *Der Falter führt auch ein Taxiunternehmen an, welches man bei einem vorzeitigen Abbruch der Runde in Anspruch nehmen kann.* (ST 27. 8. 03)

**Familie,** die: wird österr. [faˈmiːli-ɛ] ausgesprochen (viersilbig), in D meist [faˈmili̯ə] (dreisilbig)

**Familienbeihilfe,** die: Beihilfe, die Eltern für die Kinder unabhängig von ihrer Beschäftigung und ihrem Einkommen gewährt wird; Kindergeld (früher ↑Kinderbeihilfe): *Weitere Forderungen: ... Anheben der Beihilfen sowie das Heraufsetzen der Altersgrenze für die Familienbeihilfe auf mindestens 27 Jahre.* (PR 25. 4. 17) ◆ **Familienbeihilfenbezieher/-in**

**Familienhospizkarenz,** die (Verw.): Maßnahmen, um sterbende oder schwerst kranke Angehörige einen bestimmten Zeitraum zu begleiten durch Änderung oder Herabsetzung der Arbeitszeit oder durch Karenz gegen Entfall der Bezüge: *Aktuell können Lebensgefährten etwa Pflegeurlaub nehmen oder in Familienhospizkarenz gehen.* (PR 22. 9. 16). ↑**Hospizkarenz, KARENZ**

**Familienlastenausgleichsfonds,** der; -s (Verw.): aus Beiträgen der Arbeitgeber finanzierter Fonds, aus dem alle Unterstützungen für Kinder (Kindergeld, Schulbücher usw.) bezahlt werden (Abk. Flaf, FLAF)

**Fangerl:** ***Fangerl spielen** (ostösterr., auch bayr.): Fangen, Haschen spielen: *Im Gymnasium war der Renner Thurl, mit dem ich so gut Fangerl gespielt hab.* (PR 30. 10. 10) ◆ **Fangerlspiel**

**Fanta®,** das; -s, -s: ist österr. (und südd., schweiz.) Neutrum, in D meist Femininum. Ebenso ähnliche Getränkenamen wie ↑Bluna, ↑Cola

**färbig:** österr. Form, (in D) farbig: *Zu bedenken ist, dass auch Boden, Möbel, Accessoires und Dekore färbig sind.* (OÖN 17. 2. 17); auch in Zus.: **dreifärbig:** *Die perfekte, dreifärbige Fernsehschokolade und die typische leckere altbekannte Milka.* (ST 22. 3. 05); **einfärbig:** *Ist die Krawatte gemustert, sollte das Tuch einfärbig sein.* (OÖN 3. 4. 17); **mehrfärbig:** *Sind sie dunkel oder mehrfärbig und ausgefranst, sollte man sofort einen Facharzt konsultieren.* (SN 25. 11. 04); **verschiedenfärbig:** *Nach der Ausweiskontrolle erhalten alle Gäste je nach Alter verschiedenfärbige Armbänder.* (PR 8. 8. 07); **vielfärbig:** *Berlin ist wundervoll, romantisch und vielfärbig.* (OÖN 15. 10. 05); **zweifärbig:** *Eigentlich wollte sie immer den durchgestylten Weihnachtsbaum. Maximal zweifärbig, möglichst passend zu Polstern und Ledergarnitur.* (SN 21. 12. 01)

**Farce,** die ‹franz.›: wird österr. ohne Endungs-e ausgesprochen

**Farfeln,** die /Plural/: mit der Hand abgebröselter eingetropfter Teig aus Mehl, Wasser und Ei; Suppeneinlage in Form von kleinen erbsengroßen Nockerln: *Charakteristisch sind Bohnen- oder Kartoffelsterz, diverse Strudel, »Eigersteln« oder »Farfeln« aus Eintropfteig.* (News 23. 20. 03). ↑**Kasfarfeln** ◆ **Farfelsuppe**

**Fasche,** die; -, -n ‹ital. *fascia* ›Band, Binde‹› (auch bayr.): 1. lange Binde als Verband für ein verletztes Glied: *Er hatte seinen Kopf mit einer weißen Fasche verbunden, sodass nur ein Auge frei blieb.* (OÖN 17. 9. 05). 2. weiße Umrandungen der Fenster, Türen usw. bei einem bunt verputzten Haus als Zierde: *Verputzt sind sie mit den typischen Faschen rund ums Fenster.* (OÖN 12. 5. 09)

**faschen,** sw. V. / hat: etwas mit einer Fasche umwickeln: *einen ausgerenkten Fuß faschen; ihre Schenkel und Waden ließ sie sich mit Brennnessel- und Algenumschlägen faschen.* (profil 3. 9. 12). Vgl. fatschen. ↑**einfaschen**

**faschieren,** sw. V. / hat ‹franz. *farce* ›Farce; Füllung aus Fleisch oder Fisch‹›: durch den Fleischwolf drehen: *Zwiebel, Knoblauch, Karotten, Gurkerl, Braten-, Wurstreste und Eier faschieren. Butter abtreiben, faschierte Masse dazugeben und mit den Gewürzen und Kräutern abschmecken.* (OÖN 9. 5. 14); ***faschierter Braten:** (in D) Hackbraten, falscher Hase, Hackepeter: *Ein faschierter Braten, dazu Kartoffelpüree und Salat – das war der Wunsch für ein »feines Abendessen«.* (PR 25. 9. 16). ***faschierte Laibchen** /Plural/: (in D) Buletten, Frikadellen, deutsches Beefsteak: Vgl. Fleischlaibchen: *Kaum ein Rezept lädt so zum Experimentieren mit Zutaten ein wie faschierte Laibchen.* (SN 14. 11. 16). ↑**Faschierte, LAIBCHEN**

**Faschiermaschine,** die (selten): Fleischwolf: *Er dreht sie alle durch die Faschiermaschine der Sprache: die Kleinbürger und Heuchler, die Möchtegerns und Pseudo-Künstler.* (KZ 30. 3. 14)

**Faschierte,** das; -n: 1. (in D) Hackfleisch: *Süßlich oder sauer riechendes Faschiertes deute auf beginnenden Verderb hin.* (KZ 2. 11. 16). 2. (selten) Speisen aus Hackfleisch, ↑faschierte Laibchen, faschierter Braten: *Saiblingsfilet mit Tomaten-Basilikumkraut, Schlögel und Faschiertes vom Salzburger Berglamm, Zirbensorbet oder das hausgemachte Holunderblüteneis sind ein Gedicht.* (OÖN 30. 7. 16)

**Fasching,** der; -s (regional auch in D): Karneval, ↑**Fasnacht, Kinderfasching** ◆ **Faschingsball:** *Als was ich mich heuer verkleide, weiß ich noch nicht, aber ich werde auf einen Faschingsball gehen.* (SN 3. 2. 05); **Faschingdienstag:** *Am Faschingdienstag findet wieder der große Narrenumzug in Schwanenstadt statt.* (OÖN 22. 1. 08); **Faschingsfest:** *Weil sich Rupert Grundner und seine Freunde beim Faschingsfest im Skigebiet von Saalfelden Leogang nicht verkleiden wollten, suchten sie nach Alternativen.* (PR 6. 1. 16); **Faschingskostüm:** *Das Faschingskostüm einer Mühlviertlerin hat in der Nacht auf Sonntag ... Feuer gefangen.* (SN 28. 1. 08); **Faschingsnarr; Faschingsnärrin; Faschingsparty:** *Fa-*

*schingsparty auf der Rodelbahn.* (SN 19. 2. 04); **Faschingsprinz(essin); Faschingsonntag:** *Der Weinpfarrer greift zur Trompete Zur Gospel-Messe am Faschingsonntag lädt Weinpfarrer Hans Denk nach Albrechtsberg im Waldviertel, NÖ, ein.* (KU 21. 1. 01); **Faschingstreiben; Faschingstrubel:** *Mit dem großen Fest »Wels – die Stadt der Masken« am kommenden Samstag nähert sich der Faschingstrubel seinem fulminanten Höhepunkt.* (OÖN 20. 2. 01); **Faschingsumzug:** *Exotik – Südamerikanisches Flair konnten die Zuschauer Samstag beim »Großen Wiener Faschingsumzug« in Währing genießen.* (KU 18. 2. 07); **Faschingszeit:** *Am Aschermittwoch ist das lockere Leben der Faschingszeit vorbei und die vierzigtägige Fastenzeit bis Ostern beginnt.* (KU 20. 2. 07); **Faschingszug:** *Zum ersten großen Salzburger Faschingszug waren 60.000 bis 70.000 Zuschauer gekommen.* (SN 21. 2. 05); **Faschingszunft** (in D selten)

**Faschingskrapfen,** der (auch bayr.): (in D) Fastnachtskrapfen, Fastnachtspfannkuchen, Berliner [Pfannkuchen] u. Ä.: *Nun merkt man es vor allem daran, dass die Faschingskrapfen plötzlich verbilligt sind und überall Heringssalat angeboten wird.* (PR 19. 2. 15). ↑Krapfen

**Fasnacht,** die (westösterr., auch südwestd., schweiz.): ↑Fasching, Karneval: *Also, kommen Sie und feiern Sie mit uns den Anfang einer wahrlich kurzen Fasnacht.* (VN 8. 11. 07). – *Fasnacht* bzw. *Fasnat* bezieht sich auf Brauchtumsveranstaltungen, *Fasching* auf Bälle und Kostümfeste

**Fasnachtler Fasnachtlerin,** der bzw. die (Tirol): Teilnehmende an einer Fasnachtsveranstaltung: *Bei der Buabefasnacht am 4. Februar in Imst bekommen die jüngsten Fasnachtler ihre Bühne.* (TT 21. 1. 18)

**Fasnat,** die; -, -n: (in Vbg. nur so übliche Form für) ↑Fasnacht: *Anschließend findet im »Töpfers« die »Schlüsselloch-Party« statt. Damit wird auch in Ludesch die heiße Phase der kurzen Fasnat eingeleitet.* (VN 25. 1. 08) ◆ **Fasnatausklang:** *Ein besonderes Bedürfnis ist ihm aber auch der Besuch bei der »Beschützenden Werkstätte« in Schruns, um auch hier mit Krapfen für einen gelungen Fasnatausklang zu sorgen.* (VN 1. 3. 07); **Fasnatdienstag:** *Alle Jahre wieder ... besucht traditionsgemäß am Fasnatdienstag eine große Abordnung der Vandanser Funkenzunft den Kindergarten.* (VN 1. 3. 07); **Fasnatnarr; Fasnatnärrin; Fasnatsonntag; Fasnatumzug; Fasnatzeitung:** *Er ist in mehreren Vereinen aktiv und auch als Chefredakteur der Nüziger Fasnatzeitung »Hächla« im Einsatz.* (VN 15. 2. 07); **Fasnatzunft:** *Beim traditionellen Ball der Altenstädtner Fasnatzunft ... stehen auch heuer wieder Sketche, pointierte Büttenreden und Musik ... auf dem Programm.* (VN 17. 1. 08)

**Fassbinder Fassbinderin,** der bzw. die (auch südd.): (in D) Böttcher, Büttner, (in CH) Küfer: *Und viele Holzfässer fristen jetzt ein Dasein als Dekorationsstück. Aber es gibt sie noch und es gibt auch noch genügend Fassbinder, die sie machen.* (OÖN 24. 11. 07). ↑Binder ◆ **Fassbinderei; Fassbindergewerbe**

**Fasslrutschen,** das; -s: ostösterr. Brauch zu St. Leopold (15. Nov.): *Höhepunkt ist das Fasslrutschen ... im Stift Klosterneuburg* (KU 11. 11. 07)

**fassonieren,** sw. V. / hat: Haare nach Fasson schneiden, zurechtschneiden: *Zweieinhalb Stunden später ist Cindy fertig: Gepflegt, fassoniert und frisiert.* (KU 5. 11. 03)

**Fastenbeugel,** das (Volkskunde, bes. OÖ): Gebäck in Ringform aus Hefeteig, der vor dem Backen gekocht wird, als Speise in der Fastenzeit (ähnlich dem jüdischen *Bagel*): *Das Kochen macht die ganz spezielle Textur der Beugel aus: die relativ dicke, glänzende Kruste, die weiche, dichte Krume.* (PR 13. 2. 16) ↑Beugel

**fatieren,** sw. V. / hat ⟨lat.⟩ (Behördenspr., veraltet; in D veraltet für ›bekennen‹): die Steuererklärung abgeben: *Damit soll dokumentiert werden, dass der Anleger die Fondserträge ordnungsgemäß fatiert.* (WZ 4. 10. 01) ◆ **Fatierung:** *Die Fatierung der Einkommen- und Körperschaftsteuer für 2007 wird ab 2008 die Staatskassen noch einmal klingeln lassen.* (SN 14. 7. 07)

**fatschen,** sw. V. / hat: mit einer ↑Fasche verbinden: *Schwester Elfie klebt Miniaturpflaster auf meine Beine und fatscht sie dann.* (KZ 14. 7. 07). Vgl. faschen. ↑**einfatschen**

**Fauteuil,** der und das; -s, -s [foˈtœj] ⟨franz.⟩: Polstersessel: steht österr. (und schweiz., dort nur als Maskulinum) meist, wo in D ↑*Sessel* verwendet wird: *Die Kamera gleitet durch das Haus, der Streit tobt im Fernsehen, belauscht von einer verwahrlosten Frau in einem Fauteuil.* (PR 12. 2. 17). ↑**Lederfauteuil, Ohrenfauteuil**

**Fazi,** der; -, - ⟨ital. *facitore* ›Geschäftsführer‹⟩ (Gefängnisjargon): Hausarbeiter; mit bestimmten Aufgaben betrauter Häftling: *Kon-*

*kret teilt Fritzl als so genannter »Fazi« ... Mahlzeiten aus und schwingt als Saubermann auf Gängen den Besen.* (Österreich 18. 3. 10)

**Feber,** der; -s (Behördenspr., sonst selten): Februar: *Das im Feber Vereinbarte ist nach wie vor auf der Tagesordnung.* (PR 10. 10. 16). Vgl. Jänner

**fechsen,** sw. V. / hat: ernten: *Auf 722 Hektar fechsen ... die Bauern in Wien Wein.* (KU 29. 10. 06)

**Fechsung,** die: Ernte: *Nur Personen bzw. Betriebe, die im Stadtgebiet Wein- und Obstgärten besitzen ..., sind ... berechtigt, ihre eigenen Produkte ... aus betriebseigener Fechsung auszuschenken.* (KU 23. 9. 05)

**Feder,** die (auch bayr.): 1. Federhalter, Füllfederhalter: *die Feder füllen; mit der Feder schreiben.* 2. ***Federn haben** (ugs.): Angst haben, sich Sorgen machen: *Die europäischen Innenminister haben ... alle Federn gehabt, dass ihnen die Rechts-außen-Parteien das Wasser abgraben.* (profil 9. 9. 02); *Wir haben im Herbst, speziell mit dem 2:0 in Innsbruck gezeigt, dass wir vor keiner Mannschaft Federn haben müssen.* (KU 26. 3. 00). ↑**Füllfeder, Redisfeder**

**Federl,** das (meist abwertend): 1. jmd./etwas sehr Leichtes; Leichtgewicht: *Unsere Gefühle sind ... nicht achtlos herumgetrieben wie's Federl im Wind, sondern gestaltbar.* (SN 30. 12. 16); *Er schaut nicht wie viele andere Artisten im Weltcup-Zirkus wie ein Gewichtheber aus, sondern kommt vergleichsweise wie ein Federl daher.* (OÖN 19. 3. 12). 2. demonstratives Zeichen einer Leistung, einer Zugehörigkeit: *Er ist das liberale Federl der Partei;* meist in der Wendung ***sich ein Federl an/auf den Hut stecken:** etwas als sein Verdienst ausgeben: *Er kann sich allenfalls einen Teil des heimischen Windstromes, der verschwindende drei Promille des Stromaufkommens ausmacht, als Federl auf den Hut stecken.* (OÖN 2. 7. 14). 3. eine Rindfleischsorte; hinteres Ausgelöstes, Fehlrippe: *Roastbeef vom Federl und Käsespezialitäten rundeten den kulinarischen Teil ab.* (KZ 13. 3. 01)

**Federpennal,** das ‹lat.›: Etui für Schreibzeug usw., (in D) Federmäppchen: *Heute sind alle Erstklassler stolz auf ihr gut bestücktes Federpennal.* (ST 16. 1. 17). ↑**Pennal**

**Federschachtel,** die: ↑Federpennal: *Schwere Bücher und Hefte gehören in die hinteren Fächer, Federschachtel und Jausenbox nach vorn* (SN 24. 3. 17)

**Federstiel,** der: Halter für eine Schreibfeder: *Der kann Kurse belegen, die er schon immer belegen wollte: zum Beispiel Kalligrafie mittels Federstiel.* (SN 30. 6. 14)

**Feinspitz,** der (salopp): nur das Feinste schätzender Genießer: *Vom gebratenen Ziegenkäse über frische Sommersalate bis hin zum Zillertaler Graukäse im Kernöldressing ist für jeden Feinspitz garantiert das Richtige dabei.* (KU 18. 7. 07). ↑SPITZ

**Feinstaubpickerl;** das: Vignette, die bestimmte Verkehrsbeschränkungen bei Feinstaubbelastung kontrolliert, z. B. Fahrverbot für Dieselfahrzeuge: *In Paris wurde am Montag die Pflicht zur Anbringung von Feinstaub-Pickerln schlagend.* (ST 16. 1. 17). ↑**PICKERL**

**Feitel,** der; -s, - ‹eig. ›Faltmesser‹› (ugs., auch bayr.): robustes Klappmesser für den Arbeitsgebrauch, auch: einfaches, billiges Taschenmesser: *Im Museumsgebäude wird ein Film über die Herstellung der Feitel im Jahr 1965 gezeigt.* (OÖN 24. 4. 15); ***jmdm. geht/springt der Feitel im Sack auf:** jmd. gerät in Wut, ärgert sich sehr: *Wenn ich allein das Wort schon höre! Da springt einem ja der Feitel im Sack auf!* (profil 12. 9. 11); *»Andererseits weiß man nie, ob den Türken der Feitl im Sack aufspringt.«* (SN 20. 6. 08). ↑**Taschenfeitel**
◆ **Feitelmacher/-in**

**Felche,** die (Vbg. wie südd., schweiz.): Felchen, ↑Reinanke: *Die in Schweden »Sik« genannte Felche wird mit den Fingern vom Stab gegessen.* (VN 16. 4. 16)

**Fellgeher Fellgeherin,** der bzw. die: ↑Tourengeher, der Skifelle benützt: *Dass die Bleckwand für die Fellgeher so attraktiv ist, liegt natürlich nicht nur an der Aussicht oder an der Riesensanduhr »Ofenloch«.* (ST 16. 1. 15). ↑-GEHER

**Fenster,** das: 1. (Schule, kurz für) ↑Fensterstunde. 2. (kurz für) ↑Fenstertag

**Fensterbalken,** der /meist Plural/: Fensterladen: *Wenn die Hüttentür ins Schloss fällt und die Fensterbalken verriegelt werden, paart sich die Freude mit einem Schuss Schwermut.* (SN 13. 9. 03). ↑BALKEN

**fensterln,** sw. V. / hat: (auch bayr., schweiz.): nachts zu einem Mädchen gehen, bes. ans oder durchs Fenster (nur noch in der Volkskunde oder im Bauerntheater): *Fensterln wollte offenbar Sonntagnacht ein junger Kärntner in Millstatt ... bei seiner Angebeteten.* (KU 7. 8. 07)

**Fẹnsterschnalle,** die (auch bayr.): Fenstergriff: *Bei der Ankunft drückt einem der nette junge Mann an der Rezeption eine Fensterschnalle in die Hand und spricht: »Aus feuerpolizeilichen Gründen ist das Fenster in Ihrem Zimmer zu.«* (KU 7. 3. 10). ↑**Schnalle, Türschnalle**

**Fẹnsterstock,** der (auch bayr.): [Holz]einfassung der Fensteröffnung; Fensterrahmen: *Beim Fenstertausch ist zu beachten, dass Rahmen und Fensterstock Schwachstellen bilden, auf die besonders Rücksicht genommen werden muss.* (OÖN 9. 4. 05). ↑**Türstock**

**Fẹnsterstunde:** freie Schulstunde im Stundenplan zwischen anderen Stunden: *Aber es gebe auch jüngere Kollegen, die verbessern 20 Hefte in einer Fensterstunde.* (PR 14. 3. 09). ↑**Fenster**

**Fẹnstertag,** der: ↑Zwickeltag, (in D) Brückentag: *Ein Feiertag und ein Fenstertag liegen hinter uns... Arbeitnehmerherz, was willst du mehr.* (SN 7. 5. 05). ↑**Fenster**

**feri̲al** ‹lat.› (selten): auf die Ferien bezogen: *Obernosterer ... zeichnet eine komplexe Kindheit zwischen Einbrennsuppe und Malzkaffee, erwachender Pubertät und Gottesliebe, ferialem Heurechen und Madame Bovary.* (KZ 2. 11. 07)

**Feri̲al-:** österr. Form in Zus., (in D) Ferien-: **Ferialarbeit:** *Die Ferialarbeit und das Praktikum sind zwei unterschiedliche Arbeitsverhältnisse.* (SN 28. 6. 12); **Ferialarbeiter:** *Die Arbeiterkammer Neunkirchen ist jährlich mit rund 50 Anfragen von Ferialarbeitern und -praktikanten konfrontiert.* (KU 1. 8. 03); **Ferialarbeiterin; Ferialbeschäftigung; Ferialjob:** *Viele Schüler und Studenten fangen jedes Jahr in den Ferien einen anderen Ferialjob an.* (ST 15. 12. 16); **Ferialkurs; Ferialpraktikant:** *Ferialpraktikanten werden vom Arbeitgeber bei der Gebietskrankenkasse (GKK) angemeldet und sind somit auch versichert.* (OÖN 22. 7. 06); **Ferialpraktikantin; Ferialpraktikum:** *Die Stadtgemeinde hat heuer während der Sommermonate 34 Schülern und Studenten die Möglichkeit gegeben, ein Ferialpraktikum zu absolvieren.* (KU 29. 8. 02); **Ferialpraxis:** *Er sei zwar schon als Kind ein Tüftler und Bastler gewesen, aber nach einer Ferialpraxis sei ihm klar geworden, dass die Technik alleine seinem Naturell nicht genügen würde.* (PR 1. 6. 07)

**Fẹrner,** der (in Tiroler und südd. Alpengebieten): Gletscher: *Gletscherstart in die neue Skisaison. Die fünf Tiroler »Ferner« gehören in Sachen Neuschnee zu den Frühstartern im Land.* (VN 7. 10. 06). – Meist in Namen, z. B. Rettenbach-Ferner

**fẹrners** (veraltend): ferner, außerdem: *Es darf nicht vergessen werden, dass die Lage der internierten Kriegsgefangenen im Frühjahr 1918 immer elender wurde, dass ferners der Verpflegsapparat langsam erlahmte und unhaltbare Dimensionen annahm.* (NÖN 15. 1. 15). Vgl. durchgehends, durchwegs, öfters, weiters

**fẹrnschauen** (auch schweiz., ugs.): sich Fernsehsendungen ansehen: *Man kann pauschal nicht sagen, dass Fernschauen die Sprachfähigkeiten verschlechtert.* (OÖN 22. 1. 08, 23). ↑SCHAUEN

**Fẹrserl,** das; -s, -n (ugs., Fußball): das ↑Ferserln, (in D) Hackentrick: *Zickler spielte Jezek mit einem Ferserl frei.* (KU 8. 12. 07)

**fẹrserln,** sw. V. / hat (ugs., Fußball): den Ball mit der Ferse spielen [zur Täuschung des Gegners]: *Nur wär's mir lieber, er würde im Strafraum nicht ferserln, sondern schießen.* (KU 6. 3. 02); *beim 3 : 0 (68.) ferselte er das Leder ... aus kurzer Distanz ins Netz.* (PR 27. 9. 06). – Auch in der Form *ferseln*

**Fẹrsler,** der; -s, - (ugs.): das ↑Ferserln: *Da ein Fersler, dort ein Haken, Tricks am Fließband.* (KU 4. 10. 07)

**fẹrtigen** (Behördenspr.): *unterschreiben, unterfertigen.* ↑**gefertigt**

**Fẹrtigteilhaus,** das (in D regional): Fertighaus: *Es war ein für diese Zeit hochmodernes Fertigteilhaus und zudem errichtet nach den Grundlagen der Wegwerfgesellschaft.* (SN 23. 1. 08)

**fe̲sch** ‹engl.›: **1.** (auch bayr.) hübsch, flott, sportlich aussehend: *Vor der römisch-katholischen Kirche auf der Bab-Touma-Straße empfangen Jugendliche in feschen Uniformen die Besucher* (SN 16. 4. 17); *Die Neuauflage des Tiguan beweist, dass VW auch fesche Autos bauen kann.* (SN 6. 4. 17). **2.** (salopp) nett; nicht ↑fad: *... so viel Intervention, Korruption, Freunderlwirtschafter & Seilschaftstänzer. Aber egal, wir bleiben alle fesch, sogar bei einer Leistungsschau im Sumpfgebiet.* (KU 27. 10. 07). – Aussprache österr. [feːʃ], in D [fɛʃ] ◆ **Feschheit**

**Fẹschak,** der; -s, -s ‹↑*fesch* mit slaw. Endung› (salopp): ↑fescher Kerl: *Als junger Feschak war der Sohn einer Lehrerin und eines Rechtsanwalts aus Wiener Neustadt Schlagersänger und trällerte eingängige Melodien.* (PR 26. 7. 16)

**fẹsten** sw. V. / hat (westösterr., auch schweiz.): ausgelassen feiern: *Es wurde ge-*

*sungen und gefestet bis in den Abend hinein.* (VN 27. 7. 06)

**Fẹstl,** das; -s, -n (ugs., salopp, auch bayr.): [kleineres] Fest, (in D) Fete: *»Wenn ein Festl vor vier Uhr zu Ende war, war's ein verlorener Nachmittag.«* (OÖN 9. 4. 15) ◆ **Anrainerfestl** ↑Anrainer; **Studentenfestl:** *Abgabetermine konkurrieren mit Sport, dem Start der neuen Staffel der Lieblingsserie, dem kommenden Studentenfestl.* (SN 1. 10. 16)

**fẹstpicken:** 1. /ist/ fest an etw. kleben, haften, festsitzen: *der Kaugummi ist an der Schuhsohle festgepickt; Es ist aber nicht jedermanns Sache, Geld in nicht börsegehandelte Investitionsvehikel zu stecken, in denen es dann mehr als ein Jahrzehnt »festpickt«.* (PR 1. 9. 12). 2. /hat/ durch Ankleben befestigen: *er hat das Namensschild an der Wohnungstür festgepickt; In Arapiraca, Brasilien, sollten – an eine Miezekatze mit Klebeband festgepickt – ein Mobiltelefon samt Speicherkarte und Ladekabel sowie eine Säge ins örtliche Gefängnis geschmuggelt werden.* (Falter 23. 1. 13). ↑PICKEN

**Fẹststiege,** die: Prunktreppe: *Wo blieb der Sinn des neugeschaffenen Entrées, wenn, wieder nur für ein paar Augenblicke sichtbar, auf der Feststiege die Damen ihre tollen Roben raffen mussten* (PR 4. 2. 08). ↑STIEGE

**Fẹtzen,** der; -s, -: 1. [grobes] Scheuertuch: *Da muss selbst die viel zitierte Frühjahrsmüdigkeit zurückstecken, wenn der Drang zu Putzeimer, Bürsten, Fetzen und Staubsauger übermächtig wird.* (OÖN 21. 3. 03). 2. (ugs., salopp; auch bayr.) Rausch: *Er hat einen ziemlichen Fetzen. Er speibt sich in der Notaufnahme an* (SN 5. 8. 05). 3. negative Note in der Schule: *Eine Maturantin bekam bei der nachträglichen Korrektur der schriftlichen Arbeiten sogar einen Fetzen.* (KZ 25. 6. 15). 4. (Volkskunde) Brauchtumsgestalten im Fasching (Salzkammergut): *Tausende Fetzen von weit und breit waren auf den Beinen und machten die Traunseegemeinde wieder zur Hauptstadt des Faschings.* (OÖN 9. 2. 16). ↑**Abwaschfetzen, Aufreibfetzen, Ausreibfetzen, Bodenfetzen, Putzfetzen, Reibfetzen**

**Fẹtzenball,** der: 1. Kostümfest im Fasching: *Kommenden Montag ... laden die Veranstalter zum Fetzenball um 20.30 Uhr in den Debanterhof.* (KZ 13. 2. 15). 2. (veraltet) Ball aus Stoff

**Fẹtzengaudi,** die: 1. lustige [Faschings]veranstaltung: *Die Ruster Landjugend begab sich auch heuer wieder auf das Hochkar. Nach dem Sport stand eine »Fetzengaudi« am Programm.* (NÖN 20. 3. 07) 2. (ugs.) Mordsgaudi: *Es ist einfach eine Fetzengaudi. Wir sind jedes Jahr hier.* (OÖN 6. 5. 09). ↑**Gaudi, Pistengaudi**

**Fẹtzenlaberl,** das (ugs. salopp): Ball aus Stofffetzen: *Statt weiter aufeinander zu schießen, warfen die Soldaten die Gewehre zur Seite, krochen aus ihren Schützengräben und spielten dann sogar mit einem Fetzenlaberl.* (KZ 30. 10. 14). ↑LABERL

**Fẹtzenmarkt,** der: Altwarenmarkt, Trödlermarkt: *Es sieht aus wie auf einem Fetzenmarkt. Jeder kann kommen und verkaufen, was er will.* (KU 8. 5. 05)

**Fẹtzenschädel,** der (ugs., derb): Dummkopf /Schimpfwort/: *Sieben Zentimeter trennten von einem Blechschaden, der nachfolgende Dialog straft die stillste Zeit des Jahres Lügen: »Super. Danke. Sehr nett, Fetzenschädel, depperter.«* (SN 22. 11. 05)

**Fẹtzentandler Fẹtzentandlerin,** der bzw. die (veraltend, abwertend): mit Textilien handelnder Altwarenhändler, Trödler: *Können traditionelle Fetzentandler, Möbelhändler, Design- und Schnickschnack-Stores ihre Shops bald schließen?* (PR 20. 9. 15). ↑**Tandler**

**Fẹtzenzug,** der (bes. OÖ, Stmk.): Faschingszug nach einem traditionellen Brauchtum: *Schon allein des Schönwetters wegen war der vorgestrige Ebenseer Fetzenzug ein großes ... Erlebnis.* (OÖN 21. 2. 07)

**Feuchtblattern,** die /Plural/: Schafblattern, Windpocken: *Bei ansteckenden Kinderkrankheiten wie Feuchtblattern setze man auf das Urteil der Pädagoginnen* (PR 12. 3. 16)

**Feuer:** ***es/dann ist Feuer am Dach** (in CH *Feuer im Dach*, in D *Feuer unter dem Dach*): dann entsteht eine brenzlige Situation, herrscht Aufregung: *Gelingt der Mannschaft ... kein Heimsieg, ist Feuer am Dach.* (OÖN 3. 11. 16)

**Feuerbeschau,** die (auch bayr.): behördliche Überprüfung der Feuersicherheit, (in D) Brandschau, (in CH) Feuerschau: *Immer mehr Häuslbauer laden die Feuerwehr von sich aus zu einer Feuerbeschau ein.* (SN 30. 4. 03). ↑BESCHAU

**Feuerbeschauer Feuerbeschauerin,** der bzw. die (auch bayr.): die Feuerbeschau durchführender Beamter: *Wenn er sehr gestreng ist, dann kann der Feuerbeschauer darauf bestehen, dass man in der Garage ein Schild mit den Worten anbringt: »Vorsicht beim Laufenlassen der Motoren – Vergiftungsgefahr!«.* (PR 4. 12. 12)

**Feuerhalle,** die (Behördenspr.): Krematorium: *Die Trauerfeier in der Feuerhalle Wien-Simmering beginnt um 13 Uhr.* (PR 28. 2. 17)

**Feuerpolizei,** die (auch schweiz.): Behörde, die die Bestimmungen für Brandschutz überprüft: *Gibt es seitens der Feuerpolizei diesbezüglich keine Bedenken?* (OÖN 3. 1. 07)

**feuerpolizeilich** (auch schweiz.): durch die Feuerpolizei veranlasst: *So ist zum Beispiel bisher nicht belegt, ob die in diesen Projekten vorgesehene Sitzplatzanzahl feuerpolizeilich überhaupt realisierbar ist.* (SN 9. 10. 02)

**Feuerwehrhalle,** die (Tirol): Gerätehaus der Feuerwehr, Feuerwehrhaus: *Der geplante Standort für die Schönwieser Feuerwehrhalle liegt im Überschwemmungsgebiet.* (TT 2. 3. 18)

**Feuilleton,** das [fœj(ə)ˈtõː] ‹franz.›: populärwissenschaftlicher Aufsatz [zu kulturellen Themen]; Essay: *Aus den Laudationes lassen sich ganz konkret Bestandteile eines guten Feuilletons ableiten.* (ST 27. 1. 17). – Die in D übliche Bedeutung ›Kulturteil einer Zeitung‹ ist österr. selten

**Fex,** der; -en, -en: Person, die für etwas sehr begeistert ist: wird österr. (und südd.) nur schwach dekliniert, in D meist stark: -es, -e: *Die Brettl-Fexen der Skisektion im ESV St. Pölten kehrten kürzlich von einer Jubiläumswoche im südtirolerischen Stange zurück.* (KU 26. 2. 02). – Eine weibliche Form ist nicht üblich. ↑**Bergfex**

**Fiaker,** der; -s, - ‹franz.›: **1.** Lohnkutsche mit zwei Pferden [für Stadtrund-, Hochzeitsfahrten]: *Gegen 20.00 Uhr steht der Anfahrt mit einem offenen Fiaker aber nichts mehr im Wege.* (PR 29. 1. 08). **2. Fiaker Fiakerin:** Kutscher einer Lohnkutsche: *Kutscher, die sich vor 100 Jahren gegen »böse Autos« gewehrt haben, können heute bestenfalls als Fiaker ihr Geld verdienen.* (SN 20. 3. 17)

**Fierant Fierantin,** der; -en, -en bzw. die; -, -nen ‹ital. *fiera* ›Markt‹› [fiɐ̯ˈrant, fi-ɛˈrant]: Wanderhändler, Markthändler: *»Ich kenne keinen Markt, wo man sich derart um die Wünsche der Kunden und Fieranten annimmt.«* (KU 16. 11. 06). ↑**Marktfierant**

**Fieselarbeit,** die (ugs., auch bayr.): Arbeit, bei der es auf Genauigkeit ankommt; Fitzelarbeit: *Einer Fieselarbeit gleicht auch seine Darstellung der Pyramiden von Gizeh.* (ST 2. 5. 13)

**fieseln,** sw. V. / hat (ugs., auch bayr.): **1.** nagen, (meist) ↑abfieseln: *Wir wissen's nicht, denn der Komtur lässt den Libertin nicht einmal den Fasan zu Ende fieseln.* (SN 10. 2. 06); *Das Fleisch von den Knochen fieseln.* (OÖN 9. 11. 02) **2.** feine Arbeit mit den Fingern verrichten, mit kleinen Bewegungen der Finger ablösen: *Xie Hong holt noch etwas Gurkensalat und geräucherten Tofu mit Koriander, dann fieseln wir mit Stäbchen saftige Filetstücke von den Gräten.* (profil 8. 6. 09). ↑**abfieseln, herumfieseln**

**figeln,** sw. V. / hat (Sport): firngleiten, mit ↑Figln Ski laufen: *im März und April figln die Kurzskiartisten in ihrem Dorado.* (KU 28. 1. 05)

**Figl,** der; -s, - ‹aus: **Firngleiter**› (Sport): eine Art von Kurzski, der für Firn geeignet ist: *Am Freitag verletzte sich ein 62-jähriger Pensionist bei der Abfahrt mit den Figln schwer.* (KU 18. 6. 00)

**Figler Figlerin,** der bzw. die (Sport): Person, die den Figlsport betreibt: *Die Figler starten am Samstag um 10 Uhr (RTL) und 11.45 Uhr (Slalom).* (VN 6. 3. 07)

**Filz,** der: unausgeschmolzenes Bauchfett des Schweines: *20 Kilo Filz werden zu Grammeln verarbeitet.* (Wiener 1. 3. 09)

**Filzpatschen,** der /meist Plural/ (ugs.): Hausschuhe aus Filz: *Neben Fellen, Schafwollbetten, Filzpatschen, Teppichen und Strickwaren aus Schafwolle wird das tierische Winterkleid auch kunstvoll in Szene gesetzt.* (OÖN 2. 4. 15). ↑Patschen

**Filzschlapfen,** der /meist Plural/ (ugs.): ↑Filzpatschen: *Der Besucher bekommt Filzschlapfen hingehalten.* (OÖN 23. 4. 12). ↑Schlapfen

**finalisieren,** sw. V. / hat ‹ital.› (selten auch in D): (einen Vertrag, ein Projekt) endgültig vereinbaren: *Der Verkauf des Anteils-Pakets ... an den Hauptgesellschafter ... ist unter Dach und Fach. Er ist mit dem Closing finalisiert.* (PR 16. 1. 08) ◆ **Finalisierung**

**Financier,** der [fināˈsi̯eː] ‹franz.›: österr. (und schweiz.) Form, in D Finanzier [finanˈtsi̯eː]: *Der deutsche Medienunternehmer Leo Kirch wurde auf der Suche nach einem Financier für die TV-Übertragungsrechte der deutschen Fußball-Bundesliga in Österreich fündig.* (KU 24. 1. 08)

**Finanz,** die: Finanzverwaltung, -amt, Fiskus: *Valentino Rossi hat den Streit mit der italienischen Finanz beigelegt.* (KU 13. 2. 08). – Die Bedeutungen ›Finanzwesen; Gesamtheit der Finanzfachleute‹ ist gemeind.

**Finanzer Finanzerin,** der bzw. die ‹ital.› (ugs.): Zoll- und Finanzbeamter: *Die Finanzer finden immer was bei der Steuerprüfung.* (KU 11. 11. 07)

**Finanzgebarung,** die (Behördenspr.): finanzielle Geschäftsführung: *»Wir haben ... umfassend über die gesamte Finanzgebarung den Aufsichtsrat informiert.«* (PR 7. 12. 07). ↑ GEBARUNG

**Finanzlandesdirektion,** die (Verw.): oberste Dienstbehörde der Finanzverwaltung eines Bundeslandes

**Finanzmarktaufsicht,** die: öffentlich-rechtliche Behörde zur Kontrolle der Einhaltung Verhaltensregeln bei Banken, Versicherungen, Pensionskassen usw.; Abk. FMA: *Die Pläne ..., der Nationalbank (OeNB) die Bankenaufsicht zu entziehen und der Finanzmarktaufsicht (FMA) zu übertragen, sorgt bei der Nationalbank für großen Unmut.* (27. 9. 18)

**finanzmarod:** sich in finanziellen Schwierigkeiten befindend: *Doch die Gemeinden, von denen viele finanzmarod sind, werden und können sich das nicht aufbürden.* (OÖN 26. 5. 10). ↑ **marod**

**Finanzprokuratur,** die ‹lat.› (Verw.): Vertretung des Bundes vor den Gerichten und Verwaltungsbehörden: *Die Finanzprokuratur hat bereits Berufung gegen das Urteil angekündigt.* (SN 22. 12. 07). ↑ **Prokuratur, Generalprokuratur**

**Finger:** ***sich alle zehn Finger abschlecken können** (ugs., auch südd., schweiz.): über etwas froh sein müssen [was viel schlimmer eintreten könnte]: *Andere Städte könnten sich alle zehn Finger abschlecken, wären sie in einer solchen Lage: Binnen weniger Minuten aus dem Stadtzentrum hinauf ins Hochgebirge.* (KU 9. 1. 04). – Die in D übliche Wendung *sich alle zehn/die Finger nach etwas lecken* bedeutet ›nach etwas begierig sein‹; ***durch die Finger schauen:** nicht zum Zug kommen, den Kürzeren ziehen: *Davon profitiert meistens nur die Gastronomie, der Handel schaut durch die Finger.* (OÖN 28. 7. 15); – In D bedeutet *jmdm. durch die Finger sehen* ›jmds. Fehler absichtlich übersehen‹; ***sich etwas aus den Fingern zuzeln** (auch bayr.): sich etwas aus den Fingern saugen; frei erfinden: *Bei den Themen haben wird uns nichts Abwegiges aus den Fingern gezuzelt.* (KZ 27. 5. 12)

**Fini:** (kurz für) Josefine: *Während die alte Dame sich beklagt, schaut Schwester Fini nach dem Haushalt.* (KU 9. 9. 07)

**Firmenbuch,** das: Handelsregister: *Die GmbH ist mit 111.505 im Firmenbuch eingetragenen Unternehmen die wichtigste Gesellschaftsform in Österreich.* (SN 19. 1. 08)

**Firmgöd,** der (mundartnah): Firmpate: *Als Firmgöd durfte er seinen Paten-Vierlingen ... zum 19. Geburtstag gratulieren.* (KU 26. 8. 06) ◆ **Firmgoden; Firmgötti.** ↑ **Göd, Goden, Götti**

**Firstbaum,** der: Bäumchen, das, bei der Firstfeier auf den Dachfirst oder den Kran gesteckt wird, (in D) Richtbaum: *Nachdem die Hütten fertig gestellt waren, wurden sie stilecht mit einem Firstbaum geschmückt.* (SN 28. 6. 07)

**Firstfeier,** die: Richtfest: *Der Bau schreitet planmäßig voran – die Firstfeier konnte Anfang Jänner begangen werden.* (OÖN 5. 2. 05). ↑ **Dachgleichenfeier, Gleichenfeier**

**Fischbeuschel,** das: Innereien vom Fisch ohne Galle: *Von den herrlichen europäischen Fischsuppen wie Bouillabaisse, Fischbeuschel, Halászlé oder Cacciucco war da noch gar nicht die Rede.* (ST 12. 3. 17). ↑ BEUSCHEL ◆ **Fischbeuschelsuppe**

**fischeln** (auch schweiz.): nach Fisch riechen: *Am Hafen fischelt es; Frischer Fisch darf nicht »fischeln«!* (SN 26. 4. 07)

**Fischerkarte,** die: Berechtigungsausweis zum nicht gewerblichen Fischen, (in D) Angelschein: *Bereits ab November müssen Angler eine Prüfung absolvieren, um in den Besitz einer Fischerkarte zu kommen.* (KU 31. 10. 06)

**Fischerl,** das (bes. Ktn.): /eine Fleischsorte/, Schweinslungenbraten: *Heutzutage sollte ein Schwein ja nur mehr aus Fischerl und ein Rind nur aus Steak bestehen* (KZ 18. 6. 16). ↑ **Schweinsfischerl**

**Fischkalter,** der (auch bayr.): Fischbehälter: *Im edlen Ambiente der Fischkalter des Stiftes Kremsmünster diskutierten Mittwoch die 350 Teilnehmer der Ökumenischen Sommerakademie.* (OÖN 14. 7. 06). ↑ **Kalter**

**Fisole,** die; -, -n ‹griech.-ital.›: Gartenbohne, grüne Bohne: *Das zerdrückte Eigelb und die geschnittenen Karotten braten, nach zwei Minuten die Fisolen dazugeben und alles Weitere zwei Minuten braten.* (ST 26. 12. 16)

**Fitnessparcour,** der (auch schweiz., in D selten): Trimm-dich-Pfad: *Sportliche Besucher können den größten Open-Air-Fitness-Parcour Europas absolvieren.* (KU 25. 3. 05)

**Fitschigogerln** ↑ Pfitschigogerln

**Fitzelarbeit,** die (ugs.): Tätigkeit, bei der man mit den Fingern kleine Teile bearbeiten muss: *Und die braucht es, um die »Fitzelarbeit« auch beim kleinsten Arbeitsschritt* *aufmerksam durchzuführen.* (PR 25. 7. 09). Vgl. Fuzelarbeit

**fitzeln,** sw. V. / hat (ugs.): **1.** schnipseln, zerreißen: *Mir fiel die ausgesprochen meditative Betätigung zu, ein paar Herzen, Lungen und auch noch zwei Zungen in kleine Streifen zu fitzeln.* (ST 12. 2. 13). **2.** an etwas sorgfältig herumarbeiten, herauslösen: *ich werde ... Dübel aus der Wand fitzeln, alte Löcher zuspachteln und neue bohren.* (PR 20. 12. 15). ↑**herumfitzeln, zerfitzeln** ◆ **Fitzelei, Fitzlerei**

**Fitzerl,** das (ugs.): kleines abgerissenes Stückchen: *Wenn ich allerdings aufräum, dann aber hallo! Da saug ich jedes Fitzerl auf.* (ST 3. 10. 10)

**fix** ‹lat.›: **1.** ständig, dauernd: *Ähnlich die Situation bei Navigationsgeräten. Diese sind heute fix im Auto verbaut.* (PR 23. 4. 17). **2.** endgültig, definitiv: *Für die diesjährigen Weltjugendspiele in Dänemark bin ich aber schon fix qualifiziert.* (SN 27. 4. 17); ***fix angestellt:** (in D) fest angestellt: *Im Berufsleben wird man immer seltener fix angestellt.* (KU 1. 10. 07); ***fix besoldet:** (in D) fest besoldet: *Einerseits fix besoldete Bundesbeamte als Staatsopernorchester, anderseits ein privater Verein, der die Gagenverhandlungen für Auftritte abseits der Staatsoper in Eigenregie durchführen kann.* (PR 31. 5. 13). – Die Wendung *nix ist fix* ist gemeind.

**Fixabsteiger,** der: Mannschaft, deren Abstieg feststeht: *GAK – Salzburg, die Begegnung Fixabsteiger gegen den Meister – es ging also um Nichts.* (KU 6. 5. 07)

**Fixangestellte,** der und die; -n, -n: (in D) Festangestellte: *Die Firma betreibt elf Helikopter, hat 30 Fixangestellte so wie Dutzende Ärzte und Piloten im Bedarfsfall unter Vertrag.* (SN 8. 9. 05)

**Fixanstellung,** die: feste Anstellung: *Nicht ohne zu erwähnen, dass er natürlich sofort zugreifen würde, sollte sich eine Fixanstellung ergeben.* (PR 14. 3. 17)

**Fixbetrag,** der (auch schweiz.): feststehender, nicht prozentuell berechneter Betrag: *Statt der »schwer administrierbaren« prozentualen Grenze will er einen Fixbetrag festlegen.* (OÖN 11. 2. 08)

**Fixeinkommen,** das: festes Einkommen ohne Zusatzprämien: *Danach wächst auch wieder das Fixeinkommen durch die KV-Erhöhungen und die Biennalsprünge.* (KU 11. 5. 07)

**fixfertig** (ugs., auch schweiz.): fix und fertig, ganz fertig: *Es wäre gar nicht sinnvoll gewesen, ein fixfertiges Paket vorzulegen, weil sie ja die Opposition brauchen, um die Sache durchzubringen.* (SN 16. 2. 17)

**Fixgehalt,** das: festes Gehalt ohne Zusatzprämien: *Zum Fixgehalt der Crews kommen meist noch variable Zahlungen, zum Beispiel für Überstunden.* (SN 13. 8. 15)

**fixlaudon, fix Laudon** ‹nach dem Feldmarschall Gideon Ernst Freiherr von Laudon, 1716–90› (ugs., veraltend): Verflucht!: *Fixlaudon! Werden die armen Herren selbst in Zeiten der Gleichberechtigung instrumentalisiert?* (PR 5. 5. 13). Vgl. himmellaudon

**Fixleiberl,** das (Sport, ugs.): sicherer Stammplatz in der Mannschaft: *Er hatte sein Fixleiberl schon in der Tasche.* (OÖN 12. 10. 05). ↑Leiberl

**Fixmandat,** das: fest zugesicherter Listenplatz für ein Abgeordnetenmandat: *Der jetzige SJ-Chef ... kandidiert ebenfalls für den Nationalrat. Und er hat, das hat es lange nicht mehr gegeben, de facto ein Fixmandat.* (PR 28. 9. 13)

**Fixplatz,** der: fest zugesicherter, reservierter Platz: *Verbunden mit einer erfolgreichen Anmeldung ist jedenfalls ein Fixplatz in einem Autobus.* (FU 19. 4. 07)

**Fixpreis,** der: feststehender Preis, Pauschalpreis: *Diese ergeben sich aus den Fixpreisen des All-you-can-eat-Lokals.* (PR 5. 3. 17)

**Fixstarter Fixstarterin,** der bzw. die: **1.** für einen Wettkampf definitiv nominierter Spieler: *Doch all jene, die bisher auf dem Podest gelandet sind, dürften Fixstarter sein.* (SN 21. 12. 07). **2.** für eine Position als feststehend angesehener Bewerber: *Die Neubesetzung des Vorstands wird teurer. Grund ist der Pensionsanspruch eines der beiden Fixstarter für das neue Chef-Duo.* (ST 16. 11. 07)

**Fixzins,** der: fest vereinbarter Zinssatz: *Die Bausparkasse hat mit ihren Kunden einst etwa zwei Prozent Fixzins vereinbart.* (OÖN 24. 2. 17). ↑Zins ◆ **Fixzinsdarlehen:** *Die Geldinstitute empfehlen Kreditnehmern, sich ... sich für Fixzinsdarlehen zu entscheiden.* (PR 8. 7. 04); **Fixzinsfinanzierung:** *Derzeit würde die Verzinsung bei einer Fixzins-Finanzierung »noch unter fünf Prozent« betragen.* (OÖN 28. 4. 04)

**Flächenbezirk,** der: Wiener Bezirk mit hoher Einwohnerzahl und spezifischer sozialer und politischer Struktur, z. B. Simmering, Floridsdorf: *Der Floridsdorfer vereint hinter sich (nicht nur) die bevölkerungsreichen Flä-*

*chenbezirke, sondern auch immer größere Teile der Gewerkschaft.* (PR 5. 4. 17). ↑Bezirk

**Flächenwidmung,** die: (in D) Flächennutzung, (in CH) Einzonung: *Der Entwurf des Flächenwidmungsplanes liegt noch bis 24. Jänner im Döblinger Bezirksamt ... auf.* (PR 21. 12. 07)

**Flächenwidmungsplan,** der: (in D) Flächennutzungsplan, (in CH) Zonenplan, Zonenordnung: *Das ist für das Amt der Landesregierung Anlass, dem Flächenwidmungsplan insgesamt die Genehmigung zu versagen.* (OÖN 25. 7. 02)

**Flächenwidmungsplanung,** die: Raumplanung des Gemeindegebietes: *Diese Kosten entstehen in erster Linie durch die undisziplinierte Flächenwidmungsplanung sowie die fehlende Bodenpolitik der Gemeinden.* (PR 6. 7. 07)

**Flachse,** die; -, -n (auch bayr.): Sehne, (in D) Flechse: *»In Wirklichkeit war es eine Flachse Rindfleisch, die im Hals stecken geblieben ist.«* (OÖN 23. 11. 06)

**flachsig** (auch bayr.): zäh, sehnig: *Die im Geschäft unsichtbare Seite ist in acht von zehn Fällen flachsig.* (OÖN 3. 5. 02)

**Fladerer Fladerin,** der bzw. die; -s, - (ugs., salopp): Dieb: *Brecht war ja ein genialer Fladerer, der selbst einmal gesagt hat, dass er mit dem geistigen Eigentum anderer recht lax umgehe.* (OÖN 18. 1. 02)

**fladern,** sw. V. / hat (ugs., salopp): stehlen: *Maibäume zu stehlen ist Brauchtum. Seit Ewigkeiten fladern sich Landgemeinden gegenseitig die geschmückten Baumstämme.* (OÖN 3. 5. 11)

**Flädle,** das; -s, - (Vbg., wie südwestd., schweiz. *Flädli*): ↑Frittate: *Eigelb mit etwas Sahne, Salz und Pfeffer vermengen und in der Pfanne mit wenig Öl ein dünnes Flädle herausbraten. Das Eiweiß mit etwas Salz leicht aufschlagen und ebenfalls separat ein Flädle backen.* (VN 18. 5. 05)

**Flädlesuppe,** die (Vbg., wie schwäbisch, schweiz. *Flädlisuppe*): ↑Frittatensuppe: *Die Pfarrgemeinde ließ sich in gemütlicher Runde eine Gersten-, Flädle- oder Gulaschsuppe schmecken.* (VN 13. 4. 06). ↑Suppe

**Flankerl,** das; -s, -n (ugs.): Stäubchen, Flocke: *Schnee ist vielleicht zu viel der Ehre, aber ein paar Flankerl haben mir die Lust auf eine Radfahrt genommen.* (OÖN 29. 4. 16); *Dieser Häferlkaffee ist heute noch vielen Menschen in unangenehmer Erinnerung, weil sich oft eine Haut bildete oder im Kaffee »Flankerln« schwammen.* (KZ 1. 8. 09); bes. in Zus. mit Angabe des Materials: ↑**Rußflankerl, Schneeflankerl, Staubflankerl, Wollflankerl**

**Flasche,** die (ugs., salopp): Ohrfeige: *Was muss ich tun, dass ich eine Flasche bekomme?* (SN 19. 11. 05)

**Flascherl,** das; -s, -n (ugs.): **1.** kleine Flasche. **2.** (emotional) Flasche mit [alkoholischem] Getränk: *Ein Flascherl Rotwein mit Beipacktext? »Warum nicht? Wein ist, richtig dosiert, Medizin«* (PR 23. 9. 07). **3.** Babyflasche mit Sauger: *Badeutensilien, Windeln, Kleidung, Flascherl sollten stets griffbereit sein.* (KU 13. 1. 08). – Auch in der Form *Flaschl*

**flauchen,** sw. V. / hat (ugs.): stehlen: *Gestern früh wurde ein Bankomat aus einem Supermarkt in St. Georgen/Attergau geflaucht.* (OÖN 27. 10. 10)

**flaumig:** sehr weich und locker (von Teig, Backwaren): *Mir schmeckte der Krapfen von der Café-Konditorei Mayer ... am besten. Der Teig war sehr flaumig, weich und schmeckte nicht fettgetrieft.* (OÖN 29. 1. 08); *Butter flaumig rühren, mit Dotter, Zucker und etwas Milch aufschlagen.* (KU 19. 1. 08)

**Fleck,** der: **1.** flacher, auf dem Backblech gebackener und mit Früchten belegter Hefeteigkuchen, meist in Zus.: *Marillen machen sich super auf dem Fleck oder im Rexglas.* (Falter 3. 6. 15). **2.** (regional auch in D) unverarbeitetes Stück Stoff, Leder o.Ä., (in D) Flicken: *Vereinzelt werden noch Löcher in der Schuhsohle oder am Schuhoberteil mit einem Lederfleck ausgeflickt.* (KZ 17. 4. 05). **3.** (Schülersprache, veraltend): Note nicht genügend: *Ein Fleck im Zeugnis löste doch immer auch die Angst vor einer Standpauke der Eltern aus.* (OÖN 15. 5. 15). ↑(zu 1.:) **Heidelbeerfleck, Kirschenfleck, Kuttelfleck, Marillenfleck, Ribiselfleck, Zwetschkenfleck**

**Fleckerl,** das; -s, -n: **1.** (auch bayr.) kleiner Fleck: *Während der Therapie habe der Juckreiz aufgehört, sie zu quälen. Nur ein Fleckerl sei übrig geblieben.* (SN 10. 2. 07). **2.** (auch bayr.) Ort, Platz, Landstrich: *Mit seinem schönen Fleckerl Erde im Hof des Lokals konnte Wirt J. O. punkten – und mit seinem Charme.* (KU 16. 8. 07). **3.** (auch bayr.) kleiner Stoffrest: *»Angefangen hat es damit, dass mir Pacher Lavendelsackerln für unsere Kundschaft gebracht hat, die man in den Kleiderkasten geben kann. Daraufhin habe ich sie gefragt, ob sie Fleckerln braucht.«* (KZ 19. 1. 13). **3.** /Plural/ quadratisch oder rautenförmig geschnittene Stücke aus dünnem Nudelteig, die (vermengt mit Wurst- oder Fleischstücken o. Ä.) als Hauptspeise gegessen oder als Beilage oder als Suppeneinlage verwendet werden: *Neben Fleckerln und Bandnudeln werden sogar Spaghetti angeboten.* (KZ 8. 2. 13). ↑**Apfelfleckerln, Krautfleckerln, Schinkenfleckerln, Wurstfleckerln**

**Fleckerlpatschen,** der /meist Plural/: Hausschuh aus Stoffresten: *Auch dieses Jahr wieder erhältlich sind die beliebten Fleckerlpatschen in den Größen 16 bis 46.* (SN 30. 11. 06). ↑PATSCHEN

**Fleckerlspeise,** die: Speise aus ↑Fleckerln mit Wurst-, Fisch- oder Fleischstückchen: *Eine Fleckerlspeise, Wurstknödel oder ein Auflauf wollen erst einmal hergerichtet sein – all das, wo doch das Fertigmenü für die Mikrowelle lockt.* (SN 11. 9. 12). – Auch in der Form *Fleckerlspeis*

**Fleckerlteppich,** der (auch bayr., selten auch in D): 1. aus Streifen von Stoffresten gewebter Teppich, (in D) Flickenteppich: *Dafür liegt auf dem Lärchenparkett stilgerecht ein Fleckerlteppich.* (OÖN 13. 4. 02). 2. etwas, was aus einzelnen Teilen zusammengesetzt ist; Stückwerk: *Ohne das EU-Parlament hätte es keine Regeln zum Schutz des freien Zugangs zum Internet gegeben, sondern nur ›nationale Fleckerlteppiche‹.* (KU 27. 10. 15); *Die NEOS unterstützen die Klage und fordern ein »EU-weites System statt Maut-Fleckerlteppich«.* (SN 31. 3. 17)

**Fleischbank,** die (veraltet): Fleischerei: *Die Kundschaft wusste es zu schätzen, wie gut ein Rostbraten und ein Schnitzel schmecken, das es in der traditionellen Fleischbank in Steyr gibt.* (OÖN 9. 8. 12)

**Fleischfülle,** die: (in D) Fleischfüllung: *Ich persönlich find's ganz okay, wenn's zu superzartem Braten in Rotweinsauce als Beilage Blätterteigtäschchen gibt – in denen sich eine scharfe Fleischfülle versteckt.* (KU/Freizeit 21. 3. 14). ↑FÜLLE

**Fleischhacker Fleischhackerin,** der bzw. die (veraltend, ostösterr.): 1. Fleischer: *Zwar lernte er den Beruf Fleischhacker, wechselte aber schnell in den privaten Sicherheitsdienst* (BVZ 23. 5. 07). 2. grober, roher Mensch ◆ **Fleischhackerei**

**Fleischhauer Fleischhauerin,** der bzw. die: Fleischer: *Früher als der Einkauf beim Fleischhauer oder beim Greisler noch üblich war, wurde sie offen und frisch aufgeschnitten gekauft.* (PR 27. 4. 17) Vgl. Fleischhacker, Metzger, Weinhauer ◆ **Fleischhauerei:** *Bei einer Gasexplosion in einer Fleischhauerei im Süden Spaniens sind sieben Menschen verletzt worden.* (ST 4. 4. 17)

**Fleischkäse,** der; - (regional auch in D und CH): 1. dem ↑Leberkäse ähnliche Speise: *Weniger süß geht's beim Gast zu, hier sind Verhackerts mit Grammeln und Fleischkäse (ein Aufstrich, bestehend aus Fleisch, mit Zwiebeln faschiert) die Favoriten.* (OÖN 18. 6. 15). 2. (Tirol) Leberkäse: *Dieser Fleischkäse in Metzgerqualität wurde als »g'schmackig« mit gutem Aroma beschrieben.* (TT 5. 2. 17). – Auch in der Form *Fleischkäs*

**Fleischknödel,** der: mit faschiertem Fleisch gefüllte ↑Knödel: *Als Zuspeis zu Speck-, Grammel- und Fleischknödel ist ein Mühlviertler Krautsalat das Allerbeste.* (OÖN 12. 10. 02). Vgl. Hascheeknödel. ↑KNÖDEL

**Fleischlaberl,** das; -s, -n (ugs., ostösterr.) ↑Fleischlaibchen: *Zur Palette heimischer Lieferanten gehören die Wiener Bäckerei Mann, die 82 Mill. Stück Brötchen liefert, zwischen die aus österreichischem Rindfleisch geformte Fleischlaberl gelegt werden.* (SN 31. 5. 07). ↑LABERL

**Fleischlaibchen,** das; -s, -: (in D) Bulette, Frikadelle: *Es ist der dritte Standort des Unternehmens, das sich der regionalen Variante der Fleischlaibchen verschrieben hat.* (OÖN 13. 10. 16). ↑**faschieren,** LAIBCHEN

**Fleischlaiberl,** das; -s, -n (selten): ↑Fleischlaibchen: *Der 23 Jahre alte Joey Chestnut verschlang 103 Weckerl mit Fleischlaiberl in acht Minuten.* (SN 30. 10. 07). ↑**Laiberl**

**Fleischmaschine,** die (auch südd.): Fleischwolf: *Das Fleisch durch die Fleischmaschine drehen. Sehr kaltes Obers nach und nach mit einem Kochlöffel untermischen.* (KZ 8. 2. 06)

**Fleischselcher Fleischselcherin,** der bzw. die: Handwerker, der Fleisch räuchert und mit geräuchertem Fleisch handelt: *Als legendäre und einzige Heiratsbörse eines ganzen Berufsstandes galt der Ball der Wiener Fleischhauer und Fleischselcher.* (SN 21. 1. 17). ↑**Selcher**

**Fleischtiger,** der (ugs.): besonderer Liebhaber von Fleischspeisen: *Zuckmayer muss ein Fleischtiger gewesen sein.* (SN 13. 12. 16). ↑-TIGER

**Fleiß:** ***mit Fleiß** (ugs., regional auch in D): absichtlich; ***zu Fleiß** (ugs., auch bayr.): absichtlich: *Aber es fährt ja keine Rennläuferin zu Fleiß langsam runter.* (OÖN 3. 12. 10), auch in der Form *zufleiß*; ***jmdm. etwas zu Fleiß tun/machen** (ugs.): etwas mit der Absicht tun, um jmdn. zu ärgern: *Um gute Nachbarschaft geht es dem Kloster, »wir tun niemandem etwas zu Fleiß.«* (SN 27. 4. 17)

**Flesserl,** das; -s, -n (bes. OÖ): mit Kümmel oder Salz bestreutes Gebäck in Zopfform: *Von dort werden täglich verschiedene, langsam geführte Grundteige angeliefert, die von einer echten Bäckerin vor den Augen der Gäste zu allerhand Flesserln, Flûtes und Weckerln geformt ... werden.* (ST 11. 10. 13). ↑**Mohnflesserl**

**Fliegenpracker,** der: (in D) Fliegenklatsche: *Mit einem Fliegenpracker, der das tote Insekt per Saugnapf abtransportiert, ist kein Staat zu machen.* (KU 11. 11. 06). ↑**Pracker**

**Fliegerabwehr,** die (Militär, auch schweiz.): (in D) Flugabwehr: *Weiters ressortieren hier die Flieger-und die Fliegerabwehr-Truppenschule.* (ST 11. 1. 17)

**Fließhandel,** der; -s (Finanzwesen): laufende Erfüllung aller Aufträge während der Handelszeit an der Börse

**Fließwasser,** das /ohne Plural/: fließendes Wasser in der Wohnung: *So soll das Spital endlich mit Fließwasser versorgt werden.* (OÖN 16. 3. 16); (*früher im Fremdenverkehr:*) *Zimmer mit Fließwasser*

**Flinserl,** das; -s, -n (auch bayr.): **1.** kleines glitzerndes Metallplättchen; Flitter **2.** Ohrgehänge bei Männern: *Ein 20-jähriger Maurer aus Stadl-Paura hatte sich in der Welser Hessenkaserne geweigert, sein Flinserl vom Ohr zu entfernen.* (OÖN 9. 7. 11). **3.** (bes. im Ausseerland) Faschingsgestalt in Kostümen mit buntem Flitterwerk: *Flinserl, Pless und Trommelweiber ziehen heute und am morgigen Faschingdienstag in Bad Aussee von Wirtshaus zu Wirtshaus.* (OÖN 27. 2. 17)

**Flirt,** der ‹engl.›: wird österr. (und schweiz.) [flœːrt] ausgesprochen, in D [flœː(r)t] oder [flɪrt]

**Flitsche,** die; -, -n: **1.** leichtlebige Frau, Flittchen: *Die Huren, auf die sie Fritz Eckhardt fürs TV abonnierte, waren ja bloß harmlos lustige Wiener Flitschen. Die hatten nichts Ausgebeutetes.* (KU 25. 7. 04). **2.** Blätter der Maiskolben: *Die Türggeler sind über und über mit Flitschen behängt, der Hut ist mit etwa 3.000 verschiedenfarbigen Maiskörnern beklebt.* (TT 5. 2. 05). ↑**Maisflitsche**

**Flitscherl,** das; -s, -n (salopp, abwertend, auch bayr.): Flittchen: *»Warst du die letzten Wochen in Einzelhaft oder warum musst du dieses Flitscherl so anstarren?!«* (KU 9. 12. 06)

**Floriani:** ***[zu] Floriani** (auch bayr.): am Fest des hl. Florian: *Die örtliche Feuerwehr ... feierte Ende Mai Floriani.* (SN 2. 6. 16). ↑**Josefi, Lamberti, Leopoldi, Martini, Philippi, Ruperti, Sebastiani, Stefani**

**Florianifeier,** die (auch bayr.): Feier [der Feuerwehr] zum Fest des hl. Florian: *Als der Alarm einging, befanden sich die meisten Feuerwehrleute aus Saalbach gerade bei der jährlichen Florianifeier in der Kirche.* (KZ 23. 4. 17)

**Florianijünger Florianijüngerin,** der bzw. die (scherzhaft, auch bayr.): Mitglied der Feuerwehr, (in D) Floriansjünger: *Umgehend wurde nachalarmiert und die Pamhagener sowie die Apetloner Florianijünger unterstützten ihre Wallerner Kollegen.* (KU 30. 1. 08); *Im Gespräch mit den Kameraden verarbeitet die Florianijüngerin solche Erlebnisse.* (NVT 3. 9. 11)

**Florianiprinzip,** das (auch bayr.): Einstellung, die nötige Opfer zwar befürwortet, aber nur bei anderen fordern will, (in D) Floriansprinzip: *Das Chaos setzt sich auf europäischer Ebene fort, eine Reihe von Ländern lehnt eine verbindliche Quotenregelung ab und huldigt dem Florianiprinzip.* (OÖN 17. 6. 15)

**Florianitag,** der; -s: österr. (und bayr.) Form, (in D) Florianstag, -fest: *Am Montag ist Florianitag. Zu Ehren des Schutzpatrons der Feuerwehr feiern die Kameradinnen und Kameraden heute sowie am kommenden Wochenende ihren Florianisonntag.* (KZ 3. 5. 15). ↑Floriani

**Fluchtachterl,** das: zum Abschied, als Ende eines längeren Gelages getrunkenes Achtel Wein; ↑Reiseachterl: *Dann gingen wir noch auf ein »Fluchtachterl«.* (PR 30. 10. 09). ↑Achterl

**Fluh,** die; -, Flühe (Vbg., wie schweiz.): Felsabsturz, Felswand (bes. in Berg- und Ortsnamen): *Von der Busverbindung auf die Fluh profitiert auch das aufstrebende Subzentrum.* (VN 20. 7. 06); *Mühsam mit Ochsenkarren musste zu jener Zeit alles über die Fluh auf den Berg gekarrt werden.* (VN 11. 5. 17)

**Flysch,** der: Mergel- und Tonschiefer mit Sandstein: ist österr. Maskulinum, in D Neutrum. Die Aussprache lautet österr. [flyːʃ], in D [flɪʃ]

**Fogosch,** der; -[e]s, -e ‹ung.›: Schill, Zander: *Dorthin soll kurz nach Mitternacht ein Burgtheater-Star kommen, um gemeinsam mit der*

*Künstlergesellschaft einen Plattensee-Fogosch zu verspeisen.* (ST 13. 1. 14)

**Föhre,** die (auch südd., schweiz.): Kiefer: *Wenn wir weiter solche Trockenheit erleben, könnte das Föhrensterben im Wallis weitergehen, weil dort die Föhre in vielen Lagen schon jetzt an ihrer Trockengrenze wächst.* (ST 4. 3. 17) ◆ **Föhrenholz:** *Perfekt in die Landschaft eingebettet mit einem biologischen Blockhaus aus Föhrenholz und begrüntem Dach.* (SN 10. 11. 07); **Föhrenwald**

**Folgetonhorn,** das: Signal von Einsatzfahrzeugen, (in D) Martinshorn: *Die junge Frau hatte das Auto vermutlich übersehen, das einem weiteren Einsatzfahrzeug mit Blaulicht und Folgetonhorn in einen Kreuzungsbereich gefolgt war.* (PR 17. 11. 16)

**Folienerdapfel,** der: Folienkartoffel: *Die Gemüsebeilage variiert der Küchenchef, diesmal gab es außer dem Folienerdapfel knackiges asiatisches Gemüse als Zuspeis.* (OÖN 24. 1. 03). ↑ **Erdapfel, Salaterdäpfel**

**Fondant,** das [fõˈdã:] ‹franz.›: Zuckermasse: ist österr. Neutrum, in D meist Maskulinum

**Fopper,** der; -s, - (ugs.): **1.** Schnuller: *Getrunken hat das immer hungrige Tierbaby aus einem Flascherl samt Fopper für Menschenbabys.* (OÖN 15. 12. 00). Vgl. Zuz. **2.** etwas, was nur reizt und den Appetit anregt /in Zus./: **Gaumenfopper;** *Auch die Suppen sind keine* **Magenfopper,** *sondern werden in großen Schüsseln serviert.* (OÖN 15. 3. 02)

**Förderansuchen,** das (Behördenspr.): Subventions-, Förderungsgesuch: *Es sollte dem politisch Verantwortlichen vorbehalten bleiben, auch weiterhin Einblick in die einzelnen Förderansuchen zu haben* (PR 31. 3. 17). ↑ **Ansuchen, Bauansuchen**

**Förderung,** die (Behördenspr.): Subvention, Fördersumme: *Medienminister ... und ÖVP-Mediensprecher ... tüfteln gerade an völlig neuen Richtlinien für die Förderung für Print- und Online-Medien.* (OÖN 8. 4. 17). ↑ **Klubförderung, Wohnbauförderung** ◆ **Agrarförderung; Kulturförderung; Presseförderung**

**Forderungsexekution,** die (Rechtsspr.): gerichtliche Pfändung ausstehender Forderungen, z. B. Lohnpfändung. ↑ Exekution

**Forint,** der; -s, -s ‹ung.›: ungarische Währungseinheit: wird österr. auf der letzten Silbe betont, in D auf der ersten

**Formalfehler,** der (Behördenspr.): Verstoß gegen eine formale [Rechts]vorschrift, Formfehler: *Er räumte ein, »Formalfehler gemacht« zu haben – er habe jedoch »niemals vorsätzlich falsch gehandelt«.* (SN 29. 4. 17)

**Formgebrechen,** das (Behördenspr.): Formfehler [in Eingaben an die Behörde]: *SPÖ und ÖVP mangle es an Demokratieverständnis, die angeführten Formgebrechen seien nicht schwerwiegend, in ähnlichen Fällen sei anders entschieden worden.* (NÖN 1. 1. 15). ↑ Gebrechen

**Forstärar,** das und der (veraltet, auch bayr.): staatseigener Forst: *Als im Jahre 1865 das k. k. Forstärar auf dem Schöpfl, dem höchsten Berg des Wienerwaldes, eine Aussichtswarte errichtete, avancierte die Erhebung rasch zu einem beliebten Wanderziel.* (ST 6. 11. 10). ↑ **Ärar**

**Forstmeile,** die (westösterr.): Fitnessparcours im Wald: *Für Sportbegeisterte steht die Forstmeile in Klösterle mit 18 Stationen wieder zur Verfügung.* (VN 2. 5. 06)

**Forstwart Forstwartin,** der bzw. die (auch südd., schweiz.): Waldhüter/-in: *Die Forstwarte folgen ihm aus einiger Distanz, bis er im Dschungel verschwunden ist.* (WZ 9. 2. 07)

**Forsythie,** die ‹engl.›: wird österr. [fɔrˈzi:tsiɛ] ausgesprochen, in D [...zy:...]

**fortgehen:** abends zum Vergnügen ausgehen: *Auch Fortgehen und das Verbringen von Zeit mit ihren Freunden gehört zu ihren Freizeitbeschäftigungen.* (OÖN 30. 3. 17)

**Fortgehmeile,** die: Stadtviertel, Straße mit vielen Vergnügungslokalen: *Abschreckend wirkt wohl auch die seit März aktive Videoüberwachung der Fortgehmeile.* (OÖN 27. 7. 06)

**Fotze, Fotzen,** die; -, ...en (auch bayr.): **1.** (derb, abwertend) Mund: *Halt die Fotzen!.* **2.** (ugs.) Ohrfeige: *Streng war der Vater. »Da hab' ich halt auch Fotzen gekriegt«.* (KU 5. 4. 09)

**fotzen,** sw. V. / hat (ugs., auch bayr.): ohrfeigen: *Ich fotz dir eine!; Wo die Franzosen ... fotzen, da ist in den skandinavischen Ländern womöglich nur ein ... Watschen an der Tagesordnung.* (ST 29./30. 6. 13). ↑ **abfotzen**

**Fotzhobel,** der (ugs., auch bayr.): Mundharmonika: *Seltene, besondere Instrumente wie Fotzhobel, Schwegelpfeifen, Zither, Maultrommel oder Almhörner erklangen.* (SN 15. 10. 15)

**Foxl,** der; -s, -n (ugs.): (kurz für) Foxterrier: *»Der Foxl ist der Hund aus dem G'schäft gegenüber.«* (ST 4. 5. 06)

**FPÖ-Klub,** der: FPÖ-Fraktion: *Zuvor hatte der FPÖ-Klub über das Thema U-Ausschuss beraten.* (PR 28. 2. 17). ↑ Klub

**Frachten-:** in Zus., (in D) Güter- (in Bezug auf Eisenbahn): **Frachtenbahnhof:** *Der ... Ver-*

*anstalter von Sonderfahrten beherbergt am Wiener Frachtenbahnhof die größte private Dampflokflotte Österreichs.* (SN 6. 3. 04); **Frachtenmagazin; Frachtenstation; Frachtenverkehr; Frachtentransport; Frachtenzug.** – Außer *Frachtenbahnhof* sind die Wörter veraltend. Das Simplex *Fracht* ist gemeind.

**Frächter Frächterin,** der bzw. die: Transportunternehmer, der Transporte selbst mit Lkw durchführt: *Italien im Würgegriff streikender Frächter.* (SN 13. 12. 07) ◆ **Frächterinnung**

**Frächterei,** die: Fuhrunternehmen: *Damals gründete Hofstätters Großvater eine Frächterei.* (KZ 6. 5. 14)

**Frackschößel:** an der Taille angesetzter Teil eines Fracks; Frackschoß: *Auch nicht jene Scheinwelt des »Red Carpet« vor der Oper, wo sie den Promis auflauern, um sie mit Zoten unterhalb der Frack-Schössel-Linie zu bedenken.* (ST 12. 2. 10)

**fragen:** ***frage nicht!** (ugs.): /verstärkende Floskel/: *So eine Tour mit einem erfolgreichen Soloprogramm kann sich ziehen, frage nicht.* (KU 17. 4. 10)

**fraglich:** kann österr. in der Bedeutung ›unsicher, zweifelhaft, ungewiss, ob jemand zum Einsatz kommt, zur Verfügung steht‹ auch auf Personen bezogen sein, in D nur auf Sachen: *Auch Stürmer Raul ist fraglich.* (PR 18. 6. 02)

**fraise** ‹franz.›: erdbeerfarben: wird österr. (und schweiz.) ohne Endungs-e ausgesprochen

**Fraisen,** die /Plural/ (veraltet, auch südd.): Krämpfe [bei kleinen Kindern]: *Er litt nicht an Fraisen, wohl aber einige Jahre an Enuresis (Bettnässen), jedoch in der Schulzeit nimmer.* (OÖN 2. 6. 18); ***in die Frais[en] fallen** (ugs.): sehr erschrecken ◆ **Fraisenanfall**

**Frankfurter,** das /meist Plural/: (kurz für) Frankfurter Würstel, (in D meist) Wiener Würstchen: *Der ältere Mann vor mir legt ein Paar Frankfurter, eine kleine Tube Senf und einen halben Liter Vollmilch auf das Band.* (PR 8. 12. 16). – In D seltener und dann als Femininum

**Franzi:** (kurz für) Franziska, (bes. in D und CH auch) Fränzi: *Mit dabei sind die Töchter Franzi (12) und Fritzi (10), die während der dreimonatigen Kreuzfahrt sechs Stunden pro Tag von der Mama unterrichtet werden.* (KU 19. 12. 07). Vgl. Gusti, Mitzi. Als Koseform für *Franz* gemeind.

**Frappee,** das ‹franz.› (auch schweiz.): eisgekühltes Mixgetränk aus Milch und zerkleinerten Früchten; Milchshake: *Die Gäste stehen bei den tropischen Temperaturen eher auf kühlende Eis-Getränke – wie Frappees und Eiskaffees.* (ST 23. 9. 05). – Auch in der Schreibung *Frappé.* – In D ein ›mit Eis serviertes alkoholisches Getränk‹. ↑ **Erdbeerfrappee**

**fratscheln,** sw. V. / hat (ugs., auch bayr.): indiskret ausfragen; meist in der Form ↑ **ausfratscheln**

**Fratz,** der; -en, -en (auch bayr., in der Flexion der; -es, -e auch südd.) hat österr. bes. die abwertende Bedeutung ›ungezogenes, lästiges Kind‹ (in D ›niedliches, schelmisches Mädchen‹): *Ich sage es noch einmal, er benimmt sich wie ein unerzogener Fratz. Skandalös!* (KU 12. 2. 07)

**Frauentag:** ***großer Frauentag** (auch bayr.), ***hoher Frauen** (Tirol): Fest Mariä Himmelfahrt (15. August): *Der Hohe Frauentag ist von jeher eine Zäsur – da tritt die Landesregierung nach der Sommerpause wieder zusammen.* (TT 11. 8. 17); ***kleiner Frauentag** (auch bayr.): Fest Mariä Geburt (8. September): *Der große Frauentag war heuer schon, am 8. September wird in der Wallfahrtskirche Maria Buch zum kleinen Frauentag (Mariä Geburt) geladen.* (KZ 25. 8. 12). – Der *Internationale Frauentag* ist gemeind.

**Frauerl,** das; -s, -n (ugs.): Besitzerin des Hundes, (in D) Frauchen: *Eine Studie der Veterinärmedizinischen Universität Wien legt nahe, dass Hunde sogar menschliche Gesichtsausdrücke unterscheiden können und das nicht nur bei Herrl oder Frauerl, sondern selbst bei Wildfremden.* (ST 25. 11. 16). Vgl. Herrl

**Frauli,** das; -s, -: ↑ Frauerl: *wahrscheinlich weiß er nicht, dass er beim Schlachter gelandet wäre, wenn ihn sein hübsches Frauli nicht vor einem halben Jahr gekauft hätte.* (KU 29. 3. 08)

**freeriden** /nur im Infinitiv, meist substantiviert/ [ˈfriːraɪdn̩] ‹engl.› (Sport, auch südd., schweiz.): Skilaufen oder Snowboarden auf freiem Gelände abseits markierter Pisten: *Ebenso können bei Skitouren oder beim Freeriden die Ski verlorengehen.* (ST 7. 2. 17). – Für andere Sportarten, z. B. Mountainbike, gemeind.

**Freibetragsbescheid,** der (Verw.): Bescheid des Finanzamtes über die anerkannten Freibeträge: *Bei der 24-Stunden-Pflege sollte es zur rascheren steuerlichen Absetzbarkeit Freibetragsbescheide geben.* (SN 17. 8. 16)

**Freifach,** das (Schule, auch schweiz.): frei gewähltes, aber benotetes Schulfach: *»Wir können keine Freifächer mehr anbieten und müssen Klassen in manchen Fächern zusammenlegen.«* (OÖN 29. 6. 07)

**Freigegenstand,** der: ↑Freifach: *Wer mag, kann zusätzlich im Freigegenstand noch Russisch und Latein lernen.* (SN 21. 1. 17). ↑GEGENSTAND

**freiheitlich:** das liberale Lager (als 3. Kraft neben Konservativen und Sozialdemokraten) wird österr. *freiheitlich* bezeichnet (unabhängig von aktuellen Parteienbez. und Richtungen), in D *freie demokratische* (Partei), in CH *freisinnig* ◆ **Freiheitliche:** *Der burgenländische Landeshauptmann ... empfiehlt seiner Partei nach der nächsten Nationalratswahl auch eine mögliche Koalition mit den Freiheitlichen ins Auge zu fassen.* (PR 14. 4. 17)

**fremd:** ***fremdes I** (veraltend): Ypsilon: *Man nennt das »y« auch »fremdes i«.* (KR 5. 10. 06)

**Fremdenpolizei,** die (auch schweiz., in D selten): für Ausländerangelegenheiten zuständige Behörde: *Vor dem Beitritt Österreichs zur EU musste er alle zwei Jahre die Fremdenpolizei aufsuchen und um die Verlängerung seines Aufenthaltes bitten.* (SN 7. 2. 08)

**fremdhändig** (Rechtsspr.): nicht eigenhändig verfasst: *Neue Formvorschriften sollen die Testamente – vor allem das fremdhändige Testament – fälschungssicherer machen.* (SN 27. 12. 16)

**fretten,** sich; sw. V. / hat (ugs., auch bayr.): **1.** sich mühsam durchbringen: *Das brachte den Vereinen den Vorteil, dass sie längerfristig planen konnten und sich nicht von Jahr zu Jahr fretten mussten.* (OÖN 6. 8. 03); *So frettet man sich durch die Jahre* (PR 26. 3. 10). **2.** sich sehr abmühen, anstrengen: *Nur mehr Chaunte Howard hatte sich mit ihr in die Höhe von zwei Meter gefrettet, nur Bergqvist war bis dahin ohne Fehlversuch durchgekommen.* (OÖN 9. 8. 05). Häufiger in Abl.: ↑**abfretten, auffretten, dahinfretten, durchfretten, gfretten** ◆ **Fretter/-in; Fretterei:** *Die jahrelange Fretterei muss ein Ende haben* (KZ 13. 12. 09)

**Freunderl,** das; -s, -n (abwertend): Kumpan, Mitbeteiligter an Seilschaften; (in D) Freundchen: *Von Freunderl zu Freunderl sozusagen, wie sich das in Österreich (mit seiner ausgeprägt jovialen Freunderlwirtschaft) gehört.* (SN 28. 3. 07) ◆ **Freunderlpartie,** ↑Partie

**Freunderlwirtschaft,** die (ugs., abwertend): Vettern-, Günstlingswirtschaft: *Mutwillig, absichtlich oder gar aus Freunderlwirtschaft heraus ist das sicher nicht passiert.* (OÖN 25. 3. 17)

**Friedenszins,** der (Wien, früher): auf die Zeit des 1. Weltkriegs zurückgehende Berechnung der Wohnungsmiete in unter Mieterschutz stehenden Altbauwohnungen: *Der Gemeinderat hat bereits 2003 einstimmig beschlossen, die Uraltverträge mit Friedenszins auf den Mindestmietzinssatz zu erhöhen.* (KU 19. 1. 07). ↑ZINS

**Frigelesuppe,** die (Ktn., Tirol, veraltet): Suppe mit kleinen Mehlknödeln

**Frigga,** die; - ‹friulanisch› (ugs., Ktn.): Speise aus Speck, Käse und Eiern auf Polenta: *Die Wirte servieren unter anderem Schwammerlgulasch, Frigga, Calamari und Schweinsbraten mit Polenta.* (KZ 15. 9. 16)

**frischgefangen** (ugs.): [im Betrieb, in der Arbeit] neu, unerfahren: *Damit die frischgefangenen E-Biker nicht über den Almboden purzeln, gibt es Einschulungen.* (KZ 11. 9. 13); *Wem das nach Anfangschaos einer frischgefangenen Gastrotruppe klingt: Irrtum.* (ST 13. 1. 17) ◆ **Frischgefangene,** der und die

**Fristerstreckung,** die (Behördenspr., auch schweiz.): Fristverlängerung: *Einige der insgesamt 16 Angeklagten haben dem LG Wien nach der Zustellung der Anklage Anträge auf Fristerstreckung ... vorgelegt.* (SN 23. 8. 16). ↑ERSTRECKUNG

**Frittate,** die; -, -n ‹oberital. *frittata* ›Gebackenes‹› /meist Plural/: nudelig geschnittener dünne ↑Palatschinke als Suppeneinlage; ↑Flädle: *Die Rindsuppe mit Frittaten ... ist ein überaus gelungenes, kräftiges Exemplar mit flaumigen, dicken Frittaten in einem großen Oma-Suppenteller.* (PR 7. 2. 16)

**Frittatensuppe,** die: Rindsuppe mit Frittaten als Einlage, ↑Flädlesuppe: *Eine Lieblingsspeise der Kinder ist die Frittatensuppe. Also werden wir eine zubereiten.* (KZ 22. 3. 16). ↑SUPPE

**froh:** ***um etwas froh sein** (auch südd., schweiz.): froh sein über etwas: *»Wir sind froh um jeden Gast.«* (KU 8. 2. 07). ↑**um**

**Froschgoscherl,** das: **1.** (ugs.) Löwenmaul: *Man erfährt viel von heimischer Gartenkultur und lokalem Grünzeug, von Murkenkräutl, Froschgoscherl oder Gretl in der Stauden.* (Falter 7. 3. 07). **2.** durch besonderes Raffen des Stoffes geformte Borte an Trachtenkleidern: *Besonders schön bei dieser Tracht: der Samtspiegel mit Herzrüsche oder Froschgoscherl.* (KZ 5. 8. 13). ↑**Goscherl, Zuckergoscherl**

**Frottee,** das und der: wird österr. auf der letzten Silbe betont, in D auch auf der ersten Silbe

**Früchterl,** das; -s, -n (ugs., auch bayr.): missratener junger Mensch; (in D) Früchtchen: *Ganz schöne Früchterl dürften zwei erst sieben Jahre alte Volksschüler aus Vöcklabruck sein.* (OÖN 5. 12. 03)

**Fruchtgenuss,** der (Rechtsspr.): Recht auf Nutzung einer fremden Sache ohne Einschränkung; Nießbrauch: *Die bisherigen Eigentümer behalten sich dann oft ein Wohnrecht oder den Fruchtgenuss vor.* (PR 25. 11. 15) ◆ **Fruchtgenussrecht**

**Früh:** wird österr. i. S. v. *morgens* gebraucht: *heute Früh; Wir werden morgen früh mit der Trauerarbeit beginnen und versuchen, den Schock irgendwie aufzuarbeiten.* (OÖN 20. 3. 17); *Die Nachricht aus der Internationalen Stiftung Mozarteum kam Freitag früh.* (SN 29. 4. 17); ***in der Früh** (auch südd.): am Morgen: *Die Organisation ... teilte auf Twitter mit, dass das Gebäude in der Früh geräumt worden sei.* (SN 29. 4. 17)

**Frühjahrssession,** die (auch schweiz.): Sitzungsperiode im Parlament, bei Gericht o. Ä. im Frühjahr: *Seit Montag dieser Woche berät der Verfassungsgerichtshof in seiner Frühjahrssession über eine zweistellige Zahl von Schubhaftbeschwerden.* (ST 8. 3. 07). ↑**Session**

**Frühlingshock,** der (Vbg., wie schweiz., ugs.): gemütliches Beisammensitzen im Frühling: *Die Besucher erwartet ein gemütlicher Frühlingshock mit Musik.* (VN 9. 4. 10). ↑**Hock**

**Frühpension,** die: (in D) Frührente: *Teilzeit statt Frühpension.* (PR 18. 4. 17). ↑**Pension**, **Pensionist** ◆ **Frühpensionist/-in:** *Ich bin Frühpensionist und bekomme wegen der ganzen Sache eine Unfallrente* (OÖN 11. 5. 07)

**Frühspitze,** die (auch schweiz.): Stoßzeit im Morgenverkehr (Ggs. ↑Abendspitze): *Die Stauungen vor der Baustelle erreichen speziell in der Frühspitze und an den Vormittagen rekordverdächtige Ausmaße.* (KU 4. 8. 06)

**Frühstückspension,** die (auch bayr., in D selten): Pension, in der man nur Übernachtung und Frühstück erhält, Hotel garni: *Er sieht seine Häuser nicht als Konkurrenz, sondern als Ersatz der schwindenden Frühstückspensionen.* (PR 28. 3. 17)

**Fuchs,** der: wird österr. ugs. in der Bedeutung ›braunes Pferd‹ auch schwach gebeugt: des/dem/den Fuchsen, die Fuchsen

**fuchsen** /unpersönlich, *es fuchst jmdn.*/ (ugs.): nicht gelingen, Schwierigkeiten bereiten (in D bedeutet das Wort ›Ärger erregen‹): *Wobei es ihn manchmal »fuchst«, sind technische Angelegenheiten.* (OÖN 30. 4. 07)

**Fuchtel,** die; -, -n (ugs.): zänkische, herrschsüchtige Frau: *»Mit der grünen Fuchtel setze ich mich nicht an einen Tisch. Dass ich nach 30 Jahren in der Kommunalpolitik sowas noch erleben muss.«* (KU 6. 8. 00)

**führen** /mit Akk./ (auch schweiz.): transportieren, befördern, fahren: *Sie liebte jetzt den Traktor, den sie den Pumperer nannten, sie fuhr damit einkaufen, pflügen, Milch führen, zum Rosenkranzbeten und jeden zweiten Sonntag zu den Schwiegereltern.* (profil 20. 10. 03). ↑**einführen, niederführen, zusammenführen**

**Führer Führerin,** der bzw. die (auch schweiz.): Fahrer, Person, die etwas transportiert (bes. in Zus.). ↑**Milchführer**

**Führerscheinregister,** das: Datenbank, in der Personen mit Verkehrsdelikten verzeichnet sind: *Wenn der Autofahrer jemandem den Vorrang genommen hat, wird ihm zudem eine Vormerkung im Führerscheinregister eingetragen.* (SN 30. 12. 15)

**Fuhrlohn,** der: Bezahlung für eine Taxifahrt (in D nur für einen Transport): *Die Männer hatten sich per Taxi von der Autobahnraststätte Eben zum Bahnhof bringen lassen. Dort zahlten sie nur die Hälfte des Fuhrlohnes und flüchteten.* (SN 17. 1. 02)

**Führungsgarnitur,** die (auch schweiz.): Personengruppe, Schicht, die im gesellschaftlichen, wirtschaftlichen, politischen Bereich maßgebend ist: *Angesichts solcher politischen Sprunghaftigkeit werden Beraterteam, Kabinett, die politische Führungsgarnitur dieses Präsidenten umso wichtiger.* (ST 13. 11. 16). ↑**Garnitur**

**Fuhrwerk,** das: Oberbegriff für jede Art von Transportmittel, auch Lkw: *Nach dem Einsatzhöhepunkt am Wochenende normalisiert sich die Lage nun wieder. So kommt die zuständige MA 48 inzwischen wieder ohne private Fuhrwerke aus.* (KU 9. 1. 17)

**fuhrwerken** (auch südd.): mit einem Fuhrwerk, Fahrzeug mit Zugtier [beruflich] fahren: *Einerseits signalisieren Bagger, Raupen und Lkw, dass etwas Neues im Entstehen ist, anderseits ist ihre Anwesenheit mit so mancher Belästigung verbunden. Insbesondere dann, wenn sie ... in unmittelbarer Nähe einer Schule fuhrwerken.* (OÖN 20. 11. 03); *In unmittelbarer*

*Nachbarschaft zum Güterbahnhof könnte auch Mohr en masse Frächter fuhrwerken lassen.* (Industriemagazin 1. 5. 02)

**Fuhrwerker Fuhrwerkerin,** der; -s, -: 1. Lenker eines [Pferde]fuhrwerkes, Taxis: *Der Fuhrwerker handelte sich wegen Gefährdung der Verkehrssicherheit auch eine saftige Geldbuße ein.* (SN 11. 1. 07). 2. Transportunternehmer: *Noch viel mehr Maut-Kilometer würden sich Fuhrwerker ersparen, die statt über die Außenringautobahn über den Grünen Berg und das Wiental zur Westautobahn fahren.* (KU 27. 7. 03)

**Fülle,** die (auch südd., ostmitteld.): Füllung (von Speisen): *Was die Fülle der Ente betrifft: Man kann die Ente auch mit Semmelknödelteig füllen.* (SN 27. 4. 17). ↑**Apfelfülle, Fleischfülle, Grammelfülle, Haselnussfülle, Kletzenfülle, Marmeladefülle, Mohnfülle, Nussfülle, Powidlfülle, Strudelfülle, Topfenfülle, Wurstfülle**

**Füllfeder,** die (auch südd., schweiz.): (in D) Füllfederhalter, Füller: *Immerhin würden Eltern damit verpflichtet, zusätzlich zu bisherigen Anschaffungen wie Füllfeder und Taschenrechner auch noch mobile Computer »und ähnliches« zu finanzieren.* (SN 26. 9. 16). ↑**Feder, Redisfeder**

**Fundamt,** das: Fundbüro: *Am Klagenfurter Hauptbahnhof wurde der Geigenkoffer schließlich gefunden und von Mitarbeitern der ÖBB ins Fundamt gebracht.* (OÖN 6. 4. 17)

**Fünfer,** der; -s, - (auch südd.): Ziffer, Note, Linie Fünf, (in D) die Fünf: *Wer auf die schriftliche Matura einen Fünfer bekommt, hat die Möglichkeit zur Ablegung einer Kompensationsprüfung.* (ST 26. 4. 17). ↑Achter

**Fünfziger,** der; -s, -: 50. Geburtstag (in D nur Geldschein, Münze im Wert von 50): *Zum Fünfziger nach Kenia.* (SN 21. 1. 08). ↑**Achtziger**

**Fünfzigerl,** das; -s, -n (ugs.): 50-Cent-Stück, früher 50-Groschen-Stück: *Was sind 556 Zehnerln, neun Fünfzigerln, sieben Fünferln und zwei Schillinge wert?* (SN 9. 2. 06)

**Fünfsternhotel** ↑-Stern-

**Funken,** der; -s, - (Vbg., Volkskunde): großer Scheiterhaufen, der als Frühjahrsbrauch abgebrannt wird; Faschingskehraus am Sonntag nach Aschermittwoch: *Getreu diesem Motto loderten am Funkensonntag und auch am Samstagabend unzählige Funken landauf und landab in den nächtlichen Himmel.* (VN 11. 2. 08)

**Funkenhexe,** die (Vbg., Volkskunde): Hexenfigur auf dem ↑Funken

**Funkenmeister Funkenmeisterin,** der bzw. die (Vbg., Volkskunde): ↑Funkenzunftmeister: *Der Funkenmeister ist mit dem Werk zufrieden.* (VN 9. 2. 08)

**Funkensonntag,** der (Vbg., Volkskunde): Sonntag nach Aschermittwoch: *Der große Götzner Funken findet jedes Jahr am Funkensonntag beim Sunnahof St. Arbogast statt.* (VN 21. 1. 16)

**Funkenzunft,** die (Vbg., Volkskunde): Brauchtumsverein, der für den ↑Funken zuständig ist: *Die Fasnat ist vorbei, es lebe die Funkenzunft!* (VN 6. 2. 08) ◆ **Funkenzunftmeister/-in**

**Funker Funkerin,** der bzw. die (Vbg., Volkskunde): Teilnehmer am ↑Funken: *Die Oberdorfer Funker nützten den Umzug in Haselstauden, um Werbung für ihr großes 60-Jahr-Jubiläum am kommenden Wochenende zu machen.* (VN 6. 2. 08)

**Funktionszulage,** die (Verw.): zusätzliches Entgelt zum normalen Gehalt für Leitungsfunktionen in öffentlich-rechtlichen Körperschaften: *Die nebenamtlich tätigen Vizerektoren erhalten Funktionszulagen von 30.000 bis 36.000 Euro* (ST 19. 8. 15)

**Funsen, Funzen,** die, -, -: 1. (ugs., abwertend) eingebildete, aber dumme und keifende Frau: *Nicole Beutler amüsiert als Karikatur einer aristokratischen Funzen.* (KU 18. 1. 03). 2. schwache Lichtquelle, (in D) Funzel: *Die Funsen auf dem Holzmast dürfte aus der Nachkriegszeit stammen.* (KU 10. 9. 05)

**Furmint,** der ‹ung.›: burgenländisch-ungarischer Qualitätswein: *Dort lagert derzeit die Ernte der alten ungarischen Sorte Furmint, die die Ruster seit einiger Zeit wieder für sich entdeckt haben.* (PR 1. 11. 14)

**Fürtuch,** das (veraltend, auch südd., schweiz.): [Arbeits]schürze; noch heute in der Trachtenmode: *Noch im frühen 20. Jahrhundert konnte man sich niederösterreichische Weinbauern oder oberösterreichische Hörndl- und Körndlbauern nicht ohne ihr blaues Fürtuch vorstellen.* (OÖN 19. 8. 06)

**Fuß,** der (auch südd., schweiz.): Bein (bezeichnet also den Körperteil von den Zehen bis zur Hüfte, und nicht nur von der Ferse bis zu den Zehen): *Ich war gerade zehn Jahre alt und hatte mir den Fuß gebrochen.* (OÖN 24. 4. 15); ***die Füße unter den Arm nehmen:** schnell laufen, sich beeilen: *Derselben Meinung ist auch W. S., der Fußgängern emp-*

*fiehlt, »die Füße unter die Arme zu nehmen und zu versuchen, die Straße unbeschadet zu überqueren«.* (TT 1. 9. 09); ***jmdn. auf freiem Fuß anzeigen** (auch bayr.): eine Person bei Verwaltungsdelikten anzeigen ohne Verhaftung (in D gibt es nur die Wendungen *auf freiem Fuß sein, jmdn. auf freien Fuß setzen*): *Ein Mittäter wurde auf freiem Fuß angezeigt.* (KU 19. 4. 08); ***mit einem Fuß im Kriminal stehen:** sich in einer gesetzlichen Grauzone befinden: *Der Justizminister ortet jedoch ein »Unbehagen der Wirtschaft«, die behauptet, nach jeder Fehlentscheidung stehe man mit einem Fuß im Kriminal.* (News 24. 7. 14); ***mit beiden Füßen [fest] auf der Erde, im Leben stehen**: realistisch, praktisch sein, sich in jeder Lage zurechtfinden, (in D) mit beiden Beinen ...: *Alisar gefällt mir optisch und charakterlich sehr gut. Sie steht mit beiden Füßen auf dem Boden.* (OÖN 11. 6. 10); ***jmdn. am falschen Fuß erwischen:** **a)** gerade antreffen, wenn er das Gewicht auf das andere Bein verlagert hat: *Ein scharfer Schuss ins linke Eck, Ersatzkeeper Heinz Arzberger am falschen Fuß erwischt – 1 : 0.* (OÖN 9. 12. 04). **b)** jmdn. in einer für ihn ungünstigen Situation treffen, überraschen: *Wenn er jemanden am falschen Fuß erwischt, fällt er sicher auf ihn herein.* (OÖN 10. 10. 13)

**Fußabstreifer,** der; -s, - (auch südd.): Matte zum Reinigen der Schuhsohlen, (in D) Fußabtreter: *Als Asche auf den Fußabstreifer fiel, soll sie ihn angeschrien und wieder geschimpft haben.* (SN 7. 9. 16). ↑**abstreifen**

**Fußdacke** ↑Fußtacke

**fußeln**: mit den Füßen unter dem Tisch Berührung suchen: österr. Nebenform, (in D nur) füßeln: *Von »Fußeln« über »Mein erster LSD-Trip« bis zu »Man kann sie nicht alle haben!« erzählen schon ihre Titel den perversen Entwicklungsroman.* (PR 4. 8. 13)

**füßeln** (bes. südostösterr. ugs.): beim Ringen das Bein stellen. – Die Bedeutung ›mit den Füßen Berührung suchen‹ ist gemeind.

**fußfrei:** mit Beinfreiheit: *Damit das Publikum fußfrei sitzt, wurden die Plätze 1997 von 176 auf 97 Stück reduziert.* (NÖN 1. 3. 12); ***erste Reihe fußfrei:** **a)** sehr bequem [und prominent platziert] sitzend: *So waren bis jetzt Shakespeares »Coriolanus« ... oder »Frankenstein« aus dem Royal National Theatre bequem im Kinosessel zu erleben, sozusagen erste Reihe fußfrei.* (KZ 13. 2. 15). **b)** in einer günstigen Situation, in der man nur gelassen abzuwarten braucht: *Die FPÖ hingegen sitzt derweil erste Reihe fußfrei und wartet auf eine baldige Regierungsbeteiligung!* (TT 26. 1. 17); *Alar kann sich diese Diskussion erste Reihe fußfrei anhören und auf seine Chance hoffen.* (WZ 5. 10. 16)

**Fußgeher Fußgeherin,** der bzw. die: Fußgänger/-in: *Fußgeher und einspurige Verkehrsteilnehmer könnten durch die zusätzlichen Lichtquellen leichter übersehen werden.* (SN 16. 6. 05). ↑-GEHER ◆ **Fußgehertunnel; Fußgeherübergang:** *Denn der neue, rot markierte Fußgeher-Übergang in der Großambergstraße sei besonders für Kinder gefährlich.* (OÖN 17. 10. 12); **Fußgeherzone:** *Der Erfolg Wiens liegt in der in den Siebzigerjahren eingeleiteten Entschleunigung und damit Kontrolle des Verkehrssystems durch Fußgeherzonen.* (PR 6. 8. 12)

**fußmarod** (veraltend, noch scherzhaft): fußkrank, am Bein verletzt: *Doch das war zu erwarten, auch wenn man nicht ahnen konnte, wie erbärmlich fußmarod einige der blauen Mitmarschierer sein würden.* (KU 14. 5. 01); (meist übertragen) *selbst die konjunkturell reichlich fußmarode Eurozone hat zuletzt 2011 derart vergleichsweise niedrige Arbeitslosenzahlen gesehen wie im Februar dieses Jahres.* (PR 1. 3. 16). ↑**marod**

**Fußtacke,** die (ugs., bes. ostösterr.): Fußabstreifer: *Mach es du selbst! ... Der Cousin empfahl zweijährige Zweige, ... ein Onkel die kreuzförmige Knüpfung mit »nasser Naturfaser«, da diese beim Trocknen schrumpfe und die Fußdacke fester mache.* (Falter 25. 9. 13). ↑**Tacke, Türtacke** ◆ **Fußtackerl**

**Futterbarn,** der (auch bayr.): Futtertrog: *Und hier gab es auch Verpflegung für die Tiere: Futterbarren und Tränke.* (NÖN 15. 1. 15). ↑**Barn**

**Futterstadel,** der: abgelegene Hütte zum Aufbewahren von Futter: *Gegen 19.40 Uhr wurde die Feuerwehr Söll zu einem leer stehenden Futterstadel ... im Ortsteil Wald gerufen.* (KU 17. 4. 01). ↑STADEL

**Fuzel,** der; -s, - (ugs.): **1.** Staub-, Schmutzflocke, (in D) Fussel: *die Fuzeln abbürsten; »Von Mäusen zerfressene Fuzeln oder Hundekot, mit der Behauptung, das Tier habe das Geld gefressen.«* (ST 14. 5. 05). **2.** sehr kleine Menge, kleines Stückchen: (meist übertragen) *»Da kann ich natürlich nicht ausschließen, dass ein Fuzel Atomstrom dabei ist.«* (KU 20. 4. 01). ↑**Fuzerl**

**Fuzelarbeit,** die: ↑Fitzelarbeit: *»Wir haben versucht, den internationalen Stadionton im*

*ORF-Zentrum herunterzuregeln, einen Filter vorzusetzen und jeden Tag in einer regelrechten Fuzelarbeit weiter zu optimieren.«* (OÖN 22. 6. 10)

**fuzeln,** sw. V. / hat (ugs., auch bayr.): **1.** sehr klein, eng schreiben: *Der Verteidiger überschüttete die Richterin mit klein gefuzelten Tabellen (»Die kann ich nicht einmal mit der Brille lesen, da brauche ich eine Lupe!«), aus denen sich fünf Fakten ergeben sollen.* (KU 18. 8. 15). **2.** sehr kleine Stücke abschneiden: *Einzeln müssen die Seiten auseinander gefuzelt werden, um sie nicht zu zerreißen.* (OÖN 16. 4. 11). **3.** Fusseln abgeben: *der Stoff fuzelt* ◆ **Fuzelei:** *Diese Fuzelei ist eine Wertschätzung des Textes. Mehr ist sie aber eine Betonung ihrer Elemente und der Möglichkeit, sich zusammenzufinden.* (ST 9. 5. 08)

**Fuzerl,** das; -s, -n (ugs., auch bayr.): **1.** Staubflocke, (in D) Fussel: *die Fuzerln abbürsten; Polizei überprüft jedes Fuzerl.* (ST 13. 5. 03). **2.** sehr kleine Menge, kleines Stückchen: *Auch wenn noch ein Fuzerl der abgekratzten Vignette vorhanden gewesen wäre, hätte das nichts genützt.* (KZ 13. 7. 15). ↑**Fuzel, Papierfuzerl**

## Gg

**Gabelbissen,** der: meist industriell hergestellte und in kleinen runden Bechern verkaufte Speise aus pikanten Zutaten, wie Wurst, gekochte Eier, Heringsfilet, Geflügel usw., gemixt mit Mayonnaise: *Freitagmittag gab es in der Anstalt Wien-Simmering Tomatensuppe und Fischstäbchen, für den Abend standen »Gabelbissen« und Hartkäse am Speiseplan.* (PR 14. 11. 14). – Eine Erfindung des Wiener Fleischhauers Josef Wojnar aus dem Jahr 1930. Der Name hängt vermutlich mit dem urspr. ebenfalls pikanten ↑Gabelfrühstück zusammen

**Gabelfrühstück,** das (bes. ostösterr.): **1.** Zwischenmahlzeit am Vormittag: *In den Jahren seiner Ministertätigkeit hat er seine Ernährung umgestellt, die Burenwurst zum Gabelfrühstück ist schon seit Jahren gestrichen.* (WZ 24. 11. 08). **2.** Pause, in der die Mahlzeit eingenommen wird: *Gleichzeitig sind die Beamten, wie seinerzeit bei uns, von Herzen grantig und auch dann beim Gabelfrühstück, wenn sich an den Schaltern Warteschlangen stauen.* (profil 31. 5. 10). – Urspr. eine reichhaltige Mahlzeit am späten Vormittag, da erst am Nachmittag gespeist wurde, heute oft svw. ↑Jause. – In D veraltend für ›zweites Frühstück bei feierlichen Anlässen‹

**Gabelkraut,** das: mit Zwiebel, Knoblauch, Wacholderbeeren und Lorbeerblatt gedünstetes Sauerkraut: *Der erste Gang war deftig bodenständig: Blutwurst- und Grammeltascherl mit Gabelkraut.* (KU 11. 2. 06)

**gaberln,** sw. V. / hat (ugs., Fußball): den Ball möglichst lange in der Luft halten, indem man ihn mit einem Körperteil regelkonform spielt (Fuß, Knie, Brust, Schulter, Kopf), ohne dass er zwischendurch am Boden aufkommt; (in D) hochhalten, jonglieren, danteln, tängeln: *Er steht an der Strafraumgrenze, gaberlt, schießt, trifft die Latte.* (KU 28. 11. 05). ↑**aufgaberln**

**Gabon:** die in Österr. übliche Schreibung für *Gabun* (afrikanischer Staat): *Ob Kupfer aus Sambia, Eisenerz aus Gabon oder eben Öl aus Angola, Nigeria und dem Sudan.* (PR 30. 9. 09)

**gack!** ↑pfui gack!

**Gackerl,** das; -s, -n (Kinderspr., bes. Wien): Exkremente: *Für Tuffy hat sie zwar kein Sackerl fürs Gackerl, aber immerhin eine pinkfarbene Schaufel, mit der sie den Minihundekot aufsammeln kann.* (PR 25. 4. 15); *Nimm ein Sackerl für sein Gackerl!* (Slogan der Wiener Stadtverwaltung als Aufforderung, den Hundekot selbst einzusammeln)

**gackerlgelb** (ugs., salopp, auch bayr.): in als hässlich empfundenem dunklen Gelb: *Hat die Europäische Union eine Verordnung erlassen, wonach alle europäischen Briefkästen aus Gründen der Vereinheitlichung gackerlgelb sein müssen?* (WZ 7. 8. 04). – Auch in der der Dialektaussprache entsprechenden Schreibung *gagerlgelb*

**Gaden,** der und das; -s, Gäden (Vbg., regional auch schweiz., südwestd.): [Schlaf]kammer für Kinder, Knechte, Mägde: *Die Hütte aus dem Jahr 1582 ist mit Küche, Stube, Gaden, Stall, Schopf, Heuboden und Ziegenstall praktisch original erhalten.* (VN 29. 6. 17)

**gaga!** (Kinderspr.): **1.** Ausruf des Missfallens und Ekels, Warnung vor Schmutz: *Das ist gaga!* **2.** abwegig; geistig verwirrt: *Ist es wirklich so gaga, sich ein System zu wünschen, in dem Menschen beiderlei Geschlechts Führungsverantwortung tragen UND ihre Kinder nicht vernachlässigen?* (KU 7. 10. 06). ↑**pfui gack**

**Gage,** die ‹franz.›: (in der österr.-ungarischen Monarchie) Gehalt der Offiziere und Beamten, auch oft noch im heutigen Sprachgebrauch, bes. in der Wirtschaft: *Die Gagen der Direktoren werden seit Jahren im ORF-Geschäftsbericht veröffentlicht.* (PR 27. 3. 17). Für ›Bezahlung von Künstlern‹ gemeind. – Zur Aussprache ↑ -age

**Gagenkaiser** ↑ -kaiser

**gagerlgelb** ↑ gackerlgelb: *Die Hütte hat ein neues Outfit erhalten, nur gehen die Meinungen auseinander, ob es sich beim Anstrich um Schönbrunner- oder Gagerlgelb handelt.* (ST 18. 1. 13).

**Galanteriespengler Galanteriespenglerin,** der bzw. die ‹franz.›: Handwerker, der kleinere Gebrauchs- und Ziergegenstände aus Metall herstellt: *Galanteriespengler schließlich erzeugen Gebrauchsgegenstände für jeden Bedarf (Ziergegenstände, Dacheinfassungen, Kannen, Eimer, Wannen o. ä.).* (OÖN 7. 8. 04). ↑ SPENGLER

**Galanteriewaren** ‹Plural›: (Behördenspr., sonst veraltet): modisches Zubehör zur Kleidung; kleinere Gebrauchs- und Ziergegenstände aus Metall: *Kafkas Vater, ein Prager Galanteriewarenhändler, ... hätte den Sohn gerne als Rechtsanwalt oder Unternehmer gesehen.* (WZ 25. 5. 14)

**Galerie,** die ‹ital.›: **1.** (auch schweiz.) Tunnel an einem Berghang mit Öffnungen zur Talseite; Halbtunnel: *Bei einem Abgang der Lawine auf die ungeräumte Galerie würden die Schneemassen gleichsam auf Straße und Bahn umgeleitet.* (SN 26. 3. 05). **2.** (ostösterr., ugs., veraltend) Unterwelt, Verbrecherwelt: *Schließlich wurde die geschlossene und hierarchische Welt der »Galerie« durch neue und wirksame Formen der organisierten Kriminalität suspendiert.* (WZ 20. 8. 04) ◆ **Galerist/-in**

**gallertartig:** wird österr. (und südd., schweiz.) auf der zweiten Silbe betont, in D auch auf der ersten

**Gallerte,** die; -, -n: österr. (und schweiz.) nur so, (in D auch) das Gallert: *Das Joghurt aus nanofiltrierter Milch hat gegenüber herkömmlichen Produkten einige Vorteile: Die Gallerte, die bei der Milchsäuregärung entsteht, ist deutlich cremiger.* (PR 21. 11. 02)

**galt** (Viehzucht, auch schweiz., bayr.): keine Milch gebend, unfruchtbar (von Kühen): *Gehaltreiches Futter von intensiv genutzten Wiesen eigne sich für Tiere mit hoher Leistung, weniger gehalt-, dafür umso rohfaserreicheres Futter für galte Kühe und Pferde* (TT 19. 5. 04)

**Galtalm,** die: Alm, in der Jungvieh gehalten wird: *Die Galtalm Raaz wird an einen Bauer aus Tarrenz verpachtet.* (TT 2. 3. 00)

**Galtvieh,** das; -s (auch schweiz., bayr.): weibliche Rinder bis zur ersten Abkalbung: *Mit Almhalter, Melkern und Praktikantinnen sind sie ein achtköpfiges Team. 49 Milchkühe, 140 Stück Galtvieh, 28 Ziegen, 14 Schweine sind zu versorgen.* (KZ 21. 8. 16)

**Gams,** die; -, -[en] (in D regional und Jägersprache): Gämse: *Zusätzlichen Verdacht schöpfte die Polizei, als sie in seinem Haus Gams-, Hirsch- und Rehtrophäen fand.* (OÖN 29. 11. 06)

**Gamskrickel,** das (auch bayr.): Gamsgeweih, bes. als Trophäe: *Seine Reh- und Gamskrickel nagelt er auch an die Hotelwand.* (SN 8. 2. 02). – Auch in der Form *Gamskrickerl.* ↑ **Krickel, Rehkrickel**

**Gamsmilch,** die: Milch mit Honig und Rum: *Beim Frühschoppen ab 12 Uhr mit der Jauntaler Trachtenkapelle wird dann in der Bergarena bei Petzenblut und Gamsmilch gefeiert.* (KZ 26. 7. 08)

**Gand,** die; -, -en und das; -s, Gänder (bes. in Südtirol, auch schweiz., westösterr. nur noch in Flurnamen): Geröll-, Schutthalde

**Ganeff,** der; -[s], -s und -e ‹jidd.› (veraltet): Gauner, Ganove: *Was ist nun dieser Julian Treslove? Ein ... Ganeff, ein Gauner, der sich eine neue, andere Identität aneignet?* (ST 14. 1. 12)

**Gang,** der: kann sich bes. westösterr. (wie CH und D) auch auf einen langen Vorraum einer Wohnung beziehen (im Ggs. zu einem langen Gang in einem öffentlichen Gebäude): *Egal, ob in Bad, Küche, Gang, Treppen oder auf Terrasse und Balkonen – der Quarzboden besticht durch elegante Optik und lange Lebensdauer.* (TT 24. 3. 00)

**Gangbett,** das: Bett auf dem Flur (in einem Krankenhaus, Internat): *Laut der Wiener Patientenanwältin ... gab es allein in diesem Jahr acht Beschwerden von Patienten, die in einem Gangbett untergebracht wurden.* (PR 10. 5. 15)

**Gankerl,** der; -s, -n (mundartnah, auch bayr.): **1.** Teufel: *Wenn einen der Gankerl vorher holt, das ist schon arg.* (KZ 17. 2. 09). **2.** übermütiges kleines Kind, lustige Person: *Sie verglich sein übermütiges Temperament mit dem eines aufgeweckten »Gankerls«.* (OÖN 14. 11. 13)

**Gans-:** österr. (und südd.) in Zus. veraltend neben *Gänse-*, z. B. **Gansbiegel** ↑ Biegel; **Gansbraten:** *Küchenchef Franz Neurauter verrät,* *wie sein Gansbraten saftig wird.* (TT 6. 11. 07); **Gansfleisch:** *Einen ganz speziellen Platz in der traditionellen Küche nehmen einfache Gerichte mit Gansfleisch ein.* (KZ 10. 9. 15); **Gansleber:** *Gansleber im Glas mit Preiselbeeren.* (OÖN 7. 12. 13)

**Gansl** das; -s, -n (ugs.): **1.** (Verkl. zu) Gans: *Das Gansl hatte Auslauf, war glücklich, schmeckt auch so.* (PR 23. 11. 16). **2.** (emotional aufwertend) geschlachtete Gans; Gänsebraten: *Und zum Gansl gehören Rotkraut und Erdäpfelknödel dazu wie das Amen zum Gebet.«* (KU 22. 12. 07). **3.** (abwertend) unerfahrenes, sich kindisch gebendes, oft kicherndes und schwatzhaftes Mädchen: *Da darf sich Petra Morze als verheiratete Antoinette wie ein Ganserl ihrem Galan an den Hals werfen.* (PR 19. 2. 00). – Auch in der Form *Ganserl*

**Gansl-:** österr. in Zus. in Speisenbezeichnungen neben *Gänse-*, z. B: **Ganslessen:** *Martini und Ganslessen – das gehört genauso zusammen wie Weihnachten und Kekse.* (KU 8. 11. 07); **Ganslfett; Ganslsuppe:** *Kulinarisch darf man sich auf frische Bauernkrapfen, Glühmost, Speckbrote, Ganslsuppe, Wildragout u. v. m. freuen.* (OÖN 14. 11. 14), ↑Suppe

**Gansleber,** die (auch südd.): Gänseleber: *Die Gansleber braucht Salz, aber erst nach dem Braten!* (ST 11. 11. 05) ◆ **Gansleberpastete**

**Ganslhaut,** die (ugs., auch bayr.): Gänsehaut: *Bei manchen Gedanken hab' ich Ganslhaut bekommen.* (KU 26. 1. 08)

**Gansljunge,** das (in der Form *Gansljung* auch bayr.): Gänseklein: *Das klein geschnittene Gansljunge in die Suppe geben und mit der gebratenen Leber garnieren.* (OÖN 17. 11. 11). ↑-JUNGES

**Gant,** die; -, -en (veraltend, auch schweiz.): öffentliche Versteigerung; ***auf die Gant kommen:** in Konkurs gehen. ↑**verganten**

**Ganymed:** wird österr. (und bayr.) auf der ersten Silbe betont, in D auch auf der letzten

**Gänze:** ***zur Gänze** (seltener auch in D): vollständig, ganz: *Das ginge in Österreich nicht, weil die Stiftungsurkunde und allfällige Zusatzurkunden dem Fiskus zur Gänze offengelegt werden müssen.* (SN 19. 2. 08)

**gar** (ugs., auch südd.): zu Ende, aufgebraucht: *»Wenn der Uhudler* (Weinsorte) *gar ist, ist er gar. Es kann schon passieren, dass wir im August keinen Uhudler mehr haben«.* (BVZ 31. 1. 13)

**garagieren** ⟨franz.⟩: (ein Fahrzeug) in der Garage einstellen: *Ein Mercedes der E-Klasse ... wird aber üblicherweise von Lenkern mit Erfahrung gefahren, die auf das Fahrzeug Acht geben und es auch garagieren.* (KU 22. 3. 07)

**Garçonnière,** die; -, -n [garsɔˈni̯ɛːɐ̯] ⟨franz.⟩: Einzimmerwohnung: *In der kleinen nämlich wohnt seine Mutter, während in der großen ich eine Garçonniere besitze.* (WZ 11. 4. 15) ◆ **Mietgarçonnière, Neubaugarçonnière**

**Garderobe,** die: wird österr. (und bayr.) ugs. ohne Endungs-e ausgesprochen

**Garderobiere,** die ⟨franz.⟩: wird österr. meist ohne Endungs-e ausgesprochen

**Garnitur,** die ⟨franz.⟩: (fachspr. auch in D) zu einem Zug zusammengestellte Wagen der Eisenbahn oder Straßenbahn: *Die Garnitur kam rund 100 Meter nach der Unfallstelle zum Stillstand.* (SN 6. 2. 08). ↑**Einsergarnitur, Führungsgarnitur** ◆ **Güterwagengarnitur; Nahverkehrsgarnitur:** *Insgesamt seien 63 Züge betroffen gewesen. 49 waren Reisezüge, wobei 25 Fern- und 24 Nahverkehrsgarnituren waren.* (WZ 9. 3. 09); **Niederflurgarnitur; Straßenbahngarnitur; Triebwagengarnitur:** *Als die elegante Triebwagengarnitur ... lautlos einfährt, schlägt mein Herz bis zum Hals.* (PR 13. 3. 15); **Verschubgarnitur** (↑Verschub); **Zugsgarnitur**

**garteln,** sw. V. / hat (ugs., auch bayr.): als Hobby im Garten arbeiten, (südd.) gärteln: *Die vergangenen Tage haben ja nun wirklich nicht zum Garteln eingeladen.* (OÖN 27. 3. 08)

**Gasgebrechen,** das: Schaden an Gasleitungen: *Gasgebrechen in der Sillgasse legte die Öffis völlig lahm.* (KU 29. 6. 06). ↑GEBRECHEN

**Gasse,** die: steht österr. (und bayr.) für ›Straße‹, wenn der Ggs. zum Innern (einer Wohnung, eines Lokals usw.) ausgedrückt werden soll; ›straßenseitig, im Freien, draußen‹: *mach das Fenster zu, wir heizen nicht für die Gasse; die Schule liegt drei Gassen weiter;* ↑gassen-, Gassen-; ***über die Gasse** (auch bayr., schweiz.): zum Mitnehmen (von Speisen und Getränken), (in D) [Verkauf] über die Straße: *Die Kaffeehaus-Institution Landtmann verkauft ihre Mehlspeisen nun auch über die Gasse.* (KU 11. 10. 06)

**Gasselschlitten,** der: leichter Pferdeschlitten: *Damals ... wurden vom Pferdesportklub ... in St. Sebastian derartige Pferdesportbewerbe ausgetragen: Gasselschlitten-, Skijöring- und Snörekjöringrennen.* (NÖN 8. 1. 02)

**gassen-, Gassen-:** bes. ostösterr. Form in Zus.: zur Straße (nicht zum Hof) hin gelegen, (in D) straßen-, Straßen-: **Gassenlokal:** *Das Gassenlokal ist ein »leicht zugängliches Kun-*

*denbüro, offen, modern und zukunftsorientiert«.* (KU 8. 10. 06), ↑Lokal; **gassenseitig:** *Gassenseitig hat Ertl eine »Backstube« eingerichtet.* (KU 11. 10. 05); **Gassenwohnung**

**Gassenbub,** der (auch südd., schweiz.): (in D) Gassenjunge: *Und das komische Gesicht, hinter dem die Gassenbuben spottend nachliefen, wurde dem Volk zum geistigen Antlitz der Welt.* (PR 31. 7. 15). ↑Bub

**Gassenverkauf,** der: Verkauf zum Mitnehmen, über die ↑Gasse: *Die schnelle Küche im »Merano« in der Elisabethstraße ist ein Imbissladen, auch für den Gassenverkauf.* (KZ 1. 9. 06)

**Gastgarten,** der: Fläche eines Restaurants im Freien, Biergarten, (in D) Gartenlokal, -restaurant: *Die Zeit für gemütliche Treffen in Gastgärten, auf Terrassen oder in Schanigärten ist gekommen.* (SN 11. 4. 17)

**Gastgewerbekonzession,** die (Verw.): behördliche Genehmigung zur Führung eines Gastronomiemetriebs; (in D) Schankkonzession: *Er machte die staatliche Skilehrerprüfung, erwarb die Gastgewerbekonzession und übernahm 1983 die Skischule Saalbach Hinterglemm.* (SN 20. 5. 14)

**Gastgewerbeschule,** die: Schule für Hotel und Gastgewerbe ◆ **Gastgewerbeschüler/-in:** *Ab Herbst werden österreichische Lehrer der Tourismusschulen in Sotschi Gastgewerbeschüler und Trainer ausbilden.* (PR 20. 5. 10)

**Gastrobetrieb,** der: (auch südd., schweiz., kurz für) Gastronomiebetrieb: *Hier entsteht ein Feriendorf mit 25 Chalets und einem Haupthaus mit Gastrobetrieb.* (SN 23. 3. 17)

**Gate,** die ‹ung.› (ostösterr. ugs. veraltend): [lange Männer]unterhose. – Auch in der Form *Gatte.* ↑**Untergate** ◆ **Gatehose:** *»Was willst denn? Hast uns eh schon aus'zogen bis auf die Gatehosen.«* (Heute 31. 12. 07)

**Gatsch,** der; -[e]s, -e (ugs., auch bayr.): weiche, breiige Masse; aufgeweichte Erde, Schneematsch: *Außerdem stellen sich die Kinder auf jedes Wetter ein, und welcher Vierjährige hupft nicht gerne im Gatsch herum.* (OÖN 21. 7. 04); *Kühe versinken im Gatsch.* (SN 14. 11. 08); ***Hupf in' Gatsch [und schlag Wellen]** (Redensart; ugs., salopp): rege dich nicht unnötig auf!; lass mich doch in Ruhe!; verschwinde!: (besonders bekannt auch durch einen Song von Georg Danzer): *Hupf in Gatsch? Nein danke. Geht's um den Wehrdienst, schießt der 3-Buben-Mutter reflexhaft Reinhard Mey ein: »Meine Söhne geb ich nicht«.* (News 3. 11. 11); *Hupf in Gatsch: Der neue X-Trail von Nissan ist auch auf ruppigem Geläuf daheim.* (SN 31. 12. 16)

**gatschig:** weich, aufgeweicht, matschig: *Winterwanderer und Langläufer sind aber arm dran. Alles ist nass und gatschig.* (SN 10. 1. 07)

**Gau,** der: Landesteil von Salzburg (entspricht dem *Viertel* in OÖ und NÖ): *Der Pinzgau ist nun mal ein Gebirgsgau. Hier herrschen andere Gesetze.* (SN 21. 11. 02). – Die hist. Bedeutung von *Gau* ist gemeind.

**Gäu,** das; -[e]s, -[e] (mundartnah, veraltend): Gau; bestimmtes abgegrenztes Gebiet, für das jmd. in einer bestimmten Funktion zuständig ist: *Mit Brot, Gebäck, Mehlspeisen, Milch und Milchprodukten wird täglich ins Gäu gefahren.* (NÖN 28. 5. 08); ***jmdm. ins Gäu kommen/gehen** (ugs., auch südd., schweiz.): jmdm. ins Gehege kommen: *Nach seinem Rückzug aus dem Linzer Kulturgeschehen streckte er seine Fühler in den Wiener Raum aus, »weil ich mir dachte, ... da komme ich niemandem ins Gäu«.* (OÖN 25. 8. 11)

**Gaudee,** die; -, -n ‹lat.› (ugs., salopp, veraltend): Vergnügung, Unterhaltung: *Freilich gibt es zumindest in Wien auch die Gaudee, die kann aber leicht exzessiv werden.* (PR 10. 10. 14)

**Gaudi,** die; - ‹lat.›: ist österr. (und südd.) immer Femininum, in D auch Neutrum: *Ich hab überall immer wieder Einladungen bekommen, nicht zum Singen, sondern einfach zur Gaudi.* (PR 23. 2. 17). ↑**Fetzengaudi, Pistengaudi**

**Gaumenfopper** ↑Fopper

**Gavotte,** die ‹franz.›: wird österr. (und schweiz.) ohne Endungs-e ausgesprochen

**Gebäck,** das: Oberbegriff für kleine Brotsorten, z. B. Semmel, Weckerl usw.: *Natürlich gibt es eine große Auswahl an Gebäck, Mühlen-Brot und Mehl.* (OÖN 30. 7. 17). – In D ist ein Gebäck fein und süß

**Gebärklinik,** die: Entbindungsabteilung eines Krankenhauses; Entbindungsheim: *Die Babyklappe an der Gebärklinik im LKH Graz blieb im Vorjahr ungenützt.* (KU 22. 2. 07)

**Gebarung,** die; -, -en: finanzielle Führung eines Betriebs oder in der öffentlichen Verwaltung: *Der Landesrechnungshof hat die Gebarung der Stadtgemeinde Schärding geprüft.* (OÖN 23. 3. 17). ↑**Finanzgebarung, Geldgebarung, Geschäftsgebarung, Kassagebarung** (↑Kassa), **Personalgebarung, Schuldengebarung** ◆ **Gebarungsbericht:** *Ebenso wollte sich B. ... absichern, dass in öffentlichen*

*AKS-Aussendungen aus Kontrollbericht und Gebarungsbericht zitiert werden darf.* (VN 27. 9. 07); **Gebarungsjahr; Gebarungskontrolle:** *Da alle Gesetze nur mit »öffentlichen Mitteln« vollzogen werden können, wurde dem Rechnungshof die »Gebarungskontrolle« übertragen.* (SN 27. 7. 04); **Gebarungsprüfung; Gebarungsüberschuss:** *Statt 62 Mio. Euro wird nun ein Gebarungsüberschuss von 59 Mio. Euro für 2014 erwartet, geht aus den aktuellen Daten des Hauptverbands der Sozialversicherungsträger hervor.* (KZ 15. 11. 14)

**geben:** 1. a) (auch südd.) irgendwohin tun, stellen, legen, setzen: *Vermische das Mehl mit den Gewürzen und gib es löffelweise in den Teig.* (NÖN 24. 1. 07). 2. ***sich etwas geben** (ugs. salopp): etwas konsumieren, sich etwas gönnen: *Welche DVDs haben wir an Bord? »Hinterholz 8« kenn' ich schon, »Curb Your Enthusiasm« gebe ich mir später.* (KU 12. 5. 07); *Und nach dem Training gebe ich mir ein isotonisches Getränk.* (KU 22. 3. 02); ***Da gibt es nichts!** (ugs.) Das steht außer Zweifel!: *Vom Charakter her ist er ein super Bursch. Da gibt es nichts.* (NÖN 18. 11. 08)

**Gebetläuten,** das (auch bayr.): Läuten der Kirchenglocken morgens, mittags und abends; Angelusläuten: *Dieses Gebetläuten geschieht mit der »Großen Glocke«, wobei drei Mal abgesetzt wird.* (SN 24. 3. 06)

**Gebietskrankenkasse,** die: gesetzliche Krankenversicherung nach dem Allgemeinen Sozialversicherungsgesetz; Abk. GKK: *74 Prozent fordern höhere Leistungen der Gebietskrankenkasse (GKK) für Zahnersatz.* (SN 11. 2. 08) – Wird ersetzt durch eine zentrale »Gesundheitskasse«

**Gebinde,** das (auch schweiz.): 1. Fass: *Heute sind eher kleine Gebinde gefragt, wie Barriquefässer aus Eiche.* (KU 5. 11. 07). 2. Verpackung: *Und wer keine eigenen Gebinde mitbringt, kann sie vor Ort kaufen.* (PR 24. 9. 16); *»Man geht schon wieder weg von den Edelstahltanks, schätzt wieder das* **Holzgebinde,** *das einen natürlichen Luftaustausch garantiert.«* (OÖN 20. 4. 04). ↑**Leergebinde**

**geblumt:** österr. Form, (in D) geblümt: *Eine spitzenbesetzte Robe à la francaise zum Beispiel oder eine seidene Adrienne für die Dame – geblumt oder in Pastelltönen.* (KU 23. 7. 07)

**Gebotstafel,** die: Gebotsschild: *Ein bereits eingereichtes touristisches Folgeprojekt wird Markierungen und Gebotstafeln für Wanderer im Kerngebiet schaffen.* (KZ 17. 6. 11). ↑**Tafel**

**Gebrechen,** das: 1. Schaden an Installationen (in D nur auf körperliche Gebrechen bezogen): *Ein technisches Gebrechen oder ein Verschulden der Betriebsleitung des Flugplatzes Zell am See ... sei auszuschließen.* (SN 11. 8. 07). 2. (Behördenspr.) Fehler, Versäumnis. ↑(zu 1.:) **Baugebrechen, Gasgebrechen,** ↑(zu 2.:) **Formgebrechen, Gebührengebrechen**

**Gebrechendienst,** der (bes. ostösterr.): Reparaturdienst für akute Gas-, Wasser-, Heizungsschäden: *Die Mitarbeiter von Müllabfuhr, Wiengas und Wienstrom und der Kanalisation werden streiken, der Gebrechendienst wird aber erreichbar bleiben.* (KU 3. 6. 03)

**gebühren** (Behördenspr.): einen Anspruch haben auf: *Pro Versicherungsjahr gebühren dem Versicherten ab nun je zwei Prozent der Bemessungsgrundlage.* (SN 5. 1. 00). – In der Bedeutung ›jmd. hat etwas verdient‹, z. B. *Ihr gebührt Anerkennung,* gemeind.

**Gebühreneinhebung,** die: Gebühreneintreibung: *Der öffentliche Auftrag allein rechtfertigt die Gebühreneinhebung.* (PR 21. 12. 07). ↑Einhebung

**Gebührengebrechen,** das (Behördenspr.): Versäumnis, Fehler in der Gebührenzahlung. ↑Gebrechen

**Geburt,** die: wird österr. mit kurzem u ausgesprochen, in D mit langem

**Geburtenbeihilfe,** die (Verw.): freiwillige Geldzahlung von Kommunen und Institutionen anlässlich einer Geburt (als staatliche Beihilfe abgeschafft): *1974, im Jahr der Einführung des Mutter-Kind-Passes, gab es als Anreiz die erhöhte Geburtenbeihilfe.* (WZ 12. 2. 17)

**Geburtenbilanz,** die (Verw.): Zahl der Geburten (bezogen auf ein bestimmtes Gebiet und einen bestimmten Zeitraum): *Demzufolge fiel die vorläufige Geburtenbilanz im Jahr 2015 mit einem Plus von 1.470 positiv aus.* (WZ 14. 3. 16)

**Geburtstagsjause,** die: Geburtstagsfeier: *Dort werde er für die Gäste eine »kleine Geburtstagsjause« auftischen.* (KZ 1. 6. 12). ↑Jause

**gedeftet** (ugs., bes. Wien, veraltend): entmutigt, gedrückt, verzagt: *Kommentarlos hat er sich am Freitagabend vom »Taxi Orange« verabschiedet, recht gedeftet zeigte er sich auch bei der Pressekonferenz am Samstagmittag.* (KZ 13. 5. 01)

**Gedenkdiener,** der: Zivildiener, der einen ↑Gedenkdienst ableistet: *Till, der 24-jährige*

*Gedenkdiener, holt uns ab und geht mit uns durch das Ghetto.* (PR 15. 2. 08). ↑-DIENER

**Gedenkdienst,** der: Wehrersatzdienst an einer [Holocaust-]Gedenkstätte: *Immer mehr junge Österreicher, die statt Wehr- oder Zivildienst einen Gedenkdienst in Holocaust-Museen in den USA leisten wollen, stehen vor unüberwindlichen Hürden.* (SN 24. 8. 07)

**Gedünstete,** das; -n (selten): gedünstetes Fleisch, Gemüse: *Wenig Rohes, dafür kurz Gedünstetes essen.* (OÖN 28. 10. 09)

**Gefangenenhaus,** das: Gefängnis: *Die U-Haft verbüßte er zuerst im Wiener Neustädter Gefangenenhaus.* (PR 25. 1. 17). ↑**Landesgefangenenhaus, Polizeigefangenenhaus**

**Gefangenhaus,** das (Behördenspr.): ↑Gefangenenhaus: *eine Krankenpflegerin brachte ihn im Rollstuhl vom Landesgerichtlichen Gefangenhaus in den Verhandlungssaal.* (PR 22. 9. 16); *landesgerichtliches Gefangenhaus.* ↑**Polizeigefangenhaus**

**gefertigt** (Behördenspr., veraltet): unterzeichnet: *Das von K. für die BDO gefertigte Papier erhält vorerst nicht der Staatsanwalt, sondern über das »Format« die Öffentlichkeit.* (PR 5. 5. 12); *elektronisch gefertigt* (Vermerk in amtlichen Schreiben)

**Gefertigte,** der und die: Unterzeichnete/-r (in Briefschlüssen). ↑**Endesgefertigte**

**gefinkelt:** schlau, durchtrieben: *Die Taktik des Touristikers ist gefinkelt und bis ins letzte Detail ausgefeilt.* (SN 28. 8. 06)

**Gefrett** ↑Gfrett

**gefretten** ↑gfretten

**Gefrieß** ↑Gfrieß

**Gefrorene,** das; -n (veraltend): Speiseeis: *Vielmehr wurden sie zu Speiseeis verarbeitet, war der Demel zur Zeit seiner Gründung Ende des 18. Jahrhunderts doch ein Salon für Gefrorenes.* (PR 18. 3. 17). – Auch in der Form *Gefrorne*

**Gegenstand,** der: Schulfach: *Manchmal liegt es am Gegenstand, manchmal benötigt das Kind eine Nachhilfe, manchmal sitzt es in der falschen Schule.* (KU 15. 2. 17). ↑**Freigegenstand, Hauptgegenstand, Lehrgegenstand, Lieblingsgegenstand, Nebengegenstand, Pflichtgegenstand, Schulgegenstand, Unterrichtsgegenstand, Wahlpflichtgegenstand**

**gegenständlich** (Behördenspr.): diesen Fall betreffend, den gerade zur Debatte stehenden Sachverhalt betreffend: *Im gegenständlichen Fall hätte sich F. aber ausschließlich auf L.s medizinische Ansichten bezogen* (PR 10. 3. 17)

**gegenverrechnen:** einer Berechnung eine andere gegenüberstellen, gegenrechnen: *Man habe so bei Top-Team einen »internen Guthabenstand aufgebaut, welcher mit später erbrachten Leistungen gegenverrechnet werden könnte«.* (KZ 29. 5. 15) ◆ **Gegenverrechnung,** ↑-VERRECHNUNG

**geh** ↑gehen

**Gehalt,** der; -[e]s, Gehälter: Besoldung: ist österr. (und bayr.) veraltend auch Maskulinum, in D nur Neutrum. *Die Gagen ... werden jedoch nicht als offizieller Gehalt, sondern in Form von Kilometergeld, Taggeld oder Diäten ausbezahlt.* (KU 11. 4. 08); ***das 13./14. Gehalt:** Weihnachts-/Urlaubsgeld: *Freie Dienstnehmer haben im Unterschied zu Angestellten keinen Anspruch auf das 13. und 14. Gehalt, der Mindestlohn gilt für diese Gruppe nicht.* (KU 27. 10. 07)

**Gehaltsexekution,** die: Gehaltspfändung: *Am 26. Oktober brannte das Auto seines Nachbarn, kurz davor war die Gehaltsexekution gegen den Angeklagten genehmigt worden.* (KZ 1. 10. 09). ↑EXEKUTION

**Gehaltstangente,** die (Behördenspr.) ⟨ital.⟩ durchschnittlicher Anstieg der Gehaltskurve [der Beamten]: *Die jährlichen Gehaltssprünge werden abgeschafft, leistungsbezogene Gehaltstangenten eingezogen.* (ST 18. 8. 04); *Wir bieten: Relativ flexible Arbeitszeiten, ... und, neben dem Fixbezug, eine erfolgsabhängige Gehaltstangente.* (Kammer der Wirtschaftstreuhänder Tirol, 23. 12. 16, Int). ↑TANGENTE

**Gehaltsvorrückung,** die: Gehaltserhöhung, die innerhalb eines festen Systems von Gehaltsstufen und nach bestimmten Zeiträumen automatisch erfolgt, bes. bei Beamten: *Die Anrechnung von Karenzzeiten bei Gehaltsvorrückungen soll wie bisher Kernkompetenz der Sozialpartner bleiben.* (PR 12. 9. 18). Vgl. Biennium. ↑**Vorrückung**

**Gehaltszettel,** der (selten auch in D): [Blatt mit der] Abrechnung des monatlichen Gehalts; Lohnzettel: *Kurz fordert, dass die Österreicher und Österreicherinnen »Österreichs positive Entwicklung nicht nur in Rankings, sondern besonders auf ihrem Gehaltszettel spüren«.* (PR 22. 9. 18). ↑**Bezugszettel**

**gehen: geh** /Plural:/ **gehts** ⟨urspr. Imperativ⟩ (ugs., auch bayr.): **1.** /Ermunterung oder Aufforderung/: *geh! Erzähl schon!; geh weiter, das kann doch nicht wahr sein; »Ich war unsicher,* *doch Ulrike ... meinte zu mir: Geh weiter, kumm.«* (KR 8. 3. 16). 2. Ausdruck der Ablehnung, der Skepsis gegenüber etwas; aber nein!: *gehts, ihr wollt mich doch nur sekkieren!; jetzt gehst aber!, das glaub ich dir nicht!; Ich liebe es zu putzen.»No, jetzt gehst aber, du Plauschwaberl!«* (PR 29. 3. 02). 3. Ausdruck des Erstaunens, der Verwunderung: *Na geh', ein Wahnsinn ist das.* (OÖN 4. 2. 17); ***aber geh!:** /abweisende Formel, mit der etwas nicht ernst Genommenes abgeschüttelt wird/: *Der Pfarrer sagte: »Aber geh, die paar Fenster streichen wir noch.«* (Falter 17. 3. 10); ***geh, hör auf!** /Ausdruck der Ablehnung oder der Verwunderung/: *Unter Freunden heißt es schnell: »Geh, hör auf damit. Oder hast du eine Midlife Crisis?«* (OÖN 1. 3. 08); ***jmdn. gehen lassen** (auch südd.): in Ruhe lassen: *Hör auf! Bitte hör auf, lass mich gehen.* (KR 26. 8. 06)

**-geher -geherin:** (österr. neben) -gänger: *Unter* **Almgehern** *ist Makula nämlich als Betreiber der Jausenstation »Nudlhütte« bei St. Paul sowie als Almhirte der Pöllinger- und der Ladinger-Hütte bekannt.* (KZ 28. 11. 11); **Almgeherin;** *Das kann ich nicht, ich bin kein* **Kaffeehausgeher.** (ST 4. 9. 07); **Kaffeehausgeherin;** *Gurt falsch bedient:* **Klettersteiggeher** *in Tirol tödlich verunglückt.* (OÖN 30. 7. 17); **Klettersteiggeherin.** ↑**Bettgeher, Fellgeher, Fußgeher, Kinogeher, Kirch(en)geher, Skitourengeher, Spaziergeher, Theatergeher, Tourengeher, Wünschelrutengeher**

**gehören** (auch südd.): für jmdn. angebracht sein, jmdm. gebühren (in bestimmten Wendungen:) ***jmdm. gehört etwas:** jmdm. gebührt etwas: *ihm gehört eine Ohrfeige; ihm hat es gehört, dass er die Arbeit allein machen musste;* ***jmd./etwas gehört etwas:** mit jmdm./etwas sollte etwas geschehen: *Jugend gehört informiert.* (OÖN 29. 10. 12); *Öl gehört gehört.* (Werbeslogan für ORF-Radio). – Ähnliche Wendungen i. S. v. ›an einer bestimmten Stelle am Platz sein‹, z. B. *die Kinder gehören um neun ins Bett,* oder mit Verben im 2. Part., z. B. *der Bau gehört verboten,* sind gemeind.

**gehorsam:** wird österr. (auch bayr.) mit kurzem Vokal ausgesprochen, in D mit langem; ***gehorsamster Diener, gschamster Diener** (veraltet, heute scherzhaft): Grußformel, bes. als Abschiedsgruß: *»Gschamster Diener«, schallt es der roten Spitzenkandidatin lauthals entgegen, als sie die »Sonnentor«-Zentrale betritt.* (KU 27. 1. 08)

**Gehörtsich,** der (ugs., veraltend): Anstand, Benehmen: *Ein »Gehörtsich« kenn ich in meinem Leben nicht.* (PR 13. 8. 16)

**Gehschule,** die: aus einem [Holz]gitter oder Netz bestehendes Gestell, in dem kleine Kinder das Gehen lernen bzw. sich gefahrlos aufhalten können, (in D) Laufgitter: *Als die Kinder klein waren, gab es eine Gehschule für sie im Betrieb und eine Bastelecke, wenn einmal keine Kinderbetreuung vorhanden war.* (ST 8. 1. 08)

**gehst** ↑gehen

**Gehsteig,** der (auch bayr., sonst selten): (in D) Bürgersteig: *Am vergangenen Mittwoch fuhr der 52-jährige Brite mit einem Mietauto auf dem Gehsteig der Westminster-Brücke im Zentrum Londons dutzende Menschen nieder.* (ST 28. 3. 17) ◆ **Gehsteigrand:** *Bleibt das Kind am Gehsteigrand immer stehen?* (KU 23. 8. 06)

**Gehsteigkante,** die: gegenüber der Fahrbahn erhöhte steinerne Einfassung des ↑Gehsteigs, Randstein, (in D) Bordstein: *Der Pensionist fuhr nach Polizeiangaben gegen eine Gehsteigkante und dürfte dadurch auf die rechte Seite des überholenden Pkw gestürzt sein.* (PR 8. 8. 16)

**Gehsteigvorziehung,** die (Behördenspr.): Gehsteigverbreiterung an Straßeneinmündungen: *Beispielgebend war im Vorjahr eine privat mitfinanzierte Gehsteigvorziehung Ecke Florianigasse-Lederergasse.* (KU 4. 12. 07). Vgl. Ohrwaschel

**gehupft:** ***gehupft wie gesprungen** (ugs., auch bayr.): gehüpft wie gesprungen, völlig gleich: *Vom Standpunkt des Geistewigen aus sei es nämlich getanzt wie gesungen, gehupft wie gesprungen, ob sich die Lerchen mit »ä« oder die »Lärchen« mit »e« schrieben.* (PR 9. 3. 11); ***g'hupft wie g'hatscht** (ugs., salopp): gehupft wie gesprungen: *Doch ob Einspänner, großer Brauner oder ein kleiner Schwarzer, ist alles ghupft wie ghatscht.* (OÖN 22. 6. 13)

**Gehweite:** ***in Gehweite:** zu Fuß erreichbar, fußläufig: *Strand, Szene, Kultur, Küche – alles ist da, und immer in Gehweite.* (PR 2. 3. 17)

**Geiß,** die; -, -en: (südd., österr., schweiz. neben) Ziege: *Eine Ziege hatte sich in die WC-Anlage verirrt ... die Herkunft der Geiß konnte rasch geklärt werden.* (KU 29. 3. 07) ◆ **Geißbart; Geißhirt/-in**

**gekampelt:** ***gekampelt und geschnäuzt; geschnäuzt und gekampelt** (ugs., scherzhaft):

für einen bestimmten Anlass fertig zurechtgemacht; gewaschen und fertig angezogen: *Frisch geschnäuzt und gekampelt steht der Neue da.* (SN 1. 4. 06)

**gelb:** ***Gelbe Rübe** ↑Rübe

**Geldaushilfe,** die: finanzielle Unterstützung bei Notlagen: *In der Bundeshauptstadt müsse in verstärktem Ausmaß Personen, deren Einkommen unterhalb der Höhe des Sozialhilferichtsatzes liegt, eine ergänzende Geldaushilfe gewährt werden.* (KZ 29. 7. 09); *Die Exekutive rät weiters, Telefonate, bei denen man zu Geldaushilfen aufgefordert wird, sofort abzubrechen und sich auf keine Diskussionen einzulassen.* (PR 26. 4. 16)

**Geldbörse,** die (veraltet oder gehoben auch in D): (in D) Portmonee: *Entscheidend müsse die medizinische Notwendigkeit und nicht die Geldbörse sein.* (PR 25. 3. 17). ↑**Börse**

**Geldbörsl,** das (ugs.): ↑Geldbörse: *Als die Opfer ihre Geldbörsln zückten und öffneten, griff der Anzugträger zu.* (KZ 4. 1. 16). ↑**Börsl**

**Geldbuße,** die (auch südd., schweiz.): Geldstrafe, (in D) Bußgeld: *Eine Geldbuße von 100 Euro war zu bezahlen.* (Falter 28. 5. 14)

**Geldgebarung,** die: ↑Gebarung: *Auch Anti-Korruptionsexperte Franz Fiedler meinte, dass »ein kompletter Durchblick des ehemaligen Finanzministers über seine Finanzen und seine Geldgebarung offenbar nicht gegeben war«.* (PR 28. 1. 11). ↑GEBARUNG

**geldig** (oft abwertend, auch bayr.): reich: *Das ist kein überzeichneter Charakterkopf, der Brutalität oder Obszönität von der Bühne bellt, sondern ein gesichtsloser, geldiger Opportunist.* (KZ 20. 7. 15)

**Geldsackerl,** das (salopp, auch bayr.): Geldbörse, Portmonee: *Die gehbehinderte Frau steckte das Geldsackerl in ihre Handtasche und fuhr mit dem Taxi heim.* (KZ 4. 12. 15). ↑SACKERL

**Geldtasche,** die: größeres Behältnis aus Leder o. Ä. für Ausweise und Banknoten: *Bei einem Anrempeln sofort nachsehen, wer angerempelt hat und ob beispielsweise die Geldtasche fehlt.* (OÖN 27. 11. 04)

**Geldtaschl,** das (ugs.): ↑Geldbörse, Portmonee: *Meine Güte, so schnell kannst du gar nicht schauen, da hat die Kassiererin das Wechselgeld bereits in der Hand, noch bevor man das Geldtaschl gezückt hat.* (OÖN 27. 2. 10). ↑**Taschl**

**Geleise,** das (veraltend, auch schweiz., gehoben auch in D): Gleis: *Der Aufprall beim Lastwagen sei fast in dessen Fahrzeugmitte erfolgt und dadurch sei auch die Lokomotive aus dem Geleise geworfen worden und umgestürzt.* (SN 10. 4. 17)

**Gelenks-:** medizinische Zus. mit *Gelenk* werden österr. mit Fugen-s gebildet, (in D) Gelenk-: **Gelenkschirurgie:** *Im operativen Bereich liegt der Schwerpunkt der medalp in der arthroskopischen Gelenkschirurgie.* (KU 14. 9. 02); **Gelenksentzündung:** *Johannes Paul II. leidet an Gelenksentzündung im rechten Knie.* (SN 7. 3. 02); **Gelenkserkrankung:** *Die Symptome weisen auf eine entzündliche Gelenkserkrankung hin.* (OÖN 16. 1. 08); **Gelenkskapsel:** *Es gibt aber auch die Annahme, dass eine Falte der Gelenkskapsel zwischen die Knochen geraten ist.* (KU 11. 11. 06); **Gelenksknorpel:** *Diese schmiert das Gelenk, absorbiert Stöße und ernährt den Gelenksknorpel.* (SN 27. 10. 07); **Gelenkskopf; Gelenkskugel:** *Die Gelenkskugel liegt in der Pfanne.* (KU 11. 12. 06); **Gelenkspfanne; Schultergelenkspfanne:** *Eine Verletzung der rechten Schultergelenkspfanne, Operation, sechs Monate Pause.* (OÖN 27. 7. 07); **Gelenksrheumatismus:** *Mit acht erlitt er einen schweren Anfall von Gelenksrheumatismus, verbunden mit hohem Fieber.* (OÖN 22. 4. 06); **Gelenksversteifung**

**Gelse,** die; -, -n: Stechmücke: *Gewisse Gelsen und Pflanzen würden klimabedingt Gebiete erobern, in denen sie zuvor nicht heimisch waren.* (ST 7. 4. 17) ◆ **Gelsenmittel:** *In einer Untersuchung von Global 2000 wurden diese Gifte in einer Reihe von Gelsenmitteln nachgewiesen.* (SN 6. 9. 02); **Gelsenplage:** *Wenigstens die Gelsen-Plage werde sich in den kommenden Wochen in Grenzen halten.* (OÖN 28. 4. 07); **Gelsenstich**

**Gelsendippel,** der (ugs.): [kleine] Anschwellung der Haut durch einen Mückenstich: *Jüngsten wissenschaftlichen Untersuchungen zufolge werden Gelsen von Fußschweiß magisch angezogen – Gelsendippel statt Bänderrissen sind also vorprogrammiert.* (KU 12. 9. 04). ↑**Dippel**

**gelt?** (ugs., auch südd., schweiz. veraltet; nur gegenüber Personen bei Du-Anrede): nicht wahr?: *»Da waren die Augen wieder größer als der Magen, gelt?«* (Wiener 18. 2. 16) – Ostösterr. veraltend auch in einer Höflichkeitsform *geln S'*

**Gelundene,** der; -n, -n (Ktn.): ein Kochkäse: *Die Bauern versorgen uns mit Speck, Würstel und Glundenem.* (KZ 26. 9. 07)

**gemäht:** ***eine gemähte Wiese:** ↑Wiese

**Gemeindeabgabe,** die (in D selten): der Gemeinde zukommende Steuer: *Da die Grundsteuer eine Gemeindeabgabe ist, müsste die Steuer gesplittet werden.* (SN 9. 3. 07). ↑Abgabe

**Gemeindeamt,** das: Verwaltungsbüro der Gemeinde, (in D) Bürgermeisteramt: *Sie muss einerseits prüfen, ob alle 15.000 Unterschriften »echt« sind, das heißt vom jeweiligen Gemeindeamt oder einem Notar beglaubigt sind.* (PR 28. 1. 08). – Unter *Gemeindeamt* versteht man in D die unterste Verwaltungsbehörde

**Gemeindearbeiter Gemeindearbeiterin,** der bzw. die: Person, die von einer Gemeinde für die Erledigung von Arbeiten wie Schneeräumung, Müllentsorgung, Straßen- und Parkpflege etc. angestellt ist: *Bis zu seiner Pension war er als Gemeindearbeiter beschäftigt.* (OÖN 4. 5. 16)

**Gemeindebau,** der (bes. Wien): gemeindeeigenes Wohnhaus im Rahmen des sozialen Wohnbauprogramms: *Hier im Hof des Gemeindebaus ist es leise.* (PR 8. 4. 17)

**Gemeindebauwohnung,** die (bes. Wien): von der Gemeinde geförderte oder gemeindeeigene Sozialwohnung: *Rund 20.000 Wiener Gemeindewohnungen sollen leer stehen.* (PR 6. 4. 17)

**Gemeindebezirk,** der: Bezirk in Wien und Graz: *Vom Projekt Town Town im dritten Wiener Gemeindebezirk wurden fünf Gebäude ... an die deutsche Commerz Real verkauft.* (KU 6. 3. 08). ↑Bezirk

**Gemeindebund,** der (Verw.): (kurz für) Österreichischer Gemeindebund: Interessenvertretung der Gemeinden. Vgl. Städtebund

**Gemeindekaiser Gemeindekaiserin,** der bzw. die: einflussreiche/-r und populäre/-r Gemeindepolitiker/-in: *Angesichts der wahren Machtverhältnisse im Land hat sich aber bisher keiner getraut, über die einander blockierenden Landesfürsten und Gemeindekaiser einfach drüberzufahren.* (PR 2. 10. 14). ↑-kaiser

**Gemeindekotter,** der: kommunales Gefängnis: *SA-Männer aus der Nachbargemeinde sperrten ihn im Gemeindekotter ein.* (PR 6. 2. 16). ↑Kotter

**Gemeindemandatar Gemeindemandatarin,** der bzw. die: Abgeordnete/-r zum Gemeinderat: *Das behauptete am Freitag ein grüner Gemeindemandatar und erstattete ... bei der Staatsanwaltschaft Anzeige.* (KU 22. 12. 07). ↑**Mandatar, Grünmandatar**

**Gemeindesekretär Gemeindesekretärin,** der bzw. die (veraltend): Leiter/-in der Gemeindeverwaltung (heute durch Amtsleiter/in ersetzt, aber noch allgemein üblich): *Seit 25 Jahren ist er selbst Bürgermeister, als Gemeindesekretär beziehungsweise Amtsleiter diente er acht Bürgermeistern in Ahorn und Helfenberg.* (OÖN 21. 1. 16)

**Gemeindestraße,** die (auch schweiz.): von der Gemeinde unterhaltene Straße: *Die Gemeindestraße muss aufgeschüttet und gleichzeitig abgeflacht werden.* (SN 13. 3. 08)

**Gemeindestube,** die (salopp): **1.** (veraltend) [Sitzungsraum im] Gemeindeamt: *Verkauf ehemalige Gemeindestube Hofkirchen.* (KZ 9. 3. 17). **2.** Gemeinderat, -verwaltung: *Annette Sohler wurde mit 30 Jahren Bürgermeisterin von Lingenau. Sie brachte einen neuen Stil in die Gemeindestube.* (ST 18. 8. 16)

**Gemeindetag,** der: jährliches Treffen österreichischer Gemeindepolitiker: *211 Gast-Veranstaltungen – vom Musical bis zum Österreichischen Gemeindetag – fanden 2016 am Klagenfurter Messegelände statt.* (KZ 16. 1. 17) – In D Interessenvertretung der Gemeinden

**Gemeindeverband,** der (auch schweiz.): Zusammenschluss von Gemeinden zu einer Interessenvertretung (in Salzburg, Tirol, Vorarlberg): *Der Gemeindeverband aber will etwaige Mehrkosten nicht übernehmen.* (SN 5. 4. 17)

**Gemeindewachkörper,** der (Verw.): städtischer ↑Wachkörper: *Die Zeller haben vor der Entscheidung Hallein besucht, wo es schon einen Gemeindewachkörper gibt.* (SN 11. 5. 16)

**Gemeindewohnung,** die: (kurz für) ↑Gemeindebauwohnung: *Auf dem Tisch in seiner Gemeindewohnung in Floridsdorf liegt ein großer Stapel Papier.* (KU 18. 2. 08)

**Gemischtwaren,** die /Plural/ (selten): Waren des täglichen Bedarfs: *Seit 113 Jahren werden in dem Geschäft Lebensmittel und Gemischtwaren verkauft.* (SN 10. 12. 16)

**Gemischtwarenhändler Gemischtwarenhändlerin,** der bzw. die (veraltend): Geschäft[sinhaber] für Waren des täglichen Bedarfs; Nahversorger: *Der Gemischtwarenhändler ist sich seiner großen Verantwortung bewusst.* (KU 28. 8. 05)

**Gemischtwarenhandlung,** die: Geschäft für die Nahversorgung: *Die Verkäuferin in einer Bäckerei, der Inhaber einer Gemischtwarenhandlung, die Keramikerin in ihrem Gassenlokal wussten ..., dass im Gemeindeausschuss*

*über eine Straßenbenennung diskutiert worden sei.* (PR 29. 7. 11)

**gemma:** ⟨verschriftl. Dialektform von *gehen wir*⟩: (in D) Lasst uns ...!: *gemma, gemma!* (los, vorwärts!); *Gemma lieber eislaufen.* (KU 27. 2. 08)

**Gendarmerie,** die; - [ʒɑ̃darmɐˈriː, ʃandarmeˈriː] ⟨franz.⟩ (früher): ↑Sicherheitskörper auf dem Land, im Ggs. zur Polizei, dem Sicherheitskörper in Städten. – Seit 2002 sind Gendarmerie und Polizei zusammengelegt und *Gendarmerie, Gendarm* keine offiziellen Bezeichnungen mehr

**Generalprokurator Generalprokuratorin,** der bzw. die ⟨lat.⟩ (Verw.): Leiter/-in der ↑Generalprokuratur: *Die Forderung der Staatsanwälte, das Weisungsrecht des Justizministers an den Generalprokurator zu übertragen, unterstützt Strafverteidiger-Vertreter S. nicht.* (PR 14. 2. 04)

**Generalprokuratur,** die ⟨lat.⟩ (Verw.): der Staatsanwaltschaft entsprechende Behörde beim Obersten Gerichtshof. *Indes fällt auch die Stellungnahme der beim OGH als »Rechtswahrerin« eingerichteten Generalprokuratur eher mild aus.* (PR 4. 4. 17). ↑**Prokuratur, Finanzprokuratur**

**Geniekorps,** das [ʒeˈniːkoːɐ̯, ʃeˈniːkoːɐ̯] (veraltet, auch schweiz.): Pioniereinheit, (in D) Ingenieurkorps

**Genierer,** der; -s [ʃeˈniːɐ̯rɐ] ⟨franz.⟩ (ugs., salopp): Zurückhaltung, Schamgefühl, Scheu: *Der Genierer... war in der Politik an vielen Stellen schwach ausgeprägt.* (PR 13. 3. 17); ***keinen Genierer haben/kennen:** keine Hemmungen haben, etwas durchzusetzen: *Beruhigend auch, dass ... der Bundeskanzler, seine eigenen Grenzen kennt – und keinen Genierer hat, selbige auch zu benennen.* (ST 26. 1. 16)

**Genietruppe,** die [ʒeˈniː..., ʃeˈniː...] (veraltet, noch schweiz.): Pioniertruppe. – Militärisch veraltet, in Anspielung darauf noch für ›Gruppe von begabten Personen, Beratern‹: *»Eine Genietruppe« nannte Gerd Bacher solche Mitarbeiter – und meinte damit jene Begabungen, die er selbst um sich zu versammeln pflegte.* (PR 12. 3. 12)

**Genügend,** das (Schule): Note 4, zweitschlechteste (aber noch positive) Schulnote; ***Nicht genügend:** Note 5, schlechteste, negative Note

**Genussspecht,** der (salopp): Genießer, Feinschmecker: *Da kommen Kulturliebhaber, Wellnessfreunde, Wandervögel und Genussspechte gleichermaßen auf ihren Geschmack.* (PR 15. 4. 16)

**Geo-:** die Wörter mit *Geo-* werden österr. auf der ersten Silbe betont, (in D meist auf der letzten), z. B. *Geobiologie, Geobotanik, Geochemie, Geodynamik, Geomedizin, Geophysik, Geopolitik, Geostatik.* – Dies gilt nicht für Schulausdrücke wie *Geografie, Geometrie* oder wenn die Teile verblasst sind, z. B. *Geometer*

**Gepäcks-:** österr. Form, (in D meist) Gepäck-: **Gepäcksabfertigung:** *In Frankfurt musste die Polizei nach Tumulten in der riesigen Schlange vor der Gepäcksabfertigung eingreifen.* (PR 19. 12. 10); **Gepäcksaufbewahrung; Gepäcksausfolgung; Gepäcknetz;** *Gepäcksnetz, Verzurrösen und ein 12-Volt-Stromauslass runden das vielfältige Angebot im Laderaum ab.* (SN 24. 4. 13); **Gepäcksstück:** *Serbische Sicherheitsbeamte haben auf dem Belgrader Flughafen zwei US-Boden-Luft-Raketen ... in einem Gepäcksstück ... entdeckt.* (WZ 14. 3. 16); **Gepäcksträger:** *Auf dem Gepäcksträger führte der Lenker eine weitere Person mit.* (VN 18. 5. 06)

**Geraunze,** das; -s (auch südd.): Gejammer, Nörgelei: *Nix passt, alles ist schlecht. Ein ständiges Geraunze über unhöfliche Fahrgäste, schlechte Politiker, zu hohe Steuern ...* (KU 27. 8. 04). ↑**raunzen, herumraunzen**

**gerebelt** ↑**rebeln**

**-gereiht:** produktives Grundwort, Part. zu ↑reihen: in einer bestimmten Reihe, Rangordnung stehend: *Als* **nächstgereihtes** *Mitglied auf der Bundesratsliste werde sie keine Verzichtserklärung unterschreiben.* (PR 17. 3. 17); *Der Genannte sei im Hearing »fachlich und persönlich durchaus begründet nur* **drittgereiht**«. (OÖN 11. 3. 08); *Der angesehene Chirurg arbeitet als Primar am Kepler-Klinikum, wurde* **erstgereiht,** *zog seine Bewerbung aber wieder zurück.* (OÖN 3. 11. 16); *Die Vergabe an die* **zweitgereihte** *Firma wird das Land und damit den Steuerzahler 136.000 Euro kosten.* (SN 17. 9. 08)

**gerichtsanhängig** (Rechtsspr.): in einem Gerichtsverfahren befindlich, (in D) rechtsanhängig: *»Die ganze Sache ist gerichtsanhängig. Ich kann dazu nichts sagen.«* (Falter 31. 7. 02) ◆ **Gerichtsanhängigkeit**

**Gerichtsjahr,** das (Verw.): Praxisjahr für Juristen nach Abschluss des Studiums: *Künftig sollen angehende Juristen schon nach vier Jah-*

*ren Studium ihr Gerichtsjahr absolvieren können.* (PR 7. 11. 07)

**Gerichtssprengel,** der: Sprengel in der Gerichtsorganisation: *Jetzt warte man einmal auf den entsprechenden Entwurf und dann wolle man die Pilot-Projekte in den diversen Gerichtssprengeln evaluieren.* (PR 21. 8. 07). ↑ SPRENGEL

**Gerichtsvorsteher Gerichtsvorsteherin,** der bzw. die: Richter/-in, der/die ein Bezirksgericht leitet: *Der Gerichtsvorsteher schickte scheidungswillige Paare mit der Aufforderung »Probiert es doch noch einmal!« kurzerhand wieder nach Hause.* (SN 30. 11. 07)

**Geringfügigkeitsgrenze,** die: Einkommensgrenze, bis zu der keine Lohnsteuer bezahlt werden muss: *Derzeit müssen Einkommensbezieher ab Erreichen der Geringfügigkeitsgrenze von 425,70 Euro bis zum Erreichen der Steuerpflicht ... die volle Sozialversicherung zahlen.* (PR 23. 1. 17)

**Geriss** ↑ Griss

**Germ,** (ostösterr.) die; - / (westösterr., auch südd.) der; -[e]s: Backhefe: *Es ist im Eigelb, auch in der Milch, in der Germ, im Fisch und im Fleisch vorhanden.* (SN 2. 3. 07); *Nach glaubhafter Abklärung, dass ich keinen Trockengerm ..., sondern wirklich den würfeligen eingekühlten Germ möchte, machen sich dann jeweils die zuvorkommenden Lehrlinge gemeinsam mit mir auf die Suche nach dem Germ.* (OÖN 24. 3. 15) ◆ **Germkuchen; Germteig**

**Germknödel,** der (auch bayr.): ↑ Knödel aus Hefeteig: *»Natürlich habe ich in England meine Freunde und Familie vermisst. Genauso wie Leberkäsesemmel, Germknödel und Schnitzel.* (PR 13. 6. 15). ↑ KNÖDEL

**Germkrapfen,** der: Krapfen aus Hefeteig: *Wer einen Drink bestellt, bekommt automatisch Frittiertes mitgeliefert – Frühlingsrollen und Germkrapfen.* (ST 22. 11. 11). ↑ KRAPFEN

**Germkuchen,** der: (in D) Hefekuchen: *Grieß, Reis, Wuchteln, Germkuchen, Sterz und Nudeln genoss man an fleischlosen Tagen.* (OÖN 20. 11. 04)

**Germstriezel,** der: Striezel aus Hefeteig: *Dekorativer Blumenschmuck, Osterschinken, Lamm und Kitzerl, Germstriezel und jede Menge bunter Eier stimmen auf die bevorstehenden Feiertage ein.* (OÖN 21. 4. 00). ↑ STRIEZEL

**Germteig:** ***aufgehen wie ein Germteig:** schnell dick werden, (in D) aufgehen wie ein Hefeteig: *Das schmeckt nicht nur ausgezeichnet, sondern im Gegensatz zu den sonst häufig lieblos gemachten Pizzen geht danach der Bauch nicht auf wie ein Germteig.* (PR 28. 1. 17)

**Germzopf,** der: Zopf aus Hefeteig: *Den Germzopf in Scheiben schneiden und mit der Mohnmousse servieren.* (BVZ 3. 12. 03). ↑ **Zopf**

**geröstete Erdäpfel** ↑ Erdapfel

**Gerstl,** das; -s, -n: **1.** /nur Singular/: Graupe; geschälte Gerstenkörner: *Kalbsbrust mit Gemüse-Gerstl mundet vorzüglich. Fein und weich das Fleisch; das Gerstl eine Reminiszenz an Omis Gerstlsuppe mit einem längst vergessen geglaubten Geschmack nach mehr.* (OÖN 18. 3. 11); ***geriebenes Gerstl:** klein geriebener Nudelteig als Suppeneinlage, (in D) Teiggraupen. **2.** (ugs., scherzhaft, auch südd.) Geld: *Doch so kurz vor Jahresende war wohl nicht mehr genügend Gerstel im Börsel.* (PR 25. 11. 12). – Auch in der Form *Gerstel.* ↑ **Reibgerstl, Rollgerstl**

**Gerstlsuppe,** die: klare Suppe mit geriebenem Gerstl als Einlage; Graupensuppe: *Eine Gerstelsuppe ... zählt etwa zu den absoluten Klassikern der Hüttenküche.* (KZ 2. 3. 11). ↑ SUPPE

**Geruch,** der: wird österr. (und bayr.) mit langem geschlossenen [uː] ausgesprochen, in D mit kurzem offenem [ʊ]

**Gerüchtebörse,** die: (auch schweiz.): Gerüchteküche: *Einer der meistgenannten Namen, die an der Gerüchtebörse für eine Topposition gehandelt werden: Matteo Renzi.* (ST 7. 12. 16)

**Gerüster Gerüsterin,** der bzw. die: Gerüstbauer: *Für durch diese Hitze entfallene Stunden erhalten Bauarbeiter, aber auch Zimmerer, Gipser, Dachdecker, Pflasterer und Gerüster, Entschädigungen.* (ST 5. 8. 15)

**gesamthaft** (auch schweiz.): **1.** /adverbial/: insgesamt, im Gesamten: *Der Gutachter habe kundgetan, er könne erst gesamthaft urteilen, wenn der U-Ausschuss beendet sei.* (KU 19. 4. 07). **2.** /attributiv/: vollständig, gesamt: *Klar ist, dass es europäische Lösungen und einen gesamthaften Schulterschluss braucht.* (ST 28. 3. 17)

**Geschäftsgebarung,** die: Geschäftsführung, Buchführung: *Von der Vertragsgestaltung bis zur Geschäftsgebarung stelle der Prüfbericht den Verantwortlichen ein miserables Zeugnis aus.* (VN 20. 2. 08). ↑ GEBARUNG

**Geschäftslokal,** das (auch schweiz.): für ein Geschäft genutzte Lokalität; Geschäftsraum: *Lange Zeit stand das Geschäftslokal in der Berglandsiedlung leer.* (SN 6. 3. 08). ↑ LOKAL

**Geschäftsrückgang,** der (auch schweiz.): Umsatzrückgang: *Die Hersteller hoffen vor*

*dem Hintergrund eines fortlaufenden Geschäftsrückgangs, so jüngere Kunden zu gewinnen.* (PR 31. 3. 17)

**Geschäftsstück,** das (Behördenspr.): in einer Sitzung zur Behandlung vorliegender Fall, Akt; Tagesordnungspunkt: *Ausschussvorsitzender M. P. ... erinnerte ... an die Möglichkeit eines allfälligen Fristsetzungsbeschlusses, sollte die Abhandlung von Geschäftsstücken weiterhin ... nicht möglich sein.* (SN 17. 4. 15)

**geschamig** ↑gschamig

**Geschau** ↑Gschau

**gescheit** (ugs., auch südd., schweiz.): ordentlich, gut, richtig: *»Wobei bei mir der Tanz im Vordergrund steht – auch, weil ich einfach nicht gescheit singen kann.* (OÖN 21. 8. 14); ***wie nicht gescheit** (ugs., salopp): in hohem Maß: *Auch hier sind wir Europaspitze, die Jugendlichen, immer mehr auch die Mädchen, tschicken sich weg wie nicht gescheit.* (ST 16. 1. 15)

**Geschenkannahme,** die (Rechtsspr.): verbotenene Annahme eines Geschenks für Amtsträger: *Beim zweiten Delikt ... geht es um verbotene Geschenkannahme.* (PR 8. 3. 15). – Außerhalb der Rechtssprache auch in der Form *Geschenksannahme*

**Geschenks-:** die Zus. mit *Geschenk* werden österr. (und schweiz.) mit Fugen-s gebildet, (in D) Geschenk-: **Geschenksartikel:** *In der Galerie im Zentrum findet sich ... alles, was das Herz begehrt: Geschirr, Gläser, Kerzen, Geschenksartikel aller Art ...* (SN 25. 10. 06); **Geschenksidee:** *55 Stände präsentieren handgefertigten Christbaumschmuck und Geschenksideen aus natürlichen Materialien.* (ST 31. 12. 03); **Geschenkskorb:** *Und die 400 Hollabrunner Spitalsbediensteten können sich ... über einen kleinen Geschenkskorb mit Wein, Kaffee und Tee freuen.* (KU 21. 11. 06); **Geschenkspapier:** *Vom toten Fisch im Geschenkspapier: Beschäftigte rächen sich an ungerechten Chefs.* (ST 24. 9. 07)

**geschert, gschert** (salopp, auch südd.): **1.** (nur in der Form *geschert*) geschoren: *Wird das Tier nicht regelmäßig gebürstet und geschert, können Verfilzungen, Verknotungen und der Befall von Parasiten die Folge sein.* (OÖN 27. 3. 06). **2.** (meist in der Form *gschert*) dumm, grob, ungehobelt: *Aber abgesehen davon ist die Aktion des Wirts unnötig, »g'schert« und im Ansatz sogar fremdenfeindlich.* (OÖN 7. 5. 07). – In den Städten wird das Wort vor allem in Bezug auf die Landbewohner gebraucht, in Wien auch allgemein für ›zu den Bundesländern gehörend, nichtwienerisch‹: *ein gscherter Provinzler; so ein gscherter Hammel*

**Gescherte, Gscherte,** der und die (salopp, auch südd.): Tölpel, (in Wien bes.) Provinzler: *Jeder Wiener kennt welche, vor allem jene, die ... selbst zu den Gscherten gehören, die aus rein ökonomischen Gründen in die Bundeshauptstadt zogen.* (PR 6. 11. 15). Vgl. Bazi

**Geschichte, Gschicht:** ***eine besoffene Geschichte / bsoffene Gschicht** (ugs.): ein nicht ernst zu nehmendes Verhalten [da unter Trunkenheit entstanden]: *Ich bin der Meinung, dass solche Grenzüberschreitungen nicht unter Kavaliersdelikte fallen dürfen oder als besoffene Geschichte abgetan werden.* (OÖN 10. 7. 09): ***eine blöde Geschichte** (ugs.): eine unangenehme und folgenreiche Sache: *»Das war eine wirklich blöde Geschichte. Gut, dass es halbwegs gut ausgegangen ist.«* (OÖN 22. 5. 18). Vgl. Gschichterl

**Geschirrhangerl,** das (regional): Geschirrtuch: *»pro mente« bestickt und bedruckt Shirts, Kappen, Handtücher, Geschirrhangerl, Bodys & Co. mit Logos der Gemeinde Wolfsberg.* (KZ 30. 5. 16). ↑**Hangerl**

**geschmackig** ↑gschmackig

**geschmalzen** (ugs., auch bayr.): so beschaffen, dass es jmdn. empfindlich trifft; saftig (von Preisen, Strafen): *Schuld daran ist nicht nur die Knappheit von Wohnraum, sondern die zum Teil geschmalzenen Preiserhöhungen bei öffentlichen Abgaben.* (PR 18. 9. 14)

**Geschoß,** das: das *-o-* wird österr. (und südd.) lang ausgesprochen und daher in allen Formen mit *-ß-* geschrieben ◆ **eingeschoßig** usw.

**geschupft** ↑gschupft

**Geschworene,** der bzw. die; -n, -n: Laienrichter bei schweren Verbrechen und politische Straftaten, der über die Schuld des Angeklagten entscheidet: *Das Ende September 2016 ergangene Diktum der Geschworenen hatte in Österreich eine erneute Debatte um die Laiengerichtsbarkeit ausgelöst.* (PR 6. 4. 17)

**Geschworenengericht,** das (Verw.): Gericht, das über schwere Verbrechen und politischen Straftaten zusammen mit den Geschworenen entscheidet, (in D) Schwurgericht: *Der OGH betraute ein anderes Geschworenengericht mit dem Fall.* (SN 18. 1. 08)

**Geschworne,** der: (amtliche Form von) ↑Geschworene. Ebenso: **Geschwornengericht** usw.

**Geselchte,** das; -n (auch bayr.): geräuchertes Schweinefleisch, Rauchfleisch: *Im Herbst servieren die echten Buschenschanken ... heimische Köstlichkeiten wie Knödel, Geselchtes, Speck, Kaminwurzen und allem, was dazugehört.* (SN 22. 9. 07). ↑**Bauerngeselchte, selchen, Speck**

**Gesetzgebungsperiode,** die: Zeitraum von einer Nationalratswahl bis zu nächsten: *Fünf statt vier Jahre währt seitdem eine Gesetzgebungsperiode, das Wahlalter wurde von 18 auf 16 Jahre abgesenkt.* (PR 31. 12. 16)

**gespritzt** (auch südd., schweiz.): mit [Mineral]wasser verdünnt (von Wein oder Saft): *ein Achtel gespritzt; Egal ob pur oder gespritzt, der Durchschnittsösterreicher löscht seinen Durst mit 91,6 Litern Mineral pro Jahr.* (KZ 1. 4. 17)

**Gespritzte,** der; -n, -n (auch bayr.): mit Sodawasser oder Mineralwasser verdünnter Wein: *Es kann durchaus sein, dass für den Gespritzten im Sommer des nächsten Jahres Wein aus dem Ausland verwendet wird.* (KU 26. 8. 16). – Auch in der Form *Gspritzte.* ↑**Sommergespritzter, Spritzer**

**gestaubt:** **1.** mit Mehl bestäubt: *Jetzt wird der Teig auf das befettete und gestaubte Backblech gestrichen.* (NÖN 24. 6. 10). **2.** ***gestaubtes Achterl** (Stmk.): mit Leitungswasser ↑gespritztes Achtel Wein. ↑STAUBEN

**Gestaubte,** der; -en, -en (ostösterr.): **1.** mit Mehl bestreuter Brotwecken oder -laib: *Zuvorkommend bedient er die ältere Dame. Zwei Semmeln, ein halber Gestaubter und ein Sackerl Milch.* (KU 17. 9. 04). **2.** früh gepresster und daher noch trüber ↑Sturm: *Der ... Traubenmost, dessen alkoholische Gärung gerade begonnen hat, war noch keiner Filtration unterworfen, weshalb er auch Staubiger oder Gestaubter genannt wird.* (Falter 2. 10. 13)

**Gesteck,** das (auch bayr.): Hutschmuck [aus Federn oder Gamsbart]: *Eine Tracht der Gegenwart stellt auch jenes der Fronleichnamsschützen dar, sie besteht aus: dem braunen Stoa-Riesla-Huat mit Gesteck, einem grünen Lodenrock mit Stehkragen, schwarzer Hose oder Lederhose.* (Salzkammergut-Tracht, 2008, Int)

**Gestion,** die; -, -en ‹lat.› (Behördenspr., in D selten): Amtsführung, Verwaltung: *Wir sind zuversichtlich, dass mit dem Verfahren die Zweifel an der korrekten Gestion der ARA ausgeräumt werden* (OÖN 16. 7. 11) ◆ **Gestionsbericht**

**gestionieren,** sw. V. / hat ‹lat.› (Behördenspr.): verwalten, (ein Amt) führen: *»Wenn wir diese Risiken ordentlich gestionieren, werden wir nicht die gesamte Summe verlieren.«* (SN 10. 1. 01)

**gestockt:** ***gestockte Milch:** saure Milch, Dickmilch: *Ricotta ... Gestockte Milch in ein Leintuch leeren und abtropfen lassen, Salzen, in Herzform drücken, eine Stunde kühl stellen, mit Kräutern bestreuen.* (OÖN 28. 5. 16)

**gestopft, Gestopfte** ↑gstopft, Gstopfte

**Gesudere,** das; -s (ugs.): das ständige Nörgeln, Kritisieren: *»Ich kann das Gesudere nicht mehr hören«, so der Gewerkschafter.* (PR 26. 1. 17). ↑**sudern**

**gesund:** ***gesund und gefräßig** (ugs.): in bester Verfassung, gut aussehend

**Gesundenuntersuchung,** die: (in D) Vorsorgeuntersuchung: *»Österreichweit ist es allerdings ein Skandal, dass diese Funktionsprüfung der Lunge nicht in die Gesundenuntersuchung aufgenommen wurde.«* (SN 5. 10. 07)

**Gesundheitssprengel,** der: Zuständigkeitsbreich des lokalen Gesundheitswesens: *Kernpunkt ist demnach, dass für akute Beschwerden ... in rund 140 Gesundheitssprengeln in Niederösterreich weiterhin ein Kassenarzt in seiner Ordination zur Verfügung steht.* (KZ 24. 3. 17). ↑SPRENGEL

**Getränkepackerl,** das: Getränk im Verbundkarton: *Plastikfolien, Sackerl, Jogurtbecher, Getränkepackerl und Wurstverpackungen landen im Restmüll.* (KU 13. 11. 03). ↑PACKERL

**Getschentsche,** das ↑tschentschen

**Gewand,** das (auch südd., schweiz. veraltet): Kleidung, Anzug: *Mein Gewand besorg ich mir aus dem Internet, aus Secondhandgeschäften oder von Humana.* (ST 7. 4. 17). – In D bedeutet *Gewand* nur ›langes, weites Kleidungsstück für feierliche Anlässe‹. ↑**Dirndlgewand, Schlossergewand, Sonntagsgewand, Steirergewand**

**Gewerbeberechtigung,** die: behördliche Zulassung zur Führung eines Gewerbes, (in D) Gewerbeschein: *Der Wirt hatte trotz vorherigen Entzuges der Gewerbeberechtigung weiter geöffnet.* (SN 18. 2. 08)

**Gewerbezone,** die (auch schweiz.): Gewerbegebiet, Industriezone: *Containerzeilen und Mehrzweckhallen prägen das Bild vieler Industrie- und Gewerbezonen überall in Österreich.* (ST 17. 11. 16)

**gewesen** (bes. in Todesanzeigen; auch schweiz.): ehemalig: *gestorben ist N. N., gewesener Gastwirt in ...*

**Gewurl,** das; -s (ugs., auch bayr.): Gedränge, Durcheinander, reges Treiben: *Und wo das dichte Gewurl der Eisläufer keinen Zweifel daran ließ, dass Wien auf den zweiten innerstädtischen Platz nicht verzichten kann.* (KU 27. 2. 08). ↑**wurln, herumwurln**

**gezählt:** in einer erstaunlichen (großen oder kleinen) Zahl vorkommend, sage und schreibe: *Gezählte 712 Zuschauer verfolgten am Samstag das Duell zwischen Bramberg ... und Spitzenreiter Mühlbach.* (SN 18. 9. 07)

**Gfrast,** das; -[e]s, -er (ugs., abwertend): 1. /ohne Plural/ Staub, Fäden o. Ä., die an einem Kleidungsstück hängen, auf dem Boden liegen usw.; Fussel: *lass dich abbürsten, du bist voll Gfrast.* 2. Nichtsnutz, Flegel, Bengel; Person, die einem unangenehm, lästig ist: *Dafür muss sich ein Bademeister aber real mit respektlosen Gfrastern mit hormonellem Überdruck herumschlagen.* (ST 8. 8. 15)

**Gfrett** das; -s (ugs., auch südd.): Ärger, Mühe, Plage: *Weil diese Autos nicht immer fahren, brauchen sie auch Platz zum Parken. In Linz ist das ein besonderes Gfrett.* (OÖN 17. 1. 14); ***mit jmdm./etwas ein Gfrett haben:** mit jmdm. Probleme haben: *Ein anderes Gfrett hatten die Skisportler am Sonntag beim Riesenslalom in Val d'Isère.* (ST 20. 12. 04); ***mit jmdm./etwas ist es ein Gfrett:** jmd., etwas bereitet Ärger, Schwierigkeiten: *Es ist ein Gfrett mit den Grundstückspreisen in Linz.* (PR 8. 8. 14)

**gfretten,** sw. V. / hat (ugs., selten): sich mühsam durchbringen, fretten: *Man gfrettet sich mit »temporären Veranstaltungen und Festen« durch.* (PR 28. 1. 14). ↑FRETTEN

**Gfrieß,** das; -es, -er (ugs., abwertend.): Gesicht: *Diesen Ungustl Brandner gibt es in Wahrheit gar nicht. Das Gfrieß in der Zeitung dürfte aus einem Horrorfilm stammen.* (OÖN 18. 12. 10); *Nicht nur können die Schwarzen die »roten Gfrießer nicht mehr sehen« ..., auch die Roten die schwarzen Gfrießer – und die Bevölkerung beider Gfrießer nicht mehr.* (ST 24. 5. 13)

**gführig** (ugs.): mit Skiern gut zu befahren (von Schnee): *Wer an Seilbahn denkt, hat in Österreich zuallererst die Brettln und den gführigen Schnee im Kopf.* (ST 15. 10. 15)

**Gibraltar:** wird österr. (und schweiz.) auf der ersten Silbe betont, in D auf der zweiten

**giftеln,** sw. V. / hat (ugs.): 1. Drogen konsumieren: *Zu bedauern sind alle, die süchtig geworden sind. Spaß macht ihnen das Gifteln oder Spielen nämlich sicher nicht.* (KZ 4. 2. 09). 2. (auch schweiz.): giftige, bösartige Bemerkungen machen: *Während sich die Grünen über den »Fortschritt« bei den Tiroler Roten freuen, gifteln Blau und Schwarz kräftig.* (KZ 3. 7. 14). 3. (selten) giftige Pflanzenschutzmittel verwenden: *Weil nicht die Form bestimmt, was gut für Mensch und Umwelt ist, sondern wie man sein Gärtchen bestellt, nämlich ohne zu gifteln.* (KU 3. 9. 07). ↑(zu 1.:) **Giftler,** (zu 2.:) **angifteln**

**Giftler Giftlerin,** der bzw. die (ugs., salopp, auch schweiz.): Rauschgiftsüchtiger, Junkie: *in vielen Hotels, in denen ich auf meinen Dienstreisen abstieg, wurde ich vom Personal als Giftler angesehen.* (PR 19. 11. 16). ↑**gifteln**

**Gigl,** der /Zwillingsform mit **Gogl**/: der eine – der andere: *Einmal gewinnt der »Gigl«, einmal der »Gogl« – wir hatten heute mehr Glück, letztes Spiel dafür umso weniger.* (BVZ 20. 5. 09); *Ist der Gigl der Verbrecher, wählt der Dumme beim nächsten Mal den Gogl. Ist der Gogl der Gauner, dann den Gigl.* (PR 13. 12. 12)

**Gigerl,** der und das; -s, -n (ugs., auch südd.): Geck: *So ein Gigerl hat es gut: Man geht den ganzen Tag spazieren, ist stets nach der neuesten Mode gekleidet, umgarnt schöne Damen und gibt Geld aus, das man gar nicht hat.* (KU 26. 4. 03) ◆ **gigerlhaft**

**Gilet,** das; -s, -s [ʒiˈleː] ⟨franz.⟩ (veraltend, auch südd., schweiz.): Weste: *Hier tragen die Protagonisten Hemd, Gilet und Mascherl.* (PR 19. 4. 11)

**Giraffe,** die: wird österr. (und südd.) [ʒiˈrafɛ] ausgesprochen, in D [giˈrafə]

**Girardi,** der; -s, -: (kurz für) ↑Girardihut

**Girardihut,** der [ʒiˈrardihuːt] ⟨nach dem Schauspieler Alexander Girardi⟩: flacher Strohhut: *Die schlanke Silhouette im Smoking, Schleife und Kragen stets offen, dazu Zylinder oder Girardihut – Burgtheater-Doyen Heltau hat als Entertainer ein (Marken-)Zeichen gesetzt.* (KU 3. 9. 07)

**Giro,** das; -s, -s [ˈʒiːro] ⟨ital.⟩: der Plural lautet österr. auch Giri

**Gisela:** der weibliche Vorname wird österr. auf der zweiten Silbe betont, in D auf der ersten

**Giselabraten,** der: verfeinerter ↑faschierter Braten: Vgl. Stefaniebraten

**Gitsch, Gitsche,** die; -, -en bzw. -n (west-, südösterr., ugs.): Mädchen: *»Die Nachspeis nimmt die Gitsche auf«, sagt der Wirt.* (KR 23. 6. 14)

**GKK:** (nur geschriebene Abk. für) ↑Gebietskrankenkasse

**glaren,** sw. V. / hat (Vbg., ugs., abwertend): starren, glotzen: *Jeder Mensch glart bisweilen in die Landschaft, wenn ihn das Leben langweilt.* (KR 13. 12. 15). ↑**gluren**

**Glassturz,** der (auch südd.): Glasglocke: *Die Trüffelhändler haben ihre Ware ausgelegt auf rot-weiß oder blau-weiß karierten Tüchern unter einem Glassturz.* (SN 27. 10. 07). ↑**Sturz, Sturzglas**

**glatt:** ***glattes Mehl** ↑Mehl

**Gleichbehandlungsbeauftragte,** der bzw. die: (in D) Gleichstellungsbeauftragte: *Die Chefin betont, dass sie ihren Posten »nicht der Gleichstellungsbeauftragten« zu verdanken habe.* (PR 12. 12. 14)

**Gleichbehandlungskommission,** die: Kommission für Gleichstellungsfragen: *Demnach plane die Frau, sich an die Gleichbehandlungskommission zu wenden.* (PR 29. 3. 17)

**Gleichenbaum,** der: Firstbaum, Richtbaum: *Mit Gleichenbaum, Gleichenspruch, Festrede und einem Feuertanz wurde in Traun die Dachgleiche des Graumann-Centers gefeiert.* (OÖN 26. 6. 06)

**Gleichenfeier,** die: (kurz für) Dachgleichenfeier, (in D) Richtfest: *Vor Kurzem lud die Kurbad Tatzmannsdorf AG zur Gleichenfeier des Neubaues von Kurrestaurant mit Hotelzubau in Anbindung an das Kurmittelhaus.* (KU 31. 1. 08). ↑**Dachgleichenfeier, Firstfeier**

**Gleichenspruch,** der: Handwerkerspruch bei der ↑Gleichenfeier: *Als Höhepunkt verlas der Kabarettist Walter Martetschläger in Bauarbeitermontur den launigen Gleichenspruch, zu dem er eine Flasche Sekt öffnete und drei geleerte Gläser zielsicher an die Wand warf.* (OÖN 12. 12. 15)

**gleichermaßen:** wird österr. auf der ersten Silbe betont, in D häufiger auf der vorletzten. Ebenso: *gleicherweise*

**gleichschauen:** (jmdm.) ähnlichsehen: *Ich hab' sogar das Gefühl, dass sie mir etwas gleichschaut, obwohl sie natürlich sehr dunkel ist. Aber vom Gesichtsschnitt her sind wir uns sehr, sehr ähnlich.* (OÖN 22. 10. 08); *das schaut dir gleich!* (das ist typisch für dich); ***jmd./etwas schaut etwas gleich:** etwas sieht ordentlich, schön aus: *Zweieinhalb Stunden lang hatten sie Zeit, ein Stück Mauerwerk zu errichten – das schlussendlich auch etwas gleichschauen sollte* (SN 4. 4. 15); *Ein netter Mann, der was gleichschaut.* (VN 22. 10. 03). ↑SCHAUEN

**Gleitpension;** die: Altersteilzeit: *diese deckten sich etwa mit dem Wunsch der Gewerkschaft nach einer Gleitpension bzw. einer Altersteilzeitregelung, die etwa eine reduzierte Unterrichtsverpflichtung für ältere Lehrer vorsieht.* (SN 9. 4. 15). ↑PENSION

**Glocke,** die: wird österr. (und südd.) auch für ›Klingel‹, also für Wohnungstüren usw. verwendet (in D nur für [Kirchen]glocken): *»Man erklärte mir lapidar, dass der Bau einer Behindertenrampe technisch nicht möglich sei. Außerdem gäbe es an der Hinterseite eine Glocke, die Behinderte läuten können.«* (TT 11. 7. 00); *Jedes Fahrrad muss mit einer Glocke oder einer Hupe ausgestattet sein.* (OÖN 21. 3. 15). ↑**Türglocke**

**glöckeln,** sw. V. / hat (Volkskunde, bes. Salzkammergut, Sbg.): in den Raunächten mit Glocken und prächtigen Kopfbedeckungen durch den Ort ziehen: *Als Wiege dieser auch noch heute praktizierten Form des »Glöckelns« gilt Ebensee.* (SN 3. 1. 03); *Auch in Steinbach am Attersee wird heute Abend geglöckelt.* (OÖN 5. 1. 04). Vgl. klöckeln

**Glöckler,** der (Volkskunde, bes. Salzkammergut, Sbg.): Teilnehmer an Masken- und Perchtenumzügen um das Dreikönigsfest: *Die Glöckler laufen in der letzten Raunacht und stellen die guten Lichtgeister dar, die den dunklen Winter vertreiben.* (OÖN 7. 1. 17) ◆ **Glöcklerlauf.** Vgl. Klöckler

**Glöcklerpass,** die: Gruppe von ↑Glöcklern: *Am Wochenende laufen in den Gemeinden des Salzkammerguts wieder Dutzende Glöcklerpassen.* (SN 3. 1. 03). ↑**Pass**

**Glückshafen,** der (auch bayr.): kleine Lotterie bei einem Volksfest, Ball o. Ä., bei der kleine Warenpreise oder Scherzartikel gewonnen werden können: *Beim Wiki-Kinderfasching ... gibt es Kasperltheater, Kinderdisco mit Animation, Kinderschminken, Hochsteizenclown, Kreativatelier, Ballooning, Glückshafen und eine Zaubershow.* (KZ 26. 2. 17)

**Glumpert,** das; -s (ugs., abwertend, auch bayr.): **1.** schlecht funktionierendes Gerät: *Natürlich war es ein billiges Glumpert.* (PR 31. 10. 15). **2.** wertloses Zeug, Gerümpel, Plunder: *Zu Hause hat sich viel zu viel Kramuri angesammelt über die Jahre, und hin und wieder tut es gut, alten Krempel loszuwerden. Sie fragen sich: Wohin mit dem ganzen Glumpert?* (ST 25. 4. 16). – Auch in der Form *Glump, Klump, Klumpert*

**Glundener** ↑Gelundener

**gluren,** sw. V. / hat (ugs., ostösterr.): starr blicken: *Da stand sie, Tochter Magda, und* *glurte in den Abgrund.* (PR 17. 11. 13). ↑ **angluren**

**Gluren,** die /Plural/ (ugs., ostösterr.): Augen

**Gluscht,** der (ugs., westösterr., wie schweiz.): Gelüste, Verlangen: *Den ersten Bienenstich der Saison verschmerzen, sich ausgiebig mit Himbeereis trösten und spät am Abend dann dem Gluscht nach einem kühlen Weiß-Gespritzten nachgeben.* (VN 3. 5. 08)

**gluschtig** (ugs., westösterr., wie schweiz.): **1.** voll Appetit, hungrig: *Im »Andreas-Hofer-Stüberl« prostet man sich mit Hofer-Bier zu, bevor man ... gluschtig in die Andreas-Hofer-Wurstsemmel beißt.* (SN 24. 4. 09). **2.** begierig nach, interessiert an etwas: *Nur angezuckert wurde der Raum Sillian: »Wir wurden auf den Winter nur ›gluschtig‹ gemacht.«* (KZ 8. 11. 00)

**Gmachterl,** das; -s, -n (ugs.): Masse aus Mehl und Rahm oder Wasser zum Eindicken von Suppen: *Die Gewürze mit dem Sauerrahm und dem Mehl glatt rühren, dieses Gmachterl zum Kürbis geben und alles noch einmal gut durchkochen lassen.* (turbohausfrau.at). – Auch in der Form *Gmachtl.* ↑ **Rahmgmachterl**

**gmaht:** ***gmahte Wiesen** ↑ Wiese

**gnä Frau** (ostösterr., veraltend): (kurz für) gnädige Frau (Anrede): *»Gnä' Frau«, sagt die Gartenhilfe zu meiner Mutter, »der Gärtner von nebenan hätt' was für Sie.«* (PR 8. 6. 07)

**gnä Herr** (ostösterr., veraltet): (kurz für) gnädiger Herr (Anrede): *»Eines Euro, gnä' Herr«, sagte der Bub und lächelte unsicher.* (PR/Literatur 16. 12. 06)

**gneißen,** sw. V. / hat (ugs., auch bayr.): [nach längerer Zeit] etwas durchschauen; aus gewissen Anzeichen auf etwas schließen: *Den Teufel werd' ich tun. Und du wirst hoffentlich gleich gneißen, warum.* (PR 22. 5. 06). ↑ **Blitzgneißer**

**Goal,** das; -s, -s [goʊl] ‹engl.› (Sport, auch schweiz.): Tor: *Nach einer mäßigen Saison mit nur einem Goal führte der Weg H. nach Berlin, wo er bis 2019 unterschrieb und zwischenzeitlich zur Stammkraft aufstieg.* (OÖN 16. 12. 16). ↑ **Eigengoal, Steirergoal.** – Die Zus. *Goalgetter* ist gemeind.

**Goalie,** der; -s, -s (auch schweiz.): Torhüter: *Goalie Berger fällt weiterhin aus.* (KU 8. 3. 08). ↑ **Einsergoalie, Teamgoalie**

**Goalmann,** der: Torhüter: *Bimbo Binder habe gegnerische Goalmänner einfach ins Tor geschossen.* (PR 20. 6. 06)

**Gob, Gof,** der; -, -e (ugs., Vbg., in der Form *Gob* auch schweiz.): Kind: *Und habe einen 5-jährigen Gof zum Hüten. Der ist voll frech.* (Datum 2. 5. 14). ↑ **Rotzgob**

**Göd,** der; -en, -en (mundartnah, auch bayr.): Pate: *Lea Sophie – aber wer wird Göd?* (News 19. 1. 12); *NÖN bittet älteste Godn, ältesten Göd und Paten mit meisten Gödnkindern vor den Vorhang.* (NÖN 13. 10. 10). ↑ **Firmgöd, Göte, Taufgöd**

**Goden,** die; -, - (mundartnah, auch bayr.): Patin: *Weil er ein besonderer Most ist, reichten ihn die Mostviertler in früheren Zeiten auch nur zu besonderen Anlässen. Zum Beispiel, wenn der »Göd« und die »Godn« – die Taufpaten – zu Besuch kamen.* (NÖN 25. 8. 08). ↑ **Firmgoden, Göd, Godl, Gote, Taufgoden**

**Goder,** der: **1.** (Küche) Halsteil des Schweins, (in D) Backe: *»Ich mach ihn zwar ein bisserl anders, mische Leber mit Schulter und Goder vom Schwein, aber mir gefällt auch dieses Rezept sehr.«* (OÖN 28. 9. 13). **2.** (ugs.) Doppelkinn: *Wir hingegen erinnern uns an Frau-Hund-Beziehungen, die so gar nicht in die Kategorie »sympathisch« fielen: ... an die malakoffsüchtige Matrone im Kaffeehaus, deren Zwergmops auf ihrer Oberweite wohnte und ihr Schlagobers vom Goder leckte.* (OÖN 7. 6. 08)

**Goderl,** das; -s, -n (ugs., auch bayr.): **1.** (Küche) ↑ Goder (1): *Auch das steirische Freilandschwein serviert Fuchs auf dreierlei Arten: nämlich als selbst gemachte Miniatur-Blunze von seltener Delikatesse, als Grammelknödel und als knusprig gebratenes Goderl mit Extrem-Kruste.* (KU 30. 9. 06). **2.** (Verkl. zu) ↑ Goder, Kinn: *... da kam auf mirakulösem Wege das Thema Rasur aufs Tapet. Die Umgarnte prüfte mit ihrer Rechten kokett die Glätte unserer Goderl.* (OÖN 17. 1. 00); meist in der Wendung ***jmdm. das Goderl kratzen/kraulen:** jmdm. schöntun, schmeicheln: *Die wählen uns schließlich nicht, damit wir der Regierung das Goderl kratzen.* (PR 2. 9. 10). – Auch in der Form *Göderl*

**Godl,** die; -, -n (mundartnah, auch bayr.): Patin: *Der Bartl wurde zu Weihnachten in den Keller geschickt, um für Göd und Godl den besten Tropfen abzuzapfen.* (OÖN 20. 4. 07). ↑ **Gote, Goden**

**Gof** ↑ Gob

**Goiserer,** der ‹nach dem Ortsnamen Bad Goisern in OÖ› (auch bayr.): fester, zwiefach genähter Bergschuh: *Denn für alpines Gelände waren die doppelt genähten, stabilen Goiserer ... optimal.* (ST 4. 4. 16)

**Golatsche** ↑ Kolatsche

**Gold:** ***eine Schale Gold:** Kaffee mit viel Milch: *Während man sich in anderen Kaffeehäusern mit »Kapuziner«, »Melange« oder »Schale Gold« zufriedengeben musste, hatte der Herrenhof-Ober Hermann die Auswahl an Kaffeesorten zur Wissenschaft erhoben.* (KU 15. 12. 06)

**Goschen,** die (ugs., derb, auch südd.): Maul, Mund: *Ich habe in meinem Leben gelernt, eine große Goschen hilft nicht, sondern ein Konzept* (KZ 24. 9. 14); /fast nur in festen Wendungen/: ***auf die Goschen fallen:** eine Niederlage erleiden, scheitern: *»Du kannst immer kommen. Es ist okay, wenn du auf die Goschn fällst.«* (KZ 30. 12. 13); ***jmdm. in die Goschen hauen:** ins Gesicht schlagen: *Könnte das die Sehnsucht sein, andere zu erpressen oder ihnen zumindest sinnbildlich eine in die Goschen zu hauen?* (OÖN 30. 10. 10); ***jmdm. eine Goschen anhängen:** respektlos zurechtweisen, jmdm. die Meinung sagen: *Auf seine Aufforderung, sie mögen sich rasch und leise aus seinem Revier entfernen, hätten sie ihm nur eine »Gosch'n« angehängt.* (SN 1. 10. 13); ***eine große Goschen haben:** angeben, große Sprüche machen: *Dass er ein Künstler mit einer großen Klappe ist, das hört der Max Frey sicher oft. Obwohl man bei uns ja eher sagt, jemand hätte eine große Goschen.* (WZ 17. 9. 14); ***die Goschen halten:** still sein: *Leute wie ich haben die Goschen halten müssen.* (SN 6. 2. 17)

**Goscherl,** das; -s, -n: **1.** (fam., auch bayr.) Mund: *Oberflächlich betrachtet, ist der Freiburger Jochimsen ein blendender Spaßmacher mit ungemein frechem Goscherl.* (OÖN 19. 5. 03). **2.** ↑Froschgoscherl: *Die Rückenmitte zierte ein »Goscherl« – eine Art Mascherl.* (Wolfsberger Brauchtumsgruppe Lavanttal, 2008, Int). **↑Froschgoscherl, Zuckergoscherl**

**goschert** (salopp, auch bayr.): **1.** in seinen Reden frech und ausfallend: *Am Nachmittag sehen die Professoren den goscherten Studenten selten, was den Rausschmiss zur Folge hat.* (ST 27. 6. 16). **2.** redegewandt, schlagfertig: *Er ist direkt, goschert und zeigt seinem Umfeld klar: Behindert – na und?* (ST 10. 2. 16). – Die positive Bedeutung ›schlagfertig‹ und die negative ›großmäulig, frech‹ sind nicht immer scharf zu trennen. **↑großgoschert**

**Gota,** die; -, - (mundartnah, Vbg.): Patin: *Die Großnichten und -neffen beteten für die Gota als Dank für ihr Gutsein die Fürbitten.* (VN 27. 5. 13)

**Gote, Gotl,** die; -, -n (mundartnah, west-, südösterr.): Patin: *Die Würstel gab es auch zu Neujahr, zu Heilig Drei König und dann, wenn die Gotl mit ihren Geschenken zu Besuch kam.* (KR 18. 12. 11). **↑Goden, Gotte**

**Göte, Göti,** der; -s, -: (mundartnah, west-, südösterr.): Pate: *Oder waren Oma, Opa, Göte oder Tante heuer einfach zu großzügig und es sind zu viele Schokohasen im Nest gelandet?* (VN 31. 5. 18); *Auch dieses Jahr begaben sich die kleinsten Bludescher begleitet von Betreuerinnen, Eltern, Großeltern und Gota & Göti auf die Suche nach dem Christkind.* (VN 24. 12. 15). **↑Göd, Götti**

**Gotl** ↑Gote

**Gotlpack,** der; -s, - (mundartnah, Tirol): Patengeschenk (zu Allerheiligen oder Ostern): *Der Bub freut sich zurecht, denn der »Gotlpack« ist randvoll mit Leckereien wie Speck, Parmesan, Salami, Ostereiern, Schokolade und Strizl.* (TT 10. 11. 12) – Auch Name einer Tiroler Sozialaktion

**Gott:** ***Grüß Gott!** (auch südd.): formeller Gruß unter nicht näher befreundeten oder verwandten Personen: *Ein gut gelaunter Landeshauptmann betritt mit einem »Grüß Gott« den Saal.* (ST 9. 2. 17); ***Grüß dich/euch [Gott]!** (auch südd.): [formeller] Gruß unter Verwandten und guten Bekannten, meist mit Handschlag: *Grüß Dich Gott, lieber Ludwig! Noch einmal ganz lieben, herzlichen Dank* (OÖN 12. 1. 08); *Hans Knauß hat's mitbekommen und grüßt fröhlich: »Grüß Gott, grüß euch!«* (OÖN 1. 2. 13); ***Grüß Sie [Gott]!** (Wien): Gruß unter guten Bekannten, die mit Sie angesprochen werden: *»Grüß Sie Gott – das ist aber eine Freude«, sagt Dagmar Koller strahlend.* (OÖN 8. 6. 12); **vergelt's Gott** (auch südd., schweiz.): danke: *Ein herzliches Vergelt's Gott! Schon eine kleine Spende kann große Wirkung haben!* (OÖN 4. 12. 10)

**gottbehüte** (selten auch in D): gottbewahre, auf keinen Fall!: *Nein, wenn er – Gott behüte – krank werden sollte, könnte ich ja gar nicht einspringen.* (KU 2. 3. 07)

**Gotte,** die; -, -n (mundartnah, Vbg., wie schweiz.): Patin: *Wir nehmen Abschied von dir Mutter, Großmutter, Urgroßmutter, Schwester, Schwägerin, Gotte und Tante und begleiten dich mit ganzem Herzen.* (VN 30. 6. 10)

**Götti,** der; -s, - (mundartnah, Vbg., wie schweiz.): Pate: *Viel zu früh und völlig unerwartet wurdest du ... liebevoller Sohn, Bruder, Schwager, Götti, Onkel und unvergesslicher*

*Freund aus unserer Mitte gerissen.* (VN 13. 6. 07). ↑**Göd, Göte**

**Gottsöberste,** der; -n, -n (veraltend, ironisch) /meist im Plural/: der Oberste; der Einflussreiche: *Er habe schon Kritik der Gottsöbersten im Ohr, dass Vereinstrainer schuld wären, weil sie Jungen zu wenig Chancen geben würden.* (PR 29. 6. 06). ↑**Oberste**

**Grabarbeiten,** die /Plural/ (auch südd., schweiz.): Grabungsarbeiten: *Viel Zeit und Geld werden dadurch gespart, schließlich machen die Grabarbeiten 80 Prozent der Gesamtkosten aus.* (KZ 17. 12. 15)

**graben:** in der Verbindung ***Erdäpfel graben:** Kartoffeln ernten: *»Und dann hat der Chef meistens gesagt: Raus auf den Acker und Erdäpfel graben!«* (KU 14. 9. 05)

**grad:** ***grader Michl** ↑Michl

**Gradel,** der (auch südd.): bes. für Arbeitskleidung, Säcke o. Ä. verwendetes Gewebe mit eingewebtem Muster: *Ein Marchese aus uraltem Adel / trägt Anzüge stets nur aus Gradel ...* (WZ 22. 2. 08) ◆ **Matratzengradel**

**-grädig** (bei Temperaturangaben auch schweiz.): in der urspr. Bedeutung (als Maßeinheit) mit Umlaut, (in D) ...gradig: *Auf seiner Suche nach geeignetem Bier für sein Schweizerhaus stößt Kolarik auf ... ein dunkelgelbes* **zwölfgrädiges** *Lagerbier.* (Falter 4. 8. 04); *Vier EL Honig mit zehn Tropfen Rosmarinöl und zehn Tropfen Eukalyptus vermengen und im etwa* **38-grädigen** *Badewasser lösen.* (Gewinn 1. 11. 04); *Bei* **mittelgrädiger** *Arthrose ist mit einer 70-prozentigen Besserungsrate zu rechnen.* (Gewinn 1. 2. 05); *Dieses Gold ist sehr* **silbergrädig,** *und das wird in der Raffinerie getrennt.* (KU 12. 6. 09); *Früher waren Kinder mit Knochentumoren mit Verkürzungen des Beines konfrontiert – verbunden mit* **180-grädiger** *Verdrehung des Fußes.* (OÖN 17. 12. 08); *Beim Genuss punktet Stiegl vor allem durch die* **hochgrädige** *Stammwürze.* (SN 9. 5. 03) – Im übertragenen Gebrauch steht (wie gemeind.) ...*gradig,* z. B. *er ist hochgradig nervös*

**Graffel,** das, -[s] (ugs., abwertend, auch bayr.): Plunder, Kram: *Aber nachdem ich monatelang geklagt hatte, dass man unser Kellerabteil nicht mehr betreten kann, da sich das Graffel ... bis an die Decke stapelt, brachte das Kind eines sonnigen Tages die Keller-Ausmisten-Option ins Spiel.* (PR 19. 8. 16)

**Graffelwerk,** das: Kram, wertloses Zeug: *»Zum Diskontpreis wird es Sicherheit nicht geben. Wenn man Flugzeuge kauft, dann nicht irgendein altes Graffelwerk.«* (ST 28. 9. 06)

**Grammel,** die; -, -n /meist Plural/ (auch bayr.): Griebe, Speckgriebe: *Vor allem der Blunzenknödel schmeckt, die Variante mit Grammeln ist gut mit Paprika abgestimmt, nur der Fleischknödel könnte etwas würziger sein.* (PR 5. 6. 16) ◆ **Grammelfett; Grammelschmalz; Grammelsuppe** ↑Suppe

**Grammelfülle,** die (auch bayr.): Füllung mit ↑Grammeln: *vorweg ein kleinerer Grammelknödel auf Speckkraut. Cremig-herzhaft die Grammelfülle, die Hülle ohne Tadel, das Kraut mir geschmacklich ein bisschen zu zart.* (ST 10. 6. 07). ↑Fülle

**Grammelkas,** der; -: ein Schwarzbrotaufstrich aus gehackten oder faschierten ↑Grammeln, Zwiebel, Knoblauch, Schmalz u. a.: *Den Gästen wurden Wein, Brot und natürlich Köllagatsch und Grammelkas gereicht.* (NÖN 25. 11. 15).↑-kas

**Grammelknödel,** der: Knödel mit ↑Grammelfülle: *Sie sitzen im angesagtesten Lokal der Stadt, ... und plötzlich haben Sie Appetit auf Grammelknödel mit Krautsalat.* (WZ 16. 3. 15). ↑Knödel

**Grammelpogatsche,** die: ↑Grammeltascherl: *Sautanzbraten mit Sauerkraut, Blunzen mit Kren und Senf sowie Grammelpogatschen und leckere Mehlspeisen stehen auf der Speisekarte.* (BVZ 1. 7. 09). ↑**Pogatsche**

**Grammeltascherl,** das (auch bayr.): mit ↑Grammeln gefülltes Tascherl: *Als Vorspeise seien auch die Grammeltascherl ... mit cremigem Sauerkraut von Köchin Verena empfohlen.* (OÖN 31. 8. 12). ↑Tascherl

**Granat,** der; -en, -en: wird österr. schwach dekliniert

**Grande,** der ‹span.›: hoher spanischer Adeliger: wird österr. (selten auch in D) oft für ›Angehöriger der obersten Funktionärs- oder Politikerschicht‹ verwendet: *Niessl ist immerhin ein Grande jener Partei, die den Bundeskanzler stellt.* (ST 25. 1. 08); meist in Zus.: *Die* **Gewerkschaftsgranden** *des Bundespräsidiums sind versammelt.* (KU 28. 3. 06); *Es gebe sehr wohl ein Konzept der Grünen zur Pflege, das aber erst von den* **Parteigranden** *abgesegnet werden müsse.* (KU 9. 1. 08); *Nach der letzten Nationalratswahl haben* **ÖVP-Granden** *dem Volk mitgeteilt: »Wir haben verstanden!«* (OÖN 12. 2. 08); *Bei der Koproduktion der Landesstudios OÖ und Salzburg konnten die Moderatoren prominente Gäste begrüßen, unter* *anderem ... die* **ORF-Granden** *H. O. und H. N.* (OÖN 13. 5. 03); *Die Umit ist zwar kein Liebkind des Landeshauptmanns, doch durch die Kooperation mit der Fachhochschule Kufstein steht ein* **Politgrande** *hinter dem Projekt.* (TT 11. 10. 08)

**Grant,** der; -s (ugs., auch bayr.): schlechte Laune, Unmut, Verärgerung: *Er hat diese Rolle mit einer Mischung aus Grant, Intellekt, Schmäh und Arroganz angenommen und ausgekostet.* (OÖN 24. 3. 17). – Das Adjektiv *grantig* ist gemeind.

**granteln,** sw. V. / hat (ugs.): (anderen gegenüber) grantig, mürrisch sein: *Um einen Menschen, der andauernd nur grantelt, werden wohl viele einen Bogen machen.* (PR 11. 12. 16)

**Grantler Grantlerin,** der bzw. die (auch bayr.): grantiger Mensch, Nörgler: *Wie viel Trinkgeld geben Sie, wenn ... der Taxifahrer eben freundlich war und sich nicht nur als schimpfender Grantler am Steuer erwiesen hat?* (SN 20. 8. 16)

**Grantnigel,** der (ugs.): ↑Grantler: *Ausgerechnet der nuschelnde Grantnigel wurde Tonfilmstar in 150 vom Plot meist trivialen Filmen.* (SN 20. 3. 02). – Auch in der Form *Grantnigl.* ↑NIGEL

**Grantscherben,** der; -s, - (ugs.): grantiger Mensch: *»Wir müssen gute Stimmung machen. Die Welt ist voll von Raunzern, Grantscherm und Schmarotzern.«* (KU 21. 11. 04). – Auch in der Form *Grandscherm.* ↑**Scherben, Nachtscherben**

**Gratiseintritt,** der (auch südd., schweiz.): kostenloser Eintritt: *Mit etwas Glück könnt ihr für euch und eine Begleitperson einen Gratiseintritt samt exklusiver Stadionführung gewinnen.* (SN 3. 10. 16)

**Gratiskindergarten,** der: gebührenfreier Kindergarten: *Für den Gratiskindergarten werden die Mittel um knapp 44 Millionen Euro auf 811 Millionen Euro erhöht.* (PR 16. 11. 16)

**Gratisnummer,** die (auch schweiz.): Telefonnummer, die für die anrufende Person kostenlos ist: *Es müsse möglich sein, eine – auch automationsunterstützte – Gratisnummer zum Kontakt für Anfragen, Wünsche und Beschwerden zum Vertrag anzubieten.* (PR 27. 10. 14)

**Grätzel,** das; -s, -n (ostösterr. ugs.): Teil eines Wohnviertels, Häuserblock, Teil einer Straße mit Wohnhäusern: *Die Befragung endete mit einem Nein sowohl im Bezirk als auch in den Grätzeln.* (PR 3. 3. 17) ◆ **Grätzelgeschäft:** *Wegen der gemütlichen Atmosphäre im Grätzelgeschäft – oder um doch in den Büchern zu blättern, gern darf man hineinlesen.* (PRaS 2. 9. 18)

**Grätzelfest,** das: Stadtteilfest, Wohnviertelfest: *Grätzelfeste und Beiselszenen stärkten die Identität mit und in den inneren Bezirken.* (PR 10. 9. 05)

**Graukas,** der; -es (Tirol): ↑Graukäse: *Wir haben eine eigene Käserei, wo wir aus der Rohmilch Graukas und Butter herstellen.* (TT 31. 8. 12). ↑-KAS

**Graukäse,** der (west-, südösterr.): ein scharfer, würziger Käse: *Wenn Sie die Erdäpfellaibchen mit Graukäse füllen, können Sie auch Sauerkraut dazu reichen.* (NVT 7. 12. 07)

**Grausbirnen:** ***jmdm. steigen die Grausbirnen auf** (auch bayr., ugs.): jmd. ahnt Schlimmes; jmdn. überkommt das Grauen: *Mathe – da steigen vielen Menschen die Grausbirnen auf.* (KU 21. 4. 08)

**grauslich** (in der Form *gräuslich* auch südd.): hässlich, ekelhaft, unangenehm: *Ich wünsch mir solchen Wein auf jedem Christkindlmarkt – statt des dort oft grauslichen Glühweins.* (PR 6. 12. 16); *Freihandel ist grauslich, und Globalisierung wird in einem derartigen mentalen Soziotop nur als Ausbeutung armer Länder durch die Konzerne definiert.* (PR 30. 9. 16). – Stimmt in der Bedeutung nicht mit dem gemeind. Wort *grausig* ›düster, gruselig‹ überein

**Gred,** die; -, -en (mundartnah, auch bayr.): ebene [gepflasterte] Fläche vor dem Bauernhaus: *Früher ... wurden die Höfe pro Jahr mit unzähligen »Riadlbesen« zum Kehren des Stalles, der Tenne, des Hofes, der Gred ... und der Wagenlaube versorgt.* (OÖN 11. 2. 05). – Auch in der Form *Grede*

**Greißler Greißlerin,** der bzw. die (bes. ostösterr.): Krämer, Gemischtwarenhändler: *Post weg, Bank weg, Wirt weg, Greißler weg, Leben weg.* (SN 28. 3. 17) ◆ **Greißlerei:** *Pilgersdorf bleibt die Greißlerei erhalten. Unternehmer-Paar führt das ADEG-Geschäft weiter.* (KU 13. 2. 08)

**Greißlermentalität,** die: eng begrenzter Horizont: *»Am schlechten Ruf des heimischen Forschungsstandortes ändert es sicher nichts, wenn man in kleingeistiger Greißlermentalität glaubt, Forscher aus dem Ausland mit ein paar Euro mehr nach Österreich locken zu können.«* (ST 17. 11. 03)

**Greißlersterben,** das: das Verschwinden der kleinen Nahversorger: *Stattdessen gebe es Chaos in der Raumordnung, dem Wohnbaufonds gehe das Geld aus und in vielen Gemein-*

*den gehe das Greißlersterben weiter.* (SN 19. 7. 16)

**Gremial-** ‹lat.› Bestimmungswort in Zus.: 1. zu einem Gremium gehörend, z. B. einer Kammer. 2. eine Politik vertretend, die auf fest gefügten Standesinteressen beruht, z. B.: **Gremialsekretariat:** *Erst seit 2009 arbeitet er Vollzeit als Leiter des Gremialsekretariats des Hebammengremiums.* (ST 12. 9. 13); **Gremialuniversität:** *Man darf in dem Zusammenhang aber auch nicht vergessen, was die frühere Gremialuniversität war.* (ST 2. 4. 14); **Gremialbeschluss:** *Anfang Juni waren die dafür nötigen Gremialbeschlüsse auf dem Tisch.* (ST 5. 7. 16); **Gremialdemokratie; Gremialobfrau/-mann,** ↑Obmann; **Gremialpolitik; Gremialpolitiker/-in; Gremialvorsteher:** *Er galt als zielbewusster, lösungsorientierter und konzilianter Gremialvorsteher.* (SN 7. 11. 15); **Gremialvorsteherin.**

**gremial** ‹lat.›: zu einem Gremium gehörend, Gremialpolitik betreffend: *Selbst die Studierenden würden eine gremiale Drittelparität akzeptieren* (PR 30. 7. 12)

**Grenadiermarsch,** der: Speise aus zerkleinerten Kartoffeln, Teigwaren und Fleischstückchen: *Im Offizierskasino der Rossauer Kaserne ... gibt's Grenadiermarsch.* (PR 6. 3. 08). Vgl. Fleckerl

**Grenzbalken,** der: Sperre an einem Grenzübergang: *Deutschland, Österreich, Schweden, Dänemark und Norwegen dürfen die Grenzbalken zunächst bis Mitte Mai unten lassen.* (KZ 7. 2. 17). ↑Balken

**Grenzdienst,** der: Dienst [eines Polizisten] an der Grenze zur Überwachung der Staatsgrenze: *48 der 73 neuen Polizisten wurden in sechs Monaten für den Grenzdienst ausgebildet.* (KZ 6. 3. 17)

**Grenzwache,** die (früher): Wachkörper aus Zoll- und Gendarmeriebeamten zum Grenzschutz. ↑Wache

**Gretlfrisur,** die (auch bayr.): Frisur mit zu einem Kranz aufgesteckten Zöpfen, (ähnlich in D) Gretchenfrisur: *Schlange standen die Mädchen bei Dorffriseuse Elfi Maier, um sich eine Gretlfrisur machen zu lassen.* (KZ 21. 6. 11)

**Grießknödel,** der (auch bayr.): aus Grieß hergestellter ↑Knödel: *Traditionell gibt es zu unserem Gansl Servietten- und Grießknödel, Kroketten, Bratapfel, Blaukraut, Sprossenkohl, Apfelmus und Kastanienreis.* (KZ 8. 11. 12). ↑Knödel

**Grießkoch,** das (auch bayr.): Grießbrei: *Danach habe ich ein Grießkoch mit Zimt gegessen, Tee getrunken und ein heißes Bad genommen.* (SN 7. 6. 13). ↑Koch

**Grießmus,** das (westösterr.): Grießbrei: *Dreierlei Eintöpfe, asiatisches Gemüse, Milchreis und Grießmus lässt sich zu Klängen der Militärmusik phantastisch löffeln.* (TT 3. 3. 05). ↑Mus

**Grießnockerl,** das: Nockerln aus Grieß, (in D) Grießklößchen: *Beim Seewirt wird jetzt für den ersten Gästeansturm vorproduziert, zum Beispiel Suppeneinlagen wie Grießnockerl, Leberknödel und Frittaten.* (KZ 5. 5. 16) ↑Nockerl ◆ **Grießnockerlsuppe** ↑Suppe

**Grießschmarren,** der (auch bayr.): Süßspeise aus geröstetem Grieß, gebackener Grießbrei: *Und Grieß für einen köstlichen Grießschmarren mit Apfelmus.* (ST 11. 11. 16); ***Liebe/Wonne und Grießschmarren** (salopp): [nach einer Aussöhnung] bes. zur Schau gestellte Liebe; [nach Krisen] allgemeine Freude und Zufriedenheit: *Eitel Wonne und Grießschmarren herrschten laut offizieller Presseaussendung bei der Bezirksversammlung des Roten Kreuzes.* (KZ 27. 5. 14). ↑Schmarren

**griffig:** ***griffiges Mehl** ↑Mehl

**Grillage,** die [gri'la:ʃ] (salopp): Grillparty: *Die Leute schauen Fußball mittlerweile lieber zu Hause vor dem Fernseher, mit Freunden und einer Grillage.* (ST 4. 3. 14). – Die Bedeutung ›auf dem Grill Gekochtes‹ ist gemeind.

**Griller,** der: Gerät zum Grillen, (in D) Grill: *Der typische österreichische »Grill-Chef« ist laut Statistik zu 80 Prozent männlich ... – und am liebsten legt er eine Wurst auf den Griller.* (KU 13. 7. 08)

**Grillstation,** die: Gasthaus, in dem bes. Gegrilltes angeboten wird: *Zu nahe sind Pizzerias, Grillstationen und die örtliche Kanalisation.* (ST 23. 7. 16). ↑Station

**Griss,** das; -es (ugs., auch bayr.): Andrang, Zulauf: *Ein Griss herrscht um die Vorverkaufskarten für die Theatersaison der St.-Josefs-Bühne.* (OÖN 30. 1. 08)

**Groscherl, Gröscherl,** das; -s, -n /meist im Plural/ ‹zu *Groschen* aus der ehemaligen Schillingwährung› (ugs., bes. Wien): Groschen, [kleine Summen] Geld: *Wenn einer plötzlich Geld hat ..., dann weiß, wer seine Gröscherl durch ehrliche Arbeit verdienen muss, einfach zu gut, dass es kein ehrliches Geld gibt.* (KU 1. 12. 01); *Am schlimmsten aber ist, dass Menschen an den Tischen ringsum die Gro-*

*scherlzählerei mit ansehen müssen.* (ST 28. 11. 16)

**Groscherlgeschäft, Gröscherlgeschäft,** das (ugs., bes. Wien): Geschäft, bei dem kleine Summen eingenommen werden (und das daher sehr arbeitsintensiv ist): *Die Bawag ist stark im inländischen Gröscherlgeschäft, dessen Gewinnspannen allerdings bescheiden sind.* (KU 4. 4. 06); *Wobei es Letzteren nicht primär darum geht, sich mit dem »Groscherlgeschäft« Zahlungsverkehr eine goldene Nase zu verdienen.* (ST 26. 5. 15)

**groß:** ***großer Mokka, großer Schwarzer** ↑Schwarze, ***großer Brauner** ↑Braune

**großgoschert** (ugs., salopp): großsprecherisch, angeberisch: *Damit meinen wir nicht den Gegensatz zwischen großem Auto und kleinem Selbstvertrauen und auch nicht die Mischung aus großgoschert und kleinkariert.* (OÖN 21. 2. 09)

**großkoalitionär** (in D selten): eine große Koalition (ÖVP und SPÖ) betreffend: *Das wäre der perfekte Moment generell Veränderungen herbeizuführen, den alten Proporz-Wahn, das großkoalitionäre, strukturkonservative Denken zu beenden.* (PR 13. 5. 18)

**Gröstl,** das; -s, -n ⟨verschriftl. Dialektform⟩ (auch bayr.): Speise aus gerösteten Kartoffelscheiben, Zwiebeln, Wurst oder Fleisch: *Am Samstag gehts im UnFassBar mit Volksmusik, Gröstl und Jagatee so zünftig zu, wie auf einer Tiroler Skihütte.* (KU 9. 2. 06); ***Tiroler Gröstl:** mit Rindfleisch zubereitetes und mit einem Spiegelei serviertes Gröstl: *Die Reste vom sonntäglichen Tafelspitz eignen sich für ein köstliches Tiroler Gröstl am Montag.* (KZ 20. 10. 12); meist in Zus.: ↑**Bauerngröstl, Blunzengröstl, Breinwurstgröstl, Erdäpfelgröstl**

**Gruft,** die: Name einer Obdachlosenunterkunft in Wien (in der Gruft einer Kirche errichtet): *»Ich habe 20 Jahre neben der Gruft gewohnt. Die Menschen dort werden immer mehr.«* (KU 3. 7. 08)

**Grümpelturnier,** das (westösterr., auch südd., schweiz.): Fußballturnier mit Hobbymannschaften am Wochenende: *»Wir sind bei einer WM, wir sind doch nicht bei einem Grümpelturnier.«* (ST 22. 6. 06)

**Grün-:** steht österr. als Bez. der politischen Partei meist als Bestimmungswort zu einem Substantiv, in D als Attribut *grüner* oder in der Form *Grünen-*: **Grünenabgeordnete; Grünenabgeordneter:** *»Ihr seid die einzige populistische Partei, die sich vor dem Volk fürchtet«, hatte Grünabgeordneter Rolf Holub in der Aktuellen Stunde gesagt.* (WZ 16. 8. 12); **Grünbewegung; Grünmandatar:** *Viel mehr sei nicht drin und ohne Beschluss leide die Verwaltung, erklärte Grünmandatar Gonaus seine Zustimmung.* (KU 24. 11. 11), ↑Mandatar; *Damit war man endgültig die erfolgreichste Grünpartei Europas.* (PR 22. 10. 17); **Grünpolitiker:** *Grünpolitiker bieten Energieberatung an.* (PR 10. 5. 07); **Grünpolitikerin:** *Grünpolitikerin fordert Lärmmessung für A22.* (KU 22. 5. 04)

**Grundablöse,** die (in D nur im Bankwesen): **1.** Kauf eines Grundstückes im öffentlichen Interesse durch Gemeinde, Land oder Bund: *Probleme bei Grundablöse und durch Vorgaben für die Renaturierung.* (SN 10. 3. 06). **2.** Entschädigungssumme bei Enteignung eines Grundstückes im öffentlichen Interesse: *Schließlich habe die Gemeinde 600.000 Euro Grundablöse gezahlt.* (OÖN 31. 10. 07). ↑ABLÖSE

**Grundbezug,** der (selten auch in D): Basisbezahlung (ohne Zulagen): *Neben dem Grundbezug ... werden noch eine Basis- sowie eine Leiterzulage (abhängig von der Schulgröße) bezahlt.* (KZ 1. 4. 11). ↑BEZUG

**Grundbuch,** das: österr. auch kurz für Grundbuchgericht, -amt: *Um zu sehen, was die Grundstücke wert sind, hätt er ja nur auf das Grundbuch zu gehen brauchen.* (KR 28. 5. 01). In der Bedeutung ›Grundstücksverzeichnis‹ gemeind.

**Grundbuchs-:** österr. Form mit Fugen-s, (in D nur) Grundbuch-: **Grundbuchsabschrift; Grundbuchsanlegung; Grundbuchsauskunft; Grundbuchsauszug:** *Wenn ein Makler nicht bereit ist, einen Grundbuchsauszug oder andere Informationen zu übermitteln – dann sollten Konsumenten stutzig werden.* (KU 11. 8. 01); **Gundbuchseintragung:** *Nur für die Grundbuchseintragung benötigt man einen schriftlichen, eintragungsfähigen Vertrag* (OÖN 11. 3. 08); **grundbuchsfähig:** *Sollte sich ein Verkäufer ... weigern, einen grundbuchsfähigen Vertrag zu unterfertigen, kann er auf Feststellung des Vertrages geklagt werden.* (OÖN 11. 3. 08); **Grundbuchsgericht:** *Der elektronische Rechtsverkehr dazu wird dem Grundbuchsgericht übermittelt und elektronisch gespeichert.* (SN 14. 4. 07); **Grundbuchsmappe**

**grundbücherlich:** im Grundbuch eingetragen: *Insbesondere im Liegenschaftsverkehr ist* *es wichtig, die Vorkaufsrechte auch grundbücherlich einzuverleiben.* (VN 16. 2. 08)

**Grundeinlöse,** die: ↑Grundablöse: *Anfang 2009 beginnen wir die Grundeinlöse-Verhandlungen entlang des rund 700 Meter langen Gebietes.* (OÖN 5. 3. 08)

**Grundparzelle,** die: [Bau]grundstück: *Falls nötig erhält der Berater die Koordinaten seines Standortes per GPS, mit denen die Grundparzelle und somit der Waldbesitzer eruierbar wird.* (SN 28. 6. 07)

**Grundstückszusammenlegung,** die (Behördenspr.): Flurbereinigung: *In Schönwies dauert die Grundstückszusammenlegung noch immer an.* (KU 13. 11. 01). Vgl. Kommassierung

**Grundverkehr,** der (Behördenspr.): durch gesetzliche Vorschriften geregelter Erwerb von Grundstücken (betreffend land- und forstwirtschaftliche Grundstücke, Baugrundstücke, Ankauf von Grundstücken durch Ausländer etc.) ◆ **Grundverkehrskommission**

**Grundwehrdiener,** der: Soldat im Grundwehrdienst: *Bezahlt werden Zivildiener prinzipiell gleich wie Grundwehrdiener zu Beginn ihres Dienstes.* (PR 13. 4. 17). ↑-DIENER

**Grünruhelage** ↑Ruhelage

**Grüß [dich/Sie] Gott!** ↑Gott

**gschafteln,** sw. V. / hat (ugs., salopp): sich ungefragt wichtig machen und umtriebig sein: *Der Ehrenobmann des Vereins gibt zwar keine Kurse mehr, schaut aber immer noch regelmäßig vorbei. »Ein bisserl gschafteln«, sagt er.* (SN 12. 12. 05)

**Gschaftler Gschaftlerin,** der bzw. die (ugs., auch bayr.): ↑Gschaftlhuber: *Ob glasklar denkender Analytiker, ob wortverliebter Gschaftler, ob zufällig Hineinschnuppernder, es sitzen alle im gleichen Stadion.* (SN 19. 6. 06)

**Gschaftlhuber Gschaftlhuberin,** der bzw. die (ugs., auch südd.): wichtigtuerischer und zugleich umtriebiger Mensch: *Wir Medienmenschen sind Gschaftlhuber: Zu allem und jedem eine Meinung.* (KU 30. 6. 05) ◆ **Gschaftlhuberei:** *Morgen also, wenn sich das Moderatoren-Dreamteam ... ins Walzer-Getümmel stürzt, sitzt Hohenlohe wieder im »Epizentrum der Gschaftlhuberei«.* (KU 14. 2. 07)

**gschamig** (ugs., auch bayr.) ‹eig. ›geschämig‹›: schamhaft, schüchtern: *Da spielen die beiden also mit ihren Körpern Lego, dass es vermutlich eine Freude ist. Und danach machen sie plötzlich auf g'schamig.* (OÖN 15. 4. 08)

**gschamster** ↑gehorsamster

**Gschau,** das; -s, -e (ugs., salopp, auch bayr.): Gesichtsausdruck: *Man versichere sich eines süßen, unverbrauchten Teenagers mit naivem Gschau und verboten sinnlichen Lippen.* (News 26. 3. 09). – In der Form *Geschau* gemeind.

**Gscheid,** das; -[s], -e (ostösterr., bes. in geogr. Namen): Wasserscheide, Pass, Grenze: *Etwas längere Anfahrtszeiten erfordern einige kleine Skigebiete, die von St. Pölten aus etwa 55 Kilometer entfernt liegen, wie die Göllerlifte am Gscheid bei Mariazell.* (PR 19. 1. 13)

**gscheit** ↑gescheit

**gschert, Gscherte** ↑geschert

**Gschicht:** ***b[e]soffene Gschicht** ↑Geschichte

**Gschichterl,** das; -s, -n: **1.** anekdotenhafte, kurze Erzählung; Histörchen: *Dass der Schas der beste Komiker sei, sagt Resetarits etwa und erzählt ein Gschichterl über den Schas im Lift.* (PR 5. 3. 15). **2.** (ugs., salopp): erfundene, erlogene Begebenheit: *Versuchter Raubüberfall in der Fuzo war ein »Gschichtl«.* (KU 3. 5. 07); *Gschichterln drucken* (Gerüchte verbreiten). – Auch in der Form *Gschichtl.* Vgl. Geschichte

**Gschichtldrucker Gschichtldruckerin,** der bzw. die (salopp): Geschichtenerzähler/-in von anekdotenhaften oder nicht ganz wahren Ereignissen: *Er ist nicht nur als Liederschreiber das Zentrum der Band, er ist auch der konzeptuelle Kopf, ein wunderbarer Gesprächspartner ... und ein leidenschaftlicher Gschichtldrucker.* (Falter 8. 4. 15); *Die Sängerin und »Gschichtldruckerin« feiert den zehnten Geburtstag ihrer Band »Denk« in der Villa Kunterbunt.* (NÖN 29. 4. 10)

**Gschisti-Gschasti,** das (ugs. abwertend): [übertriebener, unnötiger] Wirbel; [übertriebenes, unnötiges] Aufheben, Getue: *Beim Gault Millau hat man zum Glück erkannt, dass gutes Essen nicht immer Gschisti-Gschasti heißt.* (KZ 29. 1. 07)

**Gschlader,** der; -s [...ɔː...] (ugs., abwertend): dünner Kaffee, geschmacklose Suppe, schales Getränk: *Selten so ein ekliges Gschlader erlebt.* (PR 18. 9. 10)

**gschmackig** (ugs.): **1.** (auch bayr.): geschmackvoll, gut gewürzt, pikant: *Populismus, das ist wie eine Käsekrainer. Die muss gschmackig sein, aber es interessiert niemanden, was eigentlich drinnen ist.* (ST 1. 10. 16). **2.** (meist abwertend) gefällig, nett; kitschig: *Das ergibt in Summe ein gschmackig ausgekostetes Klangpanorama, das dem Auftritt der*

*Solovioline einen flauschigen, aber auch eigengemusterten Teppich ausrollt.* (SN 18. 08. 13) – Auch in der Form geschmackig

**Gschnas,** das; -, - (bes. Wien): Maskenball, ungezwungenes Maskenfest: *Jetzt im Fasching kommt dazu, dass kein Bürgermeister beim Gschnas seiner Feuerwehr fehlen darf und kein Minister auf dem Opernball.* (SN 1. 2. 08) ◆ **Gschnasfest; Nikologschnas**

**Gschrapp,** der; -en, -en [...ɔ...] (ugs.): kleiner Kerl, Kind: *Die kennen mich ja, seit ich ein kleiner Gschrappen war.* (PR 10. 7. 16)

**gschupft** (ugs., veraltet): munter, beweglich; verrückt, überspannt. – Nur noch erhalten in: ***der gschupfte Ferdl:** Typus eines [Wiener] geschniegelten, modisch gekleideten Gecken, der ein Luxusleben führt, aber seine Familie vernachlässigt: *Heute zieht der gschupfte Ferdl frische Socken an* (Lied von Gerhard Bronner); *Nur eines würde sich der Gschupfte Ferdl nicht gefallen lassen: Dass die Kellnerin um 22 Uhr sagt: »Wir sperren den Garten, ihr müsst jetzt alle reingehen.«* (PR 25. 5. 14)

**Gsiberger Gsibergerin,** der bzw. die ‹wegen der alemannischen Mundartform *gsi* für *gewesen*› (ugs., scherzhaft): Vorarlberger: *Immerhin konnten die Gsiberger bei ihren bisherigen sechs Gastspielen in der Lavanttal-Arena noch nie einen Sieg mit nach Hause nehmen.* (WZ 30. 8. 15)

**Gspaß,** der; -, - [gʃb...] (ugs., auch südd., schweiz.): Spaß: *Um diesen »Gspaß« auszuprobieren, muss man ca. ab 400 Euro aufwärts hinblättern.* (PR 21. 2. 08)

**Gspaßetteln** ↑Spaßetteln

**gspaßig** [gʃb...]: spaßig, komisch: *Wenn das Kochrezept für einen »Rostbraten Esterhazy« verkomponiert wird ..., dann ist das zwar nicht ganz großes Theater, aber immerhin gspaßig.* (WZ 30. 1. 07)

**Gspritzte** ↑Gespritzte

**Gspusi,** das; -s, -s [gʃbusɪ] ‹ital. *sposi* ›Verlobte‹› (ugs., auch bayr.): **1.** Liebesverhältnis: *Die Gute, kein Kind von Traurigkeit, hatte ein Gspusi mit Kriegsgott Ares, was dessen Geliebte Aphrodite weniger erbaulich fand.* (PR 19. 5. 06). **2.** Geliebte, Freundin: *Zudem Michels bester Freund, längst verflossenes Gspusi seiner Frau.* (KZ 11. 11. 16)

**Gstanzl,** das; -s, -n [gʃdantsl̩] (auch bayr.): lustiges Lied, meist vierzeiliges Spottlied, bei Hochzeiten o. Ä. gesungen: *Bisher wurden bei der Aktion »Musikanten spielt's auf!« in den Gaststuben Gstanzl gesungen und die Ziehharmonikas ausgepackt.* (OÖN 26. 7. 07)

**Gstätten,** die; -, - (ugs., ostösterr.): abschüssige, meist steinige und wenig bewachsene Wiese: *in unmittelbarer Nachbarschaft zur Oberen Alten Donau wurde in den letzten Tagen eine Gstätten eingeebnet.* (KU 18. 11. 06). ↑**Mistgstätten**

**gstopft** (ugs.): reich, betucht: *Haben Sie Informationen darüber, wo ich mich für einen Teilzeitjob anmelden kann, mit dem ich so richtig gstopft werd?* (Falter 14. 4. 04)

**Gstopfte,** der bzw. die; -n, -n (ugs., salopp, abwertend, auch schweiz.): Wohlhabende/-r: *Beherrscht wird die Debatte jedenfalls von einem kruden »Hier die Gstopften, dort die Armen oder Armutsbedrohten«.* (ST 25. 2. 12)

**GSVG:** (buchstabierte Abk. für) Gewerbliches Sozialversicherungsgesetz

**Guardian,** der ‹lat.›: wird österr. auf der zweiten Silbe betont, in D auf der letzten

**Gucker,** der (ugs., auch bayr.): Feldstecher (in D nur für ein kleineres Fernglas, z. B. ein Operngucker): *Als es hell wurde, haben wir mit dem Gucker hinaufgeschaut. Da sah man, dass immer wieder Geröll abgeht.* (SN 32. 1. 04)

**Gugelhupf,** der; -[e]s, -e (auch südd., in der Schreibung *Gugelhopf* auch schweiz.): in einer bestimmten runden Form gebackener Kuchen, (in D) Napfkuchen: *Er kam bei seinem Morgenspaziergang täglich bei Frau Schratt auf ein Stück Gugelhupf vorbei.* (ST 1. 10. 17). ↑**Marmorgugelhupf, Mohngugelhupf, Patzerlgugelhupf** ◆ **Gugelhupfform**

**Guido:** der männliche Vorname wird österr. [ˈgui̯do], älter (bes. Wien) [ˈgui̯ːdɔ] ausgesprochen, in D [ˈgiːdo]

**Guilloche,** die ‹franz.›: Linienzeichnung auf Wertpapieren: wird österr. [gui̯ˈjoːʃ] ausgesprochen, in D [giˈjɔʃ, gɪlˈjɔʃ]

**Guillotine,** die ‹franz.›: wird österr. [guijɔˈtiːn] ausgesprochen, in D [gijoˈtiːn, gɪljoˈtiːnə]

**Gulasch, Gulyás,** das; -[e]s, -e ‹ung.›: ist österr. immer Neutrum und lautet im Plural Gulasche. Neben der eingedeutschten ist auch noch die ursprüngliche ungarische Schreibung üblich (auch in den Zus.): *Dem Gulyás mangelte es am ungarischen Paprika.* (KU 24. 12. 07)

**Gully,** der ‹engl.›: in den Boden eines [Bade]zimmers eingelassener Abfluss (in D nur ›in die Straßendecke eingelassener Kanalabfluss‹): *Dass eine Frau über Teppiche stolpert und Schlüssel in den Gully fallen lässt, um die*

*Aufmerksamkeit ihres Mannes zu erzwingen – mag vorkommen.* (PR 24. 7. 02)

**Gulyás** ↑Gulasch

**Gummi,** der; -s, -[s] ‹ägyptisch-griech.-lat.›: ist österr. (und schweiz.) Maskulinum, in D meist Neutrum: *Sie hatten bei Ausgrabungen im Westen Finnlands einen rund 5000 Jahre alten, abgekauten Gummi aus Birkenharz ... entdeckt.* (SN 21. 8. 07)

**Gummibärli,** das; -s, - (ugs., auch schweiz.): (in D) Gummibärchen: *Ein Lied aufzunehmen, wäre ein kleiner Traum von mir, oder mit Thomas Gottschalk ein Gummibärli essen.* (KZ 24. 7. 16)

**Gummihupfen,** das; -s: Kinderspiel, bei dem man nach bestimmten Regeln über gespannte Gummibänder hüpft, (in D) Gummitwist: *Ein ungefähr drei Meter langes Gummiband ist das Einzige, was Kinder für das beliebte »Gummihüpfen« brauchen.* (OÖN 17. 7. 07); *Auch praktisch, weil mit wenigen »Zutaten« vergnüglich: Gummihupfen ..., Blinde Kuh ..., Tempelhüpfen ...* (KU 29. 8. 07). – Auch in der Form *Gummihüpfen*

**Gummiringerl,** das; -s, -n: kleiner, dünner Ring aus Gummi, um etwas zusammenzuhalten; wird unterschieden von Gummiring (z. B. zum Abdichten von Weckgläsern): *Also nehmen wir an, die Dichtung ihres Abflusses vom Waschbecken tut ihren Dienst nicht mehr. Man nehme das Mousepad und schneide solange Gummiringerln aus, bis eins passt.* (ST 28. 10. 03). ↑**Ringerl, Sardellenringerl**

**Gupf,** der; -[e]s, -e (mit Plural *Güpfe* auch südd., schweiz.): **1.** (auch südd., schweiz.) Gipfel; Kuppe: *Der etwas über 1.500 Meter hohe Gupf ist kein sehr bedeutender Gipfel, es führt nicht einmal ein markierter Sommerweg dort hinauf.* (SN 14. 3. 06). **2.** (auch südd.) etwas, was bei einem Gefäß über den oberen Rand hinausgeht: *Schokoüberzug, Nüsse und der »Gupf« Schlagobers können die Kalorienanzahl übrigens mehr als verdoppeln.* (KZ 14. 8. 11)

**Gurkenhachel,** die oder der (ugs.): Gurkenhobel: *Von Gurkenhachel bis Whirlpool, von Zuckerwatte bis Tagada: Zwei Mal pro Jahr lockt der größte Jahrmarkt Österreichs eine halbe Million Menschen auf das Marktgelände an der Donau.* (OÖN 25. 4. 14). ↑**Hachel, Krauthachel**

**Gurkerl,** das; -s, -n: **1.** kleine Essiggurke: *Diese Phase ist vorbei, heute isst der 53-Jährige auch wieder Pferdeleberkäsesemmerl mit Gurkerl und süßem Senf.* (SN 28. 11. 16). **2.** (Fußball) durch die Beine des Gegners gespielter Ball: *Der Sturmtank lässt zwar sogar technisch die meisten Gegner alt aussehen, aber kein Fersler, kein Gurkerl ist bei ihm Selbstzweck.* (KU 20. 10. 07). ↑**Essiggurkerl**

**Gusti** (auch bayr.): (kurz für) Auguste, (in D) Guste. – In CH ist Gusti eine Kurzform für *August* oder *Gustav*. Vgl. Franzi, Gustl, Mitzi

**gustieren** ‹ital.› (ugs.): **1.** (Speisen) kosten, probieren, genießen: *Japanische Weinfreaks werden die ersten Feinschmecker in Übersee sein, die den fruchtigen Wiener Heurigen 2007 gustieren.* (KU 12. 10. 07). **2.** suchen, ausprobieren, auswählen: *Jeden Freitag im August ... haben über 300 Geschäfte der Altstadt ... bis 22 Uhr geöffnet und laden zum ... entspannten Gustieren in der exklusiven Branchenvielfalt.* (SN 26. 7. 07)

**gustiös** (ugs.): **1.** appetitlich: *besonders gustiös sahen die vorbereiteten Putenstücke aus.* (SN 26. 3. 04). **2.** angenehm, reizvoll: *Also eindeutig gelogen, die Wahrheit hört sich aber auch nicht gerade gustiös an.* (KU 8. 11. 16). ↑**ungustiös**

**Gustl** (männlicher Vorname): Kurzform von Gustav, August, (in D) Gustel. ↑**Gusti**

**Gusto,** der ‹ital.› (auch südd., sonst in D selten): **1.** Appetit: *Mit Gusto auf frisches Gemüse füllt der Körper nach dem Winter seine Vitamindepots wieder auf.* (KU 26. 3. 17). **2.** Lust auf, Verlangen nach, Interesse an etwas: *Der Gusto auf eine sichere Veranlagung in »Wiener Gold« ist ungebrochen.* (PR 28. 9. 16); ***auf den Gusto kommen:** auf den Geschmack kommen: *Und alle Gäste werden beim Kürbisfest wohl auf den Gusto kommen, mehr über den Kürbis zu erfahren.* (KZ 16. 9. 00); ***Gusto machen:** Lust auf etwas machen: *Mit im Gepäck hatte sie Kostproben von neun Innviertler Brauereien, die den Linzern Gusto auf mehr machen sollten.* (OÖN 8. 3. 17); ***sich einen Gusto holen:** Appetit, Lust auf etwas bekommen: *An den verwichenen langen Winterabenden habe ich mir jedenfalls wieder einen Gusto geholt auf das Do-it-yourself.* (OÖN 28. 3. 17)

**Gusto-:** ugs. salopp veraltend als Bestimmungswort: **1.** für kulinarisch hochwertige Speisen bzw. Küche, übertragen auch für künstlerische Darbietungen: **Gustohappen:** *Musikalische Gustohappen.* (OÖN 4. 2. 11); **Gustobrot,** ↑Brot; **Gustotage:** *Die bereits zur Tradition gewordenen Gustotage vom Ländle-Kalb werden von SPAR weitergeführt.* (VN

15. 1. 05); **Gustoladen; Gustoschmankerl:** *120 Liter Wein, 75 Liter Bier, 42 Flaschen Frizzante und 700 Gustoschmankerln wurden verputzt.* (Gewinn 1. 9. 04); **Gustoreise; Gustomacher/-in; Gusto-Meile:** *Gastronomen, aber auch Fleischer, Gemüsehändler etc. werden entlang dieser »Gusto-Meile« verschiedene Spezialitäten anbieten.* (NÖN 8. 8. 00); **Gustoteller; Gustolokal:** *Massimo Nosella ... hat die Räumlichkeiten vollständig renoviert und daraus ein italienisches Gustolokal gezaubert.* (KZ 7. 2. 15), ↑Lokal; **Gustoküche; Gustotempel; Gustosalat; Gustorestaurant:** *Wer danach eine Stärkung braucht, kehrt einfach wieder zurück ins Gustorestaurant.* (NVT 2. 5. 10). **2.** zur aufwertenden Charakterisierung hübscher Frauen: **Gustokatz[erl], Gustomensch[erl]:** *Nur eine Nation, die sich gerne den Gaumenfreuden hingibt, kann ein Wort wie »Gustomenscherl« oder »Gustokatz« hervorbringen, also eine begriffliche Synthese aus ästhetisch-erotischem und kulinarischem Genuss.* (OÖN 12. 2. 05)

**Gustostück, Gustostückerl,** das: **1.** Leckerbissen: *Ein weiteres Gustostück befindet sich bei Molln: das Lebkuchenhaus der Konditorei & Lebzelterei Illecker* (PR 2. 9. 06); *Passend zu jedem Stück wurde ein Gustostückerl serviert. Zu den Klängen der »Budapest Impressionen« schmeckte ungarische Salami.* (KZ 13. 6. 16). **2.** etwas Besonderes, ein Höhepunkt: *Ein Gustostück der besonderen Art ist die Bildung »kranke Kassen«.* (FU 1. 3. 07); *In den letzten 20 Jahren hat er immer wieder mit Hayes gespielt. Weil er dessen Karriere gut kennt, hat er ein paar Gustostückerln für die laufende Tournee ausgesucht.* (PR 8. 2. 17)

**Gut,** das: Note 2, zweitbeste Schulnote; ***Sehr gut:** Note 1, beste Schulnote; ***öffentliches Gut** (Verw., auch schweiz.): Güter zum gemeinschaftlichen Gebrauch, z. B. Luftraum, [Wasser]straßen, Flüsse, (in D) freie Güter: *Jetzt müssen Hausbesitzer die gesamten Errichtungs- oder Reparaturkosten für Hausanschlüsse übernehmen – auch für jenen Teil der Leitung, der über öffentliches Gut verläuft.* (OÖN 17. 2. 16)

**Güterweg,** der: Straße im ländlichen Raum, die vornehmlich der Erschließung landwirtschaftlicher Betriebe dient: *Ein Bauer ... rutschte Dienstagnachmittag mit seinem Traktor von einem vereisten Güterweg rund 30 Meter in einen Wald ab.* (SN 6. 2. 08) ◆ **Güterweggemeinschaft**

**Gutteil,** das: ein guter, großer Teil, (ähnlich in D) gut Teil: *In den folgenden Jahren bezog das im Inland oft unterschätzte Bundesheer sein Selbstbewusstsein zu einem Gutteil aus den erfolgreich abgewickelten Einsätzen im Ausland.* (SN 9. 2. 08)

**Gwirkst,** das; -s ‹eig. ›Gewürge‹› (ugs.): mühsame, schwierige Angelegenheit, Unannehmlichkeiten: *Ein richtiges Gwirkst bereitet die neue Mariahilfer Straße nicht nur ihren Passanten, sondern den Redakteuren.* (PR 6. 9. 13)

**Gym, Gymi,** das; -s, -s (Schülersprache, salopp): (kurz für) Gymnasium: *Gym-Schüler stellten Sprachtalent unter Beweis.* (KZ 16. 6. 16)

**Gymnasialprofessor Gymnasialprofessorin,** der bzw. die (auch bayr.): (verdeutlichende Zus. zu) Professor: *Ein Hauptschullehrer bleibt ein Hauptschullehrer, ein Gymnasialprofessor ein Gymnasialprofessor – auch wenn sie an derselben Schule das Gleiche lehren.* (KU 6. 11. 07). Vgl. AHS-Lehrer. ↑**Professor, Mittelschulprofessor**

# H*h*

**ha:** (Behördenspr., Abk. für) ↑hieramts

**Haarmasche,** die: Haarschleife, Haarband: *Wer Puppen liebt ist hier richtig. ... Von der Haarmasche bis zum Schuh liebevoll herausgeputzt.* (VN 13. 6. 02). ↑MASCHE

**Haarschober,** der (auch südd.): Haarstrang, Haarschopf, Büschel. ↑SCHOBER

**Habe die Ehre** ↑Ehre

**haben:** **1.** (auch bayr.) in Verbindung mit Angaben über einen Zustand, Temperaturen, Gestank o. Ä. (in D mit *sein* verbunden): *Es hat 30 Grad im Schatten und trotzdem ist es beim Wandern nicht sonderlich heiß.* (OÖN 25. 7. 15). – Dagegen ist schweiz. und südwestd. *es hat* für ›es gibt‹, z. B. *es hat hier viele Leute*, in Österr. nur in Vbg. gebräuchlich. **2.** ***Habt acht!:** militärisches Kommando, (in D) stillgestanden: *»Habt acht und rechts schaut« für FF-Jugend. Pinzgaus Feuerwehrnachwuchs überzeugte beim Wissenstest.* (SN 5. 4. 07).

**Haberei,** die; -, -en ‹jidd.› (ostösterr., salopp, ugs.): unrechtmäßige, korrupte Begünstigung von Freunden: *Diese Frage stellt sich in Österreich sehr, weil in einem kleinen Land jeder jeden kennt. So eine »Haberei« wie in Öster-*

*reich gibt es in großen Ländern nicht.* (SN 18. 11. 05)

**Haberer Haberin,** der bzw. die ⟨jidd.⟩ (ostösterr., salopp, ugs.): 1. Liebhaber, Verehrer: *Knallhart fordern diese von Liebe schwafelnden Haberer von ihr Hörigkeit.* (SN 20. 3. 17). 2. Freund: *Ein Arzt, der ein Haberer von mir ist, hat das mit einem Test gecheckt – und der Test war positiv* (OÖN 2. 3. 11). 3. Beteiligter in der Günstlingswirtschaft: *Kärntens Politiker und ihre Haberer sorgen dafür, dass der Wirtschafts- und Korruptionsstaatsanwaltschaft (WKStA) die Arbeit nicht ausgeht.* (KZ 26. 7. 13). ↑**Machthaberer, Verhaberung**

**Habererpartie,** die: (salopp): Freundeskreis, Seilschaft: *»Was wir in Zukunft unbedingt verhindern müssen, sind Kunsthallen-Konstruktionen, in denen die Kontrollorgane aus der Haberer-Partie des Direktors bestehen.«* (ST 20. 10. 11). ↑**Partie**

**Habergeiß,** die ⟨zu *Haber,* dialektal für ›Hafer‹⟩ (Volkskunde, auch bayr.): Maskierte Gestalt des Volksglaubens, die im Raunachtsbrauchtum oder früher manchmal als Begleiter des hl. Nikolaus auftritt: *Der spaßige Höhepunkt dieser Veranstaltung ist der Auftritt der Habergeiß. Sie wird von den Goaßtreibern durch den Ort getrieben bzw. gezogen.* (OÖN 4. 12. 13)

**habern,** sw. V. / hat (ostösterr. ugs., salopp, auch schweiz.): essen: *Gibts was zum Habern?; Thaliastraße 131 ... hat ein neuer Italiener seine Pforten geöffnet. Al Leone – selten noch hat man in Ottakring derart gut gehabert.* (PR 5. 6. 00)

**Habit,** der; -s, -e ⟨franz.⟩: Ordenskleid: ist österr. (und bayr.) immer Maskulinum und wird [haˈbɪt] (mit kurzem i) oder [ˈhaːbit] (mit Erstbetonung) ausgesprochen, in D [haˈbiːt]. ↑**-it, -itisch**

**habt Acht!** ↑haben

**Hachel,** der; -s, - und die; -, -n: 1. (auch bayr.) kammartiges Gerät zur Flachsbearbeitung, (in D) Hechel: 2. Küchenhobel, Gemüsehobel: *Erdäpfel schälen, Kürbis schälen und mit einer Hachel in dünne Scheiben hacheln.* (OÖN 18. 10. 12); meist in den Zus. ↑**Gurkenhachel, Krauthachel**

**hacheln,** sw. V. / hat: 1. (auch bayr.) Flachs bearbeiten, hecheln: *Der Flachsanbau, das Brecheln, Schwingen, Hacheln, Spinnen und Weben gehört zum verschwundenen Handwerk.* (OÖN 24. 8. 00). 2. (Gemüse) feinblättrig hobeln: *Zucchini schälen, entkernen und hacheln.* (OÖN 2. 10. 15). 3. (ugs.) sich zanken, streiten: *»Mit Stockinger gibt's kein Hacheln, höchstens ein Streitgespräch!«* (OÖN 31. 3. 02)

**Hacke,** die: (auch bayr.): Beil, Axt: *Der Bauer hieb also mit der Hacke auf den Baum ein, bis dieser abbrach.* (SN 21. 3. 17). Vgl. Hacken, Haue. ↑**Kliebhacke**

**hackeln,** sw. V. / hat (ugs., salopp, bes. Wien): arbeiten, einen Job haben: *»Jetzt heißt es im Winter fleißig hackeln.«* (PR 19. 12. 16). ↑**Hacken** ◆ **Hacklerei**

**Hacken,** die; -, - [hɔkŋ] (ugs., salopp, bes. Wien): Arbeit, Beschäftigung, Stellung: *eine sichere Hacken;* ***in die Hacken gehen:** zur Arbeit gehen: *Eigentlich sind sie müde und unausgeschlafen und wollen eh nicht so recht in die Hacken gehen.* (Heute 30. 1. 09)

**Hackenattentat,** das (Pressesprache): Angriff mit einem Beil: *Hackenattentat in einem Regionalzug in Würzburg.* (KZ 31. 7. 16) ◆ **Hackenattentäter/-in:** *»Hackenattentäter« Schak, der in Wien eine Elfjährige überfiel und schwer verletzte, wird zu lebenslanger Haft verurteilt.* (ST 13. 1. 09)

**hackenstad** [hɔkŋ...] (ostösterr. ugs., salopp): arbeitslos: *Die Perspektive für die meisten Leute liegt bei 900 oder 940 Euro Nettoeinkommen. Jetzt vielleicht auch nicht einmal mehr das, weil sie hackenstad sind.* (ST 9. 1. 09). ↑**Hacken**

**Hackl,** das; -s, -n (ugs.): kleine ↑Hacke: *Wie jetzt am Landesgericht ... zu erfahren war, hat die Ex-Frau kein Hackl zu spüren bekommen, dafür aber soll der Angeklagte sie mit der Faust geschlagen haben.* (KU 20. 7. 06); ***das Hackl ins Kreuz hauen** (ugs.): hinterrücks angreifen, gegen jmdn. intrigieren: *Hätte ich einmal ein schlechtes Jahr, dann sind die, die mir jetzt auf die Schulter klopfen, womöglich diejenigen, die mir das Hackl ins Kreuz hauen.* (News 16. 1. 14); ***das/ein Hackl ins Kreuz bekommen** (ugs.): hinterrücks angegriffen werden; ***es fliegen die Hackln:** es gibt heftigen Streit: *Arbeitnehmer gegen Wirtschafts-Vertreter: Im Kampf um die Hackler-Regelung fliegen in der ÖVP die Hackeln.* (KU 20. 10. 07). – »Hackl ins Kreuz« war auch der Titel eines Wiener Kabarettprogramms in den späten 1950-er Jahren

**Hackler Hacklerin,** der bzw. die (ugs., salopp): 1. Arbeiter/-in: *»Hackler aus dem Osten drängen in den Arbeitsmarkt«, formulierte es eine regionale Tageszeitung salopp.* (Wirtschaftsblatt 8. 3. 08). 2. Pensionist/-in im Sinne der

↑Hacklerregelung: *»Hackler« mit langen Versicherungszeiten dürfen weiter ohne Abschläge in Frühpension gehen.* (PR 15. 1. 08). 3. (Skisport) Fehler: *Ich hatte einige Hackler im letzten Hang, ansonsten war die Fahrt recht gut.* (NÖN 6. 2. 14). ↑**Eishackler**

**Hacklerpension,** die (ugs.): Frühpension entsprechend der ↑Hacklerregelung: *Hätte man die Hacklerregelung auch wirklich für die Hackler verwendet, wäre sie bis 2050 finanziert gewesen, so aber sind 83 Prozent in die Hacklerpension geflüchtet, die normal keinen Anspruch auf Hacklerpension gehabt hätten.* (NÖN 18. 12. 14). ↑Pension

**Hacklerregelung,** die: Pensionsregelung für Arbeitnehmer mit langen Versicherungszeiten: *Frühpensionen wie die Hacklerregelung werden nach der Bremse durch Verschärfungen verstärkt genutzt – vor allem bei Beamten.* (PR 11. 3. 17). – Die Bez. rührt daher, dass die Regelung urspr. für schwer Arbeitende gedacht war

**Hackstock,** der (auch südd.): (in D) Hackklotz: *Nicht die Hightech-Geräte sind hier gemeint, sondern ein Holzbalken für Klimmzüge, Hanteln zum Bizeps-Training oder der Hackstock: Hier wird im wahrsten Sinne des Wortes Kleinholz gemacht.* (OÖN 17. 5. 13)

**Haderlump,** der (ugs., auch bayr.): liederlicher Mensch, Taugenichts: *Auch die Zeichnung eines Haderlumpen, der zuerst seine Frau betrügt und sie dann mit detaillierten Schilderungen seiner Abenteuer fertigmacht, ist sehr gelungen.* (PR 4. 5. 12)

**Hadern,** der; -, -: 1. (veraltend, auch südd.) a) Lumpen, Stoffreste: *Der chinesische kaiserliche Hofbeamte Tsai Lun berichtet über die Herstellung aus verschiedenen Pflanzenfasern und Hadern.* (KU 8. 11. 07). b) (auch ostmitteldeutsch) Putztuch. 2. (ugs.) bekannte Melodie: *Nur in der Zugabe, einer epischen Version des New-Orleans-Hadern »St. James Infirmary«, lehnten sich die progressiven Musiker ein wenig in die Seile der Nostalgie.* (PR 4. 4. 17); /häufig in der Fügung *alte Hadern*/: *Ein paar alte Hadern, ein paar neue Stücke, dazu ausgesuchte Raritäten.* (OÖN 1. 7. 16)

**Haderwachl,** der; -s, -n: Taugenichts, unverlässlicher Mensch: *Um an die Macht zu kommen, mag es genügen, ein fescher, telegener Haderwachel zu sein.* (SN 26. 6. 02). ↑**Halawachl**

**Hadrian** ⟨lat.⟩: wird österr. (und bayr.) auf der ersten Silbe betont, in D meist auf der letzten

**Hafen,** der (auch südd., schweiz.): Topf, Gefäß. – Bes. westösterr. und südd., sonst dialektal und von ↑**Häfen** verdrängt

**Häfen,** der und das; -s, -: 1. größerer [Koch]topf, Gefäß: *Auf einem Elektroherd steht ein dottergelber Häfen, der an Mutters alten Marmeladentopf erinnert.* (KZ 25. 3. 07). 2. (ugs. salopp) Gefängnis, (in D ugs.) Knast: *Ein Alkohol- und Drogenwrack mit toller Stimme, singt über »Rehab« (Entziehung), Freund sitzt im Häfen: Das ist der Stoff, aus dem die Grammys sind.* (OÖN 12. 2. 08). Vgl. Schmalz

**Häfenbruder,** der (ugs., salopp): Person, die (zurzeit oder besonders häufig) im Gefängnis sitzt, (in D ugs.) Knastbruder: *Dem Dichter und Häfenbruder Jean Genet galt das Verbrechen als Rache an der Gesellschaft.* (PR 9. 8. 14)

**Häfenliterat,** der (salopp): literarisch tätiger Häftling, der sich dabei auch zu seiner Vergangenheit und zu seinem Milieu bekennt: *21 Jahre nach seinem Tod polarisiert der einst gefeierte »Häfenliterat« und in erster Instanz verurteilte Serienmörder noch immer.* (SN 9. 8. 15)

**Häfenpoet,** der: ↑Häfenliterat: *Der »Häfenpoet« wird zum Star und Frauenschwarm der Schickeria einerseits, aber auch literarische Kreise reichen ihn ... von einer Veranstaltung zur nächsten weiter.* (WZ 12. 2. 15)

**Häfenstory,** die (salopp): im Gefängnis spielende Geschichte

**Häfenurlaub,** der (ugs., meist abwertend): Ausgang für Häftlinge: *Wie berichtet, ging ein wegen gewalttätiger Drangsalierung seiner Ex-Lebensgefährtin verurteilter Attnanger (32) im »Häfenurlaub« erneut zu ihrer Wohnung.* (OÖN 26. 2. 01)

**Haferl,** das; -s, -n (ugs., auch bayr.) ⟨verschriftl. Dialektform⟩ ↑Häferl: *Der Genuss eines Haferls Kaffee und einer Mehlspeise im Berggasthof oder in der Almhütte runden den Ausflug ab.* (SN 5. 11. 16). ↑**Haferlschuh**

**Häferl,** das; -s, -n (bes. ostösterr.): 1. größere Tasse: *Wenn es dann auch noch Ärger gibt, muss der Schokoriegel gegen den Frust helfen und das fünfte Häferl Kaffee.* (OÖN 7. 1. 08); ***[jmdm.] geht das Häferl über:** jmd. hat einen Wutausbruch: *Wenn Herr K. wütend ist, kann er nicht mehr reden. Wenn seine Frau etwas »Falsches« sagt, geht das »Häferl« über.* (OÖN 25. 5. 16). 2. (ugs.) jähzorniger Mensch: *»Ich war ein Häferl und meistens habe ich mich mit den Schiris angelegt.«* (BVZ 1. 10. 08).

3. (scherzhaft, Sport) Pokal: *Austria ... stand in den vergangenen vier Jahren immer im Endspiel, holte nun das dritte Häferl in Serie.* (PR 2. 5. 07). ↑**Blechhäferl, Kaffeehäferl, Schnabelhäferl, Teehäferl**

**häferlgucken** /nur im Inf./ (ugs., scherzhaft): beim Kochen neugierig zuschauen; (in D) topfgucken: *»Beim Kochen darf er nur Häferlgucken – ich red' ihm auch nicht beim Wein hinein.«* (PR 1. 11. 12)

**Häferlgucker Häferlguckerin,** der bzw. die (ugs., scherzhaft): Person, die beim Kochen neugierig zusieht: *Als der Sohn dann nicht nur im Fernsehen Paul Bocuse und den Häferlgucker verfolgte, sondern mit 15 selbst Koch werden wollte, blieben die Eltern allerdings skeptisch.* (PR 25. 4. 14)

**Häferlkaffee,** der: aus Malz-, Feigenkaffee [unter Zugabe von Bohnenkaffee] bereiteter Kaffee: *Mit frischem Milchbrot, echter Bauernbutter, Honig, Frischmolke, Omas Häferlkaffee, Müsli, Fruchtsalat und Bergkäse fühlt man sich fast wie auf der Alm!* (SN 27. 7. 06). Vgl. Kaffeehäferl

**Haferlschuh,** der (auch südd.): fester Halbschuh [der Trachtenmode], dessen Verschnürung von einer in Fransen auslaufenden Lasche überdeckt wird: *Beim Schuhwerk sollte man sich nichts Originelles einfallen lassen, der Herr in der Tracht trägt Haferlschuhe und Stricksocken.* (PR 21. 8. 13). ↑**Haferl**

**Hafner Hafnerin,** der bzw. die (auch südd., schweiz.): Ofensetzer, Töpfer: *Er absolviert seit einem Jahr die Ausbildung zum Platten-, Verlegetechniker und Hafner.* (SN 15. 9. 16) ◆ **Hafnerei**

**Haftel,** das; -s, - (auch südd.): Häkchen und Öse zum Zusammenhalten eines Kleidungsstückes (in D auch der Haftel, das Heftel): *ein Haftel annähen; Die Schürzen werden unterschiedlich gerafft, die Oberteile mit Knöpfen oder »Hafteln« ... zusammengehalten.* (ST 28. 3. 08)

**Haftelmacher Haftelmacherin,** der bzw. die (hist., auch südd.): Person, die ↑Haftel herstellt; /häufig noch in Vergleichen *wie ein Haftelmacher*/: *Käme die Landesschulratsvizepräsidentin ihrem 8100-Euro-Job nicht nach wie eine Haftelmacherin, ginge es in den Volksschulen ... drunter und drüber.* (ST 20. 9. 14); ***aufpassen/wachen wie ein Haftelmacher:** ganz genau, sehr gespannt aufpassen: *Über diese Spezialisten wachen die Arbeitgeber wie die Haftelmacher.* (ST 22. 9. 16); *Jeweils eine Stunde lang passen die Ballkinder wie die Haftelmacher bei den Spielen auf den mit blauem Belag überzogenen Court auf.* (OÖN 9. 10. 14)

**Haftfreigänger Haftfreigängerin,** der bzw. die (Rechtsspr., in D selten): Person, die die Haftanstalt zur Berufsausübung tagsüber verlassen darf: *Dass Haftfreigänger im Rahmen eines Pilotprojekts bei der Wiener Polizei arbeiten sollen, hat im Frühjahr teilweise für Aufregung gesorgt.* (ST 31. 8. 15)

**Hahnenschwanzler,** der (hist., Politik): Anhänger der Heimwehr in der Ersten Republik (nach der zu ihrer Tracht gehörenden Feldmütze mit Spielhahnstoß, dem »Hahnenschwanz«)

**HAK:** (als Wort gesprochene Abk. für) ↑Handelsakademie ◆ **HAK-Abschluss, HAK-Absolvent/-in:** *Neue Chancen für berufstätige HAK-Absolventen.* (SN 20. 6. 06); **HAK-Schüler/-in:** *Perger HAK-Schüler machen sich mit dem Rechtssystem vertraut.* (OÖN 4. 12. 07)

**häkeln,** sw. V. / hat (ostösterr. ugs.): foppen, necken: *Für mich war klar, der will mich häkeln, da hab ich ihm gelb gezeigt* (Augustin 2. 4. 03)

**Halawachl,** der; -s, -n ⟨tschech. *halabala* ›unordentlicher, schlampiger Mensch‹⟩ (ostösterr. ugs.): Taugenichts, unverlässlicher Mensch, ↑Haderlump: *wenn man mit Kollegen reden wollte, da war immer schon ein bediensteter Halawachl zur Stelle, der einen verscheuchte.* (Falter 10. 3. 10)

**Halbe,** die; -, -n: ein halber Liter [Bier, Most]: *5,20 Euro kostet eine Halbe Bier auf dem Urfahranermarkt.* (OÖN 29. 9. 16). – Regional auch in D, dort auch mit Artikel *der* oder *das*, österr. und bayr. nur *die*

**Halbpreispass,** der (selten): käuflich zu erwerbender Ausweis für Ermäßigungen auf Verkehrsmitteln oder Kulturveranstaltungen: *Wer noch Ideen für Weihnachtsgeschenke sucht: Mit dem Halbpreispass um 35 Euro schenkt man Österreichs günstigstes Kultur-Abo.* (OÖN 17. 12. 12)

**Halbstock,** der: Zwischengeschoß: *Mit einem weiteren Ausstellungsraum im Halbstock des achteckigen Hauses können parallele Ausstellungen spontan aufeinander reagieren.* (ST 1. 2. 08)

**Halbtag,** der (auch schweiz.): halber Tag: *Ein Tag kostet im Schnitt 71 Euro, ein Halbtag 54,83 Euro.* (SN 31. 1. 17)

**halbtägig:** steht österr. häufig, wo es in D nur *halbtags* heißen kann: *2500 Schüler werden in acht Klassenräumen halbtägig unterrichtet.* (OÖN 21. 3. 14)

**Hals:** ***etwas hängt jmdm. beim Hals heraus** ↑bei; ***einen Knödel im Hals haben** ↑Knödel

**Haltbarmilch,** die: für längere Zeit haltbar gemachte Milch; H-Milch: *Die SalzburgMilch liefert seit 2014 Bergbauern-Haltbarmilch in drei Fettstufen und Milchdrinks für Kinder nach China.* (SN 22. 1. 17)

**Halter Halterin,** der bzw. die (regional auch in D): Viehhirt: *Die Halter aus nah und fern werden ... sicher viele lustige Geschichten und Bilder von der Alm mitbringen* (Bauernzeitung 8. 11. 12); *Bald empfängt mich eine liebenswerte, aber nicht minder resolute Halterin.* (OÖN 6. 10. 07). ↑**Almhalter, Schafhalter** ◆ **Halterhütte**

**-hälter:** österr. neben *-halter* in Zus.: *Denn diese Strecke mit erfrischendem Wassergraben war ihm als fünffachem Staatsmeister und ehemaligem österreichischen* **Rekordhälter** *ans Herz gewachsen.* (OÖN 24. 9. 01); *Im* **Fischhälter** *warten die Weihnachtskarpfen auf Abholung.* (NÖN 4. 12. 14); *Haben ... besonders aber die* **Ziegenhälter** *nach der forstämtlichen Ausweisung zu benehmen.* (Oberländer Rundschau 24. 8. 11) ↑**-hältig**

**Halterbub,** der: Hirtenjunge: *Der Bauernsohn von der Simonhöhe bei St. Urban ist über den Sommer hier auf der Rattendorfer Alm als Halterbub unterwegs.* (KZ 20. 9. 15). ↑**Bub**

**Haltermädchen,** das: Hirtenmädchen: *Während der achtjährigen Volksschulzeit arbeitete sie bei einem Onkel in der Nachbarschaft als sogenanntes »Haltermädchen«.* (NÖN 28. 3. 01)

**-hältig:** österr. Form neben *-haltig*: *Je zäher und tränenförmiger ein Wein am Glasrand abläuft, desto* **alkoholhältiger** *und voller ist er.* (PR 15. 7. 03); *»Die Fäuste saßen dort locker, und manchmal war die Luft* **bleihältig**«, *erinnert sich ein pensionierter Polizist.* (OÖN 8. 8. 05); *Die Verbinderbändchen, die Solarzellen in Reihe verschalten, werden standardmäßig verlötet, und zwar mit* **bleihältigen** *Lötmitteln.* (PR 30. 4. 16); *Bei manchen Tieren wurden* **eisenhältige** *rote Blutzellen hinzugefügt.* (ST 27. 7. 06); *Das Fleisch sei ernährungsphysiologisch von hohem Wert: »***Eiweißhältig***, dafür fett- und cholesterinarm und leicht verdaulich«.* (KU 23. 12. 05); *Die Übergewichtigen liegen lediglich beim Essen von Fast-Food und Salzgebäck geringfügig voran, das meist sehr* **fetthältig** *ist.* (SN 30. 1. 01); **gifthältig; goldhältig; jodhältig; koffeinhältig; kohlehältig; kohlenstoffhältig; ozonhältig;** *Der stark* **quarzhältige** *und damit besonders harte Högler Sandstein war der Garant für erstklassige Qualität und Reichtum.* (SN 9. 5. 13); *Die Amerikaner haben keine* **stichhältige** *Erklärung dafür.* (ST 17. 4. 07); **uranhältig; vitaminhältig.** ↑**-hälter**

**Haluschka,** die; -, ...ken ‹tschech. *haluška* ›Nudel, Schinkenfleckerl‹› (bes. ostösterr.): in Schmalz geschwenkte, gekochte Nudeln, die mit ↑Grammeln, Speckwürfeln oder ↑Topfen, Zimt und Zucker vermischt serviert werden: *In Bratislava wurden im nahe der Donau gelegenen Café Reduta bei Haluschka mit Speck die Preisträger des Bank Austria Literaris-Wettbewerbs ... vorgestellt.* (PR 24. 11. 08). – Auch in der Form *Haluška.* ↑**Topfenhaluschka**

**Hamur,** der: Humor (Wiener dialektale Schreibung; drückt bes. die Schärfe hinter der gemütlich-freundlichen Oberfläche aus): *Und dann nimmt's auch der Wiener nicht mehr mit »Hamur«.* (PR 7. 5. 03)

**Hand,** die: (selten auch für) Arm. Mit *sich die Hand brechen* kann also auch der Unterarm gemeint sein. – *Arm* und *Hand* verhalten sich wie ↑*Bein* und ↑*Fuß*, allerdings ist *Hand* seltener und mehr dialektal; ***zu Handen** (in Briefanschriften, Abk. z. H., zH): österr. (und schweiz.) Form, (in D) zu Händen; ***küss die Hand, küss die Hände** (bes. noch in Wien, heute oft ironisch): an Damen, seltener auch an höher gestellte Herren, gerichtete Grußformel beim Kommen oder Gehen: *»Küss die Hand«, sagte der junge Mann und beugte sich exakt so tief über die leicht angehobene Hand, wie es im Benimmbuch steht.* (KU 23. 10. 05)

**Handelsagent Handelsagentin,** der bzw. die (veraltet auch in D): Handelsvertreter: *Er wurde selbstständiger Handelsagent bei der Firma Manigatterer.* (SN 10. 4. 06)

**Handelsakademie,** die: berufsbildende höhere Handelsschule: *Optimale Voraussetzungen, um für die globale Wirtschaftswelt von morgen gerüstet zu sein, bieten Handelsakademien und Handelsschulen.* (SN 12. 8. 08)

**Handelsakademiker Handelsakademikerin,** der bzw. die (informell): Absolvent einer ↑Handelsakademie: *Damit die Handelsakademiker die Bücher nicht so schnell satthatten, gab es auch auflockernde Programmpunkte.* (OÖN 27. 11. 07)

**Handelsmatura,** die (ugs.): Matura an der Handelsakademie. ↑MATURA

**händisch** (auch südd.): manuell, mit der Hand, (in D) von Hand: *Das ganze Gelände musste händisch umgegraben werden.* (KZ 29. 3. 17)

**Handkuss:** ***zum Handkuss kommen** (auch schweiz.): für andere einstehen müssen, (ugs.) draufzahlen: *Auch ärmere Amerikaner kämen zum Handkuss.* (PR 16. 3. 17)

**Handorgel,** die (schweiz., westösterr., sonst veraltet): **1.** Drehorgel: *Sein Markenzeichen: ... Mundharmonika und Gitarre sowie eine Handorgel, die er immer auf einem Rollwagen in einem blau-grün karierten Koffer transportiert.* (NVT 24. 3. 02). **2.** Ziehharmonika: *Der Vater spielte Geige und Kontragitarre, Pia Klavier und Handorgel.* (NVT 22. 4. 12)

**Hands,** das; -, - [hɛnts, hændz] ⟨engl.⟩ (veraltend, auch schweiz.): unerlaubtes Handspiel beim Fußball: *Ein Handspiel zieht mittlerweile nur noch dann eine Verwarnung nach sich, wenn der Spieler mit der Hand ein Tor erzielt oder versucht, mit dem Hands einen aussichtsreichen Gegenangriff zu verhindern.* (OÖN 14. 11. 16). ↑**Handselfer**

**handsam** (ugs., regional auch in D): **1.** leicht zu führen, gefügig (von Tieren): *Da wir eine Mutterkuhhaltung haben, sind die Tiere nicht so handsam wie jene, die täglich beim Melken mit Personen in Kontakt sind.* (SN 24. 9. 15). **2.** umgänglich; leicht zu behandeln, beeinflussen: *»Er ist handsam, hilfsbereit und leutselig«, beschreibt ihn die Gattin.* (NÖN 15. 8. 13); *Handsam wird der Angeklagte erst kurz vor der Urteilsverkündung.* (OÖN 27. 10. 01). **3.** handlich, leicht handhabbar: *Das Format des Buches ist so handsam, als wäre es als Bibel geeignet.* (OÖN 15. 4. 02). – Das gleichbedeutende *handzahm* ist gemeind.

**Handschlagqualität,** die (bes. in der Politik): Verhalten, das gegenseitiges Vertrauen gewährleistet; Vertragstreue: *Er ... lobte die Handschlagqualität des 49-Jährigen, den er einen Vertreter der politischen Mitte nannte, der sich nicht nach Schlagzeilen umdrehe.* (PR 9. 2. 17)

**Handselfer,** der [hɛnts..., hændz...] (Fußball, veraltend): Elfmeter wegen Handspiels: *Zuvor hatte der türkische Schiedsrichter Dereli einen ungerechten Hands-Elfer gegen San Marino gepfiffen.* (KU 8. 9. 06). ↑**Hands**

**Handsemmel,** die: nicht maschinell, sondern händisch geformte Semmel (besserer Qualität; Ggs. ↑Maschinsemmel): *Denn wer weiß heute noch, wie viel Können, Geschick und Zeit notwendig sind, um eine resche Handsemmel zu backen?* (PR 15. 10. 14). ↑SEMMEL

**Handybetreiber,** der: Mobilfunkanbieter: *Jenseits der großen Namen drängen immer mehr virtuelle Handybetreiber auf den schon dicht besetzten Markt.* (SN 20. 9. 16)

**handyfonieren,** sw. V / hat: mit dem Mobiltelefon telefonieren: *Neben der Beschallung durch schlechte Musik gehört das passive Handyfonieren zu den großen akustischen Belästigungen unserer Zeit.* (Falter 6. 4. 11)

**Handymast,** der: Sendemast für Mobilfunk: *Außerdem werden zusätzliche Handymasten an Bahnstrecken errichtet, um den Empfang in Zügen zu verbessern.* (PR 7. 11. 16)

**hängen,** st. V. / ist: **1.** das Perfekt wird österr. (seltener auch südd., schweiz.) mit *sein* gebildet: *Beide Kletterer sollen zum Zeitpunkt ihres Auffindens noch am Seil gehangen sein.* (SN 2. 9. 16). **2.** In der Ugs. lautet das Perfekt *gehängt*: *»Vor zwei Tagen bin ich vor der Klomuschel gehängt und habe mir gedacht, was tue ich da überhaupt?* (OÖN 14. 2. 17); *Wie ich vorigen Juni hierhergekommen bin, habe ich schon einen Monat Eingewöhnung gebraucht, weil ich sehr an Kärnten gehängt bin.«* (OÖN 23. 3. 01). – Das gilt auch für Zus., wie **abhängen, herumhängen** usw.

**Hangerl,** das; -s -n (ugs., auch bayr.): **1.** Tuch des Kellners: *Das Einbringen des Teams im Service oder im Backoffice wird immer weniger. Jeder lässt nach seinen acht Stunden das Hangerl fallen.* (WZ 27. 10. 16); *Da hab' ich mir ein Hangerl geschnappt und bin servieren gegangen* (NÖN 4. 7. 13); ***das Hangerl schmeißen/werfen:** den Betrieb, Beruf aufgeben: *Die Rolle des Oberkellners hat dabei Martin Bartenstein übernommen, der angesichts der Tatsache, dass nun im ganzen Wirtshaus das große Nachrechnen beginnt, sein Hangerl geworfen hat und sich aus der Politik zurückzieht.* (ST 12. 12. 12). **2.** Geschirrtuch. ↑**Geschirrhangerl**

**Hannerl** (auch bayr.): (Koseform von) Johanna, (in D meist) Hanna, Hannele

**Hanselbank,** die (selten, veraltend): ↑Heinzelbank: *An der »Hanselbank« erhält man dann konisch geschnittene Schindeln.* (KZ 17. 11. 13)

**hantig** (ugs., auch bayr.): **1.** bitter, herb: *ein hantiger Kaffee, hantiges Bier; Wie muss er aber schmecken, der richtig gute Steirerkäse? »Würzig und kräftig, nicht hantig«.* (KZ 24. 4. 16).

**2.** unfreundlich, barsch: *Tiroler Charme, der manchmal ziemlich hantig sein konnte.* (OÖN 30. 6. 08); /oft substantiviert/: *Sie ist eine Hantige*

**Happy-Pepi,** der; -s, - (ugs., scherzhaft): glücklicher, unbefangener bis naiver Mensch: *Er ist ein richtiger Happy-Pepi; Denn warum ist Renoir so beliebt? Weil bei ihm ... inhaltlich noch alles Happy-Pepi ist.* (PR 2. 4. 05); *»Happy-Pepi dürfen wir uns nicht erlauben.«* (OÖN 7. 10. 08); *Hausherr Josef Schwarz wurde beim Casino Grand Prix in Pelmberg zum »Happy-Pepi«.* (KR 2. 8. 08) /meist in Zus./: *Zweitens kursieren die* **Happy-Pepi-Briefe.** *Sie fordern auf, ein Lächeln zu verteilen, ehrlich mit Mitmenschen umzugehen und auch sonst recht lieb zu sein.* (OÖN 5. 4. 06); *Deshalb ist für mich klar, dass wir uns beim Ortsmarketing, wie immer es im Detail aussehen mag, ein* **Happy-Pepi-Event** *nicht erlauben dürfen.* (OÖN 7. 10. 08); *Was die Fachjournalisten seit dem Ende der* **Happy-Pepi-Ära** *vermissten: unterhaltsame Pressekonferenzen.* (OÖN 7. 3. 09)

**hart:** ***hart gesotten** (veraltend, auch schweiz.): hart gekocht (im konkreten Gebrauch): *Am nächsten Morgen gehen wir zurück zum Flughafen, wo wir ein Überlebensfrühstück für Masochisten bekommen: picksüßer Tee, Kuchen, hart gesottene Eier.* (KZ 10. 2. 02). ↑ SIEDEN

**harttun,** sich (auch bayr.): sich schwertun: *Erweichen Sie Ihr hartes Herz, Sie sehen ja, dass sich die Leute harttun.* (PR 17. 10. 08)

**HASCH, Hasch,** die (ugs.): (als Wort gesprochene Abk. für) Handelsschule: *Dazu kommen noch... weitere 1415 Schüler in der HAK I und II, sowie der HASCH.* (SN 7. 7. 06) ◆ **HASCH-Absolvent/-in; HASCH-Lehrer/-in**

**Haschee,** das ⟨franz.⟩: Masse aus Fleisch- oder Wurstresten, die gemahlen vor allem als Füllung verwendet wird: *Für so ein gutes Werk mit Surspeck, Grammeln und Haschee aus nachhaltiger Kreislaufwirtschaft verlangen die Jenichls übrigens nur 70 Cent.* (SN 14. 11. 16). – In D bezeichnet das Wort eine Speise aus dieser Masse

**Hascheeknödel,** der: mit ↑faschiertem Fleisch gefüllte Knödel: *À la carte erfreuen Klassiker wie Tafelspitz, gebackene Leber, Hascheeknödel, Schweinsbratl.* (OÖN 22. 5. 18). Vgl. Fleischknödel. ↑ KNÖDEL

**Hascherl,** das; -s, -n (auch bayr.): armer, bemitleidenswerter Mensch, bes. ein Kind oder eine unselbstständige Frau: *Als Gerichtsberichterstatter bekommt man vom eingeschüchterten Hascherl bis zum mit allen Wassern gewaschenen Gauner jede Spezies Mensch zu Gesicht.* (KU 8. 2. 07)

**Haselnussfülle,** die: Haselnussfüllung: *35 Minuten beträgt die Geburtszeit einer Manner-Schnitte. Überdimensionierte Waffelschichten werden maschinell mit Haselnussfülle beschmiert.* (Wirtschaftsblatt 16. 6. 01). ↑ FÜLLE

**Hasenjunge,** das: Hasenklein (in der Form *Hasenjung* auch bayr.): *Aber am nächsten Tag wurde das Hasenjunge mit allen Beteiligten gemeinsam genossen.* (OÖN 9. 8. 12). ↑ -JUNGES

**Hasenöhrl,** das; -s, -n (auch bayr.): in Fett ausgebackene, mit Marmelade gefüllte Teigtaschen in spitz zulaufender Form, ↑Polsterzipf: *Rezept der Woche: Hasenöhrl.* (OÖN 3. 3. 16)

**Hatsch,** der; -s, -er (regional, bes. Stmk.): ↑Hatscher: *Vom angeblichen Trend zum Weitwandern ist bei tagelangem Hatsch im Wald, durch Nebel, Niesel- oder Starkregen, Diesigkeit und Gatsch nichts zu spüren.* (KZ 29. 9. 13)

**hatschen,** sw. V. / ist (ugs., auch bayr.): **1.** schwerfällig, schleppend gehen, (in D) latschen: *»Und wir hatschen ein bissl, aber wir reißen uns zusammen.«* (KU 22. 6. 07); /auch allgemein salopp für ›gehen‹/: *Naja, weil wir beide keine sind, die von Premierenfeier zu Premierenfeier hatschen.* (OÖN 28. 9. 16). **2.** hinken: *du hatschst ja, hast du dir den Fuß verstaucht?; Es ist ein ständiges Kommen, Humpeln und Hatschen in der Ambulanz.* (KZ 25. 1. 00); (übertragen) *der Vergleich, die Statistik, die Rechnung hatscht; Und wenn einen Reim der Schuh drückt, darf er sogar ein wenig hatschen.* (OÖN 19. 5. 11); *Weil gerade aus dem Buddhismus kommend, hatscht jede deutsche Übersetzung ganz fürchterlich.* (ST 7. 11. 14). **3.** einen weiten mühsamen Weg zurücklegen, wandern, marschieren: *Nur ganz am Anfang hatschen wir die Landstraße entlang, bald aber zweigt ein Weg ab und führt vorbei an Bauernhöfen in den Lechnergraben.* (ST 15. 7. 10); *Je länger der Anfahrtsweg, desto weniger Zeit blieb zum Hatschen.* (PR 4. 10. 14) ◆ **Hatscherei**

**Hatscher,** der (ugs., auch bayr.): **1.** langer, mühsamer Marsch: *Aus dem nächtlichen Kurzspaziergang wurde im Laufe der Zeit ein ordentlicher Hatscher.* (Falter 25. 7. 07). **2. Hatscher Hatscherin,** der bzw. die: Wanderer/Wanderin, Marschierer/-in: *Es gibt die müden Hatscher und die aufgeregten Stakkato-*

*Geher.* (PR 14. 11. 14). 3. /Plural/: alte, ausgetretene Schuhe. ↑**L'amour-Hatscher** ◆ **Asphalthatscher; Gletscherhatscher**

**hatschert** (ugs., auch bayr.): 1. [wegen einer Verletzung] hinkend, schwerfällig: *ein hatscherten Gang; Heute trifft er auf Stefan Koubek, und der Kärntner weiß, dass auch ein »hatscherter Baghdatis« nicht im Vorbeigehen aus der Stadthalle geschossen wird.* (OÖN 12. 10. 06). 2. unpassend, unüberlegt: *Seither begleitet ihn nicht nur als Journalisten die stets hatscherte österreichische Debatte über Einwanderung und Integration.* (ST 1. 5. 15); *In Österreich sieht man den Bildungsentscheidungen den hatscherten Kompromiss an.* (ST 8. 10. 14); *Mit dem hatscherten Vergleich haben die beiden natürlich recht* (ST 24. 10. 08). ↑**hatschen**

**Hättiwari,** der; -, - ⟨nach den dialektalen 2. Konjunktiven *hätte* und *wäre*; geprägt von dem Journalisten Herbert Hufnagl⟩ (ugs., salopp): unentschlossener Mensch, der nur überlegt, was sein könnte, oder vergebenen Chancen nachtrauert, statt zu handeln: *Dieses Thema sollte jetzt vorbei sein. Von Hättiwari haben wir nichts.* (KZ 19. 9. 14); *Es ist für Fuchs selbstverständlich, die Dinge anzupacken, ohne lange zu zögern. ... Sie ist gewissermaßen die Antithese zum sprichwörtlichen Hättiwari.* (ST 2. 1. 13)

**Haube,** die: 1. (auch südd.): [Woll]mütze (bes. für Kinder), die sich ganz an den Kopf anpasst: *Wenn die Sonne schon frühmorgens die Gipfel glühen lässt und dich von Pullover und Haube befreien lässt und ihre Strahlen erste Spuren auf der ungeschützten hellen Haut zeichnen, dann beginnt (für mich) der Frühling.* (OÖN 22. 3. 17). ↑**Badehaube, Kochhaube, Pudelhaube, Schlafhaube, Schlagobershaube, Wollhaube, Zipfelhaube.** Vgl. Kappe. 2. kochhaubenfömiges Symbol als Auszeichnung des Gastronomietesters Gault Millau: *Er hat sich bekanntlich mit freier Hand im Vincent drei Hauben erarbeitet, zuletzt bis September in Brian Pattons Charlie P's gekocht.* (SN 15. 11. 07)

**Haubenkoch Haubenköchin,** der bzw. die: von Gault Millau mit ↑Hauben ausgezeichneter Koch; Spitzenkoch: *Wenn sogar Haubenköche zu Fertigprodukten greifen.* (SN 1. 4. 17)

**Haubenküche,** die: *Die Nespresso Gourmet Weeks ermöglichen ... einem breiten Publikum die österreichische Haubenküche zu genießen.* (ST 12. 3. 14)

**Haubenlokal,** das: von Gault Millau mit ↑Hauben ausgezeichnetes Lokal; Lokal mit höherem Niveau: *Ein Haubenlokal steht nicht nur logistisch vor anderen Herausforderungen als ein kleines Wirtshaus, eine Groß- oder Betriebsküche oder ein Cateringunternehmen.* (ST 26. 6. 15). ↑LOKAL

**Haubenrestaurant,** das: ↑Haubenlokal: *Für selbiges ist Prader durch Almküchen und Haubenrestaurants, Ställe, Selchkammern und Stuben gezogen, und durch eine »immer wieder atemberaubende Landschaft«.* (PR 16. 11. 16)

**Hauberl,** das; -s, -n: 1. (Verkl. zu) ↑Haube: *Und eben für dieses Hauberl im richtigen Cappuccino muss fettarme, kalte Milch per Dampfdüse zu Schaum geschlagen werden.* (OÖN 22. 6. 01). 2. Kopfbedeckung für Kleinkinder: *er besorgt eine Kinderausstattung mit vielen Hauberln für alle Gelegenheiten und zuletzt vererbt er dem herzigen Buben auch noch sein gesamtes Vermögen.* (PR 6. 7. 14)

**Haue,** die; -, -n (auch südd.): Gerät zur Bodenbearbeitung, (in D) Hacke (vgl. aber österr. ↑Hacke): *In ihrem Garten in Gottsdorf greift sie gern mal zu Rechen, Schere oder Haue, oder lässt einfach den Blick über das Biotop und die Sträucher schweifen.* (NÖN 13. 4. 11)

**hauen**: das 2. Part. lautet österr. (und bayr.) gehaut: *In Österreich hat es immer geheißen: »Wer hochkommt, muss alle anderen übers Ohr gehaut haben, das ist kein Guter.«* (PR 25. 3. 17); ***jmdm. in die Pappen/Goschen hauen:** *Super, damit kann man dem System eine in die Pappn hauen.* (OÖN 13. 3. 13), ↑Goschen; ***sich auf ein Packl hauen** ↑Packl. ↑**abhauen, anhauen, aufhauen, aushauen, hinhauen, umhauen, verhauen, zusammenhauen**

**Hauer Hauerin,** der bzw. die (auch südd.): Winzer: *Der tolle Jahrgang 2006 erfüllt alle Voraussetzungen, und rund 500 Hauer haben heuer fast zwei Millionen Flaschen Weinviertel DAC gefüllt.* (KU 12. 4. 07) – In D bedeutet *Hauer* ›Bergmann‹. ↑**Häuer, Hauerwein, Weinhauer**

**Häuer,** der: Bergmann, Hauer

**Hauerwein,** der /meist Plural/: direkt vom Winzer gelieferter Wein (oft als Hinweis in Gasthäusern): *1905 gründete Urgroßvater Johann Figlmüller ... ein kleines Weinhaus. Dieses bot 80 Sitzplätze, eine Speisekarte mit ausgesuchten Hauerweinen und vor allem das Figlmüller-Schnitzel.* (KU 22. 8. 14)

**Häundl, häundln** ↑Heindl, heindln

**Haupt-, haupt-** (veraltet): sehr [groß] /verstärkendes Präfixoid/: **hauptgut:** *Freut euch, Männer, tausendmal hauptgut gegangen ist die Wahl.* (OÖN 9. 12. 08); **Haupthecht; Haupthirsch; Haptspaß:** *Das müsste doch ein akustischer Hauptspaß sein.* (ST 23. 12. 05). – I. S. v. ›wichtigste Person/Sache‹, z. B. Hauptakteur, -attraktion, -sorge, gemeind.

**Hauptausschuss:** ***Hauptausschuss des Nationalrats:** nach dem Verhältnis der Parteien gewählter Parlamentsausschuss, der an der Vollziehung des Bundes in bestimmten Aufgaben mitwirkt: *Heute fixiert der Hauptausschuss des Nationalrats die Entsendung von Soldaten in den Tschad.* (KU 9. 11. 07)

**Hauptbewerb,** der: der wichtigste Teil eines sportlichen oder künstlerischen Wettbewerbs: *Natürlich würde es mich reizen, im Hauptbewerb bei einem großen Festival vertreten zu sein.* (SN 1. 6. 17). ↑ BEWERB

**Häuptel,** das; -s, - (bes. ost-, südösterr., auch bayr.): Kopf einer Gemüsepflanze: *Produziert werden 600 Tonnen Karotten, 500 Tonnen Erdäpfel, ein Million Häuptel Salat und 100.000 Stück Karfiol pro Jahr.* (OÖN 3. 2. 06). ↑ **Krauthäuptel, Salathäuptel, Zwiebelhäuptel**

**Häuptelsalat,** der (bes. ost-, südösterr., regional auch in D): Kopfsalat: *Bald könne der Bauer oder auch der Gärtner auf neuen Wegen mit Häuptelsalat und Kartoffeln kommunizieren.* (KU 31. 8. 16)

**Hauptgegenstand,** der: Hauptfach (in der Schule): *Es würde das Selbstbewusstsein der Kinder verletzen, müssten sie für Hauptgegenstände in die Deutsch- vulgo Ghettoklasse übersiedeln und dürften nur zum Singen, Turnen und Zeichnen im ursprünglichen Klassenverband bleiben.* (PR 20. 8. 18). ↑ GEGENSTAND

**Hauptmiete,** die: **1.** /ohne Plural/: Mietverhältnis einer Wohnung als Hauptmieter im Ggs. zur Untermiete: *Ich bin Mieterin einer Wohnung mit befristeter Hauptmiete, der Mietvertrag läuft bald aus.* (KU 19. 6. 04). **2.** zur Hauptmiete gemietete Wohnung: *Favoritenstr., 98m2, Altbau, Hauptmiete, € 980,- inkl. BK, U1-Nähe, 2,5 Zimmer ...* (ST/Immobilien, 2008, Anzeige) ◆ **Hauptmietzins:** *Der reine Hauptmietzins, nicht die Betriebskosten, machen die Mieten teurer* (PR 3. 6. 16). ↑ ZINS

**hauptsächlich:** die Betonung liegt österr. (und bayr.) auf der ersten Silbe, in D meist auf der zweiten

**Haus:** ***sich über die Häuser hauen** (ugs., salopp): flüchten, sich aus dem Staub machen: *Viel wahrscheinlicher ist da schon, dass alles so bleiben wird, wie es ist und sich die Investoren bald über die Häuser hauen werden.* (OÖN 31. 8. 10)

**Hausbeschau,** die (Behördenspr.): Verzollung direkt an der Lieferadresse: *Der Ex-Zöllner hatte den mitangeklagten Spediteur bei einer Hausbeschau – plombierte Lkw werden vom Zoll am Bestimmungsort kontrolliert – kennen gelernt.* (KU 28. 3. 01). ↑ BESCHAU

**Hausbesorger Hausbesorgerin,** der bzw. die: Hauswart, Hausmeister: *Er will die Hausbesorger strenger in die Pflicht nehmen und ein neues Berufsbild kreieren.* (KU 20. 11. 07); *Hausbesorgerinnen sind nicht nur für Sauberkeit in Wohnhäusern zuständig, sondern werden oft auch zu Prellböcken bei Konflikten zwischen Bewohnern.* (OÖN 21. 10. 05); Vgl. Hausmeister ◆ **Hausbesorgerposten:** *Rund 500 Hausbesorgerposten in Wiener Gemeindebauten sind derzeit unbesetzt.* (KU 26. 3. 02); **Hausbesorgerstelle**

**Hausbündt,** die (Vbg.): Garten um das Haus mit Bäumen: *Ganz besonders freuen sie sich auf den baldigen Einzug von Valentin und Maximilian, die mit ihren Eltern in der »Hausbündt« gebaut haben.* (VN 4. 5. 13).↑ **Bündt**

**Hauseinfahrt,** die: Hausflur, Hauseingang (in D nur eine befahrbare Einfahrt): *... interessiert sich der Hund für jede Autotür, die geöffnet wird, für jede Hauseinfahrt, in der jemand gerade auf einen Ton aus der Gegensprechanlage wartet ...* (KU 17. 3. 08)

**Hauser Hauserin,** der bzw. die (selten; westösterr., auch bayr.): Haushälter, Wirtschaftsführer: *Außer der alten und kranken Hauserin Vroni ... dulden die drei eingefleischten Junggesellen keine Frau am Hof.* (VN 8. 11. 07)

**Häuserin,** die (westösterr., auch bayr.): Haushälterin: *In dem kleinen Tiroler Dorf Oberleis wurde die Häuserin des neuen, jungen Pfarrers Bruno Santner ermordet.* (SN 16. 12. 00)

**Hausfreund,** der /meist im Plural/: süßes Gebäck mit Mandeln und Früchten: *Ja, ich backe schon noch selbst Kekse, aber nur mehr drei Sorten. Lebkuchen und Hausfreunde sind schon fertig.* (OÖN 10. 12. 03)

**Hausgang,** der (auch südd., schweiz.): Hausflur: *Hotelgäste hatten im Hausgang Blutspuren entdeckt.* (OÖN 29. 4. 05)

**Haushaltsmenge:** ***nur in Haushaltsmenge:** beschränkte Menge [eines Sonderangebotes]: *Doch im Abholmarkt werde Zucker nur in Haushaltsmengen verkauft, also maximal 30 Kilo.* (PR 2. 3. 11)

**Hausherr,** der (auch südd.): Hausbesitzer: *Der beherzte Hausherr konnte das Feuer aber selbst mit Wasser löschen und so einen größeren Schaden verhindern.* (KU 6. 2. 08)

**Hauskrankenpflege,** die (regional auch in D): Pflege von Kranken in deren Wohnung durch medizinisches Personal, (in D) häusliche Krankenpflege: *Die Aktion »Essen auf Rädern«, aber auch die Errichtung der Hauskrankenpflege gehen auf ihr Engagement zurück.* (SN 14. 3. 08)

**Häusl,** das; -s, -n (ugs., auch bayr.): **1.** Einfamilienhaus, Häuschen: *Die Krise am US-Immobilienmarkt, die Banken und Fonds Milliarden-Ausfälle bei Häusl- und Wohnbaukrediten beschert, zieht weitere Kreise.* (KU 20. 8. 07). **2.** Toilette: *Wer würde bei diesem ... Wort hierzulande nicht spontan an ein »Häusl« denken, in dem man seine kleine und große Notdurft verrichten kann.* (OÖN 18. 4. 18). ↑(zu 1.:) **Austraghäusl, Auszugshäusl, Zuhäusl,** (zu 2.:) **Scheißhäusl**

**Häuslbauer,** der: Person, die [mit viel eigener Arbeitsleistung] ein Einfamilienhaus baut: *Im Durchschnitt nimmt der normale Häuslbauer einen Kredit von 250.000 Euro auf.* (SN 5. 4. 17)

**Häuslebauer,** der (Vbg., auch südwestd.): ↑Häuslbauer: *In Meiningen will man offenbar nach wie vor nichts von einer zentralen Trinkwasserversorgung wissen. Häuslebauer schlagen Brunnen selbst.* (VN 20. 2. 08)

**Häusler Häuslerin,** der bzw. die: (kurz für) ↑Kleinhäusler: *Neben den großen Getreidebauern mit ihren Vierseitern gab es ... die Anwesen der kleinen Häusler, die wenig Grundbesitz hatten und ein Handwerk ausübten.* (OÖN 7. 4. 07). – In D hist. in der Bedeutung ›Dorfbewohner ohne eigenes Land‹

**Hausmeister Hausmeisterin,** der bzw. die (auch schweiz.): ↑Hausbesorger (in einem Wohnhaus): *Reinigungsarbeiten, Winterdienst, Pflege der Außenanlagen, Hausverwaltung und Hausmeister verursachen rund 28 Prozent der Betriebskosten.* (VN 1. 12. 07). – In D bezeichnet das Wort einen ›Haustechniker, Hausverwalter (eines größeren Gebäudes)‹

**Hausname,** der: der überlieferte Name eines Bauernhofes im Ggs. zum offiziellen Namen der Besitzer, Vulgoname: *Der Hausname Reschenberger ändert sich auch durch die Verpachtung nicht.* (SN 2. 3. 01)

**Hauspartei,** die: Mieter in einem Haus, (in D) Mietpartei: *Eine Hauspartei hat sie am Nachmittag im Stiegenhaus gefunden und die Rettung gerufen.* (KU 5. 5. 07)

**Hauspatschen,** der: Hausschuh: *Er trug dunkle Kleidung und eine Wollmütze, allerdings dazu nur Hauspatschen.* (SN 19. 8. 14). ↑PATSCHEN

**Hausschlapfen,** der /meist Plural/ (ugs., salopp): Pantoffel: *In der Hand hält er eine Krücke, der bandagierte Fuß steckt in einem Hausschlapfen.* (SN 10. 6. 05). ↑SCHLAPFEN

**Hausstock,** der: der als Wohnhaus dienende (gemauerte) Teil des Bauernhauses (im Ggs. zu Wirtschaftsgebäuden, Heuboden usw.): *Den acht Feuerwehren gelang es, zumindest den Hausstock zu retten.* (OÖN 20. 7. 07)

**Haussulz,** die: hausgemachte Sulz: *Allerdings muss man schon über ein gewisses Kochwissen verfügen, damit die eigene Haussulz gelingt.* (OÖN 2. 4. 16). ↑SULZ

**Haustor,** das: Tür eines größeren Hauses oder Wohnblocks (in D nur größeres Einfahrtstor): *In den Nachtstunden ist beim Haustor Geblergasse 6 in Hernals die Leiche eines Mannes gefunden worden.* (KU 6. 1. 08). – Vgl. auch ↑Einfahrt für ›Eingang‹

**Hausübung,** die: Hausaufgabe, (in D) Schulaufgabe, ↑Schularbeit: *Diese* (Laptops) *sollen dann nicht nur im Unterricht, sondern auch für Hausübung und Recherche genutzt werden.* (SN 12. 1. 17)

**Hausverstand,** der: gesunder Menschenverstand: *Die Bauvorschriften sind ins Unendliche gestiegen. Man sollte wieder in den Hausverstand gehen und sich fragen: Welche brauchen wir wirklich?* (PR 28. 1. 17)

**Hauszustellung,** die (auch schweiz.): Lieferung von Zeitungen und anderen Waren an die Wohnadresse: *Denn die Spar-Gruppe steigt als letzter Vollsortimenter in die Hauszustellung ein.* (OÖN 21. 9. 16)

**häuteln** (ugs.): die Haut abziehen, häuten: *Tomaten häuteln und würfeln, gemeinsam mit Champignons und Tomatenmark in die Suppe geben und ca. fünf Minuten mitkochen.* (NÖN 1. 9. 08)

**Havarie,** die ‹arab.-ital.-niederld.›: **1.** Unfall mit einem Kraftfahrzeug: *Reifenplatzer sind sehr selten geworden. Bei mangelnder Pflege, zu geringem Luftdruck und Beschädigungen kann* *es trotzdem noch zur Havarie kommen.* (KZ 26. 6. 15). 2. durch einen Unfall beschädigtes Kraftfahrzeug; Unfallwagen: *Wer beispielsweise entdeckt, dass es sich bei dem vermeintlichen Gelegenheitskauf in Wirklichkeit um eine zusammengeflickte Havarie handelt, kann den Handel wegen »Irreführung« anfechten.* (OÖN 18. 3. 00). – In D nur auf Schäden an Schiffen und Flugzeugen bezogen

**havarieren** ⟨arab.-ital.-niederld.⟩ /meist im 2. Part./: durch einen Unfall beschädigen; bezieht sich in D auf Schiffs- und Luftverkehr, österr. (und schweiz.) auch auf Kraftfahrzeuge: *Das havarierte Auto wurde noch am Abend von einem Abschleppwagen zur Reparatur gebracht.* (PR 27. 10. 06)

**Haxen,** der; -s, - (ugs., salopp, auch südd.): Bein, Hachse: *Sie streckt die sonnengeküssten Haxen aus* (ST 14. 9. 16); ***der Welt einen Haxen ausreißen** (ugs.): die Welt verändern, sehr aktiv sein: *Mit 40 habe ich gesagt: Ich reiße der Welt einen Haxen aus.* (OÖN 18. 10. 04); ***sich die Haxen ausreißen** (ugs., salopp): sich einer Sache wegen besonders anstrengen: *Nur mit dem ganzen Team ist das möglich, dass sich alle die Haxen ausreißen, damit ich schnell Ski fahren kann.* (ST 4. 3. 17); ***sich keinen Haxen ausreißen** (ugs., salopp): sich für die Lösung eines Problems nicht besonders anstrengen: *wegen ein paar Anrainern, die schlafen wollen, wollte man sich offenbar auch keinen Haxen ausreißen.* (KU 23. 8. 05)

**Haxl,** das; -s, -n (ugs., auch bayr.): 1. (Verkl. zu *Haxen* ›Bein‹, meist in bestimmten Wendungen): ***jmdm. das Haxl legen/stellen** (ugs.): jmdm. das Bein stellen: *Ein 14-jähriger Schüler soll seiner Lehrerin im Zeichenunterricht das Haxl gestellt haben.* (KZ 9. 2. 15); ***jmdn. übers/ums Haxl hauen** (ugs.): jmdn. hintergehen: *Verunsicherte Kunden, die sich nicht mehr übers Haxl hauen lassen wollen, werden zunehmend vorstellig.* (KZ 25. 3. 09); ***jmdn. ins Haxl beißen:** gegen jmdn. [hinterhältig] vorgehen; ***das Haxl heben:** Flüssigkeit ausscheiden (vom Hund). 2. unterer Teil des Beines [beim Schwein], ↑Stelze: *Rosentaler Kirchtagssuppe, Ripperl und Haxl vom Tuttlkalb und Hieferschwanzl wurden ... aufgetischt.* (KR 9. 4. 00); *Hinteres Haxl, Vorderes Haxl.* 3. Hinterschenkel, Keule eines geschlachteten Tieres, bes. Geflügels: *Das Viertel Ente lag in dichtem Bratensaft samt Knödel und Blaukraut – dem Haxl hätte etwas weniger Zeit im Rohr bessergetan.* (SN 4. 10. 16). ↑**Hendlhaxl** ◆ **Haxlfleisch**

**Haxlbeißer Haxlbeißerin,** der bzw. die (ugs.): Person, die durch boshafte Äußerungen Unruhe stiftet und verleumdet: *»Ich werde als Progressiver eingestuft, weil ich anrege, dass Frauen Messen lesen sollen. .... Tatsächlich bin ich ein konservativer Haxlbeißer.«* (OÖN 21. 4. 09; A. Holl)

**Haxlstellerei,** die (ugs.): Intrige, hinterlistige Aktion: *Ein Gespräch über Haxlstellerei im Bund, Autofahrer-Frotzelei in Wien und die Frage, warum sich zugereiste Wiener zwischen Himmel und Hölle entscheiden sollten.* (PR 5. 12. 11)

**HBLA:** (buchstabierte Abk. für) ↑Höhere Bundeslehranstalt

**HBP,** der; - (salopp): (kurz für) Herr Bundespräsident: *Angeblich richtungsweisende Worte des HBP weisen niemandem in diesem Land die Richtung.* (PR 27. 7. 14). ↑**UHBP**

**Heanz,** der; -en, -en [hẽɐ̃ts, hɛɐnts] ⟨vermutl. nach der Dialektlautung für ›jetzt‹⟩ /meist Plural/: [Süd]burgenländer (auch als Spottname): *Die Ausstellung zeigt den liebevollen Blick auf die Volksgruppe der Heanzen und damit in die Vergangenheit.* (BVZ 10. 4. 14). – **Heanzenland; Heanzer/-in**

**Hechtnockerl,** das: ↑Nockerln aus faschiertem Hechtfleisch, mit einer [Dill]sauce überzogen (Altwiener Spezialität): *Es gibt Hechtnockerln in Krebsensauce – als »Quenelles de Brochet à la Sauce Nantua« ein Klassiker der Hochküche.* (ST 13. 12. 13). ↑Nockerl

**Heckenklescher,** der (regional abwertend): alkohollastiger, minderwertiger Wein: *Außer dem burgenländischen Tafel- und Tischwein Uhudler wird auch der (west)steirische Qualitätswein Schilcher von Nebochanten mitunter als Heckenklescher verleumdet.* (ST/Forum 3. 1. 08). ↑**Klescher**

**Heferl** ↑Häferl

**Heftl,** das; -s, -n (ugs.): 1. (Verkl. zu) Heft. 2. Comic-Heft, Groschenroman, Jugendillustrierte: *Die Erinnerung bezog sich naturgemäß nur auf das Heftl, aus dem wir uns seinerzeit die Stars in Lebensgröße schnitten und an die tapezierte Wand hingen.* (OÖN 7. 11. 05)

**Heidelbeerfleck,** der: flacher Kuchen mit Heidelbeeren: *Köstlich war auch der frische Heidelbeerfleck mit Eis und Schlag.* (OÖN 3. 9. 10). ↑Fleck

**Heiden,** der; -s (bes. ost- und südösterr.): Buchweizen /nur noch in zusammengesetzten Speisebezeichnungen, als Simplex dialektal/ ◆ **Heidenknödel,** ↑Knödel, **Heidenkuchen; Heidenmehl:** *In den letzten Jahren hat sich der Unternehmer besonders auf die Produktion von Maisgrieß und Heidenmehl konzentriert.* (KZ 10. 1. 14); **Heidentorte**

**Heidenbrein,** der: geschälter Buchweizen: *Hirse, Heidenbrein und Innereien als Füllung, mit der hauseigenen Gewürzmischung, sind die Breinwürste schon vorgekocht.* (KZ 27. 3. 03). ↑**Brein**

**Heidensterz,** der: aus Buchweizenmehl und Schmalz hergestellte Speise: *Wie jedes Jahr können sich die BesucherInnen auf eine leckere Schwammerlsuppe mit Heidensterz und selbst gemachte Mehlspeisen freuen.* (KZ 29. 10. 15). ↑STERZ

**Heidentommerl,** der (bes. Stmk.): Tommerl aus Buchweizen: *Angeboten wurden Heidensterz, Heidentommerl, Türkensterz, Saure Suppe und vieles mehr aus der alten Bauernküche.* (KZ 3. 9. 14). ↑TOMMERL

**heikel** (auch südd., schweiz.): **1.** wählerisch (beim Essen): *Der Herr Bischof hat ja alles gerne gegessen, was wir ihm zubereitet haben. Beim Essen war er nie heikel.* (OÖN 5. 10. 16). **2.** empfindlich: *»Ich hab die Woche eigentlich ganz gut überstanden, da mir die Hitze nichts ausmacht. Ich bin da nicht so heikel.«* (BVZ 25. 7. 07). – In der Bedeutung ›schwierig, gefährlich‹, z. B. ein heikles Thema, gemeind.

**heil!, heile!** (Vbg., in der Kinderspr. auch in Tirol): Grußformel (kein Anklang an die NS-Zeit): *Ein entspanntes Lächeln kommt den Ballgästen über die Lippen, als sie am Samstagabend im Palais Ferstel schon beim Einlass allesamt mit einem »zeawas, heile« begrüßt werden.* (VN 25. 1. 16)

**Heilbehelf,** der: Heilmittel: *Mittlerweile werden die daraus entwickelten mit Stahlkugeln gefüllten Ringe als Heilbehelf auch in Bad Loipersdorf eingesetzt.* (OÖN 19. 10. 15). ↑BEHELF

**heilig:** ***alle heiligen Zeiten [einmal]** (ugs.): in großen zeitlichen Abständen; sehr selten, (in D) alle Jubeljahre einmal: *So ein Langlauf-Damen-Team wie die Norweger hat man nur alle heiligen Zeiten.* (OÖN 6. 3. 13); *Birken, Birken und wieder Birken. Alle heiligen Zeiten einmal eine Siedlung.* (KU 18. 3. 07)

**Heimgarten** ↑Hoangart

**Heimhelfer Heimhelferin,** der bzw. die: /Berufsbezeichnung/ [ausgebildete] Kraft zur Hilfe im Haushalt bei hilfsbedürftigen Personen: *Bis 1. Juli muss die Betreuungskraft eine theoretische Ausbildung entsprechend jener eines Heimhelfers nachweisen.* (PR 6. 1. 08)

**Heimhilfe,** die: **1.** Sozialdienst, der die Besorgung des Haushalts u. Ä. im Krankheitsfall veranlasst: *Die Caritas engagiert sich bei Familienhilfe, Hauskrankenpflege, Heimhilfe.* (SN 20. 3. 08). **2.** Heimhelfer bzw. Heimhelferin: *Dies werde ausgebildete Heimhilfen und Altenfachbetreuer massiv unter Druck bringen und viele abgesicherte Beschäftigungsverhältnisse kosten.* (PR 13. 3. 08). **3.** Tätigkeit eines Heimhelfers bzw. einer Heimhelferin: *Es könne doch nicht sein, dass eine Stunde Heimhilfe in Wien acht Euro, im Burgenland hingegen 17 Euro koste.* (SN 22. 12. 07)

**Heimmatch,** das (auch schweiz.): Heimspiel: *Die Mozartstädter verloren am Donnerstag das Heimmatch gegen OGC Nizza.* (PR 20. 10. 16). ↑**Match**

**Heimwesen,** das (auch schweiz.): Gesamtheit der öffentlichen Betreuung in Heimen: *Da das Heimwesen in den Zuständigkeitsbereich der Länder falle, habe es von dort großen Widerstand gegen ein Gesetz auf Bundesebene gegeben.* (ST 5. 9. 02)

**heimzu** (auch schweiz.): heimwärts, nach Hause: *So machten alle Beter kehrt und das ganze Volk ging wieder heimzu in die Kirche.* (VN 16. 11. 06)

**Heindl, Häundl,** das; -s, -n (ugs., auch bayr.): kleine ↑Haue: *Gerald Elsnegg, der eine Gärtnerei in Graz betreibt, hält nichts davon, die Tiere mit Salz zu bestreuen, sie in heißes Wasser zu werfen oder sie mit einem Heindl zu töten.* (KR 30. 7. 16)

**heindln, häundln,** sw. V. / hat (ugs., auch bayr.): mit einer ↑Haue, einem ↑Heindl den Boden lockern und das Unkraut heraushauen: *den Garten, die Kartoffeln heindln; Ich musste schon mit 13 Jahren Kukuruz heindln, damit meine Großeltern eine Wohnung nehmen konnten.* (KZ 14. 2. 16)

**Heinze,** die; -, -n (westösterr., auch südd.): Holzgestell zum Trocknen von Heu und Klee

**Heinzelbank,** die [hõą̃tsḷ...] (auch bayr.): Werkbank mit einer Klemmvorrichtung, die mit den Füßen betätigt werden kann, um ein Holzstück bearbeiten zu können: *Auf der Heinzelbank wird das Holz mit einem Reifmesser fertig geputzt.* (KR 15. 10. 16)

**Heizkanone,** die: mobides Heizgerät in Kanonenform: *»Es gibt genügend Heizkanonen und das Rote Kreuz hat zusätzliche Decken besorgt.«* (ST 22. 11. 15)

**Heizschwammerl,** das (salopp): pilzförmiger Heizstrahler für die Verwendung im Freien; Heizpilz: *Im mediterranen Graz ist quasi ganzjährig Schanigartensaison, bei arger Kälte mit Heizschwammerln.* (ST 22. 3. 17). ↑SCHWAMMERL

**helfen:** ***zu jmdm. helfen** (ugs.): zu jmdm. halten; jmds. Partei ergreifen: *Zu wem hilfst du, wenn die Spanier weiter verlieren und vorzeitig ausscheiden?* (OÖN 18. 6. 10)

**helfgott** (veraltend, auch südd.): Gesundheit! (Ausruf, wenn jmd. niest)

**Heller:** ***kein luckerter Heller** ↑luckert

**Hendl,** das: (auch bayr.): **1.** (ugs.) [junges] Huhn: *»Wir sind herumgerannt wie aufgeschreckte Hendl.«* (BVZ 26. 11. 08); *Es war wie am Land, die Leute haben sich die Hendln im dritten Stock oben gehalten und im Lichthof haben sie Paradeiser gezogen.* (PR 1. 8. 15) ***ein verrücktes Hendl** (ugs.): eine ungewöhnliche, ausgefallene, überspannte Person, bes. Frau, (in D) ein verrücktes Huhn: *Nein, es macht keinen Sinn, wie ein verrücktes Hendl von einer Website zur anderen zu springen.* (News 14. 9. 06). **2.** Backhuhn, Brathuhn, Hähnchen: *Erst vergangenen Samstag habe ich zum Beispiel Hendl zubereitet.* (OÖN 1. 12. 16). **3.** schmächtige, dünne, [ängstliche] Person: *Am Durchsetzungvermögen muss er noch arbeiten. »Er ist ein Hendl«, sagt Daxbacher schmunzelnd, aber auch: »Er ist ein Spieler, dem man gerne zuschaut.«* (OÖN 7. 8. 07). ↑**Backhendl, Brathendl, Rebhendl**

**Hendlbrust,** die: **1.** Brust des Back-, Brathendls, Hähnchens: *Die Hendlbrüste nur auf der Fleischseite salzen und pfeffern.* (KZ 27. 4. 15). **2.** (ugs. scherzhaft): schmaler, flacher Brustkorb eines schmalwüchsigen Menschen: *Krawatte weg, ersten Hemdknopf offenlassen. Funktioniert auch bei Hendlbrust.* (Falter 11. 6. 08)

**Hendlessen,** das (auch bayr.): (in D) Hähnchenschmaus: *Vor der Sitzung war beim gemeinsamen Hendlessen noch gelacht worden.* (OÖN 1. 3. 06)

**Hendlgrill,** der: **1.** Grillgerät für ↑Hendl: *Wenn alle Maschinen laufen, auch am Hendlgrill alle Öfen eingeschaltet sind ..., dann hab ich hier herinnen wohl zwischen 65 und 70 Grad.* (SN 31. 7. 15). **2.** Lokal für Grillhendl: *Der Südkoreaner Kim nannte seinen Hendlgrill in Seoul »Louis Vuiton Dak«.* (KZ 19. 4. 16)

**Hendlhaxl,** das: Bein, Schenkel eines Back-, Brathuhns, (in D) Hühnerkeule: *Die Stammgäste bestellen ausgelöstes, paniertes Hendl-Haxl außerhalb der Karte.* (OÖN 16. 12. 16). ↑**Haxl**

**Hendlstation,** die: Gasthaus, das vorwiegend Hendlgerichte anbietet: *Eine Hendlstation gibt's in Klöch wirklich.* (OÖN 14. 3. 09). ↑STATION

**Hengsten-:** die Zus. mit *Hengst* werden mit *-en* gebildet (selten auch in D): **Hengstenstation; Hengstenstall; Hengstenhaltung**

**Hengstendepot,** das (früher): Bundesanstalt für Pferdezucht in Stadl-Paura (heute: Pferdezentrum Stadl-Paura)

**heranstehen,** st. V. / ist: fällig sein; bevorstehen: *Heute im Zeitalter der EDV-Behördenwege hat sich das Anforderungsprofil geändert und einige Amtsgebäude werden zur Verwertung heranstehen.* (OÖN 19. 3. 12). ↑stehen

**herausapern:** durch Schneeschmelze hervortreten, sichtbar werden (von urspr. mit Eis oder Schnee Bedecktem): *Ötzi, der schon 1991 herausgeapert ist, zu einer Zeit, als die Gletscher bei Weitem nicht so stark zurückgegangen waren wie heute;* (übertragen) *Seine Vergangenheit, die da langsam herausapert, ist die Lebensgeschichte der Mutter.* (WZ 5. 12. 15). ↑**apern, ausapern**

**herausbacken:** in Fett schnell braten: *Butterschmalz in einer tiefen Pfanne heiß werden lassen und die Wiener Schnitzel auf beiden Seiten schwimmend herausbacken.* (OÖN 13. 6. 16). ↑**backen, überbacken**

**herausschauen** (auch südd., schweiz.): als Gewinn, Ergebnis zu erwarten sein: *Und die Lehrer waren über den Nachmittagsunterricht nicht sehr erfreut und sagten, dass da nicht viel herausschaue.* (PR 9. 11. 16). ↑SCHAUEN

**herausscheiben** (ugs.): **1.** herausrollen: *er hat das Fass herausgeschoben.* **2.** [schnell] herausbringen, veröffentlichen: *Während ein Songwriter wie Jarvis Cocker sich eine Gitarre greift und acht Songs in zwei Tagen herausscheibt, müssen Sample-Künstler ... Quellen entdecken und sondieren.* (WZ 16. 7. 16); *Süße Indie-Hymnen ... werden ebenso nachdrücklich herausgeschoben wie schwere Metal-Schlager.* (KU 21. 8. 95). **3.** eine gute Pointe landen: *Ich mache von Anfang an Party, alle 20 Sekunden werden die Gags herausgeschoben.* (KZ 21. 10. 10). ↑**scheiben, Scheibband**

**heraußen** (auch bayr.): hier draußen: *Laut Gerichtsmediziner ... lag die Frau am Rücken, wobei der Oberkörper und der Kopf im Kasten waren, die Beine aber heraußen.* (PR 11. 1. 17);

*etwas **heraußen haben** (ugs.): etwas kapiert haben, verstehen: *Die anderen hatten den Dreh einfach nicht heraußen.* (PR 6. 4. 17)

**herborgen:** jmdm. etwas leihweise überlassen, (in D) ausleihen: *»Eine Platte, die ich vor 30 Jahren gekauft, viel gespielt und nicht hergeborgt habe, klingt noch wie neu.«* (SN 24. 2. 07). Vgl. herleihen. ↑**ausborgen, borgen**

**herbsteln** (auch südd., schweiz.): ***es herbstelt:** es wird allmählich Herbst, (in D) es herbstet: *Die Tage werden schon wieder merklich kürzer, die Luft ist klar, die Sonne nicht mehr so heiß: es herbstelt!* (SN 11. 9. 04)

**Herbsthock,** der (Vbg., ugs.): gemütliches Beisammensitzen im Herbst: *Mit dem geschmückten Hausgang und dem Stüble bekamen die Gäste schon die richtige Stimmung, es ist Herbsthock.* (VN 1. 11. 07). ↑**Hock**

**Herbstsession,** die (auch schweiz.): Sitzungsperiode im Parlament, bei Gericht o. Ä. in der zweiten Jahreshälfte: *Am Montag hat im Verfassungsgerichtshof die diesjährige Herbstsession begonnen.* (PR 27. 9. 07). ↑**Session**

**herfallen:** stürzen, zu Boden fallen, hinfallen: *Herfallen darf ich halt nicht – oder zumindest nicht auf die Schulter.* (ST 31. 12. 02)

**hergehen:** 1. (auch südd.) herkommen: *»Geh her, Süße«, sprach sie der etwa 30-Jährige gegen 2.30 Uhr an.* (KU 10. 10. 05). 2. /mit *es* und Modalergänzung *blöd, heiß* usw./ (ugs., auch bayr.): sich zutragen, passieren: *Normalerweise ... kennt man diese Grenze. Wenn es hart hergeht, verliert man sie aus den Augen.* (PR 17. 2. 17); *Doch selbst wenn der Nationalrat seine Auflösung beschließt, dürfte es im Parlament danach noch heiß hergehen.* (PR 25. 1. 17); *Und wenn es blöd hergeht, ... schneit es gleich wieder am Wochenende.* (KR 23. 7. 09). 3. (ugs., auch bayr.) [leicht] zu gewinnen, erwerben sein: *Die Stämme gehen leicht her* (können bequem geholt werden); *Bevor die Lizenzen in Deutschland unter den Hammer kamen, haben Experten prophezeit, dass es in Deutschland günstiger hergehen werde.* (OÖN 28. 10. 00)

**herinnen** (auch bayr.): hier im Inneren: *Wenn's draußen schneit und herinnen die Tulpen blüh'n* (SN 15. 3. 16); ***herinnen haben:** eingebracht, nachgeholt haben, (in D ugs.) hereingeholt haben: *»Wir haben schon 80 verkauft und die Produktionskosten herinnen.«* (KZ 29. 10. 16)

**herleihen** (auch bayr.): etwas verleihen; jmdm. etwas leihen (in D selten oder ugs.): *Auto hergeliehen: Lenker kehrte nicht mehr zurück.* (SN 21. 5. 14). Vgl. herborgen

**hernach** (regional auch in D): (seltener für) nachher: *Jede Fraktion erstellte hernach einen eigenen Bericht.* (SN 9. 2. 17)

**hernehmen** (regional auch in D): 1. anstrengen; in Mitleidenschaft ziehen, mitnehmen: *»Ihre Affäre mit Gropius«, ergänzte ich, »hat Mahler so hergenommen, dass er sich sogar an Dr. Freud wandte.«* (KU 18. 9. 07). 2. sich vornehmen und zur Rede stellen: *Die Eltern haben ihre Kinder damals richtig hergenommen und angeschrien.* 3. (verstärkend) nehmen, zur Hand nehmen, benutzen: *Oft wird die Kriminalitätsrate als Argument für die Todesstrafe hergenommen.* (KU 11. 3. 08)

**heroben** (auch bayr.): hier oben: *wir Hüttenbetreiber haben dann schnell versucht, einen Familienrundweg hier heroben aufzubauen.* (PR 2. 2. 13)

**Herodot** ‹griech.›: wird österr. (und südd., schweiz.) auf der ersten Silbe betont, in D auf der letzten

**Herr:** ***Herr und Frau Österreicher:** ↑Österreicher

**Herrenpilz,** der: Steinpilz: *18 Jahre nach der Reaktorkatastrophe von Tschernobyl strahlen in den Salzburger Wäldern Herrenpilz und Maronenröhrling noch immer.* (SN 13. 9. 04)

**Herrgottsschnitzer,** der (auch südd.): Holzbildhauer, der vorwiegend religiöse Figuren, bes. Kruzifixe, schnitzt: *»Holzbildhauer werden meist nur als Herrgottsschnitzer gesehen. Wir gehen jetzt ganz andere Wege.«* (OÖN 19. 11. 05)

**Herrgottswinkel,** der (auch südd., schweiz.): Ecke in der Bauernstube, die mit dem Kruzifix und anderen Andachtsgegenständen geschmückt ist: *Im Herrgottswinkel um einen schönen Walsertisch versammelt, lauschten Senioren/innen aus Nenzing den interessanten Ausführungen.* (VN 11. 5. 06)

**herrichten:** 1. (auch südd.): zurechtlegen, zubereiten: *»Etwa, indem man eine Gemüseplatte oder einen Salat schön herrichtet und das Dessert auf einem kleinen Teller serviert.«* (PR 22. 1. 17). 2. /sich/ (auch südd., schweiz.): sich zu einem bestimmten Anlass zurechtmachen: *sich für einen Theaterbesuch herrichten; Nur nicht zu auffällig herrichten!* (KU 14. 4. 07). ↑RICHTEN

**Herrl,** das; -s, -n (ugs.): Besitzer des Hundes, (in D) Herrchen: *Was mit dem Hund geschehen soll, ist nun unklar. Sein Herrl ist jedenfalls*

*bereit, eine Entschädigung an den Schäfer zu zahlen.* (PR 14. 11. 07)

**Herrschaftszeiten!** (selten auch in D): ein Fluch, ›Herrgott‹: *Ja, Herrschaftszeiten noch einmal! Jetzt ist es endlich da. So viele Jahre zu spät!* (OÖN 9. 8. 14). – Auch in der Form *Herrschaftsseiten: Aber die Technik!!!! Meiner Seel! Herrschaftsseiten! Die alten Röhren-Monitore!!!* (OÖN 1. 12. 09)

**herschauen** (auch bayr.): hierherschauen; aufpassen, achtgeben: *Stellen Sie sich vor, Tiger Woods kommt nach Schladming. Die ganze Welt würde herschauen.* (OÖN 9. 2. 13); *Wenn eine Kuh aufrecht herschaut und die Ohren nach vorne stellt, ist sie neugierig.* (PR 20. 8. 14); ***da schau her:** (in D) sieh einmal an!: *Da schau her! Die ansonsten eher kühle Bezirkssporthalle wird für eine lange Nacht zur verruchten Bar.* (OÖN 13. 9. 12). ↑SCHAUEN

**herschlagen** (ugs.): verprügeln: *»Wir wollten jemanden herschlagen. Als sie dann vor uns gestanden ist, haben wir nach Gründen gesucht, um sie zu schlagen.«* (KZ 14. 3. 12)

**herüben** (auch bayr.): auf dieser Seite; diesseits: *Dass das neue Studienangebot drüben auch für herüben eine super Sache ist, darüber sind sich Vertreter aus Politik und Wirtschaft einig.* (OÖN 6. 7. 16)

**herumbrodeln** (ugs.): sehr langsam sein; bei einer Tätigkeit nicht vorwärtskommen: *Er brodelt bei der Hangbesichtigung ein paar Augenblicke zu lange herum – disqualifiziert.* (OÖN 16. 1. 01). ↑**brodeln**

**herumfieseln:** an etwas ↑fieseln, herumarbeiten: *Während die beinahe schon schoko-braunen Besatzungsmitglieder an Segelsäcken herumfieseln ..., zeichnen die Taue und Fallen im Mastenwald eine Art Netz in die Himmelsdecke über Ligurien.* (ST 10. 10. 10); *Wer noch nicht in den Genuss von Kabel- oder Digitalfernsehen kommt, ... verbringt vermutlich den halben Fernsehabend mit dem Herumfieseln an der Zimmerantenne.* (ST 11. 8. 07) ↑**fieseln, abfieseln**

**herumfitzeln** (ugs.): an etwas Kleinem, Feinem sorgfältig herumarbeiten, herumschneiden, -zupfen: *Wir Dilettanten fitzeln an den Finten zum Antipasto lange mit Messer und Gabel herum, versuchen feinsäuberlich das Rückgrat vom Fleisch zu trennen.* (ST 18. 1. 08). ↑**fitzeln, zerfitzeln**

**herumkasperln,** sw. V. / hat [...kaʃpɐln] (ugs.): albern, Dummheiten machen: *Und man musste Roche hoch anrechnen, dass sie es schaffte, die sonst kindisch herumkasperlnde Frau im Zaum zu halten.* (PR 22. 1. 03). ↑**kasperln**

**herumknotzen:** untätig herumsitzen, herumlungern: *»Oh ja, ich denke mir, das wäre gescheiter wie so herumknotzen.«* (OÖN 7. 10. 06). ↑**knotzen**

**herumnudeln,** sw. V. / hat (ugs.): herummurksen: *Das wochenlange Herumnudeln muss ein Ende haben.* (KU 7. 2. 01). ↑**vernudeln**

**herumraunzen:** ständig raunzen: *Was ich halt kann, ist das Tun. Ich raunze nicht gern ewig herum.* (KZ 9. 11. 13). ↑**raunzen, Geraunze**

**herumschurln** (ostösterr., ugs.): aufgeregt hin- und herlaufen: *Grasi wurde kurzerhand in der »Jazzkantine« auf »Café World« engagiert, wo er inmitten der anderen, durchaus weiblichen Facebook-Freundinnen servieren und herumschurln muss.* (ST 5. 3. 10). ↑**schurln**

**herumstieren** (ugs., auch südd.): **1.** herumstöbern: *Was am Herumstieren in fremden Unterhosen reizvoll sein soll, war zwar wieder einmal nicht zu erfahren.* (ST 4. 1. 08). **2.** herumstochern. ↑STIEREN

**herumstierln** (ugs.): ↑herumstieren: *Wir müssen darauf vertrauen, dass die Firmen keine Leute beschäftigen, die stehlen oder in den Akten herumstierln.* (ST 2. 9. 14). ↑STIERLN

**herumstrawanzen:** sich müßig herumtreiben: *und Herumstrawanzen mit Nora und Gregor geht sich ab jetzt nur noch am Wochenende aus.* (PR 6. 9. 10). ↑**strawanzen**

**herumteufeln** (ugs., auch bayr.): herumtollen: *Und das gefällt vor allem den pferdenarrischen Kindern. »Sie können hier herumteufeln und schreien ...«* (OÖN 21. 2. 07). ↑**umteufeln, zerteufeln**

**herumwurln** (ugs.): sich in einem großen, unruhig-hektischen Gedränge um etwas/jmdn. scharen: *Noch rührt sich der Vesuv nicht, während auf ihm die Menschenameisen herumwurln.* (OÖN 20. 5. 06). ↑**wurln, Gewurl**

**herunten** (auch bayr.): hier unten: *Jetzt, wo ich herunten bin und es besser gelaufen ist, als ich gedacht habe, bin ich natürlich glücklich.* (ST 28. 1. 17)

**Herzbinkerl,** das; -s, -n (ugs., auch bayr.): Lieblingskind; Liebling: *Und die »Kampfmütter«: Das sind jene, die mit feurig blitzenden Augen die Umtriebe ihrer kleinen Herzbinkerln überwachen.* (PR 18. 9. 09). ↑**Binkerl, Nervenbinkerl**

**herzig** (auch südd., schweiz.): anmutig, reizend, lieblich: *Man präsentierte ein operetten-*

*haftes und herziges Singspiel.* (WZ 1. 10. 16); *Der braunäugige, dunkelhaarige und herzige Nachwuchs tollt dann lautstark herum.* (SN 20. 9. 16)

**Herzkasperl,** der [...kaʃpɐl] (ugs., salopp, auch bayr.): Herzinfarkt: (in D regional) Herzkasper: *Sie ist eine dieser erstickenden Sommernächte in New York, wenn der hitzige Herzkasperl regiert.* (PR 27. 5. 11). ↑**Kasperl, Klassenkasperl**

**Hetschepetsch,** die; -, - (ugs., auch bayr.): Hagebutte: *Und dazwischen leuchten die Immergrünen und die verbliebenen Hetschepetsch, die nicht im Schnabel der gefiederten Freunde gelandet sind.* (KZ 29. 11. 15)

**Hetscherl,** das; -s, -n (ostösterr. ugs.): Hagebutte: *Dass Hagebutten rote Früchte haben, werden wohl die meisten wissen, dass es aber auch orangefarbene, gelbe und fast schwarze »Hetscherln« gibt, wissen nicht alle.* (KZ 21. 9. 11)

**Hetz,** die (auch bayr.): Spaß, Gaudi: *War eine Hetz für Jung und Alt: Das traditionelle Zeller Ferkelrennen.* (OÖN 16. 9. 03); ***aus Hetz:** zum Spaß: *Die 15 Sänger und Sängerinnen ... singen einfach aus Hetz und Freude Volkslieder und Gospel.* (KU 9. 3. 05); ***sich eine Hetz [aus etwas] machen:** sich einen Spaß aus etwas machen: *Ein Moralist macht sich eine Hetz.* (OÖN 19. 4. 13); ***eine Hetz haben:** Spaß haben: *wieso warst du nicht in den letzten 40 Jahren so wie jetzt, dann hätten wir doch eine viel größere Hetz miteinander gehabt.* (PR 30. 1. 16)

**hetzhalber** (ugs.): zum Spaß: *Jetzt beschäftigt sich der Eurofighter-Untersuchungsausschuss mit der Frage, auf welche Bildchen hetzhalber mit Spielzeugmunition geschossen wird.* (PR 30. 1. 07)

**hetzig** (ugs.): **1.** spaßig, lustig: *»Es ist hetzig, nach zehn Jahren wieder zu Hause zu sein. Für mich ist Wacker mein Herzensverein.* (ST 27. 12. 13). **2.** (salopp): flott, schnell, wendig: *Ein simples, im Packaging klug durchdachtes kleines Auto – mit den Boni, dass er auch fesch aussieht und hetzig zu fahren ist.* (PR 9. 12. 16)

**Heuarbeit,** die (auch bayr.): Heuernte: *Das spart Futterkosten ... und schafft Zeit für die Heuarbeit und was sonst noch in den Sommermonaten auf den Bauernhöfen ansteht.* (SN 12. 8. 06)

**heuer:** (auch bayr., schweiz.) in diesem Jahr: *Doch im April ist auch hier der Winter schon fern, der heuer besonders hartnäckig war.* (SN 7. 4. 17). ↑**heurig**

**Heugeige,** die (auch bayr.): **1.** (veraltet) auf der Wiese aufgestelltes hölzernes Gestell zum Trocknen von Heu o. Ä., (in D) Heuharfe: *Von denen wissen heute auch nur noch wenige, dass mit einer »Heugeigen« keine Volksmusik gemacht wird.* (SN 25. 9. 12). **2.** (ugs., abwertend) langer und dünner Mensch, bes. Frauen: *Da waren die Heugeigen plötzlich zu angesehenen »Mannequin-Figuren« umgetitelt.* (KR17. 3. 15)

**Heuhupfer,** der (ugs., auch bayr.): Heuschrecke, (in D) Heuhüpfer

**Heumahd,** die (regional auch in D): Heuernte: *Früher beobachtete man die Natur, um die beste Zeit für Säen, Heumahd oder Ernte auszumachen.* (OÖN 8. 1. 15)

**Heumilch,** die: Milch von Kühen, die (außer Gras) nur mit Heu von natürlichen Wiesen gefüttert werden: *Die Preiskrise hat vor allem Bauern getroffen, die weder Heumilch noch Biomilch produzierten.* (SN 28. 3. 17)

**Heuraupe,** die (selten auch in D): Landmaschine zur Heubearbeitung: *Am Mittwochnachmittag geriet ein 17-Jähriger bei Heuwendearbeiten mit dem Fuß in eine Heuraupe.* (KZ 5. 9. 13)

**Heureiter,** der: auf der Wiese aufgestelltes Holzgestell zum Trocknen von Heu: *Andere Versatzstücke aus der Landschaft sind Montafoner Erde oder die typischen Heureiter aus der Talschaft.* (VN 3. 10. 12). ↑Reiter

**heurig** (auch bayr.): **1.** diesjährig: *Der heurige Februar war der beste seit Aufzeichnungen geführt werden.* (SN 13. 3. 08). **2.** aus der letzten Ernte stammend: *Dazu serviert man heurige Erdäpfel und grünen Salat.* (OÖN 23. 4. 15)

**Heurige,** der; -n, -n (auch bayr.): **1.** Wein der letzten Lese (Ggs. ↑Alte): *Vom Meer weht eine leichte, salzige Brise und Sie genießen gerade eine Käsekrainer und ein Glas Heurigen.* (OÖN 5. 12. 09). **2.** Lokal bestimmter Art, in dem neuer Wein (mit bes. behördlicher Bewilligung) aus den eigenen Weinbergen ausgeschenkt wird, meist in Weinorten in der Umgebung Wiens: *Wenn er anlässlich seines Wien-Besuchs einen Bioheurigen besucht, könnten er und seine Ehefrau Camilla zu Schmankerl-Botschaftern Österreichs werden.* (PR 5. 4. 17). **3.** /Plural/ die ersten Frühkartoffeln: *Mit einiger Verspätung sind die ersten heimischen Heurigen am Markt – Frühsorten, die entweder im Warmen vorgetrieben wurden oder unter Folie gewachsen sind.* (KU 17. 6.

06). ↑**Mostheurige, Nobelheurige** ◆ **Heurigenabend; Heurigenbesuch; Heurigenbuffet,** ↑Buffet; **Heurigenlokal:** *Im niederösterreichischen Gumpoldskirchen sucht ein ehemaliges Heurigenlokal am Fuß des Anningers neue Besitzer* (PR 30. 9. 16), ↑Lokal; **Heurigenort:** *Wenn ich das einzige Gasthaus in einer Straße betreibe, ist das weit weniger attraktiv, als würde ich in einem Heurigenort einen Buschenschank betreiben.* (ST 17. 10. 05); **Heurigensänger:** *Die Reblaus aber, diese falsche Freundin, überlassen wir den Winzern, Zoologen und Heurigensängern.* (PR 28. 8. 02); **Heurigensängerin; Heurigenwirt/-in,** ↑Wirt

**Heurigengarnitur,** die: zusammenklappbarer Tisch mit zwei Bänken; Bierzeltgarnitur: *Den mit braunroten Heurigengarnituren vollgestellten Hof schmückt ein wunderschöner Nussbaum.* (KZ 9. 7. 07)

**Heuschober,** der (auch südd., i. S. v. ›Heustadel‹ auch schweiz.): **1.** im Freien aufgeschichteter Heuhaufen: *Beim Eckerbauer stand ein Heuschober in Flammen.* (SN 25. 11. 04). **2.** ↑Heustadel: *Highlights ihrer fulminanten Performance in Zauners Heuschober waren das rhythmisch reichhaltige »Iyo Djeli« und »Kounadya«.* (PR 2. 6. 09). ↑Schober

**Heuschreck,** der; -[e]s, -e: (auch südd.): die Heuschrecke: *Ein Heuschreck löste in Hessen einen schweren Verkehrsunfall aus.* (OÖN 1. 8. 03)

**Heustadel,** der (auch südd., schweiz.): allein stehende Hütte oder Teil des Bauernhauses zur [vorübergehenden] Aufbewahrung von Heu: *Eine 400 Jahre alte Esche wacht majestätisch über den Platz, in dem ein Wurzelwald und ein Heustadel zum Herumtoben herausfordern.* (OÖN 25. 6. 04). ↑Stadel

**Heustock,** der (auch schweiz.): das in der Scheune oder auf dem Heuboden gelagerte Heu: *Zusammensein am Lagerfeuer, bevor die Nacht anbricht und es sich alle Kinder mit ihren Schlafsäcken im Heustock gemütlich machen.* (VN 28. 6. 07)

**Heutriste,** die: um eine hohe Stange aufgehäuftes Heu: *Vielleicht wird man dafür so belohnt: mit zwei Seeadlern beim Einserkanal. Elegant sitzen sie auf einer Heutriste und ignorieren die Zweibeiner auf dem Aussichtsturm nicht einmal.* (PR 20. 10. 12). ↑Triste

**Hias, Hiasl** (auch südd.): (kurz für) Matthias

**hie:** ***hie und da:** österr. (und südd., schweiz.) Form, (in D) hier und da: *Sie trafen sich auch hie und da in ihrer Freizeit.* (PR 15. 3. 17)

**hie-:** zusammengesetzte Adverbien werden (wie südd., schweiz.) mit *hie-* gebildet, (in D *hier-*, z. B. hierbei, hierdurch): **hiebei:** *Im Gespräch sind hiebei die deutschen Firmen Diehl Aerospace ..., Liebherr ... und OHB Technology.* (KU 23. 2. 07); **hiedurch:** *Man wird hiedurch zu einer freieren und verklärten Lebensauffassung gelangen.* (PR 6. 7. 02); **hiefür:** *Der »Tippfehler« bezieht sich freilich nicht auf den Ruhestand an sich, sondern rein auf den Grund hiefür.* (KU 11. 2. 08); **hiegegen:** *In seiner hiegegen binnen offener Frist erhobenen Beschwerde bringt der – anwaltlich vertretene – Beschwerdeführer wie folgt vor: ...* (Verwaltungsgericht Wien, 3. 3. 16); **hieher:** *Neben dem Violinkonzert gehören hieher die spritzigen, aphoristischen Humoresken op. 87 und 89 für Violine und Orchester.* (PR 8. 9. 04); **hiemit:** *Eine weitere Erklärung, wo das viele Geld der Beitragszahler geblieben ist und weiterhin bleibt, erübrigt sich hiemit wohl.* (VN 25. 1. 07); **hievon:** *Der biblische Zehent hievon geht an Karl Heinz Böhms »Menschen für Menschen«.* (KU 11. 8. 04); **hiezu:** *Meine halblaut geäußerten Kommentare hiezu entbehrten leider jeder philosophischen Abgeklärtheit.* (KU 18. 11. 07)

**Hieb,** der (Wien, ugs., salopp): Bezirk: *Für die Küche ein sozialer Aufstieg: Von Mundls 10. Hieb in die Josefstadt.* (KU 1. 4. 07)

**Hieferl,** das; -s, -n: bes. ostösterr. Form von *Hüferl: Geschmortes Hieferscherzel vom Jungstier mit Rotweinsauce, Rahmpolenta und Gemüse.* (OÖN 7. 9. 04). ↑**Hüferl, Riedhiefel**

**Hieferscherzel,** das: bes. ostösterr. Form von ↑Hüferscherzel: *Geschmortes Hieferscherzel vom Jungstier mit Rotweinsauce.* (OÖN 7. 9. 04). ↑Scherzel

**Hieferschwanzl,** das; -s, -n: bes. ostösterr. Form von ↑Hüferschwanzl: *Rosentaler Kirchtagssuppe, Ripperl und Haxl vom Tuttlkalb und Hieferschwanzl wurden ... aufgetischt.* (KR 9. 4. 00)

**Hiefler,** der: Gestell, Stange zum Getreide- und Heutrocknen auf der Wiese: *Manfred Sampl lernte ..., wie ein Hiefler richtig gebaut wird, damit das Heu nicht davonfliegt und gut trocknet.* (SN 4. 10. 07)

**hieramts** (Behördenspr.): bei dieser Behörde, in diesem Amt; Abk. ha: *Die Polizei hat im Protokoll festgehalten, dass der Vorfall wegen der widersprüchlichen Aussagen »hieramts« nicht geklärt werden konnte.* (OÖN 5. 10. 01)

**hierortig** /Adj./ (Behördenspr.): sich an dieser Stelle befindend: *Unsere Kirche hat leider kei-*

*nen großen Einfluss an allen hierortigen Serben.* (ST 20. 9. 14)

**hierorts** /Adv./ (in D und CH selten): an dieser Stelle: *Für das ab 2016 verwaiste Theater an der Wien soll sich einem Gerücht zufolge ein hierorts guter alter Bekannter interessieren.* (profil 14. 2. 11)

**Hieroglyphe:** wird österr. [...ˈgliːfɛ] ausgesprochen, in D [...ˈglyːfə]

**Himbeerkracherl,** das (veraltend): Kracherl mit Himbeergeschmack: *Das Östrogen ist halt kein Himbeerkracherl.* (OÖN 17. 7. 04). ↑**Kracherl**

**himmel-:** verstärkend vor Fluchwörtern und Interjektionen: **Himmelfix,** *Man könnte sich zu Tode ärgern!* (OÖN 3. 4. 00) ↑fix; **himmelfixnocheinmal; himmelfixlaudon; himmellaudon** ↑fixlaudon; **himmelherrgottsakra** ↑sakra

**hin:** wird österr. (und südd.) lang ausgesprochen, in D kurz

**hinaufdienen,** sich: langsam hart arbeitend von einer untergeordneten Position zu einer höheren aufsteigen, (in D meist) hochdienen: *Die Personalvertreter werden seit Jahrzehnten mit den besten Posten versorgt: ... sie alle haben sich über die Gewerkschaft/Personalvertretung hinaufgedient.* (profil 16. 12. 13)

**hinauflizitieren:** durch immer höhere Angebote oder Forderungen nach oben steigern: *Die Gemeinnützigen sollen sich nicht gegenseitig konkurrenzieren. Durch Eigenankäufe lizitieren sie die Preise zusätzlich hinauf.* (profil 25. 8. 14). ↑**lizitieren**

**hinaussehen:** ***sich [über etwas] hinaussehen:** sich zutrauen, etwas zu schaffen, eine Aufgabe bewältigen zu können: *»Ohne die Hilfe der Feuerwehr, des Bundesheeres und der Freunde würden wir uns nicht hinaussehen.«* (OÖN 17. 8. 02)

**hinauszahlen** (veraltend): auszahlen, abfinden: *Mit finanzieller Hilfe ihrer Eltern konnte sie auch das Haus der Familie behalten und ihren Ex-Mann »hinauszahlen«.* (OÖN 24. 3. 06)

**hineintheatern,** sich; sw. V. / hat (salopp): sich hineinsteigern: *Mir war und ist aber auch klar, dass dabei jeder gewaltig verspielen kann, und ich wundere mich immer wieder, wie blauäugig und naiv sich so manche in solche Spekulationen hineintheatern lassen.* (OÖN 20. 10. 16)

**hineintigern,** sich; sw. V. / hat (salopp): sich hineinsteigern: *Der 1,74 Meter hohe, knapp 67 Kilogramm schwere Weltergewichtler wollte sich hineintigern in die Aufgabe, wie es so seine Art war.* (ST 22. 12. 14)

**hinfallend:** ***hinfallende Krankheit** ↑Krankheit

**hinhauen** (ugs., regional auch in D): sich sehr bei der Arbeit beeilen: *wir haben hingehaut, damit wir heute fertig werden.* ↑**hauen**

**Hinkunft:** ***in Hinkunft:** in Zukunft: *Wir müssen uns aber schon die Frage stellen, ob China das auch in Hinkunft wirklich machen wird.* (PR 29. 3. 17)

**hinkünftig** (selten auch in D): **1.** /Adj./ zukünftig: *Wir werden hinkünftig weniger Kommanden haben, ... die Einsatzkräfte stärken und die Ministerialbürokratie straffen. (PR 5. 7. 16).* **2.** /Adv./ in Zukunft, künftig: *Bei Straftätern unter 21 Jahren muss hinkünftig bei jeder bedingten Entlassung ein Bewährungshelfer beigestellt werden.* (OÖN 3. 3. 08)

**Hinsichtl:** ***[die Hofräte] Hinsichtl und Rücksichtl** (ugs.): Person, die aus feiger Rücksicht auf unterschiedliche Interessen keine nötigen Entscheidungen wagt: *Die Hofräte Hinsichtl und Rücksichtl hätten in diesem Gremium nämlich nichts verloren.* (PR 14. 1. 08); *Nur Vorsicht ist für die Politik auch nicht das Richtige. Man kann nicht mit Hinsichtl und Rücksichtl agieren.* (KU 1. 4. 17)

**hinsitzen,** [sich]; st. V. / ist (veraltet, auch südd., schweiz.): sich hinsetzen: *»Kino sollte etwas Festliches sein. Nicht hinsitzen, Füße hoch, holladrio und geht dahin.«* (SN 6. 3. 08)

**hintanhalten,** st. V. / hat (gehoben): zurückhalten: *Das Gremium unter dem Vorsitz von Landesrat Darabos soll vor allem eine Kostenexplosion wie zuletzt im Krankenhaus Nord in Wien hintanhalten.* (KU 3. 2. 17)

**hintennach** [auch: hịnt...] (auch südd.): hinterher: *Österreich hinkt da weit hintennach.* (KZ 5. 12. 16)

**hinter:** **1.** (Ktn., ugs.) zurück-, nach hinten, in Zus., z. B.: **hintergeben.** **2.** ***hintere Ausgelöste** ↑Ausgelöste

**Hinterbliebenenpension,** die: ↑Pension, Rente für Hinterbliebene (Witwen, Witwer, Waisen): *Es gibt sehr, sehr viele Pensionistinnen und Pensionisten ..., die Ausgleichszulagen-Bezieher sind, weil ihre eigene Pension oder die Hinterbliebenenpension weit unter der Armutsgrenze liegen.* (KZ 3. 12. 15). ↑PENSION

**Hinterstüberl,** das: separates hinteres Gastzimmer, (in D) Hinterstübchen, Hinterzimmer: *im vergangenen Jahr vergnügte sich*

*immerhin Arnold Schwarzenegger im Hinterstüberl.* (KU 25. 1. 04) ↑STÜBERL

**Hintertürl,** das; -s, -n (ugs., auch südd.): hintere Tür; heimlicher Ausweg, (in D) Hintertürchen: *Wir führen nicht gemeinnützige Arbeit übers Hintertürl ein.* (SN 22. 12. 06). ↑TÜRL

**Hippodrom** das: -s, -e ‹griech.›: Reitbahn: ist österr. Neutrum, in D auch Maskulinum. Vgl. Autodrom

**Hirn,** das; -s, -e: wird ugs. auch im Sinn von ›Stirn‹ verwendet: *Wenn jemand einen Pickel am Hirn hat, kann ich den in der Bildbearbeitung wegnehmen.* (News 28. 6. 12); ***sich aufs Hirn greifen** (ugs.): etwas als völlig unverständlich beurteilen: *Aber bei diesen Vorwürfen muss sich jeder, der mich kennt, aufs Hirn greifen.* (KU 22. 9. 02)

**Hirnederl,** das; -s, -n (ugs., salopp): einfältiger Mensch /Schimpfwort/: *In diesem Land kann ein Gesetz gar nicht so blöd sein, dass es nicht von irgend einem Hirnederl exekutiert wird.* (KU 20. 3. 01). – Auch in der Schreibung *Hirnöderl*

**Hirnkastl,** das (salopp scherzhaft): Gehirn, Hirnkasten: *Ob der Speicherplatz im Hirnkastl groß genug ist, alle Rio-Eindrücke mitzunehmen?* (OÖN 22. 8. 16). ↑KASTL

**Hirnpofese, Hirnpafese,** die: mit Kalbs- oder Schweinshirn gefüllte Pofese: *Früher hingegen schwamm noch mehr im Suppenteller: Hirnpofesen, Milzschnitten und Leberreis oder gar eine Fischbeuschelsuppe.* (PR 25. 10. 13). ↑POFESE

**Hirsch,** der; -en, -en: wird österr. auch schwach gebeugt: *Am vergangenen Samstag fanden Jäger die Überreste des Hirschen.* (KU 21. 8. 07)

**hirschen,** sw. V. / ist (ugs.): eilen: *Also wurde gestern ... ordentlich hin und her gehirscht zwischen dem Hilton am Stadtpark und dem Savoyen am Rennweg.* (ST 21. 7. 08)

**[1]Hirschene,** das: Hirschfleisch: Vgl. Lämmerne, Kälberne, Schöpserne, Schweinerne

**[2]Hirschene,** die (ugs.): ↑Hirschlederne: *Wer eine Hirschene oder Rehlederne ersteigern will, kann am 3. September in Bad Ischl bei 100 S bis 5000 S einsteigen.* (SN 17. 7. 00)

**Hirschlederne,** die (auch bayr.): Hose aus Hirschleder: *Und was ist langlebiger als eine Hirschlederne?* (KZ 14. 2. 11)

**Hirschschlegel,** der: Hirschkeule: *Hervorragend gelingt die Novität, Hirschschlögel im Erdloch mit Wirsing und Rauchbutter.* (OÖN 4. 8. 16). ↑SCHLEGEL

**HLW,** die: (buchstabierte Abk. für) ↑Höhere Lehranstalt für wirtschaftliche Berufe

**ho** (Behördenspr.): (Abk. für) hierorts, hierortig

**Hoangart,** der; -en, -en [ˈhõɐ̯gɐd, ˈhõɐ̯gɐʃd] ‹eig. ›Heimgarten‹› (Volkskunde, westösterr., auch bayr.): 1. Zusammenkunft zum Plaudern oder Diskutieren: *Diesen Wunsch äußerte die damalige Frontfrau gegen das Monsterkraftwerk Dorfertal bei einem »Hoangart« im Juni 1989 mit weiblichen und männlichen Mitstreitern.* (KZ 18. 4. 09). 2. Veranstaltung mit volkstümlicher Musik und Dichtung: *Beim Leonhardi-Hoangart'n morgen, 26. Oktober, um 20 Uhr im Gasthaus Mayr wird gesungen und musiziert.* (OÖN 25. 10. 12)

**hoangarten,** sw. V. / hat (ugs., westösterr.): 1. plaudern: *Die Teilnehmer haben dabei nicht nur die Möglichkeit zu »hoangarten«. Sie unterhalten sich zudem beim Kartenspielen und Handarbeiten.* (TT 20. 10. 00). 2. einen Abend mit volkstümlicher Musik und Dichtung veranstalten: *Sehr engagiert war der Trachtenverein »D' Stoawandla« ... im vergangenen Jahr, wie z. B. beim Maibaumsetzen, der Sonnwendfeier, dem Lorenzi-Sonntag, dem Hoangarten und der häufigen Teilnahme an Festen.* (SN 31. 1. 02)

**Hoangartstube,** die (westösterr.): 1. ↑Hoangart (1): *Wichtig ist mir weiterhin die Seniorenbetreuung. Ich werde versuchen, die Hoangartstuben wieder in Schwung zu bringen.* (TT 18. 2. 04). 2. Lokal für Zusammenkünfte: *Sie betreiben zwei Hoangartstuben und es gibt regelmäßige Tanzveranstaltungen und Kegelabende.* (Oberländer Rundschau 5. 10. 11)

**Hobelscharten,** die /Plural/ ‹eig. ›Hobelscheiten‹› (auch bayr.): 1. Hobelspäne: *Die abfallenden Hobelscharten wandern in den eigenen Hackgutbehälter.* (OÖN 30. 10. 12). 2. dünne gebackene Teigstreifen, in der Form ähnlich Hobelspänen (eine Süßspeise): *Die rüstige Cecilia Doppermann aus Schardenberg ist Krapfenexpertin, und hat für »Guten Morgen Österreich« Hobelscharten und Schnürkrapfen zubereitet.* (ORF 28. 7. 17). ↑**Scharten**

**Hoch-:** bezeichnet in Bergnamen einen Berggipfel, z. B. **Hocharn, Hochkönig, Hochstuhl, Hochtor**

**Hochleistungsstraße,** die (auch schweiz.): kreuzungsfreie Straße für den überregionalen Verkehr: *Es müsse eine Einspruchsmöglichkeit gegen UVP-Bescheide beim Umweltsenat geben, wie sie für alle anderen Verfahren* *besteht, die nicht Hochleistungsstraßen und -bahnen betreffen.* (PR 7. 6. 11)

**Hochschaubahn,** die: **1.** Achterbahn: *Die französische Polizei untersucht den Tod eines 14-jährigen Mädchens in einer Hochschaubahn in Disneyland.* (PR 26. 6. 07). **2.** Wechsel zwischen Auf und Ab: *Hochschaubahn der Gefühle.* (KU 27. 3. 08); *Die vergangenen zwei Monate, als die Börsen »einer Hochschaubahn glichen«, hätten gezeigt, wie vernünftig eine breite Streuung sei.* (PR 3. 9. 07)

**Hochschülerschaft,** die: (kurz für) Österreichische Hochschülerschaft: gesetzlich verankerte Studierendenvertretung ◆ **Hochschülerschaftsbeitrag; Hochschülerschaftswahl**

**Hochschulfonds,** der: Körperschaft öffentlichen Rechts zwecks Aufbringung von Mitteln für die Errichtung einer Universität und für die Förderung der Forschung: *Dort brachten Stadt und Land erhebliche Mittel in einen Hochschulfonds ein.* (SN 18. 5. 16)

**Höchstalter,** das (Behördenspr.): höchstmögliches Alter, z. B. für eine Berechtigung: *Hinzu kommt auch, dass das Höchstalter von Spendern bei 45 Jahren liegt.* (WZ 21. 10. 16)

**Höchstausmaß,** das (Behördenspr.): Höchstmaß, Obergrenze: *Um möglichst umfassend zu helfen, wird beraten, notfalls auch das Höchstausmaß der Hilfe für Katastrophenopfer zumindest in Einzelfällen hinaufzuschrauben.* (PR 25. 7. 12). ↑ Ausmaß

**Höchstgericht,** das: oberster Gerichtshof, Verfassungs- und Verwaltungsgerichtshof, (in D) oberstes Gericht: *In diese wohlfeilen, moralisierenden Bezeugungen platzt der dies alles entlarvende Spruch eines Höchstgerichtes vom Kind als einem Schadensfall.* (PR 28. 3. 08)

**Höchstpunktezahl,** die: die höchste erreichbare Punktezahl, (in D) Höchstpunktzahl: *449 der 14.400 Volksschulkinder haben die Höchstpunktezahl erreicht.* (PR 17. 6. 11)

**Höchstrichter Höchstrichterin,** der bzw. die: Mitglied eines ↑Höchstgerichtes, (in D) oberster Richter: *Am Mittwoch entschieden die Höchstrichter in einem Eilverfahren, dass der Staat auf Telefonverbindungen vorerst nur beim Verdacht auf schwere Straftaten zugreifen darf.* (ST 26. 3. 08). – Das Adj. *höchstrichterlich* ist auch in D üblich

**Hochzeiter,** der: **1.** (auch südd., schweiz.) Bräutigam: *Dann würde er wohl mit einem heftigen Regenschauer die Verlobung seiner Tochter mit dem ungeliebten Hochzeiter sprichwörtlich ins Wasser fallen lassen.* (OÖN 28. 12. 15). **2.** /Plural/ Brautpaar: *Auch Hochzeiter schätzen das Flair des Hauses, das schon Filmkulisse war.* (OÖN 10. 3. 06). – Eine weibliche Form ist nicht üblich

**Hochzeitsbuschen,** der: kleines Büschel als Ansteckzeichen bei Hochzeiten u. Ä.: *Den Hochzeitsbuschen an einem Haselnussstecken in der einen Hand, den Hut in der anderen.* (OÖN 27. 6. 03). ↑ **Buschen, Palmbuschen**

**Hock,** der; -s, Höcke (ugs. Vbg., auch schweiz.): gemütliches Beisammensitzen: *Auch der gemütliche Hock zum Fachsimpeln soll nicht fehlen.* (VN 31. 1. 08). ↑ **Frühlingshock, Herbsthock**

**hocken,** sw. V: **1.** /ist/ (auch südd., schweiz.) sitzen: *Ich komme seit drei Jahren in die Tagesheimstätte, weil es lustig ist, weil wir gemeinsam Geburtstag feiern, anstatt einsam daheim zu hocken.* (OÖN 2. 2. 17). **2.** /sich; hat/ sich hinsetzen: *Irgendwo findet er immer eine Ecke, in die er sich hockt.* (trend 1. 12. 09). – Die Bedeutung ›in zusammengekauerter Haltung sitzen bzw. setzen‹ ist gemeind. – Die Bildung des Perfekts mit *sein* ist in der Bedeutung ›sitzen‹ österr. (seltener auch südd., schweiz.) die standardsprachliche Form: *Ich bin noch lang mit meiner Freundin Dorli da gehockt.* (PR 29. 10. 16). Das gilt auch für Zus. wie **dahocken, herumhocken** usw.: *Ich bin nur mehr unglücklich zuhause herumgehockt und habe geweint.* (KZ 5. 9. 01)

**hockerln** (ugs.): **1.** sw. V. / ist: hocken, in der Hocke sitzen: *»Sie ist gehockerlt, ich wollte lässig über sie drüber hupfen, stattdessen spring ich ihr ins Kreuz.«* (KU 5. 1. 05). **2.** /sich; sw. V./ hat: hocken, sich an eine bestimmte Stelle setzen: *Er musste sich auf den Boden hockerln und ist insofern bedroht worden, als man mit dem Auto auf ihn losgefahren ist.* (PR 14. 4. 06)

**Hofburg,** die: die Präsidentschaftskanzlei, Amtssitz des Bundespräsidenten; personifiziert für den Bundespräsidenten (nach dem Amalientrakt der Hofburg, in dem sich die Amtsräume des Präsidenten befinden), vgl. Ballhausplatz

**Hofrat,** der: **1.** Amtstitel in bestimmten Institutionen des Bundes und der Länder: *1954 in Wien geboren, wuchs sie im großbürgerlichen Milieu auf – ihr Vater war Hofrat und die Mutter Professorin.* (PR 28. 3. 08); ***Wirklicher Hofrat** /Amtstitel, früher als Unterscheidung vom ehrenhalber verliehenen Titel/. **2.** ehrenhalber an Verwaltungsbeamte verliehener Berufstitel. 3. (abwertend, ugs.) sehr langsamer, zauderhafter Mensch: *»Bei allem Respekt, Herr Bundespräsident, das sind verlorene Kilometer. Ich halt die Hinsichtln und Rücksichtln, die Hofräte und Einräte nicht mehr aus ...«* (SN 18. 10. 04); ***[die Hofräte] Hinsichtl und Rücksichtl** ↑Hinsichtl

**Höhe:** ***in der Höhe von** (auch schweiz.): /Angabe von zahlenmäßig dargestellten Größen/ (in D) in Höhe von: *Die Leistungen an die fünf Erstprämierten weisen einen monetären Gegenwert in der Höhe von insgesamt 107.000 Euro auf.* (OÖN 5. 4. 17)

**Hohlhippe,** die: röhrenförmiges Gebäck, das zum Eis gereicht wird: *73 Prozent genießen ihr Eis sehr gerne im klassischen Coup. Waffeln (57 Prozent), Hohlhippen (51 Prozent), Schlagobers (51 Prozent) und Schokosoße (48 Prozent) machen das Esserlebnis zu einer runden Sache.* (KZ 13. 7. 09)

**Holder,** der; -s (Vbg., wie südwestd., schweiz.): ↑Holler: *Außerdem gab es Mangold und Bohnen, aber auch Riebel mit Milchkaffee, Holder- oder Apfelmus durfte nicht fehlen.* (VN 24. 2. 17). – Alle unter ↑Holler angeführten Zus. gelten auch für *Holder*

**Holler,** der; -s: 1. (auch südd.) Holunder: *Brombeeren, Johannisbeeren oder Holler koche ich mit etwas Wasser ganz kurz auf und streiche sie anschließend mit einer Teigkarte durch ein Sieb.* (KU 28. 7. 07). 2. (bes. ostösterr. ugs.) Unsinn: *Holler reden; Im Ausschuss gibt es keine Wortmeldung, dann aber eine Presseaussendung, die kompletter Holler ist.* (OÖN 4. 11. 14) ◆ **Hollerbaum; Hollerbeere:** *Auch Marmeladen und Gelees aus Hollerbeeren haben ... wieder zurück auf die heimischen Frühstückstische gefunden.* (PR 14. 6. 02); **Hollerblüte:** *In der Erzeugung von Cremen habe er mit den »Klassikern« begonnen, die bereits die Mutter ... hergestellt habe: Ringelblume, Arnika und Hollerblüte.* (SN 20. 6. 06); **Hollerbusch; Hollersaft:** *Schwarzer Hollersaft ist mir seit Kindertagen bekannt.* (KU 2. 9. 06), **Hollersekt:** *Aus den Holunderblüten lässt sich, als alkoholfreier Drink für heiße Sommertage, angenehm erfrischender Hollersekt herstellen.* (PR 14. 6. 02); **Hollerschnaps:** *Mit ihrem Hollerschnaps holten Rupert und Heidi Neureiter vom Kollaugut in Vigaun einen Sortensieg bei der »Destillata 2008«:* (SN 28. 3. 08); **Hollerstaude,** ↑Staude; **Hollerstrauch; Hollersuppe** ↑Suppe

**Hollerkiachl,** der: ↑Hollerkücherl. ↑**Kiachl, Apfelkiachl**

**Hollerkoch,** das: Holundermus: *Das Hollerkoch gelingt am besten, wenn man Holunderbeeren mit Zwetschken mischt.* (SN 21. 3. 17). ↑Koch

**Hollerküachle,** das (Vbg.): ↑Hollerkücherl

**Hollerkücherl,** das: ↑Kiachl aus Holunderblüten, die in Teig herausgebacken werden: *Gebackene Hollerstrauben oder Hollerkücherln waren ein Armeleuteessen:* (Falter 19. 5. 10). ↑Kücherl

**Hollerröster,** der: Holundermus, -kompott: *Zehn Almen, die sich zu den »Holleralmen« zusammengeschlossen haben, bieten bis Sonntag kulinarische Köstlichkeiten mit Holunder an. Von Wildgerichten mit Holunderbeeren bis zu Kaiserschmarrn mit Hollerröster.* (OÖN 6. 10. 15). ↑Röster

**Hollerstraube,** die: Hollerblüte im Backteig, die entweder mit Zucker bestreut oder mit Salat gegessen wird: *Dann nämlich meinte Oma uns Kindern Freude zu bereiten, indem sie Hollerstrauben buk.* (PR 14. 6. 02). ↑**Straube**

**Holzbringung,** die: Holztransport ins Tal, zu einem Lagerplatz: *Achtung Holzbringung!* (Warnschild); *es gibt manchmal alte Durchfahrts- oder Gehrechte oder Holzbringungsrechte.* (VN 4. 8. 07). ↑**Bringung, Zubringung**

**hölzeln,** sw. V. / hat (bes. südostösterr., ugs.): mit einem Zungenfehler sprechen, z. B. *s* als bilateralen Reibelaut oder mit der Zunge an den Zähnen anstoßend; lispeln: *Nicht in den Aufgabenbereich des Lernberaters fallen: Sprachschwierigkeiten wie »hölzeln« und stottern.* (KZ 29. 1. 03)

**holzen** (auch südd., schweiz.): Holzarbeiten verrichten, Bäume fällen und verarbeiten: *Ausgerüstet wie ein Profi mit Traktor, Seilwinde und Kettensäge geht er stundenlang einer seiner Lieblingsbeschäftigungen, dem Holzen nach.* (VN 28. 12. 00). ↑**umholzen** ◆ **Holzer/-in**

**Holzhacker Holzhackerin,** der bzw. die (veraltend, auch südd., schweiz.): Holzfäller: *Weil ein eifriger Holzhacker ... nach längerem Hacken stark schwitzte, rutschte dem 31-Jährigen das Werkzeug aus den Händen.* (KU 10. 7. 07)

**Holzknechtnocken,** die /Plural/: in Butterschmalz gewendete Nocken: *Bei diesem Fest wird ein kulinarischer Bogen gespannt von Holzknechtnocken bis hin zu Köstlichkeiten aus der Konditorei.* (OÖN 31. 10. 05). ↑Nocken

**Hölzl:** ***picksüßes Hölzel** ↑picksüß

**Honigleck,** die; - (Tirol): in heißer Butter angeröstetes, in Milch aufgekochtes und mit

Honig gesüßtes Mehl: *Auch Honigleck schmeckt sehr gut zu Kiachl: Honig mit etwas Wasser und Butter erwärmen, Kiachl darin eintauchen.* (Tirol Magazin, 2008, Int)

**hopp:** ***hopp oder dropp** (salopp): kurz und bündig, schnelle Entscheidung verlangend, nicht lang überlegt, (in D) hopp oder top: *»Es gibt nur hopp oder dropp, da gibt es kein Taktieren mehr.«* (OÖN 12. 6. 15)

**hoppertatschig** (ostösterr. ugs.): **1.** ungeschickt, untauglich: *Das heute hoppertatschig wirkende Marketingkonzept wirkte.* (PR 27. 7. 16)

**Hörer Hörerin,** der bzw. die: Studierende/-r (in D seltener und in der Bedeutung enger i. S. v. Zuhörer bei einer Vorlesung): *In einer Konferenz der Prüfer wird entschieden, wie viele Kandidatinnen und Kandidaten als ordentliche Hörer zugelassen werden.* (SN 9. 10. 07) ◆ **Hörerversammlung**

**Hörndlbauer,** der **1.** /meist Plural/: landwirtschaftlicher Betrieb mit vorwiegend Viehzucht: *Und im Zuge der geplanten Reformen im Agrarbereich sei es von einer »Umverteilung von den Hörndlbauern zu den Körndlbauern« gekommen.* (KZ 17. 11. 12). **2. Hörndlbauer Hörndlbäuerin,** der bzw. die (auch bayr.): Bauer/Bäuerin, der/die vorwiegend Viehzucht betreibt: *Für den Liter Milch etwa bekommt ein heimischer Hörndlbauer derzeit kaum mehr als vor 25 Jahren.* (KZ 17. 11. 10). ↑**Hörndlbauer**

**Hornisse, Hornis,** die; -, ...ssen: wird österr. (und südd., schweiz.) veraltend auf der ersten Silbe betont, heute wie in D auf der zweiten

**hörst** (ugs., salopp, veraltend): /verstärkendes Formelwort/: *Na hörst, ich steck' doch nicht all meine Energie in die Entwicklung, und dann empfehle ich etwas, was ich nicht selbst verwende.* (OÖN 2. 6. 01)

**Hosensack,** der (auch südd., schweiz.): Hosentasche: *Ich liebe die Idee, meine gesamte Plattensammlung im Hosensack mit mir herumzutragen.* (PR 30. 10. 16); ***etwas kennen wie seinen Hosensack:** etwas sehr gut kennen: *Doch Wolfi, der dieses Gebiet wie seinen Hosensack kennt, spurte unermüdlich.* (VN 11. 1. 07). ↑Sack

**Hosentürl,** das; -s, -n (ugs., auch bayr.): Hosenschlitz, (in D ugs.) Hosentür: *Klamauk regiert, hineingeschaut wird höchstens ins Hosentürl und das wird nur ein bisserl angedeutet.* (SN 26. 11. 04). ↑Türl

**Hoserl,** das; -s, -n (ugs.): Höschen: *Wie erkläre ich der Verkäuferin, dass das Hoserl wirklich, ganz wirklich nicht für mich ist?* (KU 27. 1. 07)

**Hospizkarenz,** die: (kurz für) ↑Familienhospizkarenz: *Im Sozialministerium wurde zwar ein Härtefonds für jene eingerichtet, die sich die Hospizkarenz ohne Unterstützung nicht leisten können.* (KU 11. 1. 03). ↑Karenz

**Hotter,** der; -s, - ‹ung. *határ* ›Flur, zu einer Ortschaft gehörende Ackerfläche‹, aus rumänisch *hotar* ›Grenze‹› (Bgld., Oststeiermark): **1.** als Grenze angelegter Hügel: *Lebten Awaren in Mattersburg? ... Am Hotter wird eine gesamte Siedlung vermutet.* (BVZ 7. 11. 07). **2.** Markstein, Markzeichen; Feld-, Gemeindegrenze außerhalb des verbauten Gebietes. **3.** umgrenztes Gebiet; Gemeindegebiet, Gemeindeflur: *Wir haben einen Gemeinderatsbeschluss, dass wir die Trasse nicht auf unserem Hotter wollen.* (KU 15. 3. 08); *Die sechs Kilometer durch den Osliper Hotter sind der burgenlandkroatischen Tradition und den historischen Mühlen des Ortes gewidmet.* (BVZ 22. 5. 14). – Heute veraltend, aber noch in Brauchtum und Ortsgeschichte ◆ **Hottergang; Hotterwanderung**

**HTL,** die; -, - (auch schweiz.): (buchstabierte Abk. für) höhere technische Lehranstalt ◆ **HTL-Abschluss; HTL-Matura; HTL-Niveau; HTL-Schüler/-in; HTLehrer/-in**

**Hube,** die: **1.** (im MA) das einer Bauernfamilie zugemessene Land, (in D) Hufe. **2.** (regional auch in D) kleineres Bauerngut mit Gründen bestimmten Ausmaßes: *Erschwert wurde die Hilfe durch umgestürzte Bäume, die die Zufahrt zur hoch gelegenen Hube blockierten.* (KZ 7. 7. 04)

**Hubertusmantel,** der: grüner Lodenmantel, gerade geschnitten und am Hals hoch geschlossen: *Nie wieder in die Tramway mit einem Hubertusmantel und Trachtenhut!* (PR 21. 3. 07)

**hudeln,** sw. V. / hat (auch südd.): übereilt und schlampig vorgehen: *Irgendwie verständlich, dass der Aufsichtsrat nicht hudeln will.* (PR 24. 2. 17); ***nur nicht/net hudeln:** nur langsam, nichts überstürzen: *Nur nicht hudeln! Ein Motto mit dem unser Käsemeister seine Käse reifen lässt und dadurch eine hervorragende, oft prämierte Qualität anbieten kann.* (OÖN 2. 6. 18); *Nur kane Experimente! Und: Nur net hudeln!* (PR 14. 10. 10)

**hudriwudri** /Adj., nicht attributiv/ (ugs., salopp, auch bayr.): schlampig, zu hastig: *Das* *wäre ein Schnellschuss geworden, hudriwudri oder gar nur husch-pfusch.* (OÖN 13. 12. 13); /substantiviert/: *Und alles läuft extrem professionell. Kein Hudriwudri.* (WZ 23. 4. 15)

**Hudriwudri,** der: aufgeregter, unruhiger Mensch, der sich nie konzentrieren kann, der seine Aktionen nicht organisieren kann (auch als Comicfigur): *Ein Urgestein der österreichischen Popkultur feiert heute seinen Sechziger: Alex Rehak, Bassist, Sänger, Produzent und Hudriwudri.* (KZ 27. 4. 11)

**Hüferl,** das; -s, -n: zum Kochen oder Dünsten geeignetes Rindfleisch von der Keule, (in D) Rose: *Dann ging es weiter über eine kräftige Rindssuppe bis hin zu zweierlei Hüferl – geschmort und rosa.* (KZ 26. 7. 16). ↑**Hieferl, Riedhüfel**

**Hüferscherzel,** das: ↑Hüferl: *Es gibt nichts Schöneres, als bekocht zu werden und sich bedienen zu lassen. Soll es heute ein Hüferscherzel sein?* (Falter 7. 5. 14). ↑Scherzel

**Hüferschwanzl,** das; -s, -n: bes. zum Kochen geeignetes Rindfleisch von der Lende: *Und das Hüferschwanzl ... ist so mürbe und saftig, dass es gegen jeden Tafelspitz gewinnt.* (OÖN 23. 1. 09)

**Hugo:** ***etwas ist für den Hugo** (ugs.): es ist vergeblich, (ugs.) für die Katz: *Denn, wo Menschen zusammenarbeiten, funktioniert ein Unternehmen. Wo nicht, ist auch die modernste Technologie für den Hugo.* (OÖN 11. 10. 14)

**Hühnerjunge,** das; -n (in der Form *Hühnerjung* auch bayr.): Hühnerklein: ↑-junges

**Hühnersteige,** die (auch südd.): Hühnerstall (in Form eines Käfigs): *Im Bereich des eigentlichen Stallteiles war neben den Kühen und dem Esel auf einer Hühnersteige Geflügel untergebracht.* (WZ 4. 1. 05). ↑Steige

**Hund:** ***unterm Hund** (ugs.): dürftig, sehr schlecht: *Den Blick verengt, die Reaktionszeiten verlängert und das Urteilsvermögen unterm Hund. So taumeln sie mir entgegen, die Punschgetränkten.* (KU 25. 11. 05)

**Hundeführschein,** der (Behördenspr.): Befähigungsnachweis für das Hundehalten: *Acht Teams Mensch-Hund absolvierten die Begleithundeprüfung/Hundeführschein.* (SN 1. 12. 16)

**Hunderter,** der (auch bayr.): **1.** der 100. Geburtstag, ein hundertjähriges Jubiläum: *So wie meine Oma. Wir haben eine Party zu ihrem Hunderter gefeiert.* (OÖN 29. 7. 16). **2.** Geschwindigkeitsbeschränkung von 100 km/h: *Autoraser mit 178 km/h in Hunderter-Zone erwischt.* (OÖN 31. 3. 16). **3.** Geschwindigkeit von 100 km/h: *In der Neunkirchner Allee sind wir zum ersten Mal einen Hunderter gefahren.* (KU 8. 4. 06). Vgl. Zwanziger. – In der Bedeutung ›Geldschein oder Münze im Wert von 100‹, z. B. 100-Euro-Schein, gemeind. ↑(zu 2.:) **Lufthunderter**

**Hundianer,** der (ugs., abwertend): Gauner, Lump: *Ich hatte mich schon so darauf gefreut, Armin Assinger einen »Hundianer« zu nennen.* (KU 21. 1. 06)

**Hundling,** der; -s, -e (ugs., emotional, auch bayr.): frecher, gewiefter Kerl: *Der Wind, der Hundling, müsste jetzt als feuchter Nordwest mehr auf Norden drehen, weil dann würde er das nasskalte Wetter fortblasen.* (OÖN 4. 8. 06)

**hundsgewöhnlich** (salopp, auch schweiz.): ganz gewöhnlich, durchschnittlich: *Im Modus Operandi des US-Horrorkinos setzt er ... diesen »Boy« auf die Schienen eines hundsgewöhnlichen Jahrmarktsgrusels.* (PR 26. 2. 16)

**Hundshütte** (veraltend): Hundehütte: *Wenn jemand eine Hundshütte ... baut, braucht er die Genehmigung des Bürgermeisters, aber die Mobilfunkbetreiber haben Narrenfreiheit.* (OÖN 4. 1. 10)

**Hundstrümmerl,** das (ugs., salopp, bes. Wien): Hundekot: *Sogar die Wiener Gehsteige sind nun wieder mit Hundstrümmerln übersät.* (PR 17. 11. 16). ↑**Trümmerl**

**Hundstrümmerlpark,** der (ugs., salopp, Wien): kleiner, unansehnlicher Park: *Die Liste Haberler kritisiert fehlende Mistkübel und eine Hundekot-Problematik entlang des Kanals. »Es gibt keinen einzigen Mistkübel mehr, außerdem ist es der reinste Hundstrümmerlpark.«* (NÖN 24. 4. 14). Vgl. Beserlpark

**Hundsveigerl,** das: wildes Veilchen mit duftloser Blüte; Hundsveilchen. ↑**Veigerl**

**hupfen** (ugs., auch bayr.): hüpfen: *Rein theoretisch würden wir natürlich über die Schanzen hupfen, wenn uns da nicht praktisch kürzlich ein Bandscheibenvorfall ... geplagt hätte.* (OÖN 21. 1. 17)

**Hupfer,** der (ugs., auch südd.): **1.** kleiner Sprung, Hüpfer: *Bereits 1933 machten in Hinzenbach die ersten Skispringer vorsichtige Hupfer.* (OÖN 10. 4. 06). **2.** kurze Entfernung, kurze Reise, Katzensprung: *Vorausgesetzt, man war nicht einen Hupfer in der Karibik, um die Sonne anzustrahlen.* (KU 6. 2. 07); ***junger Hupfer:** Anfänger, Neuling, Unerfahrener, (in D) junger Hüpfer: *Du bist ja noch so ein junger Hupfer, das kannst du noch nicht singen!* (OÖN 16. 11. 07)

**Huscher,** der (ugs.): **1.** Tick, originelle Eigenart, Spinnerei: *Der hat zwar eingesehen, dass es ein Blödsinn war, dem Schiri gestenreich einen »Huscher« zu attestieren, ...* (KR 30. 4. 02); ***einen Huscher haben** (ugs., abwertend): verrückt sein: *Wer in 15 Tagen durch fünf US-Bundesstaaten und zwei kanadische Provinzen fährt ..., ist entweder Berufskraftfahrer oder er hat einen Huscher.* (OÖN 16. 1. 16). **2.** schnelle Bewegung, in kürzester Zeit bewältigter Weg: *Mit dem Auto ist das nur ein Huscher.* (OÖN 7. 7. 14)

**husch-pfusch** (salopp): schlampig, mangelhaft: *Offensichtlich haben die Staaten Angst vor Pönal-Zahlungen, da die Vorratsdatenspeicherung so husch-pfusch beschlossen wurde.* (KU 28. 4. 11)

**Husch-Pfusch,** der; -[e]s (salopp): etwas überhastet und dadurch mangelhaft Durchgeführtes: *»Dieses Gesetz ist völlig chaotisch und unausgegorener Husch-Pfusch.«* (KU12. 12. 07) ◆ **Husch-Pfusch-Aktion:** *Eine rasche quasi Huschpfusch-Aktion soll ein langfristiges Pachtverhältnis sicherstellen.* (KZ 13. 12. 16); **Husch-Pfusch-Gesetz**

**Hüsle,** das (Vbg., wie schweiz.): Häuschen, Hütte: *Wir Vorarlberger hofieren alle unserem eigenen Hüsle, aber sobald es fertig ist, sollte selige Ruh um die Hütte sein.* (VN 18. 8. 17)

**hussen,** sw. V. / hat (auch bayr.): hetzen, aufwiegeln, verhetzen: *Seinem Auftritt fehlt die bei der FPÖ übliche Niedertracht und das Rabaukenhafte, das Hussen gegen Ausländer, die Sündenbock-Rhetorik, das Ausspielen einer Bevölkerungsgruppe gegen die andere.* (profil 8. 9. 14). ↑ **aufhussen** ◆ **Husser/-in**

**Husten,** der: wird österr. mit kurzem Vokal gesprochen, in D mit langem

**Hut:** ***den Hut draufhauen** (ugs.): eine Sache verärgert, frustriert aufgeben: *Mindestens genauso schlimm wäre es, wenn viele fleißige Unternehmer, denen der Abzug ins Ausland nicht möglich ist, den Hut draufhauen.* (OÖN 13. 6. 14)

**Hutsche,** die; -, -n: (auch bayr.): Schaukel: *»Geplant sind verschiedene Hüttenstationen. Mikroskope werden aufgestellt, aber auch Hutschen und Rutschen.«* (OÖN 1. 4. 04)

**hutschen,** sw. V. / hat (auch bayr.): **1.** schaukeln: *Am Grafenberg heißt es wieder klettern, rutschen, hutschen, hüpfen und Neues entdecken.* (SN 1. 7. 16). **2.** im Arm wiegen: *Das sieht man an diversen Publikationen, die zum Schluss kommen, Frauen sollten zuhause bleiben und die Kinder hutschen.* (KU 26. 9. 06). **3.** /sich/ (ugs., salopp) verschwinden, abhauen: *Statistiker, die mit dem berühmten Verbraucherpreisindex das Gegenteil zu beweisen versuchen, können sich hutschen.* (KU 18. 8. 07)

**Hutschpferd,** das (auch bayr.): Schaukelpferd: *Für Abwechslung im schnellen Einerlei solcher Automaten sorgt ein vielgliedriges hölzernes Hutschpferd.* (SN 7. 5. 02); ***grinsen/strahlen wie ein [frisch lackiertes] Hutschpferd** (scherzhaft): breit grinsen, sich sehr freuen: *Aber nein, er grinste wie ein Hutschpferd, genauso wie bei seiner Angelobung durch den Bundespräsidenten.* (PR 28. 2. 08)

**Hüttenpatschen,** der: gestrickter und mit Sohlen versehener Hausschuh, (in D) Hüttenschuh: *Heuer präsentiert Toferer zudem Werbetextilien wie iPhone-Hüllen aus Hirschleder oder Hüttenpatschen mit Stickmotiv nach Wahl.* (SN 12. 11. 12). ↑ Patschen

**Hüttrach,** das; -s ‹eig. ›Hütt[en]rauch‹› (veraltet, ugs.): weißes Arsenikpulver als Vorbeugungsmittel gegen Krankheiten oder als Aufputschmittel für Menschen und Tiere: *Das nach dem Erkalten gesammelte »Giftmehl« kennen unsere älteren Zeitgenossen noch als Hüttrach oder Hittrach, in weiterer Folge entstand ein weißes zartes Pulverchen, das als Arsenik in den Handel kam.* (WZ 25. 9. 15)

# Ii

**I-Ausweis** (hist.): (Kurzform für) ↑ Identitätsausweis

**I-Karte** (hist.): (Kurzform für) ↑ Identitätskarte: *Man brauchte jedenfalls einen viersprachigen Identitätsausweis, kurz I-Karte genannt.* (PR 19. 9. 15)

**i-Tüpferl,** das; -s, -n (ugs., auch bayr.): die Krönung, die Zutat, die einer Sache noch die letzte Abrundung gibt, (in D) das Tüpfelchen/der Punkt auf dem i: *Einer abschließenden Session der Truppe am Pfingstsonntag folgt ab 20 Uhr das i-Tüpferl des musikalischen Wochenendes.* (KU 8. 5. 08); *** bis aufs i-Tüpferl** (ugs., auch bayr.): sehr genau, bis ins Kleinste: *Insbesondere in Deutschland wird ja bekanntlich sehr schnell mit der Strafkeule geschwungen, wenn nicht alles bis aufs i-Tüpferl passt.* (OÖN 20. 3. 07). ↑ **Tüpferl**

**i-Tüpferl-Reiter i-Tüpferl-Reiterin,** der bzw. die (ugs.): Pedant: *Das klingt ein bisschen so, als wären die Wettbewerbshüter dumme i-Tüp-*

*ferl-Reiter, die Strafen verhängen, nur weil da ein bestimmtes Wort steht.* (PR 28. 3. 14)

**Ichse,** die, -, -n ‹eig. ›Üechse‹›: **1.** (ugs.) Achselhöhle: *Pezi ging ihm nur bis zur Irxen* (Falter 12. 9. 07). **2.** (fachspr.) Schnittstelle zweier Dachflächen, deren Traufen eine einspringende Ecke bilden; Dachkehle: *Das Kathedralendach ist so ausladend, ... dass der Regen sich erst seinen Weg an den Gaupen vorbei, die Ichsen entlang bis zu den mit Drachen-, Hunde-, Schweineköpfen drapierten Wasserspeiern suchen muss.* (FU 23. 12. 15). **3.** innerer Winkel beim Zusammenstoß zweier Wandflächen: *geputzte Ichse, gezogene Ichse.* **4.** Nebentrieb der Weinrebe – Auch in der Schreibung *Irxe*

**ident:** (häufig für) identisch: *Eine Blu-ray-Scheibe ist im Durchmesser mit der DVD ident.* (KU 21. 2. 08); *Insbesondere zeigte Tschitschkan ... rechtsextreme Nationalisten auf beiden Seiten der ostukrainischen Frontlinie, die jeweils idente Slogans verwenden.* (SN 8. 2. 17)

**Identitätsausweis,** der ‹lat.› (während der Besatzungszeit 1945–1955, heute selten): Personalausweis, kurz *I-Ausweis*: *Jeder ab 14 brauchte einen Identitätsausweis. Wer mit der Straßenbahn über die Brücke nach Urfahr fahren wollte, musste aussteigen und durch die Kontrolle der Russen gehen.* (OÖN 8. 6. 13)

**Identitätskarte,** die (informell, veraltend, bes. schweiz.): ↑Identitätsausweis: *Noch während der Einvernahme des Algeriers in der Rathauswache zeigte ein Italiener den Verlust von 100 Euro sowie seiner Identitätskarte an.* (SN 2. 1. 08)

**ignorieren:** ***gar nicht ignorieren; nicht einmal ignorieren:** vollkommen ignorieren; nicht an sich herankommen lassen: *Eine Nation, die nach Tschernobyl und Fukushima mehrheitlich noch immer für einen Ausbau der Atomkraft eintritt, wird diesen Anti-Atombeauftragten noch nicht einmal ignorieren.* (OÖN 10. 5. 11)

**-ik:** Die Wörter auf *-ik* werden österr. mit kurzem *-i-* ausgesprochen, in D meist mit langem, z. B. *Republik, Mosaik, Aspik, Fabrik, Matrik, Republik, Trafik, Politik, Replik, Rubrik,* im Inlaut: *Aurikel, Perpendikel*

**-illon:** Die Wörter auf *-illon,* werden österr. mit [-iˈjõ:, -ilˈjo:n] ausgesprochen, in D [-ɪlˈjõ:], z. B. *Pavillon, Kotillon, Medaillon, Postillon, Morillon, Bouillon*

**immatrikulieren** ‹lat.›: wird österr. in der Bedeutung ›sich an der Universität anmelden‹ ohne *sich* und ohne Objekt verwendet, in D reflexiv: *Und dort hat bekanntlich auch Joseph Roth 1913 an der Universität immatrikuliert, bevor er in die Hauptstadt der Monarchie übersiedelte.* (KZ 20. 9. 09); *Bis 2005 – jenem Zeitraum, in dem der klagende Student immatrikulierte – gab es an den drei Medizinunis jährlich mehr als 4.000 Neuzugänge.* (ST 9. 9. 10)

**Immobilientreuhand,** die; -: (auch schweiz., in Firmennamen kurz für) Immobilientreuhandbüro: *Die Nachfrage nach Büroflächen in den osteuropäischen Metropolen bleibt auch 2008 hoch, prognostizieren die Experten der CPB Immobilientreuhand.* (KU 9. 1. 08)

**Immobilientreuhänder Immobilientreuhänderin,** der bzw. die: Makler/-in, Verwalter/-in und Bauträger/-in (Berufsbez.): *Für viele Berufsgruppen gibt es laut Gewerbeordnung eine Versicherungspflicht, neben den Versicherungsmaklern etwa auch für Baumeister, Immobilientreuhänder oder Vermögensberater.* (PR 19. 1. 17)

**impfen:** im Inf. wird *impfen* in der Ugs. auch ohne Präposition gebraucht: *ich gehe Pocken impfen, Zecken impfen* usw., (in D nur) gegen Pocken impfen: *Unbedingt Zecken impfen.* (OÖN 22. 2. 17)

**Importtangente,** die: Anteil des Imports an der Wirtschaftsleistung: *Auch die Rapserzeugung kann ausgedehnt werden, allerdings gibt es bei Pflanzenölen traditionell eine beachtliche Importtangente.* (Arbeitsgemeinschaft Erneuerbare Energie, 2018, Int). ↑Tangente

◆ **Nettoimporttangente**

**Imprimatur,** die; -, -en ‹lat.›: Druckerlaubnis: kann österr. auch auf der letzten Silbe betont werden und ist dann Femininum: *»Die Vorlesungen der Brüder Schlegel erhielten den Rang des öffentlichen Diskurses, weil sie publiziert wurden«, erklärt Schmidt-Dengler die Wirkung der Imprimatur.* (ST 3. 12. 06). – Das Neutrum (das; -s) mit Betonung auf dem *a* ist gemeind.

**Impuls:** ***Impulse setzen:** etwas anregen: *Carsten Kengeter trat 2015 als Chef der Deutschen Börse an, um nach Jahren des Stillstands Impulse zu setzen.* (PR 29. 3. 15). ↑**setzen**

**inaugurieren** ‹lat.› (veraltend): einweihen: *ein Gebäude inaugurieren; 1970 waren noch Menschen erschossen worden, und das Denkmal wurde zehn Jahre danach vor hunderttausenden Empörten inauguriert.* (PR 27. 8. 15). – In D nur ›eine Person in ein Amt, etwas Neues feierlich einführen‹

**Indexanpassung,** die: Anpassung von Beihilfen, Subventionen, Mieten, Gebühren usw. an die Inflationsrate: *Abgesehen von der Indexanpassung sind die Altlastensanierungsabgabe für Verbrennung und Deponierung sowie die Transportkosten gestiegen.* (KU 29. 11. 07)

**indexgebunden** (bes. österr.): an die Inflationsrate gebunden: *Indexgebundene Lebensversicherungen ... basieren häufig auf einer Anleihe.* (PR 18. 8. 15)

**Indian,** der; -s, -e ‹Kurzwort aus ›indianischer Hahn‹› (veraltet): Truthahn (als Speisenbez.): *Blendend geht auch das Geschäft mit dem traditionellen »Indian«, dem Truthahn, der nicht nur mageres Fleisch hat, sondern sich auch prächtig auf der Weihnachtstafel ausnimmt.* (SN 20. 12. 00)

**Indianer,** der (ugs.): (kurz für) ↑Indianerkrapfen: *Wir schätzen wohlgefüllte Delikatessenläden und lassen uns »Indianer mit Schlag« schmecken.* (PR 17. 1. 09)

**Indianerkrapfen,** der: mit Schokolade übergossenes süßes, rundes Gebäck aus Biskuitboden und Schlagobersfüllung; vgl. aber ↑Schwedenbombe: *Die Indianerkrapfen mit ihrem Schokoladeguss und der Schlagobersfülle sahen zum Anbeißen aus.* (PR 16. 1. 09). ↑KRAPFEN

**Industriegrund,** der: für Industriebauten vorgesehenes Grundstück: *Die Chemieindustrie kann auch nicht ein neues Werk irgendwo in die Landschaft bauen. Dazu muss gewidmeter Industriegrund vorhanden sein.* (WZ 20. 7. 11)

**Industriellenvereinigung,** die: freiwillige Interessenvertretung der Industrie (im Ggs. zur gesetzlichen Wirtschaftskammer; Abk. IV): *Wirtschaftskammer und Industriellenvereinigung haben am Montag wesentliche Teile der EU-Klima- und Energieziele als nicht realisierbar zurückgewiesen.* (PR 18. 2. 08)

**Industriezone,** die (auch schweiz.): Industriegebiet: *Die Marktgemeinde mit ihren rund 1800 Einwohnern liegt in der niederösterreichischen Industriezone im Großraum Wien-Schwechat.* (SN 31. 7. 07)

**inferior** ‹lat.› (Sport): katastrophal schlecht (in D allgemein ›unterlegen, minderwertig‹): *Rapid ... brauchte mehr als eine Viertelstunde, um gegen den inferioren Vorletzten ins Spiel zu finden.* (PR 3. 12. 16)

**Inflationsabgeltung,** die: Angleichung von Löhnen und Pensionen an die Teuerungsrate, (in D) Inflationsausgleich, (in CH) Teuerungsausgleich: *Er gehe davon aus, dass es auch für nächstes Jahr wieder eine volle Inflationsabgeltung geben werde.* (PR 10. 8. 16). ↑**Abgeltung**

**Ingenieurkonsulent Ingenieurkonsulentin,** der bzw. die: Ziviltechniker/-in mit beratender Funktion und Parteienstellung: *Das Gespräch fand im Rahmen einer Kooperation der Kammer der Architekten und Ingenieurkonsulenten mit der Universität Salzburg statt.* (SN 31. 1. 17)

**Initiative,** die ‹franz.› ***Initiativen setzen:** einen Anstoß zum Handeln einbringen: *Einzelne Regierungschefs machen den Eindruck, dass sie den Ernst der Lage verstanden haben, setzen Initiativen.* (SN 26. 3. 17). – Wird österr. (und schweiz.) [...f...] ausgesprochen, in D auch [...v...]. ↑**setzen**

**Inkassant Inkassantin,** der; -en, -en bzw. die; -, nen ‹ital.›: Person, die Geld kassiert: *Hier ließen die Rathausherren die engagierten Inkassanten so schikanös auf die Autofahrer los, dass eine Beschwerdewelle die Politik zum Rückwärtseinparken zwang.* (KZ 2. 6. 14); *Profitieren werden die üblichen rechten wie linken Inkassanten enttäuschter Erwartungen.* (PR 1. 11. 07) ↑**Mautinkassant**

**Inkasso,** das; -s, -i ‹ital.›: bezieht sich österr. auch auf Kassieren in Gaststätten, Geschäften (in D nur auf das Bankwesen): *Es gibt auch keine Hinweise darauf, dass Raiffeisen-Mitarbeiter derartige Inkassi in Kroatien vorgenommen haben.* (Falter 10. 9. 14); /häufig in der Fügung *mit Inkasso* ›mit Kassierbefugnis‹/: *Mitarbeiter/in für Cafeteria wird in Hollabrunn gesucht. Geboten wird: Teilzeitbeschäftigung, 20 Wochenstunden, mit Inkasso.* (NÖN 5. 9. 13). – Der Plural lautet österr. (und schweiz.) meist Inkassi, (in D) Inkassos. ↑**Mautinkasso**

**inkludieren** ‹lat.› /meist im Part./ (in D nur bildungs- oder fachsprachl.): einschließen: *Die Auffahrt mit der Reiterkogelbahn ist im lokalen Skipass inkludiert.* (SN 29. 11. 07)

**inklusive** ‹lat.›: wird österr. (und schweiz.) [...ˈziːfɛ bzw. ˈink...] ausgesprochen, in D [...v...]

**Inklusivmiete,** die: die Betriebskosten beinhaltende Miete, (in D) Warmmiete: *Die Inklusivmiete betrage vielmehr rund 6000 Euro.* (OÖN 2. 3. 12)

**inliegend** (Behördenspr., auch schweiz.): (in D) einliegend: *Der (Die) Wahlleiter/-in ent-*

*nimmt anschließend den amtlichen Stimmzettel sowie das inliegende Wahlkuvert aus der Wahlkarte.* (PR 9. 6. 04)

**Innerösterreich: 1.** (hist.) /zusammenfassende Bez. seit dem 14. Jh. für die ehem. Herzogtümer Steiermark, Kärnten, Görz, Krain/: *Daraufhin fungierte er ab 1593 als Statthalter in Innerösterreich ... und von 1602 bis zu seinem Tod als Regent von Tirol.* (PR 26. 3. 16). **2.** (bes. Vbg.) Österreich östlich des Arlbergs, (auch:) östlich Tirols; Ostösterreich: *Während inzwischen übrigens der Konkurrenzdruck aus dem süddeutschen Raum messbar zurückging, spüren die Baufirmen jenen aus Innerösterreich ungebrochen stark.* (VN 15. 6. 07) ◆ **Innerösterreicher/-in**

**innerösterreichisch: 1.** (hist.) zu Innerösterreich (1) gehörend: *die innerösterreichische Linie der Habsburger.* **2.** (bes. Vbg.) ostösterreichisch, nicht zu Vorarlberg gehörend: *Eine innerösterreichische Zeitung schrieb seinen Namen falsch.* (NVT 1. 8. 12)

**Inquisitenspital,** das ‹lat.› (Behördenspr.): Gefängniskrankenhaus: *Sie wird nach der Entlassung im Krankenhaus Mistelbach in das Inquisitenspital der Justizanstalt Wien-Josefstadt überstellt.* (PR 9. 2. 07). ↑ Spital

**Inseraten-:** kommt österr. (und schweiz.) in vielen Zus. vor (in D meist *Anzeigen-*; das Simplex *Inserat* ist gemeind.), z. B. **Inseratenabteilung; Inseratenannahmeschluss; Inseratenkampagne:** *Mit einer breit angelegten Inseratenkampagne wurde zu Jahresbeginn die Frohbotschaft der Lohnsteuersenkung im ganzen Land verkündet.* (PR 11. 12. 16); **Inseratentext:** *Ein Kärntner Betrieb habe einen Inseratentext zweimal geschalten – einmal suchte er Lehrlinge fürs Büro, dann für die Küche.* (KZ 11. 3. 17); **Stelleninserat; Zeitungsinserat:** *Wie früher bei der conwert hat sich der Fonds Petrus Advisers nun auch zur Immofinanz bzw. von deren bevorstehender Fusion mit der CA Immo in Zeitungsinseraten zu Wort gemeldet.* (PR 15. 3. 17)

**insgeheim:** wird österr. (und schweiz.) nur auf der ersten Silbe betont, in D auf der letzten. Ebenso: *insgemein, insgesamt*

**inskribieren** ‹lat.›: sich als Hörer an einer Hochschule für das laufende Semester anmelden: *Ein Jahr nach Studienbeginn ist nur mehr die Hälfte der Studenten inskribiert.* (PR 24. 1. 08). – Seit 1997 nicht mehr amtlich, dafür *melden*, aber allgemein üblich). Vgl. Immatrikulation. ↑ **Erstinskribent**

**Inskription,** die ‹lat.›: Anmeldung an einer Hochschule für das laufende Semester: *Gefasst machen sollte man sich bei den meisten Hochschulen jedenfalls auf lange Wartezeiten bei der Inskription.* (ST 15. 3. 17). Vgl. inskribieren ◆ **Inskriptionsberatung; Inskriptionsbestätigung; Inskriptionsfrist; Zahlscheininskription**

**insofern:** wird österr. auf der ersten Silbe betont, in D auf der zweiten. Ebenso: *insoweit*

**Inspektor,** der: ist die bes. in Wien übliche Anrede an einen Polizisten, auch wenn er diesen Amtstitel nicht führt: *»Herr Inspektor, ich kann nichts dafür, das Gaspedal war es!« So eine Antwort werden Polizisten derzeit immer wieder von notorischen Rasern zu hören bekommen.* (NÖN 9. 2. 10). – Aussprache meist [...ʃp...]

**Inspektorat,** das; -(e)s, -e (auch schweiz.) /fast nur in Zus./: Kontrollbehörde, (in D) Inspektion: *Das Inspektorat bezeichnet es als nicht dienlich, kranke Menschen zu überprüfen.* (TT 28. 11. 00); *Zusätzlich untersucht das Gesundheits-Inspektorat die Vorwürfe.* (PR 25. 9. 06). ↑ **Arbeitsinspektorat**

**Installateur Installateurin,** der bzw. die ‹lat., in französisierender Form›: wird österr. meist [...ʃt...] ausgesprochen

**Instanzenzug,** der ‹lat.› (Behördenspr.): Instanzenweg (in D ein Fachbegriff aus dem Rechtswesen): *Es gibt weiter getrennte Zuständigkeiten und Instanzenzüge zwischen Bund und Land.* (SN 13. 3. 17)

**Instruktor Instruktorin,** der bzw. die ‹lat.›: österr. (und schweiz.) Form, (in D) Instrukteur/-in: *Die Instruktoren vermitteln locker und ungezwungen wichtige Grundlagen des Motorradfahrens.* (PR 28. 5. 07). – An Universitäten ist *Instruktor* gemeind.

**insultieren** ‹lat.› (selten auch in D): **1.** schwer beleidigen: *er insultierte dort Mannschaftsführer, Verbandsvertreter etc.* (PR 30. 7. 12). **2.** tätlich angreifen: *Ich hab' den Nordiren nur am Kragen gepackt, nicht insultiert.* (KU 13. 10. 05) ◆ **Insultierung:** *Nachdem beim Match gegen Kottingbrunn R. L. wegen Insultierung und D. D. wegen Kritik am Referee vom Platz mussten, müssen die beiden Stützen der SCU-Elf ihre Rotsperren absitzen.* (OÖN 13. 8. 08)

**Integrationslehrer Integrationslehrerin,** der bzw. die: Lehrer/-in in Klassen, in die behinderte Kinder integriert sind: *Inklusion von Kindern mit Behinderungen funktioniert nicht,* *wenn es zu wenige Integrationslehrer gibt.* (PR 11. 7. 15)

**Integrationsvereinbarung,** die (Verw., auch schweiz.): Vereinbarung zwischen Staat und niederlassungswilligen Drittstaatsangehörigen, v. a. mit der Verpflichtung zum Erwerb von Grundkenntnissen der deutschen Sprache, um am gesellschaftlichen, wirtschaftlichen und kulturellen Leben in Österreich teilhaben zu können: *Die Integrationsvereinbarung – und damit die Verpflichtung zum Deutschkurs – muss unterschreiben, wer in Österreich um eine Aufenthaltsbewilligung ansucht.* (PR 10. 07)

**Integrationsvertrag,** der: ↑Integrationsvereinbarung: *Mit dem Integrationspaket wird eine Reihe von Maßnahmen festgeschrieben: ein Integrationsvertrag fixiert die Verpflichtung zu Deutsch- und Wertekursen.* (PR 8. 3. 17)

**Interessentenschaft,** die (Tirol): ↑Agrargemeinschaft: *Neben Teilen des Golfplatzes gehören unter anderem auch ein paar Baugrundstücke der bäuerlichen Interessengemeinschaft.* (TT 15. 10. 08) ◆ **Alminteressentenschaft**

**Interessentenweg,** der: öffentlicher Fahrweg, für dessen Erhaltung die Anrainer aufkommen müssen: *Die »Interessentenwege« werden per Gesetzesnovelle quasi zu Landesstraßen, die jedermann benützen kann.* (KU 4. 11. 16)

**Interne,** die; -n, -n (Kurzwort): Krankenhausabteilung für innere Medizin: *Die Suche nach einem Primararzt für die Interne am Steyrer Krankenhaus geht in eine Verlängerung.* (OÖN 20. 1. 12)

**Intrigantenstadel,** der ‹nach der volkstümlichen Musiksendung »Musikantenstadl«› (scherzhaft, abwertend): durch ständige Intrigen geprägte Gruppe: *Die Abgeordneten lernen daher sehr schnell, wie sie sich im innerparteilichen Intrigantenstadel durchsetzen* (PR 22. 11. 06). ↑-STADEL

**invalid** ‹franz.›: österr. (und südd., schweiz.) nur so gebrauchte Form, (in D meist) invalide

**Invaliditätspension,** die: Invalidenrente: *Damals hat die Regierung den Zugang zu Früh- und Invaliditätspensionen durch Verschärfungen erschwert, aber nicht völlig abgesperrt.* (PR 11. 3. 17). ↑PENSION ◆ **Invaliditätspensionist/-in**

**Investitionsablöse,** die: finanzielle Abgeltung für Investitionen, die ein Hauptmieter für die Verbesserung einer Wohnung oder eines Büros getätigt hat: *Und zieht man irgendwann aus der Wohnung aus, kann man den Anspruch auf Kautionsrückzahlung oder Investitionsablöse... geltend machen.* (PR 15. 12. 06); *Wird eine Stelle nicht nachbesetzt, gibt es künftig allerdings eine Investitionsablöse für den Arzt.* (PR 29. 10. 09). ↑ABLÖSE

**Irkutsk** (sibir. Stadt): wird österr. auf der ersten Silbe betont, in D auf der zweiten

**Irxe** ↑Ichse

**Isaak:** der bibl. Name wird österr. meist [ˈisak] ausgesprochen, in D meist [ˈiːzaːk, ˈiːzaak]

**Istentgelt, Ist-Entgelt;** das: ↑Istgehalt, ↑Istlohn

**Istgehalt, Ist-Gehalt;** das: ↑Istlohn bei Angestellten

**Istlohn, Ist-Lohn,** der: der unabhängig vom kollektivvertraglich geregelten Mindestlohn tatsächlich ausbezahlte Lohn (muss über dem ↑Kollektivvertrag liegen): *Das Tauziehen um höhere Metaller-Löhne endete nach einem Sitzungsmarathon mit einem Kompromiss: 2,6 Prozent mehr auf KV- und Ist-Lohn.* (SN 3. 11. 06) ◆ **Istlohnerhöhung, Ist-Lohn-Erhöhung**

**-it, -itisch:** die Wörter auf *-it*, werden österr. (wie schweiz. und in großen Gebieten Deutschlands) meist mit kurzem betontem *i* ausgesprochen, die Quantität schwankt aber je nach Sprecher und Sprechsituation, z. B. *Appetit, Bakelit, Bandit, Biskuit, Dolomit, Dynamit, Eremit, Expedit, explizit, fallit, Grafit, Granit, Habit, Hussit, implizit, Israelit, Jesuit, Kalzit, Kolorit, Kommanditgesellschaft, Kosmopolit, Kredit, Meteorit, Minorit, Parasit, Profit, Requisit, Sanskrit, Satellit, Schiit, Semit, Transit, Transvestit, Zenit.* Dasselbe gilt für die Adj. auf *-itisch*, z. B. *arhritisch, israelitisch, jesuitisch, kritisch, politisch, semitisch*

**Italianità,** die; - (auch schweiz.): italienische Lebensart: *Und Italianità wie Landschaft der Ferieninsel Ischia tun ein Übriges.* (FU 12. 4. 07)

**Italo-:** der Wortbestandteil wird österr. auf der ersten Silbe mit kurzem i betont, in D bei Erstbetonung mit langem i oder mit Betonung auf dem a, z. B. *Italowestern, Italoamerikaner*

**Izmir:** wird österr. [ˈiːzmir] ausgesprochen, in D [ˈismir]

# Jj

**j, J:** wird österr. beim Buchstabieren [jeː] ausgesprochen, in D [jɔt]. Vgl. q, Q

**ja eh** ↑eh

**Jackerl,** das; -s, -n: dünne, kurze ↑Jacke, Weste: *Wenngleich die Welt der Tracht auf den ersten Blick einem strengen Regelwerk unterliegt, tun sich zwischen Hitzegwandl und Tuxer Jackerl erstaunliche Interpretationsspielräume auf.* (PR 27. 8. 10)

**Jagersaftl,** das; -s: ein Kräuterschnaps

**Jagertee,** der: Tee mit Schnaps: *Sie gehen oft unter in der Gruppe derer, die sich von Glühwein, Punsch und Jagatee aufgepeitscht auf Randale begeben.* (SN 1. 12. 06). – Die Bez. *Jagertee, Jägertee, Jagatee* sind durch EU-Spirituosenverordnung geschützt, die entsprechende Bez. für deutsche Produkte ist *Hüttentee*. – Die in Tourismuseinrichtungen übliche, an die dialektale Aussprache angelehnte Schreibung *Jagatee* ist nicht sinnvoll, da ohnehin jedes auslautende *-er* wie schwach betontes *-a* ausgesprochen wird

**Jahresgedächtnis,** das (in der kath. Kirche allgemein, in Vbg. sowie schweiz. auch in Anzeigen): Messe zum Gedenken an einen Verstorbenen anlässlich des Todestages: *Wir gedenken unserem Verstorbenen beim Jahresgedächtnis am Samstag, ... in der Pfarrkirche ...* (VN 9. 11. 05) ◆ **Jahresgedächtnisgottesdienst:** *In liebevoller Erinnerung gedenken wir deiner beim Jahresgedächtnisgottesdienst am ... in der Pfarrkirche ...* (VN 11. 8. 07)

**Jahresgottesdienst,** der (westösterr.): Gottesdienst zum Jahresgedächtnis: *In liebevoller und dankbarer Erinnerung gedenken wir deiner beim Jahresgottesdienst am ... in der Erlöserkirche in Lustenau.* (VN 31. 12. 07)

**Jahresmesse,** die: ↑Jahresgottesdienst: *Wir gedenken deiner bei der Jahresmesse am Freitag, dem ... in der Pfarrkirche Hatlerdorf.* (VN 14. 12. 06)

**Jahrespickerl,** das: ↑Jahresvignette: *Das Jahrespickerl kostet derzeit 82,70 Euro.* (PR 1. 2. 14). ↑Pickerl

**Jahresregent Jahresregentin,** der bzw. die: bedeutende [künstlerische] Persönlichkeit, die anlässlich eines Jubiläums besonders gewürdigt wird: *Weitere Werke stammen von Mozart (Hornquintett) und dem Jahresregenten Georg Philipp Telemann.* (SN 28. 3. 17); *Fehlt noch ... der Auftritt der historischen Jahresregentin, Kaiserin Maria Theresia.* (PR 9. 1. 17)

**Jahressalär,** das; -s (österr. selten, bes. schweiz.): Jahresgehalt: *Die Chefs der 500 führenden US-Konzerne bekamen 2006 dem Wirtschaftsmagazin »Forbes« zufolge ein Jahressalär von im Schnitt 15 Millionen Dollar.* (VN 12. 12. 07). ↑**Salär**

**Jahrestangente,** die (Verw.): auf ein ganzes Jahr bezogene Summe eines Anteils, einer Zuteilung, Quote: *Eine Zusammenstellung der vorgesehenen Maßnahmen im Zeitraum 2006 bis 2010 zeige deutlich auf, dass mit der bisher zugeteilten Jahrestangente an Bundesgeldern für Bundesgewässer ... nicht mehr das Auslangen gefunden werden kann.* (APA OTS 24. 8. 05). ↑**Tangente**

**Jahresvignette,** die: die ein Jahr gültige Vignette zur Benutzung von Autobahnen: *Autobahnfahren in Slowenien wird ab kommendem Jahr teurer. Die Jahresvignette für Pkw wird künftig 110 Euro kosten.* (KZ 12. 9. 13). ↑Vignette

**Jahrgang,** der (Vbg., auch schweiz.): feste, organisierte Personengruppe desselben Geburtsjahrgangs zur Pflege der Geselligkeit: *Obmann A. S. würdigte in seinen Abschiedsworten Werners Einsatz für den Jahrgang 1933 und sein ausgleichendes Wesen.* (VN 11. 12. 07). – Ohne den festen Zusammenschluss in einer Vereinigung ist das Wort gemeind.

**Jahrgänger Jahrgängerin,** der bzw. die (Vbg., auch südwestd., schweiz.): Mitglied [der Vereinigung] eines Geburtsjahrgangs: *Wir dachten auch an unsere in diesem Jahr verstorbenen Jahrgänger.* (VN 20. 12. 07); *Wehe dir, du sagst noch einmal vor anderen Leuten Jahrgängerin zu mir, drohte eine jung aussehende Frau ihrer ergrauten Jahrgängerin.* (VN 20. 12. 07); **Jahrgängergemeinschaft:** *Ihre Verwandten und Bekannten, ihre treue Jahrgängergemeinschaft sowie ihre Mitbürger gratulieren der Jubilarin.* (VN 26. 11. 05); **Jahrgängerobfrau; Jahrgängerobmann:** *Nähere Auskünfte und Information beim Jahrgängerobmann in der Fraktion Grossfeldkirch.* (VN 18. 10. 07), ↑Obmann; **Jahrgängertreffen:** *Vorbereitungen für landesweites Jahrgängertreffen laufen auf Hochtouren.* (VN 18. 1. 07)

**Jahrhunderttröpferl** (emotional): Jahrhundertwein: *Die Ernte war gut, besonders der Wein wird heuer ein Jahrhunderttröpferl.* (NÖN 11. 10. 11). ↑**Tröpferl**

**Jahrling,** der: einjähriges Tier, (in D) Jährling: *Neben vielen Informationen über den Tiroler Jahrling und einer Ausstellung verschiedener*

*Mutterkuhrassen gab es auch ein tolles Kinderprogramm.* (KZ 29. 9. 15)

**Jahrtagsmesse,** die (westösterr.): Gottesdienst zum Jahresgedächtnis: *In lieber und dankbarer Erinnerung gedenken wir deiner bei der Jahrtagsmesse am Freitag, dem ... in der Pfarrkirche Lauterach.* (VN 12. 4. 07)

**Jakob:** wird österr. (und bayr.) mit kurzem a ausgesprochen, in D mit langem

**Janker,** der; -s, - (auch bayr., in der Trachtenmode auch in D): 1. dicke, wollene Weste: *Manche brauchten für ihren Schulweg bis zu zwei Stunden. Da hat es gedampft in der Klasse, weil die gestrickten Janker feucht waren.* (SN 14. 6. 06). 2. Trachtenjackett, Sakko in der Trachtenmode: *»Als Weidmann in Jägertracht« wollte er sich auf dem Denkmal in Ischl dargestellt sehen: im grauen Janker mit kniefreier Lederhose.* (OÖN 12. 3. 16). ↑**Bauernjanker, Steirerjanker, Walkjanker** ◆ **Leinenjanker; Lodenjanker**

**Jankerl,** das; -s, -n: leichter ↑Janker: *Die Jugend heute geht ganz spielerisch damit um und ich setze selber gerne meinen Ausseerhut auf und zieh mein schönes Jankerl an.* (BVZ 4. 3. 14)

**Jänner,** der; -s, -: Januar: *Die Stadt Paris hatte Mitte Jänner bekanntgegeben, dass der Eiffelturm in den kommenden 15 Jahren ... renoviert und modernisiert werden soll.* (PR 28. 3. 17). Vgl. Feber

**Jännerloch,** das: Handels- und Tourismusflaute nach Weihnachten: *Diese Zeit, das klassische Jännerloch nach den Weihnachtsferien, hatten die Urlauber aus Russland kurzfristig gefüllt.* (PR 10. 1. 16)

**Jaspis,** der: wird österr. auf der letzten Silbe betont, in D auf der ersten

[1]**Jass,** der; -es ‹niederld.›: bes. in der Schweiz und in Vorarlberg beliebtes Kartenspiel mit 36 Karten für 2 oder 4 Personen: *Und wenn sie nicht arbeitet, dann entspannt sie sich beim Spazierengehen oder bei einem zünftigen Jass im Gasthaus.* (VN 30. 12. 07) ↑**Kreuzjass** ◆ **Jasser/-in:** *Alle Jasser waren mit einer riesen Gaudi dabei.* (VN 20. 12. 07); **Jasspartie; Jassrunde**

[2]**Jass,** der; -, -en (ugs., salopp, veraltet) tüchtiger Kerl; Person, die etwas hervorragend beherrscht: *Er sei ohnehin okay und im Kugelstoßen sowieso ein Jass, sagte man.* (PR 1. 4. 06)

**jassen,** sw. V. / hat (Vbg., schweiz.): ↑[1]Jass spielen: *Unsere Mitglieder und Freunde treffen sich zum Jassen, Schachspielen oder zum gemütlichen Plausch im Klubheim der Pensionisten.* (VN 29. 11. 07). ↑**ausjassen, kreuzjassen, Preisjassen**

**Jaukerl,** das; -s, -n (ugs., salopp, ostösterr.): Injektion: *Es gibt für jedes Wehwehchen ein Pulverl, ein Safterl oder ein Jaukerl.* (KZ 13. 11. 09)

**Jause,** die; -, -n ‹slowen. *južina* ›Mittagessen‹›: 1. a) [kalte] Zwischenmahlzeit am Vormittag oder Nachmittag als Überbrückung bei der Arbeit, in der Schule, bei Wanderungen o. Ä.: *Der Arbeiter holt an diesem Mittwochvormittag eine Jause für einen 46 Jahre alten Baggerfahrer.* (KZ 7. 12. 16). 2. Kaffee und Mehlspeisen oder andere Getränke am Nachmittag als kommunikativer Anlass /häufig in Komposita, wie *Kaffeejause, Kinderjause, Geburtstagsjause*/: *Im Stüberl des Hotels nahm er ... eine Jause ein. Neben Brot und Aufstrich gab es Guglhupf und Apfelstrudel.* (KZ 23. 3. 17). 2. für die Zwischenmahlzeit mitgebrachte Nahrungsmittel (Brote, Obst, Yoghurt u. Ä.): *Mehr als 90 Prozent verpacken ihre Jause umweltfreundlich, also nicht in Alu- oder Frischhaltefolie.* (OÖN 16. 2. 17). 3. kalte [Abend]mahlzeit aus einem bestimmten Anlass: *Hingegen sehen wir heutzutage bloß Zutaten für simple Jause oder schlichtes Abendessen: Käse, Obst, Nüsse, Brot, etwas Wein.* (SN 10. 3. 17 ↑**Brettljause, Geburtstagsjause, Kellerjause, Kinderjause, Speckjause, Teejause, Winzerjause** ◆ **Jausenapfel:** *Der Elternverein nahm diesen Tag zum Anlass, um den 222 Schüler(inne)n und den Lehrer(inne)n der Hauptschule einen saftigen, vitaminreichen Jausenapfel zu offerieren.* (VN 24. 11. 05) **Jausenbrettl:** vgl. Brettljause; **Jausenbrot:** *Wegen eines falschen Jausenbrotes ist ein Sechsjähriger in England von der Schule geflogen.* (ST 6. 2. 14), ↑Brot; **Jausengebäck; Jausenmesser:** *Der 58-jährige Mann nahm plötzlich ein Jausenmesser und stach dieses seiner Frau in den Hals.* (PR 27. 5. 07); **Jausenpaket:** *Vollkornbrot, aber auch Weißbrot oder Müsliriegel, sollten in keinem Jausenpaket fehlen.* (PR 4. 4. 03); **Jausenpapier:** *Wenn sich das durchsetzt, kommt noch ein Fleischhauer auf die Idee und verrechnet das Einwickeln in ein Jausenpapier auch noch dazu.* (ST 22. 10. 04); **Jausenpapierl; Jausensnack:** *Der Rest wurde in den eigenen Gärten geerntet und als Jausen-Snack vernascht.* (PR 8. 11. 07); **Jausentisch:** *An der Wand lehnen Holzbretter neben Zementkübeln, und in der Raummitte haben die Bauar-*

*beiter ihren Jausentisch aufgestellt.* (SN 15. 10. 04); **Jausenwurst:** *Dass die Jausenwurst, die er im Rucksack hatte, nach langen Touren nicht mehr so gut schmeckte.* (PR 11. 2. 03); **Jausenzeit:** *Und wer schon bei der Jausenzeit angelangt ist, nimmt das hierzulande gerne als Snack verzehrte saftige Leberkässemmerl zwischen die Zähne.* (ST 24. 8. 10)

**Jausengegner Jausengegnerin,** der bzw. die (Sport, salopp): nicht ernst zu nehmender Gegner: *Spanische Medien stufen Wolfsburg als Jausengegner für Real Madrid ein.* (PR 6. 4. 16)

**Jausenkaffee,** der: als Zwischenmahlzeit oder zu geselligem Treffen am Nachmittag getrunkener Kaffee [mit Kuchen]: *Als Geschenk und Dank für die Einladung wurden die Jubilare mit Häferln für den Jausenkaffee bedacht.* (NÖN 14. 2. 06)

**Jausenstation,** die: Gaststätte, in der man einen Imbiss einnehmen kann: *Eine insgesamt elfköpfige Wanderergruppe aus Bayern war ... von der Jausenstation Tiefenbachklamm in Richtung Kramsach aufgebrochen.* (PR 10. 9. 07). ↑ Station

**jausnen,** sw. V. / hat ‹slowen.›: 1. eine Zwischenmahlzeit, ein kaltes Abendessen einnehmen: *An etlichen Einkehrstopps, wie Bauernhöfe oder Mostmuseum können die Besucher Saft pressen, reiten, jausnen.* (KU 24. 9. 16). 2. /mit Akk./ (etwas) zur Jause essen oder trinken: *Heute den deftigen Bauernspeck jausnen und morgen vollwertig und biologisch frühstücken.* (OÖN 10. 3. 01)

**Jean,** die; -, -s [dʒiːn]: wird österr. für das einzelne Kleidungsstück im Singular gebraucht: *Karin entschied sich für eine Jean und kombinierte dazu einen grauen V-Ausschnitt-Pullover.* (BVZ 2. 1. 08). – *Jeans* meint daher mehrere Hosen

**jemand:** jemand anderer, anderem usw. ↑ **ander**

**Jessas!, Jessas na!** /Interjektion/ ‹eig. ›Jesus!‹› (auch bayr.): um Gottes willen!; nein, so etwas! (Ausruf höchsten Erschreckens oder Erstaunens): *»Jessas! Jetzt hab' ich noch 20 Flaschen Veltliner und zehn Rieslinge 2005 im Keller.«* (OÖN 27. 10. 06)

**Jessasmarandjosef** /Interjektion/: Jesus, Maria und Josef! (Ausruf höchsten Erschreckens oder Erstaunens): *Jessasmarandjosef, wie sollen wir da mithalten?* (SN 22. 11. 03)

**Jessica:** der weibliche Vorname wird österr. [ˈdʒɛsɪkə] ausgesprochen, in D [ˈjɛsika]

**jö** (Interjektion, bes. ostösterr.): Ausruf des Erstaunens: *»Jö, da is' es schon ganz schön voll«, war von J. W., Obmann des Obst- und Weinbauvereins zu hören, als er am Sonntag den Saal betrat.* (BVZ 25. 4. 07)

**Joachim:** der Name wird österr. (und südd.) auf der ersten Silbe betont, in D meist auf dem *a*

**Joch,** das; -[e]s, -e (regional auch in D, sonst veraltet): Flächenmaß von 57,554 a (bes. für landwirtschaftliche Flächen): *Zirka 20 Joch Grund, anschließend an das bisherige Areal, werden dazu erworben.* (OÖN 14. 1. 16)

**Jockey,** der: wird österr. (und schweiz.) [ˈdʒɔki] ausgesprochen, in D auch [ˈdʒɔke, ˈdʒɔkaɪ̯]

**Jodok:** der v. a. in Vbg. vorkommende männliche Vorname wird österr. (und südd., schweiz.) auf der ersten Silbe betont, in D auf der letzten

**Joghurt, Jogurt** ‹türkisch›: ist österr. (und schweiz.) Neutrum: das; -s, veraltend (bes. Wien) auch Femininum: die; -, (in D der; -s): *So darf ein Hersteller sein Joghurt, das aus Deutschland gekommen ist, nicht mehr als griechisches Joghurt bezeichnen.* (ST 13. 3. 17)

**Johann:** der männliche Vorname wird österr. (und schweiz.) auf der ersten Silbe betont, die in D übliche Betonung auf der zweiten Silbe gibt es nur in den Ortsnamen *St. Johann*

**Joker,** der; -s, - [ˈdʒoʊkɐ] ‹engl.› (auch schweiz.): ein Zusatzspiel im Lotto: *Beim Joker gab es zwei Gewinner. Ein Salzburger und ein Burgenländer erhalten für ihr »Ja« zur richtigen Jokerzahl jeweils mehr als 95.600 Euro.* (ST 21. 1. 13) ◆ **Jokerzahl, Jokerjackpot**

**Jöri,** der; -s, - (Vbg.): Faschingnarr, der Missstände in Kirche, Gesellschaft und Politik kritisch beleuchtet: *Es ist immer eine tolle Überraschung, wenn ich als Jöri mit den Krapfen in den Kindergärten auftauche.* (VN 8. 2. 18) ◆ **Jörimeile:** *Die schon zur Tradition gewordene Bludenzer Jörimeile bietet ab 17 Uhr in insgesamt 14 Gastronomiebetrieben jede Menge Spaß.* (VN 5. 2. 05); **Jöriumzug:** *Mehr als 60 Wagengruppen und rund 1700 Faschingsfans bevölkerten beim großen Jöri-Umzug die Straßen.* (VN 19. 2. 07)

**Joschi:** (bes. ostösterr. Koseform von) Josef: *Der älteste Sohn, allseits Joschi genannt, folgte dem Vater zehn Jahre nach dessen Tod in den Landeschefsessel.* (ST 30. 12. 16)

**Josef:** der Vorname wird in neuerer Zeit immer mit -f geschrieben, in D häufiger mit -ph. Ebenso: *Josefa, Josefine*

**Josefi** (auch südd.): Fest des hl. Josef (meist in Zeitangaben): *Sagt doch der Bauernkalender, dass ... am 19. März (Josefi) »Die Zwiebel in die Erde kommt«.* (OÖN 22. 3. 05); ***[zu] Josefi:** [am] Fest des hl. Josef: *Das Schneeglöckchen blühte heuer vier Wochen früher als sonst, ... das »Josefikraut« blühte nicht erst zu Josefi (19. März), sondern schon vor Ende Februar.* (OÖN 31. 3. 07). ↑Floriani ◆ **Josefimarkt:** *Pferdeschau, Jahrmarkt und Gewerbeausstellung erwarten die Besucher heute ab 9 Uhr beim Josefimarkt in Königswiesen.* (OÖN 19. 3. 07); **Josefitag:** (in D) Josefstag: *Der »Josefitag« prägt auch die Bauernregeln, zum Beispiel: »Wenn's erst einmal Josefi is', dann endet auch der Winter g'wiss!«* (SN 15. 3. 07)

**Josephinismus,** der ⟨nach Kaiser Joseph II. (1765–1790)⟩: aufgeklärte kath. Staatskirchenpolitik im Österreich des 18. Jh.s, die auch noch die Staatsauffassung der österr. Beamten und Offiziere des 19. Jh.s bestimmte: *Die österreichische Mentalität ist einerseits durch den barocken Katholizismus und andererseits durch den Josephinismus geprägt.* (PR 25. 10. 13)

**Jourgebäck,** das: Kleingebäck: *Wobei der Toast wahrscheinlich noch besser war, als das öd schmeckende Jourgebäck, das als Gedeck mit Kräuterbutter gereicht wird.* (ST 19. 4. 16)

**Journaille,** die; - ⟨franz.⟩: wird österr. [ʒur'na:jə] ausgesprochen, in D [ʒʊr'naljə]

**Journalbeamte Journalbeamtin,** der bzw. die [ʒur'na:l...] ⟨franz.⟩: **1.** diensthabende/-r Beamter/Beamtin für dringende Fälle außerhalb der Bürozeiten: *Beim Magistrat sei nur der Journalbeamte zu erreichen gewesen.* (SN 18. 9. 06). **2.** Beamter/Beamtin im Tagesdienst, bes. bei der Polizei: *Die polizeilichen Ermittlungen und Obduktion konnten keine Anhaltspunkte auf fremdes Verschulden am Tod feststellen, stellte der Journalbeamte am Freitag fest.* (ST 4. 9. 09)

**Journaldienst,** der ⟨franz.⟩: **1.** Dienst für dringende Fälle außerhalb der Bürozeiten, Bereitschaftsdienst: *Familienplanung zwischen Journaldiensten, Auslandseinsätzen und Fortbildungen ist trotzdem schwierig.* (SN 9. 1. 17). **2.** Tagesdienst: *Die Polizei erhofft sich mit der Veröffentlichung des Bildes neue Hinweise. Diese sind an das Landeskriminalamt Salzburg, Journaldienst, ... zu richten.* (PR 22. 3. 17)

**Journalrichter Journalrichterin,** der bzw. die (Rechtsw.): diensthabende/-r Richter/-in: *Vor dem Journalrichter bestritt der mutmaßliche Anstifter laut Auskunft der Justiz, den Mordauftrag gegeben zu haben.* (SN 13. 7. 07)

**Journalstaatsanwalt Journalstaatsanwältin,** der bzw. die (Rechtsw.): diensthabende/-r Staatsanwalt/-anwältin: *Der Journalstaatsanwalt beantragte eine Obduktion der Leiche.* (SN 10. 4. 07)

**jovial** ⟨mittellat.⟩: wird österr. (und schweiz.) meist [ʒovi'a:l] ausgesprochen, in D [jo...]

**Jubiläum,** das: wird österr. oft mit *Jahr* zusammengesetzt, z. B. 50-Jahr-Jubiläum, (in D mit *jährig, z. B. 50-jähriges ...*): *Die Kulturtage »artROSE« in St. Stefan im Rosental feiern ab 31. März mit einem bunten Veranstaltungsreigen ihr 15-Jahr-Jubiläum.* (KZ 27. 3. 17)

**jubilieren:** bedeutet österr. auch ›ein Jubiläum feiern‹ (in D ist diese Verwendung scherzhaft): *Die Musikkapelle und der Männerchor jubilieren gemeinsam. Die Musikkapelle Garsten ist 160 Jahre alt, der Verein der Musikfreunde Garsten ... 110 Jahre.* (OÖN 7. 6. 13)

**juchezen** (Volkskunde): juchzen, jauchzen, einen Schrei ausstoßen (im Rahmen des Volkstanzes): *Bei einer Brettljause mit Spezialitäten aus der Region und edlen Tropfen sangen, jodelten und juchezten die Gäste mit, bevor es zurück auf die Piste und zur nächsten Hütte ging.* (SN 17. 3. 16)

**Juchezer,** der: Schrei (im Rahmen des Volkstanzes): *Das Ensemble Radau & Co erschafft mit Liedern und Tänzen, mit Jodlern und Juchezern aus unserer österreichischen Volksmusik eine lebendige Welt.* (OÖN 11. 3. 10)

**Juchhe,** das; -s, -s (ugs., auch bayr.): **1.** höchste Galerie im Theater: *Turano durfte zwischendurch ein Saxophon-Solo zum Besten geben und Walker zwei romantisch-schmalzige Songs, die er aber mit überzeugender Stimmkraft bis unters Juchhe der Oper hinauftrug.* (KZ 4. 7. 14). **2.** weit oben gelegener Platz in einem Gebäude o. Ä.: *Dachgeschosswohnungen: Nestbau im Juchhe.* (PR 11. 7. 08).)

**Judikat,** das; -[e]s, -e ⟨lat.⟩ (Rechtsspr., veraltend): Rechtsspruch, Urteil, richterlicher Entscheid: *Dieses Judikat ändert bisherige Rechtsansichten.* (SN 14. 9. 04)

**Judo** ⟨japanisch⟩: wird österr. ['dʒu:do] ausgesprochen, in D ['ju:...]. Ebenso: *Judoka*

**Jugendanwaltschaft,** die: gesetzliche Vertretung der Rechte der Kinder und Jugendlichen: *Es gibt aber auch einige Stellen, wie*

*»Rat auf Draht«, die Kinder- und Jugendanwaltschaft oder das Kinderschutzzentrum, wo man sich hinwenden kann.* (KZ 20. 11. 16)

**Jugendgetränk,** das: alkoholfreies Getränk (als Ersatz für Alkohol): *Wir suchen ein Welser Jugendgetränk, das gut aussieht, gut schmeckt und einen coolen Namen bekommen soll.* (OÖN 22. 6. 10)

**Jugendvertrauensrat Jugendvertrauensrätin,** der bzw. die: gewählte/-r Vermittler/-in zwischen Lehrlingen und Betriebsleitung. *In jungen Jahren schon war A. Jugendvertrauensrat, heute ist er Betriebsratsvorsitzender.* (ST 16. 5. 16)

**Jugendwohlfahrt,** die: Fürsorgeeinrichtung für Kinder und Jugendliche: *Um den älteren Bruder kümmere sich vorerst die Jugendwohlfahrt.* (SN 15. 2. 17)

**Juice,** der; -, - [dʒuːs] ⟨engl.⟩: Frucht- oder Gemüsesaft, bes. für importierte Säfte: *Insgesamt haben seit Juli acht Produkte preislich zugelegt, ... der Juice um zehn Cent.* (KZ 7. 3. 12); ◆ **Ananasjuice; Grapefruitjuice; Orangenjuice:** *Die Party-Gäste in Münchens Nobelviertel müssen sich mit Mineralwasser und Orangenjuice begnügen.* (PR 24. 9. 02); **Tomatenjuice**

**Jumper,** der ⟨engl.⟩: wird österr. [ˈdʒœmpɐ], jünger auch [ˈdʒampɐ] ausgesprochen, in D [ˈdʒampɐ] oder [ˈdʒɛmpɐ]

**Jungbürger Jungbürgerin,** der bzw. die (auch schweiz.): Person, die erstmals wählen darf: *Insgesamt 14 von 18 eingeladenen Jungbürgern (Jahrgang 1998) folgten der Einladung des Bürgermeisters und Jugendbeauftragten.* (SN 9. 6. 16)

**Jungbürgerbuch,** das (früher; selten auch in D und CH): Buch mit staatsbürgerlichen Informationen, das an Jungbürger verteilt wird: *Die jungen Gäste dürfen wahlweise das Tiroler Jungbürgerbuch oder das Buch der Stadt Landeck mitnehmen.* (TT 24. 11. 16)

**Jungbürgerfeier,** die (auch bayr., schweiz.): Feier für junge Menschen, die das Wahlalter erreicht haben, oft am Nationalfeiertag: *Als ich zum Beispiel bei der Jungbürgerfeier war, habe ich daran gedacht, dass die Julia normalerweise auch dabei wäre.* (ST 10. 5. 10)

**-junges** (in der Form *-jung* auch bayr.) /in Zus./: Innereien von Tieren als Speise, (in D) -klein: ↑**Entenjunges, Gansljunges, Hasenjunges, Hühnerjunges, Rehjunges**

**Jungfernbraten,** der: ↑Lungenbraten vom Schwein oder Kalb, Schweine-, Kalbsfilet: *Küchenchef Siegfried Klein kredenzte dazu ein reichhaltiges Büffet mit ... Saltimbocca vom Jungfernbraten, gebackener Hühnerbrust und Rindsragout.* (NÖN 8. 7. 09)

**Jungmann,** der (Militär): Rekrut ohne Dienstgrad: *Bei Sonnenschein konnten nach den Ansprachen der Podiumsgäste die Jungmänner angelobt werden.* (OÖN 17. 4. 08)

**Jungschweins-** (Küche): Fleisch vom Schwein ab etwa 6 Monaten (in D) Jungschweine-, in Zus.: **Jungschweinsbraten:** *Serviert wurden Jungschweinsbraten mit Saft und Kartoffelknödel, Krautsalat und Topfennockerl.* (NÖN 9. 6. 11); **Jungschweinsbrust; Jungschweinskarree,** ↑Karree

**Jungzwiebel,** die (selten auch in D): Lauch-, Frühlingszwiebel: *Für die Fülle die Jungzwiebeln kurz in Butter schwenken und mit dem geriebenen Graukas sowie gehacktem Schnittlauch vermischen.* (OÖN 7. 12. 07)

**junktimieren,** sw. V. / hat ⟨lat.⟩: (mehrere Vereinbarungen) bei einer Entscheidung in einem Junktim verknüpfen: *Nicht sinnvoll ist es, die Kosovo-Lösung mit der europäischen Perspektive Serbiens zu junktimieren.* (KU 26. 7. 07) ◆ **Junktimierung**

**juridisch** ⟨lat.⟩: juristisch: *Vorschläge, ein Verbot über die Tatbestände des Waffenwesens zu regeln, erwiesen sich als juridisch nicht umsetzbar.* (SN 31. 8. 07); *die juridische Fakultät der Universität*

**Jus,** das; - /meist ohne Artikel/ (auch südd. veraltet, schweiz.), (in D) Jura: *Und der Präsidenten-Sohn, der wie der Vater ... Jus studiert, soll zudem kein Unbekannter in der Pariser Rap-Szene sein.* (SN 8. 1. 08) ◆ **Jusstudent/-in:** *Der Jusstudent wurde Assistent für Zivilrecht* (PR 13. 11. 07); **Jusstudium**

**justament** ⟨franz.⟩ (in D veraltet): gerade; nun erst recht: *Ihre vormalige Staatsfluglinie will justament die Alitalia kaufen.* (VN 25. 9. 07). – Häufig als Bestimmungswort in Zus.: **Justament-Ablehnung:** *Dass zuletzt ihr Bundesparteichef Alexander Van der Bellen die Justament-Ablehnung torpedierte, ... stört Rücker nicht.* (PR 9. 1. 08); **Justament-Position:** *Diese Justament-Position wirkt realitätsfremd, kreativere Ideen als die Forderung nach mehr Geld bietet das ÖH-Vorsitzteam nicht an.* (ST 24. 10. 07); **Justament-Privatisierungen:** *Den von Opposition und ÖGB erhobenen Vorwurf, durch ideologisch motivierte Justament-Privatisierungen auf Milliarden zu verzichten, da z. B. das Börseklima schlecht sei, weist Rauch zurück.* (VN 23. 1. 01);

**Justamentstandpunkt,** der: Standpunkt, der aus Trotz, Prestige oder Prinzip nicht aufgegeben wird, obwohl keine sachlichen Gründe [mehr] dafürsprechen: *Die Ablehnung des österreichischen Angebots – bis zu 80 Prozent hätten zurückgezahlt werden sollen – sei von vielen »aus einem Justamentstandpunkt« abgelehnt worden.* (PR 15. 4. 16)

**Justizanstalt,** die: (kurz für) Justizvollzugsanstalt; Strafvollzugsanstalt: *Sechs Täter im Alter zwischen 14 und 16 wurden in eine Justizanstalt eingeliefert.* (PR 19. 3. 17)

**Justizwache,** die (Behördenspr.): Wachekörper der Republik vor allem für die Aufrechterhaltung der Sicherheit und Ordnung in den Justizanstalten, Abk. JW: *Die Justizwache hat nach dem Strafvollzugsgesetz ausreichende Möglichkeiten, Aggressionsakten und Angriffen auf Beamte oder Mithäftlinge wirksam entgegenzutreten.* (PR 12. 2. 17). ↑WACHE ◆ **Justizwachebeamte:** *Öffi-Personal wird Polizei- und Justizwachebeamten gleichgestellt, für tätliche Angriffe auf sie wird der Strafrahmen ebenfalls von bisher sechs Monaten auf zwei Jahre erhöht.* (WZ 21. 2. 17); **Justizwachebeamtin.** ↑**Wachebeamte**

**Juxte,** die; -, -n ⟨lat.⟩: Kontrollstreifen eines Wertpapiers: österr. Form, (in D) Juxta: *Weiters kann mit dieser Juxte über die Sparbücher Nr. ... verfügt werden.* (WZ 30. 12. 04)

**Juxturnier,** das (regional auch in D): sportlicher Wettkampf zum Vergnügen: *Am Samstag wurde beim weit über die Gemeindegrenzen hinaus bekannten Juxturnier ein neues Rekordteilnehmerfeld von 16 Mannschaften verzeichnet.* (OÖN 6. 6. 14)

## K*k*

**k. k.:** (Abk. für) kaiserlich-königlich (im ehemaligen Österreich-Ungarn die nichtungarischen Reichsteile betreffend)

**k. u. k.:** (Abk. für) kaiserlich und königlich (im ehemaligen Österreich-Ungarn beide Reichsteile betreffend): *die k. u. k. Monarchie*

**k. u.:** (Abk. für) königlich-ungarisch (im ehemaligen Österreich-Ungarn die ungarischen Reichsteile betreffend)

**Kabane,** die; -, -n ⟨span.-ital.⟩ (Wien): Badekabine, bestehend aus einem kleinen Betonhäuschen mit Terrasse, Vordach und drei Quadratmeter großen Kabinen: *Anfang Mai öffnen die Freibäder ihre Tore, und die Mieter der Kabanen werden an weißen Plastiktischchen Karten spielen.* (PR 23. 4. 16)

**Kabarett,** das ⟨franz.⟩: wird österr. [kabaˈreː] ausgesprochen, mit Betonung auf der letzten Silbe, also eine eingedeutschte Schreibung mit franz. Aussprache, in D meist [ˈkabarɛt]

**Kabinett,** das ⟨franz⟩: kleines, einfenstriges Zimmer: *Zimmer, Küche, Kabinett – für Großstadtbewohner um 1900 waren diese drei Begriffe Musik in den Ohren.* (ST/Immobilien 20. 10. 07)

**kacheln** ↑kacherln

**Kacherl,** das; -s, -n (ugs.): (kurz für) ↑Kacherllandung: *Doch ein Kacherl bei der Landung brachte Punktabzüge.* (OÖN 12. 2. 14)

**Kacherlaufsprung,** der (Skispringen): ↑Kacherllandung: *Nach 193,5 Metern und knapper Führung im ersten Durchgang segelte Schlierenzauer im Finale auf 211 Meter, musste nach einem Kacherl-Aufsprung aber zittern.* (ST 3. 2. 13)

**Kacherllandung,** die (Skispringen): sichere Parallellandung, die geringer bewertet wird als die Landung mit Ausfallschritt (Telemark): *Der Steirer aus Eisenerz landete nicht elegant im Telemark, sondern machte eine Kacherllandung.* (KZ 22. 3. 14)

**kacherln,** sw. V. / hat (Sportjargon): eine ↑Kacherllandung machen: *139 m – weitester Sprung der Tournee-Geschichte. Nebensache, dass er »kacherlte«.* (PR 7. 1. 02)

**Käferbohne,** die: Feuerbohne /eine Bohnenart/: *Dieses Qualitätssiegel garantiert die steirische Herkunft und Verarbeitung der Käferbohne in der Steiermark.* (KZ 9. 3. 17)

**Kaffee,** der ⟨arab.-franz.⟩: wird österr. (meist auch bayr.) auf der letzten Silbe betont. Die in D übliche Erstbetonung wird in Österr. als typisch norddeutsch empfunden; ***Kaffee verkehrt:** Kaffee mit mehr Milch als Kaffee (im Kaffeehaus): *Für Milchliebhaber ist eher der Milchkaffee, Cafe Latte oder Häferlkaffee geeignet. ... Oder auch der Kaffee verkehrt oder Latte Macchiato, bei dem zuerst viel geschäumte Milch ins Glas kommt und dann erst der Espresso.* (NÖN 28. 7. 09); ***Kaffee reiben** ↑reiben

**Kaffeehäferl,** das: größere Kaffeetasse: *»Die müssen das Kaffeehäferl nur ein wenig drehen, dann ist der Henkel eh links!«* (OÖN 13. 8. 16). ↑HÄFERL

**Kaffeehaus,** das: Café (Wiener Prägung): *Krivanek musste zu Beginn hartnäckige Überzeugungsarbeit leisten, um Wiener Kaffeehäuser von gratis WLAN für deren Besucher zu überzeugen.* (PR 14. 3. 17) ◆ **Kaffeehausbesitzer/-in; Kaffeehausbesucher/-in:** *Morgen ... ist der »Welttag der Poesie« und an diesem können Kaffeehausbesucher ihren Kaffee mit selbst verfassten Gedichten statt mit Geld bezahlen.* (PR 20. 3. 17)

**Kaffeekoch Kaffeeköchin,** der bzw. die: Person, die in einem Café oder Restaurant den Kaffee kocht (Berufsbez.): *Zuvor unglücklich beschäftigt als Kaffeekoch und Masseur in einer großen Versicherungsfirma.* (SN 28. 5. 16)

**Kaffeeobers,** das: (in D) Kaffeesahne: *Bislang erzeugte die Gmundner Milch ... Haltbarmilch und füllte Kaffeeobers in kleine Plastikkapseln für die Gastronomie.* (OÖN 27. 2. 13). ↑ OBERS

**Kaffeeschale,** die: Kaffeetasse: *Der Rest des Semmerls verwandelte sich vor Schock in Brösel und fiel in die Kaffeeschale.* (OÖN 4. 5. 12). ↑ SCHALE

**Kaffeesieder Kaffeesiederin,** der bzw. die: Kaffeehausbesitzer/-in (amtliche Bez.): *Die einzelnen Kaffeesieder ... sollen dabei, so die Idee, quasi alle als Gastgeber auftreten und daran erinnern, dass die Wiener Kaffeehäuser so vielfältig seien wie ihre Besitzer.* (PR 16. 2. 17) ◆ **Kaffeesiederball**

**Kaffeesud,** der: Kaffeesatz: *Ein Lifestyle-Getränk aus Algen, $CO_2$-neutraler Versand in ganz Europa, oder Speisepilze, die auf Kaffeesud wachsen: Grüne Gründer kämpfen ab sofort um drei Mal 15.000 Euro Starthilfe.* (PR 24. 3. 16) ◆ **Kaffeesudleserei:** *Die Antwort auf diese Frage fällt, wie alle Kursziele, unter die Kategorie Kaffeesud-Leserei.* (PR 19. 7. 16)

**Kaffeetscherl,** das; -s, -n (ugs., salopp): [eine Tasse] Kaffee: *Riesenwindbeutel und Kaffeetscherl kommen rasch auf den Seniorentisch, weil sich ins Ausflugsgasthaus eh kaum noch wer verirrt.* (ST 2. 10. 15)

**Kai,** der ‹niederld.›: wird österr. [keɪ] ausgesprochen, in D [kai̯]

**-kaiser -kaiserin:** tritt auch als produktives Bestimmungswort auf und bezeichnet einen in einem bestimmten Bereich mit souveräner Macht ausgestatteten Politiker, Funktionär oder Unternehmer: **Süßwaren-Kaiser** *Carl Manner wird 85 Jahre.* (KU 28. 8. 14); **Abfertigungskaiser; »Immobilienkaiser«** *und Philantrop Karl Wlaschek mit Spendenscheck für die Hochwasserhilfe.* (ST 6. 9. 11); *Dass der* **»Liftkaiser«** *dem auch für Raumordnung zuständigen Landesrat dabei äußerst günstige Konditionen einräumte, rief die Korruptionsstaatsanwaltschaft auf den Plan.* (SN 1. 8. 12); *Das waren jene Zeiten, als ein Voest-Zentralbetriebsratsobmann ... als* **»Betriebskaiser«** *und Multifunktionär Manager und Eigentümervertreter nach seiner Pfeife tanzen ließ.* (SN 18. 6. 05); *Der 67-Jährige galt als* **»Betriebsratskaiser«**, *da er als Leiter der Hauptabteilung Sicherheit nicht nur Betriebsrat in der Generaldirektion, sondern Zentralbetriebsratsobmann und als solcher mächtiges Stiftungsratsmitglied war.* (PR 23. 2. 11); *Die* **Gagenkaiser** (Spitzenverdiener) *in ihrem wohlverdienten Ruhestand sind aber nicht die Landesbeamten.* (SN 15. 9. 14). ↑ **Bezirkskaiser, Dorfkaiser, Gemeindekaiser, Landeskaiser, Ortskaiser, Stadtkaiser**

**Kaiser-:** in der älteren Küchensprache als Bestimmungswort in der Bedeutung ›etwas besonders Gutes, Feines‹, z. B. **Kaisergulasch, Kaisersalat, Kaiserschnitzel**

**Kaiserfleisch,** das (auch bayr.): geräuchertes Bauchfleisch: *Bleibt zu hoffen, dass die Soldaten nicht verstärkt zu Leberkäs, Grenadiermarsch und Kaiserfleisch greifen.* (ST 28. 2. 15). Vgl. Ripperlfleisch

**Kaiserschmarren,** der; -s (heute weitgehend auch in D bekannt): Speise aus Omelettteig, der zerkleinert und mit Zucker bestreut wird, oft mit Rosinen: *Glücklicherweise hält die Wiener Küche einige Vorzeigeexemplare bereit – Kaiserschmarren, Palatschinken, Powidltascherl, Nougatknödel.* (ST 17. 5. 16). ↑ SCHMARREN

**Kaisersemmel,** die (auch südd.): durch fünf bogenförmige Einschnitte auf der Oberseite gekennzeichnete (und heute übliche) Semmel, (in D) Kaiserbrötchen: *haben Sie sich schon einmal gefragt – warum Extrawurst und Kaisersemmel denselben Radius haben?* (KU 1. 12. 07); ***krachen wie eine Kaisersemmel/wie die Kaisersemmeln** (ugs., ostösterr.): brüchig sein, am Scheitern sein: *Er war hoch verschuldet und krachte wie eine Kaisersemmel.* (KU 14. 5. 08); *Denn die dortigen Banken ... krachen selbst wie die Kaisersemmeln.* (PR 4. 10. 08). ↑ SEMMEL

**Kakadu,** der ‹niederld.›: wird österr. auf der letzten Silbe betont, in D auf der ersten

**Kakanien** (oft scherzhaft oder ironisch): von Robert Musil geprägte Bez. für die österr.-ungarische Monarchie bzw. ihre Kultur und Lebensform: *Die Alternative wäre allerdings, dass im Musil'schen Kakanien weiterhin der Möglichkeitssinn regiert.* (ST 24. 1. 17)

**kakanisch:** **1.** die österr.-ungarische Monarchie betreffend: *Und ich erzähle, dass wir uns immer vorgenommen hatten, ein paar Tage nach Pula zu fahren, zum kakanischen Kriegshafen, in dem wir öfter gewesen sind.* (ST 14. 2. 16). **2.** (oft scherzhaft oder ironisch) kurios, absurd: *Ab nun wird der Fall kakanisch.* (KU 26. 8. 04)

**Kakaopackerl,** das: Kakao im Verbundkarton. ↑Packerl

**Kakaosprudler,** die /Plural/ (ugs., scherzhaft): dünne Beine: *»Als Teenager hatte ich Kakao-Sprudler.«* (KU 1. 5. 05). ↑**Sprudler**

**Kalafati,** der; - ‹ital.›: im Wiener Prater aufgestellte Riesenfigur: *Zeugnis davon legen etwa Basilio Calafati – nach ihm ist der Kalafati im Prater benannt – oder die Familie Dumba ab, der eine Wiener Gasse gewidmet ist.* (PR 2. 12. 04)

**¹kälbern,** sw. V. / hat (auch bayr.): kalben: *Es galt eine Kuh, die gerade gekälbert hatte ..., von einer Seite zur anderen zu drehen und ihr eine Infusion zu geben.* (KZ 21. 11. 07)

**²kälbern** /Adj./ (auch bayr.): aus Kalbfleisch: *Ob Statist oder Hauptrolle, es gibt für jeden ein Essen, laut Statuten ein kälbernes Bratl und vier Getränke.* (OÖN 27. 7. 11)

**Kälberne,** das; -n (auch bayr.): Kalbfleisch: *Dabei ist das Fleischessen vor allem der Männer Lust. Diese ... konsumieren ... um die Hälfte mehr Schweinernes, Kälbernes, Rindernes sowie Geflügel als der weibliche Teil der einheimischen Bevölkerung.* (ST 18. 8. 04). Vgl. Hirschene, Lämmerne, Schweinerne

**Kalbin,** die; -, -nen (auch südd.): weibliches Rind, das noch nicht gekalbt hat, (in D) Kalbe: *Beim Verladen von Rindern hat ihn eine zweijährige Kalbin niedergetrampelt.* (SN 17. 9. 07)

**Kalbsbeuschel,** das (auch bayr.): Beuschel vom Kalb: *Jetzt, da die Festtagsvöllerei vorbei ist ..., denkt man wieder mehr an die bescheideneren Freuden der bürgerlichen Küche, zum Beispiel an ein gutes Kalbsbeuschel.* (OÖN 10. 1. 04). ↑Beuschel

**Kalbskarree,** das ‹franz.›: Rippenstück vom Kalb: *Wenn mich der Teufel reitet, wage ich lukullische Herausforderungen wie »Kalbskarree mit Salbei-Thunfisch-Füllung und Tomatenpolenta«.* (PR 4. 9. 10). ↑Karree

**Kalbslungenbraten,** der: Lungenbraten vom Kalb: *Gipfel-Dinner mit Wagramer Forelle und Wiener Kalbslungenbraten.* (ST 15. 6. 06). ↑Lungenbraten

**Kalbsrahmbeuschel,** das: /eine Zubereitungsart von ↑Kalbsbeuschel/: *Ein Kalbswiener steht mit 16,80 in der Karte, ein Kalbsrahmbeuschel mit 9,80.* (ST 26. 11. 13) ↑Beuschel, Rahm

**Kalbsschlegel,** der (regional auch in D): Kalbskeule: *Eine Gansleber, erkaltete, gekochter Speck, zartes Schweinefleisch, Fleisch von einem Kalbsschlegel und Trüffel werden feingewiegt und gemeinsam in einem Steinmörser gestoßen.* (PR 18. 10. 15). ↑Schlegel

**Kalbsstelze,** die: (in D) Kalbshachse: *Kalbsstelze vom Fleischhauer vakuumieren lassen, Stelze im Vakuumsack im Dampfgarer zwei Stunden bei 100 Grad dämpfen, Stelze aus dem Sack schneiden.* (OÖN 1. 9. 14). ↑Stelze

**Kalbssulz,** die (auch schweiz.): Sulz aus Kalbsfleisch, (in D) Kalbssülze. ↑Sulz

**Kalbsvögerl,** das (auch bayr.): **1.** von einer ↑Kalbsstelze ausgelöste und zu einer Roulade gewickelte Fleischstücke: *Lauwarme Kalbsvögerl etwa werden hauchdünn geschnitten.* (ST 2. 12. 06). **2.** Gericht aus diesen Fleischstücken: *Von einfacher Hausmannskost bis zum raffinierten Festtagsgericht reicht die Palette, es gibt Bruckfleisch und Fischbeuschelsuppe, Tomaten-Kalbsvögerl und Powidltascherln.* (ST 3. 9. 13).

**Kalter,** der; -s, - ‹zusammengezogen von *gehalten*› (auch südd.): Behälter [für Fische]: *Im Restaurant in einem offenbar adaptierten Wohnhaus baden zwei Hummer in einem Kalter.* (OÖN 26. 5. 06) ◆ **Fischkalter**

**Kaluppe,** die; -, -n ‹slaw.› (ugs., auch bayr.): baufälliges, altes Haus; Hütte: *Die windschiefe Kaluppe, in der Elisaweta (81) haust, würde man hierzulande mit Schubraupen dem Erdboden gleichmachen.* (KZ 1. 7. 13)

**Kameradschaftsbund,** der: Vereinigung ehemaliger Kriegsteilnehmer und wehrpolitisch Interessierter: *Der Kameradschaftsbund hat schon vor drei Jahren mit dem Argument gegen das Denkmal protestiert, Desertion sei per se nichts Gutes, sondern in allen Rechtsstaaten ein Strafdelikt.* (PR 25. 10. 14)

**Kamin,** der; -s, – (westösterr., auch südd.): Schornstein, Rauchfang: *Passanten bemerkten am Freitagvormittag, wie Flammen aus dem Kamin eines Wohnhauses in Koblach schlugen.* (VN 29. 12. 07); ***in den Kamin schreiben** (westösterr.): in den ↑Rauchfang schreiben: *Kann sein ... dass sie ihr versteuer-*

*tes Privatgeld in den Kamin schreiben können, wenn die UVP in die Hose geht.* (TT 25. 2. 12)

**Kaminkehrer Kaminkehrerin,** der bzw. die (westösterr., auch südd.): Schornsteinfeger/-in, Rauchfangkehrer/-in: *Ursache dürfte laut Kaminkehrer die starke Verharzung des Abzuges gewesen sein.* (TT 20. 12. 03)

**Kämmerer Kämmerin,** der bzw. die (salopp): Funktionär/-in, Vertreter/-in einer Kammer: *Wer wenn nicht die Wirtschaftskammer ist Barometer für die Konjunktur? Die Kämmerer versichern sich der Meinungsforschung.* (KR 12. 1. 05); meist in Zus.: ◆ **Arbeiterkämmerer:** *Die Besetzung des frei werdenden Postens ... in Oberösterreich lässt Arbeiterkämmerer und Wirtschaftskämmerer in Linz und Wien derzeit hektisch intervenieren.* (OÖN 24. 6. 06); **Arbeiterkämmererin:** *Inoffiziell wird sie als Arbeiterkämmerin freilich immer noch der SPÖ zugezählt.* (PR 12. 7. 15); **Ärztekämmerer:** *Damit passiert genau das, wogegen die Ärzte-Kämmerer eigentlich streiken lassen wollen.* (VN 11. 10. 07); **Ärztekämmerin; Landwirtschaftskämmerer:** *»Ich wollte nie die Politik als Methusalem verlassen«, sagt Hofmacher, der als Landwirtschaftskämmerer und Abgeordneter einer der maßgeblichen Regionalpolitiker gewesen ist.* (OÖN 3. 1. 08). **Wirtschaftskämmerer:** *Erhard Busek und Alois Mock bearbeiteten Landwirtschafts- und Wirtschaftskämmerer, dass die europäische Öffnung nicht zu Bauern- und Greißlersterben führen muss.* (News 18. 12. 14); **Wirtschaftskämmerin:** *Hier dürfte die favorisierte Wirtschaftskämmerin Petra Stolba, ÖVP, ihre Schäfchen ins Trockene gebracht haben.* (profil 9. 10. 06)

**Kammerl,** das; -s, -n (ugs., auch bayr.): **1.** [kleines] Zimmer: *Da habe ich ein kleines Kammerl zum Nachdenken, das ist ganz alt und sehr gemütlich.* (OÖN 22. 5. 18). **2.** (salopp, ugs.): kleiner Raum für bestimmte Zwecke, z. B. Kabine für Sportler, Abstellraum, Lagerraum für schulische Sammlungen: *Österreichs Ruderer teilen sich mit den Ungarn und Schweizern ein Kammerl an der Regattastrecke.* (KZ 5. 8. 16); *In der Abstellkammer hat nichts mehr Platz und Ihnen fällt jedes Mal etwas vor die Füße, wenn Sie das Kammerl betreten?* (OÖN 12. 2. 15); ↑**Besenkammerl, Raucherkammerl, Turnkammerl**

**Kammerrat Kammerrätin,** der bzw. die (Verw.): gewähltes Mitglied einer Kammer: *Schon davor war er zum Kammerrat der Arbeiterkammer Wien und zum Aufsichtsratspräsidenten der Bawag befördert worden.* (SN 15. 4. 04)

**Kammerschauspieler Kammerschauspielerin,** der bzw. die: Titel verdienter Schauspieler/-innen bzw. Träger/-innen des Titels, Abk. KS (selten auch in D): *Nach der Matura begann er ein Jus-Studium in Wien, daneben nahm er Schauspiel-Unterricht bei ... Kammerschauspieler Fred Liewehr.* (PR 26. 7. 16)

**Kammerstaat,** der (salopp): Staat mit stark ausgeprägtem Kammernsystem (oft als Eigenbez. Österreichs): *Österreichs Kammerstaat wird nun definitiv in der Bundesverfassung festgeschrieben.* (PR 29. 11. 07). – Daher sind die Kammerbez. entweder spezifisch österr. (Arbeiter-, Notariats-, Wirtschaftskammer) oder vergleichsweise häufiger als in D (Apothekerkammer, Ärztekammer, Landwirtschaftskammer)

**Kammerumlage,** die: Mitgliedsbeitrag einer Kammer: *Die Höhe der Kammerumlage richtet sich nach dem Umsatz sowie der Lohn- und Gehaltssumme.* (VN 3. 7. 07)

**kampeln** ↑gekampelt

**Kampfmannschaft,** die (Sport): die erste, beste Mannschaft, die beim Wettbewerb zum Einsatz kommt: *Zum Einsatz gekommen ist der ÖFB-U19-Teamspieler ... in der Kampfmannschaft aber noch nicht.* (PR 14. 3. 17)

**kampieren** ↑campieren

**Kampl,** der; -s, -n (ugs., auch bayr.): Kerl, Geselle, Kumpan: *Kaiser Ferdinand der Gütige, im Volksmund auch Gütinand der Fertige genannt, war ein lustiger Kampl.* (SN 8. 6. 07)

**Kanaille,** die: wird österr. [kaˈna(i̯)jɛ, kaˈnai̯ljɛ] ausgesprochen, in D [kaˈnaljə]

**Kanalstrotter Kanalstrotterin,** der bzw. die (ugs.): Person, die im Kanalsystem nach Verwertbarem sucht: *Er erzählt vom Wien der mächtigen Hausmeister und dem der Kanalstrotter und Miststierler, die mit den Abfällen der Stadt ihre Existenz bestritten.* (Falter 25. 4. 07). ↑**Strotter**

**Kanapee,** das ⟨franz.⟩: wird österr. meist auf der letzten Silbe betont, in D auf der ersten

**Kanari,** der; -s, - (ugs., auch südd.): (kurz für) Kanarienvogel: *Statt der typischen miauenden »Hijää«-Rufe hört sich »Pipsi« eher wie ein Kanari an.* (ST 10. 3. 07)

**kanarigelb** (ugs.): grell gelb: *Zum Bahnhof Rotterdam Centraal Station sind es über diese kanarigelbe Fußgängerbrücke nur ein paar Schritte.* (ST 7. 8. 16)

**Kanarimilch,** die (ugs., Wien): mit Eidotter und Vanille verrührte Milch; dünne Vanillecreme ohne Stärke: *Dukatenbuchteln, die kleinen, ungefüllten Buchteln, die gern mit Kanarimilch ... serviert werden, sind nur eine der vielen heimischen Mehlspeisen, die böhmische Wurzeln haben.* (ST 3. 12. 16)

**Kanditen,** die /Plural/ ‹ital.›: **1.** überzuckerte, kandierte Früchte: *Kanditen – Wer heute in einer St. Pöltener Kondi Süßes genießt, kennt den Urvater aller Leckereien vermutlich kaum.* (KU 18. 11. 06). **2.** (veraltet, noch amtlich) Zuckerwaren: *M.Z. hat an der WKO die Meisterprüfung für Bäcker (mit Auszeichnung) und Konditoren (Zuckerbäcker) einschließlich der Lebzelter und der Kanditen-, Gefrorenes- und Schokoladenwarenerzeugung abgelegt.* (OÖN 22. 12. 16) ◆ **Kanditenfabrik, Kanditengeschäft**

**Kandl,** das; -s, -n (auch bayr.): Kanne. – Diminutiv zu *Kanne,* drückt aber nicht unbedingt eine Verkleinerung aus

**Kantineur Kantineurin,** der; -s, -e bzw. die; -, -nen: Kantinenwirt/-in: *Der Regisseur macht die Regie, der Bühnenbildner das Bühnenbild, und der Kantineur macht die Wurstsemmeln.* (ST 2. 5. 12)

**Kantwurst,** die: eine salamiähnliche Dauerwurst in eckiger Form: *Und ins Herz geschlossen haben wir natürlich auch die ungarische Salami und ihre etwas vulgäre Tochter, die Kantwurst.* (SN 31. 3. 04)

**Kanu,** das ‹karibisch›: wird österr. auf der letzten Silbe betont, in D auf der ersten

**Kanzlei,** die ‹lat.›: ist ugs. veraltend noch allgemein als ›Büro‹ üblich, sonst wie in D nur ›Büro eines Rechtsanwalts oder einer Behörde‹. ↑**Amtskanzlei, Pfarrkanzlei, Präsidentschaftskanzlei, Präsidialkanzlei, Realkanzlei**

**Kanzleileiter Kanzleileiterin,** der bzw. die (Behördenspr.): Büroleiter/-in bei Behörden: *Ab Donnerstag, dem 8. Februar, wird die Kaprunerin mit ihrem Saalfeldener Kanzleileiter die Ressorts Arbeit und Soziales lenken.* (SN 1. 2. 07)

**Kanzleirat Kanzleirätin,** der bzw. die: /Berufstitel für besondere Leistungen/: *So gesehen sind die Titelträger die Schmiere im Getriebe der parteipolitischen Maschinerie und der Nation. Der Kammersänger, die Studienrätin, der Professor, die Kanzleirätin etc. sind Symbol für eine unausgesprochene politische Fraternisierung.* (ST 6. 2. 15)

**Kapazunder,** der (ugs., scherzhaft): Kapazität, hervorragender Fachmann: *In die Brust- oder Ärmeltasche der Kochjacke gesteckt, zeichnet die Pinzette ihren Träger als Kapazunder auf seinem Gebiet aus.* (ST 12. 3. 17)

**Kapital,** das; -s ‹lat.›: der Plural lautet österr. Kapitalien, in D auch Kapitale

**Kappe,** die: meist flache, steife Kopfbedeckung mit Schild: *»Ich habe immer gleich viel Angst vor den Rechten wie den Linken«, so die Wienerin mit roter Kappe.* (PR 6. 4. 17). – In D ist eine *Kappe* eine ›eng anliegende Kopfbedeckung mit oder ohne Schild‹, es wird also nicht zwischen *Kappe* und ↑*Haube* differenziert. ↑**Pelzkappe, Pullmankappe, Schildkappe, Schirmkappe, Uniformkappe**

**Kapperl,** das; -s, -n (ugs., auch bayr.): Kappe: *Auch dass unter Niki Laudas rotem Kapperl andere Prioritäten herrschen, überraschte wenig.* (ST 30. 11. 07)

**Kappl,** das; -s, -n (ugs., auch bayr.): Kappe, bes. übertragen auf Amtsträger. – Die Diminutivendungen *-erl* und *-l* drücken hier keine Verkleinerung aus. ↑**Amtskappl**

**Kappler,** der (ugs.): Amtsträger, bes. in Zus.: ↑**Amtskappler, Schwarzkappler, Weißkappler**

**Kaprize,** die [kaˈpritsɛ] ‹franz.›: Laune: österr. Form, (in D) Caprice, Kaprice [kaˈpriːsə]

**Kaprizpolster,** der (veraltet): kleines, ziemlich festes Kissen, das zusätzlich (als Kaprize) auf die Bettkissen gelegt wird: *Was haben Sie immer im Reisegepäck?... Bücher, Kreuzworträtsel, Fotoapparat, Filme, meinen geliebten Kaprizpolster und die Flugzeugschlafbrille gegen die Sonne.* (PR 10. 9. 05). ↑Polster

**Kapuze,** die: wird österr. (und bayr.) mit kurzem u ausgesprochen, in D meist mit langem

**Kapuziner,** der ‹ital.› (in der Wiener Kaffeehaustradition, veraltend): ↑Kaffee mit einem Tropfen Milch; ***besoffener Kapuziner:** Kuchen aus Nüssen, Brösel, Eiklar usw., der mit einem heißen Wein- oder Mostgemisch übergossen wird: *Natürlich musste es dann ein besoffener Kapuziner (2,50) sein, der modern auf einem eckigen Glasteller mit frischem Obstsalat und Schlagobers daherkommt.* (OÖN 7. 9. 07). – Auch *besoffene Liesl*

**Karabiner,** der ‹franz.› (selten auch in D): (kurz für) Karabinerhaken: *Selbstgesichert mit zwei Karabinern kann der Besucher nach einer gründlichen Sicherheitseinschulung ei-*

*genverantwortlich den Parcours begehen.* (ST 10. 9. 07)

**Karambol,** das; -s, -s: Spielball beim Billard: österr. Form, (in D) die Karambole: *Aber vielleicht deutet sein Sprachstil ... auch nur auf das baldige Erscheinen eines neuen Werks hin, in dem es um Karambol, Filz, Bandenspiel und verbotene Stöße geht.* (PR 4. 11. 03)

**Karbonade,** die ‹niederländ.-franz.-ital.› (in D regional): gebratenes Kotelett. – Auch in der Form *Karbonadl*

**Karenz,** die; - ‹lat.›: 1. (Behördenspr., Arbeitsrecht) Freistellung von der Arbeit gegen Entfall des Arbeitsentgelts und ohne Auflösung des Dienstverhältnisses; meist in der Wendung ***gegen Karenz der Bezüge/Gebühren:** ohne Bezahlung: 2. (kurz für) ↑Karenzurlaub (b): *Langzeitkrankenstände oder Karenzen werden neben Überstunden auch durch die Aufnahme nicht vollgeprüfter Lehrer abgefangen.* (ST 15. 3. 17); *Erst wenn Väter in Karenz ... normal sind, gebe ich mich zufrieden.* (OÖN 12. 9. 07); meist in der Wendung ***in Karenz gehen:** 1. einen ↑Karenzurlaub (a) nehmen: *Der Beamte ging während seiner politischen Tätigkeit in Karenz.* 2. Mutterschaftsurlaub oder ↑Karenzurlaub (2.) antreten: *Als Johann Winkler vor 14 Jahren in Karenz ging, war er allein unter Müttern.* (27. 10. 08). – In D kurz für *Karenzzeit* ›Wartezeit, Sperrfrist im Versicherungswesen‹. ↑**Bildungskarenz, Elternkarenz, Familienhospizkarenz, Hospizkarenz, Mutterschaftskarenz, Teilzeitkarenz, Väterkarenz**

**Karenzgeld,** das: 1. (früher) Sozialbeihilfe für Mütter während des Mutterschaftsurlaubs (heute Kinderbetreuungsgeld): *Der Flaf, über den Familienbeihilfe und Karenzgeld abgewickelt werden, macht den Löwenanteil des Budgets des Familienressorts aus.* (ST 25. 11. 15). 2. Weiterbildungsgeld für Bildungskarenz in Höhe des Kinderbetreuungsgeldes: *Die von Minister Bartenstein angekündigte Erhöhung des Karenzgeldes für die Bildungskarenz sei zwar wichtig, aber nicht ausreichend.* (VN 2. 10. 07) ◆ **Karenzgeldanspruch; Karenzgeldempfänger/-in**

**karenzieren,** sw. V. / hat ‹lat.›: gegen Entfall der Bezüge vom Dienst freistellen, einen unbezahlten Urlaub gewähren: *Inzwischen hat sich der Neurochirurg, der auch eine Ordination hat, für ein Jahr karenzieren lassen – ohne Bezüge.* (ST 9. 3. 17) ◆ **Karenzierung:** *Nach langen Verhandlungen einigten sich Uni und Professor auf die Karenzierung.* (PR 21. 10. 15)

**Karenzurlaub,** der: 1. im öffentlichen Dienst ein Urlaub gegen Entfall der Bezüge: *Es wird großzügige Karenzurlaube für jene geben, die eine Zeit lang aussetzen wollen.* (PR 25. 2. 06). 2. sozialrechtlich abgesicherter Sonderurlaub nach der Schutzfrist, ohne Lohn, aber mit staatlicher Beihilfe; (in D) Erziehungsurlaub: *Mütter und Väter sollten bei Bedarf Karenzurlaub bis zum zwölften oder sogar bis zum 15. Lebensjahr ihres Kindes in Anspruch nehmen können.* (PR 16. 11. 14) ◆ **Karenzurlaubsgeld**

**Karenzvertretung,** die: Vertretung während eines Karenzurlaubs: *Ein besonders wichtiger Schritt sei die neue Lösung für die Karenzvertretung von Polizistinnen.* (PR 15. 9. 06)

**Karenzzeit,** die: Zeitraum des bezahlten Mutterschaftsurlaubs: *Zudem werden als Novum künftig die Karenzzeiten in vollem Ausmaß auf dienstzeitabhängige Ansprüche angerechnet.* (KZ 23. 12. 16)

**Karfiol,** der; -s ‹ital.›: (in D) Blumenkohl: *Wenn man viel Gemüse wie Broccoli, Karfiol, Weiß- und Rotkraut isst, verringert sich das Risiko für Krebsarten in den Atemwegen und dem Verdauungstrakt.* (PR 25. 9. 06). ↑SUPPE ◆ **Karfiolsalat, Karfiolsuppe**

**Karfreitagsratsche,** die (auch bayr.): Holzgerät, mit dem am Karfreitag bes. zu Beginn der Gottesdienste statt des Glockenläutens gelärmt wird: *Daneben werden aber auch noch Traditionen gelebt, die wohl nicht jedem bekannt sind. Wie der Einsatz der Karfreitagsratschen.* (KZ 5. 3. 12). /auch als substantivierter Infinitiv/: *Karfreitagsratschen ist nun immaterielles Kulturerbe.* (KZ 28. 9. 15). ↑**Ratsche**

**karinthisch** ‹lat.›: kärntnerisch: *Er jazzelte karinthisches Liedgut an* (ST 13. 1. 07). ↑**carinthisch**

**Karl,** der: ***sich einen Karl machen** (ugs., salopp, bes. ostösterr.): sich einen Spaß machen, eine Gaudi haben: *Man hätte gerne die Vorstellung, dass sich hier lustige Drehbuchautoren und Schauspieler einen Karl machen.* (OÖN 25. 5. 11); *Es gibt kaum Rentnerinnen-Gangs, die ihre Rehpinscher auf Menschen hetzen, aber relativ häufig Gestörte, die sich einen Karl daraus machen, ihre Rottweiler wenigstens auf Rehpinscher loszulassen.* (Falter 30. 8. 10)

**Karner,** der ‹lat.› (auch bayr., sonst fachspr.): Beinhaus: *Verwaist war lange Zeit der Holzbal-*

*kon am Karner der Ennser Basilika: Eine Terrakotta-Figurengruppe ... wurde liebevoll restauriert und ist jetzt zurückgekehrt.* (OÖN 17. 5. 02)

**Karniese,** die; -, -n [kar'niːʃɛ]: verdeckte, umkleidete Vorhangschiene; Gardinenleiste: *Boris habe die Karniese noch immer nicht so angebracht.* (PR 10. 4. 10). – Die der Aussprache entsprechende Schreibung *Karnische* kommt kaum vor ◆ **Karniesenstange**

**Kärntneranzug,** der: Anzug der typisch Kärntner Tracht oder dieser nachgebildet: *Sein Kärntneranzug bleibt aber zu Hause, präsentiert wird die aktuelle Nimo-Mode.* (KZ 30. 7. 15). Vgl. Steireranzug

**Karosseriespengler Karosseriespenglerin,** der bzw. die: (in D) Autospengler/-in, Karosserieschlosser/-in: *A. S. hat an der Wirtschaftskammer die Meisterprüfung zum Karosseriebauer einschließlich Karosseriespengler und Karosserielackierer mit Erfolg abgelegt.* (OÖN 19. 12. 13). ↑Spengler, **Spenglerei** ◆ **Karosseriespenglerei**

**Karosseur Karosseurin,** der bzw. die: Karosseriebauer/-in: *Für angehende Karosseure, Lackierer und Kfz-Mechaniker soll ein neues Gebäude errichtet werden.* (PR 13. 3. 17)

**Karree,** das; -s, -s ‹franz.› (Küche, selten auch in D): Rippenstück vom Schwein, Kalb oder Schaf: *Ein Schwein besteht keineswegs nur aus Schnitzelfleisch und Karree.* (OÖN 29. 8. 15); ***kurzes Karree:** vorderer, schmalerer Teil des Rippenstückes; ***langes Karree:** hinterer, breiterer Teil des Rippenstückes. ↑**Jungschweinskarree, Kalbskarree, Schweinskarree, Selchkarree**

**Karreespeck,** der: geräuchertes ↑Karree: *Das Feuer brach in einer Selche aus, in der 300 Kilogramm Karreespeck zum Räuchern aufgehängt waren.* (OÖN 7. 3. 16). ↑Speck

**Karren,** der (auch südd., schweiz.): (in D meist) die Karre: *Dann würden sich die Ex-Politiker zurückziehen können und anschauen können, wie, womit und wodurch der verfahrene und steckend Karren herausgezogen wird.* (PR 5. 7. 16)

**Karrner Karrnerin,** der bzw. die (Tirol, früher): nicht sesshafte/-r Arbeiter/-in im Vinschgau und Oberinntal: *Traditionell ist der Unsinnige Donnerstag der Tag des fahrenden Volkes, der Karrner.* (TT 28. 2. 14) ◆ **Karrnerleut**

**Karrette,** die; -, -n ‹ital.› (Vbg., auch schweiz.): Schubkarren, ↑Scheibtruhe: *Wenn man vor 50 Jahren eine Baustelle besichtigte ... waren der Bauführer und die Maschinisten Einheimische, die mit Karrette, Schaufel und Bickel waren Ausländer.* (VN 29. 9. 06)

**Karriere,** die: wird österr. auch [ka'ri̯eːɐ] ausgesprochen, also ohne Endungs-e, in D [ka'ri̯eːrə]

**Karriereschmiede,** die: Einrichtung, in der man etwas lernen kann, was für eine Karriere günstig ist: *Den Ruf als Karriereschmiede mag der WEV verloren haben, eine traditionsreiche Institution ist er geblieben.* (PR 26. 12. 12)

**Kartellgericht,** das: Gericht, das für Kartellfragen, Preisabsprachen, Firmenfusionierungen zuständig ist: *Der Medienkonzern ProSieben Sat.1 Puls4 darf den Privatsender ATV übernehmen, es wird keinen Prüfungsantrag ans Kartellgericht geben.* (PR 9. 3. 17)

**Kas:** die verschriftl. Dialektform von *Käse* kommt in verschiedenen Speisenbez. vor: ↑**Kasfarfeln, Kasnocken, Kasknödel, Kasnudeln, Kaspressknödel, Kasspatzeln, Kasspatzen; Erdäpfelkas, Grammelkas, Graukas, Topfenkas**

**Käs:** in Vbg. (und südwestd.) für ↑Kas: *Im Anschluss konnte bei Kartoffel, Käs und Butter noch geplaudert werden* (VN 21. 4. 16)

**Käsekrainer,** die: eine mit Käsewürfeln gespickte Grillwurst, meist heiß am Stand gegessen: *Ja, ich habe mir diesmal Käsekrainer gewünscht, die ja sehr fett sind und die ich sonst nicht essen darf.* (SN 22. 12. 16). ↑**Krainer**

**Käsenockerl,** das /meist Plural/ (selten für) ↑Kasnocken: *Faschiertes, Speckfisolen, Rindfleisch, Käsenockerl mit Wurst sowie Pudding und Zwetschkenknödel stehen heute auf dem Speiseplan des Vinzenzstüberl in Linz.* (OÖN 8. 1. 07). ↑Nockerl

**[1]Kaser Kaserin,** der bzw. die (auch bayr.): **1.** Käser, Facharbeiter für Käsezubereitung: *Die beiden Hauptsorten der Zwettler Kaser sind Bio-Binkerl und Bergkäse.* (OÖN 10. 8. 07); *Marianne, eine erfahrene Kaserin (Käsesommelière) steht uns Käsegreenhorns in der Sennhütte hilfreich zur Seite.* (KR 17. 8. 08). **2.** Senn, der auf einer Alm für Milch und Käse zuständig ist: *Er ist der Kaser auf der Mitterfeldalm und für seinen Käse auch schon prämiert worden.* (SN 16. 9. 05) ◆ **Kaserei**

**[2]Kaser,** die; -, -n (west-, südösterr.): Almhütte: *Wer einen guten Überblick auf die Weideböden und die verstreuten Kaser genießen will, findet ein Stockwerk höher auf dem Farmauriedel ... einen feinen Logenplatz.* (SN 8. 8. 15)

**Käsespätzle,** die /Plural/ (Vbg.): mit geschmolzenem geriebenem Käse verrührte Spätzle: *Das »Kornmesser« bietet ein Tagesmenü für 7,80 Euro an, heute gibt es Kraftsuppe mit Grießnockerl und Käsespätzle mit Kartoffelsalat.* (VN 30. 11. 07)

**Kasfarfeln,** die ⟨ital.⟩ /Plural/: mit Käse hergestellte ↑Farfeln; ↑Kasnocken: *Kasfarfeln oder auch Käsenocken genannt, ist ein Rezept aus der alt-österreichischen Küche.* (GuteKüche.at) ↑Kas, Suppe ◆ **Kasfarfelsuppe**

**Kasknödel,** der (bes. Tirol): aus gewürfeltem Weißbrot, Eiermilch und geriebenem Käse zubereiteter Knödel: *Serviert werden u. a. deftige Press- und Kasknödel, Spinat-, Speck- und Semmelknödel oder süße Germ-, Marillen- oder Zwetschkenknödel.* (KZ 5. 8. 11). ↑Kas, Knödel

**Käsknöpfle,** die /Plural/ (Vbg.): ↑Kässpätzle: *Ihre Kochkünste sind in der Familie gefragt, denn keiner kann so gut Käsknöpfle zubereiten wie Oma Mina.* (VN 20. 11. 07). ↑**Knöpfle, Krutknöpfle**

**Kasnocken,** die /Plural/: mit Käse hergestellte, in Salzwasser gekochte Nockerln; Kässpätzle: *Auf der Schafalm ganz oben auf der Planai wartet bei Schweinsbraten, Kasnocken und Gröst'l der gemütliche Teil des Gipfels.* (KZ 26. 9. 14). ↑Kas, **Käsenockerl**, Nocken

**Kasnudel, Käsnudel,** die /meist Plural/ (Ktn.): gekochte und anschließend in Butter geschwenkte, pikant gefüllte Teigtasche, ähnlich Ravioli: *Mir schmecken die Kasnudel und Euch die Pasta asciutta.* (KZ 7. 12. 07). – Vgl. Schlutzkrapfen. Nicht zu verwechseln mit ↑Kässpätzle. ↑Kas, Nudel

**Kasperl,** der; -[s], -n [ˈkaʃpɐl] (auch bayr.): **1.** lustige Figur im Kasperltheater, (in D) Kasper, Kasperle: *Eine Geschichte rund um Kasperl, Gretel, das Krokodil und den grünen Wassermann erwartet Kinder ab drei Jahren.* (OÖN 26. 9. 07). **2.** alberner Kerl, lächerliche Figur: *... er stehe nun als Kasperl des Pinzgaus da.* (SN 26. 9. 07). ↑**Herzkasperl, Klassenkasperl** ◆ **Kasperlbühne; Kasperlfigur:** *Darauf verlegte sich meine Großmutter darauf, Gobelins zu weben, für die Wiener Werkstätten zu arbeiten und Kasperlfiguren zu machen.* (PR 31. 12. 10); **Kasperlpuppe**

**kasperln,** sw. V. / hat [...ʃp...]: den Kasperl machen, herumalbern, (in D) kaspern: *Wild grimassierend kasperlt sich Claudia Schlenger so durch das Programm, dass einem Engagement bei der Löwinger-Bühne eigentlich nichts im Wege stünde.* (SN 18. 5. 06). ↑**herumkasperln**

**Kasperltheater,** das: Puppentheater mit dem Kasperl als zentraler Figur, (in D) Kaspertheater, Kasperletheater: *Mit Puppenspieler assoziieren viele in erster Linie das Kasperltheater der Kindheit.* (PR 17. 3. 17)

**Kaspressknödel,** der: aus gewürfeltem Weißbrot, Eiermilch und geriebenem Käse zubereiteter ↑Knödel, der nach dem Formen flachgedrückt und in Fett herausgebraten wird: *Es werden Kaspressknödel gekocht, Mozartkugeln genascht und die Blasmusikkapelle spielt auch.* (KZ 12. 7. 15). ↑Kas, Knödel

**Kassa,** die; -, Kassen ⟨ital.⟩: Kasse: *Wenn schon die Liebe weg ist, soll wenigstens die Kassa stimmen.* (KZ 16. 3. 17); ***Kassa machen:** Einnahmen und Ausgaben am Ende der Geschäftszeit abrechnen: *Das Weihnachtsgeschäft ist erledigt, nun wird Kassa gemacht.* (BVZ 28. 12. 11). ↑**Abendkassa, Bankomatkassa, Krankenkassa, Pensionskassa, Sitzkassa** ◆ **Kassabeleg; Kassabericht:** *»Kassabericht und finanzielle Angelegenheiten« sind der vorletzte Tagesordnungspunkt.* (PR 30. 8. 09); **Kassablock:** *»Er hat sich aber auch mit weniger Geld zufriedengegeben und mit einem Kassablock Bestätigungen ausgestellt.«* (KU 15. 5. 07); **Kassabon; Kassabuch:** *Alle Geschäftsunterlagen wie Kassabücher, Belege etc. sind vollständig vorhanden.* (PR 30. 8. 09); **Kassagebarung,** ↑Gebarung; **Kassastand:** *Kassier Mario Greber berichtete über einen soliden Kassastand mit einem Jahresbudget von rund 17.000 Euro.* (VN 20. 12. 07); **Kassasturz; Kassazettel:** *Um Weihnachtsfrust zu vermeiden, rät die Arbeiterkammer den Schenkenden vor allem eines: den Kassazettel aufheben.* (SN 21. 12. 06)

**Kassapult,** das: Schalter, an dem bezahlt wird: *Der Täter schnappte sich dann die am Kassapult liegende Geldtasche und verschwand.* (KU 6. 10. 08). ↑**Pult**

**Kassenobligation,** die (auch schweiz.) /meist Plural/: festverzinsliches Wertpapier: *Für 18 Monate Laufzeit bietet die BA-CA ab Jahreswechsel eine mit 2,25 Prozent verzinste Kassenobligation an.* (PR 30. 12. 03)

**Kassenvertrag,** der: Vertrag zwischen einer Krankenkasse und einem Arzt oder Therapeuten zur direkten Abrechnung der Behandlungskosten: *1.400 zusätzliche Ärzte mit Kassenvertrag in Österreich hält er für notwendig.* (PR 11. 3. 17)

**Kassier Kassierin,** der bzw. die; -s, -e ‹ital.› (auch südd., schweiz.): (in D) Kassierer/-in: *Im Musikverein war er über 35 Jahre aktiv tätig, u. a. als Kassier und auch als Obmann.* (OÖN 17. 11. 16); *Anfang Jänner entdeckte eine Kassierin eines Leibnitzer Supermarkts zwei Flaschen Gin im Rucksack, den der Iraner trug.* (KZ 15. 3. 17). ↑**Sitzkassierin**

**Kasspatzeln, Kasspatzen,** die /Plural/: ↑Kasnocken: *Mein Lieblingsgericht aus der österreichischen Küche sind Kasspatzeln.* (KU 3. 2. 16). ↑KAS, SPATZEN

**Kässpätzle,** die /Plural/ (westösterr., auch südd.): mit geriebenem Käse zubereitete Spätzle: *So stehen ... neben dem richtigen Zubereiten alpenländischer Schmankerl wie Kässpätzle und Kaiserschmarrn ... das Beherrschen eines gepflegten Umgangstons auf dem Lehrplan.* (VN 3. 12. 07). ↑KÄS

**Kastanienreis,** der: Süßspeise aus gekochten Maroni mit Zucker und Rum, die in eine spaghettiähnliche Form gepresst wurden: *Wir Österreicher schätzen die Maroni in Püreeform oder als Kastanienreis, und die Schweizer wie die Korsen brauen sogar Bier daraus.* (KU 5. 12. 11)

**Kastanienschnitte,** die /meist Plural/: mit Kastanienpüree bestrichener Kuchen: *Dem pikanten Teller für Steirer folgt eine Kastanienschnitte, ein langgezogener Genussseufzer mit Blick ins Land und noch ein Glaserl.* (OÖN 18. 10. 14). ↑SCHNITTE

**Kasten,** der; -s, Kästen (auch südd., schweiz.): Schrank: *Der unbekannte Täter riss aus einem Kasten einen angeschraubten Tresor heraus.* (PR 18. 3. 17) ◆ **Kastentür:** *Bis zu jenem Moment, als er mitten der Nacht in seinem eigenen Bett aufwachte, das Klo in seiner eigenen Wohnung nicht fand, gegen eine Kastentür stieß.* (Falter 24. 2. 15). ↑**Bücherkasten, Einlaufkasten, Eiskasten, Kleiderkasten, Küchenkasten, Radarkasten, Rollkasten, Schubladkasten, Traidkasten, Troadkasten, Vorzimmerkasten, Wäschekasten**

**Kastl,** das; -s, -n (ugs., auch bayr.): **1.** kleiner, niedriger Schrank: *»Dabei hab ich ihn doch extra im Kastl eingesperrt!«, weinte die Richterin dem Ventilator eine überdurchschnittlich schweißgetränkte Träne hinterher.* (SN 21. 7. 07). **2.** kleines Quadrat (als Ankreuzfeld oder Teil eines karierten Papiers etc.). **3.** irgendeine Art von technischem Gerät, z. B. Fernseher, Computer: *Vor 80 Jahren blickte der erste Fernsehkoch der Welt aus dem Kastl.* (OÖN 21. 1. 17); *Lenker bremsen sich jäh ein, sobald sie ein Kastl am Straßenrand erspähen, das wie eine geschrumpfte Radarbox aussieht.* (KU 6. 10. 07). ↑**Briefkastl, Einserkastl, Hirnkastl, Küchenkastl, Kuchlkastl, Nachtkastl, Narrenkastl, Postkastl**

**Kasuar,** der: wird österr. auf der ersten Silbe betont, in D meist auf der letzten

**Kataster,** der; -s, - ‹ital.›: Grundstücksverzeichnis: ist österr. Maskulinum, in D auch Neutrum

**Katastralgemeinde,** die: Gemeindeteil, Ortschaft innerhalb einer Gemeinde, für die ein Grundbuch angelegt ist; Abk. Kat. Gem., KG: *Die Katastralgemeinde Schwarzach wurde 1906 von der Gemeinde St. Veit getrennt.* (SN 1. 6. 06)

**Katheder,** der; -s, -: ist österr. Maskulinum, in D auch Neutrum: *Um Schummeln vorzubeugen, müssen Smartphones ... auf den Katheder gelegt werden.* (SN 4. 3. 17)

**Katz,** die (ugs., salopp): [hübsches] Mädchen, (ugs. salopp in D) Biene: *Hausherr Dominique Meyer verrät ihr dafür, wie weit er schon ins Wienerische vorgedrungen ist: »A fesche Katz!«* (OÖN 18. 2. 12). ↑**Gustokatz.** Vgl. Pupperl

**Katzelmacher,** der ‹ital. *cazza* ›Schöpfkelle‹› (ugs., abwertend, auch bayr.): Italiener: *Meine Eltern wollten nicht, dass ich einen »Katzelmacher« heirate, und meine Schwiegermutter wünschte sich für das einzige Kind eine Italienerin als Frau.* (OÖN 6. 11. 06)

**Katzengeschrei,** das (Küche): Fleischgericht aus in Fett gebackenen verschiedenen Fleischsorten oder Bratenresten: *Hier findet man strukturiert, übersichtlich, gut fassbar und ohne Gschistigschasti, was gute österreichische Küche ausmacht. Vom Beuschel und »Katzengeschrei« ... über Fischzubereitung, Gemüsegerichte, alle Arten von Grundteig bis Essigmachen.* (OÖN 28. 5. 16)

**Katzenkisterl,** das (ugs.): Katzenklo: *»Schnucki« wurde vorübergehend in den Diensträumen aufgenommen und von den Zivildienern ... mit Milch und Futter und einem Katzenkisterl versorgt.* (OÖN 10. 12. 12). Vgl. Kiste

**kauern,** sw. V. / ist: das Perfekt wird österr. (seltener auch südd., schweiz.) mit *sein* gebildet, in D mit *haben*: *In einer besonders imposanten Szene sind sechs von ihnen auf das drehbare Podest gekauert.* (KZ 13. 6. 16). – Im reflexiven Gebrauch auch österr. mit *haben*

**Kaufanbot,** das (Behördenspr.): Kaufangebot: *Am kommenden Wochenende soll das Kaufan-*

*bot für Anleihen der ehemaligen Hypo kommen.* (PR 8. 1. 16). ↑**Anbot, Meistbot**

**Kavalierspitz,** der: Fleisch vom Rind unter dem Kamm, bes. zum Kochen geeignet, ↑Kruspelspitz: *Für ihre Suppen kann die Wiener Küche nichts. Die sind zwangsläufig entstanden, als ein Land ... ganze Rindfleischberge von Tafelspitz bis Hüferschwanzl und Kavalierspitz verkochte.* (KU 6. 12. 07). ↑SPITZ

**Keeper Keeperin,** der bzw. die [ˈkiːpɐ] ⟨engl.⟩ (Sport, auch schweiz., zunehmend auch in D): Tormann/-frau, Torhüter/-in: *Nach Foul von Schmeichel scheiterte der Franzose vom Elfmeterpunkt am dänischen Keeper.* (PR 14. 3. 17). ↑**Teamkeeper**

**Kees,** das; -es, -e (Osttirol, Ktn., Sbg.): Gletscher (meist in Namen): *Das Kees weist in der jüngsten Bilanz das negativste Ergebnis seit Beginn der Messungen im Jahre 2006 auf.* (KZ 22. 1. 16) ◆ **Keesbach**

**Keeswasser,** das: Gletscherbach: *Noch nie führte die Isel so viel Keeswasser wie in diesem Sommer.* (KZ 4. 9. 03)

**Kegel:** ***Kegel scheiben** (auch bayr.): (in D) Kegel schieben. ↑**scheiben**

**Kegelscheiben,** das; -s (auch bayr.): (in D) Kegelschieben: *Zum Kegelscheiben fährt der Seniorenbund St. Peter am Montag, 21. März, ins Gasthaus Kreil in Neukirchen.* (OÖN 10. 3. 16). ↑**Bestkegelscheiben**

**Kegelstatt,** die; -, ...stätten (veraltend): Kegelbahn: *Mitten durch die Kegelstatt, die durch ihr Dach mit einer Holzhütte verbunden war, führte ein öffentlicher Durchgang.* (KZ 16. 6. 13)

**Kehrschaufel,** die (westösterr., auch südd.): kleine Schaufel zum Aufnehmen von Kehricht: *Überführt wurden die Juwelen-Diebe durch DNA-Spuren auf einer Kehrschaufel, die man am Tatort gefunden hatte.* (KZ 5. 9. 12). Vgl. Mistschaufel. ↑SCHAUFEL

**Kehrwisch,** der (westösterr., auch südwestd.): kleiner Besen mit feinen, rechtwinklig abstehenden Borsten; (in D) Handfeger: *Viele Autofahrer müssen schon zum Kehrwisch greifen und mit dem ersten Schnee kämpfen.* (TT 24. 10. 03). Vgl. Bartwisch, Beserl

**keilen,** sw. V. / hat (ugs.): durch aggressive Methoden zum Kauf überreden (in D nur für Personen i. S. v. ›Mitglieder o. Ä. anwerben‹: *Mit aggressiven Methoden versuchen die Anbieter, Maturanten für ihre Angebote zu keilen.* (PR 23. 4 16); *Abonnements, Fenster keilen*

**Keiler Keilerin,** der bzw. die: Person, die mit massivem Einsatz [und oft unsauberen Methoden] Käufer wirbt: *myPhone-Keiler sollen sich auch als Telekom-Mitarbeiter ausgeben und besonders ältere Menschen mit ihren Verträgen regelrecht überrumpeln.* (KU 31. 1. 08) ◆ **Anzeigenkeiler; Anzeigenkeilerin:** *In welchem Partei-Dunstkreis ist es möglich, dass eine ehemalige Anzeigenkeilerin 3,2 Millionen Euro von einem internationalen Konzern für ihre »profunde« Tätigkeit überwiesen bekam.* (KZ 1. 4. 07); **Fensterkeiler/-in; Immobilienkeiler/-in; Spendenkeiler:** *Die Polizei warnt vor immer mehr Betrügern, die sich auf den Wiener Einkaufstraßen als Spendenkeiler für Obdachlosenvereine ausgeben.* (KU 2. 3. 07); **Spendenkeilerin:** *Eine 19-jährige Spendenkeilerin ist wegen Betrugs in 77 Fällen angezeigt worden.* (KU 9. 8. 05); **Telefonkeiler:** *Wer von solchen Telefonkeilern angerufen werde, solle ebenfalls die Polizei informieren.* (SN 28. 10. 16); **Telefonkeilerin**

**Keilpolster,** der: (in D) Keilkissen: *Die Schüler probierten selbst aus, wie sich die Sitzhaltung durch einfache Hilfsmittel wie Keilpolster oder orthopädische Luftpolsterkissen verbessern lässt.* (NÖN 14. 12. 10). ↑POLSTER

**Keks,** das; -, -[e] ⟨engl.⟩: ist österr. (und bayr.) Neutrum, in D Maskulinum, der Genitiv ist endungslos: *Ganzjährig gebacken wird das Keks »Schöne Stunden«, das ebenfalls auf Hildegard von Bingen zurückgeht.* (OÖN 15. 3. 16)

**Kelch,** der: (ugs., ostösterr.) Kohl: *Bevor das späte Frühjahr uns wiederum frisches Gemüse aus dem eigenen Garten beschert, sollten wir darauf achten, regelmäßig einmal pro Woche Kraut, Linsen, Kelch ... oder Bohnen zu essen.* (KR 21. 2. 15)

**Kellergasse,** die (ostösterr.): Gasse, in der sich die Weinkeller befinden: *Keller und Kellergasse aus zwei Jahrhunderten wurden im Museumsdorf originalgetreu wieder errichtet.* (WZ 18. 9. 15)

**Kellerjause,** die: Jause für den Weinkeller: *Unter der Erde kann man sich dann bei Wein und Kellerjause aufwärmen.* (ST 10. 1. 08). ↑JAUSE

**Kellertrift,** die (ostösterr.): ↑Kellergasse: *Ein spezieller Anziehungspunkt für Gäste aus nah und fern ist der jeweils Mitte September abwechselnd in den Kellertriften von Haugsdorf und Jetzelsdorf veranstaltete »Hüatagang«.* (WZ 27. 4. 12)

**Kellerstiege,** die: österr. (und südd.), (in D) Kellertreppe: *Die Bergung der unter einer Kellerstiege einbetonierten Leiche gestaltete sich schwierig.* (PR 14. 3. 17). ↑STIEGE

**Kellnerbrieftasche,** die: große Brieftasche speziell für kassierende Kellner: *Die Täter entkamen mit dem Mobiltelefon und der Kellnerbrieftasche des Opfers.* (SN 16. 1. 17)

**kellnerieren,** sw. V. / hat (ostösterr. ugs.): kellnern: *Sie ging kellnerieren, das war das Einzige, wo sie nach jahrelanger beruflicher Auszeit einsteigen konnte.* (Falter 10. 12. 14)

**kennen:** ***ums Kennen** (ugs.): gerade noch, gerade nicht mehr, nur geringfügig: *ums Kennen ist es sich ausgegangen; Ums Kennen weniger Leute kommen heuer aus Slowenien, weil die dortige Schiindustrie aufgerüstet hat.* (KZ 9. 2. 07

**Kennzeichentafel,** die: Nummernschild auf dem Auto: *Wie das ungarische Außenamt ... bekräftigte, droht Autofahrern ohne gültige Begutachtungsplakette die Abnahme der Kennzeichentafel und der Zulassungsbescheinigung.* (SN 25. 1. 08). ↑TAFEL

**keppeln,** sw. V. / hat (ugs., abwertend): dauernd schimpfen; keifen: *Aber man soll nicht keppeln. Schon gar nicht über ... die einzigen Österreicher beim Festival.* (PR 10. 7. 16) ◆ **Keppler/-in, Keppelweib**

**Keppelzahn,** der (ugs., abwertend): 1. (scherzhaft) einzelner vorstehender Zahn: *Nanny McPhee ist ein Ausbund an Hässlichkeit und ihr Keppelzahn ragt geradezu Furcht einflößend abwärts.* (KU 2. 2. 02). 2. ständig keppelnde Frau

**Kerker,** der (nicht mehr amtlich, aber noch gebräuchlich; hist. auch in D): 1. Zuchthaus: *Der einst mächtigste Mann der Republik musste sieben Monate in den Kerker.* (OÖN 2. 2. 12). 2. Zuchthausstrafe: *Kreisky wurde zu zwölf Monaten schweren Kerkers verurteilt.* (PR 27. 1. 17) ◆ **Kerkerstrafe:** *Weiters wurde ein Österreicher aus humanitären Gründen in die Heimat überstellt, der ebenfalls in Kuba zu einer dreißigjährigen Kerkerstrafe verurteilt worden war.* (SN 9. 8. 01)

**Kernöl,** das: [steirisches] Speiseöl aus Kürbiskernen: *Starkoch Johann Lafer ließ den Moderator etwa frischen Kren, Kernöl und Käferbohnen kosten.* (KZ 28. 12. 16)

**KESt,** die; -: (als Wort gesprochene Abk. für) Kapitalertragssteuer: *Spenden aus Privatstiftungen können heuer erstmals auch KESt-frei aus dem Vermögen der Stiftung an begünstigte Spendenempfänger gespendet werden.* (VN 11. 12. 06)

**Kettenprater,** der (veraltend): Kettenkarussell: *Ob bei Tag oder bei Nacht, der Kettenprater ist auf dem Rupertikirtag eines der Highlights für groß und klein.* (SN 20. 9. 07). ↑**Prater**

**Ketterl,** das; -s, -n: [zierliche] Halskette: *Eifrig kreierten heuer die Schlüßlberger Buben und Mädchen glitzernde Ringe und schmucke Ketterl aus Swarovski-Steinen.* (OÖN 2. 6. 06)

**Keusche,** die; -, -n ‹slowen.›: 1. kleines Bauernhaus: *Zeitgleich sind um das Schloss Hallegg 32 Keuschen für die Handwerker wie Schmiede, Wagner und Tischler entstanden.* (KZ 10. 10. 15). 2. (abwertend) baufälliges Haus, Hütte: *Seine Frau und er erzählen von ... verwaisten Gehöften und verfallenen Keuschen.* (KZ 11. 2. 14)

**Keuschler Keuschlerin,** der bzw. die ‹slowen.›: Kleinbauer/-bäuerin, Kleinhäusler/-in (auch als sozialer Typus im Ggs. zu den besitzenden Bauern): *Sie arbeiteten auf dem Hof, im Wald, im Haus, im Garten, als Bauern, Keuschler, Handwerker und Forstarbeiter.* (PR 1. 8. 14) ◆ **Keuschlerbub:** *Vorn steht ab nun der einstige Keuschlerbub Niederl, stets freundlich, als Verwaltungsjurist penibel korrekt.* (PR 21. 8. 10), ↑Bub; **Keuschlerhütte; Keuschlermädchen**

**Kfz-Pickerl,** das: Begutachtungsplakette, die die vorgeschriebene Fahrzeuguntersuchung bescheinigt, (in D) TÜV-Plakette: *In Deutschland dürfen lediglich Prüfdienste wie TÜV und Dekra das Kfz-Pickerl ausstellen, während beispielsweise in Österreich und Großbritannien die Reparaturwerkstatt des Vertrauens dafür zuständig ist.* (PR 14. 3. 14). ↑PICKERL

**Kfz-Spengler Kfz-Spenglerin,** der bzw. die: (in D) Autoschlosser/-in: *Gestiegen sind aber auch Service- und Wartungskosten, etwa Reifenservice (+5,9 %) oder Kfz-Spengler (+4,8 %).* (KU 25. 1. 07). ↑SPENGLER

**Kfz-Werkstätte,** die: österr. (und bayr.) Form, (in D) Kfz-Werkstatt: *Aus Baumischgebiet wird Wohngebiet. Im ersteren dürfen gewisse Gewerbebetriebe, so z. B. eine Kfz-Werkstätte, angesiedelt werden.* (VN 1. 11. 07). ↑**Werkstätte**

**Kiachl,** der; -s, -n ‹verschriftl. Dialektform› (Tirol, auch bayr.): ↑Kücherl: *Weiters bereiten die Fügenberger Bäuerinnen wieder frische Kiachl zu* (TT 11. 4. 18). ↑**Apfelkiachl, Hollerkiachl.** Vgl. Küachle

**Kibbuz,** der ‹hebr.›: wird österr. (und schweiz.) auf der ersten Silbe betont, in D auf der letzten

**Kiberei, Kieberei,** die; - (ugs., salopp, abwertend, bes. Wien): Polizei: *Am 17. Oktober 1931*

*als Arbeiterkind in Wien geboren, kennt der gelernte Elektroinstallateur als Ex-Polizist auch die Kieberei aus eigener Erfahrung.* (KU 17. 10. 01)

**Kiberer, Kieberer,** der (ugs., salopp, abwertend): Kriminalpolizist: *»Jeder, der diesen Offizier, Kiberer und Menschen persönlich erlebt hat, ...«* (KU 22. 1. 08)

**Kickerl,** das; -s, -n (ugs. salopp): Fußballspiel zum Vergnügen: *Die Crew der Internationalen Raumstation drehte im WM-Fieber ein Video von einem Kickerl in der Schwerelosigkeit.* (ST 27. 6. 14)

**kiefeln,** sw. V. / hat (ugs., auch bayr.): **1.** nagen; an etwas kauen: *Unlängst habe ich von einem Bauern gehört, dem sind 28 Ziegen eingegangen, weil er ihnen statt Fichtenzweigen als »Naturmedizin« Eiben-Zweige zum Kiefeln gab.* (OÖN 28. 7. 01). **2.** mit bestimmten Schwierigkeiten zu kämpfen haben: *Eine Auseinandersetzung, an der wir Europäer alle kiefeln, ist, wie wir die marktwirtschaftlichen Prinzipien mit der sozialen Frage in Übereinstimmung bringen.* (SN 21. 7. 05). ↑**abkiefeln, verkiefeln**

**Kiefer,** der: Knochen: bes. in der gesprochenen Sprache (und bayr.) auch Neutrum: das; -s, -

**Kikeritzpatschen** [...pɔː...]: erfundener Ortsname als Beispiel für einen sehr entlegenen und hinterwäldlerischen Ort, (in D z. B. Posemuckel): *Natürlich wäre es für einige Menschen klass, wenn es zwischen Hinterstinkenbrunn und Kikeritzpatschen auch Nachtfahrbusse gäbe.* (ST 10. 5. 08)

**Kilbi,** die; -, - (Vbg., auch südwestd., schweiz.): Kirchweihfest, ↑Kirtag: *Bei einer Kilbi in Düns lernte Anna ihren Mann ... kennen und im November 1949 heirateten sie.* (VN 24. 1. 08)

**Kilo, Kilogramm,** das; -s, -[s]: ist österr. ugs. auch Maskulinum: der; -s, -[s]: *Die Staatsanwaltschaft warf dem Burschen vor, mehr als einen Kilogramm Cannabiskraut an seine Freunde verkauft zu haben.* (BVZ 14. 3. 07)

**Kimono,** der ⟨japanisch⟩: wird österr. (und schweiz.) auf der ersten Silbe betont, in D auch auf der zweiten

**Kinderbeihilfe,** die (informell): (in D) Kindergeld, Kinderzuschlag, (in CH) Kinderzulage: *Damit nicht genug, wurde der Familie von den 213,40 Euro Pflegegeld im Monat auch noch die erhöhte Kinderbeihilfe abgezogen.* (KU 19. 12. 07). ↑**Familienbeihilfe**

**Kinderbetreuungsgeld,** das: staatlicher Beitrag an die Eltern während des ↑Karenzurlaubs: *Die grüne Europaabgeordnete ... ortet zwar Verbesserungen durch das neue Kinderbetreuungsgeld, es fehle jedoch der Rechtsanspruch auf den Papa-Monat.* (PR 8. 3. 17)

**Kinderfasching,** der (auch bayr.): Faschingsfest für Kinder: *Clowns, Einhörner, Wikinger und andere lustige Gestalten feierten den Kinderfasching der Kinderfreunde Maxglan.* (SN 23. 2. 17). ↑Fasching

**Kindergartenonkel,** der (informell, selten auch in D): Kindergartenpädagoge: *Der »Kindergartenonkel« ist für die katholische Privatschule genauso anerkannt wie eine Sonderausbildung für Hortbetreuung und Früherziehung.* (OÖN 13. 12. 05). – Heute meist als abwertend abgelehnt, aber noch üblich

**Kindergartentante,** die (informell, selten auch in D): Kindergartenpädagogin: *Jedenfalls, die Kindergartentante wollte immer einen schönen Baum oder Schmetterling oder so etwas.* (KU 10. 8. 06). – Heute meist als abwertend abgelehnt, aber noch üblich

**Kindergeld,** das: ist österr. eine informelle Kurzform für ↑Kinderbetreuungsgeld, (in D svw.) Familien-, Kinderbeihilfe: *Der große Ansturm auf die neuen Kurzzeitmodelle beim Kindergeld ist bis jetzt ausgeblieben.* (KU 3. 2. 08)

**Kindergartenpädagoge Kindergartenpädagogin,** der bzw. die (formell): Kindergärtner/-in: *Eine längere Ausbildung bedeute auch, dass Kindergartenpädagogen älter sind, bevor sie in den Beruf einsteigen.* (PR 19. 3. 17). – Die Fachbezeichnung *Kindergartenpädagogik* ist gemeind.

**Kindergartenschule,** die (informell): Bildungsanstalt für Kindergartenpädagogik, Bildungsanstalt für Elementarpädagogik: *Bruck hatte bereits ein Asylwerberquartier ... in der ehemaligen Kindergartenschule »Bakip« der Caritas.* (KZ 4. 7. 15)

**Kindergeld,** das: ist österr. eine informelle Kurzform für ↑Karenzgeld, in D svw. Familien-, Kinderbeihilfe: *Der große Ansturm auf die neuen Kurzzeitmodelle beim Kindergeld ist bis jetzt ausgeblieben.* (KU 3. 2. 08)

**Kinderjause,** die: Kinderfest, Party: *Auf den zu einer Tafel zusammengeschobenen Tischen vergammeln die Reste einer Kinderjause.* (OÖN 11. 5. 05). ↑Jause

**Kindermädel,** das (ugs., bes. Wien): Kindermädchen: *»Er kommt aus einer top-gebildeten familiären Struktur mit Kindermädel, etc. ...«.* ↑**Mädel**

**Kinderspital,** das: Kinderkrankenhaus. ↑Spital

**Kindertagesheim,** das: Tagesheim für Klein- und Vorschulkinder, (in D) Kita: *Ein Viertel der Kinder (63.030) unter drei Jahren ist im abgelaufenen Kindergartenjahr 2015/16 in einem Kindertagesheim wie einer Krippe betreut worden.* (PR 15. 9. 16)

**Kinderverzahrer,** der (ugs.): Person, die sich an Kindern vergeht oder sie verschleppt: *Was er ist – ein Kinderverzahrer oder das Opfer einer Rufmordkampagne –, haben die Gerichte noch nicht geklärt.* (KU 27. 9. 04)

**Kindesweglegung,** die; - (Rechtsspr.): Aussetzung eines Kindes: *Es handelt sich um die zweite Kindesweglegung binnen kurzer Zeit. Erst am Sonntag, 9. August, war in einem Stiegenhaus in Liezen ein Baby gefunden worden.* (KZ 19. 8. 15); (meist übertragen) *So etwas nennt man wohl eine politische Kindesweglegung.* (SN 24. 6. 06)

**Kindstaufe,** die: österr. (und südd., schweiz.) Form, (in D) Kindtaufe: *Wegen ihrer Forderung nach einer strikten Trennung von Staat und Kirche, der Erwachsenen- statt der Kindstaufe und ihres Pazifismus wurden sie in Europa wiederholt verfolgt.* (KU 3. 10. 06)

**Kiniglhas,** der; -en, -en (mundartnah): Kaninchen. – Auch in der Schreibung *Küniglhas*

**Kinogeher Kinogeherin,** der bzw. die: Kinogänger/-in: *Das Erfolgsrezept kennt jeder Kinogeher: Eine Gruppe von Teenagern, eine Kleinstadt, ein Killer.* (KU 17. 9. 06 ↑-GEHER

**Kinosessel,** der: Kinostuhl: *Wir haben keine starren Kinosessel, sondern werden eine Sofalandschaft aufbauen.* (KZ 10. 2. 17). ↑**Sessel**

**Kipfelkoch,** das: Brei aus Kipfeln, Milch, Äpfeln, Rosinen, Mandeln u. Ä., (ähnlich einem) ↑Scheiterhaufen: *Kipfelkoch und gebratene Schnecken sind leider aus der Mode gekommen.* (ST 13. 11. 15). ↑KOCH

**Kipferl,** das; -s, -n: kleines gebogenes Weißbrotgebäck aus Hefe-, Blätter- oder Mürbteig, (in D) Hörnchen: *Auf Kipferl mit Kaffee folgt Studium.* (PR 8. 5. 15); ↑**Linzerkipferl, Mohnkipferl, Nusskipferl, Peregrinikipferl, Pignolikipferl, Plunderkipferl, Vanillekipferl**

**Kipfler,** die /Plural/: kleine, festkochende Kartoffelsorte in leicht gebogener Form, bes. für Salat geeignet: *Dazu reicht man einen Erdäpfelsalat: Eine rote Zwiebel schälen, klein schneiden. Salaterdäpfel (am besten Kipfler) waschen, mit Salzwasser zustellen.* (OÖN 21. 12. 15)

**Kirchenbeitrag,** der: (offiziell für) Kirchensteuer: *Drei Viertel aller kirchlichen Einnahmen stammen demzufolge aus dem Kirchenbeitrag.* (PR 11. 1. 17)

**Kirchengeher Kirchengeherin,** der bzw. die: Kirchgänger: *Ich glaube schon an Gott, auch wenn ich nicht der große Kirchengeher bin.* (PR 4. 9. 16); *Ich bin ein fast regelmäßiger Kirchgeher, möchte aber Reformen haben.* (KU 11. 1. 16). – Auch in der Form *Kirchgeher.* ↑-GEHER

**Kirchenwirt,** der: 1. traditionelles Gasthaus am Kirchenplatz: *Nach der ersten Stichwahl sagte Raich in die ORF-Kameras, beim Kirchenwirt würden nun so viele Runden geschmissen, bis Van der Bellen die nötigen Promille auf den klaren Sieg zusammenhabe.* (profil 2. 12. 16). 2. **Kirchenwirt Kirchenwirtin,** der bzw. die: Betreiber/-in des Gasthauses: *Kirchenwirtin Anni Heinrich war darum bemüht, den Hunger der Gäste zu stillen.* (BVZ 16. 7. 08) ↑WIRT

**Kirchtag,** der (bes. süd-, westösterr., auch bayr.): Kirchweih[fest]: *Am Tag des Abtriebs ist der ganze Ort zum Dankesfest auf den Beinen, denn da wird der Jerzener Kirchtag gefeiert.* (KU 4. 9. 07); ***auf zwei/hundert usw. Kirchtagen tanzen** (ugs.): überall dabei sein [wollen], (in D) auf vielen Hochzeiten tanzen: *So sehen sie sich oft in der Situation, auf zehn Kirchtagen gleichzeitig tanzen zu müssen.* (SN 17. 9. 05); häufiger ↑KIRTAG, **Almkirchtag**

**kirren,** sw. V. / hat (ugs.): ein hohes kreischendes Geräusch von sich geben: *»Die Wortführerin« ... gluckst und kirrt.* (ST 29. 2. 16). – Die Bedeutung in der Jägersprache ›[verbotenerweise] Futter auslegen oder ausstreuen, um Wild anzulocken‹ ist gemeind.

**Kirschenfleck,** der: flacher Kuchen mit Kirschen. ↑FLECK

**Kirschenknödel, Kirschknödel,** der: ↑Knödel mit in die Teigmasse eingelegten Kirschen: *Marktbeherrscher sind die Kirschen ... Kirschenstrudel, Kirschknödel oder Kompott sind also an der Tagesordnung.* (OÖN 17. 6. 00). ↑KNÖDEL

**Kirschparadeiser,** der (ostösterr.): Kirsch-, Cocktailtomate: *Lamm in einen Bräter legen – wer mag legt noch ein paar im Ofen vorgegarte Kirschparadeiser unter.* (KZ 16. 9. 16). ↑**Paradeiser**

**Kirta,** der: (bes. Stmk., Ktn, auch bayr.): Kirchweih[fest]: *Im Stadtpark findet der traditionelle Kirta der Oberlandler statt – mit buntem Programm und steirischen Speisen.* (KZ 16. 6. 16)

**Kịrtag,** der (auch bayr.): Kirchweihfest; dörfliches Fest mit Markt, Vergnügungspark u.Ä.: *Alexander Van der Bellen besuchte Volksfeste, Kirtage und wanderte durch das Land.* (SN 22. 10. 16). Vgl. Kirchtag, Kirtag; ***auf zwei/hundert/allen** usw. **Kirtagen tanzen:** überall dabei sein [wollen]: *Wenn, dann will ich etwas Gescheites machen und nicht auf 100 Kirtagen tanzen.* (SN 23. 12. 00); ***mit einem Arsch/Hintern auf neun/zehn/vielen** usw. **Kirtagen tanzen** (ugs.): überall dabei sein [wollen]: *Moderne Technik macht's möglich: mit einem Hintern auf mehreren Kirtagen zu tanzen.* (OÖN 23. 5. 07). ↑**Almkirtag, Leopoldikirtag, Nachkirtag, Rudenkirtag, Rupertikirtag**

**Kịrtagsstandl,** das; Verkaufsstand am ↑Kirtag: *Mit zahlreichen Kirtagsstandln und der Verkostung von österlichen Spezialitäten lockt der Patrizi-Kirtag am kommenden Sonntag in St. Magdalena.* (KZ 13. 3. 13). ↑**Standl**

**Kịste,** die (auch schweiz.): steht in verschiedenen Fällen, in denen in D *Kasten* verwendet wird, z.B. Behälter zum Transport von Getränken u.Ä: *Wie der Kauf von zwei Kisten Bier eine Freundschaft zerstörte und in einem Gerichtsstreit endete.* (PR 3. 3. 17). – Meist in Zus.: ↑**Bierkiste, Sandkiste**

**Kịstl,** das; -s, -n (ugs.): **1.** (Verkl. zu) Kiste, kurz für Blumen-, Obstkistl: *Die Trinkhalle haben sie total kaputt gemacht, ... auf die Brüstungen Blumenkistl draufgehängt.* (SN 2. 6. 06). **2.** irgendeine Art von Kasten oder Gerät; vgl. Kastl (3.): *Die kleine Schwester Anna brauchte kurz darauf ihren eigenen Gameboy, und selbst Mutter und Vater griffen irgendwann ... nach dem kleinen grauen Kistl, um fallende Bausteine in freie Lücken zu bugsieren.* (SN 21. 12. 00). ↑**Blumenkistl**

**Kịttel,** der (veraltend, auch bayr.): Damenrock: *Kittel sind einigermaßen verlässliche Merkmale des weiblichen Geschlechtes* (OÖN 8. 10. 15 ***hinter jedem Kittel her sein** (ugs.): ein Frauenheld sein: *Der Direktor hat mich gleich vor ihm gewarnt – weil er hinter jedem Kittel her war.* (News 28. 5. 14). ↑**Leibkittel**

**Kịttelfalte,** die: Falte des Kittels: *Kittelfalten, die außen ausgebleicht sind, in ihrem Inneren aber die Originalfarbe offenbaren.* (PR 24. 8. 16); meist in der Wendung ***[jmdm.] an der Kittelfalte hängen; [dauernd] an jmds. Kittelfalte sein:** jmdm. dauernd unselbstständig nachlaufen, am Rockzipfel hängen: *Die Kinder sind nämlich gerade in einem passablen Alter, in dem sie die Mama zwar noch brauchen, aber nicht mehr an der Kittelfalte hängen.* (OÖN 28. 12. 15)

**Kịttelsack,** der: Kitteltasche: *Die meisten Dirndln haben einen Kittelsack, eine kleine Tasche, die unterhalb der Schürze in den Rock eingenäht ist.* (NÖN 28. 10. 11). ↑Sack

**Kl.:** (veraltend, Abk. für) ↑Klappe

**Klạchel,** der; -s, - (ugs., veraltend): **1. a)** (auch bayr.) Glockenschwengel, Klöppel. **b)** ausgespuckter, baumelnder Schleim, Auswurf. **2.** derber, ungeschlachter Mensch: *Wir befinden uns hier genau an jener Schnittstelle, vor der literarische Bildung noch etwas war, das ein sozialistischer Politiker als bildungsbürgerliches Ideal hütete, und hinter der ein bürgerlicher Politiker diese verleugnet, um sich den imaginierten Massen als volksverbundener Klachel zu präsentieren.* (ST 23. 6. 13). **3.** (Stmk.) Scheiben von vorderen Schweinsstelzen, Hachsen: *Allein sein »Winterstellgut-Salat« ist ein Gedicht, sein Waller mit Rahmgurkensalat perfekt, der dünn geschnittene Klachel mit Weinbergschnecken höchst originell.* (Format 18. 2. 05)

**Klạchelsuppe,** die (Stmk.): Suppe mit gekochten Schweinshachsen und Gemüse: *Vielfalt an Bodenständigem, dazu gehört auch Deftiges wie Beuschel oder Klachelsuppe, findet man auf der Speisekarte.* (KZ 11. 9. 06). ↑Suppe

**Kla̲gebeantwortung,** die (Rechtsspr.): schriftliche Antwort des Beklagten auf die Anklageschrift: *Als nächstes müssen die Parteien eine Klagebeantwortung formulieren.* (PR 12. 4. 16). Vgl. Klags-

**kla̲gen** /ohne Objekt/: jmdn. [bei Gericht] verklagen; gegen jmdn. Klage erheben: *Ein Freier kann somit nicht geklagt werden, sollte er der Sexarbeiterin den Lohn verweigern.* (FU 19. 4. 07); *Andernfalls werde man beim Arbeits- und Sozialgericht klagen.* (PR 8. 2. 03)

**kla̲glos:** reibungslos, ohne Schwierigkeiten (in D nur in der Bedeutung ›ohne zu klagen‹): *Monatelang konnte er mit dem Handy in seinem Wohnbereich klaglos telefonieren.* (OÖN 28. 3. 07)

**Kla̲gs-:** in der Rechtsspr. für Klage-, z.B.: **Klagsbeantwortung:** *Der Kunde habe auch an der Anzeigetafel sehen müssen, dass er nicht gewonnen habe, heißt es in einer ersten Klagsbeantwortung.* (PR 12. 12. 11); **Klagseinbringung:** *Da die Haftung unbestritten sei und bereits eine außergerichtliche Einigung angestrebt werde, bestehe kein Grund zur Klagsein-*

*bringung.* (SN 6. 12. 05); **Klagsgegenstand:** *Der Klagsgegenstand würde entfallen, und auch das Verfahren gegen die Anrainer-Familie wäre verloren.* (SN 9. 3. 07); **Klagslegitimation; Klagsrisiko:** *ATV wälzt damit ein nicht unerhebliches Klagsrisiko ab.* (SN 9. 11. 06); **Klagsseite; Klagsweg:** *Die Gemeinde ist den Klagsweg gegangen – und hat von der Landes-Agrarbehörde Recht bekommen.* (KU 13. 10. 07)

**Klammerlmaschine,** die: ↑Klammermaschine: *Trainer Holzer steckte extra ein Büroutensil namens »Klammerlmaschine« ein.* (KR 9. 4. 00)

**Klammermaschine,** die: Gerät zum Heften mit Metallklammern, (in D) Tacker: *Er war mit einer Luftdruck-Klammermaschine an einem Türrahmen aus Holz tätig, als die Maschine gegen 9.35 Uhr plötzlich klemmte.* (SN 5. 9. 12)

**Klampfe,** die: Bauklammer: *In der Gruppe ein »seetüchtiges« Floß aus Holz bauen, und zwar vom Fällen des Baumes bis hin zum Schmieden der eisernen Klampfen.* (OÖN 23. 9. 02); *Über Leitern und eiserne Trittstufen geht es ... hinab. Über eine zehn Meter hohe, mit Klampfen gesicherte Steilstufe erreicht man das Ende des Naturfreundesteigs.* (ST 6. 8. 13). – Die Bedeutung ›Gitarre‹ ist gemeind. ↑**Maurerklampfe**

**Klamsch:** ***einen Klamsch haben** (bes. ostösterr. ugs., salopp): einen geistigen Defekt haben, nicht normal sein: *Einen ziemlichen Klamsch haben auch der manische Hobby-Griller, der seinen Rost liebevoll »Burli« nennt, und der stotternde Gemeinderat.* (ST 19. 1. 09)

**Klapotetz,** der; -, -e ‹slowen.› (Stmk.): ein klapperndes Geräusch erzeugendes Windrad in Weingärten zum Verscheuchen der Vögel; auch als Symbol für Buschenschanken: *Wir gehen rechts zum Klapotetz und weiter zum bereits sichtbaren Ziel, dem Weingut Mahorko.* (KZ 4. 11. 16)

**Klappe,** die (veraltet): Telefonnebenstelle, Durchwahl, (in D) Apparat, Abk. Kl

**Klapperl,** das; -s, -n /meist Plural/ (ugs., veraltend, auch bayr.): Sandale: *Manchmal müsste man Jesus heißen und Klapperl tragen, um die vielen Fragen beantworten zu können.* (OÖN 4. 5. 07)

**Klar,** das; -[e]s, -[e]: (kurz für) Eiklar, (in D) Eiweiß: *3 Eier trennen in Dotter und Klar, aus dem Eiweiß Schnee schlagen, einen Becher Milch mit den Dottern versprudeln.* (OÖN 8. 4. 15). ↑**Eiklar**

**klarerweise** /Adv./ (selten auch in D): zweifellos, natürlich: *Präsident Donald Trump ist hier klarerweise ein Feindbild, das gilt ganz besonders für dessen restriktivere Einwanderungspolitik.* (PR 24. 3. 17)

**klass** (ugs.): großartig, herrlich, (in D) klasse: *Ein klasser Bursch, dem sicher die Sympathien der Fans gehören werden.* (OÖN 9. 4. 13)

**Klasse,** die: kann sich österr. in der Bedeutung ›eine ein Jahr umfassende Stufe innerhalb des Schulaufbaus‹ nur auf die Stufen innerhalb eines Schultyps beziehen, nicht auf den gesamten Schulverlauf. Es wird also unterschieden zwischen *Klasse* und ↑*Schulstufe*. Eine Schülerin in der 3. Klasse Gymnasium befindet sich in der 7. Schulstufe (in D in der 7. Klasse). ↑**Schuljahr, Schulstufe**

**Klassenkasperl,** der: Schüler, der zur Belustigung der Mitschüler Späße macht, (in D) Klassenkasper: *Weil er in der Schule selten Anerkennung bekam, machte er mit anderen Mitteln auf sich aufmerksam. Als Klassenkasperl.* (KU 20. 9. 05). ↑**Herzkasperl, Kasperl**

**Klassenordner Klassenordnerin,** der bzw. die: Schüler/-in, der für Ordnung im Klassenzimmer und saubere Tafeln sorgen soll: *Klassenordner und Müllbeauftragte werden künftig die ordnungsgemäße Abfallentsorgung in den Klassen überwachen.* (OÖN 26. 3. 15) – In D selten, dafür häufig in der Bedeutung ›Ordner mit [Unterrichts]materialien für die Klasse‹

**Klassenvorstand,** der: (in D) Klassenlehrer: *Bei Abwesenheit bis zu einem Tag muss nur der Klassenvorstand zustimmen, bei mehreren Tagen bis zu einer Woche der Schulleiter.* (SN 26. 1. 17). ↑**Ordinarius,** VORSTAND

**klassifizieren,** sw. V/hat ‹lat.› (Schule): mit Noten beurteilen (in D nur ›Lebewesen in Klassen einteilen, einordnen, Hotels einstufen‹): *Aufnahmsprüfungen müssen ... abgelegt werden, ... wenn eines der oben genannten Fächer mit der Note »Genügend« klassifiziert wurde.* (HTBLA Eisenstadt, 2008, Int) ◆ **Klassifikation**

**-klassler -klasslerin:** Schüler/-in einer bestimmten [Schul]klasse, (in D) -klässler, z. B.: **Achtklassler:** *»Unsere Lehrer sind alle gut«, streut ein Achtklassler seinem Direktor Rosen.* (KU 1. 11. 03); **Achtklasslerin; Erstklassler/-in; Drittklassler/-in; Viertklassler:** *Im Herbst schwärmen wieder Tausende Viertklassler mit ihren Eltern aus, um sich Hauptschulen, Mittelschulen oder Gymnasien bei Tagen der offenen*

*Tür anzuschauen.* (KU 27. 10. 07); **Viertklasslerin; Zweitklassler/-in.** ↑**Tafelklassler**

**Klatter,** die; -, -n (Vbg., ugs.): eingetrocknete Kotklumpen, Straßenschmutz an Kleidern. ↑**Kuhklatter**

**Klaubauf,** der; -s, Kleibeifen (Volkskunde): (süd-, westösterr., auch bayr.) maskierter Begleiter des hl. Nikolaus am 5./6. Dez., ähnlich dem ↑Krampus: *Die im Ort untergebrachten Asylwerber bekamen die Gelegenheit, mit dem Klaubauf oder Krampus auf Tuchfühlung zu gehen.* (KZ 3. 12. 15); *Scharen von Perchten, Krampussen und Kleibeifen mit höllischen Masken, rasselnden Ketten und lauten Glocken ziehen durch Österreich.* (KZ 5. 1. 17)

**Klaubaufgehen,** das: Brauchtumsveranstaltung in Osttirol am 4. bis 6. Dezember: *Und dass das Klaubaufgehen in Matrei keine Polsterschlacht ist, hat man uns auch versichert.* (KZ 7. 12. 16)

**klauben,** sw. V. / hat (auch südd.): **1.** sammeln, pflücken, vom Boden aufheben (auch i. S. v. ›ernten, gewinnen‹), (in D nur regional für ›mühsam eins nach dem andern entfernen‹, z. B. Krümel aus dem Polster klauben): *Sie klauben zwei Kilogramm* **Pilze,** *bringen sie ins Tal, bevor es zu einer zweiten oder dritten Schwammerlklaubrunde geht.* (KZ 31. 8. 16); *Getreide säen.* **Birnen** *klauben. Dem Kreislauf der Natur näherkommen als bei den Gurken im Supermarkt.* (PR 16. 10. 10); **Holz,** *der einst kostbare Brennstoff, wird nicht mehr geklaubt* (KR 30. 9. 04); *Selber* **Erdäpfel** *klauben.* (OÖN 1. 6. 11). **2.** (Beeren) pflücken, ernten: *Zudem habe sie Schwarzbeeren geklaubt und in Innsbruck verkauft.* (TT 12. 6. 11). **3.** mit den Fingern einzeln herausnehmen, entfernen: *Sie fingern aneinander herum, zupfen am Stecktuch des anderen oder klauben bekümmert Fusseln vom Revers des Nächsten.* (ST 26. 2. 16). ↑**abklauben, aufklauben, zusammenklauben**

**Klaubholz,** das; -es: im Wald frei am Boden liegendes Holz, das gesammelt und als Brennholz verwendet wird: *Bis 1948 stellte die Forstverwaltung Neuwaldegg 20 000 Bezugsscheine für Klaubholz aus.* (KU 16. 3. 05)

**Klaubobst,** das: Fallobst: *Heute gilt es, das Obst – egal ob Klaubobst oder Pflückobst – sofort weiterzuverarbeiten.* (Oberländer Rundschau 30. 3. 11)

**Klause,** die: enge Schlucht, Talsperre, durch die Holz geschwemmt wird, (in D Klausdamm): *Pühringer fordert ... eine Modernisierung der Klause am Ausfluss des Hallstättersees, um Hochwasser besser vermeiden zu können.* (OÖN 28. 6. 13)

**Klavierstockerl,** das: (in D) Klavierschemel: *Die Kleine war auf das Klavierstockerl geklettert und klimperte eine Melodie.* (KU 19. 2. 11). ↑Stockerl

**Kleereiter,** der: auf dem Feld aufgestelltes Holzgestell zum Trocknen von Klee. ↑Reiter

**Kleiderkasten,** der (auch süddt, schweiz.): Kleiderschrank: *Im Kleiderkasten der aus Pöllau stammenden Kamerakünstlerin ... ist Konfektionsware tabu.* (KZ 17. 1. 17). ↑Kasten

**Kleidermacher Kleidermacherin,** der bzw. die (amtliche Berufsbez., in D veraltet): Schneider/-in: *Wenig später erhielt er bei einem Schneidermeister in Lingenau eine Lehrstelle als Kleidermacher.* (VN 20. 1. 07) ◆ **Kleidermachergewerbe**

**Kleiderrechen,** der (veraltet, auch bayr.): Brett mit Kleiderhaken, Kleiderständer: *Zum Bettwärmen gab es einst Kupferflaschen und heiße Steine, für die Ablage der Bekleidung einen Kleiderrechen.* (NÖN 9. 9. 03). ↑**Rechen**

**Kleiderschürze,** die: geschlossene Schürze für Hausarbeiten: *Vergeblich ruft die Waldviertler Wirtin in der karierten Kleiderschürze diese wichtige Information den davonstürmenden Jugendlichen nach.* (PR 1. 8. 08)

**klein:** ***kleiner Mokka, *kleiner Schwarzer** ↑Schwarzer, ***kleiner Brauner** ↑Brauner, ***Kleines Deutsches Eck** ↑Eck

**Kleinhäusler Kleinhäuslerin,** der bzw. die: Kleinbauer/-bauerin: *Der Hass der Kleinhäusler und enteigneten Bauern wurde bewusst instrumentalisiert und richtete sich gegen die gesamte Oberschicht.* (PR 12. 7. 14). ↑**Häusler**

**Kleinhäuslerei,** die: kleinkariertes Denken: *Stattdessen fiel die Republik nach Monaten der politischen Kleinhäuslerei in einen plötzlichen Wahlkampf.* (ST 19. 9. 08)

**kleinweis** (ugs., auch bayr.): Stück für Stück, in kleinen Schritten, ganz allmählich: *Nach der kleinweisen Veröffentlichung von Trailern und Bildern wurde nun ein Viralvideo zu einer der Fraktionen im kommenden Gangsterepos veröffentlicht.* (ST 23. 4. 13). – Auch in der Form *kleinweise.* ↑weis-

**Klematis,** die; -, - (griech.): wird österr. mit kurzem betontem a ausgesprochen, in D mit langem a oder mit betontem e

**kleschen,** sw. V. / hat (ugs.): klatschen, aufschlagen und ein schallendes Geräusch hervorrufen: *»Es hat geklescht und dann ist die*

*Frau auch schon auf dem Boden gelegen.«* (KU 25. 5. 04); *eine Frau klescht der anderen ihre Handtasche an den Schädel.* (FU 1. 3. 07); ***jmdm. eine kleschen:** jmdm. eine Ohrfeige geben: *»Dem ... anderen Zeugen, hat er eine geklescht«, sagt er.* (KZ 15. 3. 12)

**Klescher,** der (ugs.): Knall, Schlag: *Plötzlich hat es einen Klescher gemacht und die Wand zur Nachbarwohnung ist eingestürzt.* (OÖN 7. 10. 13); ***einen Klescher haben:** nicht ganz normal sein; eine sonderbare Eigenart haben: *Das missfiel dem Politiker, außerdem wurde ihm in einem Mail unterstellt, »einen Klescher« zu haben.* (KZ 14. 2. 17). ↑**Heckenklescher**

**Kletterpatschen,** der /meist Plural/: leichte Kletterschuhe: *Zwei Seile und ein Paar Kletterpatschen bildeten die Ausrüstung für Rebitschs spektakuläre Klettererfolge.* (profil 23. 5. 11). ↑**Patschen**

**Kletze,** die; -, -n (auch bayr.): getrocknete Birne, Dörrbirne: *Früher viel öfter gab es hingegen den Zwetschkenkrampus oder Kletzen, getrocknete Birnen.* (KZ 3. 12. 15). Vgl. Klotze

**kletzeln,** sw. V. / hat (ugs.): an etwas [ständig] kratzen, zupfen; mit den Fingern herausholen, ablösen: *Mögen Youngsters Kuchen aus Backpapier kletzeln. Ich beiße lieber in ein Topfentascherl.* (OÖN 28. 6. 16); *Egal, es half kein Kletzeln, die Pickerln hatten sich für immer mit dem Holz verbunden.* (PR 11. 9. 15)

**Kletzenbrot,** das (ost-, südösterr., auch bayr.): sehr dunkles Brot aus gedörrten Birnen, Mehl, verschiedenen Gewürzen u. Ä.: *Es riecht nach Tee, Würstel und Kletzenbrot.* (SN 24. 12. 16). ↑Brot

**Kletzenfülle,** die: aus Dörrbirnen hergestellte ↑Fülle: *Mit einem Teelöffel kleine Patzerln Kletzenfülle so auf den Teig setzen, dass Quadrate ausgeschnitten werden können.* (KZ 8. 2. 06). ↑Fülle

**Kletzennudeln,** die /Plural/: mit Dörrbirnen gefüllte Teigtaschen: *In Kühlregalen liegen Käse vom Tschadamerhof und handgemachte Kletzen-, Fleisch-, Spinat- oder Käsnudeln von Leitgeb's im Metnitztal.* (KZ 14. 3. 16). ↑Nudel

**Kletzenpfeffer,** der: Mus aus gedörrten Dörrbirnen: *Kletzenpfeffer kann man kalt oder warm servieren.* (KR 10. 11. 12). ↑**Pfeffer, Zwetschkenpfeffer**

**klieben,** st. V. / hat [...i:a...] (ugs., auch bayr.): spalten: *Mit dem Klieben von Brennholz war Donnerstagvormittag auf einem abgelegenen Bauernhof bei Wartberg ein 73-jähriger Altbauer beschäftigt.* (KZ 7. 9. 12)

**Kliebhacke,** die: Spaltaxt: *Die Kliebhacke mit dem handsamen Buchenstiel ist das klassische Holzspaltwerkzeug. Durch ihre Keilform spaltet sie auch verastetes Holz.* (Best4Forst, Forst-&Gartenfachzentrum, St. Pölten, Int). ↑**Hacke**

**Klientenstock,** der: Klientel: *»Ich bin sicher, dass ich meinen Klientenstock neu aufbauen könnte, wenn ich nicht mehr Bürgermeisterin wäre.«* (SN 26. 2. 07). ↑**Kundenstock**

**Klobasse,** die; -, ...sen (tschech. *klobása* ›Brat-, Knackwurst‹): eine grobe, gewürzte Wurst, die oft heiß an einem Stand gegessen wird: *Aber immerhin ... werde ich in das Soldatenheim versetzt, wo ich für den Rest meiner Wehrpflicht Wurstsemmeln und Klobasse für meine Kameraden zubereite.* (ST 30. 10. 12). – Auch in der Form *Klobassi*

**klöckeln,** sw. V. / hat (Volkskunde): ↑glöckeln: *Traditionelles Advent-Klöckeln in Loibach.* (KZ 9. 12. 11)

**Klöckler,** der (Volkskunde): ↑Glöckler: *Die Klöckler zogen in zwei Gruppen zum bisher 15. Mal mit Glocken und Schellen und unter Musikbegleitung von Haus zu Haus.* (KZ 12. 12. 16). – In Tirol überwiegt die Form *Klöckler*, in OÖ *Glöckler*

**Klomuschel,** die (regional ugs. auch in D): Toilettenbecken: *Sie seien geprügelt worden, erzählte Pohl, ans Bett gefesselt worden und hätten Wasser aus der Klomuschel trinken müssen.* (KU 14. 3. 17). ↑Muschel

**Klopfer:** ***einen Klopfer haben** (ugs.): nicht ganz normal sein; eine sonderbare Eigenart haben: *Nur eines stört sie gelegentlich: »Wenn Leute sagen, die hat ja einen Klopfer, weil ich hier ehrenamtlich aushelfe.«* (KU 11. 9. 00)

**Klosettmuschel** ↑Klomuschel

**Klotze,** die; -, -n: (bes. westösterr. Nebenform zu) ↑Kletze: *Am meisten Aufwand sei noch das Dünsten der Klotzen. Eben deswegen würden viele auf die Dörrbirnen verzichten. »Aber ohne Klotzen ist es halt kein Klotzenbrot«, hat die Bäuerin ein gutes Argument zur Hand.* (TT 7. 12. 10) ◆ **Klotzenbrot** ↑Brot

**Klub,** der (Politik): Fraktion: *An diesem Tag findet im SPÖ-Klub eine sogenannte offene Fraktionssitzung statt, bei der alle Mandatare über das Thema diskutieren werden.* (PR 18. 3. 17). ↑**Parlamentsklub, FPÖ-Klub, ÖVP-Klub, SPÖ-Klub** ◆ **Klubbildung:** *Eine freie Klubbildung, losgelöst von einer Landtagspartei, wie etwa im Nationalrat möglich, sieht die Geschäftsordnung des Salzburger Landtags nicht* *vor* (ST 11. 6. 15); **Klubchef:** *Doch die SPÖ, konkret Klubchef Andreas Schieder, reagierte wenig begeistert auf die Vorhaben von Kurz.* (ST 19. 3. 17); **Klubchefin; Klubklausur:** *Der Kanzler kritisiert bei der Wiener Klubklausur die ÖVP.* (ST 24. 3. 17); **Klubsitzung; Klubsprecher:** *VP-Klubsprecher B. W. ergänzte, die SP lasse »ohne offenen Diskurs 2,54 Millionen Euro verbauen«.* (ST 26. 2. 02); **Klubsprecherin,** ↑Sprecher; **Klubtagung:** *Die zweitägige Klubtagung der SPÖ Wien hat Bürgermeister Michael Häupl ohne Personaldebatte völlig unbeschadet überstanden.* (ST 24. 3. 17); **Klubzwang:** *Ich bin wahrscheinlich überhaupt der freieste Abgeordnete im Parlament, ohne Klubzwang.* (VN 15. 10. 07)

**Klubförderung,** die: an die Zahl der Abgeordneten gebundene staatliche Zahlungen an die Fraktionen: *Die Klubförderung für die Parlamentsparteien steigt 2017 um knapp 200.000 Euro auf 22,3 Millionen Euro.* (WZ 3. 1. 17). ↑FÖRDERUNG

**Klubobfrau,** die: Fraktionsvorsitzende: *Ritsch wird im Übrigen auch neuer Klubobmann werden – Sader will auch ihre Funktion als Klubobfrau des Landtagsklubs an den Bregenzer abgeben.* (VN 30. 5. 07). ↑OBFRAU

**Klubobmann,** der: Fraktionsvorsitzender: *Der Klubobmann der Linzer ÖVP, Martin Hajart, befürchtet, die Parkgebühren auf dem Jahrmarktgelände seien nur eine Vorstufe zu einer Vergebührung von ganz Urfahr.* (OÖN 10. 3. 17). ↑OBMANN

**Klumpert, Klump** ↑Glumpert, Glump

**Kluppe,** die; -, -n (ugs., auch bayr.): Wäscheklammer: *Neben den tiefroten Stofftragetaschen werden Kluppen verteilt.* (SN 13. 5. 15)

**Klupperl,** das (ugs., auch bayr.): Wäscheklammer: *Ein Klupperl fällt auf Gartenkies, darüber flattert bunte Wäsche.* (KR 15. 6. 03)

**Knabe,** der (bes. schweiz.): ↑Bub, (in D) Junge, kommt österr. nur in formellen Situationen vor, z. B. zur Kennzeichnung von Bekleidung, in der Schule, im Sport: *Der abgängige Knabe kehrte am Sonntag von allein nach Hause.* (SN 2. 7. 07) ◆ **Knabenchor, Knabenturnen**

**knapp:** räumlich eng, dicht beieinander (in D selten): *Er forderte verstärkte Zusammenarbeit und die Nutzung von Synergien, weil drei Spitäler so knapp nebeneinander nicht so sinnvoll sind.* (KU 23. 1. 02)

**Knauserer,** der (ugs.): sehr sparsamer Mensch, Knauser: *Innen ist viel Raum für Lenker, Passagiere und Gepäck. Und sparsam ist der Knauserer auch noch.* (OÖN 15. 1. 15)

**knien,** sw. V. / ist: das Perfekt wird österr. (seltener auch südd., schweiz.) mit *sein* gebildet, in D mit *haben*: *Am Schluss ist er am Boden gekniet und wollte uns die Füße küssen.* (OÖN 1. 6. 13)

**Knödel,** der; -s, - (auch südd.): 1. (in D) Kloß: *Natürlich steht dieser Tage bei der Linde auch Gansl auf dem Programm. Ganz klassisch mit Rotkraut und Knödel.* (PR 13. 11. 16); ***einen Knödel im Hals haben:** vor Erregung kaum sprechen können, (in D) einen Kloß im Hals haben: *Jedenfalls musste ich am nächsten Tag einen Parallel-Slalom für die Gäste fahren und ich hatte den ganzen Tag einen Knödel im Hals.* (OÖN 30. 1. 04). 2. (ugs., veraltend) Knoten (als Haartracht): *Eine Bäuerin, die ihr Haar zu einem ähnlich »einfachen Knödel« frisiert hatte, wandte sich mit diesem Satz an die Bundespräsidentschaftskandidatin.* (SN 23. 4. 04). ↑**Bröselknödel, Erdäpfelknödel, Fleischknödel, Germknödel, Grammelknödel, Grießknödel, Hascheeknödel, Heidenknödel, Kasknödel, Kaspressknödel, Kirsch[en]knödel, Leberknödel, Marillenknödel, Mohnknödel, Powidlknödel, Pressknödel, Reiberknödel, Semmelknödel, Serviettenknödel, Speckknödel, Topfenknödel, Wurstknödel, Zwetschkenknödel**

**Knödelakademie,** die (ugs., scherzhaft, veraltend, selten auch in D): Lehranstalt für wirtschaftl. Frauenberufe, (heute) wirtschaftskundliches Realgymnasium: *»Knödelakademie« wurde ihre Schule gern genannt und die Mädchen wurden ausgelacht.* (SN 26. 9. 07); *»Knödelakademie« war einmal! ... Aus »Knödelakademie« wurde »Erfolg durch Vielfalt«.* (OÖN 2. 6. 18)

**Knödelbrot,** das: Weißbrot zur Herstellung von ↑Knödeln; Semmelwürfel: *Für Leberknödel verwende ich frische faschierte Rindsleber. Als erstes geben Sie 1 kg Knödelbrot und ca. 1/2 kg Leber in eine Schüssel.* (SN 15. 11. 07). ↑BROT

**Knofel,** der; -s (ugs., auch südd.): Knoblauch: *»Ich ess' jeden Tag einen ganzen Knofel und eine Karotte.«* (KU 25. 9. 02)

**knofeln,** sw. V. (ugs.): angestrengt nach einer Lösung suchen: *Am jüngsten Exemplar knofelte der Bastler drei Jahre.* (KZ 25. 7. 15)

**Knofelspinat,** der (ugs.): Bärlauch: *Die Laubblätter des Knofelspinats entspringen an der*

*Bodenoberfläche und nicht am Stängel.* (KU 31. 3. 16)

**Knopf,** der (ugs., auch südd., schweiz.): Knoten: *Beim Versuch, einen Knopf im Schuhband mit einer Gabel zu lockern, verlor er sein rechtes Augenlicht.* (OÖN 4. 2. 13); *Aber nicht immer half ... der Knopf im Taschentuch!* (BVZ 24. 3. 11); ***jmdm. geht der Knopf auf:** jmd. ist plötzlich reif genug, etwas zu verstehen; jmdm. gehen die Augen auf: *Viele schlechte Schüler haben einfach länger gebraucht, bis ihnen der berühmte Knopf aufgegangen ist.* (KU 24. 6. 07). ↑**Krawattenknopf**

**Knöpfel,** das; -s, - (Küche): Schenkel des Rindes, ↑Schlegel, ↑Hüferschwanzl, (in D) Keule: *Gustostücke: Unter dieser Bezeichnung werden die Teilstücke vom Knöpfel (Keule) wie Nuss, Schale, Tafelstück, Weißes Scherzel und Hüferscherzel ... angeboten.* (ama-marketing, 2004, Int)

**Knöpferlharmonika,** die: Akkordeon: *Ich habe es selber erlebt, wie der alte Daro ... zu seiner Knöpferlharmonika griff und ohne dazwischen je geübt zu haben, nahtlos an die 50er-Jahre anknüpfte.* (KU 8. 4. 06)

**Knopfharmonika,** die: Akkordeon: *Musikalisch leitet Knopfharmonika-Virtuose und »Extremschrammler« Walther Soyka durch den Abend.* (KU 17. 3. 06)

**Knöpfle,** die /Plural/ (Vbg.): /eine Spätzleart/: *»Es sind schon Leute mit dem Tuppergeschirr zu uns gekommen, um die Knöpfle mit nach Hause nehmen zu können.«* (VN 11. 10. 07). ↑**Käsknöpfle, Krutknöpfle**

**Knopforgel,** die (westösterr., auch südwestd.): Akkordeon: *Akkordeonklänge in Mäder ... Unikat ist die Diatonische Gruppe im Land geworden, die das Spiel auf der Knopforgel pflegt.* (VN 17. 5. 07)

**Knoten,** der (Verkehr): kurz für ↑Autobahnknoten, (in D) Kreuz oder Dreieck: *Tatsächlich haben weder Land Salzburg noch die Gemeinden Radstadt und Altenmarkt Interesse an einer Autobahn zwischen dem Knoten Ennstal und Liezen.* (SN 7. 2. 08). ↑**Autobahnknoten, Nahverkehrsknoten**

**knotzen,** sw. V. / ist (ugs.): untätig herumsitzen, Zeit vertrödeln: *Ebenfalls auf dem Boden knotzen Mädchen und Burschen im Alter von acht bis 14 Jahren und haben jede Menge Spaß.* (KZ 27. 8. 15). ↑**herumknotzen**

**koalitionär:** die Koalition betreffend: *Was halten Sie vom koalitionären Kompromiss?* (ST 7. 1. 08). – Das Substantiv Koalition ist gemeind. ↑**großkoalitionär**

**Koalitionspakt,** der: Vereinbarung, Vertrag der Koalitionspartner: *Ressortchef Wolfgang Brandstetter sieht auch nach dem jüngst erfolgten Update des Koalitionspakts zwischen SPÖ und ÖVP keinen Bedarf für ein neues Gesetz.* (PR 31. 1. 17)

**Kobel,** der; -s, - (auch bayr.): als Stall oder Unterkunft dienender Verschlag, (in D) Koben: *Der Waldkauz gilt als anpassungsfähig, die Experten gehen davon aus, dass er die neuen Kobel als Behausung schnell annehmen wird.* (OÖN 15. 12. 03). ↑**Taubenkobel**

**Koch,** das: **1.** (veraltend, auch bayr.): Brei, Mus. **2.** (bes. Wien) Auflauf, Soufflé. (zu 1.:) ↑**Apfelkoch, Beerenkoch Erdäpfelkoch, Grießkoch, Hollerkoch, Marillenkoch, Mehlkoch, Rahmkoch, Türkenkoch,** (zu 2.:) ↑**Kipfelkoch, Semmelkoch, Dunstkoch**

**Kochhaube,** die: **1.** Mütze für Köche: *30 Kinder tummeln sich, mit Kochhaube und Schürze ausgerüstet, im Kochzelt des Sozialvereins.* (KU 12. 6. 06). **2.** Symbol einer Kochmütze als Bewertung für gastronomische Betriebe. ↑HAUBE

**Kochsalat,** der: **1.** eine leicht bittere Salatsorte, Lattich, (in D) Bindesalat, römischer Salat: *Den Kochsalat zerteilen, waschen und in grobe Streifen schneiden.* (OÖN 15. 1. 05). **2.** in Streifen geschnittener, gedünsteter römischer Salat, der in einer Einbrenn mit Erbsen serviert wird. – In D seltener oder i. S. v. Kopfsalat, der gekocht als Gemüse gegessen wird

**Kochschokolade,** die (auch schweiz.): Schokolade, die zum Backen verwendet wird, (in D) Blockschokolade: *»Einen 15 Kilo schweren Hund ... kann man mit 100 Gramm Kochschokolade umbringen.«* (PR 30. 1. 11)

**Kofel,** der; -s, - (Tirol, Ktn., auch bayr.): [felsige] Bergkuppe, Gipfel: *Selbst der stärkste Föhnsturm der letzten Jahrzehnte war nur ein Lüfterl gegen das, was nun aus Westen kommend ... gegen den Kofel bläst.* (TT 9. 7. 13). – Häufig in Bergnamen, z. B. Gartnerkofel, Trogkofel, bzw. als Kurzform für einen Bergnamen, z. B. in Innsbruck für den Patscherkofel

**Kogel,** der; -s, - (auch südd.): Bergkuppe: *Er rief damals ein Projekt in die Welt, um den Menschen um den Kogel und das Rosaliengebirge die alten Obstsorten näherzubringen.*

(BVZ 10. 3. 15). – Häufig in Bergnamen, z. B. Mittagskogel, Tulbinger Kogel

**Kohl,** der (auch südd., schweiz.): (in D) Wirsing, Wirsingkohl: *100 Gramm enthalten nicht einmal 40 Kilokalorien – vorausgesetzt, der Kohl ist nicht nach alter Sitte mit einer fettigen Einbrenn zubereitet.* (SN 7. 11. 07). ↑ KRAUT

**Kohlrübe,** die: Steckrübe: wird österr. hyperkorrekt gelegentlich auch für ›Kohlrabi‹ gebraucht: *Denn die Kohl-Familie ist gesund – und zahlreich: Dazu gehören Weiß- und Rotkraut, Karfiol, Brokkoli, Kohlrübe, Chinakohl, Kohlsprossen.* (SN 7. 11. 07). – *Kohlrüben* und *Kohlrabi* sind zwei verschiedene Gemüsesorten. *Kohlrübe* ist gemeind.

**Kohlsprosse,** die: **1.** Röschen des Rosenkohls: *Bei ihr selbst komme aber wieder Fondue auf den Tisch. Dazu: frische Karotten, Erdäpfel, Kohlsprossen und Soßen mit Kräutern.* (KZ 12. 12. 15). **2.** /Plural/ Rosenkohl: *Knackiges Kraut ... und feste Kohlköpfe ... türmen sich neben Kohlsprossen, weißen Rüben ... und zartem Spinat.* (OÖN 6. 10. 07). ↑ **Sprosse, Sprossenkohl**

**Kokosbusserl,** das: Gebäck aus Kokosflocken in Form von kleinen Häufchen: *Bei vielen von uns haben sich Weihnachtsgans, Kokosbusserl und Vanillekipferl mit einigen Pluskilos auf der Waage (und den Hüften) niedergeschlagen.* (ST 30. 8. 06). ↑ **Busserl**

**Kokosette,** das; -s [koko'zɛt] ‹franz.›: geraspelte Kokosnuss: *Die gefrorenen Schokoladekugeln mit der Biskuitmasse umhüllen und in Kokosette wälzen.* (KU 15. 12. 07)

**Kolatsche,** die; -, -n ‹tschech. *koláč* ›Kuchen‹›: kleines, meist quadratisches, gefülltes Hefegebäck, (bayr.) Tascherl: *Junge Tschechen und alte Österreicher feiern dort die Messe, im Anschluss gibt es Tee und böhmische Kolatschen.* (PR 19. 12. 14). – Häufig in einer der Wiener Dialektaussprache angelehnten Schreibung *Golatsche.* ↑ **Powidlkolatsche, Topfenkolatsche**

**Kolik,** die: wird österr. auf der ersten Silbe betont, in D auch auf der zweiten

**Kollaps,** der; -, -e: wird österr. auf der ersten Silbe betont, in D auch auf der zweiten

**kollaudieren,** sw. V. / hat ‹lat.› (Behördenspr.): (ein Gebäude) amtlich prüfen und die Übergabe an seine Bestimmung genehmigen: *Und das Altenheim sei von der zuständigen Baubehörde bewilligt und kollaudiert worden.* (SN 18. 3. 04) ◆ **Kollaudierung:** *Im südböhmischen Kernkraftwerk habe es laut Doppler schon 99 Störfälle geben, dennoch erhielt das Werk im November die Kollaudierung.* (ST 6. 3. 07)

**Kolleg,** das; -s, -s und -ien ‹lat.›: berufsorientierte, 2- bis 3-jährige Ausbildung im Anschluss an die Reifeprüfung: *Ab 2017 findet die neue Reifeprüfung mit vorwissenschaftlicher Arbeit, schriftlicher Zentralmatura und mündlicher Matura auch an Abendschulen und Kollegs statt.* (ST 16. 6. 15); *Kolleg für Städtetourismus und Eventmanagement; Kolleg für Sozialpädagogik.* – In dieser Bedeutung liegt die Betonung auf der ersten Silbe, in allen anderen (gemeind.) Bedeutungen auf der letzten

**Kollege Kollegin,** der bzw. die ‹lat.› (auch schweiz.): Mitschüler/-in, Mitstudent/-in (in D nur ›im gleichen Beruf oder in der gleichen Organisation Tätige/-r‹, z. B. in der Firma, in der Gewerkschaft). ↑ **Maturakollege, Schulkollege**

**Kollektivvertrag,** der: (in D) Tarifvertrag: *Mit 1. Dezember 2018 wird der niedrigste Mindestlohn im Kollektivvertrag 1.500 Euro betragen.* (PR 15. 3. 17) ◆ **Kollektivvertragsfähigkeit**

**kollektivvertraglich:** dem Kollektivvertrag entsprechend: *Die Arbeiter erhielten den kollektivvertraglich geregelten Lohn.* (BVZ 31. 10. 13). ↑ **unterkollektivvertraglich**

**Kollektur,** die; -, -en ‹lat.› (Behördenspr., sonst veraltend): Annahmestelle für Lotto und Toto: *Wer keine offene Kollektur findet, kann auch via Internet oder Handy spielen.* (KU 2. 12. 06). ↑ **Lottokollektur**

**kollern** (auch südd., schweiz.): rollen, (in D) kullern: *Der Bergsteiger konnte sich nicht mehr halten und kollerte rund 800 Meter bis zum Wandfuß in die Tiefe.* (SN 23. 5. 16)

**Koloniakübel, Coloniakübel,** der (Wien): Mülltonne: *Ich weiß nicht genau, was zuerst ist, das Läuten der Glocken oder das Rattern der Koloniakübel über das Kopfsteinpflaster.* (PR 23. 7. 16); *Wo andere Hausmeister allerdings den Coloniakübel vor der Nase stehen haben, blickt Beer in einen begrünten Innenhof.* (KU 23. 5. 03) ↑ KÜBEL ◆ **Koloniamann, Colonia-; Koloniaraum, Colonia-; Koloniawagen, Colonia-**

**Kolporteur Kolporteurin,** der bzw. die ‹franz.›: jmd., der auf der Straße, in Gaststätten usw. Zeitungen verkauft: *In der Nacht hat er noch einen Job als Kolporteur, die einzige Arbeit, die er annehmen darf.* (KU 1. 2. 07) ◆ **Zeitungskolporteur/-in**

**Kombination,** die (veraltend): Hemdhose, (auch allgemein) Damenunterwäsche: wird österr. in französisierender Weise meist [kɔmbiˈneːʃ] ausgesprochen statt [kɔmbiˈneɪʃn̩]: Daraus entstanden ans Französische angelehnte Schreibungen: *Und eine Stadt, in der Worte wie Kombinage (sprich: Kombinäsch) noch einen Sinn haben.* (Falter 2. 10. 13); *Serenity bezeichnet einen mittelhellen Blauton, Rose Quartz hat eine zarte Anmutung zwischen Schweinchenrosa und Kombinesch-Rosa.* (PR 12. 3. 16). Vgl. auch Cottage, volley

**Kommandant Kommandantin,** der bzw. die ‹franz.› (auch schweiz.): militärischer Befehlshaber, Leiter einer Einsatzgruppe bei Polizei und Feuerwehr; (in D) Kommandeur: *Erst diente er als Kommandant auf Zypern und am Golan.* (KU 11. 2. 08). ↑**Postenkommandant** ◆ **Feuerwehrkommandant/-in, Militärkommandant/-in**

**Kommando,** das; -s ‹ital.›: der Plural lautet österr. in der Bedeutung ›Befehlsgewalt; Einheit für best. Aufgaben‹ auch ...den, (in D nur ...dos): *Allerdings wird die von freiwilligen Mitarbeitern besetzte Kommandostruktur der umgebenden Kommanden ... neu strukturiert.* (KU 27. 12. 16)

**kommassieren,** sw. V. / hat ‹lat.-franz.› (Behördenspr., selten auch in D): (Grundstücke) im Zuge einer Flurbereinigung zusammenlegen: *Insgesamt wurden etwa 380 Hektar Ackerland in Großmeiseldorf kommassiert.* (NÖN 12. 10. 04)

**Kommassierung,** die: Flurbereinigung durch ↑Grundstückszusammenlegung: bes. österr. Form, (in D) Kommassation: *Im Zug der Kommassierung wurde auch gleich Platz für Betriebsansiedlungen geschaffen.* (KU 12. 2. 07)

**Kommerzialrat Kommerzialrätin,** der bzw. die: österr. Form, (in D) Kommerzienrat: *Zum Kommerzialrat wird man vom Kanzler nicht alle Tage »geschlagen«.* (VN 23. 10. 07)

**Kommissär,** der ‹lat.›: österr. (und südd., schweiz.) Form, (in D) Kommissar: 1. Person, die eine Entscheidungs- und Kontrollfunktion ausübt: *Die Stadt sei mit 400 Millionen Euro überschuldet, wenn Bund und Land nicht in die Tasche greifen würden, müsste ein Kommissär die Stadtführung übernehmen.* (Falter 24. 10. 06). 2. Künstlerischer Beauftragter für eine Ausstellung o. Ä.: *2006 war er Kommissär für den österreichischen Pavillon der Architekturbiennale von Venedig.* (OÖN 30. 7. 16). 3. Regierungsbeauftragter, bes. in einer internationalen Organisation: *Landeshauptfrau Gabi Burgstaller und LHStv. Wilfried Haslauer diskutierten mit dem EU-Verkehrskommissär Salzburger Anliegen.* (SN 11. 5. 06). – Als Dienstgrad bei der Polizei, im Kriminalroman oder -film ist auch in Österr. *Kommissar* üblich. ↑**Marktkommissär, Polizeikommissär, Regierungskommissär**

**Kommissariat,** das ‹lat.› (auch schweiz.): Polizeidienststelle: *In einem Interview mit der »Wiener Zeitung« lobte etwa Kontrollinspektor Karl Müller vom Kommissariat Brandstätte die Kooperation mit den Radfahrern.* (WZ 15. 1. 15). ↑**Polizeikommissariat**

**Kommission:** ***paritätische Kommission** (Politik): paritätisch zusammengesetzte Kommission der Sozialpartner zur Regelung der Lohn- und Preisfragen zur Vermeidung von Arbeitskonflikten (heute von geringer Bedeutung): *So gibt es zum Beispiel die berühmte Paritätische Kommission, dieser in Vorschriften gegossene Kompromisszwang aus der Zeit nach 1945, denn alle Beschlüsse müssen einstimmig fallen.* (PR 14. 5. 16)

**kommissionieren** ‹lat.› (Behördenspr.): (ein Bauwerk) durch eine zuständige Behörde prüfen und für die Übergabe an seine Bestimmung bzw. für die Benützung freigeben; abnehmen: *Während das Land die Haltestellen früher alle 15 Jahre kommissioniert hatte, wurde diese Dauer mittlerweile halbiert.* (KZ 17. 3. 17). *Die Leiche wurde kommissioniert. Demnach handelte es sich um einen 40 bis 50 Jahre alten Mann.* (KZ 16. 3. 16). – Die Bedeutung ›Waren für den Versand zusammenstellen und freigeben‹ ist gemeind. Vgl. kollaudieren ◆ **Kommissionierung:** *Im Rahmen einer Kommissionierung wurde festgestellt, dass die aktuelle Beschaffenheit des Spielfeldes nicht den Stadionbestimmungen ... entspricht.* (PR 18. 2. 15)

**Kommunalabgabe,** die: Abgabe, die Unternehmer an die Kommunen zu entrichten haben: *Die Stadt erhält Kommunalabgaben, die Wirtschaft profitiert von den Gästen.* (SN 17. 1. 17). ↑ABGABE

**Kommunalsteuer,** die: ↑Kommunalabgabe: *Wichtigste Gemeindesteuer ist die Kommunalsteuer mit 1,5 Mrd. Euro.* (KU 21. 12. 07)

**Kompensationsprüfung,** die (Schule): Prüfung, mit der eine negative Note in der schriftlichen Reifeprüfung noch vor der mündlichen Matura verbessert werden kann:

*Nach der Kompensationsprüfung waren in Salzburg noch immer 9,7 Prozent der Schüler negativ.* (PR 5. 6. 18)

**Komplexler Komplexlerin,** der bzw. die (salopp): komplexbeladener Mensch: *Ähnlich B. meinte auch SP-Justizsprecher H. J., dass es gegen die Gräueltaten »verleiteter, irrer Komplexler« keine neuen Tatbestände brauche.* (ST 24. 9. 14)

**Konfektmacher Konfektmacherin,** der bzw. die: Person, die beruflich Süßwaren aus Marzipan, Schokolade u. Ä. herstellt: *Er ... machte den Bonbon- und Konfektmacher nach, um später gemeinsam mit seiner Ehefrau das Geschäft zu übernehmen.* (PR 6. 4. 14)

**Konferenzzimmer,** das (Schule): Aufenthaltsraum für Lehrpersonen: *Was nicht »makropolitisch« auf der nationalen Ebene entschieden wird, muss »mikropolitisch« im Konferenzzimmer ausgehandelt werden.* (ST 13. 1. 15)

**Konfident,** der; -en, -en ‹franz.›: [Polizei]spitzel: *Er war, wie seit gestern feststeht, auch nie CIA- oder KGB-Konfident.* (KU 28. 4. 01)

**Konkordat,** das ‹lat.› (auch schweiz.): Vertrag zwischen Bund und Bundesländern (vertikales) bzw. zwischen Bundesländern (horizontales). – Als Vertrag zwischen dem Staat und der kath. Kirche gemeind.

**konkurrenzieren,** sw. V. / hat ‹lat.› (auch schweiz.): jmdm., einer Sache Konkurrenz machen: *Das Unternehmen konkurrenzierte sein eigenes Geschäft ... durch den Umstieg auf Mietsoftware aus dem Internet.* (PR 31. 3. 16) ◆ **Konkurrenzierung**

**Konkursabverkauf,** der: Abverkauf der Waren infolge eines Konkurses: *Daher findet noch bis 17. April ein Konkursabverkauf der gesamten Warenbestände statt.* (OÖN 3. 4. 10). ↑ **Abverkauf**

**können:** ***etwas kann etwas!** (salopp): etwas ist bewundernswert: *Man darf halt nicht auf die anderen Tische schauen, wo sich nach wie vor die Fritterschnitzeln und Burger (wobei: der kann auch etwas!) türmen.* (ST 9. 9. 14); *Dafür spreche sowohl die Kapitalertragsteuer-Befreiung als auch die Kapitalgarantie. »Das Produkt kann etwas.«* (OÖN 28. 11. 15)

**Konstantin** ‹lat.›: der männliche Vorname wird österr. (und schweiz.) auf der ersten Silbe betont, in D auch auf der letzten

**Konsulent Konsulentin,** der bzw. die ‹lat.›: Berater einer Firma oder Behörde: *Konsulent der Landesregierung* (Ehrentitel); *Sie ist Konsulentin in Sachen Waldbrandprävention.* (ST 24. 10. 01) ◆ **Konsulententätigkeit:** *Dieser erhielt ... 28.500 Euro, angeblich für Konsulententätigkeit.* (SN 17. 4. 07); **Konsulentenvertrag:** *Nun wurde auch bekannt, dass M. nicht nur Aufsichtsratspräsident wurde, sondern sich auch einen Konsulentenvertrag zusichern ließ.* (OÖN 8. 1. 08)

**Konsumation,** die ‹lat.› (auch schweiz.): das Konsumieren in einer Gaststätte bzw. das Konsumierte: *Links werden Gäste von »Tre amici« bewirtet, in der Mitte können Besucher auch ohne Konsumation die Beine hochlegen.* (KZ 4. 6. 16) ◆ **Konsumationsabgabe,** ↑ Abgabe; **Konsumationssteuer; Konsumationszwang:** *Und es wird ein Clubbing-Raum gesucht. Als Treff und ohne Konsumationszwang.* (KU 25. 10. 07)

**Konsumenten-:** österr. (und schweiz.) werden die Zus. mit *Konsumenten-*, in D mit *Verbraucher-* gebildet: **Konsumentenberatung:** *Die Arbeiterkammer Gmünd bietet am 21. März von 9.30 bis 11.30 Uhr eine Konsumentenberatung.* (NÖN 18. 3. 16); **Konsumenteninformation; Konsumentenpreisindex; Konsumentenschutz:** *Jetzt hat sich der Konsumentenschutz der Arbeiterkammer der Sache angenommen.* (KU 8. 2. 08); **Konsumentenschützer:** *»Fast die Hälfte der Händler in Linz am Jahrmarktgelände bietet keinen Preisaushang«, kritisieren die Konsumentenschützer.* (OÖN 23. 12. 03); **Komsumentenschützerin**

**Kontaktnahme,** die (auch schweiz.): Kontaktaufnahme: *Man trifft auf äußerst gastfreundliche Menschen, denen meist nur das Mittel zur Kontaktnahme fehlt – die Sprache.* (PR 3. 6. 16)

**Konterattacke,** die ‹franz.› (Sport, veraltend): Konterangriff, Konter: *Mattersburg verlegte sich auf Konterattacken, präsentierte sich aber nicht mehr so clever wie in der ersten Minute.* (PR 18. 3. 16)

**Kontrollor Kontrollorin,** der bzw. die ‹ital.›: österr. Form, (in D) Kontrolleur: *Allen Ernstes verlangten die Kontrollore vom Anwalt, ein Schild neben dem Lift zu platzieren: »Personenbeförderung verboten.«* (SN 26. 11. 16). ↑ **Lebensmittelkontrollor, Krankenkassenkontrollor**

**kontroversiell** ‹lat.›: österr. Form, (in D) kontrovers: *Aber auch Kundgebungen in Einkaufsstraßen, Spaßdemos oder Zusammenstöße von Pro- und Kontrademonstranten wurden ... kontroversiell diskutiert.* (PR 2. 2. 17)

**Kontumaz,** die; - ‹lat.› 1. (Behördenspr., veraltet): Quarantäne, Seuchensperre (in D ein

Rechtsterminus für ›Nichterscheinen vor Gericht‹): *Das Gesundheitsamt hatte die Heiminsassen unter Kontumaz gestellt, nachdem eine Salmonellenerkrankung aufgetreten war.* (NÖN 20. 8. 07). **2.** (Schach) mit einer Strafe belegtes Nichtantreten bei einem Schachwettkampf: *Musste Gerald Zetthofer im Vorjahr seinen Titel noch teilen, so konnte er heuer mit einem Punkt Vorsprung das Turnier für sich alleine entscheiden, und das noch mit einem Kontumaz!* (WZ 5. 2. 07)

**kontumazieren,** sw. V. / hat ‹lat.› (Behördenspr., veraltet): **1.** in Quarantäne halten: *die Hunde werden nur im Hause des Besitzers kontumaziert.* **2.** (Schach) von einer Partie freistellen, nicht antreten. – In D bedeutet *kontumazieren* ›ein Versäumnisurteil fällen‹

**Konvikt,** das; -[e]s, -e ‹lat.› [kɔnˈvikt]: Schülerheim; Internat einer geistlichen Schule: *Viel Zeit widmete Peter Simonischek an diesem Vormittag den Erzählungen über seine Schulzeit im Konvikt bei den Benediktinern in St. Paul.* (SN 11. 12. 06)

**konzeptiv** ‹lat.›: konzipierend, mit Ideen (in D veraltet ›leicht empfänglich‹): *Deshalb war es uns ein Anliegen, dieses Schulprojekt ... zu entwickeln sowie konzeptiv und finanziell zu unterstützen.* (SN 27. 9. 07)

**Konzipient Konzipientin,** der bzw. die ‹lat.› (Behördenspr.): Jurist/-in [zur Ausbildung] in einem Rechtsanwaltsbüro: *Die Arbeitsrechts-Expertin war schon als Konzipientin in dem Unternehmen tätig.* (PR 16. 8. 08)

**Kooperator,** der; -s, -oren ‹lat.› (auch bayr.): kath. Hilfsgeistlicher, Vikar, Kaplan: *Der gebürtige Neumarkter wurde 1964 zum Priester geweiht und war zunächst als Kooperator in Helfenberg und Waxenberg tätig.* (OÖN 16. 1. 17)

**köpfeln,** sw. V. / hat (auch südd., schweiz.): **1.** /ist/: einen Kopfsprung ins Wasser machen: *Seit fünf Jahren ist hier niemand mehr ins Wasser geköpfelt.* (BVZ 8. 8. 13). **2.** /hat/: beim Fußball den Ball mit dem Kopf stoßen; köpfen: *Dass häufiges Köpfeln zu Gehirnschäden führt, beweist laut Sportarzt Milan Toljan jedoch keine Studie.* (OÖN 9. 6. 12). ↑ **einköpfeln**

**kopfen,** (ugs., westösterr.): **1.** störrisch sein, trotzen. **2.** angestrengt nachdenken: *Im Land kopfen bereits die Experten des Verfassungsdienstes.* (TT 27. 2. 17)

**Kopfhaupt,** das (in D selten regional): Kopfteil des Bettes: *Das verstellbare Kopfhaupt wird mit passendem Leder oder Stoff bezogen.* (SN 14. 10. 04)

**Köpfler,** der; -s, - (auch südd., schweiz.): **1.** Kopfsprung: *Benjamin strahlt bis über beide Ohren und taucht mit einem gekonnten Köpfler in die Fluten.* (KZ 7. 7. 16). **2.** (Fußball) Kopfball: *Erst setzte Konrad Laimer noch einen Köpfler nach Eckball knapp neben die Stange.* (PR 11. 12. 16) ◆ **Lattenköpfler**

**Kopfpolster,** der: Kopfkissen: *Wer sein Geld unter den Kopfpolster oder aufs Sparbuch legt, bekommt dort wie da derzeit keine Zinsen.* (OÖN 1. 10. 16). ↑ POLSTER

**Kopfschüssler,** der; -s, - (ugs., salopp): **1.** Person, die einen Kopfschuss erlitten hat. **2.** Person, die sich selbst schadet: *Ich bin ja kein Kopfschüssler und fahre drei Wochen nach Sotschi, wenn ich mich ernsthaft bedroht fühlte.* (SN 22. 1. 14)

**Kopfstückl,** das; -s, -n (ugs.): Schlag auf den Kopf, (in D regional ugs.) Kopfstück: *Er hat eben ... dem Betroffenen ein »Kopfstückl« gegeben.* (KU 22. 10. 05)

**Kopfwehpulverl,** das; -s, - bzw. -n (ugs.): Kopfwehmittel: *Außerdem müsse die künftige BTM-Werbung, wie bei einem Kopfwehpulverl, Hinweise auf unerwünschte Wirkungen und die genaue Beachtung der Gebrauchsanweisung beinhalten.* (OÖN 22. 12. 08). ↑ **Pulverl**

**Kopie,** die: wird österr. meist [ˈkoːpi-ɛ], im Plural [ˈkoːpi-ɛn] ausgesprochen, das Wort kann österr. also dreisilbig sein, in D nur zweisilbig mit Endbetonung [koˈpiː, koˈpiː(ə)n]

**Koppel,** die; -, -n: Ledergürtel der Uniform: ist österr. (und bayr.) Femininum, in D Neutrum

**Körberlgeld,** das: zusätzlich, nebenbei verdientes Geld, (in D) Zubrot: *Ganz abgesehen davon, dass sich der Finanzminister bei jedem Preisauftrieb über das höhere Mehrwertsteuer-Aufkommen ein schönes Körberlgeld verdient.* (KU 14. 2. 08)

**Koriandoli,** das; -[s], - ‹ital.› (veraltet): Konfetti: *Die kongeniale Ergänzung zur »Faschings«-Beleuchtung mit Koriandoli und nackten prall-drallen Engerln!* (OÖN 21. 12. 02) ◆ **Koriandoliregen; Koriandolistern**

**Kormoran,** der ‹franz.›: der Name des Vogels wird österr. (und bayr.) auf der ersten Silbe betont, in D auf der letzten

**Körndl,** das; -s, -n: **1.** (Verkl. zu) Korn, Getreide: *Grießnockerln in der Suppe, gut, aber sonst wird kein Körndl Grieß in der Küche ... verarbeitet.* (KU 1. 7. 06); **2.** Rohkost, Körner im Rahmen biologischer Nahrung: *Haferhype mit Porridge in London, Getreidesalate und neue Trendprodukte in den Regalen: Was Körndln alles können.* (PR 2. 4. 15)

**Kọrndlbauer,** der **1.** /meist Plural/: landwirtschaftlicher Betrieb mit vorwiegend Getreideanbau: *Der viehlose Körndlbauer hat aber nicht nur die Trümpfe in der Hand, sondern viel höhere Energie- und Düngerrechnungen.* (OÖN 3. 5. 08). **2. Kọrndlbauer Kọrndlbäuerin,** der bzw. die (auch bayr.): Bauer/Bäuerin, der/die vorwiegend Getreidebau betreibt: *Cindys Lover George entpuppt sich nicht nur als Körndlbauer, sondern auch als einsamer weißer Rapper auf weiter Flur.* (KZ 26. 2. 04). ↑**Hörndlbauer**

**Kọrndlbrot,** das (auch bayr.): Vollkornbrot [mit ganzen Körnern]: *An ihrem Stand gibt es verschiedene Brotsorten: Bauernbrot aus Roggen- und Weizenmehl, Körndlbrot aus Roggen- und Dinkelmehl.* (OÖN 7. 4. 16). ↑Brot

**Kọrndlfresser Kọrndlfresserin,** der bzw. die (ugs., salopp, auch bayr.): Anhänger/-in von Vollwertkost, (in D ugs.) Körnerfresser: *Wer auf Fleisch verzichtet ist kein fader Körndlfresser, kein Öko, kein ängstlich verschwitzter Reformhausjunkie, sondern ein cooler Typ.* (ST 27. 6. 16)

**Kọrndlfutter,** das (ugs., auch bayr.): **1.** aus Getreidekörnern bestehendes Futter, Körnerfutter: *»Körndlfutter sollte für die Tiere wie eine Nachspeise sein«, so der Tierarzt.* (OÖN 7. 6. 06). **2.** (scherzhaft) Vollwertkost: *»Sie glauben, gesundes Essen schmeckt ›fad‹ und besteht ausschließlich aus rohem Gemüse, ›Körndlfutter‹ und wenig bis gar keinem Fleisch?«* (PR 10. 5. 04)

**Kọrndlkost,** die (ugs.): Vollwertkost: *Damals galt »Bio« noch als karge Körndlkost.* (ST 18. 5. 09)

**Kọrnmandl** ↑Mandl

**Kọrnspitz** ↑Spitz

**Korporal,** der (Militär, auch schweiz.) /ein militärischer und polizeilicher Dienstgrad/: *Ebenfalls verletzt wurden ein 34-jähriger Korporal aus Niederösterreich und ein 23-jähriger Wachtmeister aus Salzburg.* (ST 8. 7. 14)

**Kọrridorpension,** die (Behördenspr.): Pension, die zwischen dem 62. und 65. Lebensjahr selbstbestimmt angetreten wird, 450 Versicherungsmonate vorausgesetzt. ↑Pension

**Kọstenersatz,** der; -es (in D selten): **1.** [vom Staat] zu leistendeVergütung von Leistungen, die im Rahmen der Dienstausübung erbracht wurden (z. B. Reise-, Material-, Kopierkosten): *Bei besachwalteten Klienten ohne Vermögen hätten die Anwälte aber nicht einmal Anspruch auf Ersatz der Barauslagen, etwa Kopier- oder Fahrtkosten. »Hier muss es subsidiären Kostenersatz durch die Republik geben.«* (OÖN 28. 9. 16). **2.** von einer Versicherung nachträglich ganz oder teilweise zu leistender Ersatz von Kosten (z. B. für medizinische Kosten, entstandene Schäden): *»Bezahlen mussten wir 150 Euro für neun Wochen. Der Kostenersatz der Krankenkasse war da bereits abgezogen.«* (KZ 27. 2. 17). **3.** Zahlung für verursachte Kosten oder Schäden: *Der Kostenersatz werde für jene Alpinsportler diskutiert, die es »offenkundig bewusst in Kauf nehmen, auf Steuerkosten« geborgen zu werden.* (KZ 4. 12. 16)

**Kotpatzen,** der: Erdklumpen: *Der Griff unserer Eingangstür war über und über mit Kot beschmiert. An der Tür selbst hafteten Kotpatzen.* (KZ 19. 9. 13). ↑Patzen

**Kọtter,** der; -s, -: **1.** Arrest: *Im Sudan wurde die Künstlergruppe, mit der Armbruster reiste, von der Soldateska in einen Kotter gepfercht.* (OÖN 11. 9. 14). **2.** (südösterr.): Stall, Koben für Tiere; Hasenstall; Hundehütte: *Nichts gegen dich, aber ich finde die Halle einfach einen grauslichen Kotter.* (KZ 23. 4. 12). (zu 1.:) ↑**Dorfkotter, Gemeindekotter, Polizeikotter**

**Kọtzen** der; -s, - (auch südd.): grobe Wolldecke: *Vom Militärkommando in St. Pölten wurden nun 30 eiserne Bettgestelle, sowie Kotzen und Leintücher geliefert.* (NÖN 31. 7. 14) ↑**Rosskotzen**

**kotzengrob** (ugs., auch südd.): sehr grob: *Er war ein rechtes Original, von dem man gerne die eine oder andere Geschichte erzählte, und er wurde als reich, groß, breitschultrig aber auch kotzengrob geschildert.* (NÖN 4. 1. 10)

**KR:** (Abk. für) Kommerzialrat, -rätin

**Krạchen,** die; -, - [...ɔ...] (salopp, ugs.): Schusswaffe: *Einmal hab ich dort beim Pokern zwei Dienstmarken und eine Krachen gewonnen.* (profil 22. 10. 07)

**Krạcher,** der: der durch Knallkörper, einen plötzlichen Aufprall u. Ä. entstandene Lärm: *Jeder Schuss ein lauter Kracher.* (SN 10. 7. 06); *Mit einem lauten Kracher schob die supermoderne und leistungsstarke Hercules-Diesellok den Sattelaufleger wie Spielzeug zur Seite.* (KU 28. 8. 07). – In der Bedeutung Knallkörper gemeind.

**Kracherl,** das; -s, -n (ugs., veraltend, auch bayr.): Limonade mit Kohlensäure, Sprudel: *Verschiedene Radler, Kracherl und alkoholfreies Bier würden stärker nachgefragt und vermarktet.* (OÖN 2. 3. 16). ↑ **Himbeerkracherl**

**Kraftlackel,** der (ugs., abwertend): protziger, aber dummer Kraftmensch, Muskelprotz: *Für Frauen und Kinder sind Bögen in verschiedenen Stärken vorhanden, denn nicht jeder ist ein Kraftlackel.* (KZ 31. 10. 13). ↑ **Lackel**

**Kragen,** der; -s: der Plural lautet österr. (und südd., schweiz.) Krägen: *Bis 1975 erzeugten in der Wäschefabrik Taussig bis zu 300 Leute Wäsche und Krägen.* (Falter 28. 5. 14)

**Krainer,** die; -, - (bes. südostösterr.): /eine grobe Selchwurst/: *In vielen Kärntner Haushalten wird am Heiligen Abend ein typisches »K&K-Menü« aufgetischt: Krainer und Kraut, sprich Selchwürstel mit Sauerkraut.* (KZ 22. 12. 07). ↑ **Käsekrainer**

**Krampen,** der; -s, -: Spitzhacke: *Oben im Jamtal haut G. J. seinen Krampen tief in den Boden.* (PR 8. 10. 16); ***mit Krampen und Schaufel:** durch manuelle Arbeit: *Vor 200 Jahren haben schwer arbeitende Männer den Schwarzenbergischen Schwemmkanal mit Krampen und Schaufel aus dem Granit geschlagen.* (OÖN 20. 7. 10)

**Kramperl,** der; -s, -n (ugs.): ↑ Krampus: *Am Wochenende sind in Oberösterreich wieder die Perchten und Kramperl los.* (OÖN 4. 12. 15)

**Kramperltag,** der (Volkskunde): 5. Dezember: *Hier wird der Nikolaus- und Kramperltag immer noch genau so begangen wie aus alter Zeit überliefert.* (SN 1. 12. 00)

**Kramperltee,** der; -s: Kräutertee aus Isländischem Moos (als Medikament): *Die halb geleerte Flasche Moët-Chandon, dieweil der krank gemeldete Versicherte versuchte, unter die schützende Bettdecke zu huschen und nach dem Kramperltee zu angeln.* (PR 15. 2. 07)

**Krampus,** der; - und -ses, -se (auch bayr.): Begleiter des hl. Nikolaus am 5./6. Dezember, oft in Gestalt eines Teufels; Knecht Ruprecht: *Nahe der Piste ... lockt an diesem Wochenende heuer erstmals der Adventmarkt auf der Turracher Höhe. Am 8. Dezember ab 15 Uhr kommen der Krampus und der Nikolaus.* (KZ 8. 12. 16). ↑ **Zwetschkenkrampus** ◆ **Krampusdisco:** *Die Gruppe »Rush Hour« veranstaltet am Freitag, dem 2. Dezember, um 20 Uhr beim Dorfwirt Bräu eine Krampus-Disco mit Liveauftritt.* (SN 1. 12. 05); **Krampuskränzchen:** *Beim traditionellen Krampuskränzchen im Club-Hotel Pascha war am vergangenen Montag wieder die Hölle los.* (SN 7. 12. 07); **Krampuslarve:** *Teure Krampuslarve aus Kiosk gestohlen* (KU 12. 1. 04); **Krampusrummel:** *Und noch eine Sonderfahrt für unsere Leser: Am 2. Dezember zum Krampusrummel in das Triestingtal.* (KU 20. 11. 06); **Krampustreiben:** *Gegen die Auswüchse des Krampustreibens vorzugehen ist berechtigt.* (PR 9. 12. 06); **Krampusumzug:** *Krampustreiben in Niederösterreich. Krampusumzug am Rathausplatz in Grimmenstein.* (KU 5. 12. 06)

**Kramuri,** die; - ⟨aus *Kram* mit rumänischer Endung⟩ (ugs.): Kram, Gerümpel: *Platz gibt es in Hülle und Fülle und zudem eine Unzahl von Fächern und Facherln fürs zu verstauende Kramuri.* (KU 25. 1. 08)

**Kranewit,** der; -s (ugs., auch bayr.): Wacholder: *Der getrocknete Palmbesen, Kranewit und Weihrauch wurden mit der Glut durch Haus und Stall getragen.* (KZ 20. 12. 14). – Auch in der dialektnahen Schreibung *Kranawet, Kranawit*

**Krankenfürsorgeanstalt,** die (Verw.): Krankenkasse für Bedienstete bestimmter Gemeinden oder Städte

**Krankenkassa,** die: österr. neben Krankenkasse: *Krankenkassa will Spitalsärzten Arbeit in Privatordination verbieten.* (KU 17. 9. 16). ↑ KASSA

**Krankenkassenkontrollor Krankenkassenkontrollorin,** der bzw. die: Organ der Krankenkasse, das ärztliche Leistungen und Krankenstände überprüft: *Oberösterreichs 380 Vertragszahnärzte sind heuer im Visier der Krankenkassenkontrollore.* (OÖN 12. 11. 08). ↑ **Kontrollor, Lebensmittelkontrollor**

**Krankenstand,** der: bezeichnet österr. (und bayr.) die ›Zeit der Arbeitsunfähigkeit infolge Krankheit‹ (in D die ›augenblickliche Anzahl der Kranken in einem Betrieb‹): *Im Vorjahr ist die Zahl der Krankenstände nach längerer Zeit erstmals wieder gestiegen.* (SN 20. 2. 08); ***im Krankenstand [sein]:** wegen Krankheit nicht arbeitsfähig [sein]: *Marcel Hirscher befindet sich seit gestern im Krankenstand.* (OÖN 11. 2. 17); ***in den Krankenstand gehen:** sich krankschreiben lassen: *Die Sache setzte ihr so zu, dass sie lange in den Krankenstand gehen musste.* (OÖN 12. 2. 15) ◆ **Krankenstandsmeldung**

**Krankenstandstag,** der (Verw.): Krankheitstag: *Von 1994 bis 2014 sei die Zahl der Krankenstandstage wegen berufsbedingter psychi-*

*scher Erkrankungen von einer Million auf 3,6 Millionen gestiegen.* (PR 13. 12. 16)

**Krankheit:** ***hinfallende Krankheit** (ugs., auch südd.): Epilepsie: *Am 7. Jänner, am Fest des heiligen Valentin ... kamen tausende, um die »hinfallende Krankheit«, also Epilepsie, abzuwehren.* (OÖN 17. 9. 15)

**Kranzl,** das; -s, -n (Volkskunde): kleiner Kranz, Blumenkranz (in verschiedenen Volksbräuchen): *Wem es gelingt, das Fass zu zerschlagen, erhält das von den Feistritzer Mädchen gemeinsam gekaufte Kranzl.* (KU 29. 5. 04)

**Kranzljungfrau,** die (auch bayr.): Brautjungfer, Kranzjungfer: *Der Brautführer saß neben der Braut, die »Kranzljungfrau« neben dem Bräutigam, die übrigen Gäste reihten sich nach dem Verwandtschaftsgrad um diese Personen.* (BVZ 21. 1. 09)

**Kranzlreiten,** das (Volkskunde): Wettreiten um einen Kranz (Kärntner Pfingstbrauch): *Heute besteht das Kranzlreiten aus einem Wettlauf und einem Wettritt, an dem sich jeweils drei Burschen ... beteiligen.* (WZ 29. 5. 06)

**Krapfen,** der; -s, - (auch südd., schweiz.): 1. eine Mehlspeise aus Hefeteig, die im Fett gebacken wird, bes. **a)** ↑Bauernkrapfen: *Dazu gibt es Knödelvariationen, frische Krapfen und vieles mehr.* (OÖN 22. 5. 18). **b)** ↑Faschingskrapfen: *Die Rezeptur der Krapfen ist in Österreich vorgeschrieben: Sie müssen, wenn nicht anders angeschrieben, mit Marillenmarmelade gefüllt sein.* (WZ 8. 2. 16). 2. (bes. Wien, derb) Exkrementehaufen /meist in übertragenen Wendungen/; ***jmdm. einen [fetten] Krapfen scheißen** (derb): jmdn. verachten, ignorieren: *du würdest mir einen Krapfen scheißen, wenn ich mit diesem Problem kommen würde;* ***auf etwas einen [fetten] Krapfen scheißen** (derb): etwas für minderwertig halten, ablehnen: *auf dieses Auto kannst du einen Krapfen scheißen;* ***die größten Krapfen scheißen können** (derb): /Floskel, mit der man prahlt/: ... *»Weißt du ..., dass i von allen Galeristen die größten Krapfen scheißen kann?«* (Heute 18. 2. 07). ↑**Bauernkrapfen, Erdäpfelkrapfen, Faschingskrapfen, Germkrapfen, Indianerkrapfen, Schlipfkrapfen, Schlutzkrapfen, Schnürkrapfen**

**Krapfenausstecher,** der: Küchengerät zum Ausstechen von Teighäufchen: *Auf einem Nudelbrett nicht zu dünn auswalken und mit einem Krapfenausstecher Kreise ca. 8 cm. Durchmesser ausstechen.* (OÖN 2. 5. 12)

**Krapferl,** das; -s, -n: 1. kleine Krapfen, bes. als Süßspeise, z. B. Punschkrapferl: *Bei den Tiefkühl-Eiskrapferln muss es nicht so schnell gehen, sie sollen sogar ein bisschen auftauen, dann werden sie cremiger.* (KZ 14. 2. 15). 2. Häufchen in Form von Krapfen: *Erdäpfelkrapferl: Krapferl formen, in Sesam wenden und in Butterschmalz herausbacken.* (OÖN 4. 3. 14). ↑**Brandteilkrapferl, Punschkrapferl, Schlickkrapferl**

**kratzeln,** sw. V. / hat (ugs., auch schweiz.): kritzeln: *Zwei Mädchen kratzeln wild auf ihren Zetteln herum, während eine Runde Buben einen riesigen Lego-Turm baut.* (KZ 6. 4. 14)

**Kratzen,** das; -s (Volkskunde): Kartenspiel in der Art eines einfachen Harsardspiels: *die Bahn bringt doch allen was. Uns viel Zeit zum »Kratzen«. Ja genau, jenes Kartenspiel, welches meine Oma gleich nach dem Diebstahl auf der Verbrechensliste einordnet.* (OÖN 6. 8. 07)

**Kratzete,** das; -n, -n (Vbg.): eine Art ↑Schmarren: *Die Rezeptbilder von Joerg Lehmann ... sind nämlich von seltener Qualität und animieren dazu, auch abwegig scheinende Rezepte wie Spargel mit Schnittlauchsauce und »Kratzete« auszuprobieren.* (ST 2. 11. 12)

**Kraut,** das (auch südd.): (in D) Weißkohl, Kappes: *Eine der Spezialitäten an Sonn- und Feiertagen ist der Schweinsbraten mit Kraut und Knödl.* (OÖN 10. 2. 17); ***das Kraut fett machen:** etwas aufwerten, ein Zugpferd sein: *Auf der anderen Seite reicht ein Star wie Brad Pitt, um das Kraut fett zu machen.* (KU 13. 5. 04); ***etwas macht das Kraut auch nicht fett:** etwas nützt auch nichts, das macht eine Sache nicht besser, (in D) das macht den Kohl auch nicht fett: *Zu den derzeit 20 Sachbearbeitern kommen demnächst vier bis fünf dazu, »aber das macht das Kraut auch nicht fett«.* (SN 3. 8. 07); ***jmdm. das Kraut ausschütten** (ugs.): jmdn. vergrämen; jmdm. den Rest geben: *Das Kraut endgültig ausgeschüttet hatte Reisetbauer die Sicherheitsreferentin der BH Linz-Land, die für die Absicherung durch die Gendarmerie 1000 Euro veranschlagte, dann aber einen Bescheid über 3000 Euro ausstellte.* (OÖN 31. 3. 05) ↑**Blaukraut, Krauthäuptel; Rotkraut, Stöcklkraut, Weißkraut.** Vgl. Kohl

**Krautfleckerln,** die /Plural/: Gericht aus Eierteigwaren und Stücken von Kraut oder Gemüse: *Nun erfährt man, wie sie ihren Schweinsbraten am liebsten isst: mit besonders fetter*

*Schwarte und Krautfleckerl dazu.* (OÖN 18. 12. 07). ↑Fleckerl

**Krautfleisch,** das: Szegediner Gulasch: *Unter Freunden war sein Szegediner Krautfleisch ebenso legendär wie sein Filmschaffen.* (KZ 12. 8. 07)

**Krauthachel,** die: Krauthobel: *Von Krauthachel über Möbel bis zur Saunakabine – die Verkaufsmesse ist bekannt für ihre Vielfalt und Attraktivität.* (OÖN 24. 9. 14). ↑**Hachel, Gurkenhachel**

**Krauthäuptel,** das (bes. ostösterr., auch bayr.): Krautkopf: *Der Grazer Krauthäuptel und andere Salate waren ebenfalls vom Hagel betroffen, die Qualität war dafür gut.* (KZ 18. 10. 16). ↑Häuptel, Kraut

**Krautinger,** der (Tirol): Rübenschnaps aus der Wildschönau: *Er ... promotete die Genuss-Region Wildschönau samt dem Rübenschnaps Krautinger und lud Agrarpolitiker von EU-Beitrittskandidaten schon zum Jägerball nach Wien ein.* (profil 23. 12. 13)

**Krautnockerln,** die /Plural/: ↑Nockerln mit Sauerkraut und Speckwürfeln: *Man sollte die Krautnockerl halb zugedeckt dünsten lassen, damit sie etwas austrocknen können.* (NÖN 13. 5. 09). ↑Nockerl

**Krautroulade,** die: Roulade aus mit fein geschnittenem Fleisch gefüllten Krautblättern: *In der kleinen Kantine gab es Krautrouladen und Eis von Schöller.* (PR 4. 6. 15)

**Krautschneider,** der (auch südd., schweiz.): Gerät zum Schneiden von ↑Kraut: *Dieser Krautschneider aus einer längst vergangenen Zeit hat einmal Adalbert Stifter gehört.* (KU 25. 6. 15)

**Krautwickel,** der (auch südd., schweiz.): ↑Krautroulade: *Wir bieten immer wieder auch urige Tagesempfehlungen richtig alter Rezepte wie Krautwickel, Leber, Bratwurst oder Bauernschmaus.* (KZ 20. 6. 14)

**Krawattenknopf,** der (ugs., auch südd., schweiz.): Krawattenknoten: *Urteil der Farb-Typ-Stilberaterin Bettina Enserer: Seriöser Auftritt, perfekter Krawattenknopf, Farben im kühlen Bereich, die zu seinem Typ passen.* (OÖN 13. 9. 03). ↑**Knopf**

**Krawattl,** das: ***jmdn. beim Krawattl nehmen/packen** (ugs.): jmdn. an/bei der Krawatte nehmen/packen: jmdn. am Kragen packen: *Im hier angeführten Fall hat sich der Erwachsene provozieren lassen und er hat überreagiert, indem der den Buben beim Krawattl packte.* (SN 27. 11. 17); ***am Krawattl packen:** zurechtweisen: *Da muss ich mich dann oft selbst am Krawattl packen.* (PR 18. 7. 13)

**krawutisch** ⟨zu ›kroatisch‹⟩ (ugs.): zornig, wütend: *Solche Rede macht den Hans Niessl einigermaßen krawutisch.* (ST 9. 11. 16)

**Kraxe,** die; -n, -n (auch bayr.): **1.** Holzgestell [mit Korb] zum Tragen auf dem Rücken; (in D regional) Krätze: *Wer möchte ... ausprobieren, wie es sich anfühlt, eine 50 Kilogramm schwere Kraxe auf dem Rücken zu tragen.* (SN 24. 8. 16). **2.** (ugs.) altes, nicht mehr richtig funktionierendes Fahrzeug, Gerät: *Wenn ich mir die Taxis auf dem Passauer Bahnhof ansehe, muss ich lachen. Teilweise wird mit uralten Kraxen gefahren.* (OÖN 7. 2. 05). **3.** (ugs.) unleserlicher Schriftzug: *Aber einzeln betrachtet sind sie handschriftliche Kraxen.* (SN 21. 11. 16). ↑**Buckelkraxe**

**kraxeln,** sw. V. / hat (ugs., auch südd., schweiz.): **1.** (auf einen Berg, Baum) klettern: *Sind die ... noch recht breit, ist das graue Geröll danach ...ab etwa der siebten Bergstation steiler und felsiger, sodass man auf kurzen Abschnitten auf allen Vieren kraxeln muss.* (SN 13. 8. 16). **2.** mühsam in/aus etwas kriechen: *Nutzen Sie auf der Messe die Gelegenheit und kraxeln Sie ins Innere – Sie werden überrascht sein vom Cockpit und dessen ... Instrumentierung.* (SN 18. 3. 17) ◆ **Kraxelei**

**Kraxler Kraxlerin,** der bzw. die (ugs., auch bayr.): [leidenschaftliche/-r] Kletterer/Kletterin: *Jonas traut sich als erster. »Ein richtiger Kraxler«, meint die Lehrerin anerkennend.* (KZ 7. 6. 16). ↑**Bergkraxler**

**Krebs,** der; -es, -e: wird österr. (und südd.) mit kurzem offenem e ausgesprochen, in D mit langem geschlossenem e, der Plural lautet ugs. -en

**Kreditor,** der; -s, -oren ⟨lat.⟩: Gläubiger: wird österr. auf der zweiten Silbe betont, in D auf der ersten

**Kreditschützer,** die /Plural/ (salopp): Vertreter eines Kreditschutzverbandes: *Kreditschützer warnten vor dem Risiko.* (SN 7. 4. 06)

**Kreditschutzverband,** der (Verw.): Verband, der die Gläubigerinteressen vertritt: *Den Gläubigern wird eine Quote von 20 Prozent binnen zwei Jahren angeboten, informierte auch der Kreditschutzverband von 1870.* (PR 3. 2. 17)

**Kreditwerber** ↑-werber

**Kren,** der; -[e]s ⟨slaw.-tschech.⟩ (auch bayr.): (in D) Meerrettich: *Wer noch einen Extrakick*

*Schärfe will, reibt frischen Kren darüber.* (ST 19. 2. 17); *Tränen soll es beim Krenreißen übrigens keine gegeben haben – höchstens vor Lachen.* (KZ 26. 3. 16); ***zu etwas seinen Kren geben** (ugs.): zu etwas seinen Senf geben: *Es gibt nichts Schlimmeres als Leute, die zu allem und jedem ihren Kren dazugeben müssen.* (News 13. 11. 08); ***etwas ist zum Krenreiben** (ugs.): etwas ist umsonst, unnütz: *Politiker, die glauben, immer und überall ihren Senf dazugeben zu müssen, sind arme Würstchen und zum Krenreiben.* (SN 22. 11. 16); ***ein/kein Kren sein** (ugs., salopp): sich [nicht] ausnutzen lassen: *Ich bin doch kein Kren!*; ***Mandl mit Kren** ↑Mandl; ↑**Apfelkren, Oberskren, Semmelkren** ◆ **Krensauce,** ↑Sauce; **Krensuppe** ↑Suppe

**krẹndeln,** sw. V. / hat (Küche, bes. Ktn.): den Teigrand wellenförmig umbiegen und eindrücken: *20 Frauen ... haben in den vergangenen Wochen fleißig »gekrendelt«, 15.000 Nudeln warteten auf den Verzehr. »Wer richtig krendeln kann, ist bekanntlich heiratsfähig.«* (KZ 6. 8. 07)

**Kre̱nfleisch,** das: gekochtes Schweinefleisch vom Kopf oder Bauch, mit ↑Kren bestreut: *Auch das Innviertler Krenfleisch sollte man sich in der Hoftaverne nicht entgehen lasse.* (OÖN 16. 8. 12). Vgl. Wurzelfleisch

**Kre̱nreißer,** der: Küchengerät zum Zerkleinern von ↑Kren, Käse usw.: *Die warmen Croutons darauf verteilen, den Käse mit einem Krenreißer drüberreiben.* (KU 11. 9. 10)

**Kre̱nsauce, Kre̱nsoß,** die; -, -n bzw. -en: Sauce aus geriebenem ↑Kren [mit Rahm, Äpfeln u. Ä.]: *Geselchte Rindszunge mit Krensauce und Erdäpfelpüree: Das ist die neue Exotik.* (ST 22. 10. 14). ↑Sauce

**Kre̱nwurzen,** die: Meerrettichwurzel: *Die Haussulz vom Spanferkel mit angenehm sauren Krenwurzen ist leicht und unklebrig.* (PR 11. 10. 12)

**Kreto̱n,** der ‹franz.›: österr. Form, (in D) die und der Kretonne, Cretonne

**Kre̱uz:** ***übers Kreuz sein/kommen** (auch südd.): in Konflikt sein/geraten: *Diese ist nicht nur mit ihrem Gemahl übers Kreuz und drängt selbst in hohe politische Ämter – sondern steht ihrem Angetrauten in Sachen Schändlichkeit auch in nichts nach.* (OÖN 4. 3. 16)

**Kre̱uzjass,** der; -es (Vbg.): Spielart des ↑Jass, bei der 2 gegen 2 spielen: *Da gabs den Kreuzjass, dort wurde gesteigert, am nächsten Tisch wurde geschoben, und an allen Tischen wurden während des Austrumpfens Sprüche geklopft.* (VN 23. 11. 06)

**kre̱uzjassen** /nur im Inf./ (Vbg.): ↑Kreuzjass spielen: *Am 18. März findet im Gasthaus »Teich« in Silbertal das traditionelle Preis-Kreuzjassen statt.* (VN 16. 3. 06). ↑Jassen

**Kre̱uzzaun,** der: Zaun aus gekreuzten Holzstäben, Jägerzaun: *Wenn die Steckenpaare tief genug in den Boden gerammt werden, ist der Kreuzzaun ein langhaltender Zaun.* (Landschaftsschutzförderung, Land Tirol, Int)

**Krịckel,** das; -s, -: Horn der Gämse, Geweih des Rehs (in D nur in der Jägersprache für ›Krucke‹): *Auslöser für die Unruhe: Die Trophäenschau, die den Abschluss des Jagdjahres in Krickeln und Geweihen wiedergibt.* (KZ 17. 4. 16). ↑**Gamskrickel, Rehkrickel**

**Krịckerl,** das; -s, -n (auch bayr.): ↑Krickel: *Geweihe und Krickerl werden zu Griffen verbaut.* (OÖN 14. 3. 15)

**Kri̱da,** die; - ‹ital.›: Konkursvergehen: *Jetzt wird ihm betrügerische Krida zur Last gelegt.* (PR 6. 3. 17)

**Krida̱tar Krida̱tarin,** der bzw. die ‹lat.›: Konkursschuldner, Gemeinschuldner: *Der Kaufmann, der einen Kridatar anschreiben lassen hat, ist nicht so viel besser als dieser dran.* (profil 15. 12. 08) – Auch in der Form *Kridar*

**Kri̱echerl,** das; -s, -n (auch bayr.): in verschiedenen Formen vorhandene Züchtung von Prunus institia; Haferpflaume (in D regional in der Form *Krieche*): *Um Obst nach seinem Geschmack zur Verfügung zu haben, pflanzte der Qualitätsfanatiker ... Tausende Bäume alter Sorten wie Kriecherl, Hauszwetschken, Maschansker-Äpfel, Hirschbirnen oder Saubirnen.* (SN 23. 9. 06) ◆ **Kriecherlbaum:** *Für den Osterbusch gab's, sehr hoffnungsvoll, dicht beknosptete Zweigen vom Kriecherlbaum.* (OÖN 7. 4. 01)

**Krimina̱l,** das; -s, -e ‹lat.› (veraltet, noch ugs. oder scherzhaft): Zuchthaus: *Man solle nicht verdrängen, dass auch der »Normalbürger« – etwa nach einem Verkehrsunfall mit Verletzten – rasch »ins Kriminal« kommen könne.* (SN 3. 1. 08); ***mit einem Fuß im Kriminal stehen:** sich am Rande des Gesetzes bewegen; Gefahr laufen, mit dem Gesetz in Konflikt zu geraten: *Denn welches Unternehmen investiert in einen Klub, wenn man mit Leuten, die mit einem Fuß im Kriminal stehen, in einem Atemzug genannt wird?* (KU 19. 6. 07)

**Krimineser Krimineserin,** der; -s, - (ugs., salopp): Kriminalbeamter/-in: *Doch dann findet der cool und unnahbar gezeichnete Krimineser immer mehr Spuren von Datenmanipulation im Überwachungsapparat.* (OÖN 14. 6. 14); *Irgendwann einmal wollte ich Krimineserin werden.* (OÖN 2. 4. 08)

**Krippenschauen,** das: /ein Weihnachtsbrauch/: *Ebenso traditionell wie das Krippenbauen ist das Krippenschauen: Man besucht die Nachbarn, bewundert deren Krippen und stößt auf Weihnachten an.* (PR 12. 12. 13). ↑ SCHAUEN

**Kripperl,** das; -s, -n (auch bayr.): Weihnachtskrippe: *Kripperl schauen als Einstimmung auf Weihnachten.* (SN 30. 11. 06)

**Kripperlroas,** die; -, -en ‹eig. ›Kripperlreise‹› (verschriftl. Dialektform; Volkskunde, bes. im Salzkammergut): Besuch der in der Weihnachtszeit ausgestellten Weihnachtskrippen in den Privathäusern: *Im Sinne des Jahresthemas »Miteinand« wurde die Frauenbewegung von der Ebenseer Ortsgruppe im Jänner auf eine Kripperlroas eingeladen.* (OÖN 28. 2. 07). ↑ **-roas, Weiberroas**

**Krispindl,** das; -s, -n (ugs., salopp, meist abwertend, auch bayr.): sehr dünner, schwächlicher Mensch: *Sie bot ihm einen Platz an und servierte dem »Krispindl« einen Schweinsbraten mit Knödel.* (OÖN 28. 9. 15)

**Kristallluster,** der: österr. Form, (in D) Kristalllüster: *Wenn man etwa einen Raum gut und atmosphärisch beleuchtet und in der Mitte einen Kristallluster platziert, dann glauben die meisten, dass er die hauptsächliche Lichtquelle ist.* (PR 15. 12. 16). ↑ **Luster**

**Krocha,** der; -s, - /meist Plural/ [...ɔ...] ‹eig. ›Kracher‹, von *einikrochen* ›hineinkrachen‹, z. B. in eine Disco› (Jugendsprache, salopp): Typ der [Wiener] Jugendkultur im ersten Jahrzehnt des 21. Jh., der sich über auffälligen Kleidungsstil (z. B. Palästinenserschal, Neonkapperl) und bestimmten Musik- und Tanzstil definiert und diesen öffentlich demonstriert: *Der Krocha ist ein Jugendlicher tunlichst männlichen Geschlechts und dunkelbrauner Gesichtsfarbe, weil er sein Geld mit Vorliebe ins Solarium trägt.* (SN 8. 4. 08). – Keine weibliche Form. Vgl. oida

**Kronländer,** die /Plural/ (hist.): Erbländer des Hauses Habsburg: *1904 als Kommission im Kultusministerium gegründet, hat es zur Aufgabe, in der zu Ende gehenden Monarchie die Lieder der Kronländer zu sammeln.* (PR 20. 4. 17)

**Krot,** die (ugs., auch bayr.): Kröte: *Üblich in Dschungelcamps ist, dass sich die Leute zum Affen machen lassen und jede Krot fressen, die man ihnen hineinwürgt.* (OÖN 14. 1. 17); ***die Krot fressen/schlucken [müssen]:** aus einer Zwangslage heraus etwas sehr Unangenehmes tun müssen, (in D ugs.) die Kröte/die Krott schlucken müssen: *Sie kommen aus dem Wirtschaftsbund. Von dort kam heftige Kritik an der Registrierkassenpflicht für Unternehmen. Müssen Sie diese Krot schlucken?* (OÖN 13. 3. 15)

**Krücke,** die: wird österr. mit *auf* verbunden (in D mit *an*): *Leserin Hilde H. wurde im April an Unterschenkel und Knie operiert und musste auf Krücken gehen.* (KU 1. 10. 08). ↑ **auf**

**Krügel,** das (ostösterr.): 1. Halbliterglas, Bierglas: *Der Moser Karli von drüben, also von der Hauptpost, der hat ein Krügel gehabt mit Goldrand und einem Deckel.* (KU 18. 9. 15). 2. ein halber Liter (Bier): *Mehr als 200 Millionen Krügel Bier hat der Ottakringer-Konzern 2015 verkauft.* (WZ 2. 5. 16); ***30 usw. Krügel im Schatten** (scherzhaft): 30 Grad im Schatten: *Auch wenn das Thermometer auf mehr als 30 Krügel im Schatten steigt, wärmer als 21° wird es im See sehr selten.* (KU 25. 6. 07). ↑ **Bierkrügel**

**Krügelglas,** das (ostösterr.): Halbliterglas: *Anschließend sei er mit K. in Streit geraten, er wollte den Mann mit dem Krügelglas attackieren.* (KU 3. 4. 01)

**Krügerl,** das; -s, -n: ↑ Krügel

**krumm:** ***krumm und bucklig** /verstärkend bei Verben/: *Die kassieren weiter fleißig zwölf Prozent Zinsen, das Risiko trägt die EU. Die* **verdienen** *sich krumm und bucklig.* (NVT 22. 6. 11); *Manchmal frage ich mich, ob es nicht ein bisschen irre von mir ist, mich da an Sonntagnachmittagen krumm und bucklig zu* **schuften.** (Wienerin 25. 6. 09); *Ich* **ärgere** *mich krumm und bucklig* (KR 21. 4. 01); *Die Südkoreaner werden sich krumm und bucklig* **zahlen** *und viel zu spät an Deutschland und seinen Mauerfall denken.* (Wienerin 25. 6. 09)

**Kruspel,** die; -, -n / der; -s, - [-ʃp-, -sp-] (ugs.): 1. Knorpel [beim Rind]: *Das bestellte Speckbrot ... war ... mit vier Scheibchen Industriespeck belegt, in denen sich ein Dutzend Kruspeln befand.* (SN 29. 10. 07). 2. knusprig gebratene Haut beim Schweins- oder Entenbraten: *Der Braten vom Spanferkel, mit prächtigem Kruspel und am Schulterblatt serviert, ist von mürber Saftigkeit.* (ST 26. 2. 10)

**Kruspelspitz,** der: Fleisch vom Rind unter dem Kamm; ↑Kavalierspitz: *Bei meinem Stück handelte es sich um ein Ribeye samt Umgebung, also Kruspelspitz und ein weiteres Suppenstück.* (ST 4. 11. 12). ↑Spitz

**Krutknöpfle,** die /Plural/ (Vbg.): Spätzle mit Sauerkraut: *Mit hausgemachten Kuchen und Torten, Fair-Trade-Kaffee, »Krutknöpfle«, Bratwurst und Glühwein sorgt das Team des Familienverbandes für das leibliche Wohl.* (VN 30. 11. 06). ↑**Knöpfle, Käsknöpfle**

**Krutspätzle,** die /Plural/ (Vbg.): Spätzle mit Sauerkraut: *Für die Kinder gibt es klebrige Zuckerwatte, die Großen können sich an »Pfarrburgern«, »Krutspätzle« und anderen Spezialitäten laben.* (VN 29. 11. 07)

**Küachle,** das; -s, - (Vbg., in der Form *Chüechli* auch schweiz.): ↑Kücherl: *Die Funkenzunft Braz sorgte mit Küachle und Glühmost zudem für das leibliche Wohl.* (VN 22. 2. 18). ↑**Apfelküachle, Hollerküachle.** Vgl. Kiachl

**Kubatur,** die (auch schweiz.): Rauminhalt; umbauter Raum [eines Hauses] (in D ›Berechnung des Rauminhalts‹): *Ein großes Thema sind dabei immer wieder Dachausbauten, für die sich in der Regel aber Lösungen finden lassen, solange sie innerhalb der bestehenden Kubatur stattfindet.* (PR 7. 10. 16)

**Kübel,** der: **1.** Eimer: *Ein Mädchen wusch Babykleidung in einem Kübel mit Regenwasser, ohne Seife.* (PR 3. 2. 17); ***schütten wie aus Kübeln:** stark regnen: *Pech ist, wenn man sich bei sommerlichen Temperaturen Richtung Lissabon begibt, um einen neuen offenen Porsche zu fahren, und es dort schüttet wie aus Kübeln.* (KZ 13. 4. 16). **2.** altes Auto in schlechtem Zustand: *Gefährlicher als ein neues, schnelles Auto ist ein alter Kübel, der auf der Landstraße mit 120 km/h in eine Kurve fährt, die nur 80 km/h verträgt.* (profil 23. 9. 02). ↑**Koloniakübel, Mistkübel, Müllkübel, Plastikkübel, Schmutzkübelkampagne**

**kübeln,** sw. V/hat (auch schweiz.): absagen, streichen, rückgängig machen: *Dass aber das ganze Kapitel Investitionsschutz mitsamt den Schiedsgerichten nachträglich gekübelt wird, scheint nicht denkbar.* (ST 20. 9. 16). – In D nur in der Bedeutung ›stark regnen‹, ›viel trinken‹ oder mit Ortsangabe ›ausgießen, ausleeren‹

**Küchenkasten,** der (auch südd., schweiz.): Küchenschrank, Büfett, Anrichte: *Daraufhin sei sie unglücklich gestürzt und mit dem Kopf gegen einen Küchenkasten gestoßen.* (OÖN 14. 3. 16). ↑Kasten

**Küchenkastl,** das (ugs.): Küchenkästchen, Hängeschrank der Einbauküche: *Einen nicht geringen Teil des Bargeldes haben die Österreicher in ihren Geldbörsen oder zu Hause – im Tresor, in einer Dose im Küchenkastl.* (SN 20. 2. 16). ↑Kastl

**Küchenstockerl,** das: Küchenhocker: *In dieser Küche habe ich zwischen Porzellanmörsern, Messingweitlingen, Schneebesen, Nudelwalkern, Schüsseln, Töpfen, bunten Blechdosen mit seltsamen Inhalten, auf einem Küchenstockerl kniend, viele Tage meiner Kindheit verbracht.* (PR 26. 9. 14). ↑Stockerl

**Kücherl,** das; -s, -n ⟨verschriftl. Form von *Kiachl*⟩: rundes Schmalzgebäck, an der eingebuchteten Oberseite oft mit Marmelade gefüllt; ähnlich Faschingskrapfen; (südd.) Küchel, (schweiz.) Chüechli: *Gleichzeitig bieten die Bäuerinnen ... auch einen Krapfen-Kirtag, wobei das Angebot vom ... Bauernkrapfen bis zum Kücherl für Kinder reicht.* (KZ 26. 1. 05). ↑**Apfelkücherl, Hollerkücherl, Kiachl, Küachli**

**Kuchl,** die; -, -n (ugs., auch bayr.): Küche: *Die alte Kuchl zählt zu den Prunkstücken in der Taverne.* (OÖN 31. 10. 06); ***schwarze Kuchl** (Volkskunde): Rauchküche: *Im Freilichtmuseum Anzenaumühle Bad Goisern kann man eine Mühle, Bäckerei und Schwarze Kuchl besichtigen.* (OÖN 16. 6. 07). ↑**Rauchkuchl**

**Kuchlkastl,** das (ugs.): ↑Küchenkastl (auch als Namen von Kochbüchern oder Restaurants): *Hochbeete sind moderne Gartenbeete, nur halt nicht bodentief, sondern hoch wie ein Kuchlkastl.* (OÖN 24. 5. 12). ↑Kastl

**Kuchlmensch,** das (mundartnah, veraltet, auch bayr.): Küchenmädchen: *Der Hierarchie im Gesinde von der großen Dirn über die mittlere bis zum Kuchlmensch entsprach auf männlicher Seite der Großknecht, der Knecht, der Rossknecht, der kleine Knecht.* (OÖN 31. 1. 04). ↑**Mensch, Gustomensch**

**Kücken,** das; -s, -: (österr. Schreibung für) Küken

**Kuckuck,** der (salopp): Vignette mit dem Staatswappen als Zeichen für gepfändete Ware: *Dort beschlagnahmte derselbe Matratzen und Betten im Wert von 10.000 Euro. Ohne aber einen Kuckuck auf die Waren zu picken.* (PR 23. 5. 15)

**kudern,** sw. V. / hat (ugs., abwertend, auch bayr.): laut, kindisch lachen: *Etliche werden* *sich dazu vor lauter Kudern die Oberschenkel wund klopfen.* (OÖN 26. 8. 09)

**Kugel:** ***Kugel scheiben:** mit kleinen Kugeln, Murmeln spielen: *Das Kugelscheiben ist kein Sport für mich.* (KZ 8. 12. 13). ↑**scheiben**

**Kugerl,** das; -s, -n (ugs.): **1.** (Verkl. zu) Kugel: *Von ca. 10 dag geschälten ganzen Mandeln jeweils eine mit der Masse umhüllen, Kugerl formen und in Kokosette wälzen.* (NÖN 11. 12. 07); **2.** Glaskugel, Murmel: *Kugerl spielen*

**Kuhklatter,** die (ugs., Vbg.): Kuhfladen: ↑**Klatter**

**Kuhlimuh,** die; -, - (Kinderspr.): Kuh: *Kuhlimuh in der Karibik. Am Samstag hatte Kurt Weills satirisch-bissige Gesellschaftsoperette »Der Kuhhandel« an der Wiener Volksoper Premiere.* (OÖN 7. 5. 07)

**Kukuruz,** der; -[es], -[e] ‹serbisch›: Mais: *Die Steiermark wird nicht von Kürbis und Kukuruz getragen, sie lebt von der Wertschöpfung der Region Obersteiermark Ost* (KZ 22. 1. 16) ◆ **Kukuruzfeld; Kukuruzkolben:** *Die Kukuruzkolben, die es bei vielen Händlern gibt, schmecken vom Grill zum Dazuknabbern gut.* (OÖN 28. 8. 04)

**Kukuruzsterz,** der: in Fett geröstete Masse aus Maismehl. ↑Sterz

**Kulter,** der; -s, - ‹lat.-friulanisch› (Ktn., mundartnah): grobe Steppdecke, Überdecke: *»Zwischen dunkel und siehg'st mi nit, ist unterm Gulter viel passiert«, wird frühere Almromantik hervorgekehrt.* (KZ 14. 8. 1998)

**Kümmelweckerl** ↑Weckerl

**Kummernummer,** die: telefonischer Beratungsdienst: *Die Telefonseelsorge ist unter 142 erreichbar, der notfallpsychologische Dienst unter 0699/18855400, die Kummernummer von Ö3 und Rotem Kreuz unter 116123.* (PR 24. 12. 14)

**Kumpf,** der; -[e]s, -e (in ähnlicher Bedeutung auch südd.): schmaler, sich auf eine Spitze verengender, früher auch aus Rinderhorn gefertigter Behälter für den Wetzstein: *Hie und da blieb einer der »Mohda« stehen und zog den Wetzstein aus dem Kumpf und strich über das Sensenblatt, um dessen Schärfe zu verbessern.* (BVZ 1. 9. 10)

**Kunde,** die: österr. auch für ↑Kundschaft: *die Kunde bedienen; Schon damals öffnete das Geschäft Samstag nachmittags ... und lockte mit einem Inserat ... die Kunde zum Einkaufen.* (OÖN 2. 9. 10)

**Kundenstock,** der: Kundenkreis, Kundenstamm: *Es braucht an jedem Standort einige Jahre, bis man den nötigen Kundenstock aufgebaut hat.* (SN 8. 11. 16). ↑**Klientenstock**

**kündigen:** wird österr. in der Bedeutung ›entlassen‹ immer mit dem Akk. verbunden *(jmdn. kündigen,* in D *jmdm. kündigen*): *Ein Salzburger wäre fast gekündigt worden.* (SN 22. 1. 08); *Wir haben ihn kündigen müssen, dafür kann er jetzt beim Arbeitsgericht klagen.* (PR 12. 6. 03)

**kundmachen** (Behördenspr., veraltet auch in D): bekannt geben, verlautbaren: *Das wurde ja erst heuer im September in der Gemeinde kundgemacht.* (SN 13. 12. 07)

**Kundmachung,** die (Behördenspr., auch südd.): Bekanntmachung, Verlautbarung: *Das Innenministerium hat dies aber unterlassen. Also sei die Verordnung auch »mangels gehöriger Kundmachung« aufzuheben.* (VN 6. 7. 06) ↑**Stellungskundmachung** ◆ **Kundmachungspflicht**

**Kundschaft,** die (auch schweiz., regional auch in D): Kunde, Interessent: *Und bei unseren Wirten bis du wohl deshalb so beliebt, weil du eine gute Kundschaft bist.* (OÖN 26. 3. 16). – In der Bedeutung ›Gesamtheit der Kunden‹ gemeind.

**Künette,** die ‹franz.›: Graben zum Verlegen für Abflussrohre: *So musste das Projekt vorübergehend eingestellt werden und das, obwohl wir ... händisch eine 15 Meter lange und 60 cm tiefe Künette zur Verlegung des Stromkabels gegraben haben.* (PR 29. 6. 12)

**Küniglhas** ↑Kiniglhas

**Kunstsenat,** der: Kollegium von Künstlern, das Vorschläge für Preisverleihungen und Gutachten für einschlägige Gesetzesvorlagen abgibt

**Kunstuniversität,** die: (kurz für) Universität für Musik und darstellende Kunst: *Mit seinem Engagement hat er auch beigetragen, die Kunstschule der Stadt Linz zur Kunstuniversität zu machen.* (WZ 15. 5. 17)

**Kupon,** der ‹franz.›: abtrennbarer Teil eines Schreibens, eines Formulars, (in D nur Coupon): *Ihr persönliches Testabo können Sie ganz einfach mit dem Kupon in dieser Sondernummer anfordern und zugleich schöne Preise gewinnen.* (OÖN 16. 3. 16). – In der Bedeutung ›Zinsschein bei Wertpapieren‹ gemeind. Zur Aussprache ↑-on

**Kuratel,** die; -, -en ‹lat.›: Vormundschaft; behördliche verfügte Vertretung /meist in der Fügung *unter Kuratel stellen*/: *Was dieser nicht bestreitet, war sein Bestreben, die 90-Jährige*

*unter Kuratel eines Sachwalters zu stellen.* (OÖN 13. 7. 12). – Die Wendung *unter Kuratel stellen* in der Bedeutung ›jmdn. unter Obhut, Aufsicht stellen, in Abhängigkeit bringen‹ ist gemeind.

**Kurator Kuratorin,** der bzw. die ‹lat.›: **1.** (veraltet auch in D) Rechtsbeistand für Entmündigte und Sachen; Sachwalter/-in, Vormund: *Die Tochter war laut Rechtsanwalt nicht auffindbar, das heißt die Zustellung der Klageschriften war nicht möglich und daher hat der Rechtsanwalt einen Kurator bestellen lassen.* (BVZ 30. 4. 08). **2.** Mitglied eines Kuratoriums: *Der neue WIFI-Kurator steht fest. Bei der Sitzung des WIFI-Kuratoriums in Eisenstadt wurde der 52-jährige F. E. zum neuen Kurator des WIFI Burgenland gewählt.* (BVZ 1. 11. 12). – Für ›Leiter eines Museums, einer Ausstellung‹ gemeind. ◆ **Verlassenschaftskurator**

**Kürbiskraut,** das (südösterr.): in feine Streifen geschnittenes Kürbisgemüse: *... Beilage ohne Fehl und Tadel war das fein abgeschmeckte, leicht säuerliche Kürbiskraut.* (OÖN 18. 10. 13)

**Kurie,** die ‹lat.›: Standesvertretung in bestimmten Gremien, z. B. an Universitäten: *In Kooperation mit Ärztekammer, Kurie der niedergelassenen Ärzte und der NÖ Gebietskrankenkasse werde eine verbesserte Erreichbarkeit der Hausärzte anvisiert.* (KU 11. 7. 06). ↑**Professorenkurie, Mittelbaukurie** ◆ **Kuriensprecher/-in,** ↑Sprecher

**Kurienwahlrecht,** das (hist.): Wahlrecht nach Vermögensklassen (in der österreichisch-ungarischen Monarchie)

**Kurrende,** die; -, -n ‹lat.› (Behördenspr.): Rundschreiben: *Wir haben die Kurrende am Mittwoch, dem 31. März, als RSB-Schreiben per Post an die Mandatare der Bürgerliste abgeschickt.* (NÖN 14. 4. 10)

**kurrent** ‹lat.› (auch bayr.): in deutscher Schrift (im Ggs. zur Lateinschrift): *Natürlich verfasse ich die in Kurrent geschriebenen Manuskripte fast immer nur für mich selbst* (PR 1. 10. 15) ◆ **Kurrentschrift:** *Als 18-Jähriger war Herrmüller von den Schilderungen seines Lehrers noch immer so nachhaltig begeistert, dass er diesen während eines Krankenstandes ... bat, ihm Kurrentschrift und Archivarbeit beizubringen.* (OÖN 19. 12. 16)

**kusch** (auch bayr.): halt das Maul, sei still! (der Zuruf wird österr. derb auch an Personen gerichtet): *Auf Anordnung des Gerichts: Kusch, frag nicht, zahl einfach!* (PR 27. 3. 15)

**küss die Hand/Hände** ↑Hand

**Kustodiat,** das; -s, -e ‹lat.› (Schule): Amt, Funktion eines ↑Kustos: *Gespart werden könnte auch bei den Kustodiaten. So könnten EDV-Lehrer, die nebenbei auch noch die Computer der Schule warten, dafür kein zusätzliches Geld mehr erhalten.* (PR 10. 4. 14)

**Kustos Kustodin,** der bzw. die: Verwalter/-in der Lehrmittelsammlung eines Faches einer Schule: *So erteilte er etwa einem Turnlehrer den Auftrag, in seiner Eigenschaft als Kustos an einer Besprechung ... teilzunehmen.* (ST 3. 4. 08)

**Kuttel,** die; -, -n /meist Plural/ (auch südd., schweiz.): essbare Eingeweideteile, bes. vom Rind; Kaldaunen: *Diesen Herbst erscheinen nun gleich drei Bücher, die sich Hirn, Nieren, Bries oder Mägen verschrieben haben, auf Deutsch. Eines hat gar nur Kutteln, die wahrscheinlich meistgefürchteten Innereien, zum Thema.* (PR 30. 1. 14) ◆ **Kalbskutteln; Rindskutteln**

**Kuttelfleck,** die /Plural/ (auch bayr.): Speise aus ↑Kutteln: *Tausche Hummer gegen Kuttelfleck – das regionale Produkt als Zugpferd für Spitzengastronomie und Esstourismus.* (KZ 18. 9. 12). ↑Fleck

**Kuttelkraut,** das (ugs.): Thymian: *Bei mir kommt die Gans ins Backrohr, gefüllt mit kleinen, sauren Äpfeln und viel frischem Kuttelkraut.* (KU 5. 11. 05)

**Kuvert,** das; -s, -s [kuˈveːɐ] ‹franz.›: Briefumschlag (österr. und bayr. das übliche Wort, in der Schreibung Couvert auch schweiz.; in D veraltet). ↑**Briefkuvert, Wahlkuvert**

## Ll

**L17:** Lenkerberechtigung für 17-Jährige: *Insgesamt sind seit Einführung des L17 und der Mehrphasenausbildung die Unfallzahlen bei jungen Lenkern deutlich zurückgegangen.* (ST 17. 10. 12); Meist in Zus.: ◆ **L17-(Auto)fahrer/-in; L17-Führerschein:** *In Deutschland dürfen österreichische Jugendliche mit einem L17-Führerschein nicht mehr Autofahren, wenn sie noch keine 18 Jahre alt sind.* (ST 8. 12. 11); **L17-Lenker/-in; L17-Unfall**

**LA:** (nur geschriebene Abk. für) Landtagsabgeordnete/-r, ↑Labg

**Labe,** die; -, -n, **Laben,** der -s, - ‹verschriftl. Dialektform von *Laube*› (Ktn., Tirol): **1.** Laube. **2.** [mit einem Wagen befahrbares]

Vorhaus: *Durch die Labe, an der links gelegenen Rauchküche und der Stube vorbei gelangt man über eine Steintreppe in das Obergeschoß.* (TT 9. 5. 16). 3. Altan, Söller, Balkon im Bauernhaus: *Die mehr als 100 Quadratmeter große Labe im ersten Stock soll ein kleines Kulturzentrum werden.* (TT 9. 1. 03). Vgl. Laube

**Laberl,** das; -s, -n (bes. ostösterr. ugs.): 1. ‹verschriftl. Dialektform› ↑Laibchen: *Beim selben Gastronomen gibt's außerdem Semmeln in der »Tüte« und das faschierte Laberl darin als »Frikadelle«.* (KZ 14. 6. 13); ***Wachauer Laberl** (Dialektschreibung zu) Wachauer ↑Laibchen: *Es gehört zur Region wie die Marille und der Wein: das Wachauer Laberl.* (ST 23. 9. 16). 2. (salopp) [Fuß]ball, bes. auch der eiförmige Ball des American Football: *auch in den Foren auf derStandard.at merkt man, dass es jede Menge User gibt, die sich nicht nur für das eiförmige Laberl interessieren, sondern sich auch verdammt gut auskennen.* (ST 5. 2. 16); ↑LAIBCHEN, **Laiberl, Eierlaberl, Fetzenlaberl, Fleischlaberl, Schusterlaberl**

**Labg.:** nur geschriebene Abk. für Landtagsabgeordnete/-r

**Labor,** das; -s, -e und -s ‹lat.›: wird ostösterr. auf der ersten Silbe betont, in D (und im übrigen Österr.) auf der letzten

**Labsal,** die; -, -e: ist österr. (und südd.) meist Femininum, in D Neutrum: *Für viele der kleineren Nationen wäre das eine Labsal.* (ST 19. 8. 15)

**Lacke,** die; -, -n: 1. (auch bayr.) Lache, Pfütze: *Er war es, der mir den Floh ins Ohr gesetzt hatte, in Ried gäbe es eine Lacke hinter dem Freibad, wo man Ringelnattern beobachten könne.* (OÖN 21. 7. 16). 2. (ostösterr., bes. Bgld.) kleiner, seichter [salzhaltiger] See: *Gefüllt werden die Gewässer fast ausschließlich von Regenwasser. Das Salz stammt aus der oberen Bodenschicht. Viele Lacken trocknen im Sommer aus.* (KU 3. 3. 17); auch in geographischen Namen, z. B. Lange Lacke. ↑**Lackerl, Wasserlacke**

**Lackel,** der; -s, - (ugs., auch bayr.): 1. großer, breitschultriger, stattlicher Mann: *vor uns eben die Musik und die beiden Fischer, ein zaundürrer ... und der andere ein Lackel, der sich vor Kraft kaum bewegen konnte.* (KU 8. 4. 06). 2. (abwertend) unbeholfener, tölpelhafter Mann: *Klar, ist wieder so ein Lackel mit seinen dreckigen Stiefeln auf einen der schönen, vollkommen neuen Bürosessel gestiegen.* (OÖN 28. 6. 04). ↑**Kraftlackel**

**Lackerl,** das; -, -n (ugs., auch bayr.): 1. kleine ↑Lacke, Lache, Pfütze, bes. von Urin: *Wäre es so, müssten die Hunde ja Windeln tragen und dürften nicht überall ... ihr Lackerl oder Hauferl auf Gehsteige ... machen.* (PR 29. 4. 02). 2. zu kleine Menge einer Flüssigkeit: *Mit dem Lackerl Milch komme ich nicht aus; Sie trinken den Opfern das letzte Lackerl Trinkwasser weg.* (OÖN 10. 1. 05)

**Lade,** die (regional auch in D): Schublade: *Bisher unbekannte Täter brachen in der Nacht auf Samstag in einem Hotel in ... mehrere Türen, Laden sowie einen Tresor auf.* (KZ 11. 3. 17). ↑**Bettlade, Schreibtischlade, Schülerlade, Tischlade**

**Lädele,** das; -s, - (Vbg., auch südwestd.): kleiner Laden, Gemischtwarenhandlung: *Um die Nahversorgung mit Lädele und Wirtschaft zu sichern, hat sich die Gemeindevertretung dazu entschlossen, das Areal des »Ochsen« zu erwerben.* (VN 17. 1. 08). – In der Form *Lädeli* auch schweiz.

**Ladl,** das (ugs.): Schublade: *Haube und Handschuhe liegen noch im Ladl.* (OÖN 22. 11. 10); ***jmdm. fällt das Ladl herunter** (ugs.): jmd. bringt vor Staunen den Mund nicht zu: *Da ist bei uns einigen das Ladl runtergefallen, als sie diese Einladung gesehen haben.* (OÖN 15. 5. 10)

**Ladnerin,** die; -, -nen (veraltend, auch südd.): Verkäuferin: *Im Fleischergewerbe ... liegt der Lohn einer Ladnerin bei mindestens 1.458 Euro.* (KZ 14. 1. 17)

**Lahn,** die; -, -en (veraltet, auch bayr., bes. noch in Südtirol): 1. Lawine: *Ein besonderes Gefahrenpotential berge links vom bestehenden Lawinenkegel das so genannte Hechenfeld, von dem alljährlich im Frühjahr eine Lahn abbricht.* (TT 17. 2. 05). 2. (bes. ostösterr.) totes Gewässer, träger Flussarm: *Ein Monat nach dem schweren Juni-Hochwasser steht die Au noch immer unter Wasser. In den »Lahn«, den kleinen Senken, wo eigentlich Getreide sprießen sollte, tummeln sich derzeit viele Wasservögel.* (NÖN 11. 7. 13)

**lahnen,** sw. V. / hat (veraltet, auch bayr.): tauen: *es lahnt* (es herrscht Tauwetter, Lawinen gehen ab); *Es »lahnt«, es taut, es schmilzt der Schnee und die Donau breitet sich aus über die niedere und hohe Austufe und füllt ihre Nebenarme auf.* (Altenwörth/Radwege, 2008, Int)

**Lahnwind,** der (veraltet, auch bayr.): Südwind, Tauwind

**Laibchen,** das; -s, -: 1. Fleisch- oder Gemüsespeise in runder Form: *Das ging weiter mit dem Faschierten, aus dem die jüngere Tochter nach aufwendigem Rezept ganz wunderbar vollmundige Laibchen fertigte.* (SN 11. 10. 16). 2. Gebäck aus Brotmehl usw. in kleiner, runder Form: *Die mehr als 1000 Läufer verlangen nach dem Zieleinlauf nach Stärkung: 3000 Marathon-Laibchen sowie Mehlspeisen und Kuchen aus der reschen-frischen Bäckerei.* (OÖN 10. 4. 02); ***Wachauer Laibchen** (bes. ostösterr.): Brot in der Form einer größeren ↑Semmel aus Roggenmehl mit Weizenmehl vermischt, mit Kümmel bestreut: *Burger-Buns kann man entweder selbst backen oder kaufen. Ich verwende meistens Wachauer Laibchen oder Vinschgerl.* (ST 18. 6. 16); ***Vinschger Laibchen/Laiberl** ↑Vinschger(l). Vgl. Weckerl. ↑**Laberl, Laiberl, Dinkellaibchen, Fleischlaibchen, Schusterlaibchen**

**Laiberl,** das; -s, -n (selten): ↑Laibchen: *Der »Big Mac« ... ist tatsächlich nicht so fett, hauptsächlich deswegen, weil für das faschierte Laiberl mageres Fleisch verwendet wird.* (SN 24. 3. 04). ↑**Fleischlaiberl**

**Lamberti:** Fest des hl. Lambert; meist in Zeitangaben: *zu Lamberti* (17. September): *Am Vorabend des Lamberti-Sonntags findet in der Stiftskirche ein Orgelkonzert mit Carl Smith aus den USA statt.* (KZ 13. 9. 16). ↑FLORIANI

**lämmern** /Adj./: vom Lamm, aus Lammfleisch: *Das einzige Beuschel, das wir hier je vorgekocht haben, war ein lämmernes.* (ST 6. 3. 09)

**Lämmerne,** das; -n: Lammfleisch: *Kadriyes unschlagbare Köfte, vor allem aber die frische Leber vom Lämmernen, und sonst nichts dazu als Paradeiser, Paprika, Salz, Pfeffer, frisches Pide und der feine rote »Marmara Güzel«.* (WZ 9. 6. 04). Vgl. Hirschene, Kälberne, Schöpserne, Schweinerne

**Lammschlegel,** der: Lammkeule: *Dazu servieren wir als Schmankerl der Woche einen Lammschlegel auf Wildbretart* (SN 19. 1. 08). ↑SCHLEGEL

**Lammstelze,** die: Unterschenkel des Lamms: *Geschmorte Lammstelzen mit Lauch und Fenchel.* (OÖN 3. 12. 05). ↑STELZE

**Lammsulz,** die: Sulz vom Lamm: *Küchenmeister ... zauberten mit den Schülerinnen der 4 B ... Köstlichkeiten wie Lammcarpaccio, Lammsulze, -nudeln und -braten.* (KZ 21. 5. 12). ↑SULZ

**L'amour-Hatscher,** der (salopp): engpaariger langsamer Tanz: *Los Torpedos interpretieren mit Tuba, Schlagzeug und Gitarre Immergrünes aus fremden Federn Richtung Blues, Walzer und L'amour-Hatscher.* (ST 30. 4. 09)

**Lampas,** der; -, -: ⟨franz.⟩: Gewebe für Möbelbezüge: wird österr. auf der ersten Silbe betont, in D auf der zweiten

**Lamperl,** das; -s, -n (ugs., auch bayr.): 1. a) kleines Lamm: *Einen Monat bleiben die jungen Lamperl beim Muttertier.* (KU 15. 1. 08). b) (in Vergleichen mit einem Lämmchen, abwertend) Unschuldslamm; harmloser, unschuldiger Mensch: *Am Anfang war der Mann zahm wie ein Lamperl.* (KU 23. 12. 03). 2. kleine Lampe: *Sein grünes Lamperl auf der Anzeigetafel leuchtet fast durchgängig, während mein rotes große Pause hat.* (KZ 4. 8. 16)

**lamperln,** sw. V. / hat (ugs., abwertend): nach Lamm schmecken

**Landarbeiterkammer,** die: Interessenvertretung der unselbstständig Erwerbstätigen in der Land- und Forstwirtschaft

**Lände,** die (regional auch in D): Anlegeplatz für Schiffe; häufig auch in Flur- und Straßennamen, z. B. Donaulände: *Gegen 8 Uhr Früh wurde er vor dem Lokal nahe der Brücke bei der Heiligenstädter Lände das letzte Mal von Joggern gesehen.* (BVZ 18. 7. 13)

**Landes-:** die Zus. mit *Land* in Verwaltungsbezeichnungen für ›Bundesland‹ werden österr. mit *Landes-* gebildet (*Landesgericht, Landesrat* usw.), in D häufig mit *Land-* (*Landgericht, Landratsamt* usw.)

**Landesabgabe,** die (Verw.): dem Bundesland zufließende Steuer: *Eher Bereitschaft zeigt der Finanzminister, über die Landesabgabe ... zu diskutieren.* (PR 21. 12. 07). ↑ABGABE

**Landesamtsdirektion,** die (Verw.): Regierungsbüro eines Bundeslandes: *Jetzt haben Landesamtsdirektion und Landtagspräsidium bewiesen, dass sie rasch handeln können.* (SN 25. 10. 06) ◆ **Landesamtsdirektor/-in:** *Ein Kommissionsmitglied stellt die ÖVP, dazu kommen drei Berufsrichter und der Landesamtsdirektor als Vorsitzender.* (PR 28. 1. 08)

**Landesbaudirektion,** die (Verw.): Abteilung des Amts der Landesregierung, die für das Errichten und Erhalten von Bauten der öffentlichen Hand, Verkehrsplanung, Wasser- und Lawinenverbauung etc. zuständig ist

**Landesbudget,** das: Haushaltsplan eines Bundeslandes. ↑BUDGET

**Landeschef Landeschefin,** der bzw. die (informell): ↑Landeshauptmann/-frau: *Bei sich selbst sieht sie kein Fehlverhalten, daher will sie auch Landeschefin bleiben.* (ST 5. 11. 08). ↑**Chef, Ortschef, Stadtchef**

**Landesfeiertag,** der: von einem Bundesland festgelegter Feiertag: *Die Zentralmatura wird aufgrund eines Landesfeiertags in Oberösterreich am Donnerstag erst am Freitag mit dem Fach Englisch fortgesetzt.* (SN 3. 5. 17)

**Landesfürst Landesfürstin,** der bzw. die (informell, oft scherzhaft): [mächtige/-r] Landeshauptmann/-frau: *Um die Schützen in ihren Übungen anzueifern, spendete der Landesfürst regelmäßig Geld für Preise.* (TT 25. 8. 11)

**Landesgefangenenhaus,** das: Gefängnis eines Landesgerichts: *Als Beispiel nennt H. den Fall einer jungen Chinesin, die schon längere Zeit in einem Landesgefangenenhaus festgehalten wurde.* (KU 17. 8. 01). ↑**Gefangenenhaus, Polizeigefangenenhaus**

**Landesgericht,** das: Gerichtshof erster Instanz, meist in der Landeshauptstadt, (in D) Landgericht: *Ein Berufungssenat befasst sich im Salzburger Landesgericht mit dem brisanten Rechtsstreit, den die Stadt Salzburg seit Jahren mit der Republik Österreich führt.* (KU 24. 2. 08)

**Landesgesetzblatt,** das: Gesetz- und Verordnungsblatt eines Bundeslandes: *Die Tempolimits wurden über eine »einfache Kundmachung« (Veröffentlichung im Landesgesetzblatt und Anzeigen in Medien) verordnet.* (PR 8. 6. 07)

**Landeshauptfrau,** die: Regierungschefin eines Bundeslandes, (in D) Ministerpräsidentin; Abk. LH: *Seit mehr als fünf Jahrzehnten stehe das renommierte Familienunternehmen als Synonym für Qualität und Innovation, betonte Landeshauptfrau Gabi Burgstaller.* (SN 21. 2. 08) ◆ **Landeshauptfraustellvertreter/-in**

**Landeshäuptling,** der (scherzhaft): Landeshauptmann: *Esoterisch-politische Bedenkenträger halten den niederösterreichischen Landeshäuptling für einen ausgeprägten Machtmenschen.* (PR 113. 2. 13)

**Landeshauptmann,** der; -es, ...männer und ...leute: Regierungschef eines Bundeslandes, (entsprechend in D) Ministerpräsident, Abk. LH: *Bis zur nächsten Nationalratswahl ... wählen alle neun Bundesländer ihre Landeshauptleute neu.* (OÖN 29. 1. 08). ↑**Bezirkshauptmann, Stadthauptmann** ◆ **Landeshauptmannstellvertreter/-in**

**Landesheilige,** der bzw. die; -n, -n: Schutzheilige/-r eines Bundeslandes: *In Niederösterreich ist dieser Leopold der Landesheilige.* (SN 13. 8. 05)

**Landeshymne,** die: offizielle Hymne eines Bundeslandes: *Denn das Strafgesetzbuch schützt die Landeshymnen ebenso wie die Bundeshymne vor dem Verächtlichmachen.* (PR 13. 1. 15). ↑**Bundeshymne**

**Landeskaiser Landeskaiserin,** der bzw. die (ugs.): mächtige/-r Landespolitiker/-in: *Wer Österreichs Verfassung und Werte nicht einhalte, solle nicht Staatsbürger werden dürfen, sagten die roten Landeskaiser.* (SN 28. 1. 15). ↑-KAISER

**Landeskrankenhaus,** das (in D selten): von einem Bundesland getragenes Krankenhaus; Abk. LKH

**Landeslehrer Landeslehrerin,** der bzw. die: von einem Bundesland angestellte Lehrkraft, ↑Pflichtschullehrer (Ggs. ↑Bundeslehrer): *Für etwa 133.000 Beschäftigte des Bundes und die 64.000 vom Bund bezahlten Landeslehrer hat der Abschluss unmittelbare Gültigkeit.* (OÖN 24. 12. 07)

**Landespatron Landespatronin,** der bzw. die: ↑Landesheilige: *Mit Feiern und zahlreichen Veranstaltungen begingen die Burgenländer am Samstag das Fest des heiligen Martin, des Landes- und Diözesanpatrons.* (KU 12. 11. 06)

**Landesrat Landesrätin,** der bzw. die: Mitglied einer Landesregierung; (in D) Minister; Abk. LR: *Die Arbeiten seien unter dem damaligen Landesrat Günther Platter im Jahr 2002 begonnen worden.* (KU 25. 2. 08)

**Landessäckel,** der: Landeskasse, Landesbudget: *Was freilich auch auf die akute Geldnot im Landessäckel zurückzuführen sein dürfte.* (SN 28. 3. 14). ↑**Säckel, Staatssäckel**

**Landessanitätsdirektion,** die (Verw.): für das Gesundheitswesen zuständige Abteilung der Landesregierung: *Die Landessanitätsdirektion meldet eine Häufung von Hepatitis A-Fällen in der Stadt Salzburg.* (KU 4. 1. 08) ◆ **Landessanitätsdirektor/-in**

**Landessanitätsrat,** der (Verw.): beratendes Gremium von Medizinern auf Landesebene: *Schließlich will die Vorsitzende des Landessanitätsrates in Wien keine Panik aufgrund vorläufiger Daten riskieren.* (ST 25. 7. 07)

**Landessäure,** die (scherzhaft, OÖ): alkoholischer Obstsaft, ↑Most: *Oberösterreichs »Lan-*

*dessäure« bekommt immer mehr Konkurrenz durch »Cider« und Mostsekt.* (KU 18. 9. 02)

**Landesschulrat,** der (früher): oberste Schulbehörde eines Bundeslandes (seit 2019 ersetzt durch ↑Bildungsdirektion)

**Landesverweisung,** die (Rechtsspr., auch schweiz.): Ausweisung: *Laut Urteil muss der 40-Jährige mindestens zwei Drittel der Haftstrafe auch tatsächlich absitzen. Danach wurde die Landesverweisung verfügt.* (PR 30. 11. 16)

**landesverwiesen** (Rechtsspr., auch schweiz.): des Landes verwiesen, ausgewiesen: *die Priester waren landesverwiesen; landesverwiesene Beamte*

**Landesvoranschlag,** der: Haushaltsplan eines Bundeslandes: *Im Landesvoranschlag sind deshalb Einnahmen von 2,71 Milliarden und Ausgaben von 2,93 Milliarden Euro angegeben.* (SN 22. 12. 16). ↑VORANSCHLAG

**Landhaus,** das (Verw.): Sitz der Landesregierung und des Landtags: *Alle Jahre wieder treffen sich die beiden Wirtschaftswissenschafter ... im Linzer Landhaus, um das oberösterreichische Landesbudget zu beurteilen.* (OÖN 28. 11. 01)

**Ländle,** das; -s: Vorarlberg: *Wenn er bei den Wahlen erfolgreich bleibt, wird der 49-Jährige noch lang im Ländle regieren.* (PR 20. 1. 17). – In D bezeichnet man mit *Ländle* ›Baden-Württemberg‹, in CH ›Liechtenstein‹; in Vbg. häufig als Eigenbenennung und in verkürzenden Zus.: **Ländle-Klub; Ländle-Team:** *Verlieren verboten für die Ländle-Klubs in Heimspielen ... Nach durchwachsenen Leistungen wollen die Ländle-Teams in den Heimspielen der Women Handball League heute wieder jubeln.* (VN 23. 2. 08)

**Landler,** der ‹nach dem *Landl*, dem Zentralraum von OÖ›: **1.** Ländler /ein Volkstanz/: *Vom Landler bis Tango: 4500 Gäste füllten das Austria Center in Wien beim 107. Ball der Oberösterreicher.* (OÖN 21. 1. 08). **2.** meist mit dem Tanz verbundene volkstümliche [Instrumental]musik: *Herbert Pixner spannt in »SUMMER – Finest handcrafted music from the Alps« den Bogen von Tango über Landler bis Ska und Rock.* (OÖN 15. 7. 16). **3.** oberösterr. Auswanderer in Rumänien: *Die jüngsten Landler-Nachkommen, die auch noch unsere Sprache sprechen, sind jetzt ca. 30 Jahre alt. Wenn die einmal sterben, verschwindet wieder ein Stück der über 230 Jahre langen Tradition der Landler.* (OÖN 29. 12. 06)

**Landwirtschaftskammer** ↑Kammerstaat

**Länge:** ***Länge mal Breite** (ugs., salopp): sehr viel: *Und während die Unterhaus-Amateure für ein Trainingslager Länge mal Breite zahlen müssen, müssen Top-Teams ... eingekauft werden.* (OÖN 22. 6. 11)

**langmächtig** (ugs., auch bayr.): sehr lang: *ein langmächtiger Kerl; Wahrscheinlich haben sich schon Homo-heidelbergensis-Damen langmächtig darüber unterhalten, wo sich die schmackhaftesten Pflanzen finden.* (OÖN 3. 1. 04)

**Lángos,** das oder der; -, - [ˈlaŋoʃ] ‹ung.› (ostösterr.): in Fett gebackener Fladen aus Hefeteig, der in verschiedenen Varianten belegt wird: *Es stinkt zwar nicht so erbärmlich nach Langos und Billigpunsch – die Dichte an drängenden, verhaltensauffälligen Menschen ist aber die gleiche.* (ST 22. 12. 16)

**längstens:** (auch schweiz.) spätestens (in D selten und ugs.): *Bis längstens 2. Juli liegen Aktien des Tiroler Software-Unternehmens ... zur Zeichnung auf.* (KU 21. 6. 07). – In der Bedeutung ›seit Langem‹ gemeind.

**Lapp,** der (ugs., auch bayr., abwertend): einfältiger Mensch; Laffe: *Man muss schon ein guter Lapp sein, wenn man sich das antut.* (TT 15. 2. 16)

**large** [larʒ, laːʒ] ‹franz.› (veraltend, auch schweiz.): großzügig, weitherzig: *die Vorschriften wurden large ausgelegt, gehandhabt.* – In der Bedeutung ›groß‹ bei Kleidergrößen gemeind.

**largieren,** sw. V. / hat [larʒ..., laːʒ...] ‹franz.› **1.** ↑laschieren: *Seinen Kickern wirft der Präsident Largieren vor, er strich ihnen die Einsatzprämie.* (ST 23. 8. 03); *Präsident Obama ist bereit, die Militärhilfe für Europa zu vervierfachen. Doch das Largieren der Europäer erzürnt Washington.* (PR 7. 7. 16). **2.** (Kartenspiel) eine niedrige Karte zugeben; nicht stechen müssen

**laschieren,** sw. V. / hat ‹niederld.› (ugs.): lasch sein; inaktiv sein, Aktivität nur vortäuschen, bewusst langsam arbeiten: *»Der Didi sagt manchmal, dass ich zu streng bin mit den Buben. Aber die meisten hier kommen von einem Verein. Dort können sie im Training auch nicht laschieren«.* (ST 29. 7. 13) ◆ **Laschierer/-in:** *... ist es die in weiten Kreisen der Bevölkerung unterschwellig vorherrschende Meinung, Universitätsstudenten seien mehrheitlich Laschierer.* (PR 22. 9. 04)

**Lasso,** das; -s, -s ‹span.›: ist österr. (und südd., schweiz.) Neutrum, in D auch Maskulinum

**lasten,** sw. V. / ist: das Perfekt wird österr. auch mit *sein* gebildet, in D nur mit *haben*:

*8.000 Euro Schulden seien auf ihm gelastet.* (KU 15. 9. 06)

**Latsch,** der; -[en], -[en] [...ɔ:...] (ugs., abwertend): gutmütiger, einfältiger Mensch: *Und ich bin ein guter Latsch und mache alles mit.* (PR 21. 2. 10). Vgl. Patsch

**Latsche,** die; -, -n [...a...] (ugs.): Pfütze: *»Der Attersee ist eine große Latsche – da siehst nichts drin«, sagt er. Anders sei die Sicht in den Gebirgsgewässern.* (OÖN 27. 11. 01). – Die Bedeutung ›Bergföhre‹ ist gemeind. ↑**Drecklatsche**

**Laube,** die (westösterr., auch südd., schweiz.): offener Gang an der Seite eines Hauses, der durch eine Treppe begehbar ist und als Wohnungszugang oder Balkon dient; Altan, Söller: *Weshalb neben Loggia, Erker und Laube sich eben auch der Balkon großer Beliebtheit erfreut.* (TT 31. 5. 16); *Über das Löbele, eine mit Holztreppen und Geländer versehene Laube an der Außenseite, betreten wir das Rote Haus.* (VN 31. 10. 08). Vgl. Labe

**laufend:** ***am Laufenden sein/bleiben/halten**: (in D) auf dem Laufenden sein/bleiben/halten: *Den meisten ist der Kontakt zu anderen wichtig, und sie wollen trotz Pension am Laufenden bleiben.* (KU 3. 12. 07). ↑**am**

**Laufmeter,** der (auch schweiz.): 1. Maß für eine Ware, die von einem größeren Stück abgeschnitten wird, (in D) laufender Meter: *Während sie anfangs nur 50 oder 100 Laufmeter bestellt hat, braucht sie jetzt schon 400 Meter pro Stoff.* (PR 15. 4. 17). 2. Längenangabe für gleichbleibende Elemente: *Insgesamt sind rund 500 Laufmeter Schienen verlegt.* (SN 19. 12. 16)

**Laugenstangerl,** das; -s, -n (auch bayr.): (in D) Laugenstange: *Alles, was er von Österreich her kennt, kommt aus seinem Backofen – vom Mohnweckerl bis zum Salzstangerl, vom knusprigen Schwarzbrot bis zum Laugenstangerl ...* (SN 15. 11. 07)

**Lauser,** der (auch südd.): Lausbub: *Lieber lesen sie über die sieben Streiche der Lauser Max und Moritz.* (KU 9. 1. 07)

**läuten** (auch südd., schweiz.): 1. (an der Tür) klingeln, schellen: *Früher hat hin und wieder ein Vertreter an der Tür geläutet.* (SN 18. 7. 07). 2. klingeln (von einem Wecker, Telefon o. Ä.): *5 Uhr Früh, der Wecker läutet.* (OÖN 3. 10. 08). – In D meist nur auf eine große [Kirchen]glocke bezogen. Vgl. Glocke. ↑**anläuten, aufläuten**

**Lavendelschmäh,** der ‹eig. ›Schmäh eines Lavendelweibs (Lavendelverkäuferin, Altwiener Type)‹› (salopp, bes. Wien): allzu leicht durchschaubarer [Verkaufs]trick: *Leider erzählt der betreffende Politiker gut artikuliert und durchaus nicht unsympathisch einen unfassbaren Lavendelschmäh.* (ST 17. 1. 13). ↑-SCHMÄH

**-le:** die alemannische Verkleinerungssilbe lautet in Vbg. *-le,* in der Schweiz *-li,* z. B. Nüsslesalat (in CH Nüsslisalat), Knöpfle (in CH Knöpfli)

**Leader Leaderin,** der bzw. die [ˈliːdɐ] ‹engl.› (auch schweiz.): 1. (Sport) auf dem ersten Rang liegende Mannschaft oder Person: *Der Schweizer hat gute Chancen, als Leader aus Lillehammer abzureisen.* (SN 25. 2. 08). 2. (Wirtschaft) Branchen-, Marktführer: *Der IT-Leader aus den USA, der den Großteil seiner iPhones und iPads in Zhengzhou produzieren lässt und China auch als gigantischen Wachstumsmarkt sieht, hat bereits nachgegeben.* (PR 19. 2. 17). ↑**Branchenleader, Marktleader** ◆ **Leaderposition**

**lebenslang:** lebenslänglich (als Haftstrafe): *Schuldig! Lebenslang für Amokfahrer von Graz.* (OÖN 30. 9. 16). – In der Bedeutung ›ein Leben lang‹ gemeind.

**Lebensmensch,** der: Mensch, mit dem man durch eine besondere langjährige menschliche Beziehung verbunden ist (urspr. geprägt für Thomas Bernhard und seine Mentorin Hedwig Stavianicek, dann in anderen sehr unterschiedlich gearteten Beziehungen oder Abhängigkeiten): *1950 erste Publikationen als Niklas van Herleen und Thomas Fabjan, erste Begegnung mit »Lebensmensch« Hedwig Stavianicek. (KU 8. 2. 06); Simone de Beauvoir, die er als Student kennenlernt, wird sein Lebensmensch.* (KU 18. 6. 05)

**Lebensmittelaufsichtsorgan,** das (Behördenspr.): für die Lebensmittelkontrolle zuständiger Beamter: *Die Qualität der Ware wird durch eine enge Zusammenarbeit mit den Lebensmittelaufsichtsorganen des Landes gewährleistet.* (KZ 9. 11. 09)

**Lebensmittelinspektor Lebensmittelinspektorin,** der bzw. die: ↑Lebensmittelaufsichtsorgan: *In Österreich sind rund 300 Lebensmittelinspektoren unterwegs, die den Bundesländern unterstellt sind.* (SN 18. 8. 07)

**Lebensmittelkontrollor Lebensmittelkontrollorin,** der bzw. die: ↑Lebensmittelaufsichtsorgan: *Vorige Woche wurde ... darüber berichtet, wie ein Koch während des Mittagsgeschäfts von einem Lebensmittelkontrollor an* *der Arbeit gehindert wurde.* (SN 16. 11. 16). ↑**Kontrollor, Lebensmittelkontrollor**

**Lebensmittelpolizei,** die; - (auch schweiz.): kommunale Behörde, die für die Überprüfung der Lebensmittel in Handel, Landwirtschaft und Gastronomie zuständig ist: *Die Gaststätte wurde von der Lebensmittelpolizei überprüft.* (PR 16. 3. 08)

**Lebensverdienstsumme,** die (Verw.): Einkommen in der gesamten beruflichen Lebenszeit: *Außerdem bringe das neue Dienstrecht eine höhere Lebensverdienstsumme, obwohl nur die Unterrichtsverpflichtung und nicht die Gesamtarbeitszeit erhöht wurde.* (PR 21. 10. 16)

**Leberkäs,** der; -es (auch bayr.): (neben) Leberkäse: *Gäbe es ein Rezept für einen Bierbauch, was wären die Zutaten? »Schweinsbratl, Speckkrautsalat, Stelzen, Leberkäs.«* (SN 23. 10. 06). – Dialektal auch in der Form *Leberkas*

**Leberkässemmel,** die: in zwei Hälften geschnittene ↑Semmel, die mit einer heißen Scheibe Leberkäse gefüllt ist (typische Art einer ↑Jause, die in einer Fleischerei oder einem Lebensmittelgeschäft gekauft wird): *Die Trinität der schnellen Gerichte ist für die lukullischen Hamster schnell aufgezählt: Leberkässemmerl, Bosna und Döner.* (OÖN 19. 5. 16). ↑SEMMEL

**Leberknödel,** der (auch südd.): Knödel aus gemahlener Leber mit Zwiebeln, Speck, Eiern und Mehl: *Nach einer kräftigen Rindsuppe mit typischen Einlagen – Kaspress- und Leberknödel sowie Fleischstrudel – dominierte Angusrind vom Züchter Kronberger.* (SN 11. 10. 16). ↑KNÖDEL

**Leberknödelsuppe,** die (auch südd.): Rindsuppe mit Leberknödeln: *Endlich, nach zwei Stunden anstrengendem Marsch erreiche ich ... ein kleines Einkehrgasthaus, wo ich die beste Leberknödelsuppe meines Lebens esse.* (OÖN 16. 10. 07). ↑SUPPE

**Lebernockerl,** das: Nockerl aus derselben Masse wie ↑Leberknödel: *Bevor man einen ganzen Rehrücken oder Lebernockerl zubereite, besuche man dann lieber doch ein Restaurant.* (SN 24. 10. 05). ↑NOCKERL

**Leberschnitten,** die /Plural/: mit Leber bestrichene Suppeneinlage: *Er liebte dicke Gänsekleinsuppen, leckere Muskelmägen, gespicktes Bratherz, panierte kross geröstete Leberschnitten, gerösteten Dorschrogen.* (Wiener 1. 3. 11). ↑SCHNITTE

**Lebzelten,** der (veraltend, auch bayr.): Lebkuchen: *Mit einem zweitägigen Augustinusfest, mit einem eigens gebrauten Festbier und mit Augustinusherzen aus Lebzelten gedachte das Müllner Bräustübl jüngst seines Patrons.* (SN 5. 9. 06). ↑ZELTEN

**Lebzelter Lebzelterin,** der bzw. die (veraltend, auch bayr.): Lebkuchenbäcker: *Anfänglich waren es wenige Lebzelter und Marktlieferanten, die vor der Klosterkirche ihre Verkaufsstände errichteten.* (PR 1. 8. 16) ◆ **Lebzelterei:** *In den beiden Familienbetrieben wird noch die uralte Tradition der Lebzelterei gepflegt.* (OÖN 13. 7. 07)

**Leckwar** ↑Lekvár

**Lederer Lederin,** der bzw. die (veraltend, auch südd.): Gerber/-in, bes. Rotgerber/-in, auch Lederfärber/-in: *Wenn ein Lederer Gürtel, Armbänder und Taschen verziert, der Münzpräger die Silberlinge klingen lässt, die Gaukler, Puppenspieler und allerhand »Fahrendes Volk« die Besucher unterhalten, dann taucht Anger in seine Vergangenheit ein.* (KR 10. 4. 14)

**Lederfauteuil,** der und das ‹franz.› (auch schweiz.): (in D) Ledersessel: *Statt enger Stoffsitze gab es dreizehn edle Lederfauteuils.* (PR 20. 1. 07). ↑**Fauteuil, Ohrenfauteuil**

**Ledersprung,** der: Aufnahmezeremonie, mit der junge Studierende [der Montanuniversität Leoben] in den Stand des Bergmannes erhoben werden: *Zudem zeichne Schützenhöfer, der seit einem Ledersprung ... zum Tragen des Bergkittels berechtigt ist, eine besondere Beziehung ... zum Bergmannsstand aus.* (KZ 1. 7. 16)

**leeren,** sw. V. / hat (auch südd., schweiz.): (irgendwohin) gießen, schütten: *Wie leert man den Inhalt des Wasserglases in ein zweites Glas, ohne die Gläser zu kippen.* (OÖN 13. 12. 16); auch in Zus., z. B.: *Den Apfelessig* **darüberleeren** *und den Honig dazugeben.* (OÖN 1. 7. 05); **hineinleeren;** *Der Wein – in erster Linie Rotwein, der in der Flasche oft ein Depot (Bodensatz) bildet, das durch* **Umleeren** *in eine Karaffe entfernt wird – wird durch Luftkontakt erblühen.* (OÖN 28. 7. 07)

**Leergebinde,** das: leerer Getränkebehälter, z. B. Flasche, Fass: *Der Zusteller übergibt den Einkauf in einer plombierten Box und nimmt das Leergebinde wieder mit.* (KZ 24. 2. 15). ↑**Gebinde**

**legen** (ugs.): hereinlegen, hintergehen: *»Der Sozialminister Buchinger wurde gelegt.«* (KU 8. 2. 08)

**[1]Leger,** der und das; -s, - (Landwirtschaft, bes. Tirol): Lagerplatz des Viehs auf einer Alm, Subzentrum einer Alm neben einem Almzentrum: *Von hier wanderten wir durch das romantische Tschamintal hinein zum rechten Leger und von dort zur sog. Grasleitenhütte.* (VN 1. 11. 12) ◆ **Hochleger; Mittelleger; Niederleger**

**[2]Leger,** der; -s, - (ugs., salopp): Falle, List, mit der man jmdn. hereinlegt, jmd. hintergangen werden soll: *Allein, selbst Letzteres ist ein so genannter »Leger«. Auch bei der privaten Pensionsvorsorge zahlen die Frauen drauf.* (KZ 1. 6. 03); *Der Sozialdemokrat wundert sich auch, wie sein ÖVP-Kollege auf den Leger der Sunday Times hereinfallen konnte.* (ST 22. 3. 11)

**Legist Legistin,** der ‹lat.› (Verw.): Jurist/-in, der/die Gesetzesentwürfe und Erlässe verfasst: *Der zuständige Legist im Bundeskanzleramt ... konnte beim Kongress noch keinen genauen Zeitpunkt für die Vergaberechtsnovelle nennen.* (PR 16. 12. 16)

**Legistik,** die; - ‹lat.›: Formulierung, Ausarbeitung von Gesetzen; die Lehre von der Gesetzgebung; Rechtssetzungstechnik: *Doch die Legistik hängt der offenbar funktionierenden Technik derzeit noch hinterher.* (WZ 17. 12. 15)

**legistisch** ‹lat.› (Verw.): auf Gesetzgebung bezogen (in D bildungssprachlich): *die entsprechende legistische Umsetzung für den Bund liegt nun vor.* (ST 26. 2. 17); *legistische Richtlinien* (Richtlinien für das Formulieren von Gesetzestexten)

**Leguan,** der ‹karibisch›: wird österr. (und südd., schweiz.) auf der ersten Silbe betont, in D auch auf der letzten

**Lehár:** der Name des Komponisten wird österr. (wie auch im Ungarischen) auf der ersten Silbe betont, in D auf der letzten

**Lehne,** die (auch südd., schweiz.): Hang, Abhang. ↑ **Berglehne**

**lehnen,** sw. V. / ist: die Bildung des Perfekts mit *sein* bei intransitivem Gebrauch ist österr. (seltener auch südd., schweiz.) die Standardform. Beim transitiven Gebrauch heißt es gleich wie in D und CH *hat.* Es wird also zwischen *Er* **hat** *den Besen an die Wand gelehnt* und *Er* **ist** *an der Wand gelehnt* unterschieden: *»Beim Tanzunterricht ist sogar ein Bambusstab an der Wand gelehnt.«* (KU 29. 4. 06)

**Lehrabschluss,** der (auch schweiz.): abgeschlossene Ausbildung nach einer Lehre: *Voraussetzung ist, dass die Migranten zumindest über einen Lehrabschluss verfügen.* (SN 7. 2. 08) ◆ **Lehrabschlussprüfung, Lehrabschlusszeugnis**

**Lehranstalt,** die: österr. (und schweiz.) in Bezeichnungen für bestimmte berufsbildende höhere Schulen, z. B.: Höhere technische Lehranstalt (HTL), Höhere Lehranstalt für wirtschaftliche Berufe (HLW), Höhere Lehranstalt für Tourismus, Höhere Lehranstalten für Grafik- und Kommunikationsdesign

**Lehrausbildner Lehrausbildnerin,** der bzw. die: Person, die Lehrlinge ausbildet, (in D) Lehrausbilder. ↑ **Ausbildner**

**Lehrausgang,** der: Exkursion einer Schulklasse in ein Museum, eine Firma o. Ä.: *Um das Gehörte in der Praxis zu lernen, wurde ein Lehrausgang für den kommenden Winter vereinbart.* (OÖN 17. 11. 15)

**Lehrbehelf,** der: Lehrmittel: *Ab dem kommenden Schuljahr sollte es als ergänzender Lehrbehelf zum Biologieunterricht für Maturanten zur Verfügung stehen.* (SN 5. 6. 07). ↑ BEHELF

**Lehrberechtigte,** der und die: Person, Institution, Firma, die Lehrlinge ausbilden darf: *Weiters darf der Lehrberechtigte Lehrlinge nur zu Tätigkeiten heranziehen, die mit dem Wesen der Ausbildung vereinbart sind.* (OÖN 4. 10. 14)

**Lehrbub,** der (veraltend, auch südd., schweiz.): männlicher Lehrling: *Im Geschäft war er der freundliche und nette Lehrbub.* (OÖN 28. 10. 08). ↑ BUB

**Lehrgegenstand,** der: Schulfach: *Als neuer Schwerpunkt kommt der Lehrgegenstand Wirtschaftslehre mit 48 Stunden hinzu.* (Öffentliche Sicherheit, 3. 4. 08, Int). – In der allgemeinen Bedeutung ›Thema, Gegenstand der Lehre‹ gemeind. ↑ GEGENSTAND

**Lehrkanzel,** die (früher): Lehrstuhl: *Er hat dort den Ruf auf eine neue Lehrkanzel angenommen* (PR 25. 9. 06) ◆ **Lehrkanzelinhaber/-in**

**Lehrlingsausbildner Lehrlingsausbildnerin,** der bzw. die: österr. Form, (in D) Lehrlingsausbilder: *Auch zahlreiche Firmenchefs und Lehrlingsausbildner sind persönlich anwesend.* (VN 18. 10. 07). ↑ **Ausbildner**

**Lehrlingsentschädigung,** die: monatlicher Lohn für Lehrlinge, (in D) Ausbildungsvergütung: *Die monatliche Lehrlingsentschädigung betrage 306 Euro.* (KU 27. 9. 07)

**Lehrlingsprämie,** die: Prämie, die ein Ausbildungsbetrieb pro Jahr und Lehrling vom Staat erhält: *Die Lehrlingsprämie (derzeit 1000*

*Euro pro Jahr) soll sich künftig nach der Höhe der Lehrlingsentschädigung richten.* (PR 2. 4. 08)

**Lehrmädchen,** das (auch südd.): weiblicher Lehrling: *»Wenn es darum geht, dass auch das Äußere und die Umgangsformen passen sollen, ist es nicht mehr ganz so einfach, passende Lehrmädchen oder -buben zu finden.«* (KU 27. 3. 08)

**Lehrpflichtermäßigung,** die: Reduzierung der Lehrverpflichtung aus gesundheitlichen Gründen, aus öffentlichem Interesse o. Ä.

**Lehrredaktion,** die: Lehrgang, Praktikum in einer Zeitung oder Rundfunk zur Ausbildung in Medienberufen: *In der Lehrredaktion, die in der Regel einmal jährlich stattfindet, lernen acht Bewerber Journalismus in der Theorie und schließlich ... auch praktisch kennen.* (PR 24. 9. 08)

**Lehrverpflichtung,** die: Anzahl von Schulstunden, die ein Lehrer zu halten hat; (in D) Deputat: *Weil dieses je nach Fach unterschiedliche Lehrverpflichtungen vorsieht, unterrichten Lehrer in der Praxis zwischen 17,14 und 26,67 Wochenstunden.* (PR 21. 10. 16). – In D wird *Lehrverpflichtung* nur auf Hochschulen angewandt

**Leibblatt,** das (auch schweiz.): persönlich bevorzugte Zeitung: *Leser und Leserinnen können nebenbei prüfen, ob ihr Leibblatt mit extremen Situationen fertigwird, ohne die Urteilsfähigkeit zu verlieren.* (PR 3. 7. 15)

**Leibchen,** das: -s, - (auch schweiz.): **1.** Unterhemd: *Bestseller der Folgejahre waren unter anderem einteilige Hemdhosen für Damen und Herren, Leibchen und knielange Schlüpfer.* (ST 12. 3. 08). **2.** Trikot; T-Shirt: *Die Eidgenossen hatten allerdings auch mit der Qualität ihrer Dressen zu kämpfen – mindestens vier Mal wurden zerrissene Leibchen ausgewechselt.* (KZ 19. 6. 16). **3.** Trachtenhemd, -bluse: *Die neue Tracht, ähnlich der bisherigen, aber frischer und moderner, hat blaue Leibchen mit grüner Stickerei und wiederum braune Janker mit grünen Beschlägen.* (OÖN 26. 6. 14). ↑**Ruderleibchen, Stammleibchen, Turnleibchen, Unterleibchen**

**Leiberl,** das; -s, -n: **1.** (auch bayr.) ↑Leibchen, Unterhemd. **2.** (auch südd., schweiz.) Trikot, T-Shirt: *Wir haben uns um das Geld schwarze Leiberl und Schals gekauft und eine CD produziert.* (SN 20. 1. 17). **3.** Trachtenhemd, -bluse. **4.** (Sport) Platz in der Mannschaft: *Der Kampf um das Leiberl ist bei Red Bull Salzburg wieder voll entbrannt.* (SN 5. 11. 16); ***[k]ein Leiberl haben/reißen** (ugs., salopp): keine Chance haben: *Mit schlecht produzierter Ware reißen die Hersteller kein Leiberl mehr.* (SN 13. 6. 16); *Vielleicht kommen dann Exponenten an die Macht, unter denen derartige Gestalten kein Leiberl haben in öffentlichen Ämtern.* (KU 23. 2. 08); ***um das Leiberl rennen** (ugs.): sich bes. anstrengen, um etwas zu erreichen; ums Überleben kämpfen: *So lange es keinen interkommunalen Finanzausgleich gibt, wird jeder Bürgermeister um sein Leiberl rennen und versuchen, einen Großmarkt an Land zu ziehen.* (OÖN 24. 7. 06). ↑**Einserleiberl, Fixleiberl, Leibchen, Ruderleiberl, Stammleiberl, Teamleiberl, Turnleiberl, Unterleiberl**

**Leibkittel,** der: (in der Trachtenmode) das eigentliche Dirndlkleid, ohne Schürze und Bluse; Miederleib mit rundem Ausschnitt: *So zeichnet sich etwa die Mürztaler Festtagstracht durch einen braunen, grünen, blauen oder roten Leibkittel und das eingesteckte Seidentuch im Ausschnitt aus.* (KZ 29. 8. 16). ↑**Kittel**

**Leich,** die; -, -en (mundartnah, auch bayr.): Begräbnis: *»Ich werde noch meine eigene Leich' organisieren.«* (OÖN 2. 11. 15); ***eine schöne Leich:** ein prächtiges, ehrenvolles Begräbnis: *Wie schätzen Sie die Situation der Kirche in Europa ein ... Weihnachten, eine schöne Leich, Taufen, vielleicht noch Hochzeiten.* (KU 8. 12. 07)

**Leihanstalt,** die: Institution, Firma, die Geräte, Bücher, Noten, Kostüme usw. [gegen Gebühr] verleiht: *Frack? In der Leihanstalt hatte ich ihn geborgt – so wie die meisten anderen im Jungherrenkomitee.* (PR 4. 2. 06). – Nicht zu verwechseln mit Pfandleihe, Pfandleihanstalt, Versatzamt ◆ **Kostümleihanstalt:** *Er würde daher gerne die renommierte Wiener Kostümleihanstalt Lambert Hofer übernehmen.* (ST 16. 7. 02)

**Leintuch,** das (auch südd., schweiz.): (in D) Betttuch, Laken: *Der Häftling hatte sich mit einem von einem zerrissenen Leintuch stammenden Stoffstreifen im WC erhängt.* (PR 8. 4. 16). ↑**Spannleintuch**

**leinwand** (ugs., salopp, bes. Wien): ***das ist leinwand/leiwand:** großartig!, toll: *Der viele Platz und der Umstand, dass man einen Rückzugsort hat, ist natürlich leiwand.* (ST 18. 2. 17); ***alles leinwand/leiwand:** alles in Ordnung: *Also eh alles leiwand bei Rapid?* (KU 5. 5. 16)

**Leinwand:** ***eingehen wie eine böhmische Leinwand:** ↑böhmisch

**Leistungswerber Leistungswerberin,** der bzw. die: Person, die um eine Sozialleistung ansucht: *Sie werden auf die insbesondere in der Zielgruppe der älteren Leistungswerber üblichen Regeln, Gewohnheiten und Erwartungen Bedacht nehmen.* (aerztezeitung.at; 25. 11. 08). ↑-WERBER

**Leite,** die; -, -n (auch südd.): Berghang, Abhang; Noch in Orts- und Flurnamen, z. B. Ennsleite, Sonnleite: *Andere ... schmeißen ihren Mist ganz einfach über ein Geländer. Das habe man voriges Jahr gesehen, als die Leite zwischen Schloss Lamberg und Museumssteg gereinigt wurde.* (OÖN 23. 3. 16)

**Leitschiene,** die: Leitplanke: *Der Pkw wurde gegen die Leitschiene und dann in die Höhe geschleudert.* (SN 30. 1. 17)

**Leitung,** /ohne Artikel/ (salopp, im Gasthaus): Leitungswasser: *ein Apfelsaft gespritzt [mit] Leitung*

**leiwand** ↑leinwand

**Lekvár,** der und das; -, - ‹ung.› (mundartnah, Bgld.): Marmelade; Mus, Powidl: *Er produziert u. a. für die Esterházy Lekvar, eine pikante Marmelade.* (KU 22. 2. 08) ◆ **Lekvártascherl**

**Lenker Lenkerin,** der bzw. die /ohne Genitivattribut, in D nur mit Genitiv, z. B. der Lenker des Wagens/ (auch schweiz.): Fahrer: *Der Lenker und die vier Mitfahrer im Alter von 17 bis 21 Jahren wurden ins Krankenhaus eingeliefert.* (KZ 18. 3. 17); *Die unverletzte Lenkerin fuhr mit dem havarierten Auto noch zu ihrem 300 Meter entfernten Wohnhaus.* (ST 28. 1. 08). ↑**Alkolenker, Autolenker, Fahrzeuglenker, L17-Lenker, Lkw-Lenker, Mofalenker, Mopedlenker, Pkw-Lenker, Schulbuslenker, Taxilenker, Unglückslenker**

**Lenkerauskunft,** die (Verw.): Verpflichtung eines Fahrzeuginhabers, der Behörde bekanntzugeben, wer zu einem bestimmten Zeitpunkt ein Fahrzeug gelenkt hat: *Der objektive Tatbestand, eine Lenkerauskunft nicht richtig und vollständig erteilt zu haben, sei erfüllt.* (PR 2. 2. 15) ◆ **Lenkerauskunftsverfahren**

**Lenkerberechtigung,** die (Behördenspr.): Führerschein: *Ein Ungar wurde erwischt, wie er in einer 80er-Zone mit einer Geschwindigkeit von 167 km/h fuhr. Ihm wurde ebenfalls die Lenkerberechtigung entzogen.* (PR 8. 3. 17)

**Lenkererhebung,** die (Behördenspr.): behördliche Ausforschung, wer im Fall eines Vergehens das Fahrzeug zum Zeitpunkt des Delikts gelenkt hat: *Im Jahr haben wir etwa 200.000 Strafverfahren im Haus – da ist alles dabei, von der Lenkererhebung bis zu Übertretungen im Naturschutzgesetz.* (SN 23. 2. 16)

**Lenkerprüfung,** die (Behördenspr.): Fahrprüfung: *Er bezog auch Stellung zu der ... geforderten Lenkerprüfung für die Fahrer so genannter Microcars.* (SN 15. 2. 06) ◆ **Taxilenkerprüfung**

**Lenkertest,** der: Feststellung der Fahrtüchtigkeit: *So habe sich insbesondere der Kontrolldruck auf potenzielle Risikolenker massiv erhöht. Niemals zuvor führte die Exekutive mehr Lenkertests durch.* (PR 4. 3. 10)

**Leo,** das: geschützter Raum (urspr. beim Fangen-, Nachlaufenspielen): *Und bei diesem Nachlaufen gab es ein Leo.* (BVZ 25. 8. 10); *Ein schwarzes Kind konnte nie nach Hause gehen ins Leo.* (Falter 4. 5. 16); *Wenn ich mir ihr Leben anschaue, kann ich mir vorstellen, dass es Frauen gibt, die sich, wie man in Wien sagt, ins Leo stellen.* (ST 1. 10. 16); *Eher heimlich zog sich eine jahrelange Ikone des Zwölfzylinderdahinschnurrens ins Leo der Achtzylinderleichtbaukompressorantriebe zurück.* (Trend 1. 11. 03); *Ein voller Auswärtserfolg vor der Länderspielpause könnte dem SVM ohne Zweifel einen wichtigen Schub verleihen, um ... den totalen Absturz ins Leo der Liga zu verhindern.* (BVZ 1. 10. 13)

**Leopoldi** (auch südd.): Fest des hl. Leopold, des österr. Landespatrons, 15. November: *Traditionelles zu Leopoldi.* (OÖN 11. 11. 10). ↑FLORIANI ◆ **Leopoldifest; Leopoldikirtag,** ↑Kirtag; **Leopolditag:** *Anrainer einer Deponie im Marchfeld demonstrierten am gestrigen Leopolditag gegen die Endlagerung von rund 9000 Tonnen Eternit aus Italien.* (KU 16. 11. 06)

**Lepschi** ‹tschech. *lepší* ›besser‹›: ***[auf] Lepschi gehen** (ugs., salopp, bes. Wien): sich herumtreiben, Vergnügungen nachgehen: *Mami ging, zwar nicht arbeiten, sondern auf Lepschi.* (KU 15. 1. 07); *»Es ist ein Witz, mein Kind soll heuer Matura machen und die Frau Lehrerin fahrt zwei Wochen auf Lepschi nach Afrika.«* (KU 3. 2. 07)

**Lercherl,** das; -s, -n (ugs., bes. ostösterr.): **1.** harmloser, friedliebender, gesitteter Mensch: *Neben Lady Saw wird jedes Luder zum Lercherl.* (KU 29. 8. 04). **2.** Kleinigkeit, etwas zu Vernachlässigendes: *Ein Wahlkampf ist ein Lercherl gegen die Arbeit, die wir leisten.* (KZ 22. 12. 11); ***etwas ist [k]ein Lercherl:** *Fünf Prozent Preissteigerung beim Natursprudel sind kein Lercherl.* (KU 18. 11. 06)

**Lercherlschas,** der (ugs., salopp): eine zu vernachlässigende Größe: *Die Kosten nannte*

*Fellner einen Lercherlschas im Vergleich zu dem, was auf Initiative der SPÖ bei der Parteienförderung eingespart wurde.* (KZ 9. 1. 16). ↑Schas

**Lernbehelf,** der: Lernmittel: *Das Buch versteht sich als Lernbehelf für Studierende.* (SN 28. 11. 06). ↑Behelf

**letschert** (ugs., abwertend): **1.** schlapp, matt, kraftlos: *Der schönste Diskurs über Philosophie, Politik und Kultur für sich allein tut dem Individuum nicht gut, wenn es als letscherte Couchpotato dasitzt.* (SN 20. 8. 13). **2.** zu weich, geschmacklos, nicht mehr knusprig (von Lebensmitteln): *Das Rindfleisch im »Lonestar Burger« war sehr zart, das Brötchen weich, aber nicht letschert, der Salat knackig.* (OÖN 6. 2. 14)

**Letten,** der; -s (ugs., auch bayr.): Schlamm; aufgeweichter, morastiger Grund (in der Bedeutung ›Ton, Lehm‹ gemeind.)

**lettig:** weich, wie Schlamm: *Der Fisch schmeckt so überhaupt nicht schlammig, lettig, wie wir ihn anderorts auch schon bekommen haben.* (OÖN 20. 3. 15)

**Leumundszeugnis,** das (informell, auch schweiz.): polizeiliches Führungszeugnis: *Er soll trotz der negativen Mitteilung der Polizei kein Leumundszeugnis vorgelegt haben und so die Tat erleichtert haben.* (PR 20. 3. 13)

**Leviatan**: der biblische Name wird österr. [leˈviːataːn] ausgesprochen, in D auch [levi̯ˈataːn, levi̯aˈtaːn]

**LH,** der; -s, -s bzw. die; -, -s: (buchstabierte Abk. für) ↑Landeshauptmann, ↑Landeshauptfrau: *Bei der NÖ-Wahl am Sonntag hat LH Pröll knapp 300.000 Vorzugsstimmen erhalten.* (PR 11. 3. 08); *Gendarm von LH geehrt.* (OÖN 27. 12. 01). – In Verbindung mit dem Namen wird das Wort vollständig ausgesprochen, ohne Namen wird die Abk. buchstabiert

**lieb:** der Verwendungsbereich ist österr. weiter als in D und kann sich auch auf Gegenstände beziehen: *Er ist ein ganz lieber Mensch. Es ist ein ganz liebes Buch.* (KU 14. 10. 06); ***ganz lieb:** sehr nett (auch ironisch): *Ein verständnisloses Kopfschütteln quittierte er mit einem Stinkefinger. Danke, ganz lieb!* (OÖN 7. 6. 11)

**Liebe:** ***Liebe und Grießschmarren** ↑Grießschmarren

**Liebkind,** das: jemand, etwas sehr Beliebtes, Bevorzugtes [wofür man sich immer wieder einsetzt]: *Vor allem seit Innovationspolitik zu einem wesentlichen Bestandteil der europäischen Integrationsbemühungen wurde, ist auch Forschungsförderung zu einem Liebkind der europäischen Politik geworden.* (ST 9. 6. 17)

**Lieblingsgegenstand,** der: Lieblingsfach (in der Schule): *der Präsident des Oberlandesgerichtes Linz hatte als Schüler ... einen Lieblingsgegenstand, der punktgenau zu dieser damals strengen Institution passte: Latein.* (OÖN 2. 7. 05). ↑Gegenstand

**liegen:** die Bildung des Perfekts mit *sein* ist österr. (seltener auch südd., schweiz.) die Standardform: *Und auf dem Gehsteig sind lauter Scherben gelegen.* (OÖN 18. 3. 17). Das gilt auch für Zus. wie **aufliegen, daliegen,** usw.: *Als der Wolfgang so dagelegen ist, kamen die schrecklichen Erinnerungen wieder hoch.* (SN 12. 12. 13); *Bei den Trauerfeiern in Zürich und Berlin sind nur Kondolenzbücher aufgelegen.* (KU 20. 1. 15)

**Lieselotte:** wird österr. immer auf der vorletzten Silbe betont, in D meist auf der ersten

**Liesl:** Kurzform von Elisabeth; ***besoffene Liesl:** besoffener ↑Kapuziner

**Liftkaiser** ↑-kaiser

**Linienspiegel,** der: Linienblatt: *Wer mittlerweile Neujahr wünschen will, braucht nicht eine Woche vorab Briefpapier und Linienspiegel aus der Lade holen.* (KZ 30. 12. 11)

**Linke,** die; -n, -n (Gaunerspr.): etwas Unrechtmäßiges, bei dem jemand hereingelegt wird, (in D ugs.) krummes Ding: *Aber wir schätzen es nun einmal nicht, wenn irgendwelche Außenseiter in unserem System eine Linke drehen.* (KU 28. 9. 05). – In D ist nur das Verb *linken* üblich

**Linoleum,** das; -s ‹lat.-engl.›: wird österr. auf der vorletzten Silbe betont, in D auf der zweiten

**Linzeraugen, Linzer Augen,** die /Plural/: ein süßes Gebäck, ähnlich ↑Spitzbuben, allerdings mit nur einem Loch: *Produziert werden Guglhupf, Rouladen, Kuchen, Schnitten, Linzeraugen, Muffins.* (KU 5. 12. 11)

**Linzerkipferl, Linzer Kipferl,** das: mit Marmelade gefülltes Spritzgebäck aus Sandteig in gebogener Form: *Neben Knoblauchstangerl, Bauernbrot und Vollkornweckerl verlassen auch Cremeschnitten und Linzer Kipferl die Backstube.* (OÖN 13. 1. 11). ↑Kipferl

**Linzerschnitten, Linzer Schnitten,** die /Plural/: eine Art Schnitten aus Mürbteig und Marmeladefüllung: *Auch Linzerschnitten habe sie im Programm. »Die, wie der Insider*

*weiß, mit der Zeit immer besser werden, und die deshalb oft die Reise von Salzburg mit nach Wien angetreten haben.«* (PR 24. 9. 12). ↑ Schnitte

**Linzertorte, Linzer Torte,** die: mit Marmelade bestrichene und einem Gittermuster verzierte Mürbteigtorte mit Mandeln: *Krenn und Mihaylova nützen tradierte Gerichte wie die Linzertorte oder den Christstollen, um gesellschaftliche Entwicklungen aufzuzeigen.* (PR 10. 10. 14)

**Liptauer,** der: Brotaufstrich aus gewürztem Frischkäse, besonders Schafskäse: *Dazu gibt es ein selbst gemachtes Birnen-Chutney, Rote-Rüben-Salat und einen köstlichen Liptauer.* (PR 6. 12. 14) – Als Bez. für eine Käsesorte gemeind. ◆ **Liptauerbrot,** ↑ Brot

**liquid:** österr. (und schweiz.) nur so gebrauchte Form, (in D auch) liquide: *Wenig liquid hingegen sind unter anderem Aktien mit geringem Streubesitz.* (SN 21. 6. 06)

**Litauen:** wird österr. mit kurzem i ausgesprochen, in D meist mit langem

**Liter:** wird österr. mit kurzem i ausgesprochen, in D meist mit langem

**Litschi,** die: eine Frucht: wird österr. auch mit langem i ausgesprochen, in D nur mit kurzem

**Liwanze,** die ‹tschech. *lívanec* ›gegossener Pfannkuchen‹ zu tschech. *líti* ›gießen‹› (ostösterr.): eine Mehlspeise in Form kleiner Palatschinken; böhmische ↑ Dalken: *Jeden Tag habe Marecek bei seiner Großmutter Mehlspeisen gegessen: Skubanky, Liwanzen, Powidltatschkerln.* (PR 25. 9. 14) ◆ **Heidelbeerliwanzen:** *Böhmischen Köchinnen wird eine Abart in Form von Heidelbeerliwanzen ... ein Begriff sein.* (ST 13. 8. 14)

**lizitieren,** sw. V. / hat: **1.** bei der Versteigerung mitbieten: *Selbst schuld, werden Auktionsprofis argumentieren – die Mobilfunker hätten sich ja nicht in schwindelnde Höhen lizitieren müssen.* (PR 14. 9. 13) **2.** immer neue und höhere Forderungen stellen; (ugs.) aufschaukeln: *Um das Thema Sicherheit ist ein Mehrfrontenkampf in der Koalition ausgebrochen. SPÖ und ÖVP lizitieren einander nach oben.* (PR 2. 3. 17). ↑ **hinauflizitieren**

**Lizitation,** die: **1.** Versteigerung: *Die größte Hürde war die Lizitation: In letzter Minute zog auch der letzte der drei Gläubiger, die die Zwangsversteigerung am 13. Juli 2010 einleiten wollten, seinen Anspruch zurück.* (NÖN 22. 2. 12). **2.** Steigerung durch immer höhere Angebote oder Forderungen: *Eher ein bisserl weniger, weil es vorbei ist mit teils unverschämter Lizitation, wenn alle den Gürtel enger schnallen müssen.* (PR 7. 10. 08)

**LKH,** das: (buchstabierte Abk. für) Landeskrankenhaus

**Lkw-Lenker Lkw-Lenkerin,** der bzw. die (auch südd.): Lkw-Fahrer: *Glück im Unglück hatte ein ungarischer LKW-Lenker am Montag auf der A4 bei Nickelsdorf.* (BVZ 11. 9. 14). ↑ **Lenker**

**Loft,** das ‹engl.›: Großraumwohnung: ist österr. nur Neutrum, in D auch Maskulinum

**Loge,** die [loːʃ]: wird österr. ohne Endungs-e und mit stimmlosem -sch- ausgesprochen, in D [loːʒə]

**Lohnexekution,** die: Lohnpfändung: *Im Lohnbüro trudelte wegen seiner Schulden eine Lohnexekution ein. Das reichte für eine Kündigung.* (profil 21. 4. 08). ↑ Exekution

**Lohnsackerl,** das (salopp): Kuvert mit dem Lohn, (heute nur noch übertragen für) Lohn, (in D) Lohntüte: *Esten und Litauer verdienen derzeit um ein Fünftel mehr als noch vor einem Jahr, die Letten haben sogar um ein Drittel mehr im Lohnsackerl.* (PR 10. 8. 07). ↑ Sackerl

**Lohntangente,** die: Anteil des Personalaufwands (ohne Abfertigung und Pensionen) an der Betriebsleistung: *Gerade in der Metallindustrie muss man sagen, dass die Lohntangente nicht sehr groß ist, also die Personalausgaben nicht ein so hoher Kostenbestandteil sind.* (ST 19. 10. 11). – Im gewerkschaftlichen Sprachgebrauch ist eine Erhöhung der Lohntangente, was an Erhöhung laut Lohntabellen im Ergebnis herauskommen soll. ↑ Tangente

**Lohnzettel,** der: Bestätigung des Lohnes über das abgelaufene Jahr zur Vorlage beim Finanzamt: *Elektronische Lohnzettel verschwanden bei Computerpanne.* (OÖN 17. 3. 08). – Die Bedeutung ›Lohnabrechnung‹, früher ›Lohnstreifen‹, ist gemeind. ↑ **Gehaltszettel**

**Lokal,** das: österr. auch kurz für ↑ Geschäftslokal (in D nur für Gaststätten oder Versammlungsräume). ↑ **Bierlokal, Geschäftslokal, Gustolokal, Haubenlokal, Heurigenlokal, Stimmlokal, Wettlokal**

**Lokalaugenschein,** der: **1.** Gerichtstermin am Tatort; Lokaltermin: *Das Gericht will nun einen Lokalaugenschein vornehmen.* (SN 20. 9. 07). **2.** Besichtigung an Ort und Stelle: *Ein Lokalaugenschein vergangenen Sonntag zeigt:*

*Unzählige Menschen benützten den auf der Karte der Gletscherbahnen als »Sicherheitsweg« eingezeichneten Weg als Abfahrt.* (SN 1. 4. 08)

**Lokalradio,** das (auch schweiz.): (in D) Lokalsender: *Generell kann man erkennen, dass etliche Lokalradios in ihren Verbreitungsgebieten durchaus erfolgreich sind.* (PR 27. 1. 06). ↑**Privatradio, Radio**

**Löschangriff,** der (Behördenspr., auch schweiz.): Löschversuch: *Dennoch gelang es den Einsatzkräften, durch einen gleichzeitigen Löschangriff von innen und außen die Flammen relativ rasch einzudämmen.* (KU 6. 6. 07). ↑**Angriff**

**Lostag,** der: **1.** (Volkskunde, auch in D) nach der Volksüberlieferung wichtiger Tag für Wettervorhersage oder Arbeitsvorgänge. **2.** Stichtag; entscheidendes Datum: *Für die insolvente Baufirma ... ist der kommende Dienstag ein Lostag. Bis dahin wollen die Banken über die Finanzierung einer Fortführung des Unternehmens entscheiden.* (ST 17. 11. 16)

**Lottokollektur,** die ‹lat.› (veraltend): Lottoannahmestelle: *Als es Lotto 6 aus 45 noch nicht gab, sondern nur Zahlenlotto, betrieb Brigitte eine Lottokollektur, die sie mit 26 Jahren von ihrer Schwiegermutter übernommen hatte.* (WZ 5. 10. 16). ↑**Kollektur**

**Lottorunde,** die: regelmäßige Ausspielung im Lotto: *In der Lotto-Runde von Mittwoch gab es keinen Sechser* (OÖN 21. 3. 08). ↑RUNDE

**Lottosechser,** der: **1.** sechs Richtige im Lotto: *144 Lottosechser hat es in der Geschichte der Lotto-Ziehung bisher in Salzburg gegeben.* (SN 24. 4. 08). **2.** Glücksfall: *Seine Gemeinde stimmte im Vorjahr trotzdem der Errichtung von sechs Windrädern zu. Weil der Erlös im Ort bleibt. Ein »Lottosechser« für Großhofen.* (PR 29. 10. 11). ↑**Sechser, Solosechser**

**luckert** (ugs.): durchlöchert, löcherig: *Volkskundemuseum: Feuchte Mauern, luckertes Dach* (ST 10. 4. 08); ***kein luckerter Heller** (ugs.): ganz und gar nichts: *das ist keinen luckerten Heller wert; Schließlich rollte kein luckerter Heller aus den Parteikassen.* (SN 21. 8. 01)

**ludeln,** sw. V. / hat (ugs.): **1.** (Kinderspr.) urinieren, vgl. lullen: *Du, Papa, wo ludelt denn der Pauli hin?* (KU 30. 7. 01); *Das wäre ja auch noch schöner, wenn man beim Autofahren sogar fürs Ludeln zahlen müsste!* (WZ 12. 7. 12). **2.** (Volkskunde, Stmk., oö. Salzkammergut) jodeln: *Hier wird bis heute gesungen, gejodelt, geludelt und gejuchitzert, dass die härtesten Typen weich werden.* (OÖN 28. 8. 04)

**Ludler,** der (Volkskunde, Stmk., oö. Salzkammergut): Jodler: *Ein wichtiger Bestandteil dieses Festivals, bei dem mehr als 300 Musikanten auf den Almen des Wechsels Almschroa, Dudler, Jodler, Juchazer, Ludler, Wallarazer und Jodler-Lieder zum Besten geben, ist das Wetterkoglerhaus.* (KZ 10. 5. 16)

**Luftburg,** die: Hüpfburg

**Lüfterl,** das; -s, -n (ugs.): leichter Wind, Lüftchen: *Man habe sich aufgrund der Wirtschaftsprognosen ein »größeres Lüfterl, einen Aufwind« erwartet, geworden sei es aber ein »kleiner Hauch«.* (PR 28. 7. 16)

**Lufthunderter,** der: Tempolimit zur Reduzierung des Feinstaubausstoßes: *Immerhin gibt man sogar im Büro von Umweltlandesrat Rudi Anschober (Grüne) zu, dass der »Lufthunderter keine gigantischen Veränderungen« gebracht hat.* (PR 14. 12. 09). ↑**Hunderter**

**Lüftlmalerei,** die; - (Tirol, auch südd.): illusionistische Fassadenmalerei mit barock-ausladenden Verzierungen: *Rundherum erheben sich die verschneiten Berge der Alpenwelt Karwendel, Lüftlmalereien zieren die Fassaden der Häuser.* (KR 22. 12. 13)

**Luftmasche,** die (ugs.): missglückter Schussversuch, wobei der Ball mit dem Fuß nicht getroffen wird: *Der SKN-Kapitän nutzte einen Patzer von Dogan Erdogan, der nach einem Schupfer von Michael Ambichl eine Luftmasche fabrizierte.* (KZ 13. 5. 16). ↑MASCHE

**lügen:** ***sich selber in den Sack lügen:** (in D) sich selber in die Tasche lügen: sich etwas vormachen: *Bei der Begegnung mit dem Islam beim »Forum Ostarrichi« will sich der Katholische Laienrat nicht in den Sack lügen und Schwierigkeiten nicht ausweichen.* (OÖN 23. 8. 06)

**Luise, Luitpold:** die Lautfolge *ui* wird österr. als Diphthong ausgesprochen, in D als getrennte Vokale u-i

**lukrieren,** sw. V. / hat ‹lat.› (Wirtschaft): **1.** Gewinn erzielen, den Gewinn von etwas einstreifen: *Das reichweitenstarken Medienhaus lukrierte im vierten Quartal rund 8 Mio. Euro.* (PR 15. 3. 17); *Gewinne dürfen Sie ohnehin nicht lukrieren. Die Organisation bleibt gemeinnützig.* (SN 19. 5. 07). **2.** bezahlt bekommen: *Wer bei Privatisierungen oder in der Causa Eurofighter wie viel auf welchem Weg lukriert hat, ist bis heute nicht restlos geklärt.* (PR 13. 3. 17). **3.** erreichen, nutzen können: *Seine Mitstreiter zogen das politische Projekt jedenfalls durch* *und lukrierten so für den Standort Oberösterreich erhebliche Vorteile.* (PR 13. 7. 17); *9000 Stimmen haben die Sozialdemokraten von den Grünen lukrieren können* (SN 7. 3. 04); *Wir bemühen uns derzeit im Rahmen der Möglichkeiten, Synergieeffekte zu lukrieren.* (PR 5. 12. 07) ◆ **Lukrierung**

**lụllen,** sw. V. / hat (Kinderspr.): urinieren: ... *dass sie dem Schwimmer keine unbemerkten Handlungen wie Grimassenschneiden oder Inswasserlullen mehr erlauben.* (PR 2. 8. 08). Vgl. ludeln

**Lụller,** der (ugs., veraltend, auch südd.): Schnuller: *Reden Sie nicht immer von einer jungen Dame! Das war ein kleines Kind, mit einem Luller im Mund!* (KR 21. 1. 00)

**Lulu,** das; -[s] (Kinderspr.): Urin: *Niemand käme aber auf die Idee, den Burkini als hygienische Maßnahme zu würdigen, Hautreste, Schweiß und andere Sekrete des fremden Körpers daran zu hindern, sich mit autochthonem Chlor und dem hygienisch auch unbedenklichen Lulu chemisch zu verbinden.* (PR 25. 8. 16); ***Lulu machen:** urinieren

**Lụngenbraten,** der: 1. Fleischteil von der Lende des Rindes, seltener auch von Schwein oder Kalb; (in D) Rinderfilet, Lende: *Das im Innenhof eines Bauernhofs ... angegangene Unternehmen zeigt auch, dass ein Rindvieh nicht nur aus Lungenbraten und Steaks ... besteht.* (ST 3. 11. 15). 2. [in kleinen Stücken] als Braten zubereitetes Fleisch von der Lende, (in D) Lendenbraten: *Die Festgäste speisten Leberreissuppe, Lungenbraten mit Tunke und Beilagen, Jungschweinsbraten mit Beilagen, Torten und Mokka.* (SN 17. 9. 15). ↑**Kalbslungenbraten, Rindslungenbraten, Schweinslungenbraten.** Vgl. Jungfernbraten

**Lụngenstrudel,** der: mit ↑faschierten Innereien gefüllter Strudel, der geschnitten als Suppeneinlage dient: *Das Küchenteam der Landwirtschaftskammer ... hatte nach Rezepten der Champion-Kandidatinnen und Kandidaten gekocht, u. a. ein Katzengschroa, Rindssuppe mit Grießmaultaschen und Lungenstrudel.* (OÖN 11. 11. 13). ↑Strudel

**Lụngenstrudelsuppe,** die: Suppe mit Lungenstrudel als Einlage: *Serviert werden beispielsweise Tafelspitz-Sülzchen und eine Lungenstrudelsuppe.* (KU 13. 3. 07). ↑Suppe

**Lụ̈ngerl,** das; -s, -n (bes. westösterr., auch bayr.): 1. Tierinnereien, bes. Herz und Lunge: *Lüngerl und Herz schon am Vortag in Salzwasser mit Suppenzeug, Pfefferkörnern und Lorbeerblatt weich kochen.* (OÖN 10. 1. 04). 2. Ragout aus Lunge und Herz, ↑Beuschel: *Anschließend traf man sich bei uns auf ein Lüngerl oder Würstel und verbrachte gemütliche Stunden mit Gleichgesinnten.* (SN 9. 2. 17)

**lụngern,** sw. V. / ist: die Bildung des Perfekts mit *sein* ist österr. (seltener auch südd., schweiz.) die Standardform: *Es ist kein Spezialtee für Millionäre, sondern so ein Beutel, wo man nie genau weiß, wie lange der vorher wo herumgelungert ist.* (ST 8. 12. 02)

**Lụrch,** der; -[e]s: größere Staubflocken; dicke Staubschicht: *Die Saugkraft des Staubsaugers ist sehr gut. Im Test wurden ihm auf einem Laminatboden klassischer Lurch, Haare, verstreutes Salz, Papierschnippsel und kleine Blätter vorgelegt.* (ST 30. 10. 16)

**Lụstbarkeitsabgabe,** die (Behördenspr.): Vergnügungssteuer: *Das Land unterstützt uns mit 43 000 Euro, die Gemeinde hebt allerdings 48 000 Euro Lustbarkeitsabgabe ein.* (ST 29. 6. 07). ↑Abgabe

**Lụster,** der: österr. Form, (in D) Lüster: Kronleuchter: *Ein repräsentatives Entree mit einem tollen Luster, einem roten Teppich und einem Lift, der schön gemacht ist und ins Gefüge passt, ist enorm wichtig* (PR 17. 3. 17); ***brennen wie ein/die Luster** (salopp): sehr viel zahlen müssen: *Transferkonten sind nur der Anfang. Bald werden wir alle brennen wie ein Luster* (Falter 27. 1. 10); *zu viele, die weniger verdienen, brennen wie die Luster.* (News 1. 12. 05). ↑**Kristallluster**

# M*m*

**Mạchthaberer,** der ⟨Wortspiel aus ↑*Haberer* und *Macht haben*⟩ (abwertend): machtbewusster Politiker, einflussreicher Drahtzieher: *Uns geht es nicht um eine Einzelperson. Es geht um Machthaberer und Seilschaften.* (ST 8. 4. 13)

**Mädel,** das; -s, -: der Plural lautet österr. ugs. Mädeln; die Form kommt teilweise auch in D vor, dagegen ist der Plural *Mädels* in Österr. ungebräuchlich

**Mäderl,** das; -s, -n (ugs.): 1. kleines Mädchen (etwa bis 10 Jahre): *Tatsächlich gab es in der Wohnung kein einziges Paar, das dem Mäderl passte.* (KU 22. 4. 08). 2. (Koseform) Mädchen: *Sie verkörpert das blitzsaubere nette Mä-*

*derl von nebenan, immer freundlich, immer gut gelaunt.* (KU 19 9. 16)

**Madl,** das; -s, - bzw. -n (ugs., auch bayr.): ↑Mädel: *Und also sollen die feisten Buben und drallen Madeln künftig Sport treiben.* (ST 25. 5. 04); *Barbara mit dem Turm, Margarethe mit dem Wurm und Katharina mit dem Radl, das sind die drei heiligen Madl.* (Redensart). – Auch in der Form *Madel*

**Mag.:** (nur geschriebene Abk. für) Magister oder Magistra (für Akademiker nach Abschluss des Diplomstudiums), österr. auch als Titel vor Namen gebraucht

**Magazineur Magazineurin,** der bzw. die ‹franz.›: Lagerverwalter/-in: *Der Magazineur eines Wiener Delikatessengeschäftes, der die unbewältigte Nazivergangenheit der Österreicher offenlegt.* (KU 5. 12. 11) ◆ **Magazineursgehilfe**

**Magenfopper** ↑Fopper

**Magenstamperl,** das (ugs., salopp): Schlag in den Magen: *Allerdings wetteifert die satirische Liga auch darum, dem Christentum und der Kirche insgesamt ein Magenstamperl zu verpassen* (OÖN 28. 10. 14). Vgl. Stamperl

**magerln,** sw. V. / hat (ugs., ostösterr.): ***etwas magerlt jmdn.:** etwas ärgert, (ugs.) wurmt jmdn.: *Was ihn offenbar besonders magerlt: Ab heuer neue Regeln für die Grunderwerbssteuer* (PR 30. 10. 15)

**Magister Magistra,** der bzw. die ‹lat.› **1.** akademischer Grad nach dem Diplomstudium, z. B. Mag. theol. (Magister theologiae) usw. (Abk.: Mag.): *Sponsion. Katharina Müller spondierte an der Akademie der bildenden Künste in Wien zur Magistra artium.* (SN 10. 5. 07). **2. Magister Magisterin:** Titel und Anrede für eine/-n Apotheker/-in: *Frieda Scheint wurde Österreichs erste »Magisterin der Pharmazie« – und durfte nicht praktizieren.* (PR 1. 10. 16)

**Magisterium,** das; -s, ...ien: Studienabschluss, Titel eines Magisters, einer Magistra: *ab dem Studienjahr 2008/09 stellt die Uni Wien vollständig auf das dreigliedrige System (Bakkalaureat, Magisterium, Doktorrat) um.* (KU 6. 7. 05)

**Magistrat,** der; -s, -e: städtische Verwaltungsbehörde (in D nur in gewissen Städten): *In der Praxis machten die zuständigen Bezirkshauptmannschaften und Magistrate in den vergangenen Jahren davon keinen Gebrauch mehr.* (PR 18. 10. 16) ◆ **Magistratsabteilung** (Abk. MA): *In der Magistratsabteilung 10 des Wiener Rathauses ... wird nur bestätigt, dass es eng wird mit den Pädagogen.* (PR 2. 1. 08); **Magistratsdirektor/-in** (Abk. MD): *Bürgermeister ... und der mitangeklagte Magistratsdirektor werden sich heute, Montag, mit ihrem Anwalt über die weitere Vorgehensweise beraten.* (SN 12. 2. 17)

**magistratisch:** ***magistratisches Bezirksamt** ↑Bezirksamt, zur Aussprache ↑-atik, -atisch

**Magyar Magyarin,** der; -en, -en bzw. die; -, -nen [maˈdjaːr] ‹ung.›: Ungar. – Die in D auch vorkommende Schreibung *Madjar* ist in Österr. ungebräuchlich ◆ **magyarisch**

**Mäh:** ↑Muh

**[1]Mahd,** das; -es, Mähder (auch schweiz.): Bergwiese (häufig auch in Flurnamen): *»Ich mache diese Arbeit leidenschaftlich gerne«, erzählt Guggenberger, der anfangs keine Erfahrung mit der Bewirtschaftung der Bergmähder hatte.* (KZ 19. 9. 09)

**[2]Mahd,** die; -, -en **1.** (auch südd., schweiz.) das Mähen: *Die meisten Bauern hatten kurz zuvor die erste Mahd erledigt.* (OÖN 9. 5. 11). **2.** (regional auch in D) gemähtes Gras: *So nutzte dieser Bauer ... noch rasch ein Sonnenfenster, um die Mahd zu wenden und zum Silieren vorzubereiten.* (OÖN 12. 5. 16). **3.** eine Zeile des Gemähten: *das Heu in Mahden rechen*

**Mahlzeit:** ***[gesegnete] Mahlzeit:** Guten Appetit!: *Sie kredenzt quasi die todbringende Chilischote in dieser Gift- und Gallebrühe. Mahlzeit.* (ST 22. 2. 17); *Gesegnete Mahlzeit, die Herren, Prosit Neujahr nachträglich!* (PR 11. 1. 15); ***na Mahlzeit** (ugs., auch bayr.): /Ausruf des Erschreckens, der Verblüffung/: *Ein Hundehäufchen hier, ein anderes dort und ein ganz großes mitten im Garten, na Mahlzeit!* (OÖN 2. 7. 15). – Als Gruß in der Mittagszeit auch in D üblich

**Maibaumkraxeln,** das; -s (Volkskunde): Erklettern eines Maibaums als Volksbrauch: *Die Landjugend lädt ab 13.30 Uhr zum traditionellen Maibaumkraxeln.* (OÖN 22. 5. 06)

**Maidult,** die (in Sbg. und westl. OÖ, wie bayr.): Volksfest und Jahrmarkt im Mai: *Zum 54. Mal findet die Vöcklabrucker Maidult mit Bierzelt, Vergnügungspark, Kleintierausstellung und Fußball-Hobbyturnier statt.* (OÖN 29. 5. 15). ↑**Dult**

**Mail,** das ‹engl.› [meɪl]: ist österr. (und schweiz.) meist Neutrum, in D meist Femininum: *Gestern hieß es seitens der Staatsanwaltschaft, das Mail sei umgehend bearbeitet worden.* (OÖN 11. 5. 16). ↑**E-Mail**

**Maisäß,** das/der; -es, -e (Vbg., in der Form *Maiensäß* auch schweiz.): 1. Voralpe, die im Mai bezogen und mit dem Vieh bis zum Auftrieb auf die Hochalpe bewohnt wird: *Am Montagnachmittag zündeten trotz extremer Trockenheit drei Männer auf einem Maisäß in Nüziders Fichtenäste und Reisig an.* (NVT 29. 9. 07). 2. Wohnhaus mit Stall auf der Voralpe: *Gut tut ihr auch der Aufenthalt auf ihrem Maisäß im Sommer.* (VN 24. 5. 17)

**Maisäßhütte,** die (Vbg.): Berghütte auf der ↑Maisäß: *Kontrollen von Maisäßhütten und privaten Feriendomizilen im betreffenden Gebiet haben keine Ergebnisse erzielt.* (VN 12. 10. 16)

**Maischerl,** das; -s, -n (Ktn.): ↑Saumaise: *Lungenstrudel, Maischerln, Surbraten und Blutwurst sind für viele damals wie heute im Herbst nicht vom Speisezettel wegzudenken.* (KZ 4. 10. 14). – Auch in der Form *Maischele*

**Maise,** die; -, -n: (kurz für) ↑Saumaise, ↑Schweinsmaise

**Maisflitsche,** die /meist Plural/: Blätter, die den Maiskolben umgeben: *Rund 600 Buben und Männer zwängen sich morgen in ihre Kostüme aus Maisflitschen, die in wochenlanger Arbeit genäht wurden.* (KR 4. 12. 13). ↑**Flitsche**

**Maisstriezel,** der: Maiskolben: *Beim ersten Besuch erkundete der Nachwuchs den Schulbauernhof, Äpfel wollten geerntet, Maisstriezel abgerebelt und Sonnenblumen entkernt werden.* (KZ 12. 10. 14). ↑Striezel

**Majoran,** der; -s ‹lat.›: wird österr. auf der ersten Silbe betont, in D auch auf der letzten

**Makro-:** Die Wörter mit Makro- werden österr. auf der ersten Silbe betont, in D meist auf der letzten oder vorletzten; z. B. **Makrokosmos, Makromolekül**

**Malefizkerl,** der (ugs., regional auch in D): 1. [bewunderter] Draufgänger: *Heute widmet sich der einstige Malefizkerl lieber der Bildhauerei.* (APA 27. 8. 08). 2. Person, die Ärger verursacht, jmdm. unangenehm ist: *Ich habe zu diesem Malefizkerl eine ausgeprägte Hassliebe entwickelt, seine Besserwisserei geht mir total auf den Geist.* (Augustin 7. 5. 08)

**Malter,** der/das; -s (veraltet): Mörtel: *Bei Verputzarbeiten auf einer Baustelle in Lauterach spritzte am Donnerstag gegen 14.10 Uhr zähflüssiges Malter wegen eines zu hohen Druckes in die Augen eines Arbeiters.* (KR 21. 11. 09)

**Malversation,** die ‹franz.›: Misswirtschaft, Veruntreuung: *Auch die Landesprüfer merkten offenbar viele Jahre nichts von den Malversationen.* (PR 17. 7. 18)

**Mamatschi,** die; -, - (ugs., emotional): Mama: *In stiller Trauer geben wir bekannt, dass meine liebe Mamatschi, Schwiegermama, Oma und Tante ...* (VN 31. 1. 04). Vgl. Papatschi

**Mamsch,** die; -, -en (salopp, ugs., bes. Wien): Mutter: *Einerseits kann Mamsch tun und lassen, was und wie sie will – im Rückblick wird's nie Recht sein.* (KU 10. 12. 05). Vgl. Papsch

**Mandatar Mandatarin,** der bzw. die ‹lat.›: Abgeordnete: *»Mehr Solidarität« in Europa wünscht sich die Mandatarin.* (ST 28. 2. 17); *Kritik übten die Mandatare auch an der Zurückweisung des Dreier-Vorschlags des Senats durch den Uni-Rat der Universität für Bodenkultur.* (SN 14. 5. 07); häufig zusammengesetzt mit Angabe der Partei, z. B. *Grünmandatar*; *SP-Klubchef Cap und VP-Mandatar Kopf über Medientrainings und Kampagnen.* (PR 20. 10. 06). ↑**Gemeindemandatar, Grünmandatar**

**Mander,** die /Plural/ (Tirol) ‹Nach dem Kampfruf Andreas Hofers von 1809›: Männer (mit dem Nebensinn von Tüchtigkeit, Verlässlichkeit, Bodenständigkeit): *Strafpunkte für Macho-Gehabe gibt es für die Tiroler Mander also sicher keine.* (TT 29. 4. 18); ***schwarze Mander:** Bronzestatuen in der Innsbrucker Hofkirche: *Das Goldene Dachl, die Schwarzen Mander in der Hofkirche, Schloss Ambras oder Zaha Hadids Architekturmeisterwerke: Innsbruck ruft.* (Gewinn 1. 7. 15)

**Manderl,** das; -s, -n (ugs., auch bayr.): 1. (Verkl. von *Mann*); kleiner [alter] Mann. 2. männliche Person (als Paarform zu ↑Weiberl); Figur eines Mannes: *Mich stört es nicht – und hat mich noch nie gestört –, ob auf solchen Schildern Manderln oder Weiberln abgebildet sind.* (PR 12. 12. 06); *Ich kann sogar »Mensch ärgere dich nicht« spielen, ohne dass die Manderl durch die Gegend geschossen werden.* (KZ 18. 10. 15). 3. männliches Tier oder männliche Pflanze; Männchen: *»Wenn du nicht aufpasst, bekommst nur Manderln« – weil beim Stör wie bei keinem anderen Fisch die Geschlechter kaum zu unterscheiden sind.* (PR 28. 2. 10); ***Manderl machen** (auch bayr.) sich als Pose auf die Hinterbeine stellen (von Tieren): *Mächtige Teams, hinter denen Großkonzerne stehen, wollen nicht mehr artig Manderl machen, wenn der Formel-1-Zirkusdirektor mit der Peitsche schnalzt.* (OÖN 20. 6. 09);

*Manderln machen:** Schwierigkeiten bereiten, widerspenstig sein: *Welche Manderln hat die ÖVP gemacht, bevor sie einem vernünftigen Tierschutzgesetz zugestimmt hat!* (ST 7. 5. 08); ***nicht wissen, ob man ein Manderl oder ein Weiberl ist** (ugs.): völlig verwirrt sein; sich nicht mehr auskennen: *Und die Propaganda war solcherart, dass man nicht wusste, ist man a Weiberl oder ist man a Manderl.* (PR 1. 4. 11). ↑**Stehaufmanderl, Strichmanderl.** Vgl. Weiberl

**Mandl,** das; -s, -n (ugs., auch bayr.): **1.** Männlein; kleiner [alter] Mann, ↑Manderl: *»Jetzt bin ich auch schon ein altes Mandl«, scherzte der 22-jährige Salzburger, als er sich gestern zurück ins Hotel bringen ließ.* (ÖST 19. 12. 11); ***Mandl mit Kren** (ugs., veraltend): Person, die imponieren will, als starker Mann auftritt; ***wie's Mandl beim Sterz** (ugs., veraltend): ratlos; wie der Ochs vorm Berg/Scheunentor. **2.** etwas in der Form eines Männleins, z. B. Vogelscheuche; auf dem Feld zum Trocknen aufgestellte Getreidegarben u. Ä. ↑**Simandl, Steinmandl, Zwiemandl** ◆ **Heumandl; Kornmandl**

**Maniküre,** die: wird österr. (und schweiz.) ohne Endungs-e ausgesprochen

**Manipulant Manipulantin,** der; -en, -en bzw. die; -, -nen ⟨lat.⟩ (Behördenspr., veraltet): Hilfskraft, Amtshelfer/-in: *Der Beruf der Telefonmanipulantin zählte zu den gehobenen und sehr begehrten Beamtenberufen.* (ST 12. 9. 10); *Der Justizminister soll und darf kein Manipulant der Strafjustiz sein.* (PR 6. 11. 00)

**Manipulationsgebühr,** die ⟨lat.⟩ (Behördenspr., veraltend): Bearbeitungsgebühr, z. B. bei einer Bank für die Bearbeitung eines Kontos: *Die Manipulationsgebühren außerhalb des Euro-Raumes betragen hier 1,5 bis 2 Prozent vom eingekauften Betrag.* (WZ 21. 7. 14)

**Manna,** das; -s ⟨hebr.⟩: ist österr. nur Neutrum, in D auch Femininum

**Mannerschnitten®,** die /Plural/: gefüllte Waffeln: *Und genascht wird Marshmallow-Eis mit Mannerschnitten.* (WZ 27. 5. 16). ↑SCHNITTE. Vgl. Neapolitanerschnitten

**Mantelsack,** der (auch südd., schweiz.): Manteltasche: *Dann tippt er noch herum, schaut verlegen auf, als er sich beobachtet fühlt, steckt das Handy in seinen Mantelsack.* (SN 24. 12. 15). ↑SACK

**Manuduktionspflicht,** die (Rechtsspr.): Verpflichtung zur Erteilung einer mündlichen Rechtsbelehrung durch bestimmte Berufsgruppen (z. B. Richter, Notare) für unvertretene oder nicht qualifizierte Personen

**Mantelschürze,** die: geschlossene Schürze, Kleiderschürze, Kittelschürze: *Sein Onkel Franz sei seit mehr als 60 Jahren mit Unterwäsche, Mantelschürzen und Socken im Geschäft.* (KZ 27. 9. 13)

**Manus,** das; -, - ⟨lat.⟩: (kurz für) Manuskript: *So habe ich eines Tages nach der Lektüre einer Prosa noch im Manus gemeint, sie schriebe hervorragend Dialoge.* (KU 21. 2. 09)

**Marathon,** der; -s, -s: ist österr. (und schweiz.) in jeder Bedeutung Maskulinum, in D in der übertragenen Bedeutung ›etwas lange Dauerndes, z. B. der Wahlmarathon‹ seltener auch Neutrum

**Maridi, Maridl:** Koseform des Vornamens Maria

**Marie,** die (ugs., salopp): Geld: *Du nervst. Keine Marie im Budget und du willst Spielsachen.* (OÖN 17. 8. 02)

**Marille,** die; -, -n ⟨ital. *armellino*, lat. *Armeniacum* ›armenischer Apfel‹⟩: (in D) Aprikose: *Zuletzt widmete er sich auch dem Obstbau, Marillen und Kirschen für den Lebensmittelhandel.* (PR 20. 10. 16); ***einen Schuss in der Marille haben** (ugs., salopp): dumm sein: *»Wenn du einen 15-Jährigen fragst, ob er Volleyball-Profi werden will, fragen dich die Eltern, ob du einen Schuss in der Marille hast.«* (KTZ 11. 9. 05) ◆ **Marillenbaum; Marillenbrand; Marillengeist; Marillenkompott; Marillenkuchen; Marillenlikör; Marillenmarmelade; Marillennektar; Marillensauce,** ↑Sauce; **Marillenschnaps**

**Marillenfleck,** der: flacher Kuchen mit ↑Marillen: *An winzigen Tischchen werden Marillenflecke, Vogelbeertorten und die legendäre Rudolfstorte serviert.* (PR 30. 7. 14). ↑FLECK

**Marillenknödel,** der: ↑Knödel aus Kartoffelteig mit einer ↑Marille in der Mitte: *Zum Dessert ließen sich die Gäste Marillenknödel mit hausgemachtem Minzeis schmecken.* (SN 13. 7. 15). ↑KNÖDEL

**Marillenkoch,** das: Mus aus ↑Marillen: *Besonders in der französischen Küche wird das duftende Kraut zum Aromatisieren von Ananaskompott, Birnenmus und Marillenkoch verwendet.* (KR 15. 2. 04). ↑KOCH

**Marillenröster,** der: Röster aus ↑Marillen: *Marillenröster ist das perfekte Mitteldinq zwischen Marillenkompott (zu breiig) und Marmelade (sehr süß, aber natürlich wunderbar in Palat-*

*schinken oder auf einem frischen Butterkipferl).* (ST 17. 7. 16). ↑Röster

**Marillenspalte,** die: Hälfte einer ↑Marille: *Nach dem Stürzen dick mit Marillenmarmelade bestreichen und mit Marillenspalten belegen.* (OÖN 3. 7. 03)

**Marillenstrudel,** der: mit Marillen belegter Strudel: *Für die Nachspeisen, von Marillenstrudel über Griesknödel mit Zwetschkenröster bis zur verboten guten Palatschinkentorte ... muss auch noch Platz sein.* (ST 21. 8. 09). ↑Strudel

**Mark:** ***die Grüne Mark:** Steiermark: *Vorgestellt wird die Grüne Mark als Urlaubs-, Wein-, und Gourmetland.* (KU 19. 4. 07)

**Markerl,** das; -s, -n (ugs.): Marke (Dienst-, Erkennungs-, Wertmarke, aber nicht Briefmarke): *Das ist etwa der Fall, wenn der Elfjährige schon in der Früh beim Anziehen ausflippt, weil ihn das Markerl im T- Shirt so kratzt, dass er das Bedürfnis hat, es abzureißen.* (ST 29. 5. 13); *Ich habe selbst als Kind mit Begeisterung in einem kleinen Spar-Geschäft die Markerln gesammelt.* (KZ 10. 12. 11); (übertragen) *Doch spätestens seit man die Eintausender-Grenze passiert hat, scheint der inflationäre Gebrauch das Markerl* (Welterbe-Label der Unesco) *nach und nach zu entwerten.* (ST 17. 11. 14)

**Markschöberl,** das: Suppeneinlage aus Biskuitteig mit Rindermarkscheiben: *Gelassen ließ sich der Multimillionär ... vom Tafelspitz und der Wiener Rindfleischkultur erzählen. Aß dann Rindsuppe mit Grießnockerl, Markschöberl und Frittatenroulade, und Schulterscherzl mit Kochsalat, Rösti, Semmelkren & Schnittlauchsauce.* (KR 12. 7. 06). ↑Schöberl

**Markt,** der (auch bayr.): Gemeinde mit historischem oder von der Landesregierung verliehenen Marktrecht (Status zwischen Dorf und Stadt): *sie wohnt im Markt* (im Ggs. zum Umland); *Markt St. Florian;* ***Markt fahren:** als Händler Waren auf Jahrmärkten Waren anbieten: *Gemeinsam mit seinem Vater Hermann, der das Schuhgeschäft in Gurk in den 1940er-Jahren gründete, hat er mit dem Marktfahren begonnen.* (KZ 24. 9. 16)

**Marktamt,** das (auch südd.): für die Märkte zuständige kommunale Behörde: *Das städtische Marktamt der Stadt Salzburg hatte die Erweiterung der Produktpalette befürwortet.* (SN 24. 11. 06)

**Marktbeisel,** das: Gaststätte, Beisel am Markt: *Dafür waren die Marktbeisel voll, doch immerhin war ein Platz zu kriegen.* (OÖN 8. 1. 00). ↑Beisel

**Markterhebung,** die: Verleihung des Marktrechtes: *Südlichster Markt bereitet sich auf großes Jubiläum vor. Heuer und 2018 wird 750 Jahre Markterhebung gefeiert.* (KZ 4. 3. 17)

**Marktfahrer Marktfahrerin,** der bzw. die (auch südd., schweiz.): Händler/-in, der/die von Markt zu Markt fährt: *Registrierkassenpflicht geht den Marktfahrern gegen den Strich.* (KZ 5. 2. 16)

**Marktfierant Marktfierantin,** der bzw. die ⟨ital.⟩ (auch schweiz.): Markthändler/-in: *Ein umfangreiches Programm und über 90 Marktfieranten lockten circa 6000 Besucher in die Abstimmungsstadt.* (KZ 5. 12. 16). ↑**Fierant**

**Marktgemeinde,** die (auch bayr.): Gemeinde mit Marktrecht: *Es gibt mehr außerplanmäßige Wahlen. Den Beginn macht am Sonntag die Marktgemeinde Leopoldsdorf, wo sich sieben Fraktionen zur Wahl stellen.* (PR 3. 5. 07)

**Marktkommissär Marktkommissärin,** der bzw. die: Beamte/-r der kommunalen Marktaufsicht: *Nach 25 Jahren drehte Marktkommissär W.K. (62) am Mittwoch am Wochenmarkt in Oberwart seine letzte Runde.* (KZ 7. 4. 16). ↑Kommissär

**Marktleader,** der; -s, - (auch schweiz.): Marktführer: *Damit die Europäer auch im »New Space« Marktleader bleiben.* (ST 1. 2. 17). ↑**Leader, Branchenleader**

**Marmelade,** die: Konfitüre. Die Zus. werden in Österr. mit *Marmelade-* gebildet, in D mit *Marmeladen-*: **Marmeladebrot,** ↑Brot; **Marmeladefülle,** ↑Fülle; **Marmeladeglas, Marmeladesemmel** ↑Semmel

**Marmeladepalatschinke,** die: Palatschinke mit Konfitürenfüllung: *Altbewährte Rezepte wie Eintropfsuppe, Krautfleckerl oder Marmeladepalatschinken sind nicht nur einfach und schnell gemacht, sondern auch günstig.* (ST 11. 2. 09). ↑Palatschinke

**Marmorgugelhupf,** der: Marmorkuchen in Gugelhupfform. ↑**Gugelhupf**

**marod** ⟨franz.⟩: 1. (ugs., auch bayr.): [leicht] krank, nicht einsatzfähig: *Die halbe Mannschaft war marod, bis am Nachmittag stand nicht fest, wer gegen Znaim wird einlaufen können* (KZ 26. 11. 16). 2. (auch südd.) abgewirtschaftet, ruiniert, (in D) marode: *Andererseits beträgt die Mehrwertsteuer auf Medikamente 20 Prozent und die Krankenkassen sind marod.* (OÖN 27. 8. 08). ↑**finanzmarod, fußmarod**

**Marodenliste,** die (Sport, veraltet): kranke, nicht einsatzfähige Spieler: *War die Marodenliste bei Sturm schon bisher ziemlich lang ..., so wurde sie jetzt noch um einen Fixstarter länger.* (KR 18. 7. 06)

**Marodenzimmer,** das (veraltet, Militär): Revier, Sanitätsbereich einer Kaserne: *Ich war nicht so musikalisch, außerdem oft krank und lag im Marodenzimmer.* (PR 22. 2. 14)

**Maroni,** die; -, - ‹ital.›: österr. (und südd.) Form, (in D) Marone, (in CH) Marroni: *Mobilisieren lassen sich die Menschen ja derzeit ohnehin nur mit Punsch und Maroni.* (PR 26. 11. 16)

**Maronibrater Maronibraterin,** der bzw. die: [wandernde/-r] Händler/-in, der/die im Winter auf der Straße heiße, frisch gebratene Maroni verkauft: *In der kalten Jahreszeit gehören die Maronibrater zum Stadtbild. An fast tausend Plätzen werden in Österreich Maroni und Bratkartoffeln verkauft.* (ST 29. 12. 06)

**Marseillaise,** die; - ‹franz.›: wird österr. ohne Endungs-e ausgesprochen

**Marterl,** das; -s, -n (auch bayr.): Tafel mit Bild und Inschrift zur Erinnerung an Verunglückte; Holz- oder Steinpfeiler mit Kruzifix oder Heiligenbild: *Noch heute erinnert ein Marterl an die Zeit der Pest.* (SN 18. 1. 07). Vgl. Bildstock

**Martini** (auch südd.): Martinsfest (11. Nov.): *Von Martini bis vor den Aschermittwoch stellt Resch sein Kletzenbrot her und liefert es bis nach Linz aus.* (OÖN 6. 12. 06); ***zu Martini:** am Fest des hl. Martin: *Was zu Martini das Gansl und zu Weihnachten der Karpfen, das ist zu Ostern das Lamm.* (SN 5. 4. 07) ◆ **Martinifest, Martinisegen, Martinitag.** ↑ Floriani

**Martinigans,** die: österr. Form, (in D) Martinsgans: *Gemeinsam mit Rotkraut und Erdäpfelknödeln bringt es die Martinigans auf ordentliche 1.300 Kilokalorien.* (SN 10. 11. 16). – Häufiger in der Verkleinerungsform **Martinigansl:** *Jedes Jahr watscheln gut 250.000 Stück in ihr Verderben und landen rund um den 11. November als Martinigansl auf den rot-weiß-roten Festtagstischen.* (ST 10. 11. 05)

**Martiniloben,** das; -s (ostösterr., Volkskunde): Segnung des neuen Weines und Verkostung bei den Heurigenwirten: *17.000 Besucher kamen zu diesem traditionellen »Martiniloben«, teilte die Neusiedler See Tourismus GmbH am Dienstag mit.* (ST 30. 11. 05)

**Marzipan,** das und (selten) der; -[e]s, -e ‹arab.›: wird österr auf der ersten Silbe betont, in D auch auf der letzten

**Maschansker,** der; -s, - ‹tschech. *mišenský* ›meißnisch‹, Borsdorf liegt in Meißen› (auch bayr.): Borsdorfer Apfel: *An die 250 Bäume stehen auf den dreieinhalb Hektar Streuobstwiesen um den kleinen Vierkanter ... Vornehmlich alte Apfel- und Birnensorten: Lederbirne, Speckbirne, Winawitzbirne, Bohnapfel, Maschansker.* (PR 3. 10. 15)

**Masche,** die (auch südd., schweiz.): **1.** Schleife als Zierde: *Brave Mädchen mit Masche im Haar und adrette Buben üben schon im Juli Weihnachtsliedchen.* (SN 31. 12. 02); *Auch als weihnachtlicher Gruß aus der Küche eignet sich das Germgebäck: Einfach in Frischhaltefolie wickeln und mit einer Masche verzieren.* (PR 22. 12. 16). **2.** Schlingen, mit denen Bänder von Schuhen, Verpackungen verknüpft werden: *Auf der Zielgeraden zum Schulanfang haben wir noch schnell ein paar Dinge geübt, die inoffiziell zur Schulreife dazugehören. Eine Masche am Schuh binden zum Beispiel.* (PR 3. 9. 16). – In D ›Schlinge von Garn‹. ↑ **Haarmasche, Luftmasche** ◆ **Doppelmasche**

**Maschikseite,** die ‹ung.› (ostösterr.): Rückseite, entgegengesetzte Seite: *Wir nähern uns aber diesem Vorsatz von der Maschekseite.* (PR 29. 10. 08). – Auch in der Form *Maschekseite*

**Mascherl,** das; -s, -n: **1.** quer stehende steife Schleife, die zwischen den Kragenspitzen eines Oberhemdes getragen wird; (in D) Fliege: *Wotan Wilke Möhring fährt mit Anzug und Mascherl das Gegenprogramm zu seinem ledernen Old-Shatterhand-Outfit in »Winnetou«.* (ST 10. 2. 17). **2.** Schleife mit Bändern als Zierde oder Verknüpfung: *Es gehe darum, dass Tiere nicht als Weihnachtsgeschenke dienen und nicht »mit einem Mascherl unterm Christbaum sitzen sollen«.* (PR 13. 12. 16). **3.** Etikettierung, Kennzeichen der Zugehörigkeit oder geistigen Herkunft: *Während sich einige Partys der High-Society unter dem Motto »Abfeiern für einen guten Zweck« ein Charity-Mascherl umhängen, ist man auf der Wirtschaftsebene bemüht, Kitzbühel als wichtigen Schauplatz für ein produktives Netzwerken zu definieren.* (OÖN 19. 1. 12); *Weil indes Strom nicht gleich Strom ist, er also nicht weltweit so ein grünes Mascherl trägt wie in Österreich, gilt die chinesische Weisheit: Wenn du von dem Strome trinkst, denk an seine Quelle.* (ST 27. 2. 17); ***Geld hat kein Mascherl:** Woher das Geld kommt, ist gleichgültig; pecunia non olet: *Wofür genau er das Geld einsetzen will, sagte R. nicht. »Geld hat kein Mascherl. Wir* *wachsen enorm, und Wachstum gehört mit Kapital unterlegt.«* (OÖN 2. 9. 08). ↑**aufmascherln, Ökomascherl**

**maschin-:** ist in Österr. erster Bestandteil von defektiven Verben, in D wird das Substantiv *Maschine* getrennt vom Verb geschrieben. Daher wird z. B. *maschinschreiben* in Österr. wie »bergsteigen« behandelt, in D wie »Auto fahren«. Entsprechend werden auch die Partizipien und abgeleitete Adj. zusammengeschrieben. In zusammengeschriebenen Formen lautet der erste Bestandteil in D *maschinen-* oder *maschine-*: **maschindreschen:** *Um 11 Uhr wird Maschindreschen vorgeführt.* (OÖN 25. 8. 00); **maschingeschrieben:** *Was sollte der maschingeschriebene Zettel, der in nächster Nähe, an einen Laternenmast geheftet, gefunden wurde.* (PR 2. 12. 16); **maschingestempelt; maschinmelken; maschinnähen; maschinrechnen; maschinschreiben:** *Maschinschreiben kann ich noch immer nicht.* (OÖN 11. 4. 03); **maschinschriftlich; maschinsticken, maschinstricken**

**Maschin-:** österr. Form, (in D) Maschine[n]-: **Maschinarbeiter/-in** (in D Maschinenarbeiter); **Maschinnäher/-in; Maschinputz** (in D Maschinenputz); **Maschinschreiben:** *Das Unterrichtsfach Maschinschreiben brachte mich in meiner Schulzeit an den Rand des Wahnsinns.* (PR 19. 1. 13); **Maschinschreiber:** *Wer noch vor zehn Jahren versuchte, mittels Software Sprache in Text umzusetzen, musste entweder eine sehr, sehr hohe Frustrationsgrenze haben – oder ein wirklich miserabler Maschinschreiber sein.* (PR 15. 1. 12); **Maschinschreiberin; Maschinschreibkenntnisse; Maschinschreibpapier:** *Das Kopieren von Textteilen aus den »Google«-Wissensschluchten auf das Maschinschreibpapier war undenkbar.* (SN 15. 4. 06); **Maschinschreibkraft; Maschinschreibkurs; Maschinschreibseite** (in D Maschine[n]schriftseite, Schreibmaschinenseite): *Das erste Programm 1945 umfasste nur eineinhalb Maschinschreibseiten und hatte eher proklamatorischen Charakter.* (PR 26. 2. 05); **Maschinschrift:** *Über 60 DIN-A4-Blätter füllen die auf Maschinschrift gefassten Anregungen.* (OÖN 15. 6. 01); **Maschinstrick:** *Ich glaube, hier gibt es mehr Spielraum als bei der Entwicklung von Webstoffen, gerade im Bereich Maschinstrick lässt sich definitiv noch Neues erfinden.* (PR 22. 1. 12); **Maschinstricker/-in**

**Maschinenmechaniker Maschinenmechanikerin,** der bzw. die (auch schweiz.): Mechaniker/-in, der/die Maschinen wartet /Berufsbezeichnung/: *Ein Maschinenmechaniker verdient heute gerade einmal 1,1 Prozent mehr als im Jahr 2005.* (WZ 26. 11. 16)

**Maschinsemmel,** die: mit einer Maschine gestanzte Semmel (Ggs. ↑Handsemmel): *Der Teig ist weicher als bei der Maschinsemmel, ich bringe mehr Geschmack hinein, indem ich zum Weizen- auch Roggenmehl verwende, das ich mit Handschlagen einarbeite.* (TT 21. 8. 12). ↑Semmel

**Masel,** das; -s: ‹jidd.› (ugs., salopp): österr. Form, (in D) der Massel, (bayr.) das Massel: *Der persische Poet ... hatte insofern ein Masel, als er in einer Zeit lebte, in der er ein Gedicht folgenden Inhalts schreiben konnte.* (ST 25. 12. 16)

**Masen,** die; - ‹jidd.›: Glück, günstiger Zufall; österr. neben ↑Masel: *Helmut Dietl, der 1944 geborene einstige Regieassistent an den Münchner Kammerspielen, hat aber auch eine irre Masen.* (KR 4. 2. 12)

**Maß,** die; -, -[e] (bes. westösterr., auch südd.): ein Liter Bier im Krug oder Glas: *Nur auf dem Münchner Oktoberfest ist die Maß Bier noch teurer als beim Welser Volksfest.* (OÖN 17. 9. 16); *In Lederhosen ließ sich Hollywood-Star Kevin Spacey eine Maß schmecken.* (OÖN 3. 10. 16) ◆ **Maßkrug**

**Massaker,** das ‹franz.›: wird österr. auf der zweiten Silbe betont und mit kurzem Vokal ausgesprochen (in D Massaker oder Massaker)

**Masse,** die (Küche, auch schweiz.): gerührter oder aufgeschlagener Teig mit hohem Anteil an Eiern, im Ggs. zum Teig mit hohem Mehlanteil: *In die Schokomasse wurden früher helle Biskuitteig-Reste eingerührt. Heutzutage wird natürlich frischer Biskuitteig in die Masse gebröselt.* (KZ 11. 1. 12). ↑**Abtriebmasse, Punschmasse, Topfenmasse, Windmasse**

**Massette,** die; -, -n ‹ital.› (fachspr., sonst veraltet): Block von perforierten Eintrittskarten: *Mit »jet ticket« bekamen die Veranstalter ... ein grafisches Verkaufstool, ein enormer Fortschritt gegenüber dem Ticketverkauf per »Massette«.* (BVZ 17. 2. 16)

**Massettenwert,** der: Wert der gesamten aufgelegten Karten und somit möglichen Erlöse: *Die Kartenerlöse der Produktion ... beliefen sich demnach auf 55,8 Prozent des Massettenwertes.* (APA 21. 1. 16)

**Masseverwalter Masseverwalterin,** der bzw. die (Rechtsspr.): gerichtlich Bevollmächtigte/-r für die Durchführung eines Konkursverfahrens, (in D) Konkursverwalter/-in: *Laut Masseverwalter wurden von 160 Gläubigern der GMV drei Millionen Euro an Forderungen angemeldet.* (PR 1. 3. 17)

**Maßkrug,** der (auch südd.): Bierkrug, der eine ↑Maß fasst, Literkrug: *Vermutlich habe es sich bei der Tatwaffe um einen Maßkrug oder ein anderes Trinkgefäß gehandelt.* (KZ 25. 9. 16)

**Maßnahme:** ***Maßnahmen / eine Maßnahme setzen:** Maßnahmen ergreifen: *Ansonsten werde der Stadtschulrat Maßnahmen setzen, die bis zur Schließung führen könnten.* (PR 21. 2. 17). ↑**setzen**

**Maßnahmenbeschwerde,** die (Rechtsspr.): Rechtsmittel gegen eine Maßnahme der Polizei: *Denn eine Maßnahmenbeschwerde könne man nur erheben, wenn in irgendeiner Form Zwangsgewalt ausgeübt wurde.* (PR 30. 1. 17)

**Maßnahmenvollzug,** der (Rechtsspr., auch schweiz.): Vollzug einer richterlich angeordneten Maßnahme in einer besonderen Einrichtung: *Der Maßnahmenvollzug gilt als härteste Sanktion und gehorcht einem anderen Prinzip als der Strafvollzug.* (ST 29. 12. 16)

**Match,** das; -es, -e/-es [mɛtʃ] ‹engl.›: ist österr. immer Neutrum, schweiz. auch Maskulinum. Das Wort wird österr. wesentlich häufiger gebraucht als in D: *Ich habe meinen Gegenspieler ... bei diesem Match im Eifer des Gefechts tatsächlich beleidigt.* (ST 30. 4. 07)

**matchen,** sich [mɛtʃn] (ugs., salopp): einen Wettkampf gegeneinander austragen: *»Das war Skiathlon auf höchstem Niveau und ein unglaubliches Tempo von Anfang an«, sagte Stadlober. »Wir haben uns in der Gruppe voll gematcht.«* (PR 25. 2. 17); *Die Filialisten verdrängen die kleinen Händler, und alle müssen sich mit den großen Onlinehändlern matchen.* (OÖN 22. 11. 16)

**Matchuhr,** die [mɛtʃ...] (auch schweiz.): Uhr im Stadion, die die gespielte Zeit anzeigt, (in D) Spieluhr: *Eigentlich passend, dass bis zur 32. Minute nicht einmal die Matchuhr funktionierte, denn bis zu diesem Zeitpunkt hatte sich auf dem grünen Rasen noch rein gar nichts getan.* (KZ 14. 4. 07)

**Mathematik,** die; - ‹griech.›: wird österr. auf der vorletzten Silbe betont, in D auf der letzten, das betonte a ist kurz; das Wort wird österr. also nach dem Muster von *Grammatik* ausgesprochen. Ebenso: *mathematisch.* ↑-atik, -atisch

**Matratzengradel** ↑**Gradel**

**Matrik,** die; -, -en (früher): ↑Matrikel: *Sobald das geschehen ist, ist Österreich der erste Staat, dessen Matriken flächendeckend im Netz sind.* (SN 23. 12. 16)

**Matrikel,** die; -, -n ‹lat.› (früher): Personenstandsverzeichnis (in D nur ein amtliches Personenverzeichnis, z. B. einer Universität): *Das Diözesanarchiv hat sich vom Pfarrer alle Urkunden, Taufscheine und Matrikel aushändigen lassen.* (OÖN 23. 3. 04). ↑**Sterbematrikel, Taufmatrikel, Trauungsmatrikel**

**Matrikenbuch,** das (früher): Geburten-, Trauungs- und Sterbebuch: *Erste und häufigste Quelle sind meist die Matrikenbücher in den Pfarren.* (WZ 21. 2. 16)

**Matrize,** die: wird österr. (und bayr.) mit kurzem i ausgesprochen, in D meist mit langem

**Matschker,** der; -s, ‹tschech. *močka* ›Tabak-, Pfeifensaft‹ zu *moč* ›Harn‹› [...ɔ...] (ugs., salopp): **1.** Tabakrückstand in der Pfeife; kalt gewordene Zigarre. **2.** jede Art von Breiförmigem, unappetitliche Masse: *Bei »Trzesniewski« etwa wird der Belag ... von korpulenten Damen in weißen Kitteln püriert und als Creme auf Schwarzbrot gepappt. »Alles derselbe Matschker«, meinte dazu eine vornehme Dame.* (ST 29. 11. 05). **3.** Durcheinander, Misslungenes: *Der zweite Anlauf ist schon kein Matschker mehr und Antonia darf ihre Geige blühen lassen* (KZ 24. 4. 05)

**Matschkerer Matschkerin,** der bzw. die [...ɔ...] (ugs., salopp): Nörgler/-in: *Aber Köbi Kuhn lehrte uns österreichische Matschkerer sofort die positivere Schweizer Sicht der Dinge.* (KU 9. 6. 07)

**matschkern,** sw. V. / hat [...ɔ...] (ugs., salopp): **1.** (veraltet) (Tabak) kauen. **2.** brummeln; schimpfen, kritisieren: *Bisher war es eher Murren und Matschkern im Hintergrund.* (ST 22. 9. 16)

**Matura,** die; - ‹lat.› (seltener auch schweiz. neben *Matur*): Reifeprüfung, (in D) Abitur: *Stärker forcieren wolle man auch die Lehre mit Matura.* (SN 24. 4. 07). ↑**Berufsmatura, Externistenmatura, Handelsmatura, Zentralmatura** ◆ **Maturaaufgaben:** *Der Nachwuchs-Star ... schwitzt derzeit über den Matura-Aufgaben.* (OÖN 28. 4. 05); **Maturaball:** *Der Maturaball des Bundesgymnasiums St. Johann steht am 10. Februar ab 19.30 Uhr im Kultur- und Kongresshaus St. Johann unter diesem Motto.* (SN 25. 1. 07); **Maturafragen:** *Die Vereinheitlichung der Maturafragen für alle Wiener Maturanten steht allerdings in deutlichem*

*Widerspruch zur angestrebten autonomen Profilbildung der Gymnasien.* (PR 21. 5. 03); **Maturajahrgang:** *Der Maturajahrgang 1951 der Bundes-Lehrerbildungsanstalt Salzburg feierte kürzlich ... sein 55-jähriges Maturajubiläum.* (SN 6. 6. 06); **Maturajubiläum; Maturaklasse:** *Mit Ausnahme von HTLs ... sind junge Frauen in allen Maturaklassen in der Mehrheit.* (OÖN 20. 5. 06); **Maturaniveau:** *Sein Mithäftling ist Österreicher mit Maturaniveau.* (SN 8. 5. 07); **Maturareise; Maturascherz; Maturatreffen:** *Die Protagonisten haben eine Einladung zum 20-jährigen Maturatreffen erhalten und ziehen Bilanz über ihr bisheriges Leben.* (SN 24. 2. 05); **Maturavorschrift:** *Während nämlich quer durch alle Fächer insgesamt zwei Schulstunden pro Schulstufe gekürzt werden sollen, bleiben Lehrplan und auch Maturavorschriften unverändert.* (PR 17. 4. 03); **Maturavorsitzende/-r; Maturazeugnis**

**Maturakollege Maturakollegin,** der bzw. die: Person, die in derselben Maturaklasse war. ↑**Kollege**

**Maturant Maturantin,** der; -en, -en bzw. die; -, -nen ⟨lat.⟩: Person, die die Reifeprüfung abgelegt hat oder sich darauf vorbereitet: *Österreichweit ist die Maturantenzahl in den letzten 15 Jahren um ein Viertel gestiegen.* (OÖN 20. 5. 06) ◆ **AHS-Maturant/-in; HAK-Maturant/-in; HTL-Maturant/-in**

**Maturaschule,** die: Privatschule, in der man sich auf eine staatliche Reifeprüfung vorbereitet, ohne eine höhere Schule zu besuchen: *Dem Abschluss einer kaufmännischen Lehre folgten die Maturaschule und das Studium an der Universität Zürich.* (ST 21. 11. 14)

**maturieren,** sw. V. / hat ⟨lat.⟩: die Reifeprüfung ablegen: *Zwei Jahre zuvor hatte er am Akademischen Gymnasium in Wien mit Auszeichnung maturiert.* (PR 27. 7. 16)

**Mauer:** ***jmdm. die Mauer machen:** hinter jmdm. stehen, ihn unterstützen: österr. Form, (in D) Mauer machen (ohne Artikel und ohne Objekt): *Er wird auch der neuen Vereinsführung verlässlich die Mauer machen.* (OÖN 4. 12. 13)

**Maurerklampfe,** die: Bauklammer: *Franz S. war es schließlich gelungen, sich im Gefängnis mit einem Messer, Maurerklampfe und Hammer zu bewaffnen.* (News 5. 10. 06). ↑**Klampfe**

**Maurerklavier,** das (ugs., scherzhaft): Ziehharmonika: *Billy spielt dazu auf dem Maurerklavier.* (OÖN 5. 8. 11)

**Maurerpartie,** die: Partie von Maurern: *Arbeit für eine weitere Maurerpartie sei schon vorhanden, Facharbeiter zu bekommen aber ein Problem.* (OÖN 18. 5. 01). ↑Partie

**maus-, Maus-:** österr. (und bayr.), bes. in der gesprochenen Sprache, übliche Form, (neben) mause-, Mause- oder Mäuse-: **mausallein** (verstärkend); **Mausdreck:** *Jetzt traut sich auf einmal jeder aufg'stellte Mausdreck, dass er mir »Aus-Maus mitm Penthaus!« nachschreit.* (OÖN 4. 5. 06); **Mausfalle:** *Die heurige Sonderausstellung ... heißt »So fängt man Mäuse« und zeigt ... eine Sammlung historischer Mausfallen.* (OÖN 17. 7. 02); **Mausgesicht; Mausgift:** *Aus der universalen Tischlade holt dieser Philosophen-Imitator Brot oder einen Zettel, auf den er »Mausgift kaufen« schreibt.* (PR 13. 2. 11); **Mausloch:** *Jeder ungesicherte Damm birgt das Risiko, dass selbst ein Mausloch durch Ausschwemmen des Dammmaterials einen Dammbruch verursachen kann.* (OÖN 12. 4. 06); **Mausnest:** *Der Nistkasten besteht aus einem Außen- und einem Innenkasten. Er ist mit Polsterwolle ausgekleidet und stellt so ein Mausnest nach.* (KZ 26. 4. 15); **maustot:** *Stronach sei »politisch maustot«, schrieb ein Blatt.* (PR 26. 1. 14); **Mauszahn**

**Maut,** die; -, -en: 1. Benützungsgebühr [für Straßen] (diese Grundbedeutung ist heute gemeind., einige Zus. sind noch spezifisch österr.) ◆ **Mauteinhebung; Mautgeld:** *Ohne mehr Mautgeld müssen Straßenbau und -renovierung sehr bald eingestellt werden.* (WZ 18. 8. 05); **Mautinkasso; Mautparkplatz; Mautpickerl; Mautstelle; Mautstraße; Mauttarif:** *Für die Auffahrt von Strobl am Wolfgangsee gelten günstigere Mauttarife nach Personen gestaffelt.* (SN 28. 11. 14); **Mautvignette.** ↑**Anrainermaut, Doppelmaut, Ersatzmaut, Generalmaut, Streckenmaut, Telefonmaut.** 2. (süd-, ostösterr. ugs., salopp) Trinkgeld: *Wer viel gibt, wird weiter großzügig sein, wer bisher wenig gab, wird weiter knausern – und null Maut bleibt null Maut.* (ST 26. 11. 01)

**Mauteinhebung,** die: das Eintreiben, Einkassieren der Maut: *Stattdessen wolle die neue Regierung die Mauteinhebung automatisieren.* (PR 23. 11. 16). ↑Einhebung

**Mautinkassant Mautinkassantin,** der bzw. die: 1. Angestellte/-r, Kassier/-in der Mautgesellschaft. 2. Firma, die das Mautsystem einrichtet und kassiert: *Hat die Asfinag nicht die Herrschaft über ihren Mautinkassanten, kann sie das exzellent laufende Lkw-Mautsys-*

*tem ... nicht auf Pkws ausdehnen.* (ST 21. 9. 05). ↑**Inkassant**

**Mautinkasso,** das: das Kassieren der Maut: *Dafür habe man künftig auch das Mautinkasso in der Hand und könne einen zweistelligen Millionenbetrag einsparen.* (ST 5./6. 2. 05). ↑**Inkasso**

**Mautner,** der: **1.** (hist.) Zöllner. **2. Mautner Mautnerin,** der bzw. die: Person, die die Maut kassiert; Angestellter einer Mautgesellschaft: *Mautner J. M. (53) saß am Mittwoch in der Kabine der Mautstelle Zederhaus, als er plötzlich das gestohlene Auto seiner Tochter im Außenspiegel entdeckte.* (SN 18. 2. 05)

**Mautpickerl,** das: Pickerl, Vignette, mit der eine Maut entrichtet wird: *Andererseits ist die Welt auch nicht zusammengebrochen, als Österreich das Mautpickerl eingeführt hat.* (OÖN 12. 7. 14). ↑Pickerl

**Mautvignette,** die: Vignette, mit der eine Maut entrichtet wird: *Um die Abschaffung der Mautvignette in Österreich finanziell auszugleichen, müsste man die Mineralölsteuer um 3 bis 4 Cent je Liter erhöhen.* (SN 21. 7. 14). ↑Vignette

**Maxl,** der; -s, -n (ugs., salopp): **1.** nicht näher bestimmte Person, (vergleichbar in D) Heini: *Vorne links hockt ein Maxl mit nacktem Gesäß auf einer Schale.* (PR 18. 10. 14). **2.** Strichmännchen: *Schwarze große Tafel. Darauf ein Maxl aus Leuchtpunkten.* (KU 1. 10. 07)

**Mayonnaise,** die: wird österr. (und schweiz.) ohne Endungs-e gesprochen

**Meche,** die; -, -n [mɛʃ] ⟨franz.⟩: blondierte, getönte oder gefärbte Haarsträhne: *Die drei Mädchen dürfen sich schminken, haben Mechen, hören Shakira, fahren auf Schullandwochen und gehen schwimmen.* (Falter 18. 7. 07); *Irenes Haare wurden dunkelbraun gefärbt und mit goldblonden Meschen aufgepeppt.* (BVZ 5. 5. 04). – Auch in der Schreibung *Mesche*

**mechen,** sw. V. / hat [mɛʃn̩] ⟨franz.⟩: Farbstreifen ins Haar färben: *Nicht nur Damen lassen sich die Nägel färben oder die Haare mechen.* (PR 19. 4. 09); *Außerdem kann man nach der Verlängerung oder Volumensverbesserung die Haare auch färben oder meschen.* (KU 6. 8. 00) – Auch in der Schreibung *meschen*

**Medaille,** die ⟨franz.⟩: wird österr. [meˈdai̯je, meˈdai̯ljɛ] ausgesprochen; ebenso *medaillieren* [medai̯ˈliːɐ̯n], *Medaillon* [medai̯lˈjõː], in D [meˈdaljə usw.]

**Mediceer,** die: wird österr. [mediˈtʃeːɐ] ausgesprochen, in D [...ˈts...]. Ebenso: *mediceisch*

**Medieninhaber Medieninhaberin,** der bzw. die: im Impressum presserechtlich verpflichtend angegebene/-r Inhaber/-in oder Herausgeber/-in eines Medienunternehmens, einer Zeitung u. Ä.: *Impressum: Denn der »Kurier« ist als Medieninhaber für Kommentare auf sozialen Medien verantwortlich und könne dafür auch belangt werden.* (PR 10. 6. 16)

**Mediensprecher Mediensprecherin,** der bzw. die: **1.** (auch schweiz.) Pressesprecher/-in: *Das Stadtoberhaupt ist bekannt dafür, dass er – anders als andere Politiker im Land – keinen Presse- oder Mediensprecher benötigt.* (SN 24. 5. 17). **2.** Wortführer einer Parlamentsfraktion im Bereiche Medienpolitik: *Der Grüne Mediensprecher ... begrüßt die geplante Reform der Presseförderung grundsätzlich – vor allem auch für Online-Medien –, stellt sich aber den Reformansatz etwas anders vor.* (ST 7. 4. 17). ↑Sprecher

**Medizinalrat Medizinalrätin,** der bzw. die: Ehrentitel für verdiente Ärzte (in D Medizinalbeamter/-beamtin der ersten Stufe der höheren Laufbahn); Abk. MedRat, MR: *Den beiden Ärzte W. K. aus St. Margarethen/Raab und R. W. aus Fischbach wurde der Berufstitel »Medizinalrat« verliehen.* (KZ 27. 12. 16)

**Mehl:** ***glattes Mehl:** fein gemahlenes Weizenmehl: *Für den Teig nimmt man 300 Gramm glattes Mehl.* (OÖN 19. 11. 16); ***griffiges Mehl:** grobkörniges Weizenmehl: *Dann wird das griffige Mehl hineingesiebt.* (SN 24. 12. 16)

**Mehlkoch,** das (veraltet): Milchbrei mit Mehl: *Da die Knechte meist acht Tage unterwegs waren und in sogenannten Holzknechtstuben im Wald die Nacht verbrachten, waren auch Utensilien zur Verköstigung lebensnotwendig, wie die Eisenpfanne für das Mehlkoch.* (KZ 8. 8. 12). ↑Koch

**Mehlnockerl,** das: Nockerln, die im Ggs. zu Spätzle mit Milch und weniger Eiern zubereitet werden: *Die Erdäpfelscheiben werden in Schmalz angebraten, dann kommen Mehlnockerl dazu, wie ein Sterz.* (WZ 6. 5. 11). ↑Nockerl

**Mehlpapp,** der (ugs.): Mehlbrei: *Dazu wird ein Mehlpapp aufgekocht, Kleister kommt hinein und je nach Wunsch Acrylfarbe.* (SN 24. 11. 16). ↑Papp

**Mehlspeise,** die; -, ...sen: **1.** süße Hauptspeise (als Ggs. zu Fleischspeise), z. B. Germknödel, Palatschinken, Kaiserschmarren, Auflauf: *Wundern würde der Fokus auf Mehlspeisen in*

*der internationalen Gourmetszene wohl niemanden: Österreich ist für Kaiserschmarren und Salzburger Nockerln schon bekannt.* (PR 4. 1. 15). **2.** kleineres süßes Gebäck (z. B. Kolatschen, Kipferl, aber nicht Kekse); Kuchen: *»Die Susi hat's schon eingepackt«, reicht man dem distinguierten Pensionisten die Mehlspeise prompt über das Verkaufspult.* (Falter 7. 3. 07). – Auch in der Form *Mehlspeis.* Die Zus. werden ohne -e- gebildet ◆ **Mehlspeisgabel:** *Wie man es schafft, das bezuckerte Blätterteigquadrat auf der weichen Masse mit der Mehlspeisgabel ohne zu patzen zu zerteilen, ist leicht erklärt.* (PR 6. 9. 02); **Mehlspeiskoch/-köchin** /Berufsbezeichnung/; **Mehlspeisküche:** *Ohne Milchprodukte sähe die österreichische Mehlspeisküche sehr viel ärmer aus.* (ST 3. 12. 16); **Mehlspeisteller:** *»Der Kaffee war gerade serviert, als wir plötzlich einen Schuss hörten, ein Mehlspeisteller zersplitterte und meine Tochter aufschrie.«* (KU 13. 12. 02)

**Mehlspeistiger,** der (ugs.): besonderer Liebhaber von Mehlspeisen: *Ein sogenannter Mehlspeistiger ist er nie gewesen. Ein Massel, der Zucker hätte sich nämlich mit den Kohlenhydraten multipliziert.* (ST 27. 1. 13). ↑ -TIGER

**mehr** ↑ nur mehr

**Mehrdienstleistung,** die /meist Plural/ (Behördenspr.): Überstunden der Beamten: *Pro Jahr kosten diese Mehrdienstleistungen an den Schulen den Staat rund 268 Millionen Euro.* (PR 19. 4. 13)

**mehrenteils** (veraltend): meist, zum größeren Teil: *Dann gleich noch Schumanns C-Dur-Fantasie op. 17, in der mehrenteils auch viel los ist.* (WZ 26. 8. 16)

**mehrfärbig** ↑ FÄRBIG

**mehr-weniger** (veraltend): mehr oder weniger: *Ob rüstig oder schon senil: Er ist's, mehr-weniger agil.* (PR 7. 11. 09)

**Mehrkindzuschlag,** der (Verw.): Sozialleistung für Eltern mit drei oder mehr Kindern: *Es kann jedoch immer nur ein Elternteil den Mehrkindzuschlag beantragen.* (ST 5. 3. 17)

**Mehrstufenklasse,** die (Verw.): Schulklasse, in der Schüler verschiedener Schulstufen von einer Lehrperson unterrichtet werden: *Ab kommendem Herbst sollen Volksschulen außerdem autonom entscheiden können, ob sie Mehrstufenklassen führen.* (ST 9. 2. 17)

**meier:** ***meier gehen** (ugs., salopp): zugrunde gehen, sich in Gefahr begeben, (ugs.) mit etwas Schiffbruch erleiden: *Seit zehn Jahren ist er im Substitutionsprogramm, nachdem er »24 Autos besorgt hat und beim 25. meier gegangen ist«.* (PR 10. 5. 08)

**Meisel,** das; -s: Rindfleisch von der Schulter; ***mageres Meisel:** vorderer Schulterblattmuskel. *Das Meissl & Schaden servierte 24 verschiedene Arten vom gekochten Rindfleisch: etwa Tafelspitz, Tafeldeckel, Rieddeckel, Beinfleisch, Rippenfleisch, Kavalierspitz, mageres oder fettes Meisel, Zapfen oder Ortsschwanz, um nur einige zu nennen.* (PR 5. 1. 14); ***fettes Meisel:** fetter Teil des Schulterblattmuskels

**Meistbot,** das (Behördenspr.): *das höchste Anbot bei einer Versteigerung: Der Kaufpreis errechnet sich dann aus Meistbot plus Gebühren und Steuern (zumeist 22 % vom Meistbot).* (KU 27. 2. 07). ↑ **Anbot, Kaufanbot**

**Meisterschaftsrunde,** die (Sport): eine Runde einer Meisterschaft; (in D) Spieltag: *Derzeit sind reguläre Meisterschaftsrunden an Champions-League- und Europa-League-Spieltagen untersagt.* (SN 8. 9. 16). ↑ RUNDE

**Melanchthon:** der Name des Theologen wird österr. auch auf der ersten Silbe betont, in D auf der zweiten

**Melange,** die; -, -n ⟨franz.⟩ [meˈlɑ̃ːʃ, in D meˈlɑ̃ʒə]: mit Milch aufgeschäumter kleiner Mokka; heute in den Cafés unterschiedlich verwendet, teils gleichgesetzt mit ↑ Verlängerter: *Zeitungen, Magazine und die Melange sind Quellen der Inspiration und Information, die in Kaffeehäusern besonders ergiebig sind.«* (PR 17. 2. 17); ***Melange mit Haut** (veraltet): Milchkaffee mit Milchhaut. – Die Bedeutung ›Gemisch, Mischung‹ ist gemeind.

**Melanzani,** die; -, - ⟨ital.⟩: Aubergine (in D selten in der Form *Melanzane*): *Paradeiser, Paprika und Melanzani waren beim Frost im Frühjahr bereits angesetzt und mussten teils ersetzt werden.* (PR 18. 10. 16) ◆ **Melanzanischeibe:** *Auf jede Scheibe Fleisch eine Melanzanischeibe legen.* (OÖN 1. 12. 01)

**Melchisedek:** der biblische Name wird österr. (und bayr.) auf der zweiten Silbe betont, in D meist auf der vorletzten

**Meldegesetz,** das: Gesetz über die polizeiliche Anmeldung: *Die Polizei Obertauern führte vergangene Woche ... schwerpunktmäßig Kontrollen nach dem Fremden- und Meldegesetz in Betrieben in Obertauern durch.* (SN 12. 1. 06)

**melden** (formell, aber selten): sich für das laufende Semester an einer Universität anmelden, (in D) rückmelden. (Üblich ist weiterhin das nicht mehr offizielle Wort ↑ inskribieren). ↑ **Meldung**

**Melderegister,** das: Verzeichnis aller polizeilich Gemeldeten: *Schwierig wird es auch, wenn jemand seinen Vornamen nicht genau in der Schreibweise angibt, wie er im Melderegister steht.* (PR 6. 12. 16)

**Meldeschein,** der (informell): Meldebescheinigung, Meldezettel: *Mitzubringen: Geburtsurkunde, Meldeschein und ein Mutter-Kind-Pass.* (SN 10. 2. 05)

**Meldezettel,** der (ugs. auch in D): polizeiliche Anmeldungsbestätigung für die Niederlassung am Wohnort oder in einem Hotel, (in D) Meldebescheinigung: *So würde oft nicht nur ein Reisepass zum Nachweis für ein Familienverhältnis ausreichen, sondern zusätzlich ein Meldezettel verlangt.* (ST 29. 11. 16)

**Meldung,** die: 1. (salopp) Äußerung, [witzige, provozierende] Bemerkung: *»Vielleicht war eine blöde Meldung schuld, dass die Emotionen übergegangen sind.«* (OÖN 31. 7. 07). 2. (formell, aber selten) Anmeldung der Studierenden zu Beginn des Semesters zur Fortsetzung des Studiums, (in D) Rückmeldung. Üblicher ist das nicht mehr offizielle Wort ↑Inskription. ↑**melden**

**Melkstockerl,** das (auch bayr.): Hocker zum Melken. ↑Stockerl

**Menage,** die ‹franz.›: Verpflegung, bes. beim Militär: *Die Männer werfen den Kindern die Knäckepakete zu. »Nicht klug«, sagt mein Vater. »Wer weiß, wann die wieder Menage bekommen.«* (KR 30. 10. 04). Zur Aussprache ↑-age ◆ **Menagekosten, Menageschale,** ↑Schale

**menagieren,** sw. V. / hat ‹franz.› (veraltet, Militär): Essen fassen

**Mensch,** das; -[s], -er (regional, mundartnah, nicht abwertend): 1. Mädchen. 2. Magd: *Und dort gab es bald Arbeit für zwei »Menscher«, die Nandl und die Thresel aus Linz.* (OÖN 16. 9. 06). ↑**Gustomensch** (↑Gusto-), **Kuchlmensch**

**Menscherl,** das; -s, -n (mundartnah oder scherzhaft): kleines Mädchen (in Bayern svw. ›Flittchen‹): *»Es war schrecklich, zwei so Menscherl, total blutüberströmt!«, so der Retter.* (OÖN 8. 8. 01)

**Mesche** ↑Meche

**meschen** ↑mechen

**Mesmer Mesmerin,** der (Vbg., auch schweiz.): ↑Mesner: *Wie viele Religionslehrer(innen) entlasten uns? Wie viele Pfarrhaushälterinnen, Mesmer, Sekretärinnen helfen uns?* (VN 9. 5. 11)

**Mesner Mesnerin,** der bzw. die (regional auch in D): Kirchenverwalter/-in, Küster/-in: *Der findige Mesner der Pfarre Gunskirchen hat Lautstärken gemessen und bei einem Pater in Deutschland Orgellieder bestellt, um diese zu digitalisieren.* (OÖN 23. 12. 16); *Bis 1999 umsorgte die rüstige Dame als Mesnerin die Kapelle im Bildungshaus Puchberg.* (OÖN 4. 5. 06) ◆ **Mesnerhaus:** *2.500 Stunden opferten Freiwillige für den Wiederaufbau des Mesnerhauses in Fallsbach.* (OÖN 25. 5. 05); **Mesnerstelle:** *Schon bevor sich Elisabeth und Markus ... für die Mesnerstelle in Maxglan beworben haben, waren die beiden kirchlich engagiert.* (SN 30. 7. 02); **Mesnerwohnung**

**Meterscheit,** das: Holzscheit von einem Meter Länge: *Die Holzdiebe fahren teilweise mit Autoanhängern in die Wälder und stehlen die Meterscheite direkt von den Holzstößen.* (OÖN 23. 12. 05). ↑**Scheit**

**Meterzentner** ↑Zentner

**Metzen** der; -s, - (auch bayr., in D regional in der Form *die Metze*): altes Getreidemaß: *Im Vergleich dazu kostete ein Eimer Wein (56 Liter) 10 Gulden, ein Metzen Hafer (37 Liter) 38 Kreuzer und ein Paar Stiefel 1 Gulden und 45 Kreuzer.* (SN 29. 9. 00)

**Metzger Metzgerin,** der bzw. die: das im südd., schweiz. und westd. Raum normalsprachl. Wort für *Fleischer/-in* ist auch im westlichen OÖ, Sbg., Tirol und Vbg. üblich, in der Standardsprache aber (außer Vbg.) überlagert von ↑Fleischhauer. *Metzger/-in* nimmt in den letzten Jahren aber auch in der Standardsprache wieder deutlich zu, z.B. in Geschäftsaufschriften: *Und der Sohn als gelernter Metzger schlachtet auch für die anderen Rauriser Bauern.* (SN 16. 5. 07) ◆ **Metzgerei:** *1975 wurde die neue Metzgerei in der Bergstraße eröffnet.* (VN 21. 3. 08)

**Mezzanin,** das und der; -s, -e ‹ital.›: Halbstock, Zwischengeschoß eines Wohnhauses, meist aus der Gründerzeit (in D nur für die Baukunst der Renaissance und des Barocks verwendet): *Er selbst wohne jedenfalls im Mezzanin in einer »ganz normalen Mietwohnung«.* (PR 25. 5. 07) ◆ **Mezzaninwohnung**

**Mezzie,** die; -, -n [meˈtsiːɛ] ‹jidd.› (Wien, veraltend): günstiges Angebot, Schnäppchen: *Das Sanieren alter Wohnungen und Häuser sei keine Mezzie, sondern komme unter dem Strich keineswegs günstiger als ein Neubau.* (PR 26. 2. 16) ◆ **Mezzienshop**

**Michaeli** (auch südd.): ***[zu] Michaeli:** am Fest des hl. Michael, (in D) Michaelis: *Einst war Michaeli – der 29. September – der wich-*

*tigste Tag für die Brauer.* (OÖN 19. 9. 16); *Bei uns in Oberösterreich stehen rund um Michaeli – der 29. September – die Almabtriebe im Vordergrund. Auch am Samstag nach Michaeli wird traditionell das Vieh von den Almen geholt.* (OÖN 15. 9. 11). ↑Floriani ◆ **Michaelimarkt**

**Michl:** ***ein gerader/grader Michl** (ugs.): ein unkomplizierter, einfältiger Mensch, der geradeheraus sagt, was er denkt: *Der Andi ist ein grader Michl. Er nennt die Dinge ganz konkret beim Namen.* (SN 26. 2. 03)

**Miete,** die: wird in verschiedenen Zus., die die Art der Miete angeben, verwendet, oft in verkürzten Bildungen der Zeitungsanzeigen, z. B. Kaltmiete, Nettomiete: *Die höheren Neubaumieten drücken also den Durchschnitt nach oben.* (ST 30. 6. 16). ↑**Hauptmiete, Untermiete**

**Mietzins,** der (auch südd., schweiz., in D fachspr.): Miete: *Auch starre Mietzinsobergrenzen sind hinderlich, weil diese Investitionen verhindern.* (ST 7. 2. 17). ↑Zins

**MilAk,** die: (kurz für) Theresianische Militärakademie: *Seit 1. Jänner 1998 ist die MilAk als Fachhochschule (FH) mit dem Studiengang »Militärische Führung« in das akademische Bildungssystem Österreichs integriert.* (WZ 7. 4. 05) ◆ **MilAk-Absolvent/-in**

**Milch:** ***gestockte Milch** (selten, auch bayr.): saure Milch, Dickmilch: *Gestockte Milch in ein Leintuch leeren und abtropfen lassen.* (OÖN 28. 5. 16)

**Milchführer Milchführerin,** der bzw. die: Milchfahrer/-in: *Die Milch müssen wir auf sechs Grad runterkühlen, sonst nimmt sie der Milchführer nicht mit.* (WZ 10. 7. 04). ↑**führen, Führer**

**Milchpackerl,** das: Milch im Verbundkarton: *Grabmayr liefert täglich rund 1.300 Schulmilch-Packerl an 26 Schulen und Kindergärten im Bezirk.* (OÖN 22. 9. 06). ↑Packerl

**Milchrahmstrudel,** der (seltener auch in D): Strudel mit einer Füllung aus Topfen, Sauerrahm und Brotwürfeln, der mit einer Eiermilch übergossen und gebacken wird: *Abgesehen von den süßen Varianten, allen voran natürlich der Apfel- oder Milchrahmstrudel, gibt es aber auch eine Menge pikanter Varianten.* (WZ 16. 12. 12). ↑**Millirahmstrudel,** Strudel, Rahm

**Milieu,** das ‹franz.›: **1.** (veraltet) kleine Tischdecke. **2.** (westösterr., schweiz., sonst regional) Verbrecher-, Prostituiertenmilieu: *Der nächste Schritt, um wirtschaftlich zu überleben, sei, den »richtigen Weg« mit der Polizei, der Unterwelt und der Konkurrenz zu finden ... Ein Partner, der bereits im Milieu tätig war, habe ihm bei den ersten Schritten geholfen.* (ST 13. 10. 10). – Aussprache: in der Lautfolge lj wird i österr. wie ein Vokal ausgesprochen [...ˈliøː], in D als Halbvokal [...ˈli̯øː]

**Militärakademie,** die; -, n: Fachhochschule für die Offiziersausbildung (in D Offiziersschule), die offizielle Form lautet Theresianische Militärakademie; Abk. MilAk: *Seit 1998 können auch Zivilisten an der Militärakademie »Militär studieren.«* (PR 14. 5. 07)

**Militärgrenze,** die (hist.): als Schutz gegen das Osmanische Reich von der Habsburgermonarchie eingerichtetes Militärgebiet in Südosteuropa im 16. bis 19. Jh

**Militärkommando,** das: höchste Dienststelle des Bundesheeres in einem Bundesland (in D Wehrbereichskommando, in CH Kreiskommando): *Pläne, die Artilleriekaserne auch zur Heimat des Militärkommandos Oberösterreich zu machen, wurden nie verwirklicht.* (OÖN 20. 1. 17) ◆ **Landesmilitärkommando**

**Militärspital,** das (auch schweiz.): ein vom Militär betriebenes Krankenhaus; Lazarett: *IS bekennt sich zu Attentat auf Militärspital in Kabul.* (PR 8. 3. 17). ↑Spital

**Militärstreife,** die: Einheit des Bundesheeres zur Aufrechterhaltung der militärischen Ordnung (aber ohne Aufgaben der Militärpolizei), (in D) Feldjäger: *Das Kommando Militärstreife und Militärpolizei hat am Donnerstag zwölf neue VW Kombi Einsatzfahrzeuge bekommen.* (PR 2. 3. 17)

**-milliarde:** als Grundwort für schwerpunktmäßige hohe finanzielle Förderung für besondere Problemstellungen, z. B. **Behindertenmilliarde; Familienmilliarde; Kindergartenmilliarde; Technologiemilliarden** *und groß angekündigte Rückholprogramme von österreichischen Forschern im Ausland werden bei gleichzeitig restriktiver und willkürlicher Migrations- und Integrationspolitik keine Erfolge bringen.* (PR 25. 9. 08); **Universitätsmilliarde;** *Das Bildungsministerium ist stolz auf die so genannte »***Wissenschaftsmilliarde***«.* (ST 15. 5. 06)

**Millirahmstrudel,** der ‹verschriftl. Dialektform› (auch bayr.): ↑Milchrahmstrudel: *Mehlspeisen – süße und salzige – wie Topfen-Serviettenknödel, Millirahmstrudel oder*

*Semmelschmarren ... strotzen nämlich nicht nur so vor den geächteten Lebensmitteln Milch und Mehl.* (PR 3. 1. 15). ↑ STRUDEL, RAHM

**Milzschnitte,** die /meist Plural/: mit Milz bestrichene und gebratene Weißbrotscheiben als Suppeneinlage; Milzcroutons: *Rindsuppe, kräftig, mit saftig süßzwiebeliger Milzschnitte, ist die viel bessere Wahl.* (ST 17. 10. 14). ↑ SCHNITTE

**Minderheitsrecht,** das: Rechte von Abgeordneten ohne parlamentarische Mehrheit, z. B. Klubgründung, Einbringen von Anträgen: *U-Ausschüsse sind ein Minderheitsrecht und können von 46 Abgeordneten eingesetzt werden.* (PR 22. 2. 17)

**Mindestpension,** die (Verw.): Ausgleichszulage des Bundes, um Pensionsbeziehern ein sozialversicherungsrechtliches Existenzminium zu gewährleisten: *Die höhere Mindestpension erhalten Alleinstehende, die 30 oder mehr Jahre gearbeitet haben.* (PR 15. 12. 16). ↑ PENSION

**Mindeststudiendauer,** die; -: für ein Studium geforderte Mindestanzahl von Semestern: *Mit Leistungsstipendien werden hervorragende Studienleistungen ... belohnt. Voraussetzung sind unter anderem die Einhaltung der Mindeststudiendauer des jeweiligen Studienabschnitts.* (ST 26. 7. 16)

**Mindeststudienzeit,** die: ↑ Mindeststudiendauer: *Die Anspruchsdauer entspricht der Mindeststudienzeit plus einem Toleranzsemester.* (ST 20. 7. 15)

**Mineral,** das (auch schweiz.): (kurz für) Mineralwasser: *Neben zwei Besoffenen ein Mineral bestellen, dass muss man erst mal schaffen.* (Falter 20. 8. 03)

**Ministerrat,** der: Versammlung aller Minister unter dem Vorsitz des Bundeskanzlers; Regierungssitzung (in verschiedenen Staaten svw. ›Regierung‹): *Sollten die ... Gespräche mit der Politik fehlschlagen und der Gesetzesentwurf am 4. Juni unverändert den Ministerrat passieren, werde man handeln.* (KU 19. 5. 08)

**Ministerratsdienst,** der (Verw.): für Vorbereitung, Protokollführung, Nachbereitung des Ministerrats zuständige Abteilung im Parlament: *In solchen Fällen müssen die Regierungsmitglieder ihren Auslandsaufenthalt beim Ministerratsdienst im Kanzleramt und beim Bundespräsidenten melden.* (ST 9. 8. 11)

**Ministerratsvortrag,** der: Antrag eines Ministers an die Bundesregierung: *Im Ministerratsvortrag Stögers wurde vermerkt, dass mit den Ländern und eben der Kirche verhandelt werden soll.* (PR 9. 3. 17)

**mir:** verschriftl. Dialektform von *wir*; ***mir san mir** (ugs., auch bayr.): ›wir sind wir‹ (Ausdruck einer Gesinnung der ignoranten Abkapselung, die, getragen vom eigenen Selbstbewusstsein, sich über alles Fremde erhaben dünkt): *Für Leute, die nach dem Motto »Mir san mir, alle anderen sollen sich schleichen« leben, ist* (Solidarität) *sowieso kein Thema.* (OÖN 20. 6. 15)

**mischeln,** sw. V. / hat (westösterr., auch schweiz.): (Karten) mischen: *160 Kartenfreunde trafen sich vergangenen Sonntag zum zweiten Mal im Bergrestaurant, um die Karten kräftig zu mischeln.* (VN 30. 9. 02)

**Mischkulanz,** die (salopp): Mischung, Gemisch: *Wobei in diesen Rankings nicht nur der Marktpreis berücksichtigt wird, sondern eine Mischkulanz aus Ausstellungen, Auktionen und Galeriepräsenzen bewertet wird.* (PR 19. 1. 17)

**Mischpoche,** die; - ‹jidd.›: Familie, Verwandtschaft: ist die in Österr. übliche Form, in D meist Mischpoke: *Vom Fisch bis zum Menschen: Eine einzige Mischpoche.* (PR 18. 6. 12)

**Mischung,** die (südostösterr.): Mit [Mineral]wasser verdünnter Wein: *Nach dem Alko-Test gab die Frau an, sie habe »nur zwei Mischungen« konsumiert.* (KZ 15. 4. 08)

**Missionär,** der ‹lat.› (veraltet): Missionar

**Mist,** der: 1. (auch schweiz.) Kehricht, Haushaltsabfall: *Der Liftschacht ist voll mit altem Fleisch, Mist und Exkrementen.* (KU 11. 3. 08); ***Geld wie Mist [haben]** (ugs.): sehr reich sein, (in D) Geld wie Heu haben: *Denn im Vergleich zu heute verdiente er Geld wie Mist.* (profil 6. 3. 15). 2. Müll: *Abfall: Die Hauptstadt kämpft mit tausenden Tonnen Mist – der neue Berliner Senat will das Problem nun angehen.* (OÖN 31. 12. 16)

**Mistgstätten,** die (veraltend): [inoffizieller] Müllablagerungsplatz: *Jeder Ort, fast jede Gemeinde hatte eine eigene »Mistgstätten«, die mehr oder weniger sorgsam betrieben wurde.* (KU 31. 7. 03). ↑ **Gstätten**

**Mistkübel,** der (auch schweiz.): Abfalleimer, Mülleimer: *»How romantic. I know exactly where to put that«, sagt sie und wirft die Zigarre in den Mistkübel.* (PR 17. 1. 17). ↑ KÜBEL

**Mistplatz,** der: Müllablagerungsplatz: *Dort entdeckte er die Handgranate. Erst wollte er sie auf einem Mistplatz der Stadt Wien abgeben, er brachte sie dann aber doch zur Polizei.* (PR 18. 10. 16)

**Mistschaufel,** die: Kehrschaufel, Dreckschaufel: *Mit Staubsauger, Besen und Mistschaufel ist diese Woche ein Putztrupp aus Leopoldschlag ausgerückt, um die kleine gotische Kirche auf Vordermann zu bringen.* (OÖN 1. 8. 13). ↑SCHAUFEL. Vgl. Kehrschaufel

**miststieren, miststierln** (ugs.): im Müll nach Brauchbarem suchen: *Er geht »Miststierln« und bastelt aus dem Mist die unglaublichsten Dinge.* (PR 19. 9. 09). ↑STIEREN, STIERLN

**Miststierer Miststierin,** der bzw. die (ugs.): Person, die im Müll stöbert, auch in der Form *Miststierler/-in*: *Die »Miststierer« gingen nicht nur einer schmutzigen, sondern auch gefährlichen Tätigkeit nach.* (KR 5. 10. 00); *Als das Abfallproblem noch nicht so bedrohlich war wie heute, waren hierzulande die »Miststierler« unterwegs, um auf Müllhalden im Abfall nach verwertbarem Material zu suchen.* (OÖN 12. 6. 07). ↑**stieren**

**Misttelefon,** das: Telefondienst für Müllprobleme (in Wien): *Abfallberater ... bedienten das Misttelefon, hielten Vorträge, informierten über Mülltrennung.* (PR 20. 12. 13)

**mit** /Präp. mit Dativ/: bezeichnet österr. auch einen Zeitpunkt, eine Frist, (in D) per, zum: *Mit 1. Jänner 2017 waren 204.012 Einwohner im Melderegister verzeichnet.* (OÖN 10. 1. 17); ***mit sein:** auch dabei sein: *Lustreisen waren das keine, wie jeder weiß, der je »auf Staatsbesuch« mit war.* (OÖN 29. 12. 15)

**mitnehmen:** (österr. auch für) jmdm. etwas mitbringen: *Kannst du mir unterwegs eine Zeitung mitnehmen?; Sie ist auf dem Weg zum Whole Food Market und fragt, ob sie mir etwas mitnehmen soll.* (SN 29. 3. 08)

**mitsammen** (regional auch in D): zusammen, gemeinsam, miteinander: *Ob und wie sich diese mitsammen vergnügten, war mir egal.* (SN 5. 5. 07)

**Mittag:** steht österr. auch in Verbindung mit einer Uhrzeit (in D mittags): *Die Tankstellenbetreiber dürfen die Preise täglich nur bis 12 Uhr Mittag erhöhen.* (OÖN 27. 7. 15). Vgl. Abend

**mittagessen** /nur im Inf. und 2. Part./ (auch südd., schweiz.): zu Mittag essen: *Wollt ihr mit uns mittagessen?; Wer nett zu Kollegen ist, muss nicht alleine mittagessen.* (SN 19. 4. 17). Vgl. abendessen

**Mittagssperre,** die: Schließung eines Geschäftes, Büros wegen Mittagspause: *Mittagssperre abschaffen.* (PR 31. 34. 08). ↑**Sperre, Urlaubssperre**

**Mittelbaukurie,** die: Standesvertretung des Mittelbaus an Universitäten: *Bei Forschungsförderungsorganisationen ... wird in erster Linie nach Qualität des Antrags und nicht danach entscheiden, ob jemand Professor ist oder ein der Mittelbaukurie angehörender assoziierter Professor.* (ST 11. 3. 15). ↑**Kurie, Professorenkurie**

**Mittelschule,** die: 1. bis 1962 die jetzige allgemeinbildende höhere Schule; das Wort wird aber auch jetzt ugs. noch verwendet (in D veraltet für ›Realschule‹). 2. reformierte Form der Schule für 10- bis 14-Jährige, die die Hauptschule ersetzt, bisher *Neue Mittelschule*, Abk. NMS, wird wieder umbenannt in *Mittelschule* ◆ **Mittelschüler/-in**

**Mittelschullehrer Mittelschullehrerin,** der bzw. die (veraltet): Gymnasiallehrer/-in: *Ab 1993 leitete er literaturwissenschaftliche Fortbildungsseminare für Mittelschullehrer.* (SN 10. 4. 17)

**Mittelschulprofessor Mittelschulprofessorin,** der bzw. die (veraltet): Lehrer/-in an einer höheren Schule, Gymnasiallehrer/-in. Vgl. AHS-Lehrer. ↑**Professor, Gymnasialprofessor**

**Mitternacht:** steht österr. auch in Verbindung mit einer Uhrzeit (in D mitternachts): *Die Kandidaten der Bundespräsidentenstichwahl ... haben dem Rechnungshof pünktlich zu Fristende (6. März Mitternacht) ihre Endabrechnung der Wahlkampffinanzierung vorgelegt.* (ST 7. 3. 17). Vgl. Abend, Mittag

**Mitvergangenheit,** die; - (Gramm.): Präteritum, Imperfekt: *Da fragte ein junger Mann, wie dieser Satz in der Mitvergangenheit laute.* (PR 5. 8. 15)

**Mitzi, Mizi, Mizzi** (auch südd.): (heute kaum noch gebräuchliche Kurz- und Koseform zu) Maria: *Im Stück heißen unsere Eltern Käthe und Istvan, wir Kinder Mitzi, Mausi und Putzi.* (PR 25. 4. 15). – Heute ist nur noch die Schreibung *Mitzi* üblich; ***Wiener Mitzi:** Typ der molligen, liebenswürdigen, oberflächlichen und lebenslustigen Wienerin. Vgl. Franzi, Gusti

**Moar Moarin,** der; -s -en bzw. die; -, -nen [Aussprache mit Diphthong] (auch bayr.): Anführer einer Mannschaft beim Stockschießen: *Den zweiten Platz oder Vizedorfmeister konnte das Team »Askö 2« mit Moar Thomas Eicher erspielen.* (KZ 17. 1. 17). – *Moar* ist eine verschriftl. Dialektform von *Meier* und kommt daher auch in Hofnamen vor

**Moarschaft,** die (auch bayr.): Mannschaft beim Stockschießen: *Wenn eine Moarschaft ihre Schützen verbraucht hat, bekommt ihr Moar, falls nötig, eine zweite Chance – den »Moarschuss«.* (OÖN 23. 1. 17)

**Möbelablöse,** die: Ablöse der Möbel bei Wohnungsübernahme: *Als die Anzahlung für die Möbelablöse übergeben werden sollte, klickten daher die Handschellen.* (ST 15. 3. 12). ↑ABLÖSE

**Mobiliendepot,** das (Verw.): Sammlung von Möbeln in staatlichen Einrichtungen, Museum der Mobilienverwaltung, (die der Habsburger im) ◆ **Hofmobiliendepot**

**Mocca,** der ‹arab.›: bes. österr. Schreibung für Mokka: *Hier, bei Buttersemmerl und kleinem Mocca, sind schon viele Passagen seiner Bücher entstanden.* (PR 4. 3. 16)

**Moccaschale, Mokkaschale,** die: Mokkatasse: *Die Mokkaschalen waren noch warm, als der Tross der acht EU-Staatsoberhäupter samt Begleitung mit Blaulicht in Richtung Flughafen rollte.* (KZ 1. 5. 08). ↑SCHALE

**Mode-:** die Zus. werden österr. (und schweiz.) mit *Mode-* gebildet, in D häufiger mit *Moden-*: **Modeschau:** *Nach dem großen Erfolg im Vorjahr gibt es auch bei Sport Schober heuer wieder eine Modeschau.* (SN 17. 11. 16); **Modegeschäft; Modehaus; Modezeitschrift**

**Mofalenker Mofalenkerin,** der bzw. die (auch schweiz.): Mofafahrer/-in: *Der Mofalenker fuhr laut ersten Erkenntnissen gemeinsam mit zwei Freunden, welche ebenfalls ein Mofa lenkten in einer Kolonne.* (SN 15. 6. 15) ↑LENKER

**Mogul,** der; -s, -n ‹persisch›: wird österr. (und schweiz.) auf der zweiten Silbe betont, in D auch auf der ersten

**Mohnbeugel,** das: Hörnchen, Kipfel mit Mohnfüllung: *Jetzt gehe ich ins Krankenhaus der Barmherzigen Schwestern augenschmausen, Mohnbeugel und Häferlkaffee schnappen!* (Falter 16. 1. 13). ↑BEUGEL

**Mohnbuchtel,** die: Buchtel mit Mohnfüllung: *Warme Mohnbuchteln mit Vanillesauce und Schwarzbeeren.* (ST 27. 1. 12). ↑BUCHTEL

**Mohnflesserl,** das: mit Mohn bestreutes Flesserl: *Insgesamt werden 50 Produkte vom saisonalen Bärlauchweckerl über das Mohnflesserl bis zur Mehlspeis produziert.* (OÖN 20. 6. 06). ↑**Flesserl**

**Mohnfülle,** die (auch südd., ostmitteld.): Mohnfüllung: *Eine der großen kulturellen Errungenschaften im Land der Wälder sind Mohnzelten – Erdäpfelmürbteig mit Mohnfülle im Brusttaschenformat.* (KU 28. 6. 02). ↑FÜLLE

**Mohngugelhupf,** der: Gugelhupf aus Teig, der Mohn enthält: *Die Rezeptauswahl ist eine gelungene Mischung aus ... Mohngugelhupf, Waldviertler Zelten oder Mohnnudeln und exotischeren Süßspeisen.* (ST 10. 3. 18). ↑**Gugelhupf**

**Mohnkipferl,** das: Kipferl mit Mohnfüllung. ↑KIPFERL

**Mohnknödel,** der: mit Mohn bestreute Erdäpfelknödel, (ähnlich ↑Mohnnudeln): *Die doppelt gefüllten Mohnknödel mit einer Extraschicht zart schmelzender weißer Schokolade.* (ST 9. 11. 07). ↑KNÖDEL

**Mohnnudeln,** die /Plural/: daumendicke Rollen aus Kartoffelteig, in Mohn und zerlassener Butter gewälzt und mit Staubzucker bestreut: *Köstliche Süßigkeiten aus der Tiefkühltruhe: von Mohnnudeln bis zu Zwetschkenknödeln.* (SN 30. 11. 06). ↑NUDEL

**Mohnpalatschinke,** die: mit Mohn u. a. gefüllte Palatschinke: *Das gemütlichste Weihnachtsessen ... Lauter schöne Klassiker. Vor allem eine sehr feine Mohnpalatschinke* (ST 21. 12. 10). ↑PALATSCHINKE

**Mohnstrudel,** der: mit Mohn gefüllter Strudel: *Dem gerühmten Kipflerkartoffelsalat folgen Mohnstrudel, Nussstrudel und Dobos-Torte.* (PR 14. 7. 12). ↑STRUDEL

**Möhre,** die: das bes. im Mitteldeutschen übliche Wort ist auch in österr. Mundarten (außer im Westen) üblich (oft in Formen wie *Möhrl, Möhrlrübe*), wurde aber in der Standardsprache von *Karotte* verdrängt

**Molo,** der; -s, Moli ‹ital.›: (in D) die Mole: *Es ist höchste Zeit, dass die Hafenfrage in Angriff genommen wird. Der Molo ist schon sehr baufällig, eine Neugestaltung notwendig.* (VN 25. 10. 07)

**Moloch,** der: wird österr. (und schweiz.) auf der letzten Silbe betont, in D auch auf der ersten

**Momenterl,** das; -s, -n (ugs., auch bayr.): Moment!; Augenblick!: *»Na hallo, Momenterl«, fuhr Gusi vom Stuhl auf und schleuderte den Plastikumhang weg, »was seh' i' denn da?«* (PR 22. 9. 06)

**Monat,** das und der: wird österr. auch als Neutrum gebraucht: *Ihr erster Krimi ... erscheint nächstes Monat im Gmeiner Verlag.* (OÖN 14. 3. 16)

**Monatspickerl,** das: ein Monat gültige Vignette. ↑PICKERL

**Monatszins,** der (auch südd., schweiz.): Monatsmiete: *nun erhielt die Geschäftsfrau erneut den Zuschlag für die Beherbergung und die Gastwirtschaft im Schloss – für 7.000 Euro Monatszins.* (OÖN 6. 12. 05). ↑Zins

**Mondesfinsternis,** die: österr. Form, neben Mondfinsternis: *Bei einer Mondesfinsternis schiebt sich der Schatten der Erde über den Mond.* (KZ 9. 6 12)

**mono-, Mono-:** wird österr. mit langem o ausgesprochen, in D meist mit kurzem

**monocolor** ‹griech.-lat.› (Politik): einfärbig; von nur einer (Regierungs)partei gebildet: *Bundeskanzler Josef Klaus stand vor der Aufgabe, eine monocolore Regierung zu bilden.* (ST 22. 7. 14). – In den späten 1960er-Jahren nach der Bildung der ersten Einparteienregierung im Ggs. zur früheren großen Koalition ein politisches Schlagwort, heute selten

**Montag,** die: wird österr. mit kurzem -o- gesprochen, in D mit langem

**Montur,** die ‹franz.› (auch südd., schweiz., veraltet oder scherzhaft abwertend auch in D): 1. a) Uniform, Dienstkleidung: *Mich faszinierte, wie so viele Buben, der Gleichschritt, der Zauber der Montur.* (ST 26. 9. 16). b) Arbeitsanzug, Overall: *Auch Brillen, Kappen oder Monturen, die gegen UV-Strahlen schützen, seien empfehlenswert.* (KZ 7. 7. 15). 2. bestimmten Erfordernissen angepasste Kleidung und Ausrüstung: *Als erster Feuerwehrmann ist der 46-Jährige aus Heiligenkreuz am Waasen in voller Montur einen Halbmarathon gelaufen.* (KZ 6. 10. 15) ***Erdäpfel in der Montur** ↑Erdapfel. ↑**Polizeimontur, Schutzmontur**

**Moos,** das; -es, -e und (selten) Möser (auch südd., schweiz.): Moor, Sumpf: *Das Moos ist wieder der perfekte Lebensraum für seltene Arten.* (KR 24. 5. 13); (bes. noch in Landschaftsbez. und Ortsnamen): *Gezeigt werden Bilder aus dem »Untersberger Moos«.* (SN 10. 5. 07)

**Moosbeere,** die (Tirol, auch bayr.): Heidelbeere (in D bezeichnet das Wort eine in Hochmooren vorkommende großfruchtige Beere): *Die Pensionistin war beim Sammeln von Moosbeeren am Hochköpfl ausgerutscht.* (TT 11. 8. 11)

**moosig** (auch südd., schweiz.): sumpfig, morastig: *Viele Kubikmeter Stein helfen, den Rasen so zu entwässern, dass er nicht moosig wird.* (OÖN 14. 9. 13)

**Mopedauto,** das: Microcar: *Laut Polizei hatte eine 15-Jährige das Mopedauto gelenkt.* (SN 20. 7. 16)

**Mopedlenker Mopedlenkerin,** der bzw. die: Mopedfahrer/-in: *Mit einem Pkw kollidierte Mittwochabend ein Mopedlenker (14) auf der Henndorfer Straße, als er links abbiegen wollte.* (SN 27. 4. 07). ↑Lenker

**Mordstrumm,** das: 1. etwas übertrieben Großes: *Dieses »Mordstrumm« von Mann nützte seine körperliche Überlegenheit aus* (PR 12. 3. 10). 2. /oft in Kleinschreibung/ verstärkendes Beiwort: *In der besten Tradition eines Bobbers hat die Scout einen mordstrumm Vorderreifen in der Dimension 130/90-16.* (ST 12. 11. 15); *Es gibt eine mordstrumm Polarisierung, aber ich sehe nirgends am Horizont eine Lösung für die großen Probleme.* (KZ 13. 2. 08). ↑Trumm

**Morillon,** der [mori'jõ, 'morilo:n] (Wein, bes. Stmk): Chardonnay

**Moriz:** (Nebenform zu) Moritz

**Most,** der; -es: 1. (auch südd., schweiz.) alkoholischer Obstsaft: *Das waren anfängliche materielle Verbesserungen, dass man sich beim Sonntagsausflug beim Dambergwirt eine Halbe Most kaufen konnte.* (OÖN 17. 2. 14). 2. (ostösterr., regional auch in D und CH) unvergorener Obstsaft. – Das Wort wird österr. meist mit langem o ausgesprochen, in D auch mit kurzem; ***wissen, wo Bartl den Most holt** ↑Bartl

**Mostheurige,** der (bes. ostösterr.): Bauernhof, Gasthaus, in dem Most aus eigener Produktion ausgeschenkt wird: *Mehr als 50 Mostheurige und Mostwirtschaften lassen den Blick hier ebenso leicht verschleiern wie die Aussicht auf das duftende Blütenmeer entlang der Donau* (PR 15. 4. 06). Vgl. Mostschänke. ↑Heurige

**Mostothek,** die: Händler mit Most und Mostverkostung: *Die Mostothek Penetsdorfer aus Oberndorf bietet ihre prämierten Moste an, weitere Stände warten mit Spirituosen wie etwa dem Sauwaldwodka auf.* (OÖN 10. 4. 13)

**Mostschädel,** der (scherzhaft): Oberösterreicher (anspielend sowohl auf die große Mostproduktion als auch auf eine gewisse Hartnäckigkeit des Menschenschlags): *»Keine Angst – wir bleiben die Mostschädeln«, stellte Stockinger fest. Die »Landessäure« werde weiterhin der Hauptbotschafter Oberösterreichs bleiben.* (PR 28. 2. 07)

**Mostschenke,** die: Bauernhof, Gasthaus, in dem Most aus eigener Produktion ausgeschenkt wird: *Der Bad Kreuzner Landwirt machte mit Gattin Erika aus dem Bauernhof seiner Eltern die Mostschenke »Speckalm«.* (OÖN 13. 2. 07). Vgl. Mostheuriger. – Auch in der Schreibung *Mostschänke*

**Mostviertel,** das: Landschaft im Westen Niederösterreichs: *Der Schnapsbrenner kommt aus dem Mostviertel und veredelt dort seit Beginn der 90er Jahre regionale Birnensorten.* (OÖN 24. 9. 16)

**Mostwirtshaus,** das: ↑Mostschenke: *Denn der Hof in Pinggau beherbergt einen Biobauernhof ..., ein Mostwirtshaus mit Hofbrauerei ... und eine Bauernbrot-Backstube unter einem Dach.* (KZ 26. 1. 17)

**Motorzille,** die: kleines, flaches Motorboot: *Zehn Insassen kenterten bei Hochburg auf der Hochwasser führenden Salzach mit einer Zille, ... drei wurden durch die Feuerwehr Ach mittels Motorzille geborgen.* (OÖN 28. 6. 16). ↑ZILLE

**Muezzin,** der ⟨arab.⟩: wird österr. (und schweiz.) auf *u* betont, in D meist auf dem *e*

**muffeln,** sw. V. / hat: nach Schimmel riechen; (in D meist) müffeln: *Dennoch bleiben breite Lücken in der ersten Stadtsanierung seit 60 Jahren. Hinter neuen Fassaden muffeln dunkle Hinterhöfe.* (SN 23. 5. 03)

**Mufflon,** das; -s, -s, braunes Wildschaf mit nach hinten gebogenen Hörnern: ist österr. Neutrum und wird auf der letzten Silbe betont, in D Maskulinum und auf der ersten Silbe betont: *Das Mufflon, das die Stadt am Montag unsicher machte, ist tot.* (SN 28. 11. 07)

**Mugel,** der; -s, - (ugs.): Hügel, Bodenwelle: *er kennt aber jeden Mugel und Baumstumpf hier auf seinem einstigen Hausberg, dem Hahnenkamm.* (OÖN 25. 1. 13)

**mugelig** (ugs.): hügelig, wellig: *Die mugelige Hochfläche der Postalm bietet mit ihrem gut markierten Wegnetz vielfältige Wandermöglichkeiten.* (OÖN 24. 7. 02)

**mugeln,** sich; sw. V. / hat (ugs., selten): sich anhäufen, einen ↑Mugel bilden

**Mugelpiste,** die: wellige, unebene Piste: *Mühsam wird es dann erst wieder im steilen engen Waldbereich, der einer ausgefahrenen Mugelpiste gleicht.* (OÖN 10. 1. 14)

**Mugerl,** das; -s, -n (ugs.): ↑Mugel: *Und man war mit der Rodel einige Sekunden länger unterwegs als auf dem Mugerl vor dem Haus.* (OÖN 17. 11. 10). – In Bayern ein ›kleines rundes Brot‹

**Muh:** ***nicht Muh und Mäh/weder Muh noch Mäh:** überhaupt nichts: *Vor drei Wochen habe man Parteieinstellung im Verfahren beantragt, aber »nicht einmal Muh oder Mäh gehört.«* (KU 3. 4. 08); ***nicht Muh und nicht Mäh sagen** (ugs.): aus Sturheit kein Wort sagen: *Das Personal sagt weder Muh noch Mäh.* (KU 26. 5. 04)

**Mühlfahren,** das; -s (ugs., veraltend): Mühlespiel: *Ich weiß nicht, ob noch irgendwer, in Zeiten von immer blöderem Fit und Fun, noch das weise alte Spiel Mühlfahren kann.* (KR 14. 9. 04)

**mulatieren,** sw. V. / hat ⟨ung.⟩ (ostösterr., salopp): an einem ↑Mulatschag teilnehmen; ausgiebig feiern: *Das meinen schließlich auch die Offiziere, die immer wieder vom Mulatieren reden.* (PR 2. 5. 14) ◆ **Mulatierer/-in.** – Auch in der Schreibung *mullatieren*

**Mulatschag,** der; -s, -s ⟨ung.⟩ (ostösterr., salopp): 1. ausgelassenes Fest [bei dem am Schluss Geschirr und Einrichtungsgegenstände zertrümmert werden]: *»Father's Island« ist die Mulatschag-Variante des allzu oft ins Bedeutungsschwangere abdriftenden Walking-Simulator-Genres.* (ST 31. 7. 16); *Auf der seine Drahdiwaberl einmal noch alle Register zogen, mit Saft spritzten, mit Kürbissen warfen, ... die Weltrevolution und den Mulatschag ausriefen.* (PR 13. 5. 13). 2. /ein urspr. aus dem Salzburgischen stammendes, mit doppeldeutschen Karten gespieltes Kartenspiel/: *Das Spiel in seiner Urform ähnelt daher dem österreichischen Schellen, auch Mulatschag genannt.* (SN 16. 2. 17). – Auch in den Schreibungen *Mul[l]atschak*

**Muli,** das und der; -s, -[s] ⟨ital.⟩ (auch südd.): 1. Mulus, Maultier: *So sieht man Pferde und Esel als verschiedene Arten, denn ihre Mischlinge – Mulis bzw. Maulesel – sind unfruchtbar.* (PR 23. 6. 15). 2. für steile Flächen geeignetes landwirtschaftliches Motorfahrzeug zum [Heu]transport: *Er wollte mit seinem »Muli«, der mit Kuhmist beladen war, auf einem sehr steilen Wiesenhang düngen.* (SN 30. 10. 06)

**Müllkübel,** der (westösterr.): ↑Mistkübel: *Putzfrau findet 6.000 Euro im Müllkübel.* (VN 1. 8. 07). ↑KÜBEL

**Mundl** (ostösterr.): männlicher Vorname, (kurz für) Edmund, Raimund

**Münz,** das; -es; auch: die; - (Vbg., auch schweiz. ugs.): Kleingeld, Münze: *Sie verneinte, aber spendete ein paar silberne Münz vom Mars für das Leben danach.* (VN 13. 5. 07)

**mürb** (auch südd., schweiz.): (in D) mürbe: *Vor allem mit Kindern ist jetzt auch die richtige*

*Zeit, um Kekse zu backen. Denn diese müssen ja noch einige Zeit »rasten«, ehe sie richtig mürb sind.* (SN 4. 12. 04)

**Mürb-:** österr. (und schweiz.) Form in Zus., (in D) Mürbe-: **Mürbgebäck; Mürbteig:** *Die weltberühmte Linzer Torte – gewürzter Mürbteig mit viel Ribiselmarmelade und der markanten Gitterstruktur – dürfte im 17. Jahrhundert erfunden worden sein.* (SN 11. 11. 06)

**Mure,** die (auch südd., schweiz., in D selten): durch Regen oder Schneeschmelze hervorgerufener Strom von Gestein oder Schlamm: *Allein in St. Lorenzen wurde ein Drittel des Orts von einer Mure mitgerissen.* (Falter 1. 8. 12). ↑**vermuren** ◆ **Murenabgang**

**Mus,** das (auch bayr.): in Fett gerösteter Mehlbrei (bes. in der bäuerlichen Küche in alpinen Gegenden): *»Im Winter und immer wenn besonders schwere Arbeiten bevorstanden, gab's auch ein Mus.«* (SN 7. 8. 03). Vgl. Schmarren. ↑**Grießmus, Rahmmus, Türkenmus**

**Muschel,** die: Becken bei sanitären Anlagen: *Als Klofrau graust es ihr vor gar nichts. Sie »macht's auch ohne«, greift ohne Gummihandschuhe in die Muschel, um Verstopfungen zu beseitigen.* (PR 4. 10. 15); *»Wenn ich mich im Wirtshaus über dreckige Gläser und pickerte Teller ärgere, komme ich doch auch nicht auf die Idee, aus Protest aus der Häuslmuschel zu saufen.«* (KU 11. 11. 15); kurz für ↑**Klo[sett]muschel, Pissmuschel, Pissoirmuschel, Telefonmuschel, Waschmuschel, WC-Muschel**

**Musi,** die; - (ugs., auch bayr.): **1.** Musik: *New Orleans: Wo die Musi spielt am Mississippi.* (PR 1. 2. 13); ***ohne Geld keine/ka Musi** (ugs.): für alles muss man bezahlen: *Ohne Geld bekanntlich keine Musi. Erschwerend kommt dazu, dass die Universitäten nahezu ausschließlich am staatlichen Tropf hängen.* (PR 13. 10. 14). **2.** Volksmusikgruppe: *Rhythmisch begleitet wird das bunte Treiben von zwei Musikgruppen der Landesmusikschule – Los Krachos und 16er-Musi.* (OÖN 5. 10. 16). – Verschriftl. Dialektform, angewandt in der populären Volksmusik und in Redewendungen. ↑**Stubenmusi**

**Musikchef Musikchefin,** der bzw. die (informell): musikalische/-r Leiter/-in eines Opernhauses (in D: Generalmusikdirektor): *Für diesen Posten gehandelt werden auch ... Philippe Jordan, Musikchef der Pariser Bastille-Oper ...* (PR 16. 1. 17); *Mit den Aufbesserungen ist er in bester Gesellschaft etwa seiner TV-Direktorin und der Radio- und Musikchefin.* (ST 7. 12. 06). – Zur Aussprache ↑Chef

**Muskat,** der ‹franz., mittellat.› wird österr. (und südd., schweiz.) auf der ersten Silbe betont, in D auf der zweiten mit langem a. Ebenso: *Muskatblüte; Muskatnuss*

**Mutant,** der; -en, -en ‹lat.› (auch bayr., fachspr.): Person, die gerade im Stimmbruch ist: *Als Mutant, so nennt man Knaben, die im Stimmbruch gelandet sind, darf er noch einmal zwei Wochen in ein Ferienlager. ... Dort darf er alles machen, was Sängerknaben im Sommer so tun – nur nicht mehr singen!* (ST 26. 9. 06). – Die med. und biolog. Bez. *Mutant, Mutation, mutieren* sind gemeind.

**Mutter-Kind-Pass,** der: Heft mit ärztlichen Bestätigungen über verschiedene Untersuchungen des Kindes in den ersten Lebensjahren, (ähnlich in D) Mutterpass, Mütterpass: *Für die Bereiche Gesundheitsvorsorge und Verbrauchergesundheit (Mutter-Kind-Pass, Impfkonzept, Lebensmittelsicherheit, Tiergesundheit etc.) sind insgesamt 73,25 Millionen Euro vorgesehen.* (SN 17. 11. 16) ◆ **Mutter-Kind-Pass-Untersuchung:** *Ihre wissenschaftliche Arbeit hat ... maßgeblich zur Aufnahme des Zuckerbelastungstests in die Mutter-Kind-Pass-Untersuchungen beigetragen.* (PR 9. 1. 17)

**Mutterschaftskarenz,** die: ↑**Karenzurlaub** wegen Mutterschaft: *73 Prozent der berufstätigen Wienerinnen haben ihre Tätigkeit ein- oder mehrmals unterbrochen. Die am häufigsten genannten Gründe sind die Mutterschaftskarenz bzw. die Kinderbetreuung.* (ST 16. 11. 06). ↑KARENZ

# N*n*

**na** (ugs., auch bayr.): nein (ähnlich in D *ne, nee*): *»Schaut aus wie so a Russenpuppe. Super! Naa, Familienfotos lieber nicht in die Zeitung.«* (KU 6. 1. 02). – Auch in der Schreibung *naa.* Von dem lang gesprochenen *na* ist das gemeind. kurz gesprochene *na,* z. B. *Na komm schon!* zu unterscheiden; ***na bum!** /Ausdruck des Erstaunens/ (ugs.): *es gibt einen »Push-up« für den Männer-Slip. Na, bum.* (KU 16. 2. 08)

**NABE,** die (Schule): (gesprochene Abk. für) Nachmittagsbetreuung

**nach:** kommt in der Behördenspr. in Verbindung mit *Witwe* statt eines Genitivs vor: *Nur Maria Graff, VP-Frauensprecherin der Innen-*

*stadt und Witwe nach Generalsekretär Michael Graff, hielt noch zu ihr.* (OÖN 13. 11. 14)

**nachbesetzen:** eine frei gewordene Stelle neu besetzen: *Ich werde Jobs immer so nachbesetzen, wie ich es für richtig halte.* (PR 18. 3. 18)

**nachdem:** wird österr. (regional auch in D) als kausale Konjunktion (oft mit gleichzeitigem temporalem Nebensinn) gebraucht: *In Dänemark wird ein 42-jähriger Mann wegen Blasphemie angeklagt, nachdem er in seinem Garten einen Koran verbrannt hat.* (PR 22. 2. 17); *Zu dem Unfall auf der Hochkönig-Bundesstraße (B164) kam es ..., nachdem der Norweger bei einem Fahrbahnteiler offenbar auf der falschen Fahrbahnseite unterwegs war.* (PR 21. 2. 17); *Kraft hatte sich am Freitag gezwungen gesehen, die Pläne öffentlich zu machen, nachdem an den Börsen entsprechende Gerüchte zirkulierten.* (WZ 20. 2. 17)

**nachgenannt** /Adj./ (Behördenspr.): später, im Folgenden genannt: *Die Vollmacht muss der Gesellschaft ausschließlich an einer der nachgenannten Adressen zugehen.* (WZ 1. 2. 11)

**Nachhang,** der (bes. Behördenspr.): **1.** Anhang, Nachtrag: *Im Nachhang zur Übersichtsliste der Schulbuchaktion 2006/2007 informieren wir über die Bestellmöglichkeiten von Lehrbüchern für katholische Religion.* (Kath. Kirche Ktn., 21. 12. 07, Int). **2.** Folge, Nachwirkung, anschließende Aktivität: *Am Mittwoch startet in Wels das erste Verfahren im Nachhang der Pleite des Baukonzerns Alpine.* (KZ 17. 8. 15)

**nachher:** wird österr. (und südd., schweiz.) auf der ersten Silbe betont, in D meist auf der letzten

**Nachkauf,** der: Erwerb von Pensions-, Rentenzeiten durch Nachzahlung: *Experten warnen Akademiker ab 60 vor teurem Nachkauf von Studienzeit.* (PR 10. 12. 05) ◆ **nachkaufen:** *Akademiker werden in der Regel das Leistungsziel 80/65/45 nur dann erreichen, wenn sie weit über das 65. Lebensjahr hinaus arbeiten oder die immens teuren Schul/Studienzeiten nachkaufen.* (SN 19. 10. 04); **Pensionsnachkauf**

**Nachkirtag,** der (Volkskunde): in manchen Gegenden nach dem eigentlichen Kirtag stattfindender zweiter Kirtag: *Der traditionelle Nachkirtag, oder Kirtagmontag wird heute um 10 Uhr durch einen Festgottesdienst eröffnet.* (SN 5. 9. 16). ↑ KIRTAG

**Nachlaufen,** das; -s (ostösterr., regional auch in D): Fangen spielen: *Bewegung in den Alltag integrieren. ... Stiegensteigen, Spazierengehen, mit Kindern Nachlaufen spielen zählen auch.* (Woman 13. 5. 11). Vgl. Fangerl

**nachlernen** (auch südd.): lernen, um versäumten Lernstoff nachzuholen: *»Wenn man heimgeht, soll man möglichst wenig Hausübungen haben und möglichst wenig nachlernen müssen.«* (SN 10. 11. 14)

**Nachmittag:** steht österr. (ugs. auch in D) auch in Verbindung mit einer Uhrzeit (in D nachmittags): *Wer bitte schaut um drei Uhr Nachmittag ein paar Unentwegten beim Eisstockschießen auf ORF Sport plus zu?* (OÖN 16. 12. 16). Vgl. Abend

**Nachprüfung,** die (regional auch in D): (informell für) ↑ Wiederholungsprüfung: *Die Schülervertreter ... haben am Montag in einer Aussendung das System der parallel zum Schulbetrieb abgehaltenen Nachprüfungen kritisiert.* (PR 1. 9. 14). – In CH bedeutet *Nachprüfung* svw. ↑ *Nachtragsprüfung*

**Nachrang,** der: Verpflichtung, einem kreuzenden Fahrzeug die Vorfahrt zu lassen; (sekundäre informelle Bildung als Ggs. zu ↑ Vorrang): *Radfahrer müssen im Straßenverkehr auf Vor- und Nachrang achten.* (SN 14. 9. 06); (übertragen) *Die Schule hat nun vorerst Nachrang.* (PR 27. 1. 07). ↑ **benachrangt, Vorrang** ◆ **Nachrangstraße:** *Der Mann fuhr von einer Nachrangstraße ohne anzuhalten in eine Kreuzung ein.* (Österreich 9. 6. 08); **Nachrangtafel:** *So übersah eine mit den lokalen Gegebenheiten nicht vertraute Lenkerin die Nachrangtafel.* (PR 24. 8. 14). ↑ TAFEL

**nachschärfen:** nachträglich schärfer, genauer formulieren; Verbesserungen abringen: *Auch in Sachen Lohndumpingbekämpfung würden die Gewerkschafter gern nachschärfen.* (PR 5. 4. 17)

**nachschauen** (auch bayr., schweiz.): (in D) nachsehen: *Wer regelmäßig nachschaut, kann hier viel Geld sparen.* (SN 12. 12. 02). ↑ SCHAUEN

**Nachschlagwerk,** das (auch südd., schweiz.): (neben) Nachschlagewerk: *Als Nachschlagwerk und Arbeitshilfe dient ein Katalog mit 45 ausführlich beschriebenen Kompetenzen für jede Funktionsgruppe.* (PR 8. 10. 16)

**nachsetzen:** zu etwas Gesagtem hinzufügen: *Und auch Tirols Landeshauptmann Günther Platter (VP) setzte nach: »Diese Neuwahlgedanken gehören in die Schublade.«* (OÖN 7. 12. 16). – Die Bedeutung ›schnell folgen, verfolgen‹ ist gemeind.

**nächst** /Präp. mit Dativ/: räumlich unmittelbar an, unmittelbar nach, neben: *Die Bergrettung Obertraun rückte mit 13 Mann aus und konnte die verirrten Bergsteiger gegen 23.00 Uhr nächst dem sogenannten Dachsteinblick finden und unverletzt ins Tal begleiten.* (OÖN 15. 5. 10). – In D gehoben und selten, dort bezieht sich das Wort nur auf den Rang, Wert, z. B. das Hauptproblem nächst der Teuerung ist die Arbeitslosigkeit

**nachstierln** ↑stierln

**Nacht:** steht österr. (ugs. auch in D) auch in Verbindung mit einer Uhrzeit (in D nachts): *Bis ein Uhr Nacht konnte geforscht und geraten werden.* (OÖN 8. 10. 12); ***auf die Nacht** (ugs.): am Abend: *Er aber lernt noch um halb zehn auf die Nacht.* (KU 19. 8. 07). Vgl. Abend

**nachtessen** /nur im Inf. und Part./ (bes. Vbg., auch südd., schweiz.): zu Abend essen

**Nachtessen,** das (bes. Vbg., auch südd., schweiz.): *Nach dem gemeinsamen Nachtessen und bester Musik klang der schöne Tag dann aus.* (VN 19. 7. 07)

**nächtigen** (auch schweiz.): übernachten: *Die meisten stammen aus einer Zeit, als betuchte Klientel Quartier bezog, um im Hotel ein paar Wochen zu leben, nicht nur zu nächtigen.* (PR 17. 12. 16). – In D i. S. v. ›irgendwo mangels Schlafgelegenheit die Nacht verbringen‹, z. B. auf einer Parkbank nächtigen

**Nächtigung,** die: Übernachtung: *Die Kosten für ein Kind mit Begleitperson betragen 330 Euro inklusive Nächtigung und Verpflegung.* (SN 29. 3. 07). ◆ **Nächtigungsgeld:** *Das Nächtigungsgeld wird um den Verbraucherpreisindex erhöht.* (SN 17. 5. 06); **Nächtigungskosten; Nächtigungsminus; Nächtigungsplus:** *Vor allem im Osten Österreichs sind die Hoteliers erfreut: Ein Nächtigungsplus zeichnet sich ab.* (ST 18. 2. 17); **Nächtigungsrekord:** *Wien mit Nächtigungsrekord.* (PR 25. 1. 17); **Nächtigungsrückgang; Nächtigungszahl; Nächtigungszuwachs; Gästenächtigung:** *81 Prozent der Gästenächtigungen erfolgten durch internationale Besucher.* (PR 25. 1. 17)

**Nächtigungstaxe,** die: Gebühr, die pro Gästeübernachtung von der Gemeinde eingehoben wird: *Zudem existieren hier funktionierende Tourismusverbände, welche anstelle der Gemeinden die Informationen sammeln und die Nächtigungstaxe einheben.* (KZ 20. 2. 16). ↑TAXE

**Nachtkästchen,** das (auch südd.): Nachtschränkchen, Nachttisch: *Er müsse sich erst wieder ans Tragen eines Rings gewöhnen und habe den Ehering am Nachtkästchen liegen gelassen.* (KZ 11. 10. 16)

**Nachtkastl,** das; -s, -n (ugs.): ↑Nachtkästchen: *Dieses Buch liegt auf meinem Nachtkastl.* (ST 20. 12. 16). ↑KASTL

**Nachtmahl,** das (auch südd.): Abendessen: *Bisher fragten die meisten Ernährungsstudien ja Frühstück, Mittagessen, Nachtmahl und Snacks ab.* (WZ 24. 9. 15). Vgl. Totenmahl

**nachtmahlen,** sw. V. / hat: [etwas] zu Abend essen: *Der Ratschlag, wie ein Kaiser zu frühstücken, wie ein König Mittag zu essen und wie ein Bettler zu nachtmahlen, hat sich als richtig erwiesen.* (ST 7. 12. 09)

**Nachtragsbudget,** das: (durch Mehrausgaben erforderlicher) zusätzlich zu dem bereits vorhandenen Haushaltsplan zu erstellendes Budget: *Zwar wurden im Herbst vergangenen Jahres mit einem Nachtragsbudget einmalig die Lücken im Schulbudget ... gefüllt ...* (PR 6. 3. 16). ↑BUDGET

**Nachtragsprüfung,** die (Schulverwaltung): Prüfung über den Jahresstoff am Beginn des nächsten Schuljahres, wenn eine Leistungsbeurteilung infolge Krankheit o. Ä. nicht möglich war: *Er muss auch die Schularbeiten nicht nachschreiben, nur bis zum 30. November des folgenden Schuljahres Nachtragsprüfungen ablegen.* (KR 8. 2. 04)

**Nachtscherben,** der (mundartnah, früher): Nachttopf: *Doch manche, so scheint es, entwickeln sich zurück ins stinkende Babenberger-Mittelalter, wo noch die »Nachtscherm« auf die Gassen geschüttet wurden.* (NÖN 21. 1. 09). – Auch in der Form *Nachtscherm.* ↑**Scherben, Grantscherben**

**nachwassern,** sw. V. / hat (ugs.): **1.** nachsetzen, im Nachhinein über etwas schreiben, urteilen; nachbessern: *Ist doch alles klar, sagen die Grünen nicht ohne Selbstgefälligkeit. Sie sollten inhaltlich doch noch einmal nachwassern.* (Falter 5. 12. 12). **2.** im Nachhinein kontrollieren; nachspionieren: *Auch die österreichische Finanz wird nicht bei Tausenden Fällen nachwassern, ob die NoVA gestimmt hat oder nicht.«* (KU 4. 11. 15). ↑WASSERN

**Nachzapf,** der (ugs., bes. westösterr.): ↑Wiederholungsprüfung, ↑Nachzipf: *Wichtig ist, dass alle, die fleißig auf den Nachzapf gelernt haben, es dann auch wirklich schaffen.* (VN 6. 7. 03)

**Nachzipf,** der (ugs.): ↑Wiederholungsprüfung: *2500 Schüler müssen in Kärnten zum Nachzipf.* (KZ 3. 8. 16). ↑Zipf

**Nackerpatzerl,** das; -s, -n (ugs., salopp, auch bayr.): Nackte/-r, bes. nacktes Kind: *Aber er zeigt Verständnis für Menschen, die »nicht möchten, dass ihnen hinter jedem Baum ein Nackerpatzerl entgegenkommen kann.«* (SN 23. 7. 15); (oft übertragen) *Jemanden einfach so als geistiges Nackerpatzl zu bezeichnen ..., kann als Beleidigung aufgefasst werden.* (OÖN 8. 4. 09); *Letzterer gibt sogar zu, dass er ein »wissenschaftliches Nackerpatzerl« sei.* (PR 2. 4. 13). – Auch in den Formen *Nackerpatzl, -batz(er)l*

**nackert** (ugs., auch bayr.): nackt: *Wir sollten im Sommer nackert herumlaufen. Seit Jahren lobpreise ich das FKK-Baden.* (KU 16. 7. 15)

**Nadel:** *[wie] auf Nadeln sitzen** (auch schweiz.): nervös, unruhig sein, auf etwas wartend: *»Man braucht das Verständnis des Partners, damit man nicht, wenn die Sitzung wieder etwas länger dauert, schon auf Nadeln sitzen muss.«* (OÖN 29. 1. 15)

**Nadelpolster,** der: (in D) Nadelkissen: *Die Arbeiten laufen bereits auf Hochtouren, um etwa »selbst gehäkelte Nadelpölster« für den traditionellen Losverkauf zu gestalten.* (NÖN 14. 4. 11). ↑Polster

**Nadelstreif,** der; -s, -e (in D Nadelstreifen): **1.** Stoffmuster mit schmalen Längsstreifen: *Ein Anzug in Nadelstreif, ein farblich abgestimmtes Hemd ...: das elegante Outfit für den Mann ist komplett.* (SN 1. 6. 06). **2.** Anzug aus diesem Stoff: *Ein gut aussehender, schlanker Mann mit schwarzem Nadelstreif – so sehen Securitys auf Bordeaux-Wein-Niveau aus – bewacht den Eingang zur Kellertür.* (PR 9. 3. 07)

**Nadelstreifanzug,** der: Anzug aus Stoff mit schmalen Längsstreifen, (in D) Nadelstreifenanzug: *Der kühle Auftritt im schwarzen Nadelstreifanzug ist reines Business.* (SN 3. 4. 06)

**Nadelstreifsozialismus,** der; - (abwertend): verbürgerlichte Sozialdemokratie: *Wir sind schon lange der Meinung, der Nadelstreifsozialismus muss endlich aufhören.* (KZ 12. 6. 09). Vergleichbar ist die Bez. *Toscana-Fraktion* in Deutschland. ↑**Penthouse-Sozialismus.** ◆ **Nadelstreifsozialist/-in:** *Man könnte eher davon ausgehen, dass die Musikkapelle anwesende Nadelstreifsozialisten auf Ihre Wurzeln hinweisen wollte.* (SN 20. 8. 15); *Wo waren die »echten« Arbeiter im Bundesparteivorstand der SPÖ seit 1945? Die kann man an einer Hand abzählen. Und waren längst ... »Nadelstreifsozialisten«.* (ST 7. 10. 18)

**Nagelwurzen,** die; -, -: (in D) Nagelwurzel: *Sollten Sie Schwierigkeiten mit den Nagelwurzen haben, kann ich Ihnen Lärchenharz-Hautwasser empfehlen.* (KR 31. 7. 02)

**Nagelzwicker,** der: (in D) Nagelknipser: *Zur Finger- und Zehennägelpflege dürfen Häftlinge Nagelzwicker verwenden, Feilen und Scheren sind untersagt.* (OÖN 28. 5. 14)

**Naheverhältnis,** das: **1.** enges [auch verwandtschaftliches] Verhältnis [durch das eine Abhängigkeit entsteht]: *Denn wie der »Kurier» berichtet, sollen zwei der drei Berufsrichter in der Vergangenheit ein Naheverhältnis mit Umweltaktivisten gehabt haben.* (PR 15. 2. 17). **2.** enge Verbindung der Interessen, künstlerischer Bezug: *Darüber hinaus haben unsere Analysen ein stilistisches Nahverhältnis zur Glasmalerei in der Basilika San Francesco in Assisi ergeben.* (ST 27. 8. 16). – Auch in der Form *Nahverhältnis*

**Nahkontakt,** der: enger, direkter Kontakt: *So versucht die 44-Jährige, im Nahkontakt mit den Wählern andere Themen in den Vordergrund zu stellen.* (PR 13. 9. 11)

**Nahverkehrsknoten,** der: Platz, an dem wichtige Nahverkehrslinien verknüpft werden: *Der Nahverkehrsknoten Südtiroler Platz mit U1 und der S-Bahn-Stammstrecke als wichtiger Umsteigeknoten für die Pendler wird nicht erreicht.* (WZ 24. 7. 09). ↑**Autobahnknoten, Knoten**

**Nahversorger,** der (seltener auch in D): Lebensmittelgeschäft für die engere Wohngegend: *In einer ruhigen Sackgasse gelegen, lassen sich hier Nahversorger von der Apotheke bis zur Bank fußläufig erreichen.* (PR 10. 2. 17)

**Nahversorgung,** die (seltener auch in D): Versorgung der unmittelbaren Umgebung mit Waren des täglichen Bedarfs: *Man lebe mit Themen wie Abwanderung oder der schwierigen Nahversorgung.* (SN 9. 2. 17)

**Napserl,** das (mundartnah): Nickerchen: *Doch auch in der Region sind Kraulbewegungen genauso möglich wie ein entspanntes »Napserl« auf dem Handtuch.* (KZ 5. 7. 14)

**Narrengilde,** die (in D regional): (in D) Karnevalsverein: *Gestern, Sonntag 7. Februar, verteilten die Mitglieder der Narrengilde in der Oberländer Marktgemeinde das Faschingsblatt »Rante Putante«.* (KZ 24. 2. 16)

**Narrenkastl,** das; -s, -n (ugs.): starrer, gedankenverlorener Blick: *Die Hand könnte auch*

*zufällig im Schlaf auf dem Oberschenkel der Sitznachbarin gelandet sein, der Blick ins Dekolleté auch dem berühmten Narrenkastl gelten.* (ST 4. 4. 16); ***ins Narrenkastl schauen:** gedankenverloren starr blicken: *Wer immer wieder ins »Narrenkastl« schaut, tut seinem Gehirn etwas Gutes.* (KU 20. 1. 07). ↑Kastl

**narrisch** (auch bayr.) ⟨verschriftl. Dialektform von *närrisch*⟩: **1.** verrückt, irrsinnig: *»Die Zeugen haben im Vorfeld ausgesagt, dass Sie wie ein Narrischer gefahren sind.«* (OÖN 9. 12. 15); ***narrische Schwammerln:** ↑Schwammerl, ***narrische Zeit:** närrische Zeit, Fasching; ***narrisches Bein** ↑Bein. **2.** begierig nach, verrückt nach: *Dort muss ich sie vor meinem zweijährigen Sohn in Sicherheit bringen. Der ist ganz narrisch nach den Tieren.* (ST 9. 2. 17); **3.** zornig, wütend: *sein Verhalten macht mich ganz narrisch.* **4.** sehr /verstärkend bei Adj. und Adverbien/: *Wenn es »narrisch gut läuft«, ... dann werde seine erste Auslandsreise wohl nach Paris gehen.* (OÖN 8. 6. 16)

**Nase:** ***sich selber an der Nase nehmen [müssen]** (auch bayr.): (in D) sich an die eigene Nase fassen/an der eigenen Nase zupfen: *Auch die Bundespolitik alleine war es nicht. Wir müssen uns letzten Endes auch selbst an der Nase nehmen.* (OÖN 29. 12. 15)

**Nasenramel,** der; -s, -n (ugs.): ein Stück eingetrockneter Nasenschleim, (in D ugs.) Popel: *Über die Menschen, ... die ihre Nasenrammel auf Fensterscheiben kleben.* (Wiener 21. 7. 16); ***einen Nasenramel bezahlen/verdienen/bekommen:** fast nichts für etwas bezahlen/verdienen: *Ein Oberarzt verdient einen Nasenrammel.* (Heute 11. 10. 11); ***einen Nasenramel kosten/wert sein:** sehr wenig kosten: *Dort, wo die Arbeitsstunde an den Fließbändern noch einen Nasenrammel kostet.* (Augustin 21. 12. 04); ***um/für einen Nasenramel:** fast umsonst: *Mein Mitleid gehört jenen, die ihre Arbeitskraft um einen Nasenrammel zur Verfügung stellen müssen.* (KU 5. 9. 09); *Wir arbeiten alle miteinander für einen Nasenrammel.* (KU 14. 2. 12). – Häufiger in der Form *Nasenrammel,* die etymologisch richtige Schreibung ist *Nasenramel*

**national:** bedeutet in Österreich svw. ›deutschnational‹: *eine nationale Partei, Gesinnung*

**Nationalbank,** die (auch schweiz.): zentrale Notenbank, (in D) Bundesbank: *die Oesterreichische Nationalbank* (Abk. OeNB); *Franken-Kredite: Die Nationalbank hält das Risiko für »beherrschbar«.* (WZ 3. 2. 17) ◆ **Nationalbankspräsident/-in**

**Nationale,** das; -s, - ⟨lat.⟩ (Behördenspr.): **1.** Personalangaben, Angaben zur Person. **2.** Formular, Fragebogen, in den die Personalangaben eingetragen werden: *das Nationale ausfüllen*

**Nationalrat,** der /ohne Plural/ (auch schweiz.): gesetzgebende Volksvertretung: *1975 unternahm die Regierung einen neuen Anlauf, bis 1977 alle Abgeordneten des Nationalrates dem Bundesgesetz über die Volksanwaltschaft zustimmten.* (WZ 31. 1. 17).

**Nationalrat Nationalrätin,** der bzw. die: Mitglied der Volksvertretung; Abk. NR.: *Doch haben Nationalräte besonders oft maturiert und ein Studium absolviert. Ist das ein Nachteil?* (OÖN 26. 9. 14) ◆ **Nationalratsabgeordnete/-r:** *Er fordert alle 183 Nationalratsabgeordneten auf, die Aktenvorlage zu erzwingen.* (PR 10. 5. 07); **Nationalratsplenum; Nationalratspräsident/-in; Nationalratswahl:** *Sozialminister Alois Stöger (SPÖ) will noch vor der Nationalratswahl Veränderungen im Sozialversicherungssystem umsetzen.* (PR 21. 2. 17); **Nationalratswahlordnung**

**Nationalteam,** das: Nationalmannschaft: *Das amerikanische Nationalteam holt ihre Expertise ebenso ein wie Mannschaften in Kanada, Polen und Slowenien.* (PR 14. 2. 17). ↑**Team**

**Naturalteilung,** die (Rechtsspr., selten auch in D): Aufteilung des gemeinsamen Vermögens ohne Versteigerung oder Veräußerung: *Primär wird dabei eine Naturalteilung angestrebt. Ist dies nicht möglich, kommt die Immobilie unter den Hammer.* (ST 23. 9. 06)

**Naturbahnrodeln,** das (Sport, auch südd.): das Rodeln auf einer Naturrodelbahn: *Naturbahnrodeln: Diese Woche (15.–18.1.) findet in St. Sebastian im Mariazeller Land die Naturbahn-Rodel-WM statt.* (Falter 14. 1. 15)

**Naturrodelbahn,** die (seltener auch in D): zum Rodeln präparierte Naturpiste: *Mit sieben Kilometern ist die von ihm präparierte Naturrodelbahn eine der längsten in Tirol.* (PR 10. 1. 15)

**Natursaft,** der: Bratensauce auf der Basis des beim Kochen ausgetretenen Fleischsafts: *Das Fleisch mit dem entstandenen Natursaft und den Kohlsprossen anrichten.* (KU 20. 11. 10). – In D ›naturbelassener Fruchtsaft‹

**Naturschnitzel,** das (selten auch in D): nicht paniertes Schnitzel: *Beim Anrichten den*

*Fleischsaft durch ein Sieb auf die Naturschnitzel gießen.* (NÖN 6. 4. 09)

**Neapolitaner,** die /Plural/: (kurz für) ↑Neapolitanerschnitten

**Neapolitanerschnitten,** die /Plural/ ⟨nach der Herkunft des neapolitanischen Rezepts mit Haselnüssen⟩: Süßigkeit aus mehreren mit Schokolade bestrichenen Waffelschichten: *Das Domino aus mehr als 85.000 Neapolitanerschnitten wird nun im Guinness-Buch der Rekorde verzeichnet.* (ST 17. 7. 13). – Auch in der Form *Neapolitaner Schnitten.* ↑SCHNITTE

**Nebbochant** ↑Nebochant

**Nebelreißen,** das; -s (auch bayr.): Wetter mit tief liegenden Nebelschwaden: *Ein grauer Tag, der sich nicht ganz entscheiden kann, auf welche Seite des Gefrierpunkts er sich schlagen soll. Nebelreißen, novemberig ein wenig.* (ST 11. 1. 10). – Auch in der Form *Nebelreisen*

**Nebenerwerbsbauer Nebenerwerbsbäu(e)rin,** der bzw. die (selten auch in D): Landwirt/-in, der/die die Landwirtschaft nebenberuflich betreibt: *Viele Nebenerwerbsbauern hörten mit der Milchproduktion auf.* (ST 14. 6. 16)

**Nebenerwerbslandwirt Nebenerwerbslandwirtin,** der bzw. die (formell, auch südd.): ↑Nebenerwerbsbauer: *Ein Problem seien vor allem Mehrfachversicherungen. Das betrifft Personen, die mehrere versicherungspflichtige Tätigkeiten ausüben, zum Beispiel Nebenerwerbslandwirte.* (ST 9. 2. 17)

**Nebenfahrbahn,** die: neben einer Hauptfahrbahn verlaufende, von dieser jedoch getrennte Fahrbahn einer Straße: *Die 27-jährige Lenkerin des Pkws hatte Vorrang gegenüber Fahrzeugen aus der Nebenfahrbahn.* (PR 22. 7. 16)

**Nebengebühr,** die; -, en /meist Plural/: **1.** (Verw.): zum Gehalt zusätzlich hinzukommende Zahlungen: *Wie in einem Stadtrechnungshofbericht erwähnt, wurde 2013 die Möglichkeit geschaffen, Nebengebühren pauschal abzugelten, was viele Mitarbeiter auch annahmen.* (PR 3. 10. 15). **2.** zusätzlich zu den offiziell angegebenen anfallenden Gebühren: *Dazu kommen daher noch andere Zuckerln: Es gibt keine Nebengebühren und eine kostenlose Service-Hotline.* (PR 16. 6. 16)

**Nebengegenstand,** der (informell): Nebenfach (in der Schule): *Eine neue Reifeprüfung darf ... die alte Unterscheidung zwischen »Haupt- und Nebengegenständen« nicht wiederbeleben.* (WZ 4. 2. 09). ↑GEGENSTAND

**Nebochant,** der; -en, -en (ugs.): **1.** kleinlich geiziger Mensch; Nebbich: *Unsere verdienstreichen Finanzexperten haben sich weltweit Sachen geleistet, von denen Mittelklasse-Nebochanten wie Sie oder ich nur träumen können.* (ST 14. 10. 11). **2.** unwissender Mensch, Ignorant: *Über sieben Milliarden Menschen: Es gibt ja Nebochanten, die vorgeben, sich das nicht vorstellen zu können.* (PR 7. 5. 13) ◆ **nebochantisch**

**nebstbei:** nebenbei: *Mit der Übernahme der US-Schmuckhandelskette Zale übrigens auch für das größte Debakel, aber das nur nebstbei.* (PR 27. 4. 07)

**negativ:** wird österr. auf der ersten Silbe betont, in D auch auf der letzten

**Negativsteuer,** die: Steuergutschrift des Finanzamts für den Fall, dass eine soziale Steuerbegünstigung wegen zu geringen Einkommens nicht wirksam würde: *Sie forderte dennoch weitere Einschnitte bei »Luxuspensionen« und die Auszahlung der Negativsteuer auch an Mindestpensionisten.* (ST 15. 12. 16)

**Neidgenossenschaft,** die; - (scherzhaft): Eigencharakteristik Österreichs als Land, in dem der Neid dem anderen gegenüber eine wichtige Triebfeder von Handlungen ist: *Fährt der Nachbar-Bauer mit einem neuen Traktor vor, scheint klar: Er hat wieder Geld aus Brüssel bekommen. Die Neidgenossenschaft schläft eben nicht.* (NÖN 2. 7. 08)

**Nell,** das; -s, -e (westösterr., auch schweiz.): zweithöchste Trumpfkarte beim Kartenspiel Jass: *Schon um 1650 wurde in Holland mit »Bur« und »Nell« gestochen.* (VN 26. 11. 05)

**Nennliste,** die: Liste der für einen Wettkampf gemeldeten Teilnehmer; Nennungsliste: *Denn auch Andy Murray scheint auf der Nennliste auf, der Schotte hatte in den vergangenen beiden Jahren gefehlt.* (PR 17. 3. 16)

**Nepal:** der Name des Himalajastaates wird österr. (und südd., schweiz.) auf der ersten Silbe betont, in D auch auf der letzten

**Nervenbinkerl,** das (ugs., salopp): nervöser Mensch, Nervenbündel: *Der Bub: Bettnässer und nervös halt. Wegen der desolaten Umstände. Ein »Nervenbinkerl« eben.* (ST 29. 12. 00). ↑**Binkerl, Herzbinkerl**

**Nerverl,** das; -s, -n (ugs., salopp): nervöser Mensch, Nervenbündel: *Arm dran waren nur jene »Nerverln« unter den Anlegern, die sich von ... der schlechten Performance der asiati-*

*schen Börsen in Panik treiben ließen.* (PR 7. 5. 12)

**nerverln,** sw. V. / hat (ugs.): nervös sein, einer Situation nervlich nicht gewachsen sein: *Das drückt für mich Unsicherheit aus, er fängt zu nerverln an.* (KZ 23. 10. 13)

**Netsch,** die /Plural/ (ugs., bes. Wien): Geld[stücke]: *Wer kann schon ein Steuersystem wollen, in dem das millionenschwere Einkommen des Herrn Vorstandsdirektors mit demselben Steuersatz belegt wird wie die paar Netsch seines Fahrers?* (PR 21. 7. 07)

**neuerdings** (veraltend, auch südd., schweiz.): wiederum, erneut (sonst in D nur »kürzlich«): *Adrian Smith, Architekt des Kolosses, der in Dubai gerade hochgezogen wird, hat neuerdings sein Faible für grünes Bauen entdeckt.* (KU 14. 5. 08)

**Neugewürz,** das; -es: Piment, Nelkenpfeffer: *Fleisch und Knochen in großem Topf in ca. 4 Liter kaltem Wasser zustellen. ... Wurzeln, Knoblauch, die Hälfte von Zimt, Nelken, Neugewürz, Pfeffer, Muskatblüten und Lorbeer beigeben.* (KZ 9. 10. 06)

**Neugierdsnase,** die (ugs.): neugieriger Mensch, bes. Kind: *Früh übt sich was eine Neugierdsnase werden will.* (OÖN 22. 9. 17)

**Neuner,** der (auch südd.): Ziffer, Linie Neun, (in D) die Neun: *Von dem Wahlergebnis sei er selbst »überwältigt«, sagte Wöginger: einen »Neuner« vorne zu haben, war sein Ziel.* (OÖN 12. 9. 16). ↑ACHTER

**neunern, neunerlen,** sw. V. / hat (mundartnah, bes. westösterr.): die Vormittagsjause, das zweite Frühstück einnehmen

**neutral:** wird österr. veraltet auch dreisilbig, also ne-utral ausgesprochen

**Neutrum,** das; -s, ...tra: ist österr. dreisilbig, wird also Ne-utrum ausgesprochen, der Plural lautet immer -a, in D auch -en

**Niagarafall,** der: wird österr. auch auf der zweiten Silbe (auf dem ersten a) betont, in D nur auf der dritten (dem zweiten a)

**nicht:** ***nicht und nicht** (emotional verstärkend): überhaupt nicht, immer wieder nicht eintretend: *Agrarexperte J. L. analysiert, woran es liegt, dass die Preise trotz sinkender Betriebszahlen nicht und nicht steigen.* (OÖN 9. 1. 17); ***Nicht genügend** ↑Genügend

**Nichteinbringungsfall,** der (Behördenspr.): meist in der Fügung ***im Nichteinbringungsfall:** im Fall, dass jmd. nicht zahlungsfähig ist: *Wer der Anzeige- und Meldepflicht nicht nachkommt, ist laut Gesetz mit Geldstrafen bis zu 2.180 Euro und im Nichteinbringungsfall mit Freiheitsstrafe bis zu sechs Wochen zu bestrafen.* (PR 9. 11. 09)

**nieder** (ugs., auch südd., schweiz.): **1.** niedrig; von geringer Höhe: *Die Tiefgarage ist zu nieder gebaut, mit einem VW-Bus, der 2,10 m hoch ist, kommt man nicht hinein.* (NÖN 18. 3. 10). **2.** in geringer Menge, Zahl; tief: *Nur die niederen Temperaturen am Morgen erinnerten an die Eismänner.* (SN 13. 5. 05). **3.** sich in geringer Höhe befindend; tief: *Neuschnee ist Segen für Anlagen in niederen Lagen.* (OÖN 9. 1. 17)

**Niederdonau** (hist): Niederösterreich (mit einigen weiteren Gebieten) in der NS-Zeit

**Niederdruck,** -[e]s (Meteorologie): Tiefdruck: *»Schuld daran ist ein durch hohe Außentemperaturen ausgelöster Niederdruck, der das Abziehen von Abgasen durch Rauchfänge verhindert.* (ST 12. 7. 10). – Meist als Bestimmungswort in meteorologischen Fachwörtern: **Niederdruckgebiet; Niederdruckwetter:** *Defekte Gas-Durchlauferhitzer in Verbindung mit dem Niederdruckwetter führten am Wochenende zu zwei Zwischenfällen.* (OÖN 18. 12. 00); **Niederdruckzone**

**niederfahren,** st. V. / hat: fahrend zu Boden stoßen: *Er wurde auf einem Parkplatz in der Alpenstraße von einem Auto niedergefahren, die Lenkerin flüchtete.* (SN 21. 4. 07). – In D nur in der Bedeutung ›herunterfahren‹ /Perfekt: ist/, z. B. der Blitz ist niedergefahren. Vgl. zusammenfahren

**niederfallen:** zu Boden stürzen: *Die Pensionistin war ... im Hof ihres Hauses niedergefallen und hatte sich dabei den Oberschenkel gebrochen.* (KU 21. 3. 05). – In D nur gehoben i. S. v. ›nach unten fallen‹, z. B. Schnee fällt nieder

**niederführen:** ↑niederfahren: *Das Auto, mit dem die 22-Jährige niedergeführt worden sein soll ..., wird nun auf Spuren untersucht.* (KZ 4. 10. 16). ↑FÜHREN

**niederknien:** das Perfekt wird österr. mit *sein* gebildet, (in D mit *haben*): *er ist vor ihr niedergekniet; Fußball-Teamspielerin Megan Rapinoe ist bei der US-Hymne niedergekniet.* (PR 5. 9. 16)

**Niederlassungsbewilligung,** die (Behördenspr.; auch schweiz.): Bewilligung für dauernden Aufenthalt im Land: *Die Regierung hat die Dauer der Niederlassungsbewilligung für Syrer von sechs Monaten auf ein Jahr ausgedehnt.* (PR 21. 12. 13). ↑BEWILLIGUNG

**niederlegen,** sich; sw. V. / hat (auch bayr.): zu Bett gehen; sich hinlegen: *er legt sich um*

*10 Uhr nieder; »Bringt sie schnell ins Hotel, damit sie sich wieder niederlegen kann.«* (OÖN 6. 10. 14); ***Da legst [du] dich nieder** (ugs. salopp, auch südd.): /Ausruf des Erstaunens/: *Denn umgerechnet in eine altvertraute Währung entsprechen 148 Millionen Euro rund zwei Milliarden Schilling. Da legst dich nieder!* (OÖN 25. 8. 09)

**niedersetzen,** sich; sw. V. / hat (auch bayr.): sich setzen: *Die Treppe hin zur Wiese haben wir eigens so gebaut, dass sich Kinder im Winter hier niedersetzen und ihre Schlittschuhe anziehen können.* (KZ 31. 7. 14); ***Da setzt [du] dich nieder** (ugs., salopp, auch bayr.): /Ausruf des Erstaunens/: *Na bumm, da setzt dich nieder!* (KU 6. 12. 08)

**niedersitzen,** st. V. / ist (ugs., veraltend, auch bayr.): sich setzen: *Gemütlich in ihrer Ausstattung laden sie zum Niedersitzen, Zuhören oder auch zum Mitsingen ein.* (SN 7. 12. 16)

**niederstoßen,** st. V. / hat: zu Boden stoßen, umstoßen, ↑niederfahren: *Der Mann wurde vom Laster niedergestoßen und erlitt ein Schädel-Hirn-Trauma.* (PR 14. 4. 07)

**Niederwasser,** das; -s (auch südd., schweiz.): niedriger Wasserstand: *Niederwasser in Bächen bedroht die Edelfische.* (OÖN 25. 4. 07)

**niemand:** niemand anderer, anderem usw. ↑anders

**Nierndl,** das; -s, -n /meist im Plural/ (ugs.): Niere eines Tieres als Speise: *Geröstete Nierndln; saure Nierndln; Bries, Zunge, Herz, Nierndl, Hirn, Beuschl, Leber und ja, auch Kutteln, können wunderbar schmecken.* (OÖN 16. 4. 15)

**Nigel,** der; -s, - bzw. -n: österr. (und bayr.) Form für *Nickel*: kleiner, widerspenstiger Kerl. – Auch in der Form *Nigl.* ↑**Bosnigel, Grantnigel, Rotznigel**

**Nigele,** das; -s, -n /meist Plural/ (west-, südösterr.): kleine, in Öl herausgebackene Hefe-, Germteigstücke als Festtagsgebäck

**nigelnagelneu** (ugs., auch südd., schweiz.): ganz neu: *Die Feuerwehr Passail und die Feuerwehr St. Kathrein am Offenegg waren vor Ort, um den nigelnagelneuen Pkw zu bergen.* (KZ 16. 12. 16)

**Nikolausauffahrt,** die (bes. OÖ, NÖ): festlicher Zug anlässlich des Nikolaustages: *Der frühe Winter bescherte der Nikolausauffahrt der Sportunion Ertl heuer eine traumhafte Kulisse.* (NÖN 7. 12. 10). ↑AUFFAHRT

**Nikolo,** der; -s [auch: ...ˈloː] ‹ital.› (auch bayr.): St. Nikolaus: *So dient das Christkind wie Nikolo und Osterhase der Einübung des skeptischen, des naturwissenschaftlichen Denkens.* (PR 24. 12. 04) ◆ **Nikoloabend:** *Wo elterliche Ermahnungen das Jahr über nichts geholfen hatten, da versprachen sich die Erzieher vom Nikoloabend die nötige Wirkung.* (ORF/ Religion, 19. 12. 06, Int); **Nikoloauffahrt** ↑Nikolausauffahrt: *Ortsplatz Micheldorf Nikoloauffahrt mit Perchten in den einzelnen Ortsteilen ab 16 Uhr.* (OÖN 27. 11. 09), ↑Auffahrt; **Nikolobescherung; Nikolofeier:** *Einwände von Eltern gegen die Nikolofeiern gebe es in den Ländern kaum.* (PR 5. 12. 14); **Nikolofest:** *Auf dem Bild ... feiert Frau Kostic mit Ehemann Miodrag und den Enkelkindern Vanessa ... und Denis das Nikolofest.* (KU 25. 12. 07); **Nikologeschenk; Nikologschnas:** *»Vielleicht gehe ich auch einfach nur auf eine Nikolo-Gschnas.«* (PR 18. 11. 16), ↑Gschnas; **Nikolotag:** *2013 wurde die ehrwürdige Washington Post, die am Nikolotag 1877 zum ersten Mal erschien, verkauft.* (Falter 21. 12. 16); **Schokonikolo:** *Am 6. Dezember sollen Schoko-Nikolos Kindern ein Lächeln schenken.* (PR 1. 12. 16)

**nimmer** (ugs., auch südd.): nicht mehr (in D noch gehoben i. S. v. ›nie, niemals‹): *Und das Tanzen geht nimmer mehr so wie früher.* (OÖN 19. 1. 17)

**Nipf,** der; -[e]s: ***jmdm. den Nipf nehmen** (ugs., veraltend): jmdm. den Mut nehmen: *Es gibt zu viele Besserwisser, die einem Teamchef mit der Zeit den Nipf nehmen.* (KU 2. 7. 08)

**Nobelball,** der (auch ironisch): Ball in vornehmem Rahmen: *Aber auch die Sozialdemokratie war auf dem Nobelball zahlreich vertreten.* (PR 20. 1. 12)

**Nobelheurige,** der: gehobenes Lokal, in dem neuer Wein aus den eigenen Weinbergen ausgeschenkt wird (bes. in der Umgebung Wiens) und das v. a. von Prominenten besucht wird: *»Wir haben Haubenlokale und Würstelbuden, Nobelheurigen und Beisl. Die Durchmischung ist wichtig.«* (PR 15. 7. 13). ↑HEURIGE

**Nock,** der; -(e)s, -e(n) (in OÖ auch: die; -, -en): 1. (bes. Osttirol, Ktn., OÖ): abgeflachte Bergkuppe. 2. (bes. Tirol) bewachsener Felsen – Meist in Bergnamen: *Bei der aussichtsreichen Wanderung im Speikbodengebiet wandern wir über das Nockenquartett Kleiner Nock, Großer Nock, Seewassernock und Sonnklarnock.* (TT 21. 6. 18)

**Nocken,** die /Plural/ (auch bayr.): 1. mit Wasser angemachte, in Schmalz gebackene

Mehlspeise: *Mehl dazu und gründlich durchkneten, mit nassen Händen Nocken formen.* (OÖN 2. 7. 16). **2.** (ugs., abwertend, auch bayr.) dumme, eingebildete Frau: *Es gibt ja leider genug fade Nocken.* (KU 6. 3. 02). ↑ **Holzknechtnocken, Kasnocken, Schottnocken, Schwarzbeernocken**

**Nockerl,** das; -s, -n: **1. a)** (auch bayr.) kleines, längliches Teigstück als Hauptspeise oder Beilage; eine Art größerer Spätzle, (in CH Knöpfli): *Danach mit Suppenlöffel Nockerl ausstechen und auf die marinierten Blattsalate setzen.* (SN 1. 6. 06). **b)** (auch südd.) in Wasser gekochte Suppeneinlage aus festem Mehlteig in ovaler mittelgroßer Form, (in D) Klößchen: *Nach und nach Mehl einarbeiten, rasten lassen. Nockerl formen, ins kochende Salzwasser geben.* (OÖN 14. 4. 07). **c)** (auch südd.) mit dem Löffel gestochene Süßspeise in ovaler Form aus festem Mehlteig: *Mousse au Chocolat mit einem heißen Löffel in Nockerl-Form drehen und mit den Erdbeer-Schokolade-Kugeln am Teller anrichten.* (OÖN 28. 4. 16); meist in Zus., z. B. Topfennockerl; ***Somloer Nockerln; *Salzburger Nockerln:** *Wer noch Platz im Magen hat, sollte aber unbedingt die Salzburger Nockerl oder den Kaiserschmarrn mit Zwetschkenröster ... probieren.* (OÖN 24. 4. 15). **2.** (ugs., scherzhaft) eingebildetes, naives Mädchen. ↑ (zu 1a:) **Brimsennockerl, Eiernockerl, Erdäpfelnockerl, Hechtnockerl, Käsenockerl, Krautnockerl, Mehlnockerl, Rahmnockerl,** (zu 1b:) **Grießnockerl, Lebernockerl,** (zu 1c:) **Topfennockerl, Topfen-Obers-Nockerl**

**Nockerlsieb,** das: Durchschlagsieb: *Teig durch ein Nockerlsieb in kochendes Salzwasser streichen, kurz aufkochen lassen.* (OÖN 16. 2. 08)

**Nominale,** das; -[s], ...nalia (Finanzwesen): Nominalwert, Nennwert: *Der Anleger kassiert aber immer noch den jährlichen Zinskupon und erhält zu Laufzeitende das Nominale zurück, falls er nicht wandelt.* (PR 20. 1. 17). – In D selten und Femininum

**NÖ, nö.:** (Abk. für) Niederösterreich, niederösterreichisch

**nona, no na!** (salopp): das ist doch offensichtlich, selbstverständlich!, was denn sonst!: *Und in der Lappland-Abteilung stehen, nona, ein paar Rentiere im Stall.* (PR 2. 12. 15); *A. Frimmel: Zum alten Knopfkönig... ist eine Wiener Institution, die zu ihren besten Zeiten mit dem Verkauf von, no na, Knöpfen und Nähzubehör vier Standorte in Wien betrieben hat.* (PR 7. 10. 16); /substantiviert:/ *Immer wieder betont Tschürtz solche Nonas.* (ST 26. 9. 15); ***no na net!** /verstärkend/: *»No na net« sei es »part of the game«: So erklärte U. S. 2009 dem Berater eines russischen Investors, dass dieser für ein Fünf-Millionen-Euro-Engagement in Kärnten die österreichische Staatsbürgerschaft erhalten werde.* (PR 22. 5. 13) ◆ **Nona-Bestimmung; Nona-Ergebnis; Nona-Erkenntnis:** *Dies ist eine für eine Jugendministerin nicht ganz unerhebliche No-na-Erkenntnis, man wundert sich nur, dass es dafür einer Studie bedurfte.* (SN 16. 2. 16); **Nona-Frage:** *Die sieben Fragen an die Gewerkschaftsmitglieder ... waren dann freilich, wie nicht anders zu erwarten, Nona-Fragen.* (KU 5. 12. 11); **Nona-Phrase; Nona-Slogan:** *Das führt dann zu No-na-Slogans wie »für mehr Arbeit«.* (SN 28. 9. 13); **Nona-Thema; Nona-Unterschriftenkampagne; No-na-Vorschläge; No-na-net-Kampagne:** *VP-Generalsekretär ... spricht von einer »No-na-net-Kampagne für schöneres Wetter.«* (SN 3. 7. 14).

**Normverbrauchsabgabe,** die (Verw.): nach dem Treibstoffverbrauch berechnete Steuer, die beim Erwerb eines Kraftfahrzeugs entrichtet wird: *So gingen aus der Mineralölsteuer (MÖSt), der Normverbrauchsabgabe (NoVA) und der motorbezogenen Versicherungssteuer rund sieben Milliarden Euro in den Staatshaushalt.* (KZ 3. 2. 17). – Abk. NoVA. ↑ ABGABE

**nostrifizieren,** sw. V. / hat ‹lat.› (Behördenspr.): (eine ausländische Qualifikation) im Inland anerkennen: *Nachdem sie ihr Diplom hatte nostrifizieren lassen, arbeitete sie jahrelang für ein Versicherungsunternehmen, heiratete und bekam zwei Kinder.* (PR 4. 7. 15) ◆ **Nostrifikation; Nostrifizierung**

**Notarzthubschrauber,** der: Rettungshubschrauber, -helikopter: *Die Feuerwehr musste den eingeklemmten Mann befreien, ehe er schwer verletzt mit dem Notarzthubschrauber ins Spital nach Wels gebracht wurde.* (OÖN 5. 5. 07)

**Notfallsplan,** der: Plan über das Vorgehen bei Notfällen, (in D) Notfallplan: *Für den Fall, dass sich die Briten am Donnerstag tatsächlich für den Austritt aus der EU entscheiden, haben Fed und EZB Notfallspläne geschmiedet.* (PR 21. 6. 16)

**notifizieren,** sw. V. / hat ‹lat.› (Behördenspr.): in einer diplomatischen Note mitteilen: *Österreich habe aus Gründen der Rechtssicherheit das »Haftungsgesetz Kärnten« der EU-Kommission notifiziert.* (PR 1. 9. 16) ◆ **Notifizierung**

**notionieren,** sw. V. / hat ‹lat.› (Behördenspr.): einer Behörde offiziell mitteilen ◆ **Notionierung**

**Notschlafstelle,** die: Schlafplatz für Obdachlose: *Ob sie einen Schlafplatz haben? Ja, sagt einer, später gehe er in die Notschlafstelle. Noch seien ihm da zu viele Menschen.* (PR 11. 1. 17)

**Notstand,** der; -s: (kurz für) ↑Notstandshilfe: *Ihr* Schuldenberg *beträgt 35.000 Euro, sie lebt vom Notstand, unlängst wurde ihr das Gas abgedreht.* (OÖN 8. 2. 10)

**Notstandshilfe,** die (Verw.): Zahlung an Arbeitslose nach Beendigung des Anspruchs auf Arbeitslosenunterstützung, (in D) Arbeitslosengeld II: *Nun ist ihr Gesundheitszustand wieder soweit hergestellt, dass sie das Leben in der Notstandshilfe besser aushält.* (FU 1. 3. 07) ◆ **Notstandshilfebezieher/-in**

**notverstaatlichen:** (einen Betrieb) zur Abwendung eines wirtschaftlichen Zusammenbruchs [mehrheitlich] in Staatsbesitz überführen: *Für den Abbau der schon 2008 notverstaatlichten Kommunalkredit ... wurde die Bad Bank KA Finanz installiert.* (SN 4. 7. 15) ◆ **Notverstaatlichung**

**NoVA, NOVA:** (als Wort gesprochene) Abk. für ↑Normverbrauchsabgabe

**NR:** (nur geschriebene Abk. für) ↑Nationalrat

**NRAbg.:** (nur geschriebene Abk. für) ↑Nationalratsabgeordnete/-r

**Nuance,** die ‹franz.›: wird österr. [ny'ɑ̃:s] ausgesprochen, in D [nў'ɑ̃:sə]

**Nudel,** die (Ktn.): eine mit ↑Topfen, Spinat oder Kartoffeln gefüllte Teigtasche: *Die Küche kommt mit dem Bau auf den neuesten Stand der Dinge, schließlich gehen 4.500 Essen aus der Küche hinaus, jährlich werden etwa 350.000 Kärntner Nudeln gemacht.* (KZ 29. 11. 16). ↑**Kletzennudel, Topfennudel,** (zu anderen Nudelgerichten:) ↑**Erdäpfelnudel, Dampfnudel, Kasnudel, Kletzennudeln, Mohnnudel, Rohrnudel, Schupfnudel, Weinnudel**

**Nudelauge,** das (ugs.): völlig unbedarfter Mensch: *Abgesehen davon bin ich ja technisch ein richtiges Nudelauge.* (profil 11. 1. 10)

**Nudelsuppe:** ***nicht auf der Nudelsuppe/Brennsuppe dahergeschwommen sein** (auch bayr.): nicht ahnungslos, minderwertig sein, wie andere vermuten: *Auch die scheinbaren Exoten sind nicht auf der Nudelsuppe dahergeschwommen – auch wenn sie eine solche servieren.* (KZ 22. 1. 17)

**Nudeltascherl,** das: Tascherl aus Nudelteig: *Mein heutiges Gericht sind hausgemachte Nudeltascherl gefüllt mit frischer Brunnenkresse und Topfen.* (SN 17. 4. 08). ↑Tascherl

**Nudelwalker,** der (auch bayr.): Teigrolle, Nudelholz: *Den Teig mit dem Nudelwalker so dünn wie möglich ausrollen.* (PR 21. 11. 03)

**null:** ***null Komma Josef** ↑nullkommajosef

**Nulldefizit,** das (Politik): Budget, in dem Einnahmen und Ausgaben in einem ausgeglichenen Verhältnis stehen (und das deshalb ohne Neuverschuldung auskommt): *Für die geplante Steuerreform 2010 gilt das Dogma: Erst ein Nulldefizit, dann ausschließlich Entlastungen.* (ST 29./30. 9. 07)

**Nuller,** der (auch südd.): Ziffer, Nummer Null, (in D) die Null: *Dee verwendete für die Botschaften, die er der Königin sandte, eine Geheimnummer, die 007. Wobei die beiden Nuller zwei Augen symbolisierten.* (OÖN 24. 10. 15) ↑Achter

**Nullerl,** das; -s, -n (ugs.): **1.** (veraltend) Mensch, der nichts zu sagen hat, nicht beachtet wird, (in D) die Null: (»s' Nullerl« ist der Titel eines bekannten Volksstücks von Carl Morre) **2. a)** (Sport) Zu-null-Niederlage bzw. Sieg: *mit 6 : 0, 7 : 6, 6 : 0 gab's zwei Nullerln.* (PR 14. 9. 04). **b)** Ausscheiden aus einem Bewerb mit null erreichten Punkten: *Hirscher fädelte ein und kassierte ein »Nullerl«.* (KZ 11. 3. 12). **3.** Null in der Bilanz u. Ä.: *Im Geschäftsjahr 2001 gab es einen Verlust von 5,45 Milliarden Dollar. Heuer könnte sich ein schwärzliches »Nullerl« ausgehen.* (OÖN 14. 9. 02)

**nullkommajosef, null Komma Josef** (ugs., verstärkend): null, nichts; *»Über die Zukunftsplanung mache ich mir Null Komma Josef Gedanken.«* (ST 11. 12. 15); *Dafür habe ich nullkommajosef Verständnis.* (OÖN 29. 7. 16); ***in nullkommajosef, in null Komma Josef:** sofort, plötzlich: *Eine originelle Idee, können die Protagonisten solcherart doch die Tiefe des Raums in nullkommajosef durchmessen.* (VB 21. 9. 15); *Aus Kettenrauchern werden in null Komma Josef militante Nichtraucher.* (News 6. 6. 12)

**Nulllohnrunde,** die: Aushandlung neuer Löhne zwischen Gewerkschaften und Arbeitgebern mit dem Ergebnis, dass der Kollektivvertragslohn nicht angehoben wird: *Am Donnerstag demonstrierten laut Gewerkschaft GPA-djp wegen einer möglichen Nulllohnrunde hunderte Arbeitnehmer.* (PR 2. 2. 17). ↑Runde

**Nummerntafel,** die: Kennzeichentafel, (in D) Nummernschild: *Gestraft wird ohne Ansehen der Person und der Nummerntafel.* (SN 1. 9. 06). ↑ TAFEL

**nunmehrig** (gehoben auch in D): jetzig: *Mit Datum Februar 2017 läuft also nun eine Anzeige wegen Betrugs gegen Eurofighter bzw. den nunmehrigen Dachkonzern Airbus.* (PR 23. 2. 17)

**nur:** ***nur mehr** (auch schweiz., selten auch in D): nur noch: *19 Kumpel konnten nur mehr tot geborgen werden.* (Österreich 19. 4. 15)

**Nursch,** der; -[e]s, - (Volkskunde, auch bayr.): Trog: *Wenn so manche ... Kulturschaffende in Österreich abtreten, dann kotzen sie gerne das Land oder dessen Institutionen an. Solange sie am Nursch der Fütterer sitzen, hört man diesbezüglich so gut wie nichts von ihnen.* (profil 10. 7. 06)

**Nussbeugel,** das: Beugel mit Nussfüllung: *Nussbeugel dürfte ich nicht backen, sonst wäre ich meine Gewerbeberechtigung los.* (PR 3. 9. 10). ↑ BEUGEL

**Nussfülle,** die: Fülle aus Nüssen: *Nur beim passenden Kipferl zum Frühstück gerät er kurz ins Stocken. Schließlich hat er seine Wahl getroffen: Eines mit Nussfülle und Nuss im Teig.* (PR 27. 4. 08). ↑ FÜLLE

**Nusskipferl,** das: Kipferl mit Nussfüllung: *Dazu gehörte ebenso traditionsgemäß ein Wettbewerb, wer denn nun die schönsten Husarenkrapferl oder Nusskipferl zu backen verstand.* (ST 28. 5. 13). ↑ KIPFERL

**Nüsslesalat,** der (Vbg., in der Form *Nüsslisalat* auch schweiz.): Feldsalat, Rapunzel, ↑ Vogerlsalat: *Obwohl der Nüsslesalat als sehr robust gilt, ist im Winter eine Abdeckung mit Vlies oder Reisig empfehlenswert.* (VN 14. 3. 13)

**Nusspalatschinke,** die: Palatschinke mit Nussfüllung. ↑ PALATSCHINKE

**Nusspotitze,** die (südösterr.): Striezel mit Nussfüllung. ↑ **Potitze**

**Nussschnitte,** die: Nusskuchen. ↑ SCHNITTE

**Nussstrudel,** der: ↑ Strudel mit Nussfüllung. ↑ STRUDEL

**nutz:** ***zu etwas/nichts nutz sein:** österr. (und südd., schweiz.) Form, (in D) zu etwas/nichts nütze sein: *Die Pläne für den Klimaschutz sind offensichtlich zu nichts nutz.* (KR 11. 12. 07)

**nützen:** ist österr. (und südd., schweiz.) die überwiegende Form gegenüber *nutzen.* ↑ **ausnützen, benützen**

**Nutzgrund,** der: Grundstück für wirtschaftliche Zwecke: *Zehn Hektar Wald und bester landwirtschaftlicher Nutzgrund sollen geopfert werden.* (SN 6. 7. 06)

**Nutzwasser,** das (selten auch in D): Wasser für industrielle Zwecke; (in D) Brauchwasser, Betriebswasser: *Ein Rüssel mit Begleitheizung ragt vom Schwimmkörper ins Wasser und saugt über zwei Vorfilter das Nutzwasser aus der Donau.* (ST 23. 7. 16)

**Nylonsack,** der (veraltend): Plastiksack: *Mit mindestens 60 Grad waschen, für 24 Stunden in den Tiefkühler oder in einem Nylonsack eine Woche luftdicht einschließen.* (OÖN 29. 2. 12). ↑ SACK

**Nylonsackerl,** das (veraltend): Plastiksack: *Aber Vorsicht: verschwitze Shirts gefrieren. Und Feuchtigkeit macht jedes »Notshirt« unbrauchbar. Die Lösung: ein dünnes Nylonsackerl.* (ST 9. 1. 16). ↑ SACKERL

# O o

**ÖAMTC:** (Abk. für) Österreichischer Automobil-, Motorrad- und Touring Club. Vgl. ARBÖ

**ob:** wird österr. (und bayr.) mit langem o ausgesprochen

**ÖBB,** die: buchstabierte Abk. für Österreichische ↑ Bundesbahnen: *Zwar gebe es seit einigen Jahren mit der Westbahn einen Mitbewerber zu den ÖBB, allerdings setze der Staat auf Direktvergaben statt auf Ausschreibungen von Leistungen.* (PR 17. 2, 17) ◆ **ÖBB-Bedienstete/-r; ÖBBler/-in**

**Obderennsia,** die /Plural/ (Bibliothekswesen): Publikationen über Oberösterreich

**obenauf** (regional auch in D): obendrauf: *Und obenauf entsteht eine große Terrasse – mit Blick auf das Meer und die Insel gegenüber.* (PR 17. 12. 16). – In D meist im übertragenen Sinn für ›gut gelaunt, gesund; selbstbewusst‹

**ober** /Präp. mit Dativ/ (regional veraltet auch in D): über, oberhalb von: *das Schild hängt ober der Tür; Ganden dagegen, hoch ober dem Kyi-Chu-Tal, ist wie ein Adlerhorst auf 4.500 m gelegen.* (OÖN 21. 7. 01)

**Oberamtmann,** der (Burgenland, Verw.): Amtsleiter einer Gemeinde: *Aufgeflogen ist der Fall, als Bürgermeister S. von seinem Oberamtmann, der für insgesamt vier Gemeinden zuständig ist, auf gewisse Unregelmäßigkeiten bei der Abgabenvorschreibung hingewiesen wurde.* (BVZ 12. 3. 15)

**Oberdonau** (hist): Oberösterreich (mit einigen weiteren Gebieten) in der NS-Zeit

**obergescheit** (abwertend): oberschlau, neunmalklug, siebengescheit: *Obergescheite Ex-Politiker, die dauernd Ratschläge geben, sind mir selbst auch immer wahnsinnig auf die Nerven gegangen.* (PR 27. 2. 15) ◆ **Obergescheite** der/die

**Oberlandesgericht,** das: wird österr. auf der ersten Silbe betont, in D auch auf der dritten

**Oberlichte,** die; -, -n (auch bayr.): Fenster über der Tür, oberster Fensterflügel, (in D) das Oberlicht, (in CH auch) Oblicht: *»In jeder Ecke finde ich ganz erstaunliche Parallelen«, erzählt S., seien es die Ornamente und Decken, sei es die Lösung des Treppenaufgangs mit der verglasten Oberlichte.* (PR 11. 7. 14)

**Obers,** das; - (bes. ostösterr.): süße Sahne, süßer Rahm: *Zum Binden nimmt Stranzinger gerne Butter, weil dadurch der Geschmack intensiver wird. Obers eignet sich weniger und verdünnt den Grundgeschmack nur mit Fett.* (OÖN 17. 12. 16). Vgl. Rahm. ↑**Kaffeeobers, Schlagobers, Schlag, Topfen-Obers-**

**Oberschulrat Oberschulrätin,** der bzw. die: Ehrentitel für verdiente Pflichtschullehrer/-innen; Abk. OSR: *F.F., Direktor der Hauptschule Mariapfarr, wurde der Berufstitel »Oberschulrat« verliehen.* (SN 2. 6. 05). Vgl. Schulrat

**Oberscreme,** die: Creme, Tortenfüllung aus Milch, Puddingpulver, Zucker, ↑Schlagobers u. a.: *Unter den dolci hatte es uns besonders die Apfeltorte (dezent gesüßte Oberscreme und leicht säuerliches Apfelgelee) vom grünen Apfel angetan.* (SN 6. 4. 02)

**Oberskren:** Sauce aus ↑Obers und ↑Kren, (in D) Sahnemeerrettich: *Der Bio-Räucherlachs mit Oberskren (9,50 Euro) zerging auf der Zunge.* (OÖN 26. 2. 16). ↑KREN

**Oberssauce,** die (ostösterr.): Rahmsauce: *Die Nachricht, dass darin ... Rezepte wie Fischotter in Oberssauce oder Kormoran mit Linsen zu finden seien, sorgte in lokalen Medien für Aufregung.* (PR 22. 3. 14). ↑SAUCE

**öberst** (veraltet): oberst: *Und oberste bis öberste Unordnung war reichlich.* (ST 28. 12. 13)

**Öberste,** der bzw. die; -n, -n (ugs., ironisch, veraltend): der Oberste, Vorgesetzte: meist in Zus., z. B.: **Polizeiöberste.** ↑**Gottsöberste**

**Oberstleutnant,** der: wird österr. auf der ersten Silbe betont, in D auch auf der dritten

**Oberstudienrat Oberstudienrätin,** der bzw. die: Ehrentitel für eine/-n verdiente/-n Gymnasiallehrer/-innen; Abk. OStR (in D eine Beförderungsstufe des Studienrats): *Auch Dinge wie die Ernennung von Oberstudienräten müssten nicht unbedingt von der Ministerin unterschrieben werden.* (SN 20. 1. 15). – Das Simplex *Studienrat* ist in Österr. ungebräuchlich

**Oberstufe,** die: die vier (an AHS) bzw. fünf (an BHS) obersten Klassen an höheren Schulen: *Ausgebildete Sekundarstufenlehrer können dann sowohl an einer NMS als auch in AHS-Unter- und Oberstufe unterrichten.* (PR 8. 11. 16)

**Oberstufenrealgymnasium,** das: vierjähriger Gymnasialtyp, der das 9. bis 12. Schuljahr umfasst; Abk. ORG

**Obfrau,** die: Vorsitzende: *Das Wochenende wurde von der Obfrau des Sozialausschusses der Gemeinde ... organisiert.* (SN 15. 3. 07) ↑**Klubobfrau, Parteiobfrau** ◆ **Betriebsratsobfrau; Bundesobfrau; Ehrenobfrau**

**obgenannt** (Behördenspr., auch schweiz.): oben genannt. *Das 1765 ... komponierte Werk ist vielleicht für Intendanten von Opernhäusern interessant, die schon alle obgenannten Werke im Spielplan haben.* (PR 20. 2. 12)

**Obi,** das; -[s], -[s]: Apfelsaft (urspr. Produktname der Fa. Ybbstaler): *Als potenziellen Absatzmarkt haben die Mostviertler dabei ein spezielles Getränk im Visier: Die »Schorle«, deutsches Gegenstück zum heimischen »Obi g'spritzt«.* (KU 5. 7. 07). Vgl. gespritzt

[1]**Oblate,** die; -, -n ‹lat.›: ungeweihte Hostie; dünnes Gebäck. – Mit Betonung auf der ersten Silbe, in D auf der zweiten

[2]**Oblate,** der; -n, -n ‹lat.›: Angehöriger einer kath. religiösen Genossenschaft, mit Betonung auf der zweiten Silbe

**obliegen:** wird österr. (und schweiz.) auf der zweiten Silbe betont, in D auch auf der ersten; die Verbformen sind österr. untrennbar: es obliegt, oblag, ist oblegen, zu obliegen (in D veraltend auch trennbar: es liegt ob, lag ob, hat obgelegen, obzuliegen). ↑LIEGEN

**Obliegenheit,** die: wird österr. (und schweiz.) auf der zweiten Silbe betont, in D meist auf der ersten

**obligat** ‹lat.›: obligatorisch, verpflichtend (in D veraltet): *Damals war der Führerschein für Kart-Rennen noch obligat.* (SN 28. 2. 07). – In der Bedeutung ›regelmäßig auftretend, dazugehörend‹ gemeind.

**Obligo:** ***außer Obligo:** unter Ausschluss der Haftung: österr. Form, (in D) ohne Obligo:

*Die Produzenten fühlen sich außer Obligo. Sie machen nur, was der allmächtige Gott des Marktes von ihnen verlangt.* (OÖN 21. 2. 13)

**Obmann,** der; -[e]s, -männer/-leute: Vorsitzender eines Vereins, einer Partei: *Nach dem Konkurs der »Alt-Wien«-Kindergärten hatte M. einige Standorte dieses Betreibers übernommen, wobei er offiziell weder als Obmann noch als Geschäftsführer des neuen Vereins aufschien.* (PR 21. 2. 17) ↑**Klubobmann, Parteiobmann** ◆ **Betriebsratsobmann; Bundesobmann; Ehrenobmann; Jahrgängerobmann; Gremialobmann**

**Oboe,** die ‹ital.›: wird österr. urspr. auf der ersten Silbe betont, heute überwiegt wie in D die Betonung auf der zweiten

**obsiegen:** wird österr. (und schweiz.) auf der zweiten Silbe betont (in D auch auf der ersten); die Verbformen sind österr. untrennbar: er obsiegt, obsiegte, hat obsiegt, zu obsiegen (in D auch trennbar: er siegt ob, siegte ob, hat obgesiegt, obzusiegen): *Dass es nach einer halben Woche Hysterie so ruhig geworden ist, dürfte daran liegen, dass die Ratio wieder obsiegt hat.* (OÖN 11. 5. 07)

**Obsorge,** die, - (Behördenspr.): elterliche Pflichten gegenüber Minderjährigen; Fürsorge: *Im Fall jenes 14-Jährigen aus Villach ... liegt ein Gutachten vor, nachdem der Frau die Obsorge über ihr Kind entzogen wird.* (SN 2. 3. 07) ◆ **Obsorgepflicht; Obsorgeverfahren**

**Obstschnitte,** die: Obstkuchen. ↑Schnitte

**Obststeige,** die (regional auch in D): aus schmalen Latten hergestellte Obstkiste: *Aus der Befüllung von Obststeigen mit pflückfrischen Marillen erstand, über den Umweg elterlicher Prämialzahlungen, eine Schallplattensammlung.* (ST 30. 6. 11). ↑Steige

**obwalten:** wird österr. auf der zweiten Silbe betont (in D auch auf der ersten); die Verbformen sind österr. untrennbar: es obwaltet, obwaltete, hat obwaltet, zu obwalten (in D auch trennbar: es waltet ob, waltete ob, hat obgewaltet, obzuwalten): *... dass Klöster, in denen der richtige Geist obwaltet ... durch eine äußere Macht nicht aufgelöst werden können.* (OÖN 16. 6. 01)

**Occasion** ↑Okkasion

**Ochs,** der; -en, -en: österr. (und südd., schweiz.) Form, (in D) Ochse: *Die Kühe stehen in der linken Bildhälfte bei der Bäuerin, Ochs und Stier beim Bauern.* (SN 9. 11. 16)

**Ochsenschlepp,** der: Ochsenschwanz (als Fleischteil und Speise): *Man bestreiche dazu jeweils ein Kilogramm Ochsenschlepp, Rippenfleisch und Markknochen mit Olivenöl und Tomatenpaste, ... und brate sie eine halbe Stunde lang bei 180 Grad.* (PR 15. 2. 15)

**Ochsenschleppsuppe,** die: Ochsenschwanzsuppe: *Besonders der Schwanz des Waldkängurus produziert eine Suppe, die sowohl in Geschmack als auch Intensität viel besser ist, als jede Ochsenschleppsuppe, die je gekostet wurde.* (ST 9. 11. 14). ↑Suppe

**Ofenrohr,** das: Backrohr (in D Ofenröhre i. S. v. ›Bratröhre‹, ein Ofenrohr ist in D nur ein ›Rohr, das einen Ofen durch ein Ofenloch mit dem Kamin verbindet‹): *Unverdrossen schieben die österreichischen Hausfrauen und Hausmänner ein Blech ums andere ... in die Ofenrohre.* (ST 12. 12. 14). ↑**Backrohr, Rohr**

**offen** (auch schweiz., regional auch in D): nicht abgepackt: *Milch, Mehl, Zucker offen verkaufen; Weitere Stärken im Sortiment sind: neun verschiedene Sorten Reis, die offen verkauft werden.* (OÖN 13. 12. 02). – In der Bedeutung ›nicht in Flaschen abgefüllt (von Flüssigkeiten)‹, z. B. offenes Bier, gemeind.

**offenbar:** wird österr. auf der ersten Silbe betont, in D auch auf der dritten. Das gilt urspr. auch für **offenbaren, Offenbarung, Offenbarungseid, Offenbarungsglaube,** in diesen Wörtern ist aber heute die Betonung auf der dritten Silbe (wie in D) ebenso gebräuchlich

**Offert,** das; -[e]s, -e ‹franz.›: österr. Form, (in D) die Offerte: *Kraft habe dann das Offert zurückgezogen, da die anschließenden Verhandlungen mit Unilever zu schwierig geworden wären.* (WZ 20. 2. 17); ***ein Offert einholen:** an einen Anbieter eine Preisanfrage richten, eine Offerte einholen: *Auf die auch im Internet gestellte Frage, ob Yahoo nach dem Microsoft-Angebot nun auch von anderen Firmen eine Offerte einholen wolle, erklärte das Management, man werde auch diese Optionen prüfen.* (WZ 3. 2. 08)

**Offert-:** die Zus. werden österr. (und schweiz.) mit *Offert-* gebildet, in D mit *Offerten-*: **Offertabgabe:** *Der Vergabevorgang erfolgt in zwei Teilen, nämlich der eigentlichen Offertabgabe ... und der so genannten »Nachbesserung«.* (News 10. 2. 05); **Offertanfrage; Offerterstellung; Offertlegung:** *Penta zufolge wurde von Deloitte, die den Verkaufsprozess begleiten, eine separate Offertlegung für die ATB gefordert.* (PR 7. 10. 11)

**Öffi,** das; -s, -s (salopp): (kurz für) öffentliches Verkehrsmittel: *Der Grazer Bürgermeister legt sein Programm für die Gemeinderatswahl im Februar vor. Er setzt auf Bildung, Öffis und den Wohnbau.* (PR 3. 1. 17).) ◆ **Öffi-Benützer/-in, Öffi-Fahrt, Öffi-Netz; Öffi-Ticket, Öffi-Verkehr**

**Offizial Offizialin** der bzw. die ⟨lat.⟩ (Behördenspr.): Beamter/Beamtin der allgemeinen Verwaltung und in handwerklicher Verwendung. – Die Bedeutung in der kirchlichen Verwaltung (Vertreter des Bischofs in der Gerichtsbarkeit) ist gemeind.

**Offizier,** der ⟨franz.⟩: wird österr. veraltend auch [ɔfiˈsiːɐ̯] ausgesprochen

**öfter:** ***des Öftern** (auch schweiz.): (häufig für) des Öfteren: *Des Öftern stellte sich die wissbegierige Frau die Frage, warum sie sich das eigentlich antut.* (OÖN 4. 8. 01)

**öfters** /Adverb/ (auch schweiz., regional auch in D): öfter, manchmal: *Unsere Gäste sagen öfters, wenn sie bei uns sind: so stelle ich mir Österreich vor.* (SN 8. 6. 17). Während *öfters* regional unterschiedlich im ganzen Sprachraum verbreitet ist, sind die anderen Adverbien auf *-s* auf Österreich beschränkt, vgl. durchgehends, durchwegs, ferners, weiters, ohneweiters

**öftest:** (seltener auch schweiz.) /Superlativ von *oft*, nur in Verbindung mit *am*/: *Am öftesten sieht man in Österreich die Marke aus Wolfsburg: 992.595 VW waren im Vorjahr zugelassen.* (PR 20. 2. 17)

**öha** (auch südd.): oha! /Ausruf des Erstaunens, der Überraschung, der Ablehnung/: *Öha, das Christkind gibt's ja gar nicht!* (KU 24. 12. 05)

**ohneweiters:** österr. Form, (in D) ohne Weiteres: *Die Ergebnisse der Studie ließen sich aber nicht ohneweiters auf die österreichische Situation übertragen.* (ST 9. 7. 14). Vgl. weiters

**Ohrenfauteuil,** das und der: Ohrensessel: *Unter den Sitzmöbeln ... außerdem ein Ohrenfauteuil von Josef Hoffmann, 1905, und ein Fauteuil nach Entwurf von Kolo Moser, 1906.* (SN 3. 4. 04). ↑**Fauteuil, Lederfauteuil**

**Ohrenschliefer,** der [...iːa...] (ugs.): Ohrwurm: *Ihre natürlichen Feinde: Marienkäfer – ihre Larven fressen immerhin 60 Läuse pro Tag –, Wildbienen oder Ohrenschliefer.* (SN 23. 6. 04). ↑SCHLIEFEN

**Ohrenschlüpfer,** der: Ohrwurm: *Wenn Raupen der Knospenstecher die Blüten ausfressen, empfehle sich der Bau eines Nützlingshotels, um Marienkäfer, Ohrenschlüpfer oder Florfliegen anzuziehen.* (KZ 6. 8. 11)

**Ohrlapperl,** das (ugs.): Ohrläppchen: *Auch Ohrringe sind nicht jedermanns Sache ... »Ich habe einfach zu kräftige Ohrlapperln.«* (KZ 5. 1. 12)

**Ohrwaschel,** das; -s, - (ugs.) **1.** (auch bayr.) Ohrmuschel: *Das, was heute im Radio läuft, geht mir bei einem Ohrwaschel rein, ... dann geht's beim anderen Ohrwaschel wieder raus.* (OÖN 7. 5. 05); ***jmd. rührt kein Ohrwaschel:** jmd. zeigt kein Interesse: *Keiner tut was, keiner sagt was und ein Ohrwaschel rührt auch niemand.* (KU 3. 8. 06); ***jmdm. um die Ohrwascheln fahren:** jmdm. [an sportlicher Leistung] überlegen sein: *Anfangs sind sie mir im Training um die Ohrwascheln gefahren.* (KZ 14. 11. 16). **2.** ↑Gehsteigvorziehung: *schließlich war das Ohrwaschel ja errichtet worden, weil es hier fast täglich ... zu Unfällen gekommen war.* (ST 14. 2. 05). ↑**Badewaschel, Waschel**

**oida** [ɔy...] /Partikel; ohne Artikel und Flexion, geschlechtsneutral/ ⟨eig. ›Alter‹⟩: (Jugendsprache, salopp, veraltet): an Wörter, Ausrufe oder Sätze angehängtes Wort ohne spezielle Bedeutung, häufig in Kombinationen wie *fix oida, bam oida: Der Seitenhalt ist auch super, fix Oida!* (PR 8. 8. 08); *Ah so, dafür habt's ihr euch im Gesicht wieder gut gehalten, Oida!* (PR 24. 8. 15); *Die Mädchen mit den weißen Stiefeletten und den entzündeten Piercings, die in der Straßenbahn zueinander »Oida« sagen?* (PR 2. 10. 08). Vgl. Krocha

**Okkasion,** die: Sonderangebot, günstige Kaufgelegenheit: *Unter dem Strich halten wir den Talisman mit der überreichlichen Ausstattung zu dem oben genannten Preis für eine Okkasion.* (PR 25. 3. 16). – Auch in der Schreibung *Occasion* ◆ **Okkasionspreis**

**Ökomascherl,** das; -s (ugs.): Kennzeichen für ökologisch günstig hergestellte Produkte: *Verbrämt wird das mit dem Ökomascherl, bei dem man allerdings nicht allzu lang hinter die Kulissen blicken darf.* (PR 13. 6. 13). ↑**Mascherl**

**Ökonomierat Ökonomierätin,** der bzw. die: Berufstitel für verdiente Bauern/Bäuerinnen: *Ist doch die Ernennung zum Ökonomierat die höchste Auszeichnung und der höchste Ehrentitel, den ein Landwirt bekommen kann.* (OÖN 15. 2. 05)

**Ökopickerl,** das: Plakette zur Auszeichnung umweltfreundlicher Betriebe: *Das Hilti-Werk*

*in Thüringen erhielt als erster Industriebetrieb das Ökopickerl.* (ST 1. 3. 11). ↑Pickerl

**Ökopunkt,** der: Einheit eines Bewertungssystems, mit dem die Umweltverträglichkeit in Straßenverkehr, Wohnungsbau und Landwirtschaft bewertet und finanziell belohnt wird: *Mittels »Ökopunktesystem« werden bei ökologischen und Energie sparenden Maßnahmen nicht mehr rückzuzahlende Annuitätenzuschüsse vom Land geleistet.* (ST 13. 1. 09)

**Ökoschmäh,** der (salopp): 1. nur scheinbar ökologisch wirksame Maßnahme: *Ressourcenverbrauch ist ein großes Thema, Sie selbst propagieren grüne Mobilität. Ist das mehr als ein simpler Ökoschmäh?* (ST 8. 4. 13). 2. Trick, mit dem durch nur vorgetäuschte ökologische Argumente Geschäfte gemacht werden: *Ohne die hohen Windradlsubventionen bzw. ohne diesen Ökoschmäh wäre die ganze Diskussion um den Kobernaußerwald erst gar nicht entstanden.* (OÖN 25. 2. 10). ↑-schmäh

**Oktav,** die; -, -en ‹lat.› (Musik): achter Ton der diatonischen Tonleiter; Intervall im Abstand von 8 Stufen, (in D) Oktave: *Die »Alpenschellen« gibt es in verschiedenen «Maulbreiten«: 3,5 bis 10 cm sind es bei der kleinen Oktav, bis 15 cm bei der großen Oktav.* (OÖN 30. 12. 06). – Die kirchlichen Bedeutungen (achttägige Festwoche; Nachfeier am 8. Tag) sind gemeind.

**Olive,** die ‹griech.›: wird österr. (und südd., schweiz.) meist mit [...f...] ausgesprochen, in D mit [...v...]

**Olympiawerber** ↑-werber

**Omelette,** die; -, -n ‹franz.›: österr. (und schweiz., in D fachspr.) Form, (in D) das Omelett: *Sobald die Omelette auf der Oberseite fest zu werden beginnt, aus dem Rohr nehmen und auf einen Teller geben.* (KZ 14. 7. 08). – Das Neutrum *das Omelett* wird in Österr. informell verwendet und oft als dialektal empfunden

**-on:** Die Wörter auf *-on,* werden österr. (und südd., schweiz.) mit [-oːn] ausgesprochen, in D [-oŋ] oder [-õː]. Der Plural lautet -one, z. B. *Balkon, Beton, Bonbon, Chiffon, Kreton, Kupon, Pardon, Pension, Rayon, Saison* [auch seˈsõː], *Salon, Siphon, Tampon, Waggon*

**Opferfürsorge,** die (Verw.): Entschädigung für die Opfer politischer Verfolgung 1933–1945 und deren Hinterbliebene: *Von 1945 bis 2014 wurden im Bereich Opferfürsorge über 900 Mio. Euro aufgewendet.* (SN 29. 5. 15) ◆ **Opferfürsorgegesetz**

**ÖNORM:** (kurz für) Österreichische Norm: *Die Abmessungen der Einwurfsöffnungen werden in der ÖNORM EN 13724 geregelt.* (ST 13. 7. 06); *Neue Önorm: Dächer müssen mehr Schnee tragen können.* (ST 13. 3. 06)

**OÖ, oö.:** (Abk. für) Oberösterreich, oberösterreichisch

**Optant,** der: das gemeind. Wort für ›Person, die für etwas optiert‹ wird in der österr. Geschichte vor allem auf die Südtiroler, seltener die Deutschen in anderen Gegenden, bezogen, die sich 1939 für die deutsche Staatsbürgerschaft und somit für Auswanderung entschieden. *Nur rund 100 der insgesamt 5.700 Optanten, die das Kanaltal verließen, waren Slowenen.* (PR 28. 6. 04)

**optieren** (hist.): sich (als Südtiroler) im Zuge des Hitler-Mussolini-Abkommens von 1939 für das Deutsche Reich und Auswanderung entscheiden

**Option,** die (hist.): durch das Hitler-Mussolini-Abkommen von 1939 erzwungene Entscheidung der Südtiroler, durch Auswanderung ins Deutsche Reich deutsch zu bleiben oder bei Verbleib in Südtirol italianisiert zu werden

**[1]Orange,** die; -, -n ‹franz.› (auch südd., schweiz.): (in D) Apfelsine. Die Aussprache lautet immer [oˈrãːʒɛ, ɔˈranʒɛ], die in D übliche Aussprache [oˈraŋʒə] wird als sehr fremd empfunden

**[2]Orange,** das; -, - [oˈrãːʒ]: orange Farbe: wird österr. (und schweiz.) ohne Endungs-e und zweisilbig ausgesprochen, unterscheidet sich also deutlich von der dreisilbigen Aussprache der Frucht

**Orangeade,** die: wird österr. ohne Endungs-e ausgesprochen

**Orangenjuice,** der: Orangensaft: *Amry trank noch mit seinem Mitarbeiter ... ein Glas Orangenjuice, begab sich dann zu Bett.* (PR 12. 6. 15). ↑Juice

**Orchester,** das ‹griech.›: wird österr. meist [ɔrˈçɛstɐ] ausgesprochen, in D meist [ɔrˈkɛstɐ]. Ebenso **orchestral, orchestrieren** usw.

**Ordination,** die ‹lat.›: 1. Arztpraxis: *Sollten zusätzliche Leistungen aus Ordinationen in Spitalsambulanzen verlagert werden, wäre eine Aufweichung des Krankenanstalten-Arbeitszeitgesetzes nötig.* (PR 16. 11. 16). 2. Räumlichkeiten der Arztpraxis: *In dem Neubau sollen unter anderem neue Therapiebereiche, Ordinationen, ein Patientenrestaurant sowie eine Tiefgarage errichtet werden.* (ST 12. 3. 07). 3. (veraltet auch in D) ärztliche Sprechstunde: *nächste Ordination am Montag* ◆ **Ordinationseröffnung; Ordinationsraum** /meist Plural/; **Ordinationszimmer; Ordinationshilfe:** *Denn die Chance, dass der Arzt selbst oder die Ordinationshilfe nach einem Crash-Kurs den Datenschutzbeauftragten mimen kann, stehen schlecht.* (PR 6. 7. 14); **Ordinationszeit:** *Verpflichtende Ordinationszeiten am Wochenende dürfte es weiterhin nicht geben.* (PR 8. 3. 16); **Facharztordination**

**ordinieren,** sw. V. / hat ⟨lat.⟩: ärztliche Sprechstunde abhalten: *der Arzt ordiniert nur vormittags; Das Unternehmen hält voll funktionsfähige Arztpraxen bereit, in denen sechzig Ärzte und Therapeuten ordinieren.* (SN 23. 7. 15)

**ORF,** der: buchstabierte Abk. für Österreichischer Rundfunk: öffentlich-rechtlicher Anbieter von Radio-, Fernseh- und Internetprogrammen

**ORF-Grande** ↑Grande

**ORF-ler ORF-lerin,** der bzw. die (salopp): Mitarbeiter/-in des ORF: *Wenn aber einer der bedeutendsten Schriftsteller in der Stadt weilt, haben die ORF-ler keine Zeit und müssen anscheinend schon um 20 Uhr im Bett sein.* (OÖN 20. 2. 09)

**ORG:** (buchstabierte Abk. für) Oberstufenrealgymnasium

**Organdin,** der; -s ⟨franz.⟩: feines Baumwollgewebe: österr. Form, (in D) Organdy

**Organmandat,** das ⟨lat.⟩: (kurz für) ↑Organstrafmandat: *Wer sein Kind im Auto nicht ordnungsgemäß gesichert hat, kommt künftig nicht mehr mit einem sofort zu bezahlendem Organmandat von 21 Euro davon.* (SN 3. 11. 05)

**Organmandatsstrafe,** die (selten): ↑Organstrafmandat: *Wird man ohne Sicherheitsgurt erwischt, droht eine Organmandatsstrafe von 35 Euro.* (KU 17. 4. 13)

**Organstrafmandat,** das: [von einem Polizisten] direkt verfügte und kassierte [Polizei] strafe ohne Anzeige und Verfahren, (in D) Ordnungsstrafe: *Allein in den ersten vier Wochen der Umgestaltung waren es rund 1000 Anzeigen und 950 Organstrafmandate.* (PR 19. 11. 15). – Das Simplex *Strafmandat* ist gemeind.

**Organstrafverfügung,** die (Behördenspr.): ↑Organstrafmandat: *Die Polizei bot ihm eine anonyme Organstrafverfügung an, doch er lehnte ab. Also wurde in einem ordentlichen Verfahren die erwähnte Geldstrafe verhängt.* (PR 4. 5. 14)

**Ortschef Ortschefin,** der bzw. die (informell): Bürgermeister/-in: *Der Ortschef verspricht, dass die Auflagen überprüft und ein Dauermessgerät installiert würden.* (SN 3. 5. 07). ↑**Chef, Landeschef, Stadtchef**

**Ortschwanzl,** das; -s, -n: Fleischteil vom Rind von der inneren Keule

**Ortskaiser Ortskaiserin,** der bzw die (salopp): einflussreicher Bürgermeister: *L. muss zeigen, ob er sich aus den Fängen roter Ortskaiser und skrupelloser Einkaufszentrenbetreiber befreien kann.* (KZ 20. 3. 16); *Sie sind seit Ende März Bürgermeisterin. Sehen Sie sich als Ortskaiserin?* (NÖN 6. 10. 09). ↑-KAISER

**Ortstafel,** die (seltener auch in D und CH): (in D meist) Ortsschild: *Die jahrelangen Auseinandersetzungen über slowenische Ortstafeln, die erst 2011 mit einer Verfassungsregelung beendet wurden, sind Ausdruck dieser alten Frontstellungen.* (PR 11. 2. 17). ↑TAFEL

**Ortstaxe,** die: Gebühr, die pro Gästenächtigung von der Gemeinde eingehoben wird: *Hotels und Ferienappartements müssen eine Ortstaxe von 1,50 Euro pro Nacht und Person abführen.* (SN 24. 3. 16). ↑TAXE

**Ortsumfahrung,** die: Umfahrungsstraße um einen Ort: *Wird keine neue Ortsumfahrung gebaut, wird für die Loferer Straße im Jahr 2025 ein tägliches Verkehrsaufkommen von 24.500 Fahrzeugen prognostiziert.* (SN 24. 11. 16). ↑**Umfahrung, Autobahnumfahrung**

**Ortsvorsteher Ortsvorsteherin,** der bzw. die (regional ähnlich in D): Person, die einer Gemeinde, stellvertretend für den Bürgermeister einer ↑Katastralgemeinde vorsteht: *Der ehemalige Ortsvorsteher von Ardagger Markt wird für seinen politischen Einsatz geehrt und für Projekte wie den Wochenmarkt und das Betreute Wohnen.* (OÖN 15. 1. 14). – Oft auch allgemein für ›Bürgermeister‹

**Ösi,** der; -s, -s ⟨nach dem Muster von *Ossi, Wessi* in D⟩ (ugs., salopp, oft abwertend): Österreicher: *Hasenhüttl, der nach Fürsprache von Uli Hoeneß als »Ösi« die Trainerausbildung an der renommierten Sporthochschule Köln absolvierte, hat seine Philosophie nicht aus dem Lehrbuch abgekupfert.* (OÖN 19. 5. 15); *»Ich bin stolz darauf, Deutscher zu sein«, während »der Ösi immer alles vergisst.«* (PR 13. 12. 16). – Das Wort wird vor allem in Deutschland verwendet, in Österreich oft als Zitatwort aus Deutschland oder in selbstkritisch-ironischer Weise

**Ostarrichi:** Bezeichnung für Österreich in der ersten urkundlichen Erwähnung 996 (eig. ›Gegend im Osten‹, heute im westlichen Niederösterreich gelegen)

**Ostern,** die: wird österr. (und südd., schweiz.) als Plural gebraucht und wird (wie regional, bes. nordd., auch in D) mit *zu* verbunden, südd., schweiz. mit *an: Das übertriebene Eieressen zu Ostern lässt viele an den Cholesterinspiegel denken.* (ST 2. 5. 07); *Es stand zu lesen, dass diese Ostern in vielen Städten der freien Welt Friedensmärsche stattfinden.* (KU 11. 4. 04). Vgl. Allerheiligen, Pfingsten, Silvester, Weihnachten

**Osterpinze,** die /meist Plural/: ein Ostergebäck aus Hefeteig: *Sie haben uns in der Karwoche besucht und für jeden Mitarbeiter und Betreuer eine selbst gebackene Osterpinze mit Osterei mitgebracht.* (SN 27. 4. 06). ↑**Pinze**

**Österreicher:** ***gelernter Österreicher:** jmd. der mit österreichischen Gewohnheiten sehr gut vertraut ist: *Als gelernter Österreicher habe ich mich allerdings ... vorsichtshalber an verschiedenen Stellen in Österreich erkundigt, was es denn für eine Bewandtnis mit dieser Ausschreibung auf sich habe.* (WZ 20. 12. 07); ***Herr und Frau Österreicher:** durchschnittliche Österreicher: *Im Schnitt haben Herr und Frau Österreicher ihre Handys 36 Minuten pro Tag in der Hand.* (KU 13. 2. 08)

**Österreichfenster,** das: in deutschen Privatsendern nur für Österreich ausgestrahlte Sendung, meist Werbung: *Nun rüsten auch die Österreichfenster von ProSiebenSat1 und RTL-Gruppe auf: High Definition heißt das Credo der TV-Zukunft.* (PR 10. 9. 11)

**Osterstriezel,** der: für Ostern gebackener Hefezopf: *Diese landen erfahrungsgemäß nicht als Ei im Haushalt am Teller, sondern gelangen weitaus häufiger als »Osterstriezel« auf den reich gedeckten Tisch.* (ST 24. 4. 07). ↑Striezel

**out** [aut] ‹engl.› (Sport, auch schweiz., veraltet auch in D): aus, außerhalb des Spielfeldes (bei Ballspielen): *... der Videobeweis, ob ein Ball in oder out war.* (PR 14. 5. 07); ***out geben:** (den Ball) für außerhalb des Spielfelds erklären: *Das waren Bälle, die man nicht unbedingt out geben muss.* (KZ 24. 8. 08). – Die ugs. Bedeutung ›aus, ausgeschieden‹ ist gemeind.

**Out,** das; -[s], -[s] (auch schweiz.): Raum außerhalb des Spielfeldes, (in D): das Aus: *Als mich der Schiri fragte, ob der Ball schon im Out war, habe ich es zugegeben.* (OÖN 6. 6. 16). ↑**Seitenout, Torout** ◆ **Outball; Outeinwurf; Outlinie**

**Outwachler Outwachlerin,** der bzw. die (ugs., salopp, Fußball): Schiedsrichterassistent (früher Linienrichter): *P. O. kam als Zuschauer und musste notgedrungen als Outwachler einspringen.* (ST 10. 11. 06). Vgl. wacheln

**Overall,** der ‹engl.›: wird österr. (und schweiz.) meist [ˈoːvɐral] ausgesprochen, in D [ˈoʊvərɔːl]

**ÖVP-Klub,** der: ÖVP-Fraktion. ↑Klub

**-ow:** die Nachsilbe wird österr. (und schweiz.) auch in deutschen Namen (z. B. Lützow) nach slawischer Art [...ɔf] statt [...oː] ausgesprochen

# Pp

**Packelei,** die (abwertend): heimliche Übereinkunft, fauler Kompromiss: *Dadurch ist wenigstens jedem klar, dass es keine Packelei zwischen den Regierungsparteien gibt.* (PR 14. 7. 16)

**packeln,** sw. V. / hat (abwertend): [heimlich] etwas verabreden, paktieren, faule Kompromisse schließen: *Wir teilen uns Macht, Jobs und Geld weiter auf wie eh und je, wir packeln und mauscheln wie gewohnt.* (PR 28. 10. 16). ↑**auspackeln, Packler**

**Packeln,** die /Plural/ (ugs., salopp): Fußballschuhe: *Nach einer Auszeit wird Daniel Stütz wieder seine Packeln für den ATSV schnüren.* (OÖN 7. 1. 10)

**Packerl,** das; -s, -n (ugs., auch bayr.): **1.** Postpaket: *Wo sich das jeweilige Packerl gerade befindet, kann neuerdings jeder Kunde nachprüfen.* (ST 27. 12. 05). **2.** Päckchen, kleine Packung, Geschenkspaket: *»Oma, Opa und meine Mama haben auch Packerl gefüllt, insgesamt habe ich vier Weihnachtspackerl.«* (OÖN 7. 12. 16). **3.** Packung als [kleine] verpackte Menge einer Ware: *ein Packerl Zigaretten; Auf Vorrat habe er ein Packerl voll mit Verschleißteilen wie Glühbirnen, Ölfilter, Scheibenwischer etc. bestellt.* (OÖN 6. 8. 16). **4.** Verpackung von flüssigen Lebensmitteln (im Ggs. zur Flasche), Verbundkarton: *Hinter einem Glas Milch steckt viel Arbeit, da ist es schon traurig, wenn ein Packerl Milch weniger kostet als eine Flasche Mineralwasser.* (OÖN 26. 9. 13). Häufig in Zus. ↑(zu 2.:) ↑**Weihnachtspackerl,** (zu 3.:) ↑**Zigarettenpackerl,**

(zu 4.:) **Getränkepackerl, Kakaopackerl, Milchpackerl, Saftpackerl**

**Packerlsuppe,** die: Fertigsuppe, (in D) Tütensuppe, (in CH) Beutelsuppe: *Kitzbühel und Kunstschnee, das war für viele so etwas wie Packerlsuppe im Haubenlokal.* (SN 24. 1. 03). ↑Suppe

**Packl,** das; -s, -n (ugs., auch bayr.): **1.** ↑Packerl: *In meinem Auto liegt morgens ein ganzes Packl Zeitungen.* (ST 13. 8. 08). **2.** (ugs., salopp) Pakt; ***sich auf ein Packl [zusammen]hauen/schmeißen** (ugs., salopp): einen Pakt schließen; sich geheim über etwas verabreden: *Als Bürgermeister ... würde ich mich mit jungen Künstlern und Journalisten auf ein Packl hauen und eine Stadtentwicklung betreiben, die das Besondere von Linz herausarbeitet.* (OÖN 14, 6. 12). ↑(zu 1.:) **Suppenpackl**

**Päckle,** das; -s, - (Vbg., auch schweiz., südwestd.): ↑Packerl: *Auch am Sonntag Päckle. Die Deutsche Post stellt ... auch am Sonntag vor Weihnachten Pakete ... zu.* (VN 4. 12. 07)

**Packler Packlerin,** der bzw. die (abwertend): jmd. der ↑packelt, paktiert: *In der Stadtpolitik regieren die Packler* (OÖN 30. 4. 03)

**Packlerei,** die (abwertend): ↑Packelei: *Ich habe aber immer wieder die parteipolitische Packlerei in solchen Fragen kritisiert.* (ST 10. 6. 11)

**Pafese** ↑Pofese

**Palatschinke,** die; -, -n /meist Plural/ ‹ung. *palacsinta* aus rumänisch *placinta*, zugrunde liegt lat. *placenta* ›Mutterkuchen‹›: in der Pfanne gebackene flache Mehlspeise, aus Eiern, Milch und Mehl, die zusammengerollt und gefüllt wird, (in D) Pfannkuchen; urspr. ostösterr. und nur in zusammengerollter Form, heute in der Gastronomie in verschiedenen Formen und teilweise identisch mit *Omeletten* und *Crêpes*, so auch bereits in D weithin bekannt): *Sie isst gern Palatschinken und mag das Märchen vom Aschenputtel.* (PR 21. 12. 16). ↑**Marmeladepalatschinke, Mohnpalatschinke, Nusspalatschinke, Powidlpalatschinke, Schokoladepalatschinke, Topfenpalatschinke** ◆ **Palatschinkenteig; Palatschinkenpfanne**

**Paletot,** der ‹franz.›: wird österr. [palˈtoː] ausgesprochen, in D [ˈpalǝto]

**Pallawatsch,** der; - ‹vielleicht aus ital. *balordaggine* ›Dummheit, Unbesonnenheit‹› (ugs.): Durcheinander, Konfusion, unangenehme Situation: *Einen alten Pallawatsch durch einen neuen zu ersetzen darf freilich nicht die Lösung sein.* (PR 18. 5. 16). Vgl. Ramasuri

**Palmbuschen,** der (Volkskunde, auch südd.): an einer Stange befestigtes, bunt geschmücktes Gebinde aus bestimmten Pflanzen, das am Palmsonntag in der kath. Kirche gesegnet [und auf die Felder gesteckt] wird: *Vor dem Palmsonntag soll alles fertig sein: Die Palmbuschen gebunden, das Dirndl gebügelt.* (SN 18. 3. 16). ↑**Buschen, Hochzeitsbuschen**

**Palmprozession,** die (auch südd.): kirchliche Prozession am Palmsonntag: *Die Palmprozession, die an den Einzug Jesu nach Jerusalem vor seiner Kreuzigung erinnert, ist für Pilger einer der Höhepunkte der Karwoche.* (SN 20. 3. 16)

**Pamperletsch,** der; -[e]s, -e (ostösterr. ugs.): kleines Kind: *Da kommt er spät nach Hause, freut sich auf das Schlafengehen, und dann liegt ein winziger Pamperletsch in seinem Bett.* (OÖN 21. 1. 08)

**pampfen,** sw. V. / hat (ugs., auch bayr.): mampfen: *Die Akteure zerkrümeln Pizza, schlabbern Kaffee, pampfen harte Eier.* (PR 30. 11. 08). – Auch in der Schreibung *bampfen.* ↑**anpampfen**

**Panadelsuppe,** die (auch südd.): [Rind]suppe mit einer Einlage aus Weißbrotschnitten: *Aber welche Speisen ... besonders gelobt wurden, wollen wir schon verraten: Die Panadelsuppe mit Leberschnitten.* (OÖN 28. 9. 13). ↑Suppe

**Panamese,** der; -n, -n: österr. Form, (in D) Panamaer: *Fünffache Siegerin Du Toit und Panamese Gomez als beste Athleten geehrt.* (ST 17. 9. 08) ◆ **panamesisch:** *Cameron kündigte die Einsetzung einer Taskforce ein, um den Berichten ... zu der panamesischen Finanzkanzlei nachzugehen.* (WZ 10. 4. 16)

**Panier,** die; - ‹franz.›: Masse aus Ei und geriebener Semmel zum Panieren, (in D) Panade, Panat: *Die Kränkung meines kulinarischen Nationalstolzes klebte an mir wie zu feuchte Panier auf geklopftem Fleisch.* (PR 1. 10. 16)

**panieren** (ugs., salopp): besiegen, schlagen: *Die Deutschen panieren, das freut auch den Eidgenossen.* (ST 15. 5. 14). – Die Hauptbedeutung in der Küchensprache ›Fleisch in eine Panier legen‹ ist gemeind.

**Pankraz:** der Vorname wird österr. (und südd., schweiz.) auf der ersten Silbe betont, in D auf der letzten

**Pannendreieck,** das: Warnzeichen in Form eines weißen Dreiecks mit rotem Rand, (in

D) Warndreieck: *Der 75-Jährige blieb mit seinem Auto im Bereich der Abfahrt Simmeringer Haide stehen und wollte gerade das Pannendreieck aufstellen, als das Motorrad in ihn hineinkrachte.* (PR 31. 8. 16)

**Pannenstreifen,** der (auch schweiz.): Teil der Fahrbahn auf Autobahnen zum Anhalten bei Notfällen, (in D) Standstreifen, Standspur: *Der Lkw-Lenker konnte das Fahrzeug noch auf dem Pannenstreifen anhalten und sich unversehrt aus dem Führerhaus retten.* (SN 23. 5. 07)

**Pannonier Pannonierin,** der bzw. die: Burgenländer/-in: *Stattdessen hält der Pannonier im Angesicht der Grammelpogatsche kurz inne und gedenkt der Köchin.* (ST 18. 3. 05)

**pannonisch** ‹lat.›: [traditionell] burgenländisch: *Obwohl es nicht die Handschrift pannonischen Bauens trägt, wirkt das »Storchenhaus« im mittelburgenländischen Raiding stimmig im Kontext.* (PR 21. 4. 17); *Pannonischer SPÖ-Parteitag.* (ST 9. 9. 18). – Die auf Ungarn bezogenen geografischen Bedeutungen (Klima, Tiefebene) sind gemeind.

**Pantscherl,** das; -s, -n (ugs., salopp, ostösterr.): 1. Flirt, kurzfristige Beziehung: *Dies wird insbesondere dem britischen Staatsminister zum Verhängnis, der sich ... auf ein außereheliches Pantscherl in die Suite zurückziehen wollte.* (ST 24. 6. 11). 2. Person, mit der jmd. ein kurzfristiges Verhältnis hat: *In den Achtzigern gab es eine Umfrage, wonach Peter Alexander das liebste Pantscherl der Österreicherinnen wäre.* (PR 13. 2. 11). – Auch in der Form *Panscherl*

**papa!** ↑ baba

**Papagei,** der; -s und -en, -e[n]: wird österr. (und schweiz., selten auch in D) auch auf der ersten Silbe betont, in D auf der letzten

**Papamonat,** der (informell): einmonatige Dienstfreistellung der Väter nach der Geburt eines Kindes: *Sie will ... den Papamonat einführen, damit Väter nach der Geburt die ersten Wochen daheimbleiben können.* (KU 24. 6. 08)

**Papatschi,** der; -s, - (ugs., emotional, ostösterr., selten): Papa: *Liebkosend kann der Papa aber auch der Papschi oder Papatschi sein und hat dann durch das magyarische Diminutiv mit dem Ungarischen zu tun.* (KR 30. 8. 01). Vgl. Mamatschi

**Papierfachgeschäft,** das: Schreibwarenhandlung, (in CH) Papeterie: *Einige Papierfachgeschäfte kämpfen ums Überleben.* (WZ 1. 12. 16)

**Papierfuzerl,** das (ugs.): kleine Stückchen zerrissenen Papiers: *Anna, Sofie und Desederia haben schon auf dem Gehsteig die ersten Papierfuzerl entdeckt.* (KZ 5. 4. 14). ↑ **Fuzerl**

**Papierl,** das; -s, -n (ugs., abwertend, auch bayr.): ein Stück Papier, Schriftstück: *Es sei »alles lösbar«, allerdings sollte der Koalitionspartner »nur nicht wieder schöne Papierln produzieren«.* (KU 25. 1. 17)

**papierln,** sw. V. / hat (ugs., salopp, ostösterr.): 1. [in Papier] verpacken: *Dass dabei auch Ernst in viel Witz papierlt wird, wissen jene, denen sprachliche Eigenheiten und musikalische Vorlieben des Kurt Ostbahn geläufig sind.* (OÖN 21. 6. 01). 2. zum Narren halten: *Ansonsten könnte sich der eine oder andere papierlt vorkommen.* (KZ 3. 2. 09). 3. mundtot machen, vernichten, fertig machen, (ugs.) erledigen: *»Ich lass mich nicht papierln«, sagt er.* (KZ 17. 6. 12). ↑ **auspapierln, einpapierln**

**Papiersack,** der (auch schweiz.): größere Papiertüte: *Nudeln, Reis und Getreide verkauft er offen über röhrenförmige Behälter, aus denen sich der Kunde die gewünschte Menge in Papiersäcke ... abfüllt.* (KZ 24. 12. 15). ↑ SACK

**Papiersackerl,** das: Papiertüte: *Der Lebensmittelhandel muss bei seinen Bemühungen, die Zahl der Plastiksackerl zu reduzieren, deutlich ambitionierter werden.* (PR 3. 11. 16). ↑ SACKERL

**Papp,** der; -[e]s, -e: 1. (abwertend, auch südd.) breiige Masse: *... bruchlos fortführend und unterstützend die Pädagogik der Nachkriegsjahre als einen braunschwarzen Papp, der »erziehend« in die Hirne der Jugend geschmiert wurde.* (OÖN 14. 11. 03). 2. (auch bayr.) Kleister: *Auf die Ornamente des kunstvoll gestochenen Models wurde der Papp aufgetragen und mit dem Model auf den Stoff gedruckt.* (SN 20. 2 13). ↑ **Mehlpapp**

**Pappen,** die; -, - (ugs., derb): Mund: *Denn es hat eh jeder dauernd die Pappen offen, und es kommt meist nichts Gescheites raus.* (KU 30. 5. 03); ***Halt die Pappen!** (derb): Halt den Mund: *»Halt die Pappen, du wolltest ja nie was für die Fortbildung tun!«* (OÖN 9. 10. 13); ***auf die Pappen fallen:** eine Niederlage einstecken müssen: *»Je näher du der Erde bist, desto weniger wirst du auf die Pappen fallen.«* (KU 17. 10. 06); ***jmdm. in die Pappen/Goschen hauen** ↑ Goschen

**Pappendeckel,** der: wird österr. (und südd.) nur so gebraucht, in D auch Pappdeckel: *Und selbst wenn, könnte man am Abend davor einen Pappendeckel unter die Scheibenwischer klemmen.* (PR 19. 1. 17)

**Pappenschlosser,** der (ugs., salopp): Zahnarzt, (in D) Zahnklempner: *Dem Zimmermann als Pappenschlosser wurde die (gefälschte) Lizenz zum Bohren entzogen* (OÖN 13. 11. 08)

**Papperl,** das; -s, -n (ugs.): 1. Brei für Kinder: *»Warum nur?«, murrte auch jene, die zwar dreimal täglich nach Hause hurtelt, um ihrem »Burli« ein gutes »Papperl« zu servieren.* (OÖN 25. 8. 07). 2. (scherzhaft) Essen, Verpflegung: *Nicht, dass man ihnen das Papperl missgönnt. Aber wegen dieses Outputs hätten die Koalitionäre nicht nach Eisenstadt dinieren fahren müssen.* (ST 12. 7. 07) ◆ **Grießpapperl**

**Paprika,** der: Frucht der Paprikapflanze: ist österr. (und bayr.) Maskulinum, in D auch Femininum (die; -, -[s]). In der Bedeutung ›Gewürzpulver aus der Paprikaschote‹ gemeind.

**paprizieren,** sw. V. / hat ⟨ung.⟩ /häufig im 2. Part./: mit Paprika würzen: *Geviertelte Tomaten hinzugeben, salzen und paprizieren sowie nach Geschmack eine Prise Zucker hinzufügen.* (ST 15. 7. 11)

**Papsch, Papschi,** der; - (bes. ostösterr. ugs., fam.): Vater: *Weil der Papschi nach patriarchalem Bewusstseinsstand der Familienernährer und somit -vorstand ist?* (ST 1. 2. 10)

**Paradeis-:** häufige Form in Zus. statt *Paradeiser-*, z. B. **Paradeiskürbis; Paradeismark:** *Währenddessen brät man zwei Kilogramm geschnittenen Ochsenschlepp scharf in Öl an, fügt zwei Esslöffel Paradeismark bei und löscht mit zwei Liter Rotwein ab. (KZ 16. 5. 14);* **Paradeispaprika; Paradeissuppe; Paradeissalat:** *Paradeissuppe ist also noch gesünder als Paradeissalat.* (PR 15. 6. 13), ↑Suppe; **Paradeissauce** ↑Sauce, **Paradeissoß**

**Paradeiser,** der; -s, - (bes. ostösterr.): Tomate: *Da liegen mit einem Mal frische Paradeiser vor der Tür oder saftige Birnen.* (PR/Spectrum 8. 9. 07). ↑**Kirschparadeiser** ◆ **Paradeisernte:** *Paradeiserernte am Balkon oder essbarer Sichtschutz aus dem Balkonkisterl lauten die kreativen Ideen.* (KU 4. 4. 03); **Paradeisersalat** vgl. Paradeissalat; **Paradeiserstaude** ↑Staude; **Paradeisersteige** ↑STEIGE. – Vgl. Paradeis-

**Paragleiten,** das: Gleitschirmfliegen /Sportart/: *Österreichs Nationalmannschaft im Paragleiten bricht am Donnerstag, dem 22. Februar, nach Australien auf.* (SN 22. 2. 07)

**Paragleiter,** der: Hängegleiter, Gleitschirm, (in D auch) *Paraglider*: *Luftmassen erwärmen sich und steigen auf – mit ihnen die Paragleiter.* (ST 2. 6. 05)

**Paragleiter Paragleiterin,** der bzw. die: Person, die mit dem Paragleiter fliegt: *Riesenglück hatte Dienstag gegen 18 Uhr ein Paragleiter aus der Schweiz.* (SN 21. 6. 07)

**Paragon,** der; -s, -s: durchlaufend nummerierter Kassenblock: *Denn händisch geschriebene Rechnungen, sogenannte Paragons, gehören nun der Vergangenheit an.* (WZ 30. 9. 16)

**Pardon,** der; -s ⟨franz.⟩: Nachsicht: wird österr. (und bayr.) [parˈdoːn] ausgesprochen, ↑-on; als Entschuldigungsformel wie in D [parˈdõː]

**Parere,** das; -[s], -[s] ⟨ital.⟩: amtsärztliches Gutachten, das die Einlieferung in eine psychiatrische Klinik erlaubt (in D veraltet ›kaufmännisches Gutachten‹): *Daraufhin schlug der 18-Jährige mit Händen und Füßen gegen die Beamten. Der Asylwerber wurde festgenommen und nach Ausstellung eines Parere in das Landeskrankenhaus Vöcklabruck gebracht.* (OÖN 11. 12. 16)

**parifizieren,** sw. V. / hat ⟨lat.⟩ (Rechtsspr.): das Verhältnis der Eigentumsanteile einzelner Wohnungseigentümer in einem Haus untereinander ermitteln: *Viele Wiener Zinshäuser wurden in den vergangenen Jahren von Grund auf saniert, die Wohnungen parifiziert und verkauft.* (SN 9. 4. 16) ◆ **Parifizierung:** *Der Trend zur Parifizierung von Häusern mit anschließendem Abverkauf von Eigentumswohnungen habe sich deutlich verstärkt.* (SN 23. 1. 15)

**paritätisch:** ***paritätische Kommission** ↑Kommission

**Parkette,** die; -, -n ⟨franz.⟩: 1. (selten) Einzelbrett des Parkettbodens. 2. /nur Plural/: Parkettboden: *Wien, das war Altbauwohnung, noch billig, weil nicht hergerichtet, knarrende Sternparketten, undichte Kastenfenster, Doppelflügeltüren mit bröckelndem Kitt.* (ST 22. 7. 04)

**Parkpickerl,** das (Wien): Aufkleber auf dem Auto, der den Bewohnern einer Straße die Parkberechtigung beweist: *Aktuell gibt es in der Bundeshauptstadt noch sieben Bezirke ohne Parkpickerl.* (ST 29. 11. 16). ↑Pickerl ◆ **Parkpickerlzone:** *Fix in der Parkpickerlzone ist das Kahlenbergerdorf, das nördlich von Nussdorf und Heiligenstadt.* (PR 9. 11. 16)

**Parlamentsdirektion,** die: Verwaltungsdienst des Parlaments: *In einem ... Schreiben des Landes Oberösterreich an Parlamentsdirektion* *und Regierung wird mit der Verweigerung der Zustimmung gedroht.* (PR 13. 4. 16)

**Parlamentsklub,** der: Fraktion im Parlament: *Der grüne Parlamentsklub etwa lehnt ... die Verlängerung der Legislaturperiode zwar ab, tut dies aber nicht allzu lautstark.* (SN 2. 6. 07). ↑ Klub

**Paroli,** die /Plural/ ‹franz.› (veraltet): farbiger Kragenspiegel (Abzeichen auf den Kragenecken von Uniformen): *Während auf der Lederweste die normalen roten Kragenspiegel mit entsprechenden Distinktionen getragen wurden, wies der Lederrock nur rote Paroli wie der Gummimantel auf.* (Bundesministerium für Landesverteidigung, 2007, Int)

**Parte,** die; -, -n ‹franz.›: Todesanzeige, die öffentlich angeschlagen oder verschickt wird, (in D) Trauerbrief: *»Unser Engel ist gefallen« lautet der erste Satz einer Parte in der Tageszeitung.* (OÖN 28. 3. 08). ↑ **Partezettel, Trauerparte**

**Partei,** die ‹franz.›: Person, die bei einer Behörde vorspricht: *die Parteien müssen im Vorraum warten; Wir waren im Büro unterbesetzt, und ich habe erst bei der Verleihung gemerkt, dass ich die Partei nicht vorher zur Kassa geschickt habe. Die Partei hat das Geld dann auf den Tisch gelegt.* (ST 29. 8. 17). – Vergleichbar ist die gemeind. Bedeutung ›Gegner in einem Rechtsstreit, Vertragspartner‹

**Parteibuchwirtschaft,** die; - (abwertend): Postenvergabe aufgrund der Parteizugehörigkeit: *Genau hier setzt die Hoffnung ein ...: im Trockenlegen von Sümpfen, im Kampf gegen die Parteibuchwirtschaft und Günstlingswirtschaft.* (PR 14. 3. 16)

**Parteienstellung,** die (Behördenspr.): Beteiligung von Parteien und Institutionen in einem behördlichen Verfahren, (in D) Parteistellung: *Derzeit erlaubt das Gesetz, dass Mobilfunkanlagen errichtet werden, ohne dass die Anrainer im Verfahren Parteienstellung haben.* (SN 12. 3. 07)

**Parteienverkehr,** der; -s: Öffnungszeiten für persönliche Vorsprachen bei der Behörde, (in D) Amtsstunden, Publikumsverkehr: *Parteienverkehr von 8–12 Uhr; montags kein Parteienverkehr; Als eine Art Sofortmaßnahme wird empfohlen, nicht alle bestehenden Inspektionen nachts für Parteienverkehr geöffnet zu halten.* (PR 29. 10. 10)

**Parteienvernehmung,** die (Rechtsspr.): Vernehmung der im Verfahren beteiligten Personen: *Es soll insbesondere die beantragte Parteienvernehmung des Leiters der BWB und des Vorstands von Spar stattfinden.* (SN 28. 4. 14)

**Parteienvertreter Parteienvertreterin,** der bzw. die (Rechtsspr.): Rechtsvertreter von Parteien vor Gericht und Verwaltungsbehörden (bes. Rechtsanwälte, Notare, Steuerberater): *Diese Aufgabe erfüllen sie im modernen Rechtsstaat zu einem wesentlichen Teil gemeinsam mit den berufsmäßigen Parteienvertretern.* (OÖN 2. 6. 07)

**Parteigrande** ↑ Grande

**Parteiobfrau,** die: Parteivorsitzende: *Bereits nach ihrem Rücktritt als stellvertretende Parteiobfrau im November 2014 waren die Zeichen darauf gestanden, dass N. die Fraktion ganz verlassen könnte.* (PR 2. 8. 15). ↑ Obfrau ◆ **Bezirksparteiobfrau; Bundesparteiobfrau**

**Parteiobmann,** der: Parteivorsitzender: *Und Parteiobmann werden? Das will er derzeit schon gar nicht* (PR 8. 1. 17). ↑ Obmann ◆ **Bezirksparteiobmann; Bundesparteiobmann**

**Partezettel,** der ‹franz.›: Todesanzeige, (häufiger als) Parte: *Weil die Post die Zustellung der Partezettel in dieser Zeit oft nicht schafft, gab es in vielen Pfarren großen Unmut.* (SN 23. 5. 13). ↑ **Parte, Trauerparte**

**Partie,** die ‹franz.›: **1.** für eine bestimmte Aufgabe zusammengestellte Gruppe [von Arbeitern]: *Die Firma Hinteregger bot an, ganze Partien zu übernehmen.* (SN 4. 11. 08). **2.** Gruppe von Freunden, Seilschaft. **3.** (ostösterr.) Gruppe von Kriminellen, Gang: *Es gibt keinen einheitlichen Täter. Eine Partie stiehlt nur Autoradios, andere nur Ersatzteile einer bestimmten Marke und die dritten nur ganze Autos.* (ST 22. 4. 05). **4.** Gruppe von Menschen bestimmter Ausrichtung [innerhalb einer größeren Bewegung]; Flügel: *Ein weiteres, drittes Mal werden weder Schüssel noch andere sich auf ein Abenteuer mit einer Haider-Partie einlassen.* (OÖN 3. 7. 04). – In der Bedeutung ›Runde in einem Spiel‹, z. B. eine Schachpartie, gemeind. ↑ (zu 1.:) **Maurerpartie, Pfuscherpartie, Putzpartie,** (zu 2.:) **Buberlpartie; Haberer-Partie, Freunderlpartie,** (zu 3.:) **Stoßpartie**

**Partieführer Partieführerin,** der bzw. die: Vorarbeiter/-in, Polier/-in einer Gruppe von Arbeitenden: *Das entscheidet jeweils der Partieführer, aber im Wald ist die Arbeit jetzt lebensgefährlich.* (KZ 15. 5. 14)

**Partizipationskapital,** das (Bankwesen): in einem Unternehmen angelegtes und durch einen Partizipationsschein verbrieftes Kapital: *Im Kleinen war es in Österreich in der Vergangenheit allerdings im Genossenschaftssektor üblich, dass Partizipationskapital massiv an eigene Kunden verkauft wurde.* (PR 13. 12. 16)

**Partytiger,** der (auch schweiz.): Person, die gern Partys besucht: *Zum ersten Mal findet dort heuer nämlich die organisierte »Spring break europe« statt. Perfekt für Partytiger – ein Albtraum für Ruhesuchende.* (OÖN 22. 3. 08). ↑-TIGER

**Parvenu,** der [parveˈnyː] ⟨franz.⟩: Emporkömmling: österr. (und schweiz.) Form, in D meist Parvenü: *Historisierende Kleider etwa könnten ebenso gut als Interpretation des Neo-Barocken gelesen werden wie als extreme Ausprägungen der Körperform oder als Parvenu-Mode.* (PR 17. 2. 17)

**paschen,** sw. V. / hat (ugs., veraltend.): **1.** klatschen: *Um wie viel berückender wäre so das Klatschen vieler Passagiere. Denn bisher wusste ja keiner, warum die wirklich in die Hände paschen.* (OÖN 29. 7. 06). **2.** (Volkskunde) in einer bestimmten Choreographie rhythmisch in die Hände oder auf Körperteile klatschen: *Und seit dem Vorjahr gibt es auch keine Proteste mehr, dass die Mädchen auch paschen.* (SN 3. 9. 03). – In der Bedeutung ›schmuggeln‹ gemeind.

**Pascher,** der: **1.** (ugs., veraltend) klatschendes Geräusch: *ein lauter Pascher; Man kann es auch mit einem festen Klopfer und einem ordentlichen Pascher zu Weltruhm bringen.* (OÖN 1. 8. 06). ***einen Pascher haben** (ugs., salopp) leicht verrückt sein: *Schauspieler haben oft einen Pascher.* (PR 7. 1. 19). **2.** (Volkskunde) das ↑Paschen (2) als volkskundliche Vorführung: *Wenn vorne auf der Bühne ein Pascher mit deftigen Gstanzln geboten wird, während hinten in der Kuchl noch deftigere Schnitzl geklopft werden.* (KZ 3. 10. 16)

**Pascher Pascherin,** der bzw. die (Volkskunde): Mitglied einer Gruppe, die in der Volksmusik ↑pascht: *Ausseer Pascher und Tiroler Schuhplattler im Zeitraffer.* (KZ 2. 7. 14)

**[1]Pass,** die; -, -en: **1.** (veraltend) Gruppe von Arbeitern, bes. von Holzfällern. **2.** (Volkskunde) Bund unverheirateter Burschen, bes. im Salzkammergut: *An unserem Lauf nehmen mehr als 30 Passen mit 600 Mitwirkenden teil.* (OÖN 26. 11. 15). Vgl. Rud, Zeche. ↑**Glöcklerpass**

**[2]Pass,** der; -es, Passes: In der Bedeutung ›Zuspiel mit dem Ball‹ lautet der Plural österr. (wie engl.) auch *Passes* [ˈpasɪs], in D nur (wie in den anderen Bedeutungen) *Pässe: Viele Zweikämpfe und ungenaue Passes auf beiden Seiten drückten das Niveau der Partie.* (KR 14. 9. 13)

**passen** (auch bayr.): ausreichen, stimmen, zu akzeptieren: *das Essen hat gepasst; Kleine Orte haben es zum Teil schwer, für die Jugend adäquate Angebote zu schaffen. »In Fusch passt es aber sehr gut«, sagt der Jugendbeauftragte.* (SN 14. 6. 07); *Die Stimmung hat dann nicht mehr so gepasst.* (PR 31. 5. 08). – Die Wendung *passt schon* mit der Bedeutung ›geht in Ordnung‹ ist gemeind.

**Passepoil,** der und das, -s, -s [pasˈpoal] ⟨franz.⟩ (auch schweiz.): Besatz an Kleidungsstücken, (in D) die Paspel: *Sie trugen einen schwarz-grünen Rock mit gelber Anhängschnur, rosaroten Aufschlägen, grauen Hosen mit rotem Passepoil und einen Helm.* (OÖN 16. 1. 03) ◆ **passepoilieren:** (in D) paspelieren: *Wenn ein Dirndl oder eine Bluse passepoiliert ist, werden die Ränder in einer anderen Farbe gesäumt.* (NÖN 2. 11. 12)

**Passwerber** ↑-WERBER

**Pasta,** die; -, Pasten ⟨ital.⟩: österr. meist in dieser Form gebräuchlich, in D meist *Paste.* – In *Zahnpasta* ist auch in D die Form auf *-a* die übliche, für ital. Teigwaren ist die Form *Pasta* gemeind. ↑**Schuhpasta**

**Pastasciutta, Pasta asciutta,** die [...ˈʃʊ...] ⟨ital.⟩ (seltener auch in D): Spaghetti mit Fleischsauce: *Dann bereitet er Pastasciutta für den Spieltag vor.* (WZ 13. 10. 16); *In der Mitte des Tisches dampft die Pasta asciutta aus einer Schüssel.* (ST 16. 5. 16)

**Pastoralamt,** das (auch schweiz., kath. Kirche): Amt einer Diözese, das in Österreich für Seelsorge und in der Schweiz für Koordination und Information zuständig ist: *Im Jungscharbüro im Linzer Pastoralamt ist sie als Organisationsreferentin für Bildung und Regionales beschäftigt.* (OÖN 5. 1. 16)

**Pate,** der, Taufzeuge: kann österr. nur Maskulinum sein; die in D auch übliche Form *die Pate* ›Patin‹ ist österr. ungebräuchlich

**Patentregister,** das (Verw., auch schweiz.): öffentliches Register des Patentamtes, (in D) Patentrolle: *Ein Blick ins Patentregister verrät, was sich hinter dem »dynamisch dekorativen Aussehen« verbirgt.* (ST 25. 6. 13)

**Patientenanwalt Patientenanwältin,** der bzw. die: Vertretung der Rechte von Patienten in Krankenhäusern: *Patientenanwälte setzen*

*sich für tatsächlich oder vermeintlich Geschädigte ein.* (SN 30. 3. 15); *Unterzeichnet ist das Schreiben von der Wiener Patientenanwältin S. P. und ihrem niederösterreichischen Pendant G. B.* (PR 6. 9. 16) ◆ **Patientenanwaltschaft:** *Ebenso hob der Geschäftsführer die gute Zusammenarbeit mit ... der Patientenanwaltschaft hervor.* (KZ 28. 10. 16)

**Patronanz,** die; -, -en ‹lat.›: **1.** Ehrenschutz, (in CH) Patronat: *Bundespräsident Heinz Fischer übernimmt die Patronanz.* (SN 28. 10. 05). **2.** Schirmherrschaft, publizistische oder finanzielle Förderung: *Dieses Spital steht unter österreichischer Patronanz.* (SN 30. 3. 07); *Die Idee des örtlichen Nahversorgers Thomas Höfer kam so gut an, dass der Lebensmittelcluster die Patronanz übernahm.* (OÖN 14. 3. 16)

**Patrouille,** die ‹franz.›: wird österr. [paˈtruːjɛ] ausgesprochen, in D meist [paˈtrʊljə]

**Patschen,** der; -s, - [...ɔː...] /meist Plural/ (ugs., auch bayr.): **1.** bequemer Hausschuh: *Im Winter stecken die Füße gerne in wärmenden Patschen.* (SN 18. 9. 07); ***die Patschen aufstellen/strecken/beuteln** (derb): sterben: *Die schöne Clematis etwa würde ohne diesen Wurzelschutz die Patschen aufstellen.* (KU 16. 6. 07); *Leopold ist das Philosophieren zum Sex des Alters geworden, bis einmal noch das wilde Tier in ihm durchdringt und er dabei in vertikaler Stellung die Patschen streckt.* (OÖN 6. 12. 10). **2.** Reifendefekt, (in D) Platten: *Wenn bei einem Radmarathon einer einen Patschen hat, bleibe ich schon stehen.* (KZ 2. 1. 17); *sich einen Patschen fahren.* **3.** (salopp) wuchtiger Autoreifen: *Der Grand Cherokee lebt nicht auf kleinem Fuß, sondern auf mächtigen 20-Zoll-Patschen.* (OÖN 7. 6. 14). ↑(zu 1.:) **Bettpatschen, Filzpatschen, Fleckerlpatschen, Hauspatschen, Hüttenpatschen, Kletterpatschen, Turnpatschen**

**Patschenkino,** das (scherzhaft, ugs., veraltend): Fernsehen, (in D ugs.) Glotze, Pantoffelkino: *Wenn schon kein Kick im Patschenkino, dann erreichen mich wenigstens Live-Stimmungsberichte aus dem Fangeschehen.* (SN 17. 6. 06)

[1]**Patscherl,** das; -s, -n [...ɔː...] (ugs., auch bayr.): **1.** unbeholfener Mensch: *Wenn es um Herzensangelegenheiten geht, wird das verwegenste Mannsbild zum unbeholfenen Patscherl.* (OÖN 8. 7. 13). **2.** kleines, hilfloses Kind: *Bella ist kein hilfsbedürftiges Patscherl mehr, sondern eine junge Frau, die Freude an ihrer eigenen Kraft findet.* (SN 18. 12. 05). **3.** geistig leicht Behinderte/-r. Vgl. Patsch

[2]**Patscherl,** das; -s, -n [...aː...] (ugs., auch bayr.): **1.** kleine Hausschuhe, Fußbekleidung für Babys: *In der gemütlichen Stube, in der sich immer alle versammeln, stapeln sich auf dem Kachelofen Patscherl, Strumpfhosen, Leibchen und Kleider.* (SN 10. 5. 15). Vgl. Patschen. **2.** (ugs., salopp) Autoreifen: *Obwohl nur die beiden Vorderräder angetrieben werden, gehen dem 250-PS-Mégane auf trockenem Asphalt die Patscherl so gut wie nie durch.* (OÖN 10. 7. 10). ↑**Bettpatscherl, Turnpatscherl**

**patschert** (ugs., auch bayr.): **1.** unbeholfen: *Ich bin absolut patschert. Manchmal schmeißt es mich über meine eigenen Füße.* (OÖN 8. 9. 16). **2.** missglückt, unpassend: *In »Curb Your Enthusiasm«, patschert mit »Lass das, Larry« übersetzt, spielt der Miterfinder von »Seinfeld« sich selbst.* (PR 27. 1. 17) ◆ **Patschertheit:** *»Patschertheit kann Hinweis auf neurologische Erkrankung sein.«* (ST 29. 5. 15)

**Patz,** der; -es (ugs., auch bayr.): **1.** breiige Masse: *Gemeinsam mit den Erdbeeren und dem Schlagobers wird das ein wunderbarer Batz.* (OÖN 16. 6. 04). **2.** Schlamm, Matsch: *Vom Himmel hoch kommt das dreifaltige Winterloch. Regen, Batz und Schnee.* (OÖN 20. 1. 06). – Häufiger in der Schreibung *Batz.* ↑**patzweich**

**patzen,** sw. V. / hat (auch bayr.): **1.** klecksen, unsauber schreiben: *Billige Füllfedern bieten nicht den nötigen Schreibfluss, liegen nicht gut in der Hand oder patzen.* (OÖN 27. 8. 05). **2.** (Farbe, Pulver, Speisen) verschütten: *»Ihr könnt in meiner Küche so viel patzen, wie ihr wollt.«* (SN 19. 5. 16). **3.** eine Menge einer breiigen Masse irgendwohin fallen lassen oder werfen: *Wenn einst Horst Skoff mit Thomas Muster essen gegangen wäre, dann nur, um ihm die Suppe auf die Hose zu patzen.* (OÖN 4. 2. 00); *Sampras gestattete dem 31-Jährigen ... nur drei Möglichkeiten, ihm ein Break in die Statistik zu patzen.* (OÖN 7. 9. 01) – In der Bedeutung ›Fehler machen‹ gemeind. ↑**anpatzen, Patzerei** ◆ **Patzer/-in**

**Patzen,** der; -s, - (auch bayr.): **1.** schwere und klumpige Masse: *Noch zwei Patzen auf die Knie und eine dicke Decke darüber.* (OÖN 3. 4. 10); *Die Krippendarstellungen ... werden immer »aus einem Patzen Ton« gefertigt, welche die Weihnachtsbotschaft liebevoll in seinen Werken widerspiegelt.* (OÖN 19. 11. 16). **2.** Klecks: *im Heft einen Patzen machen; Da-*

*hinter steht (auch) das Motiv, weder das interne Betriebsklima noch die öffentliche Reputation mit Patzen auf der weißen Weste zu belasten.* (PR 14. 1. 12). 3. große Menge: *Für eine junge Familie sind 122 Euro ein Patzen Geld.* (SN 18. 4. 04); *So ein Patzen Glück ist kaum zu fassen.* (OÖN 30. 6. 03). ↑(zu 1.:) ↑**Dreckpatzen, Kotpatzen, Schneepatzen,** ↑(zu 2.:) **Tintenpatzen**

**Patzerei,** die (ugs., auch bayr.): Kleckserei: *Den nächsten Modernisierungsschub stellte der sogenannte Hektograf dar, der ... mit grauslicher Patzerei verbunden war.* (PR 26. 5. 12); *Eben alles, was man ohne große Patzerei mit den Fingern essen kann.* (KU 5. 12. 11). ↑**patzen**

**Patzerl,** das; -s, -n: 1. ganz kleine Menge: *Mein Mann ist dafür bekannt, dass er nicht nur ein Patzerl Senf dazu gibt, sondern auch noch Kren und Ketchup.* (KU 20. 10. 06). 2. kleine Menge feuchten Kots: *Bestand doch die Gefahr, dass die Taube ein Patzerl auf einem der eleganten Anzüge und Kleider hinterlässt.* (SN 15. 6. 04)

**Patzerlgugelhupf,** der: ↑Gugelhupf aus ↑Germteig mit verschiedenen Füllungen (Topfen, Mohn, Nuss, Powidl) /eine Altwiener Spezialität/: *Die Mordfälle ereignen sich zwischen Armen Rittern und Dobostorte, Punschkrapferl und Patzerlgugelhupf.* (News 10. 5. 07)

**patzert** (ugs., auch bayr.): patzig

**patzig:** 1. klebrig: *patzige Hände; Die Panier hell, zum Teil patzig, sie pickt statt zu souffliеren.* (OÖN 5. 4. 13). 2. von weicher Konsistenz: *Kunstschnee gibt es in Hülle und Fülle. Nur ist er weich und patzig, kurzum gefährlich.* (PR 19. 1. 11) – In der Bedeutung ›unverschämt, grob‹ gemeind.

**patzweich** (ugs.): sehr weich, fast schon breiig: *Der Tafelspitz hätte uns gefallen, wäre er nicht batzweich zerkocht worden.* (OÖN 10. 2. 06); *Batzweiche Lieder übers harte Pflaster von Soho.* (PR 12. 9. 17). – Häufiger in der Schreibung *batzweich.* ↑**Patz**

**Paunzen,** die; /Plural/ (bes. Tirol, in der Form *Baunzerl* auch bayr.): in Schmalz gebackene Speise, meist als Beilage serviert; bes. aus Kartoffeln; ↑Nocke: *Auch ohne körperliche Betätigung ließen sich an diesem Abend die Gäste Gansl, Blaukraut, Knödel und Paunzen so richtig schmecken.* (TT 7. 11. 15). ↑**Erdäpfelpaunzen, Schottpaunzen, Weinpaunzen**

**Pauschale,** das; -s, -e und -ien: ist österr. meist Neutrum, in D Femininum: *Das Pauschale spart Bürokratie und sollte auch für Kleinfirmen eingeführt werden.* (OÖN 24. 8. 12); *Ob die jetzt auf jede Transaktion aufgeschlagen oder ... über irgendwelche Pauschalien abgegolten werden, ist nämlich völlig irrelevant.* (SN 24. 4. 04)

**Pauschenpferd,** das (Turnen, auch schweiz., in D selten): Seitpferd /ein Turngerät/: *Leimlehner besitzt das Geschick, auf Boden, Pauschenpferd, Ringen, Barren, Reck und beim Sprung zu überzeugen.* (PR 4. 2. 12)

**Pawlatsche,** die; -, -n ‹tschech. *pavlač* ›überdachter Balkon, Galerie‹› (ostösterr.): 1. offener Gang an der Hofseite eines [Wiener, Prager, Budapester] Hauses: *Viel mehr renovierte er das zweistöckige Haus, inklusive Innenhof und wunderschönen Pawlatschen.* (PR 8. 1. 16). 2. Bretterbühne: *Was heißt Bühne? Eine Pawlatsche mit rot und goldglänzend gestrichenem Holz.* (PR 19. 6. 15)

**Pawlatschenbühne,** die: ↑Pawlatschentheater: *Mittendrin entstand das Theater am Spittelberg, eine im Stil der Altwiener Pawlatschenbühnen gehaltene Spielstätte.* (ST 18. 7. 14)

**Pawlatschenhaus,** das: Haus, dessen Wohnungen über eine umlaufende Galerie erschlossen werden; Laubenganghaus: *An die nostalgischen Pawlatschenhäuser mit ihren Laubengängen wollte er anschließen.* (WZ 29. 1. 07)

**Pawlatschentheater,** das: [Vorstadt]theater, das auf einer einfachen Bretterbühne gespielt wird: *Das Wiener Volksbildungswerk möchte mit Profis Pawlatschentheater machen am Graben, etwa Singspiele von Mozart.* (PR 13. 4. 06)

**Peaschtln,** die /Plural/ ‹verschriftl. Dialektform als Fachwort der Volkskunde› (Tirol): eine Art ↑Perchten: *Heimische Larvenschnitzer zeigen ihre Handwerkskunst, Bauersleute und Gastwirte erzählen über die traditionelle Bewirtung der Peaschtln.* (KR 24. 10. 11)

**Pech,** das (auch südd.): Harz: *Holzfässer sind innen mit Pech (einem Produkt aus Kiefernharz) ausgekleidet.* (ST 30. 4. 10)

**pecken,** sw. V. / hat (ugs., auch bayr.): 1. picken; mit dem Schnabel hacken: *Unzufriedene Hühner würden anfangen, einander zu pecken, und vielleicht auch weniger Eier legen.* (SN 26. 11. 16); ***[Eier] pecken:** Osterbrauch, bei dem Eier gegeneinandergestoßen werden; ↑Eierpecken. 2. ständig kritisieren, lieblos, gehässig sein gegenüber jmdn.: *»Es muss sich aufhören, dass große Konzerne auf die Kleinen hin pecken können, ohne Konsequen-*

*zen.«* (OÖN 11. 3. 13). **3.** (ugs.) unfreiwillig, widerwillig einen Betrag zahlen [müssen]: *Österreich ist an der EZB mit 2,86 Prozent beteiligt, wir müssten dafür also eine runde Milliarde »pecken«.* (PR 11. 5. 11). **4.** (ugs.) tätowieren: *Er selbst will alle drei oder vier Monate für zwei Wochen in die Murmetropole kommen, um Kunden zu »pecken«.* (KZ 23. 11. 16). ↑ **aufpecken, zerpecken**

**Pẹcker,** der (ugs., auch bayr.): Delle, kleine Beschädigung durch einen Schlag: *die Schüssel, das Ei hat einen Pecker; »Er hat aber ein paar Pecker vom Hagel«, sagt die Gemüsefrau zu einer Kundin.* (OÖN 6. 9. 08); ***einen Pecker haben** (ugs.): nicht ganz bei Verstand sein: *Entweder hat der Typ einen Pecker oder er ist ein Fall für den Staatsanwalt.* (OÖN 30. 7. 07)

**Pẹckerl,** das (ugs., ostösterr.): Tätowierung: *Fürs »Peckerl« nichts pecken: Der bekannte Grazer Tätowierer Alex Smoltschnik sticht jetzt ... ohne Lohn* (KZ 14. 7. 15); *Später sieht man ihn in einer Vorstadtdisco: besoffen, schwitzend, mit Flinserl und Peckerl.* (Datum 30. 3. 12)

**pedạnt** ⟨griech.⟩: (österr. neben) pedantisch: *Ich bin ein pedanter Hund, bei mir muss alles perfekt sein.* (KU 27. 2. 05)

**Pedẹll,** der; -en, -en: wird österr. auch schwach dekliniert, in D nur stark (der; -s, -e): *Die universitäre »familia« erstreckte sich auch auf die Angehörigen und die Dienerschaft sowie Handwerker, Pedellen, Universitätsdiener, Notare und Personal.* (ST 30. 12. 03)

**Pedikeur Pedikeurin,** der bzw. die ⟨franz.⟩ (in D selten): Fußpfleger: *Weiters kommt regelmäßig ein Friseur und Pedikeur ins Haus.* (BVZ 4. 5. 11)

**Pediküre,** die ⟨franz.⟩: wird österr. ohne Endungs-e ausgesprochen

**Pẹlati,** die /Plural/ ⟨ital.⟩ (auch schweiz., Südtirol): gekochte und geschälte Dosentomaten: *So wie etwa bei Pelati-Dosen oder Fertigsugos mit »typischen« San-Marzano-Tomaten, die in Wahrheit aus China kommen.* (PR 19. 7. 12)

**pẹlzen,** sw. V. / hat (auch bayr.): pfropfen, veredeln: *einen Obstbaum pelzen.* – Regional (bes. OÖ, Sbg.) auch in der Form *pfelzen.* ↑ **aufpelzen**

**Pẹlzkappe,** die (auch südd., schweiz.): Pelzmütze: *»Eine richtige Schweinerei ist das«, ärgert sich eine ältere Frau mit Pelzkappe.* (ST 5. 3. 15). ↑ KAPPE

**Pẹmperl,** das (ugs.): etwas Kleines, Unbedeutendes: *»Die Anlage ... ist so groß wie eine Fabrik und alles andere als ein Pemperl.«* (OÖN 9. 12. 10). – Meist als Bestimmungswort in Zus., vgl. Pimperl: *Und allen, die jetzt meinen, die Streif sei ohne Hausbergkante und Traverse nur noch eine* **Pemperl-Abfahrt,** *sei ein Ausflug zum Starthaus empfohlen.* (OÖN 24. 1. 14); *Noch dazu, wenn es sich beim Anliegen der Landeshauptstadt-Politiker nicht um eine* **Pemperl-Aktion,** *sondern um eines der Vorzeigeprojekte ... handelt.* (OÖN 20. 3. 03); *Man ist schließlich kein Kevin aus der Billa-Filiale in Floridsdorf und schon gar kein* **Pemperl-DJ** *aus der Großraumdisco.* (ST 4. 2. 11); *Bei jedem* **Pemperl-Hochwasser** *ist die Straße unpassierbar.* (KU 4. 2. 04); **Pemperl-Rennen** *unter Ausschluss der Öffentlichkeit in der Primetime? Nein, danke!* (OÖN 5. 12. 16); *Viele Sport-Fans haben sich ... beschwert, weil die Tour de France im öffentlich-rechtlichen TV-Kanal wie irgend eine* **Pemperl-Veranstaltung** *hinuntergespült worden ist.* (OÖN 27. 7. 05)

**pẹmpern,** sw. V. / hat (ugs.): **1.** klopfen, schlagen: *An der Tür pempern.* **2.** (ugs., derb): koitieren, (in D derb) pimpern: *»Sex in Wien«: Pempern und pudern – aber schnackseln schon auch* (ST 5. 1. 17); *da hört man Worte wie »pempern« und gespielte Höhepunkte im Schlafzimmer.* (PR 12. 2. 18)

**Penạlty,** der; -[s]-, -s [pɛˈnalti] ⟨engl.⟩: Strafstoß, Elfmeter: wird österr. auf der zweiten Silbe betont und ist (wie schweiz.) im Fußball noch viel gebräuchlicher als in D, wo das Wort fast nur noch beim Eishockey verwendet wird: *Er verschoss einen Penalty und erklärte danach seinen Rücktritt aus dem Nationalteam.* (PR 7. 7. 16)

**Pẹndel:** ***sich ins Pendel hauen** (derb): sich erhängen: *Nach 189 Suiziden 2008 hat sich der Wiener wieder dem Klischee angenähert. Beliebteste Methode ist weiterhin, sich ins Pendel zu hauen, vor Erschießen und Hinunterstürzen.* (Wiener 18. 2. 16)

**Pennal,** das; -s, -e ⟨lat.⟩ (sehr veraltet auch in D): Federbüchse: *Eine zusätzliche finanzielle Belastung bedeutet der Schulbeginn, vor allem bei Taferlklasslern, für die Eltern. Denn Pennal, Hefte, Blöcke, Stifte und vieles mehr sind teuer.* (KR 7. 9. 15). – Meist in der Zus. ↑ **Federpennal**

**Pension,** die ⟨franz.⟩: wird österr. (und südd., schweiz.) [pɛnˈzi̯oːn] ausgesprochen, in D [pã'zi̯oːn, paŋ'zi̯oːn]. – Das Wort wird österr. (und schweiz.) auch i. S. v. ›Rente‹ (Ruhestand; Zahlung für Beamte im Ruhestand) verwendet und bezieht sich auf jede Art von Altersversorgung, in D nur auf die der Beamten. Auch die Zus. und Abl. beziehen sich sowohl auf Rentner der Allgemeinen Sozialversicherung, Selbstständige, Bauern usw. als auch auf die Beamten, werden in D also entweder mit *Pensions-* oder mit *Renten-* gebildet; dies gilt auch für *pensionieren, Pensionierung.* ↑**Alterspension, ASVG-Pension, Beamtenpension, Berufsunfähigkeitspension, Eigenpension, Frühpension, Gleitpension, Hacklerpension, Hinterbliebenenpension, Invaliditätspension, Korridorpension, Mindestpension, Politpension, Privatpension, Witwenpension, Witwerpension; *die Pension antreten** ↑antreten ◆ **(Frauen)pensionsalter; Pensionsabfindung; -absicherung; -anpassung; -anspruch; -antrag; -anwärter/-in; -beitrag; -berechnung; pensionsberechtigt; -bescheid; -bezieher/-in; -bezug,** ↑Bezug; **-empfänger/-in; -erhöhung; -gesetz; -konto; -kürzung; -recht; -reform; -system; pensionsversichert; -versicherung; -vorsorge; Pensionszahler/-in:** *Zu viele Pensionisten, keine Pensionszahler.* (KU 16. 1. 07)

**Pensionist Pensionistin,** der bzw. die; -en, -en bzw. -, -nen [pɛn…] ‹franz.› (auch bayr., dort nur auf Beamte/Beamtinnen bezogen): (in D) Rentner/-in, Beamter/Beamtin im Ruhestand, Pensionär/-in, (in CH) Pensionär/-in, Pensionierte/-r: *Viele Pensionisten sind darunter, aber auch junge Leute.* (ST 26. 1. 17); *Die Pensionistin war, nachdem der Zug in der Station gehalten hatte, zwischen zwei Waggons gefallen.* (PR 23. 4. 07) ◆ **Pensionistenabsetzbetrag** ↑Absetzbetrag; **Pensionistenausweis; Pensionistenheim; Pensionistenverband**

**Pensionitis,** die (scherzhaft): Bestreben, frühzeitig in Pension zu gehen: *»Pensionitis« könnte man das österreichische Leiden nennen, welches die OECD ebenfalls scharf bekrittelt.* (PR 14. 7. 07)

**Pensionopolis** (scherzhaft): Stadt, in der bes. Ruheständler leben, urspr. Graz, dann auch andere: *Wir müssen aufpassen, dass wir nicht zur Pensionopolis-Region Europas werden.* (ST 20. 2. 04)

**Pensionsantritt,** der (Behördenspr.): Übertritt in den Ruhestand: *Auf Gratiskindergarten, Gratisschule und Gratisstudium folgt unmittelbar der Pensionsantritt.* (SN 14. 11. 08). ↑**antreten, Antritt, Antrittsalter** ◆ **Pensionsantrittsalter**

**Pensionsautomatik,** die: ↑Pensionsdynamik: *Die Neos wünschen sich unter anderem Steuersenkungen, Anreize für Investitionen, eine Pensionsautomatik und eine Anhebung des Frauenpensionsalters.* (ST 16. 1. 17)

**Pensionsdynamik,** die: gesetzlich verankerte Anpassung der Pensionen an die Lohn-Preis-Entwicklung: *Bremse für Pensionsdynamik. VP will nur untere Pensionisteneinkommen stark anheben.* (ST 28. 11. 06)

**Pensionsharmonisierung,** die: Vereinheitlichung verschiedener Pensionssysteme: *Angesprochen auf die raschere Pensionsharmonisierung räumte er eine unterschiedliche Meinung ... ein.* (PR 19. 7. 16)

**Pensionskorridor,** der (Behördenspr.): der Zeitraum vom 62. bis 65. Lebensjahr, in dem eine ↑Korridorpension angetreten werden kann: *Nun wurde festgelegt, dass man 40 Jahre arbeiten muss, um in den Genuss des Pensionskorridors zu kommen.* (PR 30. 11. 14)

**Pensionsordnung,** die (Verw.): Ansammlung gesetzlicher Bestimmungen für best. Berufe, die alle Angelegenheiten die Pension betreffend regelt

**Pensionsschock,** der: seelische Krise, die durch die veränderte Situation nach einer Pensionierung hervorgerufen wird, (in D) Pensionierungsschock: *Pensionsschock habe er keinen, sagt der Ex-Bundespräsident.* (PR 21. 8. 16)

**Pensionstangente,** die: Anteil der Pensionsan den gesamten Personalkosten: *Für die Berechnung der Pensionstangente der Personalaufwendungen des Landesschulrats wurden die Personalaufwendungen laut Bundesrechnungsabschluss herangezogen.* (Rechnungshof Bund 2015/3). ↑Tangente

**Pensionsversicherung,** die: gesetzliche Alters-, Erwerbsunfähigkeits- und Hinterbliebenenvorsorge als Teil der Sozialversicherung, (in D) Rentenversicherung, (in CH) Alters- und Hinterlassenenversicherung: *Mit der Auslagerung von Industriejobs nach Mexiko und China bleiben für die zuweilen ungebildete schwarze Bevölkerung fast nur noch »McJobs« übrig – meist ohne Kranken- und Pensionsversicherung.* (KU 4. 4. 08)

**Pensionsversicherungsanstalt,** die: zentrale Anstalt zur Verwaltung der Alters-, Hinterbliebenenvorsorge u. Ä. Leistungen, (in D) Rentenkasse, (in CH) Pensionskasse: *Die*

*Zeit, in der sie als Zentralbetriebsrätin tätig war..., hatte die Pensionsversicherungsanstalt nicht als Schwerarbeitszeiten anerkannt.* (PR 1. 2. 17)

**Penthouse-Sozialismus,** der; -: ↑Nadelstreifsozialismus: *Die »Wendestimmung« war dann schließlich stärker als der Frust über den »Penthouse-Sozialismus«.* (PR 2. 10. 06) ◆ **Penthouse-Sozialist/-in:** *»Wissen das Ihre Penthouse-Sozialisten, dass Sie hier sitzen und die kleinen Leute vertreten wollen.«* (SN 23. 9. 06)

**penzen** ↑benzen

[1]**Pepi:** (auch südd., Koseform zu) Josef, Josefine

[2]**Pepi,** der; -s, - (ugs.) Haarteil; Perücke: *Sie wissen doch genau, dass ich da einen Pepi getragen habe.* (OÖN 28. 2. 03)

**peppeln,** sw. V. / hat (Sport, z. B. Badminton): den Ball mehrmals aufspielen: *Halper verlangt, dass die Spieler mit dem Schläger den kleinen Ball peppeln, während der andere Ball je nach Anweisung nach oben geworfen oder nach unten geschlagen werden soll.* (KZ 13. 12. 13). ↑**aufpeppeln**

**per:** /Präp. mit Akk./ ⟨lat.⟩: 1. (auch schweiz.) am (zur Angabe eines Datums oder Zeitpunkts; in D so nur in der Kaufmannssprache): *Die Juristin wurde per Dezember 2010 zur Richterin des Landesgerichts ernannt.* (SN 6. 2. 17); ***per sofort**: ab sofort: *Am Dienstag hat der Verfassungsgerichtshof (VfGH) das Gesetz zur Gänze und per sofort gekippt.* (OÖN 29. 7. 15), /häufig in Inseraten/: *Kellner per sofort gesucht.* 2. pro, jeweils, je: *So wie wir kaufen auch die Standler Maroni zum Kilopreis. Sie verkaufen sie dann aber per Stück.* (OÖN 15. 12. 11). – In der Bedeutung ›durch, mittels‹, z. B. *per Post, per Dekret,* gemeind.

[1]**Percht,** die; -, -en (Volkskunde): weibliche dämonische Gestalt: *Die Masken der Perchten – vom Hans Wurscht über Hexen, Frau Percht mit ihren zwei Gesichtern... – wurden originalgetreu rekonstruiert und in Handarbeit gefertigt.* (SN 10. 12. 16); *Die Frau Percht ist ganzheitlich und hat Gutes und Böses in sich. Sie ist eine Muttergöttin, die den ganzen Jahreskreis mitgeht.* (KU 25. 12. 16)

[2]**Percht,** der; -s, -en, -en /meist Plural/: Brauchtumsgestalt mit traditionellen Masken, die (regional verschieden) im Fasching, zu Nikolaus oder in der Weihnachtszeit auftritt: *Der Percht symbolisiert eine unbändige, von der Natur ausgehende, Kraft.* (SN 29. 12. 05); *Auch der Heilige Nikolaus mit Krampussen und Perchten fehlten nicht.* (KR 5. 12. 12). ↑**Schiechpercht,** ↑**Schönpercht** ◆ **Perchtengruppe; Perchtenlauf:** *Obwohl die St. Pauler inzwischen in ganz Österreich bei Perchtenläufen mitziehen, freut man sich am meisten auf den Heimlauf.* (KZ 18. 11. 16); **Perchtenmaske; Perchtenumzug**

**Peregrini** (auch südd.): ***zu Peregrini:** am Fest des hl. Peregrinus /meist in Zus./: **Peregrinifest; Peregrinikapelle; Peregrini-Kipferl; Peregrini-Markt:** *Rund um den 4. Mai, den Tag des Heiligen Peregrin, wird im Servitenviertel am Alsergrund das traditionelle Peregrini-Kipferl verkauft. Der Erlös des Peregrini-Marktes reicht allerdings nicht aus, um die Totalsanierung der Kapelle zu finanzieren.* (WZ 17. 7. 04). ↑Floriani, ↑Kipferl

**Perfektion,** die; - ⟨franz.⟩: Tanzstunde für Fortgeschrittene; Übungsstunden neben dem Tanzkurs: *Sie lernte im Tanzkurs ihren neuen Freund kennen und besucht mit ihm fast jede Perfektion.* (WZ 20. 1. 04)

**perfid** ⟨franz.⟩: österr. (und schweiz.) nur so übliche Form, (in D meist) perfide: *Besonders perfid: Das Geld, das die schwer verschuldete Frau in Tranchen bis zu 5000 Euro vom Firmenkonto abzweigte, war für Mitarbeiter bestimmt.* (SN 9. 3. 05)

**Pergel,** die; -, - (auch südd.): [Südtiroler] Weinlaube

**Perlustration,** die ⟨lat.⟩: das ↑Perlustrieren: *Tatsächlich führten freiwillige Ordner Sicherheitskontrollen an den Zugängen zum Schrein durch. Die Perlustrationen verliefen aber recht oberflächlich.* (ST 3. 3. 04)

**perlustrieren** ⟨lat.⟩: [einen Verdächtigen durch die Polizei] zur Feststellung der Identität anhalten und genau durchsuchen: *Die Polizisten hatten die Wohnung im Bezirk Landstraße zuvor überwacht und perlustrierten die 52-jährige Verdächtige nach dem Verlassen der Wohnung.* (KZ 28. 7. 16) ◆ **Perlustrierung:** *Manney hätte den Kampf durch eine unangebrachte Perlustrierung provoziert.* (WZ 23. 12. 14)

**Personalakt,** der: österr. Form, (in D) die Personalakte: *Unbegründete Verweigerungen würden im Personalakt vermerkt, »das sind untragbare Methoden«.* (SN 14. 7. 06). ↑Akt

**Personale,** die; -, -n: Ausstellung, kultureller Schwerpunkt über die Werke eines einzelnen Künstlers: *Im Zentrum des Programms steht eine große Boulez-Personale.* (PR 2. 2. 17); *Darum zeigen jetzt zeitgleich zwei Galerien in*

*den USA Personalen von Lassnig.* (PR 28. 10. 16)

**Personalgebarung,** die: Budgetierung der Personalkosten: *Die Personalgebarung wird wegen massiver Kollektivvertragsüberzahlungen kritisiert.* (ST 19. 2. 09) ↑Gebarung

**Personalist Personalistin,** der; -en, -en bzw. die; -, -nen: Personalchef/-in, Personalvermittler/-in: *Welche Fertigkeiten sich Unternehmen von Arbeitnehmern wünschen, ermittelt das Arbeitsmarktservice ... gemeinsam mit Personalisten und Personalentwicklern.* (ST 28. 10. 16)

**Personenfreizügigkeit,** die (auch schweiz.): von einem Staat gewährtes Recht der freien Ein- u. Ausreise [einschließlich Aufenthalts- u. Arbeitserlaubnis]: *An den Grundfreiheiten der EU wie der Personenfreizügigkeit rüttelt Kurz mit seinen Vorhaben seiner Meinung nach nicht.* (PR 19. 3. 17)

**Persönlichkeitswahlrecht,** das: Wahlrecht, das die direkte Wahl der Kandidaten erlaubt

**Personsbeschreibung,** die: österr. Form, (in D) Personenbeschreibung: *Die Frau war derartig geschockt, dass sie keine genaue Personsbeschreibung abgeben konnte.* (SN 4. 6. 06)

**Perspektivengruppe,** die: Arbeitsgruppe, Planungskommission (selten auch in D): *Denn die bisher öffentlich geführte Diskussion wurde nun in eine SPÖ-interne Perspektivengruppe verlagert.* (PR 23. 1. 17)

**Perversler,** der (ugs., abwertend): Perverser: *Zwei Sadisten, zweihundertfünf Masochisten. Die zwei kreativen Perversler hören auf H. Z. und M. G.* (ST 31. 7. 08)

**Petergstamm,** das; -: Aurikel, (in CH) Peterstamm: *Der Boden ist um diese Jahreszeit mit Blumen übersät. Besonders auffällig ist die große Menge an leuchtend gelbem Petergstamm.* (KZ 21. 8. 16)

**Petersil,** der; -s ‹griech.› (auch bayr.): (neben) Petersilie: *Im Originalrezept wird noch etwas frischer Majoran untergerührt – den lasse ich lieber weg und nehme, falls vorhanden, frischen Petersil.* (ST 29. 1. 17)

**Petersil-:** österr. Form in Zus., (in D) Petersilien-: *Das* **Petersilöl** *kann ebenfalls schon gut im Vorhinein hergestellt werden.* (ST 13. 12. 16); **Petersil-Basilikum-Pesto;** *Mit* **Petersilerdäpfel,** *die sich leicht mehlig dazugesellen, und grünem Salat mit austariertem Senf-Dressing lässt er den Genießer zufrieden zurück.* (OÖN 13. 1. 17); **Petersilmarinade; Petersilsauce** ↑Sauce; *Rahmsuppe von der* **Petersilwurzel** *mit sautierten Karpfenstreifen.* (OÖN 5. 12. 15)

**petschiert** ‹zu *Petschaft*, von slowen. *pečát* ›Siegel, Stempel‹ › (ostösterr.): ***petschiert sein; der/die Petschierte sein** (ugs.): ruiniert sein, in einer schlimmen Lage, beschädigt sein; draufzahlen: *Regina Fritsch ist als Gärtnerin die erste der Begrapschten und zuletzt Petschierten.* (WZ 3. 3. 13)

**Pfaderer Pfaderin,** der bzw. die (ugs.): Pfadfinder/-in: *Die fleißigen »Pfaderer« säuberten Waldgebiete im Steyrer Stadtteil Münichholz und sammelten unter anderem weggeworfene Flaschen, alte Autoteile.* (OÖN 22. 10. 03)

**Pfaid** ↑Pfeid

**[1]Pfandl,** das; -s, -n (ugs.): (Kurzform von) Pfandleihanstalt: *Die Legende erzählt, dass sich Kaiser Joseph II. inkognito ins Pfandl begab.* (Falter 11. 4. 07)

**[2]Pfandl,** das; -s, -n (ugs.): Pfanne (die Verkleinerungsform drückt nicht unbedingt eine Verkleinerung aus): *Das Blunz'ngröstl mit Innviertler Sauerkraut wird im Pfandl serviert.* (OÖN 23. 10. 15); ***ins Pfandl hauen** (ugs., salopp): zurechtweisen; vernichten, (in D) in die Pfanne hauen: *Politiker wird in diesem Land, wer saure Wiesen trockenlegen oder andere ins Pfandl hauen möchte.* (KU 25. 4. 04)

**Pfarrei,** die; -, -en (westösterr., wie in D und CH): (im übrigen Österreich) Pfarre: *»Wir werden aber keine einzige Pfarrei auflösen«, betonte am Dienstag Abend der Salzburger Erzbischof.* (KU 25. 5. 06)

**Pfarrherr,** der (bes. in Vbg., veraltet auch in D): Pfarrer: *»Der Heimatschutzverein Montafon ist bemüht, kulturelle Schätze unseres Tales Einheimischen und Gästen nahe zu bringen«, so der zufriedene Pfarrherr.* (VN 30. 8. 07)

**Pfarrhof,** der: Wohnhaus des Pfarrers [und Pfarrbüro]; (in D) Pfarrhaus: *Darum geht es bei einem Abend des St. Veiter Bildungswerks am Montag, 21. Mai (19 Uhr), im Pfarrhof.* (SN 16. 5. 07)

**Pfarrkanzlei,** die: Sekretariat einer Pfarre: *Der Pfarrhof beherbergt nun eine Wohnung, eine Garçonnière für den Seelsorger, die Pfarrkanzlei, eine Küche und ein Sitzungszimmer.* (SN 11. 5. 06). ↑Kanzlei

**Pfarrprovisor,** der: Geistlicher, der vertretungsweise eine Pfarrei betreut: *Als Pfarrprovisor wirkte er auch in Steinbach am Attersee und in Meggenhofen.* (KIZ 20. 6. 07). ↑**Provisor**

**Pfarrwidum,** das und der; -s, -e (westösterr., Ktn., veraltend): 1. (hist.) Pfarrgut. 2. Pfarrhof: *Im Pfarrwidum werden sechs bis acht Asylwerber aufgenommen.* (KZ 15. 10. 15). ↑**Widum**

**Pfau,** der: wird österr. auch schwach gebeugt: der; -en, -en, in D nur der; -[e]s, -e[n]

**pfauchen:** österr. (und südd.) Form, (in D) fauchen: *Zehn Stunden Fahrt sind es hinauf in die Berge Darjeelings, mit ... einer asthmatisch pfauchenden Schmalspurbahn.* (PR 1. 2. 03). ↑**anpfauchen**

**Pfeffer,** der: Mus aus gedörrten Früchten, nur in Zus.: ↑**Kletzenpfeffer, Zwetschkenpfeffer.** – Davon zu unterscheiden ist die südd.-schweiz. Bedeutung ›in der Beize mariniertes Wildragout mit würziger Sauce‹, z. B. Gamspfeffer, Hasenpfeffer, Hirschpfeffer, Rehpfeffer

**Pfefferoni,** der; -, - ⟨ital., nach dem Muster von *Pfeffer* eingedeutscht⟩: scharfe längliche Paprikaschote, (in D) Peperoni, Peperone: *»Eine Pizza mit extra Pfefferoni zu mir nachhause!«.* (PR 30. 9. 16)

**Pfeid,** die; -, -en (dialektal veraltet, auch bayr., aber noch fachspr. in der Trachtenmode): Hemd, Bluse. – Auch in der Schreibung *Pfaid* und der dialektalen Schreibung *Pfoad*

**Pfeidler Pfeidlerin,** der bzw. die (veraltet): Hemdenmacher/-in, Wäschehändler/-in: *Genau das tat nämlich auch der in Wien einst bekannte Pfeidler, ein Hemden-, Strümpfe- und Haubenhändler.* (TT 16. 11. 08) ◆ **Pfeidlerei**

**Pfeiferl,** das; -s, -n (ugs.): Pfeife (als Blasinstrument); Trillerpfeife, Schiedsrichterpfeife: *Bei ihm und seinen Freunden ging es auch darum, dass man einen Feitel hat mit dem man ein Pfeiferl schnitzen konnte.* (KZ 15. 11. 15)

**pfelzen** ↑pelzen

**pfiat** [...iːɐ...]: ***pfiat Gott, pfiat di [Gott],** (im Plural) **pfiat euch** (ugs., auch bayr.) ⟨zusammengezogen aus: behüt dich Gott⟩: /Abschiedsgruß unter Freunden und Verwandten/: *»Servus, pfiat Gott und auf Wiedersehen – wir freuen uns auf eine Fortsetzung im nächsten Jahr.«* (NÖN 2. 6. 10); *Ferner zeigt das Fernsehen Lederhosen, Almhütten, Wadelstutzen, Trachtenmusiken und kernige Burschen jeden Alters, die zwischen »Griaß eich!« und »Pfiat eich!« die Landschaft schön finden.* (ST 2. 9. 03). ↑**behüt dich Gott**

**Pfingsten,** die /Plural/: wird österr. (und schweiz.) als Plural gebraucht und wird (wie regional auch in D) mit *zu* verbunden, südwestd. und schweiz. mit *an: zu Pfingsten, diese Pfingsten; Der VCÖ forderte am Dienstag nach der Unfallbilanz zu Pfingsten rasche Konsequenzen.* (ST 29. 5. 07). Vgl. Allerheiligen, Ostern, Silvester, Weihnachten

**pfitschen,** sw. V. / ist (mundartnah): sausen, sich blitzschnell bewegen; schnell gleiten, rutschen: *Da pfitscht der Hans aus der Menge, direkt auf den Kanzler zu.* (KR 3. 12. 10); *Bei dem Priestermangel muss man offenbar ein schneller Autofahrer sein, um von Pfarre zu Pfarre pfitschen zu können.* (TT 29. 5. 01)

**Pfitschigogerln,** das; -s (ugs.): Tischfußball mit Kamm und Münze: *Zudem tragen die Bewerber in der Säulenhalle ein Turnier im Pfitschigogerln aus.* (PR 8. 6. 16). – Auch in der Form *Fitschigogerln.* Vgl. wuzeln

**Pfitschipfeil,** der (ugs., Kinderspr.): mit einem Bogen geschossener Pfeil: *Und wir sind jetzt gespannt wie ein Pfitschipfeil, wie die Suche nach dem Schatz im Neusiedler See ausgeht.* (PR 7. 6. 15)

**Pflanz,** der; - (ugs.): Schwindel, Neckerei: *Dass die Regierung trotz der Schlusslichtposition Österreichs mittels Inseraten die eigene Klimapolitik preise, sei »ein Pflanz«.* (OÖN 5. 12. 09)

**pflanzen** (ugs., auch bayr.): zum Narren halten: *Regierung spricht von Neustart, Basis fühlt sich gepflanzt.* (OÖN 28. 4. 16) ◆ **Pflanzerei:** *Für mich ist das eine Pflanzerei durch SP und VP, die derzeit stattfindet.* (OÖN 11. 8. 08)

**pflatsch:** österr. (und südd.) Form neben *platsch: wie Elefantendung auf einen Löwenzahn – pflatsch!* (WZ 7. 5. 10)

**Pflegeanwalt Pflegeanwältin,** der bzw. die: amtlich eingesetzte Vertretung der Rechte von pflegebedürftigen Menschen (In D Rechtsanwalt für Pflegefälle): *B. ist seit 1999 Patienten- und Pflegeanwalt für Niederösterreich und damit Anlaufstelle für alle, die glauben, falsch oder unzureichend behandelt worden zu sein.* (ST 28. 10. 15) ◆ **Pflegeanwaltschaft:** *Als Errungenschaften seiner Koalition nannte Kaiser etwa ... die Einrichtung einer Pflegeanwaltschaft im Land.* (ST 31. 5. 16)

**Pflegschaftsgericht,** das: für die rechtliche Vertretung von Minderjährigen und anderen Pflegebefohlenen zuständige Abteilung eines Gerichts; (in D) Vormundschaftsgericht: *In dem Prozess vor einem Pflegschaftsgericht wird über eine mögliche Rückführung des im April von seinem Vater aus Graz entführten fünfjährigen Oliver entschieden.* (ST 4. 9. 12)

**Pflichtgegenstand,** der: Pflichtfach (in der Schule): *Innerhalb eines bestimmten Rahmens* *können Schulen die Stundenzahlen für Unterrichtsfächer verändern, neue Pflichtgegenstände, unverbindliche Übungen oder Freigegenstände einführen sowie Förderunterricht einrichten.* (PR 17. 10. 16); ***alternativer Pflichtgegenstand** (aus mehreren angebotenen Fächern verpflichtend zu wählendes Fach): *Ab der dritten Klasse wird Französisch als alternativer Pflichtgegenstand angeboten.* (OÖN 20. 6. 06). ↑ GEGENSTAND

**Pflichtschule,** die: Schule, die die Erfüllung der Schulpflicht von der 1. bis 9. Schulstufe ermöglicht (Volks-, Haupt-, Mittel- und Polytechnische Schule): *Das dürfte auch eine Antwort auf die Forderung ... sein, in die Stadtteilplanung nicht nur Pflichtschulen, sondern auch Gymnasien einzuplanen.* (ST 22. 2. 07) ◆ **Pflichtschullehrer/-in:** *Ein Seminar über Soziales Lernen absolvierten Pflichtschullehrer aus dem Bezirk Perg.* (OÖN 18. 6. 07); **Pflichtschullehrergewerkschaft:** *Pflichtschullehrergewerkschaft warnt vor dramatischer Situation innerhalb der nächsten fünf Jahre und fordert Gegenmaßnahmen.* (ST 9. 9. 05); **Pflichtschulzeit**

**pfüat** ↑ pfiat

**pfui gack!:** (in D) pfui, baba, bäbä, igitt (Ausruf des Missfallens und Ekels): *Sollen wir jetzt der Meinung sein, dass Loos »pfui gack« ist, dass all das, was er geschrieben hat, »unter diesen Umständen an Wert verliert«?* (Falter 10. 2. 15). – Auch in der Form *pfui gacki.* Vgl. gaga

**Pfusch,** der: unerlaubte Lohnarbeit, Schwarzarbeit (in D nur ›schlecht ausgeführte Arbeit‹): *»Es gibt einen Unterschied zwischen Nachbarschaftshilfe, die notwendig ist, und organisiertem Pfusch.«* (PR 18. 4. 07). ↑ **Wochenendpfusch**

**pfuschen:** unerlaubte Lohnarbeit verrichten, schwarzarbeiten (in D nur ›schlecht, schlampig arbeiten‹): *Zum einen ist es aus Kosten- und anderen Gründen kaum möglich, flächendeckend Herrn und Frau Österreicher etwa beim Pfuschen zu überwachen.* (OÖN 10. 6. 15)

**Pfuscher Pfuscherin,** der bzw. die: Person, die schwarz arbeitet, ↑ pfuscht (in D: Person, die eine Arbeit schlecht, schlampig ausführt): *Am häufigsten werden »Pfuscher« im Bereich »Renovieren einer Wohnung oder eines Hauses« beschäftigt.* (PR 12. 5. 16) ◆ **Pfuschertrupp:** *Man will nur organisierten Pfuschertrupps, die ihre Leistungen im Internet anbieten, stärker zu Leibe rücken.* (PR 18. 4. 07)

**Pfuscherpartie,** die: ↑ Partie von Schwarzarbeitern: *Dort und auch österreichweit solle... mit der Maßnahme nicht die »Nachbarschaftshilfe« bekämpft werden, sehr wohl aber die organisierten Pfuscherpartien.* (ST 8. 5. 07). ↑ PARTIE

**pfutsch:** österr. Form, (in D) futsch: *Ich bin froh mit dem Haus und dem Garten, aber wenn's pfutsch ist, ist es halt pfutsch.* (PR 16. 10. 16)

**Philharmoniker,** der ‹griech.›: wird österr. je nach Stellung im Satz auf der ersten oder dritten Silbe betont, in D nur auf der dritten

**Philippi:** ***[zu] Philippi:** am Fest des hl. Philipp (auch südd.): *Die Junggesellen halten das Brauchtum das ganze Jahr über hoch. Egal ob zu Philippi, beim Ostereierfahrn oder der traditionellen Dorfbuam-Rorate zu Weihnachten.* (KR 7. 9. 09). ↑ FLORIANI

**Phlegma,** das ‹griech.›: wird österr. mit langem e ausgesprochen, in D mit kurzem

**Phlox,** der; -es, -e ‹griech.›: ist österr. Maskulinum, in D auch Femininum

**Pi:** ***Daumen mal Pi,** (in D) Pi mal Daumen, (in CH) Handgelenk mal Pi: schätzungsweise, über den Daumen gepeilt: *Im Kernbereich kostet ein neu vermieteter Quadratmeter (je nach Größe des Geschäfts, Etage usw.) Daumen mal Pi 100 Euro Miete.* (PR 21. 1. 17)

**Piccolo,** der ‹ital.›: Kellnerlehrling, Jungkellner: in Österr. übliche Schreibung, (in D) Pikkolo: *Sogar der Piccolo weiß, warum das Wasser verrechnet werden müsse.* (PR 24. 7. 15)

**Pick,** der; -[e]s (informell, auch bayr.): Klebstoff: *mit einem Pick etwas ankleben; Nicht nur Klebriges selbst herstellen, sondern den Pick auch künstlerisch verwenden.* (OÖN 12. 6. 07); ***einen Pick auf jmdn. haben** (ugs., salopp): auf jmdn. wütend sein, eine Abneigung gegen jmdn. haben: *Der Oberstleutnant von Hernals hat einen Pick auf mich, und die Freiheitlichen haben die SPÖ unter Druck gesetzt.* (Falter 21. 7. 04)

**pickelhart** (auch schweiz.): **1.** äußerst hart (von Skipisten u. Ä.): *eine pickelharte Eisschicht; pickelharter Boden; Als wäre die Strecke nicht schon schwierig genug, wurde die Piste die letzten Tage mit Wasser pickelhart präpariert.* (KU 23. 1. 16). **2.** unnachgiebig: *Während sich die dortigen Spitzenpolitiker vor laufender Kamera beim Vornamen nennen, aber in der Sache pickelhart bleiben, sind sie bei uns inhaltlich batzweich.* (PR 25. 4. 10)

**picken** (auch bayr.): 1. /hat/: an oder in etwas kleben, durch Kleben befestigen, reparieren: *Dann können sie sich die Plakate künftig selber picken.* (OÖN 1. 12. 16); *Aus irgendeinem Grund war es nicht möglich, das Loch zu picken, der Reiseveranstalter gab der Frau ein Ersatzrad.* (OÖN 5. 6. 07); ***Sackln picken** (ugs.): (im Gefängnis) Tüten kleben; ***jmdm. eine picken** (ugs.): jmdm. eine Ohrfeige geben: *Sinnbildlich hätte der Coach auch Youngster E. eine picken mögen.* (TT 29. 10. 04). 2. /ist/: haften, festkleben: *Milch und Marmelade picken an den Fingern.* (OÖN 15. 10. 10); *Gemütlichkeit. Sie pickt auf der Stadt wie der Gupf Schlagobers auf dem Kaffee.* (PR 24. 10. 15); ***picken bleiben:** a) in Erinnerung bleiben: *Was ich gehört und gesehen habe, ist bei mir picken geblieben.* (OÖN 20. 7. 12); b) nicht vorwärtskommen, erfolglos sein: *Herausgekommen ist eine dreistündige Show, die sich gezogen hat und auf der Stelle picken geblieben ist wie trocknender Kaugummi.* (OÖN 24. 8. 15). c) sich nicht aufraffen können wegzugehen: *Er ist im Wirtshaus, bei der Freundin picken geblieben; Dann blieb ich nach einer Osterreise mit der Chorgemeinschaft von 1966 bis 1968 gemeinsam mit meiner Frau im St.-Georgs-Kolleg in Istanbul »picken«.* (OÖN 2. 2. 16); ***aufeinander picken; auf jmdm picken:** nahe beisammen sein [und dadurch eingeengt sein], eine enge Beziehung haben: *Und sie sind zwischen 200 und 500 Meter von uns entfernt, wir picken also nicht aufeinander.* (OÖN 3. 10. 14); *Wie wir miteinander umgehen, weil wir so viel gemeinsam unterwegs sind und so viel aufeinander picken ...* (OÖN 26. 9. 14); ***Was liegt, das pickt** (Redensart, urspr. beim Kartenspiel: Eine ausgespielte Karte darf nicht zurückgenommen werden): Ein Spielzug o. Ä. gilt: *Collagen: Was liegt, das pickt.* (PR 17. 5. 16). 3. /ist/: klebrig sein: *Gefragt seien Moste, die am Gaumen nicht »picken«.* (OÖN 2. 5. 07). 4. /hat/: durch Kleben einer Plakette eine Gebühr entrichten: *Elektronische Vignette, Bargeld alle paar Kilometer oder Jahresvignette zum Picken: Im vereinten Europa gibt's die verschiedensten Mautsysteme auf den Autobahnen.* (OÖN 2. 7. 16). ↑**anpicken, aufpicken, einpicken, festpicken, verpicken, zupicken, zusammenpicken**

**Pickerl,** das; -s, -n: 1. (auch bayr.) Aufkleber, Klebeetikett: *Die Wahl ist geschlagen, die »Danke«-Pickerl auf den Plakaten kleben gleichsam als Mäntel des Schweigens über den Versprechungen.* (KU 29. 9. 08). 2. (Verkehr) Plakette, die die amtlich vorgeschriebene Fahrzeugüberprüfung (§57a-Überprüfung) anzeigt: *Die bekannten Mängel haben dazu geführt, dass jedes einzelne Fahrzeug bis zur Jahresmitte ein neues Pickerl haben muss.* (ST 20. 1. 06). 3. (Verkehr) Klebeetikett, durch das behördliche Verkehrsvorschriften kontrolliert werden, z. B. Geschwindigkeitsbeschränkung für Autos mit Spikes u. Ä.: *Auch Maschinen, die nicht zum Straßenverkehr zugelassen sind, sollen sich das »Feinstaub-Pickerl« holen.* (ST 20. 7. 06). 4. (Wien, kurz für) ↑Parkpickerl: *Demnach wird das Pickerl mit Ausnahme der Industriegebiete in Favoriten so gut wie flächendeckend eingeführt.* (PR 16. 11. 16). 5. (kurz für) Autobahnpickerl, ↑Vignette: *Die 10-Tages-Vignette für Kfz bis 3,5 Tonnen Gesamtgewicht wird 8,90 Euro kosten, das Pickerl für zwei Monate 25,90 Euro.* (PR 22. 9. 16). 6. Plakette, Zertifikat zur Kennzeichnung von Waren, von Zeitkarten, als Beweis für Kontrollen u. Ä.: *Vielleicht bräuchte es eine Kennzeichnung, eine Art Pickerl, ob es sich um echte Reduktion handelt oder um formalen Zertifikatehandel.* (ST 19. 1. 17); *Seit Kurzem zieren die 100-Gramm-Gläser übrigens ein Vegan-Pickerl.* (PR 29. 11. 15); *Das Pickerl fürs Haus ist bei Neubauten bereits seit Jahresbeginn Pflicht.* (KU 27. 8. 08). ↑(zu 1.:) ↑**Adresspickerl, Preispickerl,** (zu 2.:) ↑**Kfz-Pickerl, Pkw-Pickerl,** (zu 3.:) ↑**Feinstaubpickerl, Spikepickerl,** (zu 4.:) ↑**Anrainerpickerl,** (zu 5.:) ↑**Autobahnpickerl, Jahrespickerl, Mautpickerl, Monatspickerl, Wochenpickerl,** (zu 6.:) **Energiepickerl, Gen-Pickerl, Öko-Pickerl, Prüfpickerl, Saisonpickerl, Sicherheitspickerl, Umweltpickerl**

**pickerlfrei** (Wien): nicht in der Zone mit Verpflichtung zu einem ↑Parkpickerl liegend: *Pendler ... suchen nun Parkplätze in den angrenzenden Gebieten, etwa in den weiterhin pickerlfreien Zonen Währings und Hietzings.* (ST 3. 10. 12)

**Pickerlpflicht,** die: 1. Verpflichtung zu Mautzahlung auf Straßen: *Ungarn führt auf 61 Straßenstücken die Pickerlpflicht ein und will damit den Schwerverkehr auf die Autobahnen zwingen.* (PR 30. 3. 07). 2. (Wien) Verpflichtung, eine Parkberechtigung (↑Parkpickerl) zu erwerben ◆ **pickerlpflichtig:** *Die Pendler, die in den weiterhin nicht pickerlpflichtigen Gebieten ihr Glück versuchen, sind schon zufrieden,* *wenn keine Drohung hinter dem Scheibenwischer klemmt.* (ST 6. 10. 12)

**Pickerlsünder Pickerlsünderin,** der bzw. die: Person, die ohne Mautvignette auf der Autobahn fährt: *Die »Kronen Zeitung« berichtet von bis zu 10.000 Strafzetteln, die in den Tagen nach Ablauf der dreitägigen Schonfrist an Pickerlsünder und Falschparker ausgefolgt wurden.* (ST 12. 10. 12)

**Pickerlüberprüfung,** die: Fahrzeugüberprüfung nach §57a KFG, (in D) TÜV: *»Fragen Sie in Ihrer Werkstatt nach, ob die Pickerl-Überprüfung gratis oder günstiger ist, wenn Sie gleichzeitig ein Service durchführen lassen«.* (PR 20. 7. 16)

**pickert** (ugs., auch bayr.): klebrig, ↑pickig: *Wir schütteln uns die Hand. Sie ist pickert vom Krapfen und die rote Nase ist verrutscht.* (Falter 10. 2. 16)

**pickig** (abwertend, auch bayr.): klebrig: *Rund 90 Schüler machten mit einer bunten Aktion auf den pickigen Schmutz aufmerksam. So teuer kommen die Kaugummis auf den Straßen der Stadt.* (KZ 9. 2. 17)

**picksüß:** sehr süß: *Freilich hat die schokoladige Paste picksüß geschmeckt, aber eine bittere Note ist immer geblieben.* (PR 30. 7. 16); (übertragen) *»Das Sacher. In bester Gesellschaft« ist eine picksüße Orgie des Kitsches.* (PR 19. 4. 14); ***picksüßes Hölzl:** Pikkoloflöte; Sopranklarinette im Schrammelquartett: *Wie sehr Schubert und Mahler aus der Volksmusik geschöpft haben, zeigt sich, wenn man ihre Melodien mit dem »picksüßen Hölzl« spielt.* (NVT 29. 8. 14)

**Pickzeug,** das: Werkzeug zum Reparieren eines Reifendefekts: *Weiters sollten Sie auf alle Fälle einen Fahrradschlauch ... oder Pickzeug für Schlauchreifen mitnehmen.* (OÖN 12. 4. 06)

**Piefke,** der; -[s], -[s] (oft abwertend): **1.** (auch bayr.) [Nord]deutscher, (bayr.) Preuße, (in CH) Schwab: *Waren noch vor Jahren Duelle mit dem nördlichen Nachbarn gern genutzte Gelegenheiten um nationale Minderwertigkeitskomplexe und aufgestauten Piefke-Hass ausleben zu können, so kommen dieser Tage viele Österreicher milde gestimmt aus dem Heimaturlaub, wo sie auf Hütten und in Hotels kaum von deutschen Gästen gestört, aber umso öfter von deutschem Personal bedient wurden.* (ST 28. 8. 13); *Piefke-Saga* (Titel einer TV-Serie von F. Mitterer). **2.** Bewohner Deutschlands: *»Ich wurde Opfer von Piefke-Rassismus.«* (ST 3. 1. 07); *Ob Wachstum, Arbeitsplätze oder Produktivität: Überall brettert der Piefke mit 250 auf der Überholspur dahin, während sich unsereins zum Schrumpfgermanen reduziert fühlt.* (ST 27. 2. 15); *Aber warum sollte ich hier als Piefke über Dinge reden, von denen ich keine Ahnung habe.* (ST 2. 2. 17). – Gemeint war urspr. der deutsche Soldat, heute mehr der kleinbürgerliche Tourist, der bei den niedlichen Österreichern mit seinem Geld prahlt und durch sein lautes, aufdringliches Wesen unangenehm auffällt; heute oft als Ausdruck für den ›typischen Deutschen‹ (gleich ob positiv oder negativ) gebraucht. Zunehmend auch von Deutschen als Eigenbezeichnung gebraucht: *Eingeladen zum »Piefke-Public-Viewing« hat die »Piefke-Connection«, ein Netzwerk für in Österreich lebende Deutsche.* (PR 10. 9. 12)

**Piefkeland,** das (salopp, selten): Deutschland: *Da steh' ich nun neben meinem Piefke-Freund und seinen Piefke-Kollegen im Piefke-Land und versuche, einen Blick auf die Leinwand zu erhaschen, um das WM-Spiel unserer Lieblingsnachbarn zu verfolgen.* (OÖN 30. 6. 06)

**Piefkinese,** der; -, - (ugs., salopp, abwertend): ↑Piefke: *Wen bezeichnen wir hierzulande einen Tschuschen, Tschecheranten, Piefkinesen, Gscherten, Katzelmacher, Kümmeltürken, Wappler oder Kropferten?* (PR 3. 4. 06)

**piefkinesisch** (ugs., salopp, abwertend): in typisch [nord]deutscher Sprachvarietät: *seit wann redest du piefkinesisch?; Der piefkinesische Touch der Rosamunde-Pilcher-Verfilmungen hat schon immer gestört.* (PR 1. 3. 05)

**piefkonisch** (selten, ugs., salopp, meist abwertend): ↑piefkinesisch: *Aber sagen Sie das einmal unseren Kindern, die ... bei gefühlten 50 deutschen Privatsendern längst das piefkonische Idiom verinnerlicht haben.* (ST 28. 1. 11)

**Piepserl,** das; -s, -n (ugs.): **1.** Empfänger eines Personenrufdienstes, (in D) Piepser: *Das Signal kann von einem kleinen »Piepserl« kommen, von einem Bewegungsmelder oder schlicht durch sanften Druck.* (PR 24. 9. 11). **2.** Gerät, mit dem von Lawinen Verschüttete geortet werden können: *Knapp die Hälfte der Tourengeher sei ohne »Piepserl« unterwegs.* (ST 6. 2. 07); *Trotz Lawinenwarnstufe 3 hatten sich die elf Deutschen und zwei Schweizer mit ihrer Führerin ohne »Lawinen-Piepserl« ins Gelände gewagt.* (ST 2. 3. 12)

**pieseln** ↑bieseln

**Pignolie,** die; -, -li /meist Plural/ ⟨ital.⟩: Pinienkern, -nuss: österr. Formen, (in D) Pignole: *Etwas kleiner, aber vom Aussehen den Pignoli* *der Pinien sehr ähnlich, schmecken sie etwas würziger als diese.* (KZ 19. 5. 15)

**Pignolikipferl,** das: mit ↑Pignoli bestreute Kipferl: *Wenn man sich vorort am Freitag gegen Mittag die Zeit nimmt, um einen Kaffee zu trinken und eines der köstlichen Pignolikipferl ... zu genießen, bekommt man unmittelbar einen Eindruck, wie vielfältig das jüdische Leben der Stadt ist.* (WZ 18. 11. 05). ↑KIPFERL

**Pik,** die; -, -: Spielkartenfarbe: ist österr., bes. Wien, Femininum, sonst Neutrum

**Pikee,** der und das; -s, -s ‹franz.›: Baumwollgewebe: ist österr. auch Neutrum, in D nur Maskulinum

**Pilz,** der: wird österr. (und südd.) bes. für ›Steinpilz‹ gebraucht. Sonst verwendet man für ›Pilz‹ häufiger ↑*Schwammerl*

**Pilzling,** der; -s, -e (veraltend): (bes. für) Steinpilz: *Er kaufte sich in Klagenfurt 2 kg Prachtexemplare von Pilzlingen.* (SN 27. 10. 07)

**Pimperl,** das; -s, -n (ugs.): Penis, (in D ugs.) Pimmel: *Nun sind die Salzburger nicht mehr alleine, auch Hamburg hat seinen Pimperl-Skandal: ... Neuestes Exponat: Der »Frühaufsteher« mit erigiertem Penis.* (KU 31. 8. 03)

**Pimperl-** (ugs., bes. ostösterr.): drückt in Zus. aus, dass etwas ›klein, unbedeutend‹ ist, vgl. Pemperl-: *Außerdem sei die Titulierung der Traisentalbahn als* **»Pimperlbahn«** *... eine Frechheit.* (NÖN 20. 4. 11); *Vom PC aus gründete er eine (Briefkasten-)Firma ... und verkaufte sich und seine* **Pimperl-Firma** *so, als ob man ... nun den europäischen Markt erobern wolle.* (KU 3. 4. 02); *wir müssten ja jede* **Pimperlnotiz** *ins Tablet tippen.* (WZ 5. 2. 15) *Dabei würde die ÖVAG auf ein* **»Pimperlinstitut«**, *wie es ein Insider formuliert, radikal reduziert werden.* (WZ 9. 11. 11); *»Putzt's euch ruhig, wir brauchen eure* **Pimperl-Truppen** *nicht.«* (ST 31. 3. 02); *Das ist ja kein* **Pimperlverein,** *sondern eines der größten Industrieunternehmen Österreichs.* (PR 18. 7. 03); *»Ich hab' die* **Pimperl-Wohnbaugenossenschaft** *zur Nummer zwei der Steiermark gemacht.«* (KU 9. 5. 01); *Wie es gehen kann, machen die Franzosen im TGV vor, und im Vergleich dazu ist der Railjet wirklich ein* **»Pimperlzug«.** (WZ 26. 1. 10)

**Pimpf,** der; -[e]s, -e (ugs., veraltend, oft abwertend): **1.** kleiner Bub, Knirps: *Der eine fuhr rund um das Jahr 1960 als kleiner Pimpf mit seinem Vater zu Vorträgen nach Berlin.* (OÖN 13. 8. 11). **2.** Person, die nicht ernst genommen wird; eitler, arroganter Mensch: *Der Inhalt von »Geheimes Verlangen« ist rasch erklärt: jungfräuliche, naive Studentin trifft auf reichen Pimpf.* (News 26. 7. 12). – Als Mitglied einer Jugendbewegung gemeind.

**Pingpong,** das ‹engl.›: Tischtennis: wird österr. auf der zweiten Silbe betont

**Pinkel** ↑Binkel

**Pinsch,** der; -[e]s, -e (ugs., veraltend) Note ›nicht genügend‹: *Mit abgewürgtem Motor mitten in einer Kreuzung zu stehen, ist mitunter peinlicher als ein »Pinsch« in der Latein-Schularbeit.* (OÖN 16. 10. 04)

**Pinze,** die; -, -n /meist Plural/ ‹venezianisch *pintsa*, verwandt mit ital. *pizza*›: /ein Gebäck aus Hefeteig/: *Die meisten Ostereinkäufe werden schon erledigt sein. Kurzentschlossene finden hier aber noch bis Ostermontag Pinzen und Co.* (PR 4. 4. 15). ↑**Osterpinze**

**Pipe,** die; -, -n ‹ital. *pipa* ›Röhre, Pfeife‹›: Fasshahn, (selten) Wasserhahn: *Verunsichert vom seinerzeitigen Vorfall benötigte Ortig prompt 15 Schläge, bis die Pipe endlich im Zipfer-Bierfass war und mehr oder weniger passte.* (OÖN 7. 9. 09); *Da ist zum Beispiel ... ein schmaler Schrank mit Wassertank, Pipe und Waschschüssel.* (OÖN 5. 9. 09). – Bei kurzer Aussprache des *i* auch in der Form *Pippe.* ↑**Rotzpipe**

**Piperl,** das; -s, -n (mundartnah): Küken: *Ohne es an die große Glocke zu hängen, haben ja viele vor der Zeit Enten und Piperln ins Freie gelassen.* (ST 17. 9. 06)

**piperln,** sw. V. / hat (ugs.): [ständig] Alkohol trinken: *er piperlt schon wieder; Wer weniger Geld hat, greife zu billigeren und tendenziell dicker machenden Lebensmittel. ... Die »Therapie«? Pannonisch »papperln und pipperln«.* (KU 31. 3. 08). – Auch in der Schreibung *pipperln*

**Pippe** ↑Pipe

**Pippin:** der Name der fränkischen Fürsten wird österr. (und schweiz.) auf der ersten Silbe betont, in D meist auf der letzten

**pischen,** sw. V. / hat (ugs.): urinieren: *Es ist ein Rüde, und pischt aber auch auf keine Hauswände oder Autos.* (KR 27. 3. 06)

**Pissmuschel,** die (selten): Pissoir-Becken: *Waldschaller steht vor einer Pissmuschel und entdeckt etwas. Bunte Duftkugeln liegen vor ihm in der Muschel, und nicht nur in seiner, sie liegen in jeder dieses Pissoirs.* (PR 16. 4. 05). – In D bezeichnet das Wort die Sandklaffmuschel. ↑MUSCHEL

**Pissoirmuschel,** die: Pissoir-Becken: *Pickerl in Form einer Fliege etwa, die in die Pissoir-*

*muschel geklebt werden und dazu motivieren, das fiktive Insekt zu treffen.* (SN 3. 4. 07). ↑ MUSCHEL

**Pistenfloh**, der (auch bayr.): Kind, das Skifahren lernt: *Mit attraktiven Angeboten haben Pistenflöhe und Eltern im Skicircus gleichermaßen gut lachen.* (SN 10. 12. 16)

**Pistengaudi,** die (auch südd.): Skivergnügen: *Die Wintersaison hat bereits begonnen und die Ski-Openings stehen bevor. Das bedeutet Pistengaudi, aber auch Risiko.* (SN 11. 11. 12). ↑ **Fetzengaudi, Gaudi**

**Pistenhaserl,** das; -s, -n (ugs., veraltend): unerfahrene Skiläuferin, (in D) Pistenhäschen: *Skifahrer und Pistenhaserl sind herzlich willkommen, für Speis und Trank ist bestens gesorgt.* (KZ 3. 7. 15). ↑ **Skihaserl**

**Pistentiger,** der (ugs.): begeisterter, erfahrener Skiläufer: *Was tragen Skihaserl, Schneepflüger und Pistentiger im heurigen Winter?* (OÖN 19. 11. 01). ↑ -TIGER

**Pitsche** ↑ Bitsche

**pitschen,** sw. V. / hat (Küche, Osttirol): Teigränder mehrfach umlegen, sodass ein Zierrand entsteht: *Jeder einzelne Schlipfkrapfen wird gepitscht* (KZ 4. 10. 14); *Die Teiglinge auf die Hälfte zusammenklappen und die Ränder mit zwei Fingern zusammendrücken, im Osttiroler Fachjargon »pitschen«.* (TT 30. 10. 16)

**pitzeln, Pitzler, pitzlig** ↑ bitzeln, Bitzler, bitzlig

**Pkw:** die Abk. wird österr. auf der letzten Silbe betont, in D meist auf der ersten

**Pkw-Lenker Pkw-Lenkerin,** der bzw. die: Autofahrer/-in: *Am Dienstagnachmittag verlor ein Pkw-Lenker auf der Tauernautobahn ... die Herrschaft über sein Fahrzeug und prallte gegen einen Baum.* (SN 2. 5. 07) ↑ LENKER

**Pkw-Pickerl,** das: **1.** Überprüfungplakette für Pkw: *3000 Pkw-Pickerl stellte ein steirischer Tankstellenbesitzer aus, ohne auch nur einen Blick auf die Autos zu werfen, die er überprüfen sollte.* (SN 7. 7. 05). **2.** Autobahngebühren für Pkw: *Deutlich teurer wird die Maut aber für Besitzer von Lieferwagen, die bisher das Pkw-Pickerl benutzen.* (KZ 12. 9. 13). ↑ PICKERL

**Plache,** die; -, -n (auch bayr., schweiz.): Plane, Wagendecke: *Die Plache am Fuhrwerkdach bewahrte ... das mitgeführte Pferdefutter vor Staub und Nässe.* (WZ 15. 7. 10) ◆ **Regenplache; Wagenplache**

**Plachenwagen,** der (veraltend, auch bayr.): Wagen mit einer Plane als Dach: *Plötzlich stand ein Plachenwagen unter der Bahnbrücke.* (BVZ 20. 5. 09)

**Plafond,** der [pla'foːn, selten: pla'fõː] ⟨franz.⟩ (auch südd.): *Eine ganze Lichtschiene hatte sich ... in einem Ausstellungsraum der Klagenfurter Stadtgalerie vom Plafond gelöst und ist auf den Boden gekracht.* (KZ 20. 1. 17). – Die Bedeutung ›Obergrenze von Geldbeträgen, Kosten‹, bes. bei Krediten, ist gemeind. – Zur Aussprache ↑ -on

**plafondieren:** eine obere Grenze festlegen, deckeln, (in D meist, in CH nur) plafonieren: *Seit der Beschlussfassung des Kyoto-Protokolls ist das der erste große Schritt. Wir ziehen die Grenze ein und plafondieren den Ausstoß.* (ST 20. 2. 04)

**Planabfahrt,** die: fahrplanmäßige Abfahrt: *Konkret erfährt der Fahrgast die nächsten fünf Busverbindungen ..., die Planabfahrt und Infos über Verspätungen.* (ST 6. 9. 11)

**Planankunft,** die: fahrplanmäßige Ankunft: *Eine Lufthansa-Maschine nach Wien-Schwechat mit Planankunft 12.10 Uhr wurde rund eineinhalb Stunden später erwartet.* (PR 31. 8. 16)

**Planposten,** der: (in D) Planstelle: *D. wehrt sich auch gegen Vorwürfe ..., dass an der BH Zell am See sieben Planposten nicht besetzt seien.* (SN 26. 4. 07)

**Plastiksack,** der (auch schweiz.): (in D) Plastiktüte: *Feuchte oder nasse Abfälle sollte man möglichst gar nicht oder locker in Zeitungspapier gewickelt in die Tonne füllen; Windeln vorher in einen Plastiksack einpacken.* (OÖN 20. 1. 17). ↑ SACK

**Plastiksackerl,** das: ↑ Plastiksack: *Bevor ihr die Plastiksackerl in die Natur schmeißt, bitte ich euch, lasst die Scheiße liegen – die verrottet wenigstens!* (SN 5. 1. 17). ↑ SACKERL

**Plastiktasche,** die: ↑ Plastiksack: *der Täter trieb die Frauen in den Kassenraum, wo ihm die 22-jährige Angestellte 1800 Euro Wechselgeld in eine weiße Plastiktasche ... stopfen musste.* (OÖN 27. 1. 07)

**Plastilin,** das; -s: österr. (und schweiz.) nur so, (in D auch) die Plastilina: *Als Material verwendet er Polyester, Styropor und Plastilin.* (SN 14. 9. 14)

**Plateau,** das: **1.** Plattform (in allen Bedeutungen): *Der 50-jährige Wesley Autrey hatte beobachtet, wie ein Mann auf dem Plateau in einer U-Bahn-Station von Krämpfen geschüttelt zwischen die Gleise fiel.* (OÖN 8. 1. 07). **2.** flache Obstkiste. – In D bedeutet *Plateau* nur eine ›Hochebene‹ oder die ›obere Fläche eines Berges‹

**Platin,** das ‹span.›: wird österr. (und bayr.) auf der zweiten Silbe betont, in D auf der ersten

**Platte,** die (ugs., ostösterr.): 1. Verbrecherring, Gang: *Auch im Wien ... bildete sich organisierte Kriminalität heraus. Man sprach hier allerdings von »Platten«, und die Gangster waren und sind Plattenbrüder.* (ST 16. 2. 03). 2. ***hell auf der Platte sein** (ugs., auch bayr.): klug, schlau sein: *Eine Nachbarfamilie mit unguten Absichten, aber einem Sohn, der ziemlich hell auf der Platte ist und der manches ahnt.* (OÖN 2. 1. 13)

**Plätte,** die; -, -n (auch bayr.): flaches [Last] schiff auf Binnengewässern: *Die Plätten treiben auf den letzten 25 Kilometern vorbei an Wäldern, Auen, Kirchen und Mühlen.* (PR 26. 8. 06)

**plätteln,** sw. V. / hat (auch südd.): 1. Schuhplattler tanzen: *Das konventionelle Platteln war uns schnell zu wenig. ... Es gibt Schläge, die zu jeder Musik passen ... Seither wird zur Musik von Abba, Rammstein und AC/DC geplattelt.* (OÖN 26. 7. 05). 2. (ugs.) flache Steine waagrecht ins Wasser werfen. ↑ **Plattler**

**Plattenboss,** der (ugs., ostösterr.): Anführer einer ↑ Platte

**Plattenbruder,** der (ugs., ostösterr.): Mitglied einer ↑ Platte: *So einer hält sich nicht lange als Anführer von Plattenbrüdern, die Kabinettstücke an Dummheit und Brutalität liefern.* (PR 21. 11. 11)

**Plattenkrieg,** der: Kampf zwischen Unterweltgruppen: *1971: Ende der Plattenkriege.* (ST 15. 2. 03)

**Plattler,** der (auch südd.): Tanz der Schuhplattler: *Das neue Plattlerbuch ist ein einmaliges Dokument zum Erlernen der Plattler des Salzburger Landes.* (SN 28. 11. 02).

**Plattler Plattlerin,** der bzw. die: Person, die den Tanz der Schuhplattler ausführt: *Verpflichtet wurden die Plattler und Volkstänzer aus dem Pinzgau von der Agentur UniArt.* (SN 26. 8. 04)

**Platzerl,** das; -s, -n (ugs.): kleiner Platz, Raum: *Sonst hat sich ja auch immer ein Platzerl gefunden, vielleicht schaffen wir es in Zukunft, dass man Ausweichorte findet.* (SN 28. 12. 16)

**Plausch,** der; -[e]s, -e (auch südd.): Plauderei: *Immer bleibt Zeit für einen Plausch mit Kollegen, Kunden, Interessierten.* (ST 23. 4. 04)

**plauschen,** sw. V. / hat: 1. (auch bayr.) plaudern: *»Nach den Konzerten sitzen wir zum Plauschen zusammen.«* (OÖN 18. 3. 16). 2. (auch bayr.) ausplaudern, verraten: *Wer hat da geplauscht?* 3. (ugs.) übertreiben, auftrumpfen, schwindeln: *Geh, plausch nicht!; Ein großer, nachahmenswerter Sportsmann, der sich wohltuend von den vielen Großmäulern abhebt, die vorher stetig davon plauschen, was sie alles erreichen wollen und bei Misserfolgen allem und jedem anderen die Schuld geben.* (OÖN 14. 1. 11) ↑ **ausplauschen**

**Plauscherl,** das; -s, -n (fam.): Plauderei: *Ein Plauscherl mit der Buffetdame, ein Hallo hier, ein Hallo da.* (ST 2. 5. 16)

**Plebs,** die; - ‹lat.›: ist österr. Femininum, sowohl in der Bedeutung ›Pöbel‹ (in D Maskulinum) als auch ›Volk im alten Rom‹: *Ist es wirklich die Plebs, die gegen die Parteienherrschaft wieder mehr Demokratie gewährleisten würde?* (ST 23. 4. 13)

**pledern** (ugs.): sich schnell und geräuschvoll fortbewegen

**Pleitier,** der [...ˈtie:]: Person, die zahlungsunfähig ist; Bankrotteur: *Der Pleitier hatte sich erneut nach Spanien abgesetzt.* (ST 25. 8. 13)

**pleno titulo** ‹lat.; › mit vollem Titel‹ ›: vor Namen oder Anreden (Abk. p.t., P.T.): drückt aus, dass man auf die Angabe der Titel verzichtet: *Denn zunächst müssen die p.t. Politiker von dem Plan überzeugt werden.* (PR 4. 5. 07)

**Plenten,** der; -s / die; - ‹ital.› (Ktn., Tirol): Polenta, Maisgrieß: *Auf einem kleinen Holzofen wird Muas und Plenten gekocht* (TT 30. 6. 08); *Knödel, Nocken, Nudeln, Plenten sind die vier Tiroler Elemente.* (Redensart). Vgl. Sterz. ↑ **Schwarzplenten**

**Plentensterz,** der: Sterz aus Polenta. ↑ STERZ

**Plunderkipferl,** das: Kipferl aus Plunderteig: *Viele Konditorwaren (Torten, Strudel, ungefülltes Salz-, Käse-und Teegebäck, Topfengolatschen und Plunderkipferl) dürfen das Geheimnis ihres Grundpreises für sich behalten.* (Konsument 28. 4. 16). ↑ KIPFERL

**Plutzer,** der; -s, - (auch bayr.): 1. (ugs., bes. Stmk.) Kürbis: *Mittendrin hocken Bäuerin und Bauer auf Schemeln, halbieren die Plutzer, holen die Kerne raus und füllen mit ihnen Kübel.* (OÖN 22. 9. 12). 2. große [Steingut]flasche, dickbauchiger Krug: *Ein »Plutzer« aus Gmundner Keramik ist Grieshofers liebstes Inventar* (OÖN 27. 5. 06). 3. (ugs., abwertend oder scherzhaft) [großer] Kopf: *»Stefan, des klingt genauso hohl wia bei dein' Plutzer!«* (OÖN 9. 12. 00). 4. unfähiger Mensch: *Denn die zwei Plutzer haben jahrelang bewiesen, dass sie nichts zusammenbringen.* (OÖN 13. 9.

06). 5. (mundartnah) grober Fehler ◆ **Plutzerkern**

**Pneumatik,** die; -, -en ⟨griech.⟩ (veraltet): Luftreifen: ist österr. Femininum, in D Maskulinum. Zur Aussprache ↑ **-atik, atisch**

**Pocken:** ***Pocken impfen** ↑ impfen

**Podest,** das; -[e]s, -e ⟨griech.⟩: Podium, Treppenabsatz, ist österr. (und südd., schweiz.) Neutrum, in D auch Maskulinum

**Pofel,** der; -s: (auch südd.): 1. (veraltet) Wertloses, (in D ugs.) Bafel. 2. Schar, ungeordneter Haufen; breite Masse: *ein Pofel Schafe, Kinder; Ihre Befassung mit der WM besteht darin, dem Pofel auszuweichen, den diese in ihr Engadiner Refugium treibt.* (KU 23. 2. 03). 3. (Vbg., mundartnah) dritter Grasschnitt

**pofeln,** sw. V. / hat (ugs., salopp): [stark] rauchen: *Nur die jungen Mädchen pofeln mehr als früher.* (OÖN 3. 4. 07); *Man soll weiterpofeln dürfen, und die Nichtraucher mögen doch friedlich sein!* (FU 1. 3. 07)

**Pofese, Pafese,** die; -, -n ⟨ital. *pavese* ›großer Schild‹, nach der Stadt *Pavia*⟩ /meist im Plural/ (auch bayr.): zwei zusammengelegte und mit Marmelade oder [Kalbs]hirn gefüllte Weißbrotschnitten, die in Fett gebacken werden, (in D) arme Ritter, (in CH) Fotzelschnitte: *Diese (Kinder) sind aber spätestens dann wieder dabei, wenn sie Powidl zwischen Toastscheiben schmieren und Pofesen zubereiten dürfen.* (PR 12. 6. 13). – Die Form mit *a* ist die etymologisch richtige, die mit *o* derzeit die häufigere. ↑ **Hirnpofese, Powidlpofese, Zwetschkenpofese**

**Pogatsche,** die; -, -n ⟨aus dem Slawischen über ung. *pogácsa* aus ital. *focaccia* ›auf dem Herd zubereitetes Gebäck‹⟩ (ostösterr.): fest gebackenes flaches, salziges Weißbrot, mit Butter oder ↑ Grammeln zubereitet, urspr. bes. zum Wein gereicht: *Mit einem kleinen, runden Ausstecher ... die Pogatschen ausstechen. ... Die Pogatschen auf ein mit Backpapier belegtes Blech setzen und bei 200 Grad 15 bis 20 Minuten goldgelb backen.* (KZ 15. 5. 13). ↑ **Grammelpogatsche**

**Point, Pointler, Pointner** ↑ Beunte, Beuntler, Beuntner

**Poldi** (auch südd.): (Koseform zu) Leopold, Leopoldine: *Fast sehnt man sich nach profunden Expertisen von Poldi Huber.* (PR 14. 6. 06); *Ihr Kontakt zur Außenwelt besteht fast ausschließlich aus ... der jungen Magd Poldi.* (PR 9. 3. 07)

**Poldl** (auch südd.): (Koseform zu) Leopold: *Nie und nimmer hätte unser »Poldl« ein solches Gift zu sich genommen.* (PR 22. 4. 15)

**Polenta,** der; -s, -[s]/...ten und die; -, ...ten: ist österr. Maskulinum oder Femininum, in D nur Femininum

**Polentasterz,** der (bes. Stmk.): ↑ Sterz aus Polenta: *Mittags griff man oft beim in der Region beliebten Sauerkraut zu, aß Brenn- oder Polentasterz mit Milch oder saurer Milch.* (KZ 21. 2. 16). ↑ STERZ

**politieren** ⟨lat.⟩ (bes. ostösterr.): polieren: *Ansonsten wird so lange politiert, bis die Poren des Holzes verschlossen sind.* (profil 5. 1. 04)

**Politlandschaft,** die (auch schweiz.): politisches Kräftefeld in einem Land: *Von einem Weihnachtsfrieden kann in der St. Pöltner Politlandschaft keine Rede sein.* (PR 15. 12. 11)

**Politpackelei,** die (salopp, abwertend): Paktieren in der Politik: *Es bleibt natürlich zu hoffen, dass Wrabetz bei der Wahl nicht Opfer einer widerlichen Politpackelei wird.* (ST 7. 4. 11). ↑ **Packelei**

**Politpension,** die: Ruhestand nach einer politischen Tätigkeit: *Nach fast 22 Jahren als Landeschef von Oberösterreich winkt für Josef Pühringer die Politpension.* (ST 8. 2. 17). ↑ PENSION ◆ **Politpensionist/-in:** *Auch die in Ehren ergrauten Politpensionisten ... mischten sich unters Messevolk.* (TT 6. 2. 06)

**Politschmäh,** der (salopp): politischer Schachzug, Taktik; leere Ankündigung: *Das führt zum vierten, zum aktuellen Politschmäh Prölls: Jetzt redet er wieder vermehrt vom Sparen.* (KZ 22. 4. 10). ↑ -SCHMÄH

**Polizeianhaltezentrum,** das; -s, ...tren (Verw.): Gefängnis für Abschiebungen, Verwaltungsdelikte u. Ä.: *Insgesamt fünf Schubhäftlinge sind ... aus dem Wiener Polizeianhaltezentrum am Hernalser Gürtel geflohen.* (PR 13. 12. 16)

**Polizeigefangenenhaus,** das: bei der Polizei untergebrachtes Gefängnis zur vorübergehenden Inhaftierung: *Im Wiener Polizeigefangenenhaus Hernalser Gürtel nimmt sich ein Algerier in Schubhaft das Leben.* (PR 15. 9. 09). ↑ **Gefangenenhaus, Landesgefangenenhaus**

**Polizeigefangenhaus,** das (Behördenspr.): ↑ Polizeigefangenenhaus. ↑ **Gefangenhaus**

**Polizeikommissär Polizeikommissärin,** der bzw. die: österr. (und südd., schweiz.) Form, (in D) Polizeikommissar: *Er konnte trotzdem ein Jusstudium abschließen und bekam eine*

*Anstellung als Polizeikommissär in Wien.* (KZ 24. 12. 04). ↑KOMMISSÄR

**Polizeikommissariat,** das: Polizeidienststelle: *Die Klägerin betrat ein Polizeikommissariat in Wien, um einen neuen Wohnsitz anzumelden.* (OÖN 4. 12. 15); (meist verkürzt:) ↑**Kommissariat**

**Polizeikotter,** der: Arrest, Polizeigefängnis: *Sie wurden von der griechischen Küstenwache aufgebracht und auf der Insel in den Polizeikotter gesteckt.* (ST 9. 10. 13). ↑KOTTER

**Polizeimontur,** die (veraltend): Polizeiuniform: *In falscher Polizeimontur, aber mit einer echten Waffe wollte sich ein Unbekannter in Perchtoldsdorf Zutritt in ein Wohnhaus verschaffen.* (KU 14. 10. 09). ↑**Montur, Schutzmontur**

**Polizeiposten,** der: Polizeidienststelle: *Kürzlich eröffnet Innenministerin Maria Fekter den neuen Polizeiposten Waldzell.* (OÖN 17. 9. 09). ↑**Posten**

**Polizze,** die; -, -n [pɔˈlitsɛ] ‹ital.›: österr. Form, (in D) Police: *Sowohl die klassische Lebens- als auch Fondspolizzen seien nötig. Die Gesamtverzinsung bei neuen Lebenspolizzen liegt bereits unter drei Prozent.* (ST 2. 2. 17). ↑**Versicherungspolizze**

**Polonaise, Polonäse,** die ‹franz.›: wird österr. (und schweiz.) ohne Endungs-e ausgesprochen

**Polster,** der; -s, Pölster: ist österr. Maskulinum und wird im Plural umgelautet; bedeutet österr. svw. ›Kissen‹ (in D ›Möbelpolsterung‹ u. Ä.): *Während die anderen werdenden Mamas wie kleine Wale auf Pölstern über den Boden robbten, fiel mir ein, dass Frauen ... überall auf der Welt jeden Tag Kinder bekommen.* (PR 8. 1. 17). ↑**Bettpolster, Kaprizpolster, Keilpolster, Kopfpolster, Nadelpolster, Zierpolster**

**Polsterzieche,** die (ugs., auch südd.): Kissenüberzug. ↑**Zieche, Tuchentzieche**

**Polsterzipf,** der (auch bayr.): **1.** Zipfel eines Kissens: *Braune Knopfaugen, Stupsnase, verschmitztes Lächeln, den Polsterzipf noch im Gesicht.* (KZ 24. 12. 11). **2.** in Schmalz gebackene Mehlspeise aus dünnem Butterteig, der in Dreiecke oder Quadrate zusammengeschlagen und mit Konfitüre gefüllt wird: *Als Dessert kamen von Direktvermarktern zubereitete »Polsterzipf« mit Apfel-Rhabarber-Mousse auf den Tisch.* (SN 21. 5. 12). ↑ZIPF

**Poly,** das; -s, -s (ugs.): (kurz für) ↑polytechnischer Lehrgang bzw. polytechnische Schule: *Im Pflichtpraktikum am Poly Tamsweg habe ich erkannt, dass das die ideale Schule für mich ist.* (SN 20. 10. 16)

**polytechnisch:** ***polytechnische Schule,** (früher:) **polytechnischer Lehrgang:** auf Berufsvorbereitung ausgerichtete Schule für Hauptschulabgänger, 9. Schulstufe: *In der Polytechnischen Schule in Wien Neubau haben 90 Prozent der Schüler Migrationshintergrund.* (PR 19. 1. 17)

**pölzen,** sw. V. / hat (auch bayr.): durch Pfosten, Verschalung abstützen: *einen Stollen, einen Schacht pölzen; Am Wochenende mussten die Löscher in der Thomas-Senn-Straße eine Garage pölzen, um sie vor dem Einsturz zu bewahren.* (OÖN 30. 1. 06) ◆ **Pölzung:** *Die beiden nahmen die Pölzung unter der Schalung eines Arkadenbogens weg.* (KU 29. 5. 04)

**pomali** /Adj., nicht attributiv/ (ostösterr. ugs.): langsam: *Nur, bis die Vorschläge umgesetzt sind, das wird noch dauern. Schön pomali heißt es auch bei der SPÖ.* (PR 5. 10. 09)

**Pompfüneberer,** der ‹franz.› (Wien, veraltend, oft scherzhaft): uniformierter Bediensteter eines Bestattungsunternehmens bei Begräbnissen: *Der Trauerrosenkäfer hingegen ist kohlrabenschwarz und fein weiß getüpfelt wie ein Pompfüneberer im Schneetreiben.* (PR 6. 6. 15)

**Pönale,** das/die; -, -/...[i]en ‹lat.› (veraltet auch in D): Strafgebühr, Bußgeld für Nichteinhaltung einer vertraglichen Verpflichtung: *Statt ausnahmslos anzuzeigen, ... sollen Pönalen nicht mehr fällig werden, wenn der Missstand gering ist oder binnen einer bestimmten Frist behoben wird.* (PR 14. 9. 16) ◆ **Pönalevereinbarung; Pönalezahlung**

**Popeline,** der; -s, ...line ‹franz.›: wird österr. (und schweiz.) [popˈliːn] ausgesprochen, in D meist [popəˈliːn]

**Popsch,** der; -s, - (ugs., scherzhaft): Gesäß, Popo: *Im Winter auf diesen gewissen Sesseln, die den Popsch anheizen.* (KU 11. 8. 14)

**Popularbeschwerde,** die (Rechtsspr.): von Gebührenzahlern gegen den öffentlichen Rundfunk eingebrachte Beschwerde: *Wir haben drei Spitzenanwälte beauftragt, die Möglichkeit einer Popularbeschwerde von 120 Rundfunkteilnehmern zu prüfen.* (PR 3. 1. 12)

**Porozell®,** das; - (bes. Stmk., Ktn): Polystyrolschaumstoff; Styropor: *Bei dem Bausystem werden die mit den Hirsch-Maschinen produzierten Porozell-Elemente auf der Baustelle versetzt und mit Beton ausgegossen.* (KZ 4. 8. 15)

**Porphyr,** der ⟨griech.⟩: wird österr. (und schweiz.) auf der zweiten Silbe betont, in D meist auf der ersten

**Porter,** das; -s, - ⟨engl.⟩: dunkles, obergäriges [englisches] Bier: ist österr. Neutrum, in D meist Maskulinum

**Portier,** der; -s, -e und (selten:) -s ⟨franz.⟩: wird österr. [pɔrˈtiːɐ̯] ausgesprochen, in D [porˈtie̯ː]

**Posamentierer,** der ⟨lat.⟩: Bortenmacher: österr. nur so gebräuchliche Form, (in D) Posamenter, Posamentier: *Eine Lehre zum Lampenschirmhersteller oder Posamentierer ... hat er nicht gemacht, weil es diese auch gar nicht gibt.* (PR 11. 9. 16)

**positiv:** ***positive Erledigung:** Genehmigung eines Antrags: *Er hofft auf eine positive Erledigung durch das Land Oberösterreich.* (OÖN 5. 11. 14)

**Postarbeit,** die (veraltet): Terminarbeit, dringende Arbeit

**Postautobus,** der; -ses, -se (veraltend): Postbus: *Ich bin zwölf Jahre zwischen Vöcklabruck und Gmunden mit einem Postautobus gependelt.* (OÖN 13. 6. 07)

**Postbus,** der: Linienbus der Post: *Er habe die gemeinsame Busabfahrt versäumt und sei mit einem Postbus nach Radstadt gefahren, wo er die Nacht in einem Gasthaus verbrachte.* (PR 30. 1. 17)

**Posten,** der (auch schweiz.): Polizeidienststelle: *Von uns sieben Beamten am Posten haben wir eine Kollegin.* (OÖN 17. 9. 09). ↑**Polizeiposten**

**Postenkommandant Postenkommandantin,** der bzw. die: Leiter/-in einer Polizeiinspektion: *Der Postenkommandant von Reifnitz ... hatte das Transportmittel im November vergangenen Jahres in der Pritschitzer Bucht bei Krumpendorf entdeckt.* (PR 9. 6. 07). ↑KOMMANDANT

**Postenschacher,** der (abwertend): Vergabe von Stellen ohne öffentliche Ausschreibung und aufgrund politischer Übereinkunft: *Die Kritik, dass er einen »SPÖ-Planposten übernommen« habe und ein System repräsentiere, das auf politische Einflussnahme und Postenschacher aufgebaut sei, wies H. zurück.* (WZ 8. 11. 16)

**Postgebühr,** die (in D veraltet): Entgelt für Beförderung von Postsendungen: *Der größte Aufwand seien die Postgebühren, »und wir müssen versuchen, die Kosten zu senken«.* (PR 21. 6. 09)

**Posthornton,** der: ein eigentlich erledigtes Thema, das aus irgendwelchen Interessen wieder aufgegriffen wird (wie das eingefrorene Posthorn des Barons Münchhausen wieder aufgetaut wird): *»Das Gerücht geistert seit Monaten herum, ist nur ein eingefrorener Posthornton.«* (ST 28. 5. 18)

**Postillion,** der ⟨franz.⟩: wird österr. (und schweiz.) auf der ersten Silbe betont, in D auch auf der letzten. ↑**-illon**

**Postkarte,** die: mit aufgedrucktem Wertzeichen versehene Karte für den Postversand (im Ggs. zur Ansichtskarte mit Bild). – Heute außer Gebrauch bzw. nur zu bestimmten Anlässen herausgegeben oder selbst gestaltet: *Mit einer netten Postkarte können Sie sich bei Ihren Lieben bedanken.* (onlineshop, post.at)

**Postkastl,** das; -s, -n (ugs., auch bayr.): Postkasten: *Kein Postkastl in der ganzen Stadt.* (OÖN 28. 11. 06). ↑KASTL

**Postskriptum,** das; -s, ...te und ...ta ⟨lat.⟩: Nachschrift: österr. (und schweiz.) nur so, (in D auch) Postskript

**Postpartner,** der: privates Geschäft o. Ä., das die Aufgaben eines Postamtes übernimmt: *Seit September 2016 gibt es auch den Postpartner nicht mehr.* (KZ 27. 1. 17)

**Poststelle,** die (auch schweiz.): Dienststelle der Post oder eines Zustelldienstes: *Im Gemeindeamt samt Bürgerbüro und Poststelle herrscht schon reger Betrieb.* (ST 4. 4. 15); *Deutsche-Post-Tochter hat bereits 800 Poststellen unter Vertrag und 15 Depots.* (ST 6. 10. 15)

**Potitze,** die; -, -n ⟨slowen.⟩ (Ktn., Stmk.): Mehlspeise, eine Art Striezel oder Rollkuchen mit Nuss- oder Mohnfülle und Honig: *Die Produktpalette der Backwaren samt Reindling, Zopf und Potitzen bleibe gleich, Konditorwaren wie Kuchen und Torten gebe es nicht mehr.* (KZ 18. 2. 16). ↑**Nusspotitze**

**Potpourri,** das: wird österr. auf der letzten Silbe betont, in D meist auf der ersten

**Pouvoir,** das; -s, -s [puˈvo̯aː] ⟨franz.⟩: Machtbefugnis, Spielraum für Entscheidungen, Handlungsberechtigung: *Diese Komitees ... haben auch das Pouvoir, Entscheidungen zu treffen, wenn die vorrangigen Institutionen nicht auf einen grünen Zweig kommen.* (PR 14. 2. 17)

**powdern,** sw. V. / hat [ˈpaʊd...] ⟨zu engl. *powder* ›Pulver[schnee]‹⟩ (Skisport, salopp): Tiefschnee fahren: *Als ein junger Boarder »Ich will doch nur powdern!« stöhnt, gibt Botte ihm*

*Recht* (ST 20. 3. 08); *Mit dem Zipfelbobmonoski ist Powdern kinderleicht.* (ST 16. 11. 16)

**powidl** ‹tschech.› (ugs., salopp): egal, gleichgültig: *Das ist mir powidl!*; *Mir ist es sowieso powidl ..., was in meinem »Schülerbogen« steht.* (SN 30. 10. 04); *Das übrige Programm ist dem Programmmacher für die Dauer der WM powidl.* (ST 4. 7. 06)

**Powidl,** der; -s ‹tschech. *povidla* ›Pflaumenmus‹› (bes. Wien): Pflaumenmus: *Powidl einkochen; Als meine Kinder sich letztes Mal Germknödel selbst machten, hatte ich plötzlich auch Lust auf den Geschmack von Powidl, Mohn und Butter.* (ST 18. 2. 17)

**Powidlbuchtel,** die: Buchtel mit Powidlfüllung. ↑ Buchtel

**Powidlfülle,** die: Fülle aus Powidl: *Jede Schnitte nochmals einschneiden, aber nicht ganz durchschneiden, damit etwas Powidlfülle in die Tasche gefüllt werden kann.* (www.ichkoche.at). ↑ Fülle

**Powidlknödel,** der: Knödel mit Powidlfüllung: *Buchteln und Powidlknödel werden fast bei jedem Menü als Nachspeise serviert.* (KZ 9. 9. 14). ↑ Knödel

**Powidlkolatsche,** die ‹tschech.›: mit Powidl gefüllte Kolatsche: *So verdanken wir etwa der böhmischen Küche die viele Mehlspeisen und Knödel. Buchteln, Palatschinken, Zwetschkenknödel, Powidlgolatschen oder Mohnnudeln hätten sonst nicht ihren Weg zu uns gefunden.* (PR 10. 6. 16). ↑ **Kolatsche, Topfenkolatsche**

**Powidlpalatschinke,** die: mit Powidl bestrichene Palatschinke. ↑ Palatschinke

**Powidlpofese, Powidlpafese,** die: Pofese mit Powidlfüllung. ↑ Pofese

**Powidltascherl,** das: flache, halbkreisförmige Mehlspeise aus Kartoffelteig, die mit Powidl gefüllt ist und in Salzwasser gekocht wird: *Powidltascherln aus ideal bissfestem Teig mit wirklich herausragendem Zwetschkeneis oder doch Topfenknödel mit Bröseln, Birnenkompott und Zimtschaum?* (ST 16. 2. 18). ↑ Tascherl

**Powidltatschkerl,** das (ostösterr.): ↑ Powidltascherl: *... während wir Kinder Powidltatschkerln oder Liwanzen verschlangen und Malzkaffee schlürften.* (ST 15. 1. 10). ↑ **Tatschkerl**

**pracken,** sw. V. / hat (ugs.): 1. schlagen, klopfen: *den Teppich pracken; »Die Lehrer sollen nicht alles einfach auf die Tafel pracken. Wir wollen selbstständiger arbeiten.«* (PR 24. 4. 09). 2. auf etwas aufschlagen, stürzen, fallen: *Jetzt hat's mich selbst auf meine knallrote Depri-Couch geprackt.* (OÖN 21. 4. 04)

**Pracker,** der; -s, - (ugs.): 1. Teppichklopfer: *Er habe ... miterlebt, wie ... die Buben und Mädchen ... »mit dem Pracker und mit dem Bartwisch« geschlagen worden seien.* (SN 18. 2. 04). 2. Fliegenklatsche: *Der erste Hieb mit dem grünen Pracker landet auf dem Prosciutto, dem Beinschinken und der Salami. Die Wespen flüchten auf die Weintrauben und den Käse.* (KU 5. 10. 08). 3. Tennisschläger: *Griff zum ersten Mal nach einem Jahr Pause wieder zum Pracker und schlug sich mit Sergi Bruguera die Bälle um die Ohren.* (KU 3. 7. 00). 4. (salopp) Tennisspieler: *Der Profi-Pracker hat um die Hand von Steffi Graf angehalten.* (KU 18. 8. 01). 5. Schlag, Stoß: *»Was glauben Sie, wie viele Pracker ich da schon draufgekriegt hab.«* (KU 4. 3. 07). ↑ (zu 2.:) **Fliegenpracker**

**Präfekt,** der ‹lat.›: Erzieher in einem [kirchlichen] Internat: *Von 1989 bis 1995 wirkte Rasser als Präfekt im Erzbischöflichen Privatgymnasium Borromäum.* (SN 1. 6. 16). – In D ›ältester, die Aufsicht führender Schüler‹; für weitere kirchliche und politische Funktionen gemeind.

**Pragmatik,** die; -, -en ‹griech.› (Verw.): (kurz für) ↑ Dienstpragmatik. Zur Aussprache ↑ -atik, -atisch

**pragmatisieren,** sw. V. / hat ‹griech.› (Verw.; nicht mehr offiziell, aber noch allgemein üblich): fest, unkündbar als Beamten anstellen, (in D) verbeamten: *Während 48 Prozent der Männer pragmatisiert sind, sind es bei den Frauen nur 26 Prozent.* (SN 25. 10. 06) ◆ **Pragmatisierung:** *So ist die Zahl der Beamten seit 1998 um 44 Prozent auf 198.965 gesunken, was mit Ausgliederungen und einem Stopp bei Pragmatisierungen zu tun hat.* (PR 23. 12. 14)

**Prähistorie,** die; - ‹lat.›: wird österr. (und schweiz.) auf der ersten Silbe betont, in D auch auf der dritten. Ebenso: *prähistorisch*

**praktizieren**: im Rahmen einer Ausbildung ein Praktikum machen: *selbständiges Praktizieren in Einrichtungen der Pflege-, Alten- und Behindertenarbeit, im extra- und intramuralen Bereich.* (Sozialserver Land Stmk., 1996, Int)

**Prangerschützen,** die /Plural/ (Volkskunde, bes. Sbg.): Schützenvereinigung, die vor allem am ↑ Prangtag auftritt: *Zum Abschluss am Sonntag wurde die neue Fahne der Prangerschützen geweiht.* (SN 14. 6. 07)

**Prangstange,** die (Volkskunde, bes. Sbg.): mit Blumen geschmückte Stange, die bei der Fronleichnamsprozession oder am ↑ Prangtag mitgetragen wird: *Über Tausende Besu-*

*cher durfte sich Zederhaus bei der Prozession am Johannistag freuen, die die herrlichen Prangstangen bewunderten.* (SN 30. 6. 05). – Auch in der Form *Prangerstange*

**Prangtag,** der (Volkskunde, bes. Sbg.): 1. Fronleichnamstag: *Am Donnerstag ist wieder Prangtag* (SN 23. 6. 04). 2. hoher Festtag eines Ortes: *Besonders imposant und volkskulturell sehenswert sind die Prangstangen, die die Zederhauser beim Prangtag am Freitag, 24. Juni, durch den Ort tragen.* (SN 16. 6. 05). – Auch in der Form *Prangertag*

**präpotent** ‹lat.› (abwertend): aufdringlich, überheblich: *Er ist eloquent und selbstbewusst – um nicht zu sagen präpotent.* (ST 20. 10. 16). – In D bedeutet das Wort ›übermächtig‹ und ist veraltet

**Präpotenz,** die; - ‹lat.›: Überheblichkeit, Aufdringlichkeit: *Beim studierten Juristen Wowereit glitt die intellektuelle Stärke gelegentlich in Präpotenz ab.* (WZ 16. 9. 16) ◆ **Präpotenzler/-in:** *Außerdem ließ er zart den provinziellen Präpotenzler heraushängen.* (OÖN 2. 6. 18)

**Präsenzdiener Präsenzdienerin,** der bzw. die ‹lat.›: Soldat/-in im Grundwehrdienst des österr. Bundesheeres: *»Ich wundere mich, warum wir nicht schon längst die Präsenzdiener an die Grenze geschickt haben«.* (WZ 29. 10. 15); *Gravierend und für das Image der Kaserne sicher nicht förderlich sind dagegen Vorwürfe, dass eine Präsenzdienerin sexuell belästigt worden wäre.* (KR 7. 5. 15). – Die weibliche Form wird offiziell im Bundesheer nicht verwendet. ↑ -DIENER

**Präsenzdienst,** der: Grundwehrdienst beim Bundesheer: *Er protestierte gegen den vagen Gedanken, den Präsenzdienst auf nur sechs oder gar vier Monate zu limitieren.* (PR 30. 9. 16)

**Präsidentschaftskanzlei,** die (Verw.): Büro des Bundespräsidenten: *Die Fahne der Präsidentschaftskanzlei und des Parlaments stehen auf Halbmast.* (PR 15. 6. 07). ↑ KANZLEI

**Präsidiale,** die; -, -n: 1. aus den drei Präsidenten des Nationalrats bestehendes Präsidium: *Die Präsidiale des Nationalrats hat sich am Freitag für eine mögliche Verschiebung der Bundespräsidentenwahl festgelegt.* (OÖN 9. 9. 16). 2. Konferenz des Nationalratspräsidiums: *Bei einer Präsidiale soll heute über das weitere Vorgehen entschieden werden.* (KU 30. 5. 07) ◆ **Parlamentspräsidiale:** *Die zweite wurde aber bereits vergangene Woche aus Mangel an Beschlussvorlagen von der Parlamentspräsidiale abgesagt.* (ST 23. 2. 16)

**Präsidialkanzlei,** die: Büro eines Präsidiums: *Drei Generäle der tschechischen Armee, darunter der frühere Chef der Militärabteilung der Präsidialkanzlei, wurden vermutlich über Jahre von ihrer Sekretärin ausspioniert.* (OÖN 3. 8. 10). ↑ KANZLEI

**Präsidialkonferenz,** die: Gremium in Nationalrat, Bundesrat und den Landtagen, bestehend aus den Präsidenten und den Fraktionsvorsitzenden: *Nationalratspräsidentin Doris Bures wird ... erstmals einen entsprechenden Vorschlag am kommenden Freitag bei der Präsidialkonferenz des Nationalrates machen.* (PR 15. 2. 16)

**Prater,** der: 1. /ohne Plural/ Vergnügungspark in Wien. 2. (ugs., veraltet, auch bayr.) Karussell ↑ (zu 1.:) **Wurstelprater,** ↑ (zu 2.:) ↑ **Kettenprater.** Vgl. Ringelspiel

**Pratzl,** das; -s, -: 1. (ugs., Verkl. zu) Pratze, Pranke. 2. Fleischteil vom Rind: ***vorderes Pratzl:** Fleisch um den Röhrenknochen; ***hinteres Pratzl:** ↑ Wadschinken

**Praxis,** die (auch schweiz.): berufliche Erfahrung, Branchenerfahrung: *Der Arbeitsmarkt fordert bereits von Jungakademikern berufliche Praxis und Engagement neben dem Studium.* (OÖN 21. 8. 04)

**Praxisschule,** die: an eine Pädagogische Hochschule angeschlossene Schule, an der Studierende ihre schulpraktische Ausbildung absolvieren: *Die 74 Millionen Euro für die Praxisschulen bzw. die AHS sollen ebenfalls Infrastrukturmaßnahmen, Lehrer- sowie Freizeitbetreuerkosten abdecken.* (ST 5. 11. 16)

**präzis** ‹franz.›: österr. (und schweiz.) Form, (in D) präzise: *Manchmal konnte ich den Text nicht perfekt, musste aber schnell und präzis reden.* (SN 5. 1. 17)

**Preferanzen,** das ‹franz.›: Preference /ein Kartenspiel/: *Ausjudiziert ist in Österreich bisher nur, dass Schnapsen, Preferanzen und Tarock Geschicklichkeits- und nicht Glücksspiele sind.* (OÖN 12. 2. 05); *Die fleißige und kontaktfreudige Frau spielte gerne Karten (Preferanzen) und war in der Nachbarschaft beliebt.* (OÖN 5. 3. 15)

**Pregler,** der (Osttirol): Obstschnaps: *Adolf Berger aus Prägraten darf seinen Pregler und seinen Vogelbeerbrand als prämierten Tiroler Edelbrand führen.* (KZ 19. 11. 16)

**Preiselbeerschnitte,** die /meist Plural/: Preiselbeerkuchen. ↑ SCHNITTE

**Preisjassen,** das; -s (Vbg., schweiz.): Jassen um ausgesetzte Preise: *Am Samstag, 15 bis 22 Uhr, lädt die Bregenzerwälder Kraftfahrervereinigung zum traditionellen Preisjassen in den Lingenauer Alpenblick ein.* (VN 2. 4. 08). ↑JASSEN

**Preiskommission,** die: Kommission zur Überwachung der Preisentwicklung: *Die Apotheken machen die Preise nicht, dafür sind die Pharmafirmen und die Preiskommission des Gesundheitsministeriums zuständig.* (ST 27. 1. 09)

**Preispickerl,** das: Aufkleber, der den Preis einer Ware angibt: *Der intellektuell beeinträchtigte M. H. hat Probleme, bei der Obstwaage die richtige Taste zu finden – er druckt statt des Preispickerls für Paradeiser ein solches für Bananen aus.* (ST 6. 5. 11) ↑PICKERL

**Preisschnapsen,** das: Schnapsen um ausgesetzte Preise: *Die Sportunion Unterweitersdorf veranstaltet am 25. März um 14 Uhr ein Preisschnapsen im Sportgasthaus.* (OÖN 16. 3. 07). ↑SCHNAPSEN

**Premiere,** die ‹franz.›: wird österr. meist ohne Endungs-e ausgesprochen

**Presseaussendung,** die: Pressemitteilung: *Der Betrag beinhaltet laut einer Presseaussendung unter anderem die Kosten für Berater und für den Bankenpool, die die Kapitalerhöhung garantieren.* (WZ 3. 2. 17). ↑**Aussendung**

**Pressefoyer,** das; -s, -s: Pressekonferenz nach einer Regierungssitzung: *Vizekanzler Mitterlehner schlug in diesem Zusammenhang Kern am Wochenende auch vor, das gemeinsame Pressefoyer nach dem Ministerrat wieder einzuführen.* (PR 30. 1. 17)

**Presshaus,** das: Teil des Bauernhofes, in dem der Wein oder Most gepresst wird: *Im Ortsteil Weinzierl hat W. A. ein überaus modernes Presshaus als Heimstätte für seine kraftvollen und lagerfähigen Grünen Veltliner ... geschaffen.* (WZ 9. 3. 16)

**pressieren,** sw. V. / hat ‹franz.› (ugs., auch südd., schweiz.): eilig, dringend sein /nur in Verbindung mit *es*/: *Verständlich, denn es pressiert.* (PR 29. 3. 06); *Wenn's pressiert, gibt es auch die Express-Ausstellung, die allerdings erheblich mehr kostet.* (OÖN 22. 11. 16). – Das Adj. *pressant* ist nur noch dialektal vorhanden

**Pressknödel,** der; -s, - /meist Plural/: Speise aus Kartoffeln und Käse: *Auch die ÖSV-Spitze ... ließ sich den Tiroler Vorspeisen-Teller, mit Pressknödel und Schlutzkrapfen sowie die Hauptspeise mit geschmorten Kalbswangerl nicht entgehen.* (KZ 13. 2. 11). ↑KNÖDEL

**Pressschinken,** der: ähnlich wie ↑Presswurst hergestellter Schinken: *Daneben gibt es »Formfleischerzeugnisse« wie Toast- und Pressschinken, der sich aus gepressten Fleischfasern zusammensetzt.* (KZ 7. 7. 09)

**Presswurst,** die: (in D meist) Presssack, Presskopf: *Dabei ist es ein nahezu klassischer Teil der Buschenschankjause – so wie die Presswurst, der Käferbohnensalat mit Kernöl und manchmal Kren.* (PR 27. 9. 10)

**Prestige:** wird österr. (und schweiz.) mit [...iːʃ] ausgesprochen, also ohne Endungs-e und mit stimmlosem [...ʃ], in D [...iːʒə]. Vgl. -age

**Prim,** die; -, -en ‹lat.› (Musik): erster Ton der diatonischen Tonleiter; Intervall im Einklang, (in D meist) Prime

**Primar,** der; -s, -e ‹lat.›: leitender Arzt eines Krankenhauses, Leiter einer Krankenhausabteilung; (in D) Chefarzt: *Der ärztliche Leiter des Krankenhauses, Primar W. B., hält diese zusätzliche Managementebene nicht für notwendig.* (SN 13. 6. 07)

**Primararzt Primarärztin** der bzw. die ‹lat.›: ↑Primar, Primaria: *Von der Stationsgehilfin ... über die Schwestern, bis hin zu den Oberärzten und dem Univ.-Professor und Primararzt.* (ST 11. 1. 07); *Die Idee kam der Gynäkologin, als sie von Salzburg nach Wien zog, um Primarärztin im Hanusch-Krankenhaus zu werden.* (PR 31. 5. 14). ↑**Sekundararzt**

**Primaria,** die; -, - und ...ae ‹lat.›: (weibl. Form zu) ↑Primar: *Wenn Ärzte und Ärztinnen an die Spitze kommen wollen, ist eine Managementausbildung eine Voraussetzung, um Primar oder Primaria zu werden.* (ST 8. 3. 07)

**Primariat,** das; -s, -e ‹lat.›: Leitung, Leiterposition einer Krankenhausabteilung: *Das künftige Klinikum ist mit rund 1.400 Mitarbeitern, mehr als 500 Betten, 13 Primariaten, 56 Ambulanzen ... das zweitgrößte Spital des Bundeslands.* (SN 17. 12. 16)

**Primarius,** der; -, ...rien / ...rii ‹lat.›: ↑Primar: *»Interessierte können auch Fragen stellen«, sagt der Primarius. Nicht nur ihm, all den Ärzten, die über den neuesten Stand ihrer Kunst in der Krebsmedizin informieren werden.* (KZ 10. 3. 17). – In D veraltet für ›Oberpfarrer‹; die Bedeutung ›erster Geiger eines Streichquartetts‹ ist gemeind.

**Prinze,** die; -, -n (mundartnah): Kruste am Boden oder Rand eines Kochgeschirrs

**Priority:** Kennzeichnung für schnelle internationale Beförderung auf Postsendungen, (in D) Luftpost (bei beiden zusätzlich *Prioritaire*)

**pritscheln,** sw. V. / hat (auch bayr.): planschen: *Mit der Eröffnung der neuen Warmbader Therme ... wird die Brunnenfigur den potenziellen Thermenbesuchern Lust aufs Pritscheln in dem gut 40-Millionen-Euro-Bauwerk machen.* (KZ 3. 7. 12). ↑**verpritscheln**

**Privatanklage,** die (Rechtsspr.): Anklage, die auf Verlangen der Klägerschaft eingebracht wird: *G. hatte eine Privatanklage gegen den Tiroler eingebracht, weil dieser auf Facebook ein Bild der Politikerin gepostet ... haben soll.* (ST 8. 2. 17). ↑**Privatklage**

[1]**Private,** der; -n, -n ‹lat.› (veraltend): Privatmann, Privatier

[2]**Private,** die; -n, -n ‹lat.› (veraltend): [unverheiratete] Hausfrau; Privatiere: *Frau N.N., Private in Wien VI*

**Privatissimum,** das; -s, ...ima ‹lat.›: **1.** Lehrveranstaltung an der Universität für einen ausgewählten Kreis: *Privatissimum für Diplomanden und Doktoranden; Manchmal warten sie schon auf meine Fragen und lachen, weil ich wieder ein kleines medizinisches Privatissimum abhalten möchte.* (PR 8. 4. 11). **2.** persönliches, intimeres Treffen: *Und bei diesem kleinen Privatissimum ... erklärt der »Sonnenkönig«* (Kreisky) *den umstehenden Lieblingsjournalisten auch gleich sein Selbstverständnis als Alleinunterhalter.* (PR 30. 10. 14)

**Privatist Privatistin,** der; -en, -en bzw. die; -, -nen ‹lat.› (veraltet): Schüler, der sich auf eine Abschlussprüfung vorbereitet, ohne die Schule zu besuchen: *Das lag zum einen daran, dass sie in den ersten Jahren Privatisten waren und nur an einigen Unterrichtsfächern teilnahmen.* (ST 6. 11. 13) ◆ **Privatistenprüfung**

**Privatklage,** die (Rechtsspr.): ↑Privatanklage: *Nachdem Klage wegen Beleidigung scheiterte, folgt nun die Privatklage gegen den TV-Satiriker.* (ST 2. 11. 16) ◆ **Privatkläger/-in:** *Der Brexit betreffe aber auch rein britische Angelegenheiten, argumentierten die Privatkläger und erhielten in beiden Instanzen Recht.* (ST 24. 1. 17)

**Privatkonkurs,** der: Insolvenz einer Privatperson oder eines privaten Haushalts: *»Geldinstitute müssen sicherlich ihr Geschäftsmodell adaptieren, um die Ausfälle aus den neuen Privatkonkursen zu kompensieren.«* (PR 31. 1. 17) ◆ **Privatkonkursrecht**

**Privatpension,** die: (in D) Privatrente: *Angesichts der jüngsten Pensionsreformen sind Privatpensionen das Gebot der Stunde.* (SN 31. 1. 07). ↑PENSION

**Privatradio,** das: privater Rundfunksender, (in D häufiger) Privatsender: *Die ORF-Radios erreichten täglich rund 4,7 Millionen Hörer, die von der RMS vermarkteten Privatradios 2,1 Millionen Hörer.* (KZ 21. 9. 16). ↑**Lokalradio, Radio**

**Privilegienstadel,** der ‹nach der volkstümlichen Musiksendung »Musikantenstadel«› (scherzhaft, abwertend): Gruppe, die sich Privilegien gegenseitig zuschanzt: *Man muss sich nur den ... unfassbaren rot-schwarzen Privilegienstadel Nationalbank (eine Million Pensionsrückstellung pro Anspruchsberechtigtem beispielsweise) zu Gemüte führen.* (PR 24. 2. 15). ↑-STADEL

**Probeführerschein,** der: Führerschein für Anfänger mit beschränkter Gültigkeitsdauer und bestimmten Auflagen: *Für Probeführerschein-Besitzer sowie Lkw- und Busfahrer gilt die 0,1-Promille-Grenze.* (PR 14. 2. 17)

**Probejahr,** das (früher, noch informell): einjähriges Schulpraktikum nach Abschluss des Lehramtsstudiums, ↑Unterrichtspraktikum: *Jetzt will man vermehrt Studierende ohne Abschluss und Probejahr auf Kinder loslassen.* (PR 24. 8. 13)

**Probelehrer Probelehrerin,** der bzw. die (früher, aber informell noch oft gebraucht): Lehrer/-in an einer höheren Schule, der/die an einem Gymnasium ein Praxisjahr absolviert, heute ↑Unterrichtspraktikant/-in; (ähnlich in D) Referendar

**Proberöhrchen,** das: Reagenzglas, Probierglas: *In einer Studie aus dem Jahr 2010 erkannten die Tiere der »Darwin GmbH« 93 Prozent der 2250 Proberöhrchen richtig, die mit Atemluft von Patienten gefüllt waren.* (PR 22. 9. 12). Vgl. Eprouvette

**Probesackerl,** das: Säckchen mit einer Warenprobe. ↑SACKERL

**Probezeit,** die (auch schweiz., Rechtsspr.) Bewährungsfrist: *Da er bereits vier Vorstrafen hat, wird die Probezeit einer offenen bedingten Strafe auf fünf Jahre verlängert.* (KU 9. 10. 08)

**Pröbstling,** der (mundartnah): **1.** Erdbeere, Ananaserdbeere: *Erdbeermus, Erdbeeren im Joghurt oder Erdbeerkuchen – probieren Sie nicht nur Pröbstlinge, sondern auch die kleinen steirischen Walderdbeeren.* (KZ 4. 4. 14). **2.** dicker Mensch

**Professionist Professionistin,** der; -en, -en bzw. die; -, -nen ⟨franz.⟩: Fachmann/Fachfrau, bes. gelernte/-r Handwerker/-in: *Viele Aufträge sind vergeben. Mancher Professionist aus Salzburg hofft aber noch auf lukrative Geschäfte.* (SN 25. 10. 06)

**Professor Professorin,** der bzw. die ⟨lat.⟩ (regional veraltet auch in D): Lehrer an einer höheren Schule, auch als Anrede und Berufstitel, (in D) Studienrat: *Der Braunauer HTL-Professor hat schon sieben schnell rotierende Neutronensterne – sogenannte Pulsare – im Universum aufgestöbert.* (OÖN 16. 2. 17); *Die OÖN waren gestern zu Besuch im BRG Steyr. Professorin C. L. und die 2C beschäftigen sich gerade mit dem heimischen Zeitungsmarkt.* (OÖN, 9. 5. 07). Vgl. AHS-Lehrer. ↑**Gymnasialprofessor, Mittelschulprofessor** ◆ **Professorenschaft**

**Professorenkurie,** die: Standesvertretung der Professoren an Universitäten: *Verfassungsrechtler mit großer Mehrheit in der Professorenkurie als Chef der Jus-Fakultät nominiert.* (PR 10. 4. 06). ↑**Kurie, Mittelbaukurie**

**programmieren**: **1.** ein Programm für eine Kunstveranstaltung erstellen, (eine Ausstellung) zusammenstellen: *Neben dem von Stéphane Lissner programmierten Opernfestival ... können Kulturbegeisterte jetzt eine fulminante Cézanne-Schau betrachten.* (ST 27. 6. 06). **2.** aufs Programm setzen: *Trotz der massiven Quotenverluste sollen mehr Qualitätsprogramme auf guten Sendeplätzen programmiert werden.* (PR 14. 6. 07)

**Projektwoche,** die: meist eine Woche dauernder Aufenthalt einer Klasse, z. B. für Sportausübung, Stadtbesichtigung (Skiwoche, Wienwoche, Landschulwoche, Sportwoche): *Die Schülerinnen und Schüler der BS 9 zeigen dabei unter anderem Fotografien, die im Rahmen einer Projektwoche in Irland entstanden sind.* (OÖN 5. 5. 14). – In D nur für ›Unterrichtswoche, in der an einem fächerübergreifenden Schulprojekt gearbeitet wird‹

**Prokuratur,** die; -, -n (Verw.): (kurz für) ↑Finanzprokuratur, ↑Generalprokuratur: *Anwalt G. L., der die Witwen der ermordeten Manager vertritt, nennt das Schreiben der Prokuratur dennoch eine »Bombe«.* (PR 21. 2. 12)

**Prolongation,** die ⟨lat.⟩: Verlängerung der Laufzeit, eines Films, eines Zustands: *Während Günther Jauch im ARD das Kindererziehungsthema ... nachdiskutieren ließ, ging es im ORF um die Prolongation des Populismus-Themas »Ausbau der direkten Demokratie«.* (WZ 4. 6. 12). – In D nur im Finanzwesen als Verlängerung der Laufzeit eines Kredits o. Ä.

**prolongieren** ⟨lat.⟩: (einen Zustand, die Laufzeit o. Ä.) verlängern (in D nur im Finanzwesen gebraucht): *Die Not von Müttern und Babys, die sich nicht helfen und wehren können, wird prolongiert.* (ST 13. 12. 06) ◆ **Prolongierung:** *Diese Art der Prolongierung einer Karriere als »recording artist« reicht jenen, die immer nur ans schon Dagewesene erinnert werden wollen.* (SN 1. 6. 07)

**Promotion,** die ⟨lat.⟩: akademische Feier, bei der die Doktorwürde verliehen wird: *Dass sogar Bundespräsident Heinz Fischer bei der Promotion in der Kepler-Uni anwesend sein und ihm einen Ehrenring überreichen wird, ehrt Mayrhofer.* (OÖN 24. 11. 05). – In D bedeutet *Promotion* die ›Erlangung des Doktorgrads, Dissertation‹; ***[Promotion] sub auspiciis [praesidentis]:** [Ehrenpromotion] unter der Schirmherrschaft des Bundespräsidenten: *Hüseyin Özcelik ist das erste türkische Gastarbeiterkind, das in Österreich sub auspiciis promovierte.* (PR 14. 12. 05)

**Promotor Promotorin,** der; -s, -en bzw. die, -, -nen ⟨lat.⟩: Professor/-in, der/die bei einer Promotion, Sponsion oder Bakkalaureatsabschlussfeier dem Rektor assistiert und die Gelöbnisformel spricht: *Die Laudatio hält Univ.-Prof. Dr. Erika Adam, als Promotor fungiert Univ.-Prof. Mag. Dr. Willibald Dörfler.* (KZ 9. 3. 06)

**promovieren** ⟨lat.⟩: das Studium mit dem Doktorat [in einem feierlichen Akt] abschließen: *Mag. iur. A. Y. aus Nussdorf promovierte an der Leopold-Franzens-Universität Innsbruck zum Doktor der Rechtswissenschaften.* (SN 9. 5. 07). – In D bedeutet *promovieren* auch svw. ↑dissertieren

**Proponent Proponentin,** der; -en, -en bzw. die; -, nen ⟨lat.⟩: Person, die sich öffentlich für eine Sache einsetzt: *Wie wirkte sich etwa die NS-Machtübernahme auf den Verein, die Funktionäre, Spieler und Fans aus? Welche Handlungsspielräume und Verantwortlichkeiten hatten einzelne Proponenten?* (WZ 6. 6. 16)

**proportionell:** verhältnismäßig, proportional: *Das Europäische Parlament soll nicht mehr als 700 Abgeordnete haben. Sie werden proportionell nach der Bevölkerungszahl der Mitgliedstaaten entsandt.* (WZ 24. 4. 03)

**Proporzwahl,** die (selten, auch schweiz.): Verhältniswahl: ... *dass es sich um eine Proporzwahl handelt: Jede der 34 Provinzen ist ein Wahlkreis mit einer nach Bevölkerungszahl variierenden Anzahl Vertreter.* (PR 1. 8. 05)

**prosit:** wird österr. meist auf der letzten Silbe betont und meist als Neujahrswunsch verwendet (Prosit Neujahr!), dagegen **prost** (wie auch schweiz.) nur als Trinkwunsch (in D werden beide Wörter gleich gebraucht). – Zur Aussprache ↑ -it, -itisch

**Prospekt,** das; -[e]s, -e: ist österr. in der Bedeutung ›Werbeschrift‹ auch Neutrum, in D Maskulinum: *Zwei Mal musste schon das Prospekt umgeschrieben werden.* (KU 23. 2. 06)

**Provinzverschleiß,** der: Provinzvertrieb. ↑ VERSCHLEIß

**Provisor,** der; -s, -oren ‹lat.›: Geistlicher, der eine Pfarre vertretungsweise betreut, (kurz für) ↑ Pfarrprovisor: *1990 übernahm der Geistliche zusätzlich für ein Jahr die Aufgabe als Provisor von Utzenaich.* (OÖN 17. 12. 13)

**prozentuell** ‹franz.›: österr. Form, (in D) prozentual: *Der Lungau hat prozentuell den höchsten Anteil an Alleinunfällen, die häufig auf zu hohe Geschwindigkeit zurückzuführen sind.* (SN 26. 4. 07)

**Prozesshansl,** der (ugs., abwertend): jmd., der ständig prozessiert: *William aus Stratford hingegen wird als Geldverleiher, Prozesshansl und dummes Landei gezeichnet.* (PR 9. 1. 10)

**Prüfpickerl,** das: Begutachtungsplakette: *SPÖ-Landtagsklubchef D.B. wiederholte am Freitag seine Forderung nach einem Prüfpickerl für Flachdächer von öffentlichen Gebäuden.* (SN 11. 2. 06). ↑ PICKERL

**Prüfungsbehelf,** der: Hilfsmittel für die Prüfungsvorbereitung: *Erlaubter Prüfungsbehelf bei dieser Diplomprüfung: Kodex zum Handelsrecht und Steuerrecht.* (Fachschaft Jus, Innsbruck, WS 2005/06, Int). ↑ BEHELF

**Prüfungstaxe,** die: **1.** Gebühr, die für die Ablegung einer Prüfung eingehoben wird, z. B. bei Lehrabschluss-, Führerscheinprüfung: *Wer beispielsweise Masseur werden will, zahlt ... 570 an Prüfungstaxen und Qualifikationskosten.* (KZ 13. 5. 06). **2.** Abgeltung, die Lehrende für die Abhaltung einer Prüfung erhalten: *Betroffen von dem Paket sind in erster Linie die Lehrenden: Sie erhalten seit diesem Semester keine Prüfungstaxen ... mehr.* (PR 14. 12. 10). ↑ TAXE

**Prüfungswerber** ↑ -WERBER

**Prügeltorte,** die (Tirol): in Schichten gebackener, zylinderförmiger Kuchen; Baumkuchen: *Der Skilehrer und Promikonditor ... verwöhnt seine Gäste nicht nur mit Großmutters Prügeltorte und Tiroler Mehlspeisen.* (KU 30. 6. 04)

**PSK-Konto,** das: Konto bei der Postbank: *Auch Geldspenden wären eine große Hilfe (PSK-Konto 51 00 37 456, BLZ 60.000).* (KZ 21. 2. 14)

**Psyche,** die ‹griech.-franz.-ital.; nach einer Figur der griech. Göttin, die oft auf dem Möbelstück stand› [ˈpsiç(ɛ)]: Frisiertoilette [mit Spiegel]: *»Psyche, Ahorn, politiert, Spiegelglas, Metallfassung« vermerkte die Beschreibung dazu knapp.* (PR 16. 9. 11)

**psychiatrieren** ‹griech.›: jmdn. psychiatrisch untersuchen: *sie wird seit mehr als einem Jahr in der geschlossenen Abteilung der Linzer Landesnervenklinik psychiatriert.* (OÖN 26. 5. 07) ◆ **Psychiatrierung:** *Gerade, dass sie nicht die vorbeugende Psychiatrierung zum Schutz des Pensionsgeschockten beantragte.* (ST 20. 4. 04)

**p. t., P. T.** ↑ pleno titulo

**PTS:** (buchstabierte Abk. für) ↑ Polytechnische Schule

**Pudelhaube,** die (auch bayr.): (in D) Pudelmütze: ... *ehe er im Slalom als einziger mit Pudelhaube unterwegs ... noch aus den Top 20 rutschte.* (PR 14. 1. 06). ↑ HAUBE

**Puder,** das; -s, -: ist österr. Neutrum, in D meist Maskulinum

**pudern** (derb): koitieren: *Man weilt auf der Welt, um zu manipulieren: ... vor allem aber die Damen, die man »pudert«.* (ST 7. 4. 10); /ohne Objekt/: *Der Papageno ist so vielschichtig, der ist kein Kasperl. Er ist der Einzige, der sich zu sagen traut: Ich habe Hunger oder ich will ... pudern!* (OÖN 21. 10. 14)

**Puff,** das; -s, -s: österr. (und südd., schweiz.) in der Bedeutung ›Bordell‹ Neutrum, in D Maskulinum: *Ein Ausflug über die tschechische Grenze und rein ins Puff, das Taschengeld verpulvern.* (OÖN 11. 8. 06)

**Puffen,** die; -, - (Slang): Schusswaffe: *»Und, da machen'S der Polizei mit einer Puffen im Brusttaschl die Tür auf?«* (KU 10. 3. 07)

**Pülcher,** der ‹aus *Pilger*› (ugs. salopp): Strolch, Gauner: *Prostituierte und »Pülcher« werden auch heute noch in der Kärntnerstraße vorbeikommen.* (ST 25. 1. 05); *Der Happel hat immer gesagt, am liebsten sind ihm die Pülcher. Die haben vielleicht beim Zapfenstreich hin und wieder überzogen, aber am Platz waren sie* *dann da und haben um ihr Leben gekämpft.* (ST 1. 4. 08)

**Pullmankappe,** die ‹engl.›: Baskenmütze: *Einige Schritte weiter taumelt ein pausbäckiger Mittfünfziger in blauer Arbeitskluft und Pullmankappe aus der dörflichen Weinstube.* (PR 7. 3. 03). ↑KAPPE

**Pult,** das: wird österr. in weiterer Bedeutung verwendet als in D, etwa auch i. S. v. ›Tisch‹: *Maria Sulzberger weist den Weg, vorbei an einem langen Pult, Garderobenkästen und einem Tisch auf dem ein Computermonitor steht.* (SN 20. 4. 07); *ein sichtlich erregter 57-jähriger Mann ... legte ein Springmesser auf das Pult.* (SN 16. 6. 06). ↑**Kassapult, Verkaufspult**

**Pulverl,** das; -s, -n (ugs.): Medikament [in Pulverform], (in D) Pülverchen: *Sie hat zu mir gesagt, ein paar Pulverl in den Sekt, dann nehm' ich Dich ein bisserl her, dann bist eh hin.* (SN 28. 5. 05). ↑**Kopfwehpulverl**

**Pulverle,** das; -s, -n (ugs. westösterr.): ↑Pulverl

**Pummerin,** die: Name der größten Glocke am Wiener Stephansdom: *Man darf, ehe die Pummerin 2017 einläutet, mit Zuversicht auf die Zukunft Europas blicken.* (PR 20. 12. 16)

**Pumperer,** der (ugs.): dumpfer Ton, der durch einen Aufprall, Schlag o. Ä. entstanden ist: *»Das hat einen Pumperer gemacht, wie bei einem Erdbeben.«* (OÖN 4. 7. 11). ↑**pumpern**

**pumperlgesund** (ugs., auch bayr.): ganz gesund, kerngesund: *Solange es irgendwie geht, strahlen Politiker als pumperlgesunde, bergsteigende und joggende Dynamiker in die Kameras.* (ST 9. 7. 04); *Katzen ... stoßen das Virus aber nach wenigen Tagen wieder ab und sind pumperlgsund.* (OÖN 9. 3. 06). – Auch in der Form *pumperlgsund*

**pumpern,** sw. V. / hat (ugs., auch bayr.): stark klopfen: *Niemand hätte das zaghafte Pumpern an der Tür wahrgenommen.* (OÖN 26. 8. 11); *Denn ein an Schizophrenie leidender Mann spielt vor allem zu später Stunde Musik, er schreit und pumpert, auch ein lauter Knall ist zu vernehmen.* (PR 2. 10. 17)

**Punkerl,** das (ugs.): **1.** dickes Kind: *»I hab schon als Punkerl im Kindertheater den Sterntaler gespielt und g'hofft, dass das Märchen wahr wird.«* (News 8. 8. 02). **2.** etwas Kleines, Rundliches: *Ihre Tochter ... hat sich einen Mops gekauft. So ein Bunkerl von Hund mit chronischem Asthma.* (OÖN 8. 2. 02). **3.** abgepasstes Wurststück: *Jeder der knapp 1300 Einwohner des Dorfes bekommt von mir ein Bunkerl "Bergsteigerwurst" geschenkt!* (KZ 20. 5. 07)

**punkto** /Präp. mit Genitiv/ (auch schweiz., in D veraltet): betreffs: *Männer gelten als »Vorsorgemuffel« und liegen punkto Gesundheit in manchen Bereichen weit hinter dem weiblichen Geschlecht.* (SN 5. 6. 07)

**Punsch,** der; -es: Masse aus Rum, Eiklar u. a. (Fondantmasse), die als Glasur oder Kuchenbestandteil verwendet wird, meist rosa eingefärbt (in D nur als alkoholisches Getränk); nur in Zus., z. B. **Punschglasur, Punschmasse, Punschtorte**

**Punschkrapferl,** das: Törtchen aus Schokoladebiskuit, mit rosa Punschglasur überzogen: *Könnten Sie, trotz nicht abgeschlossener Konditorlehre, noch Punschkrapferln oder Golatschen machen?* (PR 8. 10. 16). ↑KRAPFERL

**Punschschnitte,** die /meist Plural/: Biskuit mit Zwischenlagen aus Punschmasse und Belag aus Marzipan oder mit Punschglasur: *Ihr Anführer hat manchmal 80-Jährige dabei, die dann, mitgenommen vom steifen Gegenwind des Marchfelds, vor ihrer Punschschnitte sitzen.* (PR 27. 12. 13). ↑SCHNITTE

**Punzierung,** die: Vorurteil, fest eingeprägte Meinung von jmdm./etwas: *Wegen der von außen oktroyierten Punzierung als »Islamkritiker« galten sie von nun an auch als Ansprechpartner bezüglich der in Deutschland aktuell geführten Islamdebatte.* (PR 22. 6. 13). – Die Grundbedeutung ›Metallprägung‹ ist gemeind.

**Pupperl,** das; -s, -n: **1.** kleine Puppe, Püppchen. **2.** (ugs., salopp) Mädchen; Freundin: *Womit wir endlich wieder einmal Britney Spears ins wahre Licht rücken können. Das Pupperl macht uns ja seit Jahren enorme Freude durch allerlei unverzichtbare Selbstbekenntnisse.* (SN 9. 12. 06). Vgl. Katz

**Pupperlhutsche,** die (veraltet, noch scherzhaft): Motorrad, -roller: *In der aktuellen Ausstellung der »Pioniere« der Zweiradfahrzeuge wird die Zeit lebendig, in der Opa noch die Oma auf der »Pupperlhutschen« (dem Soziussattel) ausführte.* (NÖN 13. 3. 12)

**Putenroller,** der: Rollbraten aus Putenfleisch. ↑ROLLER

**putzen: 1.** (auch westd., südd., schweiz.) sauber machen, aufwischen: *Vergangenen Samstag löste eine 36-jährige Frau beim Putzen ihrer Küche einen Brand aus.* (BVZ 27. 6. 07); *sie geht putzen.* **2.** in bestimmter Weise von etwas befreien, reinigen: *einen Baum putzen* (abasten); *Felsen putzen* (lockeres Steinmaterial abschlagen. **3.** chemisch reinigen: *ein*

*Kleid [in der Putzerei] putzen lassen; ich bringe die Hose zum Putzen.* 4. /sich/ (ugs., salopp) verschwinden und dadurch jmdn. (mit etwas) in Ruhe lassen: *Hast du keinen Erfolg, heißt es überall: Putz' dich wieder.* (KU 10. 12. 03). ↑**abputzen, ausputzen, verputzen, zusammenputzen**

**Putzerei,** die: -, -en: chemische Reinigungsanstalt: *Die Senioren haben die Möglichkeit, das Service, wie Verpflegung, Putzerei oder Betreuung, des gegenüberliegenden Seniorenzentrums zu nutzen.* (KZ 20. 8. 16)

**Putzerin,** die; -, -nen (westösterr.): Putzfrau: *Trotz ihrer großen Familie verdiente sie als Putzerin in Privathaushalten eine kleine Zubuße.* (VN 27. 8. 07). Vgl. Aufräumerin, Bedienerin, Zugehfrau, Zugeherin

**Putzerl,** das (ugs.): Baby: *Barbara Lidauer ist schwanger, das Putzerl soll in den nächsten Tagen zur Welt kommen.* (OÖN 30. 6. 07)

**Putzfetzen,** der: 1. (ugs.) Putzlumpen, Scheuertuch: *Zum Putzfetzen muss sie aber nicht greifen, weil sich der Lokalbetreiber Hannes Schlosser an die getroffene Vereinbarung hält und das Areal nach der Sperrstunde säubern lässt.* (KZ 19. 9. 12). 2. (abwertend, derb) Putzfrau: *»Ich bin nicht dazu da, den Putzfetzen für Frau Reis zu spielen.«* (KZ 14. 7. 11). ↑Fetzen

**Putzpartie,** die: 1. Partie, die Verputzarbeiten durchführt: *Dass unser Mittelgebäude endlich verputzt wird, verdanken wir ihm ... Hofreiter sicherte Material zu und will dafür sorgen, dass eine Putzpartie bald mit der Arbeit beginnt.* (KZ 20. 2. 01). 2. Reinigungstrupp: *Eine Putzpartie säuberte alles und am Ende noch den Fußboden.* (NÖN 22. 6. 10). ↑Partie

**Pythagoräer,** der ⟨griech.⟩: österr. (und schweiz.) Schreibung, (in D) Pythagoreer: *Musik und Mathematik gelten seit den Pythagoräern als verwandt.* (ST 23. 2. 05) ◆ **pythagoräisch:** *Ist es nicht enttäuschend für einen theoretischen Physiker, das »pythagoräische Programm« aufzugeben?* (PR 19. 8. 06)

## Qq

**Q q:** 1. (auch schweiz.): (Abk. für) ↑Zentner (100 kg), 2. wird österr. beim Buchstabieren [kveː] ausgesprochen, nur als mathematische Unbekannte (wie in D) [kuː]. Vgl. j, J

**Quader,** der; -s, - ⟨lat.⟩: ist österr. (und südd., schweiz.) Maskulinum, in D auch Femininum: die; -, -n

**Quaratäne,** die, - ⟨franz.⟩: wird österr. nach ital. Muster meist [kvaranˈtɛːnə] ausgesprochen, in D französisch [kar...]

**Quargel,** der; -s, -: 1. kleiner, runder, stark riechender Käse; (in D) Harzer Käse; Handkäse: *Nach jahrelangen Ermittlungen hat am Dienstag der Prozess rund um mit Listerien verseuchten Quargel ... begonnen.* (PR 10. 6. 14). 2. (ugs., abwertend) Unsinn, (in D) Quark: *Doch den Quargel um Marmelade und Konfitüre hat sich Österreich selbst eingebrockt.* (SN 23. 10. 03). Vgl. Topfen

**Quargelsturz,** der: Käseglocke: *Doppelt gesichert in einer Glasvitrine und mit einem zusätzlichen Quargelsturz über dem weltberühmten Tafelstück aus Goldblech.* (KZ 1. 12. 08); (meist übertragen) *Es hat keinen Sinn, einen Quargelsturz über die Schule zu stülpen, im wirklichen Leben gibt es den ja auch nicht.* (WZ 29. 3. 06). ↑**Sturz, Glassturz**

**Quart,** die ⟨lat.⟩ (Musik) vierter Ton der diatonischen Tonleiter; Intervall im Abstand von 4 Stufen, (in D auch) Quarte

**Querschnittsmaterie,** die: Rechts- oder Verwaltungssachverhalt, der übergreifend in unterschiedliche Kompetenzbereiche fällt: *Damit werden fachliche Inhalte und Medienkompetenz so miteinander verbunden, dass die Berücksichtigung von Medienkompetenz als Querschnittsmaterie gelungen ist.* (WZ 31. 5. 16)

**Quetsche,** die; -, -n 1. (salopp, auch südd.): Ziehharmonika: *Alle können alles: Schlagzeug, Gitarre, Bass, Keyboard, Quetsche, Querflöte.* (OÖN 8. 1. 13). – In D auch *Quetschkasten, -kommode.* 2. (ugs., selten auch in D) kleiner Betrieb, kleiner Laden: *In der City hat schon bald jede Quetsche einen ... Privatpolizisten postiert.* (KR 20. 3. 12)

**Queue,** der; -s, -s [køː] ⟨franz.⟩: Billardstock: ist österr. auch Maskulinum, in D überwiegend Neutrum

**quieszieren,** sw. V. / hat ⟨lat.⟩ (Behördenspr.): in den vorzeitigen Ruhestand versetzen: *1812 wurde er von der bayerischen Regierung quiesziert und 1819 pensioniert.* (SN 7. 9. 16) ◆ **Quieszierung**

**Quint,** die ⟨lat.⟩ (Musik) fünfter Ton der diatonischen Tonleiter; Intervall im Abstand von 5 Stufen, (in D auch) Quinte

**Quitte,** die: wird österr. veraltend auch [ˈkitɛ] ausgesprochen

**Quittenkäse,** der; -s: sehr festes Quittengelee: *Wenn Sie beispielsweise gern Quittenkäse es-*

*sen, können Sie eine vorzügliche Variante aus Asperln zubereiten.* (PR 3. 12. 16)

**Quorum,** das ‹lat.› (auch südd., schweiz.): für die zur Beschlussfassung in einer Körperschaft erforderliche Zahl anwesender Mitglieder: *Damit ist das Ergebnis laut Parteistatus bindend. Denn das nötige Quorum dafür beträgt mindestens 50 Prozent.* (PR 21. 4. 17)

## Rr

**Rabenvieh,** das; -s, ...viecher (ugs.): Rabenaas /Schimpfwort/: *»Wenn es viel regnet, kann die Ybbs ein Rabenvieh sein«, sagt der 80-jährige Hollensteiner. Ein »so grausliches Hochwasser« habe er »sein Lebtag« noch nicht gesehen.* (OÖN 9. 8. 06). – Auch in der Schreibung *Rabenviech*

**Rabiatperle,** die (regional, abwertend): 1. stark aufgezuckerter, minderwertiger Wein, dessen Genuss aggressiv macht, bes. auch für Schilcherwein: *Als wäre es tatsächlich Brüssel und nicht das heimische Weingesetz 1992 (!), das den Anbau des als Rabiatperle und Heckenklescher verschrienen Weingewächses mit 2030 limitiert hat.* (ST 29. 5. 15). 2. rabiater Mensch: *Die geschulten Beamten nahmen zuerst Kontakt mit der Rabiatperle in der Wohnung auf.* (KU 19. 4. 06)

**rächen:** wird österr. mit langem Vokal ausgesprochen, in D mit kurzem

**Radar,** das; -s, -s ‹engl.›: wird österr. (und schweiz.) auf der ersten Silbe betont, in D meist auf der letzten, und ist immer Neutrum, in D auch Maskulinum

**Radarkasten,** der (auch schweiz.): [Behälter für] Radarkamera für Geschwindigkeitskontrolle; Radarfalle: *Bisher blitzen die meisten Radarkästen im Ortsgebiet erst ab einer Geschwindigkeit von 66 km/h.* (PR 2. 5. 14). ↑ Kasten

**radeln,** sw. V. / hat (ugs.): 1. mit einem Schubkarren transportieren: *den Mist aus dem Stall radeln.* 2. (Küche) mit einem Rädchen ausschneiden, ausradeln, (in D) ausrädeln: *Teig auf 2 mm auswalken und mit einem Teigrad Dreiecke ausradeln.* (OÖN 3. 3. 16). – Die Bedeutung ›Rad fahren‹ ist gemeind. ↑ **ausradeln**

**Radi,** der; -s, - (ugs., auch bayr.): Rettich: *So möchte ich Schwarzen Radi als Hustensaft wieder populär machen.* (OÖN 20. 1. 15); ***einen Radi kriegen** (ugs.): gerügt werden. ↑ **Bierradi, Radisalat**

**Radiallinie,** die ‹lat.›: von der Stadtmitte zum Stadtrand führende Straße oder Verkehrslinien (Ggs.: Tangente): *Das war vor allem am Sonntagvormittag, wenn ... die in den Wienerwald führenden Radiallinien ... überfüllt waren.* (PR 12. 2. 11)

**Radialstraße,** die: von der Stadtmitte zum Stadtrand führende [Durchzugs]straße: *Die Grenzen zwischen den neuen Gemeindebezirken ergaben sich von selbst: Man zog die wichtigsten Radialstraßen heran.* (PR 24. 10. 16)

**Radierwuzerl,** das (ugs.): beim Radieren anfallende Fussel. ↑ Wuzerl

**Radio,** der: ist ugs. (wie schweiz.) auch Maskulinum, standardsprachlich wie gemeind. Neutrum: *Auf Wunsch ersetzt ein Farbdisplay den Radio.* (OÖN 11. 4. 15). ↑ **Lokalradio, Privatradio**

**Radisalat,** der (auch bayr.): Rettichsalat: *Anschließend verdrückte er das Bratl bis auf den letzten Bissen. Nur den dazugehörigen Radisalat verschmähte er großteils.* (OÖN 15. 11. 02). ↑ **Radi, Bierradi**

**Raditsch,** der; -, - (Ktn., mundartnah) ‹friulanisch-ladinisch-slowen. ›: Radicchio, Zuckerhut

**Radl,** das; -s, -n (auch bayr.): 1. (ugs.) [Fahr]rad: *Freistädter Gendarmen erwischten den Radldieb und nahmen ihn fest.* (OÖN 30. 4. 1992). 2. (mundartnah) Scheibe (im Ggs. zu ↑ Spalte): *Seit ich ein Ernährungsprotokoll schreibe, überlege ich mir jedes Radl Wurst.* (OÖN 25. 2. 10). 3. Aufteilung eines durchgehenden Arbeitsdienstes in mehrere Schichten; eine Schicht dieses Dienstes: *im Radl arbeiten, sein Radl beginnt um 12 Uhr.* ↑ (zu 1.:) **Radlfahrer/-in;** (zu 2.:) **Apfelradl, Blunzenradl, Wurstradl** ◆ (zu 3.:) **Dreierradl, Viererradl**

**Radlbock,** der: einrädriges hölzernes Transportgerät mit zwei Griffen: *Angeblich wurden die Kastanienbäume vor genau 100 Jahren vom Uropa gepflanzt, der sie mit dem Radlbock anlieferte.* (OÖN 2. 8. 12)

**Radler,** der (in D regional): Erfrischungsgetränk aus Bier und Limonade: ist österr. Maskulinum, in D meist Neutrum

**Rahm,** der (westösterr., auch südd., schweiz., westmitteldeutsch): (mitteldeutsch, nordd.) Sahne (für ›sauren Rahm‹ und als Oberbegriff ist das Wort gesamtösterr., für ›süßen Rahm‹ gibt es ostösterr. das Wort ↑ Obers): *süßer, saurer Rahm; Die Sennerin sortiert ihre restlichen Bestände von Butter, Rahm und*

*Käse.* (SN 29. 9. 07). – Die Redewendung *den Rahm abschöpfen* ist gemeind. ↑ **Schlagrahm, Kalbsrahmbeuschel, Milchrahmstrudel**

**Rahmdressing,** das (auch südd., schweiz.): Salatdressing mit Rahm: *Dass es dazu Blattsalat mit Rahmdressing gibt, kann ... keineswegs als klassisch gelten.* (ST 4. 11. 16)

**Rahmgmachterl,** das: Gemenge aus Rahm und Mehl: *Etwas Kochwasser überkühlen lassen und damit das Rahmgmachterl gut verrühren.* (OÖN 22. 12. 12). ↑ **Gmachterl**

**rahmig** (auch südd., schweiz.): (in D) sahnig: *Den Gästen wurden ... Rindermedaillons mit Zweigeltschalotten, rahmigem Kürbisgemüse und im Ofen gebackenen Erdäpfel-Maisplätzchen kredenzt.* (KZ 14. 9. 15)

**Rahmkoch,** das (bes. Sbg.): aus Mehl, Butter, Sauerrahm usw. zubereitete Speise (bes. zur Almabfahrt): *Die Bio-Produkte für unser leibliches Wohl wachsen vor der Haustür, das Rahmkoch, ein kalorienreicher Nachtisch, wurde früher nur für den Jäger gemacht.* (OÖN 20. 8. 16). ↑ Koch

**Rahmmus,** das (in den alpinen Gegenden): Speise aus Mehl Eiern und Rahm: *Lieblingsspeise: Rahmmus.* (VN 17. 4. 09). ↑ Mus, Schmarren, Sterz

**Rahmnockerl,** das: mit Sauerrahm zubereitete Nockerln: *Als Erstes fällt Österreichern Paprikahendl mit Rahmnockerln ein, dann Zwiebelrostbraten, geröstete Leber.* (ST 22. 10. 05). ↑ Nockerl

**Rahmsauce, Rahmsoß,** die (auch südd., schweiz.): (in D) Sahnesoße: *Eierschwammerl eigenen sich gut für Gulasch, Rahmsauce und Kartoffelgröstl.* (OÖN 1. 9. 16). ↑ Sauce

**Rahmschnitzel,** das (auch südd., schweiz.): (in D) Sahneschnitzel: *Hmmm, das leckere zweckgastronomische Muttertagsmenü: Frittatensuppe, Rahmschnitzel mit Erbsreis ...* (PR 13. 5. 03)

**Rahmsuppe,** die: Suppe aus Wasser, Rahm und eingebrockten Brotstückchen (urspr. ein bäuerliches Essen): *Wo gibt's noch gebackene Fleischknödel, Mühlviertler Rahmsuppe mit Brotwürfeln und dennoch gleich sechs vegetarische Speisen?* (OÖN 6. 4. 07). ↑ Suppe

**Rahne,** die; -, -n (auch bayr.): Rote Rübe. In verschiedenen Schreibweisen, bes. Rohne, ↑ Rauner, in Vbg. ↑ Randig: ◆ **Rahnensaft, Rahnensalat**

**Rail-Jet®,** der; -s: ein überregionaler Zug der ÖBB, Abk. RJ

**Raimund:** der Vorname wird österr. mit *-ai-* geschrieben, in D auch mit *-ei-*

**Rainer:** der Vorname wird österr. (und schweiz.) mit *-ai-* geschrieben, in D auch mit *-ei-*: *Rainer Maria Rilke*

**Ramasuri, Remasuri,** die; - ‹rumänisch *rămasuri,* Plural zu *rămas* ›Rest, Überbleibsel‹› (ugs., auch bayr.): **1.** großes Durcheinander; aufregende, turbulente Situation; Wirbel: *Du kannst dir nicht vorstellen, was dann los war, Ramasuri Hilfsausdruck.* (WZ 15. 2. 17). **2.** ausgelassenes Vergnügen: *Der Eintritt kostet am Eröffnungsabend 5 Euro statt sonst 7 Euro, zudem gibt es ein »Eröffnungs-Remasuri« samt Kinderprogramm.* (ST 16. 6. 09). – Auch in den Formen *Ramassuri, Remassuri.* – Auch als Name von Künstlergruppen, Lokalen u. Ä.

**Randerl,** das (ugs., Wien): **1.** Verkleinerung zu *Rand*: *Ein weiteres echtes Schmankerl ist unser Bauerngeselchter Schinken mager oder mit zartem Randerl.* (NÖN 10. 4. 14). **2.** eine kurze Zeit: *Mein schönstes Randerl ist immer irgendwann am Samstagnachmittag.* (Heute 6. 8. 07); *es kann ein Randerl dauern, bis ein Fisch anbeißt.* (KU 27. 2. 16)

**Randig,** der; -s, - (Vbg.): Rote Rübe: *Weniger Nährstoffe braucht die Hauptkultur, wenn sie aus Wurzelfrüchten wie Karotten, Randig oder Zwiebeln besteht.* (VN 11. 1. 08). Vgl. Rahne ◆ **Randigsalat:** *Für Randigsalat werden die Randigknollen im Ganzen gekocht, dann geschält und in Scheiben geschnitten.* (VN 8. 9. 06)

**Randstein,** der (auch südd., schweiz.): Gehsteigkante, (in D) Bordstein, Bordkante, Kantstein: *An den Randstein gedrängt wurde am Sonntagnachmittag ein 18-jähriger Radfahrer in Salzburg-Leopoldskron.* (SN 19. 6. 07)

**ranggeln,** sw. V. / hat (bes. in alpinen Gegenden, auch bayr.): /eine Art zu ringen/: *Das Ranggeln ist mit Judo nicht vergleichbar.* (OÖN 12. 9. 12) ◆ **Ranggler/-in:** *Pinzgauer Dominanz bei jungen Rangglern. Große Freude bereitet der heimische Rangglernachwuchs.* (SN 6. 9. 07); **Rangglerfest; Preisranggeln**

**rangieren** ‹franz.›: wird in Österr. [rɑ̃ˈʒiːɐn], seltener: [ranˈʃiːɐn] ausgesprochen, in D [raŋˈʒiːɐn]. Ebenso: *Rangierbahnhof, Rangiergeleise* usw.

**Ranken** ↑ Renken

**ranzeln** (ugs.): ranzig riechen, schmecken: *die Butter ranzelt*

**rapid** ‹lat.›: österr. (und südd., schweiz.) nur so gebrauchte Form, in D meist rapide: *Wenn* *nicht spannend vorgetragen wird, kann die Grundleidenschaft noch so hoch sein, da sinkt das Interesse rapid.* (ST 8. 10. 07)

**Rapid:** als Name von Sportvereinen, z. B. Rapid Wien, österr. auf der letzten Silbe betont, in D auf der ersten. In der Wiener Fansprache wird *Rapid* mit dem Artikel *die* verbunden (wie viele andere Namen von Mannschaften, z. B. *die Ried*)

**Rapunzel,** der; -, -n (west- und südösterr., regional auch in D): Feldsalat, Vogerlsalat: *Ruccola und Rapunzel putzen, waschen, abtropfen lassen, ebenfalls marinieren und auf einer Platte anrichten.* (KZ 7. 5. 00)

**raschest:** so bald, so schnell wie möglich: *»Ich kann nur appellieren, dass nicht verschleppt, sondern raschest und unbürokratisch realisiert wird.«* (OÖN 10. 9. 07)

**raschestmöglich** (auch schweiz.): so bald, so schnell wie möglich: *Die Bundespräsidentenwahl solle raschestmöglich über die Bühne gehen.* (KZ 2. 7. 16)

**rass** (ugs.): **1.** würzig; scharf, beißend (bei Speisen): *rasser Kren, rasser Käse.* **2.** scharf, feurig, bösartig (bei Pferden). **3.** resolut, barsch, kratzbürstig (von Frauen): *eine rasse Kellnerin*

**räß** (Vbg., auch südd., schweiz.): **1.** scharf, würzig (↑ rass): *Wie räß die Käsemischung sein soll, ist natürlich eine völlig subjektive Angelegenheit.* (VN 23. 3. 07); *Die Käsesuppe wurde in einem Weck-Glas serviert und war wirklich super. Schön räß, sehr cremig und sogar die Croûtons frisch geröstet.* (VN 14. 10. 16). **2.** herb: *der Most ist räß*

**Räße,** die: Schärfe im Geschmack: *die Räße des Käses*

**Räßkäs,** der (Vbg.): scharfer, würziger Käse: *Für richtige Kasspatzen empfehle ich den Räßkäse.* (KZ 19. 1. 13). – Auch in der Form *Räßkäse*

**Rastel,** das; -s, - ⟨Diminutiv von *Rost*⟩ (veraltet): als Untersetzer dienendes Gitter, Drahtgeflecht: *das heiße Bügeleisen auf das Rastel stellen*

**Rastelbinder,** der (veraltet): **1.** Siebmacher. **2.** Kesselflicker: *In der Slowakei werden Eier in der Tradition der Rastelbinder kunstvoll mit Draht umwickelt.* (FU 21. 4. 11). ↑ Binder

**rasten:** ruhen (von Teig, zubereitetem Fleisch vor den weiteren Kochvorgängen): *das Fleisch muss noch etwas rasten; Die Zutaten zu einem Teig verarbeiten und 1 Stunde rasten lassen.* (OÖN 26. 5. 07). ↑ **ausrasten**

**Raststation,** die: Autobahn-Raststätte: *Und auch der Autobahnbetreiber Asfinag ist bereits dabei, sämtliche Raststationen im 2183 Kilometer langen Straßennetz mit entsprechenden Geräten nachzurüsten.* (PR 24. 11. 16) ↑ Station

**Rat,** der: Titel verschiedener Beamter, auch Ehrentitel (meist in Verbindung mit einem Adj.): *Geistlicher Rat; Akademischer Rat; Geheimer Rat, Herr/Frau Rat* (Anrede für einen Richter/eine Richterin)

**Ratsche,** die; -, -n (Volkskunde, auch südd.): im [Oster]volksbrauch verwendetes Lärminstrument, wobei gegen ein an einer Stange befestigtes Zahnrad eine Holzklappe schlägt: *Wenn die Kirchenglocken schweigen und »nach Rom fliegen«, werden in vielen Pfarren Ratschen und Hammerl hervorgeholt.* (KIZ 26. 3. 02). ↑ **Karfreitagsratsche**

**ratschen,** sw. V. / hat: **1.** (auch bayr.) **a)** sich unterhalten, plaudern: *Da ist dann immer wieder jemand zum Ratschen gekommen.* (SN 21. 7. 16). **b)** ausplaudern, herumerzählen: *Viele Leute leben gern in kleinen Orten, wo man sich kennt ... Der Nachteil ist, dass viel geratscht wird.* (SN 25. 3. 13). **2.** (Volkskunde) die Ratsche drehen, klappern, rasseln: *Wir ratschen, wir ratschen den Englischen Gruß ...* (Brauchtumsspruch). ↑ **verratschen** ◆ **Ratscher:** *Für eine zusätzliche österliche Atmosphäre sorgen die Patriasdorfer Ratscher.* (KZ 25. 3. 16)

**Ratscherbuben,** die /Plural/ (Volkskunde): im kirchlichen Osterbrauchtum mit ↑ Ratschen umherziehende Kinder: *An diesen Tagen ist es die Aufgabe der so genannten Ratscherbuben, mit ihren Ratschen und Rumpeln an die Gebetsstunden zu erinnern.* (SN 21. 3. 07). – Auch in der Form *Ratschenbuben.* ↑ Bub

**Ratschkathl,** die, -, -n: **1.** (ugs. abwertend, auch bayr.) schwatzhafte Person, die über andere absichtlich Schlechtes erzählt. **2.** (Volkskunde) eine Faschingsfigur: *Fixstarter sind wie jedes Jahr unter anderem der Kaiser, die Ratschkatl, die Tanzgirls, die Kasmandln.* (SN 4. 2. 16)

**Raucherkammerl,** das (ugs.): abgesonderter Raum, in dem geraucht werden darf: *Die große Mehrheit der Kärntner Dienstgeber lässt ihre Mitarbeiter qualmen. Meistens in eigenen Raucherkammerln oder am Balkon.* (KZ 1. 3. 17). ↑ Kammerl

**Rauchertelefon,** das: telefonische Beratungsstelle für Raucher: *Vielleicht lesen Sie gemeinsam mit ihm auf der Webseite des Rau-*

*chertelefons nach, was dort zum Thema Jugendliche und Rauchen angeführt ist.* (OÖN 23. 4. 13)

**Rauchfang,** der (außer westösterr., auch bayr.): ↑Kamin, Schornstein: *In einer mit Pellets betriebenen Heizungsanlage hatten sich im Rauchfang Verbrennungsgase gestaut.* (SN 28. 2. 06); ***etwas in den Rauchfang schreiben**: als verloren betrachten müssen; (in D) in den Schornstein/Kamin schreiben: *Vorläufig geht es zwar »nur« um Garantien, zumindest einen Teil der Summe werden die Franzosen aber wohl in den Rauchfang schreiben müssen.* (PR 4. 9. 12)

**Rauchfangkehrer Rauchfangkehrerin,** der bzw. die: Schornsteinfeger/-in: *Die Feuerpolizeigesetze der Länder ermächtigen die Rauchfangkehrer, Kamine und Hausfeuerungsanlagen zu überprüfen.* (ST 17. 6. 17) ◆ **Rauchfangkehrermeister/-in**

**Rauchküche,** die (Volkskunde, selten auch in D): Küche mit offener Feuerstelle [und Rauchabzug durch den Dachstuhl]

**Rauchkuchl,** die: ↑Rauchküche: *Bis in die Neuzeit blieb auch in den Stadtwohnungen die »Rauchkuchl« Standard.* (OÖN 21. 3. 15). ↑**Kuchl**

**Raunacht,** die (Volkskunde, auch südd.): eine der Nächte zwischen 25. Dezember und 6. Jänner, die mit bestimmtem Brauchtum verbunden sind, regional unterschiedlich, meist der 24. und 31. Dezember und 5. Jänner: *Die Glöckler laufen in der letzten Raunacht und stellen die guten Lichtgeister dar, die den dunklen Winter vertreiben.* (OÖN 7. 1. 17)

**Rauner,** der: häufige verschriftl. Dialektform von ↑Rahnen: *Betroffen seien praktisch alle Wurzelgemüse, bei denen die Blätter befallen werden: Sellerie, Rauner, Karotten, Rettich.* (OÖN 23. 8. 16) ◆ **Raunersalat:** *Roter Rübensaft eine wahre Vitaminbombe, Raunersalat mit etwas Kren als Beilage eine Köstlichkeit oder ein Rote-Rüben-Risotto.* (OÖN 2. 2. 14)

**Raunggen,** die /Plural/ (regional): nockerlartiges Gebäck oder Fleischgericht aus in Schmalz gebackenem Teig: *Holzknechtraunggen ... Wenn das Schmalz dann heiß genug ist, die Raunggen herausbacken.* (ORF/NÖ, Kulinarium, 2007, Int)

**raunzen,** sw. V. / hat (auch südd.): weinerlich jammern; dauernd unzufrieden nörgeln: *Immerhin hat man als Österreicher die Daseinspflicht zu raunzen.* (ST 5. 4. 07). ↑**Geraunze, herumraunzen** ◆ **Raunzerei**

**Raunzer Raunze,** der bzw. die (ugs., auch südd.): dauernd unzufriedener Mensch: *Dass die Österreicher Raunzer sind, ist nichts Neues.* (ST 7. 5. 06). – Das Femininum ist auch in der Form *Raunzen* gebräuchlich

**raunzig** (ugs.): zum Raunzen neigend, schlecht aufgelegt: *Babys bleiben nicht immer klein und herzig, sie werden, drastisch gesagt, raunzige Fünfjährige ...* (PR 30. 3. 07)

**rauschig** (regional auch in D): betrunken: *Gut, bei dem Mann maß man 1,0 Promille, doch um das geht's nicht, sondern darum, wieso manche Medien ... es gern mit höhnischem Ton unterstreichen, wenn just ein Akademiker rauschig fuhr.* (PR 27. 12. 12)

**Rauware,** die /meist Plural/: **1.** (in D regional) Rauch-, Tabakware. **2.** Kürschnerware. – In der Bedeutung ›ungehobeltes Schnittholz‹ gemeind.

**Rayon,** der; -s, -s/-e ⟨franz.⟩ (auch schweiz., in D veraltet): Dienstbereich, für den jmd. zuständig ist: *Jährlich werden in seinem Rayon rund 200 Fahrräder entwendet.* (SN 12. 11. 04). – Wird in Österr. meist [raˈjoːn] ausgesprochen, der Plural lautet dann Rayone, in D [raˈjõː]: *Die Zusteller sollen größere Rayone bedienen.* (OÖN 28. 8. 07). ↑**-on.** – Die Bedeutung ›Abteilung eines Warenhauses‹ ist gemeind. ◆ **Rayonsgrenze; Rayonsinspektor/-in** (früher)

**rayonieren,** sw. V. / hat: einem bestimmten ↑Rayon zuteilen: *Noch lange Zeit sollten sich Menschenschlangen vor den Geschäften ... bilden, da alle für das Überleben wichtigen Lebensmittel »rayoniert« wurden.* (WZ 9. 4. 05)

**Realbesitz,** der (Verw.): Immobilienbesitz: *Sie notiert seit 2002 an der Wiener Börse und verbindet die Vorteile von Realbesitz mit jenen eines Wertpapiers.* (ST 1. 2. 07) ◆ **Realbesitzer/-in**

**Realbüro,** das ⟨lat.⟩: Immobilienvermittlungsbüro (meist in Firmennamen): *Wie die CPB ist das Realbüro neben Österreich auch in Osteuropa aktiv.* (PR 7. 9. 07)

**Realgymnasium,** das (früher auch in D): naturwissenschaftlich ausgerichteter Gymnasialzweig ◆ **Bundesrealgymnasium**

**Realitäten,** die /Plural/ ⟨lat.⟩: Immobilien: *Österreichische Immobilienfonds sind die Top-Investoren im Bereich Realitäten in Rumänien.* (PR 15. 10. 07) ◆ **Realitätenbüro; Realitätenhändler/-in; Realitätenmarkt; Realitätenvermittler/-in:** *Bernhards Realitätenvermittler Karl Ignaz Hennetmair hat dem Autor* *in mehrfacher Hinsicht »Realitäten« vermittelt, Häuser und Grundstücke ebenso wie seine eigene pragmatische Sichtweise.* (SN 7. 2. 04)

**Realkanzlei,** die: Immobilienvermittlungsbüro: *»Für private Wohnsitze dürfte der Alte Markt zu den besten Adressen zählen«, ist A. K., Inhaber der gleichnamigen Realkanzlei, überzeugt.* (PR 18. 11. 16). ↑ Kanzlei

**Realteilung,** die (Rechtsspr.): tatsächliche Aufteilung einer Sache auf ihre Eigentümer (im Ggs. zur ↑ Zivilteilung), z. B. die Aufteilung eines Bauerngutes auf alle Erben: *In Vorarlberg galt die Realteilung, bei der alle Kinder erbberechtigt waren. ... Neben nachteiligen ökonomischen Auswirkungen hatte die Realteilung eine Vielzahl gesellschaftlicher Folgen.* (PR 20. 9. 14)

**Reb-:** die Weinbauausdrücke werden schweiz. und südwestd. meist mit *Reb-* gebildet (*Rebbau, Rebbauer, Rebberg* usw.), in D und österr. mit *Wein-* (*Weinbau, Weinbauer, Weinberg*). In den Fällen, in denen auch österr. und in D Wörter mit *Rebe* verwendet werden, lautet das Bestimmungswort österr. *Reb-* (in D auch *Reben-*), z. B. **Rebschere:** *Einmal im Jahr greift Wiens Bürgermeister Michael Häupl (SPÖ) zur Rebschere, um bei der Weinlese zu helfen.* (PR 11. 10. 16); **Rebzweig:** *Die Mitte des Christentums besteht deshalb darin, dass der Rebzweig mit dem Weinstock lebt.* (TT 25. 5. 00)

**rebeln,** sw. V. / hat (auch südd.): **1.** abbeeren: *Die in Kisten gelesenen Trauben werden mit dem Traktor, ohne sie vorher zu rebeln, zur Presse geführt und dort im gefrorenen Zustand ausgepresst.* (KZ 17. 1. 09). **2.** durch Reiben die Körner lösen; zerreiben: *den gerebelten Mais rund um das Püree verteilen.* (KZ 6. 8. 13); *Danach werden die abgezupften Blütenblätter ... getrocknet, gerebelt und zu Salben, Tinkturen, Tees, Ölen und Kosmetika verarbeitet.* (KZ 6. 8. 13)

**Rebhendl,** das (ugs.): Rebhuhn: *Im Winter spazieren die Rehe vorbei, im Sommer gibt's Rebhendln, manchmal hüpft sogar ein Hasenviech durch den Garten.* (ST 21. 10. 12). ↑ Hendl

**Rebhuhn,** das: wird österr. (und schweiz.) mit langem e ausgesprochen, in D auch mit kurzem

**Rebschnur,** die: starke Schnur: österr. Form, (in D) Reepschnur; südwestdt., schweiz. auch in der Bedeutung ›Schnur für Rebstöcke‹: *Sie haben Rebschnüre herabgelassen, mit denen haben sie dann richtige Seile.* (ST 14. 9. 11)

**Rebstecken,** der (auch südd., schweiz.): Pfahl für Rebstöcke: *Rebstecken waren früher in den Weingärten vor der Einführung der arbeitssparenden Drahtanlagen sehr gefragt.* (VN 11. 12. 06). ↑ **Stecken**

**Rebzeile,** die: in einer Linie angeordnete Weinstöcke: *Lange Rebzeilen verlieren sich in der Landschaft* (PR 31. 12. 16); *Wer den kurzen Weg die Rebzeilen hinauf nimmt, hat dazu einen tollen Stadtblick.* (ST 8. 8. 10)

**Reception,** die: fachspr. im Tourismus übliche Schreibung von *Rezeption*

**Receptionist Receptionistin** ↑ Rezeptionist

**Rechaud,** der und das; -s, -s [reˈʃoː] ⟨franz.⟩ **1.** (veraltend) Gasherd: *Die Gassperrzeiten – jene Stunden, in denen man die Hähne des Rechauds geschlossen halten musste.* (PR 12. 2. 05). **2.** (auch südd., schweiz.) kleiner Gas- oder Spirituskocher: *Die Eingeladenen kochen mit Tobi Schlegl ein Gericht ..., das man sich auch durchaus am Rechaud im Studentenwohnheim zubereiten kann.* (ST 4. 2. 03). – In der Bedeutung ›Vorrichtung zum Warmhalten von Speisen‹ gemeind. ◆ **Gasrechaud**

**rechen,** sw. V. / hat gerecht (auch südd., schweiz.): (in D) harken: *Besser ist es, die Hügel auseinanderzurechen und die Fläche anschließend zu glätten.* (OÖN 10. 3. 17). ↑ **zusammenrechen**

**Rechen,** der (auch südd., schweiz.): (in D) Harke: *Rundum gepflegte Landschaften, Agrarland, Menschen mit Rechen und anderen Gerätschaften.* (SN 21. 4. 17). ↑ **Kleiderrechen** ◆ **Heurechen**

**Rechtsanwaltsanwärter Rechtsanwaltsanwärterin,** der bzw. die: Jurist/-in in Ausbildung in einer Antwaltskanzlei; Konzipient/-in: *So arbeiten seit dem Wechsel allein im Wiener Büro ... 110 »Berufsträger«, also zugelassene Rechtsanwälte und Rechtsanwaltsanwärter.* (PR 15. 6. 04)

**Rechtsfreund,** der (Rechtsspr.): Parteienvertreter in Rechtsgeschäften (Rechtsanwalt, Notar, Wirtschaftstreuhänder u. a.): *Was tun, wenn man einen Anwalt beiziehen darf, sich aber keinen leisten kann? Man bekommt den Rechtsfreund trotzdem – ohne zu zahlen.* (PR 1. 4. 08)

**rechtsfreundlich** (Rechtsspr.): durch einen Rechtsvertreter, antwaltlich: *Allein für den Deal rund um den Verkauf von »Orange« an Hutchison wurden 1,7 Millionen Euro für die rechtsfreundliche Vertretung in Rechnung gestellt.* (PR 22. 3. 13)

**Rechtspraktikant Rechtspraktikantin,** der bzw. die (selten auch in D): jmd. der nach Abschluss des Jusstudiums das Praktikum bei Gericht absolviert: *Bis Ende Juli hatte der frühere große Volksanwalt als kleiner Rechtspraktikant bei Gericht gejobbt.* (SN 7. 8. 08)

**Rechtsvorrang,** der: Vorrang für den Rechtskommenden (mit gemeint ist, dass keine weitere Regelung durch andere Verkehrszeichen gegeben ist): *Den Rechtsvorrang missachtet und schon krachte es.* (KU 10. 7. 08). ↑**Vorrang**

**recken:** ***es reckt jmdn.** (ugs.): es ekelt jmdn., sodass er sich zu übergeben droht: *Mir hat so gegraust, wenn sie ihren Arm um meine Schulter gelegt hat. Bei der Generalprobe hat es mich dann richtig gereckt.* (OÖN 27. 12. 08)

**Redhaus,** das (ugs.): Person, die viel redet; schwatzhafter Mensch: *Sie ist alles andere als auf den Mund gefallen. Und trotzdem ist sie kein »Redhaus«.* (OÖN 22. 8. 13)

**Redisfeder®,** die: Schreibfeder für Tusche u. ä. ↑**Feder, Füllfeder**

**Redoute,** die: ‹franz.› [reˈdut]: [vornehmer] Maskenball: *Diese vier besonderen Tänzer eröffnen die Redoute.* (KZ 17. 1. 17). Vgl. Gschnas

**Referee,** der; -s, -s ‹engl.›: die Aussprache lautet österr. meist [refɐˈreː], in D [refəˈriː, ˈrɛfəri]

**refundieren,** sw. V. / hat ‹lat.› (veraltet auch in D): (einen Geldbetrag) rückvergüten, zurückzahlen: *Österreichweit werden Städte und Gemeinden also mit Millionen an Mehraufwand belastet. Diese Kosten sind zu refundieren.* (ST 11. 8. 16)

**Regiegemeinschaft,** die: Gemeinschaft von Rechtsanwälten mit gemeinsamer Verwaltung, Kanzlei-, Praxisgemeinschaft: *Um sich Kosten für Büros, Personal und EDV zu teilen, schließen sich aber viele zu Regiegemeinschaften zusammen.* (SN 13. 12. 15)

**Regiekarte,** die: **1.** (früher) verbilligte Fahrkarte für Eisenbahner. **2.** ermäßigte oder gratis ausgegebene [Theater]karte für Angehörige, Bedienstete, Politiker u. ä.: *Der RH hat auch den Umgang mit Dienst- und Regiekarten* (im Burgtheater) *kritisiert.* (ST 5. 7. 16)

**Regien,** die /Plural/ (Behördenspr.): Verwaltungskosten, Spesen, (in D veraltet) Regiekosten: *Hotels, Flüge und sonstige Regien sind dennoch gedeckt.* (KZ 4. 8. 05)

**Regierungskommissär Regierungskommissärin,** der bzw. die: von der Regierung vorübergehend eingesetzte/-r Beamter/Beamtin (z. B. bei vorzeitigen Neuwahlen, zur Bankenaufsicht): *Nun fordern die grünen Gemeinderäte von Hartberg die Einsetzung eines überparteilichen Regierungskommissärs und Neuwahlen.* (WZ 20. 1. 17) ↑Kommissär

**Regierungsrat,** der: ein Berufstitel für Beamte; Abk. RR. – In D ein höherer Verwaltungsbeamter, in CH eine Kantonsregierung oder Mitglied einer Regierung

**Regionalwahlkreis,** der: Wahlkreis, der in einem Bundesland einen oder mehrere Stimmbezirke umfasst: *Für Niederösterreich kommt es darüber hinaus mit 1. Jänner 2017 zu einer Neuordnung der Regionalwahlkreise.* (SN 12. 9. 08)

**regressieren,** sw. V. / hat ‹lat.›: Ersatzanspruch stellen: *Es wird versucht, 136 Millionen Euro von Firmen für Schäden zu regressieren.* (PR 6. 12. 16)

**Rehjunges,** das (selten; in der Form *Rehjung* auch bayr.): Rehklein. ↑-junges

**Rehkrickel,** das: Rehgeweih: *Ein oberösterreichischer Tischler macht sie mit Rehkrickerl als Haken für die Kleidungsstücke.* (OÖN 19. 3. 11). – Auch in der Form *Rehkrickerl.* ↑**Krickel, Gamskrickel**

**Rehschlegel,** der (auch bayr.): Rehkeule: *Das Fleisch, ein sauber zugeputzter Rehschlegel, wird kurz in der Pfanne angebraten.* (OÖN 4. 1. 14). ↑Schlegel

**Reibbrett,** das: Werkzeug zum Glätten des Putzes, (in D) Reibebrett: *Der unbekannte Täter stahl ein in einem Werkzeugkoffer verwahrtes Bolzensetzgerät sowie ein Maurer-Reibbrett.* (KZ 14. 9. 09)

**Reibbürste,** die: grobe Bürste [zum Reinigen des Bodens]: *Die kauernde Stellung, die Tätigkeit, die gewöhnliche Reibbürste, auf dem Foto deutlich zu erkennen, bilden einen absurd anmutenden Gegensatz zu ihrer eleganten Erscheinung.* (ST 2. 3. 13)

**Reibeisen,** das (regional auch in D): Küchengerät zum Zerkleinern von Gemüse u. ä., (in D) Raspel: *Die Zucchini waschen und die Enden abschneiden, dann mit dem Reibeisen (grobe Seite) in eine Schüssel raspeln.* (OÖN 20. 9. 12). ↑**Riebeisen**

**reiben: 1.** scheuern; mit einer Bürste reinigen: *Der Fußboden des Lehrerzimmers wirkt sich für die Reinigung mit 19,7 Euro und für das Reiben mit 32,5 Euro je Fall auf dem Gehaltszettel der Schulwarte aus.* (OÖN 8. 3. 07); ***jmdm. eine reiben** (ugs. salopp): jmdm. eine Ohrfeige geben. 2. (Kaffee o.Ä.) mahlen: *In Bachhalms Kaffeemühlen wird »Illy«, »Meinl«, »Segafredo« und »Lavazza« gerieben und gebrüht.* (OÖN 24. 10. 05). – In der Bedeutung ›Kartoffel, Nüsse, Käse usw. raspeln‹ gemeind. ↑**aufreiben, ausreiben**

**Reiberknödel,** der (ostösterr.): Kartoffelknödel: *Jetzt die Reiberknödel formen, in etwas Mehl wenden und in siedendes Salzwasser geben.* (OÖN 28. 9. 17). ↑Knödel

**Reibfetzen,** der: (selten für) ↑Ausreibfetzen, Reibtuch: *Vorher hat sie die Stiegenhäuser auf Knien mit Reibfetzen und Kübel gereinigt.* (KZ 3. 4. 00). ↑Fetzen

**Reibgerstl,** das; -s: Suppeneinlage aus fein geriebenem Nudelteig: *Die auch »Zupfnockerln« genannten Csipetke sind neben Tarhonya (Reibgerstl) die »Pasta« der pannonischen Küche.* (OÖN 23. 5. 09). ↑**Gerstl, Rollgerstl**

**Reibtuch,** das: Putztuch, Scheuertuch: *Ein Problem sind nach wie vor auch viele über das WC entsorgte Gegenstände, wie Strumpfhosen, Reibtücher, Katzenstreu und anderes.* (KZ 15. 5. 13)

**Reichshälfte,** die (salopp): Einfluss- und Machtbereich der beiden Parteien ÖVP oder SPÖ: *Im Proporzösterreich war sie eher der politisch schwarzen Reichshälfte zurechenbar.* (PR 10. 1. 17)

**Reifeprüfungszeugnis,** das (Behördenspr.): Maturazeugnis, (in D) Abiturzeugnis: *Selbst jahrelange »Sehr gut«-Schüler hätten jetzt ein »Befriedigend« oder »Genügend« im Reifeprüfungszeugnis stehen.* (PR 19. 9. 16)

**Reihe:** ***erste Reihe fußfrei** ↑fußfrei

**reihen,** sw. V. / hat /meist im 2. Part./: (eine Person) in eine Reihenfolge stellen: *Damals machte Josef C., der nur an dritter Stelle gereihte Chefökonom des damaligen Finanzministers ..., das Rennen.* (PR 3. 10. 07) ◆ **Reihung:** *die Reihung der Straßenbauprojekte nach ihrer Dringlichkeit; Dabei ist jeweils eine Reihung nach Priorität vorzunehmen.* (ST 14. 8. 07). ↑**umreihen, -gereiht, erstgereiht, zweitgereiht**

**Rein,** die; -, -en (auch bayr.): größeres flaches, häufig rechteckiges Kochgeschirr: *Wenn's mir zu viel wird, setze ich mich hin und esse ein Stück Apfelstrudel, mit viel Butter aus der Rein.* (OÖN 3. 12. 15); ***Bratl in/aus der Rein** ↑Bratl. ↑**Sterzrein, Tropfrein**

**Reinanke,** die; -, -n: Blaufelchen, (in D) Rheinanke: *Die Bundesforste wollen ab Herbst natürlich aufwachsende Reinanken, Forellen und Saiblinge aus dem Salzkammergut unter eine Dachmarke stellen.* (OÖN 20. 8. 07)

**Reindl,** das; -s, -n (ugs., auch bayr.): kleineres, niedriges Kochgeschirr: *»Wichtig ist, dass das Bratl nicht austrocknet«, sagt R. O. Nach einer Stunde werden die Stücke im Reindl umgedreht.* (OÖN 1. 12. 12)

**Reindling,** der; -s, -e (Ktn.): in einer ↑Rein gebackener Kuchen aus Germteig (Hefeteig) mit Rosinen, Zimt u. ä.: *Da meine Mutter gerade zu Besuch ist, hat sie auch Vanillekipferln, Lebkuchen und einen Reindling gebacken.* (KZ 17. 12. 16). – Oft in der Fügung *Kärntner Reindling* ◆ **Holzofenreindling; Mohnreindling; Nussreindling; Osterreindling**

**Reinkerl,** das; -s -n (Ktn.): Gebäck mit einer Füllung aus Topfen und Honig: *Da man nicht so viele Formen hatte und diese auch schwer zu bekommen waren, wurden die Reinkerln in Metall-Suppenschalen gebacken.* (KZ 15. 7. 15) ◆ **Honigreinkerl; Topfenreinkerl; Zuckerreinkerl**

**reinschreiben,** st. V. / hat (auch bayr.): ins Reine schreiben, eine Reinschrift anfertigen (in D nur für ›hineinschreiben‹)

**Reiseachterl,** das (ugs.): zum Abschied, als Abschluss eines längeren Gelages getrunkenes Achtel Wein; vgl. Fluchtachterl: *Vom Frühstück bis zum Reise-Achterl: 31 Einkehrmöglichkeiten im Stadtkern.* (OÖN 9. 4. 15). ↑Achterl

**Reisfleisch,** das: Gericht aus mit Paprika gewürztem Fleisch und Reis (in D selten als *serbisches Reisfleisch*): *Das Gasthaus mit Wiener Klassikern vom Reisfleisch bis zum Kalbsbutterschnitzel aber leidet an Startschwierigkeiten.* (PR 2. 4. 14)

**reißen:** 1. (ugs.) (einen Zahn) ziehen: *Mir wurde ein Zahn gerissen. Ich muss noch Antibiotika nehmen.* (OÖN 20. 4. 07). 2. (Gemüse) grob mit einem Hobel zerkleinern (im Ggs. zu ↑reiben): *Den Kren putzen, schälen und reißen.* (OÖN 8. 1. 05). 3. /unpersönlich/ einen Schrecken bekommen; zusammenzucken: *Ausdrücke wie »Musik konsumieren« kann ich nicht ausstehen, da reißt es mich jedes Mal.* (OÖN 14. 6. 16). 4. ***jmdm. eine reißen** (ugs., salopp): jmdm. eine Ohrfeige geben: *Letztes Wochenende bin ich mit Eiswürfeln beschossen worden, und einer wollte mir das Mikrofon wegnehmen und mir eine reißen.* (ST 12. 12. 08); ***einen Stern reißen** ↑Stern

[1]**Reiter,** der (auch südd.): auf dem Feld aufgestelltes Gestell zum Trocknen von Heu, Ge-

treidegarben o. Ä. ↑**Heureiter, Kleereiter, Schwedenreiter**

**²Reiter,** die; -, -n (regional auch in D): [grobes Getreide]sieb

**reitern,** sw. V. / hat (regional auch in D): sieben: *Sand, Getreide reitern.* ↑**durchreitern**

**Rekompenz,** die ‹lat.› (Wirtschaft): Verlustausgleich, Entschädigung, (in D) Rekompens

**Rekurs,** der; -es, -e ‹franz.› (Rechtsspr., auch schweiz., veraltet auch in D): Rechtsmittel gegen einen Beschluss im zivilgerichtlichen Verfahren; /meist in Verbindung mit *einlegen, einbringen*/: *Er will Rekurs gegen das nunmehrige Urteil einbringen.* (PR 11. 1. 17)

**Rekursantrag,** der (Rechtsspr., auch schweiz.): Antrag auf bestimmtes Rechtsmittel gegen einen Beschluss im zivilgerichtlichen Verfahren: *Die in Schweden wohnende Mutter behält das Sorgerecht, nachdem der Oberste Gerichtshof einen Rekursantrag des Vaters zurückgewiesen hatte.* (SN 27. 11. 04)

**Rekursgericht,** das (Rechtsspr.): Gericht, das über ↑Rekurs zu entscheiden hat: *Das Erstgericht bewilligte den Verwertungsantrag des Klägers, das Rekursgericht wies ihn ab und stellte die Exekution ein.* (KU 23. 10. 07)

**Rekursgrund,** der (Rechtsspr., auch schweiz.): rechtlicher Grund, worauf sich ein ↑Rekurs stützt: *Da auch Rechtsunkundige schriftlich Rekurs erheben können, genügt die Erkennbarkeit der Rekursgründe und des Begehrens.* (PR 20. 12. 04)

**Religionsverhöhnung,** die (Rechtsw.): (in D) Religionsvergehen: *Wahlkampf über den Weg der Religionsverhöhnung ist hier wie dort charakteristisch für die FPÖ.* (PR 26. 5. 08)

**Remasuri:** ↑Ramasuri

**Remise,** die; -, -n (auch schweiz.): Wagenhalle für [Straßen]bahnen; Depot (in D veraltet ›[Wagen]schuppen‹): *Bereits im Lauf der nächsten Woche sollen die ersten Wägen von der Remise in die Tunnel der U3 geschickt werden.* (ST 23. 8. 06). ↑**Straßenbahnremise, Tramwayremise, U-Bahn-Remise**

**Remuneration,** die; -, -en ‹lat.› (Behördenspr., veraltet auch in D): **1.** Gratifikation, z. B. das Weihnachtsgeld, für Dienstjubiläen. **2.** Vergütung für bestimmte Leistungen, Entschädigung, Abgeltung: *Außerdem fordert Nagl für Menschen, die mit einem Asylverfahren nach Österreich kommen, sofortige Arbeitsmöglichkeiten bis hin zu geringfügigen Tätigkeiten mit Remuneration.* (KZ 16. 12. 09). ↑**Weihnachtsremuneration**

**remunerieren,** sw. V. / hat ‹lat.› (Behördenspr., veraltet auch in D): vergüten, finanziell entschädigen: *Kostengünstiger, weil nur noch eine Lehrkraft zu remunerieren wäre.* (PR 3. 9. 12); /häufig im 2. Part./: *So entschied der Oberste Gerichtshof (OGH), dass ein remunerierter Lehrauftrag an einer Universität im Regelfall als Arbeitsvertrag zu qualifizieren ist.* (WZ 15. 5. 09)

**Renken,** der; -s, - **1.** (ugs.): ein großes Stück (Brot, Speck): *Jeder verkaufte Renken Speck ist dabei nicht nur gut für die jeweilige Geldbörse des Selchers.* (OÖN 27. 10. 06). **2.** (auch bayr.) Reinanke, Felchen /ein Fisch/: *Im kühlen Nass haben Bachforellen, Äschen und Renken ihr Zuhause.* (WZ 9. 9. 08). ↑**Brotrenken, Speckrenken**

**Renkerl,** das; -s, -n (ugs.): Stück Fleisch oder Brot: *Das erste Renkerl wird am 28. und 29. Oktober jeweils um zehn Uhr angeschnitten.* (OÖN 27. 6. 06)

**rennen:** ***für etwas/jmdn.** (ugs.): sich für etwas einsetzen, sich jmdm. zuliebe besonders bemühen: *Für den Ausbau der Schule werde ich rennen!* ↑**anrennen, derrennen,** ↑der-; ***um das Leiberl rennen** ↑Leiberl; ***den Schmäh rennen lassen, *der Schmäh rennt** ↑Schmäh

**Repetent Repetentin,** der; -en, -en bzw. die; -, nen (auch schweiz.): *Schüler, der eine Klasse wiederholt: Die Abschaffung des Sitzenbleibens hat in der Praxis geringe Auswirkungen, in Volksschulen gab es bislang nur sehr wenige Repetenten.* (SN 2. 9. 16)

**Republik,** die: ***Erste Republik:** die Republik Österreich 1918–1938; ***Zweite Republik:** die Republik Österreich seit 1945; ***Republik der Sekretäre:** Schlagwort für das österr. politische System (Bezug nehmend auf die Tatsache, dass Minister- und Kanzlersekretäre in hohe Wirtschaftspositionen gehievt werden): *Auch unter andersfarbigen Regierungen machten – nach dem ungeschriebenen Gesetz der »Republik der Sekretäre« – Mitarbeiter aus den Ministerbüros Karriere.* (ST 25. 10. 06). – Zur Aussprache ↑-ik

**Requiem,** das; -s, Requien ‹lat.›: der Plural lautet österr. (und schweiz.) Requien, in D auch Requiems

**resch** (ugs.): **1.** (auch bayr.) knusprig: *Und wo einmal Semmerl lagen, stehen drei Körberl: eins für Handsemmerl, eins für resche Semmel, eins für weiche Semmerl.* (SN 9. 9. 06.) **2.** herb, anregend im Geschmack, nicht zu sehr verfeinert: *Panik, dass der Welschriesling dann vielleicht nicht mehr so resch sein wird, sei ohnehin nicht angebracht.* (ST 31. 10. 05). 3. (auch bayr.) barsch, resolut: *das Gasthaus Rathner gehört der Tochter Evi und die hat nun eine resche, fesche »geschäftsführende Wirtin« gefunden.* (OÖN 22. 1. 04)

**resignieren** ⟨lat.⟩ (Behördenspr.): den Dienst quittieren: *der Beamte musste wegen einer Berufskrankheit resignieren; Die Turbulenzen in der FPÖ steuern auf einen Höhepunkt zu. Gestern Abend resignierte ihr Verkehrsminister.* (KU 5. 11. 00). – In der Bedeutung ›mutlos sein, aufgeben‹ gemeind. ◆ **Resignation**

**ressortieren,** sw. V. / hat ⟨franz.⟩: zu einem bestimmten Ressort gehören: *Entscheidet die MA 64, die zum Wohnbaustadtrat ressortiert, zugunsten der Eigentümerin, kann diese den geplanten Neubau realisieren.* (WZ 23. 9. 15); *Erschwerniszulage in der Amtsdruckerei, die zum Bundeskanzleramt ressortiert, gehört der Vergangenheit an.* (PR 22. 7. 07)

**ressortzuständig:** für ein bestimmtes Ressort zuständig: *Die Forderung kam von Vizebürgermeister Bernhard Baier, der für dieses Thema eigentlich gar nicht ressortzuständig ist.* (WZ 28. 3. 16)

**Restl,** das; -s, -n (ugs.): Rest: *die Restln verkochen, verwerten; aus Restln etwas Neues nähen* ◆ **Restlessen:** *Für ihren Imbiss hat Pascale Mussard offenbar genau die richtige Zutatenmischung gefunden – ein delikates Restlessen eben.* (PR 20. 5. 11); **Restlverwertung:** *Ein Speckknödel dürfe nicht zur Restl-Verwertung herhalten.* (OÖN 18. 10. 07)

**Restneutralität,** die (Politik, informell): neue Interpretation der Neutralität, nachdem die 1955 beschlossene »immerwährende Neutralität« durch das Ende des Kalten Kriegs und den EU-Beitritt ihre urspr. Funktion verloren hat: *Die Restneutralität könne man wahlweise mit einem Berufsheer oder mit einer Wehrpflicht erfüllen.* (PR 8. 9. 12)

**Reststimmenmandat,** das (Verw.): Mandat, das eine Partei in einem zweiten Auszählungsverfahren erhält; (in D) Überhangmandat: *Demnach soll jede Partei, die auf mindestens fünf Prozent kommt, die Chance auf ein Reststimmenmandat im zweiten Ermittlungsverfahren erhalten.* (PR 22. 4. 08)

**retour** [reˈtuːɐ̯] ⟨franz.⟩ (auch schweiz., in D veraltet): zurück: *Das ist bei einer Tour Wien/Venedig und retour in einem Elektroauto (fast) alles, worum es sich dreht.* (PR 20. 5. 17); meist in Zus. mit Verben: **retour bekommen:** *Ich schickte ihnen die Wolle und Muster und bekam die fertigen Produkte retour.* (SN 24. 5. 17); **retour fahren; retour faxen:** *Hier kommen jene, die die entsprechenden Formulare ausfüllen, firmenmäßig unterfertigen und retour faxen, allerdings nicht glimpflich davon.* (OÖN 20. 4. 17); **retour geben:** *Der Kunde gibt die Ware retour und erhält den Kaufpreis zurück.* (OÖN 5. 1. 17); **retour gehen:** *2014 ging es wieder retour zur 14-tägigen Produktion.* (PR 30. 3. 17); **retour kommen:** *Retour kamen wir Sonntag in der Nacht.* (SN 1. 6. 17); **retour senden**

**Retour-:** in vielen Zus. für Rück-, Rückwärts-: **Retourfahrkarte:** *Ist auch verständlich, wenn man bedenkt, dass sie nur dort eine Retourfahrkarte in den Kongress lösen können.* (ST 9. 12. 05); **Retourfax; Retourflug:** *Zunächst war pro Ticket eine »Flugabgabe« ... fällig, für einen Retourflug das Doppelte.* (SN 16. 9. 16); **Retourgang:** *Etliche Autos fuhren im Retourgang und als Geisterfahrer auf der A7.* (OÖN 7. 8. 07); **Retourgeld:** *Sie manipulierte mit zurückgegebenen Waren und dem dafür ausbezahlten Retourgeld.* (KZ 5. 6. 14); **Retourkampf:** *Beim Retourkampf ein Jahr später wollte er nicht noch einmal als Verlierer aus dem Viereck* (OÖN 30. 7. 04); **Retourkarte; Retourmail:** *Als Service für jene, die kurz vor Weihnachten noch ohne Geschenk dastehen, gibt es unmittelbar nach der Bestellung per Retourmail einen Gutschein zum Ausdrucken.* (OÖN 28. 11. 00); **Retourmarke; Retourmatch:** *Beim Retourmatch ... in der Ukraine werden es die Herren von Trainer Giovanni Trapattoni allerdings mit einer aufgerüsteten Truppe zu tun bekommen.* (OÖN 17. 8. 07), ↑Match; **Retourporto; Retoursendung:** *Um 8.30 Uhr läutet der Zusteller und verlangt 4,20 Euro für die Retoursendung.* (ST 10. 10. 07); **Retourspiel:** *Das Heimspiel könnte am kommenden Mittwoch ... ausgetragen werden, das Retourspiel in Spanien am darauffolgenden Sonntag* (SN 17. 2. 05); **Retourweg**

**Retoure,** die: Rücksendung, das Rücksenden: *Im Bekleidungshandel lasse sich viel optimieren, um die Retouren zu verringern* (OÖN 28. 12. 16). – In der Bedeutung ›rückgesendete Ware‹ gemeind.

**retournieren,** sw. V. / hat ⟨franz.⟩ (auch schweiz.): zurücksenden, -geben, -bringen (in D nur in der Kaufmannssprache für ›eine Ware an den Lieferanten zurücksenden‹):

*Ein erheblicher Teil der Wahlkarten werde bereits lange vor dem Wahltag ausgefüllt und retourniert.* (PR 19. 10. 16)

**Retter,** der (ugs.) /meist im Plural/: (kurz für) Mitglied eines Rettungsdienstes: *Die Retter suchen noch immer Tag und Nacht nach möglichen Überlebenden.* (SN 24. 1. 17) ◆ **Berufsretter/-in**

**Rettung,** die: 1. Rettungsdienst: *Das Kind verbrühte sich am Mittwoch, erst am Abend wurde die Rettung alarmiert.* (PR 12. 1. 17). 2. Krankenwagen: *Nach Versorgung durch den Notarzt brachte die Rettung den Mann in das Landeskrankenhaus Salzburg.* (SN 20. 4. 17). Vgl. Sanität. ↑**Bergrettung, Wasserrettung**

**Rettungsauto,** das: Krankenwagen: *Das Rettungsauto war gerade auf der Rückfahrt von einem Krankentransport.* (SN 31. 3. 17)

**Rettungshelikopter,** der (auch schweiz.): Rettungshubschrauber: *Etwa zehn Minuten später trafen zwar ein Notarzt und ein Rettungshelikopter an der Unfallstelle ein, ...* (OÖN 6. 8. 16)

**Rettungszille,** die: Rettungsboot: *Die bisherige Rettungszille aus dem Jahr 1972 wurde durch ein modernes Feuerwehr-Rettungsboot aus Aluminium ersetzt.* (OÖN 21. 8. 06). ↑ZILLE

**reuten,** sw. V. / hat (veraltet, auch südd., schweiz.): roden (davon die Rodungsnamen *Reut, Reith, Roth* usw.)

**Revanche,** die ‹franz.›: wird österr. (und schweiz.) [reˈvãːʃ] ausgesprochen, in D [reˈvãʃə, reˈvaŋʃə]

**Revers,** der; -, - [reˈveːɐ̯] ‹franz.›: Aufschlag an Kleidungsstücken: ist österr. Maskulinum, in D Neutrum

**reversieren,** sw. V. / hat ‹franz.›: das Fahrzeug wenden: *Der 55-Jährige hatte gegen 9.30 Uhr versucht, nach einer Belieferung auf der einspurigen Straße zu reversieren.* (SN 14. 1. 17)

**Revirement,** das ‹franz.›: wird österr. [revirˈmãː] ausgesprochen, in D [revirəˈmãː]

**revitalisieren,** sw. V. / hat ‹lat.›: von Grund auf renovieren, erneuern, generalsanieren: *Oft handelt es sich um Investoren, die diese Häuser revitalisieren und dann vermieten.* (PR 17. 8. 07); *Viele alte Kellergassen wurden erst wieder für unsere Gäste aus der ganzen Welt revitalisiert.* (SN 19. 5. 07) ◆ **Revitalisierung**

**REX,** der; -, - (Eisenbahn): als Wort gesprochene Abkürzung für Regionalexpress, (in D) RE

**Rexglas®,** das: Einkochglas, Einweckglas: *Wer im Herbst einkocht, bekommt im Winter Abwechslung aus dem Rexglas.* (OÖN 2. 3. 13). ↑**einrexen**

**Rexgummi,** der; -s, -s: zum ↑Rexglas gehörender Dichtungsgummi, Einmachgummi: *Vom Rexgummi über den Korken mit zehn Zentimetern Durchmesser bis hin zum hölzernen Gurkenzangerl ..., hier war alles zu bekommen.* (OÖN 26. 7. 12)

**Rezepisse,** die; -, -n ‹lat.› (Post, veraltet): Empfangsbestätigung: wird österr. ohne Endungs-e ausgesprochen und ist österr. Femininum, in D Neutrum

**Rezeptionist Rezeptionistin,** der bzw. die: Person, die in der Rezeption arbeitet. (In D selten, fachsprachl. in der Schreibung *Receptionist*, schweiz. *Réceptionist*); *Sie brach das Studium rasch ab und begann im Dezember 2011 als Rezeptionistin zu arbeiten.* (PR 23. 10. 16)

**ribbeln,** sw. V. / hat (ugs., regional auch in D): in schnell aufeinanderfolgenden Bewegungen reiben: *Kunststoffschalen über den Augen sollen primär nachts eine Schutzfunktion erfüllen. »Tagsüber können die Schalen entfernt werden – und bis auf Ribbeln oder Hingreifen ist ab jetzt alles erlaubt.«* (ST 22. 1. 14)

**Ribisel,** die; -, -n ‹ital. *ribes*› (außer westösterr.): Johannisbeere: *Der Ernteertrag bei Kirschen, Ribiseln, aber auch Winteräpfeln und Mostbirnen ist in dem Sommermonat um 31 bis 44 Prozent gesunken.* (ST 11. 8. 16) ◆ **Ribiselfleck** ↑Fleck; **Ribiselkuchen; Ribiselkultur:** *Der Reblaus verdankte man zu Ende des 19. Jahrhunderts indirekt das Aufblühen einer wirtschaftlich bedeutsamen Ribiselkultur.* (KU 28. 4. 05); **Ribiselmarmelade:** *Für die Verzierung des Herzens wurden 25 Kilogramm Ribiselmarmelade und 25 Kilogramm Spritzglasur aufgetragen.* (OÖN 20. 3. 06); **Ribiselsaft; Ribiselschnitte** ↑Schnitte; **Ribiselstaude:** *Auch den Ribiselstauden behagte das Wetter, sie liefern heuer um sieben Prozent mehr Beeren.* (PR 5. 8. 04), ↑Staude; **Ribiselstrauch:** *»Tomate, Kohlrabi und Ribiselstrauch«: Führung durch die Bauerngärten.* (SN 9. 6. 01); **Ribiselwein**

**Ribler** ↑Riebler

**richten** (auch südd., schweiz.): 1. reparieren, instand setzen: *Jeden Tag gehen Studenten bei uns aus und ein, die sich das Rad richten lassen.* (NÖN 4. 3. 13); *die Uhr richten* (reparieren) *lassen; das Dach richten; Da er sein Gebiss in den letzten Jahren nicht hatte richten lassen, war sein Mund eitrig.* (PR 7. 1. 12). 2. für einen bestimmten Zweck, Anlass einrichten, vorbereiten: *die Betten richten; Für die Heimkehr des schwer körperlich behinderten Jugendlichen muss ein Zimmer gerichtet werden.* (NÖN 26. 11. 07); *die Uhr richten* (richtig einstellen). 3. (Essen) zubereiten: *Nicht auszudenken, wenn ich ... meinem Mann noch etwas zum Essen gerichtet hätte, wie ich es normal mache.* (OÖN 28. 5. 08). 4. /sich über etwas/: sich bereit machen, sich anschicken, etwas zu tun: *Wer das Geheimnis des Originals lüften möchte, der muss sich wohl oder übel übers Backen richten.* (OÖN 17. 12. 16). 5. /sich/: dafür sorgen, dass etwas im gewünschten Sinn geschieht; durch Beziehungen usw. erreichen: *Kommen die Deutschen mit ihren Mautplänen durch, wäre das ein Beispiel, dass es sich die großen Staaten in der EU »richten« könnten.* (OÖN 19. 1. 17). ↑**aufrichten, ausrichten, herrichten, zusammenrichten**

**Richter:** ***Wir werden keinen Richter brauchen!** (salopp): Wir erledigen die Angelegenheit ohne äußere Hilfe oder Einmischung!: *Ich finde es gut, wenn diese Dinge ... einmal ausjudiziert werden. Diese verlogene österreichische Einstellung nach dem Motto »Wir werden keinen Richter brauchen« ist tödlich für den Kapitalmarkt.* (News 20. 9. 07)

**Richteramtsanwärter Richteramtsanwärterin,** der bzw. die: Jurist/-in in Ausbildung, der ein Praxisjahr bei Gericht absolviert hat und zur Richteramtsprüfung antreten darf: *Das sei auch keine Frage des Budgets, sondern es gebe zu wenig Richteramtsanwärter.* (ST 24. 4. 06)

**Riebeisen,** das (veraltend): Raffel, ↑Reibeisen: *Erdäpfel waschen, schälen, am feinen Riebeisen reiben.* (cuisine.at, 2006, Int)

**Riebel,** der; -s, - (Vbg.): eine Süßspeise aus Weizen- oder Maisgrieß, der in kochende Milch eingerührt wird: *Dass echter Riebel in einer Haubenküche zum Hochgenuss werden kann, wurde bereits bei der Präsentation der Aktion im Restaurant Guth ... deutlich.* (VN 14. 2. 08). Vgl. Brösel, Stopfer. ↑**Türkenriebel**

**Riebelmais,** der (Vbg.): für ↑Riebel verwendeter Mais: *Top-Gastronomie entdeckt Riebel neu. Die vielseitige Verwendbarkeit des Riebelmaises wird wieder neu entdeckt.* (VN 19. 2. 08)

**Riebler,** der, -s /ohne Plural/ (westösterr., Südtirol): 1. (in Tirol) ↑Schmarren aus Kartoffeln und Mehl: *Vom wärmenden Kachelofen ... bis zum Tiroler Berglamm auf dem Teller oder – wenn's vegetarisch beliebt – einem Riebler.* (TT 16. 2. 09). 2. (in Südtirol) Speise aus weißem, Buchweizen- oder Maismehl, Fett und Milch. ↑**Türkenriebler**

**Ried,** die; -, -en (bes. ostösterr.): Nutzfläche in einem Weinberg: *Rund um die kleine Stadt befinden sich mit die besten Rieden der Welt.* (ST 30. 7. 07) – Auch in der Form *Riede.* – Ried, das; -[e]s, -e ›Schilf, sumpfiges Gebiet‹ ist gemeind.

**Rieddeckel,** der: hinter der Schulter liegender Rindfleischteil, der vor allem für Suppenfleisch verwendet wird, (in D) Schmorrippe: *Rieddeckel vom Pinzgauer Beef, das klingt nach Schmorgericht.* (PR 6. 6. 13). ↑**Beiried, Schlemmried**

**Riedhiefel, Riedhüfel,** die/das: unterhalb des Lungenbratens gelegener Fleischteil des Rindes, bes. zum Kochen geeignet: *Riedhiefel. Grobfasrig, dunkel, wird gekocht oder faschiert.* (Wienerin 1. 12. 08). ↑**Hüferl**

**[1]Riese,** die; -, -n (früher, auch südd.): Gleitrinne, bes. für Holz im Gebirge: *In Hallstatt gibt es um 13 Uhr eine geführte Wanderung zur Klausalm Holzriese.* (OÖN 14. 9. 06)

**[2]Riese,** der (Politik, salopp) einer der beiden Parteien SPÖ oder ÖVP zuzuordnender Wirtschaftsbereich; ***roter Riese** (SP-naher Wirtschaftsbereich): *Insgesamt stand der sogenannte »rote Riese« mit 17 Milliarden Schilling Schulden da.* (OÖN 20. 3. 15); ***grüner Riese** (Raiffeisenverband): *Wo der grüne Riese noch Nachholbedarf hat, zeigen Genossenschaftstage ... ebenso wie Funktionärslisten.* (OÖN 26. 3. 14)

**Riffel,** die; -, -n (auch bayr.): gezackter Berggrat, bes. in Berg- und Flurnamen: *Bei ihrer Alpintour über den Kalbling und den Riffel hatten die beiden Bergsteiger den Neuschnee unterschätzt.* (KZ 29. 9. 08). – Die Bedeutung ›Flachskamm‹ ist gemeind.

**Rigorosum,** das; -s: der Plural lautet österr. Rigorosen, in D auch Rigorosa

**Rindfleischtiger,** der (ugs.): Liebhaber von Rindfleisch: *Ich bin ein Rindfleischtiger – ich paniere ein Rindschnitzel auch, herrlich ist natürlich ein Steak.* (Grazer 25. 11. 12). ↑-TIGER

**Rinds-:** die Zus. mit *Rind* werden österr. (und südd., schweiz.) mit *-s-* gebildet, in D mit *-er-:* **Rindsbraten:** (in D) Rinderbraten: *Ab Montag werden drei Wochen lang Rindfleischpakete zum Sonderpreis angeboten. Rindsschnitzel, Rindsbraten und Rindsgulasch, garantiert aus Kärnten, gibt es günstiger als sonst.* (KZ 15. 9. 13); **Rindsfett:** *Bitte, ist in diesem Tortenguss Rindsfett verarbeitet?* (OÖN 23. 12. 00); **Rinds-**

**filet:** *Das hauchdünne Rindsfilet wurde nur Sekunden lang angebraten* (PR 19. 1. 07); **Rindsgulasch; Rindsgulyás; Rindsknochen; Rindskotelett; Rindsleber; Rindsragout; Rindsroulade:** *Der beliebteste Fisch war der Seebarsch, beim Wild war es der Hirsch und beim Rind die Rindsroulade.* (PR 30. 12. 02); **Rindsschmalz; Rindsschnitzel:** *Was wohl daran liegen mag, dass Langläufer nur selten Rindsschnitzel und noch seltener zwei auf einmal essen?* (PR 7. 2. 02); **Rindstalg; Rindszunge:** *Gerade so kurz vor Ostern haben die zwölf Mitarbeiter alle Hände voll zu tun, um die Schinkenstücke, Schweins- und Rindszungen und Osterwürste herzustellen.* (KZ 15. 4. 15)

**Rindsfaschierte,** das: Hackfleisch aus Rind. ↑Faschierte

**Rindslungenbraten,** der: Lungenbraten vom Rind: *Kalbsschnitzel und Rindslungenbraten, zogen heuer um acht Prozent an* (ST 20. 9. 07). ↑LUNGENBRATEN

**Rindssuppe,** die: (in D) Fleischbrühe: *Fein gehackter Sauerampfer, jede Menge Kräuter und kräftige Rindssuppe vereinen sich dabei zu einem erfrischend sauren, überraschend komplexen Ganzen .* (ST 4. 8. 17); *Anders hingegen ist die Rindssuppe mit Kräuterschöberl ... Mild gewürzt, aber eine feine Suppe* (PR 21. 1. 17). ↑SUPPE

**Ringareia,** das; -s, - (Kinderspr.; nach einem Kinderlied): /ein Sing- und Reigenspiel/

**Ringelspiel,** das: Karussell: *Ein historisches Ringelspiel und ein Rentierzug auf Schienen laden zum Mitfahren ein.* (SN 27. 10. 16); (übertragen): *Die Staatsanwaltschaft vermutet, dass dieses Ringelspiel einzig den Sinn hatte, vorzutäuschen, dass die Bawag-Stiftungen und F. Geld hatten.* (PR 11. 10. 07). Vgl. Prater

**Ringerl,** das: kleiner Ring. ↑**Gummiringerl, Sardellenringerl**

**Ringlo,** die; -, -[s] (Tirol, auch südd.): Ringlotte: *Ringlo gelb, Ringlo rot; Nun sind die Ringlos langsam reif und das Einmeischen steht bevor.* (Schnapsbrennen, 2008, Int) ◆ **Ringlobaum; Ringloschnaps**

**Ringlotte,** die; -, -n: (in D) Reneklode, (in CH) Reineclaude: *Mit den blauen Früchtchen sind Mirabelle und Ringlotte eng verwandt.* (SN 9. 9. 16)

**rinnen:** bedeutet in Verbindung mit *Nase* und *Augen* ›fließen‹ bzw. ›tränen‹: *In der kalten Jahreszeit sind Kinder häufig erkältet. Sie husten, die Nase rinnt, der Hals kratzt.* (OÖN 13. 1. 16); ***rinnen lassen:** *Und zwar so* (gefroren), *dass ich als Kind auf dem Weg in die Schule rinnen lassen habe, damit ich die Wärme an den Schenkeln spüre.* (PR 15. 1. 18). ↑**ausrinnen**

**Ripperl,** das; -s, -n (auch bayr.): (in D) Rippchen: *Fisch wird nicht so schnell Kotelett, Ripperl und Steak vom Grill-Ranking-Stockerl vertreiben.* (PR 8. 7. 13). – In Kärnten meist in der Form *Rippalan,* in Kärnten und Tirol auch *Rippele,* in Vbg. *Ripple* ◆ **Lammripperl, Schweinsripperl**

**Ripperlfleisch,** das: geräucherte Schweinebrust oder Schweinebauch: *es gibt aber auch so feine Dinge, wie ausgelöstes Ripperlfleisch und Wangerln im Sortiment.* (KU 11. 8. 07). Vgl. Kaiserfleisch

**Risiko,** das; -s, Risken ‹ital.›: der Plural lautet österr. meist *Risken* (in D ...siken, selten auch ...sikos): *Die Risken für das Wirtschaftswachstum seien nach den jüngsten Finanzmarktkrisen gestiegen.* (PR 5. 10. 07)

**Risipisi,** das; -[s], - ‹ital.›: österr. Form, (in D auch) Risi-Pisi, Risi-Bisi: *Dieses Fleisch mit der dekorativen, saftelnden Ananasscheibe drauf und vielleicht einen Gupf im Schöpflöffel gepresstes Risipisi dazu.* (ST 24. 5. 05)

**Risotto,** das ‹ital.›: ist österr. (und schweiz.) meist Neutrum, in D meist Maskulinum

**Ritschert,** das; -s: Speise aus Graupen, Rauchfleisch und Hülsenfrüchten: *Im Gasthaus Seitner werden traditionelle Gerichte wie Ritschert, Bärlauchnudel oder Hirschragout vorgekocht.* (KZ 29. 4. 16)

**rittern,** sw. V. / hat (salopp): um etwas kämpfen, in einem Wettstreit die Entscheidung suchen: *Grün und Blau rittern neuerlich um Platz zwei in der Wiener Leopoldstadt.* (ST 7. 9. 16)

**Rizinus,** der; -, -se/- ‹lat.›: wird österr. auf der zweiten Silbe betont, in D auf der ersten. Ebenso: *Rizinusöl, Rizinussamen*

**RJ:** (nur geschriebene, nicht gesprochene) Abkürzung für ↑Rail-Jet

**-roas** ‹in der Volkskunde vorkommende verschriftl. Dialektform von *Reise*› ›Besuch, Treffen‹, in Zus.: *Auch eine traditionelle Veranstaltung findet sich unter den Projekten: die Innviertler* **Traktor-Roas** *soll barrierefrei werden.* (OÖN 21. 4. 16). ↑**Kripperlroas, Weiberroas**

**Robot,** die; -, -en ‹tschech. *robota* ›Fronarbeit‹›: freiwillige unbezahlte Arbeit im Rahmen bäuerlicher Nachbarschaftshilfe oder im Dienst des Gemeinwesens: *Der »Dom im Landl« wird innen saniert. Die Kallhamer hel-*

*fen mit: mit Robot und Spenden.* (OÖN 24. 1. 01)

**Rochett,** das; -s, -e ‹franz.›: Chorrock des Geistlichen und Ministranten: wird österr. [rɔˈxɛt] ausgesprochen, in D [rɔˈʃɛt]

**Rodel,** die; -, -n, (regional auch) der; -s, - **1.** (auch bayr.): [Kinder]schlitten, (in D) Rodelschlitten: *Kinder, die im Freien spielen, Schneemänner bauen, auf der Rodel herumrutschen ..., sollten sich unbedingt entsprechend warm anziehen.* (OÖN 4. 1. 17). – In der Bedeutung ›Rodelschlitten als Sportgerät‹ gemeind. **2.** (kurz für) ↑Sackrodel: *Nach meiner Tour am Samstag wollte ich die Pakete bei der Post-Filiale hinterlegen, habe sie aufgeladen und wollte über die Gehsteigkante fahren. Dabei ist aber ... die Rodel umgekippt.* (KZ 4. 10. 16) ◆ **Rodelhang**

**rodeln,** sw. V. / ist (regional auch in D): Schlitten fahren, mit der Rodel den Hang hinunterfahren: *In der Nacht auf Donnerstag sind 15 Zentimeter Schnee dazu gekommen. Für Spazierengehen und ein bisschen Rodeln reicht es schon.* (KZ 10. 11. 16) ◆ **Rodler/-in:** *Laudachsee-Forststraße für Rodler freigegeben.* (OÖN 21. 12. 04)

**Rodelstraße,** die: Straße, die zum Rodeln freigegeben ist: *Schon am Vormittag wurde die Rodelstraße St. Ulrichs-Platz in Wien-Neubau eröffnet.* (KU 29. 12. 05)

**Rohbericht,** der: vorläufiger, noch nicht abgesegneter Bericht, bes. ein zur Vorbesprechung dienender Bericht des Rechnungshofes: *Der Rechnungshof attestiert dem Krankenhaus Zell am See in einem Rohbericht eine »sparsame und wirtschaftliche Verwaltungsführung«.* (SN 16. 2. 06)

**Rohne,** die (auch bayr.): ↑Rahne: *Die Rohnen mit kaltem Wasser abkühlen.* (SN 14. 11. 16)

**Rohr,** das (auch bayr.): ↑Backrohr, (in D) Backröhre: *... Kochmuffel müssen trotzdem nicht verhungern, wenn sie sich scheuen, für das Abendessen ... einen Braten ins Rohr zu schieben.* (OÖN 12. 12. 15). ↑**Backrohr, Ofenrohr**

**Röhrlsalat,** der (ugs., südostösterr.): Salat aus Löwenzahnblättern: *Entenbrust fein aufschneiden, mit Erdbeeren und Marinade auf Röhrlsalat anrichten.* (KZ 19. 03. 07)

**Rohrnudel,** die /meist Plural/ (mundartnah, bes. OÖ, Sbg., wie bayr.): ↑Buchtel: *die Kreuzbodenhütte ist ein heißer Tipp für die Pause. Denn da ist von der Gulaschsuppe bis zur Rohrnudel alles hausgemacht.* (SN 28. 11. 02). ↑NUDEL

**Rohrstab,** der: (in D) Rohrstock: *Ich habe in der Volksschule den Sadismus des Direktors erlebt, der Kinder so geprügelt hat, dass er einen Rohrstab auf dem Rücken zerbrach.* (KZ 29. 3. 12) ◆ **Rohrstaberl:** *Den wenigen, denen manchmal der nötige Elan und die Disziplin fehlt, wird mit ... Rohrstaberl nachgeholfen.* (FU 12. 4. 07) ↑STAB

**Rokoko,** das; -s ‹franz.›: wird österr. auf der letzten Silbe betont, in D auf der ersten

**Rollbalken,** der: massiver Rollladen an einem Geschäftslokal: *Die geplante Sonderregelung ist gestorben, die Rollbalken bleiben unten, während die Besucher an den Schaufenstern vorbeiziehen werden.* (PR 8. 5. 15). ↑BALKEN

**Roller,** der: (kurz für) Rollbraten. ↑**Putenroller, Selchroller, Surroller, Teufelsroller**

**Rollfähre,** die: Fähre mit Spannseil und Rolle, die von der Strömung angetrieben wird: *Mit der Rollfähre sollte man zwar unbedingt auch einmal die Donau überquert haben.* (PR 23. 8. 14)

**Rollgerste,** die (auch südd., schweiz.): Gerstengraupen, geschälte Gerstenkörner: *In der Küche wird Anna Wessely ... stehen und Speisen wie Rollgersten-Risotto zubereiten.* (PR 18. 1. 16)

**Rollgerstl,** das; -s (ugs., auch bayr.): ↑Rollgerste: *Danach koche ich eingeweichte Rollgerstl, Karottenscheiben und Navetten im Fond weich.* (KU 21. 1. 06). ↑**Gerstl, Reibgerstl**

**Rollkasten,** der: Rollschrank: *Die Biologin E. J. öffnet die Türen des roten Rollkastens und zaubert einen Schwamm hervor.* (PR 30. 5. 10). ↑KASTEN

**Rollmeter,** der (auch schweiz.): Maßband, das sich einrollen lässt: *Eine Besonderheit sind Rollmeter und Zimmermanns-Bleistifte für die Mitarbeiter der Bauwirtschaft.* (KZ 20. 2. 14)

**Rollo,** das ‹franz.›: wird österr. (und bayr.) auf der letzten Silbe betont, in D meist auf der ersten

**Romadur,** der ‹franz.›: der Name der Käsesorte wird österr. auf der letzten Silbe betont, in D meist auf der ersten

**Romanow:** der Name des russ. Herrschergeschlechts wird österr. (und schweiz.) auf der ersten Silbe betont, in D meist auf der zweiten

**Rondeau,** das [rɔnˈdoː] ‹franz.›: **1.** rundes Beet [in einer größeren Gartenanlage]: *Eine europaweit anerkannte Gartenarchitektin aus Deutschland wird das Rondeau rund um den Brunnen mit Blumen bepflanzen.* (OÖN 23. 9.

04). 2. runder Platz; kreisförmige Verkehrsanlage; Kreisverkehr: *Gemeinsam mit ihren Mitstreitern vom Stadtteilverein hatte sie ganze Arbeit geleistet und das Rondeau der Obus-Kehre in den Festplatz umgestaltet.* (SN 30. 6. 16). 3. rundes Bauwerk, runder Raum: *Auf dem Gelände soll bis zum Frühjahr 2018 ein Rondeau mit 100 Sitzplätzen im Innenbereich und ebenso vielen auf der überdachten Terrasse entstehen.* (KZ 10. 12. 16)

**röntgenisieren:** österr. Form, (in D) röntgen: *Die Künstlerin ließ sich röntgenisieren – freilich mit Lack, Leder und Stiefeln bekleidet –, die natürlich auf den riesigen Aufnahmen feine Kontraste zum Skelett bilden.* (OÖN 8. 3. 11)

**Ross,** das; -es, Rösser (auch südd., schweiz., ugs. und in der Landwirtschaft): Pferd: *Derzeit stehen den Pferdefreunden 19 Rösser in allen Größen, von Shetland-Pony bis zum Warmblutpferd zum Reiten zur Verfügung.* (OÖN 30. 8. 07); ***jmdm. zureden wie einem kranken Ross:** auf jmdn. beharrlich einreden [um ihn innerlich wieder aufzurichten]: *Grünen-Chef Van der Bellen redet der SPÖ zu wie einem kranken Ross: Sie solle doch nicht in Opposition bleiben.* (KU 19. 11. 02)

**Rossknecht,** der: Pferdeknecht: *Die Stube für den Rossknecht nebenan, die in den Stall mit einem ganz besonderen Gewölbe führte, wurde zur Toilette umfunktioniert.* (OÖN 14. 2. 12)

**Rosskotzen,** der: Pferdedecke: *Bei der Feldarbeit wurde ich in einen rauen Rosskotzen eingewickelt.* (KR 15. 7. 01) ↑**Kotzen**

**Rossschwanz,** der (auch schweiz.): Pferdeschwanz als Frisur: *Allerdings hatten die Polizisten einen Verdacht, wer der Typ mit dem Rossschwanz sein könnte.* (KZ 5. 7. 12)

**Rostbraten,** der: 1. fettdurchzogenes Stück Fleisch aus dem Rippenbereich des Rindes: *Das Stück zwischen Hals und Rostbraten gilt als eines der besten Stücke vom Rind.* (OÖN 10. 6. 16). 2. (auch südd.) in Scheiben gebratenes Roastbeef: *Für 26 Prozent wird das* (Heimatgefühl) *durch klassische Fleischgerichte wie Rostbraten und Wiener Schnitzel bewirkt.* (KZ 16. 7. 14). ↑**Vanillerostbraten, Zwiebelrostbraten**

**rösten:** wird österr. mit kurzem Vokal ausgesprochen, in D mit langem. Das gilt auch für alle Zus.

**Röster,** der; -s, -: gedünstetes Obst, Mus aus Holunderbeeren, ↑Marillen oder ↑Zwetschken: *Ein Röster ist schnell zubereitet und passt zu jeglicher Art von Schmarrn, besonders gut zu Topfenschmarrn oder Topfenknödeln.* (ST 17. 7. 16). ↑**Beerenröster, Hollerröster, Marillenröster, Zwetschkenröster**

**Rösterdäpfel,** die /Plural/: Bratkartoffeln, Röstkartoffeln, geröstete ↑Erdäpfel: *Als Fleischgericht wollten wir noch Tafelspitz mit Rösterdäpfel und Semmelkren.* (OÖN 19. 6. 15)

**rot** (westösterr.): ***rot sauer, Gespritzter/Spritzer rot sauer:** mit [Mineral]wasser verdünnter Rotwein; ***rot süß:** mit Limonade verdünnter Rotwein: *Aus der Traube ... Weiß sauer € 2,40, Weiß süß € 2,40, Rot sauer € 2,40, Rot süß € 2,40, Sommerspritzer weiß € 2,00, Sommerspritzer rot € 2,00.* (Getränkekarte Cafe Skorpion, Innsbruck, 2008, Int)

**Rotgipfler,** der; -s: /eine Reb- und Weißweinsorte (Kreuzung aus Traminer und Rotem Veltliner)/

**Rotkraut,** das (auch schweiz., regional auch in D): Kohlart mit rotblauen Blättern, (in D) Rotkohl: *»Ich schiebe eine Ente rein, ganz klassisch mit Knödel und Rotkraut.«* (SN 24. 12. 05). ↑KRAUT

**Rotte,** die; -, -n: 1. (ostösterr.) [abgelegener, entfernter] Teil eines Dorfes; bes. in Orts- und Flurnamen, z. B. Lehenrotte: *Der Bohrplatz der RAG soll in der Rotte Badhof in der Nähe von Kürnberg errichtet werden, der Vortrieb bis ins Ramingtal hinuntergeführt werden.* (OÖN 5. 8. 15). 2. (in D veraltet) Arbeitstrupp [der Bahn]: ◆ **Rottenunterkunft**

**Rot-Weiß-Rot-Karte,** die: Berechtigung für Fachkräfte zur Niederlassung und Beschäftigung bei einem bestimmten Arbeitgeber in Österreich (Abk. ↑RWR): *Fast 80 Prozent der Rot-Weiß-Rot-Karten werden männlichen Zuwanderern erteilt.* (WZ 16. 3. 16). – Auch in der Form *Rot-Weiß-Rot-Card*

**Rotzbub,** der (ugs., oft scherzhaft, auch südd.): Lausbub, (in D) Rotzjunge: *Auf einmal stand ich, der 21-jährige Rotzbub aus dem Ruhrgebiet, im Schönbrunner Schlosstheater.* (OÖN 8. 10. 05). ↑BUB

**Rotzgob,** der (ugs., derb, Vbg.): Rotzjunge. ↑**Gob**

**Rotznigel,** der (ugs., auch bayr.): Rotzjunge, ↑Rotzbub: *Aber wie bei jedem guten Clown steckt hinter der heiteren Fassade bitterer Ernst, und erst der macht aus einem »Intermezzo der Waschbären«, einem »Notturno der Froschkönigin« oder gar einer »Gala der Rotznigel« bittersüß beißende Karikaturen.* (OÖN 22. 9. 09). – Auch in der Form *Rotznigl.* ↑NIGEL

**Rotzpipe,** die (ugs., derb, auch bayr.): Rotzjunge; ↑Rotzbub: *Die Rotzpipen »hätt halt arbeiten sollen«, sagen andere* (Woman 14. 8. 09). – Bei kurzer Aussprache des *i* auch in der Form *Rotzpippe.* ↑**Pipe**

**RS-Brief,** der (Post): Rückscheinbrief

**RSa-Brief,** der: ↑Rückscheinbrief blau, blauer Brief: *Empfängern von RSa- bzw. RSb-Briefen war das bisher neu: die elektronische Empfangsbestätigung via Handheld.* (KU 31. 8. 16)

**RSb-Brief,** der: ↑Rückscheinbrief weiß, weißer Brief

**Rübe:** ***Gelbe Rübe: a)** (regional, auch südd.) Karotte, Möhre. **b)** Gemüsepflanze mit dunkelgelber Wurzel, auch: gelbe Form der Karotte: *Suppengemüse: 2–3 Karotten, 2 gelbe Rüben, Sellerie, Petersilienwurzel, Porree.* (OÖN 4. 1. 14)

**Rübenkraut,** das (Tirol, auch bayr): sauer angemachte, geriebene weiße Rüben: *Das fertig vergorene Rübenkraut wird roh – frisch aus dem Fass – als Salat gegessen.* (TT 21. 7. 13). – In D eine regionale Bez. für ›Sirup aus Rüben‹

**Rückscheinbrief,** der: Postsendung mit Übernahmebestätigung; ***Rückscheinbrief blau** (RSa-Brief): darf nur dem Empfänger eigenhändig zugestellt werden; ***Rückscheinbrief weiß** (RSb-Brief): darf auch an Ersatzempfänger zugestellt werden

**Rücksichtl** ↑Hinsichtl

**rückwärts:** (ugs., veraltend, auch südd.) hinten: *Das erinnert an das rückwärts einsteigen im Autobus. Für hinten, was richtig wäre, geniert man sich anscheinend.* (PR 11. 8. 13)

**Rud,** die; -, -en (Volkskunde, OÖ): Gemeinschaft junger, lediger Bauernburschen: *Lokale und politische Anekdoten kleiden die Ruden in heitere und schadenfrohe »Gstanzln«.* (OÖN 21. 2. 07) Vgl. Pass, Zeche ◆ **Rudenkirtag:** *Folgende elf Ruden haben beim Sierninger Rudenkirtag samt Frauen und Musikern mitgewirkt.* (OÖN 1. 3. 17), ↑Kirtag; **Rudentanz**

**rüd** ‹franz.›: österr. (und bayr.) Form, (in D) rüde

**Ruderleibchen,** das (veraltend): T-Shirt, Trikot: *Der junge Mann, Dreitagebart, Ruderleibchen, steht vor einer Bücherwand, blickt frontal ins Bild und hält einen dicken Fantasyroman in die Kamera.* (PR 5. 9. 15). ↑Leibchen

**Ruderleiberl,** das (veraltend): ↑Ruderleibchen: *Seit er nicht mehr schwarzer Kanzler ist, tritt er nur noch im weißen Ruderleiberl vor die Kameras.* (SN 12. 10. 07). ↑Leiberl

**Rüfe,** die; -, -n (Vbg., auch schweiz.): Erdrutsch, Steinlawine, Mure: *Föhn, Rüfe und Rhein sind die Gefahren in Liechtenstein.* (Vorarlberger Spruch). – Auch als Flurname: *Die gleichen, finanziell hohen Maßnahmen sind bei den beiden unteren Sammleranlagen der Nendler Rüfe geplant.* (VN 16. 4. 15)

**Rufezeichen,** das (westösterr., in D regional): Ausrufungszeichen, ↑Rufzeichen: *Abkanzelung durch den zuständigen Finanzbeamten, weil – erstens – ein Dokument fehlte, und – zweitens – persönliche Vorsprache unnotwendig. Rufezeichen.* (SN 10. 1. 08)

**Rufpreis,** der: das bei der Versteigerung ausgerufene Mindestgebot; Ausrufpreis: *Der symbolische Rufpreis der Susse-Frere-Kamera beträgt 100.000 Euro.* (PR 18. 4. 07)

**Rufzeichen,** das (auch bayr.): Ausrufezeichen, ↑Rufezeichen: *Seine Nachrichten an die Welt versieht er gern mit Rufzeichen.* (OÖN 18. 3. 16)

**Ruhe:** ***in Ruhe:** im Ruhestand, in Pension (Abk.: i. R.): *Flüchtlingskoordinator Erwin Holleis, Brigadier in Ruhe, wurde besonders geehrt.* (SN 21. 1. 17)

**Ruhebezug,** der (Behördenspr.): an Pensionisten ausbezahlter Betrag, der sich aus der eigentlichen Pension (Ruhegenuss) und weiteren Leistungen zusammensetzt: *Der Ex-Vizekanzler habe erst mit 65 Jahren Anspruch auf den vollen Ruhebezug.* (PR 3. 8. 16). ↑Bezug

**Ruhegenuss,** der (Behördenspr.): Ruhegeld, Pension: *Bei einer Vielzahl von ihnen dürfte der Vorrückungsstichtag so zu verändern sein, dass daraus eine Verbesserung ... ihres Ruhegenusses resultiert.* (PR 29. 4. 13). Vgl. Versorgungsgenuss ◆ **Ruhegenussanspruch, Ruhegenussbemessungsgrundlage; Ruhegenussbestimmung**

**ruhegenussfähig** (Behördenspr.): für die Pensionsberechnung anrechenbar: *Die »erforderliche ruhegenussfähige Gesamtdienstzeit« wurde auf 45 Dienstjahre verlängert.* (WZ 15. 1. 09)

**Ruhensbestimmungen,** die /Plural/ (Verw.): Bestimmungen über Kürzung der ↑Pension bei zusätzlicher Erwerbstätigkeit: *Der Wegfall der Ruhensbestimmungen auch im ASVG würde hingegen die in Österreich ohnehin so beliebte Frühpension noch viel attraktiver machen.* (PR 16. 4. 07)

**Ruhestandsversetzung,** die (Behördenspr.): Pensionierung: *Der Anteil der »Hacklerpensionisten« lag 2010 bei rund 67 Prozent der Gesamtzahl der Ruhestandsversetzungen.* (WZ 15. 10. 12)

**ruht!:** (in D) rührt euch!, (in CH) ruhn! (militärisches Kommando)

**Rum,** der ‹engl.›: wird österr. (und südd., schweiz.) mit langem Vokal ausgesprochen; der Plural lautet Rume (in D Rums)

**Rummy,** das; -, -s [ˈrœmi, ˈrʌmi] ‹engl.›: österr. Form, (in D) Rommé, Rommee: *Bridge, Rummy, Canasta, Patience können eine altersübergreifende Brücke zwischen Generationen sein.* (PR 30. 10. 14)

**Rumpler,** der; -s, - (ugs.): Gepolter, Knall, Lärm: *Zuerst tat es einen gewaltigen Rumpler, dann staubte es, ... soeben war ein Quadratmeter Deckenverputz auf Stögers Schreibtisch geknallt.* (Falter 24. 9. 03). – In D ›Stolpern des Pferdes‹

**Runde,** die: 1. ↑Lottorunde: *So wie damals hat seit elf Runden niemand den korrekten Siebener angekreuzt, der Jackpot wird in dieser Woche daher jedenfalls geknackt.* (ST 16. 11. 06). 2. Spieltag in einer Meisterschaft: *Damit liegen die Deutschen nach drei Runden mit dem Punktemaximum von neun Zählern an der Tabellenspitze.* (OÖN 12. 10. 16) ↑**Lottorunde, Meisterschaftsrunde, Nulllohnrunde**

**Rundstampiglie,** die: runder amtlicher Stempel (im Ggs. zum Langstempel). ↑**Stampiglie, Amtsstampiglie**

**Runse,** die; -, -n (auch südd., schweiz.): Rinne an Berghängen, in der zeitweise ein Wildbach fließt; Erosionsrinne: *Die Grenze verläuft dann entlang der Runse des Stubbaches bergwärts zur Mittagspitze.* (Innsbruck, Naturschutzverordnung, 2000, Int)

**Ruperti:** *[zu] **Ruperti:** [am] Fest des hl. Rupert (Landesheiliger von Salzburg): *Sie treten auch zu Georgi, beim Maibaumaufstellen, zur Festspieleröffnung, zu Ruperti und zu Erntedank in Erscheinung.* (SN 24. 12. 16) ◆ **Rupertifeier, Rupertifest, Ruperti-Ritterorden; Ruperti-Stadtfest; Rupertitag.** ↑Floriani

**Rupertikirtag,** der: Volksfest in Salzburg anlässlich des Rupertifestes (24. September): *Hauptsache das Feuerwerk zum Abschluss des Ruperti-Kirtag ist finanziert und gesichert.* (SN 29. 9. 16). ↑Kirtag

**rupfen** (ugs.): zu hohe Preise verlangen, übervorteilen: *Wichtiger als die Reichen zu rupfen, ist allerdings, die Erwerbs- und Einkommensmöglichkeiten der Armen zu erhöhen.* (OÖN 23. 1. 16)

**Ruß,** der (derb, abwertend): Abschaum der Gesellschaft: *Hier trifft der englische Hooligan auf den deutschen Subproletarier, auch führende Repräsentanten des österreichischen Ruaßes geben sich gern ein Stelldichein.* (ST 5. 8. 17). – Oft in der dialektalen Form *Ruaß*

**Russe,** der 1. (ugs., regional auch in D): Küchenschabe: *gleich am ersten Abend aber haben sie angerufen: »Wir wollen die Unterkunft nicht, überall sind Russen!«* (PR 4. 12. 16). 2. /Plural/ (ugs.) kleine marinierte Heringe im Glas: *Geräucherter Lachshering und ein paar Russen geben dem Salat den richtigen Geschmack.* (KTZ 5. 3. 03)

**Russenkraut,** das: aus verschiedenen Gemüsen und Essig hergestellter und in Gläsern eingelegter Salat; Sauergemüse; Pusztasalat: *Sie eignen sich zum Einlegen oder die Hausfrau verarbeitet sie zu pikantem Russenkraut.* (OÖN 14. 10. 06). – In D bezeichnet das Wort eine giftige Bärenklaupflanze, Riesenbärenklau

**Rußflankerl,** das (ugs.): Rußflocke: *Er brachte ein Schneeflockerl und ein Rußflankerl zusammen.* (OÖN 21. 12. 13). ↑Flankerl

**Rute,** die: 1. (kurz für) ↑Schneerute, (in D) Schneebesen. 2. ***jmdm. die Rute ins Fenster stellen:** jmdm. drohen: *Auch der EU stellt Ankaras Chef-Diplomat die Rute ins Fenster. Man könne alle Vereinbarungen aufkündigen.* (OÖN 16. 12. 16)

**Rutschepeter,** der (ugs.): sehr lebendiges Kind, das nicht ruhig sitzen kann: *Thermen und Hotels haben maßgeschneiderte Angebote für Rutschepeter und Wasserratten.* (OÖN 16. 12. 00)

**Rutscher,** der (ugs., auch bayr.): kurze Reise, Fahrt; Abstecher: *Nur ein kurzer Rutscher ist es dann noch hinab zum Parkplatz.* (OÖN 27. 3. 15)

**Rutte,** die (auch südd.): Süßwasserdorsch: *Die Quappe oder Rutte, auch Trüsche genannt ist, wie schon am Namen zu erahnen, kein eleganter Fisch wie Seesaibling, Bachforelle, Reinanke.* (ST 20. 10. 07) ↑**Aalrutte**

**RWR-Karte,** die: Abk. für ↑Rot-Weiß-Rot-Karte: *Der österreichische Integrationsbeirat sowie die Wirtschaftskammer ... kritisieren, dass Bachelorabschlüsse nicht für die RWR-Karte anerkannt werden.* (PR 9. 8. 13)

# Ss

**S. g., Sg.** (veraltende Abk. für) sehr geehrte[n] (in Briefanschriften): *S. g. Herrn Dr. Franz Berger*

**Sachele,** das; -s, -n (ugs., westösterr.): ↑Sacherl: *Grad in der Früah muaß man die Loser aufsperrn, da kriagt man nette Sachelen z'hearn.* (KU 30. 10. 10)

**Sacherl,** das; -s, -n: 1. (bes. OÖ): kleines Bauerngut: *Auf der Wiese vor dem Sacherl lag eine tote, teilweise angefressene Geiß.* (OÖN 15. 7. 02). 2. die /Plural/ (ugs.): Umstände; (in D) Sächelchen: *das sind halt so Sacherln!*

**Sacherwürstel,** das: besonders feine und doppelt so lange ↑Frankfurter Würstel (häufig auf Speisekarten in Kaffeehäusern): *Sie bieten allerlei regionale Spezialitäten wie Kaiserschmarrn, Uhudler und Sacherwürstel an.* (ST 31. 12. 16)

**Sachlösung,** die (auch südd.): sachbezogene (und nicht politische) Lösung einer Sachfrage: *Es fehlt der Wille zu Sachlösungen.* (ST. 2. 10. 15)

**Sachverhaltsdarstellung,** die (Behördenspr.): mündliche oder schriftliche Beschreibung von Zuständen oder Ereignissen, die für die Klärung eines Falles relevant sind: *Der Anwalt des suspendierten Airchiefs ... hat eine Sachverhaltsdarstellung und Anzeige gegen einen »unbekannten Personenkreis« des Verteidigungsministeriums eingebracht.* (SN 16. 6. 07)

**Sachwalter Sachwalterin,** der bzw. die (Rechtsspr.): gerichtlich bestellte/-r Vertreter/-in eines psychisch Kranken bei Rechtsgeschäften: *Vorgesehen ist zunächst der gerichtliche Erwachsenenvertreter, der den Sachwalter ersetzt.* (PR 30. 3. 17). – Als ›Ausgleichsverwalter bei Konkursen‹ gemeind. ↑**besachwaltet** ◆ **Sachwalterschaft**

**Sack,** der: kann österr. (und südd., schweiz.) für drei in D getrennte Bedeutungen verwendet werden: 1. (gemeind.) Sack, z. B.: Erdäpfelsack. 2. (veraltend, noch westösterr., auch südd., schweiz.) Hosen-, Manteltasche: *Auch urbanesoterische Menschen bauen heute auf irgendwelche Steine im Sack.* (SN 22. 11. 03); ***sich in den Sack lügen:** sich in die Tasche lügen: *Basis der Abfallwirtschaft werde auch weiterhin die Entsorgung und nicht etwa das Recyclieren sein. ... Man dürfe sich diesbezüglich nicht »in den Sack lügen«.*(SN 17. 10. 01); ***jmdn. im Sack haben:** (in D) jmdn. in der Tasche haben; ***etwas aus dem eigenen/seinem Sack bezahlen:** aus der eigenen Tasche bezahlen; ***jmdm. geht/springt der Feitel im Sack auf** ↑Feitel. 3. Beutel, Tüte. ↑(zu 2:) **Hosensack, Kittelsack, Mantelsack, Sackgeld, Sackmesser, Sacktuch.** ↑(zu 3.:) **Nylonsack, Papiersack, Plastiksack**

**Säckel,** der (veraltend, auch südd., schweiz.): 1. (veraltet, noch in Redewendungen): (Hosen)tasche, in der Geld aufbewahrt wird: *Mehr Geld im Säckel: Lehrlinge in der Industrie verdienen mehr.* (KZ 19. 2. 09); ***in den Säckel greifen:** Geld locker machen, viel ausgeben: *Dass die Burgenländer ... für die Müllgebühren nicht tiefer in den Säckel greifen müssen, dafür ist die gute wirtschaftliche Lage des Müllverbandes ... verantwortlich.* (KU 27. 11. 05); ***jmdm. in den Säckel greifen:** jmdn. zur Kasse bitten, von jmdm. Geld fordern; ***in seinen eigenen Säckel arbeiten:** auf seinen eigenen Vorteil bedacht sein. 2. Kasse eines Vereins o. Ä.: *Wo Geld fehlt, um etwas bezahlen zu können, muss man zuerst den Säckel füllen.* (OÖN 30. 6. 07); *es bleibt ein Loch von 60.000 Euro im Säckel der Schule.* (ST 25. 3. 03). ↑**Landessäckel, Staatssäckel**

**sackeln,** sich; sw. V. / hat (ugs., salopp) ‹abgeleitet von *Sakko*›: sich vornehm kleiden: *Gibt es bereits einen eigenen Sprachcode all jener, die ihre Tage fein gesackelt in den Schanigärten der Innenstadt verbringen?* (ST 19. 2. 08)

**Säckelwart,** der (auch südd.): Kassenwart, Schatzmeister: *Es wäre aus Sicht des Säckelwarts viel klüger, sich ärmer als reicher zu rechnen.* (ST 30. 9. 14)

**Sackerl,** das; -s, -n: Tüte: 1. kleinerer Beutel aus Plastik, Stoff oder Papier: *Der Konsument kann ja kompostierbare Sackerl nicht eindeutig von normalen unterscheiden.* (OÖN 31. 3. 07). 2. Tragtasche [für Einkäufe]: *Ab 2017 wollen Hofer, Lidl und die REWE-Supermärkte ... ganz auf das Plastik-Sackerl verzichten.* (ST 3. 11. 16). – In beiden Bedeutungen meist in Zus. ↑**Geldsackerl, Lohnsackerl, Nylonsackerl, Papiersackerl, Plastiksackerl, Probesackerl, Speibsackerl, Sack, Stoffsackerl, Turnsackerl, Zuckerlsackerl**

**Sackgeld,** das (Vbg., auch schweiz.): Taschengeld: *Auf ungewöhnliche Art haben am Freitag drei Jugendliche in St. Gallen versucht, ihr Sackgeld aufzubessern.* (NVT 19. 3. 06). ↑SACK

**Sackl,** das; -s, -n (ugs., salopp): 1. ↑Sackerl; ***Sackln picken:** (im Gefängnis) Tüten kleben. 2. Sakko

**Sacklpicker Sacklpickerin,** der bzw. die (ugs.): Häftling: *Glauben Sie, ich gewinne die Sacklpicker mit einem philosophischen Vortrag?* (ST 17. 4. 08)

**Säckle,** das; -s, -n (Vbg.): ↑Sackerl: *Der Nikolaus ... brachte nicht nur ein Säckle als Geschenk.* (VN 20. 12. 07)

**Sackmesser,** das (Vbg., auch schweiz., südwestd.): Taschenmesser: *Früher trug jeder Mann ein Sackmesser im Hosensack.* (NVT 17. 5. 05). ↑SACK

**Sackrodel,** die: zweirädriges Transportgerät mit zwei Griffen, auf die Kisten, Säcke etc. geladen und in gekippter Lage leicht bewegt werden können: *Doch am Wochenende schlugen Diebe zu und schleppten vermutlich mit einer Sackrodel das mehrere 1000 Euro teure Gerät davon.* (OÖN 29. 10. 14). ↑**Rodel**

**Sacktuch,** das (veraltend, auch südwestd.): Taschentuch: *In der Ortmann-Papierfabrik wird sich die Installierung der Sacktuch-Fertigung anfangs personalmäßig nur geringfügig auswirken.* (KU 15. 5. 04). ↑SACK

**Saft,** der: Bratensauce, Tunke (in D nur kurz für ›Fleischsaft‹): *Besonders gut wird das Bratl, wenn es schon zwei Tage vor dem Braten ordentlich eingebeizt wird. ... Der Saft, der mitserviert wird, sollte auch möglichst rein und ohne Zusätze sein.* (OÖN 28. 12. 06); ***Würstel mit Saft** ↑Würstel

**Saftpackerl,** das: Fruchtsaft im Verbundkarton: *Das mitgeschleppte Saftpackerl und die Wurstsemmel reichten als Proviant.* (SN 8. 9. 16). ↑PACKERL

**Säge,** die (auch südd., schweiz.): Sägewerk: *Es geht um eine Kombination aus Holzernte, Säge, Zellstoff- und Papiererzeugung.* (KU 16. 8. 07) ◆ **Sägearbeiter/-in:** *Ein 35-jähriger Sägearbeiter aus Altmünster war gestern mit Paketierungsarbeiten bei der Schnittholz-Paketentnahme in der Steyrermühl-Sägewerksgesellschaft beschäftigt.* (22. 8. 01); **Sägebesitzer/-in; Sägeindustrie:** *Trotzdem ruft Österreichs Sägeindustrie jetzt zu neuen Schlägerungen auf.* (OÖN 11. 7. 07)

**Sager,** der (salopp): Ausspruch, Aussage: *Seine »Sager« zur Waffen-SS oder über die österreichische Nation als »ideologische Missgeburt« prägten sein Bild – und das Bild Österreichs im Ausland.* (KU 12. 10. 08)

**Säger Sägerin,** der bzw. die (auch bayr.): (kurz für) Sägewerksunternehmer: *Ein neues Ökostromgesetz solle den Biomassemarkt wieder ins Lot bringen, sagen die Säger.* (OÖN 11. 7. 07)

**Sago,** das; -s ‹indonesisch›: gekörntes Stärkemehl aus Palmenmark: ist österr. meist Neutrum, in D nur Maskulinum

**Saison,** die; - [se'sõ:, ...o:n] ‹franz.›: der Plural lautet österr. (und bayr.) Saisonen, (in D) Saisons: *Von der zweiten Landesliga in die Bundesliga in nur sieben Saisonen* .(SN 6. 10. 07)

**Saisonier Saisonière,** der bzw. die [se'sonie: bzw. se'sonier] (auch schweiz.): Saisonarbeiter/-in: *Insgesamt dürfen im Jahresschnitt bundesweit 8000 Saisoniers beschäftigt werden.* (SN 11. 4. 03). – Auch in der Schreibung *Saisonnier, Saisonnière*

**Saisonpickerl,** das: Aufkleber, der die Gültigkeit für eine Saison belegt, z. B. für eine Jahreskarte eines Schwimmbades, des Wiener Parkpickerls. ↑PICKERL

**Sakko,** das; -s, -s: wird österr. (und bayr.) auf der letzten Silbe betont und ist Neutrum, in D auch Maskulinum mit Betonung auf der ersten Silbe: *Das dunkelblaue Sakko mit braunen Kontrast-Nähten unterstreicht den lässigen Stil.* (OÖN 19. 11. 16). ↑**sackeln**

**sakra** (ugs., auch südd.) ‹verkürzt aus *Sakrament*›: /Ausruf bei Zorn, Empörung, Verwunderung/: *Und das, sakra, gehe sich finanziell nun schon gar nicht aus.* (SN 2. 3. 04)

**sakrisch** (ugs., auch bayr.) /verstärkend bei Adj./: sehr, verdammt: *sakrisch gut!; »Ich bedanke mich sakrisch für diese Einigkeit.«* (KZ 16. 3. 13)

**Salär,** das; -s, -e ‹franz.› (bes. schweiz., in A und D selten) Gehalt, Honorar; regelmäßige Zahlung: *Die Saläre von Vorständen und Geschäftsführern sollen um 3,5 Prozent zulegen.* (PR 3. 10. 16). ↑**Jahressalär**

**Salaterdäpfel,** die /Plural/: Salatkartoffeln: *So werden jetzt Zwiebeln, Salaterdäpfel und Rote Rüben in zu 100 Prozent kompostierbaren Netzen verpackt.* (OÖN 23. 1. 13). ↑**Erdapfel, Folienerdapfel**

**Salathäuptel,** das (auch bayr.): Salatkopf: *Die Salathäuptel waren groß und fest und von 0,60 bis 1 (St.) auch günstig.* (SN 4. 6. 04). ↑HÄUPTEL

**Salbei,** der ‹lat.›: ist österr. Maskulinum, in D auch Femininum, und wird österr. (und bayr.) auf der ersten Silbe betont, in D auch auf der letzten.

**saldieren** ‹ital.›: die Bezahlung einer Rechnung bestätigen (in D nur in der Kaufmannssprache ›eine Schuld tilgen, eine Rechnung bezahlen; den Saldo ermitteln‹):

*Wäre es nicht ein gewiefter ... Staatsmanager, der nun die Rechnung für die ... Estag saldierte, würde dies vielleicht in der Rubrik Schadensbegrenzung durchgehen.* (ST 23. 9. 04) ◆ **Saldierung**

**Salettl,** das; -s, -n ‹ital.› (auch bayr.): Pavillon, Laube, Gartenhäuschen: *Gefragt waren Stationen unter Dach und wärmende Getränke und Kost im Salettl.* (SN 8. 9. 08)

**Salige,** die; -n, -n (Volkskunde): im Wald lebende, scheue Frau mit Zauberkraft /eine Sagengestalt/

**Salisburgensia,** die: ↑Salzburgensia

**Salmiak,** der ‹lat.›: wird österr. auf der ersten Silbe betont, in D auch auf der letzten. Ebenso: *Salmiakgeist, Salmiaklösung, Salmiakpastille*

**Salonbeuschel,** das: urspr. aus Kalbsinnereien zubereitetes, bes. feines ↑Beuschel

**Saloniki:** der Name der griech. Stadt wird österr. mit kurzem i ausgesprochen, in D mit langem

**Salonsteirer,** der (oft ironisch): (außerhalb des urspr. Verbreitungsgebietes) getragener eleganter Trachtenanzug: *Dorfer soll dabei ein Potpourri von der Burgenländer Tracht ... bis hin zum Salonsteirer vorschweben.* (KU 5. 2. 07)

**Salse,** die; -, -n ‹ital. *salsa* ›Sauce‹› (veraltet): [säuerliches] Fruchtgelee (in D veraltet für ›salzige Tunke‹): *Die so konservierte Salse löffelweise oder als labendes Getränk mit Wasser verdünnen.* (Grünes Tirol, Int); *Bis in die Dreißigerjahre sagten die Wiener, je nach Sorte, auch Confitüre, Frucht-Gelée, Sulze, Salse, Powidl oder Jam. Ab 1938 war dann alles reichseinheitlich Marmelade.* (Falter 22. 10. 03). ◆ **Hollersalse**

**Salzamt,** das (scherzhaft): eine nicht durchschaubare und nicht existierende letzte Instanz, die man vergebens zu erreichen sucht: *Lieber droht man mit Klagen – wenn auch nur fürs Salzamt.* (ST 1. 3. 07); *... noch konnte der ÖGB seine Forderung politisieren, die damit bleiben musste, was sie war: ein Brief an das Salzamt.* (ST 28. 6. 02); *Beschweren kann sich der Kunde beim Salzamt.* (SN 10. 12. 02). – Nach dem historischen (von Wien weit entfernten) Verwaltungssitz der staatlichen Salinen des Salzkammerguts in Gmunden (OÖ) oder nach den 1850 aufgelösten und daher nicht mehr als Bezugsquellen vorhandenen Vertriebsstellen der Salinen

**Salzburgensia,** die (Bibliothekswesen): Publikationen über Salzburg, auch in der latinisierten Form *Salisburgensia*

**Salzstadel,** der (hist.): Salzspeicher. ↑Stadel

**Salzstängel,** der; -s, - (Vbg., wie schweiz.): ↑Salzstangerl: *Wir haben Teig gemischt, Handsemmeln und Salzstängel erzeugt, Zöpfe geflochten und verschiedene Figuren aus Zopfteig gemacht.* (VN 23. 3. 06)

**Salzstangerl,** das; -s, - bzw. -n: (in D) Salzstange: *Im Durchschnitt werden hier jeden Tag 19.500 Semmeln gebacken, dazu noch 650 Handsemmeln, 900 Salzstangerl ...* (SN 28. 4. 07). – Die Verkleinerungsform drückt keine Verkleinerung aus. – Auch in der Form *Salzstangel*

**Samaria:** der biblische Ortsname wird österr. nur auf dem *-i-* betont, in D auch auf der zweiten Silbe

**Samba,** der; -s, -s ‹afrikanisch-portugiesisch›: der Name des Tanzes ist österr. (und schweiz.) Maskulinum, in D Femininum

**Sand:** ***am Sand sein** (salopp): in einer schlechten, aussichtslosen Situation sein: *Ein österreichisches Fußball-Nationalteam war schon lange nicht mehr so am Sand wie am kommenden Wochenende in Linz.* (OÖN 16. 7. 15); ***Sand spielen:** wird österr. ohne Präposition gebraucht, in D: im Sand spielen: *Ich war damals ein Kind und weiß noch, dass wir draußen nicht Sand spielen durften.* (OÖN 26. 4. 06)

**sandeln,** sw. V. / hat (ugs., abwertend): **1.** untätig, träge sein: *Es geht bergab, wir sandeln zum Durchschnitt.* (KZ 28. 3. 14): *Im Stillstand »sandeln« ist einfach zu wenig.* (PR 29. 8. 13). **2.** als ↑Sandler, Obdachloser leben. **3.** (ugs.) Sand streuen: *Die müssen bei gleichen Ressourcen halt zuerst die Fahrbahnen räumen, dann die Gehsteige sandeln, dass sich niemand einen Fuß bricht.* (KU 24. 1. 06). – In D bedeutet das Wort ›im Sand spielen‹

**Sandkiste,** die: (regional auch in D) Sandkasten: *Schließlich kann nicht jedes Kind schon in der Sandkiste davon träumen, dass es einmal Bundeskanzler wird* (OÖN 21. 5. 07). ↑**Kiste, Bierkiste**

**Sandler Sandlerin,** der bzw. die (auch bayr.): **1.** Obdachloser, Verwahrloster, Stadtstreicher: *Oder wollen Sie verheimlichen, dass der ältere ausschaut wie ein unrasierter Sandler nach dem zweiten Tetrapack Rotwein?* (OÖN 16. 11. 16); *Ob Sandlerin oder Köchin, schöne Schwester oder unterdrückte Büromaus, sie* *alle haben triftige Gründe, sich mit mehr oder weniger List aus unerträglichen Verhältnissen zu befreien.* (ST 25. 4. 05). **2.** untüchtiger, träger Mensch: *faule Sandler seid ihr!* – Eine Sandlerin ist in D eine attraktive Frau, die einem Nepplokal Gäste zuführt, in einer Bar zu ausgiebiger Konsumation animiert. ↑**versandeln** ◆ **Sandlerkönig/-in:** *Ich bin kein Stadtstreicher und auch kein Landstreicher, sondern ein Weltstreicher, hänselte der Sandlerkönig die Sesshaften unter den Nichtsesshaften.* (Augustin, 2007, Int); **Sandlermilieu:** *Bluttat im Sandlermilieu.* (SN 3. 3. 05); **Sandlerzeitung**

**Sandwich,** das; -es, -es ⟨engl.⟩: ist österr. (und schweiz.) Neutrum (in D auch Maskulinum). Das Wort bezeichnet österr. sowohl jede Art von belegtem Brot (bes. kleine belegte weiße Brötchen) als auch zwei zusammengelegte Schnitten, in D nur die zweite Art

**Sandwichwecken,** der: längliche Form von Weißbrot: *Bald kamen dann die Amerikaner, und wir erhielten nach ein paar Tagen – zwischenzeitlich hungerten wir nur noch – Sandwichwecken.* (WZ 7. 5. 15). ↑Wecken

**Sanität,** die; -, -en ⟨lat.⟩: **1.** Gesundheitsbehörde: *Hinsichtlich sechs leitender Beamter in den Abteilungen Sanität, Sanitätsrecht und Personalwesen wurden Disziplinarverfügungen erlassen.* (SN 17. 7. 01). **2.** (Militär, auch schweiz.) Sanitätstruppe: *Grundsätzlich sei jedoch der Umgangston bei der Sanität nie so rau wie bei der kämpfenden Truppe.* (OÖN 9. 12. 04)

**Sanitätsdirektion,** die (Verw., auch schweiz.): für Gesundheitsbereiche zuständige Abteilung der Landesregierung ◆ **Sanitätsdirektor/-in**

**Sanitätspolizei,** die (Verw.): Gesundheitspolizei: *Als die beiden Beamten der Sanitätspolizei vor dem Haus in der Bessarabierstraße auftauchen, stehen bereits mehrere erregt gestikulierende Hausfrauen im Hof.* (SN 2. 11. 06) ◆ **sanitätspolizeilich**

**Sanktus,** der; - ⟨lat.⟩: Zustimmung, Genehmigung: *Microsoft will den Sanktus der Open Source-Gemeinde* (ST 20. 9. 07); meist in der Wendung ***seinen Sanktus zu etwas geben:** zu etwas seine Zustimmung geben: *Wenn heute, Mittwoch, über die 24-Stunden-Pflege im Nationalrat abgestimmt wird, werden sowohl SPÖ als auch ÖVP ihren Sanktus dazu geben.* (SN 6. 6. 07)

**Sanskrit,** das ⟨sanskr.⟩: wird österr. (und schweiz.) auf der zweiten Silbe betont, in D auf der ersten. ↑**-it, -itisch**

**Saphir,** der ⟨griech.⟩: wird österr. auf der zweiten Silbe betont, in D meist auf der ersten

**Sappel,** der; -s, - (ugs.): Sapin, Sapine: einer Spitzhacke ähnliches Werkzeug zum Bewegen langer Baumstämme o. Ä.: *Auch der »Werfener Schmied« ... hatte so manchen Sappel und Krampen zu spitzen.* (SN 6. 9. 07).↑**Zappin**

**Sardellenringerl,** das; -s, -n: um eine Kaper gerolltes Sardellenfilet: *Ein Zustand, bei dem sich jedes Patriotenherz krümmen muss wie ein Sardellenringerl!* (OÖN 25. 11. 03). ↑**Ringerl, Gummiringerl**

**Sasaka,** das; -s, - ⟨slowen.⟩ (Ktn.): ↑Verhackert: *Heute gibt es Pilze, prämierte Produkte und frische Gailtaler Sasaka.* (KZ 19. 9. 14)

**Saubartl,** der; -s, -n (ugs., abwertend) ⟨zu *Bartholomäus*⟩: schmutziger, unappetitlicher Mensch: *Wie machen wir dem Saubartl ohne Denglisch klar, dass er seine Dosen nicht auf die Straße schmeißen soll?* (OÖN 22. 5. 07)

**sauber** (mundartnah, veraltet auch südd.): **1.** hübsch und nett: *ein sauberes Dirndl; Die energiegeladene Schneiderin ... hat zum Abendkurs »Die saubere Gailtalerin« geladen.* (KZ 5. 6. 16). **2.** (abwertend) sehr groß, viel, stark /verstärkend bei Verben und Substantiven/: *»Es gab eine Zeit, da gehörte Doping für jeden Fahrer dazu.« Der gesamte Radsportweltverband hat sauber versagt.* (PR 25. 10. 12)

**Sauce,** die ⟨franz.⟩: wird österr. ohne Endungs-e ausgesprochen und ist die überwiegend verwendete Schreibung, (in D) Soße. Vgl. Soß. ↑**Dillsauce, Einmachsauce, Krensauce, Marillensauce, Oberssauce, Paradeissauce, Petersilsauce, Rahmsauce, Schwammerlsauce**

**sauer:** ***saure Suppe:** Suppe, die aus Wasser mit verrührtem Sauerrahm oder saurer Milch und Mehl hergestellt wird (urspr. typisch bäuerliche Mahlzeit, regional unterschiedlich): *Kirchtage gibt es im ganzen Land. Und überall wird die »Kirchtagssuppe« – eine saure Suppe mit Fleisch und Kräutern – serviert.* (KU 25. 1. 04); ***saure Wiese:** (übertragen für) politischer Sumpf, Klima von Skandal und Korruption: *Und Rudolf Kirchschlägers Kontrollappell, endlich saure Wiesen und Sümpfe trockenzulegen, war auch als Kritik an einer Regierung gemeint.* (ST 10. 11. 03); ***saurer Käse:** *In Vorarlberg wurden im Vorjahr* *der Montafoner »Sura Kees« (»Saurer Käse«), der Bregenzerwälder Alp-Bergkäse und der Großwalsertaler Bergkäse in die Liste der österreichweit mittlerweile 60 Genuss-Regionen aufgenommen.* (NVT 28. 9. 06), ↑Sauerkäse; ***saure Lunge** (westösterr.): Beuschel; ***weiß sauer** ↑weiß; ***rot sauer** ↑rot

**Sauerampfer,** der (ugs., abwertend): saurer Wein, sehr saurer Most: *Wein-Alchemie: Miesen Sauerampfer in eine brillante Kreszenz zu verzaubern ...* (ST 18. 8. 04). – Als Bez. für die Pflanze gemeind.

**Sauerkäse,** der (Vbg.): Käse aus saurer Milch, Quarkkäse: *Mit den mit Sauerkäse befüllten Törtchen kreiert Hannes Fleisch, Küchenchef des Hotels »Lucas« in Gaschurn, eine Quiche der Vorarlberger Art.* (VN 14. 8. 07)

**Saufutter,** das: 1. Schweinefutter: *Saufutter wird Blumenerde. Speisereste werden in Biogasanlage verwertet.* (SN 21. 11. 02). 2. (derb, abwertend) Saufraß

**Saufüttern:** ***zum Saufüttern** (ugs.): reichlich, in großer Menge vorhanden [und daher minderwertig]: *Modernen Büroraum gibt's zum Saufüttern!«* (PR 14. 1. 06)

**Saumagen,** der (salopp): unempfindlicher Magen, der jede Belastung aushält: *Das zu verdauen verlangt bei einigen SP-Granden vielleicht einen Saumagen, und der Oberveterinär der FPÖ mag's als Sauerei empfinden.* (PR 10. 1. 03). – Für ›gefüllter Schweinemagen‹ gemeind.

**Saumaise,** die: ↑faschiertes geräuchertes Schweinefleisch o.Ä. in einem Netz: *Die Waldviertler Saumaise mit Blunzenpüree und Grammeljus ist so schwer, wie sie klingt, und schmeckt sicher besser dort, wo sie herkommt.* (PR 8. 8. 13). ↑**Maise, Schweinsmaise**

**Säumnisbeschwerde,** die (Rechtsspr.): verfassungsrechtlich vorgesehenes Recht, gegen die Verletzung der Entscheidungspflicht einer obersten Verwaltungsbehörde Beschwerde einzulegen: *Die betroffenen Gemeinden entlang der geplanten 380kV-Stromleitung in der Oststeiermark kündigen Säumnisbeschwerde gegen das Wirtschaftsministerium an.* (PR 15. 3. 07)

**Sautanz,** der (ostösterr.): 1. (Volkskunde): Festessen nach dem Schweineschlachten: *Dabei sei doch gerade das die Verantwortung eines anständigen Kochs, nämlich alle Teile des Tieres so zu verarbeiten, dass daraus Delikatessen entstehen. Beim Sautanz in Purbach geschieht das nicht nur mit Blut und Innereien für die Blunzen.* (ST 21. 11. 14). 2. Veranstaltung mit rustikalem Essen: *Am Faschingsdienstag kann man sich bereits um 10 Uhr beim Sautanz des Weinbauvereins mit Kesselfleisch, Blunzn und Weinen für das Frühschoppen der Stadtkapelle stärken.* (KU 16. 2. 07)

**Sautrank,** der: Schweinefutter aus gekochten Kartoffeln, Speiseabfällen usw.: *die Küchenreste wurden zum Sautrank verkocht.* (SN 24. 6. 16)

**Schab,** der; -[e]s, -en (auch bayr.): ↑Schabe

**Schabe,** die; -, -n (ugs., auch südd., schweiz.): Motte: *Auf Ersuchen des Villgrater Heimatpflegevereines haben Frauen zusammengetragen, was den Schaben entgangen und noch nicht verräumt worden ist.* (TT 14. 7. 1998).

**Schachen,** der; -s, - (mundartnah, auch südd., schweiz.): kleines Waldstück (oft in Flurnamen)

**Schachterl,** das; -s, -n (ugs.): kleine Schachtel; ***wie aus dem Schachterl** (ugs.): sauber gepflegt, picobello, (in D) wie aus dem Ei gepellt: *Trotz des schmucklosen »Häfn-Flairs« muss das Nacht-Personal wie aus dem Schachterl sein – Post-Halstuch oder Post-Krawatte ist Pflicht.* (KU 15. 3. 04)

**Schadensgutmachung,** die; -, -en (Rechtsspr.): Leistung von Schadenersatz an Geschädigte: *Die Zahlung der teilweisen Schadensgutmachung ist ein Teil des Diversionsangebots der Anklage.* (TT 5. 7. 13)

**Schafblattern,** die /Plural/ (regional auch in D): Windpocken: *Wir waren beim Arzt. Der meint, es sind keine Schafblattern.* (KZ 21. 6. 12)

**Schaff,** das; -[e]s, -e (auch bayr.): offenes Gefäß, das mit beiden Händen getragen wird: *Stellt einer den linken Fuß in ein Schaff, das mit null Grad kaltem Wasser gefüllt ist und das rechte Bein ins Schaff mit 72 Grad warmem Wasser, fühlt er sich, statistisch gesehen, pudelwohl.* (SN 18. 1. 07); *An einem Stand offeriert ein Marktfahrer getrockneten Lavendel ... in einem riesigen Holzschaff.* (OÖN 28. 4. 07). ↑**Abwaschschaff, Wäscheschaff, Wasserschaff**

**Schaffel,** das; -s, -n (ugs., auch bayr.): ↑Schaff: *Auf einem Foto ist er wie als Stillleben nackt im Kopfstand in einem Schaffel zu sehen.* (PR 29. 10. 08); ***es gießt/schüttet wie aus Schaffeln** (ugs.): es regnet in Strömen: *Nach einer kurzen Regenpause schüttet es von morgen früh bis zum Sonntagabend wieder wie aus Schaffeln.* (OÖN 28. 5. 13). ↑**Abwaschschaffel, Surfleischschaffel, Wasserschaffel**

**schạffelweise** (ugs., auch bayr.): eimerweise, in großen Mengen: *Am Tag nach der »Otello«-Premiere begann es schaffelweise zu schütten, das wurde der Hochwassersommer.* (OÖN 7. 7. 07)

**Schạffer Schạfferin,** der bzw. die (auch südd.): Verwalter, Aufseher [auf einem Gutshof]

**Scha̲fhalt,** die: Weide und Unterkunft für Schafe: *Dieser Name stammt daher, da die Alm als Schafhalt für rund 400 Schafe diente.* (KZ 17. 7. 15)

**Scha̲fhalter Scha̲fhalterin,** der bzw. die: Schafhirt: *Schafhalter können außerdem ihre stumpfen Schermesser mitbringen und vor Ort schleifen lassen.* (OÖN 26. 9. 13). – Veraltet auch *Schafhälter.* Die Bedeutung ›Person, die Schafe hält‹ ist gemeind. ↑ **Almhalter, Halter**

**Scha̲fkäse,** der: österr. Form, in D meist Schafskäse: *Auch der Wolfgangseer Schafkäse mit Knoblauch/Kräutern und Kürbiskernen ... wurden mit Gold ausgezeichnet.* (SN 18. 7. 05)

**Scha̲le,** die (auch südd.): 1. Trinkgefäß von unterschiedlicher Form mit einem Henkel; Tasse: *Eine Schale Kaffee samt einem kalorienreichen Kuchen ...– der österreichische Kalorien-Express ... war in voller Fahrt!* (OÖN 2. 7. 11); ***eine Schale Gold** ↑ Gold. 2. ***Erdäpfel in der Schale** ↑ Erdapfel. ↑ **Kaffeeschale, Menageschale, Moccaschale, Teeschale, Schalerl.** – In der Bedeutung ›festliche Kleidung‹ gemeind. Vgl. Tasse

**scha̲len,** sich; sw. V. / hat (ugs., salopp): sich elegant kleiden, (ugs.) sich in Schale werfen

**Scha̲lerl,** das; -s, -n (salopp, auch bayr.): Schale: *Zwei Gene erhöhen oder senken Lust auf das Schalerl Kaffee.* (ST 9. 4. 11). ↑ SCHALE

**Scha̲merl,** das; -s, -n (mundartnah, auch bayr.): kleiner Schemel: *Es gibt in sämtlichen Ratgebern das Foto vom Kind auf einem Schamerl, das die Gegensprechanlage bedient.* (PR 2. 2. 05)

**Schamọtt,** der; -s ‹ital.› (auch bayr.): feuerfester Ton: (in D) die Schamotte. ◆ **Schamottstein:** *Auf einem feuerfesten Schamottstein steht die Einäscherungsnummer des Verstorbenen.* (OÖN 30. 10. 15)

**schamottieren,** sw. V. / hat: mit Schamottesteinen auskleiden: *Dabei wird ... erst ein negatives Tonmodell gefertigt, dann in Wachs ein Positiv genommen, das wiederum schamottiert und ausgebrannt wird.* (PR 19. 6. 06)

**Scha̲ni,** der; -s, ‹franz.; von *Jean* für ›Johann‹› (ugs., bes. Wien): 1. Kellner, Pikkolo; Schankbursch: *Jetzt, da sich der Frühling wieder ins Pannonische traut, fangen die Schanis an, ihre Gärten hinauszutragen.* (ST 18. 3. 05). 2. Person, die nur Handlangerdienste leistet: *Ich bin doch nicht dein Schani!; Er schert sich nicht darum, dass er wie der Fahrer, Träger oder Schani aller österreichischen Gesamt-Weltcupsieger seit Karl Schranz aussehen könnte.* (OÖN 13. 3. 06). – Die Redensart *Schani, trag den Garten hinaus/aussi* bedeutete, dass der Lehrling die Kübelpflanzen auf den Gehsteig stellen soll, um so einen kleinen Gastgarten herzustellen. ↑ **Ballschani**

**Scha̲nigarten,** der (bes. Wien): kleiner Gastgarten, der im Sommer auf dem Gehsteig mit Kübelpflanzen eingerichtet wird: *Hora fordert aber ein neues Konzept für die Errichtung von Schanigärten, um auf den Gehsteigen eine bessere »Durchgängigkeit« für Fußgänger zu schaffen.* (ST 15. 9. 16)

**Schạnk,** die; -, -en (auch bayr.): 1. Raum in einem Gasthaus, in dem alkoholische Getränke ausgeschenkt werden: *Im Hauptgebäude finden sich Küche, Schank, Stube und Saal für 300 Gäste.* (OÖN 22. 12. 14). 2. Schanktisch, Theke: *Der Arbeitsinspektor sei mit dem Fliesenboden hinter der Schank nicht einverstanden gewesen.* (ST 3. 10. 16) ↑ **Ausschank, Buschenschank** ◆ **Branntweinschank; Schankgehilfe; Schankraum:** *Zwei Passanten, die in der Hütte einkehren wollten, entdeckten den 57-Jährigen reglos im Schankraum am Boden liegend.* (SN 9. 2. 17)

**Schạnkbursch,** der: Schankkellner: *... weil inmitten des urigen Lokals der Schankbursch gekonnt darauf schaut, dass Pils und Weizen ordentlich unter die Haube kommen.* (OÖN 23. 9. 06). ↑ **Bursch, Zechbursch**

**Schạnkgarten,** der (westösterr.): zu einem Gasthaus gehörende, umzäunte Fläche im Freien mit Gastbetrieb: *Neu ist lediglich der großzügige Wintergarten und ... der Schankgarten.* (TT 7. 5. 11)

**Schạnkmädchen,** das: Schankkellnerin: *K. gelangt dadurch in den »Herrenhof«, wo er eine Liebschaft mit dem Schankmädchen Frieda beginnt.* (OÖN 10. 10. 07)

**Schạnkwein,** der (ostösterr.): [an der Theke] offen ausgeschenkter Wein: *Der Wein wurde in Doppler und Literflaschen gefüllt und diente als Schankwein fürs Gasthaus.* (PR 12. 4. 07)

**scharfes S:** österr. (und südd.) Bez. für den Buchstaben ß; die in D übliche Aussprache *Eszett* dieses Buchstabens wird österr.

höchstens für die Schreibung SZ in Großbuchstaben (z. B. GROSZE) verwendet: *Nach Beschluss des Rats für deutsche Rechtschreibung gibt es nun das »scharfe S« (Eszett) auch als Großbuchstaben.* (ST 30. 6. 17)

**Scharlach,** das: ist in der Bedeutung ›rote Farbe, roter Stoff‹ Neutrum, in D (wie für die Krankheit) Maskulinum

**Scharten,** die /Plural/ ‹eig. ›Scheiten‹›: Hobelspäne. ↑**Hobelscharten**

**Schas,** der; -es, -e (ugs., auch bayr.): **1.** Darmwind, (in D ugs.) Furz: *»Jeder Schas, den ich lasse, ist plötzlich feministisch«, sprach sie* (ST 24. 10. 16). **2.** Unsinn: *Geh bitte, schreib' nicht so einen Schas!* (OÖN 3. 5. 13); **3.** etwas sehr Ärgerliches: *Dann trainieren, trainieren, trainieren, damit so ein Schas beim nächsten Mal nicht mehr passiert.«* (PR 15. 1. 12); ***Schas mit Quastln** (ugs., salopp): Unsinn: *Zusammen mit den Entweichungen durch das Bläh-Gen zählt das unbedachte Wort zu dem, was der Volksmund gerne Schas mit Quasteln nennt.* (KU 15. 2. 02); ***das geht jmdn. einen Schas an** (ugs., salopp): das geht jmdn. gar nichts an; ***einen Schas** (ugs., salopp): keineswegs: *Die Welt blickt natürlich einen Schas nach Österreich.* (Falter 10. 9. 03); ***ein Schas im Wald** (ugs., salopp): etwas völlig Unbedeutendes: *Das, was wir machen, ist in Wahrheit ein Schas im Wald.* (TV-Media 11. 6. 14). ↑**Lercherlschas**

**Schattseite,** die (auch schweiz.): Schattenseite: *Im Saalachtal sind die Fichten auf der Schattseite und der Sonnseite genetisch unterschiedlich.* (SN 5. 5. 06) ◆ **schattseitig:** *In den windexponierten Lagen gibt es viele harte, glatte Flächen durch Windharsch, sowie schattseitig Schwimmschnee und eingelagerten Oberflächenreif.* (SN 6. 1. 05)

**Schaub,** der; -[e]s, Schäube: **1.** (auch südd.) Strohbund, große Garbe. **2.** (Volkskunde, bes. Stmk.): Brauchtumsgestalt mit Strohkostümierung

**schauen:** steht österr. (und südd., schweiz., regional auch in D) in bestimmten Verwendungen für ›sehen, blicken‹ (in D gucken, nordd. kieken; eine genaue Abgrenzung zu D ist nicht möglich, daher werden hier die typischen österr. Verwendungen angeführt): **1.** blicken (als bewusste Handlung mit der Absicht, etwas zu sehen): *Doch auch der Tod schaut um die nächste Ecke.* (OÖN 17. 7. 09); *Er rast im Schulgebäude die Treppe hinauf und – steht vor dem Direktor. Der schaut auf die Uhr und sagt: »Zehn Minuten zu spät.«* (OÖN 4. 9. 08). – Dagegen steht auch im Süden *sehen,* wenn es sich um ein mehr passives Mit-den-Augen-Wahrnehmen handelt: *Ich habe heute deine Schwester [zufällig] gesehen.* **2.** den Blick schweifen lassen, sich umsehen: *ohne zu schauen, lief er auf die Fahrbahn; Es ist relativ ruhig losgegangen. Jeder hat geschaut, wie die Bedingungen sind.* (NÖN 27. 6. 13); *Können Sie nicht schauen?* (aufpassen) **3.** zusehen: *Das Publikum ist also mitgegangen, hat geschaut, gehört, gelesen, gefeiert.* (PR 28. 12. 05); *jetzt ist es mir gelungen, aber niemand hat geschaut* **4.** dreinschauen: *»Schau nicht so finster, das bleibt dir sonst!«* (OÖN 21. 12. 13; Redensart); *Wie soll ich damit umgehen, wenn ein Mensch fern jeder Logik agiert? Nett zureden? Böse schauen? Mit Strafe drohen?* (PR 25. 7.09). **5.** ansehen, betrachten: *schau, was ich gefunden habe!; Schau, da kommt der Katzenfreund.* (PR 29. 10. 05). **6.** (ugs.) (im Fernsehen) ansehen: *alte Filme schauen; Danach war ich mit ihnen mehr draußen und habe eigentlich nur noch Fernsehen geschaut, wenn ich krank war.* (ST 4. 3. 15). **7.** (auch westd.) beaufsichtigen, betreuen, sich um jmdn. kümmern: *Wer schaut auf unsere Kinder? Wo gibt es ordentliche Betreuung?* (OÖN 1. 8. 16). **8.** auf etwas besonders achten: *auf Ordnung, Sauberkeit schauen; er schaut nicht aufs Geld* (Geld ist ihm gleichgültig; er gibt Geld locker aus); *Die Barockstadt schaut auf die Umwelt.* (OÖN 16. 5. 14); *Diese dürfen schauen, ob alles korrekt vor sich geht, aber nicht in der Wahlbehörde mitentscheiden.* (PR 5. 7. 16); *Er hat geschaut, dass alle Arbeit haben, er hat soziale Politik betrieben.* (NÖN 26. 3. 15). **9.** zusehen, sich bemühen: *»Da würde ich schon schauen, dass ich in einem Haus oder im Auto bin. Allein beim Wegrennen kann einen so ein Bär verletzen.«* (PR 15. 5. 16). **10.** nachsehen: *Dafür müsse man nur in die Preislisten der jeweiligen Zeitung schauen, die das Marktforschungsinstitut Focus Media Research erhebt.* (PR 6. 4. 12). **11.** nachdenken, überlegen: *Ich werde nochmals persönlich mit Bezirksschulinspektor ... sprechen und schauen, was man tun kann.* (BVZ 20. 12. 11). **12.** Ausschau halten, sich umsehen: *Ich muss mir um eine neue Wohnung, einen Arbeitsplatz schauen.* **13.** herausragen: *aus deiner Manteltasche schaut eine Pistole.* **14.** (auch westd.) Zustimmung heischende Floskel: *Schauen Sie, ich habe da* *einen Vorschlag;* /mit Beugungsform der 2. Person Plural/ *schauts, Burschen, das geht doch nicht!* ***jmd. schaut jmdm. ähnlich** (auch bayr.): jmd. hat mit jmdm. eine Ähnlichkeit: *sie schaut ihrer Mutter ähnlich;* Vgl. gleichschauen; ***etwas schaut jmdm. ähnlich** (abwertend, auch bayr.): etwas ist typisch für jmdn.: *Hast du den Zug versäumt? Das schaut dir wieder ähnlich!*; ***schau, schau!** (auch bayr.) **a)** /Ausruf der Verwunderung/: *»Schau, schau, das könnte glatt Mode machen.«* (PR 26. 5. 04). **b)** /Ausruf der Anerkennung/: *schau, schau, was du alles kannst!* ***so schnell kann man gar nicht schauen** (auch bayr.): etwas ist sehr rasch vor sich gegangen, (in D) so schnell kann man gar nicht gucken: *Irgendwann lässt die Zeitung oder der Journalist einen wieder fallen, so schnell kann man gar nicht schauen.* (Falter 6. 7. 11); ***schön schauen:** eine unangenehme Überraschung erleben: *Der nächste Finanzminister ... wird schön schauen: Wer immer den Rechtsstreit verliert, wird mit Steuergeldern aufgefangen werden müssen.* (PR 14. 6. 13); ***durch die Finger schauen** ↑Finger. ↑**abschauen, anschauen, aufschauen, ausschauen, dazuschauen, einschauen, fernschauen, gleichschauen, herausschauen, herschauen, Krippenschauen, nachschauen, umschauen, verschauen, Wiederschauen, zuschauen**

**Schaufel:** ***von der Schaufel springen** (ugs.): gerade noch einem Unglück, einer Niederlage entgehen: *»Wir sind noch einmal von der Schaufel gesprungen«, sagte Pfeifenberger. ... »Mit einer ähnlichen Leistung ... wird man am Samstag ... nicht bestehen können.* (SN 15. 10. 07); ***dem Tod von der Schaufel gesprungen sein** (ugs., auch bayr.): dem Tod gerade noch entkommen sein, (in D ugs.) dem Tod von der Schippe gesprungen sein: *Die Leute sind von der Tatsache fasziniert, jemanden zu treffen, der dem Tod von der Schaufel gesprungen ist.* (SN 12. 1. 06); ***jmdn./etwas auf die Schaufel nehmen** (ugs.): jmdn. zum Narren halten, sich mit jmdm. einen Scherz erlauben, (in D) auf die Schippe nehmen: *Wie aber kommt ein junger Filmemacher dazu, den Büroalltag auf die Schaufel zu nehmen?* (ST 23. 2. 07); **jmdn. auf der Schaufel haben** (ugs.): jmdn. nicht ernst nehmen, schikanieren: *Viele, die Sie auf der Schaufel haben, halten aber gerade Sie für unverfroren. Sind Sie ein gemeiner Mensch?* (OÖN 22. 2. 13). ↑**Backschaufel, Kehrschaufel, Mistschaufel, Schmarrenschaufel**

**Schauferl,** das; -s, -n (ugs.): (Verkl. zu) Schaufel; Kinderschaufel; Küchenschaufel: *Wer ihm zuhört, der fühlt sich motiviert, gleich selbst Schauferl und Rechen in die Hand zu nehmen, ob man nun einen Garten hat oder nicht.* (OÖN 15. 5. 07); *Nach dem Motto »Mein Schauferl kriegst du nicht«, könne diese* (Regierung) *nichts anderes als streiten.* (SN 2. 10. 07)

**Schäuferl,** das; -s, -n: ***ein Schäuferl nachlegen** (ugs.): **1.** einen Konflikt durch weitere Äußerungen noch eskalieren lassen: *Der Insasse des Heiligen Stuhls drängte Luther daher, seine ketzerischen Ansätze zu widerrufen. Der aber legte ein Schäuferl nach.* (TT 29. 1. 17); *Der CSU-Chef zeigte sich unbeeindruckt und legte ein Schäuferl nach.* (OÖN 16. 6. 18). **2.** den Wettbewerb durch zusätzliche Aktionen verschärfen; das Angebot erhöhen: *Die neuen Modelle Panda und Grande Punto haben voll eingeschlagen. Und jetzt legen die Italiener noch ein Schäuferl nach – mit dem neuen Fiat Bravo.* (OÖN 14. 3. 07). **3.** (einen Erfolg) verlängern: *Die Faustballer des ASVÖ ASKÖ Seekirchen sind derzeit nicht zu bremsen: Die Damen legten in der Bundesliga ein Schäuferl nach und sind Vierte.* (SN 14. 12. 06)

**Schaumrolle,** die (auch bayr.): Rolle aus Blätterteig, die mit ↑Schlagobers oder einer Creme gefüllt ist; (in D) Schillerlocke: *Haushaltswaren, Bekleidung, Gewürze, Düfte, Spielwaren, Schaumrollen, Glühwein, Maroni und vieles mehr werden an den Ständen angeboten.* (SN 22. 10. 15)

**Scheibband,** das (ostösterr., veraltet): Traggurt, Zugriemen

**scheiben,** st. V. / hat (ugs., auch bayr.): **1.** rollen, schieben: *Untermalt von dezentem Grollen und hintergründigem Turbopfeifen scheibt der Volvo-Motor den strammen Max in knapp unter acht Sekunden auf unser Bundesstraßenlimit.* (KU 15. 9. 06). **2.** (kurz für) Kegel scheiben: *Sie alle sind mächtig drauf stolz, auf der einzig »echten« Kegelbahn in Linz zu scheiben.* (OÖN 17. 2. 01); ***Kegel scheiben:** ↑Kegel; ***Kugel scheiben:** ↑Kugel. **3.** einen Witz, eine Pointe landen: *ORF-Star Günther Lainer scheibt Wuchtel um Wuchtel und jongliert so nebenbei mit bis zu fünf Bällen.* (OÖN 16. 6. 14). ↑**herausscheiben**

**Scheiberl,** das; -s, -n (ugs., Sport): [verunglückter] Schuss, bei dem der Ball nur leicht ins Rollen kommt: *»Zu weiche Brüder, die sich* *mit Schnörkeln wie Hakerl, Ferserl und Scheiberl gefallen, jedoch dem Zweikampf ausweichen.«* (OÖN 19. 7. 04)

**Scheibtruhe,** die (auch bayr.): Schubkarren: *Ab Montag werden Archäologen im Auftrag des Bundesdenkmalamtes mit Krampen, Schaufel und Scheibtruhe anrücken, um Knochen auszugraben.* (SN 28. 9. 07)

**scheißen:** ***sich nichts scheißen** (ugs., derb, auch bayr.): sich keine Gedanken machen, eine Sache gleichgültig nehmen: *Er hat mir imponiert – er hat sich nichts geschissen.* (PR 10. 5. 14); ***geh scheißen!** (ugs., derb): verschwinde, lass mich in Ruhe! (abweisende Formel): *Ich bin hingegangen, da habe ich gehört, wie S. zu meiner Frau »Geh scheißen, du Trampel!« gesagt hat.* (ST 12. 7. 16)

**Scheißhäusl,** das (auch bayr.): 1. (früher) freistehender Abort [bei Bauernhäusern]. 2. (derb) Toilette, Scheißhaus: *Man schaut wirklich bis ins Scheißhäusl eini, bis ins Ehebett, das ist echt sozialpornografisch auf jedem Fall!* (PR 17. 2. 06). ↑Häusl

**Scheit,** das; -[e]s: der Plural lautet österr. (und schweiz.) Scheiter, in D Scheite: *Im Winter beförderte man die Scheiter auf großen, schweren Schlitten zum Schwarzenbergischen Schwemmkanal.* (OÖN 9. 6. 16). ↑**Meterscheit**

**Scheiterhaufen,** der (selten auch in D): ›im Backrohr zubereitete Süßspeise aus in Schichten gelegten Weißbrotstücken, Äpfeln, Milch, Eiern, Rosinen und Zucker: *Ein Geschmack aus der Kindheit – wahrscheinlich gibt's so viele »beste« Scheiterhaufen wie Großmütter.* (KU 27. 10. 07). Vgl. Kipfelkoch

**Scheitertriste,** die: Unterlage, Gestell zum Schlichten von Holzscheitern. ↑Triste

**Scheitl,** das: kleineres Holzstück für den Ofen: *Schneeschuhwandern, Holzscheitl stemmen, über Baumstümpfe hüpfen: Was sich nach einem Kinderspiel anhört, ist ein ausgeklügeltes Fitnessprogramm.* (OÖN 27. 12. 06)

**Schelfeler,** die /Plural/ (Tirol): in der Schale gekochte Kartoffeln, (in D) Pellkartoffeln: *Und die speckige, festkochende Kartoffel eignet sich am besten für die Schelfeler.* (ORF/Tirol/Magazin, 2007, Int)

**Schellack,** die; -, -s ‹niederld.›: (kurz für) Schellackplatte: Schallplatte aus Schellack (in D nur: das Schellack ›Harz‹): *Eine wichtige Anregung dazu kam von Kontrabassist Philipp Moosbrugger, der noch echte Schellacks auflegt.* (ST 5. 10. 07)

**Schema,** das ‹griech.›: wird österr. veraltend auch [ˈsçeːma] ausgesprochen, in D nur [ˈʃeːma]

**Schematismus,** der; -, ...ismen ‹griech.›: Rangliste für öffentlich Bedienstete (in D nur ›statistisches Handbuch der kath. Diözesen‹)

**schepsen, schöpsen** (mundartnah): Baumstämme mit dem Schäleisen entrinden ◆ **Schepseisen**

**Schepser, Schöpser,** der (mundartnah, auch bayr.): Schaber oder Stößel zum Entrinden von Bäumen; Schäleisen: *Hacke, Zugsäge, Sappl, Keile, Schöpser, die ersten schweren Zweimannmotorsägen durften die kleinen Besucher angreifen.* (KZ 28. 10. 11)

**Scher,** der; -[e]s, -e (mundartnah, auch südd., schweiz.): 1. Maulwurf: *Ärgern Sie sich nicht über einen »Scher« ..., wenn er Ihren Garten als Refugium in Anspruch nimmt!* (NÖN 3. 3. 08). 2. (selten) Schermaus, Wühlmaus

**Scherben,** der; -s, -: 1. (auch südd.) zerbrochenes Stück von Ton oder Porzellan, (in D) die Scherbe: *ein dunkelgrüner Glasscherben hat ihm die Sohle des rechten Fußes aufgeschlitzt, er hält den Scherben in seiner Hand* (DATUM 31. 5. 12). 2. (veraltet) Nachttopf; ***den Scherben aufhaben** (ugs., salopp): in eine missliche Lage geraten sein: *Wenn EDV-Probleme mit einem unzulänglichen Gesetz und einem säumigen Ministerium aufeinandertreffen, dann haben unschuldige Bürger den Scherben auf.* (KR 14. 4. 04). – Auch in der Form *Scherm.* ↑**Grantscherben, Nachtscherben**

**Scherhaufen,** der (mundartnah, auch bayr.): Maulwurfshaufen: *Im Wettbewerb* (im Mähen) *mit den langen Sensen waren wir auch sehr gut unterwegs, aber ein paar Scherhaufen auf unserem Wiesenstück haben uns zurückgeworfen.* (OÖN 22. 6. 16)

**Scherm** ↑Scherben

**Schermaus,** die: eine Art von Wühlmaus: bezeichnet ugs. (auch südd., schweiz.) auch einen Maulwurf. ↑**Scher**

**Schernken,** der; -s,: breiter Nagel an den Rändern der Sohlen bei Bergschuhen: *Die handgeschmiedeten Eisennägel in der Sohle und die aufgeschlagenen »Schernken« und Zackeneisen garantierten Trittsicherheit und Rutschfestigkeit und schützten den Schuh gegen Verschleiß.* (OÖN 9. 8. 12) ◆ **Schernkenschuh**

**scherren,** sw. V. / hat (ugs., auch südd.): kratzen, schaben, schaufeln: *den Schnee vom*

*Gehsteig scherren; »Tag und Nacht herumkratzen und scherren.«* (OÖN 10. 7. 01)

**Scherz,** der; -es, -e (auch bayr.): 1. Brotanschnitt, Endstück des Brotlaibs. 2. [dickes] Stück Brot

**Scherzel,** das; -s, - bzw. -n: 1. (auch bayr.) ↑Scherz: *der Bauer will nach dem Brot greifen, mit dem Messer drei Kreuze machen und feierlich das Scherzl abschneiden.* (OÖN 22. 4. 06); *Neben den Gräueln werden auch Leute beschrieben, die Kopf und Kragen riskierten, wenn sie einem »KZler« auch nur ein Scherzerl Brot und Apfelschalen zusteckten.* (OÖN 9. 11. 11). 2. Schwanzstück beim Rind zwischen den Hinterbeinen und den Hüften, geeignet zum Kochen und Dünsten; ***weißes Scherzel:** heller Muskelstrang am hinteren Teil des Hinterbeines; ***schwarzes Scherzel:** Fleischstück am unteren Rand des Schwanzstücks: *Das weiße Scherzel (so genannt wegen der hellen Farbe) liegt neben Tafelstück und schwarzem (also dunklerem) Scherzel.* (SN 16. 11. 01). – Auch in der Form *Scherzl* und im Diminutiv *Scherzerl.* ↑**Beinscherzel, Hieferscherzel, Hüferscherzel, Schulterscherzel**

**schiach** ↑schiech

**Schiachpercht** ↑Schiechpercht

**Schibboleth,** das: wird österr. auf der ersten Silbe betont, in D meist auf der zweiten

**Schichte,** die; -, -n: Schicht, wenn es sich um eine Lage, [Gesteins]schicht handelt (in der Bedeutung ›Arbeitsgruppe‹ gilt wie in D *Schicht*): *Meine New Yorker Freundin Joan vergleicht L.A. gern mit einer Zwiebel: Ambitionierte Newcomer versuchen Schichte um Schichte zu schälen.* (SN 10. 3. 07) ◆ **Eisschichte, Gesteinsschichte, Staubschichte**

**schicken:** wird österr. in der Bedeutung ›veranlassen, sich mit einem bestimmten Auftrag an einen Ort zu begeben‹, mit *um* (zur Angabe des Entsendungsgrundes) verbunden: *Der kleine Bub wird zum Brunnen um Wasser geschickt.* (PR 8. 9. 12)

**Schiebetruhe,** die: (urspr. hyperkorrekt, vor allem ostösterr. im Handel üblich): ↑Scheibtruhe: *Der Hersteller von Schiebetruhen und Ersatzteilen sowie Tiefziehpressen und Metallwarenhändler führte ... die Metallpreiserhöhung ... als Grund für die Insolvenz an.* (ST 10. 10. 11)

**schiech** [ʃiːɐ̯ç] (ugs.; auch bayr.): 1. hässlich, abscheulich: *Ja, lange könnte man trefflich darüber streiten, ob der Dacia Lodgy hui oder pfui, fesch oder schiach, billig oder günstig ist.* (OÖN 7. 1. 16); *Schiach wird er, der Wahlkampf. Richtig schiach.* (ST 25. 6. 06). 2. unangenehm, schwierig: *Und wie sieht Stephanie Graf das Rennen im Rückblick? »Schiach war's. Echt schlimm. Ich war sehr müde und verkrampft.«* (SN 26. 9. 00). 3. zornig, wütend: *sei nicht so schiech zu ihr!* – Da das Verständnis für den urspr. Diphthong *-ie-* verloren geht, setzt sich zunehmend die lautbezogene Schreibung *-ia-* durch

**Schiechpercht,** die (Volkskunde): ↑Percht mit hässlicher, Furcht erregender Maske (Ggs. ↑Schönpercht): *Mit ihren zwei Gesichtern hat zur Zeit der Jahreswende Frau Perchta das Sagen. Sie erscheint als Schön- und Schiachpercht, sie zeigt sich in teuflischer Fratze aber auch unter festlichen Kappen.* (SN 29. 12. 06)

**Schiefer,** der (auch bayr.): Holzsplitter: *Auf dem Holzsteg ziehen sich die Leute manchmal auch Schiefern ein.* (OÖN 23. 7. 10); ***sich einen Schiefer einziehen:** eine Abfuhr einstecken müssen: *Mit ihrem Plan, den Koralm-Tunnel zwischen Graz und Klagenfurt auf die lange Bank zu schieben, haben sich die ÖBB einen kräftigen Schiefer eingezogen.* (PR 4. 6. 06)

**schiefern,** sw. V. / hat: 1. (in D regional) splittern, in Splittern ablösen: *Teak Holz ist besonders hart und schiefert nicht.* (KU 14. 4. 12). 2. ‹jidd.› (Gaunerspr.) betrügen: *ich bin geschiefert und hereingelegt worden; wir lassen uns nicht länger schiefern!* 3. (ugs.) schikanieren, zum Narren halten

**schießen,** st. V. / ist: 1. (ugs., veraltet) verbleichen, die Farbe verlieren: *die Vorhänge schießen; das Kleid ist geschossen.* 2. (salopp) ***etwas schießt jmdm.:** etwas fällt jemandem plötzlich ein: *»Als der Motor stotterte, ist es mir sofort geschossen, dass ich tanken hätte sollen.«* (OÖN 11. 1. 10). ↑**abschießen**

**Schifferlversenken,** das; -s: (in D) Schiffeversenken /ein Spiel/: *Auch beim Schifferlversenken macht es viel mehr Spaß gegen einen achtzehnjährigen Tiroler zu kämpfen als gegen die ... Bildpunkte am Handydisplay.* (PR 9. 10. 01)

**Schilcher,** der; -s: Blauer Wildbacher, ein steirischer Roséwein, (in D) Schillerwein: *Nachdem wir uns mit einer legendären Brettljause und einem rubinroten Glas Schilcher gestärkt haben, geht es von Deutschlandsberg mitten durchs Schilcherland bis nach Eibiswald.* (KZ 21. 10. 16) ◆ **Schilcherfest; Schilcherkost; Schilchertraube; Schilchersturm** ↑Sturm

**Schilcherland,** das: Weinregion in der Südsteiermark: *Am schwersten traf es dabei das weststeirische Schilcherland.* (KZ 6. 10. 16)

**Schilchertrester,** der: Schnaps aus Trestern des Schilchers: *so präsentieren die Fürstenfelder Kürbisbauern Köstlichkeiten aus den steirischen Genussregionen ... Dazu gibt es frische Schilcherweine, Schilchersturm und Schilchertrester.* (KU 24. 10. 09). ↑**Trester** ◆ **Schilchertresterbrand**

**Schildkappe,** die (auch südd.): Kopfbedeckung mit Schild, bes. als Sonnenschutz, (in D) Schirmmütze: *Weiters trug der Kriminelle eine schwarze Schildkappe mit Ohrenschützern.* (PR 12. 1. 16). ↑KAPPE

**Schildkrot,** das; -[e]s (regional auch in D): Schildpatt

**Schill,** der; -[e]s, -e: Zander: *Schill auf ungarische Art ... Den Schill ausnehmen und filetieren, enthäuten und die Filets schwach salzen.* (ORF/Bgld./Mahlzeit, 2007, Int)

**Schinakel,** das; -s, -n ⟨ung.⟩ (ugs., ostösterr., selten auch bayr.): kleines Ruderboot: *Da heißt es aus den Federn, Angel, Käscher und Appetithappen für die schuppigen Gesellen unter den Arm und im Schinakel auf den friedlichen See hinaus.* (PR 10. 9. 05); (oft ironisch oder übertragen) *Grazer Oper auf hartem Prüfstand. Jörg Kossdorf will »das Schinakel wieder zum Schwimmen bringen«.* (PR 31. 10. 03)

**Schindel:** ***Schindeln am/auf dem Dach** (ugs., auch bayr.): Redensart, mit der dem Gesprächspartner angedeutet wird, man solle über das betreffende Thema jetzt nicht weitersprechen, weil Anwesende, z. B. Kinder, nichts davon hören sollen: *Ein Wiener Polizeibeamter mit Selbstzweifeln und adeligen Wurzeln macht sich auf, um etwas aus der verschlossenen Dorfbevölkerung herauszubekommen. »Schindeln am Dach«, heißt es da nur: Nix vom Gesagten soll nach außen gelangen.* (PR 12. 10. 14)

**Schinkenfleckerln,** die /Plural/: Auflauf aus Nudeln, die mit einer Masse aus Eiern und Butter sowie Wurst- bzw. Schinkenstückchen vermischt werden: *Es gibt bei uns auch nur traditionelle Gerichte wie Schinkenfleckerln, Palatschinken oder Kaiserschmarren.* (WZ 7. 5. 09). ↑FLECKERL

**Schinkenrolle,** die: Vorspeise aus Schinkenblättern, die mit Gervais, Mayonnaise o. A. gefüllt und mit Eiern und Salat garniert sind, (ähnlich in D) Schinkenröllchen

**Schippel, schippelweise** ↑Schüppel, schüppelweise

**Schirmbar,** die (selten auch in D): mit einem Schirm überdachte Theke im Freien: *Braun gebrannt, immer gut drauf und an der Schirmbar der Hahn im Korb: Beim Stichwort Skilehrer rattern die Bilder im Kopf.* (PR 1. 1. 12)

**Schirmkappe,** die: Schirmmütze: *Er sprach hochdeutsch und war mit Schirmkappe und einer Art Clownmaske mit künstlichen Haaren getarnt.* (SN 13. 9. 06). ↑KAPPE

**Schlachtpartie,** die (westösterr.): Festessen nach dem Schweineschlachten; Sautanz, Schlachtfest; heute eine kulinarische oder touristische Attraktion: *Nebenbei besorgte er jahrzehntelang Hausschlachtungen und organisierte besonders gute Schlachtpartien in den umliegenden Wirtschaften.* (VN 16. 6. 01)

**Schlaf:** ***einen Schlaf haben** (auch bayr., ohne Artikel auch südd., schweiz.): schläfrig, müde sein: *Ich hab schon einen furchtbaren Schlaf*

**Schlafele,** das; -s, -n (ugs., westösterr.): ↑Schlaferl

**Schlaferl,** das; -s, -n (ugs.): österr. (und bayr.) Form, (in D) Schläfchen: *Falls die Arbeitsleistung trotz Schlaferl nicht großartig sein sollte, liegt das vielleicht am Fehlen von Zimmerpflanzen.* (OÖN 28. 9. 02)

**Schlafhaube,** die: Schlafmütze (in konkreter und übertragener Bedeutung): *Das letzte Souvenirstandl bekommt dort gerade die Schlafhaube aus Plastik übergezogen.* (SN 23. 4. 05). ↑HAUBE

[1]**Schlag,** der: (kurz für) ↑Schlagobers, meist in der Verbindung ***Kaffee mit Schlag:** *Jedem Wahlberechtigten bis zum Wahltag ein resches Semmerl und einmal Kaffee mit Schlag.* (PR 19. 6. 06). ↑OBERS, **Schlagobers**

[2]**Schlag,** der (auch bayr.): brach liegendes, abgeholztes Waldstück, auf dem Beerensträucher wachsen ◆ **Brombeerschlag; Himbeerschlag**

**schlagen,** st. V/hat: **1.** schlachten /bezogen auf Rinder/. Vgl. stechen. **2.** /sich schlagen/ nicht zusammenpassen, (in D) sich beißen: *Das Grün schlägt sich mit dem Blau; Das schlägt sich mit dem Image des starken Mannes.* (PR 17. 9. 16). **3.** ***Wahl[en] / den Wahlkampf schlagen:** den Wahlkampf führen: *Einer, der das bekanntermaßen auch anders sieht, ist der Wiener Bürgermeister ..., der im Herbst eine Wahl schlagen muss.* (ST 8. 6. 15)

**Schlagerl,** das; -s, -n (ugs., auch bayr.): leichter Schlaganfall: *ein Schlagerl hat ihn gestreift; Studien beweisen die Primärprävention von Aspirin bei Herzinfarkt, für Schlaganfall gibt es solche nicht. Hatte jemand schon ein Schlagerl, dann ist die Gabe oft sinnvoll.* (OÖN 24. 10. 07)

**schlägern,** sw. V. / hat: 1. Bäume fällen: *Stadt Braunau muss großflächige Bäume schlägern.* (OÖN 27. 2. 15); *Beim Schlägern stürzte ein Baum auf ein fahrendes Auto.* (KZ 26. 10. 16). 2. /sich/ (ugs., salopp) raufen, sich verprügeln: *die beiden haben sich in der Pause geschlägert*

**Schlägerung,** die: [in größerem Ausmaß durchgeführtes] Fällen von Bäumen: *Ausgelöst wurde die Debatte durch die Schlägerung einer Reihe von hohen Fichten am Rand des Kasernengeländes an der Posthofstraße.* (OÖN 12. 7. 07) ◆ **Schlägerungsarbeiten; Schlägerungsunternehmen**

**Schlagobers,** das: (in D) Schlagsahne: *Die Autorin verliert sich dabei zuweilen in der akribisch detailgetreuen Schilderung, man könnte sagen: ein wenig viel Schlagobers auf dem Kaffee.* (PR 8. 2. 17). ↑Obers, **Schlag** ◆ **Schlagoberstorte**

**Schlagobershaube,** die: kleine Menge Schlagsahne/Schlagobers auf einem Getränk, (in D) Sahnehäubchen: *Wer im Café Glockenspiel einen Einspänner bestellt hatte, der bekam stets einen Espresso mit üppiger Schlagobershaube.* (SN 13. 2. 15). – In der übertragenen Bedeutung ›etwas Besonderes, was eine Sache vollkommen macht‹ wird auch in Österr. *Sahnehäubchen* verwendet. ↑Haube

**Schlagrahm,** der (süd- und westösterr., wie südd., schweiz.): ↑Schlagobers: *Morgen habe ich Geburtstag. Da mache ich Schlagrahm für die Torte.* (TT 26. 3. 05). ↑Rahm

**Schlamassel,** das; -s, - (dt., jidd.): ist österr. (und bayr.) Neutrum, in D meist Maskulinum: *Verantwortlich für das Schlamassel ist der Herr ÖOC-Generalsekretär.* (ST 24. 5. 07)

**Schlamastik,** die; -, -en (ostösterr. ugs. veraltet): Schlamassel: *Egal, ob Kanzler, Vizekanzler ... – alle wissen sie genau, wem die Schlamastik zu verdanken ist.* (PR 1. 4. 14)

**Schlampen,** der; -s, -: österr. (in D regionale) Form, (in D) die Schlampe

**Schlamperl,** das; -s, -n (ugs., salopp, auch bayr.): Schlampe: *Paul solle sich nicht grämen, die Tante sei, so steht es zwischen den Zeilen, ein Schlamperl. Sie sammelt Männer wie Briefmarken.* (KU 23. 5. 06)

**schlampert** (ugs., auch bayr.): schlampig: *Zudem dürften die Produkte nicht mehr so »schlampert deklariert« werden.* (SN 15. 10. 04); ***ein schlampertes Verhältnis** (ugs.): eine ungeregelte Liebesbeziehung: *Vielleicht wird Polts schlampertes Verhältnis zur Lehrerin Karin einer gewissen Verbindlichkeit zusteuern, wer weiß?* (ST 14. 2. 03); (oft übertragen) *Bleibt nur der Schluss, dass der Österreicher irgendwie ein schlampertes Verhältnis zum Geld hat.* (ST 15. 10. 02)

**Schlampertatsch,** der; -s, -e (ugs., salopp): schlampiger Mensch: *Ja mei, wir sind halt Schlampertatsche – aber wenigstens gemütliche.* (PR 30. 7. 04)

**Schlankel,** der; -s, - (ugs.): Schelm, Schlingel: *Um sich irgendwie herauszureden, hat der Schlankel treuherzig versichert: Ja, ja, diesen Reform-Entwurf gebe es. Aber man werde ihn nicht verraten.* (PR 17. 4. 03)

**Schlapfen,** der; -s, - /meist Plural/ (ugs., auch bayr.): Pantoffel, (in D) Schlarfe, Schlarpe, (in CH) Schlappen: *Mit dem Athleisure-Trend wurde nicht nur die berühmte deutsche Badelatsche Adilette wieder in, sondern auch weiße Tennissocken zu Sandalen oder Schlapfen.* (ST 22. 4. 17); **Holzschlapfen:** *Jirsíková zeichnet den ... »proletarischen« Häftling mit jämmerlichen Holzschlapfen, und sie nimmt ihr aller Elend aufs Korn.* (PR 15. 11. 14). ↑**Badeschlapfen, Filzschlapfen, Hausschlapfen**

**Schlatz,** der (ugs.): 1. Schleim: *Für mehr Aufmerksamkeit und zum Wohl aller verspeisen ab Freitag auf RTL wieder Menschen, denen vor nichts graust, Schlatz und grausige Tiere.* (ST 12. 1. 17); ***einen Schlatz auf jmdn. haben** (ugs., salopp): über jmdn. verärgert sein. 2. Schlamm: *Als ich dort war, sah alles grau aus, es hat geregnet, Matsch, Schleim, Schlatz.* (OÖN 15. 3. 12)

**schlatzen,** sw. V. / hat (ugs.): Schleim ausspucken: *So ein richtiger Ungustl ist Professor Vogel. Rotzt und schlatzt, ist obszön, gemein und quält seine Kinder bis zum nervlichen Break-Down.* (PR 31. 10. 01)

**schlatzig** (ugs.): schleimig, schlüpfrig: *ein schlatziger Fisch, Boden; Spanische Nacktschnecken, so notwendig wie ein Kropf. Die Kleingärtnerschaft überlegt wieder, wie sie sich dieser schlatzig-braunen Plage entledigen kann.* (OÖN 24. 6. 10)

**Schlaucherl,** das; -s, -n (ugs., salopp, auch bayr.): Schlawiner: *Unsterblicher Schwejk! In* *der Gestalt des tschechischen Präsidenten ... bist du wieder auferstanden ... lustig-listig mit bewährt treuherziger Schlaucherl-Miene.* (PR 4. 3. 04)

**schlẹcken,** sw. V. / hat (auch südd., schweiz.): lecken: *Wichtig ist laut Expertin zudem, dass man sich bei Kälte nicht über die Lippen schleckt.* (OÖN 20. 1. 16). – In der Bedeutung ›naschen, Süßigkeiten essen‹ gemeind. ↑**abschlecken, aufschlecken**

**Schlẹcker,** der: (ostösterr., OÖ, ugs., auch bayr.): Lutscher, Lolli: *ich freue mich schon sehr auf den Nikolaus. Da bekomme ich sicher Naschzeug: Zuckerl, Schlecker, Schokolade und Kaugummi.* (NÖN 3. 12. 08)

**Schleckerei,** die (auch bayr., schweiz.): Leckerei, Näscherei, Süßigkeit: *In kandierter Form ist Ingwer eine begehrte Schleckerei.* (SN 21. 6. 03)

**Schlegel,** der; -s, - (auch südd., schweiz.): Hinterkeule: *Die Schweinehälften ... kommen am nächsten Tag zur »Grobzerlegung«: Schlögel, Karree, Schulter und Bauch werden getrennt.* (KZ 17. 1. 13). – Auch in der Schreibung *Schlögel.* ↑**Hirschschlegel, Kalbsschlegel, Lammschlegel, Rehschlegel, Schöpsenschlegel, Schweinsschlegel**

**Schleich,** der; -[e]s (ugs., salopp, bes. in den Nachkriegsjahren nach 1945 üblich): Schleichhandel: *Es herrscht Aufbruchstimmung mitten im Chaos und »der Schleich« ... dominiert die Geschäfte.* (SN 26. 2. 05)

**schleichen,** sich (ugs.): sich entfernen (meist als Drohung oder Aufforderung): *schleich dich!; Wenn die Musiker hier um Arbeit fragten, bekämen sie wahrscheinlich ein »schleichts euch!« zu hören.* (OÖN 14. 6. 07); *Sollte es so etwas wie ein Gestern überhaupt je gegeben haben: Es möge sich bitte schleichen.* (WZ 22. 10. 16)

**Schleim,** der (ugs., salopp): Ärger, Wut: *Die Leute haben einen Schleim auf beide Regierungsparteien.* (Format 29. 8. 08)

**schleißig** (auch bayr.): **1.** zerschlissen, abgenützt: *Die Nähte sind schleißig, das Material minderwertig, die Verarbeitung schlampig.* (WZ 15. 7. 11); (übertragen) *Na, da brauchen wir uns jetzt aber echt nimmer zu wundern, warum die Politik in diesem Land so schleißig ist.* (WZ 1. 10. 15). **2.** nachlässig, schlampig (von der Arbeit): *In der Schlüsselbranche wird überhastet geplant, werden Bauarbeiten schleißig ausgeführt, regiert knallhart der Rotstift.* (SN 15. 2. 06)

**Schlẹmmried,** das; -[e]s: (selten für) ↑Riedhüfel, (in D) Fleischdünnung. ↑**Beiried, Rieddeckel**

**schlịchten:** stapeln (auch bayr.): *Jeder hat hier seine Aufgabe – Haus und Hof in Ordnung halten, in der Küche und im Garten mithelfen, Holz schlichten, die Hühner und Katzen versorgen.* (OÖN 7. 10. 14). ↑**aufschlichten, einschlichten, umschlichten**

**Schlịckkrapferl,** das /meist Plural/ (bes. west-, südösterr.): mit Bratenresten oder anderem faschiertem Fleisch gefüllte Nudeltaschen, ähnlich Ravioli: *Geboten werden Kas, Kletzen- oder Fleischnudel sowie Schlickkrapferl. Interessierte werden auch in die Geheimnisse des Krendelns eingeweiht.* (KZ 2. 9. 11). Vgl. Schlipfkrapfen. ↑KRAPFERL

**schliefbar** [...iːɐ̯...]: so, dass man durchkriechen, -steigen kann (von Kamin, Kanal u. Ä.): *Im ländlichen Bereich gibt es nach wie vor schliefbare Rauchfänge ..., Selchen und Rauchkucheln.* (NÖN 9. 12. 14) – Als Fachwort im Bauwesen gemeind.

**schliefen,** st. V. / ist [...iːɐ...] (ugs.): **1.** (auch bayr., in D nur in der Jägersprache) schlüpfen: *Der Tänzer schlieft rücklings unter dem rechten Arm der Tänzerin durch.* (Volkstanz Tirol, 2007, Int). **2.** (in etwas) kriechen, sich durch, in etwas zwängen: *Ich blieb aber immer noch in meiner Deckung, die Kluft, in die er geschloffen war, nicht aus den Augen lassend.* (Forstzeitung St. Hubertus, 2007, Int). ↑**Ohrenschliefer, unterschliefen, verschliefen**

**Schlieferl,** das; -s, -n [...iːɐ̯...] (ugs., veraltend): **1.** kriecherischer, sehr anpassungfähiger, glatter Mensch: *Forst war der Typus des eleganten Schlieferls – einer Mischung aus Zahlkellner, Eintänzer und Erzherzog.* (KR 23. 2. 05). **2.** als Beilage servierte Hörnchennudeln, ↑Hörnchen

**schliefitzen** (mundartnah): rutschen: *Im Kripperl sieht man den Bäckernazl auch über die Ennsbrücke schliefitzen.* (OÖN 18. 2. 11)

**Schlier,** der; -s: aus feinsandigem Mergel bestehendes Sedimentgestein; (auch allgemein für) Mergel: *»Die Fundierung war eine technische Herausforderung. Der Untergrund ist aus hartem Schlier.* (OÖN 18. 4. 14)

**Schliersand,** der: feiner, von einem Bach angeschwemmter Sand: *wieder andere hatten schon einen eigenen Sandhaufen zumeist aus Schliersand aus der Umgebung.* (Miteinand, Atzbach 2/2012, Int)

**schlingen,** st. V. / hat: mit einem Schlingstich befestigen, ausnähen: *ein Knopfloch, den Rand einer Zierdecke schlingen; Leintücher wurden eingesäumt, Hemden geschlungen (Knopflöcher gesäumt), Deckerl bestickt, Namen in Handtücher und Bettzeug eingestickt.* (BVZ 10. 2. 15)

**Schlipfkrapfen,** der /meist Plural/ (bes. Tirol): mit Kartoffelmasse gefüllte Nudelteigtaschen, die mit brauner Butter serviert werden: *Vom Würstl und Käse über Schlipfkrapfen, Kräuterprodukte, Säfte und Schnäpse bietet der Tal-Markt ausschließlich regionale Spezialitäten.* (Bauernzeitung 18. 2. 14). ↑Krapfen, **Schlickkrapferl, Schlutzkrapfen**

**Schlögel** ↑Schlegel

**Schlosserbuben,** die /Plural/: Süßspeise aus mit Marzipan vermengten Früchten: *Speisen wie der Klassiker »Bruckfleisch« ... stehen ebenso auf den Speisekarten wie ... die unverwechselbare Nachspeise »Schlosserbuben mit Marillen«.* (OÖN 14. 12. 14). ↑Bub

**Schlossergewand,** das: Arbeitsanzug, Overall, (in D) Blaumann: *Es dauerte, bis endlich der Mann im Schlossergewand erschien.* (Konsument 11/2003). ↑Gewand

**Schluckele,** das; -s, -n (ugs., westösterr.): ↑Schluckerl

**Schluckerl,** das; -s, -n (ugs.): kleiner Schluck, (in D) Schlückchen: *Lassen Sie beim nächsten Bier ein Schluckerl übrig und wischen Sie damit die Blattoberseiten ab.* (SN 20. 11. 14). – Auch in der Form *Schlückerl*

**Schluf, Schluff,** der; -[e]s, -e und Schlüfe/Schlüffe: enger Durchlass, enger Gang, Platz, an dem man sich verkriechen kann: *Das ist ein abgelegener Schluf, wenig begangen und ohne markierte Wanderwege.* (OÖN 18. 10. 05)

**schlunzen,** sw. V. / hat (bes. ostösterr. ugs.): schlummern: *Den ganzen Tag schlunzen sie in der Sonne* (KZ 2. 10. 04); *Wenn man in die Küche kommt, riecht man das Bratl in der Rein. Es schlunzt derart geil dahin, dass einem gleich beim Essen das Fett bei der Pappn hinausrinnen wird.* (ST 28. 11. 14). – In der Bedeutung ›nachlässig sein, unordentlich arbeiten‹ gemeind.

**schlupfen,** sw. V. / hat: österr. (ugs., auch südd., schweiz.): schlüpfen: *Momentan seien Skier für den Chinesen noch ziemlich exotisch. Zum Teil schlupfen sie mit den Schuhen in die Skischuhe.* (OÖN 8. 4. 05)

**Schlurf,** der, -e (ugs., veraltet): 1. langhaariger, geckenhaft gekleideter, [arbeitsscheuer] junger Mann; Halbstarker: *In Wien waren die rebellischen Jugendlichen als Schlurfs bekannt. Sie hatten lange Haare.* (FU 12. 4. 07). 2. ↑Schlurffrisur

**Schlurffrisur,** die (veraltet): Frisur mit bis in den Nacken reichendem Haar: *Der pummelige Typ mit der Schlurffrisur sah so gar nicht aus wie der Star des Abends.* (KU 9. 5. 09)

**Schlussbraten,** der: Braten von der Kalbskeule: *Puszta-Schnitzel: Zutaten: 4 Schnitzel von der Nuss oder Schlussbraten, 2 Knoblauchzehen, Salz, Pfeffer, 3 Esslöffel Mehl, 1 Glas Pusztakraut, Rindsuppe, Fett zum anbraten.* (OÖN 9. 3. 12)

**Schlüsselbund,** der: ist österr. (und schweiz.) Maskulinum, in D auch Neutrum. ↑**Bund**

**Schlutzer,** die /Plural/: ↑Schlutzkrapfen: *Dann die restlichen Teigblätter draufsetzen und jeden der Schlutzer mit den Daumen gut festdrücken.* (Mair-Bruck: Küche der österr. Regionen 80)

**Schlutzkrapfen,** der (Tirol): mit Spinat gefüllte Nudelteigtaschen, die mit brauner Butter und geriebenem Käse serviert werden: *Die Schlutzkrapfen in Salzwasser mit 1 EL Öl 5 Minuten sieden, abseihen, mit Parmesan und Schnittlauch bestreuen und mit zerlassener heißer Butter übergießen.* (TT 26. 8. 18). ↑Krapfen, **Schlickkrapferl, Schlipfkrapfen**

**schmafu** ⟨franz. *je m'en fous* ›ich pfeife darauf‹⟩ /nicht attributiv/ (bes. Wien, veraltet): 1. verächtlich, herablassend; gemein: *Als österreichische Außenministerin wird sie von ihren EU-Kollegen und -Kolleginnen schmafu behandelt.* (KR 11. 4. 00). 2. lächerlich gering: *Bisher wirklich schmafu bezahlt wurden Amtsärzte.* (KU 17. 11. 02); *Das Buffet war derart schmafu, dass wir uns um Mitternacht ein Pizza-Service ins Palais Auersperg bestellt haben.* (KU 17. 11. 11)

**Schmafu,** der; -s (ugs., salopp): Unsinn, Schaumschlägerei; nicht Ernstzunehmendes: *Der beisitzende Richter zuckt fast aus: »Sie erzählen ja nur Schmafu!«* (OÖN 13. 3. 06)

**Schmäh,** der; -s, -[s] (salopp): 1. List, mit der man etwas erreichen will oder vortäuscht: *»Das ist der Schmäh, damit man Zeit schindet.«* (WZ 21. 3. 17); *Messis Elferschmäh* (Elfmetertrick) *spaltet Spanien.* (ST 15. 2. 16); ***einen Schmäh erzählen:** etwas vorgaukeln, Unwahres erzählen: *Es gibt Leute, die mir einen Schmäh erzählen wollen – dann mach ich auch einen Schmäh.* (PR 2. 3. 06). 2. Schwindel: *Das Schild mit den Riesenbuchstaben ...*

*könnte man für einen Schmäh halten. Schwendermarkt – wo soll denn hier bitteschön ein Markt sein.* (WZ 12. 4. 16), oft in Zus. ↑-schmäh. 3. Sprüche und Scherze, originelle [zynische] Bemerkung: *Strohhut, Hawaiihemd und ein guter Schmäh – Fremdenführer Njawu weiß, was Touristen wollen.* (PR 4. 6. 15); *Am Ende ist leider auch das Schmäh von gestern.* (ST 23. 11. 16); *Mit Schmäh ist diese Partei nicht mehr zu regieren.* (PR 15. 5. 16); *Lieber einen Freund verlieren als einen guten Schmäh auslassen.* (Redensart); ***Schmäh ohne:** ehrlich, kein Witz: *In New York City kostet heute mancher Stellplatz übers Jahr so viel wie ein Einfamilienhaus in Klosterneuburg. Schmäh ohne.* (WZ 5. 7. 13); ***[einen] Schmäh führen** / (selten:) **reißen** /nur im Infinitiv und Partizip/: Sprüche machen, andere mit witzigen Bemerkungen unterhalten: *Zeit zum Schmäh führen finden die Kellner vom Gasthaus Kopp in der Engerthstraße immer.* (WZ 13. 7. 07); *Als der rot-blaue Hans Niessl einen produktivkraftbezüglichen Schmäh reißt (»Wir wollen rauchende Köpfe statt rauchender Schlote«), grimassiert er beipflichtend.* (ST 19. 10. 16); ***jmdn. am Schmäh halten:** jmdn. zum Narren halten; jmdm. etwas vormachen: *Schönreden, übertünchen, verschleiern – so würden die Kapfenberger am Schmäh gehalten.* (ST 17. 11. 16); ***der Schmäh rennt:** es ist gute Stimmung, ein Gag jagt den anderen: *Hauptsache, der Schmäh rennt!; Die Stimmung unter den Kanalarbeitern ist locker, der Schmäh rennt.* (WZ 18. 5. 15); ***den Schmäh rennen lassen:** eine gute Pointe nach der andern landen: *Doch egal ob seine historisch begeisterten Kunden einfache Arbeiter, prominent oder weit gereist sind, mit allen ist er per Du und lässt den Schmäh rennen.* (WZ 12. 6. 04). 4. Österreichern, bes. Wienern, zugeschriebene charmante, bisweilen aber oberflächliche Freundlichkeit: *Wiener Schmäh; Was vermissen Sie an Österreich? ... die einzigartige Kombination aus Spießigkeit, Morbidität und Schmäh.* (ST 24. 3. 16); *Hubert Horky, dessen spröd-charmanter, gewitzt-altvaterischer Schmäh von den Gästen sehr geschätzt wurde, galt vielen als ein »Wiener Original«.* (ST 16. 6. 16). ↑**anschmähen**

**-schmäh:** produktives Grundwort in Zus. mit der Bedeutung ›Schwindel, etwas nur Vorgetäuschtes‹: **PR-Schmäh:** *Die Ausbildungsgarantie bis 25 ist ... bis zu einem gewissen Grad ein PR-Schmäh, weil ohnehin schon sehr viele Jugendliche eine Ausbildung absolvieren.* (ST 25. 10. 16); **Marketingschmäh:** *Die zehn größten Marketingschmähs.* (PR 29. 3. 14). ↑**Lavendelschmäh, Ökoschmäh, Politschmäh, Überschmäh**

**Schmähbruder,** der (salopp): 1. Person, die für seine [billigen, leicht durchschaubaren] Tricks oder Witze bekannt ist: *Der Schmähbruder legt freilich darauf wert, ein ernsthafter Arbeiter zu sein.* (ST 22. 7. 13). 2. Person, die unwahre Geschichten erzählt: *Zwei Mal binnen zwei Wochen wurden die Landespolitiker als Schmähbrüder enttarnt.* (KZ 20. 2. 11)

**Schmähführer Schmähführerin,** der bzw. die (salopp): 1. ↑Schmähbruder (1): *Vor allem für seine ältesten Patienten, die er zuhause besucht, ist er Gesprächspartner und Schmähführer.* (KZ 14. 10. 16). 2. ↑Schmähbruder (2): *»Ich lasse österreichische Investoren nicht als Schmähführer, Gesindel und Gwirks abwerten.«* (PR 3. 9. 03)

**schmähhalber** (salopp): aus Spaß, nur scheinbar: *Der Wintereinbruch, wie von diesem Eissalonbesitzer in der Bäckergasse schmähhalber als Grund fürs Zusperren angegeben, blieb uns bisher erspart.* (OÖN 4. 11. 08)

**schmähstad** (ugs., salopp): so verblüfft oder eingeschüchtert, dass man nichts mehr sagen kann: *Bei der ersten Probe war ich total schmähstad; ich wusste nicht, wie ich diesen läppischen Satz sprechen sollte.* (ST 10. 5. 14). ↑**stad**

**schmähtandeln,** sw. V. / hat (ugs., salopp): Sprüche machen, andere mit witzigen Äußerungen unterhalten, ein wenig zum Narren halten: *»Das Einzige, was bei diesem Finanzminister konstant ist, ist sein notorischer Hang zum Schmähtandeln.«* (PR 18. 10. 06)

**Schmähtandler Schmähtandlerin,** der bzw. die (ugs., salopp): 1. ↑Schmähbruder (1): *Wer schmierige, sexistische Kommentare von KollegInnen kritisiert, steht eher im negativen Fokus als die Schmähtandler selber.* (ST 23. 10. 15). 2. ↑Schmähbruder (2): *Der größte Schmähtandler ist Erwin Pröll. Zuerst gibt er mir keine Genehmigungen für meine Projekte, dann hat er die Frechheit zu sagen, ich hinterlasse Baustellen.* (WZ 28. 9. 12). ↑**Fetzentandler, Tandler**

**Schmalz,** das ⟨urspr. bildl. Gebrauch von *Schmalzhäfen* ›das im ↑Häfen [Gefängnis] enthaltene Fett [Gefängnisstrafe]‹⟩ (bes. Wien, ugs., salopp): 1. Haftstrafe: *Vermutlich bekommen sie die höchsten Gehälter und teilen* *das höchste Schmalz aus und sind damit mitverantwortlich für die übervollen Gefängnisse.* (Augustin 19. 12. 03). 2. Strafe eines Spielers durch einen Strafsenat der Sportorganisation: *Bleiberg-Stürmer H. S. hat nach seiner Spuckerei im Derby gestern das erwartete »Schmalz« ausgefasst: Drei Spiele Sperre.* (KR 12. 9. 00). – In der Bedeutung ›übertrieben betontes Gefühl, Sentimentalität‹ österr. Neutrum, in D wird unterschieden zwischen *der Schmalz* ›Gefühl‹ und *das Schmalz* ›Fett‹

**Schmankerl,** das; -s, -n (auch bayr., zunehmend auch in D gebräuchlich): 1. Leckerbissen: *Raststationen versorgen die Wanderer auf dem Weg mit Käse und anderen Schmankerln aus der Region.* (PR 25. 5. 07). 2. etwas Besonderes, Anreiz, spezielle Vergünstigung: *Musikalische, kulinarische und optische Schmankerl werden ... beim Kirtag am Anifer Dorfplatz geboten.* (SN 26. 7. 07)

**Schmarren,** der; -s, - (auch bayr.): in der Pfanne gebackene Mehlspeise aus Omelettenteig, Kartoffeln, Kipferln oder Grieß: *Die Kirschen werden gerne genascht, zu einem Kuchen, einem Schmarren, einem Auflauf oder einer Kaltschale verwendet oder als Saft ... haltbar gemacht.* (SN 13. 9. 03); ***etwas geht jmdn. einen Schmarren an** (salopp): etwas geht jmdn. nichts an: *Die Verwendung der von uns erwirtschafteten Mittel geht Sie einen Schmarren an.* (PR 17. 9. 10). – Die übertragene Bedeutung ›Wertloses, Unsinniges‹ ist gemeind. ↑**Erdäpfelschmarren, Grießschmarren, Kaiserschmarren, Semmelschmarren**

**Schmarrenschaufel,** die: Backschaufel, Bratenwender: *Für den Heidenbrennsterz das Mehl mit dem gesalzenen Wasser abbrühen, rasch verrühren und ins heiße Fett geben und mit der Schmarrenschaufel zerstechen.* (KZ 7. 2. 00). ↑SCHAUFEL

**Schmattes,** der; - ⟨jidd.⟩ (ostösterr. ugs. salopp): Trinkgeld: *Friseure und Taxifahrer bekommen fünf bis zehn Prozent »Schmattes«.* (KU 14. 7. 03)

**schmeißen,** st. V. / hat /unpersönlich mit *es*/ (ugs.): stürzen: *Ich bin absolut patschert. Manchmal schmeißt es mich über meine eigenen Füße.* (OÖN 8. 9. 16)

**Schmierer,** der: in der Schule als unerlaubtes Hilfsmittel benutzte Übersetzung: *Als »Schmierer« bei der Latein-Schularbeit eignet sich diese zweisprachige »De re publica / Vom Staat«-Ausgabe nicht so gut.* (KU 11. 5. 13)

**Schmolle,** die; -, -n (mundartnah, auch bayr.): Brotkrume (ohne Rinde): *Von einem frischen Stück Brot wird die Rinde weggeschnitten. ... Nun formt man aus der Schmolle Kugeln, die etwas kleiner sind als eine Nuss.* (KR 19. 11. 15)

**Schmutzian,** der; -s, -e (ugs., veraltet): 1. Geizhals. 2. gemeiner, verkommener Mensch: *Schließlich geht der Heuchler, der seine »Werte« wie Standarten vor sich hinträgt und natürlich ein Schmutzian ist, in die Falle.* (VB 30. 11. 07). Vgl. Damian, Dummian, Fadian

**schmutzig** (ugs., veraltet): geizig; betrügerisch

**Schmutzkübelkampagne,** die: unfaire, diffamierende Angriffe, (in D) Schmutzkampagne: *Die Grünen sehen eine Schmutzkübelkampagne der Neos, die mit der Kritik bezüglich der Finanzierung des Berichts an die Öffentlichkeit gingen.* (ST 7. 8. 16). ↑KÜBEL

**Schnabelhäferl,** das: Schnabeltasse: *Das haptische Erlebnis des Kaffeetrinkens aus dem Plastikbecher oder dem »Schnabelhäferl« ist gewöhnungsbedürftig.* (PR 2. 10. 02). ↑HÄFERL

**schnackeln,** sw. V. / hat (ugs., auch südd.): 1. (mit der Zunge oder den Fingern) ein schnalzendes Geräusch von sich geben; mit den Fingern schnipsen. 2. ein knackendes Geräusch von sich geben: *Vom schmerzhaften Schnackeln im Knie.* (PR 5. 1. 02). 3. unsicher, schlotterig werden: *Als er das erste Mal eigenhändig ein Tier getötet hat, hätten ihm »die Knie geschnackelt«.* (PR 2. 6. 16). 4. /unpersönlich mit *es*/: etwas bringt einen Umschwung, etwas tritt plötzlich ein, ändert sich nach längerem Bemühen: *»Irgendwann wird's auch bei uns mal wieder schnackeln.«* (ST 28. 7. 09); *»30 Jahre hat es bei uns gedauert. Auf einmal hat es geschnackelt und wir waren an der Regierung, und sogar noch an führender Position. Und ich wünsche das den österreichischen Grünen auch, dass es dann bald mal auch schnackelt.«* (ST 17. 10. 16). Vgl. schnackseln

**Schnackerl,** der, (auch:) das; -s: Schluckauf: *Tagelang anhaltender Schnackerl kann auf Krankheiten hinweisen.* (OÖN 29. 12. 14); *Wir befürchten, dass unser Bundespräsident am Freitagabend hartnäckiges Schnackerl gehabt hat* (dass jemand an ihn gedacht hat). (PR 6. 9. 04)

**Schnackerl-** (ugs.): produktives Bestimmungswort in der Bedeutung ›etwas Kleines, Unbedeutendes‹: **Schnackerlbahn; Schnackerlbetrieb; Schnackerlfirma; Schnackerl-**

**Fußballer:** *Milliarden werden auf uns blicken. Nein, nicht auf unsere Schnackerl-Fußballer – auf den neuen EU-Chef.* (PR 30. 6. 04); **Schnackerl-Uni:** *Entweder hat man eine kleine Schnackerl-Uni oder man setzt lieber auf ordentliche Schwerpunkte.* (OÖN 27. 4. 05); **Schnackerlzug**

**Schnackerlstoßen,** das (ugs.): Schluckauf: *Selbst wenn Perlweiß und Silikonbusen in etwa so gottgewollt sein dürften wie ein Regenwurm mit Schnackerlstoßen, ...* (WZ 29. 9. 06). – Auch in der dialektalen Form *Schnackerlstessen*

**schnackseln,** sw. V. / hat (ugs., auch bayr.): koitieren: *Schnackseln sei nach so einem Hatscher kein Thema.* (KU 8. 9. 12)

**Schnaderhüpfel,** das; -s, - (auch bayr., Volkskunde): volkstümliches, oft aus dem Stegreif gesungenes vierzeiliges [Spott]lied: *Auf der CD sind 17 Titel verewigt. Vom »Bluesy Welschriesling Ragtime« bis zum »Gösser Schnaderhüpfl«.* (KZ 20. 9. 14)

**Schnall,** der; -(e)s, Schnälle (ugs., westösterr., auch bayr.): 1. Knall: *Etwa 100 Meter vor dem überhängenden Felsen machte es einen heftigen Schnall.* (TT 26. 5. 18). 2. plötzlich niederdrückendes Ereignis; Schlag: *Der ganze Ort steht unter Schock. Wir können uns nicht erinnern, dass wir jemals auf einen Schnall drei Tote beklagen mussten.* (KR 8. 2. 09)

**Schnalle,** die (auch südd.): Klinke: *Es ließen sich noch viele derartige Beispiele finden. Etwa die Schnalle, die gedrückt wird, noch ehe man die Tür erreicht hat.* (PR 5. 1. 15); ***Schnallen putzen:** antichambrieren, (in D) Klinken putzen: *Ich muss keine Schnallen putzen, ich bin enorm privilegiert.* (PR 24. 8. 02). – In der Bedeutung ›Prostituierte‹ gemeind. ↑**Fensterschnalle, Türschnalle**

**schnallen,** sw. V.; hat /unpersönlich/ (westösterr., auch bayr.): einen lauten Knall erzeugen, krachen: *gib acht, sonst schnallt's!; auf der Kreuzung hat es geschnallt* (ugs.; auf der Kreuzung hat es einen Unfall gegeben); ***jmdm. eine schnallen** (ugs.): jmdm. eine Ohrfeige geben

**Schnalzer,** der: 1. Knacks, Knall (bezeichnet in D nur ein Schnalzgeräusch im engeren Sinn): *Ein Schnalzer kurz nach Mitternacht. Arg in Mitleidenschaft gezogen wurden* (durch einen Murenabgang) *zwei Objekte in Zell am See.* (SN 13. 9. 07). 2. Mitglied einer Brauchtumsgruppe: *Begleitet von der Trachtenmusikkapelle, den Schnalzern des Peitschenvereins, Prangerschützen und Mitgliedern des Sportklubs.* (KR 25. 2. 06). ↑**Aperschnalzen**

**schnapseln,** sw. V. / hat (ugs., auch bayr.): gern und regelmäßig Schnaps trinken, (in D ugs.) schnapsen, schnäpseln: *Sieger des Juxrennens mit Nageln, Schnapseln und Kegeln wurde die Edelweiss-Hudsi-Crew.* (OÖN 26. 3. 04)

**schnapsen,** sw. V. / hat: ↑Schnapsen spielen: *Ihre Schwiegermutter ... schnapst gerne mit Familie oder Campinggästen.* (KZ 14. 8. 09)

**Schnapsen,** das; -s: /ein Kartenspiel/: *Schnapsen: Dass Spielen, abgesehen von Tarot, Schnapsen oder Bridge, bei den 50- oder 60-Jährigen noch nicht so gefragt sei, liege auch an fehlenden Angeboten.* (SN 1. 2. 07). ↑**ausschnapsen, Bauernschnapsen, Preisschnapsen**

**Schnapser,** der: 1. eine Partie ↑Schnapsen: *Anstatt die jungen Kicker von Austria Wien und Salzburg aufeinander loszulassen, hätten sich auch Frank Stronach und Dietrich Mateschitz auf einen Schnapser zusammensetzen können.* (OÖN 12. 9. 05). 2. eine Spielansage beim Kartenspiel Schnapsen, wobei der Ansager die ersten drei Stiche machen und dabei 66 Punkte erreichen muss ◆ **Bauernschnapser, Dreierschnapser, Viererschnapser, Zweierschnapser**

**Schnapser Schnapserin,** der bzw. die: Person, die Schnapsen spielt: *Beim traditionellen Preisschnapsen ... waren wieder zahlreiche Schnapser aller Altersklassen aus der Umgebung mit dabei.* (OÖN 31. 3. 16)

**Schnapserl,** das; -s, -n (ugs., emotional): ein Glas Schnaps, (in D) Schnäpschen: *Am Sonntagabend schaute der russische Präsident ... in der Außenstelle für alles Österreichische bei diesen Spielen vorbei. Schnitzel, Schnapserl und einige Takte Volksmusik inklusive.* (WZ 11. 2. 14)

**Schnapskarten,** die /Plural/: Spielkarten für ↑Schnapsen: *Es sei denn, sie hätten ein Paket Schnapskarten mit dabei.* (PR 9. 5. 08)

**Schnapsl,** das; -s, -n (bes. Tirol, ugs., emotional): ↑Schnapserl: *Zum kulturellen Crossover trugen wohl tirolerische Schnapseln und die Blasmusik aus dem Alpbachtal das Ihre bei.* (SN 2. 11. 02)

**Schnapsstamperl,** das (auch bayr.): Schnapsglas: *In mehreren Vitrinen häufen sich Schnapsstamperl aus aller Herren Länder.* (OÖN 26. 7. 02). ↑**Stamperl**

**Schnauferl,** das; -s, -n (ugs., auch bayr.): kleines leistungsschwaches Fahrzeug: *So manches »Schnauferl« muss ja noch angekurbelt werden.* (ST 29. 4. 03); *Anekdoten vom »Schnauferl«, der Schmalspurbahn, machten die Reise kurzweilig.* (OÖN 17. 8. 15) ◆ **Schnauferlbahn, Schnauferlfahrt, Schnauferlzug**

**Schnaufpause,** die (auch bayr.): Verschnaufpause: *Wenn die Edelkastanien ... gefallen sind, also in der Regel zwischen dem 9. und 12. November, beginnt die kostbare Schnaufpause des Jahres.* (OÖN 27. 10. 07)

**schnäuzen:** ***geschnäuzt und gekampelt:** ↑gekampelt

**Schnäuztuch,** das (auch bayr.): Taschentuch: *Wenn der zünftige Steirer mit Ziehharmonika, Lederhose, kariertem Schnäuztuch und Haartolle mit Songs im Dialekt auf der Berliner Waldbühne aufspielt, ist das Areal fast ausverkauft.* (KZ 7. 8. 14)

**Schnäuztüchl,** das; -s, -n (ugs., auch bayr.): Taschentuch: *»Gou for Gould« heißt die in leicht kernöliger Aussprache in das mit dem wohlbekannten Schnäuztüchl geschmückte Mikro geträllerte Devise.* (SN 6. 2. 13)

**Schneck,** der; -[e]s, -en (ugs.): 1. Schnecke. 2. liebes, reizendes Kind (Kosewort): *so ein lieber Schneck!* ***[ja] Schnecken!:** hast du gedacht! da wird nichts draus!

**Schneckerl,** das; -s, -n (ugs.): 1. eingeringelte Locke, gekräuseltes Haar: *Schneckerl sind auch wieder beliebt.* (PR 23. 6. 14). 2. Person, die lockiges, gekraustes Haar hat (Kosename): *Schließlich Schneckerl Prohaska selbst, der gewählte Jahrhundertfußballer.* (ST 27. 9. 04) ◆ **Schneckerlfrisur**

**Schnee:** ***anno/im Jahre Schnee:** in längst vergangener oder unbestimmter Zeit: *Aber keine Panik. Das war anno Schnee.* (PR 2. 12. 06); *Um den Preis, dass einiges erst im Jahre Schnee in Kraft tritt.* (OÖN 20. 8. 07); ***von/seit anno Schnee:** *weil sie Börsenvorgänge von anno Schnee im Krisen-Diagramm fahrig nachzeichnet.* (ST 8. 9. 04); ***aus dem Jahre Schnee:** aus sehr alter Zeit stammend, veraltet: *Stattdessen werden lieber Fälle aus dem Jahre Schnee behandelt.* (OÖN 19. 10. 11)

**Schneebrunzer,** der (derb): 1. Mann, der im Freien uriniert, z. B. wegen Prostatabeschwerden. 2. vertrotteler alter Mann (auch als Schimpfwort): *»Hau dich doch über die Häuser, du Schneebrunzer.«* (WZ 12. 6. 12). ↑**brunzen**

**Schneeflankerl,** das (ugs.): Schneeflocke: *Die ersten Schneeflankerl des heurigen Jahres erlebte ich am 5. Oktober.* (OÖN 31. 10. 03). ↑FLANKERL

**Schneepatzen,** der: schwerer, nasser Schnee: *Verdammtes Abkratzen von gefrorenen Schneepatzen, verfluchtes Schneestapfen unter Eiszapfen!* (OÖN 16. 2. 10). ↑PATZEN

**Schneerute,** die: Schneebesen: *Mit der Schneerute unter die Wildkräutermasse rühren.* (OÖN 21. 8. 04). ↑**Rute**

**Schneid,** die (auch südd.): Bergkante, Grat (häufig in Bergnamen, z. B. Hochbrunner Schneid, Schneidspitze. – *Schneid* ist österr. (und bayr.) in der Bedeutung ›Mut, Tatkraft‹ Femininum, in D Maskulinum: *Ich bin die einzige Starterin und ernte wegen meiner (vorgetäuschten) Schneid beim Racingdinner Bewunderung von meinen neuen Formel-1-Freunden.* (SN 13. 10. 07)

**Schneidbrett,** das: österr. Form, (in D) Schneidebrett: *Schneidbretter mit Haltehilfe sowie der gute alte Flaschenöffner etc. erleichtern Einkauf und Speisenzubereitung.* (KZ 28. 10. 16)

**Schnellsiedekurs,** der (salopp): kurzer, oberflächlicher Kurs für Grundkenntnisse; Crashkurs: *Die Folgen wären dramatisch, zumal etwa die Ausbildung von professionellen und zertifizierten Gerichtsdolmetschern nicht in einem Schnellsiedekurs bewerkstelligt werden kann.* (PR 9. 3. 16). – Auch in der Form *Schnellsiederkurs*

**Schnipfer,** der (ostösterr. ugs.): Schelm, lustiger Mensch: *Kreisky wurde als »alter Schnipfer« karikiert, der vier BHs mit den Vornamen der Staatssekretärinnen aus den Taschen seines Sakkos zog.* (News 12. 2. 09)

**Schnitte,** die: 1. /Plural/: Waffeln: *So musste er vor zwei Jahren miterleben, dass ein Teil des Firmengebäudes in Wien Ottakring, wo bis heute Schnitten, Schokolade und andere Süßwaren produziert werden, eingestürzt ist.* (PR 19. 4. 17). 2. (seltener auch in D) flacher Kuchen, der im Ganzen auf dem Blech gebacken und dann in Stücke geschnitten wird (in Rezepten im Plural, für einzelne Stücke auch im Singular): *Wenn die Masse fest ist, in Scheiben oder Schnitten schneiden und gekühlt lagern, da sie bei Raumtemperatur weich werden.* (OÖN 16. 11. 15). 3. quadrat- oder karoförmige Suppeneinlage, aus einer mit Milz oder Leber bestrichenen Weißbrotschnitte oder Semmel hergestellt. ↑(zu 1.:) **Manner-**

**schnitten, Neapolitanerschnitten;** ↑(zu 2.:) **Apfelschnitte, Cremeschnitte, Dobosschnitte, Kastanienschnitte, Linzerschnitten, Mohnschnitte, Nussschnitte, Obstschnitte, Preiselbeerschnitte, Punschschnitte, Ribiselschnitte, Topfen-Obers-Schnitte, Topfenschnitte;** ↑(zu 3.:) **Leberschnitten, Milzschnitten**

**Schnittlauch:** ***ein Schnittlauch auf allen Suppen sein** (ugs., veraltend): (in D ugs.) auf allen Hochzeiten tanzen; überall dabei sein, mitreden wollen: *Beim Ständestaat, beim Hitlerstaat, in der Besatzungszeit. Immer das Herz dabei. Schnittlauch auf allen Suppen gewissermaßen.* (PR 9. 12. 11)

**Schnittling,** der; -s (veraltet, auch bayr.): Schnittlauch; ***ein Schnittling auf allen Suppen sein** (ugs., veraltet): überall dabei sein [wollen]: *Aber mir ist als Bundespräsident bewusst, dass die eine Möglichkeit darin besteht ..., ein Schnittling auf allen Suppen zu sein, der zu jedem Thema, das auftaucht, sofort eine Meinung äußert.* (Falter 19. 8. 09)

**Schnitzel,** das; -s, -: ist österr. in der Bedeutung ›abgeschnittenes Stück‹ Neutrum, in D auch Maskulinum. Ebenso: **Papierschnitzel**

**Schnitzelklopfer,** der: Fleischhammer, Fleischklopfer: *Schießereien, Attacken mit Eisenstangen und einem Schnitzelklopfer – Vorfälle wie diese lassen an der Sicherheit in Wien zweifeln.* (PR 8. 5. 14)

**Schnitzelwirt,** der (bes. ostösterr.): **1.** auf Schnitzel spezialisiertes Gasthaus; auch als Name von Gasthäusern: *Unter einer Flut an richtigen Einsendungen wurde R. W. aus Salzburg als Gewinner eines Abendessens beim Schnitzelwirt ermittelt.* (SN 7. 12. 01). **2. Schnitzelwirt Schnitzelwirtin,** der bzw. die: Betreiber/-in des Gasthauses: *Um sich anlässlich der bevorstehenden Pensionierung gebührend zu bedanken, lud er die Crew der gelben Flotte zum Essen zur Schnitzelwirtin nach Oberhausen.* (NÖN 28. 8. 07). ↑Wirt

**Schnitzerl,** das; -s, -n: oft emotional oder auf Speisekarten verwendete Verkleinerungsform von Schnitzel: *Oder das gebratene Lammschnitzerl auf Paprikagemüse mit Polenta-Speck-Schnitte.* (auto touring 6/2007)

**schnöd:** österr. (und südd., schweiz.) Form, in D schnöde: *Die Mailänder verkannten die Opera buffa als schnöd kalkulierten Aufguss eines Hits.* (SN 24. 7. 07)

**Schnofel,** der; -s, -: beleidigte Miene: *Nein, einer zieht trotz Sonnenschein einen Schnofel wie zehn Tage Regenwetter, macht auch keinerlei Anstalten, seine Teilnahmslosigkeit zu verbergen.* (KR 3. 6. 08). ↑**Schnoferl**

**schnofeln,** sw. V. / hat (ugs., veraltend): **1.** schnüffeln, auffällig an etwas riechen: *Neugierig schnofelt er durch den Schnee, läuft im Zickzack-Kurs vor seinem Herrchen.* (OÖN 19. 1. 01). **2.** schnüffeln, spionieren: *Ich werde einen Spürhund zum Schnofeln durchs Fahrerlager schicken, um zu erfahren, wo sich diese Jungspunde verstecken.* (KR 17. 3. 14). **3.** laut hörbar atmen, schnauben, durch die Nase sprechen: *Richard schnofelt. Aber: »Schaun Se, Herr Rottenberger, des is a a Werbung für uns.«* (ST 4. 8. 07)

**Schnoferl,** das; -s, -n (ugs.): **1.** (selten) Schnauze: *es hat bei uns nie das gekochte Schnoferl mit Kren gegeben oder gar das Sauschaustück im Ganzen mit Olivenaugen.* (ST 27. 12. 02). **2.** Mund, Gesicht: *Ich glaub, sie mag mein protestierendes Schnoferl.* (ST 1. 10. 16); ***ein Schnoferl ziehen:** eine beleidigte, unzufriedene Miene machen: *Hinter vorgehaltener Hand zog Bundesliga-Präsident Hans Rinner ein Schnoferl. ... »Wie jedes Jahr ist das keine sonderlich erfreuliche Außendarstellung.«* (PR 8. 10. 07). **3.** (veraltet) Schnüffler; Person, die andere ausspioniert. ↑**Schnofel**

**Schnörksel,** das; -s, - (regional): Schnörkel: *Klare Bilder, ins Licht gehobene Details ohne Schnörksel verstärken die trügerische Stille.* (PR 13. 8. 15)

**Schnorre,** die; -, -n (mundartnah, Vbg., in der Form *Schnurre* auch schweiz.): **1.** Maul. **2.** (derb) Mund: *Sie sagte zu mir, ich soll die Schnorre halten.* (VN 1. 2. 13)

**Schnürkrapfen,** der: Schmalzgebäck, das beim Herausbacken mit einer Schnur festgebunden wird: *Im Kessel dampfen »Apfelknödel«, im heißen Fett brutzeln Schnürkrapfen.* (OÖN 27. 9. 02). ↑Krapfen

**Schnürl,** das; -s, -n (ugs.): Schnur: *Im Schauspielhaus fährt er, der Schuh, am Schnürl in den Himmel auf.* (ST 13. 10. 12); ***wie am Schnürl** (ugs.): (in D) wie am Schnürchen, wie geschmiert: *Null auf 100 km/h in 8,5 Sekunden wie am Schnürl, dem gibt es fahrdynamisch nichts mehr hinzuzufügen.* (ST 16. 6. 09)

**schnürlgerade:** schnurgerade: *Zieren Locken das Haupt, ist die Sehnsucht nach glattem Haar groß, hängt es von Natur aus schnürlgrade runter, ist ein Wuschelkopf gewünscht.* (ST 28. 10. 16)

**schnürln,** sw. V. / hat (ugs., situative Bildung zu ↑Schnürlregen): stark regnen: *Der Regen schnürlt auf die Schranne.* (SN 23. 5. 15)

**Schnürlregen,** der: strömender, lang anhaltender Regen: *Hätte sich vergangene Woche statt Spätsommerwetter der berüchtigte Schnürlregen eingestellt, nicht auszudenken, welchen Eindruck die Rad-WM hinterlassen hätte.* (ST 25. 9. 07); ***Salzburger Schnürlregen:** für das [Salzburger] Alpenvorland typischer strömender Regen: *Nach zehnminütiger Begeisterung ergießt sich die Besucherschaft schließlich beglückt in den Salzburger Schnürlregen.* (ST 25. 1. 14)

**Schnürlsamt,** der: Kordsamt: *Manchmal trifft aber auch Asia-Schick auf bodenständigen Schnürlsamt.* (KZ 16. 8. 11) ◆ **Schnürlsamthose:** *Die jüngeren von Ihnen tanzten dazu gerade in wallenden Schnürlsamthosen auf ihrem ersten Schulskikurs in der Disco.* (WZ 26. 7. 14); **Schnürlsamtrock:** *Es gab schließlich diese Uniformen (damals noch beige Hemden zu Schnürlsamtröcken).* (KU 16. 6. 07)

**schnurspringen,** st. V. / ist /nur im Inf. und Part./: (in D) seilspringen: *ich möchte schnurspringen;* /meist substantiviert/: *Das tägliche Quälen, Lauftraining, Sparring, Schattenboxen, Schnurspringen und Bearbeiten des Sandsacks.* (PR 15. 4. 05)

**Schober,** der; -s, -: **1.** (auch südd.) geschichteter Heu- oder Strohhaufen: *Der geschnittene Roggen wird mit einem Strohband zu Garben gebunden und zehn Garben zu einem Mandl zusammengestellt. Sechs davon ergeben einen Schober.* (KZ 9. 9. 16). **2.** (westösterr., auch schweiz., südd.) Scheune: *Zum Schulhaus gehörte ein gemauerter Stall und ein Heuschober, der die notwendige Selbstversorgung der Lehrer sicherstellen sollte.* (SN 19. 8. 14). **3.** Haarschopf. ↑**aufschobern, Haarschober, Heuschober** ◆ **Grummetschober; Kleeschober; Strohschober:** *Ein Anrainer entdeckte vergangenen Mittwoch, dass in einem großen Strohschober auf einem Feld ... ein Brand ausgebrochen war.* (NÖN 8. 9. 04)

**Schöberl,** das; -s, -n: im Ofen gebackene, zu [rautenförmigen] Stückchen geschnittene Suppeneinlage aus Biskuit mit Hirn, Milz, Schinken u. ä.: ↑**Markschöberl** ◆ **Biskuitschöberl; Fleischschöberl; Grießschöberl; Hirnschöberl; Kräuterschöberl; Leberschöberl; Milzschöberl:** *An beinharten Fakten ist von damals immerhin noch das Mittagsmenü bekannt, das die Top-Manager ... serviert bekamen: Milzschöberlsuppe, Lungenbraten und Millirahmstrudel.* (ST 3. 11. 10)

**schobern,** sw. V. / hat: in ↑Schober setzen; (von etwas) Haufen bilden: *Gutes Heu verlangt viel Arbeit und Wetterglück. Gras trocknen, Heu schobern, wenden und schwaden bringt erhebliche Bröckelverluste* (KZ 18. 7. 03). – Auch in der Form *schöbern.* ↑**aufschobern**

**Schochen,** der; -s, Schöchen (Vbg., auch südd., schweiz.): kleiner Heuhaufen: *Oberhalb von Bürstegg in Lech wurde immer bewirtschaftet. Da hat man gemäht, gedengelt, Schochen gemacht.* (VN 15. 9. 04)

**Schöffensenat,** der (Verw.): aus Berufs- und Laienrichtern zusammengesetztes Strafgericht: *Neben den Amis-Gründern ... müssen sich drei weitere Ex-Manager vor einem vierköpfigen Schöffensenat verantworten.* (PR 30. 10. 07)

**Schokolade-, schokolade-:** Die Zus. werden österr. (und schweiz.) ohne Fuge gebildet, in D mit *-en* (Schokoladen-): **schokoladebraun:** *Die Hyazinthenbeete weichen steilen Ufern ausschokoladebraunem, glänzendem Schlamm.* (PR 12. 11. 04); **Schokoladecreme, Schokoladepalatschinke,** ↑Palatschinke, **Schokoladeglasur; Schokoladepudding:** *Während andere Männer in den Bildschirm starren ... kocht er Schokoladepudding.* (SN 10. 1. 04); **Schokoladetorte**

**schön:** ***schön schauen** ↑schauen

**Schönbrunn:** ***Schönbrunner Gelb:** das für ostösterr. Barock typische Gelb: *Das Ende des 19. Jahrhunderts erbaute Stammhaus ist klassisch in Schönbrunner Gelb gehalten.* (OÖN 16. 6. 07); ***Schönbrunner Deutsch:** vornehmes, genäselt gesprochenes Hochdeutsch altösterreichischer Prägung: *»Küss die Hand die Damen ...«, näselt er im schönsten Schönbrunner Deutsch.* (OÖN 14. 8. 06). – Fälschlich auch für österr. Standarddeutsch gebraucht

**schönbrunnerdeutsch:** in ↑Schönbrunner Deutsch: *In Baden bildet man die schönbrunnerdeutsche Allianz mit Hietzing und Döbling.* (ST 29. 10. 04)

**schönbrunnergelb:** in ↑Schönbrunner Gelb: *Das Flughafengebäude dort sah aus wie ein heruntergekommener k. u. k. Bahnhof, schönbrunnergelb gestrichen.* (ST 19. 4. 02)

**schönbrunnerisch** (ugs.): ↑schönbrunnerdeutsch: *Über diesen, seinen Reifungsprozess* *spricht Heller gerne und viel – in schönen, schönbrunnerisch tongefärbten Sentenzen.* (WZ 19. 3. 16)

**Schönpercht,** die (Volkskunde): ↑Percht mit schöner Maske (Ggs. ↑Schiechpercht)

**Schopf,** der **1. a)** (Vbg.) einer Veranda ähnlicher Vorbau (bes. am Bregenzerwälder Bauernhaus): *Auch der Schopf ist ein traditionelles Element, das nicht fehlen durfte. Klassisch mit hochklappbaren Fensterläden, bildet er die klimatische Pufferzone zwischen Wohnraum und Außenwelt.* (NVT 9. 9. 07). **b)** (Vbg., auch schweiz.) Anbau, Schuppen, kleines Nebengebäude: *Willkommen sind bei ihm auch immer die Besuche von Verwandten, Bekannten und Nachbarn, mit denen er gerne sein liebstes Plätzchen im Schopf oder auf dem Bänkle vor dem Haus teilt.* (VN 10. 7. 00). **2.** (kurz für) ↑Schopfbraten: *Das Karree eignet sich wunderbar zum Kurzbraten, der mit feinaromatischem Fett durchzogene Schopf hingegen sollte ganz klassisch eingebraten werden.* (ST 1. 2. 13). ↑**Schweinsschopf**

**Schöpf,** der; -(e)s, -e (süd-, westösterr. salopp, ugs.): harte, anstrengende Arbeit: *Das Produzieren wird ein ordentlicher Schöpf, aber vieles läuft schon automatisch ab.* (KZ 19. 5. 15). ↑**schöpfen**

**Schopfbraten,** der: Schweinefleisch vom Nacken, Kamm: *Außerdem gibt es faschierte Laberln, Schopfbraten, diverse Brote ... Gnocchi mit Radicchio und Chicorée.* (PR 22. 3. 15)

**schöpfen** (ugs., süd-, westösterr.): schwer arbeiten, schuften: *Die sollen ein bissl was schöpfen.* (KZ 25. 2. 01). ↑**Schöpf**

**Schöpfer,** der (seltener auch in D): Schöpfkelle: *Der Mann mit der schwarzen Kappe und dem grau-melierten Vollbart rührt mit dem Schöpfer die Fleischstücke in einem Topf um.* (WZ 10. 7. 15). ↑**Siebschöpfer, Suppenschöpfer**

**Schöpfer Schöpferin,** der bzw. die (süd-, westösterr. salopp, ugs.) manuell arbeitender Mensch: *Er wollte mit typischen Kapfenberger Arbeitern, »echten Schöpfern«, ins Gespräch kommen.* (KZ 16. 7. 10). ↑**Schöpf**

**schoppen,** sw. V. / hat (ugs.): **1. a)** vollpfropfen; hineinstopfen: *die Kleider in einen übervollen Koffer schoppen; schopp nicht so viel in den Mund!* **2.** (Geflügel) stopfend mästen, nudeln: *Hier eine Auswahl dessen, was unter dem Titel »Zufügung von Leid« ausdrücklich verboten ist: ... Heimtiere aussetzen oder hilflos zurücklassen, Geflügel schoppen ...* (SN 19. 11. 03). **2.** /sich/ stauen, ins Stocken geraten: *Die Ausgehwütigen, die zu übermäßigem Alkoholkonsum drängen, schoppen sich heutzutage nur noch am Wochenende und vor Feiertagen in Lokalen in der Hofgasse und am Hofberg.* (OÖN 13. 10. 14). – Die Bedeutung ›sich bauschen‹ ist gemeind. ↑**ausschoppen**

**Schöps,** der; -es, -e und -en, -en: **1.** (veraltet, auch ostmitteld., bayr.): verschnittener Widder, Hammel: **2.** Hammelfleisch: *Auf kleiner Hitze weiter* (die Suppe) *kochen, bis das Fleisch weich ist – Huhn, Lamm, Stelze, Rippe, Schöps ist die Reihenfolge.* (KZ 3. 7. 15). – Meist in Zus. mit Fugensilbe *-en*: **Schöpsenbraten:** *Dazu gibt es Schöpsenbraten, Schweinebraten und Kärntner Hausmannskost.* (KZ 14. 8. 15); **Schöpsenfleisch; Schöpsengulasch; Schöpsenrücken**

**schöpsen** ↑schepsen

**Schöpsenschlegel,** der: Hammelkeule. *Lämmernes wurde geboten, Rumpsteak à la maitre, Pfefferbeiried oder ein Schöpsenschlögel mit Kohl.* (OÖN 14. 10. 02). ↑Schlegel

**Schöpser** ↑Schepser

**Schöpserne,** das; -n: Hammelfleisch: *Das Fleisch der jungen Almschafe wird zu einer Lungauer Spezialität verarbeitet: dem Schöpsernen.* (SN 6. 10. 16). Vgl. Hirschene, Lämmerne, Kälberne, Schweinerne

**Schoß,** die; -, -en und Schöße: Frauenrock

**Schößel,** der und das; -s, - (veraltet): **1.** Schößchen. **2.** an der Taille angesetzter Teil eines Fracks; Frackschoß: *Das eleganteste Kleidungsstück für untertags ist der Cut. Oberteil (mit langen, rund verlaufenden Schößeln).* (Format 3. 9. 04) ◆ **Frackschößel**

**Schotten,** der; -s (westösterr., auch bayr.): ausgetrockneter ↑Topfen, bröseliger Käse: *Alle Arbeiten, ob Kochen oder die Herstellung von Käse, Topfenaufstrichen oder Schotten für den Eigenverbrauch, hat die Sennerin fest im Griff.* (KZ 14. 7. 13). Die Zus. werden meist mit *Schott-* gebildet ◆ **Schottnocken,** ↑Nocken

**Schottpaunzen,** die /Plural/: eine Mehlspeise aus Topfen oder bröseligem Käse. ↑Paunzen

**Schottsuppe,** die: Suppe mit ↑Schotten: *Zwischendurch grüßt die Küche mit einer Schottsuppe (aus Flüssigkeit, die bei der Käseherstellung abfällt) mit einem Erdapfel in süßlicher Tonerde.* (ST 11. 12. 07). ↑Suppe

**Schragen,** der; -s, - (auch bayr.): **1.** Holzbock; auf kreuzweise verschränkten Füßen ruhendes Gestell: *Er wollte auf dem Firmenparkplatz eine Eisenzarge, die er auf einen Schragen gelegt hatte, mit einem Einhandwinkelschleifer abschneiden.* (SN 26. 6. 01). 2. (ugs., abwertend) große, magere Frau

**Schrammeln,** die /Plural/: Quartett von Wiener Volksmusikern, bestehend aus zwei Geigen, Kontragitarre, Pikkoloklarinette, später auch Knopfharmonika: *Zum Heurigen gehört auch die Musik, etwa die Schrammeln.* (PR 30. 10. 07). Häufig auch in Namen einschlägiger Musikgruppen, z. B. »Roland Neuwirth & Extremschrammeln« ◆ **Schrammelmusik; Schrammelquartett:** *Ein Schrammelquartett besteht, wie der Name schon sagt, aus vier Musikern.* (PR 26. 10. 15)

**Schrammler,** der (ugs.): Schrammelmusiker: *Roland Neuwirth: Der Schrammler als Klassiker.* (PR 15. 11. 14)

**Schranken,** der; -s, -: Absperrvorrichtung an Straßen und Bahnen: österr. Form, (in D) die Schranke: *Eine 30-jährige Autofahrerin ... fuhr, obwohl sich der Schranken zu senken begann, auf den Gleiskörper auf.* (OÖN 26. 11. 16). – In der übertragenen Bedeutung ›Grenze des Erlaubten, Möglichen‹ heißt es auch österr. wie in D *die Schranke.* ↑**Bahnschranken** ◆ **Zollschranken**

**Schranne,** die; -, -n (südd. veraltend, österr. noch bes. in Sbg.): 1. [Gemüse]markt: *Die größeren Betriebe fahren aber auch auf viele Märkte, wie etwa auf die Schranne im Andräviertel.* (SN 24. 8. 07). 2. Markthalle, Marktplatz: *Er flaniert mit Interessierten über die Schranne und kauft dabei die passenden Zutaten ein.* (SN 15. 9. 07) ◆ **Schrannenmarkt:** *Jeden Donnerstag findet am Mirabellplatz der Schrannenmarkt statt.* (SN 3. 1. 17)

**schraufen,** sw. V. / hat (ugs.): schrauben: *Und warum sucht die Baumarkt-Sprache immer nach einer passenden »Mutter«, wenn es ums Schraufen geht?* (SN 8. 5. 04)

**Schraufen,** der; -s, - (ugs.): 1. Schraube. 2. (Sport) hohe Niederlage: *Als 2002 die WM-Neulinge aus Senegal den Superstars ihrer ehemaligen Kolonialmacht Frankreich einen Schraufen andrehten, ...* (SN 8. 6. 06)

**schreiben,** sich; st. V. / hat (regional veraltend auch in D): einen Namen führen, bes. den offiziellen Familiennamen im Ggs. zum Namen des Bauernhofs. Vgl. vulgo, Vulgoname

**Schreibname,** der: Familienname; Nachname, bes. im Ggs. zum ↑Vulgonamen: *Jeder Name hat einen Jahrhunderte alten Hintergrund – aus einer Zeit, in der noch keine Schreibnamen geführt wurden.* (KZ 9. 9. 16)

**Schreibtischlade,** die (regional auch in D): Schreibtischschublade: *Dann holt Temel Demir zum Beweis einige großformatige Farbfotos aus seiner Schreibtischlade hervor.* (SN 15. 9. 07). ↑Lade

**schremmen,** sw. V. / hat: Mauerwerk und Gestein mit einem ↑Schremmhammer entfernen: *Schremmen, sprengen, Wege Lkw-tauglich machen: In Innervillgraten laufen die Vorarbeiten für den Kraftwerksbau auf Hochtouren.* (KZ 28. 8. 15)

**Schremmhammer,** der: einer großen Bohrmaschine ähnliches Werkzeug zum Entfernen von Mauerwerk und Gestein: *Während Kollegen aus seiner Partie mitten im Verkehr ein paar Betonteile mit dem Schremmhammer bearbeiten, erzählt der kräftige Kärntner aus seiner Gefühlswelt.* (PR 10. 11. 16)

**Schritt:** ***Schritte setzen:** Schritte veranlassen: *Van der Bellen würde hier schrittweise vorgehen, dass also Russland in der Ukraine-Politik zunächst richtige Schritte setzen müsse.* (ST 17. 11. 16). ↑**setzen**

**Schrofen,** der; -s, - (auch südd.): zerklüfteter Fels, Felswand: *Auf Grund starken Nebels entschlossen sie sich, über die Schrofen abzusteigen.* (KU 20. 7. 03); häufig in Bergnamen: *Wampe(r)ter Schrofen, Patrioler Schrofen, Katzenschrofen, Kleiner Schrofen* ◆ **Schrofengelände:** *Eine 37-jährige Deutsche dürfte dabei gestolpert sein und stürzte in der Folge über Schrofengelände und Felsabbrüche ab.* (KU 26. 8. 01); **Schrofenzone**

**schrofig:** mit rauen Felskanten durchsetzt: *Die Schwedin war auf einem sehr schmalen Weg unterwegs gewesen und stürzte etwa 70 Meter über steiles und schrofiges Gelände ab.* (SN 12. 7. 16)

**Schrund,** der; -[e]s, Schründe (auch schweiz.): Randspalte, Abriss eines Gletschers oder Felsen. ↑**Bergschrund**

**Schubabkommen,** das: Vertrag über die Abschiebung von Flüchtlingen: *Wenn sich Länder etwa in Afrika zieren, ein Schubabkommen zu vereinbaren, droht Lopatka ... mit finanziellen Konsequenzen bei den Mitteln zur Entwicklungshilfe.* (PR 6. 5. 16). ↑**Schubhaft**

**Schuber,** der (auch bayr.): verschiebbare Absperrvorrichtung, Riegel, (in D) Schieber: *Zu diesem Zeitpunkt war der Schuber aber bereits leicht geöffnet. 100 000 Liter Gülle gelangten nachts in den Bach.* (OÖN 25. 3. 05)

**Schubgefängnis,** das: Haftanstalt für ↑Schubhäftlinge: *Mit der Neuregelung der Schubhaft drohe Überbelag in den Schubgefängnissen.* (OÖN 12. 3. 05)

**Schubhaft,** die: zur Sicherstellung der Ausweisung verfügte Haft, (in D) Abschiebungshaft: *Für die Fremdenpolizei besteht daher vorerst kein Grund, den 18-Jährigen in Schubhaft zu nehmen.* (OÖN 12. 10. 07) ◆ **Schubhaftanstalt:** *Derzeit seien die Schubhaftanstalten, in denen die Betroffenen auf ihre Abschiebung warten, völlig ausgelastet.* (PR 30. 1. 06); **Schubhaftbedingungen; Schubhaftgefängnis:** *Der Beirat ist in dieser Frage nach dem Selbstmord eines 35-jährigen Serben am 23. Juli im Schubhaftgefängnis in der Rossauer Kaserne aktiv geworden.* (PR 20. 10. 04)

**Schubhäftling,** der: Person, die sich in ↑Schubhaft befindet: *Die vier Wega-Beamten misshandelten den Schubhäftling und wurden verurteilt.* (PR 9. 10. 07)

**schubladisieren** (ugs., auch schweiz.): die Erledigung eines Vorhabens verzögern, um es zu verhindern: *das wird den Rest der Politelite dazu verleiten, die mit der Steuerreform immerhin begonnene Liste an Reformen nicht mehr abzuarbeiten, sondern zu schubladisieren.* (WZ 19. 3. 15) ◆ **Schubladisierung**

**Schubladkasten,** der (veraltend): Kommode: *Drinnen herrscht die Atmosphäre eines preußischen Gasthauses vor 100 Jahren: Überall im Raum stehen alte Schubladkästen und Nähmaschinen.* (ST 1. 2. 15). ↑Kasten

**Schübling,** der; -s, -e: 1. (Vbg., selten auch südd., in der Form *Schüblig* auch schweiz.): geräuchertes Würstchen mit Speckstückchen: *Der in der 2. Pause servierte heiße Schübling mit Brot und natürlich Lustenauer Senf, schmeckte allen hervorragend.* (VN 29. 11. 07). 2. (singuläre Verwendung, Polizeijargon) Schubhäftling: *Was weiß man, was den »Schübling«, wie man bei uns sagt, dort, wo er sicher hätte landen sollen, erwartet hätte?* (PR 26. 7. 03)

**Schuh:** ***neben den Schuhen sein/stehen** (auch schweiz.): 1. verwirrt, unkonzentriert sein: *Am Freitag und am Samstag stand er aber ziemlich neben den Schuhen.* (PR 2. 7. 16). 2. nicht auf dem Laufenden sein, nicht mitkommen: *»Bin ich deppert?«, fragte Wackers Cheftrainer. »Steh' ich vielleicht neben den Schuhen?«* (KU 5. 3. 08)

**Schuhdoppler,** der: erneuerte Schuhsohle: *Den jetzt kürzeren Fuß gleicht ein Schuhdoppler aus.* (SN 31. 8. 02). ↑**Doppler**

**Schuhpasta,** die: Schuhcreme: *Wagten sie ihren »Herren« den Dienst zu verweigern, wurde ihnen mit Schuhpasta »der Allerwerteste poliert«.* (SN 22. 11. 00). ↑**Pasta**

**Schulamt,** das: Schulbehörde; wird in Österr. nur für die diözesane Schulbehörde für katholische bzw. für islamische Privatschulen verwendet: *Olgun war bisher stellvertretender Leiter des Schulamtes der IGGiÖ und war am Sonntag der einzige Kandidat.* (PR 20. 6. 16)

**Schularbeit,** die: Klausur in der Schule, (in D) Klassenarbeit: *Um Schummeln vorzubeugen, müssen Smartphones bei Schularbeiten oder bei der Matura auf den Katheder gelegt werden.* (SN 4. 3. 17). Vgl. Hausübung

**Schulausspeisung,** die: kostenlose oder billige Verpflegung für Schulkinder, (in D) Schulspeisung: *So ärgert sich Edlinger-Ploder darüber, »dass es an Schulbuffets oder Schulausspeisungen nicht möglich ist, gewisse Dinge nicht mehr zuzulassen.«* (ST 5. 12. 11). ↑**Ausspeisung; Schülerausspeisung**

**Schulbahn,** die (Behördenspr.): Verlauf der schulischen Ausbildung, Schullaufbahn: *Um den Volksschülern und den Eltern die Entscheidung für die weitere Schulbahn zu erleichtern, werden Sie über die Schwerpunkte ... informiert.* (KZ 25. 2. 04) ◆ **Schulbahnberater/-in; Schulbahnberatung**

**Schulbub** ↑Bub

**Schulbuchaktion,** die: kostenlose Versorgung der Schüler mit neuen Schulbüchern durch den Staat, (in D) Lehrmittelfreiheit: *Der Familienlastenausgleichsfonds (FLAF), ... aus dem Kindergeld, Familienbeihilfe, Schülerfreifahrt und Schulbuchaktion bezahlt werden, habe seit längerem ein Defizit.* (PR 23. 3. 05)

**Schulbuslenker Schulbuslenkerin,** der bzw. die: Schulbusfahrer/-in: *Einem Schulbuslenker platzte der Kragen: Er setzte die Kinder kurzerhand vor die Tür.* (NÖN 21. 3. 13) ↑Lenker

**Schuldeinbekenntnis,** das (Rechtsspr.): Schuldgeständnis: *Alles andere als eine sofortige und restlose Aufklärung dieser Sache könne man nur als indirektes Schuldeinbekenntnis werten.* (ST 11. 3. 06). ↑**einbekennen**

**Schuldengebarung,** die (Behördenspr.): öffentliche Schuldenverwaltung: *Schon jetzt*

*stehen wir mit dem Rechnungshof laufend in Kontakt, weil er die Schuldengebarung überprüft.* (KU 28. 11. 09). ↑Gebarung

**schuldtragend:** schuldig, für etwas verantwortlich: *Die Schilderung des schuldtragenden Lenkers decke sich mit dem bisherigen Ermittlungsstand, so die Polizei.* (ST 1. 12. 09)

**Schülerausspeisung,** die: ↑Schulausspeisung: *Auch die Kosten für die Schülerausspeisung in der Volks- und Hauptschule müssen gesenkt werden.* (OÖN 20. 9. 06)

**Schülerbeihilfe,** die: finanzielle Unterstützung von bedürftigen Schülern ab der 10. Schulstufe: *Eltern müssten besser über mögliche finanzielle Unterstützungen und Schülerbeihilfen informiert werden.* (SN 8. 9. 16)

**Schülerberater Schülerberaterin,** der bzw. die (Verw.): Lehrer/-in, der/die für Bildungs- und Berufsberatung zuständig ist: *Zeichnet sich schon früher ein Scheitern ab, folgt Stufe II, bei der unter Federführung der Schulleitung Schülerberater, Schulpsychologen ... einbezogen werden.* (PR 3. 7. 12). ↑**Bildungsberater**

**Schülerfreifahrt,** die: die staatlich finanzierte und daher für Eltern kostenfreie Beförderung von Schülern zur und von der Schule mit öffentlichen Verkehrsmitteln: *Dabei ging es um ein vergünstigtes Ticket für Jugendliche in Ausbildung, die keinen Anspruch auf Schülerfreifahrt haben.* (SN 1. 10. 15)

**Schulerhalter,** der: (in D) Schulträger: *Der Fonds der Wiener Kaufmannschaft ist ... größter privater Schulerhalter neben der katholischen Kirche in Österreich.* (PR 13. 4. 07)

**Schülerlade,** die (früher): Bestand an Schulbüchern an einer Schule, die den Schülern leihweise für ein Jahr zur Verfügung gestellt werden: *Zuvor mussten die Bücher von den Eltern zur Gänze bezahlt werden, zusätzlich wurden »Schülerladen« eingerichtet, wo Bücher ausgeliehen werden konnten.* (PR 22. 3. 03). ↑Lade

**Schülerliga,** die: Liga für sportliche Wettkämpfe unter Schülermannschaften: *Im Schülerliga-Finale gewann das BRG Polgarstraße durch ein Traumtor von Laura Fritz. Bereits im Halbfinale schoss sie als erstes Mädchen ein Tor in der Burschen-Schülerliga.* (KZ 29. 6. 16)

**schulfest** (Behördenspr.): an einer bestimmten Schule mit unkündbarer Anstellung festgeschrieben: *Bures kündigte an, dass der Bund schon heuer ab September keine neuen schulfesten Stellen mehr vergeben wird.* (PR 29. 6. 07)

**Schulgegenstand,** der: Schulfach: *Was halten Sie davon, Kochen als verpflichtenden Schulgegenstand einzuführen?* (OÖN 6. 9. 08). ↑Gegenstand

**Schulgemeindeverband,** der: Verbindung von zwei oder mehreren Schulgemeinden zum Zweck der gemeinsamen Schulerhaltung: *Konkret geht es um Schulgemeindeverbände, wo die Gemeinden gemeinsam für Hauptschulen und polytechnische Lehrgänge zahlen.* (KZ 29. 2. 12)

**Schulgemeinschaftsausschuss,** der: beratendes Gremium an einer Schule, das sich aus Schüler-, Eltern- und Lehrervertretern zusammensetzt: *Denn als Direktor wäre er nur dann für die Sicherheit der Kinder in der Mittagspause verantwortlich, wenn der Schulgemeinschaftsausschuss ein Bleiberecht beschlossen hätte.* (SN 26. 6. 07)

**Schuljahr,** das: Zeitraum vom Schulbeginn Anfang September bis zum Beginn des nächsten Schuljahres, also die Sommerferien mit eingeschlossen (Vgl. Unterrichtsjahr), im Ggs. zur Schulstufe. In Österr. also nicht: *Er ist im 8. Schuljahr,* sondern nur: *Er ist in der 8. Schulstufe (= 4. Klasse AHS).* ↑**Klasse, Schulstufe**

**Schulkennzahl,** die (Verw.): 6-stellige Nummer, die einen Schulstandort in Österreich eindeutig identifiziert: *Dieser* (Code) *werde nicht automatisch generiert, sondern setze sich aus Schulkennzahl, Klasse, Geburtsdatum des Schülers, Katalognummer und Geschlecht zusammen.* (ST 31. 5. 12)

**Schulkollege Schulkollegin,** der bzw. die (auch schweiz., in D regional.): Mitschüler/-in, Schulkamerad/-in: *»Er war und ist ein Mann mit einem eisernen Willen«, sagt Urdl, einst Arnies Schulkollege.* (SN 22. 7. 06). ↑**Kollege**

**Schullandwoche,** die: mehrtägiger auswärtiger Aufenthalt einer Klasse für themenbezogenen Unterricht; Projektwoche, (in D) Klassenfahrt: *Schlimm ist es für Eltern, deren Kinder sich ausgegrenzt fühlen, weil man ... sie nicht zur Schullandwoche mitschicken kann.* (KZ 6. 2. 15)

**Schulnachricht,** die: Information der Schule an Eltern über den Leistungsstand eines Schülers, bes. wenn ein Nichtgenügend im Jahreszeugnis droht, (informell auch) Halbjahrszeugnis: *An sich darf, damit ein Schüler aufgenommen wird, nur kein Dreier in Deutsch*

*und Mathematik in der Schulnachricht der vierten Klasse stehen.* (PR 12. 1. 16)

**Schulprofil,** das: vom Lehrkörper einer Schule erarbeitetes Programm mit pädagogischen Schwerpunkten, mit dem sich eine Schule nach außen präsentiert, (in D) Schulprogramm: *Mit der neuen Qualitätsauszeichnung sollen Schulen ihr Schulprofil besser bewerben können.* (ST 14. 11. 16)

**Schulrat Schulrätin,** der bzw. die (Schule): Berufstitel für Pflichtschullehrer(innen), Abk. SR: *Beim Sommerfest im Turnsaal der Volksschule wurde Schulrat Margit Baumgartner in den Ruhestand verabschiedet.* (OÖN 18. 8. 16) Vgl. Oberschulrat

**Schulschluss,** der: Ende des Schuljahres Anfang Juli. – In D bedeutet das Wort ›Ende der täglichen Unterrichtszeit, Unterrichtsschluss‹, regional auch ›Ende der Schulzeit, Beendigung der schulischen Ausbildung‹: *Der Klassenbeste wurde zum Schulschluss mit einem Buch ausgezeichnet.* (KU 7. 10. 08) ◆ **Schulschlussfeier**

**Schulsprengel,** der: Sprengel, für den eine bestimmte Pflichtschule zuständig ist: *Bisher gab es für Salzburgs Volksschulkinder starre Schulsprengel: Je nach Wohnadresse waren Kinder in der jeweiligen Sprengelschule anzumelden.* (SN 19. 10. 07). ↑ SPRENGEL

**schulstangeln**, sw. V. / hat (ugs., veraltet): die Schule schwänzen: *Und zum Schulstangeln kommt auch kaum mehr wer her. Die Schüler gehen lieber in ein Einkaufszentrum.* (ST 19./20. 8. 17) ◆ **Schulstangler/-in:** *Schul-»Stangler« auf der Suche nach Bier muss sie regelmäßig verscheuchen.* (KU 7. 9. 05)

**schulstürzen,** sw. V. / hat (ugs., veraltet): die Schule schwänzen ◆ **Schulstürzer/-in:** *Der Aufschrei, kräftig unterstützt von Schulstürzer-Schlagzeug und Eselsbank-Gitarren, stammt aus dem Jahr 1986.* (PR 28. 8. 03)

**Schulstufe,** die: Jahrgang innerhalb des vorgeschriebenen Schulaufbaus: *Bildungsstandards ... sind für die vierte und achte Schulstufe in Deutsch und Mathematik ausgearbeitet worden und werden derzeit in einer Pilotphase erprobt.* (SN 14. 7. 07). – Wird durchgehend nummeriert (1. bis 13. Schulstufe), während die Klassen pro Schulabschnitt neu nummeriert werden (1. Klasse Gymnasium ist die 5. Schulstufe). – In D eine mehrere Klassen umfassende Stufe innerhalb des Schulaufbaus, z. B. Grundstufe, Mittelstufe. ↑ **Klasse, Schuljahr**

**Schulterscherzel,** das: Rindfleischteil von der Schulter, bes. zum Sieden: *Ebenfalls großzügig bemessen war das gekochte Schulterscherzl mit Rahmgemüse, Röstkartoffeln, Apfelkren und Schnittlauchsoße.* (OÖN 1. 4. 05). ↑ SCHERZEL

**Schulterschwanzl,** das; -s, -n: Rindfleischteil von der Schulter, oberer Teil des Brustkerns, Wamme

**Schulwart,** der: Hausmeister einer Schule: *»Alle Schüler, Lehrer, auch der Schulwart und das Reinigungspersonal haben sich in die Vorbereitung eingebracht.«* (SN 22. 12. 16)

**Schummelzettel,** der: Zettel o. Ä. als unerlaubtes Hilfsmittel bei Prüfungen: *Schummelzettel sind in der Schule verboten. Irgendwann kamen die Lehrer dahinter, dass auch Mobiltelefone bei Prüfungen hilfreich sein können.* (WZ 8. 5. 07). ↑ **Schwindelzettel**

**Schupf,** der; -(e)s, -e (Vbg., auch südd., schweiz.): ↑ Schupfer

**schupfen,** sw. V. / hat (auch bayr., schweiz.): **1. a)** werfen, werfend weiterbefördern: *Den Ball, Ziegel schupfen; die Aussicht, in der Landesbaurechtsabteilung stapelweise Akten zu schupfen, behagte der gebürtigen Paschingerin überhaupt nicht.* (OÖN 15. 10. 07). **2.** beim Kochen in die Höhe werfen und mit der Pfanne auffangen: *Am Lagerfeuer kann man sogar eigenes Steckerlbrot backen und Palatschinken schupfen.* (SN 9. 9. 04). **3.** eine Aufgabe, einen Betrieb erfolgreich leiten, (in D ugs.) den Laden schmeißen: *Ein ehemaliger »Kohle«-Bürgermeister schupft heute das Restaurant.* (ST 30. 6. 06). **2.** stoßen, anstoßen, anrempeln: *Konrad gibt zu, dass er zwei Mal in der Woche rauft, Michael rauft mindestens ein Mal in der Woche. Beide betonen aber, dass dabei nur ein »bisserl geschupft« würde.* (SN 1. 4. 04). ↑ **anschupfen**

**Schupfen,** der; -s, - /die; -, - (auch bayr.): **1.** Schuppen, Wetterdach, Unterstand für Geräte u. Ä.: *Helga S., Bezirksarchitektin im Lungau, bestätigt, dass die alten Schupfen ... immer weniger werden.* (SN 4. 3. 03). **2.** (ugs.) Bodenwelle auf Straße zur Verkehrsberuhigung: *Wer komfortabler reisen möchte, muss um die 3.000 Euro zusätzlich für die Luftfederung einplanen. Dann werden auch die letzten Rillen und Schupfen im Asphalt glattgebügelt.* (OÖN 11. 6. 16) ◆ **Wagenschupfen**

**Schupfer,** der (ugs.): **1.** leichter Stoß, Schubs: *Ein Rempler und ein Schupfer genügten offenbar, um seine Wut zu entfachen.* (KR 29. 9. 09).

2. (Sport) leichter Schuss oder Wurf: *In der 90. Minute durfte auch noch Vandenriesche treffen. Sein Schupfer bedeutete das 4 : 1.* (OÖN 20. 10. 06). ↑**Schupf**

**Schupfnudeln,** die /Plural/: Nudeln aus Kartoffelteig: *Schupfnudeln wuzeln, Salat waschen – alles fällt in ihren Aufgabenbereich.* (KZ 3. 10. 16). ↑NUDEL

**Schüppel,** der; -s, - (ugs., auch bayr.): 1. Büschel: *ein Schüppel Haare, Stroh.* 2. Schar: *... leistete er als Leiter der Jazzabteilung an der Kunstuniversität herausragende Aufbauarbeit und wurde für ein Schüppel Studenten zur Vaterfigur.* (KZ 19. 10. 14). 3. Menge von etwas: *Elliott Sharp ... hat dafür einen Schüppel miniaturhafter Kompositionen geliefert.* (KZ 12. 12. 13)

**schüppelweise** (ugs., auch bayr.): in Bündeln, büschelweise, scharenweise: *Anno 1754, wie etwa die Bauern schüppelweise in den Bäumen saßen, um vom Pomp und Trara Augenblicke zu erhaschen.* (KZ 1. 7. 18)

**Schurl:** (Koseform zu) Georg: *Dem Schurl* (Trainer Georg Zellhofer) *rate ich gar nichts.* (OÖN 21. 4. 07) ◆ **Schurli:** (Verkl. zu) ↑Schurl: *Für seine Shows bevorzugt der »Schurli«, wie ihn* (Georg Danzer) *seine Fans liebevoll nennen, die kleineren Hallen.* (PR 18. 10. 02)

**schurln** (ugs.): geschäftig, eilig laufen: ↑**herumschurln**

**Schussattentat,** das: mit einer Schusswaffe verübtes Attentat: *Am Wiener Straflandesgericht hat der Prozess rund um ein spektakuläres Schussattentat auf offener Straße begonnen.* (ST 16. 11. 16) ◆ **Schussattentäter/-in**

**Schüssel:** ***jmdm. auf/in der Schüssel liegen** (ugs.): jmdm. zur Last fallen, von jmdm. versorgt werden müssen, (in D ugs.) jmdm. auf der Tasche liegen

**Schusterbub,** der (auch südd., schweiz.): Schusterjunge; ***es regnet Schusterbuben** (ugs., auch bayr.): es regnet in Strömen, (nordd.) es regnet Schusterjungen: *Am Sonntag hatte es Schusterbuben geregnet. Am Montag schneite es.* (ST 28. 12. 04). ↑BUB

**Schusterlaberl,** das (ostösterr. mundartnah): ↑Schusterlaibchen.: *bei uns gibt es Schusterlaberl, Kümmellaberl, Salzstangerl und wir produzieren biologische Vollkornprodukte direkt vom Getreide.* (ST 19. 6. 08). ↑LABERL

**Schusterlaibchen,** das: rundes, mit Kümmel bestreutes Laibchen aus Weizen- und Roggenmehl: *Bauernbrot, Schusterlaibchen, Paarsemmeln, Früchtebrot und die »g'sottenen Brezn« verbreiten in der Bäckerei Engertsberger ihren Duft.* (OÖN 13. 1. 11). ↑LAIBCHEN

**schustern,** sw. V. / hat (derb): koitieren: *Auch andere Wörter aus dem Handwerk, wie schustern, nageln oder buttern (von Butter machen), ... werden für koitieren verwendet.* (KR 6. 2. 14)

**Schütze,** die: Weberschiffchen: *In diese Gruppe fallen alle glatten Stoffe, bei deren Herstellung die Schussfäden durch die Kettfäden mittels einer Schütze hindurchgeführt werden.* (Türkei Information, Wien, 2007, Int)

**Schutzhaus,** das: [größere] Schutzhütte: *Niedermüller benannte seinem Freund zu Ehren posthum das 1927 erbaute Schutzhaus Edward-Theodore-Compton-Hütte.* (PR 15. 7. 16)

**Schutzmontur,** die: Ausrüstung der Polizei, die Schutz vor Angriffen oder Gefahren gewährleistet: *Behördenmitarbeiter und Polizisten in Schutzmontur forderten die Flüchtlinge auf, das Lager zu verlassen.* (ST 26. 10. 16). ↑**Montur, Polzeimontur**

**Schutzweg,** der: gekennzeichneter Fußgängerüberweg, Zebrastreifen: *Der Unbekannte hat mit seinem Wagen eine Schülerin auf dem Schutzweg erfasst.* (PR 30. 9. 07)

**Schwaige,** die; -, -n 1. (bes. ostösterr., selten auch bayr., meist hist.): Sennhütte, [Berg]bauernhof: *Untertags kehren Wanderer und Wintersportler in der Gostner Schwaige ein, abends wird auf Vorbestellung aufgekocht.* (KU 6. 10. 12). 2. ↑Voralpe, Maisäß

**schwaigen,** sw. V. / hat (bes. ostösterr., selten auch bayr.): eine Alm bewirtschaften

**Schwaiger Schwaigerin,** der bzw. die (bes. ostösterr., selten auch bayr.): Senner/-in

**Schwaighof,** der (bes. ostösterr., selten auch bayr.): Bauernhof, auf dem überwiegend Viehzucht betrieben wird: *Der Schwaighof wurde im 12. Jahrhundert auf dem Steinfeld zwischen St. Pölten und Spratzern errichtet.* (KU 6. 7. 08)

**Schwamm,** der (selten; auch bayr., schweiz.): Pilz: *Im Sommer sammelten sie Beeren und Schwämme.* (SN 2. 9. 00)

**Schwammerl,** das; -, -n (als Maskulinum auch bayr.): ↑Pilz, (häufiger als) ↑Schwamm: *Je nach Saison können Sie auch Schwammerl und andere Zutaten in das Sülzchen geben.* (SN 18. 12. 06); ***etwas schießt wie Schwammerln aus dem Boden** (ugs.): (in D ugs.) etwas schießt wie Pilze aus der Erde / aus dem [Erd]boden: *Ein oder zwei Jahre werden die Programme noch wie Schwammerln aus dem Boden schießen.* (ST 27. 11. 04); ***narrische**

**Schwammerln:** Pilze mit halluzinogener Wirkung (magic mushrooms): *Statt Rosen und Tulpen zog eine St. Pöltener Familie Hanf und narrische Schwammerln.* (KU 6. 4. 06); *Zudem hörte man seiner damaligen Musik durchaus an, dass auch im Weltraum narrische Schwammerln wachsen.* (ST 21. 12. 16); ***narrische Schwammerln gegessen haben:** sich verrückt, ausgelassen verhalten: *»Basta, corpo di bacco!«, sagte mein italienischer Vater, »mir scheint, du hast narrische Schwammerln gegessen« meine Gumpendorfer Mutter.* (KU 3. 12. 07). ↑**Eierschwammerl, Heizschwammerl, Schwämmle**

**Schwammerlsauce, Schwammerlsoß,** die: Pilzsoße: *Sie erlitten durch eine Schwammerlsauce in einer Buschenschank ... eine Salmonellenvergiftung.* (SN 24. 10. 01). ↑Sauce

**Schwammerlstrudel,** der: Strudel mit Füllung aus ↑Eierschwammerln. ↑Strudel

**Schwammerlsucher Schwammerlsucherin,** der bzw. die (auch bayr.): Pilzsucher: *Mühlviertler Studenten haben ein Programm entwickelt, mit dem Schwammerlsucher die Pilze an Ort und Stelle auf einem Handy identifizieren können.* (SN 31. 7. 07)

**Schwammerlsuppe,** die (auch bayr.): Pilzsuppe: *Wir stellen uns noch die Sternfahrt der Dienstlimousinen vor, zur Grazer Burg, wo die hohen Besucher gemeinsam Schwammerlsuppe und Backhendl speisten.* (PR 29. 10. 03). ↑Suppe

**Schwämmle,** das; -s, - (Vbg.): Pilz; Pfifferling: *Sack für Sack der weißen Schwämmle hat der heute 76-jährige Hobby-Züchter damals in den hauseigenen Keller getragen.* (NVT 30. 8. 15). ↑Schwammerl

**Schwartl,** das; -s, -n (ugs.): dicke, derbe Haut bes. vom Schwein (in gebratener Form): *Schweinsbraten mit Schwartl; Ist das Fleisch gar und das Schwartl knusprig, legt man es zum Gemüse auf das Blech.* (OÖN 6. 10. 12)

**Schwartling,** der; -s, -e: aus einem Rundholz geschnittene Randbretter mit Rinde: *Schwartlinge kommen gleich hinunter zum Häcksler, wo die Holzschnitzel produziert werden, die dann zum Heizen verwendet werden.* (Landhauptschule Westendorf, 2007, Int)

**Schwarzbeere,** die (bes. westösterr., auch bayr.): Heidelbeere: *Als 6-Jährige schaute sie ihrer Oma beim Einkochen der Schwarzbeeren über die Schulter.* (SN 12. 4. 07) ◆ **Schwarzbeermarmelade; Schwarzbeernocken,** ↑Nocken; **Schwarzbeeromelett; Schwarzbeertorte**

**Schwarzdecker Schwarzdeckerin,** der bzw. die: Handwerker, der Abdichtungen und Wärmedämmungen bei Flachdächern und Terrassen herstellt; Bauwerksabdichter: *Wenn ich mir an diesen heißen Tropentagen alle Bauarbeiter anschaue, alle Spengler, alle Schwarzdecker, die bei 40 Grad und mehr auf der Baustelle arbeiten.* (ST 11. 8. 15)

**Schwarze,** der; -n, -n: Mokka ohne Milch; ***kleiner/großer Schwarzer:** kleiner/großer Mokka ohne Milch (im Kaffeehaus): *Er bestellt ... in einer nahe gelegenen Konditorei einen kleinen Schwarzen ...* (WZ 9. 11. 12). Vgl. Braune

**schwärzen** (veraltet, auch südd.): schmuggeln

**Schwärzer Schwärzerin,** der bzw. die (veraltet, auch südd.): Schmuggler: *Das Dreiländereck zwischen der kaiserlich-österreichisch-böhmischen und der königlich-bayerischen Grenze im nördlichen Mühlviertel war ein Eldorado für Schmuggler und Schwärzer.* (OÖN 2. 7. 11)

**Schwarzkappler Schwarzkapplerin,** der bzw. die (Wien, salopp): Kontrollor/-in von Fahrscheinen und Ausweisen in den öffentlichen Verkehrsmitteln: *Wer ohne Ticket mit den Öffis fährt, muss sich in Zukunft wohl oder übel den »Schwarzkapplern« stellen.* (PR 22. 10. 07). ↑Kappler

**schwarzplenten** /Adj./ (mundartnah, Tirol): aus Buchweizen: *Auf den Speisekarten findet man neben schwarzplentenen Knödeln auch Gerstlsuppe und Bauernschöpsernes.* (TT 15. 3. 03)

**Schwarzplenten,** der; -s (mundartnah, Tirol): [Polenta aus] Buchweizen: *Tradition haben auch die »Schwarzplentene Torte« oder die »Minggelen«, gebackener Germteig, der mit Honig und Mohn serviert wird.* (TT 8. 3. 07). ↑**Plenten**

**schwätzen,** sw. V. / hat (regional auch in D): während des Unterrichts verbotenerweise reden: *Schwätzen in der allerersten Schulstunde? Da drückt Zink noch ein Auge zu.* (KZ 9. 9. 14). – In D (und auch Vbg.) wird das Wort allgemein i. S. v. ›sich unterhalten‹ verwendet ◆ **Schwätzer/-in:** *Damals war ich kein Musterschüler mehr, ein Schwätzer vielmehr.* (PR 16. 9. 06)

**Schwebe:** ***in Schwebe [sein]:** noch nicht entschieden sein, (in D) in der Schwebe sein: *Ein Projekt für Flüchtlingskinder und Jugendliche musste Omega schon beenden, ein Gesundheitsprojekt ist in Schwebe.* (Falter 23. 3. 11)

**schweben,** sw. V. / ist: die Bildung des Perfekts mit *sein* ist österr. (seltener auch südd., schweiz.) zur Angabe einer Körperhaltung oder Lage die Standardform: *Während Contador, der nach einem Sturz bei der Asturien-Rundfahrt 2004 in Lebensgefahr geschwebt war ... seinen größten Triumph begoss ...* (PR 30. 7. 07); *Dabei seien ihm Motive über Knabenliebe aus dem antiken Griechenland vorgeschwebt.* (PR 7. 10. 07). – In der Bedeutung ›sich schwebend irgendwohin bewegen‹, z. B. das Blatt ist zu Boden geschwebt, auch in D Perfekt mit *sein*

**Schwedenbombe®,** die: Schaumkuss, Schokokuss: *Sie verdiente ihren Unterhalt, indem sie ... bei der Firma Niemetz um sechs Uhr früh am Fließband Schwedenbomben einsortierte.* (PR 29. 4. 16). – *Schwedenbombe* ist eine Handelsware, während der ↑*Indianerkrapfen* in der Konditorei hergestellt wird

**Schwedenreiter,** der (früher): auf der Wiese gespannter Draht, auf den das Heu zum Trocknen aufgehängt wird. ↑REITER

**schweinern,** (auch bayr.): aus Schweinefleisch

**Schweinerne,** das; -n (auch bayr.): Schweinefleisch: *Warum muss aber das Schweinerne einen »Dauertiefpreis« haben und warum greift man zum Rindfleisch nur, wenn es »in Aktion« ist?* (SN 22. 12. 00). Vgl. Hirschene, Lämmerne, Kälberne, Schöpserne

**Schweins-:** österr. (und bayr., schweiz.) Form, (in D) Schweine-: **Schweinsblase:** *Eines der merkwürdigsten und ... weit verbreiteten Narrenaccessoires ist die leere, mit Luft gefüllte Schweinsblase.* (OÖN 18. 12. 12); **Schweinsbraten:** *Schweinsbraten von allen Seiten gut anbraten und mit etwas Butter und frischen Kräutern arosieren* (KZ 10. 2. 17), ↑Bratl; **Schweinsbrust; Schweinsfett; Schweinsfilet:** *Vom gebratenen Ziegenkäse über Schweinsfilet mit Herbsttrompeten ... reicht die Bandbreite der Rezepte* (SN 2. 11. 06); **Schweinshälfte; Schweinskotelett; Schweinskopf:** *Den fetten Schweinskopf in Aspik gibt's eh erst zu Silvester.* (SN 18. 12. 06); **Schweinsleber:** *Dafür fand sie unter den vielen Stücken Schweinsleber das eine oder andere, das sie erfreute, weil gänzlich durchgebraten.* (ST 11. 8. 14); **Schweinsmedaillon:** *Schweinsfilet in gleich große Medaillons schneiden, ... abwechselnd Schweinsmedaillon und Hamburgerspeck auf Rosmarin. stängel spießen.* (OÖN 5. 1. 07); **Schweinsnetz; Schweinsrouladen; Schweinsschmalz; Schweinsschnitzel:** *Der Alltag der Schweine, die als billige Schweinsschnitzel ... enden, sieht ... nicht anders aus wie das Leben von 99 Prozent aller Mastschweine auch.* (ST 7. 5. 03); **Schweinsschulter:** *Der klassische Schweinsbraten ist ein Schweinskarree, Schopfbraten oder eine gerollte Schweinsschulter.* (OÖN 25. 11. 05)

**Schweinsbauch,** der: Bauchfleisch

**Schweinsbeuschel,** das: Beuschel vom Schwein. ↑BEUSCHEL

**Schweinsbrüstl,** das; -s, -n (auch bayr.): Schweinsbrust: *Gegrilltes oder gekochtes Schweinsbrüstl zählt zu den Klassikern der koreanischen Küche.* (ST 14. 10. 09)

**Schweinsfischerl,** das (Küchenspr.): ↑Schweinslungenbraten, -filet: *Steirisches Backhendl, Beiriedschnitte, Schweinsfischerl oder Forellenfilet stehen im Menü.* (ST 28. 5. 15). ↑**Fischerl**

**Schweinsgulasch, Schweinsgulyás,** das (auch bayr.): (in D) Schweinegulasch

**Schweinskarree,** das: Rippenstück, Karree vom Schwein: *Außer man lockt ihn mit »Rotlärchenem«, das ist ein fein aufgeschnittenes, luftgetrocknetes Schweinskarree.* (OÖN 24. 6. 06). ↑KARREE

**Schweinslungenbraten,** der: Lendenbraten, Lungenbraten vom Schwein: *Berge von Fleisch, ein Berg Hühnerfilet, ein Berg Schweinslungenbraten.* (ST 18. 8. 03). ↑LUNGENBRATEN

**Schweinsmaise,** die: in einem Netz eingeschlagene faschierte ↑Laibchen. ↑**Maise, Saumaise**

**Schweinsschlegel,** der: Keule vom Schwein: ↑SCHLEGEL

**Schweinsschopf,** der: Fleisch vom Kamm des Schweines, Schopfbraten: *Der Schweinsschopf aus dem Ofen mit Aromaten und Schmorgemüse war dermaßen saftig und köstlich, dass sich so manche Großmutter noch was abschauen hätte können.* (ST 4. 9. 06). ↑**Schopf**

**Schweinsstelze,** die: Schweinshaxe, (in D) Eisbein: *Da geht ein Wiener mit einem Amerikaner ins Schweizerhaus, um Schweinsstelzen zu essen.* (WZ 29. 5. 12). ↑STELZE

**Schweinssulz,** die: Sulz vom Schwein: *Die Schweinssulz auf steirische Art wird traditionell zu einer deftigen Jause gegessen.* (KU 7. 6. 16). ↑SULZ

**Schweizerkracher,** der (auch südd., schweiz.): [zu Silvester gezündeter] Knallkörper: *Die Buben im Alter zwischen sieben und neun Jahren hatten in einer Lagerhalle unter ande-*

*rem Schweizerkracher in Strohballen gesteckt.* (OÖN 30. 1. 08)

**Schwemme,** die: 1. das Schwemmen, Flößen: *Die Aist-Schwemme sowie der Nachbau eines Transportfloßes am Donauufer zeigen ebenfalls, dass die Flößer von einst ihr Handwerk nicht verlernt haben.* (OÖN 16. 11. 04). 2. a) (veraltet) Warenhausabteilung, in der Waren zu stark verbilligten Preisen abgegeben werden. b) (auch südd.) einfacher Raum in einem Gasthaus: *Die Fiaker kehren in der Wartezeit zwischen den Fuhren in der Schwemme des Michaeler-Bierhauses auf ein gabelloses Frühstück ein.* (OÖN 18. 9. 04)

**schwemmen,** sw. V. / hat: 1. flößen: *Wien war rasch gewachsen und Brennholz war knapp – so entschloss sich Fürst Schwarzenberg, den gleichnamigen Kanal anlegen zu lassen, um Holz aus Böhmen bis zur Donau zu schwemmen und von dort mit dem Schiff nach Wien zu transportieren.* (OÖN 7. 7. 16). 2. Wäsche durch Bewegen im klaren Wasser von Rückständen reinigen: *In der Waschmaschine wird die Wäsche automatisch geschwemmt; Im Sommer werde der Icefighter als mobiler Wassertank zum Gießen, Waschen und Schwemmen eingesetzt.* (KZ 14. 11. 14). 3. (Gemüse, Teigwaren) nach dem Kochen mit kaltem Wasser übergießen

**Schwemmkanal,** der: zum Flößen von Holz angelegter Kanal: *Zum Auftakt der Schwemmsaison am 19. Mai startet eine Radwanderung entlang des Schwarzenberg'schen Schwemmkanals in Hirschbergen (Tschechien) über Glöcklberg bis nach Sonnenwald.* (OÖN 18. 5. 07)

**schwenden,** sw. V. / hat: 1. (hist.) Bäume roden, indem man sie verletzt und absterben lässt. 2. junge Sträucher und Pflanzen auf Almen entfernen: *Rückt der Bauer da nicht mit Sense und Säge zum Schwenden aus, wächst die Weide schön langsam aber sicher zu.* (SN 23. 7. 07). – In D versteht man unter *schwenden* ›brandroden‹ ◆ **Schwender/-in:** *Was die Kuh nicht frisst, holt der Schwender.* (SN 23. 7. 07)

**Schwendtage,** die /Plural/ (Volkskunde, auch bayr.): im Volksglauben Tage, die sich für das Baumfällen oder Holzbearbeitung nicht eignen: *»Frauentage« (Marienfeiertage) sind Schwendtage.* (KR 15. 8. 06)

**Schwerarbeiterregelung,** die: Pensionsregelung für Menschen mit besonderer körperlicher Belastung, ↑Hacklerregelung

**schwerst:** sehr schwer (in D nur in *Schwerstarbeiter, schwerstbehindert, schwerstbeschädigt*): *Da rutschte die junge Frau aus, stürzte 40 Meter in die Tiefe und wurde schwerst verletzt.* (KU 20. 10. 08)

**Schwert,** das: wird österr. mit kurzem Vokal gesprochen, in D mit langem

**schwimmen,** st. V. / ist: das Perfekt wird österr. (und schweiz.) in allen Bedeutungen mit *sein* gebildet: *Ein kleiner Teich vor dem Bad erinnert an die Zeiten, als man noch in »Naturbecken« geschwommen ist.* (PR 10. 5. 07). – In D wird das Perfekt bei *schwimmen* als Freizeitvergnügen oder als Sport und anderen Bedeutungen mit *haben* oder *sein* gebildet

**Schwimmreifen,** der (ugs., scherzhaft): Fettpolster am Bauch: *Du schaust fünf Jahre jünger aus, bist nicht mehr so aufgeschwemmt im Gesicht, deine Haut ist viel reiner und dein Schwimmreifen viel kleiner.* (ST 5. 8. 11)

**schwindeln,** sw. V. / hat: in der Schule zu unerlaubten Hilfsmitteln greifen bzw. unerlaubterweise abschreiben: *Schwindeln bei der Matura ist kein Kavaliersdelikt.* (SN 18. 6. 15)

**Schwindelzettel,** der: 1. kleiner Zettel mit Notizen zum Schwindeln während einer schriftlichen Prüfung; Schummelzettel, (in D) Spicker: *Der gute alte Papier-Schwindelzettel hat ausgedient – Handys, WAP-Technik und MP3-Reader haben ihn abgelöst.* (ST 7. 6. 02). 2. (scherzhaft) für eine bestimmte bevorstehende Situation als Gedächtnisstütze angefertigte Notizen. ↑**Schummelzettel**

**Schwurgerichtshof,** der (Verw.): Gericht für besonders schwere Strafsachen, das aus Berufsrichtern und Laien besteht: *Der Schwurgerichtshof ... setzten den Wahrspruch der Geschworenen wegen Rechtsirrtums aus.* (SN 24. 8. 04)

**Sebastiani:** ***[zu] Sebastiani** (auch südd.): am Fest des hl. Sebastian: *Als Dank gelobten damals die Menschen, alljährlich den Sonntag nach Sebastiani mit einer feierlichen Messe zu begehen.* (NÖN 6. 2. 14) ◆ **Sebastianifeier; Sebastianifest** (in D) Sebastiansfest. ↑FLORIANI

**Secession,** die: 1. Jugendstil in Österreich, urspr. »Vereinigung bildender Künstler Österreichischer Secession«. 2. Ausstellungsgebäude am Karlsplatz in Wien für zeitgenössische Kunst: *Seit 20 Jahren war er nicht mehr in der Secession.* (PR 29. 10. 07) ◆ **Secessionist/-in.** – Die Schreibung *Sezession* steht in D allgemein für ›eine durch Abspaltung entstandene Kunstrichtung‹

**Sechser,** der (auch südd., schweiz.): **1.** Ziffer, Linie Sechs, (in D) die Sechs: *einen Sechser schreiben, würfeln; Man lebt ja so dahin und plötzlich steht ein Sechser vorn.* (OÖN 20. 9. 16); **2.** Höchstgewinn im Lotto 6 aus 45: *Bisher 20 Mal brachte ein Sechser einen Gewinn von mehr als vier Millionen Euro.* (ST 5. 10. 06). ↑ ACHTER, **Lottosechser, Solosechser**

**Sechsertragerl,** das (ugs.): **1.** Traggestell aus Kunststoff oder Pappe für sechs Flaschen: *Das Sechsertragerl Bier rollte auf dem Förderband gleich mehrfach durch den Rücknahmeautomaten.* (SN 31. 10. 04). **2.** (Sport) hohe Niederlage (urspr. mit 6 Gegentoren, dann allgemein) *Taufkirchen schickt Gegner mit Sechsertragerl heim.* (OÖN 7. 10. 10). ↑ **Tragerl**

**Seefestspiele,** die: Musikfestspiele, die auf eigens gebauten Seebühnen, wie z. B. am Bodensee, stattfinden

**Seehöhe,** die: Meter über dem Meer, (in D) Meereshöhe: *Südlich des Alpenhauptkammes stauen sich hingegen dichte Wolken und im Grenzgebiet zu Italien und Slowenien muss immer wieder mit Regen gerechnet werden, bei einer Schneefallgrenze oberhalb von 2.000 Metern Seehöhe.* (ST 20. 11. 16)

**Seelenrosenkranz,** der (auch bayr.): gemeinsam gebeteter Rosenkranz für Verstorbene: *Der Seelenrosenkranz für den Verstorbenen wird am Freitag, dem 5. Oktober, um 19 Uhr in der Pfarrkirche Bergheim gebetet.* (SN 4. 10. 07)

**Seelsorgesprengel,** der: Seelsorgebezirk: *Bei den Dekanaten werden die Grenzen neu gezogen, sieben Seelsorgesprengel im Bistum sollen aufgelassen werden.* (OÖN 14. 11. 06). ↑ SPRENGEL

**sehen:** ***vom Sehen aus kennen:** (in D) vom Sehen kennen: *Das Opfer gab an, seinen Peiniger vom Sehen aus zu kennen.* (KU 4. 6. 07)

**Seher Seherin,** der bzw. die: Fernsehzuschauer, (kurz für) ↑ Zuseher: *Die nicht repräsentative Umfrage stützt den Charakter des ORF und Erwartungen der Seher im Zusammenhang mit der Erfüllung des öffentlich-rechtlichen Auftrags.* (SN 2. 10. 07) ◆ **Seherbeirat, Seherquote, Sehervertretung**

**Sehr gut** ↑ Gut

**Seicherl,** das; -s, -n (ugs., bes. ostösterr.): **1.** (auch bayr.) ↑ Seiherl. **2.** (abwertend) Feigling, willensschwacher Mensch, Muttersöhnchen: *Es sind die Seicherln, die immer den Mächtigen nachlaufen.* (PR 28. 2. 14). – Auch als bekannte Comicfigur in den 1930er-Jahren

**Seidel,** das; -s, - (ohne westösterr.): ein Biermaß von 0,3 bis 0,35l; kleines Bier: *Das hieße 215 Krügel pro Einwohner und Jahr oder umgelegt auf die Bevölkerung ein Seidel am Tag.* (KZ 19. 2. 13). – In D bezeichnet *Seidel* ein Bierglas mit Henkel ◆ **Seidelglas**

**Seife:** ***auf die Seife steigen** (ugs., salopp): ins Fettnäpfchen treten: *Vermutlich entspringt sie dem Wunsch vieler Amerikaner, einmal möge ein trickreicher Rechtsanwalt ordentlich auf die Seife steigen.* (KU 23. 1. 04); ***auf der Seife stehen:** etwas lange nicht verstehen; auf der Leitung stehen: *Beim 2 : 1 ist die Verteidigung wieder einmal auf der Seife gestanden.* (NÖN 6. 5. 16)

**Seiher,** der (westösterr., in D regional): Filter für Flüssigkeiten; Sieb. Vgl. Seicherl

**Seilschwebebahn,** die (auch südd.): Seilbahn: *Eine Seilschwebebahn nahe Bozen wurde eröffnet, wenig später die Vigiljoch-Bahn bei Meran.* (PR 13. 2. 08)

**Seitenblickegesellschaft,** die; - (nach dem Titel einer TV-Sendung): Angehörige einer Gesellschaftsschicht, die oft bei gesellschaftlichen Ereignissen dabei sind und dadurch hohe Medienpräsenz haben; Schickeria: *Die Geschichte sorgte nicht nur in der Salzburger Seitenblickegesellschaft für Aufsehen.* (PR 28. 6. 10)

**Seitenout,** das (Sport): Raum außerhalb der Seitenlinien des Spielfelds, im Ggs. zum Torout, (in D) Seitenaus: *anstatt den Ball in das Seitenout zu schlagen, leistete sich die Abwehr von Zell am See einen Abspielfehler.* (SN 23. 5. 02). ↑ **Out, Torout**

**sekkant** ‹ital.›: lästig, zudringlich: *Noch dazu bei Beantwortung der ... Anfragen, wie sie neugierige, recherchierende oder sekkante Abgeordnete nun einmal stellen.* (PR 30. 3. 09); *Hier kann ich jetzt viel gestalten, und wenn mir danach ist, kann ich auch sekkant sein. Ich bin der Chef.* (ST 19./20. 8. 17)

**Sekkatur,** die; -, -en ‹ital. *seccatura* ›Belästigung‹›: Quälerei, Belästigung, Plage: *Sie beinhaltet einige Regelungen, die von NGOs als Sekkatur empfunden werden.* (PR 21. 10. 18)

**sekkieren,** sw. V. / hat ‹ital. *seccare* ›austrocknen‹› (auch bayr.): reizen, mit ständigen Bosheiten oder spöttischen Bemerkungen quälen: *Der Vermieter wollte ihn daraufhin bis aufs Blut sekkieren und brachte Klage ein, weil der Mieter in der Nacht immer den Müllsack vor* *der Tür stehen ließ.* (ST 19. 12. 15). – Das in D veraltete Wort ist österr. (und bayr.) das häufigste in diesem Sinnbereich ◆ **Sekkierer/-in; Sekkiererei:** *Registrierkassen sind keine Schikane und keine Sekkiererei.* (KZ 16. 3. 15); **sekkiererisch**

**Sektionschef Sektionschefin,** der bzw. die (Behördenspr.; für andere Beamtenfunktionen auch in D): höchste/-r Ministerialbeamter/-beamtin: *»Es geht in dem Fall eindeutig Qualität vor Schnelligkeit«, sagte der im Innenministerium für die Wahl zuständige Sektionschef.* (KZ 25. 11. 16)

**Sekund,** die; -, -en ‹lat.› (Musik): zweiter Ton der diatonischen Tonleiter; Intervall im Abstand von 2 Stufen, (in D) Sekunde

**Sekundararzt Sekundarärztin,** der bzw. die ‹lat.›: Assistenzarzt; Arzt an einem Krankenhaus, der keine Facharztausbildung absolviert: *Demnach würden die Grundgehälter von Turnus- und Assistenzärzten um 15 Prozent, jene von Fach- und Sekundarärzten um 20 Prozent erhöht.* (ST 20. 1. 15). ↑**Primararzt**

**Selbstbinder,** der (veraltend, auch bayr.): Krawatte: *Der Sicherheitsdienst ließ ihn aber erst bei einem strikten Krawattenzwang mit einem um 5 Euro von der Abendkassa geliehenen Selbstbinder durch.* (OÖN 24. 1. 07)

**selbsttragend** (auch schweiz.): sich selbst finanzierend: *Wichtig sei, dass die Veranstaltungen inzwischen für Ischgl selbsttragend seien.* (SN 22. 5. 04). – In der technischen Bedeutung ›aus sich selbst heraus stabil‹ gemeind.

**Selch, Selche,** die; -, ...en (auch bayr.): Räucherkammer: *Dort helfe ich in der Küche und kümmere mich um den Speck in der Selch.* (OÖN 17. 6. 11); *Dienstag früh brannte es in Tirol in einer Selche. Ein 80 kg schweres Stück Fleisch hatte Feuer gefangen, weil Fett auf ein heißes Blech getropft war.* (SN 7. 1. 09)

**selchen,** sw. V. / hat (auch bayr.): räuchern: *»Für das Selchen muss man sich einfach Zeit nehmen.«* (OÖN 7. 9. 07). ↑**Geselchte** ◆ **Selchschinken, Selchspeck** (↑Speck)

**Selcher Selcherin,** der bzw. die (auch bayr.): Person, die mit geräuchertem Fleisch, Geselchtem, handelt; meist in Aufschriften auf Fleischereien: *... der selbst vielfach ausgezeichnete Innungsmeister der burgenländischen Fleischer und Selcher ...* (ST 18. 8. 05). ↑**Fleischselcher** ◆ **Selchermeister/-in**

**Selcherei,** die: Fachbetrieb, in dem Fleisch, Wurst, Fisch geräuchert wird: *Das Feuer war aus noch unbekannter Ursache in der Groß-Selcherei ausgebrochen.* (OÖN 29. 10. 04) ◆ **Selchereibetrieb**

**Selchfleisch,** das (auch bayr.): geräuchertes Fleisch, Rauchfleisch: *Auf der Karte geht es entsprechend »altvatrisch« her: Etwa bei Selchfleisch mit Rübengemüse.* (KU 29. 4. 04)

**Selchkammer,** die (auch bayr.): Räucherkammer: *Gebäude geriet beim Selchen in Brand ... Von den Würsteln in der Selchkammer blieben nur verkohlte Reste.* (KZ 14. 9. 16)

**Selchkarree,** das: geräuchertes Rippenstück, (in D) Kasseler [Rippenspeer]: *Serviert wird den Gästen Selbstgekochtes: Heuer wird es unter anderem Tafelspitz, Wildgulasch, Selchkarree und Lachsforellen aus dem Fuschlsee zu essen geben.* (KZ 29. 7. 09). ↑KARREE

**Selchroller,** der: Rollbraten aus geräuchertem Fleisch: *Andererseits könnte man es doch mit mehr Gemüse als dem einen Rucolablatt, das sich auf den Selchroller verirrte, probieren.* (KZ 15. 10. 16). ↑ROLLER

**Selchsuppe,** die: Suppe von gekochtem ↑Selchfleisch: *Kochen Sie eine gute Rindsuppe oder eine Selchsuppe.* (OÖN 20. 5. 06). ↑SUPPE

**Selchwurst,** die: geräucherte Wurst: *Schinken, Speck, Selchwurst, Streichwurst, Sulze und Kärntner Würstl liegen seit wenigen Wochen hinter der Vitrine.* (KZ 31. 12. 16)

**Sellerie,** die; -, -n ‹griech.›: wird österr. urspr. auf der letzten Silbe betont, in D auf der ersten; heute gibt es beide Betonungen. Das Wort ist österr. auch Femininum, in D nur Maskulinum (der; -s, -[s]): *Ein in der Ausstellung thematisiertes Liebesmittel ist die Sellerie, die infolge ihrer Wirkung auf die Manneskraft auch »Stehwurzel«, respektive »Geilwurz« genannt wurde.* (WZ 20. 8. 15). ↑**Zeller**

**Semaphor,** der; -s, -e ‹griech.›: Signalmast: ist österr. Maskulinum, in D meist Neutrum

**Semester,** das ‹lat.›: Halbjahr in der Schule (in D nur auf die Universität bezogen): *1588 Englisch-SchülerInnen aus 86 Teams und 62 Schulen nahmen im vergangenen Semester teil.* (SN 20. 4. 17)

**Semesterausweis,** der: **1.** (veraltend): Halbjahrszeugnis: *Mitzubringen ist der Semesterausweis der vierten Volksschulklasse.* **2.** für ein Semester gültiger Ermäßigungsausweis [für Verkehrsmittel]: *Allerdings: Der Semesterausweis gilt nur für vier Monate.* (PR 18. 9. 01). ↑**Ausweis**

**Semesterferien,** die: einwöchige Ferien im Februar, die das Schuljahr teilen: *430 000 Schüler in Wien und NÖ haben ab Freitag Semester-*

*ferien.* (ST 1. 2. 07). – In Bezug auf die Universitäten gemeind.

**Semesternachricht,** die (Behördenspr.): Halbjahrszeugnis: *Damit hätten künftig auch jene Schulen, die derzeit alternative Beurteilungsformen nutzen, de facto eine Umschreibung der Ziffernnoten in Semesternachricht und Jahreszeugnis schreiben müssen.* (ST 15. 11. 16)

**Seminar,** das; -s, -ien ‹lat.›: in der Bedeutung ›Ausbildungsstätte, Priesterseminar‹ lautet der Plural (wie schweiz.) meist Seminarien, für eine ›Lehrveranstaltung‹ wie in D nur Seminare: *Dagegen betonten sie die hohe Qualität der Ausbildung in den Priesterseminarien.* (KIZ 31/04)

**Semmel,** die; -, -n (auch bayr.): (in D) Brötchen; vgl. die österr. Bedeutung von ↑Brötchen: *Was mit auf den Teller soll, ist eine resche Semmel oder Breze vom Bäcker.* (SN 24. 2. 17). ↑**Handsemmel, Kaisersemmel, Maschinsemmel, Leberkässemmel** ◆ **Buttersemmel, Käsesemmel:** *Was, da isst eine Schülerin eine Käsesemmel im Angesicht des Krematoriums?* (PR 28. 11. 08); **Marmeladesemmel; Schinkensemmel:** *Ich esse keine Extrawurstsemmeln, ich esse lieber Schinkensemmeln.* (PR 12. 9. 16); **Wurstsemmel:** *Während man inmitten von plappernden Schülerhorden samt deren Wurstsemmeln ... wartet ..., fällt der Blick auf die dort geschlichteten, meist sehr durstigen Pflanzen.* (PR 1. 4. 17)

**Semmelknödel,** der (auch bayr.): aus Semmeln, Butter, Mehl, Eiern u. a. zubereiteter ↑Knödel: *Für Traditionalisten in der bewährten Dreifaltigkeit mit Rotkraut und Erdäpfelknödel. Wobei manche auch behaupten, es müssen Semmelknödel sein.* (PR 10. 11. 16). – Nordd. *Semmelkloß* ist nicht nur eine regional unterschiedliche Wortform, sondern bezeichnet auch eine andere Speise: ›Gericht in Form eines großen Kloßes aus eingeweichten alten Brötchen (Semmeln), die mit bestimmten Zutaten vermengt und in einem Tuch zusammengepresst gekocht werden‹. ↑KNÖDEL

**Semmelkoch,** das: Auflauf aus Semmelmehl, Eiern, Milch usw.: *Aber auch erfahrene Hobbyköche kommen auf ihre Rechnung, etwa bei der gerösteten Saiblingsleber mit Basmatireis oder beim Rindfleisch mit Kren-Semmelkoch.* (KZ 5. 6. 09). ↑KOCH

**Semmelkren,** der; -s: Brei aus fein geschnittenen eingeweichten Semmeln und geriebenem Kren/Meerrettich, besonders als Zuspeise zu Rindfleisch: *Der traditionelle Leichenschmaus, Rindfleisch mit Semmelkren und eine Totensemmel, wird immer häufiger verweigert.* (SN 10. 2. 01). ↑KREN

**Semmelschmarren,** der; -s (auch bayr.): Speise aus blättrig geschnittenen Semmeln, Milch, Eiern, Zucker, Rosinen u. a.: *Der Empfehlung der Wirtin, den Semmelschmarren mit gebackenem Eischnee ... zu probieren, ist unbedingt Folge zu leisten.* (PR 10. 7. 16). ↑SCHMARREN

**Semmelwecken,** der (ugs., auch bayr.): Weißbrot, Wecken in länglicher Form: *Am Sonntag gab es Kaffee und einen Semmelwecken.* (OÖN 29. 4. 10). ↑WECKEN

**Semperer,** der (ugs., abwertend): ständig unzufriedener und nörgelnder Mensch: *du bist ein alter Semperer!*

**sempern,** sw. V. / hat (ugs., abwertend): [dauernd] nörgeln, jammern: *Wie man so rüstig und fit bleibt, schreibt die 109-Jährige humorvoll ihren Lieblingsbeschäftigungen »Sempern und Schikanieren« zu: »Ab einem gewissen Alter darf man das ein bisschen.«* (ST 2. 3. 07). ↑**ansempern**

**Senf:** ***red keinen Senf** (ugs., auch südd.): rede keinen Unsinn. – In D *keinen langen Senf machen* ›unnötig viele Worte machen‹

**Senn,** der; -en, -en (auch südd., schweiz.): Almhirt, Bewirtschafter einer Sennhütte: *Seit vielen Jahren ist E. E. aus Filzmoos der Senn auf der Genossenschaftsalm.* (SN 13. 7. 06). ↑**Alpsenn, Senner**

**Senne,** der; -n, -n: (gehobene oder veraltende Nebenform zu) ↑Senn

**sennen,** sw. V. / hat (auch bayr.): eine Alm bewirtschaften; Käse bereiten: *Auf der Lärchenberg-Alm wird gesennt wie vor Jahrhunderten.* (KU 30. 9. 06)

**Senner Sennerin,** der bzw. die (auch bayr.): (Nebenform zu) Senn/Sennin; Almhirte/-hirtin: *Butterbrote haben Tradition in der Axamer Lizum, dem Lieblingsort des jungen Singer Gottl. Er verbrachte dort drei Sommer als Senner, die schönste Zeit seines Lebens.* (PR 27. 7. 07); *In Wagrain und Altenmarkt baute Alois Rohrmoser ..., unehelicher Sohn einer Sennerin aus Großarl, die Skifabrik Atomic auf.* (SN 21. 11. 16)

**Sennerei,** die: Alm, auf der die Milch zu Butter und Käse verarbeitet wird, Käserei auf einer Alm: *Heuer peilt die Pinzgau Milch, die in Kössen (Tirol) eine Sennerei mit zehn Mitarbeitern betreibt, einen Umsatz von 60 Mill. Euro an.* (SN 3. 4. 04)

**Sennhütte,** die (auch schweiz.): Haus mit Sennerei auf einer Alm: *In einer Sennhütte erzeugen die jungen Besucher unter Anleitung einer Käserin ... Frischkäse.* (SN 26. 3. 05)

**Sennin,** die; -, -nen: (Nebenform zu) Sennerin: *Bei Musikantentreffen in Abersee und Umgebung darf die rüstige Sennin mit ihren musizierenden und singenden Geschwistern nicht fehlen.* (SN 12. 3. 04)

**Sensal Sensalin,** der; -s, -e ‹ital.›: freiberuflicher Vermittler von Warenkäufen, Makler: *Aus den krisengeschüttelten Landesversorgern NEWAG und NIOGAS ... hat der ... ehemalige Sensal an der Wiener Börse ein europaweit agierendes Unternehmen gemacht.* (SN 15. 12. 04) ↑**Börsensensal** ◆ **Weinsensal/-in**

**Sensarie,** die; -, -n ‹ital.›: Maklergebühr: *Der Verpflichtete hat dem Berechtigten die Differenz zwischen dem vereinbarten Preis und dem Deckungspreis nebst Sensarie und anderen Nebenkosten ... zu ersetzen.* (Wiener Börse, 17. 1. 05, Int)

**Sepp** (auch südd., schweiz.): (Kurzform von) Josef

**Septim,** die ‹lat.› (Musik): siebenter Ton der diatonischen Tonleiter; ein Intervall im Abstand von sieben Stufen, (in D meist) Septime

**serbisch:** ***serbische Bohnensuppe:** Eintopf aus Bohnen, Paprika, Fleisch- und Würstchenstücken. ↑Suppe

**Serge,** der; -, -n [zɛrʃ, sɛrʒ] ‹franz.›: ein Gewebe: ist österr. Maskulinum, in D auch Femininum

**Service,** das; -[s], -s ‹engl.›: ist in der Bedeutung ›Bedienung, Kundendienst‹ österr. meist Neutrum, in D meist Maskulinum: *Nun wird das Reparatur-Service aus Mangel an Ersatzteilen eingestellt.* (PR 2. 11. 07). Die Aussprache lautet in der Bedeutung ›Bedienung, Dienstleistung, Kundendienst‹ [ˈsoeːvɪs] (in D [ˈzoeːvɪs]), in der Bedeutung ›Tafelgeschirr‹ [sɛrˈviːs] (in D [zɛrˈviːs])

**servicieren,** sw. V. / hat [ˈsoeːvɪs...]: **1.** eine Dienstleistung erbringen, z. B. im Tourismus, Finanzwesen: *Wenn sie aber nicht in der Lage ist, den Kunden innerhalb der Kündigungsfrist ordentlich zu servicieren ..., dann war eben die Frist nicht angemessen.* (PR 8. 2. 16); *Die Fluglinie serviciert dabei auch andere zur Star Alliance zählende Airlines.* (ST 17. 5. 17). **2.** ein Service bei Anlagen, Fahrzeugen durchführen: *Überprüft wurde der Filter einer Klimaanlage, die fünf Jahre lange nicht serviciert wurde.* (PR 9. 6. 17) ◆ **Servicierer/-in:** *2016 sei das zweite Jahr in Folge mit dem stärksten Abschwung für die Ölfeld-Servicierer der letzten 30 Jahre gewesen.* (PR 17. 3. 17); **Servicierung:** *Die Austrian Anadi Bank ist im Bereich Corporate Banking auf die Servicierung von Finanz- und Warenströmen zwischen Österreich und Indien spezialisiert.* (PR 8. 11. 16)

**Servierpersonal,** das (auch schweiz.): Personal, das im Restaurant bedient, (in D) Servicepersonal: *Dieses verständigte das Servierpersonal, wenn der Gast Bedienung im Zimmer wünschte.* (SN 19. 11. 14)

**Serviertasse,** die (veraltend, bes. noch in der Gastronomie): Tablett: *Darauf liegt, halb verdeckt von einer Serviertasse mit einem Großen Braunen und einem Glas Wasser, ein Exemplar der »Wiener Zeitung«.* (WZ 27. 2. 04). ↑Tasse

**Serviettenknödel,** der: in einem Tuch gegarte Knödelrolle, die in Scheiben geschnitten serviert wird: *Wenn ich auf Heimaturlaub bin, kocht uns meine Mama immer Schweinsbraten mit Serviettenknödel.* (KZ 27. 9. 15). ↑Knödel

**Servitut,** die; -, -en ‹lat.›, Dienstbarkeit: ist in der österr. Fachsprache (wie schweiz.) Femininum, in der Alltagssprache (wie in D) Neutrum: *Die Servitut CLNr. 2a ist nur im Falle der Deckung im Meistbot vom Ersteher unter Anrechnung auf das Meistbot zu übernehmen.* (WZ/Amtsblatt 3. 6. 11)

**servus!** (auch bayr.): unter Freunden verwendeter Gruß zum Abschied oder zur Begrüßung: *Island steht Kopf – und die blamierten Österreicher müssen kleinlaut »servus« sagen.* (ST 23. 6. 16); *Sie spricht die deutschsprachigen Besucher mit »Servus« und per Du an.* (WZ 16. 11. 12). ***[na] servus!** (ugs.): Donnerwetter! (Ausdruck des Erstaunens oder Erschreckens): *Na, Servus – da ist etwas gründlich danebengegangen!* (KZ 1. 8. 11)

**[1]Servus,** das: Gruß: *Wer mit Weckerln, Windeln und Wasserflaschen zum Wiener Westbahnhof fährt, um syrische Flüchtlinge bei deren Durchreise nach Deutschland zu unterstützen, wird ihnen vielleicht ein »Servus!« zurufen.* (PR 2. 9. 15)

**[2]Servus,** der (hist.) in der österr.-ungarischen Monarchie üblicher Gruß unter Offizieren; ***einen Servus reißen** (ugs., salopp): stramm militärisch grüßen; (übertragen) ... *Nämlich jenes Häuflein versprengter Architekten, die ... mehr Haltung zeigen als jene gerissenen und* *willfährigen Bücklinge, die als Dienstleister ihren Servus reißen, – sogar, bevor man sie fragt.* (PR 13. 11. 04)

**Sessel,** der: bedeutet österr. ›Stuhl‹ (daher kann *Sessel* österr. mit der Präposition *auf* verbunden werden, in D mit *in*): *So auf den Sessel setzen, dass die Beinaußenseite rechts an die Rückenlehne anschließt.* (OÖN 3. 12. 14). – Das in D als *Sessel* bezeichnete Möbelstück heißt österr. ↑Polstersessel oder ↑Fauteuil. Die Bedeutungsverschiebung zwischen *Sessel* und *Stuhl* erklärt sich daraus, dass im alten Dialekt *Stuhl* ›Schemel‹ bedeutete. ↑**Kinosessel, Strecksessel**

**Sesselfuß,** der: Stuhlbein: *Auf die beiden Steirer wurde eingetreten und eingeschlagen, so kräftig, dass sogar zwei Sesselfüße abgebrochen waren.* (KZ 26. 5. 12)

**Sesselkante,** die: vordere Kante des Stuhlsitzes: *das philharmonische Orchester ist bei Thielemann meist in einer Art Ausnahmezustand, man spielt auf der Sesselkante und liest dem mit dynamischem Körpereinsatz steuernden Hünen jeden Wunsch von den Augen ab.* (SN 6. 4. 12)

**Sesselkleber Sesselkleberin,** der bzw. die (auch schweiz.): Mensch, der zu lange an seinem [politischen] Amt festhält: *Am Sonntag meinte er, dass er weder ein »Sesselkleber« sei, noch »davonlaufen« werde.* (KZ 28. 9. 15)

**Sessellehne,** die: Stuhllehne: *Eine graue Kapuzenjacke über einer Sessellehne.* (PR 3. 12. 16)

**Sesselleiste,** die: Leiste zum Verdecken der Fuge zwischen Fußboden und Wand; (in D) Fußleiste: *Bevor man mit der Verdrahtung beginnt, sollte man sich genau überlegen, wo das Kabel verlegt werden soll. Das kann durchaus auch unter der Sesselleiste sein.* (SN 29. 3. 03)

**sesselreiten** /nur im Inf./ (bes. ostösterr.): **1.** mit dem Stuhl hin und her wippen, (in D) kippeln: *»Viele Generationen können auf ihm sesselreiten und er wird nicht aus dem Leim gehen.«* (KZ 5. 11. 15). **2.** eine Schaunummer beim Reiten: *Ab 11 Uhr wird zum Countryfrühschoppen mit den »Asphalt-Cowboys« geladen. Besucher können zwischen 12 und 14 Uhr beim Sesselreiten mitmachen.* (KZ 8. 9. 07) ◆ **Sesselreiter/-in:** *Daumenlutscher, Zündler, Sesselreiter, Tagträumer finden im Stück durchwegs ein noch grausigeres Schicksal als im ohnehin schon ganz schön schaurigen Original.* (KZ 2. 4. 16)

**Sesselrücken,** das; -s (auch schweiz.): Wechsel in Führungsposten, (in D) Stühlerücken: *Das kommende ZK-Plenum ist für Xi auch eine Vorbereitung für das große Sesselrücken zum 19. Parteitag Ende 2017.* (ST 24. 9. 16)

**Session,** die; -, -en (auch schweiz.): Sitzungsperiode im Parlament, bei Gericht o. Ä.: *eine Entscheidung könnte bereits in der nächsten Session im Juni fallen.* (SN 19. 5. 07). ↑**Frühjahrssession, Herbstsession**

**setzen** (auch bayr.) /in Verbindungen mit den Pluralformen ↑Aktionen, ↑Maßnahmen, ↑Impulse, ↑Initiativen, ↑Schritte/: aktiv werden, Maßnahmen ergreifen, (in D nur: eine Maßnahme ergreifen, eine Aktion planen, durchführen); ***in Verkehr setzen** ↑Verkehr

**Sexkoffer,** der: erstmals 1989 vom Unterrichtsministerium herausgegebener Medienkoffer zur Sexualerziehung: *Verloren zwischen Sexkoffer und Gratiskondom.* (PR 17. 4. 08)

**Sexperte Sexpertin,** der bzw. die (salopp): Sexualforscher/-in: *Die Zeit für die Liebe wird immer knapper, so der »Sexperte«.* (OÖN 18. 4. 07)

**Sext,** die; -, -en ‹lat.› (Musik): sechster Ton der diatonischen Tonleiter; Intervall im Abstand von 6 Stufen, (in D meist) Sexte

**S. g., Sg.:** Sehr geehrt[e]: veraltete Anrede in Briefen und Adressen

**SGA:** Abk. für ↑Schulgemeinschaftsausschuss

**Shampoo, Shampoon,** das: wird österr. [ʃamˈpoː] bzw. [...ˈpoːn] ausgesprochen, in D meist [ˈʃampu] bzw. [...ˈpoːn] oder [ʃɛmˈpuːn]

**sich:** wenn das Reflexivpronomen *sich* (in allen Formen) in einem Satz in Verbindung mit einer Präposition und einem Verb steht, wird österr. das Pronomen betont: *von* **sich** *geben; zu* **sich** *nehmen; etwas zu* **mir** *nehmen, mit* **uns** *gehen* usw. In D und in CH liegt die Betonung auf der Präposition: **von** *sich geben;* **zu** *sich nehmen* usw.

**Sicherheitskörper,** der (Verw.): für Sicherheit zuständige Organisation, (in D) Sicherheitsorgan: *Demokratiepolitisch ist es aber inakzeptabel, Polizei und Bundesheer in einem Sicherheitskörper zusammenzufassen.* (ST 23. 10. 16)

**Sicherheitspickerl,** das: Pickerl, das die Sicherheit eines Gerätes, einer Anlage nachweist: *Ein Sicherheitspickerl für* (Schul-)*Tafeln macht für mich in der Praxis einfach keinen Sinn.* (SN 29. 4. 04); *»Sicherheitspickerl« für die U-Bahn.* (ST 9. 7. 02). ↑**Kfz-Pickerl, Pickerl**

**Sicherungsbescheinigung,** die (Verw.): Bescheid über die in Aussicht gestellte Arbeitsbewilligung für einen Ausländer als Voraussetzung für Einreise, Niederlassung und endgültige Arbeitsbewilligung: *Die Sicherungsbescheinigung dient der Anwerbung von ausländischen Arbeitskräften, die befristet in Österreich beschäftigt werden sollen und nicht zur sichtvermerksfreien Einreise berechtigt sind.* (www.ams.at/service-unternehmen, 2016)

**Siebener,** der (auch südd.): Ziffer, Linie Sieben, (in D) die Sieben. ↑ACHTER

**siebengescheit** (auch bayr.): besserwisserisch: *Der siebengescheite Schüler Frank Walker ... schultert seinen selbst gebauten Raketenrucksack und bricht zur New Yorker Expo auf.* (KZ 21. 5. 15)

**Siebschöpfer,** der: Schöpflöffel mit Löchern zum Herausheben aus dem Kochwasser; Schaumlöffel: *Die fertigen Nockerln mit dem Siebschöpfer in zwei Partien aus dem Wasser heben.* (ST 2. 6. 10). ↑**Schöpfer, Suppenschöpfer**

**Siebziger,** der: 70. Geburtstag: *Am Sonntag feiert er seinen 70er.* (FU 19. 4. 07). ↑**Achtziger**

**Siedefleisch,** das: die in Österr. überwiegende Form, südd., schweiz. Siedfleisch: *Georg Desrues weiß, warum die Tradition des mit Senf und Kren genossenen Siedefleisches ganz zentral dazugehört.* (ST 18. 6. 10)

**siedeln,** sw. V. / ist: übersiedeln, umziehen: *Eine Puffotter und eine Klapperschlange wurden nach dem Polizeigesetz beschlagnahmt und siedeln von Steyr nach Klagenfurt in den Reptilienzoo.* (OÖN 27. 8. 07)

**sieden,** st. V./sw. V/hat: **1.** (veraltend, fachsprachl. und regional auch in D) kochen; bis zum Siedepunkt erhitzt sein: *Tauchte man die Eier davor kurz in siedendes Wasser und trocknete sie, ließ sich eine längere Haltbarkeit erzielen.* (KZ 27. 3. 16). **2.** (regional auch in D) in kochendem Wasser gar machen: *Maronipüreekugerl in Teig einschlagen und ca. 10 Minuten in heißem Wasser sieden.* (OÖN 25. 10. 13). – Die übrigen Verwendungen sind gemeind. ↑**absieden, aufsieden, einsieden**

**Signation,** die; -, -s [sɪˈgneɪʃn] ⟨engl.⟩: akustisches Erkennungsmerkmal in den Medien, Kennmelodie: *Wrabetz Konzept sieht eine Programmschemareform sowie eine Erneuerung der Signations und Sounddesigns vor.* (ST 1. 8. 16)

**Silvester,** der, -s, -: wird österr. (und schweiz., regional auch in D) mit *zu* verbunden, südwestd. und schweiz. mit *an: Zu Weihnachten, Silvester, Ostern und Semesterschluss hat jeder, der kein Auto hat, keine Chance, sicher und entspannt in die Heimat zurückzukehren.* (KZ 18. 4. 16). ↑**Allerheiligen, Ostern, Pfingsten, Weihnachten**

**Simandl,** das und der; -s, -n ⟨eig. ›Simon‹⟩ (ugs., auch bayr.): unscheinbarer, unsicherer Mensch; Pantoffelheld: *Wenn die ÖVP da weiter nichts unternimmt, stehen wir als Simandln da, mag sich Pröll gedacht haben.* (ST 12. 8. 13). ↑MANDL

**Simpel,** der; -s, - (ugs., regional auch in D): einfältiger, beschränkter Mensch: *Optimist prallt auf Pessimist, der Simpel auf den Intellektuellen.* (KU 3. 2. 05)

**Simperl,** das; -s, -n (ugs.): flacher, geflochtener Brotkorb: *Auf der bemehlten Arbeitsfläche wird der leicht klebrige Teig in Form gebracht, auf der danebenstehenden Waage gewogen und danach ins Simperl ... gehoben.* (KZ 29. 5. 13); ***jmdm. das Simperl vor die Tür stellen** (ugs.): jmdn. hinausekeln, vor die Tür setzen: *In der Partei C haben sie bald das letzte Mitglied hinausgeschmissen und in der Partei D ist es möglich, dass die Basis ... ausrastet und dem Herrn Professor das Simperl vor die Tür stellt.* (SN 14. 12. 02)

**sitzen,** st. V. / ist: die Bildung des Perfekts mit *sein* ist österr. (seltener auch südd., schweiz.) die standardsprachliche Form: *P. ist die letzten sieben Monate in U-Haft gesessen.* (PR 24. 11. 16). – Das gilt auch für Zus. wie **dasitzen, herumsitzen, vorsitzen** usw.: *Ich bin mit meiner Ziehharmonika dagesessen und die Tränen sind mir runtergeronnen.* (KZ 13. 7. 14); *Er hofft, mit seinem Studium weitermachen zu können, nachdem er in den Zeiten des IS nur zu Hause herumgesessen war.* (PR 4. 2. 17)

**Sitzkassa,** die; -, ...sen (früher): Kasse in einem Lokal o. Ä., an der ständig eine Angestellte oder die Chefin sitzt: *Außerdem wurde die alte Sitzkassa entstaubt und vom Depot ins Foyer verfrachtet.* (ST 13. 5. 09). ↑KASSA ◆ **Sitzkassierin**

**Skandalrepublik,** die: anlässlich bestimmter politischer Skandale gebrauchte Eigenbezeichnung Österreichs: *Diese Erzählung ist umso wirksamer, als sie längst vergessen geglaubte Erinnerungen an die Ära der »Skandalrepublik« der Achtzigerjahre weckt.* (ST 29. 3. 06)

**skartieren,** sw. V. / hat ⟨ital.⟩ (Behördenspr.): alte Akten o. Ä. ausscheiden und vernichten:

*Angesichts der unzähligen Akten, die mehr oder weniger bewusst skartiert wurden, ist es erstaunlich, was sie an Material zusammengetragen und gesichtet haben.* (ST 25. 2. 03) ◆ **Skartierung; Skartierungspflicht**

**Skihaserl,** das; -s, -n (scherzhaft, seltener auch in D): **1.** Anfänger im Skilaufen: *Für »Skihaserl« ab drei Jahre, die erstmals auf zwei Bretteln stehen, gibt es im Bärencamp einen spielerischen Einstieg in die Skifahrerlaufbahn.* (SN 29. 11. 07). **2.** (scherzhaft) junge Skiläuferin: *Also ich habe noch nie zu einem Mädchen »Skihaserl« gesagt. Das war auch in meinem Umfeld nicht üblich.* (ST 10. 11. 16)*; Heute lockt die Disco mit Karaoke, Sexy-Skihaserl-Night und Mallorca-Sangria-Kübel-Party.* (PR 13. 12. 13). ↑ **Pistenhaserl**

**Skischaukel,** die (auch südd.): aus mehreren Liften bestehende ortsübergreifende Wintersportanlage: *Für die geplante Skischaukel wurde jetzt auch das Naturschutzgebiet Alteck umgewidmet.* (ST 30. 8. 06)

**Skitourengeher,** der: ↑ Tourengeher. ↑ -GEHER

**Skriptum,** das; -s, ...ten (auch südd.): **1.** schriftliche Ausarbeitung; Manuskript: *Und wenn tatsächlich vorgelesen, also Wort für Wort aus einem Skriptum oder Buch abgelesen wird, breitet sich ... bei den meisten im Publikum sanfte Müdigkeit aus.* (PR 4. 11. 10). **2.** Nachschrift einer Hochschulvorlesung, eines Kurses o. Ä. (in D veraltet für ↑ Skript): *Schon mehrfach wurde das Skriptum zur Prüfungsvorbereitung von Wissenschaftlern und Fachleuten kritisiert.* (PR 5. 6. 12). – In Österr. wird also zwischen Skript (Drehbuch) und Skriptum unterschieden

**Skubanki,** die /Plural/ ‹tschech. *škubánky* ›Sterz‹› [ˈʃkubaŋki] (bes. Wien): Speise in Form von ↑ Nockerln aus Kartoffeln, Mehl, Butter, die mit zerlassener Butter übergossen und mit Mohn bestreut werden: *Skubanki auf Küchenkrepp gut abtropfen lassen, in einer Schüssel anrichten, mit zerlassener Butter beträufeln, mit geriebenem Mohn sowie Staubzucker bestreut anrichten.* (ORF/NÖ /Kulinarium, 2007, Int)

**SMS,** das; -, -: ist österr. meist Neutrum, in D meist Femininum

**Snowciety,** die; - [snoʊˈsai̯ətɪ] ‹aus engl. *snow* und *(High) Society*› (salopp): die vornehmsten Kreise der Gesellschaft in Wintersportorten: *Winterschluss am Obertauern! Ein Termin, der in den Plänen der Snowciety schon längst rot eingetragen ist und als »must-be« gilt.* (SN 23. 4. 07)

**Socken,** der; -s, -: österr. (und südd., schweiz.) Form, (in D) die Socke: *Gegenüber einem Normalbürger, der beim Waschen ab und zu einen Socken verliert, gibt es aber noch einen gravierenden Unterschied.* (PR 22. 1. 08)

**soda, sodala** (ugs.): so! /eine Aussage verstärkend, abschließend/ *Sodala, das wäre meine kleine Wunschliste!* (OÖN 23. 12. 06)

**sohin** (Behördenspr., selten auch in D): somit, also: *Von einem »Werbeverbot« für Konzessionäre kann sohin keine Rede sein.* (SN 26. 6. 07)

**Soletti®,** das; -s, - /meist Plural/: Salzgebäck in Form von kleinen dünnen Stangen (Handelsware): *Man muss kein Filmstar sein, auch nicht dünn wie ein Soletti oder jünger als 20, um eine angesagte Tasche zu tragen und damit großartig auszusehen.* (SN 21. 4. 07)

**solid** ‹franz.›: österr. (und südd., schweiz.) nur so übliche Form, (in D meist) solide: *Wir haben solid gewirtschaftet.* (OÖN 15. 12. 15)

**Solidarabgabe,** die: Abgabe als Beitrag zur Solidargemeinschaft; Solidarbeitrag, Solidaritätsbeitrag: *Damit stehen Österreichs Banken an der Spitze: Seit 2011 müssen sie eine Solidarabgabe zahlen.* (PR 10. 6. 16). ↑ ABGABE

**Solidarhaftung,** die (auch schweiz.): gemeinsame Haftung mehrerer Schuldner: *Rein rechtlich existiert eine Solidarhaftung – sprich, jede Hypo und jedes Bundesland haften für den vollen Betrag von 450 Mio. Euro.* (PR 26. 1. 16)

**Solosechser,** der: einziger ↑ Sechser (Höchstgewinn) im Lotto: *Er wählte das System 0/2007, erzielte damit den 752 000 Euro schweren Solosechser und systembedingt noch sechs Fünfer.* (SN 3. 9. 07). ↑ **Lottosechser, Sechser**

**Somloer Nockerln,** die /Plural/ [ʃ...] ein ungarisches Dessert: *Somloer Nockerln oder Indianer-Krapferln passen sowieso hervorragend zum Nachmittagskaffee und werden auch gerne von den Besuchern des Kaffeehauses genossen.* (BVZ 5. 9. 07)

**Sommerarena,** die: Freilichtbühne in Baden bei Wien: *In der Badener Sommerarena begann die Saison mit Franz Léhars »Friederike« Herz erwärmend.* (PR 28. 6. 04). ↑ **Arena**

**Sommerbutter,** die: aus Rahm der Grünfutterzeit hergestellte, leichter streichbare Butter: *Stattdessen ging das Leben durch ihn hindurch wie das Messer durch die Sommerbutter.* (PR 25. 7. 07)

**Sommergespritzte, Sommergspritzte,** der; -en, -en: speziell für heiße Tage zubereiteter Gespritzter mit geringerem Alkoholgehalt: *Bis zu dieser einzig möglichen Art der Klärung kann beim Sommergspritzten diskutiert werden.* (PR 19. 7. 03). ↑ **Gespritzte, Spritzer**

**sömmern,** sw. V. / hat (Vbg., auch schweiz.): (Vieh) im Sommer auf der Alm weiden: *Auf den heimischen Alpen werden heuer in etwa gleich viele Tiere sömmern wie vor einem Jahr.* (VN 29. 5. 18)

**Sommerspritzer,** der: ↑ Sommergespritzte: *Sommerspritzer, fettes Fleisch und zu viel Süßes machen den Magen sauer.* (ST 5. 10. 07). ↑ **Spritzer**

**Sonn-:** die Zus. mit *Sonne* werden österr. (und südd., schweiz.) meist ohne *-en* in der Fuge gebildet, in D mit *-en:* **sonndurchflutet** (in D sonnendurchflutet), **sonndurchglüht; sonngebräunt; sonnverbrannt:** *Wir landeten sonnverbrannt und fix & foxi.* (KZ 3. 7. 09)

**Sonnleite,** die: ↑ sonnseitiger Berghang

**Sonnseite,** die: österr. (auch schweiz.) Form, (in D) Sonnenseite: *Es gibt Situationen, wo der Schatten deutlich angenehmer ist als die Sonne, auch wenn sich in unseren Breiten in der Regel auf der Sonnseite besser leben lässt.* (OÖN 8. 8. 15) ◆ **sonnseitig:** *Besonders gefährdet sind im Augenblick die sonnseitigen Hanglagen.* (KZ 14. 7. 17)

**Sonntagsgewand,** das (auch südd., veraltend): Sonntagskleidung; bes. schöne, festliche Kleidung für besondere Anlässen: *Der verbitterte und wohl todtraurige Knecht zog sein Sonntagsgewand an, mit dem er sich immer bei den Gottesdiensten blicken ließ.* (KZ 7. 12. 13); (übertragen) *Der Schneeberg zeigte sich wahrhaft im Sonntagsgewand!* (Bergsteigerforum Alpinum, 13. 3. 05, Int). ↑ GEWAND

**Sonnwende,** die: österr. (und südd.) Form, (in D) Sonnenwende, Tag der Sonnenwende: *Zur Wintersonnwende steht die Sonne um zwölf Uhr genau über dem Zwölferkofel, um ein Uhr über dem Einser.* (ST 25. 12. 16). – Die Zus. werden mit *Sonnwend-* gebildet (in D auch) *Sonnenwend-:* **Sonnwendfahrt:** *Prölls Schiff bei Sonnwendfahrt in der Wachau gerammt.* (ST 19. 6. 16); **Sonnwendfeier:** *Die Sportunion veranstaltet am Samstag, 19.30 Uhr, eine Feldmesse samt Sonnwendfeier am Kraftplatz bei den Eichen.* (OÖN 23. 6. 16); **Sonnwendfeuer:** *Vielerorts werden aus diesem Anlass in den kommenden Tagen Sonnwendfeuer entzündet.* (OÖN 22. 6. 16)

**Sophie:** der Name wird österr. (und schweiz.) meist ugs. auf der ersten Silbe betont, in D auf der zweiten

**Soß,** die ‹franz.› (auch bayr.): die eingedeutschte Schreibung für ↑ *Sauce* wird auch ohne -e geschrieben und immer [so:s] ausgesprochen, also ohne Endungs-e: *Klassische Sättigungsbeilagen zu Panierten Grammeln sind Speckbrote und Soß Trara.* (ST 18. 12. 15)

**Sowchose,** die; -, -n ‹russ.›: österr. nur so, (in D auch) der und das Sowchos

**sozialistisch:** steht österr. veraltend auch für *sozialdemokratisch.* Die SPÖ nannte sich vor dem 2. Weltkrieg *sozialdemokratisch,* ab 1945 *sozialistisch,* seit 1989 wieder *sozialdemokratisch* bzw. *die Sozialdemokraten.* – In der Ugs. hält sich noch *sozialistisch* bzw. *Sozialisten*

**Sozialjahr,** das: freiwilliges soziales Jahr

**Sozialpartner,** die /Plural/: bezieht sich in Österr. nicht nur auf das Verhältnis von Arbeitgebern und -nehmern in Tarifverhandlungen, sondern auf die tragenden Kräfte des gesamten politischen und sozialen Systems (Gewerkschaft, Arbeitgeber, Arbeiterkammer, Landwirtschaft): *Die Gesellschaft für Europapolitik wurde 1991 von den österreichischen Sozialpartnern gegründet.* (PR 26. 11. 16) ◆ **Sozialpartnerschaft**

**Sozialsprengel,** der: ↑ Sprengel der sozialen Fürsorge: *Der Krieg sowie der Flüchtlingsstrom 1994 war der Anstoß, im Sozialsprengel Altenfelden tätig zu werden.* (OÖN 11. 4. 07). ↑ SPRENGEL

**Sozialtelefon,** das (Verw., selten auch in D): telefonische Auskunftsstelle für soziale Fragen: *Das Sozialtelefon ist im Sozialministerium angesiedelt und ist »die« Anlaufstelle für alle Anliegen der Bürger, die dem Arbeits- und Sozialministerium zugeteilt sind.* (NÖN 14. 9. 09)

**Spachtel,** die; -, -n: ist österr. (und bayr.) Femininum, in D meist Maskulinum: *Wie ein Rechen die Erde furcht, durchzieht Jakob Gasteiger in seinen Bildern mit einer gezahnten Spachtel das Material Farbe.* (SN 28. 12. 06)

**Spagat,** der; -[e]s, -e ‹ital.› (auch südd.): starke dünne Schnur; Bindfaden: *Kalbsvögerl ... Die Masse auf die Schnitzel streichen, zusammenrollen und mit Spagat binden.* (BVZ 26. 3. 08). – In der Bedeutung ›gymnastische Übung, Figur mit gespreizten Beinen‹ österr. (und schweiz.) nur als Maskulinum, in D auch Neutrum

**Spalett,** das; -[e]s, -e ‹ital. *spalletta* ›Geländer, Lehne‹› (veraltet): Holzplatte aus Lamellen:

*Ich konnte das Scheppern auf einige wenige Kubikmeter im Vorraum einkreisen: die Koordinaten lauteten Wohnungstür, Spalett und Heizkörper.* (ORF/FM4, 6. 5. 04, Int) ◆ **Spaletttür**

**Spalettladen,** der: hölzerner Fensterladen aus Lamellen

**spannen:** (ugs., auch südd., schweiz.): merken, einer Sache gewahr werden: *er hat es gespannt, was hinter seinem Rücken vor sich ging*

**Spannleintuch,** das: ↑Leintuch, das über die Matratze gespannt wird, (in D) Spannlaken, Spannbetttuch: *Dann legt er ein Spannleintuch auf das Bettende. Kopfpolster und Decke dazu.* (OÖN 30. 8. 16)

**Spannteppich,** der (auch schweiz.): Teppichboden: *Das Teppichfeldmuster konnte aber auch wie ein Spannteppich den gesamten Boden bedecken.* (OÖN 15. 9. 12)

**Spaß,** der: wie im gesamten Sprachraum gibt es auch in Österr. sowohl die lange als auch die kurze Aussprache. Durch die Dialektentwicklung im Mittelbairischen wurde urspr. Kürze (aufgrund der ital. Herkunft) zur Länge, nur in der älteren Bürgerschicht ostösterr. Städte blieb die Kürze erhalten. Andererseits ist für einen Großteil der österr. Zuschauer von deutschen TV-Programmen die deutliche Kürze bei deutschen Sprechern mit regional geprägter Aussprache auffällig, sodass die Kürze des *a* sogar als Kennzeichen des (nord)deutschen Sprachgebrauchs angesehen wird. So kommt es, dass je nach Region und Schicht von den einen die kurze, von den andern die lange Aussprache des *a* als österr. Norm angesehen wird. – Für Österreich ist auch die Schreibung *Spass* erlaubt

**Spaßetteln,** die /Plural/ (bes. ostösterr. ugs.): Witze, Scherz; Unfug: *Die Frage ist nur, ob sich die Republik, also die Bürger und Steuerzahler, solche Spaßetteln der Sonderklasse leisten kann und will.* (PR 4. 5. 07). – Analog zu *Spass* gibt es auch die Schreibung *Spassetteln* und die Form *Gspaßetteln*

**spaßhalber:** österr. Form, (in D) spaßeshalber: *Fendrich hätte zu ihm spaßhalber gemeint, er würde gern auch gleich beim Papst »seine Sünden beichten gehen«, wenn er schon mal da wäre.* (PR 2. 10. 07)

**spaßig** ↑Spaß

**Spatel,** der; -s, -n: ist österr. Maskulinum, in D auch Femininum

**Spatzeln,** die; - /Plural/ (Tirol): Spätzle: *jetzt mag ich alles, was meine Frau Gabi kocht: Knödel, Pasta, Spatzeln und natürlich Kaiserschmarren.* (TT 26. 8. 12) ↑**Kasspatze(l)n,** ↑**Wasserspatze(l)n**

**Spatzen,** die /Plural/: **1.** (auch südd.) Spätzle, kleine (auch süß gegessene) Nockerln, (meist kurz für) ↑Apfelspatzen, ↑Kasspatzen, ↑Wasserspatzen: **2.** (ugs., Stmk., Ktn.) Muskelkater: *Ich bin danach zu Hause zwei Tage lang die Treppe vom 1. Stock ins Parterre rückwärts hinuntergegangen vor lauter Spatzen.* (KZ 12. 9. 12)

**Spätzlehobel,** der (auch südd.): Küchengerät zum Reiben von Spätzle: *Den Spätzleteig sofort mit einem Spätzlehobel in das kochende Salzwasser reiben.* (NVT 19. 11. 06)

**Spätzler,** der; -s, - (Vbg.): ↑Spätzlehobel: *Den Teig durch einen Spätzler drücken und ins kochende Wasser fallen lassen.* (VN 4. 10. 11)

**Spaziergeher Spaziergeherin,** der bzw. die: Spaziergänger/-in: *Entlang dieser Routen entdecken die Wanderer, Spaziergeher und Nordic Walker historische Gebäude, die mit Informationstafeln vor Ort vorgestellt werden.* (OÖN 28. 9. 07) ↑-GEHER

**spechteln,** sw. V. / hat (ugs., in der Form *spechten* auch bayr.): **1.** spähen, schauen: *Wie eben Tausenden mündigen Bürgern Sonntag für Sonntag in die Einkaufskörbe zu spechteln.* (PR 5. 2. 05). **2.** voyeristisch beobachten; spannen: *Selbst wenn Detektive unerlaubt ins Schlafzimmer »spechteln«, gilt ihre Aussage vor Gericht als zulässiges Beweismittel.* (PR 24. 1. 10). ↑**ausspechteln**

**Spechtler Spechtlerin,** der bzw. die (ugs.): Person, die etwas ausspäht; Voyeur: *Für Spechtler ist in jedem Fall kein Platz, da passen die Bademeister und Bademeisterinnen ... auf wie die sprichwörtlichen Haftlmacher.* (ST 5. 9. 14)

**Speck,** der: **1.** (gemeind. und ostösterr.) zwischen Haut und Muskelschicht liegendes Fettgewebe des Schweins (das, durch Räuchern und Pökeln haltbar gemacht, als Nahrungsmittel dient): *Der Duft von frischem Bauernbrot, Speck und Krapfen verzauberte am Samstag die Besucher der Pregartner Bruckmühle.* (OÖN 4. 4. 17). **2.** (bes. westösterr.) roh eingesalzenes und geräuchertes Stück Fleisch mit Fett und Schwarte vom Schwein, ↑Geselchtes: – Oft mit Angabe der regionalen Rezeptur, z.B. Kärntner Speck, Tiroler Speck. ↑**Bauchspeck, Bauernspeck, Karreespeck, Selchspeck**

**Speckjause,** die: deftige ↑Jause mit geräuchertem Fleisch, Schinken, Käse usw.: *Allein* *im letzten Mai hatte er hier 30 Maiandachten zu feiern, das hieß 30 verschiedene Speckjausen, aber auch 30 verschiedene Moste.* (ST 1. 11. 14). ↑Jause

**Speckknödel,** der: ↑Knödel mit kleinen Stückchen Speck oder geräuchertem Fleisch: *Taucht man dann nach ein paar Tagen gesunder Entspannung wieder auf, verlangt es einen nach etwas wirklich Ungesundem. Etwa Innviertler Speckknödel mit Kraut.* (SN 15. 2. 14). ↑Knödel

**Speckrenken,** der (ugs.): ein großes Stück Speck: *Und in der Nebenhalle gingen bei den bäuerlichen Direktvermarktern die Speckrenken, Käselaiberl und anderen Schmankerln weg wie die warmen Semmeln.* (OÖN 25. 10. 01). ↑**Brotrenken, Renken**

**Speckwurst,** die (veraltet): Knackwurst: *Die Lämmer, die Kaspressknödel und die Speckwürste werden in der 500 Jahre alten Rauchküche zubereitet.* (SN 10. 9. 16). – Die Rezepturen sind regional unterschiedlich

**Speedbewerb,** der [spi:t...] (Skisport, alpiner Skilauf): Abfahrt und Super-G: *In Saalbach-Hinterglemm stehen ab Dienstag noch die Entscheidungen in den Speedbewerben der Damen und Herren auf dem Programm.* (SN 27. 3. 17). ↑Bewerb

**speiben,** st. V. / hat (ugs., auch bayr.): erbrechen: *Ein junges Mädchen verkündet lauthals: »Ich muss speiben.«* (OÖN 27. 3. 06); ***[etwas ist] zum Speiben:** etwas ist ekelhaft, etwas widert mich an, ist zum Kotzen: *Wer ist eigentlich auf die Idee gekommen, auf einen Bus, der Flüchtlinge in ein Asylheim befördert, die grellen Lettern »Reisegenuss« zu schreiben? ... Es ist zum Speiben.* (WZ 19. 2. 16). ↑**anspeiben**

**Speibsackerl,** das (ugs., salopp): Tüte zum Auffangen von Erbrochenem: *Ein Foto dieses »Lesezeichens« zeigte ein Service-Element aus der Luftfahrt: ein »Speibsackerl«.* (WZ 23. 3. 15). ↑Sackerl

**Speis,** die: (auch bayr.): Speisekammer: *Allerdings ist es auch ein sehr schönes Gefühl, wenn man die vollen Regale in der Speis' dann vor sich hat* (Bauernzeitung 22. 9. 11). Die Zus. werden österr. mit *Speis-* gebildet (in D *Speise-*): **Speiskammer:** *Bäume und Sträucher spielen nicht nur im herbstlichen Farbenreigen eine Hauptrolle, sie sorgen auch für die wohlgefüllte Speiskammer, die Mensch und Tier erfreut, wenn es wieder kälter wird.* (NÖN 22. 9. 10); **Speiszetteln:** *Auf seinen »Speiszetteln« – wie wir sie nannten – standen Fragen zur Bühnentechnik, zur Beleuchtung, zur Tonaufnahme oder auch zur Akustik.* (PR 30. 7. 10); **Speiszimmer:** *Der Kleine ... ließ es sich nicht nehmen, den alten Herrn ins Speiszimmer hinaufzugeleiten.* (KZ 16. 11. 08)

**Speisetopfen,** der: (in D) Speisequark: *Bei Hofer wurde Speisetopfen von 75 auf 69 Cent gesenkt, Magertopfen von 65 auf 59 Cent.* (PR 23. 7. 12). ↑**Bröseltopfen,** Topfen

**Speisgitter,** das (veraltend): Kommunionbank: *Weiters wurden die Pflasterung, Chor- und Beichtstühle und das Speisgitter erneuert.* (OÖN 9. 1. 14)

**spendeln,** sw. V. / hat (mundartnah, veraltet): mit einer Stecknadel anheften: *Undenkbar auch, einen eher niedrigen Orden am Dreiecksband an die Frackbrust zu spendeln – wie auf dem Ball der Kaffeesieder mehrmals beobachtet.* (PR 14. 2. 07). ↑**anspendeln, Spennadel**

**spengeln,** sw. V. / hat (selten): Spenglerarbeiten verrichten: *In den letzten drei Jahren wurde von ihm also die Karosserie gespengelt, die gesamte Technik und das Innenleben des Oldtimers gefertigt.* (KZ 27. 9. 09)

**Spengler Spenglerin,** der bzw. die (auch südd., schweiz.): (in D) Klempner/-in: *Bei der Wartung stellt der Dachdecker und Spengler fest, ob alle Bestandteile des Daches fixiert, die Abdichtungsfugen einwandfrei sind.* (KZ 12. 4. 17) ↑**Autospengler, Galanteriespengler, Karosseriespengler, Kfz-Spengler**

**Spenglerei,** die (auch südd., schweiz.): **1.** (in D) Klempnerei: *Unbekannte erbeuteten in der Nacht auf Montag aus einer Spenglerei im Bezirk Scheibbs rund fünf Tonnen Aluminium.* (SN 27. 6. 06). **2.** (kurz für) Autospenglerei, Karosseriespenglerei: *Servicewerkstätte, Spenglerei und Lackiererei sind natürlich für alle Marken offen.* (OÖN 26. 11. 15)

**Spennadel,** die; -, -n (veraltet): Stecknadel: *Das frühere Fotomodell, das schon als Kind »Spengi« gerufen wurde, weil es so dünn wie eine Spennadel war ...* (News 20. 9. 07) ↑**spendeln**

**Sperre,** die (auch südd.): **1.** [vorübergehende oder kurzzeitige] Schließung: *In der Ortschaft Olevano Romano bei Rom forderte der Bürgermeister die Sperre der lokalen Volksschule.* (ST 5. 11. 02); *»Der Betrieb wurde unter Sperre gestellt, um keine weiteren Krankheiten zu ermöglichen«, betonte der Bereichsleiter für Veterinärwesen im Gesundheitsministerium.* (SN 10. 11. 16). **2.** Sperrung eines Verkehrswegs: *Schon* *bis jetzt haben wir durch die Sperre der B1 in Oberösterreich Verluste von mehreren 100.000 Euro.* (SN 11. 9. 08). 3. (kurz für) Talsperre: *Dadurch haben wir etwa an der Sperre Sölk am Samstag 1,2 Millionen Kubikmeter Wasser zurückhalten können, das ließen wir später kontrolliert abfließen.* (KZ 27. 7. 12). ↑(zu 1.:) **Mittagssperre, Urlaubssperre**

**spęrren** (auch bayr.): 1. (selten) mit einem Schloss schließen. 2. (ein Geschäft o. Ä.) geschlossen halten: *das Geschäft sperrt um 18 Uhr; das Lokal sperrt um 2 Uhr* (um 2 Uhr ist Polizeistunde). 3. stilllegen, die Schließung veranlassen: *Auch hier sterben die Patienten an Gehirnschäden, und mir ist nicht bekannt, dass man einen Betrieb oder eine Schule gesperrt hat, weil dort einmal ein Suchtgifttoter gearbeitet hat.* (KR 17. 1. 01). ↑**absperren, aufsperren, einsperren, versperren, zusperren**

**Spęrrfläche,** die (auch schweiz.): durch Bodenmarkierungen gekennzeichnete Verkehrsfläche, die nicht befahren werden darf, z. B. auf Kreuzungen: *Die Sperrfläche sei keineswegs dazu gedacht, darauf zu fahren, obwohl dies wohl immer wieder vorkomme.* (SN 30. 10. 06)

**Spęrrgeld,** das (heute selten): Gebühr für das Öffnen des Haustores während der Nacht: *Dann kommt die Hausmeisterin und sperrt das Haustor auf. In den Moment treten Sie vor, überreichen der Hausmeisterin ein Sperrgeld.* (KR 4. 3. 00)

**Spęrrlinie,** die (regional auch in D): durchgezogene Linie in der Straßenmitte, die nicht überfahren werden darf und ein Überholverbot anzeigt: *Der Richter hatte in zweiter Instanz nämlich festgestellt, dass sich im Unfallbereich weder ein Verkehrsschild »Linksabbiegen verboten« noch eine Sperrlinie befunden habe.* (ST 6. 2. 04)

**Spęrrung,** die (auch bayr.): Schließung, Stilllegung (eines Geschäfts o. Ä.): *Kommen die Gutachter zu dem Schluss, dass das Objekt nicht sicher ist, drohen Sperrung oder sogar Abriss.* (ST 8. 1. 06)

**Spe̱zi, Spe̱zl,** der; -s, -[s] bzw. -n (salopp, auch südd., schweiz.): guter Freund, Kumpan: *Diesen Sensationsfund will er seinem alten Spezi, dem Hollywood-Agenten Paul Kohner, zur Verfilmung andrehen.* (OÖN 27. 8. 15)

**Spezi̱men,** das; -s, ...imina ⟨lat.⟩: Probearbeit, Muster: wird österr. auf der zweiten Silbe betont, in D auf der ersten

**Spie̱gelminister Spie̱gelministerin,** der bzw. die (Politik): [in einer großen Koalition] eine/-r von jeweils zwei Ministern/Ministerinnen, die ihre Entscheidungen gegenseitig abstimmen müssen: *Der eine Grund, dass Doskozil hier mitmischt, ist, dass er bis vor Kurzem der Spiegelminister, also das rote Gegenüber des schwarzen Innenministers, in dieser Angelegenheit war.* (PR 1. 4. 17)

**spie̱len** /sich/: 1. etwas spielend leicht bewältigen; jmdn. leicht besiegen: *mit dieser schweren Mathematikaufgabe spielt sie sich;* ***sich mit jmdm./etwas spielen** (auch bayr.): mit etwas/jmdn. nur zum Spiel, nicht verantwortungsbewusst umgehen: *spiel dich nicht mit dem Werkzeug, sondern arbeite ordentlich; er hat sich mit ihr nur gespielt; Wir dürfen uns nicht spielen: Ein Doppelsieg für McLaren – schon schaut alles anders aus.* (PR 16. 8. 02). 2. (ugs.) mit etwas bewusst zögern; sich zieren: *sie spielte sich nicht lange und nahm ihm das Buch einfach weg.* 3. ***etwas spielt es [nicht]** (ugs.): etwas gibt es [nicht], tritt nicht ein: *Eine Gehaltserhöhung wird es nicht spielen!; Das Selbstbewusstsein des Parlaments ist zweifelsohne gestiegen, nur Durchwinken spielt's nicht mehr.* (ST 4. 7. 13); ***Sand spielen:** im Sand spielen: *Die Kinder konnten sich nach Herzenslust beim Sandspielen und einer tollen Schatzsuche so richtig austoben.* (OÖN 26. 6. 14)

**spie̱ßen,** sich; sw. V. / hat: 1. (selten) nicht in der richtigen Lage sein und daher das normale Funktionieren verhindern: *das Holz spießt sich, sodass der Bach aufgestaut wird.* 2. stocken; nicht in gewünschter Weise verlaufen: *Doch die Verhandlungen mit dem Immobilienkonzern spießen sich.* (PR 24. 6. 11); *»Politisch ist jeder dafür, nur beim Zahlen hat es sich dann gespießt.«* (KU 18. 11. 15)

**Spi̱kepickerl,** das [ˈspai̯k…, ˈʃpai̯k…]: Pickerl, mit dem Autos mit Spikereifen gekennzeichnet sein müssen: *Der ÖAMTC erinnert die Autofahrer, nicht auf das Spikepickerl, das deutlich sichtbar am Heck des Fahrzeuges angebracht werden muss, zu vergessen.* (ST 16. 11. 03). ↑PICKERL

**spịnnen:** ***gesponnener Zucker** ↑Zucker

**spịnnert** (ugs.): verrückt: *»An was du da alles denken musst, da wirst spinnert«, sagt Bürgermeister Straßl und lächelt.* (OÖN 19. 9. 12)

**Spịnnweb,** das; -[e]s, -e (veraltend): Spinnwebe: *Die gute Fliederfee ist eine ... in schwar-*

*zes Spinnweb gehüllte Gefahr* (OÖN 2. 4. 09). Die Zus. werden österr. meist ohne Fugensilbe gebildet, in D auch mit -en: *Und dessen Musik ist sehr reizvoll. Sie hat Atmosphäre, Glanz und spinnwebartige, feine Lineaments.* (PR 11. 11. 09); *spinnwebfeine Vorhänge*

**Spital,** das; -s, Spitäler ‹lat.› [ʃp...] (informell, auch schweiz., in D veraltet): Krankenhaus: *Anfang des nächsten Jahres werden die anderen Spitäler und Abteilungen des KAV folgen, das AKH als größtes Spital Österreichs dann im Frühjahr.* (KU 15. 11. 15). ↑**Inquisitenspital, Kinderspital, Militärspital** – Die Zus. sind auch schweiz. üblich, dort allerdings ohne Fugen-s ◆ **Spitalsabfall; Spitalsabteilung:** *Die basiswissenschaftliche Krebsforschung (etwa 1 Mill. Euro) ist budgetär von der Spitalsabteilung Onkologie getrennt.* (SN 2. 8. 05); **Spitalsarzt/-ärztin; Spitalsaufenthalt:** *Dies umso mehr, als die Bevölkerung der Stadt Wien wachse und damit die Zahl der Spitalsaufenthalte.* (ST 4. 11. 16); **Spitalsbehandlung:** *Erfasst werden ärztliche und pflegerische Entlassungsbriefe aus den Krankenanstalten sowie Labor- und Radiologiebefunde im Rahmen von Spitalsbehandlungen.* (KU 30. 6. 16); **Spitalsbett; Spitalsfinanzierung; Spitalskonzept; Spitalkost; Spitalskosten:** *Die Spitalskosten für durchreisende Flüchtlinge werden von Bund und Ländern hin- und hergeschoben.* (KZ 11. 3. 16); **Spitalsküche:** *Milliardär Frank Stronach erzählt ... von seiner Arbeit in einer Spitalsküche in Kanada.* (PR 21. 5. 11); **Spitalsmanager/-in; Spitalsmüll; Spitalspflege; Spitalsschwester; Spitalsträger; Spitalsverwaltung; Spitalswesen:** *Es werde jedenfalls »keine Privatisierung des Spitalswesens« geben.* (ST 8. 11. 16); **Spitalszufahrt**

**Spitz,** der; -es, -e: 1. (österr., schweiz. und bayr. Form neben) die Spitze. 2. (kurz für) ↑Zigarrenspitz, ↑Zigarettenspitz. 3. (auch bayr.) bestimmte Sorten von Gebäck /nur in Zus./: *Auch die Menschen in anderen Kontinenten sollen künftig mehr* **Kornspitz** *essen.* (OÖN 9. 8. 07); *Mittags war ich beim Anker. Einen gefüllten* **Alpenspitz** *und ein Schinken-Ei-Croissant.* (Krone.at, 22. 7. 03, Int). 4. bestimmte Sorten von Fleisch /nur in Zus./: ↑Brustspitz, ↑Kavalierspitz, ↑Kruspelspitz, ↑Tafelspitz. 5. (auch schweiz.) Gipfel: *Kurvenreiche Tour vom höchsten Alpenspitz zu einem der schönsten Seen Frankreichs.* (KU 7. 6. 13); /meist in Bergnamen/: *Lierzberger Alpenspitz; Hochspitz, Reichenspitz.* 6. spitz zulaufender Teil eines Gewässers oder einer Insel: *Floridsdorfer Spitz* (in Wien, urspr. an einem Donauarm); *20 Minuten dauert die Überfahrt nach Porozina, dem nördlichen Spitz der Insel Cres.* (KZ 29. 6. 13); *So läuft z. B. seit Jahren ein Rechtsstreit wegen eines Kiosks am Alser Spitz.* (KR 8. 1. 16). 7. (ugs., salopp, Sport) Schuss mit den Zehenspitzen: *Ich möchte hier mit dem dezenten Hinweis enden, dass ausgerechnet der eleganteste Nationalspieler... einen Spitz fabrizieren musste, um Österreich zur WM nach Argentinien zu schießen.* (PR 7. 12. 05). ↑**Feinspitz**

**Spitzbub,** der: 1. österr. (und südd., schweiz.) Form, (in D) Spitzbube: *Eine Statur wie ein Modellathlet, ... ein Händedruck wie ein Ringer und ein blitzendes Lächeln wie ein Spitzbub.* (SN 15. 12. 07). 2. /Plural/ süßes Gebäck aus zwei mit Marmelade zusammengeklebten Mürbteigkeksen, in deren oberes meist drei Löcher ausgestochen sind: *Sie summte Weihnachtslieder vor sich hin, mehrte ihren Schatz an »Christbaumstücken« und buk Kekse. Honigbusserln und Spitzbuben.* (ST 24. 12. 11). Vgl. Linzeraugen. ↑BUB

**Spitzer,** der (auch schweiz.): (kurz für) Bleistiftspitzer, (in D) Anspitzer: *Schließlich weiß das Mädchen, ganz genau wie die Oma, dass man zu Buntstiften immer auch einen Spitzer verkaufen muss.* (KU 27. 11. 08)

**SPÖ-Klub,** der: SPÖ-Fraktion: *»Der SPÖ-Klub stimmt zu«, war sich Cap sicher.* (ST 7. 7. 05). ↑KLUB

**Spompanadeln,** die /Plural/ (ugs.) ‹ital. *spampanata* /Brauchtum zur Weinlese/; ›Aufschneiden, Prahlen‹›: 1. Dummheiten, ausgefallene Ideen: *Ich mache die Anmoderation und dann immer wieder ein paar »Spompanadeln«.* (PR 7. 7. 05). 2. Widersetzlichkeit, aus der Reihe tanzendes Verhalten, Extravaganzen, Schwierigkeiten: *Auf politischer Seite solle man sich aber »keine weiteren Spompanadeln oder Sidesteps« mehr leisten.* (ST 21. 3. 04); *Die UNESCO könnte in Sachen Weltkulturerbe auch noch Spompanadeln machen.* (SN 17. 9. 16)

**spondieren,** sw. V. / hat ‹lat.›: den Magistertitel erwerben, verliehen bekommen: *P. E. aus Golling absolvierte sein Studium an der Kunstuniversität Linz mit ausgezeichnetem Erfolg und spondierte zum Mag. art.* (SN 18. 11. 16); *Er muss ein paar Jahre nach mir studiert haben und spondiert worden sein.* (PR 7. 2. 04)

**Sponsion,** die; -, -en (lat.): akademische Feier, bei der der Titel Magister verliehen wird: *Kaum ein Geisteswissenschaftler studiert mit der Motivation, nach der Sponsion eine lebenslange Anstellung zu erhalten.* (ST 28. 10. 12) ◆ **Sponsionsfeier:** *Bei der Sponsionsfeier des Instituts für Journalismus und Medienmanagement der FH Wien ... erinnerte die Wirtschaftsjournalistin ... an journalistische Grundtugenden.* (ST 18. 10. 16); **Sponsionsformel:** *Die Zeit des Studiums verging, und der junge Mann durfte eines Tages die Sponsionsformel sprechen.* (Stadt Wien, Webservice, 2007, Int); **Sponsionsurkunde**

**Sprecher Sprecherin,** der bzw. die (Politik): Wortführer/-in einer Parlamentsfraktion in bestimmten Bereichen, Schattenminister/-in; (in D als Beauftragter, der offizielle Mitteilungen weiterzugeben hat); /als Grundwort in Zus/: ↑**Bereichssprecher, Bundessprecher, Klubsprecher, Kuriensprecher, Mediensprecher.** ◆ **Bildungssprecher/-in; Justizsprecher/-in; Sicherheitssprecher/-in:** *Für den Grünen Sicherheitssprecher Peter Pilz geht es hier vor allem um das Thema Entsendungen.* (PR 28. 9. 16); **Sozialsprecher/-in:** *Der grüne Sozialsprecher Karl Öllinger bezeichnete diese Vereinbarung im Finanzausgleich gegenüber der Austria Presseagentur als »Witz«.* (PR 7. 10. 07); **Wehrsprecher/-in; Verkehrssprecher/-in; Wissenschaftssprecher/-in**

**Sprechtag,** der (Schule): (österr. auch kurz für) Elternsprechtag: *Sanktionen für »Integrationsunwilligkeit«, also für Eltern, die trotz mehrmaliger Aufforderung nicht zu Sprechtagen kommen oder ihr Kind nicht in die Schule schicken.* (KU 24. 3. 15)

**Spreißel,** das; -s, - (in D der): (auch bayr.) Span (als Abfall), (südd. auch ›Splitter‹, dafür österr. ↑Schiefer): *Plank nennt Rinde, Schwarten, Spreißel aus sauberen und unbeschichteten Spanplatten, Papier und Pappe ... als Abfälle für die Ersatzbrennstoffkesselanlage.* (PR 20. 9. 10)

**Spreißelholz,** das (auch bayr.): Kleinholz, meist Holzabfall, zum Einheizen: *Vormittags war im Bereich der offensichtlichen Brandausbruchsstelle Spreißelholz gehackt und die entstandene Hackschnitzelmenge dort zwischengelagert worden.* (OÖN 17. 10. 01)

**Sprengel,** der; -s, - (in D nur im kirchlichen Bereich, sonst veraltet): Dienstbereich, Zuständigkeitsbereich, Amtsbezirk: *Das Firmenbuch prüft nur, ob im gleichen Sprengel nicht bereits eine verwechselbar ähnliche Firma eingetragen ist.* (OÖN 12. 6. 07); *In den anderen Bundesländern gebe es keine Probleme mit »sprengelfremden« Schülern, heißt es aus dem Unterrichtsministerium. In Wien etwa ist die ganze Stadt ein einziger Sprengel.* (PR 31. 8. 07). ↑**Gerichtssprengel, Pfarrsprengel, Gesundheitssprengel, Schulsprengel, Seelsorgesprengel, Sozialsprengel, Verwaltungssprengel, Wahlsprengel**

**Sprengeldispens,** die/der (Behördenspr.): Erlaubnis zur Umschulung in eine ↑Pflichtschule eines anderen ↑Schulsprengels: *Eine freie Schulwahl ohne den notwendigen Sprengeldispens wäre fair.* (KU 23. 2. 07). ↑**Altersdispens, Dispens**

**Sprengelpflicht,** die (Behördenspr.): Verpflichtung, ein Kind in die Schule des zuständigen ↑Schulsprengels zu schicken: *Gleichzeitig erklärten die zwei Sozialdemokraten, die Sprengelpflicht aufzuheben.* (ST 6. 7. 06)

**Sprengelschule,** die: für einen ↑Schulsprengel zuständige Pflichtschule: *Ab kommendem Schuljahr darf frei gewählt werden. Ein Gewinn für Eltern, die ihre Kinder in der zugewiesenen Sprengelschule ... nicht gut aufgehoben glauben.* (OÖN 11. 10. 06)

**Sprengelwahlbehörde,** die: aus dem Wahlleiter und drei Beisitzern bestehende Behörde eines ↑Wahlsprengels: *Ursprünglich hätte Grünaus SP-Bürgermeister A. W. die Gemeindewahlbehörde, eine Sprengelwahlbehörde und die mobile Sprengelwahlbehörde geleitet.* (OÖN 4. 9. 08)

**Sprießel, Sprissel,** das; -s, - (ugs.): [Leiter]sprosse, Sitzstange in einem Vogelkäfig oder Hühnerstall: *Nicht jeder Kanari, der tot vom Sprießel fällt, hat Vogelgrippe.* (NÖN 22. 6. 06)

**Springinkerl,** das; -s, -n (ugs., auch bayr.): unruhiger, lebhafter Mensch; (ugs.) Springinsfeld: *Jedenfalls schnellte, hopste und purzelbaumte das Springinkerl Mozart über Stock und Stein, Tisch und Klavier.* (SN 16. 6. 06); (vereinzelt als Verb:) *der 12-jährige Wunderknabe Wolfgangerl, der so infantil durch die Szenerie springinkerlt.* (FU 19. 4. 07)

**Springschnur,** die: Seil zum Seilspringen, (in D meist) Springseil, Sprungseil: *Zunächst versuchte die Frau, das Kind mit einer Springschnur zu erdrosseln.* (PR 21. 5. 07)

**Sprissel** ↑Sprießel

**spritzen** (auch südd.): (ein Getränk) mit Wasser verdünnen: *wer trinkt Spritzwein? Warum* *soll man dieses köstliche Getränk Wein spritzen.* (ST 21. 10. 15; Posting)

**Spritzer,** der: 1. (ugs., auch bayr.): leichter Regenguss. *Am zum Teil sonnigen, aber noch kühlen Sonntag (bis 17 Grad) sind Spritzer nicht auszuschließen.* (OÖN 18. 9. 07). 2. ↑Gespritzter: *Die Männer lehnen sich an die Bar, bestellen Bier, Spritzer-Rot, Spritzer-Weiß.* (ST 18. 8. 12); *roter, weißer Spritzer; Vergangenes Jahr wurden rund 1.200 Achterl Wein und 700 Weiße Spritzer ausgeschenkt.* (OÖN 19. 1. 08). ↑**Sommerspritzer**

**Spritzkerze,** die: Draht mit leicht brennbarer Beschichtung, die unter Funkensprühen abbrennt; Wunderkerze: *Funken der Spritzkerze ließen einen Christbaum in Flammen aufgehen.* (OÖN 5. 1. 06); *Auf der Dachterrasse des Hotels Stein inszenierte man eine vorgezogene Siegesfeier mit Spritzkerzen.* (PR 6. 3. 04). Vgl. Sternspritzer

**Spritzkrug,** der (veraltend, auch bayr.): Gießkanne: *Falls nicht nur Sie, sondern auch die Fensterbrett-, Balkon- oder Terrassenblumen den Kopf hängen lassen, klappern Sie Ihre Pflanzen mit dem Spritzkrug ab.* (OÖN 18. 6. 16)

**Spritzsack,** der (auch schweiz.): Dressiersack, Spritzbeutel: *Oblaten auflegen, Ribiselmarmelade aufstreichen, die restliche Masse in einen Spritzsack füllen und ein Gittermuster aufspritzen.* (OÖN 19. 11. 15)

**Sprosse,** die; -, -n: (kurz für) ↑Kohlsprosse: *Kohlsprossenpflanzen sehen echt lustig aus! Oben ein paar große Kohlblätter, rund um den ca. 50–70 cm langen Stiel sitzen die Sprossen wie kleine Knäuel.* (KU 8. 11. 13). ↑**Kohlsprosse**

**Sprossenkohl,** der: (in D) Rosenkohl: *Darin enthalten sind Rezepte für die legendäre Terlaner Weinsuppe, die Gerstsuppe oder den Gamsbraten mit Quitten und Sprossenkohl.* (PR 20. 5. 05)

**Spruch,** der (ugs., salopp): 1. Schlagfertigkeit, Beredsamkeit; schlagfertige Antwort: *Ein Patron, der Humor schätzt und einen guten Spruch pflegt.* (PR 10. 3. 05); *Sie führen einen ziemlichen Spruch, die Jugendlichen in Sonia Kehlichs Klasse.* (VB 10. 4. 10); *Eine Zigarette im Mundwinkel, einen flotten Spruch auf den Lippen.* (ST 7. 4. 12). 2. Klang des Motorrads oder Autos: *Als Blockflöten-Lehrerin hat* (sie) *ein Ohr für »den besonderen Spruch des Motors.«* (KZ 11. 6. 04); *Hochtourig sind sie zurück, die glänzenden Boliden mit dem coolen Spruch.* (KR 28. 5. 11) – Aussprache mit langem u, in D mit kurzem

**Sprüchl,** das (ugs., salopp): formelhafte Wendung, Gemeinplatz: *Er hat sein Sprüchl aufgesagt* (seinen vorbereiteten Text vorgebracht); *»Macht braucht Kontrolle!« – aber nicht die eigene: Ein altes FPBZÖK-Sprüchl, auch anderer Oppositionsparteien.* (PR 19. 12. 09)

**sprudeln,** sw. V. / hat: (in D) quirlen: *Das Mischen ist kinderleicht: Sie brauchen lediglich das Wasser zu sprudeln und geben danach den Sirup in die Flasche.* (News 3. 4. 14). – Meist in Zus.: ↑**absprudeln, versprudeln**

**Sprudler,** der: 1. Quirl (Küchengerät): *Kochlöffel, Siebe, Sprudler und Krauthäcksler aus Holz sind für das Gelingen jedes Gerichtes eine Grundvoraussetzung.* (KZ 30. 8. 17). 2. (ugs., scherzhaft) [dünne] Beine: *Damals war er ein Bua, ein Krispindl mit dünnen Sprudlern.* (KU 27. 4. 08). – In der Bedeutung ›Gerät, mit dem Wasser mit Sauerstoff angereichert wird‹ gemeind. ↑**Kakaosprudler**

**Sprungschnur,** die: (neben) ↑Springschnur: *Wenige Trainingsgeräte sind so günstig und effizient wie die Sprungschnur.* (PR 13. 8. 16)

**Spuckerl,** das; -s, -n (ugs.): kleines, leistungsschwaches Fahrzeug (Auto, Moped): *Bei uns zwei ging es ja nicht um die Straßenverkehrsordnung, sondern um die Hackordnung. Ein fetter Benz darf nicht von einem kleinen Nippon-Spuckerl überholt werden.* (OÖN 19. 3. 05)

**Spundus,** der; - (salopp): Furcht, Respekt: *Eine autoritäre Respektsperson, vor der jeder Spundus hatte.* (OÖN 25. 7. 07)

**Spurt,** der; -[e]s, -s ⟨engl.⟩, schneller Lauf, wird österr. [spœːt] ausgesprochen, in D [ʃpʊrt]. Ebenso: *spurten*

**St. Johann** ↑Johann

**Staatsbürgerschaftsnachweis,** der: Urkunde über die österreichische Staatsbürgerschaft: *Für einen Kredit bis 4000 Euro reichen ein Staatsbürgerschaftsnachweis, die Volljährigkeit und ein Lohnzettel.* (WZ 14. 11. 14)

**Staatsbürgerschaftswerber** ↑-WERBER

**Staatsgrundgesetz,** das; -es, -: Gesetzeswerk zur Sicherung der bürgerlichen Grundrechte von 1867, das heute Teil der Bundesverfassung ist: *Das Recht, Demonstrationen abzuhalten, beruht auf dem Staatsgrundgesetz.* (WZ 16. 3. 16); *Bis dahin galt die Große Koalition als eine Art Staatsgrundgesetz.* (PR 14. 7. 12)

**Staatsliga,** die: oberste Spielklasse in verschiedenen Sportarten (Handball, Wasserball, Tennis, Tischtennis, Schach, Judo u. a.):

*»Ich bin fit, habe gut trainiert, in der Staatsliga gut gespielt und Matchpraxis gesammelt.«* (PR 29. 9. 10)

**Staatsmeister Staatsmeisterin,** der bzw. die: gesamtösterr. Meister/-in in einer Sportart: *Die Staatsmeister im Kunstturnen können einen Kopfstand machen – Publikumsmagnet sind sie trotz ihrer Akrobatik nicht.* (SN 5. 11. 07) ◆ **Staatsmeisterschaft, Staatsmeistertitel**

**Staatsoperette,** die (salopp): nicht ernst zu nehmende, operettenhafte Vorgänge in der österr. Politik: *Aber die Politik wollte die sinnlose Kür einiger Mitglieder eines völlig zahnlosen Gremiums nicht abschaffen. Es lebe die Staatsoperette!* (PR 25. 1. 10)

**Staatssäckel,** der: Staatsbudget: *Exportsteuern sollen Argentiniens Staatssäckel füllen.* (PR 3. 9. 18). ↑**Säckel, Landessäckel**

**Staatssekretär Staatssekretärin,** der bzw. die: Mitglied der Bundesregierung, das einem Minister zur Unterstützung beigegeben ist (in D der ranghöchste Beamte in einem Ministerium) ◆ **Staatssekretariat:** *Grüne wollen Staatssekretariat für Integration.* (PR 21. 9. 07)

**Stab,** der: steht in manchen Zus., wo man in D *Stock* verwendet: ↑**Rohrstab, Zeigestab, Zollstab**

**[1]Staberl,** das; -s, -n: **1.** Stäbchen: *Der asiatische Nachwuchs musste die gewohnten Ess-Staberl gegen Messer und Gabel eintauschen.* (OÖN 19. 9. 06). **2.** Zeigestock, Rohrstock: *Kann künftig wieder mit Rohrstock und Staberl gegen den verhaltensauffälligen und lernunwilligen Schüler vorgegangen werden?* (OÖN 9. 5. 01)

**[2]Staberl,** der; -s: **1.** Komödienfigur des Alt-Wiener Volkstheaters: *Der Kobold oder Staberl in der Feenwelt* (Stück von Nestroy). **2.** stehende Figur, z. B. als Name eines Kolumnisten: *was dem einen Staberl, Cato und Unterberger sind, sind anderen Thurnher und Rauscher.* (ST 4. 2. 07)

**Stabparkett,** das.: Holzboden aus kleinen Elementen, die in Quadraten angeordnet sind: *Ob klassischer Schiffsboden, extravagantes Würfelmuster oder moderner Parallelverband – mit massivem Stabparkett ... ergeben sich die unterschiedlichsten Gestaltungsmöglichkeiten.* (OÖN 14. 2. 14)

**stad** (ugs., auch bayr.): still, ruhig: *»Jene, die anfangs geglaubt haben, ›Der kommt nie‹, sind längst stad.«* (OÖN 5. 12. 05). ↑**schmähstad**

**Stadel,** der; -s, - (auch südd., schweiz.): **1.** Teil des Bauernhofes, in dem das Heu usw. aufbewahrt wird, Scheune: *Ein Stadel mit 150 Tonnen Heu wurde am Freitag ein Raub der Flammen.* (SN 3. 9. 05). **2.** [kleines hölzernes] Gebäude, meist vom Bauernhof entfernt liegend, zum Aufbewahren von Heu: *In einem verlassenen Stadel auf der Anifer Kaiserwiese stöberte die Polizei am Dienstagabend zwei Unbekannte auf.* (SN 20. 9. 07); **Holzstadel:** *Dort stand der alte Holzstadel eines Bauernhauses lichterloh in Flammen.* (KU 8. 3. 05). **3.** (hist.) Speichergebäude: *Viele Ideen zur Nutzung des Innerberger Stadels in Weyer wurden bei einem Workshop gesammelt.* (OÖN 19. 2. 07). ↑**Bergstadel, Futterstadel, Heustadel, Salzstadel**

**-stadel** (seltener auch in D): Grundwort in Bildungen nach dem Muster der TV-Sendung *Musikantenstadel,* z. B. Dilettantenstadel, Migrantenstadel. ↑**Intrigantenstadel, Privilegienstadel**

**Stadtamt,** das: Verwaltungsbehörde und -gebäude einer ↑Statutarstadt oder Gemeinde: *Nach fünf Jahren veranstaltete der Lions-Club Seekirchen zum zweiten Mal äußerst erfolgreich eine Versteigerung von Werken namhafter Salzburger Künstler im Stadtamt.* (SN 8. 3. 07) ◆ **Stadtamtsdirektor/-in**

**Stadtchef Stadtchefin,** der bzw. die (informell): Bürgermeister/-in einer Stadt: *Seit Wochen ist der Stadtchef mit Vertretern der Salzburger Olympiagesellschaft unterwegs, um die internationale Sportwelt von den Stärken der Salzburger Kandidatur zu überzeugen.* (SN 24. 5. 07). ↑**Chef, Landeschef, Ortschef**

**Städtebund,** der (Verw.): (kurz für) Österreichischer Städtebund: Interessenvertretung der Städte: *Dem Datenschutzrat gehören Vertreter ... der Länder, des Gemeindebundes, des Städtebundes und ein vom Bundeskanzler zu ernennender Vertreter des Bundes an.* (KU 12. 11. 13). Vgl. Gemeindebund

**Stadtgemeinde,** die: Stadt als Verwaltungseinheit: *Zu einem sehr günstigen Tarif ... bietet die Stadtgemeinde Gmunden Karten für den Winterbetrieb am Grünberg an.* (OÖN 12. 11. 01)

**Stadthauptfrau,** die: Leiterin der Polizeibehörde einer Stadt bzw. eines Wiener Bezirks: *Laut einem Bericht der »Presse« ... wird die Stadthauptfrau des Polizeikommissariats Landstraße ... seine Nachfolge antreten.* (ST 15. 10. 10)

**Stadthauptmann,** der: Leiter der Polizeibehörde einer Stadt bzw. eines Wiener Bezirks: *Ich habe den kurzen Dienstweg gewählt und*

*den Stadthauptmann der Leopoldstadt kontaktiert.* (KU 2. 8. 16). ↑**Bezirkshauptmann, Landeshauptmann**

**Stadtkaiser,** der (salopp): mächtiger Bürgermeister einer Stadt: *Auch dank der willigen raumplanerischen Unterstützung diverser Orts- und Stadtkaiser.* (ST 28. 11. 15). ↑-KAISER

**Stadtlicht,** das: Standlicht: *Diese Lösung ist eine Kombination aus ... den Komponenten Stadtlicht, -, Landstraßenlicht und Autobahnlicht.* (OÖN 21. 7. 01)

**Stadtphysikus Stadtphysika,** der; -, -se bzw. die; -, ...kae ‹lat.› (Verw.): städtischer Amtsarzt bzw. Amtsärztin: (in D nur hist., österr. auch noch Amtstitel): *Im Laufe des Vormittags habe der 90-jährige Mann dann dem Stadtphysikus bei der Leichenbeschau von einem eingeschlagenen Fenster erzählt.* (WZ 11. 6. 12)

**Stadtrat Stadträtin,** der bzw. die: Mitglied einer Stadtregierung: *Salzburgs Bürgermeister und sein Planungsstadtrat sind Tagesgespräch.* (SN 20. 10. 07); ***amtsführender Stadtrat:** ↑amtsführend. – In D bezeichnet *Stadtrat* je nach Bundesland unterschiedlich eine ›Gemeindevertretung‹ u. Ä. (dafür in Österr.: *Gemeinderat*), in CH je nach Kanton ›[Mitglied der] Stadtregierung‹ oder ›[Mitglied des] Stadtparlament[s]‹

**Stadtschulrat,** der: Schulbehörde für Wien, Abk. SSR. – Seit 1. 1. 2019 Bildungsdirektion für Wien

**Stadtsenat,** der: **1.** Landesregierung von Wien. **2.** Regierung einer ↑Statutarstadt: *Der Innsbrucker Stadtsenat hat in seiner Sitzung am Mittwoch ein Nächtigungsverbot auf der Straße in der gesamten Altstadt beschlossen.* (PR 9. 11. 16)

**Stafel,** der; -s, Stäfel (Vbg., auch schweiz.): **1.** Platz um die Sennhütte, Alpweide: *Die Frau wanderte im Bereich des Weidegebietes der Alpe Brazer Stafel.* (NVT 7. 8. 09). **2.** Alphütte: *Kaum hatte der Jäger den Stafel betreten, da brachte ihm der Butz schon den Rührstecken entgegen.* (NVT 25. 7. 13)

**Staffel,** die und der; -, - (veraltend, auch südd.): Stufe. ↑**Türstaffel**

**staffieren,** sw. V. / hat ‹niederld.› (fachspr.): schmücken; putzen: *Samowar, Gurken- und reichlich Wodkagläser staffieren den russischen Alltag en detail.* (ST 15. 7. 06). – In Bezug auf Schneiderei gemeind.

**Stagel,** der; -s, - (früher): zum Erhitzen des Bügeleisens dienendes Stahlstück

**stagelgrün:** ***etwas liegt jmdm. stagelgrün auf** (Wien, ugs., salopp): jmd. ärgert sich über etwas: *Einer Partei, die ihre Wahlevents gern auf Almen ansiedelt, mag eine Stadtzeitung stagelgrün aufliegen.* (ST 6. 9. 13)

**stageln:** ***Schule stageln** (ugs., veraltend): Schule schwänzen

**Stakete,** die; -, -n ‹niederld.›: Zaunlatte. (In D bedeutet *das Staket* einen ›Lattenzaun‹). – Für ›profilierter Geländerstab‹ gemeind. – Auch in der Form *Stakette*

**Staketenzaun,** der (seltener auch in D): Lattenzaun: *Sollte die Witterung schlecht sein, wird der Arbeitsplatz im Freien in die eigenen Werkstätten im Biomassehof verlegt, wo es an die Fertigung rustikaler Staketenzäune und Hochbeete aus heimischem Lärchenholz geht.* (ST 26. 6. 12). – Auch in der Form *Stakettenzaun*

**Stammbeisel,** das: Stammlokal: *Beim Karnerwirt gibt es eine Myrabar, in welcher der Obstler aber genau so schmeckt wie im heimischen Stammbeisel.* (ST 14. 12. 12). ↑BEISEL

**Stammbeiz,** die (Vbg., auch südd., schweiz.): ↑Stammbeisel: *Denn wissen Sie jetzt, ob Ihre Stammbeiz künftig rauchfrei ist?* (VN 1. 5. 08)

**Stammleibchen,** das (selten): ↑Stammleiberl: *Aber in den vergangenen Wochen musste der 22-Jährige zur Kenntnis nehmen, dass ein Stammleibchen bei Red Bull doch um einiges schwerer zu verdienen ist als jenes bei Sturm.* (SN 20. 10. 07). ↑LEIBCHEN

**Stammleiberl,** das: Stammplatz in der Mannschaft: *Dass seine Stammspieler ... bei ihren Vereinen seit Monaten kein Stammleiberl haben, ist für Koller nicht ideal, aber auch nichts Neues.* (WZ 24. 5. 14). ↑LEIBERL

**Stamperl,** das; -s, -n (auch bayr.): **1.** kleines, massives [Schnaps]glas ohne Stiel. **2.** Schnaps in der Menge eines Stamperls (in D regional in der Form *Stamper*): *Das hat vielmehr mit der der Verdauung wohltuenden und der Abwehr von Bakterien zuträglichen Wirkung eines Stamperls zu tun.* (ST 13. 9. 07). ↑**Schnapsstamperl.** Vgl. Magenstamperl

**stampern,** sw. V. / hat (ugs., auch bayr.): jagen, scheuchen: *Sie ... hüpfen in Pfützen herum, bewerfen sich mit Laub und stampern die Hühner.* (OÖN 17. 1. 05)

**Stampiglie,** die; -, -n [ʃtamˈpiːli̯ɛ] ‹ital.› (veraltend): **1.** Stempel: *Die Staatsanwaltschaft sei davon ausgegangen, dass die jeweiligen Unterstützer der wahlwerbenden Partei mit dem*

*Anbringen der Stampiglie einverstanden gewesen wären.* (ST 3. 6. 15). ↑**Amtsstampiglie, Rundstampiglie**

**Stand,** der; -es, Stände (Vbg.; in der Bedeutung ›Kanton‹ auch schweiz.): **1.** (hist., bis ca. 1806) **a)** /nur Plural/ Volksvertretung der einzelnen Herrschaften und Gerichte in der landständischen Verfassung, (verkürzt aus) Landstände: *die Stände bewilligten Gelder und Truppen.* **b)** /nur Plural/ die einzelnen Gerichte und Talschaften: *Vorarlberg bestand aus 24 Gerichten oder Ständen; die oberen, unteren, inneren Stände.* **c)** Volksvertreter eines Standes. **2.** (noch heute) Interessengemeinschaft zur gemeinschaftlichen Nutzung und Verwaltung der Wälder: *der Stand Bregenzerwald; In Zusammenarbeit mit dem Stand Montafon und Montafon Tourismus wird auch das Fahrplanangebot ständig adaptiert und ausgebaut.* (VN 22. 3. 18) ◆ **Standesausschuss; Standesvermögen; Standeswald**

**Standard,** der ‹engl.›: wird österr. meist noch [st...] ausgesprochen, in D [ʃt...]. Ebenso: *standardisieren*

**Standeskontrolle,** die: **1.** Appell der Soldaten im Bundesheer: *Nach und nach trudeln die Sportsoldatinnen und -soldaten ein, denn um 7.30 Uhr ist Standeskontrolle angesagt – an jedem Montag ist Uniformpflicht.* (SN 24. 11. 12). **2.** Kontrolle in einem [Flüchtlings]lager: *Für Unruhe sorgte unter den Asylsuchern nach Angaben der Veranstalter allerdings das Gerücht, es werde in Traiskirchen noch um 21.00 Uhr Abend bzw. am nächsten Morgen eine sogenannte Standeskontrolle durchgeführt.* (SN 24. 11. 12)

**Standesrepräsentant Standesrepräsentantin,** der bzw. die (Vbg., hist., heute noch im Montafon und Bregenzerwald): Vertreter/-in eines ↑Standes; Vorsitzende/-r des Standesausschusses: *Standesrepräsentant Erwin Bahl geht davon aus, dass das Projekt rechtlich gar nicht durchsetzbar ist.* (NVT 4. 6. 04)

**Standl,** das; -s, -n (ugs., auch bayr.): Verkaufsstand, Marktstand: *bei klirrender Kälte haben nur wenige Marktfahrer ihre Obst- und Gemüse-Standeln aufgestellt.* (OÖN 31. 12. 05). ↑**Kirtagsstandl**

**Standler Standlerin,** der bzw. die (auch bayr.): Inhaber/-in eines Verkaufsstandes, Verkäufer/-in an einem Stand: *Fast alle Standler führen auch noch den Sommerklassiker: Eierschwammerl.* (OÖN 18. 8. 07) ◆ **Marktstandler/-in**

**Standlmarkt,** der (auch bayr.): Markt mit Verkaufsständen: *Am Standlmarkt können die Produkte aus der Region auch erworben werden.* (OÖN 22. 9. 16)

**Stange,** die: der senkrechte Teil des Fußballtores, (in D) Pfosten: *Zudem gab es durch Schwab (7./Latte) bzw. Philipp Huspek (41./Stange) jeweils einen Aluminiumtreffer.* (PR 3. 9. 18)

**stangeln,** sw. V. / hat. (ugs., ostösterr., auch bayr.): **1.** (ein Boot) fortbewegen, indem man mit Stangen auf den Grund stößt: *Die hohe Kunst des Zillenfahrens wurde bei der Staatsmeisterschaft ... demonstriert. 400 Meter Rudern und 400 Meter »Stangeln« mit Hindernis-Toren waren zu bewältigen.* (OÖN 25. 7. 05). **2.** schwänzen. ↑**schulstangeln**

**Stanglpass,** der (Fußball): flacher scharfer Pass eines Flügelstürmers von der Torlinie oder Cornerfahne zur Torstange: *Lewandowski ... verwertete in der 74. Minute einen idealen Stanglpass von Alaba zum Siegestreffer.* (PR 2. 11. 16)

**Stanitzel,** das; -s, - (ostösterr.): spitze trichterförmige Tüte: *Welche Eissorten finden sich in Ihrem Stanitzel?* (ST 31. 3. 17). ↑**Eisstanitzel**

**Stanleymesser,** das [ˈstɛnlɪ...]: Messer mit auswechselbarer scharfer Klinge, Teppichmesser: *In dem Depot fanden sie unter anderem eine Kabeltrommel Kupfer, ... Arbeitshandschuhe und Stanleymesser.* (PR 15. 11. 12)

**Star,** der ‹engl.›: berühmter Mensch: wird österr. [st...] ausgesprochen, in D meist [ʃt...]

**Starenbomber,** der (ostösterr., ugs.): Kleinflugzeug zum Verjagen der Starenschwärme

**Start,** der ‹engl.›: wird österr. meist noch [start] ausgesprochen, in D [ʃtart]. Ebenso: *starten*

**Startwohnung,** die: [vom Staat oder einer Organisation bereitgestellte] Sozialwohnung für Jungfamilien oder für Notsituationen: *Im Unterschied zu den Großstrukturen lassen sich diese Häuser tatsächlich in gute Startwohnungen umbauen, wenn die Flüchtlingswelle abflaut.* (PR 21. 11. 15)

**Station,** die ‹lat.›: **1.** Gaststätte mit besonderem Angebot, kurz für ↑**[Back]hendlstation,** ↑**[Brat]hendlstation,** ↑**Grillstation,** ↑**Jausenstation. 2.** Raststätte bes. an Autobahnen oder Schnellstraßen, (kurz für) ↑**Autobahnstation,** ↑**Raststation: *freie Station:** unentgeltliche Unterkunft und Verpflegung; freie Kost und Logis: *Die Schülerinnen ... »sind sozialversichert, bekommen freie Station* *und Dienstkleidung vom Haus und ein monatliches Taschengeld.* (OÖN 20. 12. 12)

**Stationsvorstand,** der (auch schweiz.): 1. leitender Beamter auf einem Bahnhof, (in D) Stationsvorsteher: *Ein Stationsvorstand wurde zu drei Stockhieben verurteilt, weil sein Hund einen Fahrgast biss.* (OÖN 17. 6. 03). 2. Chef einer Krankenhausabteilung: *Aus nicht mehr nachvollziehbaren Gründen schrieb der Stationsvorstand dennoch in seinen Bericht: »Karzinom verifiziert«* (SN 27. 3. 03). ↑ VORSTAND

**Stattpreis,** der: früherer oder regulärer Preis für eine Ware im Vergleich zum niedrigeren Preis (in Werbeaufschriften): *Die AK fordert wegen der zunehmenden »Statt-Preis-Werbung« nun die Novellierung des Gesetzes gegen den unlauteren Wettbewerb.* (OÖN 7. 1. 05)

**Statut,** das: Stadtrecht: *Derzeit gibt es 15 Städte mit eigenem Statut in Österreich, darunter alle Landeshauptstädte außer Bregenz. Sie fungieren für ihr Gebiet als Bezirksverwaltungsbehörde.* (WZ 2. 5. 16). – In der Bedeutung ›Satzung, Festgesetztes (z. B. Vereinsstatuten)‹ gemeind.

**Statutargemeinde,** die (Verw.): Gemeinde, der ein eigenes Stadtrecht (Statut) verliehen ist: *In dem Erkenntnis berufen sich die Höchstrichter unter anderem auf die Statutargemeinden-Wahlordnung.* (WZ 18. 8. 06)

**statutarisch** (auch schweiz.): den Statuten gemäß: *Laut Ram ist eine Nachreichung von Unterschriften statutarisch nicht möglich.* (SN 21. 12. 02)

**Statutarstadt,** die (Verw.): Stadtgemeinde mit eigenem Statut: *Klosterneuburg zur Statutarstadt zu erheben wäre ein Weg gewesen, seine Eigenständigkeit zu bewahren.* (WZ 2. 5. 16)

**stauben,** sw. V. / hat (regional auch in D): 1. a) (Kochgut) mit Mehl bestreuen, um beim Aufgießen eine sämige Sauce zu erhalten; (mit Mehl) eindicken: *Zwiebel und Knoblauch in Olivenöl anschwitzen, Zucchini, Schinken und Gewürze zugeben und kurz rösten, mit Mehl stauben, wenig Wasser zugeben.* (OÖN 29. 9. 16). b) (ein Gefäß) mit Mehl bestreuen: *Tortenform einfetten und mit Mehl stauben.* (OÖN 3. 4. 14). 2. /unpersönlich, mit *es*/ (ugs.): a) es schneit stürmisch: *Naturweiß oder Kunstschnee? Egal, Hauptsache es staubt.* (OÖN 20. 10. 07). b) es gibt Ärger, eine heftige Auseinandersetzung: *gestern hat es bei uns gestaubt; Ruhe, sonst staubt's!* ↑ **bestauben, einstauben, gestaubt**

**Staubflankerl,** das: Staubflocke: *Was aber, wenn es sich um Leute handelt, die ihre so genannte Gesinnung jederzeit wie ein Staubflankerl vom Kragen blasen, wenn dafür genug herausspringt?* (OÖN 12. 9. 06). ↑ FLANKERL

**Staude,** die: steht österr. (und südd., schweiz.) auch für ›Strauch, Busch‹: *Im Mai blüht vieles, aber welche Staude hat im Dezember noch hübsche Blätter?* (SN 25. 10. 07). ↑ **Hollerstaude, Paradeiserstaude, Ribiselstaude**

**Stauzone,** die: Straßenabschnitt mit hoher Wahrscheinlichkeit von Staubildung: *Rund um Ballungszentren oder in bekannten Stauzonen soll der Pannenstreifen zur Fahrbahn werden.* (PR 8. 8. 13)

**stechen,** st. V. / hat (auch bayr.): (Kälber, Schweine) schlachten: *Ich bin davon überzeugt, dass unsere Schweine bis zum Stechen ein gutes Dasein haben.* (OÖN 2. 9. 10)

**Stechvieh,** das; -s: Kälber und Schweine (Tiere, die nicht geschlachtet, sondern gestochen werden): *Vom Fahrverbot ausgenommen sind lediglich Bundesheer, Feuerwehr, Straßendienst, bestimmte Fahrten zum Transport von Schlacht- oder Stechvieh.* (SN 15. 7. 04)
◆ **Stechviehmarkt**

**stecken,** sw. V. / ist: die Bildung des Perfekts mit *sein* bei intransitivem Gebrauch (›festsitzen‹) ist österr. (seltener auch südd., schweiz.) die standardsprachliche Form. Beim transitiven Gebrauch heißt es gleich wie in D *hat.* Es wird also zwischen *Er hat den Brief in den Kasten gesteckt* und *Er ist hinter dem Busch gesteckt* unterschieden: *Oft bin ich bis zum Bauch im Schnee gesteckt.* (NÖN 4. 7. 13)

**Stecken,** der (auch südd., schweiz.): Stock: *Ein Kind kann einen Stecken auf der Straße finden und eine Stunde damit spielen.* (OÖN 1. 4. 14). – Die ugs. Wendung *Dreck am Stecken haben* ist gemeind. ↑ **Rebstecken**

**Steckerl,** das (auch bayr.): (Verkleinerung zu) Stock: *Patrick H. war seiner zweijährigen Mischlingshündin aufs Eis gefolgt, als diese einem Steckerl nachjagte und 50 Meter vom Ufer plötzlich einbrach.* (KZ 17. 12. 13)

**Steckerlbrot,** das: um einen Stab gewickeltes Brot, das über offenem Feuer gebacken wird: *Zum Abschluss der Wanderung werden Würstl und Steckerlbrot am Lagerfeuer bei der Spechtenschmiede gebraten.* (SN 6. 7. 12). ↑ BROT

**Steckerlfisch,** der (auch bayr.): an einem Spieß gebratener Fisch (als Imbiss an Verkaufsständen erhältlich): *Steckerlfische und zahlreiche Bratwürstel landeten beim diesjähri-*

*gen Steckerlfischessen der VP Pichl auf dem Grill.* (OÖN 3. 10. 07)

**Stecktuch,** das: (in D) Einstecktuch: *Das Stecktuch des Künstlers ist gewohnt kleinkariert.* (KZ 19. 4. 17)

**Stefani, Stephani** (auch bayr.): Fest des hl. Stephanus, zweiter Weihnachtsfeiertag (26. Dez.): *Die zwölf Tage zwischen Stefani und Dreikönig sind die Wiege der Langzeit-Wetterprognose.* (OÖN 24. 12. 04); ***zu Stefani:** am 26. Dez. ↑ FLORIANI

**Stefanie, Stephanie:** der weibl. Vorname wird österr. auf der letzten Silbe betont, in D meist auf der ersten

**Stefaniebraten, Stephaniebraten** der: verfeinerter ↑ faschierter Braten: *Und weil Hasenfleisch ebenfalls nicht koscher ist, ist der Stephanie-Braten auch als »Falscher Hase« bekannt.* (PR 11. 1. 16). Vgl. Giselabraten

**Stefanitag, Stephanitag,** der (auch bayr.): 26. Dezember: (in D) Stephanstag: *Am Stephanitag ließ sich seine Kollegin Gabriele Burgstaller ganz anders vernehmen.* (SN 27. 12. 02)

**Steffl,** der; -s (ugs.): **1.** (Koseform zu) Stefan. **2.** Wiener Stephanskirche: *Erst 1949 begannen die Arbeiten für die neue »Pummerin«. Sie sollte ein Geschenk des Landes Oberösterreich an den »Steffl« werden.* (PR 5. 10. 07)

**Steh-:** Zus. mit *Steh-* i. S. v. **1.** stehend eingenommenes Getränk: **Stehachterl:** *Manchmal blieb der Briefträger, der ihm Rechnungen und Mahnungen gebracht hatte, auf ein Stehachterl.* (PR 18. 2. 06), ↑ Achterl; **Stehkaffee:** *Tageszeitungen liegen auf und kaum jemand würde hier Schnelligkeit und Mobilität bei einem Stehkaffee vorgeben.* (ST 7. 8. 03). **2.** Lokal, in dem man stehend etwas konsumiert, (in wenigen Beispielen, z. B. *Stehbierhalle, Stehcafé,* auch in D üblich); **Stehbeisel:** *Auch wer nur schnell ein Paar Würstel will, kriegt es im Stehbeisel auf die Schnelle.* (OÖN 30. 4. 04), ↑ Beisel; **Steh-Kaffeehaus:** *Ihr »Steh-Kaffeehaus« trägt wesentlich zum Charakter der Markthalle bei.* (OÖN 12. 11. 04); **Stehrestaurant; Stehweinhalle:** *Für seine Fotoserie der Spelunken, Bahnhofbuffets und Stehweinhallen an der Peripherie der Stadt wurde Kandl selbst zum Nachtschwärmer.* (ST 17. 12. 15)

**Stehaufmanderl,** das (ugs., auch bayr.): Stehaufmännchen: *In der bisherigen Amtszeit erwies sich der heute 56-Jährige als Stehaufmanderl.* (ST 9. 8. 16). – Auch in der Form *Stehaufmandl.* ↑ **Manderl, Strichmanderl**

**Stehbeisel** ↑ Steh-

**stehen,** st. V. / ist: **1.** die Bildung des Perfekts mit *sein* ist österr. (seltener auch südd., schweiz.) die standardsprachliche Form: *Aber Foodora kann mit hippen Restaurants aufwarten, die unter den alten Konditionen nicht als Partner zur Verfügung gestanden sind.* (PR 15. 4. 17); *Wenn es da 1 : 0 gestanden wäre, wäre das Match vielleicht anders ausgegangen.«* (ST 15. 4. 17). – Das gilt auch für alle Zus.: **dastehen:** *Der neue Verein wäre außerdem mit einem grotesk übervölkerten Kader von gut 90 Profis dagestanden.* (ST 19. 3. 17); **herumstehen:** *Zig Leute sind herumgestanden und meinten, das neumoderne Zeug taugt eh zu nichts.* (KZ 7. 10. 16). **2.** (selten auch in D) stillstehen, ruhen: *die Arbeit steht;* ***in jmds. Eigentum stehen** ↑ Eigentum; ***in Verwendung stehen** ↑ Verwendung. ↑ **anstehen, ausstehen, dafürstehen, einstehen, heranstehen, umstehen**

**Steher,** der: Ständer; Zaunpfosten, Stützpfosten: *»Der Aufbau der Steher ist der wichtigste Arbeitsvorgang. Wenn hier auch nur die geringste Ungenauigkeit auftaucht, haben wir später beim Einhängen der Schutzbalken ein echtes Problem.«* (OÖN 3. 4. 17); **Eisensteher:** *Die Täter bauten das aus Plane und Eisenstehern bestehende Intex-Poolset ab und dürften es auf einem Autoanhänger verstaut haben.* (OÖN 18. 7. 06); *Eine Besonderheit dieser Barrenart ist es, dass an beiden Enden keine Holzsteher sind, sondern Menschen.* (OÖN 3. 11. 18)

**Stehkaffee** ↑ Steh-

**Stehpräsidiale,** die (Politik, informell): Ad-hoc-Beratung der Mitglieder der Präsidialkonferenz während einer Plenarsitzung zur schnellen Klärung eines Sachverhalts: *Erst nach einer ... kurzfristig einberufenen Stehpräsidiale mit den Klubchefs war die Kür Krakers für zwölf Jahre bis 2028 durch.* (PR 16. 6. 16)

**Stehrestaurant, Stehweinhalle** ↑ Steh-

**Steig,** der (in D selten): schmaler, steiler Weg; Gebirgspfad: *Die 34-Jährige war vom Halltal auf den Steig zur Hüttenspitz gegangen.* (KU 30. 9. 08)

**Steige,** die: **1.** (auch südd.) Lattenkiste, in der Obst, Gemüse usw. transportiert oder aufbewahrt wird: *Mit saurer Miene legt die Hausfrau die Frucht zurück in die Steige.* (OÖN 14. 3. 02); *Nun haben Brandermittler der Polizei nach langen Untersuchungen herausgefunden, dass das Feuer von einer* **Holzsteige** *aus-*

*gegangen sein dürfte.* (KU 30. 1. 07). 2. (auch bayr.) Verschlag aus Latten als Stall für Tiere: *Der Stier wird mindestens 24 Stunden vor dem »Kampf« in einer Steige angekettet.* (TT 31. 5. 10). ↑(zu 1.:) **Apfelsteige, Erdäpfelsteige, Obststeige, Paradeisersteige.** ↑(zu 2.:) **Hühnersteige**

**steigen,** st. V. / ist: wird i. S. v. ›treten‹ verwendet und mit *in* oder *auf* verbunden: *Das Gesetz, mit dem man ausländischen Scheinfirmen ... auf die Zehen steigen wollte, ist zahnlos.* (OÖN 16. 2. 16); *Im Moment gibt es zu wenige Leute, die aufs Gas steigen.* (ST 24. 8. 07); ***auf die Seife steigen** ↑Seife

**Steinmandl,** das: Wegzeichen aus Steinen: *Beim Grenzstein 152½ im Baumgartl oberhalb des Funtensees markiert ein 60 Zentimeter hohes Steinmandl die Grenze.* (SN 12. 12. 15). ↑MANDL

**Steirer,** der: (kurz für) ↑Steireranzug: *100 Gäste im Saal. Der Bürgermeister im Steirer erzählt Witze.* (KZ 30. 7. 00). – Für ›Bewohner der Steiermark‹ gemeind.

**Steireranzug,** der: urspr. aus der Steiermark stammender grauer Trachtenanzug mit Hirschhornknöpfen: *In Dirndl, Steireranzug oder Lederner, zwischen Zirbenschnaps, Vanilleeis mit Kernöl ... wurde gefeiert und wurden Kontakte gepflegt.* (PR 10. 1. 16). Vgl. Kärntneranzug

**Steirerbua,** der; -s, - ‹verschriftl. Dialektform von *Bub*› (ugs., emotional oder scherzhaft): Steiermärker: *Die Kellnerlehre absolviert der damals 15-Jährige im Hotel Bauer in Saalbach-Hinterglemm, doch der talentierte Steirerbua wollte mehr als bloß der beste Barkeeper sein.* (SN 20. 3. 13)

**Steirergewand,** das (veraltend): ↑Steireranzug: *Wenn er im Steirergewand, mit gönnerhafter Miene, hemdsärmelig und mit breitem Grinsen bei Veranstaltungen erscheint, witzeln nicht wenige, dass sich hier einer in der Rolle eines Erzherzog-Johann-Nachfahren gefalle.* (SN 28. 6. 03). ↑GEWAND

**Steirergoal,** das (ugs., Fußball): Tor, das durch eine grobe Ungeschicklichkeit des Torhüters verschuldet wurde: *Das 1 : 0 für den GAK nach nur 13 Spielminuten kann im wahrsten Sinne des Wortes als Steirergoal bezeichnet werden.* (PR 27. 2. 05). Vgl. Steirertor. ↑**Goal, Eigengoal**

**Steirerhut,** der: Trachtenhut: *Ein schlanker Herr mit tief in die Stirn gezogenem Steirerhut blickt sich vorsichtig um.* (PR 29. 5. 06)

**Steirerjanker,** der: Trachtenjackett: *Steirerjanker, Almrausch und knackige Muskeln harmonieren eben ganz vorzüglich.* (ST 20. 7. 07). ↑JANKER

**Steirerkas,** der: ein würziger Graukäse aus der Steiermark: *Mit Lamm und Steirerkas aus dem Ennstal, Saiblingen und Forellen aus dem Ausseerland und Wild aus dem Gesäuse kommen gleich vier Genussregionen aus unserem Bezirk.* (KZ 21. 4. 18). – Auch in der Form *Steirerkäs(e).* ↑**Kas, Käs**

**Steirertor,** das: ↑Steirergoal: *Ein Steirer-Tor rettete dem LASK zumindest das Remis.* (OÖN 25. 8. 01); (übertragen) *Bei allen Wahlen heuer gab es Erfolg für uns ... und dann schießen mir die eigenen Leute mit der Homo-Gleichstellung ein Steirertor.* (SN 27. 8. 04)

**stellen:** ***sich stellen [auf]:** den Preis haben von; kosten: *die ganze Anlage stellt sich auf 2 Millionen Schilling; die Ware stellt sich sehr hoch;* ***seinen Mann stellen** ↑Mann; ***außer Streit stellen** ↑Streit

**stellig:** ***stellig machen** (Behördenspr.): jmdn. ausfindig machen; etwas sicherstellen: *Der ehemalige KZ-Häftling hatte auf dem Bahnhofsgelände zwei Benzindiebe stellig gemacht und war von diesen daraufhin erschossen worden.* (SN 5. 12. 05) ◆ **Stelligmachung**

**Stellung,** die: Musterung der Wehrpflichtigen: *Wenn dann die jungen Männer bei der Stellung zum ersten Mal in ihrem Leben so richtig durchgecheckt werden, kommen manchmal gefährliche Leiden ans Tageslicht.* (WZ 17. 3. 10)

**Stellungshaus,** das (Behördenspr.): Gebäude, in dem die Musterung stattfindet: *Nach dem Zeigen von Ausweis und Ladung finde ich mich im Stellungshaus, der Quelle personeller Ressourcen für die Kompanien und Regimenter von Vater Staat, wieder.* (KZ 11. 9. 15)

**Stellungskommission,** die: Kommission, die über Tauglichkeit und Einberufung der Wehrpflichtigen entscheidet: *Vor die Stellungskommission des Bundesheeres müssen alle jungen Österreicher, ob sie zum Dienst an der Waffe bereit und tauglich sind oder nicht.* (ST 22. 3. 07)

**Stellungskundmachung,** die: allgemeine öffentliche, plakatierte Bekanntgabe der Musterungstermine. ↑**Kundmachung**

**Stellungspflicht,** die; - (auch schweiz.): gesetzliche Verpflichtung, zur ↑Stellung zu erscheinen ◆ **stellungspflichtig:** *Der stellungspflichtige 18-Jährige schaut bedrückt* (WZ

17. 3. 10); *So würden alle Stellungspflichten bei der Musterung auf Drogen getestet.* (SN 6. 5. 15)

**Stellungsstraße,** die: Einrichtungen mit mehreren Stationen zur Untersuchung der Wehrpflichtigen bei der Musterung: *Da die Stellungsstraße aber auch mit eklatantem Ärztemangel zu kämpfen hat, bastelt das Land an einer Lösung mit einem Mediziner-Pool.* (WZ 3. 10. 14)

**Stellwagen,** der (hist.): Pferdefuhrwerk als öffentliches Verkehrsmittel, das »gestellt« (angehalten) wird; ***jmdm. mit dem Stellwagen ins Gesicht fahren** (ugs.): jmdn. grob anfahren, zur Rede stellen: *»Wir sind bereit, konstruktiv zu diskutieren. Aber wenn man uns mit dem Stellwagen ins Gesicht fährt, werden wir uns das nicht gefallen lassen.«* (PR 7. 11. 07)

**Stelze,** die: **1.** Unterschenkel von Schwein, Kalb und Lamm; Hachse: *Die Stelze am Knochen halten und das Fleisch mit einem scharfen Messer ablösen.* (KU 3. 6. 05). **2.** (kurz für) Schweinsstelze, (in D) Eisbein, Schweinshaxe: *Die Stammgäste stürmten ... das riesige Bierlokal, um das freudige Ereignis gebührend zu feiern – der Tradition entsprechend mit Bier und Stelze.* (PR 15. 3. 07). ↑**Kalbsstelze, Lammstelze, Schweinsstelze**

**Stelzenwirt,** der: **1.** auf ↑Stelzen spezialisiertes Gasthaus: *Das sieht man am Beispiel Sever – einst gefragter Stelzenwirt – in dem immer wieder neue Pächter ihr Glück versuchen.* (KZ 20. 1. 08). **2. Stelzenwirt Stelzenwirtin,** der bzw. die: Betreiber/-in des Gasthauses: *Die Stelzenwirtin ist weit über die Gemeindegrenzen hinaus als »schnitzende Wirtin« bekannt.* (OÖN 24. 12. 14). ↑**Wirt**

**stempelpflichtig** (früher): gebührenpflichtig

**Stempen,** der (ugs., auch bayr.): Pflock, kurzer Pfahl: *Ohne Fundament der Stempen gilt ein Zaun unter Profis ja nicht als Zaun.* (SN 10. 10. 15)

**Stephanie** ↑Stefanie

**Stephanitag** ↑Stefanitag

**Sterbegottesdienst,** der (bes. west-, südösterr.): Totenmesse, Verabschiedungsgottesdienst: *Mehr als 500 Trauergäste waren zum Sterbegottesdienst nach Innsbruck gekommen, um dem Menschen die letzte Ehre zu erweisen.* (OÖN 20. 12. 10)

**Sterbematrikel,** die (Behördenspr.): Totenverzeichnis: (Die Gräber) *wurden von den Gymnasiasten fotografiert, ihre hebräischen Inschriften wurden aufgenommen und transkribiert, die Sterbematrikel der jüdischen Gemeinde ausgewertet und zahlreiche Interviews geführt.* (KZ 26. 6. 12). ↑MATRIKEL

**sterben:** ***jmdn. blöd/dumm/deppert sterben lassen** (ugs.): jmdn. in einer falschen Meinung belassen; nicht ausreichend über einen besonderen Sachverhalt informieren: *Der Betroffene selber ärgert sich, dass er just von diesem Vorhaben noch nichts gehört habe: »Da lässt man mich als Grundeigentümer deppert sterben.«* (OÖN 3. 1. 07)

**Sterberosenkranz,** der (bes. westösterr.): Rosenkranz für einen Verstorbenen: *Den Sterberosenkranz beten wir für unsere liebe Verstorbene am Montag, dem 11. Februar, um 19.30 Uhr in der Pfarrkirche.* (VN 11. 2. 08)

**Stern-** (auch schweiz.): /in Zus. zur Hotel-Einstufung/: 3-Stern-Hotel, Drei-Stern-Hotel, Dreisternhotel, 4-Stern-Kategorie, (in D) -Sterne-, z. B. *Vier Übernachtungen kosten mit Frühstück 176 Euro, mit Halbpension im* **3-Sternhotel** *ab 232 Euro und im* **4-Stern-Hotel** *ab 320 Euro.* (OÖN 12. 3. 16)

**Stern:** ***einen Stern reißen** (ugs., salopp): [beim Skilaufen, Radfahren] stürzen: *Einen kapitalen Stern gerissen hat ein 47-jähriger Radfahrer auf einem Güterweg bei Vitis.* (KU 3. 8. 07)

**Sterndl,** das; -s, -n (ugs.): **1.** Stern: *Ein ganzes Jahr lang Sterndln schaun.* (ST 30. 12. 08); ***Sterndln sehen:** nach Sturz oder Schlag benommen sein: *»Ich bin richtig eingeschlagen, hab ... sicher fünf Minuten lang nur ›Sterndln‹ gesehen«, beschrieb der frühere Snowboard-Profi seinen ersten Sturz.* (ST 11. 1. 10). **2.** (salopp) Uniformstern: *Mit dem »Stiegl« wurde schließlich auch noch das neue »goldene Sterndl« des Ebelsberger Bundesheeroffiziers ... begossen, der zum Oberst avanciert ist.* (OÖN 12. 1. 02)

**Sterndlgucker Sterndlguckerin,** der bzw. die (ugs., scherzhaft): Betrachter/-in des Sternenhimmels; Astronom/-in, (in D) Sterngucker: *Sterndlgucker haben in Wien ihre helle Not: Kunstlicht macht Sterne unsichtbar.* (ST 2. 8. 10)

**Sternspritzer,** der: Wunderkerze: *So kam es im vergangenen Jahr in der Advent- und Weihnachtszeit durch Unachtsamkeit mit Kerzen und Sternspritzern in Privathaushalten ... zu rund 30 Bränden.* (SN 22. 11. 15). Vgl. Spritzkerze

**Sterz,** der; -es, -e (bes. OÖ, Stmk., Ktn., auch bayr.): Speise aus einem Teig aus Mehl,

Grieß, Mais o. Ä., der in Fett gebacken oder in heißem Wasser gekocht und dann zu kleinen Stücken zerstochen wird: *Zuvor bekamen Arbeitssuchende Sterz und Milch am Hof.* (KZ 11. 3. 08); ***Mandl beim Sterz** ↑Mandl. Vgl. Schmarren. ↑**Erdäpfelsterz, Heidensterz, Kukuruzsterz, Plentensterz, Polentasterz, Türkensterz**

**Sterzgabel,** die: bes. für Sterz geeignete Gabel: *Alles gut zehn Minuten aufkochen, immer wieder mit einer Sterzgabel auflockern.* (KZ 7. 3. 09)

**Sterzrein,** die: Rein, in der Sterz zubereitet und serviert wird. ↑**Rein, Tropfrein**

**Steuerabsetzbetrag** ↑**Absetzbetrag**

**Steueramt,** das (Behördenspr.): **1.** (veraltet) Finanzamt. **2.** für Steuern zuständige Gemeindebehörde: *Das Steueramt der Stadt machte nicht einmal beim Finanzball ... eine Ausnahme. ... »Die Vergnügungssteuer in der Stadt Salzburg ist ein harter Knochen.«* (SN 28. 1. 02)

**Steuerbekenntnis,** das (veraltet, Behördenspr.): Steuererklärung

**Steuereinhebung,** die (Behördenspr., auch südd.): Steuereintreibung, -einzug: *Personalverrechnung, Buchhaltung, Gebührenvorschreibungen, Steuereinhebung: All das könnten die Kommunen auslagern.* (SN 2. 5. 03). ↑EINHEBUNG

**Stich,** der (ugs., westösterr.): jäher Anstieg, steiler Weg: *Nach einem kurzen, etwas steileren Stich geht es dann nochmals eher flach Richtung Osten weiter.* (TT 17. 5. 12)

**Stiege,** die: **1.** (auch südd.) steht oft, wo man in D ↑Treppe verwendet: *Er ist über eine Stiege gestürzt und zog sich dabei schwere Kopfverletzungen zu.* (OÖN 3. 1. 17); *Über eine gedrehte* **Holzstiege** *gelangt man zur Galerie, den drei Zimmern mit Garderobe und zwei hochwertig ausgestatteten Bädern.* (WZ 21. 1. 16). **2.** (ugs.) Stufe einer Treppe: *er nahm zwei Stiegen auf einmal.* **3.** (bes. Wien) Treppenhaus, durch das eine bestimmte Wohnung erreichbar ist (bei Angaben von Adressen in Verbindung mit einer römischen Ziffer): *N.N. Hauptstraße 5, Stiege II, Tür 14* ◆ **Dachbodenstiege:** *Ein Abtransport des Verletzten über die sehr steile und schmale Dachbodenstiege war unmöglich.* (KZ 30. 8. 11); **Stiegenabsatz; Stiegenanlage:** *Über Vorraum, Diele und Stiegenanlage sind im EG Küche, Stube, Bad und Schlafzimmer zu erreichen.* (WZ 10. 11. 16); **Stiegenaufgang; Stiegengeländer:** *Bei einem Raubüberfall ... ist ein Mitarbeiter von zwei vermummten Tätern geschlagen und ... mit Kabelbindern an ein Stiegengeländer fixiert worden.* (KU 9. 5. 16); **Stiegenhaus:** *Flammen schlugen bereits aus den Fenstern, das Stiegenhaus war verraucht.* (PR 20. 4. 17). ↑**Außenstiege, Feststiege, Kellerstiege**

**stier** (ugs., auch südd., schweiz.): **1.** ohne Geld: *ich bin völlig stier.* **2.** flau; ohne Betrieb; ausgestorben: *heute ist alles stier.* – In der Bedeutung ›starr‹, z. B. stier blicken, gemeind.

**stieren,** sw. V. / hat (ugs., auch südd.): **1.** stochern. **2.** stöbern, durchsuchen. – Meist in Zus.; * **jmdn. stiert etwas:** jmdm. ist etwas unangenehm; etwas bereitet jmdm. Kopfzerbrechen: *Der Gast geht fort, weil ihn das stiert.* (KR 4. 9. 12). ↑**abstieren, herumstieren, miststieren**

**stierln,** sw. V. / hat (ugs.): Diminutiv- und Iterativbildung zu ↑stieren: *Wird der Briefträger plötzlich Post zurückhalten oder in unseren Briefen stierln, nur weil er seinen Lohn nicht mehr zur Gänze vom Arbeitgeber Staat kommt?* (ST 12. 1. 06). ↑**herumstierln, nachstierln, miststierln, Miststierler** ◆ **Stierler/-in**

**Stiernacht,** die (Volkskunde): ein Volksbrauch zu Pfingsten: *Vom Brauch der Unruh-, Bosheits- oder Stiernacht in der Nacht zum Pfingstmontag ..., in der im ländlichen Raum allerlei Schabernack getrieben wird, ist der gebürtige Berliner geheilt.* (OÖN 6. 6. 01). Vgl. Störnacht, Unruhnacht

**Stifterl,** das; -s, -n: kleine Wein- oder Sektflasche mit 0,2 oder 0,25 Liter Inhalt: *Jeder bekommt ein Stifterl Blauen Portugieser mit Bauers Bild und dem leicht mitleidheischenden Aufruf »wählen Sie mich, bitte«.* (ST 11. 11. 02)

**Stiftungsrat,** der: Leitungsorgan einer Stiftung öffentlichen Rechts (in D nur in der kath. Kirche): *Jahrzehntelang haben wir im ORF darauf gewartet, dass für Stiftungsräte, früher Kuratoren, dieselben Sorgfalts- und Haftungsregeln gelten wie bei Aktiengesellschaften.* (PR 2. 8. 06)

**Stil,** der ‹lat.›: wird österr. meist [stiːl] ausgesprochen, in D meist [ʃtiːl]; man unterscheidet also österr. auch in der Aussprache zwischen *Stil* und *Stiel*

**Stimmbürger Stimmbürgerin,** der bzw. die (auch schweiz.): Stimm- und wahlberechtigte Person; Wähler: *Beim Referendum im Juni hatten 52 Prozent der teilnehmenden*

*Stimmbürger für einen Austritt aus der EU votiert.* (PR 21. 11. 16)

**Stimmlokal,** das (auch südd., schweiz.): Wahllokal: *Die Arbeit der (zahlreicheren) Kurzzeitbeobachter konzentriert sich auf das Monitoring des Wahltags – von der Öffnung der Stimmlokale bis zur Auszählung.* (PR 3. 7. 16). ↑LOKAL

**Stinkerl,** das (salopp): leichter Schwefelsäuregeschmack (beim Wein): ... *die dem immer als etwas eigenwillig beschriebenen Rotweinen von Chateau Figeac (Kenner sprechen vom berühmten »Figeac-Stinkerl«) perfekt Paroli boten.* (KU 17. 3. 13)

**Stock,** der (westösterr., auch schweiz.): König bzw. Ober/Dame der Trumpffarbe im ↑Jass

**Stockbett,** das (auch südd.): zwei- oder mehrstöckiges Bett: *In Zagreb wurden im Flüchtlingsheim Hotel Porin Stockbetten angekauft, um 600 statt 300 abgeschobene Flüchtlinge zu beherbergen.* (PR 20. 10. 16)

**Stöckel-** ↑Stöckl-

**stocken,** sw. V. / ist (auch südd., schweiz., sonst in D regional): gerinnen, dickflüssig werden: *Wenn die Flüssigkeit verdunstet ist, die verschlagenen Eier darüber geben und im Backrohr bei 120 Grad 10 Minuten stocken lassen.* (OÖN 14. 7. 16). Das Perfekt mit *ist* ist in Österr. die standardsprachliche Form, in den anderen Bedeutungen (z. B. stillstehen, innehalten) lautet das Perfekt auch in Österr. *hat*; ***gestockte Milch:** saure Milch: *Nach dem Schwarzbrot, den abgestandenen Erdäpfeln und der gestockten Milch seiner Kindheit hatte er sein Leben lang Heimweh.* (KIZ 22. 2. 07)

**Stockerl,** das; -s, -n (auch bayr.): **1.** Hocker: *Eine Gitarre, ein Stockerl, ein Lichtstrahl auf die Bühne. Mehr brauchte Georg Danzer nicht.* (SN 23. 6. 07); ***etwas haut/reißt jmdn. vom Stockerl** (ugs.): (in D ugs.) etwas haut jmdn. vom Stuhl; ***vom Stockerl fallen** (ugs.): völlig überrascht, verblüfft sein: *Die Zeit, als Klammer fast vom Stockerl fiel.* (KU 10. 3. 04). **2.** Podest, z. B. bei einer Siegerehrung, (in D) Treppchen: *Ein einziges Mal stand er bisher auch auf dem Stockerl: beim Super-G im Dezember 2005 in Beaver Creek.* (SN 31. 10. 07). ↑(zu 1.:) **Klavierstockerl, Küchenstockerl, Melkstockerl**

**Stockerlplatz,** der: Platzierung auf dem 1., 2., oder 3. Platz, (in D) Podestplatz: *»Was mich an der alle vier Jahre durchgeführten Weltgymnaestrada besonders fasziniert, ist, dass es hier nicht um Stockerlplätze und Siege geht, sondern um die Freude am Sport und an der Gemeinschaft.«* (KIZ 27. 6. 07)

**Stockgleis,** das: Endgleis: *Für fast vier Jahrzehnte durchschnitt sie der Eiserne Vorhang hermetisch, machte aus dem Gefüge Böhmerwald Randlagen zweier Staaten, Sackgassen der Beziehungen, Stockgleise der Wirtschaft.* (PR 6. 9. 13)

**Stockhaus,** das: einstöckiges Haus: *In dem renovierungsbedürftigen Stockhaus bröckelt der Putz von den Wänden.* (SN 17. 7. 04)

**stockhoch:** einstöckig: *Zwei von der Achten ... hielten ihn an den Fußgelenken fest, ließen ihn ... an der stockhohen Hauswand hinunter und zogen ihn ein paar Mal auf und nieder.* (KZ 6. 11. 08)

**Stöckl,** das; -s, -n: Nebengebäude, bes. von Schlössern oder Bauernhäusern: *Seit Mai 2004 gibt es das Wirtshaus Triad samt Driving Range und putzigen Zimmern im Stöckl.* (PR 20. 12. 08)

**Stöcklgebäude,** das: Nebengebäude: *Gemeint ist damit auch, dass sich viele dieser Kleinstbetriebe in historischen Gebäuden, in Hinterhöfen oder Stöcklgebäuden befinden.* (ST 2. 5. 07)

**Stöcklkraut,** das: im Rohr mit Suppe, Speck, Knoblauch, Zwiebeln usw. gebackenes Weißkraut: *Stöcklkraut als Beilage zu Schweinsbraten.* (profil 23. 1. 12) ↑KRAUT

**Stöcklpflaster,** das: Kopfsteinpflaster: *Sie stieg die 3 Stufen zur Einfahrt. Seither ersetzen niveaugleiche Granitplatten Gehsteige und Stöcklpflaster.* (SN 18. 6. 04)

**Stockuhr,** die (veraltend): Standuhr ohne herabhängende Gewichte; Stutzuhr: *Auf dem Biedermeierschrank tickt die weinrote Stockuhr.* (ST 10. 10. 07)

**Stockzahn,** der (auch bayr., schweiz.): Backenzahn: *Das Einbringen von flüssigem Kunststoff in die Furchen der Stockzähne birgt laut Ratschew aber auch ein Risiko.* (ST 27. 11. 12)

**Stoffsackerl,** das: Einkaufsbeutel: *Wenn ich einkaufen gehe, habe ich im Korb immer ein zusätzliches Stoffsackerl dabei.* (OÖN 31. 3. 07). ↑SACKERL

**Stopfer,** der; -s, - (Vbg.): ↑Riebel: *Bei uns gab es jeden Morgen Stopfer zum Frühstück.* (NVT 17. 2. 08)

**Stoppel,** der; -s, -: **1.** Stöpsel, Verschluss eines Wasserablaufes: *Dort gefällt es ihm gut, es ist für ihn wie in einer Badewanne und wenn er*

*den Stoppel zieht, dann schießt euch das Blut mit einem Schwall durch die Adern.* (VN 15. 1. 16). 2. Flaschenverschluss, Korken, (bayr.) Stopsel: *Mit einer Hand hält er den Stoppel fest, mit der anderen dreht er ganz langsam die Flasche aus dem Verschluss heraus, damit kein einziger Tropfen verloren geht.* (KZ 27. 9. 07). 3. Pfropfen: *Es entsteht ein Stoppel, den nur der Ohrenarzt wieder entfernen kann. Er spült das Ohr mit reinem Wasser aus und entfernt den Stoppel.* (OÖN 7. 8. 13)

**Stoppelgeld,** das (veraltet): vom Wirt eingehobener Betrag für mitgebrachten Wein: *Da die Besucher diese im Restaurant austranken, mussten sie sieben Euro »Stoppelgeld« zahlen.* (KZ 27. 1. 12)

**Stoppelglatze,** die (ugs.): Stoppelfrisur: *Er hat eine Stoppelglatze und trug einen beigefarbenen Jogginganzug mit weißen Streifen an der Seite.* (KU 19. 2. 15)

**Stoppellocke,** die /meist Plural/: Frisur mit spiralförmig gelockten Haar: *Viele Haare, ob eigene oder mit Haarteilen aufgepeppt, sind das Um und Auf der Saison. Dazu kommen wieder die guten alten Stoppellocken.* (OÖN 12. 11. 03)

**stoppeln,** sw. V. / hat (bes. ostösterr.): nach Kork riechen (vom Wein): *Ja, es ist ärgerlich, wenn ein Wein korkt. Und ja, es ist noch ärgerlicher, wenn er nicht offensichtlich stoppelt, sondern einfach nur dumpf und irgendwie fad schmeckt.* (ST 8. 6. 16)

**Stoppelrevolver,** der: Spielzeugrevolver mit Knallkorken: *Wir Kinder suchten nach dem heiß ersehnten Spielzeug, wie Pfeiferln, Wasserspritzen, Stoppelrevolver, nach Kokosbusserln, Zuckerln, türkischem Honig, Schaumrollen und Schlecker.* (OÖN 28. 8. 04)

**Stoppelzieher,** der: Korkenzieher: *»Ich brauche keine Stoppelzieher, nur Flaschenöffner«, scherzte Grieskirchens Brauereichef und Biertrinker.* (OÖN 7. 9. 02)

**Stopptafel,** die: Verkehrsschild mit der Aufschrift »STOP«, (in D:) Stoppschild: *Der mit Andreaskreuz und Stopptafel gesicherte Übergang ... ist eine Unfallhäufungsstelle.* (OÖN 30. 11. 16). ↑Tafel

**Stopsel,** der; -s, - (westösterr., auch bayr.): 1. Stöpsel, Verschluss des Wasserablaufes: *Die Abschottung der nicht zerbrochenen Teile, zu denen man nicht zukommt, erfolgt mit einer Art Stopsel.* (KU/Tirol 25. 10. 01). 2. Flaschenverschluss: ... *an einer stolzen Korkeiche, die in Bälde harte Stopsel für irgendwelche Flaschen liefern wird.* (KU 17. 9. 00). 3. kleiner Bub, Stöpsel: *»Ich war noch ein kleiner Stopsel, da habe ich schon zwei alte Radios aufgestellt und meine eigenen Radio-Shows gemacht.«* (SN 29. 10. 07)

**Stopsellocke,** die (westösterr., auch bayr.): ↑Stoppellocke: *Auch die Stopsellocke oder Spiraldauerwelle, die Anfang der 90er-Jahre so beliebt war, hat ausgedient.* (TT 18. 5. 09)

**Stopselzieher,** der (westösterr., auch bayr.): Korkenzieher

**Stör,** die (hist., auch südd., schweiz.): Arbeit, die ein Handwerker im Hause des Kunden durchführt: *Mit meinem Vater ging ich als Schüler zu den Bauern auf die Stör.* (KZ 17. 4. 05) ◆ **Störer/-in**

**Stör-** (früher; in Zus. mit Berufsbez.): Handwerker, der auf ↑Stör arbeitet: **Störmetzger; Störschneider; Störschuster**

**Störnacht,** die (Volkskunde): ↑Stiernacht: *Die traditionelle Störnacht, die in der Nacht von Sonntag auf Montag stattfand, artete in Kopfing leider aus.* (OÖN 6. 6. 01)

**Stornoversicherung,** die: Rücktrittsversicherung: *Zudem müssen Zusatzleistungen wie etwa eine Stornoversicherung bei der Flugbuchung eindeutig ausgewiesen werden.* (SN 12. 7. 07)

**Störungsfront,** die: Schlechtwetterfront: *Am Dienstag ist eine Störungszone am Vormittag bereits im Westen aktiv und überquert das Land im Tagesverlauf südostwärts.* (PR 24. 10. 13)

**Storz,** der; -[e]s, -e (mundartnah, Vbg.): Strunk einer abgemähten Pflanze, bes. Mais; Stoppeln

**Stoß,** der: ein als Glücksspiel geltendes Kartenspiel: *Die einzige Taktik beim Stoß war, auf gut wienerisch: zu bescheißen. Stoß war – trotz Verbots und hoher Geldbeträge – das Kartenspiel im Wiener Milieu.* (WZ 3. 6. 16). ↑Partie ◆ **Stoßpartie; Stoßspiel; Stoßspieler/-in**

**Stößer,** der: Hut des Fiakers: *Auch die Kleidung mitsamt dem »Stößer« oder der Melone orientiert sich am urwienerischen Vorbild: Ein Fiaker trägt einen Anzug.* (WZ 22. 10. 15)

**Stoßsuppe,** die: fälschliche, aber häufige Schreibung von ↑Stosuppe: *Heute gibt's zu Ehren der Österreicher eine Steirische Stoßsuppe.* (OÖN 27. 1. 01). ↑Suppe

**Stosuppe,** die ⟨slaw.⟩: mit Kümmel gewürzte Suppe aus Sauerrahm: *Mit einem speziellen Fastengericht wird man diesem Anspruch gerecht wie etwa der Sauerrahm- oder Stosuppe.* (KU 2. 12. 06). ↑Suppe

**strabanzen, Strabanzer** ↑strawanzen, Strawanzer

**Strafaufgabe,** die (auch schweiz.): (in D) Strafarbeit: *Sollen Lehrer eine Strafaufgabe geben dürfen?* (SN 26. 4. 06)

**Strafausmaß,** das: Höhe der gerichtlich verhängten Strafe, (in D) Strafmaß: *Damit erhöhte sich das mögliche Strafausmaß von einem halben Jahr Haft auf zwei Jahre.* (KU 23. 11. 16). ↑Ausmaß

**strafbeglaubigen** /nur im Inf. und 2. Part./ (Sport): ein Resultat bei Verfahrens- oder Regelverstößen von der Sportbürokratie festsetzen; am grünen Tisch entscheiden: *Das Spiel St. Michael gegen Anthering aus der 3. Runde des SFV-Stiegl-Cups wird mit 3:0 für Anthering strafbeglaubigt.* (SN 12. 9. 06); *Der Bundesliga-Strafsenat strafbeglaubigt das Spiel mit einem 3 : 0 für Austria.* (KU 5. 12. 11) ◆ **Strafbeglaubigung**

**Strafbescheid,** der (auch schweiz.): Bescheid über eine Geldbuße für geringfügige Delikte: *Auch zu den nun erhobenen Vorwürfen gibt es keine Strafbescheide gegen die Vorstände.* (WZ 29. 7. 15)

**Straferkenntnis,** das (Behördenspr.): gerichtlicher Bescheid über eine verhängte Strafe, (in D) Strafmaß: *Dies treffe besonders auf die Verfahren zu, in denen das VWG über eine Beschwerde gegen ein Straferkenntnis zu befinden hat.* (WZ 17. 3. 15). ↑**Erkenntnis**

**Straflandesgericht,** das: (informell, kurz für) Landesgericht für Strafsachen: *Am Wiener Straflandesgericht hat am Mittwoch ein aufsehenerregender Terrorprozess begonnen.* (SN 8. 6. 17)

**Strafregisterauskunft,** die (auch schweiz): amtliche Bescheinigung über eventuell im Strafregister eingetragene Straftaten einer Person: *Vor Adoptionen sind die Gerichte verpflichtet, Strafregisterauskünfte über die Adoptiveltern einzuholen.* (WZ 7. 7. 09)

**Strafregisterauszug,** der (auch schweiz.): ↑Strafregisterauskunft: *Neben im Alltag praktischen Funktionen wie dem Online-Ansuchen nach einem Staatsbürgernachweis oder einem Strafregisterauszug sind auch regionale Feinheiten wie etwa ein Antrag auf Böllerschießen in Kärnten mit dabei.* (PR 14. 10. 16)

**Strafregisterbescheinigung,** die: Leumundszeugnis: *Eine getilgte Verurteilung darf weder in Strafregisterauskünfte und in Strafregisterbescheinigungen aufgenommen, noch darin auf irgendeine Art ersichtlich gemacht werden.* (PR 30. 4. 08)

**Strafsenat,** der (Sport): Gremium, das über Regelverstöße urteilt: *Mit dieser und anderen Härteeinlagen beider Mannschaften ist der Strafsenat der Erste-Bank-Eishockey-Liga am Mittwoch beschäftigt.* (PR 17. 2. 16). – In D ein Richtergremium an höheren Gerichten

**Strafverfügung,** die (Verw., auch schweiz.): Festsetzung einer Strafe für ein geringfügiges Delikt ohne Verfahren, (in D) Strafbefehl: *Verurteilung ohne Verhandlung – Strafverfügung wegen fahrlässiger Tötung.* (ST 19. 8. 16)

**strafverifizieren** /nur im Inf. und 2. Part./ (Sport): ↑strafbeglaubigen: *Der rumänische Fußball-Verband dürfte das Spiel nun für Steaua 3 : 0 strafverifizieren.* (ST 31. 10. 11) ◆ **Strafverifizierung:** *Weil beim 2 : 1-Heimsieg am Sonntag ... ein laut Liga nicht spielberechtigter Profi eingewechselt wurde, entschied die Serie A auf eine 0 : 3-Strafverifizierung.* (ST 30. 8. 16)

**Strähn,** der; -[e]s, -e: (in D) die Strähne, (nur in der Bedeutung) Bund von Wolle oder Garn: *einen Strähn Wolle abwickeln* – Für ›Haarbüschel‹ gilt auch österr. wie in D *Strähne*

**strampfen,** sw. V. / hat (auch bayr.): stampfen: *Er beginnt kräftig die Akkorde eines Liedes zu strampfen, das in seiner Dringlichkeit heute mindestens die Hälfte der Leben da unten vor der Bühne für immer verändern soll.* (ST 19. 4. 06); *Kinder, die beim täglichen Aufstehen und Zubettgehen strampfen und ... ein kleines Drama ... machen ...* (PR 14. 2. 16)

**Strankerl,** das; -s, -n ‹slowen.› (Ktn, mundartnah): ↑Fisole: *Besonders mürbe ist das Kraut (1,80 Euro/Kilo) und sehr knackig die Strankerln (6 Euro/Kilo).* (KZ 20. 9. 13). – Auch in der Schreibung *Stranggerl*

**Strapaz,** die; -, -en ‹ital.›: (in D) Strapaze: *Am Platz war von dieser Strapaz dann aber kaum noch etwas zu merken.* (OÖN 23. 3. 07)

**strapaz-, Strapaz-:** österr. Form, (in D) strapazier-, Strapazier-: **Strapazhose; Strapazschuh**

**strapazfähig:** für starke Beanspruchung geeignet: *Das Material ist extrem leicht, elastisch und strapazfähig.* (SN 23. 11. 06); (übertragen) *Aber die Zahlen einer Statistik sind strapazfähig.* (OÖN 26. 7. 05) ◆ **Strapazfähigkeit**

**Straßenbahnremise,** die: Wagenhalle der Straßenbahn: *... der für das Unternehmen den Umbau einer Straßenbahnremise in ein Wohngebäude in Wien 18 geleitet hat ...* (PR 22. 4. 06). ↑Remise

**Straube,** die; -, -n (auch südd.): Schmalzgebäck aus Tropfteig, Hefeteig oder Brandteig, der in heißes Fett getropft wird: *Strauben werden je nach Region unterschiedlich gerollt oder in quadratische Stücke geschnitten, in heißem Schmalz herausgebacken und mit Zimt, Zucker aber auch Honig übergossen.* (KZ 12. 3. 05). ↑**Hollerstraube**

**strawanzen,** sw. V. / ist (ugs., auch bayr.): streunen, sich herumtreiben: *Oft, wenn ich durch die Gegend strawanzte, schaute ich mir die entgegenkommenden Erwachsenen genau an.* (ST 20. 9. 04). – Auch in der Schreibung *strabanzen.* ↑**herumstrawanzen**

**Strawanzer Strawanzerin,** der bzw. die (ugs., auch bayr.): Streuner, Strolch, Herumtreiber: *Ich war früher ein Strawanzer, von Donnerstag bis Sonntag nur unterwegs.* (PR 9. 7. 16). – Auch in der Schreibung *Strabanzer*

**Strazza,** die; -, ...zzen ‹ital.›: Geschäftsbuch für vorläufige Eintragungen, (in D) Strazze, Kladde. – *Strazza* wird in D nur für ›Abfall bei der Seidenherstellung‹ verwendet

**strebern,** sw. V. / hat (ugs.): für eine Prüfung intensiv lernen: *Ich stehe kurz vor der Matura und werde daher heute für meine Reifeprüfung strebern.* (OÖN 4. 5. 05). – Auch in der Form *streben.* Das Substantiv *Streber* ist gemeind.

**Streckenmaut,** die: auf eine bestimmte Strecke bezogene ↑Maut (im Ggs. zu einer generellen, zeitbezogenen Maut): *Eine neue Maut für Pkw auf Autobahnen schließt der Bundeskanzler aus. »Wir haben eine Bemautung durch die Vignette und Streckenmauten bei sensiblen Alpenstrecken.* (WZ 13. 8. 06). ↑**Maut**

**Strecksessel,** der (veraltend): Liegestuhl: *Die 16 -jährige L. sitzt in einem Strecksessel, in ihrem rechten Arm stecken Plastikschläuche, die mit einer Blutwäschemaschine verbunden sind.* (profil 20. 6. 11). ↑**Sessel**

**Streit:** ***außer Streit stellen:** nicht in Frage stellen, nicht in Zweifel ziehen: *Die muss man dann aber auch im Wahlkampf außer Streit stellen, dafür ist dieses Thema einfach zu kostbar.* (KU 21. 7. 08)

**Streithansl,** der; -s, -n (ugs., auch bayr.): streitsüchtiger Mensch, Streithammel: *»Der Österreicher ist doch kein Streithansl.«* (PR 29. 3. 05)

**stresseln,** sw. V. / hat (ugs.): im Stress, in Eile sein, hektisch sein: *Das viele Stresseln, Red-Bull-Reinschütten auf der Autobahn und die fetten Leberkässemmeln auf Tour waren einfach zu viel.* (SN 18. 3. 16)

**Stricherlliste,** die: Aufzeichnung, bei der mithilfe von kurzen Strichen die Anzahl, Anwesenheit festgehalten wird; (in D) Strichliste: *Zudem führte ein Beisitzer der SP eine Stricherlliste, die laut Landeswahlgesetz verboten ist.* (OÖN 9. 10. 06)

**strichlieren,** sw. V. / hat: eine Linie mit kurzen, voneinander abgesetzten Strichen ziehen, (in D) stricheln: *Noch müssen die Grenzen auf der politischen Landkarte Südosteuropas strichliert gezeichnet werden.* (PR 23. 11. 01)

**Strichmanderl,** das (ugs.): Strichmännchen: *Der 28-jährige Schwede setzt auf hymnisch-pathetischen Euphoriepop und eine originelle Performance, bei der tanzende Strichmanderl die Hauptrolle spielen.* (OÖN 23. 5. 15). ↑**Manderl, Stehaufmanderl**

**Striezel,** der; -s, - (urspr. Verkl. von *Strutz;* auch südd., ostmitteldeutsch): **1.** längliches Hefegebäck in geflochtener Form: *Ebenso seien Backwaren wie Striezel und andere zopfähnliche Gebilde auf Opfergaben aus vorchristlicher Zeit zurückzuführen.* (SN 20. 11. 06). **2.** Maiskolben. – Auch in der Schreibung *Stritzel.* ↑**Butterstriezel, Germstiezel, Maisstriezel, Osterstriezel**

**Strizzi,** der; -s, - [auch Strizzi] (ugs., auch südd., schweiz.): **1.** Unterweltler, Zuhälter, Krimineller: *Die wichtigste Veränderung war vielleicht, dass Horváths arme Mädchen nicht mehr arbeitslose Beute von Strizzis waren, sondern erstmals Chancen auf einen echten Job hatten.* (PR 22. 1. 17). **2.** Strolch, Gauner, leichtsinniger Mensch: *Voodoo Jürgens erzählt in seinen Liedern von den Rändern der österreichischen Gesellschaft, von Boxern und von Typen, die an Drogen verrecken. ... Bei den Strizzis geht's derb zu.* (KZ 8. 2. 17). **3.** zu Streichen aufgelegtes, aber zugleich liebenswürdiges Kind: *Immer ein »Strizzi« sei Landeshauptmann Josef Pühringer in Traun gewesen.* (OÖN 10. 9. 07)

**Strizzilied,** das: /eine Art des Wienerliedes/: *Am 21. Juli geben Adi Hirschal und Wolfgang Böck »Strizzilieder« zum Besten.* (WZ 7. 7. 04)

**Strohtriste,** die (auch bayr., schweiz.): um eine hohe Stange aufgehäuftes Stroh: *Eine Strohtriste bei einem Stroh-Händler in Untersiebenbrunn wurde ein Raub der Flammen.* (KU 29. 8. 07). ↑**Triste**

**strotten,** sw. V. / hat (bes. ostösterr.): stochern, in Abfällen herumsuchen

**Strotter Strotterin,** der bzw. die (bes. ostösterr.): **1.** Person, die in Abfällen herumsucht: *Der Hausmeister ist ein alter Mann, ein Strotter, der im Strottermilieu aufgewachsen ist.* (PR 12. 2. 03). **2.** Land-, Stadtstreicher/-in. ↑**Kanalstrotter**

**Struckel,** der; -s, - (Ktn.): eine Art Strudel

**Strudel,** der; -s, - (regional auch in D): Speise aus auseinander gezogenem Hefeteig, Mürbteig o.Ä., der zusammengerollt und mit geschnittenen Äpfeln, Mohn, Rosinen, Nüssen, Marmelade, Fleisch, ↑Topfen o.Ä. gefüllt wird: *Nun den Teig ausziehen, die Fülle auf zwei Drittel der Teigfläche verstreichen, die Enden einschlagen und den Strudel einrollen.* (BVZ 7. 5. 08). – Die Bez. *Apfelstrudel* ist gemeind. ↑**Blunzenstrudel, Lungenstrudel, Marillenstrudel, Milchrahmstrudel,** ↑Rahm, **Millirahmstrudel, Mohnstrudel, Nussstrudel, Schwammerlstrudel,** ↑Schwammerl, **Topfenstrudel,** ↑Topfen, **Zwetschkenstrudel**

**Strudelfülle,** die: Fülle für Strudel: ... *So wie den Umgang mit Pflanzen, »eigentlich lässt sich mit jeder etwas anfangen, Rosenblätter für den Zucker, Johanniskraut als Ölansatz, Giersch als Strudelfülle«.* (PR 14. 6. 14). ↑FÜLLE

**strudeln,** sw. V. / ist (ugs.): stolpern, straucheln: *Da stand der regierende Malerfürst C. L. Attersee im Millenniumssaal in St. Pölten, bedankte sich für seine Auszeichnung, und kam plötzlich ins Strudeln.* (KU 11. 5. 06). ↑**abstrudeln**

**Strudelteig,** der: mit Fett zubereiteter Nudelteig, der sich dünn ausziehen lässt: *Strudelteig auf einer bemehlten Serviette aufbereiten, zu zwei Dritteln mit der Fülle bestreichen.* (OÖN 22. 9. 07); *Neutralität, besonders die österreichische, ist ein Begriff, dehnbar wie Strudelteig.* (SN 8. 11. 07); ***sich ziehen wie ein Strudelteig** (ugs.): sehr lange Zeit brauchen, schleppend vorangehen: *Die Reform des Gesundheitswesens zieht sich wie ein Strudelteig.* (SN 9. 3. 07)

**Strutzen,** der; -s, -en bzw. - (bes. südostösterr.): Brotwecken: *die Konsumenten würden trendmäßig eher wieder mehr zum dunklen Laib oder Strutzen greifen.* (OÖN 21. 10. 08). – Auch in der Form *Strutz*

**Stube,** die: **1.** beheizbarer Wohnraum in einem Bauernhaus: *Als sie die Tür aufschlossen und die Stube betraten, entdeckten sie, dass der Christbaum leuchtete.* (BVZ 12. 12. 13). **2.** rustikal eingerichtetes Wohnzimmer: *Mit viel Umsicht hat die Familie Kogler einen Jahrhunderte alten Keller wieder aufgetan, liebevoll renoviert und zur gemütlichen Stube adaptiert.* (TT 18. 1. 00). **3.** [gemütlich eingerichteter Raum in einem] Gasthaus, oft in Zus: *Zuletzt hatten sich Außerferner Interessenten um einen Kauf der Pfanner's Stube bemüht, um diese als Gasthaus weiterzuführen.* (TT 18. 5. 00). – In CH allgemein für Wohnzimmer, in D ein größerer Schlafraum für Gruppen beim Militär, für Touristen, Schüler. ↑(zu 3.:) **Zirbenstube**

**Stubat,** die; -, -en: (Volkskunde, Vbg.): gemütliche Zusammenkunft [bei der geplaudert und auch musiziert wird]: *Fünf Jahre kam Edmund zur Stubat, bevor sie sich ... das Jawort geben durften.* (VN 25. 1. 08); *Jazz-Stubat mit Peter Madsen, Markus DePretto und Alfred Vogel, 21 Uhr. Ort: Bezau, Werkstatt-Bar.* (VN 6. 4. 06)

**Stübel,** das; -s, -: Zimmer, Wohnung im Bauernhaus, das die Altbauern bewohnen: *Der Nachtschwärmer hatte Glück, er fand eine unversperrte Tür, die schnurstracks ins unbewohnte Stübel führte.* (NÖN 9. 5. 07). – Auch in der Form *Stübl*

**Stübelleute,** die /Plural/ (ugs.): Altbauern

**Stubenmädchen,** das (veraltet auch in D): Zimmermädchen im Hotel: *»Uns ist es egal, ob wir ein bosnisches oder polnisches Stubenmädchen einstellen. Ein Österreicher wäscht dir jedenfalls nicht ab.«* (SN 6. 7. 06). – Auch in der Form *Stubenmädel*

**Stubenmusi,** die; - (Volkskunde, auch bayr.): kleine Musikgruppe mit Instrumenten der Volksmusik (keine volkstümliche Schlagermusik): *So spielte die Reitbauern Stubenmusi – Anton, Herbert und Josef Grubinger – bei der Eröffnung mit ihren Hackbrettern auf.* (SN 25. 4. 16). ↑**Musi**

**Stüberl,** das; -s, -n (auch bayr.): **1.** kleiner gemütlicher Raum in einem Gasthaus: *Besonders gefragt für Feiern aller Art sind das Stüberl und der Wintergarten mit je 25 bis 30 Sitzplätzen.* (SN 13. 4. 06). **2.** kleineres Gasthaus: *Besonders sicher fühlten sich die Gäste vorigen Freitag im Grieskirchner Stüberl in der Linzer Wiener Straße.* (OÖN 17. 10. 07). **3.** ↑Stübel. ↑**Austragstüberl, Bräustüberl, Hinterstüberl**

**Stüble,** das; -s, - (Vbg.): ↑Stüberl: *Mit dem geschmückten Hausgang und dem Stüble bekamen die Gäste schon die richtige Stimmung, es ist Herbsthock.* (VN 1. 11. 07)

**stückerlweis** (ugs.): in kleinen Stücken, (in D) stückchenweise: *Auf den breiten Boulevards verliert sich die Tristesse von einst, die alte*

*Substanz wird stückerlweise saniert.* (PR 10. 8. 07). -WEIS

**Studienbeihilfe,** die: gesetzlich geregeltes Stipendium für Studierende: *Größter Geldgeber ist der Staat, der im Vorjahr rund 183 Millionen Euro dafür aufgewendet hat. Finanziert wurden damit zum einen Studienbeihilfen, zum anderen auch Selbsterhalter- sowie Studienabschlussstipendien.* (PR 7. 10. 16) ◆ **Studienbeihilfenbehörde**

**Studienbeitrag,** der (formell): Studiengebühren: *Das ist auch sinnvoll, weil es um Qualität und begrenzte Mittel der Steuerzahler geht, weil wir keine Studienbeiträge haben.* (PR 28. 7. 17)

**Studienberechtigungsprüfung,** die: Prüfung, die zu einem bestimmten Universitätsstudium ohne Reifeprüfung berechtigt

**Studierendenbeitrag,** der (formell): an die Österr. Hochschülerschaft zu entrichtender Beitrag

**Studium irregulare,** das ‹lat.›: individuelle, bewilligungspflichtige Fächerkombination aus verschiedenen Studienrichtungen: *Als Neubauer dann in Wien zu studieren begann, wollte er seine beiden Interessen durch ein Studium irregulare an der Uni Wien und der Technischen Universität ... verbinden.* (PR 7. 1. 16)

**stumm:** ***stummes h:** Dehnungs-h, z. B. in *mehr* (in D für den nicht gesprochenen Buchstaben h, z. B. im Französischen)

**Stummerl,** der; -s, -n (ugs.): stummer Mensch: *Seltsamerweise saßen die Vöcklabrucker Freiheitlichen bei der einstündigen Debatte wie Stummerl da.* (OÖN 12. 7. 00)

**Stundenausmaß,** das: 1. in Stunden gemessener Umfang des Arbeitsverhältnisses: *Doch die Chancen, das Stundenausmaß aufzustocken oder in Vollzeitarbeit zu wechseln, werden mehrheitlich als schlecht beurteilt.* (ST 14. 5. 07). 2. Anzahl der Wochenstunden für ein Fach in der Schule bzw. Universität: *Ab dem Schuljahr 2007/2008 soll in Oberösterreich der Ethikunterricht für jene, die sich von Religion abgemeldet haben, in gleichem Stundenausmaß Pflicht werden.* (OÖN 23. 12. 06). ↑AUSMAß

**stupfen,** sw. V. / hat (auch südd., schweiz.): 1. stoßen, stupsen: *Alexandra stupft liebevoll ihren Mann Marian am Hinterkopf* (WZ 11. 8. 03). 2. (Teig) mit der Gabel stechen: *Den Mürbteig auf einer bemehlten Arbeitsfläche ausrollen, eine Tortenform damit auslegen. Mit einer Gabel stupfen und vorbacken.* (KU 28. 10. 06)

**Stupfer,** der (ugs., auch südd.,): leichter Stoß; Stups

**stupid** ‹franz.›: österr. (und schweiz.) Form, (in D auch) stupide: *Als »idiotisch« und »stupid wie bolschewistische Propaganda« hat der tschechische Staatspräsident ... ein Bildungsprojekt des UNO-Hochkommissariats für Flüchtlinge ... bezeichnet.* (ST 25. 1. 16)

**Sturm,** der (auch bayr.): in Gärung übergegangener Traubensaft, (in D) Federweißer: *Am besten schmeckt der Sturm freilich beim Winzer direkt.* (PR 3. 10. 05). Vgl. Gestaubte. ↑**Schilchersturm**

**Sturschädel,** der (ugs., auch südd.): sturer Mensch: *Als Innviertlerin hatte sie den nötigen Sturschädel, um sich durchzubeißen.* (OÖN 28. 3. 13)

[1]**Sturz,** der: Glasglocke, meist in den Zus. ↑**Glassturz, Quargelsturz**

[2]**Sturz:** ***zu Sturz kommen:** stürzen: *Durch diese Richtungsänderung kam der Motorradlenker endgültig zu Sturz.* (SN 27. 8. 07)

**Sturzglas,** das: ↑Glassturz: *Unter Sturzglas sind die Heilige Familie, das »Loreto-Kindl«, der Auferstandene zu sehen.* (SN 24. 11. 05)

**Stutzen,** der; -s, - /meist Plural/: Kniestrumpf (bedeckt Fuß und Waden bis zum Knie): *Zu Halbschuhen müssen Herren Stutzen tragen. Behaarte Waden will keiner sehen.* (KU 27. 1. 08). – In D bezeichnet das Wort nur einen ›Wadenstrumpf‹, der nicht den Fuß bedeckt. ↑**Wadlstutzen**

**Stützerl,** das; -s, -n (veraltet): 1. Pulswärmer. 2. an den Ärmel angestrickte Manschette ◆ **Handstützerl**

**Stützlehrer Stützlehrerin,** der bzw. die (Schule, selten auch in D): zusätzliche Lehrkraft als Unterstützung für sonderpädagogische Betreuung: *Ein Unterstützungssystem von Sozialarbeitern, Stützlehrern und Psychologen an jenen Schulen mit dem Ziel, dass die Lehrer endlich das tun können, wofür sie vor allem ausgebildet worden sind.* (ST 14. 6. 16). Vgl. Begleitlehrer

**Styriaca,** die /Plural/ (Bibliothekswesen): Publikationen über die Steiermark

**sub auspiciis** ↑Promotion

**Substandard,** der ‹engl.›: unterdurchschnittliche [Wohn]qualität: *Wohnen im Substandard, enorme psychische Belastungen, Krankheit, Frieren im Winter, soziale Ausgrenzung: Das ist Armut in Österreich.* (SN 7. 2. 04) ◆ **Substandardhaus:** *In diesen Bezirken leben die meisten Migranten – oft in Substandard-*

*häusern.* (PR 3. 5. 07); **Substandardwohnung:** *Familie K. lebt mit ihren zwei Kindern, die sieben und zehn Jahre alt sind, in einer kleinen, dunklen, 27 Quadratmeter großen Substandardwohnung.* (SN 7. 2. 04)

**Subvention:** ***lebende Subvention** (Behördenspr.): 1. staatlich bezahlte Lehrperson in einer Privatschule: *Dem Entwurf zufolge dürfen auch »lebende Subventionen«, also Imame, nicht aus dem Ausland finanziert werden.* (ST 2. 10. 14). 2. Unterstützung einer Institution, eines Vereins o. Ä. durch Zurverfügungstellung einer Arbeitskraft, die von einer anderen Institution bezahlt wird

**Subventionslehrer Subventionslehrerin,** der bzw. die: vom Staat bezahlte/-r Lehrer/-in an einer Privatschule: *Die Finanzierung teilen sich Österreich und Tschechien: Österreichische Lehrkräfte werden als Subventionslehrer durch die Republik Österreich entlohnt.* (PR 30. 4. 08)

**Subventionswerber** ↑-WERBER

**Suchtgift,** das (Behördenspr.): Rauschgift: *Künftig sollen alle, die mit Suchtgift erwischt werden, sofort therapiert werden.* (ST 2. 4. 07) ◆ **Suchtgiftdealer:** *Drei Suchtgiftdealer wurden am Mittwoch in Wien zu mehrjährigen Haftstrafen verurteilt.* (SN 17. 11. 05); **Suchtgiftdealerin; Suchtgiftfahnder:** *Eine erste Lieferung von 20 Skulpturen war den Suchtgiftfahndern in Amsterdam-Schiphol bereits am 31. August 2005 in die Hände gefallen.* (ST 20. 11. 05); **Suchtgiftfahnderin; Suchtgiftgesetz:** *Dabei wisse man ..., dass viele Schmerzmittel, die in Österreich nach wie vor unter das Suchtgiftgesetz fallen, weder süchtig machen, noch Gifte sind.* (ST 30. 9. 03); **Suchtgifthändler/-in:** *Ein mutmaßlicher Suchtgifthändler ging der Polizei in Salzburg ins Netz.* (SN 8. 1. 05); **Suchtgiftkonsum:** *2006 starben bundesweit fast 200 Menschen an den Folgen von Suchtgiftkonsum.* (SN 29. 10. 07); **Suchtgiftkonsument/-in; Suchtgiftmissbrauch; Suchtgiftspürhund:** *Ein Suchtgiftspürhund spielte bei den Ermittlungen eine wichtige Rolle.* (OÖN 2. 3. 07); **Suchtgiftszene:** *Der Mann, der selbst in der Suchtgiftszene kein Unbekannter ist, alarmierte die Einsatzkräfte.* (PR 22. 9. 07); **Suchtgiftverordnung:** *Auch die steirische Ärztekammer lehnt die vom Gesundheitsministerium geplante Novelle der Suchtgiftverordnung ... ab.* (SN 1. 2. 06)

**Südbahn,** die: 1. Bahnstrecke, die den Süden Österreichs mit Wien verbindet: *die Südbahn wird ausgebaut.* 2. auf dieser Bahnstrecke verkehrender Zug: *Anreise mit der Südbahn.* Vgl. Westbahn

**Suderer Suderin,** der bzw. die (ugs., abwertend): Person, die ständig vor sich hin jammert und nörgelt: *»Der Österreicher ist halt ein Suderer!« Er mault, aber er tankt.* (OÖN 15. 9. 00)

**sudern,** sw. V/hat (ugs., abwertend): jammern, nörgeln: *Eine Partie spielt Karten, andere fabulieren, sudern, schimpfen, lachen, wieder andere lesen alleine ihre Zeitung.* (WZ 6. 6. 16). ↑**Gesudere**

**Sugo,** das; -[s], -s ‹ital.›: ist österr. auch Neutrum, in D auch Femininum, als Maskulinum gemeind.

**Sulz,** die; -, -en: österr. (und südd., schweiz.) Form, (in D) Sülze: *Servieren Sie die Sulz mit etwas Salat und einer schönen Vinaigrette.* (OÖN 25. 8. 07). Selten auch in der Form *Sulze.* ↑**Haussulz, Kalbssulz, Lammsulz, Schweinssulz**

**sulzen,** sw. V. / hat: österr. (und südd.) Form, (in D) sülzen: zu Sulz verarbeiten: *Serviert werden u. a. Hasenrücken in weißer Tomatenessenz gesulzt.* (ST 28. 5. 03). ↑**aufsulzen**

**Summe:** ***in Summe:** insgesamt: *Die österreichischen Bauunternehmen ... haben per Ende Juli 2007 einen Auftragspolster von in Summe 7,5 Mrd. Euro aufgewiesen.* (SN 9. 11. 07); *In der Schlussphase wurde der Tabellenführer aber druckvoller und kam ... noch zum in Summe gerechten 3 : 3.* (OÖN 6. 4. 17)

**Sumper Sumperin,** der bzw. die (ugs.): Spießer/-in, Banause; unfähige Person: *Während sich die oft dumpfesten Sumperer reflexionslos zu Erfolg und Reichtum hangeln, stehen sich die Intelligenten selbst im Weg und scheitern trotz Gescheitheit.* (PR 9. 9. 06). – Auch in der Form *Sumperer.* ↑**versumpern**

**sumsen,** sw. V. / hat (westösterr.): nörgeln, jammern: *Und wenn was nicht passt, fangen sie an zu sumsen.«* (KU 20. 12. 07) ◆ **Sumser/-in**

**sündteuer** (auch bayr.): sehr, sündhaft teuer: *Sind die Norweger etwa gekränkt, weil Seele ständig darauf hinweist, dass die Produktion in Norwegen zwar stabil, aber eben sündteuer sei?* (PR 13. 8. 16)

**Suppe,** die: bezeichnet österr. sowohl eine klare Rindsuppe, Bouillon (in D Brühe) als auch eine dicke Gemüsesuppe; ***saure Suppe** ↑sauer; ***die Suppe ist zu dünn:** die Fakten sind für ein [gerichtliches] Vorgehen nicht ausreichend: *Die Suppe für eine Anklage sei zu dünn, ließ es die Staatsanwaltschaft wis-*

*sen.* (PR 10. 9. 15). ↑ **Brennsuppe, Dillcremesuppe, Einbrennsuppe, Einmachsuppe, Eintropfsuppe, Erdäpfelsuppe, Farfelsuppe, Fischbeuschelsuppe, Flädlesuppe, Frittatensuppe, Ganslsuppe, Gerstlsuppe, Grammelsuppe, Grießnockerlsuppe, Hollersuppe, Karfiolsuppe, Kasfarfelsuppe, Klachelsuppe, Krensuppe, Leberknödelsuppe, Lungenstrudelsuppe, Nudelsuppe, Ochsenschleppsuppe, Packerlsuppe, Panadelsuppe, Paradeissuppe, Rahmsuppe,** ↑ Rahm, **Rinds(s)uppe, Schottsuppe, Schwammerlsuppe, Selchsuppe, serbische Bohnensuppe, Sto[ß]suppe, Würfelsuppe, Würstelsuppe**

**Suppenpackl,** das; -s, -n (Tirol): zu einer Portion gebundenes Wurzelwerk, Suppengrün: *Lauch gehört nicht nur ins Suppenpackl.* (TT 12. 8. 08). ↑ **Packl**

**Suppenschöpfer,** der: (in D) Suppenkelle: *Rudi, groß, bärtig und »Koch aus Leidenschaft«, taucht den riesigen Suppenschöpfer in den 180-Liter-Topf und kostet andächtig.* (PR 18. 12. 09). ↑ **Schöpfer**

**Suppentiger,** der: Liebhaber von Suppen: *Suppentiger, die das Rezept haben wollten, mussten von Lechner-Sonnek vertröstet werden.* (ST 30. 9. 05). ↑ -TIGER

**supplieren,** sw. V. / hat ‹lat.›: eine Schulstunde oder einen bestimmten Zeitraum für einen anderen Lehrer unterrichten: *Ich muss morgen die erste Stunde, in der ersten Stunde supplieren; Außerdem müssen die Lehrer künftig zehn Stunden unentgeltlich supplieren.* (SN 21. 5. 01) ◆ **Supplierkosten; Supplierstunde; Supplierung:** *Supplierungen werden nämlich in der überwiegenden Zahl der Fälle nicht bezahlt.* (PR 30. 1. 06)

**Sur,** die; -, -en: **1.** (auch bayr.) Beize zum Einpökeln von Fleisch; Salzlake: *Bauch mit perfektem Kruspel, Schopf aus der feinwürzigen, hauseigenen Sur.* (ST 7. 8. 09). **2.** (westösterr.) Jauche: *Wie das raumplanerisch in Ordnung sein soll, wenn das Futter aus Oberösterreich hergekarrt wird und Mist und Sur wieder hinunter ...* (TT 9. 12. 10)

**Surbraten,** der: Braten aus eingepökeltem Schweinefleisch (Karree): *Mancher Wirt frage sich, ob Griechen oder Spanier neben Souflaki oder Paella die Kunst des Wiener Schnitzels, des Surbratens und der Salzbuger Nockerln beherrschten.* (ST 30. 10. 12)

**suren,** sw. V. / hat: **1.** pökeln: *Der Speck wird zuerst gesurt, dann über Buchenholz in der Selchkammer geräuchert und anschließend luftgetrocknet.* (KZ 3. 5. 08). **2.** (westösterr.) Jauche ausbringen: *Nach jeder Mahd oder auch nach der teilweisen Mahd eines Feldes wird gesurt.* (TT 3. 1. 13). ↑ (zu 1.:) **einsuren**

**Surfleisch,** das: Pökelfleisch: *Um diese gefährlichen Nitrosamine zu vermeiden, sollten Sie Speck oder Surfleisch vom Rost fernhalten.* (KZ 9. 7. 16)

**Surfleischschaffel,** das: Bottich zum Einpökeln. ↑ SCHAFFEL

**Surhaxen,** der: gebratene eingepökelte ↑ Stelzen

**Surm,** der; -[e]s, -e (ugs., bes. OÖ): dummer, primitiver, zugleich uneinsichtiger Mensch /Schimpfwort/: *Und da passierte es: »Du Surm, du!«, schrie einer.* (OÖN 4. 3. 02)

**Surroller,** der: Rollbraten aus ↑ Surfleisch. ↑ ROLLER

**süß:** ***weiß süß** ↑ weiß, ***rot süß** ↑ rot

**Sympathler Sympathlerin,** der bzw. die (salopp): sympathische Person, (in D) Sympath: *»Häupl ist halt ein Sympathler für mich«, sagt Haderer, »ich amüsiere mich oft sehr über seine Aussagen.«* (ST 24. 6. 10)

**Szenebeisel,** das: Beisel für Insider einer bestimmten Gruppe, eines bestimmten Milieus, z. B. alternative Gruppen, Künstler, (in D) Szenekneipe: *Davon profitieren wiederum Szenebeiseln, die mit moderner Architektur ... und schickem Personal Selbstinszenierungsmehrwert bieten.* (PR 15. 3. 12). ↑ BEISEL

**Szepter,** das ‹griech.›: österr. Form, (in D) Zepter: *Sie hatte bei ihrem Herrn offenbar das pfarrliche Szepter in der Hand und sollte dem neuen Pfarrprovisor nicht in die Quere kommen.* (SN 19. 12. 07)

# T*t*

**Tabak,** der ‹span.›: wird österr. (und bayr.) auf der letzten Silbe betont, in D meist auf der ersten

**Tabaktrafik,** die ‹span., franz.›: Laden, in dem man Tabakwaren, Zeitungen u. Ä. erhält: *Er soll am 30. April 2004 am Innsbrucker Rennweg in eine Tabaktrafik eingebrochen und dort Zigaretten, Bargeld und Telefonwertkarten im Wert von mehreren 1000 Euro erbeutet haben.* (KU 18. 2. 05). ↑ **Trafik**

**Tabaktrafikant Tabaktrafikantin,** der bzw. die: Inhaber/-in einer Tabaktrafik: *Darauf haben das Bundesgremium der Tabaktrafikanten der*

*WKO und die Monopolverwaltung ... hingewiesen.* (PR 1. 12. 16)

**Tabakverschleiß,** der; -es (Behördenspr., veraltend): Tabakverkauf, -vertrieb. ↑Verschleiß ◆ **Tabakverschleißer/-in:** *Doch auch die zunehmenden Beschränkungen für Raucher machen die Tabakverschleißer nicht sonderlich glücklich.* (KU 9. 3. 05); **Tabakverschleißstelle:** *Vertragsbedingt muss die Tabak-Verschleißstelle von 5.15 Uhr bis 21 Uhr geöffnet sein.* (OÖN 4. 6. 03)

**Tabatiere,** die [taba'ti̯eːɐ̯] ‹franz.› (veraltet): Zigarettenetui, Tabakdose (in D nur in der älteren Bedeutung ›Schnupftabakdose‹): *Von Josef Hoffmann sind ... ein Aschenbecher mit Zündholzständer und eine Tabatiere mit figuralen und floralen Motiven zu bestaunen.* (SN 3. 4. 04);

**Tableau,** das; -s, -s [ta'bloː] ‹franz.›: 1. Schautafel, grafische Übersicht: *ein Tableau über die Eisenverarbeitung; Neben dem Tor von Pater Marcos Weinlager steht eine Überblickstafel. ... 13 Kirchen sind auf das von der Sonne gebleichte Tableau gezeichnet.* (profil 20. 10. 14). 2. Tabelle, Rangliste: *Die Niederlage gegen Kroatien (15 : 18) bedeutet, dass auch Russland in die untere Tableau-Hälfte muss.* (KU 22. 8. 05). 3. (veraltet) Tafel im Hausflur, auf der die Mieter des Hauses verzeichnet sind: *er suchte auf dem Tableau den Namen.* 4. (auch schweiz.) Tablett: *Dann stemmt er 30 volle Krüge hoch – 25 auf einem Tableau, fünf mit der anderen Hand.* (KU 6. 7. 04); *Ich habe ein Tableau mit Schmuck aus der Auslage genommen.* (BVZ 12. 7. 12). – Für ›Rangliste, Spieltafel im Tennis‹ gemeind.

**tachinieren,** sw. V. / hat (ugs.) 1. [während der Arbeitszeit] untätig herumstehen, der Arbeit aus dem Weg gehen: *Alle bösen Menschen sind korrupt, tachinieren und hängen eingerahmte Promotionsurkunden im Büro auf.* (SN 27. 5. 05). 2. wegen vorgetäuschter Krankheit nicht zur Arbeit gehen: *Parallel zur Konstatierung des steigenden Arbeitsdrucks wird Burnout nicht als »Tachinieren« bagatellisiert.* (ST 8. 1. 14) ◆ **Tachinierer/-in:** *Allerdings wehrte sich Kalina entschieden dagegen, Invaliditätspensionisten als »Tachinierer« abzutun* (WZ 29. 4. 08); *Der Österreicher, ein arbeitsscheuer Tachinierer, der nur Dienst nach Vorschrift macht?* (PR 26. 12. 07)

**Tachinose,** die; - (ugs., scherzhaft): Faulheit, das Tachinieren: *Wären Arbeitgeber ihrer an Tachinose leidenden Belegschaft tatsächlich so hilflos ausgeliefert, ... wäre die westliche Industrie längst zusammengebrochen.* (ST 29. 9. 09); *chronische, galoppierende Tachinose*

**Tachtel** ↑Dachtel

**Tacke,** die; -, -n (ugs.): Fußabstreifer: ... *oder aber die Frau wird ... getroffen, dass sie dir verwundet vor der Tür auf der Tacke liegt.* (PR 18. 6. 05). – Auch in der Schreibung *Dacke.* Meist in den Komposita ↑**Fußtacke, Türtacke**

**Tackerl,** das (ostösterr., ugs.): Deckchen aus Stoff als Unterlage auf dem Tisch; Set: *In der Mitte gibt es eine Insel, zu der die Schüler in vier Gruppen mithilfe von grauen Stoffquadraten, die Trainer nennen sie »Dackerln«, gelangen können.* (ST 28. 10. 13)

**Tafel,** die: 1. (auch südd., schweiz.): Schild (im Zusammenhang mit Verkehr): *Tafeln und Schilder, wie solche, die längst auch in Österreich auf den Gehwegen vor Kaffeehäusern stehen, sucht man in Italien vergeblich.* (PR 28. 12. 16). 2. Schultafel: *Die Schülerin wollte während einer Pause die Tafel löschen.* (ST 26. 6. 09), in D: die Tafel wischen, putzen. 3. (regional, veraltend): Kästchen an einer Stange, in das während der Messe die Opfermünzen geworfen werden. ↑(zu 1.:) **Amtstafel, Avisotafel, Gebotstafel, Kennzeichentafel, Nachrangtafel, Nummerntafel, Ortstafel, Stopptafel, Verbotstafel, Verkehrstafel, Vorrangtafel**

**Tafelkratzer,** der (regional, ugs., scherzhaft): Schulanfänger: *Weiters werden wir auch heuer ... Warnwesten an die »Tafelkratzer« verteilen.* (Rundschau 24. 1. 08) ↑**Taferlklassler**

**Tafelspitz,** der (auch bayr.): 1. Rindfleisch vom hinteren Teil der Hüfte, das zum Kochen und Dünsten verwendet wird: *Das Fleisch mit möglichst wenigen, möglichst sauberen Schnitten vom Knochen lösen und fachgerecht zerteilen, sodass zum Beispiel der Tafelspitz oder die »Nuss« übrig bleiben.* (OÖN 22. 6. 12). 2. Gericht aus Rindfleisch, das gekocht in der Suppe zum Tisch kommt: *Im Burgenland steht Gans mit Rotkraut und Erdäpfelknödel, Tafelspitz mit Apfelkren oder geräucherter Lachs auf dem Programm.* (OÖN 24. 11. 16). ↑Spitz

**Täfer,** das; -s, - (Vbg., auch schweiz.): Getäfel: *Das alte Täfer der Wände wurde für Leitungen und die Isolierung abgebaut, gereinigt und wieder neu eingedeckt.* (VN 12. 1. 08); *Es herrscht eine gemütliche Atmosphäre im Klassenraum ... Holztäfer an den Wänden, eine ange-*

*nehme Raumgröße.* (VN 4. 10. 07). ↑**täfern** ◆ **Deckentäfer; Stubentäfer:** *Präsentation der Freilegung des barocken Stubentäfers.* (VN 13. 10. 11); **Wandtäfer:** *Vermutlich wegen Überhitzung eines Kachelofens geriet das Wandtäfer einer Wohnung in Klösterle in Brand.* (VN 21. 1. 13)

**Taferl,** das; -s, -n: (auch bayr.) (Verkl. zu) Tafel: *In einer Schwerpunktaktion überprüften Behörde und Polizei die Verkehrssicherheit hunderter Fahrzeuge. Bei einigen waren die technischen Mängel so groß, dass die Polizei das Taferl gleich an Ort und Stelle kassierte.* (OÖN 18. 4. 07)

**Taferlklasse,** die (ugs., veraltend): erste Volksschulklasse: *Eine Volksschule in Neunkirchen ... versucht es ab Herbst erstmals mit einer eigenen Taferlklasse für Kinder nichtdeutscher Muttersprache.* (SN 12. 7. 06)

**Taferlklassler Taferlklasslerin,** der bzw. die (ugs., veraltend): Schulanfänger/-in, Schüler/-in der ersten Volksschulklasse, (in D) Erstklässler: *Für rund 78.000 Schüler, darunter 5.900 Taferlklassler, und 7.200 Lehrer geht kommenden Montag wieder die Schule los.* (KU 7. 9. 07). ↑-KLASSLER, **Tafelkratzer**

**täfern,** sw. V. / hat (Vbg., auch schweiz.): vertäfeln: *Damals wurde das Bad nur notdürftig renoviert, das heißt der Boden neu gefliest und die Decke getäfert.* (NVT 28. 2. 08) ◆ **Täferung,** die (Vbg., auch schweiz.): *Der Förderverein hat mit Lehmofen-Heizung und Täferung alle Anstrengungen für urgemütliche »Berghaus-Atmosphäre« unternommen.* (VN 23. 3. 09); **vertäfert**

**tag-, Tag-:** österr. (und schweiz.) Form, (in D) tage-, Tage- (allerdings nicht in allen Wörtern, z.B. nicht in *Tagebuch, Tageskarte, Tageslicht, Tageszeitung*; einige Wörter sind veraltend, z.B. *Tagblatt, Tagdieb, Tagreise*): **Tagbau; Tagblatt:** *1922 meldete sich der junge Schauspieler Karl Farkas, dem im Wiener Tagblatt das Inserat »Cabarett Simpl sucht Nachwuchskräfte« ins Auge gesprungen war.* (KU 11. 11. 04); **Tagdieb; Tagdienst:** *Bisher war es immer der Nachtdienst. Heuer habe ich erstmals den Tagdienst bekommen.* (OÖN 24. 12. 07); **Taggeld:** *Die Vergütung von Dienstreisen erfolgt oft über das Taggeld, mit dem etwa das Essen und andere anfallenden Kosten ersetzt werden.* (KU 11. 11. 06); **Taglohn:** *Auch Schuster, Schneider, Sattler und Näherinnen gingen gegen* **Taglohn** *in die Stör.* (SN 24. 11. 16); **Taglöhner:** *Überall verdingen sich Syrer als Taglöhner für minimales Geld.* (PR 1. 9. 15); **Taglöhnerin; Tagraum:** *Seit ihrem Einbau im Tagraum der Chirurgie entwickelte sich der Aufenthaltsraum in ein Kommunikationszentrum.* (KU 17. 4. 02); **Tagreise:** *Dieser Wagen zeichnet sich durch ein neu gestaltetes Komfortabteil aus, in dem bei Tagreisen zwei Rollstühle bequem Platz finden.* (OÖN 12. 1. 08); **Tagsatz:** *Auch jeder, der eine solche Bewegung unterstützt oder sich ihr anschließt, könnte mit einem Jahr Freiheitsstrafe oder 720 Tagsätzen bestraft werden.* (PR 12. 1. 17); **Tagschicht:** *Acht Stunden dauert eine Nachtschicht, vier Stunden eine Tagschicht.* (KZ 12. 10. 16); **tagweise:** *Das Angebot ist ganzjährig, ganztägig und flexibel (auch tagweise) nutzbar.* (SN 18. 10. 07); **Tagwerk:** *In der oberen Augartenstraße in Wien wurlt es. Die Wiener Sängerknaben beginnen nämlich wieder ihr Tagwerk.* (KU 5. 9. 07)

**Tag:** ***mit heutigem Tag:** genau ab heute: *Ich ... lege meine Funktionen als Bundesparteiobmann und Bundeskanzler mit heutigem Tag zurück.* (OÖN 30. 12. 16)

**Tagesheimschule,** die: Schule mit fakultativer Nachmittagsbetreuung, Abk. THS

**Tageslosung,** die: Tageseinnahme: *Kurz nach der Sperrstunde bedrohte sie ein Maskierter mit einer Faustfeuerwaffe und forderte die Tageslosung.* (KU 1. 1. 08)

**Tagsatzung,** die; -, -en (Rechtsspr.): behördlich bestimmter Termin; Gerichtstermin: *Am Montag wurde eine Tagsatzung im Rahmen des Konkursverfahrens im Handelsgericht Wien abgehalten, in dem festgelegt wurde, dass der Betrieb weitergeführt wird.* (PR 3. 12. 14). – In der Schweiz bedeutete das Wort früher ›Tagung der Ständevertreter‹ ◆ **Tagsatzungstermin; Tagsatzungsversäumnis**

**Tagsatzungserstreckung,** die; -, -en (Rechtsspr.): Verschiebung eines [Gerichts]termins: *Heute, Donnerstag, hätte das Arbeits- und Sozialgericht in der ersten Tagsatzung entscheiden sollen.* (Börse Wien, Gebühren und Kostenverzeichnis, Internet, 2008). ↑**erstrecken**

**Tagwache,** die (auch schweiz.): Weckruf, Zeitpunkt, an dem Personengruppen, bes. Soldaten, geweckt werden: *Tagwache im Zentrum von Beaumont ist um 6.45 Uhr, einmal in der Woche ist Morgenappell mit der französischen Flagge.* (ST 9. 10. 16)

**Taille,** die ‹franz.›: wird österr. [ˈtai̯ljɛ] ausgesprochen, in D [ˈtaljə], in CH [ˈtaijə und ˈtaljə]

**talaus** /Adv./: talauswärts: *Ab dem Marterl auf einem Wirtschaftsweg in den Graben und am Mühlbach entlang 2,5 Kilometer talaus bis zu einer Steigung.* (SN 1. 3. 12)

**talein** /Adv./: taleinwärts: *Hinaus in die Schneelandschaft, talein und bergauf bis zu den letzten Höfen.* (SN 29. 12. 15)

**Talschaft,** die (bes. Vbg., auch schweiz.): Bewohner[gemeinschaft] eines Tals: *Der Tschaggunser Bürgermeister ... hält so ein Projekt für das ganze Montafon, das quasi die ganze Talschaft repräsentiert, für notwendig und gut.* (VN 12. 1. 08)

**Tambour,** der; -s, e: wird österr. auf der letzten Silbe betont, in D auch auf der ersten

**Tampon,** das: wird österr. auf der letzten Silbe betont, in D meist auf der ersten. Zur Aussprache ↑-on

**Tandelmarkt,** der (in der Form *Tändelmarkt* regional auch in D): Trödelmarkt, Flohmarkt: *Auch wenn das Lokal etwa von den jungen Architekten ... als »italienischer Tandelmarkt« kritisiert wurde: Es löste in Wien eine Espresso-Welle aus.* (PR 31. 7. 09)

**Tandler Tandlerin,** der bzw. die (ugs., bes. ostösterr., auch bayr.): Trödler/-in: *Und schon ist eine Saison des Schnäppchenjagens wieder um: Heute ... schlagen Altwarenhändler und Tandler ein letztes Mal ihre Zelte auf dem KIKA-Parkplatz auf.* (KU 18. 11. 07). ↑**Fetzentandler, Schmähtandler**

**Tangente,** die (Behördenspr.) ‹ital. *tangente* ›Anteil, Quote‹, auch ›Schmiergeld‹›: **1.** (kurz für) ↑Lohntangente: *Was die KV-Verhandlungen im Herbst betrifft, deutete H. an, dass es trotz der schlechten Wirtschaftslage eine kleine variable Tangente.* (Lohnerhöhung für bestimmte Zwecke) *geben könnte.* (SN 12. 7. 03). **2.** die Einnahmen eines Theaters aus dem Kartenverkauf (gemessen an dem vorgegebenen Einnahmensoll): *Während das Staatsopernbudget permanent sinkt, fragt im Burgtheater keiner, ob die Tangente je erreicht wird.* (KR 20. 3. 95); *"Die Tangente ... für das erste Jahr ist bewusst niedrig, und wir haben sie Gott sei Dank längst überschritten"* (PR 6. 2. 06). **3.** (in verschiedenen übertragenen Bedeutungen) Bezug, Berührungspunkt, Verbindungslinie, Anteil: *Der nächste Prominente mit Österreich-Tangente ist Andrej Klujew.* (PR 28. 2. 14); *Nicht nur die europarechtliche Tangente sorgt dafür, dass dem Kartellfall international Beachtung geschenkt wird.* (ST 15. 1. 14); *Die Bedeutung der ökologischen Tangente in der Wirtschaftspolitik.* (NÖN 27. 11. 07); *Nicht zuletzt fehle dieser Partei eine junge, urbane Tangente.* (News 27. 11. 02); *Das spricht für den Führungsstil des Direktors, der von sich selbst behauptet eine soziale Tangente zu haben.* (NÖN 19. 8. 02). – Die Bedeutungen in der Geometrie und im Verkehrswesen sind gemeind.; in Wien kurz für die *Südosttangente,* einen verkehrsreichen Teil der Stadtautobahn. ↑**Einnahmentangente, Gehaltstangente, Jahrestangente, Importtangente, Lohntangente, Pensionstangente, Verwaltungstangente** ◆ **Tangentenantrag; Tangentenerhöhung; Tangentenzahlung**

**tapezieren** (auch bayr.): (Möbel) mit Stoff überziehen (in D nur ›Wände mit Tapeten bekleben‹): *Hatte ein Bauer für das Tapezieren seines Sofas kein Geld, kam es durchaus vor, dass Linecker mit einer Ziege nach Hause kam.* (OÖN 12. 2. 12) ◆ **Tapezierer/-in:** *So hat das Ehepaar für größere Arbeiten immer Vergolder, Tapezierer oder Metallrestauratoren seines Vertrauens bei der Hand.* (PR 24. 12. 16); **Tapezierermeister/-in**

**Tapir,** der ‹indian.›: der Name des Tieres wird österr. auf der zweiten Silbe betont, in D auf der ersten

**Tapperl,** das; -s, -n (ugs.): leichter Schlag mit der Hand, Klaps: *»Ich hab' ihr nur ein Tapperl gegeben und sie hat mich nur ausgelacht«, sagt der Beschuldigte im Prozess um versuchte Nötigung und Körperverletzung.* (KU 27. 5. 03)

**Tarock,** das; -s, -s ‹ital.›: ist österr. Neutrum, in D auch Maskulinum

**Taschenfeitel,** der (ugs., auch bayr.): einfaches Taschenmesser, Klappmesser: *Ein Film über eine (erste) große Liebe, militärische Pfadfinder inklusive obligatorischem Taschenfeitel und ein emotionsloses Jugendamt.* (OÖN 26. 5. 12). ↑**Feitel**

**Tascherl,** das; -s, -n (auch bayr.): **1.** kleine [Hand]tasche: *Als Accessoire gibt's ein kleines Tascherl für Handy oder iPod.* (KU 26. 3. 06); auch in der Form *Taschl.* **2. a)** [mit Marmelade, ↑Topfen o.Ä.] gefüllte Teigtasche aus Germ-, Blätterteig als Süßspeise: *Marillentascherl ... Auf jedes Tascherl einen Tupfer Topfenfülle und eine Marillenhälfte setzen.* (OÖN 3. 6. 14). **b)** den Ravioli ähnliche, [mit Fleisch, Gemüse u.Ä.] gefüllte, in Wasser gekochte Teigtaschen aus Nudel-, Kartoffelteig: *Für die Kohlrabitascherl die schönsten Scheiben aus dem Kohlrabi herausschneiden.* (KZ 7. 2. 16). ↑**Blunzentascherl, Grammeltascherl, Lek-**

**vártascherl, Nudeltascherl, Powidltascherl, Tatschkerl, Topfentascherl**

**Taschl,** das; -s, -n (ugs.): Täschchen, ↑Tascherl (1). ↑**Geldtaschl**

**Taschlzieher,** der (ugs., salopp): Taschendieb: *Wirklich fette Beute machte ein Taschlzieher vergangene Woche in Mödling.* (KU 6. 3. 07)

**Taschner Taschnerin,** der bzw. die: österr. (und südd.) Form, (in D) Täschner (Berufsbez.): *In den drei Jahren Lehrzeit kann man sich entsprechend seinen Interessen in einem der drei Teilbereiche zum Sattler, Fahrzeugsattler oder Taschner ausbilden lassen.* (OÖN 13. 10. 07)

**Tasse,** die: **1.** (veraltend) Tablett: *das Geschirr mit einer Tasse wegtragen.* **2.** flaches Behältnis aus Styropor o.Ä. als Verpackung für Lebensmittel im Handel: *Aus der Alufolie vier kleine Tassen mit ca. 20 cm Durchmesser formen ... Den Paprika mit der Haut nach unten in die Tassen legen.* (BVZ 15. 7. 14). **3.** (veraltend) Untertasse: *Die schokoladebraune Wiener Röstung, die Zubereitung und natürlich die Präsentation mit passender Schale, Tasse, Löffel, Milch und Zucker sowie dem Glas Wasser spielen hier feingliedrig zusammen.* (KU 13. 4. 08). **4.** Wanne; in Zus.: ↑**Brausetasse, Duschtasse, Tropftasse.** – In der Bedeutung Trinkgefäß gemeind. ↑(zu 1.:) **Serviertasse.** ↑(zu 3.:) **Schale, Tazze** ◆ **Kartontasse:** *Seit knapp einer Woche schon wartet eine Kartontasse voll der säuerlichen Rispen ... von den Stengeln gerebelt zu werden.* (PR 18. 7. 15); **Plastiktasse; Styroportasse; Silbertasse**

**Tati, Tatti** ↑Dati

**Tatl,** der; -s, -n ‹zu *Dati* ›Vater‹ und *Thaddädl* ›Thaddäus‹› (ugs., abwertend, auch bayr.): Greis. – Die Form *Tatterer* gehört zu *tattern* ›zittern‹ und ist gemeind. ↑**Thattädl**

**Tatsachengeständnis,** das; -ses, -se (Rechtsspr.): Zugestehen von vorgeworfenen Tatsachen ohne Einbekenntnis einer Schuld oder Reue: *Im Vorverfahren hatte Christian S. erst zu den Vorwürfen geschwiegen, ehe er ein Tatsachengeständnis ablegte.* (SN 18. 9. 03)

**Tätschen,** die; -, - (ugs., salopp): Ohrfeige: *»Eine Tetschen habe ich ihr schon einmal gegeben.«* (ST 1./2. 2. 14). – Auch in den Formen *Dätschen, Tetschen*

**Tatschkerl,** das; -s, -n ‹mit slawisierendem Einschub *-k-*›: **1.** ↑Tascherl (2). **2.** (ugs., ostösterr.) leichter Schlag: *Dann habe er dem Staatsanwalt »so einen Klatsch» versetzt, weil ihm »so viel Unrecht» passiert sei ... Der geohrfeigte Staatsanwalt ... korrigierte als Zeuge: »Es war kein Tatschkerl.»* (KU 13. 12. 11). ↑(zu 1.:) **Powidltatschkerl**

**Tatzelwurm,** der; -s: **1.** (Volkskunde, auch südd., schweiz.): Drache, Lindwurm: *Irgendwie dreht sich alles um einen sagenumwobenen Tatzelwurm in der Höhle im Wald.* (KU 5. 12. 11). **2.** wurmartiges Gebilde; Menschenschlange: *Den Luxus, dem goldenen Abbild des Pharaos in aller Ruhe in die Augen schauen zu können, ohne nach drei Sekunden vom Tatzelwurm der nachdrängenden Besucher unsanft weitergeschoben zu werden.* (PR 25. 3. 11)

**Tau:** ***keinen Tau (von etwas) haben** (ugs.): keine Ahnung von etwas haben: *Sie haben noch immer keinen Tau davon, nach welchen Mechanismen sie funktioniert.* (OÖN 27. 7. 16)

**Taubenkobel,** der (auch bayr.): Taubenschlag: *Auf einem Bauernhof in Waldzell im Bezirk Ried im Innkreis haben sich in einem alten Taubenkobel Falken eingenistet.* (OÖN 24. 6. 16). ↑**Kobel**

**tauchen,** sw. V. / hat (ugs.): schieben, drücken: *sie haben ihn in die Ecke getaucht;* meist in zusammengesetzten Verben: *Einmal, meist bald nach der Geburt, werden Menschenkinder hineingetaucht in ein Wasser.* (OÖN 19. 3. 16). ↑**antauchen, übertauchen**

**Taufgöd,** der (mundartnah, auch bayr.): Taufpate: *Als Most für den Firm- und Taufgöd wird nur der beste aus dem Keller geholt.* (OÖN 16. 11. 01). ↑**Göd**

**Taufgoden,** die (mundartnah, auch bayr.): Taufpatin. ↑**Goden**

**Taufmatrikel,** die: Taufregister: *Diese Berufsbezeichnung ließ er nachträglich sogar in die Taufmatrikel seines Sohnes eintragen.* (WZ 13. 4. 01). ↑MATRIKEL

**taugen,** sw. V. / hat (auch bayr.): ***jmdm. taugt etwas:** jmdm. tut etwas wohl, etwas ist jmdm. angenehm: *Meine jetzige Arbeit in der Motormontage der BMW-Motoren taugt mir voll.* (OÖN 26. 11. 16); ***jmd. taugt jmdm.:** jmd. findet jmdn. gut, sympathisch: *»Und sie brauchen Vorbilder, an denen sie sich orientieren können. Von denen sie sagen: Der taugt mir, so will ich werden.«* (OÖN 19. 5. 11)

**taxativ** ‹lat.› (Behördenspr.): vollständig, ausnahmslos (meist mit dem Verb *aufzählen*): *eine taxative Aufzählung; So ist beispielsweise taxativ im §21 Mietrechtsgesetz aufgezählt, was unter den Titel »Betriebskosten« fällt.* (SN 24. 9. 05)

**Taxe,** die ‹lat.›: kommt in der Bedeutung ›Gebühr, amtlich festgelegter Preis‹ österr. (und schweiz.) nur als Grundwort in Zus. vor: ↑**Ausgleichstaxe, Nächtigungstaxe, Ortstaxe, Prüfungstaxe**

**taxeln,** sw. V. / hat (ugs.): als Taxifahrer arbeiten: *Früher bin ich um 4 Uhr von der Arbeit nach Hause gekommen und dann bin ich taxeln gegangen.* (OÖN 13. 12. 01)

**taxfrei: 1.** gebührenfrei: *Rufmord-Klagen von Personen, die sich in der Handlung verunglimpft sehen, können auch als taxfreie Werbemaßnahmen einkalkuliert werden.* (FU 19. 4. 07). **2.** (ugs.) unbekümmert; ohne über die Berechtigung lange nachzudenken: *Wer bei Kultur und Wissenschaft spart, wird von Meinungsführern taxfrei als anti-intellektueller Populist gebrandmarkt.* (OÖN 6. 2. 12)

**Taxichauffeur Taxichauffeurin,** der bzw. die (auch schweiz., in D veraltet): Taxifahrer: *Wie merkwürdig ..., dass der einst legendäre Rennfahrer Hans Luksch ein heruntergekommener Taxichauffeur ist.* (PR 17. 5. 14). ↑**Chauffeur, Buschauffeur**

**Taxilenker Taxilenkerin,** der bzw. die: Taxifahrer: *Ein Überfall auf einen Taxilenker in Innsbruck vom Mittwoch konnte rasch geklärt werden.* (KU 18. 4. 08). ↑LENKER

**Taxilenkerausweis,** der; -ses, -e (Behördenspr.): Taxiführerschein: *Zudem war er bereits seit 2011 aufgrund eines Führerscheinentzuges ohne Lenkerberechtigung und Taxilenkerausweis.* (PR 5. 10. 16)

**Taxler Taxlerin,** der bzw. die (ugs.): Taxifahrer/-in: *Der Taxler hatte sein Fahrzeug mit eingeschaltetem Fernlicht am Straßenrand abgestellt.* (PR 8. 1. 17)

**Tazze,** die; -, -n ‹ital.› (selten, veraltet, meist ↑*Tazzerl*): **1.** Tablett. **2.** [Unter]tasse: *Kein zartes Porzellan, sondern dickwandige Tazze. Daraus schmeckt's irgendwie italienischer.* (Wienerin 1. 1. 04). ↑TASSE

**Tazzerl,** das; -s, -n ‹ital.› (ugs., veraltend): **1.** kleiner Untersetzer. **2.** Untertasse; kleine Schüssel, (Münz-, Seifen)schale: *Ist der schleichende Tazzerl-Mangel Zufall? Kann sein. Wir geben aber zu bedenken, dass gewisse Kreise schon länger versuchen, uns das Bargeld abzugewöhnen.* (OÖN 4. 11. 00). **3.** flaches, schüsselförmiges oder rechteckiges Behältnis aus Styropor o. Ä. als Verpackung im Handel. – Auch in der Schreibung *Tazerl.* ↑(zu 1.:) **Biertazzerl**

**Team,** das: Mannschaft: österr. bes. für: [Fußball-]Nationalmannschaft (seltener auch in D): *Das Team kommt am 29. April in Vösendorf zusammen, um sich auf die Endrunde vorzubereiten.* (KZ 22. 4. 16). ↑**Nationalteam** ◆ **Teamkader:** *Nach dem Match führte Messi dann einen Protest des 26 Mann umfassenden Teamkaders der Argentinier an* (PR 16. 11. 16); **Teamkapitän; Teamkoch; Teamköchin; Teamspieler/-in:** *Teamspieler Christian Fuchs wuchs über sich hinaus* (PR 13. 4. 08); **Teamstürmer/-in; Teamtorjäger/-in; Teamtormann:** *Der ehemalige kroatische Teamtormann soll für zwei Saisonen im Tor der Violetten stehen.* (SN 4. 7. 03); **Teamtorfrau; Teamtrainer/-in:** *Ex-KAC- und Teamtrainer Manny Viveiros ist nicht mehr Trainer des deutschen Vizemeisters Ingolstadt.* (KZ 14. 11. 15)

**Teamchef Teamchefin,** der bzw. die: Trainer/-in, Coach/-in der Nationalmannschaft: *»Man muss feststellen, dass es ergebnistechnisch kein erfolgreiches Jahr war«, betonte Teamchef Marcel Koller.* (KU 22. 12. 16)

**Teamgoalie,** der; s, -s ‹engl.›: Nationaltorhüter: *Kreuzbandriss zwingt ÖFB-Teamgoalie zu langer Pause.* (ST 21. 10. 16). ↑**Goalie, Einsergoalie**

**Teamkeeper,** der ‹engl.›: Nationaltorhüter: *Verletzter Austria- und ÖFB-Teamkeeper will erst zur Sommervorbereitung wieder voll einsteigen.* (ST 23. 11. 16). ↑**Keeper**

**Teamleiberl,** das (ugs.): **1.** Trikot der Nationalmannschaft. **2.** Platz in der Nationalmannschaft: *Der Tormann ist bei AEK Athen nur zweite Wahl, das wiederum kostet ihn das Teamleiberl.* (PR 25. 1. 08). ↑LEIBERL

**Technik,** die: (Kurzwort für) technische Universität: *das vierte Geschoss der Technik wurde erst Ende des 19. Jahrhunderts aufgestockt.* (WZ 1. 4. 05)

**Teebäckerei,** die: Teegebäck, Konfekt: *»Aber ich finde das gehört erst danach«, sagt die Chefin und macht sich an ein Blech Teebäckerei, um sie zu verzieren.* (PR 16. 5. 15). ↑BÄCKEREI

**Teebutter,** die: Butter erster Güteklasse, (in D) Markenbutter: *Schnell noch ein paar Salzburger Landeier herbeigeholt, das Salzburger Landmehl gesiebt und mit der feinen Teebutter die Form eingefettet.* (SN 27. 9. 07)

**Teehäferl,** das: größere Teetasse: *Zudem trank sie aus Nervosität vor den vielen anwesenden Musikern den Gin aus Teehäferln.* (PR 6. 4. 15). ↑HÄFERL

**Teejause,** die: ↑Jause am Nachmittag mit Tee und Kuchen: *Nach dem Mittagessen in der Bärenhütte wurden von den 64 Teilnehmern bei der Teejause noch 100 Krapfen »verdrückt«.* (OÖN 28. 1. 13). ↑Jause

**Teeschale,** die: Teetasse: *100 Millionen Stunden hochaufgelöste Videos in Form von DNA hätten in einer Teeschale Platz.* (ST 24. 1. 13). ↑Schale

**Teeseiherl,** das: Teesieb. ↑**Seiherl**

**Teigkarte,** die: Teigschaber ohne Griff, manchmal mit Sägekerbung zum Verzieren von Torten: *Die Ei-Masse in die Form füllen und mit einer Teigkarte drei gleich große Türme (Nockerl) formen.* (ST 23. 11. 16)

**teilbedingt** (Rechtsspr.): zu einem Teil ↑unbedingt, zu einem Teil ↑bedingt (bei Haft- und Geldstrafen): *Die sieben anderen Angeklagten erhielten ... Strafen in der Höhe von 15 Monaten teilbedingt bis zu vier Jahren unbedingt.* (PR 1. 12. 16)

**Teillehre,** die: verkürzte Lehrzeit: *der Großteil holte den Pflichtschulabschluss nach, sieben Prozent konnten einen Lehrabschluss oder zumindest eine Teillehre vorweisen.* (ST 11. 7. 16)

**teilrechtsfähig** (Rechtsspr.): berechtigt, selbstständig Geschäfte abzuwickeln, die bisher nur den Bundesbehörden vorbehalten waren (Ggs. ↑vollrechtsfähig): *Die rechtlich erforderliche Trennung von hoheitsnahem und teilrechtsfähigem Bereich »war teilweise mangelhaft«.* (PR 7. 7. 11) ◆ **Teilrechtsfähigkeit**

**Teilsame,** das; -n, -n (ostösterr.): Schulter und Keule vom Schwein, als Einzelstücke geräuchert: *Beim Geselchten fällt die Wahl zumeist auf das »Teilsame«. Mit Wurzelwerk leise gesotten, gibt es auch eine kräftige Suppe.* (OÖN 11. 10. 03)

**Teilzeitkarenz,** die (Verw.): ↑Elternkarenz, die in Form von Teilzeitbeschäftigung konsumiert wird: *Teilzeitkarenz, Väterkarenz und Familienhospizkarenz werden begrüßt und die Ausweitung der Karenzierung auf 2,5 Jahre ist möglich.* (KU 13. 12. 07). ↑Karenz

**Telefon:** wird österr. meist auf der letzten Silbe betont, in D auch auf der ersten

**Telefonmaut,** die: Gebühr eines Mobilnetzbetreibers für die Durchleitung der Telefongespräche; Terminierungsentgelt: *Fischer alterierte sich über »das Sponsoring des Mobilfunks«, zu dem das Festnetz über die Telefonmaut verdonnert werde.* (ST 18. 9. 07). ↑Maut

**Telefonmuschel,** die (selten auch in D): Telefonhörer: *Unlängst wurde ich Zeuge, wie ein Kollege ... einen Anruf erhielt, ... die hohle Hand über die Telefonmuschel hielt und verzweifelt in die Redaktionsräume stöhnte.* (ST 21. 10. 08). ↑Muschel

**Teller,** das; -s, -: ist österr. (und bayr.) auch Neutrum (als standardsprachlich gilt aber nur Maskulinum): *Das Parfait schneiden, auf das Teller legen und mit den Essigerdbeeren servieren.* (NÖN 12. 4. 11)

**Tellerfleisch,** das (auch bayr.): gekochtes Schweine- oder Rindfleisch, das in Stücke geschnitten in der Suppe serviert wird, bes. als Zwischenmahlzeit: *Kostproben der klassischen Wiener Küche wie Tellerfleisch, Kipflkoch und Gulasch stehen dabei auf der Speisekarte.* (KU 28. 4. 06)

**Tepp, teppert** ↑Depp, deppert

**Terminerstreckung,** die (Behördenspr.): Aufschub des Termins: *So reagierte das Büro von Heinisch-Hosek auf Hummers Ankündigung, sie habe eine Terminerstreckung erwirkt.* (WZ 21. 3. 14). ↑Erstreckung

**terminisieren** ⟨lat.⟩: befristen, zeitlich festlegen, (in D) terminieren: *Genau terminisieren kann man das nicht.* (ST 19. 12. 14)

**Terno,** der; -s, -s ⟨ital.⟩: Gruppe von drei Zahlen im Lotto, für die man 3000x den Einsatz gewinnt: österr. Form, (in D) die Terne: *Diesen Samstag steht bei den Varianten »Ambo« und »Terno« die vorerst letzte Prämien-Runde auf dem Programm.* (KU 22. 2. 08). Vgl. Ambo

**Teschek,** der; -s, -s ⟨ung. *tessék* ›wie bitte?‹, unterwürfige Höflichkeitsformel⟩ (bes. Wien, ugs.): der Benachteiligte, Ausgenützte: *Es kann nicht sein, dass Österreich der Teschek der EU ist. In einer funktionierenden Solidargemeinschaft soll niemand der Teschek sein.* (ST 8. 9. 15)

**Tetschen** ↑Tätschen

**Teuchel,** der; -s, - und die; -, -n: (westösterr, auch südd., schweiz.): auf Almweiden verwendetes hölzernes Wasserleitungsrohr

**Teuerungsausgleich,** der (auch schweiz.): Zahlungen, um die Teuerung von Löhnen und Renten auszugleichen: *Wir verteilen keine Almosen, sondern haben einen einmaligen Teuerungsausgleich zusätzlich zur linearen Pensionserhöhung von 0,8 Prozent beschlossen.* (ST 1. 1. 17)

**Teufelsroller,** der: Rollmops in scharfer Tomatensauce: *Auch Rollmöpse, Teufelsroller, Sauerkraut, Würstel mit scharfem Senf, Hotdogs*

*oder Pommes mit Hot Ketchup entsprechen dem höchst wirkungsvollen Geschmacksmuster von sauer - scharf – fett.* (ST 19. 1. 05). ↑ ROLLER

**Thaddädl,** der; -s, -n ‹eig. ›Thaddäus‹›: komische Figur des Altwiener Volksstücks: *Die Vorstadtbühne mit dem größten Publikumszuspruch war damals das ... Leopoldstädter Theater, das mit den Figuren des Kasperls, des Thaddädls und des Staberls ... die Leute magnetisch anzog.* (WZ 15. 9. 12). ↑ **Tatl**

**Theatergeher Theatergeherin,** der bzw. die: [ständige/-r] Theaterbesucher/-in: *»Ich hoffe, dass diese Kollaboration eine neue Gruppe an Theatergehern in unsere Show zieht.«* (SN 12. 8. 15). ↑ -GEHER

**Themenwechsel,** der: österr. nur so gebrauchte Form, in D auch Themawechsel

**Thermophor,** der ‹griech.› (selten auch in D): Wärmflasche, Bettflasche: *Mir war immerzu äußerlich wie innerlich kalt. Ich hab mir, auch wenn's schwer zu glauben ist, von meinem ersten Taschengeld einen Thermophor gekauft.* (PR 4. 5. 16)

**Thuje,** die; -, -n ‹griech.›: Lebensbaum: österr. (und bayr.) Form, (in D) Thuja: *Aber auch einige pflanzliche Arzneimittel helfen dem Immunsystem auf die Sprünge. Dazu gehören unter anderem Echinacin, Mistelpräparate, Thuja, Mariendistel oder Taigawurzel.* (PR 5. 12. 01)

**Tiefkühler,** der (auch schweiz.): Tiefkühltruhe, -schrank: *»Haben alle noch alle zehn Finger?«, fragt Richard Holmes trocken, bevor er das Fleisch für eine halbe Stunde in den Tiefkühler packt.* (PR 22. 8. 15)

**-tiger:** produktives Grundwort in Zus.: 1. begeisterter Anhänger von Sportarten, Tätigkeiten u. Ä., z. B. ↑ **Balltiger, Partytiger, Pistentiger.** 2. Liebhaber von bestimmten Speisen, z. B. ↑ **Fleischtiger, Mehlspeistiger, Rindfleischtiger, Suppentiger**

**Tingeltangel,** das; -s, -: ist österr. Neutrum, in D auch Maskulinum, und wird österr. (und bayr.) auf der dritten Silbe betont (in D auf der ersten)

**Tintenpatzen,** der (ugs.): Tintenklecks. ↑ PATZEN

**Tippel** ↑ Dippel

**Tirggeler,** der (Tirol, Küche) ‹zu Türken ›Mais‹›: Speise aus Mais, Maissterz

**Tirol: Tiroler Gröstl** ↑ GRÖSTL

**Tirolensia,** die /Plural/ (Bibliothekswesen): Publikationen über Tirol

**Tirtel** ↑ Türtel

**Tischfußballtisch,** der: Spielgerät für Tischfußball: *Einen der Hauptpreise beim Gewinnspiel der Agrarmarkt Austria (AMA), einen Tischfußballtisch, gewann die Volksschule Waldneukirchen.* (OÖN 18. 1. 17). Vgl. Wuzeltisch

**Tischlade,** die (regional auch in D): unter der Tischplatte angebrachte Schublade: *Die Maßnahmen sind geplant, sie liegen in der Tischlade.* (OÖN 14. 4. 00). ↑ LADE

**Tixo®,** das/der; -s, -s ‹nach dem Grundstoff Titanoxid›: durchsichtiger Klebestreifen, (in D) Tesa®: *In den USA fanden wir Geschenkskarten, Tixo und Schere zum Verpacken von Mitbringseln.* (KU 29. 8. 13)

**Tobel,** das und der; -s, - (bes. westösterr, auch schweiz.): enge [Wald]schlucht: *Spezialfirmen aus dem Bregenzerwald holen bereits umgestürzte Bäume aus dem Tobel.* (VN 7. 4. 08)

**Tocke** ↑ Docke

**Toilett-, Toilette-:** österr. (sonst seltene) Form in Zus., wobei das Endungs-e nicht ausgesprochen und oft auch nicht geschrieben wird, (in D) Toiletten-: **Toilettartikel:** *Auch Sachspenden ohne Ablaufdatum, wie Toilettartikel, Reinigungsmittel oder Konserven werden gerne entgegengenommen.* (OÖN 11. 4. 13); **Toilettpapier:** *J. B. rät den Verbrauchern beim Kauf von Toilettpapier besonders auf den »Blauen Engel« zu achten, denn dieses Siegel garantiert die Herstellung aus hundert Prozent Altpapier.* (ST 17. 10. 06); **Toilettpapierrolle; Toiletterolle; Toilettesachen:** *Dazu kommen etwa sieben Kilo extra: Schlafsack, etwas Wäsche zum Wechseln, ein Minimum an Toilettesachen.* (PR 29. 11. 09); **Toiletteseife; Toilettespiegel:** *So sind unter anderem ... ein Toilettetisch aus der Hofburg, ein Toilettespiegel ... sowie das Originalmobiliar ... in Schönbrunn zu sehen.* (SN 22. 10. 05); **Toilettetisch:** *Highlight ist ein Toilettetisch für das Sanatorium Purkersdorf, den Koloman Moser 1904 entwarf.* (KU 3. 11. 04)

**Toilettetasche, Toiletttasche** die: Tasche, Beutel zur Aufbewahrung von Gegenständen zur Körperpflege [auf Reisen], (in D) Kulturbeutel, Waschbeutel: *Toilettetasche, Bekleidung und so genannte Andachtsgegenstände ... durfte er* [in der U-Haft] *behalten.* (SN 15. 2. 07); *Sie wurde gleich direkt von einer Dame wegen der Toiletttasche angesprochen – und im Nu hatte diese ihre Besitzerin gewechselt.* (ST 6. 1. 14). – Zur Aussprache ↑ Toilette-

**Toleranzsemester,** das: Semester, das man länger brauchen darf als die erlaubte Studiendauer, ohne dass man den Anspruch auf Sozialleistungen verliert: *Ihre Eltern unterstützen sie zwar und sie erhält ein Selbsterhalterstipendium, doch dafür darf sie sich nur ein Toleranzsemester erlauben.* (ST 8. 10. 16)

**Tommerl,** der; -s, -n (bes. südostösterr.): eine Art Auflauf aus Mehl, Eiern, Milch usw., ähnlich ↑Schmarren oder ↑Sterz: *Zum Kaffee mit gekochter Kuhmilch gab es einen Türkensterz oder einen Tommerl.* (KZ 1. 8. 09). ↑**Bluttommerl, Heidentommerl, Türkentommerl**

**top-** (auch schweiz.): in hervorragenden Zustand erneuert, bes. in Wohnungsannoncen: **topadaptiert:** *Moderne Büros mit Tiefgarage, topadaptiert.* (wohnen123, 2008, Int); **toprenoviert:** *Citylage, Herminengasse, Stilaltbau, 90m², toprenoviert, 3. Liftstock …* (KU/Immo 22. 3. 08); **topsaniert:** *Topsanierte 3-Zimmer-Wohnung inklusive neuer Küche in einem wunderschönen, generalsanierten Stilaltbau.* (KU/Immo 18. 6. 07)

**Topas,** der; -es, -e: wird österr. urspr. auf der ersten Silbe betont, in D auf der zweiten. Heute gibt es beide Betonungen

**Topfeler,** der; -s, - (Tirol): in Fett gebratene Kugeln aus ↑Topfen: *Bestens schmeckten uns auch die aus Eiern, Mehl und Topfen hergestellten Zirler Topfeler …, die mit einer Schnittlauch-Rahmsoße serviert wurden.* (TT 16. 7. 05)

**Topfen,** der; -s (auch bayr.): **1.** Milchprodukt aus saurer Milch, (in D) Quark: *Denn Brot, Getreideprodukte, Butter, Milch und Topfen, also der tägliche Einkauf … kosteten um 2,7 Prozent mehr.* (ST 17. 1. 08). **2.** (ugs., abwertend, salopp) Unsinn, Misslungenes, Stümperhaftes, (ugs.) Quark: *Da kann man als Autor noch so bemüht sein Herzblut in Zeilen gießen, von denen kommt nicht einmal ein grantiges »So ein Topfen« zurück.* (OÖN 17. 4. 10) ↑**Speisetopfen, Bröseltopfen** ◆ **Topfenauflauf; Topfenaufstrich:** *Leichter Topfenaufstrich mit feinen Bärlauchstreifen.* (SN 3. 4. 08), ↑Topfenkäse; **Topfencreme:** *Eine schöne und selbstbewusste junge Frau gönnt sich nach einem anstrengenden Tag Danone Topfencreme.* (ST 4. 7. 07); **Topfencremetorte; Topfensoufflé:** *Dann darf man … »Topfensoufflé mit Orangen« ohne schlechtes Gewissen auf der Zunge zergehen lassen.* (PR 29. 3. 05); **Topfenteig; Topfentorte**

**Topfenfülle,** die (auch bayr.): Füllung aus ↑Topfen: *Die Topfenfülle wird von den Kindern selbst gemacht.* (OÖN 20. 4. 07). ↑FÜLLE

**Topfenhaluschka,** die; -, …ken ⟨tschech.⟩ (bes. ostösterr.): ↑Haluschka mit ↑Topfen: *Erdäpfelgulasch und Topfenhaluschka wurden gepriesen* (FU 12. 4. 07). – Auch in der Schreibung *Topfenhaluška.* ↑**Haluschka**

**Topfenkas,** der; -s, - ⟨verschriftl. Dialektform⟩: ↑Topfenkäse: *Barbara schenkt Most aus, serviert Topfenkas und Speckbrote und verkauft Produkte vom Hof.* (KU 28. 7. 12). -KAS

**Topfenkäse,** der; -s: Aufstrich aus ↑Topfen, verrührt mit Rahm, Gewürzen, Schnittlauch: *Im Süden Österreichs sind auch pikante Varianten mit Sauerkraut, mit Geselchtem oder Topfenkäse bekannt.* (KZ 19. 6. 13). – Auch in der Form *Topfenkäs*

**Topfenknödel,** der: Knödel aus einem Teig aus Butter, Ei, ↑Topfen, Brösel, manchmal auch Grieß: *In Hammer-Qualität kamen Biosaibling mit Kürbis, … außerdem mollige Topfenknödel auf den Tisch.* (KZ 28. 9. 16). ↑KNÖDEL

**Topfenkolatsche,** die: mit ↑Topfen gefüllte Kolatsche: *Wir sitzen in einer kleinen Wiener Café-Konditorei, und inmitten all der Apfelstrudel, Topfenkolatschen, Melangen und Kleinen Braunen liegt sozusagen ein Stück Weltgeschichte vor uns.* (PR 19. 6. 09). – Auch in der Schreibung *Topfengolatsche.* ↑**Kolatsche, Powidlkolatsche**

**Topfenmasse,** die: fein gerührte Creme aus ↑Topfen, Eiern und Zucker als Basis für Aufläufe, Desserts oder als Tortenbelag: *Dotter und Stärke unter die Topfenmasse rühren, die Eiklar steif schlagen und zum Schluss unterheben.* (KZ 8. 2. 06). ↑MASSE

**Topfennockerl,** das: mit ↑Topfen hergestellte Nockerl: *Denn was mich neben dem nun schon 30-tägigen Veltliner- und Topfennockerl-Entzug besonders grantig macht: Ich habe erst ein halbes Kilo … verloren.* (ST 11. 4. 03). ↑NOCKERL

**Topfennudel,** die (bes. Ktn.): mit Topfen gefüllte Teigtasche: *Tirolerknödel, Fleisch- oder Topfennudel werden ebenso täglich frisch zubereitet, jeden Donnerstag gibt es die bereits bekannte »Braune« im schmucken Geschäftslokal.* (KZ 8. 10. 13). ↑NUDEL

**Topfen-Obers-:** mit ↑Topfen und ↑Obers zubereitet oder garniert (in Zus.), (in D) Käsesahne-: **Topfen-Obers-Creme:** *Biskuitroulade mit Topfen-Obers-Creme und Früchten.* (ST

21. 4. 03); **Topfen-Obers-Kuchen; Topfen-Obers-Masse:** *Die Topfen-Obers-Masse auf den Teigboden streichen.* (KZ 8. 2. 06), ↑Masse; **Topfen-Obers-Nockerl** /meist Plural/; **Topfen-Obers-Roulade; Topfen-Obers-Schnitte** ↑SCHNITTE; **Topfen-Obers-Torte**

**Topfenpalatschinke,** die /meist Plural/: mit ↑Topfen gefüllte Palatschinke: *Dann legte er beherzt eine Topfenpalatschinke dazu, übergoss sie mit Vanilleschaum.* (KU 20. 4. 01). ↑PALATSCHINKE

**Topfenschnitte,** die: mit ↑Topfen gefüllte Schnitte: *Die hausgemachten Desserts (Rouladen, Topfenschnitte, Apfelstrudel) waren von durchschnittlicher Konditorenqualität.* (OÖN 4. 10. 02). ↑SCHNITTE

**Topfenstrudel,** der (auch bayr.): mit ↑Topfen gefüllter Strudel: *Mit Topfenstrudel und Vanillesoße ließ man sich schließlich versöhnen.* (ST 10. 1. 05). ↑STRUDEL

**Topfentascherl,** das (auch bayr.): mit ↑Topfen gefüllte Tascherln: *Marmelade- und Topfentascherl, belegte Brötchen, Säfte oder Kaffee?* (SN 10. 5. 13). ↑TASCHERL

**Topferl,** das (ugs.): Nachttopf für Kinder: *Aber das neue Buch ... kann ... der jungen Zielgruppe vor Augen führen, dass es keine große Sache ist, die Windel gegen Topferl und Klomuschel zu tauschen.* (WZ 17. 8. 15)

**Tor,** das (Vbg.): ↑Törl: *Schweizer Tor, Drusentor*

**Torkel,** der; -s, - (bes. Vbg., auch schweiz., bayr.): Weinkeller, Weinpresse: *im alten Torkel wurden ein feines Glas Müller-Thurgau und Käsehäppchen gereicht.* (VN 23. 5. 17); *Abschluss bildete der Besuch im Weinlokal »Zum Winzer«, wo eine alte Torkel aus dem 16. Jh. die Gutsschenke einzigartig macht.* (VN 26. 6. 14)

**Törl,** das; -s, -: Felsendurchgang, Pass; bes. in Ortsnamen: *Fuscher Törl, Kapruner Törl; Abstieg zur Abzweigung nach Steyrling, Wiederanstieg zum Törl, hinab zur Wegkreuzung, das kennen wir schon vom Hinweg.* (OÖN 24. 6. 11). ↑Tor

**Torlauf,** der (formell, selten auch in D): Slalom: *am Dienstag kehrt der Weltcup für einen spektakulären Nacht-Torlauf in Flachau nach Österreich zurück.* (OÖN 4. 1. 17)

**Tormann,** der: (in D meist) Torhüter, Torwart: *Aber nicht nur Hitzfeld hält große Stück auf seinen Tormann und Kapitän.* (SN 19. 4. 08)

**Torout,** das; -s ‹engl.› (Sport): Raum hinter der Torlinie, (in D) Toraus, (in CH) Behind: *Michael Huber fälscht ins Torout ab.* (ST 20. 8. 16). ↑**Out** ◆ **Toroutlinie**

**tosisch** ‹ital.; nach dem österr.-ital. Schlosser Tosi›: mit einem Sicherheitsschloss versehen: *tosisches Schloss, Tosi'sches Schloss, tosischer Schlüssel, Zylinder; Ein Schlüsselbund mit vier Schlüsseln (drei Zylinderschlüssel und ein tosischer) ... wurden ... gefunden.* (NÖN 21. 6. 16)

**Totenbeschau,** die (Behördenspr.): (in D) Leichenschau: *Um einen Toten legal außer Landes bringen zu können, muss nach einer Totenbeschau die Leiche freigegeben sein.* (SN 13. 1. 05). ↑BESCHAU

**Totenmahl,** das (seltener oder gehoben auch in D): Leichenschmaus: *Gemeinsam mit seiner Freundin war Jürgen Z. beim Begräbnis und auch beim anschließenden Totenmahl.* (KU 3. 4. 04). Vgl. Nachtmahl, Zehrung

**Totschlag,** der (Rechtsspr., auch schweiz.): vorsätzliches Tötungsdelikt, bei dem der Täter sich in einer allgemein begreiflichen heftigen Gemütsbewegung dazu hinreißen lässt, einen anderen zu töten (in D das Grunddelikt der vorsätzlichen Tötung)

**Tourengeher Tourengeherin,** der bzw. die: Person, die eine Bergtour, Skitour unternimmt: *Zwei Tourengeher entkamen am Sonntag unter der Mandlwand am Hochkönig nur knapp einer Lawine.* (SN 31. 3. 08) ↑-GEHER

**tour-retour** [ˈtuːɐ̯ reˈtuːɐ̯] ‹franz.› (veraltet): hin und zurück (bei Verkehrsmitteln): *Dieselbe Reise mit dem Zug: Erwachsene tour-retour 116,20 Euro. (mit Vorteils-Card: 64 Euro)* (KU 27. 12. 07)

**trachtig:** trachtenmäßig, in Trachtenkleidung: *Schick, trendig, trachtig, fesch ist das Motto der aktuellen Kollektion. Dirndl, Lederhose und modisch taillierte Lodenjacken sind für viele Anlässe ideal.* (OÖN 15. 12. 16)

**Trachtler Trachtlerin,** der bzw. die (regional auch in D): Person, die im Rahmen eines Vereins, eines Festes usw. Tracht trägt: *Aperschnalzen ist der Brauch der Trachtler im ehemaligen Rupertiwinkel.* (SN 5. 2. 07)

**Trafik,** die; -, -en ‹ital.-franz.›: Tabakladen, (Kurzform von) ↑Tabaktrafik: *Amy O'Neal, die das Glückslos in einer Trafik in der Ortschaft Lafayette für die Gruppe gekauft hatte, wusste zunächst nichts von dem Gewinn.* (PR 1. 12. 16)

**Trafikant Trafikantin,** der bzw. die: Inhaber/-in einer Trafik: *Als sie eine Trafikantin beobachteten, die einen Zigarettenautomaten nachfüllte, fiel ihnen demnach deren teures Auto auf.* (ST 6. 3. 17)

**Träger,** der (formell für ↑Tragerl, auch bayr.): zusammenfaltbares Behältnis zum Transport von [Bier]flaschen: *Die steigende Nachfrage für 6er-Träger bei Bier hat die Brau Union Österreich zu einer Großinvestition in ihrer Brauerei Zipf veranlasst.* (OÖN 8. 7. 05)

**Tragerl,** das; -s, -n (ugs., auch bayr., ohne Vbg.): **1.** /meist in den Zus. *Baby-, Kindertragerl*/: Traggestell, Tragtuch für Babys: *wie es bei den Royals von nebenan üblich ist, holte der Vater die junge Mutter samt Kind im Babytragerl kurz nach der Geburt vom Spital ab.* (News 23. 4. 16) **2.** zusammenfaltbares Behältnis zum Transport von [Bier]flaschen, ↑Sechsertragerl: *Ein, zwei Tragerl Bier kauft gerade in Österreich bald einmal jemand.* (OÖN 13. 12. 16). **3.** (Sport) hohe Niederlage, (kurz für) ↑Sechsertragerl: *Mit einem »0 : 9-Tragerl« wurden die Burgkirchner Damen ordentlich bedient.* (OÖN 18. 11. 10); *»Wir haben ein ordentliches Tragerl kassiert.«* (NÖN 12. 3. 15)

**Tragtasche,** die: österr. (und auch südd., auch schweiz.) Form, in D Tragetasche: *Das Kind blieb in der gut gepolsterten Tragtasche unverletzt.* (OÖN 17. 10. 07)

**Traid,** das; -s ‹hist. bair. Schreibung› (auch bayr.): Getreide. ↑**Troad**

**Traidboden,** der ‹hist. bair. Schreibung› (Volkskunde) (auch bayr.): Getreidespeicher. ↑**Troad**

**Traidkasten,** der ‹hist. bair. Schreibung› (Volkskunde) (auch bayr.): Getreidespeicher [in Form eines einzeln stehenden Blockhauses]. ↑**Kasten, Troad**

**Train,** der ‹franz.›: Tross: wird österr. [treɪn] ausgesprochen, in D meist [trɛ̃ː]

**Trajan:** der Name des römischen Kaisers wird österr. auf der ersten Silbe betont, in D auf der zweiten. Ebenso: *Trajanssäule, Trajanswall*

[1]**Tram,** der, -[e]s, -e und Träme (auch bayr.): Balken, (in D) Trame, Tramen: *Ein 17 Meter langer Tram im Dachgestühl der Kollegienkirche ist total vermorscht.* (SN 18. 7. 07); *Wohnzimmer brach durch:* **Holztram** *war angesägt.* (KU 3. 1. 06). ↑**Deckentram**

[2]**Tram,** die; -, -s (bes. Wien, auch schweiz., regional auch in D): Straßenbahn, (kurz für) ↑Tramway, (in D meist) Trambahn: *Zuvor hatte die Feuerwehr mitgeteilt, dass bei dem Unfall in Croydon fünf Menschen im Inneren der Tram eingeschlossen worden seien.* (PR 9. 11. 16)

**Trambaum,** der: Balken im Dachstuhl: *Vielleicht ist aber auch ein Unglück passiert, oder es hat sich wieder ein junger Mensch aufgehängt in einem Heustadel am Trambaum.* (PR 22. 8. 9. 06)

**Tramboden,** der (auch bayr.): aus Holzbalken gefertigte Decke (im Ggs. zu hölzernen Zierbalken in gemauerten Räumen), z. B. in alten Bauernhäusern: *Die Hauseigentümer alarmierten die Feuerwehr. Diese musste den Tramboden zum Teil herausschneiden.* (NÖN 19. 12. 06)

**Tramdecke,** die: [rustikale] Balkendecke: *Das Feuer breitete sich rasch ... aus. Auch die Tramdecke des Hauses wurde stark in Mitleidenschaft gezogen.* (OÖN 24. 1. 07) ◆ **Holztramdecke**

**tramhapert** (ugs., auch bayr.) ‹eig. ›traumhäuptig‹›: unausgeschlafen; unkonzentriert; noch ganz benommen: *Und natürlich steht beim tramhaperten Grüßaugust dann noch routinemäßig die Selbstbefragung nach den Ursachen der Fehlleistung an.* (ST 9. 3. 12)

**Trampel,** der; -s, -: ist österr. (und schweiz.) nur Maskulinum, in D auch Neutrum

**Tramway,** die; -, -s [ˈtramvai̯] (bes. Wien): Straßenbahn: *Heimfahren hänge auch davon ab, wo man seine Heimat definiere: »Wer sie hier definiert, wird mit der Tramway heimfahren und seine Wohnung aufsperren.«* (ST 28. 8. 16) ◆ **Tramwaygleis; Tramwayhaltestelle**

**Tramwayremise,** die: Wagenhalle der Straßenbahn: *Erstmals war eine Bürgerinitiative im Architektenwettbewerb zur Bebauung des 9500 Quadratmeter großen Tramwayremisengeländes Breitensee stimmberechtigt.* (WZ 25. 2. 08). ↑**Remise**

**Trankler Tranklerin,** der bzw. die (ostösterr. ugs., salopp): Alkoholiker/-in: *»Das ist komisch. Die Trankler wollen lieber Saures, also Essiggurken oder saure Wurst. Die Giftler sind gierig nach Süßspeisen.«* (PR 28. 9. 02) ↑**eintrankeln**

**Transdanubien** (ostösterr., salopp): nördlich gelegene Stadtteile von Wien: *Der 19-jährige Alex M. wohnt in Transdanubien, verbringt aber einen Großteil seiner Zeit in der Innenstadt.* (ST 21. 11. 07)

**transferieren** ‹lat.› (Behördenspr.): versetzen: *Vorerst wurden etwa 20 Beamte zur Justiz transferiert.* (PR 31. 10. 11). – Alle anderen Verwendungen sind gemeind. ◆ **Transferierung**

**Transit,** der ‹ital.›: wird österr. auf der letzten Silbe betont mit kurzem *i*, in D auch auf der ersten Silbe mit lang gesprochenem *i*.

**Transitarbeitsplatz,** der (Verw.): vorübergehendes Arbeitsverhältnis für Langzeitarbeitslose als Einstiegshilfe in eine Beschäftigung: *Auf einem Transitarbeitsplatz der Volkhilfe Basar GmbH erledigt sie vorübergehend Sekretariatsarbeiten.* (PR 30. 4. 10)

**Transleithanien** ‹eig. ›Land jenseits der Leitha‹› (hist.): inoffizielle Bez. für den östlichen, ungarischen Teil der österreichisch-ungarischen Doppelmonarchie. Vgl. Cisleithanien

**Tratsch,** der; -[e]s (ugs.): Plausch, gemütliche Unterhaltung‹ – Die Bedeutung ›gehässiges Gerede, Klatsch‹ ist gemeind.: *Ehe sie Frau B., die auf Krücken geht, zur Morgentoilette ins Badezimmer begleitet, nimmt sich die diplomierte Krankenschwester Zeit für einen kurzen Tratsch.* (SN 9. 8. 06). Wird mit kurzem *a* ausgesprochen, in D mit langem *a*. ↑ **Bassenatratsch**

**tratschen** (ugs., regional auch in D): plaudern: *»Wenn man viel mit den Leuten tratscht, dann entsteht auch was.«* (WZ 20. 11. 12). – In der Bedeutung ›klatschen, ausplaudern‹ gemeind. Wird in D mit langem a ausgesprochen

**tratzen,** sw. V. / hat (ugs., auch bayr.): necken, sekkieren: *Als der junge Mann sich eine Gewohnheit daraus zu machen schien, T. und ihre Freundinnen in der Pause ordentlich zu tratzen, kam bald die Nachricht aus der Schule zu uns, T. habe ihren Mitschüler gewürgt.* (WZ 19. 3. 16) ◆ **Tratzerei**

**Trauerfamilie,** die (auch schweiz., selten auch in D): trauernde Angehörige: *Er feierte Gottesdienste, führte eine Wallfahrt nach Maria Schmolln an und leitete auf besonderen Wunsch einer Trauerfamilie ein Begräbnis.* (KU 28. 12. 05)

**Trauerparte,** die: Todesanzeige: *Wieder eine Trauerparte an der Schultür.* (OÖN 4. 4. 07). ↑ **Parte, Partezettel**

**Traumbüchl,** das (ugs.): Traumbuch: *Ist ja klar, dass wir noch nicht alle Kredite abgezahlt haben, das geht selbst im Traumbüchl nicht.* (ST 10. 10. 14). ↑ **Büchl**

**Trauminet,** der; -s, -e (ugs., auch bayr.): Feigling, schüchterner Mensch: *Ich möchte eines nicht: dass Erfahrungen wie diese dazu führen, dass ich zu einem kompletten Trauminet werde.* (News 13. 5. 04)

**Trauner,** der: flaches Lastschiff: *Seit Mitte des 20. Jahrhunderts hat am Wolfgang-, Mond-, Atter- und Traunsee die Zahl der Trauner rapide abgenommen.* (VB 2. 7. 03)

**Trauungsmatrikel,** die (Behördenspr.): Trauregister. ↑ MATRIKEL

**Travnicek,** der; -s, -s ‹nach einem Familiennamen, als Typ bekannt durch die Kabarettnummern von Gerhard Bronner› (ugs.): Person, die die Gewohnheiten eines Banausen oder Kleinbürgers in typischer Weise zur Schau trägt, bes. Person, die für das im Ausland Gebotene nicht das geringste Interesse zeigt: *Du, Travnicek, bekommst ein Elektrorad, ich hingegen werde meine Beinmuskeln spielen lassen.* (KZ 12. 5. 13)

**Trenzbarterl,** das (ostösterr. ugs.): Lätzchen: *Wer dieser Tage durch das Hinterland von Barcelona reist, könnte nur allzu leicht in Gruppen erwachsener Bürger geraten, die auf offener Straße mit umgebundenen Trenzbarterln herumstehen.* (ST 18. 1. 08). ↑ **Barterl, trenzen**

**Trenzcouch,** die: Couch, auf die man sich zum Weinen legt; jmd., bei dem man seinen Jammer äußert: *Geschüttelt von einem Heulkrampf kauert meine beste Freundin auf meiner Trenz-Couch.* (OÖN 19. 10. 02); auch variiert als *Trenzsofa* u. Ä. ↑ **trenzen**

**Trenzen,** die; -, - (ugs., auch bayr.): Person, die [ständig] trenzt, jammert

**trenzen,** sw. V. / hat (ugs., auch bayr.): **1.** weinen: *Da durften die Mädels bei einem TV gewordenen Groschenroman Lilly Schönauers ganz fest ins Taschentüchl trenzen.* (OÖN 21. 5. 10). **2.** jammern, raunzen: *Der Wirt meines Vertrauens versuchte, mich mit wohlgesetzten Worten aufzurichten: »Hör' auf, in dein Clausthaler zu trenzen! Das Leben geht weiter.«* (OÖN 25. 2. 06). **3.** tränen, speicheln: *Ein Intellektueller ist offenbar jemand, der geifert, dem die Wut aus den Lefzen trenzt.* (PR 28. 11. 02). ↑ **antrenzen** ◆ **Trenzer/-in**

**Treppe,** die: **1.** (veraltet) Podest: *In der alten Schule stand der Katheder auf einer Treppe.* **2.** Stufe, Treppenabsatz: *Die Treppe führt zu einem Dacheinstieg in 4 m Höhe und besteht aus den Treppen, einem Geländer mit Handlauf und einem Podest mit etwa 2 m².* (NÖN 27. 5. 09); *Vom Wohnzimmer mit angegliederter Küche im Erdgeschoß führt eine Treppe auf ein Podest.* (ST 26. 4. 97) – Die urspr. Unterscheidung von *Treppe* als eng und schmal, *Stiege* als breit und repräsentativ (umgekehrt gegenüber dem Sprachgebrauch in D) ist heute verschwunden. Beide Wörter kommen auch im Plural (bei Bedeutung im Singular) vor

**treppeln,** sw. V. / hat: **1.** (ugs.) in kleinen Schritten gehen. **2.** mit den Skiern seitlich den Hang hinaufsteigen: *Während anderswo noch mühevoll mit den Skiern »getreppelt« wurde, startete man in Kasten bereits 1966 die Pistenraupe.* (NÖN 10. 2. 09). **3.** treideln

**Treppelweg,** der (auch bayr.): schmaler, am Ufer eines Flusses oder Kanals entlangführender Weg für das Schleppen von Schiffen; (in D) Treidelweg: *Der Treppelweg war an dieser Stelle nicht mehr begehbar.* (OÖN 21. 4. 16); *Am Treppelweg der Donauinsel steht am Asphalt alle hundert Meter die jeweilige Kilometerangabe.* (ST 21. 6. 18)

**Trester,** der (regional auch in D): Branntwein aus Trester, kurz für *Tresterbrand: Aus 100 Litern Maische entstehen vier bis fünf Liter hochprozentiges Destillat. »Beim Trester ist es noch weniger, da gibt es eine Ausbeute von zwei Litern auf 100 Liter.«* (PR 2. 4. 16). – Als Rückstand bei der Kelterung gemeind. ↑**Schilchertrester**

**Tresterer,** der /meist Plural/ (bes. Sbg.): Brauchtumsgruppe um die Weihnachtszeit: *Glöckler waren in der Stadt Salzburg und im Flachgau unterwegs, die Tresterer im Pinzgau, die Schnabelperchten in Rauris.* (SN 7. 1. 17)

**treuhändig, treuhändisch:** österr. Formen, (in D) treuhänderisch: *Die Holding sei aber wiederum nur treuhändisch für die Privatstiftung ... tätig gewesen.* (SN 28. 6. 07); *Nach dem Zweiten Weltkrieg wurde das Gemälde der Republik Österreich treuhändig übergeben.* (PR 13. 12. 09)

**Triangel,** das; -s, - ‹lat.›: ist österr. Neutrum, in D Maskulinum oder Femininum, und wird österr. auf der zweiten Silbe betont, in D auf der ersten

**trischaken,** sw. V. / hat ‹tschech. *triškáti* ›hauen, prügeln‹, angelehnt an dt. *dreschen*›: **1.** (ostösterr. ugs., salopp) verprügeln, schlagen: *Wenn damals jemand auf dem Naschmarkt Blumenkohl verlangt hätte, wäre er von den Standl-Sopherln übel getrischackt ... worden.* (SN 6. 7. 06). **2.** eine Spielart beim Tarock: *Beim Trischaken geht es darum, möglichst wenig Punkte zu erzielen.* (WZ 30. 9. 05)

**Triste,** die; -, -n (auch bayr., schweiz.): um eine hohe Stange angelegter Holz-, Heu- oder Strohhaufen; **Holztriste:** *Das Fahrzeug stieß gegen eine Holztriste, stürzte über eine Böschung und überschlug sich.* (OÖN 18. 12. 16). ↑**Heutriste, Scheitertriste, Strohtriste**

**Trittroller,** der: Tretroller: *Seine mobile Phase begann im Kinderwagerl, dann erlernte der bewegungshungrige Bub Trittroller- und Radfahren.* (PR 19. 10. 07)

**Troad,** das; -s [...ɔɐ...] ‹verschriftl. Dialektform von ↑ *Traid*› (oft in der Volkskunde): Getreide ◆ **Troadboden:** *Zöbl ließ extra alten Saal und Troadboden sanieren.* (OÖN 23. 6. 06); **Troadkasten** ↑Traidkasten: *In einem steirischen Troadkasten schlafen.* (ST 2. 8. 16), ↑KASTEN

**Tröpferl,** das; -s, -n (emotional): besonders guter Tropfen, guter Wein: *Es handelt sich vorwiegend um edle französische Tröpferl aus Bordeaux und dem Burgund.* (ST 6. 12. 13). ↑**Jahrhunderttröpferl**

**Tröpferlbad,** das (Wien, früher): öffentliches Brause- und Wannenbad: *Das unter Denkmalschutz stehende städtische Tröpferlbad in der Ratschkygasse 26 wurde als eines der letzten seiner Art im Jahr 2006 geschlossen.* (PR 8. 7. 17)

**Tropfrein,** die: schüsselförmiges Küchengerät aus Blech, Plastik o. Ä. mit durchlöchertem Boden zum Durchpassieren, (in D) Durchschlag. ↑**Rein, Sterzrein**

**Tropftasse,** die (in D selten): **1.** Blech im Backrohr oder beim Griller zum Auffangen des tropfenden Fettes: *Ist das Gansl noch nicht richtig knusprig, so kann man es ... auf einen Rost legen, eine Tropftasse darunterstellen und die Haut nochmals bei ca. 220°C knusprig braten.* (OÖN 10. 11. 07). **2.** Schale zum Auffangen des tropfenden Wachses bei einer Kerze: *Freche Diebe stahlen am Montag in Linz aus einer Kirche zwei vergoldete Kerzenständer mit Tropftasse und 60 cm hohen Füßen.* (KU 12. 1. 00). – Als ›Teil der Spüle‹ gemeind. ↑TASSE

**Tropfteig,** der: sehr flüssiger Teig, der als Einlage in die kochende Suppe getropft wird: *Im Frühjahr zählt es zu Spezialitäten, Holunder- oder Akazienblüten in Tropfteig zu tauchen und in Fett herauszubacken.* (KU 9. 5. 07). ↑**Eingetropfte, Backteig**

**Trud** ↑Drud

**Trumm,** das; -[e]s, Trümmer (ugs., regional auch in D): [übertrieben großes, nicht näher beschriebenes] Stück: *Unglaublich, wie leichtfüßig dieses Trumm von einem Auto die Bergstraßerl hinauf huscht.* (OÖN 7. 7. 16); *so ein Trumm Mannsbild!; Anders als bei der wilden Geste eines Georg Baselitz, der seine Holztrüm-*

*mer mittels Motorsägenmassaker formt, muss man beim distanzierten Balkenhol genauer hinsehen.* (PR 3. 4. 07). ↑**Mordstrumm** ◆ **Riesentrumm**

**Trümmerl,** das; -s, -n (ugs., salopp): Fäkalienwurst: *Aber Dreck und braune Trümmerln gehören hier wohl zur Stadtkultur.* (PR 14. 2. 11). ↑**Hundstrümmerl**

**Trutsche,** die; -, -n (ugs., abwertend, auch bayr.): einfältige [und zugleich auftrumpfende] Frau: *Der Chef ist extrem karrieregeil, die Journalistin eine echte Trutsch'n.* (OÖN 2. 6. 18)

**Trutscherl,** das; -s, -n (ugs., abwertend, auch bayr.): einfältiges Mädchen: *Ein völlig verhuschtes, hilfloses Trutscherl, das nicht einmal eine Nummer korrekt eintippen kann.* (KU 29. 12. 10)

**tschali** ↑tschari

**Tschapperl,** das; -s, -n (ugs.): [junger] unbeholfener Mensch: *Man habe ihm gesagt, er soll die Finger von ihr lassen, die Frau sei ein »Tschapperl«.* (KU 10. 11. 07)

**tschari:** ***tschari gehen** (ugs., bes. ostösterr.): verloren gehen, kaputt gehen: *Die EDV des Investors ... ist nämlich tschari gegangen.* (ST 8. 12. 11); *Leider sind die Spickzettel von der Schriftlichen in Latein irgendwann tschari gegangen.* (ST 16. 3. 11) – *Tschali* und *tschari* sind heute gleichbedeutend, stammen aber aus verschiedenen Wurzeln, *tschali* ist vielleicht jidd., die Herkunft von *tschari* ungeklärt

**Tschecherant Tschecherantin,** der; -en, -en bzw. die; -, -nen (ostösterr. ugs., abwertend): Alkoholiker/-in: *Im Mittelpunkt stehen Tschecheranten mit Tschick im Mund, Bierflasche oder Weinglas in der Hand.* (ST 17. 12. 15)

**Tschecherl,** das; -s, -n (ugs., bes. Wien, abwertend): kleines Café: *Denn Nichtrauchen ist eher elitär, im Haubenlokal wird man weniger angepofelt als im Tschecherl nebenan.* (PR 22. 11. 09). Vgl. Tschocherl

**tschechern,** sw. V. / hat ⟨jidd.⟩ (ugs., salopp): viel Alkohol trinken: *Seit wir vor ein paar Jahren die Steuern fürs Tschicken und Tschechern massiv erhöht haben, verdampfen viele zusätzliche Millionen im heißen Budgetloch.* (OÖN 8. 3. 11)

**Tschentsche Tschentschen,** der; -s, -n bzw. die; -, - ⟨ital.-friulanisch-ladinisch⟩ (ugs., Ktn.): Person, die jammert, Nörgler/-in: *In den blauen Arbeitsmantel des Bauern-Tschentsche aus Schlatzing im Maltatal schlüpft der Kabarettist und Landwirt Wolfgang Feistritzer seit drei Jahren.* (KZ 25. 9. 16)

**tschentschen,** sw. V. / hat ⟨ital.-friulanisch-ladinisch⟩ (ugs., Ktn.): raunzen, nörgeln, weinerlich jammern: *Die Kinder sind nun in einem Alter, indem sie schon zum Tschentschen beginnen.* (KZ 16. 8. 14) ◆ **Getschentsche; Tschentscher/-in; Tschentscherei:** *Das Plus ist erfreulich, schon deshalb, weil es keine Tschentscherei in der Branche gibt.* (KZ 16. 9. 07)

**Tschernken** ↑Schernken

**Tschibuk,** der; -s, -s ⟨türkisch⟩: lange Tabakpfeife: wird österr. auf der ersten Silbe betont, in D auf der zweiten

**Tschick,** der; -s, - ⟨friulanisch *cic* ›Splitter, Zigarettenstummel‹⟩ (ugs.): **1.** (abwertend) Zigarettenrest, (in D) Kippe: *Riesige Aschenbecher an den Eingängen zu den U-Bahn-Stationen sorgten bislang dafür, dass Raucher ihre Tschick entsorgen konnten.* (OÖN 23. 11. 06). **2.** (salopp) Zigarette: *Der freie Zugang zum Glücksspiel oder zum Solarium bleibt Jugendlichen aus guten Gründen verwehrt – der Griff zum Tschick ... bislang aber nicht.* (KZ 4. 1. 17) ◆ **Tschickpackerl:** *Die Tschickpackerln sind ja neuerdings bebildert.* (WZ 29. 9. 16), ↑Packerl; **Tschickstummel:** *Kein Tschickstummel darf vergessen werden, kein Tisch bleibt ungewischt.* (News 3. 4. 14)

**Tschickarretierer,** der (ugs., scherzhaft, veraltend, bes. ostösterr.): Person, die Zigarettenstummel aufsammelt, (in D) Kippensammler

**tschicken** (ugs.): Zigaretten rauchen: *Muss man halt zum Tschicken hinausgehen.* (ST 8. 4. 15)

**tschinageln, tschinallen,** sw. V. / hat ⟨ung.⟩ (ugs., salopp, bes. Wien): manuell hart arbeiten: *Selbstverständlich tschinagelten wir alle, bis alles erledigt war, ohne auf die Uhr zu schauen.* (Heute 18. 7. 07) ◆ **Tschinagler/-in, Tschinaller/-in**

**Tschinelle,** die; -, -n ⟨ital.⟩ (Musik, auch südd., schweiz.): Becken: *Besonders taten sich hier tschechische Abgeordnete hervor, die während der Sitzungen mit Ratschen und Tschinellen Kostproben ihres Könnens gaben.* (PR 9. 7. 16)

**Tschinggeler,** der; -s, - ⟨zu ital. *cinque*⟩ (ugs., Tirol, abwertend): Italiener: *»Türen zu – Tschinggeler und Karrner ziehen durch ...«* (TT 25. 9. 01)

**Tschoch,** der; -s ⟨jidd.⟩ (ostösterr., emotional verstärkend, ugs.): Mühe, Anstrengung: *Gott-*

*lob zahlt so etwas die EU, denn so einen Tschoch wünscht man ja dem ärgsten Feinde nicht.* (PR 28. 11. 06)

**Tschocherl,** das; -s, -n ‹jidd.› (ugs., abwertend, bes. Wien): ↑Tschecherl: *Günther Szigeti machte aus einem Tschocherl ein Top-Wirtshaus.* (KU 17. 10. 16)

**Tschufitl,** die; -, -n ‹ital.-ladinisch› (mundartnah, Ktn.): weibliche Nachteule: *»Seppl! Hast du die Tschufitl gehört? Sie hat schon wieder geschrien! Ich werde bald sterben müssen!«* (PR 1. 12. 12). – Auch in der Form *Tschofitl*

**Tschurtschen,** die; -, - /meist Plural/ ‹dt.-slowen.› (bes. Ktn., Tirol): 1. Fruchtzapfen der Nadelhölzer: *Seit einigen Jahren im Trend sind die Tschurtschen der Zirben, die in Schnaps angesetzt werden.* (KZ 19. 8. 16). 2. Maiskolben: *Auf den Stängeln, die heuer nur halb so hoch gewachsen sind wie normal, hängen Kümmerlinge von Tschurtschen und wenn der Wind durchs Maisfeld bläst, raschelt es wie dürres Stroh.* (KZ 1. 8. 03) ◆ **Tschurtschengeist; Tschurtschenschnaps**

**tschüs, tschüss** ‹span.-wallonisch›: der Abschiedsgruß wird österr. meist mit langem Vokal gesprochen (in D mit kurzem); außerdem wird das Wort mit österr. Elementen verbunden, z. B. *tschüssdich* (zu *grüß dich*); *Hat die Verkäuferin sich gerade wirklich mit »Tschüss Gott« verabschiedet?* (PR 12. 3. 17). ↑**vertschüssen**

**Tschusch Tschuschin,** der; -en, -en bzw. die; -, -en ‹lautnachahmend, vielleicht nach einem Familiennamen› (ugs., abwertend): Fremder aus einem [angeblich] wenig kultivierten Land (je nach Situation für Südosteuropäer, seltener des Vorderen Orients oder allgemein für Ausländer gebraucht): *»Kusch', du Tschusch«, habe er oft runtergerufen.* (KU 18. 9. 07)

**Tuberkel,** die; -, -n ‹lat.›: ist österr. (und bayr.) auch Femininum, in D nur Maskulinum: der; -s, -

**tuberkulos** (veraltend): tuberkulös: *Er ist im Wachsen. Wenn er nicht ordentlich isst, wird er tuberkulos.* (profil 17. 1. 05)

**Tuchent,** die; -, -en ‹tschech. *duchenka*, Dim. zu tschech. *duchna peřina* ›luftiges Federbett‹, wobei die Endung *-enk* durch *-ent* ersetzt wurde›: mit Federn gefüllte Bettdecke: *Hier begrüßen Goldmarie und Pechmarie die Besucher, während Frau Holle im Innenhof ihre Tuchent ausschüttelt.* (OÖN 9. 12. 16); (oft übertragen) *Er könne es natürlich verstehen, dass es nicht angenehm sei, wenn »jemand die Tuchent aufhebt und solche Dinge zum Vorschein kommen.«* (OÖN 20. 6. 15); ***unter der Tuchent:** im Geheimen, im Verborgenen: *Es ist wohl nicht möglich und vielleicht gar nicht erstrebenswert, immer alles unter der Tuchent zu halten.* (ST 27. 12. 15); ***unter einer Tuchent stecken:** gemeinsame Sache machen ◆ **Tuchentüberzug**

**Tuchentzieche,** die (ugs., veraltend, auch südd.): Bettüberzug. ↑**Zieche, Polsterzieche**

**Tuchentzipf,** der: 1. Zipfel der ↑Tuchent: *Idealerweise in der Löffelchenstellung, in der rechten Hand eine Brust, in der linken den Tuchentzipf.* (KU 6. 1. 13). 2. mit Preiselbeeren gefülltes Omelett /eine Süßspeise/: *Als Dessert könnte es vielleicht ein Tuchentzipf aus dem Ebenseer Berggasthof Edelweiß sein.* (OÖN 5. 4. 03). ↑Zipf

**Tulle** ↑Dulle

**tulli** /Adverb/ (ugs., emotional verstärkend, ostösterr., veraltend): sehr gut; ausgezeichnet: *Außerdem geht sich's mit dem 10.51-Uhr-Zug vom Franz-Josefs-Bahnhof ganz tulli aus.* (Falter 6. 8. 14)

**tummeln,** sich: sw. V. / hat (ugs., regional auch in D): sich beeilen: *Man muss sich halt tummeln, aber die Forscher arbeiten dran.* (KU 14. 6. 07)

**tümpeln,** sw. V. / hat (ugs.): jmdn. unter Wasser tauchen: *Ich erinnere mich an Buben, die ihren Lebenssinn darin sahen, einen zu tümpeln.* (KU 4. 8. 18)

**Tümpfel,** der (ugs.): Tümpel: *Die Dichte gab ihm die lehmige, sandige Braunerde der Rieden Tegelsteiner und Tümpfel, die ihn trotz der Trockenheit dieses Jahrgangs noch mit genügend Wasser versorgt haben.* (NÖN 24. 10. 05)

**tümpfeln,** sw. V. / hat (ugs.): ↑tümpeln

**Tunell,** das; -s, -e ‹franz.› (auch südd., schweiz.): (bes. in der gesprochenen Sprache für) der Tunnel: *Wir alle müssen immer wieder durch ein finsteres Tunell gehen, aber wir kommen zum Ende, und da ist wieder Licht zu sehen.* (PR 12. 12. 13)

**Tunlichkeit:** ***nach Tunlichkeit** (Behördenspr.): so weit wie möglich: *Nun liegt es in der Natur der Sache, dass sich technische Innovationen erst nach ihrer Fertigstellung im klinischen Alltag bewähren müssen – nach Tunlichkeit aber vor ihrem endgültigen Einsatz am Patienten.* (SN 22. 3. 08)

**Tupf,** der; -[e]s, -e (auch südd., schweiz.): Tupfen: *Etwas Rahm und frische, gehackte Kräuter* *unterrühren, mit einem Tupf Sauerrahm essen.* (KU 21. 7. 07)

**Tüpfel,** das; -s, -: kleiner Tupfen: ist in Österr. Neutrum, in D auch Maskulinum: *das Tüpfel aufs i ist aber die dazu aufgelegte Hörversion.* (TT 14. 2. 11)

**Tüpferl,** das; -s, -n (auch bayr.): (in D) Tüpfchen, Tüpfelchen: *Diesmal mit weniger Einblicken zeigt sich der Aufmarsch der Garde, die dem mit der Sprechstunde des Bürgermeisters eröffneten Faschingsreigen das Tüpferl aufsetzt.* (KZ 18. 1. 12). ↑ **i-Tüpferl**

**Türdacke** ↑ Türtacke

**Türglocke,** die: Türklingel: *Der Schwerverletzte schaffte es noch »mit letzter Kraft«, an der Türglocke zu läuten.* (OÖN 22. 10. 16) ↑ **Glocke**

**Türken,** der; -s (bes. süd-, westösterr.): Mais: *Egal ob Mais, Kukuruz oder Türken, am 4. Oktober steht Polenta in allen Variationen auf den Tischen.* (KZ 25. 9. 03) ◆ **Türkengrieß; Türkenmehl:** *Bei der Zubereitung des Riebels wird die fest gewordene Masse aus Türkenmehl und Milch verkleinert.* (NVT 22. 11. 09)

**Türkenkoch,** das (westösterr.): Maisbrei: *Als sättigende Aschermittwochspeise ist auch noch das »Türkenkoch« bekannt. Er besteht aus Maisgrieß, Milch und Butter.* (SN 26. 2. 07). ↑ KOCH

**Türkenmus,** das (westösterr.): Maisbrei: *H. S. erzählte, wie sie ihr Baby mit »Türkenmus« großzog.* (KZ 30. 5. 05). ↑ MUS

**Türkenriebel,** der; -s (Vbg.): Riebel aus Mais: *Den Höhepunkt bildete das Dessert, bestehend aus Grießmus, Türkenriebel und »Öpflküachle« mit Kaffee.* (NVT 9. 7. 00) ↑ **Riebel**

**Türkenriebler,** der; -s (bes. Tirol): Speise aus weißem, Buchweizen- oder Maismehl, Fett und Milch. ↑ **Riebler**

**Türkensterz,** der; -es: in Fett geröstete Speise aus Mais: *in der Familie gab es kein Fleisch, nur wenig Fett, vielerlei Suppen, Bohnen, Erdäpfel und Kraut in allen Variationen sowie Türkensterz.* (KZ 18. 2. 15). ↑ STERZ

**Türkentommerl,** der; -s, -n (bes. Stmk.): aus Mais zubereiteter ↑ Tommerl: *Die Champignons kommen angeröstet in die köchelnde Suppe und der süße Türkentommerl – mit Zimt und Zucker abgeschmeckte Apfelstücke zwischen zwei Schichten Polenta – wird ins Backrohr geschoben.* (KZ 23. 12. 11). ↑ TOMMERL

**Türkische,** der; -n, -n (selten): in orientalischer Art zubereiteter Mokka (das Kaffeepulver wird in einem Kupferkännchen mit dem Wasser gekocht): *Er beschäftigt sich täglich mit der Zubereitung von Kaffee in vielen Sorten: Espresso, ... Melange, Türkischer, Hauskaffee und wie sie alle heißen.* (OÖN 14. 3. 03)

**Türl,** das (ugs.): [kleine] Tür: *Der Tag, an dem das automatische Türl einmal nicht funktioniert oder der Gärtner es zu kontrollieren vergisst, kommt bestimmt.* (ST 24. 5. 17). ↑ **Bühnentürl, Hintertürl, Hosentürl**

**Türlsteher Türlsteherin,** der bzw. die (ugs.): Türsteher/-in: *Ich habe in den 80ern sogar in einer Disco gearbeitet, ... zuerst als Türlsteher, später als Geschäftsführer.* (PR 27. 11. 10); *Doch Rieke Dogudan spielt auch dort nicht die Chefin: »Ich trainier erst einmal als Türlsteherin und Eisverkäuferin am Gast. Aber ich werde mich hocharbeiten.«* (profil 7. 8. 06)

**Turnkammerl,** das; -s, -n (ugs., salopp): Lehrerzimmer, Geräteraum in der Turnhalle einer Schule: *Er wird beim Sex mit Ada in flagranti fotografiert und dazu erpresst, die erotischen Exerzitien im Turnkammerl wöchentlich zu wiederholen.* (Falter 19. 1. 05). ↑ KAMMERL

**Turnleibchen,** das (veraltend): Sporttrikot: *Mitzubringen sind Turnhose, Turnleibchen und Turnschuhe.* (SN 11. 2. 14). ↑ LEIBCHEN

**Turnleiberl,** das: ↑ Turnleibchen: *Noch schnell werden Straßenschuhe gegen Turnschuhe getauscht, werden Trainingshosen und Turnleiberl angezogen.* (KZ 11. 3. 12). ↑ LEIBERL

**Turnpatschen,** der /meist Plural/ (ugs.): Turnschuh: *Das Training mussten die österreichischen U-21-Spieler in Turnpatschen bestreiten.* (KU 9. 10. 05). ↑ PATSCHEN

**Turnpatscherl,** das /meist Plural/: leichter Turnschuh: *»Ein bisserl faul bin ich schon. Und vor allem ein Chaot«, erzählt Fabian ..., der wieder einmal sein T-Shirt und die Turn-Patscherl gesucht hat.* (OÖN 23. 11. 09). ↑ **Patscherl, Bettpatscherl**

**Turnsaal,** der: (in D) Turnhalle: *Von Erweiterungen bestehender Schulen bis hin zu Neubauten von Turnsälen reicht die Palette der anstehenden Maßnahmen.* (SN 17. 4. 08)

**Turnsackerl,** das: Beutel für die Sportsachen: *Man kann sie schon förmlich hören, die trippelnden Kinderfüße, das Pausen-Geschrei und die Turnsackerl, die durch die Gänge geworfen werden.* (WZ 13. 8. 14) ↑ SACKERL

**Turnus,** der; -ses, -se ‹lat.›: **1.** [Arbeits]einteilung in mehreren Schichten: *Der chaotische Londoner ... muss aber froh sein, einen Journalistenjob ergattert zu haben, in dem er Broschüren für die Gemeinde gestaltet, in denen der wöchentliche Turnus der Müllabfuhr erläutert*

*wird.* (PR 5. 6. 15). 2. Funktionsperiode: *Seit 2015 ist er Regionalvorsitzender der SPÖ Liezen und Mitglied des Bundesrats. Seit 1. Juli 2016 war er dessen Präsident, am 31. Dezember endet sein Turnus.* (ST 23. 12. 16). 3. Ausbildungsjahre der Jungärzte: *den Turnus absolvieren; Und ich habe die Psychiatrie in den Turnus für Allgemeinmediziner hineingenommen, um Interesse für dieses Fach zu wecken.* (PR 26. 2. 16) ◆ **Turnusausbildung; Turnusarzt:** *Der Chirurg hatte behauptet, nur ein Turnusarzt sei in den Nachtstunden für 100 chirurgische Patienten zuständig.* (ST 8. 9. 16); **Turnusärztin; Turnusplatz:** *Es gibt genügend Ärzte, die einen Turnusplatz suchen.* (KU 28. 5. 02)

**turnusmäßig:** der vorgesehenen Periode entsprechend: *Der schwarze Landeschef hat als turnusmäßiger Vorsitzender der Konferenz der Landeshauptleute im ersten Halbjahr viele wichtige Fäden mit in der Hand.* (PR 6. 1. 15)

**Türschnalle,** die (auch bayr.): Türklinke: *Nähert man sich dem Fahrzeug, klappen die Spiegel automatisch aus, und die Beleuchtung der Türschnalle geht an.* (ST 4. 1. 17). ↑**Fensterschnalle, Schnalle**

**Türstaffel,** die und der (veraltend): Türschwelle: *»Vor allem das Bad, das WC, zu enge Türen, zu hohe und völlig unnötige Türstaffeln müssen entfernt, zu kurze Liftkabinen verlängert werden.«* (PR 11. 3. 06). ↑**Staffel**

**Türstock,** der (regional auch in D): Zarge, Türrahmen: *Ob ein gutes Schloss eine Wohnung sicherer macht, hängt aber auch von anderen Komponenten wie Tür, Türstock und Mauerwerk ab.* (ST 24. 2. 16). – In D kommt das Wort nur fachspr. im Bergbau vor. ↑**Fensterstock**

**Türtacke,** die (ugs.): Fußabstreifer: *»Jetzt weiß Schüssel, dass die SPÖ weder zu Kreuze noch unter der Türtacke hereinkriecht.«* (PR 8. 11. 06); *Das Problem heute ist, dass ein junger Spieler zwei-, dreimal gut agiert – und schon steht ein Manager auf der Türdacke.* (PR 8. 5. 11). ↑**Tacke, Fußtacke**

**Türtel,** das; -s, -n ‹eig. ›Törtchen‹› (westösterr.): aus mehreren Schichten bestehendes Schmalzgebäck. – Auch in der Schreibung *Tirtel*

**Tusch,** der; -es, -e: 1. Knall, ↑Tuscher: *»Es hat einen lauten Tusch gemacht, ich dachte es sei ein Erdbeben.«* (SN 31. 5. 07)

**tuschen,** sw. V. / hat (ugs., in ähnlicher Bedeutung auch bayr.): einen lauten Knall von sich geben: *jetzt hat es getuscht; »Während in Linz und Wels das Feuerwerksverbot rigoros von der Polizei überwacht wird, darf man es in Steyr anscheinend grenzenlos tuschen lassen.«* (OÖN 24. 1. 08); ***es tuschen lassen** (ugs.): a) (mit Skiern, im Auto) mit vollem Tempo fahren, rasen: *Alle andern sind sehr lässig gefahren. Ich wusste, ich muss es im Steilen richtig tuschen lassen.* (KZ 15. 9. 14). b) ausgelassen feiern, (ugs.) es rund gehen lassen, auf die Pauke hauen: *In den nächsten Tagen werden es nicht nur die Ski-Asse, sondern auch die Promis und Ski-Fans in Kitzbühel ordentlich tuschen lassen.* (OÖN 19. 1. 12); ***jmdm. eine tuschen** (ugs. salopp): jmdm. eine Ohrfeige geben: *Wenn ein Täter jemanden bedrängt, darf ihm das Opfer schon eine tuschen.* (OÖN 27. 8. 11). ↑**antuschen**

**Tuscher,** der (ugs.): Knall, Schlag: *Ich bin... im Bett gelegen, als es einen unheimlichen Tuscher gemacht hat.* (SN 20. 1. 07); (übertragen) *»200 neue Arbeitsplätze auf einen Tuscher, das wär' schon was.«* (SN 17. 1. 06); ***einen Tuscher haben** (salopp): verrückt sein: *Es ist kein Problem, wenn man einen Tuscher hat. Das Problem ist nur, wenn man es nicht weiß.* (KZ 10. 2. 10)

**Tutte, Dutte,** die; -, -n (ugs.): Zitze

**Tuttel, Duttel,** die; -, -n /meist Plural/ (ugs., salopp): Busen: *Die im Süden Österreichs weit verbreitete Lobesform »So schöne Tutteln habe ich mein Lebtag nie gesehen« ist in der Ballsaison zu verwerfen.* (KZ 10. 1. 09)

**Tutter, Dutter,** der: 1. (ugs., veraltet) Tier, das noch an der Mutter saugt. 2. (ugs.) ein für bestimmte Dinge noch als zu unreif angesehener Bursch: meist in der Fügung ***ein junger Tutter:** *Am meisten überzeugt der Film in seinen komischen Passagen, in denen die alte Dame und der junge Tutter ihren jeweiligen Eigenheiten völlig freien Lauf geben.* (Falter 3. 6. 15)

**Twin-City-Liner®,** der: Tragflügelbootlinie zwischen Wien und Bratislava: *Immerhin, seit dem Start des Twin-City-Liners 2006 gibt es eine schnelle Verbindung zwischen den beiden Städten auf dem Wasserweg.* (PR 28. 9. 16)

**Type,** die; -, -n ‹franz.›: Bauart, Modell (von Fahrzeugen u. Ä.): österr. Form, (in D) der Typ: *Pilotiert wurde das Sportflugzeug der Type »Piper PA 28« vom Fahrschullehrer.* (SN 2. 10. 07)

**Typenschein,** der (Verw., auch schweiz.): Urkunde über die Daten eines technischen Gerätes (Fahrzeug, Heizung u. Ä.) mit Betriebsgenehmigung: *Es handelt sich um eine Art Typenschein für Häuser und Wohnungen – wie bei einem Auto sind darin die wichtigsten Kennwerte aufgelistet.* (PR 1. 12. 16)

**typisieren,** sw. V. / hat ⟨lat.⟩: prüfen und bestätigen, dass ein Gerät den Normen entspricht, und die Benutzungserlaubnis ausstellen, (in D) typen: *Seit Beginn des Jahres sind die strengeren Abgasgrenzwerte nach Euro 4 in Kraft, zumindest für alle neu zu typisierenden Modelle. Fahrzeuge, die bereits typisiert sind, dürfen weiterhin mit Euro-3-Norm verkauft werden.* (PR 25. 2. 16) ◆ **Typisierung**

## U*u*

**ua., uÄ., uam.:** österr. Schreibung neben u. ä., u. Ä., u. a. m.

**U-Bahn-Remise,** die: Wagenhalle für U-Bahn-Züge. ↑Remise

**U-Bahn-Steuer,** die (Wien): Abgabe von Unternehmen als Beitrag zur Finanzierung des U-Bahn-Baus: *Die ÖVP will sich nun u. a. weiter für ... das Ende der U-Bahn-Steuer ... starkmachen.* (ST 10. 11. 16)

**über:** 1. (bes. Behördenspr.) in manchen Fügungen, wo in D *auf* verwendet wird, z. B.: *Über das Vermögen ... wurde am Landesgericht Salzburg über* **Antrag** *eines Gläubigers ein Konkursverfahren eröffnet.* (PR 21. 11. 16); *Minister Hundstorfer muss nun wegen der Rekordarbeitslosenrate über* **Auftrag** *der Regierung eine Enquete oder ein Gipfeltreffen zur Bewältigung der Probleme am Arbeitsmarkt abhalten.* (PR 6. 5. 15); *Darauf war eindeutig erkennbar, dass jener 18-jährige Bursche, der sich über* **Bitten** *des Mädchens um die Frau kümmerte, in einem günstigen Moment ihre Brieftaschen stahl.* (OÖN 2. 3. 10); *Sie sprach über* **Einladung** *Bill Clintons vor der »Global Initiative«-Versammlung.* (News 12. 10. 06); *Aus einer einschlägigen Ausstellung musste Körners Foto erst jüngst über* **Ersuchen** *der Präsidentschaftskanzlei entfernt werden.* (PR 29. 8. 09); *Über* **Intervention** *des sozialdemokratischen Innenministers Oskar Helmer wurde ihm ungeschmälert seine Pension zuerkannt.* (profil 11. 2. 13); *Hierfür werden in St. Pölten über* **Vorschlag** *des Tourismusbüros zentrale Bushaltezonen eingerichtet.* (NÖN 11. 9. 14); *Beide Punkte sollen über* **Wunsch** *der Länder und Gemeinden weiter besprochen werden.* (PR 23. 4. 15); *über* **Zureden;** *Weitere sechs Prozent der Babys kommen über* **Zuweisung** *des Jugendamtes.* (Falter 8. 1. 14). 2. ***übers Eck:** ↑Eck

**Über-** (salopp): als Vorsilbe zur Steigerung eines Wortes, z. B. ↑**Überform, Überhammer, Überschmäh**

**Überarbeitung:** ***in Überarbeitung stehen** (Behördenspr.): gerade überarbeitet werden: *»Die Pläne sind gerade in Überarbeitung«, so der Bürgermeister.* (OÖN 12. 4. 10)

**überbacken,** st. V. / hat: mit großer Hitze kurz ↑backen: *Die Form in den Ofen schieben und auf mittlerer Schiene 15 bis 20 Minuten überbacken bis der Käse eine leicht goldbraune Färbung angenommen hat.* (ST 25. 11. 16). Vgl. überbraten. ↑**backen, herausbacken**

**Überbelag,** der (Behördenspr.): die Unterbringung zu vieler Personen in einem Raum, einer Anstalt; Überbelegung: *Das Erstaufnahmezentrum Traiskirchen will den Überbelag an Flüchtlingen in zwei bis drei Wochen abgebaut haben.* (ST 20. 8. 15)

**überbleiben** (regional auch in D): übrig bleiben: *Und natürlich wird auch wieder ein schöner Betrag überbleiben.* (News 15. 7. 10)

**überbraten,** st. V. / hat (regional auch in D): mit großer Hitze kurz braten: *Die nicht zu weich gekochten Erdäpfel ... im Rohr mit feingeschnittenen Kräutern in Fett überbraten.* (OÖN 15. 7. 00). ↑**anbraten, einbraten.** Vgl. überbacken

**überdrüber** (ugs., salopp): 1. herausragend, alles übersteigend: *»Der war überdrüber in seinem Bereich.«* (PR 25. 8. 15); /auch substantiviert/: *»Das war eine großartige Saison, mit der ich zufrieden sein muss. Die Kugel wäre das Überdrüber gewesen.«* (KZ 16. 3. 14); *Hektisch ist er außerdem, der Advent. Er steuert auf Weihnachten zu, das emotionale Überdrüber. Diese Gemengelage fordert den Körper und strapaziert die Nerven.* (VN 1. 12. 18). 2. übertrieben, überdreht: *Alles war damals überdrüber: noch mehr Frauen, noch mehr Drogen, noch mehr Exzess.* (OÖN 9. 5. 14)

**Überdrüber-** (ugs. salopp): /produktiver Wortbestandteil als Verstärkung des Substantivs/: *Von der kompakten A-Klasse bis zum ... zum* **Überdrüber-Sportler** *AMG GT R – so breit wie heute war die Marke mit dem Stern noch nie aufgestellt.* (KZ 26. 10. 16); *Erwachsene würden sich manchmal damit überfordern, dass sie ihren Kleinen ein* **»Überdrüber-Ferienprogramm«** *gestalten wollen.* (KZ 3. 7. 08); *»Vom Dreistern bis zum* **Überdrüber-Luxus** *ist da* *alles dabei.«* (PR 27. 11. 15); *Die* **Überdrüber-Mannschaft,** *die haben wir noch nicht wirklich ausfindig gemacht.* (PR 24. 6. 12)

**überfalls-, Überfalls-:** österr. Form, (in D) überfall-, Überfall-: **überfallsartig:** *Für die meisten Beteiligten kam der Antrag überfallsartig, die Vorbereitungen waren klammheimlich erfolgt.* (ST 12. 4. 17); **Überfallskommando** (früher): *No? Was ist? Wo bleibt das Überfallskommando.* (ST 3. 2. 04)

**Überform,** die (Sport): Höchstform: *Wir haben derzeit einige Spieler, die nicht in Überform auflaufen.* (ST 18. 6. 16). ↑**-über**

**Überfuhr,** die; -, -en: **1.** Fahrt mit der Fähre über den Fluss: *... dass der Donau-Wasserstand an dieser Stelle den Preis der Überfuhr bestimmte.* (OÖN 21. 9. 02). **2.** Fähre: *Bei einer Führung durch die Ottensheimer Marktau mit fünf Baumexperten erfahren die Wanderer alles über das Thema »Biomasse«. Treffpunkt ist bei der Überfuhr.* (OÖN 3. 5. 07); ***die Überfuhr verpassen/versäumen:** nicht rechtzeitig Maßnahmen treffen; etwas so lange hinauszögern, bis alle Chancen vertan sind: *Auf jeden Fall scheine ich die Überfuhr versäumt zu haben. Wohl zu viel geträumt.* (KU 5. 8. 01)

**Übergabs-:** österr. noch behördenspr., sonst veraltende Form, (in D) Übergabe-: **Übergabsauftrag; Übergabsformalitäten; Übergabsverhandlung; Übergabsvertrag:** *In »klassischen« Übergabsverträgen musste er sich meist verpflichten, für Krankenpflege aufzukommen.* (OÖN 26. 1. 02)

**Übergenuss,** der (Behördenspr.): irrtümlich zu hohe Bezüge (z. B. im Gehalt): *So kam es zu einem Übergenuss, der ab jetzt in Raten vom Gehalt abgezogen und in die Pensionskasse nachgezahlt wird.* (PR 30. 10. 07)

**Überguss,** der (Küche): flüssige Masse, die über Speisen gegossen wird: *Für den Überguss zwei Flaschen Rama Cremefine zum Kochen, zwei Eier, Gewürze nach Geschmack und Parmesan verrühren.* (NÖN 25. 3. 08)

**überhaben,** sw. V. / hat: **1.** für etwas zuständig sein, über etwas die Aufsicht haben: *Die Umsetzung und Ausstattung liegt dieses Jahr in den Händen von Marlena Gubo, die bereits die künstlerische Produktion des Life Balls überhatte.* (OÖN 13. 9. 16). **2.** (ugs., regional auch in D) übrig haben

**überhalten,** st. V. / hat (veraltend): übervorteilen; einen zu hohen Preis verlangen: *er ist überhalten worden.* (meist im 2. Partizip:) *6,6 Millionen Euro für eine PR-Kampagne ... konnten nur Ahnungslosen leicht überhalten* (übertrieben hoch) *erscheinen.* (profil 11. 4. 11)

**Überhammer,** der (ugs., salopp): Hit, tolle Sache: *Die getestete Motorisierung ... ist zwar kein Überhammer, aber für ein braves Auto dieser Klasse auch kein Langweiler.* (KU 14. 10. 05). ↑**Über-**

**überhapps, überhaps,** (ugs., auch bayr.): oberflächlich, ungefähr, überstürzt, ohne ausreichende Überlegung: *Die Grazer Stadträtin will die Wahl zwar nicht zum Anlass für die Ablöse des Bundessprechers nehmen, denn das dürfe »nicht überhapps« gehen.* (PR 3. 10. 08); *SPÖ-Chef Bruno Kreisky hatte völlig überraschend eine relative Mehrheit gewonnen und musste überhaps eine Ministerliste erstellen.* (PR 30. 8. 14)

**überknöcheln,** sw. V. / ist, oder: mit *sich*: sw. V. / hat (ugs.): verstauchen (vom Knöchel oder Fuß): *Unser bester Werfer ... hat sich im Training überknöchelt.* (OÖN 2. 12. 00); *Junuzovic war in der ersten Halbzeit nach einer harten Attacke eines Ungarn überknöchelt.* (PR 14. 6. 16)

**überkochen,** sw. V. / hat: noch einmal kurz zum Kochen bringen, aufkochen, blanchieren: *die Marmelade überkochen; Kurz überkocht, dazu etwas Speck und mit Kürbiskernöl mariniert, passen Linsensprossen herrlich zu Wildgeflügel wie einer gebratenen Fasanenbrust.* (PR 16. 10. 10)

**Überkopf-:** /produktives Bestimmungswort/ (Verkehr): über der Fahrbahn angebracht: **Überkopfanzeiger:** *Die elektronischen Überkopfanzeiger warnten vor starkem Seitenwind.* (ST 30. 11. 15); **Überkopfradar:** *Das bewegliche Überkopfradar auf der Westautobahn in Höhe Abfahrt zur A7 in Richtung Linz ist nach 58.145 »Blitzern« Geschichte.* (OÖN 31. 10. 13); **Überkopfschild:** *Die ersten Versuche, die Straße intelligenter zu machen, äußerten sich in einem Wildwuchs an Überkopfschildern.* (ST 6. 4. 16); **Überkopfwegweiser:** *Auch die immer weiter verbreiteten Überkopf-Wegweiser sollen verstärkt mit Tempomessanlagen ausgerüstet werden.* (PR 15. 2. 10)

**überkühlen**: [langsam, ein wenig] abkühlen, ohne auszukühlen: *Kuchen auf ein Gitter stürzen und ein wenig überkühlen.* (ST 6. 2. 13)

**Überleger,** der: waagrechter Balken, Träger: *Die Männer legten einen Holztram hinter den bereits als Überleger befindlichen Tram auf das Mauerwerk.* (NÖN 15. 7. 09)

**übermachen,** sich (ugs.): sich überfordern, zu viel zumuten: *Dennoch übermachen sich Jahr für Jahr immer mehr Menschen.* (OÖN 16. 4. 07)

**übernächtig:** österr. (und schweiz.) Form, (in D meist) übernächtigt: *So standen sie nun übernächtig bis 13.00 Uhr herum.* (ST 13. 1. 06)

**Übernahmestelle,** die: Annahmestelle: *Wasserversorger garantieren die Trinkwasserqualität bis zur Übernahmestelle, also zum Wasserzähler.* (PR 21. 8. 15). Vgl. Übernahmsstelle

**übernahms-, Übernahms-:** österr. behördenspr., sonst veraltende Form, für übernahme-, Übernahme-: **Übernahmsangebot; Übernahmsauftrag; übernahmsberechtigt; Übernahmsbestätigung:** *Auch die Übernahmsbestätigung für die offiziellen Besitzer ist nicht das Problem.* (ST 19. 10. 02); **Übernahmsfrist; Übernahmsstelle:** *Weiters führt er eine Tabaktrafik, Postservicestelle, Putzereiannahmestelle und Übernahmsstelle für Fotoausarbeitung.* (NÖN 30. 9. 09)

**Übernahmswerber Übernahmswerberin,** der bzw. die (Behördenspr.): Jurist, der sich nach dem Gerichtsjahr um einen Richterposten bewirbt: *Sie musste das Gerichtsjahr aus terminlichen Gründen im Oktober anfangen, da war es aber nicht möglich, als Übernahmswerberin anzufangen.* (PR 19. 3. 12). ↑-WERBER

**übernasern,** sw. V. / hat (ugs., salopp): schnell, rechtzeitig begreifen und richtig einschätzen: *Der Wirtschaft tut Sotschi sowieso besser, das hat angeblich der Herr Schröcksnadel als Erster übernasert und dort investiert.* (SN 6. 7. 07)

**überpurzeln,** sich (ugs.): schnell aufeinanderfolgen, sich überschlagen: *Die Unterstützer eines Verbleibs Großbritanniens bei der EU überpurzeln sich in diesen Wochen mit Warnungen, Appellen und Weckrufen.* (ST 19. 6. 16)

**überreißen** (ugs., salopp, auch bayr.): merken, durchschauen: *»Er muss nur überreißen, wie gut er wirklich ist.«* (ST 19. 7. 12); *Nach ein, spätestens zwei Abfahrten habe ich es überrissen und verinnerlicht.* (PR 14. 2. 15)

**Überschmäh,** der (salopp): besonders gelungener ↑Schmäh: *Er erklärt die Quantenphysik, plaudert über einen Hund im Teilchenbeschleuniger und renitente Ober mit dem Überschmäh.* (KU 30. 1. 14). ↑-SCHMÄH, **Über-**

**Überschwung,** der: Schulterriemen der Uniform: *Ich konnte kaum warten, mit jenen Gleichaltrigen zu marschieren, die in braunen Hemden und schwarzen Hosen und mit einem »Überschwung« ... Lieder sangen.* (PR 16. 9. 06)

**übersehen:** ***die Zeit übersehen:** nicht merken, dass man schon längst einen Zeitpunkt verstreichen lassen hat: *Die Frau hatte das Tier im Wagen gelassen. Die Besitzerin gab an, die Zeit übersehen zu haben.* (KU 22. 5. 07)

[1]**überstellen** (ugs.): zum Kochen auf die Herdplatte stellen: *Die Bohnen mehrere Stunden einweichen, abschwemmen und mit ca. 5 l Wasser überstellen und eine halbe Stunde leicht kochen.* (jakobsweg-tirol, Rezepte, 2008, Int)

[2]**überstellen:** (Personen, Autos) von einem an einen anderen Ort bringen, z. B. zum Händler, in ein Krankenhaus, Gefängnis, überführen: *USA überstellen vier Guantanamo-Insassen nach Saudi-Arabien.* (PR 5. 1. 17)

**übertauchen:** (eine Krankheit, Krise) überstehen: *Ihr Mann Josef hatte eine Grippe übertaucht und war an einer Herzmuskelentzündung gestorben.* (OÖN 23. 6. 10). ↑**antauchen, tauchen**

**übertragen** /Adj./ (auch bayr.): abgenützt, nicht mehr neu, gebraucht: *übertragene Kleidung; Es sieht so aus, als hätte er das Motorrad selbst übertragen gekauft.* (Falter 7. 10. 09)

**übertreten:** in eine andere Phase, einen anderen Lebensabschnitt o. Ä. eintreten: *Zwei neue Pädagoginnen wurden angelobt, drei langjährige Lehrer/innen traten in den Ruhestand über.* (SN 15. 12. 05)

**Übertretungsfall:** ***im Übertretungsfall** (Behördenspr., auch schweiz.): im Fall einer Gesetzesverletzung: *Im Übertretungsfall wurde die Verhaftung in Aussicht gestellt.* (NÖN 5. 11. 08)

**übertrocknen:** [langsam, an der Oberfläche] trocknen: *Erdäpfel schälen, in 3 mm dünne Scheiben schneiden und auf einem Tuch kurz übertrocknen lassen.* (OÖN 13. 11. 04)

**überwindeln,** sw. V. / hat: die [ausgefransten] Ränder eines Stoffes mit Stichen einfassen: *Einen Saum überwindeln; Auszüge aus der Ausbildungsverordnung. ... Säumen, Überwindeln, Staffieren ...* (Wirtschaftskammer/Tirol, 2007, Int)

**Überwurf,** der (auch südd., schweiz.): Tagesdecke, Zierdecke: *Dahinter erkennt man ein breites Bett mit schwarz-weiß gestreiftem Überwurf.* (PR 13. 3. 12). ↑**Bettüberwurf, Diwanüberwurf**

**überziehen,** st. V. / hat: **1.** (seltener auch in D) (mit Bettwäsche) neu beziehen: *Ich kann so* *wie vor dem Unfall alles machen, was ich will. Auto fahren, tanzen, Betten überziehen und Freunde treffen.* (SN 25. 1. 03). **2.** (ugs., salopp) begreifen: *er hat es noch immer nicht überzogen*

**überzuckern,** sw, V./hat (ugs., salopp): begreifen, durchschauen: *Und immer noch hat es kaum jemand überzuckert, wo das eigentliche Problem liegt.* (OÖN 1. 1. 15)

**Ubikation,** die; -, -en ‹lat.› (Behördenspr., sonst veraltet oder ironisch): [militärische] Unterkunft: *Es war einst eine hochherrschaftliche Ubikation gewesen, die Redaktion hatte sich in nicht minder hochherrschaftlichen Räumen eingemietet, mit hohen Schleiflacktüren und großen Zimmern.* (PR 29. 6. 13)

**u. e., u. E.:** ↑unter

**U-Hakele,** das; -s, -n (ugs., westösterr.): ↑U-Hakerl

**U-Haken,** der: kleines u-förmiges Eisen zum Befestigen von Draht o. Ä., (in D) Krampe: *An der höchst skurrilen Gestalt des kroatischen Territorialstaates, der wie ein ausgefranster U-Haken in die Balkan-Halbinsel hineinragt, lässt sich dessen bewegte Geschichte ablesen.* (PR 19. 1. 08)

**U-Hakerl,** das; -s, -n (ugs.): **1.** U-förmiges Häkchen aus Papier oder Eisen, das von Kindern als Wurfgeschoß verwendet wird: *Die Rechte hielt einen Stein oder ein U-Hakerl oder ein zusammengewutzeltes Papier ... und dann ließ man den Gummi flitzen und traf ... Fenster ...* (BVZ 14. 5. 15). **2.** ↑U-Haken: *Danach wird noch einmal rundherum gearbeitet, kahle Stellen im Kranz werden befüllt und lose Enden werden mit U-Hakerl festgesteckt.* (NÖN 24. 11. 08)

**UHBP,** der (salopp) ‹geprägt von dem Journalisten Herbert Hufnagl›: (Abk. für) Unser Herr Bundespräsident: *Die Idee, im Literaturzelt neben der Burg vor Publikum ... aus seinem Buch vorzulesen, hat es UHBP sofort angetan.* (KU 14. 9. 06). ↑**HBP**

**Uhudler,** der: eine südburgenländisch-oststeirische nicht veredelteWeinsorte; Direktträgersorte aus amerikanischen Unterlagsreben, ähnlich dem Rosé mit Erdbeer- oder Himbeergeschmack: *Manchmal sitze ich vor Herrn Webers Keller in der Abendsonne und trinke seinen Uhudler.* (PR/Spectrum 8. 9. 07)

**uije!** (auch bayr.): (in D) oje: *»Uije, das weiß vermutlich keiner hier.«* (ST 12. 2. 09)

**uijegerl!** (ugs., auch bayr.): oje!: *Es gibt aber auch ... Scampi – wobei sich, uijegerl, Letztere auf dem Teller nur als Garnelen erweisen.* (ST 6. 7. 12)

**um** (regional auch in D): **1.** /gibt bei Verben der Bewegung den Grund an/: *Wie immer, macht sich Naderhirn Sonntagmorgen auf den Weg um die Zeitung.* (OÖN 21. 1. 04). **2.** /steht bei Preisangaben/ *Österreicher konsumieren um 13.225 Euro.* (PR 11. 1. 06); *Die Portion kann wahlweise mit Weißkraut und Gansl-Füllung oder Rotkraut und Knödel um 20,50 Euro bestellt werden.* (KU 9. 11. 16); ***um ein Butterbrot:** ↑Butterbrot. **3.** /in Verbindung mit bestimmten Wörtern/ (in D meist mit *auf* oder ohne Präposition): *froh um etwas sein* ↑froh; *ansuchen um etwas* ↑ansuchen; *sich um jmdn. annehmen* ↑annehmen; ***das Um und Auf:** das Wichtigste, das Wesentliche: *Das Um und Auf für diesen Job sei in jedem Fall die Freude an der Kommunikation.* (OÖN 20. 10. 16)

**Umfahrung,** die (auch südd., schweiz.): (in D) Umgehung: *Schon geraume Zeit hoffen die Bürger, dass die Umfahrung Langwies bald realisiert wird.* (SN 18. 10. 07). ↑**Autobahnumfahrung, Ortsumfahrung**

**Umfahrungsstraße,** die (auch schweiz.): (in D) Umgehungsstraße: *Solange sich Bürgermeister zum Beispiel nicht auf eine Variante einer Umfahrungsstraße festlegen, muss sich kein Landesrat oder Infrastrukturminister dafür um Geld bemühen.* (SN 15. 10. 07)

**Umfahrungstunnel,** der (auch schweiz.): Tunnel, der als Umfahrung dient: *Der Umfahrungstunnel unter der Geißwand muss wegen einer Generalsanierung zehn Wochen lang gesperrt werden.* (OÖN 11. 2. 16)

**umfallen:** ***um etwas umfallen:** etwas nicht nützen können; geschädigt werden*: Das Land wäre um seine bisherigen Transitgebühren umgefallen.* (PR 12. 8. 16); *Hypo fällt um Millionen um.* (OÖN 10. 4. 14)

**Umhäng-:** österr. (und südd.) Form, (in D meist) Umhänge-: **Umhängmantel; Umhängtaschen:** *Helle Brauntöne und Leder, das wie gebraucht wirkt, zeichnen diese Umhängtaschen aus.* (PR 10. 1. 13); **Umhängetuch:** *Bei Szenen aus Theaterstücken deuteten sie Kostüme nur an, etwa durch einen Hut oder ein Umhängtuch.* (PR 10. 6. 16)

**umhauen:** das 2. Part. lautet österr. *umgehaut: Aber dass sie so eine natürliche, lebendige – und bescheidene – Frau ist, hat uns umgehaut.* (profil 11. 4. 11). ↑HAUEN

**umholzen:** (Bäume) fällen: *Der Wald rund um die Alm ist ein typischer Bergwald ... Schon* *meine Mutter hat gesagt, dass man so was nicht umholzen darf.* (PR 10. 6. 05). ↑**holzen**

**Ụmkehrplatz,** der: Wendeplatz: *Beim Kindergarten zum Beispiel wissen die Eltern ganz genau, dass der Umkehrplatz freizuhalten ist.* (SN 14. 2. 06)

**Ụmkehrschleife,** die: Schleife einer Straße oder Schiene zum Wenden von Fahrzeugen: *Dort, schräg vis-à-vis der Umkehrschleife rund um die St.-Anna-Kapelle, hat sich tatsächlich einiges getan.* (PR 8. 1. 16)

**ụmlegen:** auf andere Verhältnisse übertragen: *Freilich lässt sich so ein Modell schwer auf die Alpenregionen umlegen.* (SN 31. 10. 07) ◆ **Umlegung**

**ụmreihen:** die Reihenfolge von etwas ändern: *Was passiert, wenn die Liste durch die Vorzugsstimmen umgereiht wird?* (PR 29. 5. 09). ↑**reihen** ◆ **Umreihung:** *Für die notwendige Umreihung stimmten alle Abgeordneten mit Ausnahme des Kärntner FPÖ-Chefs.* (SN 30. 6. 05)

**ụmschauen,** sich (auch südd., schweiz.): umsehen (in allen Bedeutungen): *Die Kinder dürfen sich nicht nur auf dem Hof umschauen, sondern auch beim Füttern und Melken helfen.* (OÖN 19. 11. 16); *Dann sollten sie sich einmal in der Welt umschauen.* (PR 14. 12. 16). ↑SCHAUEN

**ụmschlichten:** umschichten: *Sie meinten, ich soll Säcke mit Erde umschlichten.* (OÖN 27. 10. 07). ↑SCHLICHTEN

**ụmstehen,** st. V. / ist (mundartnah, auch bayr.): **1.** (auch schweiz.) verenden, umkommen: *die Kuh ist umgestanden.* **2.** von einer Stelle wegtreten: *Statt zu hupen, fahren sie auf die einzelnen Leute oder Gruppen zu, bis diese umstehen oder zur Seite hüpfen.* (OÖN 10. 5. 05). ↑STEHEN

**Ụmsteig-:** österr. (und südd.) Form, (in D meist) Umsteige-: **Umsteigmöglichkeit:** *Einziger Halt ist in Wien Meidling mit optimalen Umsteigmöglichkeiten auf öffentliche Verkehrsmittel.* (ST 5. 4. 02); **Großumsteigstelle:** *Massierte Fahrscheinkontrollen an Großumsteigstellen zur Hauptverkehrszeit würden die Sicherheit nicht steigern.* (ST 16. 2. 05)

**ụmteufeln** (ugs., auch bayr.): herumtollen; sich wild gebärden: *Bei Schönwetter wollen halt meine Töchter Magdalena und Luisa mit dem Papa umteufeln und baden gehen.* (OÖN 25. 6. 10). ↑**herumteufeln, zerteufeln**

**Ụmwegrentabilität,** die (selten auch in D): [wirtschaftlicher] Nutzen, den ein Bereich durch einen anderen hat (z. B. die Rentabilität von Kulturveranstaltungen für den Tourismus); indirekte Rentabilität: *Die Opernhäuser waren schon in früheren Jahrhunderten defizitär und wurden subventioniert. Damals wie heute rechtfertigte man dies mit einer Umwegrentabilität.* (PR 18. 11. 16)

**Ụmwegtransit,** der: Transitverkehr, der durch Umwege (z. B. um Kosten zu ersparen) erfolgt: *Die Höhe der Schweizer Abgaben werden wir nicht erreichen und damit auch den Umwegtransit nicht wegbekommen.* (PR 9. 7. 08)

**Ụmweltanwalt Ụmweltanwältin,** der bzw. die: vom Land angestellte/-r Jurist/-in, der/die sich um Umweltfragen kümmert: *Es ist nicht der einzige Fall, in dem der Umweltanwalt mit den ÖVP-Interessen aufeinanderprallt.* (SN 20. 10. 16) ◆ **Umweltanwaltschaft**

**Ụmweltpickerl,** das: Plakette, die die Umweltverträglichkeit [von Fahrzeugen] beweist: *Ab 1. Jänner gilt für Lkws in Wien und Teilen Niederösterreichs Umweltpickerl-Pflicht.* (ST 18. 12. 14). ↑PICKERL

**Ụmweltzeichen,** das: Gütesiegel für umweltfreundliche Produkte: *Die Verleihung des Österreichischen Klimaschutzpreises 2016 wurde nach den Kriterien des Österreichischen Umweltzeichens für Green Meetings / Green Events ausgerichtet.* (ST 15. 11. 16)

**umwịndeln,** sw. V. / hat: ↑überwindeln: *alle Nähte versäubern (umwindeln) und auseinander bügeln; 2 cm von der Länge nach innen umbiegen und umsteppen.* (Pfarre Alservorstadt, Sternsingergewänder, 2007, Int)

**ụnabänderlich:** wird österr. (und südd., schweiz.) auf der ersten Silbe betont, in D häufiger auf der dritten Silbe. Ebenso: *unablässig, unabsehbar, unabsetzbar, unabweisbar, unabweislich, unabwendbar, unangreifbar, unannehmbar, unantastbar, unaufhaltbar, unaufhaltsam, unaufhörlich, unauflösbar, unauflöslich, unaufschiebbar, unaufschieblich, unausbleiblich, unausdenkbar, unausführbar, unauslöschlich, unausrottbar, unaussprechbar, unaussprechlich, unausstehlich, unaustilgbar, unausweichlich*

**ụnbedankt:** nicht in angemessener Weise gewürdigt: *Doch der Alltag vieler Gemeindechefs sieht anders aus: Stress und schlechte Bezahlung, sie müssen sich oft unbedankt mit den Sorgen ihrer Bürger herumschlagen.* (SN 25. 7. 06)

**ụnbedingt:** **1.** (Rechtsspr., auch schweiz.) ohne Bewährung: *Zehn Monate wurden unbedingt ausgesprochen, 20 bekam der 49-Jäh-*

*rige unter Setzung einer dreijährigen Probezeit auf Bewährung nachgesehen.* (ST 13. 1. 17). 2. ***unbedingte Mehrheit** (Behördenspr.): absolute Mehrheit: *In der Abstimmung entscheidet die unbedingte Mehrheit der gültig abgegebenen Stimmen.* (OÖN 19. 3. 02). ↑**teilbedingt**

**unbegreiflich:** wird österr. (und südd., schweiz.) auf der ersten Silbe betont, in D häufiger auf der dritten. Ebenso: *unbeirrbar, unbekümmert, unbelehrbar, unbenommen, unberechenbar, unberufen, unbeschadet, unbeschränkt, unbeschreiblich, unbesehen, unbesiegbar, unbesieglich, unbestechlich, unbestimmbar, unbestreitbar, unbeträchtlich, unbeugbar, unbeugsam, unbezahlbar, unbezähmbar, unbezwingbar*

**unbetamt** (ugs., ostösterr.) ⟨jidd.⟩: unbeholfen, unerfahren, tölpelhaft: *Haben wir eine so unbetamte Regierung?* (ST 29. 1. 10). ↑**Untam**

**undefinierbar:** wird österr. (und südd., schweiz.) auf der ersten Silbe betont, in D häufiger auf der vorletzten Silbe. Ebenso: *undenkbar, undenklich* (in D auf der zweiten Silbe), *undurchdringbar, undurchdringlich, undurchführbar*

**uneinnehmbar:** wird österr. (und südd., schweiz.) auf der ersten Silbe betont, in D häufiger auf der vorletzten Silbe. Ebenso: *unentbehrlich, unentgeltlich, unentwegt* (in D auf der letzten Silbe), *unerachtet, unerbittlich, unerfindlich, unerforschlich, unerfüllbar, unergründlich, unerklärbar, unerklärlich, unerlässlich, unermesslich, unerreichbar, unerreicht* (in D auf der letzten Silbe), *unersättlich, unerschöpflich, unerschütterlich* (in D auf der dritten Silbe), *unerschwinglich, unersetzbar, unersetzlich, unersprießlich, unerträglich, unerweisbar, unerweislich*

**Unfallkommando,** das: Polizeieinheit, die auf Einsätze bei Unfällen spezialisiert ist: *Sonntagvormittag dann der nächste Einsatz an derselben Kreuzung für das Welser Unfallkommando.* (OÖN 6. 7. 15)

**ungeschaut** (ugs.): unbesehen, ohne genauer angesehen, geprüft worden zu sein: *Das heißt aber nicht, dass man ungeschaut niemanden mehr reinlassen darf.* (ST 27. 5. 16). – Auch in den ugs. Formen *ung[e]schauter*

**unglaublich:** wird österr. (und meist schweiz.) auf der ersten Silbe betont, in D häufiger auf der zweiten

**Unglückslenker Unglückslenkerin,** der bzw. die: Unglücksfahrer/-in: *vom Institut für Verkehrswesen der BOKU Wien wurden auch die Unfall-Örtlichkeiten und die Herkunft der Unglückslenker unter die Lupe genommen.* (ST 20. 7. 16). ↑Lenker

**ungustiös** (ugs.): 1. unappetitlich: *Besonders ungustiös: Mehrere Durchfallerkrankungen in der Gesichtschirurgie seien offenbar auf eine Reinigungskraft zurückzuführen.* (ST 11. 1. 16). 2. peinlich, verabscheuenswürdig: *Denn das TV-Publikum sah eine würdelose Vorstellung von spätpubertären Rüpeln. Ein wahrlich ungustiöser Auftritt.* (ST 17. 9. 16). ↑**gustiös**

**Ungustl,** der: -s, -n (ugs., salopp): unsympathischer, missgünstiger Mensch: *Ein Spitzensportler dürfe kein Ungustl sein. »Egoismen haben auf dem Platz nichts verloren.«* (ST 29. 11. 16)

**ungut** (auch bayr.): 1. mürrisch, hinterhältig (auch auf Menschen bezogen): *»Ungut war er nie, aber er hat gerne ein oder zwei Stamperl Schnaps getrunken.«* (OÖN 25. 7. 07). 2. peinlich, unangenehm: *Seine Verharmlosung der Wehrsportübungen ... haben ihm eine Menge unguter Kommentare in den Medien ... eingebracht.* (ST 19. 8. 07)

**Uniform,** die; -, -en ⟨lat.⟩: wird österr. (und schweiz.) auf der ersten Silbe betont, in D auf der letzten oder – mit kurzem *u* – auf der ersten. – Das Adj. *uniform* hat auch in Österr. Endbetonung

**Uniformkappe,** die: Kopfbedeckung der Uniform mit Schild: *»Was wollen diese Trottel da«, schreit ein Jugendlicher und beginnt die Polizisten zu beschimpfen. ... Eine Uniformkappe fliegt durch die Gegend.* (KZ 9. 5. 09). ↑Kappe

**Unikum,** das: -s, ..., ka ⟨lat.⟩: der Plural lautet österr. nur Unika, in D auch Unikums

**Universitätsdirektor Universitätsdirektorin,** der bzw. die (informell): Verwaltungschef/-in einer Universität: *Die Trennung zwischen Kreativwirtschaft und Nicht-Kreativwirtschaft wird sich auflösen«, meint der Universitätsdirektor.* (WZ 26. 12. 12)

**Universitätsvertretung,** die: Studentenvertretung an einzelnen Universitäten: *Die ÖH will nun gemeinsam mit den Universitätsvertretungen rechtliche Schritte dagegen prüfen.* (SN 13. 9. 13)

**unklagbar** ⟨Adj.⟩ (Rechtsspr.): bei Gericht als Klage nicht einbringbar: *Das Ziel ist klar ein rechtliches Nirwana, das Facebook in Europa unklagbar macht.* (ST 15. 9. 15)

**unlösbar:** wird österr. (und schweiz.) auf der ersten Silbe betont, in D häufiger auf der zweiten. Ebenso: *unmerklich, unnahbar, unrettbar, unsagbar, unsäglich, unteilbar*

**Unruhnacht,** die (Volkskunde): Nacht zum 1. Mai, an der frei herumliegende Gegenstände entführt werden, ↑Störnacht: *Brauchtumsgemäß führt uns der Apostel Philippus durch eine »Unruhnacht« vom April in den Wonnemonat Mai.* (SN 29. 4. 05)

**unsinnig:** ***Unsinniger Donnerstag** (auch bayr.): Donnerstag vor dem Aschermittwoch (in D regional *fetter, schmutziger Donnerstag*): *Den Anfang machen die Narren in Kufstein. Sie ziehen am Unsinnigen Donnerstag im Inntalcenter ein.* (KU 26. 1. 08)

**Unsympathler Unsympathlerin,** der bzw. die (ugs.): (in D ugs.) der Unsympath/-in: *Im dritten Roman des schwedischen Bestsellerautors sind lauter Unsympathler.* (KU 8. 4. 16)

**Untam,** der; -s, -e (ugs., ostösterr.) ⟨zu jidd. *Tam* ›Geschmack‹⟩: unbeholfener und ungeschlachter Kerl: *Wir Wiener haben nämlich seit Wochen den Eindruck, als hätten sich sämtliche Ungustln, Untame und Unholde der Stadt verschworen, uns kollektiv das Dasein zu vermiesen.* (ST 9. 5. 14). ↑**unbetamt**

**unter: 1.** (auch südd., schweiz.) während: *unter der Arbeit;* meist in Zeitangaben: *Der Trubel* **unterm Jahr** *ist ohnedies groß genug.* (OÖN 29. 12. 16); *»Ich erledige meine Abrechnungen am Samstag oder am Sonntag.* **Unter der Woche** *bleibt keine Zeit.«* (OÖN 31. 3. 17). **2.** ***unter einem** (Behördenspr.), Abk. u. e.: zugleich, gleichzeitig: *In begründeten Ausnahmefällen können mehrere Monatsraten einer Beihilfe unter einem ausbezahlt werden.* (Bundesministerium für Unterricht und Kunst, Kursförderung, 2008, Int)

**unterbudgetiert:** im ↑Budget nicht ausreichend dotiert: *Die Wachstumsbereiche des EU-Budgets seien »unterbudgetiert«, während in der Landwirtschaft bereits der richtige Weg eingeschlagen werde.* (KZ 18. 11. 11). ↑**budgetieren**

**Unterennsia,** die /Plural/ (Bibliothekswesen): Publikationen über Niederösterreich

**Untergate,** die ⟨ung.⟩ (ugs., salopp): Unterhose: *Wie muss eine Ehe, wie muss eine Affäre beschaffen sein, wenn die Ehefrau offensichtlich nichts Besseres zu tun hat, als dem Gatten die Untergate des Lovers (gewaschen? gebügelt?) in den Kasten zu legen?!* (Falter 14. 1. 04). – Auch in der Schreibung *Untergatte.* ↑**Gate**

**Untergriff,** der: versteckter Angriff, beleidigende Äußerung (besonders in der Politik); unseriöses Argument: *Diese Fragestellung ist taktisch raffiniert, aber politisch ein Untergriff.* (SN 8. 10. 04)

**untergriffig:** beleidigend und unseriös: *Untergriffiger und polemischer ging es wohl nicht?* (ST 17. 8. 07)

**Unterhaltsabsetzbetrag** ↑Absetzbetrag

**unterkollektivvertraglich:** unter dem ↑Kollektivvertrag: *für solche Formen der unterkollektivvertraglichen Entlohnung drohen nach dem Lohn- und Sozialdumping-Bekämpfungsgesetz empfindliche Geldstrafen.* (ST 20. 8. 13). ↑**kollektivvertraglich**

**Unterleibchen,** das (auch schweiz.): Unterhemd, ↑Leibchen (1): *Bekleidet war der Tote mit Jeanshose und -hemd sowie Unterhose und Unterleibchen.* (SN 27. 4. 12). ↑LEIBCHEN

**Unterleiberl,** das (ugs.): ↑Unterleibchen: *Die vom Unterleiberl gemessenen Daten werden auf das Smartphone des Besitzers weitergeleitet.* (SN 8. 1. 16). ↑LEIBERL

**Untermietzins,** der (veraltend): Miete für ein Untermietzimmer: *Für die Berechnung der Provision wird der Bruttomietzins herangezogen. Dieser besteht aus dem Haupt- oder Untermietzins ...* (ST 1. 9. 10). ↑ZINS

**Unternehmerführerschein,** der: aus mehreren Modulen bestehende und von der Wirtschaftskammer organisierte Zusatzausbildung für Schüler über Wirtschaftswissen sowie Unternehmensgründung und -führung: *Neben dem Tanzen beherrscht die Schülerin auch das Eiskunstlaufen, ist Lektorin im Dom, macht gerade den Unternehmerführerschein und das kleine Latinum.* (KZ 30. 1. 16)

**Unternehmerprüfung,** die (Verw.) Prüfung über die Kenntnisse in Unternehmungsführung für ein Gewerbe: *Die Meister- und Unternehmerprüfungen halten die Landeskammern der gewerblichen Wirtschaft ab, die auch zwei von drei Mitgliedern der Prüfungskommission stellen.* (ST 27. 11. 16)

**Unterrichtsbehelf,** der: Unterrichtsmittel: *In fünf digitalen Klassenzimmern konnten die elektronischen Unterrichtsbehelfe ausprobiert und getestet werden.* (KU 14. 11. 12). ↑BEHELF

**Unterrichtsgegenstand,** der: Unterrichtsfach (in der Schule): *Die Grünen fordern die Einführung von »politischer Bildung« als Unterrichtsgegenstand in der Unterstufe.* (SN 29. 8. 07). – In D bezeichnet *Unterrichtsgegenstand* den ›Gegenstand, das Thema des Unterrichts‹. ↑GEGENSTAND

**Unterrichtsjahr,** das (Behördenspr.): Zeitraum vom Beginn des Schuljahres im September bis zum Ende des 2. Semesters Anfang Juli (also ohne Sommerferien. Vgl. Schuljahr): *Hier können jedes Unterrichtsjahr vier ... bzw. fünf Tage »aus Anlässen des schulischen oder sonstigen öffentlichen Lebens« für schulfrei erklärt werden.* (ST 17. 10. 16)

**Unterrichtsminister Unterrichtsministerin,** der bzw. die (informell): für das Schulwesen zuständige/-r Minister/-in (kann je nach Regierung auch für Hochschulen und/oder Kultur zuständig sein): *Unterrichtsministerin will digitales Lernen fördern.* (ST 9. 1. 17); **Unterrichtsministerium**

**Unterrichtspraktikant Unterrichtspraktikantin,** der bzw. die: Lehrer einer höheren Schule im Praktikumsjahr (in D ähnlich ›Referendar‹): *Neben den vier bis acht Stunden Unterricht müssen Unterrichtspraktikanten hospitieren.* (WZ 15. 6. 12)

**Unterrichtspraktikum,** das; -s, ...a: Praxisjahr im Rahmen der Ausbildung eines Lehrers an höheren Schulen (auslaufend, 2019 ersetzt durch eine Induktionsphase): *Laut Bildungsressort werden etwa Uni-Absolventen eingesetzt, die ihr Unterrichtspraktikum noch nicht (komplett) hinter sich gebracht haben.* (PR 14. 3. 17). Vgl. Probejahr

**Unterschleif,** der; -[e]s, -e (Behördenspr., veraltet auch in D): Unterschlagung; unsaubere Methoden, Unredlichkeit: *W. S. hat es versucht, indem er die Sache zu einem vernachlässigbaren legalen Unterschleif kleingeredet hat.* (ST 7. 3. 07)

**unterschliefen** (ugs., auch schweiz.): unterkriechen, unterschlüpfen: *Frau H. S. ... ist jetzt bei einem kleinen Fernsehsender untergeschloffen.* (KR 31. 3. 00). ↑ SCHLIEFEN

**unterschlupfen** (auch südd.): unterschlüpfen: *Privat muss er mangels eigener Wiener Wohnung noch bei Freunden unterschlupfen.* (OÖN 12. 1. 07)

**unterspickt: 1.** mit Fett durchzogen (vom Fleisch), marmoriert: *Für die Fülle: 200 g Lammfleisch, unterspickt, von der Schulter.* (News 26. 9. 02). **2.** vermischt, durchsetzt, ergänzt: *Der Text ist unterspickt mit »Opfer«-Szenen, die der Fantasie nichts zu fantasieren übrig lassen.* (OÖN 14. 11. 15)

**Unterstand,** der: Unterkunft: *Sie haben auf der Madrider Puerta del Sol einen notdürftigen Unterstand errichtet.* (ST 16. 2. 17). – In D ist ein *Unterstand* eine geschützte Stelle, bes. beim Militär

**unterstandslos:** ohne Unterkunft, obdachlos: *Tatsächlich haben sie kaum eine andere Wahl, weil ihre illegalen Quartiere polizeilich geräumt und sie unterstandslos geworden sind.* (OÖN 27. 8. 10)

**Unterstandslose,** der/die: Obdachlose: *Das ähnelt nun freilich der Verhöhnung eines Unterstandslosen, dem man ein Kellerloch andreht, um ihn hernach als Eigenheimbesitzer zu feiern.* (SN 28. 9. 05)

**Unterstufe,** die: die ersten vier Klassen der höheren Schule, (in D) Sekundarstufe I: *Bei Vorträgen, Präsentationen, Vorführungen und Einzelgesprächen werden die Besonderheiten des Realgymnasiums in Unterstufe und Oberstufe erläutert.* (OÖN 12. 12. 16)

**untertags** (auch südd., schweiz.): während des Tages, tagsüber: *Zugleich forderte er ab sofort Straffreiheit für Autofahrer, die untertags ohne Licht unterwegs sind.* (SN 21. 9. 07)

**untilgbar:** wird österr. (und schweiz.) auf der ersten Silbe betont, in D häufiger auf der zweiten. Ebenso: *untragbar, untrennbar, untröstlich, untrüglich*

**unüberbrückbar:** wird österr. (auch südd., schweiz.) auf der ersten Silbe betont, in D häufiger auf der vorletzten. Ebenso: *unübersehbar, unübersetzbar, unübertragbar, unübertrefflich, unübertroffen, unüberwindbar, unüberwindlich, unumgänglich, unumstößlich*

**unveränderlich:** wird österr. (und südd., schweiz.) auf der ersten Silbe betont, in D häufiger auf der dritten. Ebenso: *unverantwortlich, unveräußerlich, unverbesserlich, unverblümt, unverbrüchlich, unverbürgt, unvereinbar*

**Unvereinbarkeitsausschuss,** der (Verw.): parlamentarischer Ausschuss, der die Vereinbarkeit wirtschaftlicher Tätigkeit mit dem Abgeordnetenmandat auf Bundes- und Landesebene prüft: *Der Antrag auf Aufhebung der Immunität ... wird am 19. Jänner im Immunitäts- und Unvereinbarkeitsausschuss des Landtags behandelt.* (ST 9. 1. 17)

**unvergleichbar:** wird österr. (und südd., schweiz.) auf der ersten Silbe betont, in D häufiger auf der vorletzten. Ebenso: *unvergleichlich, unverkennbar, unverletzbar, unverletzlich, unverlöschlich, unvermeidbar, unvermeidlich, unverrückbar, unversiegbar, unversieglich, unverwischbar, unverwundbar,* *unverwüstlich, unverzeihbar, unverzeihlich, unverzinslich, unverzüglich, unvorgreiflich, unwiderlegbar, unwiderleglich, unwiderruflich, unwidersprochen, unwiderstehlich, unwiderbringlich,* (in D auf der zweiten Silbe:) *unwandelbar, unweigerlich*

**unvorgreiflich** (Behördenspr.): ohne einem anderen vorgreifen zu wollen: *Unvorgreiflich der Ergebnisse des laufenden Ermittlungsverfahrens gilt die Unschuldsvermutung für den mutmaßlichen Täter.* (Falter 20. 8. 03)

**unzählbar:** wird österr. (und südd., schweiz.) auf der ersten Silbe betont, in D häufiger auf der vorletzten. Ebenso: *unzählig, unzerbrechlich, unzerreißbar, unzerstörbar, unzertrennbar, unzertrennlich*

**unzensuriert** (auch schweiz.): unzensiert: *Sie sind auch sehr stolz darauf, den Film unzensuriert gelassen zu haben, was doch ein Risiko für sie war.* (OÖN 23. 3. 05) ↑**zensurieren**

**unzukömmlich** (auch schweiz.): **1.** nicht ausreichend; unzulänglich, unangenehm: *unzukömmliche Ernährung; Wegen der unzukömmlichen hygienischen Zustände in beiden »Volksbädern«, hatte die Sanitätsbehörde aber bald große Bedenken.* (NÖN 4. 6. 01); *Ebenso unzukömmlich ist der Umstand, dass in der Früh von Zwischentoren kein Zug nach Reutte geht.* (Oberländer Rundschau 18. 9. 13). **2.** unkorrekt; jmdm. eigentlich nicht zukommend: *der Beamte wurde in unzukömmlicher Weise begünstigt.* – Häufiger als Substantiv

**Unzukömmlichkeit,** die; -, -en /meist Plural/ (auch schweiz.): **1.** Unannehmlichkeit, Unzulänglichkeit: *»Vorerst ersuchen wir die Gottesdienstbesucher um Verständnis für die eine oder andere Unzukömmlichkeit in der nächsten Zeit.«* (OÖN 18. 7. 03); *Die anatomische Unzukömmlichkeit scheint indes überwindlich gewesen zu sein.* (News 3. 1. 13). **2.** Unkorrektheit, Missstand: *Wenn es zu Unzukömmlichkeiten kommt, kann man sich an den Vorgesetzten wenden – oder an die Bundesheer-Beschwerdekommission.* (ST 3. 1. 05)

**Urähne** ↑Ähne

**urassen,** sw. V. / hat /meist mit Präposition *mit*/ (ugs., seltener auch bayr.): verschwenden: *»Einmal duschen täglich ist kein Problem, aber urassen darf man mit dem Wasser nicht.«* (OÖN 20. 4. 02)

**urcool** (Jugendsprache): ganz toll, großartig: *Österreichs Vertreter beim Song Contest freut sich: »Platz 16 ist urcool. Jeder, der das erleben darf, ist ein Glückspilz.«* (PR 14. 5. 17)

**urgeil** (Jugendsprache): ganz toll, großartig: *Er habe schon zwei Flüge absolviert und »es war urgeil«.* (OÖN 16. 6. 06)

**Urgenz,** die; -, -en ‹lat.› (Behördenspr.): Mahnung, Forderung nach schnellerer Erledigung: *Das hätten Direktor Michael Schottenberg und die Stiftung Volkstheater am Freitag nach Urgenzen des Bundesdenkmalamts entschieden.* (PR 5. 12. 05)

**urgieren,** sw. V. / hat ‹lat.› (Behördenspr.): um schnellere Erledigung ersuchen, drängen; monieren: *Er hielte es aber für besser, wenn der ORF die Gebühren alle zwei Jahre sanft erhöhen könnte, statt alle fünf Jahre eine spürbar höhere Anpassung zu urgieren.* (ST 25. 10. 07)

**Urlaub:** ***auf Urlaub fahren/sein** ↑auf

**Urlaubsablöse,** die (Verw.): Auszahlung des Urlaubsanspruchs: *Urlaubsablösen im aufrechten Arbeitsverhältnis sind verboten.* (ST 22. 6. 16). ↑ABLÖSE

**Urlaubsbeihilfe,** die (Verw., veraltend): Sonderzahlung des Arbeitgebers für den Urlaub, 14. Monatsgehalt, Urlaubsgeld

**Urlaubsentschädigung,** die (Verw.): Auszahlung des Urlaubsanteils am Ende der Anstellung, Urlaubsabgeltung: *Faktisch relevant ... sei das vor allem, wenn ein neuer Mitarbeiter bald wieder aus dem Unternehmen ausscheidet ... Denn dann geht es um die Berechnung seiner Urlaubsentschädigung.* (PR 31. 1. 13)

**Urlaubssperre,** die: Schließung wegen Urlaubs: *Urlaubssperre vom 1. bis 20. Juli; »Die Ärzte ... haben die Spitalsleitung auf die Gefahr, die die Urlaubssperre für schwerstkranke Patienten bedeutet, wiederholt aufmerksam gemacht ...«* (KU 9. 9. 08). – In D nur ›Verbot, Urlaub zu nehmen‹. ↑**Sperre, Mittagssperre**

**Urlaubszuschuss,** der (Verw.): ↑Urlaubsbeihilfe: *Die ausständigen Juni- und Juli-Gehälter sowie der Urlaubszuschuss sollten in den nächsten Tagen vom Masseverwalter ... ausbezahlt werden.* (NÖN 18. 7. 13)

**Urli,** die; -, - (ugs., fam.): Urgroßmutter: *»Meine Urli wird sicher über 100«, sagte ihr Urenkel bereits vor einigen Jahren voraus.* (BVZ 9. 4. 15)

**Urli,** der; -, - (ugs., fam.): Urgroßvater: *Er darf außerdem zwei Enkelkinder und drei Urenkel zum Familienclan zählen, in dem der »Urli« seit 2011 Witwer ist.* (NÖN 22. 1. 15)

**Urli-Oma,** die (ugs., fam.): Urgroßmutter: *Doch in dem Familienbetrieb helfen alle zusammen, auch Karins Eltern und die »Urli-Oma« gehen tatkräftig zur Hand.* (OÖN 6. 7. 01)

**Urli-Opa,** der (ugs., fam.): Urgroßvater: *Wieder steht Weihnachten vor der Tür und du hörst von der nächsten Generation die Stimme vom kleinen Kind: Urli-Oma und Urli-Opa.* (NÖN 25. 12. 14)

**Urschl,** die; - (ugs., auch bayr.): dumme, unbeholfene Frau /Schimpfwort/: *du blöde Urschel!; »Hintennach reitet die alte Urschel«, lautet ein altes Kärntner Sprichwort. Gemeint ist damit: Im Nachhinein ist man immer klüger.* (ST 27. 6. 11). – In D noch als Vorname gebräuchlich

**ursprünglich:** wird österr. (und südd., schweiz.) auf der ersten Silbe betont, in D häufiger auf der zweiten

**Usance,** die ‹franz.› [yˈzãːs]: Usus, Gepflogenheit: *Die Minister sollen, entgegen bisherigen Usancen, stimmberechtigt im Nationalrat sitzen.* (ST 11. 1. 17)

# V v

**Vanillekipferl,** das (auch bayr.): süßes Nuss- oder Mandelgebäck in Form eines kleinen Kipferls, mit Vanillezucker bestreut: *Jalapeño-Zimt-Knöpfe oder Limonen-Marshmallow-Biskuits kommen den Österreichern nicht in die Dose, es dominieren weiterhin Vanillekipferln und Linzer Augen.* (ST 23. 12. 17). ↑KIPFERL

**Vanillerostbraten,** der: mit Knoblauch zubereiteter Rostbraten: *Ich kann mich noch gut an die Enttäuschung meiner Frau erinnern, als sie erstmals einen Vanillerostbraten serviert bekam.* (ST 18. 3. 08). – Knoblauch galt als »Vanille des armen Mannes«. ↑**Rostbraten, Zwiebelrostbraten**

**Väterkarenz,** die: Recht der Väter, unter denselben sozialrechtlichen Bedingungen wie Mütter den Karenzurlaub in Anspruch zu nehmen: *Aber auch Arbeitgeber spielen eine große Rolle dabei, ob Männer die Möglichkeit, in Väterkarenz zu gehen, wahrnehmen.* (ST 14. 9. 16). ↑KARENZ ◆ **Väterkarenzgesetz**

**Vatertag,** der: Ehrentag der Väter im Juni analog zum Muttertag (in D ugs. für ›Himmelfahrtstag‹, an dem die Männer ohne Familie in Gruppen feiern): *Die KMB Österreich nimmt den Vatertag am 10. Juni zum Anlass, um Männern Mut zu machen, das Vater-Sein zu leben und die Beziehung zu ihren Kindern zu pflegen.* (KIZ 6. 6. 07)

**Vatikan:** wird österr. auf der ersten Silbe betont mit kurzem a, in D auf der letzten

**vazieren** ‹lat.› /nur noch im 1. Part./ (veraltend): [als Händler, Handwerker o. Ä.] umherziehen: *Sie schlug sich vazierend als Haushälterin durch, gab dich zu Pflegeeltern, nahm dich wieder zu sich.* (KZ 29. 12. 13)

**Veigerl,** das; -s, -n (ugs., auch bayr.): Veilchen: *Nach einer halben Stunde Marsch auf der Forststraße unter der gleißenden April-Sonne – mit Veigerl und Buschwindröschen bestimmen sowie Vogelstimmen lauschen.* (KU 12. 4. 11). ↑**Hundsveigerl**

**Veitel** ↑Feitel

**Veitl:** ***ich will Veitl heißen; wenn ...; dann heiß ich Veitl** (ugs.): (in D) ich will Emil, Hans, Meier o. Ä. heißen, wenn ...; wenn ..., heiße ich Emil, Hans, Meier o. Ä.: (Formel, mit der man ausdrückt, dass man etwas für ausgeschlossen hält)

**Veitschi,** der; -[s], -[s]: eine zur Fassadenbegrünung verwendete Kletterpflanze, Mauerkatze, Dreispitzige Jungfernrebe: *Ein guter Beitrag zu einem angenehmen Klima im Innenhof ist laut Chen auch ein Veitschi: »Er schützt die Fassade im Sommer vor der Sonneneinstrahlung.«* (PR 24. 8. 13)

**verabsäumen** sw. V.: etwas versäumen, wozu man verpflichtet war oder was nötig gewesen wäre: *Der Westen hat es verabsäumt, zu Beginn des Aufstands die gemäßigten Kräfte nachhaltig zu stärken.* (SN 17. 12. 16)

**Verabschiedung,** die: **1.** (evangelische Kirche) Trauerfeier: *Die evangelische Verabschiedung feiern wir für unseren lieben Verstorbenen am Freitag, 8. August.* (VN 7. 8. 03). **2.** Trauerfeier bei Feuerbestattungen: *Verabschiedung am 18. November, 15 Uhr, Krematorium am Kommunalfriedhof Salzburg.* (OÖN 17. 11. 16)

**veranlagen** (Wirtschaft): (Geld) anlegen: *Der Mann hatte Freunden und Bekannten versprochen, ihr Geld mit sechs bis acht Prozent Verzinsung zu veranlagen.* (KZ 19. 10. 16) ◆ **Veranlagung:** *»Hätten Sie selbst über Veranlagungen entscheiden können?«* (PR 14. 11. 07); **Veranlagungsmodell:** *Das FTC ermöglicht... strukturierte Veranlagungsmodelle zur Erzielung von Erträgen.* (OÖN 19. 10. 02)

**Veranlager Veranlagerin,** der bzw. die (Jargon): Bankfachmann/-frau, der/die für Geldanlagen zuständig ist: *G. M. vermutet in Liechtensteiner Behörden einen Schutzschirm für Veranlager mit zweifelhaftem Hintergrund.* (ST 23. 11. 11)

**verbandelt:** ***verbandelt sein** (ugs., auch schweiz., regional auch in D): **1.** enge Verbindungen haben, in etwas verwickelt, verstrickt sein: *Der End-Vierziger ist mit dem Traditionsunternehmen schon seit 1979 eng verbandelt.* (OÖN 3. 9. 07). **2.** mit jmdm. liiert sein: *Andress war mit dem Regisseur John Derek verheiratet und später mit Jean-Paul Belmondo verbandelt.* (OÖN 20. 5. 06)

**Verbau,** der: Einbau; Einrichtung mit Einbaumöbeln: *Der Alu-Verbau unseres Busses speichert die Hitze überall.* (OÖN 16. 10. 10). ↑**Wandverbau**

**verbauen** /meist im 2. Partizip/ (selten auch in D): **1.** besiedeln, bebauen: *der Stadtteil ist dicht verbaut; Wenn jetzt die teuersten Grundstücke in Bauland umgewidmet werden, wird natürlich bald alles verbaut werden.* (SN 10. 10. 07). **2.** in eine ganze Wand [Einbau]möbel einsetzen: *die Wände links und rechts sind mit hohen Einbauschränken verbaut.* (ST 22. 10. 12). **3.** nicht freistehend, in Möbel oder Geräte eingefügt: *Beschleunigungssensoren, die auch in Handys verbaut sind, sorgen dafür, dass der Teddy reagiert, wenn man ihn anstupst.* (WZ 19. 12. 16). ↑**Verbau.** – In D wird das Wort in der negativen Bedeutung von *ver-* (durch Bauen verschandeln, schlecht bauen) verwendet

**Verbauung,** die: **1.** Besiedlung, Bebauung nach einem Gesamtplan: *Ich hoffe auch, dass vor einer weiteren Verbauung des Linzer Südens ein Verkehrskonzept erstellt wird.* (OÖN 15. 10. 16). **2.** Schutzbauten gegen Naturereignisse: *Darüber hinaus sei ein Schaden von rund 600.000 Euro im Bereich der Wildbach- und Lawinenverbauung entstanden.* (ST 13. 9. 16)

**Verbauungsdichte,** die: behördlich vorgeschriebenes Maß, wieviel Wohnraum auf einer Grundstücksfläche geschaffen werden darf: *Höhe, Masse und Verbauungsdichte würden den universellen Wert der Innenstadt mindern und damit den Welterbe-Status gefährden.* (PR 12. 7. 16)

**Verbotsgesetz,** das: Verfassungsgesetz vom 8. Mai 1945 über das Verbot der NSDAP. – Vgl. Wiederbetätigung

**Verbotstafel,** die: Verbotsschild: *Mit dem Aufstellen einer Verbotstafel sei es nicht abgetan.* (OÖN 9. 5. 14). ↑**Tafel**

**verbüchern,** sw. V.; hat (Rechtsspr.): ins Grundbuch eintragen; ***verbüchertes Recht:** eingetragenes, niedergeschriebenes Recht ◆ **Verbücherung:** *Nur die Verbücherung schützt den Mieter vor der vorzeitigen Kündigung.* (KU 8. 11. 03)

**Verbund,** der: (kurz für) Verbundkonzern (österr. Elektrizitätsunternehmen): *OMV und Verbund kooperieren bei der E-Mobilität.* (OÖN 28. 4. 17)

**verderben:** ***es sich mit jmdm. verderben:** sich jmds. Gunst verscherzen, sich bei jmdm. unbeliebt machen: wird österr. nur mit *sich* (Dativ) gebraucht, in D auch ohne: *jetzt hast du es dir mit ihm endgültig verdorben; Auch das Verhältnis mit Russland kann er sich nicht verderben.* (OÖN 26. 1. 05)

**Verdienstentgang,** der: (in D) Verdienstausfall: *Die Stiftung Deutsche Sporthilfe schüttet jährlich eine Million Euro für Betriebe aus, um ihnen den Verdienstentgang für Sportler-Mitarbeiter zu zahlen.* (SN 13. 11. 07)

**Vereinsstatut,** das /meist Plural/: Satzung eines Vereins: *Das betrifft unter anderem Dachverbände wie Atib oder die Islamische Föderation, die die Verbreitung der religiösen Lehre in ihren Vereinsstatuten führen.* (PR 17. 12. 15)

**Vergaberichtlinie,** die /meist Plural/: Richtlinie für die Vergabe von öffentlichen Aufträgen: *Mit dem Vergaberechtspaket werden die EU-Vergaberichtlinien aus 2014 umgesetzt und die Weichen für die E-Vergabe in Österreich gestellt.* (SN 7. 6. 17)

**Verfahren:** ***außerstreitiges Verfahren** (Rechtsspr.): ↑Außerstreitverfahren

**Verfahrenshelfer Verfahrenshelferin,** der bzw. die (Rechtsw.): amtlich bestellte/-r Verteidiger/-in im Rahmen der Verfahrenshilfe: *Anwälte leisten einen unverzichtbaren Beitrag für die Rechtskultur unserer Gesellschaft, indem sie bedürftigen Menschen als Verfahrenshelfer kostenlos Rechtsbeistand gewähren.* (OÖN 2. 6. 07)

**Verfahrenshilfe,** die (Rechtsw.): amtlich bestellter Verteidiger und Entfall der Gebühren für Angeklagte, die sich keinen Anwalt leisten können: *Große Bemühungen galten gemeinsamen Mindeststandards bei den Verfahrensrechten: Also dem Recht auf Verteidigung, auf Dolmetscher, auf Verfahrenshilfe, auf Information über den Akt.* (SN 24. 6. 05)

**Verfahrensvertreter Verfahrensvertreterin,** der bzw. die (Rechtsspr.): Beistand vor Gericht im Rahmen der Sachwalterschaft

**Verfassungsdienst,** der (Verw.): Sektion im Bundeskanzleramt, die Gesetze u. Ä. auf die Übereinstimmung mit der Verfassung prüft: *Laut einem Gutachten des Verfassungsdienstes wäre solch eine Regelung rechtlich möglich.* (ST 9. 10. 07)

**Verfassungsgerichtshof,** der (auch in einigen deutschen Bundesländern): ↑Höchstgericht, das für Verfassungsangelegenheiten zuständig ist, (in D) Bundesverfassungsgericht; Abk. VfGH: *Der Verfassungsgerichtshof übte in seiner Herbstsession erneut massive Kritik am Asyl- und Fremdenrecht in Österreich.* (SN 31. 10. 07)

**verfliesen:** mit Fliesen bedecken; fliesen, kacheln: *Vor zwei Jahren startete er den Versuch, das eigene WC zu verfliesen.* (SN 7. 9. 06)

**Vergabe,** die: Zuteilung, bes. einer Wohnung: *Wer sich unter der Hotline für Wiener Gemeindebauten ... nach den Modalitäten für die Vergabe einer Gemeindewohnung erkundigt, wird zwar freundlich begrüßt, beißt aber auf Granit.* (PR 13. 7. 07). ↑**vergeben** ◆ **Wohnungsvergabe**

**verganten,** sw. V. / hat (schweiz., sonst veraltet): versteigern. ↑**Gant**

**vergeben,** st. V. / hat: zuteilen, vermieten (in Bezug auf eine Wohnung): *Objektiv eine Wohnung zu vergeben, sei sehr schwierig ... »Für jede ausgeschriebene Wohnung haben wir im Schnitt zehn bis 20 Bewerber.«* (OÖN 22. 1. 09). – In D sind in diesem Bedeutungsbereich *eine Stelle, einen Kredit, Preis* usw. *vergeben* möglich. ↑**Vergabe**

**vergebühren:** für etwas Gebühren verlangen bzw. bezahlen: *Sogar relativ dumme Technologien wie SMS und Klingeltöne konnte man hoch vergebühren.* (ST 11. 10. 11) ◆ **Vergebührung**

**vergelten:** ***vergelt's Gott** ↑Gott

**vergessen,** st. V. / hat: kann österr. auch mit *auf* verbunden werden, und zwar in den Bedeutungen: **1.** nicht rechtzeitig daran denken [etwas zu erledigen, abzuholen o. Ä.]: *Im April fanden sich zwar Parkplätze, auf denen das Symbol für Stromtankstellen aufgemalt war, offenbar wurde allerdings darauf vergessen, auch die echten Steckdosen zu montieren.* (OÖN 27. 10. 16). **2.** sich nicht mehr darum kümmern: *Er sei ein Anhänger der gemeinsamen Obsorge. Häufig würde auf die Kinder vergessen.* (OÖN 23. 3. 07). – In der Grundbedeutung ›aus dem Gedächtnis verlieren‹ *(einen Namen, eine Telefonnummer vergessen)* steht auch österr. der Akk.

**Vergleichsperiode,** die (auch schweiz.): Zeitraum der zum [statistischen] Vergleich herangezogen wird: *Im März und April wurden mit 22,20 Millionen Übernachtungen um 3,7 Prozent mehr registriert als in der Vergleichsperiode des Vorjahres.* (PR 29. 5. 17)

**vergönnen:** sich etwas zuteil werden lassen, zukommen lassen, (in D in dieser Bedeutung meist) gönnen: *Wenn ich mir nie was vergönnen täte, wäre ich doch ein Depp.* (SN 12. 2. 12)

**verhabern,** sich; sw. V. / hat /meist im 2. Part./ (salopp, abwertend): sich verbrüdern, verbünden, sich gegenseitig begünstigen: *Zu oft gab es in jüngster Zeit Vorwürfe, die Polizei sei allzu eng mit dem Rotlichtmilieu verhabert.* (SN 21. 3. 07) ◆ **Verhaberung:** *Er zeigt uns vor, welcher Nutzen sich aus politischer Verhaberung ziehen lässt, und dass Günstlingswirtschaft ein Parteibuch nicht voraussetzt.* (PR 15. 3. 16)

**Verhackert,** das; -s (bes. südostösterr., aber bereits weiter verbreitet): Aufstrich aus klein gehacktem geräuchertem Schweinespeck: *Wir machen damit Rohprodukte, etwa Schinkenspeck, Hamburger, Paprikaspeck oder Verhackert.* (KZ 30. 11. 06) – Auch in den Formen *Verhackerts, Verhacktes* ◆ **Verhackertbrot:** *Es muss nicht immer Schweinswürstl und Verhackertbrot sein.* (SN 15. 5. 01), ↑Brot

**verhalten,** st. V. / hat (auch schweiz.): bes. in ***zu etwas verhalten sein:** zu etwas verpflichtet sein: *Österreich war dazu verhalten, weil die Anti-Geldwäsche-Stelle ... die mangelnde Transparenz österreichischer Privatstiftungen kritisiert hatte.* (PR 16. 5. 11)

**Verhaltensnote,** die (Behördenspr.): Betragensnote: *Konkret fordert K. die Wiedereinführung ... einer Verhaltensnote in den Abschlussklassen.* (ST 28. 9. 11)

**Verhandler Verhandlerin,** der bzw. die: Person, die Verhandlungen führt, Verhandlungspartner: *Mehrere EU-Außenminister ... appellierten Montag an die Verhandler, eine einvernehmliche Lösung zu erreichen.* (SN 20. 11. 07). ↑**Chefverhandler**

**verhandlungsfrei** (Rechtsspr.): ohne Gerichtsverhandlung: *Richter Manfred Seiss will die Schlussreden der Anwälte noch am Mittwoch beenden, so dass der Donnerstag verhandlungsfrei ist.* (SN 21. 1. 04)

**Verhandlungsgrundsatz,** der (Rechtsspr.): Grundsatz, nach dem allein die Parteien für das Beibringen der Tatsachen und Beweise zuständig sind (im Ggs. zum Untersuchungsgrundsatz)

**verhatscht** (ugs.): **1.** (selten) ausgetreten, (in D) ausgelatscht: *Zum Anzug sehen auch die elegantesten Pantoffel etwas verhatscht aus.* (KZ 28. 2. 03). **2.** missglückt, unpassend, ungenau: *Dies deshalb, weil man so die verhatschten Klimaschutzbemühungen schön-*

*rechnen kann.* (ST 27. 3. 17); *Diese verhatschte Metapher ist symptomatisch für das ganze Buch.* (PR 15. 10. 05)

**verhauen:** das 2. Part. lautet österr. (und bayr.) verhaut, (in D) verhauen: *Wenn das gut gemacht wird, kann das den Blick für die Welt öffnen, wenn nicht, ist alles verhaut.* (PR 28. 2. 07). ↑HAUEN

**verjankern,** sw. V. / hat (ugs., salopp): verjubeln, vergeuden: *»Banken sollen wieder ihr Bankgeschäft machen und nicht unser Geld verjankern.«* (KZ 10. 3. 15)

**Verkaufspult,** das: Theke: *So wurde etwa das Verkaufspult um 20 Zentimeter gesenkt, die Eingangstüre verbreitert.* (OÖN 11. 12. 02). ↑**Pult**

**Verkehr:** ***in Verkehr setzen:** in Umlauf bringen, (in D) in Verkehr bringen: *Die Vorstrafe rechtfertige die Annahme, der Wiener könnte »Suchtgift in einer großen Menge erzeugen, einführen, ausführen oder in Verkehr setzen.«* (KU 26. 11. 02). ↑**setzen**

**Verkehrsamt,** das (seltener auch in D): Tourismusbüro, (in D meist) Verkehrsverein: *Weitere Informationen erhalten Sie im Verkehrsamt bzw. in der Kurverwaltung Garmisch-Partenkirchen.* (TT 26. 4. 01) – Als Behörde für Verkehrsangelegenheiten gemeind.

**Verkehrsstrafe,** die: Strafe für Verkehrsdelikte: *Er solle doch zu schnell durch eine Ortschaft fahren und die Verkehrsstrafe anfechten.* (PR 10. 1. 16)

**Verkehrstafel,** die (auch schweiz.): Verkehrsschild: *Die 7000-Einwohner-Stadt hat mehr als ein Drittel seiner Verkehrstafeln verhüllt.* (PR 22. 7. 11). ↑TAFEL

**verkiefeln:** verkraften, verdauen: *Man weiß ja, dass er sein Scheitern in der Politik ebensowenig verkiefeln kann wie sein damaliger kongenialer Partner.* (WZ 16. 1. 08); ↑**kiefeln, abkiefeln**

**verklausen,** sw. V. / ist: durch Sand verschüttet, durch Treibgut versperrt werden (von Wasserläufen, Verkehrswegen): *Untersuchungen ergaben, dass ein Gerinne in einem Schacht unterspült worden war. Der Schacht verklauste und das Abwasser trat aus.* (SN 21. 3. 08) ◆ **Verklausung:** *Eine Verklausung durch einen dicken Ast genügt und das Gerinne flutet das Zentrum.* (VN 15. 3. 07)

**verköstigen,** sw. V. / hat: österr. (und südd., schweiz.) nur so gebrauchte Form, (in D auch) beköstigen: *Immerhin galt es, 4500 Gäste zu verköstigen.* (SN 2. 5. 05) ◆ **Verköstigung:** *Klassiker der steuerfreien Gehaltsbestandteile sind Sachzuwendungen ..., Teilnahme an Betriebsveranstaltungen, Verköstigung am Arbeitsplatz.* (PR 13. 11. 07)

**Verkostung,** die: **1.** das prüfende Probieren von Speisen und Getränken: *Die Verkostung kann beginnen. Wer den Geschmack pur erleben will, trinkt den Espresso am besten schwarz und ohne Zucker.* (PR 30. 9. 16). **2.** (auch schweiz.) Weinkost, Degustation: *Ein Mann mittleren Alters nähert sich dem Weinstand eines italienischen Winzers – bei der Verkostung einer italienischen Weinregion.* (ST 22. 12. 16) ◆ **Weinverkostung**

**verkühlen,** sich (selten oder landschaftlich auch in D): sich erkälten: *Ich habe mich verkühlt, aber bis Samstag bin ich wieder fit.* (OÖN 14. 12. 05)

**Verkühlung,** die: Erkältung: *Die Salzburgerin, die am Samstag 32 Jahre geworden war, kämpfte mit einer starken Verkühlung.* (SN 19. 3. 17)

**verkutzen,** sich; sw. V. / hat (ugs.): sich verschlucken, etwas in die Luftröhre bekommen: *In dem Augenblick, in dem man sich verkutzt, hat man oft gerade keine Luft in der Lunge* (ST 9. 8. 11); *... als ob sich Domingo am hohen C verkutzt hätte.* (SN 3. 5. 03)

**Verlagspostamt,** das: das für den Versand einer Zeitung oder Zeitschrift zuständige Postamt (im Impressum angegeben)

**Verlängerte,** der; -n, -n: mit doppelter Menge Wasser zubereiteter Kaffee (im Kaffeehaus), Gestreckter: *Eine Tageszeitung zum großen Braunen, ein Magazin zum Verlängerten: Seit Jahrhunderten wird das Zeitungslesen mit der Wiener Kaffeehauskultur assoziiert.* (PR 13. 1. 15)

**Verlassenschaft,** die: Hinterlassenschaft, Nachlass, Erbschaft: *Das kann zum finanziellen Problem werden, dauert die Abwicklung der Verlassenschaft doch meist länger als ein halbes Jahr.* (PR 3. 5. 07) ◆ **Verlassenschaftssache**

**Verlassenschaftsabhandlung,** die (Behördenspr.): Erbschaftsverhandlung: *Laut ihm macht es natürlich Sinn, die Pflegeleistung, die jemand für den späteren Erblasser erbringt, später auch im Rahmen der Verlassenschaftsabhandlung zu berücksichtigen.* (WZ 18. 7. 14)

**Verlassenschaftsverfahren,** das: Erbschaftsverhandlung: *Wissen weder Bank noch Erben vom Tod des Inhabers, kann das Verlassen-*

*schaftsverfahren erst gar nicht eingeleitet werden.* (WZ 15. 12. 16)

**verlautbaren,** sw. V. / hat (Rechtsspr.): ein Gesetz öffentlich bekannt machen, wodurch es Gültigkeit erlangt ◆ **Verlautbarung:** *Mit der darauffolgenden Verlautbarung der Verordnung im Bundesgesetzblatt ist der Wahltag endgültig fix.* (SN 17. 7. 06). – Im allgemeinen Sinn von ›bekannt machen‹ gemeind.

**Verlustträger Verlustträgerin,** der bzw. die (Behördenspr.): Person, die etw. verloren hat: *Die Praxis zeigt, dass nach Ablauf eines Jahres verlorene, von Findern abgegebene Sachen von Verlustträgern kaum noch angesprochen werden.* (SN 23. 5. 06)

**Vermarkung,** die (auch schweiz.): Kennzeichnung der Grundstücksgrenzen: *Im Außenministerium wurde 1991 gerade an einem bilateralen Vertrag gefeilt, der »die Instandhaltung sowie die Vermessung und Vermarkung« der Staatsgrenze mit Italien neu regeln sollte.* (ST 4. 9. 07)

**vermuren,** sw. V. / hat (auch bayr.): durch eine ↑Mure verwüsten: *Bis zu einem dreiviertel Meter hoch wurden hier Straßen vermurt.* (OÖN 21. 8. 07). ↑**Mure** ◆ **Vermurung**

**Vernaderer Vernaderin,** der bzw. die (ugs.): Denunziant, Verräter: *Bisher würden Personen, die Missstände melden, eher als böse Vernaderer denn als edle Aufdecker gelten.* (ST 6. 12. 12)

**vernadern,** sw. V. / hat (ugs.): **1.** verraten, denunzieren: *Ihr Chef kündigte die Kellnerin daraufhin, weil sie einen Stammkunden »vernadern« würde.* (OÖN 6. 7. 06). **2.** bewusst öffentlich schlecht machen, den Ruf zerstören: *Es gibt eine Entwicklung in der Politik, die gewisse Politiker anderen Couleurs aufs Korn nimmt und ganz gezielt vernadert und schlecht macht.* (PR 7. 10. 06) ◆ **Vernaderung:** *Der ÖSV hat sich jedoch immer gegen Pauschalverdächtigungen, Vorverurteilungen oder Vernaderung von Sportlern ausgesprochen.* (SN 25. 5. 07)

**vernudeln** (ugs.): **1.** zerknittern: *das Hemd ist ganz vernudelt.* **2.** unsachgemäß angehen, durch falsches Vorgehen verderben: *Wer eine Debatte so vernudelt, scheint ungeeignet zu sein, einen Neustart zu beginnen.* (WZ 31. 1. 11). ↑**herumnudeln**

**verparken:** einen Platz durch ein parkendes Fahrzeug blockieren, (in D) zuparken: *auch die Seitengassen rund um den Bahnhof sind verparkt.* (KU 7. 3. 06)

**verpartnern,** sich; sw. V. / hat: eine eingetragene Partnerschaft eingehen: *Trotzdem darf man homosexuelle Paare nicht diskriminieren. Wollen Sie sich einmal verpartnern?* (ST 9. 9. 16) ◆ **Verpartnerung**

**Verpflegsgeld,** das (Behördenspr.): Geldbetrag als Ersatz für Verpflegung, bes. für Zivildiener: *Hintergrund der Rückzahlungen war eine Entscheidung des Verfassungsgerichtshofes vom November 2005, der das Verpflegsgeld von sechs Euro pro Tag als zu gering eingestuft hatte.* (SN 6. 12. 06)

**verpicken** (ugs.): verkleben: *Knicken, falten und mit Klebeband verpicken klingt viel einfacher, als es dann auch tatsächlich ist.* (ST 19. 12. 14). ↑PICKEN

**verpolitisieren,** sw. V. / hat (auch schweiz.): etwas, was nicht in den politischen Bereich gehört, unter parteipolitischen Gesichtspunkten behandeln: *Aber das ständige Verpolitisieren von Sachproblemen ist ja ein Charakteristikum der österreichischen öffentlichen Diskussion.* (PR 21. 2. 06) ◆ **Verpolitisierung:** *Dem gegenüber stehen eine unglaubliche Verpolitisierung des Sports und einige sehr unprofessionelle Sportfachverbände.* (PR 17. 4. 10)

**verpritscheln,** sw V. / hat: verschütten, verschleudern: *Statt das Geld zur Lösung der wichtigen Zukunftsfragen zweckzubinden, wird's verpritschelt.* (KZ 22. 7. 16). ↑**pritscheln**

**verputzen:** ***nicht verputzen können** (ugs., auch südd., schweiz.): nicht ertragen, leiden können: *Ich kann zum Beispiel Rechtsextreme nicht verputzen.* (OÖN 30. 8. 11). ↑PUTZEN

**verratschen** (ugs.): **1.** /sich/ (auch bayr.) durch ↑Ratschen vertrödeln: *Wir saßen immer da und haben uns total verratscht.* (KZ 9. 1. 09). **2.** (westösterr.) verraten, anschwärzen: *Natürlich habe ich heimlich genascht, aber meistens hat mich irgendwer gleich verratscht.* (VN 14. 12. 10). ↑**ratschen**

**verrechnen** (auch schweiz.): Bezahlung für etwas verlangen, in Rechnung stellen, berechnen: *Bislang verrechnet der Ex-Monopolist aber gerade für diese Leistung rund 200 Euro pro Jahr und Haushalt.* (PR 22. 11. 07). – In D wird das Wort nur i. S. v. ›bei einer Rechnung berücksichtigen‹ verwendet, z. B. *einen Gutschein, einen Betrag verrechnen*

**-verrechner,** der: Grundwort in Zus.: Person, die etwas berechnet (Berufsbez.): **Gehaltsverrechner:** *Unternehmen suchen immer mehr hoch qualifiziertes Personal ... und immer we-*

*niger Leute für administrative Prozesse, wie etwa Gehaltsverrechner.* (PR 9. 3. 07); **Lohnverrechner:** *Aber auch Buchhalter, Lohnverrechner und Controller seien schwer zu finden.* (OÖN 10. 10. 00); **Personalverrechner/-in**

**-verrechnung,** die: Grundwort in Zus.: Berechnung und Verbuchung der Löhne und Gehälter: **Lohnverrechnung; Gegenverrechnung; Gehaltsverrechnung; Personalverrechnung:** *Im Jänner und März wird es »Jahres-Updates 2017/18« zu aktuellen Änderungen in der Personalverrechnung sowie im Steuer- und Bilanzrecht geben.* (PR 3. 11. 17). ↑**Direktverrechnung**

**Vers,** der; -es, -e ‹lat.›: wird österr. auch [vɛrs] ausgesprochen, in D nur [fɛrs]

**versandeln,** sw. V. / hat (ugs.): **1.** verschlampen, verzögern: *Diese Politiker verbraten unsere Steuergelder wie z. B. mit einem Versandeln der Staatsreform.* (KU 27. 3. 08). **2.** träge, tatenlos werden; sozial absteigen: *»Er würde versandeln, wenn er uns nicht hätte«, sagt die Bäuerin über Max.* (OÖN 30. 11. 00). ↑**Sandler**

**Versatzamt,** das (auch bayr.): Pfandleihanstalt, Leihhaus: *Die von ihm eingeleitete Reorganisation des Versatzamtes blieb nicht ohne Auswirkung auf den Versteigerungsbetrieb.* (ST 11. 4. 07)

**Versäumungsurteil,** das (Rechtsspr.): (in D) Versäumnisurteil: *So hat der Europäische Gerichtshof im Dezember 2006 entschieden, dass ein niederländisches Versäumungsurteil in Österreich nicht anerkannt und vollstreckt werden muss.* (SN 12. 6. 07)

**verschauen,** sich; sw. V. / hat (ugs., auch bayr.): **1.** infolge von zu langem Schauen sich verspäten, etwas vergessen: *Verschau dich nicht, komm endlich!* **2.** sich beim Hinsehen irren: *Die liebe Forschung hat sich um eine Kommastelle verschaut, »beim Schielen bleiben die Augen stecken«.* (PR 2. 8. 07). **3.** sich verlieben: *Es ist mir schon einige Male passiert, dass ich mich total verschaut habe in Kolleginnen.* (OÖN 16. 11. 07). ↑SCHAUEN

**verscheppern** (ugs., auch bayr.): billig verkaufen, verscherbeln: *Geld also, das spurlos verschwindet, nachdem es ausgegeben ist, ohne irgendeinen langfristigen Wert für den Staat oder das Bundesheer zu hinterlassen. Verscheppern von Tafelsilber also.* (PR 16. 8. 04)

**Verschieber Verschieberin,** der bzw. die: Person, die bei der Bahn Züge zusammenstellt, (in D) Rangierbegleiter, (früher) Rangierer: *Mit dem Alltag eines Eisenbahners ist der Steirer gut vertraut: Sein Vater war Verschieber.* (ST 19. 11. 11)

**verschiedenfärbig** ↑FÄRBIG

**Verschleiß,** der; -es, -e (Behördenspr.): Kleinverkauf; Vertrieb. ↑**Provinzverschleiß, Tabakverschleiß, Zeitungsverschleiß**

**verschleißen,** sw. V. / hat (Behördenspr.): [im Kleinhandel] verkaufen. – Als starkes Verb in der Bedeutung ›verbrauchen, abnützen‹ ist *verschleißen* gemeind.

**Verschleißer Verschleißerin,** der bzw. die (Behördenspr.): Kleinhändler; Kaufmann im Kleinhandel: *Regelmäßig versorgten die Verschleißer das Hauspersonal mit Kolportageromanen im Lieferungsprinzip.* (PR 10. 3. 07) ↑**Tabakverschleißer, Zeitungsverschleißer**

**Verschleißpreis,** der (Behördenspr.): Verkaufspreis (im Ggs. zum Abonnentenpreis)

**Verschleißstelle,** die (Behördenspr.): Verkaufsstelle: *Wie vom Wertkartenhandy her gewohnt, kauft man bei einer Verschleißstelle (z. B. Trafiken, Banken, Postämtern) eine Karte mit einem Guthaben.* (PR 12. 1. 05)

**verschliefen,** sich; st. V. / hat [...iːɐ̯...] (veraltend): sich verkriechen: *das Tier verschlieft sich im Laub; Hier hat sich das Pushen aber wenigstens nur in einem vergleichsweise bescheidenen Einspalter verschloffen.* (PR 11. 1. 08). ↑SCHLIEFEN

**Verschub,** der (Eisenbahn): das Verschieben, Rangieren: *Im Verschub ist es üblich, dass Weichen per Hand gestellt werden.* (PR 8. 7. 05) ◆ **Verschubarbeiter/-in; Verschubbahnhof:** *Der 13-Jährige ... kletterte am Samstag Abend auf dem Grazer Verschubbahnhof Gösting auf einen abgestellten Waggon.* (OÖN 28. 12. 1992); **Verschubfahrt:** *Täglich werden von hier aus 500 Zug- und 2000 Verschubfahrten abgewickelt.* (SN 2. 12. 08); **Verschubgarnitur:** *Zu dem Unglück kam es gegen 7.30 Uhr bei einer Flankenfahrt zweier Verschubgarnituren.* (PR 30. 4. 07), ↑Garnitur; **Verschubgleis; Verschublok:** *Eine Verschublok mit 13 Waggons war Mittwoch gegen acht Kesselwaggons gekracht.* (SN 9. 3. 07); **Verschublokomotive; Verschubunfall, Verschubzug:** *Nach einem Verschubunfall ist der Wiener Südbahnhof am Montag stundenlang blockiert gewesen. ... Ursache war ein Zusammenstoß zweier Verschubzüge.* (PR 30. 4. 07)

**verschustern,** sw. V. / hat (ugs.): **1. a)** (Geld) verschwenden, verschleudern: *»Was kann ich dafür, dass sie das ganze Geld verschustern.«*

(PR 29. 3. 03). **b)** (Zeit, Gelegenheiten) verstreichen lassen, nicht nützen: *Mir persönlich tut es sehr leid, dass man die letzten zwei Monate ... auf gut Deutsch verschustert hat mit diesen unseligen Diskussionen.* (ST 25. 6. 03). **2.** durch Unordnung verlieren, verschlampen: *»Der Wolfi hat immer geglaubt, er hat es dem Otto Breicha gegeben und der hat es verschustert.«* (PR 19. 2. 15)

**Versetzungswerber** ↑-WERBER

**Versicherungspolizze,** die: (in D) Versicherungspolice: *Schwer verständliche Versicherungspolizzen, mühsam entzifferbare Strommeldeformulare oder fachwortgespickte Behördentexte sind nicht gottgegeben.* (ST 17. 12. 16). ↑**Polizze**

**Versorgungsarbeit,** die: elterliche Betreuung und Pflege der Kinder in einer Familie: *Der Festtag stand im Zeichen von Vernetzung und Zusammenarbeit zwischen Politik, Dienstleistern und zuständigen Verantwortlichen im Gesundheits-, Sozial- und Bildungssystem in der psychosozialen Versorgungsarbeit von Kindern und Jugendlichen.* (NÖN 19. 5. 17)

**Versorgungsgenuss,** der (Behördenspr.): Versorgungsleistung, -bezüge; Pension für Angehörige: *Um diese Geldleistung zu erhalten, ist bei jener Stelle ein Antrag einzubringen, von der eine Pension, eine Rente oder ein Ruhe- oder Versorgungsgenuss bezogen wird.* (WZ 5. 1. 01). Vgl. Ruhegenuss ◆ **Versorgungsgenussbezieher/-in**

**Versorgungshaus,** das (veraltet): Altersheim: *Unter Joseph II. wurde der Gebäudekomplex zu einem Versorgungshaus der Gemeinde Wien.* (PR 4. 7. 11)

**versperren** (regional auch in D): **1.** verschließen: *Der Einbrecher hatte von innen alle Türen versperrt.* (SN 27. 3. 07). **2.** einschließen, in etwas schließen: *Die ausgezählten Stimmen seien dann in einem versperrten Raum gelagert gewesen; auch die ungültigen* (Stimmzettel) *seien extra versperrt gewesen.* (PR 23. 6. 16). ↑SPERREN

**versprudeln:** verquirlen: *Milch mit Butter und Salz erwärmen, die Eier einschlagen und versprudeln, Rum zugeben.* (OÖN 24. 11. 16). ↑**sprudeln, Sprudler**

**Verstaatlichte,** die: (früher; kurz für) verstaatlichte Industrie: *In seine Amtszeit fällt freilich der Niedergang der »Verstaatlichten«, dem er auf Länderebene wirtschaftspolitisch zunächst nur schwer etwas entgegensetzen kann.* (KZ 30. 12. 16) – Die Bez. und die Sache spielen in der österr. Politik seit 1945 eine große Rolle. In der Mediensprache der 1990er Jahre häufig in Zus.: **Verstaatlichtenkrise; Verstaatlichtenkritik; Verstaatlichtenminister/-in; Verstaatlichtenpolitik**

**Versteckerlspiel,** das (bes. ostösterr.): **1.** Versteckspiel: *Teures Versteckerlspiel. Zwei 6-jährige Knirpse spielten in einem Feld mit Zier-Artischocken ... Verstecken.* (KU 28. 6. 13). **2.** Verhalten, mit dem etwas vertuscht, verschleiert wird: *Dieses ungustiöse Versteckerlspiel und beschämende Affentheater unserer Regierung mit der Budgetvorlage ist äußerst blamabel.* (KR 27. 8. 10). – Auch in der Kurzform *Versteckerl* und als substantivierter Infinitiv *Versteckerlspielen*

**Verstoß:** ***in Verstoß geraten** (Behördenspr.): in Verlust geraten, verloren gehen: *erst danach hätten die Behörden zugegeben, dass die Beschwerde »in Verstoß geraten« sei, sagte der Jurist.* (PR 18. 2. 15)

**versumpern,** sw. V. / hat (ugs.): versumpfen, in Inaktivität versinken: *Nachdem ich mich nach der Arbeit mit meiner besten Freundin auf einen Kaffee getroffen habe, blieb ich am Abend auf der Couch kleben und versumperte vor der Flimmerkiste.* (PR 5. 9. 07). ↑**Sumper**

**Verteilerkreis,** der: Anlage an Anschlussstellen von Autobahnen und Schnellstraßen, durch die der Verkehr kreisförmig verteilt wird, z.B. in Wien-Favoriten (in D regional für Kreisverkehr): *Ein Schulweg, der durch den schattigen Augarten führt, ist angenehmer als einer über den Verteilerkreis Süd.* (PR 14. 10. 15). – In der Sportberichterstattung steht *Verteilerkreis* wegen der Nähe seines Stadions oft für den Klub Austria Wien

**Vertragsbedienstete,** der und die; -n, -n (Verw.): öffentlich Bedienstete/-r ohne Beamtenstatus: *Damals habe die Regierung beschlossen, dass die Vertragsbediensteten im öffentlichen Dienst von den Gebietskrankenkassen zur Versicherungsanstalt öffentlich Bediensteter (BVA) wandern.* (PR 4. 1. 17). – Entspricht in D ›Angestellte im öffentlichen Dienst‹. Selten auch als Partizip: *er ist vertragsbedienstet und nicht pragmatisiert*

**Vertragslehrer Vertragslehrerin,** der bzw. die: Lehrer/-in mit privatrechtlichem Dienstvertrag: *Für Vertragslehrer des Bundes war eine Fortbildungspflicht nicht ausdrücklich gesetzlich geregelt.* (ST 12. 8. 15)

**vertschüssen,** sich, sw. V. / hat (salopp): sich entfernen, verschwinden; sich verabschieden: *Wir müssen Probleme angehen, wenn sie entstehen und nicht warten, bis sie sich von selbst vertschüssen.* (ST 20. 6. 15). ↑ **tschüs**

**verunfallen,** sw. V. / ist (auch schweiz.): verunglücken: *Kinder aus armen Familien haben zudem eine deutlich erhöhte Unfallgefahr – sie verunfallen bis zu 70 Prozent häufiger.* (ST 24. 6. 15) – Das urspr. schweiz. Wort hat sich auch in Österreich durchgesetzt

**verwachseln** (Skisport): ein falsches Wachs wählen, verwachsen: *»Sicher kann man sich verwachseln«, sagt Dietrich, aber es komme auch auf den Ski an.* (ST 6. 2. 15) ↑ **wachseln**

**Verwaltungsabgabe,** die: Gebühr, die für Dienste der Verwaltung zu bezahlen ist: *So werde die Landesverwaltungsabgabe erhöht, die seit fast zehn Jahren gleichgeblieben sei.* (ST 21. 11. 13). ↑ ABGABE

**Verwaltungsakt,** der: die zu von einer staatlichen Verwaltung vorgenommenen Handlung gehörigen Unterlagen bzw. ein amtlicher Bescheid darüber. ↑ AKT

**Verwaltungsgerichtshof,** der: ↑ Höchstgericht, das für Verwaltungsakte zuständig ist, (in D) Oberverwaltungsgericht (in Baden-Württemberg, Bayern und Hessen): *Wie bei anderen Verkehrsbeschränkungen ... gelten strenge Kriterien der Rechtsprechung des Verwaltungsgerichtshofs und des Verfassungsgerichtshofs.* (ST 14. 11. 07). – Abk. VwGH

**Verwaltungsjahr,** das (Verw.): Rechnungsjahr: *Während der Debatte über den RH-Bericht über das Verwaltungsjahr 2002 wurde Fiedler von allen vier Parteien mit Lob für seine zwölfjährige Amtszeit bedacht.* (WZ 18. 6. 04)

**Verwaltungssprengel,** der (Verw.): Verwaltungsbezirk: *Der Strichcode diene dazu, die Fragebögen nach den neun Verwaltungssprengeln auszuwerten.* (WZ 22. 9. 08). ↑ SPRENGEL

**Verwaltungsstrafe,** die (Rechtsspr.): wegen Übertretung von Verwaltungsvorschriften durch eine Behörde verhängte Strafe: *Durch die ... geplante Gesetzesnovelle wäre der illegale Aufenthalt strafbar und könnte bei Nichtbezahlung der Verwaltungsstrafe zu Ersatzfreiheitsstrafen führen.* (WZ 23. 11. 16)

**Verwaltungstangente,** die (Verw.): Anteil der Verwaltungskosten an den Gesamtkosten: *Weiters sah der RH es als nicht gerechtfertigt an, dass das Land Oberösterreich Verwaltungstangenten für die Landesbediensteten in Ansatz brachte.* (Rechnungshof Bund 201/13)

**Verwaltungsübertretung,** die (Rechtsspr.): Verstoß gegen Verwaltungsvorschriften, (in D) Ordnungswidrigkeit: *Bei den Vorfällen habe es sich aber laut Polizei lediglich um Verwaltungsübertretungen gehandelt.* (SN 1. 11. 16)

**verwehren:** ***sich gegen etwas verwehren:** sich gegen etwas verwahren: *Sowohl Direktion als auch Lehrer und Elternverein verwehren sich dagegen, ungefragt in die Diskussion hineingezogen zu werden.* (OÖN 26. 4. 07)

**Verwendung:** ***in Verwendung stehen/sein:** in Gebrauch sein: *Zehn, fünfzehn Minuten. Selten ist ein »Coffee-to-go«-Becher länger in Verwendung.* (OÖN 31. 12. 16); *Welche Bräuche standen und stehen in Verwendung?* (OÖN 20. 12. 08); ***in Verwendung nehmen:** in Gebrauch nehmen: *Das Ödland selbst jedoch war gewissermaßen herrenlos, und jeder konnte so viel davon in Verwendung nehmen, als er es für nötig erachtete.* (NÖN 6. 5. 16); ***in Verwendung haben:** verwenden: *Einige Standler hatten Häferl aus einer früher in China produzierten Charge in Verwendung, die nicht gesetzeskonform waren.* (OÖN 7. 12. 16); ***zur Verwendung kommen:** verwendet werden: *Zur Verwendung kommen nur sauberes Wasser und Luft.* (SN 10. 11. 07)

**Verwendungsgruppe,** die (Verw.): ↑ Beschäftigungsgruppe, (in D) Laufbahngruppe: *Beide haben im allgemeinen Verwaltungsdienst das Recht, sich für einen Arbeitsplatz der Verwendungsgruppe A1 zu bewerben.* (PR 2. 10. 07)

**verwursteln,** sw. V. / hat (ugs., auch südd.): **1.** in Unordnung bringen: *Ich habe das Einwickelpapier völlig verwurstelt.* (PR 2. 11. 02). **2.** durch Unordnung verlieren, verschlampen: *Das kommt daher, dass sie ihre Briefe niemals öffnet und in der Schublade verwurstelt.* (PR 8. 4. 06)

**verwuzeln,** [sich] /meist im 2. Part./ (ugs.): zerknäulen, verwickeln, verdrücken: *Er bietet mir alle drei Dollarscheine an, den verwuzelten und die sauber gefalteten.* (PR 17. 1. 04); *Lieber einen verwuzelten, krummen Paprika aus dem Garten, der schmeckt, als einen leuchtend roten, dicken und fetten aus Holland.* (ST 27. 3. 07). ↑ WUZELN

**verzupfen,** sich; sw. V. / hat (ugs., salopp, auch bayr.): sich entfernen, verschwinden, davonstehlen: *»Bei allen Begebenheiten mit dem Menschen hat sich der Bär immer verzupft.«* (KU 1. 5. 07); *sie hat sich vom Abwaschen verzupft; Der Altweibersommer hat sich nach großem Aufbäumen verzupft.* (OÖN 8. 11. 08) ↑ **zupfen**

**vida** ‹Fantasiebez., span.› [v...]: Name der Gewerkschaft für Verkehr, Tourismus, Handel und persönliche Dienstleistungen (seit 2006): *Ein Sprecher der Gewerkschaft vida erklärte dazu, wie schon am Vortag, es sei eine interne »Betriebsratsangelegenheit« der Tyrolean.* (PR 27. 11. 07)

**vidieren,** sw. V. / hat ‹lat.› (Behördenspr., veraltet auch in D): mit dem Vidi versehen; beglaubigen, unterschreiben: *Bevor der Gemeinderat den Kredit gewährte, war der Kreditantrag von sechs Stellen im Rathaus vidiert worden.* (PR 5. 5. 10) ◆ **Vidierung:** *Für die Vidierung der Bescheinigung war die örtliche Behörde zuständig.* (PR 1. 10. 05)

**Vidiwall,** die; -, -s [ˈviːdivɔːl]: Videoleinwand: *Der Film ist online ... sowie auf den Vidiwalls im Stadion zu sehen.* (ST 19. 7. 16)

**Viecherl,** das; -s, -n (ugs., salopp, positiv verniedlichend, auch bayr.): Viech: *Welche Viecherln sich da nächtens so herumtreiben in stadtnahen Gärten, erforschen »Night-Watcher« wie wir.* (ST 11. 9. 18)

**vielfärbig** ↑ FÄRBIG

**Viennensensia,** die /Plural/ (Bibliothekswesen): Publikationen über Wien

**Vierer,** der (auch südd., schweiz.): Ziffer, Note, Linie Vier, (in D) die Vier: *Teil zwei dient vor allem dazu, dass bereits positive Schüler sich vom Vierer Richtung Einser verbessern können.* (ST 1. 6. 16). ↑ ACHTER

**Viererradl** ↑ RADL

**Vierkanter,** der: (kurz für) ↑ Vierkanthof: *Drei Seiten des Vierkanters brannten ab, der Wohntrakt blieb vollständig erhalten.* (SN 1. 2. 12)

**Vierkanthof,** der (Volkskunde): bes. in Ober- und Niederösterreich sowie in Bayern verbreiteter Bauernhoftyp, der aus vier Gebäuden besteht, die um einen quadratischen Hof angeordnet sind: *Dort hatte der Autor bereits in den 1960er-Jahren einen Vierkanthof gekauft und sich mit der Berufsbezeichnung »Landwirt« im Reisepass niedergelassen.* (OÖN 12. 12. 16). Vgl. Dreikanthof

**Vierseiter,** der: (kurz für) ↑ Vierseithof: *Die einzelnen Gebäude sind beim Innviertler Vierseiter durch Hoftore miteinander verbunden, so dass der Zusammenschluss zum Vierkanter unterblieb.* (Österr. Freilichtmuseum Stübing, 2007, Int)

**Vierseithof,** der (Volkskunde): bes. in der Steiermark, im Innviertel, in Niederbayern und Ostmitteldeutschland verbreiteter Bauernhoftyp, der aus vier Gebäuden und an einer Ecke einer Toreinfahrt besteht: *Damit auch der einzigartige Vierseithof erhalten bleibt, sind Renovierungsarbeiten geplant.* (OÖN 21. 4. 16). Vgl. Dreiseithof

**Vierstęrnhotel** ↑ -Stern

**viertel** (in Zeitangaben): Die Viertelstunde nach der vollen Stunde wird ostösterr. (wie ostdeutsch) mit *viertel* (und der nächsten vollen Stunde) angeben, westösterr. (wie gemeind.) *Viertel nach,* bes. in OÖ, Sbg. mit *Viertel über.* Die Zeitangabe *12 Uhr 15* lautet somit ostösterr. *viertel eins,* westösterr. *Viertel nach zwölf,* in der Mitte *Viertel über 12*: *Du bekommst um viertel elf eine Nachricht, als du eigentlich schon im Bett liegst und schläfst.* (NÖN 10. 2. 17); *Und wenn draußen in der Früh eine Werbeaktion läuft, dann bin ich schon um Viertel über sechs gestellt, damit ich den Leuten einen Kaffee machen kann.* (OÖN 26. 9. 13)

**Viertel,** das: **1.** (kurz für) Viertelkilo, Viertelliter: *ein Viertel Butter, Milch.* **2.** Maß für offenen Wein: *ich trinke noch ein Viertel.* **3.** Landesteil in Oberösterreich (Innviertel, Hausruckviertel, Mühlviertel, Traunviertel) und Niederösterreich (Waldviertel, Weinviertel, Mostviertel, Industrieviertel). (Die Einteilung beruht auf der hist. Verteidigungsorganisation und hat heute keine rechtliche Bedeutung.)

**Viertelstunde,** die: wird österr. meist auf der ersten Silbe betont, in D auf der vorletzten

**Vierterl,** das (ugs.): ein Viertelliter Wein. Vgl. Achterl

**Vierzehnte,** der: (selten; kurz für 14. Monatsgehalt, 14. Bezug): Urlaubs-, Weihnachtsgeld. ↑ **Dreizehnte**

**Vierziger,** der: **1.** der 40. Geburtstag, ein vierzigjähriges Jubiläum: *Wir sind eine Gruppe von Männern, die heuer den Vierziger gefeiert haben.* (OÖN 10. 5. 14). **2.** /eine Ansage im Kartenspiel Schnapsen/: *Kreisky begann gleich anfangs nicht glücklich zu agieren, er vergaß einen Vierziger anzusagen.* (KR 2. 12. 07). Vgl. Zwanziger

**vierzöllig** ↑ -zöllig

**vif** /Adj./ ‹franz.› (auch schweiz., in D veraltet): rasch begreifend, aufgeweckt: *ein vifer Kerl; Zwei Mädchen und zwei Burschen, die so was von vif sind und sich in einer Weise präsentierten, die mich um die Zukunft nicht bangen lässt.* (OÖN 17. 7. 13)

**Vifzack,** der; -s, -s/-e [ˈviftsak] (ugs., salopp): vifer Mensch, bes. Jugendlicher: *Diese Kinder,* *die sofort alle Sympathien auf sich lenken, sind Vifzacke per se – vor allem aber immer schlauer als die Eltern.* (ST 13. 5. 08)

**Vignette,** die [vinˈjɛtɛ] ⟨franz., in dieser Bedeutung in der Schweiz geprägt⟩ (auch schweiz.): Gebührenmarke für die Autobahnbenützung: *Keine Ambitionen hat* (der Verkehrsminister) *in Sachen Pkw-Verkehr. Er ist mit der Vignette zufrieden, von einer kilometerabhängigen Pkw-Maut will er nichts wissen.* (SN 16. 7. 07). – Auf die Autobahngebühren in Österr. und der Schweiz bezogen auch in D üblich. ↑**Ersatzvignette, Jahresvignette, Mautvignette, Zehn-Tages-Vignette.** Syn.: ↑**Pickerl** ◆ **Vignettenpflicht:** *Wenn Touristenfahrzeuge vor den Stadttoren gestoppt und zum Messezentrum verwiesen werden, gilt auch für sie die Vignettenpflicht auf der Stadtautobahn.* (SN 20. 8. 07). **Vignettenpreller/-in:** *In den Tourismusregionen im Westen ... sei die Rate der Vignettenpreller höher als im Osten Österreichs.* (SN 3. 1. 06); **Vignettensünder/-in:** *Im vergangenen Jahr sind auf österreichischen Autobahnen rund 150.000 Vignettensünder zur Kasse gebeten worden.* (ST 28. 2. 13)

**Vignettenflucht,** die: das Ausweichen auf gebührenfreie Straßen: *Durch einstündige Straßenblockaden ... will er auf die »Bregenzer Verkehrsmisere«, ausgelöst durch Vignettenflucht, aufmerksam machen.* (ST 15. 7. 05) ◆ **Vignettenflüchtling**

**Vinschger, Vintschger,** das; -s, - ⟨urspr. nach dem Südtiroler Vin(t)schgau⟩: Roggengebäck, -brötchen in Form einer runden Flade; ***kleiner Vinschger:** kleine Form des Vintschgers; Roggenbrötchen; ***großer Vinschger:** Laib Roggenbrot; ***Vinschger Laibchen/Laiberl,** ↑LAIBCHEN

**Vinschgerl, Vintschgerl,** das; -s, -n (auch bayr.): kleiner ↑Vinschger: *Als Stärkung gibt es zum Abstieg ein Vinschgerl aus der Stiftsbäckerei St. Peter.* (KU 15. 3. 12)

**Virginia,** die, -, -s ⟨engl.⟩: die Zigarrensorte wird österr. [virˈdʒiːni̯a] ausgesprochen, in D auch [virˈgiːni̯a]

**Visitkarte,** die: (neben) Visitenkarte: *Doch die Ex libris und Visitkarten seiner berühmtesten Kunden sind wie beiläufig und gerade deswegen schön sichtbar im Schaufenster ausgestellt.* (PR 4. 3. 16)

**Vizerektor Vizerektorin,** der bzw. die (selten auch in D): Stellvertreter/-in des Rektors / der Rektorin einer Hochschule: *Im Klassenzimmer heißt das laut W.P., Vizerektor der PH Salzburg, bewusst das Miteinander von Schülern mit Hochbegabung und mit Förderbedarf.* (PR 24. 3. 17)

**Vogerl,** das; -s, -n: (Verkl. zu) Vogel: *»Das hat mir ein Vogerl gezwitschert, ... wo ich hin muss.«* (PR 11. 2. 16); ***Das Glück ist ein Vogerl!** (ugs.): Glück ist vergänglich, kann man nicht festhalten: *»Das Glück ist ein Vogerl«, sagte eine Kundin und orderte einen Quicktipp.* (SN 27. 4. 07); *Wer, wenn nicht Casinos-Austria-Boss Karl Stoss weiß, dass das Glück ein Vogerl ist.* (PR 15. 7. 16)

**Vogerlsalat,** der: (in D) Rapunzelsalat, Feldsalat, Ackersalat, (in CH) Nüsslisalat: *Vier schöne, resch gebackene Hühnerstreifen zieren das aus Vogerl-, Erdäpfel- und Blattsalat ... bestehende Salat-Potpourri.* (OÖN 20. 4. 07)

**Vokabel,** das; -s, - ⟨lat.⟩: ist österr. meist Neutrum, in D nur Femininum (die; -, -n): *Wie unpassend das Vokabel Erfolg dafür wäre, zeigt sich in Nachrufen für Menschen.* (KIZ 27. 6. 07)

**Volant,** das; -s, -s [voˈlãː] ⟨franz.⟩: ist österr. (und schweiz.) in der Bedeutung ›Lenkrad‹ Neutrum, in D nur Maskulinum: *Schalensitze mit Kühlfunktion, ein griffiges AMG-Volant mit Drehknöpfen zur Direktwahl der fahrdynamischen Einstellungen.* (PR 27. 7. 18)

**Volksanwalt Volksanwältin,** der bzw. die: vom Nationalrat bestellte Person als Ansprechstelle für die Bürger: *Volksanwalt Günther Kräuter ortet ein »Systemversagen« in den Wiener Gemeindespitälern.* (PR 8. 1. 17); *Die Vollblutpolitikerinnen Fekter und Stoisits sind seit Juli Volksanwältinnen und halten sich merklich aus der Tagespolitik heraus.* (SN 29. 10. 07)

**Volksanwaltschaft,** die: Kollegium von drei Volksanwälten als Beschwerdestelle für Bürger auf Bundesebene: *Für Ombudseinrichtungen wie die Volksanwaltschaft sei die Bestimmung mit ihrem Potenzial zur Weiterentwicklung der Rechtssprechung dennoch von großem Interesse.* (PR 27. 10. 16)

**Volksbegehrer Volksbegehrerin,** der bzw. die (salopp): Person, die ein Volksbegehren einleitet: *Es ist wohl nur konsequent, dass keine Forderung der Volksbegehrer umgesetzt wurde.* (ST 15. 6. 12)

**Volksgarage,** die: öffentliche kostengünstige Garage: *Vertreter der Stadt Wien wiesen darauf hin, dass es die Möglichkeit gebe, einen günstigen Volksgaragenplatz anzumieten.* (ST 9. 6. 08)

**Volksgruppengesetz,** das (Rechtsspr.): Gesetz über die Rechtsstellung der Volksgruppen in Österreich, das die Volksgruppen definiert und ihren Erhalt sicherstellen soll: *Und auch das neue Volksgruppengesetz, das nunmehr seit Jahren auf Eis liegt, sollte wieder verhandelt werden.* (SN 22. 7. 16)

**Volkshaus,** das (auch schweiz., in D selten): öffentliches Gebäude in einer [größeren] Gemeinde, in dem sich Räume für Veranstaltungen o. Ä., soziale Einrichtungen, Freizeiträume u. Ä. befinden, (in D) Bürgerhaus: *Erst im November durfte eine Abordnung der MHP ... im Linzer Volkshaus der SPÖ türkischen Wahlkampf machen.* (ST 15. 1. 16)

**Volksschule,** die: die vierklassige Grundschule, 1.–4. Schuljahr bzw. Gebäude dieser Schule (bezeichnete früher in D und CH die ›allgemeine öffentliche Pflichtschule‹, heute *Grund- und Hauptschule*): *20 Kinder besuchen die Volksschule – es waren schon mehr.* (SN 20. 4. 17)

**Vollaufschließung,** die (Verw.): vollständige Erschließung eines Geländes als Baugrund

**Vollbetrieb,** der (auch schweiz., in D selten): uneingeschränkter Betrieb: *Das neue Drahtwalzwerk in Donawitz geht demnächst nach einer kurzen Sommerpause in den Vollbetrieb.* (KZ 2. 6. 17)

**Vollerwerbsbauer Vollerwerbsbäuerin,** der bzw. die (in D selten): Bauer/Bäuerin, der/die von der Landwirtschaft lebt, ohne daneben einer anderen beruflichen Tätigkeit nachzugehen: *In ihrem gemischten Betrieb halten die Vollerwerbsbauern heute Kühe, Schafe, Ziegen und Hühner.* (SN 8. 12. 12)

**volley:** wird ugs. [vo'le:] ausgesprochen. Vgl. auch ↑ Cottage, Kombination. Ebenso: *Volleyschuss, Volleystoß* (voller, gerader Stoß beim Billard)

**Vollgarantie,** die (auch schweiz.): uneingeschränkte Garantie: *Interessant auch: 36 Monate Vollgarantie ohne Kilometerbegrenzung.* (PR 25. 7. 03)

**Vollkoffer,** der (ugs., salopp): Idiot /Schimpfwort/: *Tatsächlich war das IOC in diesen Jahren im Würgegriff von Männern, die man heute allesamt salopp als Vollkoffer bezeichnen würde.* (KU 5. 8. 08)

**vollrechtsfähig:** als eigene Rechtspersönlichkeit (Person oder Institution) zu allen Rechtsgeschäften befugt (Ggs. ↑ teilrechtsfähig): *Hierzulande entwickelten sich die Unis ... zu vollrechtsfähigen, von den Rektoraten verwalteten Betrieben.* (PR 3. 1. 17) ◆ **Vollrechtsfähigkeit**

**Voralpe,** die (Vbg.): höher gelegene Weide, auf der das Vieh im Frühjahr vorübergehend weidet; Maisäß: *Die Alpe Schuttannen bettet sich in die Hochflächen. Diese dient als Voralpe und ist nur kurz am Beginn und Ende der Alpsaison bewirtschaftet.* (NVT 24. 8. 13)

**Voranschlag,** der (auch schweiz.): Vorausberechnung der zu erwartenden Einnahmen und Ausgaben, bes. der Kosten für ein Vorhaben: *Dieser Voranschlag deckt die Ausgaben, die realistisch zu erwarten sind, nicht ab.* (OÖN 22. 6. 17). ↑ **Budgetvoranschlag, Bundesvoranschlag, Landesvoranschlag**

**Vorarlberg:** der Name des Bundeslandes wird auf der zweiten Silbe betont, im übrigen Österr. kommt auch die Betonung auf der ersten Silbe vor. Wird österr. ohne Artikel (*in, aus Vorarlberg*) gebraucht, in CH auch mit Artikel (*im Vorarlberg*)

**Vorarlbergensien,** die /Plural/ (Bibliothekswesen): Publikationen über Vorarlberg

**Vordienstzeiten,** die /Plural/: für Gehaltseinstufung und Pension anrechenbare Zeiten aus einem früheren Arbeitsverhältnis: *Die Gesamtsumme setzt sich zusammen aus einer besseren Anrechnung von Vordienstzeiten sowie höheren Ärzte- und Funktionszulagen.* (SN 22. 11. 05)

**Vorerhebung,** die: von Staatsanwalt oder Untersuchungsrichter geführte Ermittlung, um festzustellen, ob ein Verfahren eingeleitet wird, (in D) Vorermittlung: *Der Sprecher der Staatsanwaltschaft hielt allerdings fest, man sei noch weit von allfälligen Vorerhebungen gegen den Verein oder Vereinsfunktionäre entfernt.* (PR 18. 10. 07). ↑ **Erhebung**

**Vorfeldorganisation,** die (in D selten): Organisation, die nicht unmittelbar zu einer Partei gehört, aber indirekt diese unterstützt: *Auch Fördergelder für Vorfeldorganisationen, parteinahe Vereine sowie die Fraktionsgelder der Kammern sind hier nicht berücksichtigt.* (PR 3. 1. 17)

**Vorfuß,** der (auch bayr.): Fuß von der Ferse bis zur Zehe: *Im Alter verlieren viele die Beweglichkeit und das Gefühl für den Vorfuß.* (OÖN 3. 10. 07). – Die verdeutlichende Vorsilbe erklärt sich daraus, dass ↑ *Fuß* österr. auch ›Bein‹ bedeutet

**Vorgangsweise,** die: Vorgehensweise: *Die Vorgangsweise war und ist immer die gleiche.* (PR 14. 4. 17)

**Vorhang,** der (auch südd., schweiz.): Gardine; leichter, heller Fenstervorhang (es wird also kein Unterschied gemacht zwischen einem schweren, dicken Vorhang und einer leichten Gardine): *Als Hingucker und Raumtrenner fungiert ein leichter Vorhang.* (News 9. 11. 06); *Dünne Vorhänge lassen nur milchiges, weiches Licht durch die Atelierfenster.* (PR 14. 3. 12)

**Vorhaus,** das (auch südd.): Hausflur [eines Bauernhauses]; Eingangsbereich [mit Garderobe] eines Einfamilienhauses: *Im Vorhaus bemerkte er Brandgeruch.* (SN 1. 6. 07)

**Vorhinein:** ***im Vorhinein** (regional auch in D): im Voraus; von vornherein: *Doch von einer »gmahdn Wiesn« konnte im Vorhinein keine Rede sein* (OÖN 9. 11. 16); *Die ÖVP versucht die Ergebnisse im Vorhinein zu diskreditieren.* (KU 3. 3. 08)

**Vormann,** der (Rechtsspr.): vorheriger Eigentümer; der jeweils in der Produktion oder im Vertrieb vorher Zuständige: *Umstritten war nur, ob ... Entgeltlichkeit eines solchen Geschäfts bedeutet, dass der gute Glaube in die Verfügungsmacht des Vormannes ... auch zum Zeitpunkt der Bezahlung gegeben sein muss.* (PR 14. 10. 02). – In der Bedeutung ›jmd., der an der Spitze steht; Vorarbeiter‹ (mit Femininum Vorfrau) gemeind.

**Vormerkdelikt,** das: Delikt, das zu einem Eintrag im Führerscheinregister führt, (in D) Punktedelikt: *Der Rechnungshof empfiehlt auch die Aufnahme einer Regelung über das behindernde Befahren der Rettungsgasse als Vormerkdelikt.* (PR 12. 11. 14)

**Vormittag:** steht österr. auch in Verbindung mit einer Uhrzeit (in D vormittags): *An Wochentagen soll die Morgenmesse um 9 Uhr Vormittag bleiben.* (OÖN 14. 3. 17). Vgl. Abend

**Vorrang,** der (Verkehr, auch bayr., in D selten): (in D) Vorfahrt, (in CH) Vortritt: *Dabei übersah er den Mopedfahrer aus Neumarkt, der in Richtung Köstendorf unterwegs war und Vorrang hatte.* (SN 16. 8. 07). ↑**bevorrangt, Nachrang, Rechtsvorrang** ◆ **Vorrangregel:** *Es gilt Rechtsverkehr und die Vorrangregel »Rechts vor links«.* (PR 4. 11. 07); **Vorrangstraße:** *So ist etwa Umkehren auf Vorrangstraßen im Ortsgebiet, ausgenommen auf geregelten Kreuzungen, verboten.* (ST 29. 6. 06); **Vorrangtafel:** *Stellen Sie sich vor, es gibt weder Haltelinien, Vorrangtafeln, Stoppschilder, noch Ampeln.* (PR 1. 3. 05); ↑TAFEL; **Vorrangverletzung**

**Vorraum,** der: Vorzimmer einer Wohnung, eines Einfamilienhauses: *In der eigenen Wohnung schafft man Orientierung, indem man den Vorraum etwas dunkler gestaltet, so wird man in die helleren Räume geleitet.* (OÖN 17. 2. 17)

**vorrücken** (Behördenspr.): in die nächste Gehaltsstufe von Beamten kommen: *Das heißt, dass sie schneller in eine höhere Gehaltsstufe vorrücken und dadurch ihren männlichen Kollegen punkto Gehalt weniger hinterherhinken.* (PR 1. 12. 11)

**Vorrückung,** die (Behördenspr.): automatische Gehaltserhöhung durch Aufstieg in eine höhere Stufe [bei Beamten]: *Als aktive Beschäftigte kämen sie den Bund noch teurer, ... weil ihre Gehälter aufgrund der automatischen Vorrückungen stärker steigen würden als die Pensionszahlungen.* (ST 25. 1. 05). ↑**Gehaltsvorrückung**

**Vorrückungsstichtag,** der (Behördenspr.): Datum, das für die Berechnung der ↑Vorrückungen und Vordienstzeiten maßgebend ist: *In dem Rechtsstreit hatte ein ÖBB-Beschäftigter angesichts der Neuberechnung seines Vorrückungsstichtags die Zahlung einer Gehaltsdifferenz für die Vergangenheit verlangt.* (PR 28. 1. 15)

**Vorsäß,** das; -es, -e (Vbg.): 1. ↑Voralpe, Maisäß: *Bereits im Volksschulalter wurde er mit den bäuerlichen Arbeiten im Heimbetrieb, Vorsäß und Alpe vertraut.* (VN 16. 1. 08). 2. Wohn- und Stallgebäude auf der Voralpe (heute oft als Ferien- oder Zweitwohnsitz genutzt): *In Schetteregg besitzt das Ehepaar ein Vorsäß, wo viel Zeit verbracht wird.* (VN 24. 12. 07)

**vorschreiben,** st. V. / hat: behördlich zur Zahlung einfordern: *Die Beiträge werden im Nachhinein von der Gebietskrankenkasse vorgeschrieben.* (ST 16. 6. 07)

**Vorschreibung,** die (Behördenspr.): Bescheid über die Zahlungsverpflichtung: *... die kaufmännische Verwaltung – dazu gehören die Vorschreibung der Mieten, Betriebskosten und Erhaltungsbeiträge ...* (SN 2. 2. 07) ◆ **Kostenvorschreibung; Prämienvorschreibung:** *Erhält man eine Strafe wegen Geschwindigkeitsübertretung, steigt die nächste Prämienvorschreibung um ein Drittel, weil man für die Versicherung als gefährlicher Autofahrer gilt.* (PR 15. 12. 06); **Steuervorschreibung:** *Er erledigt auch die notwendigen Anmeldungen beim Finanzamt und überprüft auf Wunsch auch die Steuervorschreibung.* (SN 13. 10. 01)

**Vorschubleistung,** die: Unterlassung der Verhinderung eines Verbrechens: *Es ist Mode geworden, die Einfühlung in fremde Kulturen als falsche Toleranz oder gar als Vorschubleistung für den Terror zu diffamieren.* (PR 20. 11. 09)

**vorschweben** ↑schweben

**Vorsorgekasse,** die (auch schweiz.): Versicherungsanstalt, die die vom Arbeitgeber eingezahlten Abfertigungsbeiträge verwaltet: *Recht gut weggekommen sind indes die heimischen, betrieblichen Vorsorgekassen hinsichtlich der Nachhaltigkeit ihrer Veranlagungen.* (ST 8. 6. 16)

**Vorstand Vorständin,** der bzw. die: Leitende Person, (in D) Vorsteher. ↑**Bahnhofsvorstand, Klassenvorstand, Stationsvorstand** ◆ **Institutsvorstand/-vorständin, Abteilungsvorstand/-vorständin; Stiftungsvorstand/-vorständin**

**Vorteil,** der: wird österr. mit langem Vokal ausgesprochen, in D mit kurzem

**Vorteilscard,** die; -, -s: käuflich zu erwerbender Ausweis der ÖBB, die zu ermäßigter (50 oder 45 %) Fahrt berechtigt, (in D) Bahncard, (in CH) Halbtax[abonnement]: *Inhaber einer Vorteilscard reisen bis 30. August mit einer Begleitperson zum halben Preis nach Italien.* (ST 3. 9. 07)

**Vorverkaufsschein,** der (in D selten): Vorverkaufskarte: *Wer noch alte Vorverkaufsscheine oder Netzkarten besitzt, kann diese bis zum 31. Dezember benutzen.* (ST 25. 4. 12)

**vorverschieben** (in D selten): vorverlegen: *Wir sollten die regulären Inskriptionsfristen auf Mitte Juli vorverschieben, was auch zumutbar ist.* (ST 12. 9. 11)

**Vorweis:** ***gegen Vorweis** (in D veraltet): bei Vorzeigen: *Gegen Vorweis der Clubkarte erhalten Sie attraktive Ermäßigungen.* (OÖN 1. 6. 13)

**vorwissenschaftlich:** ***vorwissenschaftliche Arbeit:** selbstständige schriftliche Arbeit als Teil der Reifeprüfung

**Vorwort,** das: Präposition, (in D) Verhältniswort ◆ **Vorwortergänzung**

**Vorzimmer,** das: Vorraum in einer Wohnung, (in D) Diele: *Die Frau öffnete schließlich und wurde sofort von den beiden Männern zurück in das Vorzimmer gedrängt.* (SN 1. 3. 17)

**Vorzimmerkasten,** der: [Einbau]schrank für die Diele: *Und Ehepaare, bei denen die Frau es nicht mehr mit ansehen kann, wie ihr Mann den Vorzimmerkasten beim Schuhebinden abwetzt.* (PR 8. 10. 16). ↑KASTEN

**Vorzimmerwand,** die: Kleiderablage, Flurgarderobe: *Vorzimmerwand in Buche mit Birkemaser kombiniert.* (OÖN 22. 2. 06)

**Vorzug,** der (Schule, früher): ausgezeichneter Erfolg im Zeugnis: *Gymnasium mit Vorzug, Matura und Medizinstudium mit Auszeichnung.* (OÖN 6. 11. 06)

**vorzüglich:** wird österr. (und schweiz.) auf der ersten Silbe betont, in D meist auf der zweiten

**Vorzugsschüler Vorzugsschülerin,** der bzw. die: Schüler mit ausgezeichnetem Erfolg im Zeugnis: *Deshalb müsse man für Chinesisch auch mehr lernen als für andere Fächer – und das sagt L. als Vorzugsschüler.* (PR 15. 6. 16)

**Vorzugsstimme,** die: Stimme bei einer Wahl, mit der ein Kandidat der gewählten Partei zur Vorreihung vorgeschlagen wird: *In der Regel sind Vorzugsstimmen aber Sympathiebeweise für die ohnehin Erstgereihten.* (SN 30. 9. 06)

**vulgo** [ˈvulgɔ] ‹lat.›: kennzeichnet den Namen eines Bauernhofes (im Ggs. zum Familiennamen des Besitzers): *Hier wird »Landessäure« feinster Qualität produziert. Zum Beispiel der Most vom Hermann Steiner vulgo Humer.* (OÖN 2. 11. 07). – In einer allgemeineren Bedeutung ›gewöhnlich ... genannt‹ ist das Wort gemeind. Vgl. schreiben ◆ **Vulgoname:** *Viele Dörfer, an die nur mehr ein Kreuz oder ein Flur- oder Vulgoname erinnert, wurden während des Türkenkrieges 1529 der Erde gleichgemacht.* (PR 8. 6. 07). ↑**Schreibname**

# Ww

**waagrecht:** österr. (und südd., schweiz.) nur so, (in D meist) waagerecht: *Das heißt, sie plantschen eher nach dem »Tauchsiederprinzip« senkrecht im Wasser, als waagrecht im Wasser zu schweben.* (OÖN 16. 8. 07)

**Wachauer:** ↑Laibchen, ↑Laberl

**Wachauerle,** das; -s, -n (westösterr.): ↑Wachauer

**Wache,** die (Behördenspr.): (kurz für) Wachkörper, bes. in Zus.: ↑**Grenzwache, Justizwache, Sicherheitswache**

**Wachebeamte Wachebeamtin,** der bzw. die (Behördenspr.): bewaffneter Beamter bei Polizei oder Justiz, der bestimmte Sicherungsaufgaben erfüllt: *Ein Wachebeamter konnte den Amokläufer nur durch Schüsse stoppen.* (PR 4. 4. 07). ↑**Justizwachebeamte**

**wạcheln,** sw. V. / hat (ugs., auch bayr.): 1. [mit der Hand, mit einer Fahne] winken: *Und wenn 4.000 Menschen ... in einer engen Halle im Gleichklang ... grölen und dazu mit den Schals wacheln, ist Gänsehaut garantiert.* (PR 14. 2. 13). 2. fächeln: *Heiße 30 Grad im Semper Depot ließen so manchen Fächer wacheln.* (PR 26. 7. 06). 3. wehen: *Um ihre Hüfte wachelt ein Hauch von Stoff.* (OÖN 28. 5. 04) ◆ **zuwacheln**

**Wạchkörper,** der (Behördenspr.): Einheit, die bestimmte Aufgaben der Sicherheit zu erfüllen hat, z.B. bei der Polizei, Justiz, Kommunen: *Strasser setzte unter anderem die Trennung zwischen Wachkörper (uniformierter und Kriminalpolizei) und Behörde (den Juristen der Bundespolizeidirektion Wien) durch.* (ST 10. 4. 07). ↑ **Gemeindewachkörper**

**Wạchmann,** der (bes. Wien): Polizist: *Nachdem der Wachmann den Schuss abgefeuert hatte, flüchteten die Einbrecher aus dem Fenster des Gebäudes.* (BVZ 21. 2. 12). – Als Angehöriger einer Bewachungseinrichtung gemeind.

**Wạchorgan,** das (Behördenspr.): Person, die beruflich für Überwachungs- und Sicherungsleistungen eingesetzt ist: *Ein 13-köpfiges Team der Wachorgane wird sich abwechselnd um die Anrufer kümmern.* (PR 3. 11. 16). – Auch in der Form *Wacheorgan*

**wạchseln,** sw. V. / hat (auch bayr.): mit Wachs einreiben, (in D) wachsen: *den Boden, die Skier wachseln; Wir konnten intensiv an der Anfahrt, dem Skischliff und dem Wachseln arbeiten.* (ST 21. 11. 16). ↑ **verwachseln**

**Wạchsleinwand,** die; - (auch bayr., veraltend): mit Wachs imprägniertes Tuch: *Die Wände waren mit blumig bedruckter Wachsleinwand, die der feuchten Witterung standgehalten hatte, tapeziert.* (Bezirksmuseum Hernals, 2007, Int). ↑ **Wichsleinwand**

**Wạchtmeister Wạchtmeisterin,** der bzw. die (auch schweiz., in D veraltet): /ein militär. Dienstgrad, der je nach Truppengattung etwa dem Feldwebel entspricht/, (in D ein Dienstgrad bei der Polizei): *Laut dem Wachtmeister und Ausbildner mit pakistanischen Wurzeln sei es gut, dass sich beim Grundwehrdienst Menschen kennenlernen, die sich sonst nie getroffen hätten.* (PR 30. 7. 16); *Sie ist mittlerweile Wachtmeisterin bei der Militärmusik und bildet selbst Grundwehrdiener aus.* (NÖN 25. 5. 18). – Die weibliche Form ist beim Bundesheer keine offizielle Dienstbezeichnung

**Wạchzimmer,** das: Polizeistation: *der Amokfahrer hatte sich letztlich vor einem Polizei-Wachzimmer festnehmen lassen.* (PR 28. 9. 16)

**Wadl,** das; -s, -n (ugs., auch bayr.): Wade: *Hier watete ich nun ins Wasser, das linke Wadl quasi in der Donau, das rechte im deutlich kühleren Inn.* (KU 21. 7. 15). – Auch in der Form *Wadel.* Bes. bayr. und österr. regional auch Maskulinum (der; -s, -n)

**Wadlbeißer,** der (ugs., auch südd.): 1. kleiner bissiger Hund: *Ob kleiner Wadlbeißer oder ausgewachsener Wachhund – »der tut nix, der will nur spielen«, ist eine Standardaussage von Hundebesitzern.* (OÖN 12. 12. 14). 2. Person, die einen andern [obwohl der ihm überlegen ist] hinterhältig angreift, (in D) Wadenbeißer: *»Als Generalsekretär braucht die ÖVP jetzt keinen Wadlbeißer und auch nicht jemanden, der nur Wahlkämpfe organisieren kann«.* (WZ 15. 10. 15). 3. besonders anstrengende Lauf-, Rad- oder Klettertour: *Beim ersten Reißecker Wadlbeißer sind am 12. Mai mehr Stufen zu bewältigen als beim Treppenlauf aufs New Yorker Empire State Building.* (KZ 26. 4. 12). 4. überhart spielender Fußballspieler: *Die 90er Jahre scheinen überhaupt eine Blütephase der österreichischen Wadlbeißer gewesen zu sein.* (ST 6. 11. 08). – Auch in der Form *Wadelbeißer* ◆ **Wadlbeißerei:** *»Wir können kleinkarierte Wadlbeißereien nicht gebrauchen«, so der Bundeskanzler.* (WZ 13. 4. 16)

**Wadlstutzen,** der: fußfreier Strumpf aus Wolle in der Sport- und Trachtenmode; (in D) Wadenstrumpf (entspricht der Bedeutung von *Stutzen* in D): *Beim Nostalgieskikurs lernt man den Komfort von Knickerbockern und wollenen Wadlstutzen kennen und Tempo aus Holzbrettern herauszuholen.* (PR 18. 11. 06). – Auch in der Form *Wadelstutzen.* ↑ **Stutzen**

**Wadschinken,** der; -s, - (auch bayr.): Rindfleisch vom unteren Teil der Keule, bes. für Gulasch verwendet, (auch *Gschnatter* oder *hinteres Pratzl* genannt), (in D) ausgelöste Hesse: *Wissen Sie wirklich, wofür sich ein Hals, ein Meisel, ein Schulterscherzel, ein Wadschinken, ein Hüferschwanzel oder eine dicke Schulter am besten eignen?* (OÖN 2. 12. 10). – Auch in der Form *Wadschunken*

**Wạffenpass,** der: Waffenschein: *Für Handfeuerwaffen wie Pistolen ist der Besitz eines gültigen Waffendokumentes erforderlich, also ein Waffenpass oder eine Waffenbesitzkarte.* (ST 24. 12. 04)

**Wagen,** der; -s: der Plural lautet österr. (und südd.) Wägen: *Wickelraum und Platz für Kinderwägen sind vorhanden* (SN 13. 4. 17)

**Wagerl,** das; -s, -n: 1. kleiner [Hand]wagen: *Zuletzt zum Beispiel ein Wagerl, mit dem ältere Herrschaften Gießkannen über den Friedhof fahren können.* (KU 17. 7. 14). 2. Einkaufswagen: *Man nehme ein Wagerl und navigiere vors Milch-, Butter- und Joghurtregal im Supermarkt.* (SN 3. 12. 15). 3. Kinderwagen: *Kinder lassen sich in einem Wagerl durch das gleichmäßige Gehen immer beruhigen.* (SN 11. 12. 03). 4. kleines Transportgerät für Gepäck, z. B. auf Bahnhöfen und Flughäfen, Kofferkuli, Zustellwagen der Briefträger u. Ä.: *Auf kleineren Bahnhöfen gab es die Wagerln ohnehin nie, bei den anderen wurden die Stellplätze und Wagerln sukzessive entfernt.* (PR 20. 4. 16); *Zusteller mit Wagerln dürfen ab September nicht mehr in Busse und Straßenbahnen einsteigen.* (PR 21. 8. 12). ↑ **Beiwagerl, Einkaufswagerl**

**Wagner Wagnerin,** der bzw. die (auch südd., schweiz.): Wagenbauer/-in, (nordd.) Stellmacher/-in: *Der 33-Jährige ist in vierter Generation als Wagner tätig – und einer der letzten in ganz Österreich.* (SN 19. 9. 15)

**Wahl-** (Behördenspr.): Adoptiv-, in Zus.: **Wahleltern:** *Die Wahleltern und die Jugendwohlfahrt als Vertreter des Babys schlossen den schriftlichen Vertrag über die Adoption ab.* (PR 2. 10. 11); **Wahlelternschaft; Wahlkind:** *Enttäuschte Erwartungen über ein Wahlkind bildeten in Österreich keinen Grund für die Aufhebung einer Adoption.* (PR 15. 4. 02); **Wahlkindschaft; Wahlmutter; Wahlvater**

**Wahl:** ***die Wahl[en]/den Wahlkampf schlagen** ↑ schlagen

**Wählamt,** das: Schaltzentrale einer Telekommunikationsgesellschaft: *Wir haben die Idee, dass Salzburg AG und Telekom kooperieren und das Ganze über das zentrale Wählamt abgewickelt wird.* (SN 27. 4. 06)

**Wahlarzt Wahlärztin,** der bzw. die: Arzt ohne ↑ Kassenvertrag: *Im Medicent Linz sind vor allem Wahlärzte vertreten. Wahlarztrechnungen können ... mit der sozialen Krankenversicherung gegenverrechnet werden.* (OÖN 10. 11. 07) ◆ **Wahlarzthonorar; Wahlarztpraxis; Wahlarztrechnung**

**Wählerevidenz,** die (Verw.): von der Gemeinde erstelltes Verzeichnis der Wahlberechtigten (für alle Wahlen in Gemeinde, Land oder Bund): *Einen großen Zuwachs gab es bei den Auslandsösterreichern, die sich in die Wählerevidenz haben eintragen lassen.* (PR 2. 12. 16). ↑ **Evidenz**

**Wahlkarte,** die: Nachweis der Berechtigung, in einem Wahllokal außerhalb des eigenen Wohnortes zu wählen: *Die Grünen ergatterten am Montag bei der Auszählung der Wahlkarten ein zusätzliches Mandat.* (SN 10. 10. 06) ◆ **Wahlkartenwähler/-in:** *Die Wahlkartenwähler haben gehalten, was Experten vorausgesagt hatten.* (ST 9. 10. 06); **Wahlkartenstimme:** *Erst die Wahlkartenstimmen brachten die Wende für die WVP, die beim Urnengang am Sonntag ihre absolute Rathausmehrheit nur um Haaresbreite behielt.* (OÖN 27. 3. 07)

**Wahlkuvert,** das: undurchsichtiger Briefumschlag, der den Stimmzettel enthält. ↑ **Kuvert, Briefkuvert**

**Wahlpflicht,** die: Verpflichtung, zur Wahl zu gehen: *In den vergangenen Tagen harrten zahlreiche Menschen in endlos langen Schlangen aus ..., damit sie ihrer Wahlpflicht nachgehen können.* (PR 4. 4. 14)

**Wahlpflichtgegenstand,** der: Schulfach, das aus mehreren zur Wahl stehenden Fächern gewählt werden muss; Wahlpflichtfach: *Die Anmeldung zu den Wahlpflichtgegenständen erfolgt erst zu Schulbeginn.* (PR 5. 4. 05). ↑ GEGENSTAND

**Wahlsprengel,** der: amtlich festgelegter Bereich, für den bei einer Wahl je ein Wahllokal zur Verfügung steht, (in D) Wahlbezirk: *Bei der anstehenden Nationalratswahl am 1. Oktober werden in der Stadt die Wahlsprengel neu geordnet.* (SN 1. 9. 06). ↑ SPRENGEL

**wahlwerbend:** bei der Wahl antretend: *Da wird von beinah allen wahlwerbenden Parteien ... ein »Die Kinder sind unsere Zukunft« geflötet.* (PR 21. 11. 06)

**Wahlwerber Wahlwerberin,** der bzw. die: Wahlkandidat/-in: *Beim Thema Steuern ist die Versuchung für die Wahlwerber besonders groß, mehr zu versprechen als sie später eventuell halten können.* (SN 29. 9. 06). ↑ -WERBER

**Wahlzelle,** die (selten auch in D): Wahlkabine: *Neu ist auch, dass Wählen künftig auch außerhalb der Wahlzelle möglich sein wird.* (SN 3. 5. 07)

**wahr:** ***weil's wahr ist** (ugs.): Formel zur Bekräftigung einer Aussage: *Am Nationalfeiertag wird das endlich wieder einmal gesungen werden müssen: »Volk, begnadet für das Schöne«. Weil's wahr ist.* (OÖN 25. 10. 07)

**Wahrungsbeschwerde,** die (Rechtsspr.): Nichtigkeitsbeschwerde zur Wahrung des Gesetzes: *es wurde gegen das Urteil Berufung eingelegt, so dass die Sache … im Rahmen einer Wahrungsbeschwerde auch vom OGH zu beurteilen sein wird.* (SN 27. 6. 06)

**Wälder, Wälderin,** der bzw. die (Vbg.): (kurz für) Bregenzerwälder/-in: *1981 gründete er mit Heimat verbundenen Wälder(innen) den Heimatpflegeverein Bregenzerwald.* (VN 20. 2. 08) ◆ **Wälderabend:** *Beim Wälderabend in Lingenau wird heute ab 20 Uhr u. a. auch das neue Bregenzerwald-Heft präsentiert.* (VN 1. 12. 07); **Wälderhaus:** *Bau- und Wohnkultur hat im Bregenzerwald eine lange Tradition, gestalterisches Feingefühl hat sich hier schon sehr früh im Wälderhaus entwickelt.* (VN 7. 3. 06)

**Waldviertler,** die; -, - (ostösterr.): eine gekochte und heiß verzehrte Wurst: *Würste aus Wien (Käsekrainer, Burenwurst) und dem Waldviertel (Waldviertler) werden ebenso dargeboten wie frisch Gegartes und Gebratenes aus München (Weißwurst), Bosnien-Herzegowina (Bosna) oder der Schweiz (St. Gallener Bratwurst).* (ST 17. 10. 05); ***Waldviertler Knödel:** Kartoffelknödel aus rohen und gekochten Kartoffeln

**Walkjanker,** der: dicke Jacke aus gewalktem, verfilztem Material, oft im Trachtenstil: *Eva-Maria Naderhirn näht Dirndln mit Kapuze, Sommerkleider mit Einsätzen aus Dirndlstoff oder modern interpretierte Walkjanker.* (PR 15. 4. 13). ↑JANKER

**Wallach,** der; -en, -en: kastriertes männliches Pferd: wird österr. auch schwach gebeugt, die Betonung liegt auf der ersten oder zweiten Silbe: *Der 28-jährige Physiotherapeut aus Schwaz und die 20-jährige Studentin aus Fügen im Zillertal auf ihrem 14-jährigen Pferd, dem Wallachen Bram.* (TT 23. 8. 15)

**Waller,** der; -s, - (auch bayr.): Wels /ein Fisch/: *Im Angebot sind Forellen, Hechte, Zander, Saiblinge, Reinanken, Brachsen, Waller und Bachsaiblinge.* (SN 2. 2. 07)

**Wammerl,** das; -s, -n: minderes Bauchfleisch vom Kalb, (in D) Lappen: *Die gerösteten Knochen dazugeben und das Wammerl im Ofen eine Stunde braten.* (cuisine.at, 2007, Int). – In Bayern bedeutet *Wammerl* ein ›geräuchertes Stück Bauchfleisch vom Schwein‹

**wampert** (ugs., abwertend, auch südd.): dickbäuchig; beleibt: *Aber Thorpe ist erst 21, er hat also 2008 in Peking noch einmal die 400-m-Chance – wenn er bis dahin nicht wampert ist.* (OÖN 7. 4. 04)

**wandeln** (ugs.): (beim Billard, Kegeln, Eisstockschießen) über die Bande, durch ein Touchieren der Randbegrenzung spielen

**Wanderhandel,** der (Behördenspr., selten auch in D): Reisegewerbe, ambulantes Gewerbe: *Der Brauch sei in anderen Ländern eher unbekannt, erklärte Gerhard Lackstätter, Obmann des Bundesgremiums des Markt-, Straßen- und Wanderhandels in der WKÖ.* (KZ 23. 12. 15)

**Wandl,** das; -s, -n: **1.** (Bergsteigen) kleine Wand: *Vorbei an rostigem Stacheldraht geht es über Felsrippen empor, ehe ein paar Armzüge an fixen Stahlseilen über ein ausgesetztes Wandl zum Gipfel geleiten.* (ST 30. 11. 13). **2.** ‹Verkleinerung zu *Wanne*›: kleine Wanne: *Früher hat man halt ein Wandl angemalt und hingestellt.* (KU 5. 7. 05). **3. a)** Backform aus Blech zum Backen von Kleingebäck und Suppeneinlagen; Terrine: *Ein Wandl gut mit Butter ausstreichen und mit Mehl ausstreuen.* (KZ 1. 12. 14). **b)** (veraltend) Gericht, das in diesem Geschirr gekocht wird, z. B. Pasteten, Suppeneinlagen; Terrine, meist in Zus. ◆ **Entenleberwandl; Leberwandl; Maroniwandl**

**Wandtäfer** ↑Täfer

**Wandverbau,** der: Schrankwand, Wohnwand: *Im Hauptraum befindet sich eine offene Küche, die in einen Wandverbau integriert ist.* (KU 26. 9. 13). ↑**Verbau**

**Wappler,** der (ugs., salopp): untüchtiger, tollpatschiger, durchschnittlicher Mensch: *»Geh, die Wappler bringen eh nix zusammen.«* (PR 16. 11. 13). ↑**Bezirkswappler**

**Warenverkehrsbilanz,** die (fachspr.): Handelsbilanz: *Die Warenverkehrsbilanz war also mit 3,66 Milliarden Euro negativ.* (PR 5. 3. 10)

**Wärmeflasche,** die: österr. (und schweiz.) neben Wärmflasche: *In der Nacht hat es nur ein paar Grad über null – die neu gekaufte Wärmeflasche ist jeden Cent wert.* (PR 12. 2. 16)

**Wäsche:** ***volle Wäsch[e]** (ugs., salopp): in vollem Ausmaß, in der ganzen [unangenehmen] Tragweite: *Ich bin in einem Club volle Wäsch' gegen eine Glastüre gelaufen.* (OÖN 4. 5. 15)

**Wäschekasten,** der (auch südd., schweiz.): Wäscheschrank: *Im ersten Raum eine Kochgelegenheit, ein Bett, ein Wäschekästen.* (PR 23. 9. 06). ↑KASTEN

[1]**Waschel,** der; -s, -: **1.** (ugs., auch bayr.) etwas sehr Großes, bes. ein großer, ungeschickter,

grobschlächtiger Mensch, großes Tier (mit Erstaunen festgestellt): *so ein Waschel von einem Bären!; Und im April 2003 sprengte man die beiden 20-stöckigen Waschel am Harter Plateau.* (OÖN 9. 4. 04). **2.** Drahtgeflecht als Abwaschhilfe, Topfreiniger. **3.** (selten) kurz für ↑ **Badewaschel**

**²Waschel,** das; -s, -: (kurz für) ↑ **Ohrwaschel:** *Mach deine Wascheln auf und hör zu!*

**wascheln,** sw. V. / hat (ugs.): stark regnen: *Petrus ließ es wascheln, als stünd' Wien im Salzburger Schnürlregen.* (PR 24. 4. 06)

**waschelnass:** völlig durchnässt: *Niedergeschlagen, mit langen Gesichtern und waschelnass suchten die Geschlagenen eiligst die Kabine auf.* (OÖN 15. 9. 03)

**Wäscheschaff,** das: Wäschebottich: *Durch den starken Wind entzündete sich die in einem Wäscheschaff an der Hausmauer abgestellte Kohle wieder.* (TT 24. 5. 05) ↑ Schaff

**Waschmuschel,** die: Waschbecken: *Frühestens nach drei Jahren kann das Theater, das von den Lustern im Publikumsbereich bis zu den Waschmuscheln in den Toiletteanlagen voller Jugendstilrelikte ist, wieder öffnen.* (PR 31. 5. 12). ↑ Muschel

**Waschrumpel,** die (auch südd.): **1.** (früher) Waschbrett: *Wo Wäschermädeln durch Waschmaschinen ersetzt werden, wird Arbeitskraft für eine anspruchsvollere Arbeit als jene an der Waschrumpel frei.* (ST 12. 1. 06). **2.** buckelige Piste, Fahrbahn: *Auch, weil er auf der Waschrumpel so biegsam in den Gelenken war, dass er Wellen am besten schluckte.* (PR 16. 12. 06)

**Waschzuber,** der (auch schweiz., regional auch in D): Bottich zum Waschen: *Nur ein- und ausräumen muss man nach wie vor selbst, wie einst den Waschzuber am Fluss.* (KZ 5. 9. 16). ↑ Zuber

**Waserl,** das; -s, -n (ugs.): hilfloser, unbeholfener, harmloser Mensch: *Der ist doch ein Waserl, der tut doch niemanden einschüchtern.* (KZ 30. 4. 15)

**Wasserbuch,** das (Verw.): Verzeichnis der Wassernutzungsrechte, vergleichbar mit dem Grundbuch: *In Villachs 19 Umlandgemeinden existieren etwa 87 Kleinwasserkraftanlagen. »Die Anzahl lässt sich im Wasserbuch leider nicht genau eruieren ...«.* (KZ 20. 5. 11). Vgl. Bergbuch

**Wasserlacke,** die; -, -n: Pfütze: *Auf dem Elfmeterpunkt steht eine Wasserlacke. Darf ein Elfmeter ausgeführt werden?* (KU 10. 6. 06). ↑ **Lacke**

**wassern,** sw. V. / hat (ugs.): wässern. ↑ **auswassern, einwassern, nachwassern**

**Wasserrettung,** die: (in D) Wasserrettungsdienst ◆ **Wasserrettungsfrau; Wasserrettungsmann:** *Es wurde sofort eine groß angelegte Suche eingeleitet, an der 135 Männer der Freiwilligen Feuerwehren des Einsatzgebietes, zwölf Rote-Kreuz-Helfer, 53 Wasserrettungsmänner und acht Polizeibeamte teilnahmen.* (ST 17. 7. 05)

**Wasserschaff,** das (auch südd.): Wasserbottich: *Von den in der Lehrzeit begangenen Sünden soll der Sprung der Metzgergesellen in das kalte Wasserschaff reinwaschen.* (SN 28. 2. 03) ↑ Schaff

**Wasserschaffel,** das (ugs., auch bayr.): ↑ Wasserschaff: *Mit Wasserschaffel und Lavoir zum Rekordversuch im Kneipp Garten.* (OÖN 30. 8. 07). ↑ Schaffel

**Wasserspatzeln, Wasserspatzen,** die /Plural/: kleine ↑ Nockerln, Spätzle, aus einem Teig aus Mehl, Salz, Wasser oder Milch: *Beiried-Mostbraten – Beilagen: Erdäpfelknödel, Wasserspatzen od. Butternockerl.* (OÖN 2. 6. 16); ***schwarze Wasserspatzen:** Nockerln aus Roggenmehl. ↑ **Kasspatze(l)n, Spatzeln, Spatzen**

**Wasserzuber,** der (regional auch in D): Wasserbottich: *Ein kleiner Wasserzuber ist derzeit das Lieblingsspielzeug des kleinen Dickhäuters.* (VB 5. 2. 11). ↑ Zuber

**Wastewatcher,** der [weɪstwɒtʃə] ⟨engl.⟩: Kontrollor für die Sauberkeit im öffentlichen Raum (in Wien): *Um das Hundstrümmerlproblem ist es ruhiger geworden. Laut Bilanzen der MA 48 schritten die Wastewatcher in Wien zuletzt seltener wegen Kots ein.* (ST 10. 10. 16)

**Wastl** (auch bayr.): mundartliche Form von *Sebastian*

**Watsche,** die; -, -n (ugs., auch bayr.): Ohrfeige: *Er hat ja ständig Watschen kassiert, das war schon fast masochistisch.* (SN 29. 8. 16); (übertragen) *Die Alternative für Deutschland (AfD) sieht das Brexit-Votum ... als Watsche für die Europäische Union.* (SN 25. 6. 16). – Auch in der Form *Watschen*

**watschen,** sw. V. / hat (ugs., auch bayr.): ohrfeigen: *»Così fan tutte« – so watschen alle wütenden Frauen.* (WZ 31. 7. 09)

**Watschenbaum,** der (salopp): Gegenstand der öffentlichen Kritik: *Das Frankfurter Institut eignet sich vorzüglich als Watschenbaum.* (OÖN 16. 10. 07); meist in der Wendung ***am Watschenbaum rütteln:** durch sein Verhalten eine Ohrfeige provozieren: *Wer über die Liebe zu einem Haustier lästert, rüttelt am Watschenbaum.* (OÖN 27. 4. 13)

**Watschenmann,** der (auch bayr.): 1. (früher) Figur im Wiener Prater, der man eine Ohrfeige gibt, deren Wucht man an einer Skala ablesen kann: *Der Watschenmann zählte jahrzehntelang zu den Hauptattraktionen im Wiener Wurstelprater.* (WZ 14. 1. 16). 2. Zielscheibe für öffentliche Kritik, Prügelknabe, bes. in der Politik: *Grünen und Linkspartei dient Gabriel neben Schäuble als Watschenmann.* (WZ 17. 7. 15)

**Watschentanz,** der (Volkskunde): 1. Volkstanz ähnlich dem Schuhplatteln mit vorgetäuschten Ohrfeigen. 2. heftige Auseinandersetzung mit gegenseitigen Beschuldigungen: *Das macht wiederum die Opposition nervös, die dem Watschentanz der Regierung bisher erste Reihe fußfrei zugesehen hat.* (KU 21. 3. 08)

**Watten,** das; -s (bes. Tirol.): /ein Kartenspiel/: *Dass Watten nach wie vor Tiroler Kulturgut ist, zeigt laut Veranstaltern die Tatsache, dass immer mehr junge Leute in das Spielgeschehen eingreifen.* (TT 1. 2. 18) ◆ **Watter/-in**

**watten,** sw. V. / hat: ↑Watten spielen: *mit seinen Eltern und der Schwester schnapst und wattet er gerne.* (TT 21. 2. 04)

**WC-Muschel,** die: Toilettenbecken, WC-Becken: *Ihr Kopf wurde auch gegen die WC-Muschel geschlagen, als sie sich zur Wehr setzte.* (PR 9. 5. 16). ↑Muschel

**Webe,** die; -, -n: Gewebe [für Bettzeug]: *Feine, weiße Webe; Eine besondere Webe finden wir heute noch im Lungau.* (SN 12. 1. 01)

**wechseln,** sw. V. / ist: wird österr. in der Bedeutung ›etwas durch etwas anderes ersetzen, die Meinung/Position ändern‹ mit *sein* verbunden, in D mit *haben*: *»Ich habe gewusst, ich habe mein Kind verloren, weil er zur Austria nach Wien gewechselt ist.* (KZ 24. 12. 16)

**Wecken,** der (auch südd.): Brot in länglicher Form, meist 1 kg schwer (das Gegenstück in runder Form ist *Laib*): *Zusätzlich ist alles Gängige vorrätig: Salzstangerl und Mohnflesserl, Semmeln, weiße Wecken, Schusterlaibchen und Brezerl.* (OÖN 19. 11. 04). ↑**Bäckerwecken, Brotwecken, Sandwichwecken, Semmelwecken.** Vgl. Strutzen

**Weckerl,** das; -s, -n (auch bayr.): kleines längliches Gebäck, (in D) Brötchen: *Per Post werden Weckerl und Wecken, Kekse und anderes Süßgebäck in ganz Europa verschickt.* (PR 10. 7. 07); meist in Zus.: ◆ **Dinkelweckerl; Grahamweckerl; Jausenweckerl:** *Fünf Menschen mit Behinderung bereiten täglich Jausenweckerl zu und verkaufen gesunde und appetitliche Happen für die Pause.* (SN 23. 11. 07); **Kümmelweckerl:** *Beim Gebäck dasselbe, da gab es Wachauer, Brioche, Semmel, Salzstangel und Kümmelweckerl.* (KU 8. 5. 04); **Mohnweckerl:** *Da werden im Eiltempo Briochezöpfe geflochten, Salzstangerln gedreht und Mohnweckerln in Mohn gewälzt.* (PR 18. 2. 17); **Salzweckerl; Sesamweckerl; Speckweckerl**

**Wegfreiheit,** die; - (Rechtsspr.): Prinzip des uneingeschränkten Betretens des Waldes zu Erholungszwecken: *Wegfreiheit für Radfahrer. ... Denn: Die meisten dieser Wege seien mit öffentlichen Geldern finanziert worden.* (NÖN 30. 10. 14)

**Wegscheid,** die; -, -en (veraltet): Straßengabelung: ist österr. Femininum, in D Maskulinum: *Die Ausfahrt in Richtung Osten ist über den Hohen Markt und die Wegscheid möglich.* (NÖN 14. 9. 10)

**wegweisen** (Rechtsspr.): am Betreten der Wohnung hindern: *Die Polizei kann Gewalttäter aus der gemeinsamen Wohnung wegweisen und mit einem Betretungsverbot belegen.* (OÖN 28. 11. 07)

**Wegweisung,** die (Behördenspr.): von den Sicherheitsbehörden verhängtes Verbot, eine Wohnung oder ein Gelände zu betreten, um Gewalt [an Familienmitgliedern] zu verhindern: *Gegen einen gewalttätigen Ehemann schützt die Wegweisung.* (SN 30. 1. 17);

**wegzählen** (auch schweiz.): subtrahieren: *Es gibt, ... wenn ich die Karteileichen wegzähle, 200.000 Studenten.* (SN 21. 8. 14)

**Wegzeit,** die: für das Zurücklegen eines Weges benötigte Zeit, Fahrzeit: *Bei Vergütung aller Leistungen wie Wegzeit, Abrechnung, Materialkosten und Buchhaltung wären Sätze um 20 Euro erforderlich.* (SN 17. 11. 16)

**Wehrdiener,** der bzw. die (Behördenspr.): Soldat, (in D) Wehrdienstleistender: *Würden ab 2014 keine Wehrdiener mehr einrücken, wären die Pionierverbände schlagartig entkräftet.* (SN 17. 11. 12). ↑-diener

**Wehrdienstausweis,** der: Dokument der Soldaten mit den Dienstdaten, (in D) Wehrpass: *Der in Ruanda gebürtige Österreicher durfte schließlich einreisen – aber erst, nachdem er zusätzlich seinen Wehrdienstausweis vorgezeigt hatte.* (ST 12. 3. 02)

**Wehrersatzdiener,** der; -s, - (Behördenspr.): ↑Zivildiener: *Im Jahr 2002 konnte das Innenministerium 8932 Wehrersatzdiener einer Arbeitsstelle zuweisen.* (OÖN 26. 8. 03) ↑-DIENER

**Weiberer,** der (ugs., salopp, abwertend): Frauenheld: *Dieser als Weiberer und Strizzi bekannte Täuscher hat angeblich seine Geliebte ... umgebracht.* (OÖN 15. 11. 13)

**Weiberl,** das; -s, -n (auch bayr.): **1.** (Verkleinerungs- oder Koseform zu) Weib: *Vergiss die Mär vom braven Spießer und dem alten Weiberl in Strickstrümpfen.* (KU 10. 6. 06). **2.** weibliche Person (als Paarform zu ↑Manderl): *"Es kann doch nicht darauf ankommen, ob man ein Weiberl oder ein Manderl ist", kritisierte auch die stellvertretende Obfrau des Seniorenbundes* (WZ 31. 7. 10). **3.** weibliches Tier oder weibliche Pflanze: *vielleicht war es ein Weiberl, das in der Nähe seine Jungen hatte und diese verteidigen wollte* (OÖN 19. 4. 07); *Man benötigt ein »Manderl«, also eine männliche Pflanze, und ein »Weiberl«, eine weibliche, sonst gibt es keine Früchte.* (SN 20. 9. 16). – Auch in der Form *Weibl*

**Weiberroas,** die; -, -en (bes. OÖ, auch bayr., Volkskunde): **1.** Veranstaltung der Frauen im Fasching [mit Umzug]: *Zünftige Musiker begleiten die »Weiberroas«.* (OÖN 5. 11. 04). **2.** Gruppe von Frauen zu gemeinsamen Unternehmungen: *Beliebt sind in den Dorfgemeinschaften auch die »Weiberroasen«, bei dem sich das weibliche Volk »unter sich« austoben kann.* (SN 28. 1. 16). ↑**-roas, Kripperlroas**

**Weichsel,** die; -, -n (auch bayr., schweiz.): (in D) Weichselkirsche, Sauerkirsche: *Bei Zwetschken gab es einen 66-prozentigen Rückgang auf 840 Tonnen, bei Kirschen und Weichseln gab es ein Minus von 61 Prozent* (WZ 25. 11. 16) ◆ **Weichselbaum; Weichselkompott; Weichselmarmelade**

**Weidling** ↑Weitling

**Weihbrunn,** der; -s (veraltend, auch bayr.): Weihwasser: *Überreichte als Zeichen der Pilgerschaft jedem Radfahrer Muschel und Pilgerurkunde und gab den »Weihbrunn« für eine gute Fahrt und gesunde Wiederkehr.* (NÖN 12. 8. 03)

**Weihbrunnkessel,** der (veraltend, auch bayr.): Weihwasserbehälter in Wohnräumen, Weihwasserbecken in der Kirche: *Das Muttergottesbild ist verschwunden, und im Weihbrunnkessel ... sind zahlreiche Zigarettenstummel ausgedrückt.* (SN 30. 12. 16)

**Weihnachten,** die /Plural/: wird österr. (und schweiz.) als Plural gebraucht und wird (wie regional auch in D) mit *zu* verbunden (in D ohne Präposition oder [bes. im Südwesten] mit *an*): *Zu Weihnachten 1941 bekam er Fronturlaub.* (ST 3. 1. 17) ↑**Allerheiligen, Ostern, Pfingsten, Silvester**

**Weihnachtsbäckerei,** die: süßes Weihnachtsgebäck: *im Dezember wird duftiger Rosenvanillezucker über die Weihnachtsbäckerei gestreut.* (PR 9. 4. 16). ↑BÄCKEREI

**Weihnachtspackerl,** das: weihnachtliches Geschenk[paket]: *Ein Weihnachtspackerl vom Chef ist aus Sicht der Finanz bis zu einem Gegenwert von 186 Euro unproblematisch.* (ST 14. 11. 14). ↑PACKERL

**Weihnachtsremuneration,** die (Behördenspr., veraltend): Weihnachtsgeld: *Die Firma war nicht bereit, den Gehalt für September und die aliquote Weihnachtsremuneration auszuzahlen.* (OÖN 18. 4. 07). ↑**Remuneration**

**Weinbeere,** die (auch südd., schweiz.): Rosine: *Liebhaber von Zartbitterschokolade freuen sich über Äpfel, Zimt, Honig, Weinbeeren und Rum als Füllung.* (KZ 21. 9. 15)

**Weinbegleitung,** die (Gastronomie, seltener auch in D): Erweiterung eines Menüs durch ausgewählte Weine: *Dort wird zu Silvester ein sechsgängiges Menü (185 Euro; 295 Euro mit Weinbegleitung) inklusive Champagner-Empfang geboten.* (PR 23. 12. 16)

**Weinbeißer: 1.** der: mit weißer Glasur überzogener Lebkuchen: *Die Klassiker unter den Lebkuchen sind im Hause Schmid seit Jahren der Schoko- und Dotter-Lebkuchen, auch die kleinen Weinbeißer finden viele Anbeißer.* (KZ 30. 11. 08). **2.** Weinkenner, der den Wein sehr genüsslich auskostet: *Hinter ihm eröffnet eine Vinothek, die für Weinbeißer Parmaschinken feindünn hobelt.* (OÖN 10. 4. 07)

**Weinderl,** das; -s, -n (bes. ostösterr., ugs., emotional): Wein: *Politische Würdenträger – da ein Sekterl und ein Weinderl, dort ein Schnapserl und ein Bierli – müssten theoretisch zum Tagesausklang sternhagelvoll sein.* (KU 8. 8. 02)

**Weingeistessig,** der; -s (in D selten): aus Weingeist hergestellter Essig: *Im Laufe der Zeit stellte sich aber heraus, dass der leicht fruchtige Geschmack noch besser durch einen gut abgelagerten Weinessig und Weingeistessig erreicht werden kann.* (OÖN 23. 6. 12)

**Weinhauer,** der (bes. ostösterr.): Winzer: *Mittlerweile haben sich mehrere Komitees gebildet, die neben den Weinhauern selbst ... zur Rettung*

*des Weinortes angetreten sind.* (PR 30. 10. 07). ↑**Hauerwein.** Vgl. Fleischhauer

**Weinkost,** die; -, -en (selten auch in D): Weinverkostung, Degustation, (in D) Weinprobe: *Bei der traditionellen Weinkost der »Kleinen Zeitung« im Steirereck ließ sich heuer weniger Politik als üblich sehen.* (PR 11. 7. 14)

**Weinnudeln,** die /Plural/ (bes. Tirol): Nudeln aus Mehl, Grieß, Eiern und Milch, die in Butterschmalz gebacken, paniert und mit Glühwein übergossen werden: *Und zum Nachtisch gibt's Topfenknödel mit Frucht- oder Nougatfülle, herzhafte Weinnudeln oder hausgemachte Kuchen und Tiramisu.* (TT 22. 2. 06). ↑NUDEL

**Weinpaunzen,** die /Plural/: Weinnudeln. ↑PAUNZEN

**Weinscharl,** der; -s, -n (ugs., ostösterr.): 1. Berberitze: Gewöhnliche Berberitze: *Das Weinscharl, herrlich saure Beeren: besser als Zitronen!* (Heckenblatt, 2005, Int). 2. Frucht der Berberitze. 3. Bonbon mit Berberitzengeschmack ◆ **Weinscharlzuckerl**

**Weinsensal** ↑Sensal

**Weinzierl,** der; -s, -n (veraltend, ostösterr.): Winzer

**-weis** (ugs., auch bayr.): -weise, z. B. **reihenweis, stoßweis, stückerlweis, tröpferlweis, unbekannterweis.** ↑**kleinweis, zizerlweis**

**Weisel,** der (ugs.): Verweis: *Fraglich ist, inwieweit der Weisel aus Rom einkalkuliert war. Die zweite Instanz hinter dem Papst ist hörbar verschnupft.* (ST 13. 5. 12); meist in den Wendungen ***jmdm. den Weisel geben** (ugs.): jmdn. abweisen, entlassen: *Das ruft Carols Ehemann auf den Plan, der einen Sorgerechtsstreit um das gemeinsame Kind anstrebt, während Therese einem jugendlichen Charmeur den Weisel gibt.* (WZ 16. 12. 15); ***den Weisel bekommen** (ugs.): entlassen, abgewiesen werden: *Wer dieserart den Weisel bekommt, muss keine Domina sein, um Handgreifliches zu überlegen.* (OÖN 9. 2. 08)

**weisen,** st. V. / hat: 1. /sich/ (auch schweiz.) sich zeigen, erweisen: *Ob er den frischen Wind und eine verbesserte Zusammenarbeit mit der ÖVP bringen kann, das wird sich weisen.* (KU 2. 10. 08). 2. (mundartnah, auch bayr.): (eine Person) an der Hand führen, (ein Tier) am Zügel, Seil führen: *lass dich weisen;* 3. (Vbg., auch schweiz.) (beim Jass) zu Spielbeginn bestimmte Kartenkombinationen, die man in der Hand hat, melden und sich dafür Punkte gutschreiben lassen: *er konnte hundertfünfzig [Punkte] weisen.* 4. (Volkskunde) bei einer Hochzeit das Geschenk übergeben

**Weiserhochzeit,** die (regional): Hochzeit, bei der sich das Brautpaar ausschließlich Geldgeschenke wünscht: *Wir machen aus unserer Hochzeit eine Weiserhochzeit, weil wir schon alles haben!* (parents, 28. 9. 04, Internet-Forum)

**weiß** (westösterr.): ***weiß sauer,** ↑**Gespritzter/Spritzer weiß sauer:** mit [Mineral]wasser verdünnter Weißwein: *Das Geheimnis des bewährten »Weiß sauer« verrät Fink gerne: »Am besten eignet sich ein grüner Veltliner.«* (VN 7. 6. 07); ***weiß süß,** ↑**Gespritzter/Spritzer weiß süß:** mit Limonade verdünnter Weißwein: *So bleibt man eben beim günstigeren Weiß-Süß. In anderthalb Stunden lässt sich bei reichlichem Konsum ja schließlich auch eine hübsche Wirkung erzielen.* (VN 19. 5. 07); ***weißes Scherzel** ↑Scherzel. ↑**rot**

**Weißbinder Weißbinderin,** der bzw. die (regional auch in D): Binder/-in, Böttcher/-in, der kleinere Gefäße aus Nadelholz herstellt: *Weißbinder Johann Wohlschlager ist einer der letzten Meister seiner Zunft, ... der in seiner Werkstatt noch heute in den alten Techniken das helle Holz der Fichten, Tannen und Lärchen zu Gebinden formt.* (SN 9. 4. 04). ↑BINDER

**weißeln,** sw. V. / hat (auch südd., schweiz.): (Wände, Räume) weiß streichen: *Während Maler die Räume im Asylquartier in Salzburg-Kasern weißeln, demonstrieren die Anrainer.* (SN 26. 2. 16)

**weißigen,** sw. V. / hat (ugs., regional): weißen, weißeln: *Wir haben ausgemalt, gestrichen, geweißigt – jetzt ist alles pfiffiger und peppiger.* (OÖN 11. 9. 12)

**Weißkappler Weißkapplerin,** der bzw. die (Wien, ugs.): der Polizei unterstelltes Parkaufsichtsorgan: *»Weißkappler« kontrollieren, ob die Parkgebühr entrichtet wurde.* (ST 10. 3. 16); *Die Vertragsbedienstete hat laut Magistrat zumindest sechs Parkvergehen von sich selbst und ihrer Tochter aus dem Computersystem storniert. Jetzt wurde auch ein Kollege der Weißkapplerin vom Dienst ausgeschlossen.* (KR 25. 8. 18). ↑KAPPLER

**Weißkraut,** das (auch südd.), (in D) Weißkohl: *Die Portion kann wahlweise mit Weißkraut und Gansl-Füllung oder Rotkraut und Knödel um 20,50 Euro bestellt werden.* (KU 9. 11. 16). ↑KRAUT

**Weiterbildungsgeld**, das: Zahlung an Arbeitnehmer während einer Bildungskarenz:

*Während der Bildungskarenz wird ein Weiterbildungsgeld in der Höhe des Arbeitslosengeldes vom Arbeitsmarktservice bezahlt.* (OÖN 14. 12. 14)

**Weitere:** ***im Weiteren** (auch schweiz.): in weiterer Folge, im Nachfolgenden: *Wir gehen aktuell nicht davon aus, dass sich diese Entscheidung im Weiteren auf unsere Steuerquote auswirken wird.* (WZ 1. 9. 16)

**weiters:** weiterhin, ferner, (in D) weiter: *Weiters müsste eine Senkung der Abgabenbelastung angestrebt werden.* (OÖN 30. 9. 16). Vgl. durchgehends, durchwegs, ferners, öfters

**Weitling,** der (auch bayr.): große, sich stark verbreiternde Schüssel, Rühr-, Teigschüssel: *Mehl in einen Weitling sieben, in ein Grübchen Germ zerbröseln und etwas Zucker und ¼ l warme Milch darüber geben.* (SN 5. 9. 16). – Auch in der Schreibung *Weidling*

**weitum** Adv. (auch südd., schweiz., dort mit Betonung auf der ersten Silbe): in weiten Kreisen; in weitem Umkreis: *Wien um 1900 wird ja weitum mit Klimt, Schiele und Kokoschka gleichgesetzt.* (SN 20. 10. 16)

**Weli,** der; -, - ‹ital. *belli* ›Schöne‹›: **1.** Spielkarte mit je nach Spiel unterschiedlichem Wert (meist ist sie die zweithöchste und immer Trumpf): *Während es beim »innsbruggerisch« Perlaggen vier ständige Perlåggen gibt (Martl, Weli, Schell-Siebener und Eichel-Siebener) sind es im Oberland fünf.* (TT 22. 11. 15). **2.** /ein danach benanntes Kartenspiel/: *Weli ist ein traditionelles Seewinkelspiel.* (BVZ 7. 11. 07)

**Wenigverdiener Wenigverdienerin,** der bzw. die; Geringverdiener/-in

**Werbeeinschaltung,** die: in einem Medium veröffentlichter Werbetext: *Die Firma Gerngroß ... promotete die technische Errungenschaft von Beginn an intensiv in ihren Werbeeinschaltungen.* (PR 2. 12. 16). ↑**einschalten, Werbeschaltung**

**Werber Werberin,** der bzw. die (Behördenspr.): (kurz für eine Zus. mit) ↑-werber: Bewerber/-in; Antragsteller/-in: *355 Werber suchen eine Wohnung ... 355 Wohnungswerber stehen auf der Warteliste.* (VN 28. 3. 02). – In der Bedeutung ›Werbefachmann; Person, die Soldaten anwirbt‹ gemeind.

**-werber werberin:** produktives Grundwort in Zus. mit der Bedeutung ›Bewerber/-in, Antragsteller/-in‹, z. B. *Exekutionswerber*: jmd., der eine Pfändung verlangt; **Asylwerber/-in:** *Die Asylwerber, vorwiegend jüngere Männer, hätten in Polen bereits einen Asylantrag gestellt.* (PR 11. 1. 08); **Aufnahmswerber/-in; Bauwerber/-in:** *Für mich ist es ganz egal, welcher Partei ein Bauwerber angehört.* (SN 7. 12. 07); *Die ÖBB-Infrastrukturgesellschaft, die in dem Verfahren als Bauwerberin auftritt, hat mit zehn Mann die ganze Spitze ihres Planungsteams geschickt.* (PR 20. 1. 11); **Beitrittswerber/-in:** *Das Treffen von mehr als 30 Verteidigungsministern (auch jene der Beitrittswerber) ... stellte Innsbruck vor größte Herausforderungen.* (SN 8. 8. 05); ↑**Berufungswerber; Bewilligungswerber/-in;** ↑Bewilligung; **Entgegnungswerber/-in; Exekutionswerber/-in; Führerscheinwerber/-in; Konsenswerber/-in; Kreditwerber/-in:** *In den Banken sollen nur mehr die Computertabellen der Kreditwerber maßgeblich sein, wenn es um eine Finanzierung geht.* (SN 13. 8. 04); ↑**Leistungswerber; Olympiawerber/-in:** *Salzburgs Olympiawerber haben mit dem Beschluss von Budget und Vertrag die letzte formale Hürde vor der Abgabe des zweiten Bewerbungsdokumentes beim IOC genommen.* (ST 14. 1. 07); **Passwerber/-in; Prüfungswerber/-in; Staatsbürgerschaftswerber/-in:** *Bei der Beurteilung des Staatsbürgerschaftswerbers sollen künftig neben ... gerichtlichen Strafverfahren auch Verwaltungsstrafverfahren berücksichtigt werden.* (ST 4. 4. 07); **Subventionswerber/-in:** *Erst die Begründung macht es dem Subventionswerber leichter, eine Entscheidung rechtlich zu bekämpfen.* (ST 26. 11. 04); ↑**Übernahmswerber; Versetzungswerber/-in;** ↑**Wahlwerber; Wohnungswerber/-in:** *Er sichert einen qualitativen Wohnbau, der sich an den Bedürfnissen der Wohnungswerber genauso orientiert wie an den Erfordernissen des Klimaschutzes.* (SN 18. 10. 07)

**Werbeschaltung,** die: ↑Werbeeinschaltung: *Etwa 46 Millionen Euro – fast ein Viertel aller öffentlichen Werbeschaltungen – meldete Wien der Medienbehörde.* (KZ 15. 3. 16)

**Werkel,** das; -s, - (auch bayr.): **1.** Leierkasten, Drehorgel: *Die Werkeln sind aus dem Böhmischen Prater nicht mehr wegzudenken.* (KU 7. 5. 03). **2.** (ugs., salopp) Werk, Anlage, Maschine, Betrieb: *ab Mai haben sich 255 Mitarbeiter ins Zeug gelegt, seit 2. Dezember läuft das Werkel.* (PR 27. 1. 17)

**Werkelfrau,** die: Drehorgelspielerin: *Zwischen 14 und 18 Uhr spielen die Werkelmänner und Werkelfrauen dann im Böhmischen Prater auf.* (ST 9. 5. 06)

**Wẹrkelmann,** der: Leierkastenmann, Drehorgelspieler

**Wẹrken,** das: ***textiles/technisches Werken:** *Ab 2021 soll es zudem auch an der AHS-Unterstufe einen einzigen Pflichtgegenstand »Technisches und textiles Werken« geben.* (OÖN 8. 10. 16)

**wẹrks-, Wẹrks-:** die Zus. mit Werk- i. S. v. ›Fabrik‹ werden österr. mit *-s-* gebildet (nicht aber die mit *Werk* i. S. v. ›etwas Geschaffenem‹, z. B. Werkvertrag, Werkverzeichnis, Werktreue, werktätig); in D gibt es diese Komposita auch ohne *-s-*: **Werksangehöriger; Werksarzt; Werksärztin; werksärztlich; Werksbesichtigung:** *Zunächst wurde uns die Erzeugung von Penicillin anhand einer Werksbesichtigung nahe gebracht.* (VN 11. 10. 07); **Werksbücherei; Werksbus:** *So hätten die 150 Mitarbeiter vom Bahnhof nur ein halbe Stunde Fußweg – und man brauche deshalb keinen Werksbus.* (PR 11. 6. 05); **werkseigen:** *Seitdem der werkseigene Busverkehr ... abgeschafft wurde, ist ... das Personal von Zumtobel Staff stark auf öffentliche Verkehrsmittel angewiesen.* (VN 4. 11. 03); **Werkseinfahrt; Werkself; Werksfahrer/-in:** *Aber das Auto ist völlig neu aufgebaut und sieht auch genauso wie die Autos der Werksfahrer.* (ST 21. 1. 05); **Werksfeuerwehr:** *Bei der Werksfeuerwehr in der Linzer Voest.* (PR 2. 8. 06); **Werksgarantie:** *Die volle Werksgarantie. (3 Jahre oder 100.000 km) bleibt erhalten.* (SN 20. 4. 07); **Werksgelände; werksgeprüft; Werkshalle; Werkskindergarten; Werksküche:** *Mehr ... Kostenbewusstsein sollte ... dazu führen, dass weniger öffentliches Geld in den Werksküchen der Bahn verbraten wird.* (ST 2. 6. 05); **Werksleitung; werksseitig:** *Bislang waren Autonavigationsgeräte mit befriedigender Genauigkeit nur dann erhältlich, wenn sie werksseitig in den Neuwagen eingebaut wurden.* (ST 9. 11. 04); **Werkssiedlung; Werksspionage; Werkstor; Werkswohnung:** *Die Innenstadt verödet, die Siedlungen mit den ehemaligen Werkswohnungen verfallen.* (ST 18. 10. 07)

**Wẹrkschulheim,** das: Gymnasium, das zusätzlich zur Matura eine Handwerksausbildung vermittelt

**Wẹrkstätte,** die: österr. (und schweiz.) Form, (in D) Werkstatt: *Unbekannte Täter brachen am Wochenende in die Werkstätte eines Sportgeschäftes in Bad Hofgastein ein und stahlen rund 35 Paar Ski.* (SN 7. 1. 08). – In Österr. ist *Werkstatt* eher ugs., in D *Werkstätte* eher gehoben. ↑**Kfz-Werkstätte**

**Wẹrksverkehr: 1.** der durch ein Werk anfallende Verkehr: *Bis zu 100 Busse könnten von Privaten angemietet werden. Diese würden allerdings zum Großteil im Stadt- und Werksverkehr eingesetzt werden.* (PR 14. 6. 02). **2.** mit betriebseigenen Fahrzeugen abgewickelter Gütertransport: *Der Werksverkehr werde sich durch die Einführung der Lkw-Maut deutlich verteuern.* (SN 17. 6. 03)

**Wẹrre,** die; -, -n: **1.** (ugs., auch südd.) Maulwurfsgrille: *Die Würmer befallen die erwachsene Werre und vernichten sie.* (OÖN 18. 10. 13). **2.** (mundartnah) eitrige Entzündung am Augenlid; Gerstenkorn

**Wẹrteinheit,** die (Verw.): Berechnungseinheit von Schulstunden, die der Schulverwaltung oder einer Schule zur Verfügung stehen: *Im Bildungsministerium sieht man jedenfalls noch nicht Feuer am Dach und ist bereit, die Werteinheiten für die Lehrer weiterhin zu bezahlen.* (ST 4. 7. 03)

**wẹrtgesichert:** an den Preisindex angepasst: *Die eine Million, die nicht wertgesichert ist, entspricht in etwa dem, was die Republik schon jetzt beiträgt.* (ST 19. 8. 15)

**Wẹstbahn,** die; -: **1.** Bahnstrecke, die den Westen Österreichs mit Wien verbindet: *Die Forscher stellten ihre Messgeräte daher entlang der Westbahn und der Südbahn auf.* (PR 4. 6. 16). **2.** auf dieser Bahnstrecke verkehrender Zug: *Auf der Fahrt von Wien nach Linz mit der Westbahn rastete kürzlich ein Fahrgast aus.* (OÖN 19. 7. 16). **3.** Name einer Privatbahn, die derzeit zwischen Wien und Salzburg verkehrt. Vgl. Südbahn

**Wẹttcafé,** das: Lokal, in dem man Sportwetten abschließen kann: *Bründl zweifelt auch an, ob ein Wettcafe neben dem stark frequentierten Schulweg angebracht ist.* (OÖN 8. 10. 10)

**Wẹtterfleck,** der: weiter Regenmantel [aus Lodenstoff] ohne Ärmel, Pelerine: *»Es gibt kein schlechtes Wetter, nur schlechte Kleidung.« Heißt: Hut, Wetterfleck und Trachtenjanker nicht vergessen!* (KZ 14. 9. 14)

**Wẹttex®,** der und das; -, -: ein quadratisches Schwammtuch zum Geschirrabwaschen: *Einem lästigen betrunkenen Gast etwa habe sie einmal statt des Schnitzels ein gebrauchtes Wettex paniert.* (SN 16. 4. 07)

**Wẹttlokal,** das: ↑Wettcafé: *In Innsbruck ist in der Nacht auf Mittwoch ein Wettlokal überfallen worden.* (KZ 26. 10. 16). ↑Lokal

**Wịchs,** die; -, -en, Festkleidung bei bestimmten Studentenvereinen; Dienstkleidung;

ist in Österr. Femininum, in D Maskulinum

**Wichsleinwand,** die; - (auch bayr., veraltend): mit Wachs impägniertes Tuch. ↑ **Wachsleinwand**

**Wichtigmacher Wichtigmacherin,** der bzw. die (auch südd.): Wichtigtuer/-in: *Noch wird der Präsident, dem der Ruf anhaftet, »hyperaktiv« zu sein, zum Teil als »Wichtigmacher« dargestellt.* (PR 9. 7. 07) ◆ **Wichtigmacherei:** *Während die Fahrer die schlechten Arbeitsbedingungen kritisieren, sieht die Geschäftsführung nur »Wichtigmacherei«.* (ST 1. 4. 04)

**Wickel,** der; -s, - (ugs.): Verwicklungen, Konflikte, Turbulenzen: *Als einer der Pioniere des relativ liberalen Wiener Weges in der Drogenpolitik hat er ... einen guten Ruf erarbeitet – pragmatisch, aber nicht kompromissgeil, scheut keinen Wickel.* (Falter 24. 3. 04); ***einen Wickel haben [mit jmdm.]:** einen Konflikt haben: *Wenn der kleinste Partner in sich einen Wickel hat, weil er seine wichtigsten Forderungen nicht durchgesetzt hat, sprengt er die ganze Regierung in die Luft.* (Falter 9. 3. 08)

**Widum,** das und der; -s, -e (west-, südösterr., hist. auch bayr.): **1.** (hist.) Kirchengut. **2.** Pfarrhof: *die Pfarrkirche wurde renoviert und das Widum saniert.* (KZ 12. 7. 11). ↑ **Pfarrwidum**

**wiederbetätigen,** sich (Rechtsspr.): sich der ↑ Wiederbetätigung schuldig machen: *Der Beamte werde das »sehr wohl gewusst haben, dann hat er sich im nationalsozialistischen Sinne wiederbetätigt«.* (ST 20. 10. 16)

**Wiederbetätiger Wiederbetätigerin,** der bzw. die (selten): Person, die sich der ↑ Wiederbetätigung schuldig macht: *Was Sie da sagen, passt so gar nicht dazu, dass Sie NS-Wiederbetätiger verteidigen.* (ST 9. 6. 06)

**Wiederbetätigung,** die (Rechtsspr.): Verstoß gegen das Verbotsgesetz von 1947 bzw. das Verfassungsgesetz, das alle Neubildungen nationalsozialistischer Organisationen und Aktivitäten verbietet; (kurz für) nationalsozialistische Wiederbetätigung: *Staatsanwalt T. S. warf dem Burschen Wiederbetätigung im nationalsozialistischen Sinne nach dem Verbotsgesetz, Paragraf 3g, vor.* (ST 20. 12. 16). Vgl. Verbotsgesetz

**Wiederholungsprüfung,** die: Prüfung am Beginn des Schuljahres bei negativem Abschluss des vergangenen Jahres, um eine positive Note zu erreichen, (in D) Nachprüfung: *Wer zur Wiederholungsprüfung antreten muss, der sollte jetzt noch mit dem Lehrer besprechen, welchen Stoff er lernen soll.* (KU 25. 6. 15). Vgl. Nachprüfung

**Wiederschauen:** ***auf Wiederschauen** (auch bayr., seltener auch in D): auf Wiedersehen! *Das Problem ist, dass der Dialog derzeit so aussieht, dass wir ihm sagen, was wir finden, und er sagt Aha, interessant, auf Wiederschaun.* (ST 12. 7. 07). ↑ schauen

**wiederverlautbaren** (Rechtsspr.): ein Gesetz ohne inhaltliche Änderung neu beschließen: *Mit Landesgesetzblatt Nr. 43/2003 vom 23. April diesen Jahres wurde das Salzburger Tourismusgesetz ... wiederverlautbart.* (SN 26. 8. 03)

**Wiederverlautbarung,** die (Rechtsspr.): verständlichere, bereinigte Neufassung eines Gesetzes ohne inhaltliche Änderung: *Über die Wiederverlautbarung dieses Verfassungsgesetzes hätte die Bevölkerung gleichzeitig mit dem österreichischen EU-Beitritt abstimmen sollen.* (PR 8. 4. 02)

**Wiegel-Wagel,** der; -s (ugs., auch bayr.): Hin und Her; Unentschlossenheit: *Die Studien würden ein »Wiegel-Wagel« ergeben, sodass man sie zu Gunsten, aber genauso zu Lasten der Quote auslegen könnte.* (PR 29. 11. 07)

**wiescheln, wiescherln** ↑ wischeln

**Wiese:** ***[k]eine gemähte Wiese; *[k]eine gmahte Wiesen:** ein sicherer Erfolg; etwas, was ohne Mühe erreicht werden kann: *Angesichts des Gegenwindes ist die Umwidmung des betroffenen Feldes längst keine gemähte Wiese.* (OÖN 7. 2. 08); *Trotz der guten Umfragewerte ist die Wahl ... noch lange keine »gmahte Wiesn«.* (PR 3. 2. 04) – Es kommen sowohl die standardsprachlich als auch die dialektale Schreibung vor; ***saure Wiese** ↑ sauer

**wild:** ***wilde/-r Abgeordnete/-r:** keiner Fraktion mehr angehörende/-r Abgeordnete/-r: *Jeder österreichische Parlamentarier, egal ob dieser Mitglied eines Klubs ist oder freier bzw. »wilder« Abgeordneter, hat das Recht auf einen parlamentarischen Mitarbeiter.* (ST 8. 3. 07)

**wildeln,** sw. V. / hat: **1.** (regional auch in D) Hautgout haben: *Wie muss ich den Schuss anbringen, der das Wild nicht wildeln lässt und somit nicht ungenießbar macht?* (SN 27. 2. 16). **2.** (ugs.) sich wild, ausgelassen gebärden: *die Kinder wildeln im Garten*

**Willkommen,** das; -s, -: ist österr. (und schweiz.) Neutrum, in D auch Maskulinum

**Wimmerl,** das; -s, -n: (ugs., auch bayr.) Eiter-, Hitzebläschen, (in D) Pickel, Pustel: *Die Pubertät war schlimm. Wimmerl im Gesicht und*

*groß sein ist keine gute Kombi, da fällst du überall auf.* (OÖN 30. 7. 13)

**Windbäckerei,** die: Schaumgebäck aus Eischnee und Zucker; Baiser, Meringe: *Trockenfrüchte wie Apfelringe oder die kalorienarme Windbäckerei seien auch gute Alternativen für den ... schokoladehaltigen Christbaumbehang.* (KZ 11. 12. 08). ↑Bäckerei

**windisch** ⟨abgeleitet von *Wenden* ›Slawen‹⟩: (meist abwertend, bezogen auf Kärnten): slowenisch: *Der Bauer, der Haider wählt und am Sonntag zur Oma nach Wurdach fährt und mit ihr »windisch« redet.* (PR 18. 10. 08); noch erhalten in geografischen Namen, z. B Windische Höhe

**[1]Windische,** der und die; -n, -n (früher, abwertend): **1.** Kärntner Slowene/Slowenin. **2.** Kärntner/-in mit slowenischer Muttersprache, der/die das Slowenische nur im Dialekt verwendet: *Man lebte unter Menschen, die man ›Windische‹ nannte. Die sangen dieselben Lieder, aber man verstand ihre Sprache nicht.* (Falter 15. 10. 08)

**[2]Windische,** das (früher, heute meist abwertend): slowenische Mundart in Kärnten: *Die beiden Kinder Sadovniks, 14 und 15 Jahre alt, beherrschen das Windische nicht mehr, wohl aber das Slowenische.* (PR 12. 3. 11)

**Windmasse,** die: ↑Masse, aus der ↑Windbäckerei hergestellt wird: *Das Obers verteile ich erhaben auf der gebackenen Windmasse und belege sie mit 300 g Himbeeren.* (KU 5. 12. 11). ↑Masse

**Winkerl,** das; -s, -n (ugs.): Winkel, Ecke eines Raumes: *Die israelischen Filmemacher ... zog es dabei jedoch in ein sogar noch versteckteres Winkerl, ins »Dark Web«.* (ST 2. 10. 16); ***sich/jmdn. ins Winkerl stellen** (veraltet, noch scherzhaft): sich/jmdn. [zur Strafe] in die Ecke stellen: *Und dieselben Politiker, die jetzt jeden Fernreise-Urlauber ins Umweltsünder-Winkerl stellen wollen, werden dann betonen, welche Investitionen so ein neues Tourismus-Projekt bewegt.* (OÖN 10. 3. 07); ***sich ins Winkerl stellen:** sich auf eine gesicherte Position zurückziehen: *Sich ins Winkerl zu stellen und zu rufen »Ich hätt' eh alles besser gewusst!« zeuge nicht von hohem Interesse an einem gemeinsamen Konsens.* (ST 26. 9. 12)

**Winzerjause,** die: deftiger Imbiss zum Wein: *Weingartenwanderung mit Winzerjause, Weinverkostung und Live-Musik.* (PR 23. 8. 02). ↑Jause

**wirklicher Hofrat** ↑Hofrat

**Wirt,** der; -en, -en: wird ugs. schwach dekliniert: *die Geselligkeit beim Wirten wird nach wie vor großgeschrieben.* (OÖN 12. 2. 13). ↑**Backhendlwirt, Heurigenwirt, Kirchenwirt, Schnitzelwirt, Stelzenwirt**

**Wirtschaftsförderungsinstitut,** das: berufliche Fortbildungseinrichtung der Wirtschaftskammer; Abk. WIFI (im Ggs. zum ↑Berufsförderungsinstitut der Arbeitnehmerorganisationen)

**Wirtschaftskammer,** die (selten auch in D): Berufs- u. Standesvertretung der Wirtschaftstreibenden. Vgl. Kammerstaat

**Wirtschaftskörper,** der: selbstständige wirtschaftliche Einheit: *Als »Natura 2000-Schutzgebiet« unterliegt der Lainzer Tiergarten strengen Auflagen, als Wirtschaftskörper einem nachhaltigen »Forstbetriebsplan«.* (WZ 7. 10. 11)

**Wirtschaftstreibende,** der und die; -n, -n: selbstständige/-r Unternehmer/-in; Gewerbetreibende: *In Europa sind Wirtschaftstreibende in Irland den geringsten Restriktionen ausgesetzt.* (PR 15. 1. 08)

**Wirtschaftstreuhänder Wirtschaftstreuhänderin,** der bzw. die: Oberbegriff für die freien Berufe Steuerberater, Buchprüfer und Wirtschaftsprüfer: *Wirtschaftstreuhänder Thomas Keppert, Gutachter beim Bawag-Prozess, belastet die frühere Bankenspitze schwer.* (VN 24. 11. 07)

**wischeln, wischerln,** sw. V. / hat (ostösterr., bes. Kinderspr., auch bayr.): urinieren: *Da bist froh, wenn'st vorher noch schnell wischerln warst, sonst kann's schon sein, dass ein Tröpferl daneben geht.* (ST 20. 9. 07). ↑**bieseln**

**Wissenschafter Wissenschafterin,** der bzw. die (auch schweiz.): (Nebenform zu) Wissenschaftler/-in (auch in allen Zus.): *»Wir werden die Geschichte der Azteken neu schreiben müssen«, sagte die Wissenschafterin Patricia Ledesma am Donnerstag an der Ausgrabungsstätte im Stadtteil Tlatelolco.* (PR 28. 12. 07)

**Witfrau,** die (Vbg., auch südd., schweiz.): Witwe: *Ich bin Witfrau, und die glauben, mit der kann man es ja machen.* (NÖN 5. 8. 09)

**Wittib,** die; -, -e (veraltet, auch bayr.): Witwe, (in D veraltet) Witib: *Als Arnulf von Kärnten, der letzte römisch-deutsche Herrscher aus karolingischem Hause, einst mit seinen Buben auf Jagd war, warf sich eine alte Wittib vor sein Pferd.* (PR 10. 2. 04)

**Wittiber,** der (veraltet, auch bayr.): Witwer, (in D veraltet) Witmann

**Witwenpension,** die: österr. auch für (in D) Witwenrente. ↑Pension

**Witwerpension,** die: Pension/Rente für hinterbliebene Witwer: *Im Fall des Todes eines Lebensgefährten hat der überlebende Partner keinen Rechtsanspruch auf eine Witwen- bzw. Witwerpension.* (SN 18. 3. 03). ↑Pension

**WKO,** die: (Abk. für) Wirtschaftskammer Österreich

**wo:** ***aber wo!:** aber nein! /Ausdruck der Abweisung/: *Sollte damit die Causa an Vorgesetzten vorbeigeschleust werden? Aber wo!* (KU 13. 3. 08)

**Wochenendpfusch,** der; -s (ugs.): Schwarzarbeit am Wochenende. ↑**Pfusch**

**Wochengeld,** das: von der Krankenkasse bezahlter Lohn während des Mutterschaftsurlaubs, (in D) Mutterschaftsgeld: *Selbständige bekommen hierzulande Krankengeld und Wochengeld.* (WZ 20. 2. 14)

**Wochenpickerl,** das (ugs.): 10-Tages-Vignette: *Dann verkaufte er dem Mann ein echtes Autobahn-Wochenpickerl zum doppelten Preis.* (KU 31. 7. 00). ↑Pickerl

**Wohnbau,** der; -s: der Bau von Wohnungen: österr. Form, (in D) Wohnungsbau; unter *Wohnbau* versteht man in D ein ›Wohngebäude‹: *Der Grazer Bürgermeister legt sein Programm für die Gemeinderatswahl im Februar vor. Er setzt auf Bildung, Öffis und den Wohnbau.* (PR 3. 1. 17); *Anhaltender Boom im Wohnbau.* (PR 18. 12. 07). – Meist in Zus.: ◆ **Wohnbauanleihe; Wohnbauförderung,** ↑Förderung; **Wohnbaugeld:** *S. sei »ein Spekulant«, der mindestens eine Milliarde Euro an Wohnbaugeldern »verzockt« habe.* (PR 11. 4. 16); **Wohnbaugenossenschaft:** *110 Millionen Euro sind von der Wohnbaugenossenschaft Buwog als Grundstückseigentümer für die Sanierungs- und Bauarbeiten rund um die ziegelroten Backsteinbauten veranschlagt.* (PR 17. 8. 07); **Wohnbaugesellschaft:** *Die Doppelfunktion Bürgermeister und Chef der Wohnbaugesellschaft sei unvereinbar.* (SN 20. 12. 07); **Wohnbaulandesrat; Wohnbaustadtrat**

**Wohnbeihilfe,** die: staatlicher Zuschuss zur Miete von geförderten Wohnungen, (in D) Wohngeld: *»Es braucht aber eine effiziente Regelung, die sicherstellt, dass die Wohnbeihilfe auch wirklich zur Deckung der Miete verwendet wird.«* (VN 23. 11. 07)

**Wohnnutzfläche,** die: zum Wohnen nutzbare Fläche eines Hauses: *Die Energieersparnis auf den insgesamt 684.914 sanierten Quadratmetern Wohnnutzfläche beträgt etwa ein Drittel.* (OÖN 10. 1. 08)

**Wohnsalon,** der: großer, als Wohnzimmer geeigneter Wohn- und Empfangsraum: *Zu den Räumlichkeiten gehören hier unter anderen ein formeller Wohnsalon, ein Familienzimmer, ein Wintergarten sowie eine aufwendig vertäfelte Bar im Tiefparterre.* (PR 7. 10. 16)

**Wohnungswerber** ↑-werber

**Wohnwand,** die (auch schweiz.): Schrankwand, Wandverbau: *Wenn ich 50 Euro für eine komplette Wohnwand zahle, die neu das Fünffache kostet, freue ich mich.* (KZ 21. 2. 16)

**Wollflankerl,** das (ugs.): Wollflocke: *Fusseln sind kleine Wollflankerl, die sich, wenn man die Socken auszieht, zwischen den Zehen ansammeln.* (KU 8. 2. 03). ↑Flankerl

**Wollhaube,** die (auch bayr.): Wollmütze: *Der Mann, der mit ... einer schwarzen Wollhaube vermummt war, konnte mit der Beute flüchten.* (OÖN 13. 9. 12). ↑Haube

**Wonne:** ***Wonne und Grießschmarren:** ↑Grießschmarren

**Wort:** ***am Wort sein:** 1. (in der Diskussion) das Wort haben: *Einmal am Wort, hört er nicht mehr auf zu erzählen.* (KU 3. 1. 08). 2. an der Reihe sein; gefragt sein: *Am 1. Oktober ist der Wähler am Wort.* (KU 10. 9. 06); ***[jmdm.] im Wort bleiben:** eine Vereinbarung, Zusage einhalten: *Den kann man nur gewährleisten, wenn beide Parteien einander im Wort bleiben.* (NÖN 27. 9. 12). ↑**am**

**wortident:** wörtlich wiedergegeben, übereinstimmend: *Der von ihm zu diesem Zweck zitierte Absatz 7 in Art. 27 EU-Reformvertrag, stand zuvor wortident in Art. 41 Verfassungsvertrag.* (ST 7. 12. 07)

**Wortspende,** die: Wortmeldung, öffentliche Äußerung: *Bisher gibt es dazu nur Wortspenden des Parteiobmanns, an konkreten Taten ihrer Regierungsmitglieder ist sie – noch – nicht zu erkennen.* (ST 15. 12. 16). ↑**Ballspende, Damenspende**

**WU,** die: buchstabierte Abk. für Wirtschaftsuniversität [in Wien]: *Sie schloss 2010 ihr Studium der Internationalen BWL an der WU Wien ab.* (ST 1. 1. 17) ◆ **WU-Abschluss, WU-Absolvent/-in; WU-Campus; WU-Professor/-in**

**Wuchtel,** die; -, -n: 1. /meist Plural/ (auch bayr.): (Nebenform zu) ↑Buchtel: *Wuchteln* *mit Vanillesauce, Wuchteln mit Schokosauce, Wuchteln mit Schoko-Vanillesauce ...* (PR 16. 7. 05). 2. (ugs., salopp) Ball: *Universeller kann man das Spiel mit der Wuchtel, das Millionen elektrisiert, kaum mehr verpacken.* (KU 11. 12. 01). 3. Gag, Witz, Pointe: *Die vier Proponenten schieben sich dabei Wuchteln und Gags zu.* (PR 22. 1. 16); ***eine Wuchtel drucken** (einen Scherz machen, eine Lüge verbreiten): *Er ist ein toller Menschen-Darsteller, kein Wuchteldrucker oder Pointenschleuderer.* (KU 17. 2. 12)

**Wuckerl,** das; -s, -n (ugs., auch bayr.): 1. Flocke, Fussel: *Niemals Weichspüler verwenden, der kann die Wollfasern schädigen. ... Ansonsten würde das Material dazu neigen, »Wuckerl« zu bilden oder unschön zu verfilzen.* (OÖN 12. 12. 09). 2. Locke, Lockenhaar: *Warum Skifahrer Rainer Schönfelder mit Wuckerl-Matte durchs Leben geht, weiß niemand.* (KU 30. 11. 05)

**Wunderwuzzi,** der; -s, -s (ugs.): Alleskönner; Person, von der man alle Problemlösungen erwartet: *»Ich bin ja kein Wunderwuzzi.«* (SN 24. 4. 01); *Es erschien 1986 ... und legte die Grundlage für Donald Trumps Berühmtheit und sein Image als unternehmerischer Wunderwuzzi.* (PR 3. 8. 16). – Seltener in der Schreibung *Wunderwuzi*

**Wünschelrutengeher Wünschelrutengeherin,** der bzw. die: Wünschelrutengänger/-in: *Wünschelrutengeher pendeln eigens den geeignetsten Platz für die fleißigen Insekten aus.* (KU 26. 4. 08). ↑-GEHER

**Wunschkennzeichen,** das: Kfz-Kennzeichen nach eigenem Textwunsch (gegen Aufpreis erhältlich): *In der Steiermark hat ein Autofahrer Anzeige erstattet, weil ein anderer auf dem Wunschkennzeichen die Buchstabenfolge LMAA hat.* (PR 22. 3. 14)

**Würfelsuppe,** die: klare Suppe auf Suppenwürfelbasis: *ca. 500 ml Rindsuppe (der Einfachheit halber verwenden wir Würfelsuppe).* (ST 15. 10. 08). ↑SUPPE

**wurln,** sw. V. / hat (ugs., auch bayr.): 1. wimmeln: *Eine Stadt hat ja einiges mit einem Bienenstock gemein. Es wurlt und dröhnt.* (OÖN 3. 10. 15). 2. kribbeln: *Man spürt ein Wurln im ganzen Körper, ein Zeichen dafür, dass die Zellen gut durchblutet sind.* (OÖN 24. 12. 05). ↑**Gewurl, herumwurln**

**Wurst:** ***saure Wurst:** mit Essig und Öl angemachte Wurstscheiben: *Eine weitere Möglichkeit ist, den Käse mit Essig, Öl, Zwiebel und Salz anzurichten – vergleichbar mit der sauren Wurst, nur eben mit Käse.* (PR 25. 8. 16)

**Wurstel,** der; -s, -: 1. (auch bayr.) Hanswurst, Kasperl (als Figur des Puppenspiels oder Volkstheaters): *Ob Punch, Pulcinella oder Wurstel – überall auf der Welt gibt es so einen kleinen Helden, der es mit den großen Krokodilen und Teufeln aufnimmt.* (SN 18. 6. 05); *Das Krokodil mag nach dem Wurstel schnappen, so oft es will, der Polizist mag ihm mit seinem Knüppel nachrennen, der Wurstel überlebts* (KTZ 1. 8. 04); ***Den Wurstel kann keiner erschlagen!** (Redensart): Der Narr als Oppositioneller wird immer lebendig bleiben und ist unangreifbar: *Puppen waren historisch gesehen nicht nur besonders beliebt, um die Zensur zu umgehen (»Den Wurstel kann keiner erschlagen«), hinter ihnen, in ihnen konnte man sich auch verbergen.* (PR 2. 6. 13); *Als Wurstel, den man nicht »derschlagen« kann, hält er mahnend der klatschsüchtigen, morallosen Gesellschaft den Spiegel vor.* (KR 14. 10. 16). 2. (auch in phonetischer Schreibung *Wurschtel*) nicht ernst genommene, lächerliche Person: *Der Bundespräsident ist nicht der oberste Wurstel.* (Falter 20. 4. 16); ***[nicht] den Wurstel machen:** ›[nichts] Unangenehmes übernehmen, das andere ausführen können‹: *Es soll sie ja noch immer geben, Frauen, die mit dem Ehering ihre Selbständigkeit am Traualtar abgeben, ihrem Mann zuliebe aufhören zu arbeiten ... und für die Kinder den Wurstel machen.* (KR 31. 8. 07). – Das Verb *wursteln* ist gemeind.

**Würstel,** das; -s, - (auch bayr.): (in D) Würstchen: *Ein alter Witwer, er sitzt in einer Stube mit Plastik-Tapeten, beugt sich über einen Teller Suppe mit Nudeln, drin ein Würstel.* (PR 15. 4. 04); ***Frankfurter Würstel:** (in D meist) Wiener Würstchen: *Wenn Vegetarier keine Tiere essen, warum pressen sie dann Soja und andere pflanzliche Produkte in Formen wie Schnitzel, Döner oder Frankfurter Würstel?* (PR 31. 12. 12); ↑Frankfurter; ↑Sacherwürstel; ***Würstel mit Saft:** Frankfurter Würstel in Gulaschsaft; ***Würstel im Schlafrock:** in Brotteighülle eingebackenes Frankfurter Würstel, ähnlich ›Hot Dog‹: *Vor allem die Würstel im Schlafrock hatten es dem Wiener Künstler ... angetan.* (OÖN 28. 4. 10); ***Da gibt's keine Würstel!** (ugs.): Da werden keine Ausnahmen gemacht, gibt es keine Rücksichten: *Der Rest ist weitgehend dem Kunsthandwerk gewidmet. »Da gibt es keine*

*Würstel – in jeder Hinsicht«, versichert Holzer. Denn »es soll adventlich bleiben.«* (ST 10. 12. 05); ***armes Würstel:** der Leidtragende, der draufzahlt, (in D) armes Würstchen: *Sie sind ein armes Würstel. Ich will Ihnen die Zukunft nicht verbauen.* (KR 19. 10. 12)

**Würstelfrau,** die: Betreiberin eines Würstelstandes: *Selbst die Würstelfrau am Markt kennt mich noch.* (SN 1. 2. 16)

**Würstelmann,** der: Betreiber eines Würstelstandes: *Nikolaus Paryla* (spielt) *den einzigen Filmprofi im Ort – schließlich hat der seinerzeit in den Bavaria-Filmstudios als Würstelmann gewirkt.* (KZ 2. 3. 13)

**Wurstelprater,** der; -s: ↑Vergnügungspark des Wiener Praters: *Man kann hier aber auch im fast verwaisten Wurstelprater in die Geisterbahn steigen.* (PR 10. 12. 16). ↑**Prater**

**Würstelstand,** der (auch bayr.): (in D) Würstchenbude: *Kern hatte das Thema im Spätsommer angezogen und gemeint, »jeder Würstelstand« zahle in Österreich mehr Steuern als internationale Konzerne wie Amazon.* (ST 26. 1. 17)

**Würstelsuppe,** die: Nudelsuppe mit [in Stücke geschnittenen] Würsteln. ↑SUPPE

**Wurstfleckerln,** die /Plural/: Speise aus rechteckigen Nudelflecken und Wurststückchen: *Ihr Lieblingsessen? Hausmannskost, zum Beispiel Wurstfleckerl.* (OÖN 31. 1. 05). ↑FLECKERL

**Wurstfülle,** die (regional auch in D): aus Wurst bestehende ↑Fülle: *W. hatte sich als Hauptgang die von Sauerkraut umrahmte Knödelmischung – Grammel-, Selchfleisch- und Wurstfülle – entschieden.* (WZ 1. 8. 03). ↑FÜLLE

**Wurstknödel,** der: Knödel mit Wurststückchen. ↑KNÖDEL

**Wurstradl,** das (ugs.): Wurstscheibe: *Ihr Kind muss sich zur Bestätigung übergeben, es hat bereits ein Wurstradl verdrückt.* (SN 7. 9. 12). ↑RADL

**Wurzelfleisch,** das: gekochtes Schweinefleisch (Bauchfleisch) mit Wurzelgemüse: *Es gab etwa Wurzelfleisch vom Bluntaulachs, Blunzn, Milchkalbsbrust und Schwarzbeernocken.* (SN 17. 2. 16); ***steirisches Wurzelfleisch:** in einer Schüssel mit Suppe aufgetragenes Wurzelfleisch. Vgl. Krenfleisch

**Wurzelgemüse,** das; -s: österr. auch svw. ↑Wurzelwerk, Suppengemüse, (in D allgemein) Gemüse, bei dem die Wurzeln oder Knollen verwendet werden: *... Fleisch, das Wurzelgemüse mit Kräutern, Gewürzen und dem kalten Wasser in einem Topf aufstellen und zum Kochen bringen.* (ST 25. 3. 16)

**Wurzelkarpfen,** der: mit Wurzelgemüse zubereiteter Karpfen: *Ob Gabelbissen von der Kalbszunge, eingelegte Rote Rüben mit Schafkäse, Wurzelkarpfen oder Kalbsniere – es schmeckt fantastisch* (ST 21. 5. 06)

**Wurzeln,** die /Plural/ (Küche): (kurz für) Wurzelwerk, Wurzelgemüse

**Wurzelsepp,** der; -[en], -en (auch bayr.): 1. ungepflegter, ungehobelter Naturbursch: *Wenn ich sage »Zurück zu den Wurzeln«, dann heißt das noch lange nicht, dass ich ein Wurzelsepp bin.* (OÖN 21. 6. 03). 2. geschnitzte Figur aus Wurzeln: *Die Paulhütte auf der Aigenalm zeigt sich bodenständig mit Hirschgeweih und Wurzelsepp.* (ST 31. 1. 10)

**Wurzelwerk,** das: [im Handel fertig zusammengestellte Portion] Suppengrün, Wurzelgemüse: *Das Fleisch in Fett anrösten, salzen. Das Wurzelwerk hinzugeben, ca. 10 Minuten schön langsam rösten und mit Rotwein ablöschen.* (PR 5. 4. 04). – In D nur: ›Gesamtheit der Wurzeln einer Pflanze‹

**wurzen,** sw. V. / hat (ugs., auch bayr.): ausbeuten; übervorteilen: *Aber unbestritten hat es etwas Reizvolles an sich, wenn einmal Top-Verdiener zur Ader gelassen werden sollen, anstatt schon wieder Kleine unter einem neuen Titel zu wurzen.* (VN 11. 8. 00) ◆ **Wurzerei**

**wusch!** (auch bayr.): 1. Ausruf des Erstaunens: *Wusch, da hat es gekracht!; Na wusch, jetzt haben wir aber gefastet!* (OÖN 11. 3. 09). 2. /Ausruf, der die Schnelligkeit, das rasche Vergehen, das Vorbeihuschen ausdrückt/: *wusch – war er vorbei!*

**Wuzel,** der; -s, - (ugs., auch bayr.): Wulst, etwas eng Zusammengerolltes: *ein Wuzel Heu; ein Wuzel Haare, Schmutz verstopft die Leitung;* (Der Balkonbambus) *bildet einen dicken grünen Wuzel, der bis zu einem Meter überhängt.* (SN 8. 5. 04); (übertragen) *Einmal haben wir beim Bruderloch einen ausgesetzten Hund gefunden. So ein schwarzer Wuzel.* (SN 18. 6. 04). ↑**Wuzerl**

**wuzeln,** sw. V. / hat (ugs.): 1. (auch bayr.) drehen, wickeln, rollen: *Sie wuzeln Zigaretten* (ST 16. 12. 16); *Wer schneller einkauft, kann ja nachher noch Vanillekipferln wuzeln.* (ST 15. 12. 16). 2. /sich/ wälzen: *Er wuzelte sich im Schnee.* 3. /sich/ drängen, zwängen: *Bis zu 170.000 Fahrzeuge wuzeln sich täglich pro Fahrtrichtung über den Asphalt.* (ST 25. 6. 03). 4. Tischfußball spielen mit durch rotierende Stangen bewegbaren Figuren: *Der Ball ist auch beim Wuzeln rund und muss ins Eckige.* (SN 21. 11. 05). Vgl. Fitschigogerln. ↑**derwuzeln, durchwuzeln, verwuzeln, zerwuzeln**

**Wuzeltisch,** der: Spielgerät für Tischfußball: *In der Freizeit sind die Spieler gerne beim Billard oder am Wuzeltisch am Ball.* (OÖN 19. 7. 07). Vgl. Tischfußballtisch

**Wuzerl,** das; -s, -n (ugs.): **1.** wohlgenährtes, rundliches Kind, (in D) Wonneproppen: *Seite wechseln und mit dem Wind rauchen, damit das Wuzerl im Wagerl nichts abbekommt.* (ST 2. 5. 12). **2.** Fussel. ↑**Radierwuzerl, Wuzel**

**wuziklein** (ugs., Kinderspr.): winzig klein: *Damit es wirklich hält, wurde es mit einem wuzikleinen Gummiringerl fixiert.* (ÖST 14. 6. 14)

**Wuzler,** der (ugs.): **1.** ↑Wuzeltisch: *Fast kein Szene-Lokal, in dem kein Wuzler steht.* (KU 3. 8. 08). **2.** (Handball) Wurf mit Drall: *»Wuzler«, Heber oder in das lange Eck – der 27-jährige Magister hat fast immer die richtige Wurfvariante parat.* (OÖN 5. 3. 03)

**Wuzler Wuzlerin,** der bzw. die: Tischfußballspieler: *Für Action, Spaß und Spannung wird ein Riesen-Wuzlerturnier sorgen.* (OÖN 22. 8. 07)

## X*x* Y*y*

**X** (auch schweiz.): (beim Toto Zeichen für) unentschieden, (in D) 0

**Xenie,** die; -, -n ⟨griech.⟩: Sinngedicht: österr. nur so übliche Form, (in D auch) das Xenion

**Ypsilon:** wird österr. beim Buchstabieren auch (als mathematische Unbekannte meist) auf der zweiten Silbe betont, in D nur auf der ersten; Aussprache [ˈʏpsilɔn] oder [ˈipsilɔn]

## Z*z*

**zach** (mundartnah): **1.** zäh: *Konsequent und diszipliniert muss man schon sein, ich bin ein zacher Bursch und kann mich auf das Wesentliche konzentrieren.* (OÖN 2. 1. 14). **2.** langwierig, mühsam: *Es wird zach werden. So viel steht fest. Rund 40 Grad im Schatten hat es dieser Tage in Doha.* (ST 14. 10. 16)

**Zacken,** der; -s, -: österr. (und südd.) Form, (in D meist) die Zacke: *»Mir fällt kein Zacken aus der Krone, wenn ich jetzt einen Weg gehe, den ich vor einem Jahr noch nicht gegangen wäre.* (OÖN 16. 9. 16)

**Zählkarte,** die: aus organisatorischen Gründen verlangte Eintrittskarte bei frei zugänglichen Veranstaltungen: *Das Programm ist kostenlos, für einen Teil der Veranstaltungen sind Zählkarten notwendig.* (PR 22. 7. 16)

**Zahlkellner Zahlkellnerin,** der bzw. die: zum Inkasso berechtigte/-r Kellner/-in: *Wo es keine Aufzeichnung über die Aufteilung von Trinkgeldern durch den Zahlkellner gibt, soll zur Gänze beim Zahlkellner lohnversteuert werden.* (SN 26. 11. 04)

**Zahlschein,** der: Einzahlungsformular für Einzahlungen bei der Post oder bargeldlos in der Bank: *Sondergebühren, die Versicherungen für das Bezahlen mit Zahlschein oder Onlinebanking verlangen, sind demnach nicht erlaubt.* (WZ 22. 8. 14)

**Zahlscheingebühr,** die: Gebühr bei Bankeinzahlung mit Zahlschein: *Die Einhebung einer Zahlscheingebühr ist zulässig, wenn kein Abbuchungsauftrag erteilt wird.* (Konsument 3/2005)

**Zahlscheininskription,** die: Meldung der Fortsetzung des Studiums (Inskription) durch Einzahlung des Studienbeitrags: *Höhersemestrige Studierende erhalten seit Juni Zahlscheine ... per Post, um sich mittels »Zahlscheininskription« für das nächste Semester weiterzumelden.* (SN 16. 10. 01)

**Zahlungsbefehl,** der (Behördenspr., auch schweiz., in D veraltet): amtliche Aufforderung zur Zahlung ausstehender Beträge: *Der 23-Jährigen drohen weitere Verhandlungen und Strafen, insgesamt geht es um 16 ignorierte Zahlungsbefehle.* (SN 9. 11. 16)

**Zahnderl,** das (ugs., scherzhaft) Zahn: *Ja, da dürfen S' nicht lachen, keine Zahnderl darf ma da sehen, der Mund muss geschlossen sein.* (ST 2. 5. 06)

**Zahnfleisch:** ***am Zahnfleisch gehen/kriechen/daherkommen usw.** (ugs., auch bayr.): keine Kraft mehr haben, (in D) auf dem Zahnfleisch gehen/kriechen: *Aber anderseits sind wir auch schon am Zahnfleisch gegangen, wir brauchen Zeit zur Regeneration.* (ST 12. 12. 15). ↑**am**

**Zapfen,** der; -s: mageres Rindfleisch von der Mitte des Hinterschenkels, Nuss, (in D) Kugel: *Das Meissl & Schaden servierte 24 verschiedene Arten vom gekochten Rindfleisch: etwa Tafelspitz, Tafeldeckel, Rieddeckel, Beinfleisch, Rippenfleisch, Kavalierspitz, mageres oder fet-*

*tes Meisel, Zapfen oder Ortschwanzl.* (PR 5. 1. 14)

**Zappin,** der; -s, -e ‹ital./friulanisch› (auch südd., schweiz.): Spitzhacke zum Ziehen von Baumstämmen, (Nebenform zu) Sapin: *Ein Sägewerkarbeiter zog gestern in Tux Holzstämme mit einem Zappin in Richtung der Säge.* (KR 17. 2. 11). – In der Form *Sapin(e)* gemeind. ↑ **Sappel**

**zaundürr** (ugs., auch bayr.): sehr dünn, mager: *Den einzigen Trend, den das frühere Model derzeit sieht, ist der, dass die Models immer noch zaundürr sind.* (PR 22. 3. 15)

**zB:** österr. neben z. B.

**Zechbursch,** der: Mitglied einer ↑ Zeche: *Am Sonntag, den 27. September, laden die Zechburschen, die Brauchtumsgruppe… und die Weissenseer Imker zum autofreien Fest an den Weißensee.* (KZ 25. 9. 15). ↑ **Bursch, Schankbursch**

**Zeche,** die (Volkskunde, bes. OÖ, Sbg., Stmk. Ktn): bäuerliche Burschenvereinigung (urspr. svw. Zunft, Innung): *Die Hofmarkler Zeche präsentierte bei tropischen Temperaturen im Festzelt den »Innviertler Landler«.* (OÖN 1. 9. 16). Vgl. Pass, Rud ◆ **Zechenwesen**

**Zechkellnerin,** die: Hauptverantwortliche der weiblichen Mitglieder einer ↑ Zeche (seit die Beschränkung auf Burschen aufgehoben wurde)

**Zechmeister,** der: Anführer der ↑ Zeche, Hauptverantwortlicher eines Jahrgangs: *Die Zeche mit Zechmeister L. R. und seiner Zechkellnerin S. S. war in den Ortschaften Zlan und Dragail unterwegs und ließ die Stockenboier hochleben.* (KZ 5. 9. 16)

**Zechpropst,** der (regional, bes. OÖ, Sbg.): Mitglied der Pfarre, das während der Gottesdienste das gespendete Opfergeld einsammelt, Verwalter der Pfarrfinanzen: *Er war Vorbeter bei Totenwachen und Begräbnissen, Obmann des Pfarrkirchenrates, und Zechprobst.* (KIZ 16. 11. 04)

**Zeck,** der; -[e]s, -e[n] (ugs.): die Zecke: *Nach einem Zeckenstich sollte keinesfalls Öl, Nagellack oder Klebstoff auf den Zeck aufgetragen werden, um ihn zu entfernen. Dadurch erstickt der Zeck und kann im Todeskampf Bakterien (Borrelien) in das Blut abgeben.* (OÖN 4. 5. 16); ***Zecken impfen** ↑ impfen

**Zeger** ↑ Zöger

**Zehe,** die; -, -n: österr. nur so übliche Form, (in D auch) der Zeh: *»Ich kann nicht so schnell gehen, weil ich mir die Zehe gebrochen habe.«* (OÖN 14. 7. 16)

**Zehner,** der (auch südd., schweiz.): **1.** Ziffer, Linie Zehn, (in D) die Zehn: *es gab dafür zwei Zehner in der Jury-Wertung* (OÖN 22. 4. 06); *Er ist mit dem Zehner gefahren.* **2.** dritter Gewinnrang im Toto: *Mit dem System 823 knackte er nicht nur den Vierfachjackpot, … sondern erzielte noch zusätzliche Zwölfer, Elfer und Zehner im Ausmaß von rund 6.000 Euro.* (WZ 16. 9. 15). – Als ›Geldschein, Münze im Wert 10‹ gemeind. ↑ Achter

**Zehnerl,** das; -s, -n (ugs.): kleine Münze im Wert 10, z. B. 10-Cent-Münze: *Als Österreich richtig reich wurde, ist der Brauch entstanden, das Zehnerl (heute Centerl) im Geschäft liegen zu lassen.* (OÖN 26. 11. 11). ↑ **Zehner**

**Zehn-Tages-Vignette,** die: 10 Tage gültige Autobahnvignette. ↑ Vignette

**Zehrung,** die; -, -en (regional, bes. OÖ): ↑ Totenmahl, Leichenschmaus: *Wirtsprecher A. O. mahnte als einer der 200 Gäste, »wenn wir Wirthäuser nur noch für Hochzeiten und Zehrungen brauchen, läuft was falsch.«* (OÖN 1. 10. 07)

**Zeichenbehelf,** der: Hilfsmittel für den Zeichenunterricht. ↑ Behelf

**Zeigestab,** der: (in D) Zeigestock: *Das Handy dient dabei als eine Art Zeigestab, über die Bewegung des Benutzers wird auch das Programm gesteuert, indem das Handy die Position des Beobachters erkennt.* (SN 8. 6. 07). ↑ Stab

**Zeiselwagen,** der (veraltet): Kutsche, Gesellschaftswagen mit mehreren Sitzen: *der Zeiserlwagen führt ein paar verdiente Mütterchen aus Rudolfsheim-Fünfhaus an den winkenden Genossen vorbei.* (PR 2. 5. 06). – Auch in der Form *Zeiserlwagen.* Urspr. bedeutete *Zeiselwagen* ›Leiterwagen mit Brettern zum Sitzen‹, in dieser Bedeutung regional auch in D

**Zeit:** ***alle heiligen Zeiten [einmal]:** sehr selten: *Am Ende langes Schweigen – und eine Applausintensität, wie man sie so ehrlich nur alle heiligen Zeiten erlebt.* (SN 30. 10. 07); ***[völlig] aus der Zeit sein:** altmodisch, rückständig sein: *Ihre CD enthält zwölf Lieder, die in Stil und Form gänzlich aus der Zeit sind.* (PR 13. 12. 03); ***narrische Zeit:** Fasching

**Zeitausgleich,** der: Freizeit als Ausgleich für Überstunden statt Bezahlung, (in D) Freizeitausgleich: *Bei ihr im Büro besteht die Möglichkeit, sich Zeitausgleich zu nehmen.* (SN 25. 5. 07)

**zeitgerecht** (auch schweiz.): rechtzeitig: *Er wirft seinen Kollegen in Salzburg aber auch vor, sich nicht zeitgerecht um Alternativen bemüht zu haben.* (SN 8. 11. 07). – In D bedeutet *zeitgerecht* ›zeitgemäß‹

**zeitlich** (veraltend): zeitig, frühzeitig: *morgen ist zeitlich in der Früh ein Rundgang um den Altausseer See geplant.* (SN 6. 10. 10)

**Zeitnehmung,** die: Zeiterfassung (im Sport oder bei der Arbeitszeit): *Doch schon bei der zweiten Zeitnehmung war Svindal vorne und wurde nach unten hin immer schneller.* (PR 18. 12. 15); *Mittels Zeitnehmung wird die Durchschnittsgeschwindigkeit berechnet. Die Section Control kann zwischen einspurigen Fahrzeugen, Pkw, Lkw und Bussen unterscheiden.* (PR 14. 9. 13)

**Zeitungsverschleiß,** der (Behördenspr.): Zeitungsverkauf. ↑Verschleiß ◆ **Zeitungsverschleißer/-in**

**Zeller,** der; -s: (ugs.) ↑Sellerie ◆ **Zellersalat:** *Dazu gehört etwa, dass sämtliches Sauergemüse, von Essig- und Salzgurken über rote Rüben und eingelegten Bierradi bis zum Zellersalat, selbst fabriziert werden.* (ST 6. 8. 11)

**Zeltblatt,** das: zum Zeltbau geeigneter Stoff; Zeltplane: *gealterte, ausgemergelte Männer, schwer beladen und gebückt, ein Zeltblatt über den Kopf gezogen als dürftigen Schutz gegen Sturm und Regen.* (PR/Spectrum 29. 10. 07)

**zelteln,** sw. V. / hat (ugs., auch bayr.): zelten, im Zelt übernachten: *Beim heurigen Lager am Fuß des Hohen Nocks in Molln ... zelteln nicht nur »Piraten«, sondern auch drei angehende Diätassistentinnen.* (OÖN 10. 3. 06)

**Zelten,** der; -s, -: **1.** (veraltend auch südd.) kleiner flacher Kuchen unterschiedlicher Art; Laibchen aus Germteig: *Bodenständig Kulinarisches gibt es natürlich auch: Zelten, Leberknödel und Pofesen werden zubereitet.* (OÖN 25. 8. 15). **2.** (westösterr., südd.; kurz für) ↑Zeltenbrot: *Ein wahres Familienfest war dagegen mit dem Anschneiden des Zeltens, meist am Stephanitag (26. Dezember) oder am Dreikönigstag (6. Jänner) verbunden.* (TT 16. 12. 07). ↑**Birnenzelten, Lebzelten, Zeltl**

**Zeltenbrot,** das (Tirol): Früchtebrot, ↑Kletzenbrot: *Weihnachtliche Waldwanderung mit Punsch und Zeltenbrot.* (Parkhotel Matrei, Weihnachten/Silvester 2007/08, Int). ↑Brot

**Zeltl,** das; -s, -n (veraltend, auch bayr.): Keks, Plätzchen: *Dieser Aufstrich auf ein Bauernbrot oder ein Zeltl ist eine beliebte Jause in unserer Region.* (OÖN 1. 9. 16). ↑Zelten

**Zeltler,** der (veraltet): Lebkuchenbäcker. – Die Bedeutung ›Zelter; wer im Zelt übernachtet‹ ist gemeind. ↑Zelten

**zensurieren,** sw. V. / hat ‹lat.› (auch schweiz.): prüfen, beurteilen, Zensur ausüben; (in D) zensieren: *Die Serien großer amerikanischer Senderketten wurden scharf zensuriert.* (SN 30. 6. 07). – Das Wort wird österr. nicht in der Schule i. S. v. ›benoten‹ verwendet. ↑**unzensuriert**

**Zentigrad,** der ‹lat.›: wird österr. (und schweiz.) auf der ersten Silbe betont, in D auch auf der dritten. Ebenso: *Zentigramm, Zentiliter,* (seltener auch:) *Zentimeter*

**Zentner,** der ‹lat.›: bezeichnet österr. (und schweiz.) 100 kg, in D 100 Pfund (= 50 kg); Zeichen: q. – Zur Unterscheidung vom alten Wiener Zentner (wie in D 50 kg) wurde auch *Meterzentner* gebraucht. Heute ist *Zentner* keine gesetzliche Gewichtseinheit mehr

**Zentralausschuss,** der (Verw.): zentrales Gremium von Standesvertretungen auf Landes- oder Bundesebene, den ↑Dienststellenausschüssen übergeordnet: *Sechs von zehn Personalvertretern stimmten im Zentralausschuss gegen das vergangene Woche vom Management vorgelegte Verhandlungsergebnis.* (SN 27. 8. 07)

**Zentralbetriebsrat,** der: Betriebsrat, in dem Betriebsräte aus den einzelnen Betrieben des Unternehmens vertreten sind und der für Angelegenheiten des Gesamtunternehmens zuständig ist, (in D) Gesamtbetriebsrat: *Sowohl das Unternehmen selbst als auch der Zentralbetriebsrat (ZBR) wiesen das Papier brüsk zurück.* (SN 28. 3. 17)

**Zentralmatura,** die: von der Schulbehörde zentral vorgeschriebene Aufgabenstellung für die Matura, (in D) Zentralabitur: *Durch die Zentralmatura, die heuer erstmals über alle Schultypen hinweg vorgenommen wurde, könne man nun bis auf die Ebene der Klassen analysieren, präzisieren und mit den Lehrern arbeiten.* (PR 6. 7. 16). ↑**Matura**

**Zentralsekretär Zentralsekretärin,** der bzw. die (auch schweiz.): übergeordnete/-r Sekretär/-in einer gegliederten Organisation: *In der damaligen Tourismusgewerkschaft ... schwang sich K. recht jung zum Zentralsekretär auf und war führend in die Kollektivvertragsverhandlungen eingebunden.* (SN 10. 9. 12)

**zerdepschen,** sw. V. / hat (ugs.): zerdrücken, verbeulen: *Mit dem Ergebnis, dass mittlerweile alle Autos gleich aussehen, nämlich wie arg zer-*

*depschte Ostereier.* (PR 3. 4. 16). ↑**Depscher, eindepschen**

**Zeremonie,** die ‹lat.›: wird österr. (und bayr.) auf der dritten Silbe betont und [...ˈmoːni-ɛ] ausgesprochen, in D meist [...ˈniː] mit Endbetonung

**zerfitzeln** (ugs.): zerkleinern, in kleine Stückchen zerschneiden: *Dafür war ich zu beschäftigt, dem etwas Ungeduldigen, aber äußerst Wunderbaren die mitgelieferten Home Fries in wohltemperierte Fitzerln zu zerfitzeln.* (ST 9. 2. 16). ↑**fitzeln, herumfitzeln**

**Zerhacker,** der (ugs., salopp): Schnaps zur Verdauung: *Als Zerhacker zum Abschluss schenkt der Hausherr noch ein Gläschen Rakija ein, den bulgarischen Schnaps, selbst gemacht, versteht sich.* (PR 19. 5. 07)

**zerkriegen,** sich (ugs., auch bayr.): sich zerstreiten: *Die Auftraggeberin zerkriegte sich mit dem Architekten.* (ST 25. 4. 05)

**zerkugeln,** sich (ugs.): heftig lachen, sich biegen vor Lachen: *Vierjährige zerkugeln sich schier vor Begeisterung über seine Texte* (ST 15. 1. 13)

**zermanschen** (ugs.): zerdrücken, zu Brei zerkleinern: *Zermanschte und verfärbte Erdbeeren zieren das Cover des letzten Animal-Collective-Albums »Strawberry Jam«.* (PR 17. 10. 08)

**zernepft** (ostösterr. ugs.): zerzaust: *Im Vorjahr hat der 46-jährige Blondschopf mit der zernepften Polsterfrisur ¡Let Freedom Ring! veröffentlicht.* (ST 27. 4. 10)

**zerpecken,** sich (ugs.): übermäßig lachen: *Da zerpeckt man sich, wenn man die Preußen in ihren Lederhosen und Dirndlkleidern sieht.* (OÖN 25. 5. 02). ↑**aufpecken, pecken**

**zerspragelп,** sich; sw. V. / hat (ostösterr. ugs., salopp): **1.** sich aufsplittern: *Außerdem wird Droschl eine »Art Club« eröffnen, wo sich »die etwas zerspragelte Kunstszene« wieder näherkommen könne.* (KZ 10. 7. 12); *Er wartet auf seine Reisegruppe, die sich über den gesamten Schlossplatz zerspragelt hat.* (PR 10. 12. 11). **2.** sich um etwas sehr bemühen, keine Mühe scheuen, sich besonders einsetzen für etwas: *Wie alle Mütter werden Sie sich zerspragelп und sich bemühen, in beiden Bereichen ihr Bestes zu geben.* (OÖN 31. 3. 12)

**zerteufeln** (ugs.): zerstören, ruinieren: *Er erzählt, dass seine Kinder einmal "im Kinderzimmer Papierwindeln zerteufelt haben".* (PR 15. 1. 98). ↑**herumteufeln, umteufeln**

**zerwuzeln** (ugs.): **1.** durcheinanderbringen, zerknittern, zerknüllen: *Oder soll ich das Foto aus dem Glasschutz herausziehen, in unzählige Einzelteile zerwuzeln und die zerwuzelten Streusel beim Begräbnis auf den Sarg meiner Mutter versenken?* (ST 15. 10. 10). **2.** einzwängen, wälzen, fast zerdrücken: *In den Einkaufsstraßen herumrennen, dass sie sich gegenseitig fast zerwuzeln, das können sie.* (OÖN 18. 12. 07). **3.** /sich/: heftig lachen, sich vor Lachen biegen: *Damit sich das Ausland zerwuzelt vor Lachen?* (OÖN 16. 1. 01). ↑WUZELN

**Zeserlkraut,** das (mundartnah, bes. Sbg.): Sauerkraut; gehobelte und gesäuerte Rüben

**ZEST, ZESt:** (Abk. für) Zinsertragsteuer

**Zettelkraut,** das (ugs., bes. Sbg.): ↑Zeserlkraut

**Zetterl,** das; -s, -n (ugs.): **1.** Zettel, Notizzettel: *Gefunden haben wir das Haus über ein kleines, handgeschriebenes Zetterl, das am Zauntor hing.* (ST 22. 6. 15). **2.** Kassenbeleg: *brauchen Sie ein Zetterl?; Preise haben stabil zu sein. Ein schönes Zetterl mit einer klaren Summe und an der Kassa macht es piep-piep.* (SN 26. 5. 07)

**Zeugeneinvernahme,** die (auch schweiz.): (in D) Zeugenvernehmung: *Der letzte Verhandlungstag in diesem Jahr ist für den 20. Dezember angesetzt. Fortgesetzt wird die lange Reihe an Zeugeneinvernahmen am 9. Jänner 2006.* (SN 15. 9. 05). ↑**Einvernahme**

**Zeughaus,** das: Gebäude für Geräte und Fahrzeuge der Feuerwehr: *Eine überflutete Straße erschwerte auch den Weg der Mannschaften zum eigenen Zeughaus.* (ST 29. 5. 16)

**Zeugl,** das; -s, - bzw. -n (bes. ostösterr., auch bayr.): Pferdegespann, leichte Kutsche: *Der Wiener Fiaker W. Z. ... hat sein Zeugl weggelegt, Gläubiger können sich bis 7. Oktober melden.* (ST 9. 5. 05)

**Zeugnisverteilung,** die: Ausgabe der Zeugnisse zu Semesterende, (in D) Zeugnisvergabe: *Gleich nach der Zeugnisverteilung gibt's für tausende Schülerinnen und Schüler in Stadt und Land Salzburg nur eines: Auf ... zu Salzburgs größter Schulschluss-Party!* (SN 29. 6. 06)

**Zeugstätte,** die (regional, bes. OÖ, Sbg.): Gerätehaus der Feuerwehr: *Mit einem Tag der offenen Tür präsentierte die Feuerwehr Nußdorf ihre neue Zeugstätte und bot auch ein umfangreiches Rahmenprogramm.* (SN 15. 11. 07)

**zH:** österr. neben z. H. (zu Handen) ↑zuhanden

**ZiB:** »Zeit im Bild«, die Nachrichtensendungen des ORF

**Zibebe,** die; -, -n ‹ital.› (auch südd.): große rötliche Rosine: *Die unprätentiös versteckten poli-*

*tischen, humanen Botschaften sind darin wie Zibeben im Germteig versteckt.* (PR 22. 2. 02)

**Ziberl,** das; -s, -n (mundartnah): eine Art von ↑Ringlotten, kleine ↑Kriecherl: *Noch bis 30. Oktober ist die Ausstellung »Kriechen, Spenlinge, Zwetschen und Ziberl« in der Landesbibliothek zu sehen.* (OÖN 25. 9. 01)

**Zieche,** die; -, -n [tsiːçɛ, ugs.: ˈtsiːa̯xŋ] (ugs., auch südd.): Überzug (in D regional *Züchen*). ↑**Polsterzieche, Tuchentzieche**

**Ziegelböhm,** der; -s, -en (hist., salopp): aus Böhmen zugewanderter Arbeiter in der Monarchie, der vor allem in den Ziegeleien [auf dem Wienerberg in Wien] arbeitete: *Angefangen von den »Ziegelböhmen«, auf deren Fron in den Wienerberger Lehmgruben die Pracht der Ringstraße fußt, ...* (PR 31. 10. 07). – Auch in lautbezogener Schreibung *Ziegelbehm*

**Zieger,** der (westösterr.): ↑Topfen aus Schaf-, Ziegen- oder Kuhmilch, (in CH) Ziger: *Aufgrund des Erfolgs der beiden Käsesorten ..., die die einheimischen Zieger aus der Milch erzeugen, ist diese Kooperation zwischen Landwirtschaft und Umwelt eine Win-win-Situation.* (TT 1. 10. 10) ◆ **Ziegerkäse:** *In der Zwischenzeit Zillertaler Grau- und Ziegerkäse mit dem Reibeisen grob reiben.* (ORF/Kundendienst, 2008, Int)

**Zieh-** (regional auch in D): Pflege-: **Zieheltern:** *Weil es mit seiner hellen Haut, blassblauen Augen und blonden Haaren seinen dunkelhäutigen Zieheltern nicht ähnlich sah, hatten Medien den polizeilichen Verdacht des Kindesraubs ungeprüft übernommen.* (WZ 5. 11. 13); **Ziehkind; Ziehmutter:** *Bootsführer und Ziehmutter hatten vergeblich versucht, die Nichtschwimmerin zu retten.* (SN 8. 10. 07); **Ziehsohn:** *Er erzwang einen Therapieplatz für seinen Ziehsohn Manuel.* (SN 11. 8. 05); **Ziehtochter:** *Eine Ziehtochter der Frau verließ während des Streits das Wohnzimmer.* (SN 17. 9. 05); **Ziehvater:** *Dass er deshalb noch eineinhalb Jahre einsitzen soll, will sein Ziehvater nicht hinnehmen.* (OÖN 7. 4. 06). – Die übertragene Bedeutung ›Protegé‹ für *Ziehsohn, Ziehtochter* bzw. ›Mentor‹ für *Ziehvater, Ziehmutter* ist gemeind.

**Ziehorgel,** die (ugs., west-, südösterr., auch südwestd.): Akkordeon, Ziehharmonika: *Ich ... bekam als junger Bub vom Vater die Ziehorgel umgehängt. Dann spielte ich für die Gäste auf.* (TT 11. 5. 13)

**Zielparagraf,** der (Schule): § 2 des Schulorganisationsgesetzes von 1962, der die Aufgabe der Schule definiert: *Texte wie der Zielparagraf der österreichischen Schule führen ein stilles Dasein.* (SN 12. 9. 15)

**Zielpublikum,** das (auch schweiz.): Zielgruppe: *Doch mit dem geringen Verkaufspreis konnte er eine größere Leserschaft erreichen, die wiederum in ein Zielpublikum für Anzeigenkunden umgewandelt werden konnten.* (WZ 11. 5. 17)

**Zierpolster,** der: zur Zierde postiertes (hartes, kleines) Kissen: *Der Kopf des Kindes lag auf einem weißen, gehäkelten Zierpolster.* (PR 30. 11. 12). ↑Polster

**Zierrat,** das; -[e]s, -e: ist österr. auch Neutrum, in D nur Maskulinum

**Ziesel,** das; -s, - ⟨slaw.⟩: ein Nagetier: ist österr. meist Neutrum, in D Maskulinum (der; -s, -): *Das Kalifornische Ziesel hat viele Feinde, Raubvögel etwa und Schlangen.* (PR 13. 8. 07)

**Zigarettenpackerl,** das: Zigarettenschachtel, -packung: *Ein von einer 12-Jährigen gestohlenes Zigarettenpackerl brachte Drogenfahnder auf die Spur eines besonders aktiven Drogenringes.* (VB 21. 2. 15). ↑Packerl

**Zigarettenspitz,** der: österr. (und südd.) Form, (in D) die Zigarettenspitze: *So ein langer Zigarettenspitz sieht dekorativ aus.* (SN 28. 6. 13). Ebenso: **Zigarrenspitz.** ↑Spitz

**Zille,** die; -, -n ⟨slaw.⟩ (auch bayr.): **1.** flacher Frachtkahn für die Flussschifffahrt: *Der Rum ist dann über den Sommer auf der Zille ... Denn bei Kälte ... zieht sich der Alkohol zusammen, während es sich bei Wärme ausdehnt. Zusätzlich wird er bewegt, weil die Zille ja schaukelt.* (PR 3. 4. 16). **2.** kleiner, flacher Kahn [der mit nur einem Ruder gesteuert wird], z. B. als Rettungs-, Polizeiboot: *Einsatzkräfte der Feuerwehr in einer Zille fanden den leblosen Mann und zogen ihn heraus.* (PR 21. 7. 16). ↑**Motorzille, Rettungszille** ◆ **Salzzille**

**Ziment,** das; -[e]s, -e ⟨ital.⟩ (veraltet, auch bayr.): metallenes zylindrisches Hohlmaß [der Wirte]

**zimentieren,** sw. V. / hat ⟨ital.⟩ (veraltet, auch bayr.): **1.** (ein Hohlmaß) eichen. **2.** mit einem ↑Ziment messen

**Zimmerfrau,** die: Zimmervermieterin, Wirtin: *Da soll es doch tatsächlich Vermieter(Innen) von Studentenzimmern gegeben haben, die der Meinung waren, die Haut von Afrikanern würde auf Bettwäsche abfärben. »Die Vorurteile dieser Zimmerfrauen sind beinahe lächerlich«, hieß es.* (OÖN 27. 6. 01) – In D gleichbedeutend mit Zimmermädchen

**Zimmerin,** die; -, -nen 1. (westösterr.): Zimmermädchen. – In der Bedeutung ›Zimmereifacharbeiterin‹ gemeind.

**Zimmerstunde,** die (auch schweiz.): Ruhezeit des Personals in Hotelbetrieben: *Sie sollen Mitarbeiter eingesperrt und ihnen auch in der Zimmerstunde das Verlassen des Hotels untersagt haben.* (SN 4. 1. 03)

**Zimt,** das: ist österr. auch Neutrum, in D nur Maskulinum: *Zu Beginn den Zucker, die Eier, das Zimt und den Rum schaumig rühren.* (NÖN 28. 7. 09)

**Zinnober,** das; -s ‹persisch›: ist österr. in der Bedeutung ›rote Farbe‹ Neutrum, in der Bedeutung ›Mineral‹ (wie in D) Maskulinum: *Als haltbarer erwies sich ein anderes natürliches Rot: das Zinnober.* (PR 21. 5. 05)

**Zins,** der; -es, -e ‹lat.› (auch südd., schweiz.): Miete: *Während der 32-Jährige dem Wohnungsbesitzer die Miete schuldig blieb, kassierte er den Zins von den Untermietern.* (PR 11. 10. 16) ◆ **Zinshaus:** *Die Wiener Zinshäuser versprechen einen langfristigen Werterhalt* (PR 31. 3. 17); **Zinsvorauszahlung:** *Es wurden günstige Kredite gegen Zinsvorauszahlung versprochen* (ST 12. 4. 07); **Zinswohnung:** *»Auch wenn wir auf Erden nur eine Zinswohnung haben. Im Himmel ist für jeden von uns eine Eigentumswohnung reserviert.«* (OÖN 1. 4. 06). ↑**Altmietzins, Bestandzins, Fixzins, Friedenszins, Hauptmietzins, Mietzins, Monatszins, Untermietzins**

**Zinsendienst,** der (auch schweiz.): Verpflichtung, Zinsen zu zahlen (in D) Zinsdienst: *Hinzu kommt, dass die Belastung des hellenischen Staatshaushalts durch den Zinsendienst derzeit so niedrig ist wie zuletzt zu Beginn der 1980er-Jahre.* (profil 11. 7. 15)

**Zinsenlast,** die (auch schweiz.): finanzielle Belastung durch die Zinszahlungen: *Die Zinsenlast für die Staatsschuld stellt für die USA jedenfalls ein wachsendes Problem dar.* (profil 13. 11. 12)

**zinsenlos:** bes. österr. Form, in D zinslos: *Die Wohnbauförderung stellte ein Landesdarlehen in der Höhe von 5,7 Millionen Euro zinsenlos zur Verfügung.* (SN 24. 5. 02)

**Zinshaus** ↑Zins

**Zipf,** der; -[e]s, -e (ugs, auch bayr.): 1. Zipfel; ***fader Zipf:** fader Kerl: *Noch immer gibt es in beiden Parteien starke Gruppen, die es für ein Qualitätsmerkmal des zeitgenössischen Politikers halten, »kein fader Zipf« zu sein.* (ST 7. 6. 02). 2. (bes. westösterr.) Brotanschnitt. ↑**anzipfen, Nachzipf, Polsterzipf, Tuchentzipf**

**Zipfelhaube,** die (auch bayr.): Zipfelmütze: *Mandl hat sich sogar einen roten Mantel umgehängt und eine rote Zipfelhaube aufgesetzt.* (OÖN 14. 12. 06). ↑HAUBE

**Zipp,** der; -s, -s ‹engl.›: (kurz für) ↑Zippverschluss: *Ich habe mir das vom Stoff her etwas anders vorgestellt, eher als Webstoff mit einem Zipp, einem großen Kragen und einer Kapuze.* (ST 9. 6. 16)

**Zippverschluss,** der: Reißverschluss: *Auch heute ist ein weit – oft bis zum Nabel – geöffneter Zippverschluss der Trainingsjacke, unter dem man die nackte Haut sehen kann, ein Zeichen für Kampfbereitschaft.* (ST 11. 2. 17)

**Zirbe,** die; -, -n (westösterr.): Zirbelkiefer, (in CH) Arve: *Der Einheimische war auf eine Zirbe geklettert, um die Zapfen zu sammeln.* (TT 28. 6. 17) ◆ **Zirbenholz:** *Wenn ich mich von Naturholz umgeben wohlfühle, dann werde ich in einem Bett aus Zirbenholz sehr gut schlafen.* (SN 1. 12. 16); **Zirbenschnaps**

**Zirbenstube,** die: rustikal eingerichteter Wohnraum oder Gaststätte in diesem Stil: *Nur die Skikurskinder werden wieder auf die Hänge getrieben, während ihre Eltern irgendwo in einer Zirbenstube Chardonnay trinken.* (PR 12. 2. 16). ↑**Stube**

**Zisleithanien** ↑Cisleithanien

**Zitterer,** der; -s (mundartnah, auch südd.): 1. das Zittern; das Zittrigsein: *Einer hat mich einmal gefragt: »Wie geht's dem Papa? Hat er schon den Zitterer?«* (Falter 19. 3. 03). 2. jemand, der zittert, Angst hat: *»Das ist nicht unbedingt mein Lieblingsgegenstand, aber Zitterer bin ich trotzdem keiner.* (OÖN 22. 9. 06)

**Zivildiener,** der: Zivildienstleistender, Ersatzdienstpflichtiger: *Die meisten Zivildiener arbeiten im Rettungswesen, dann folgen Behinderten- und Sozialhilfe.* (PR 13. 4. 17). ↑-DIENER

**Ziviltechniker Ziviltechnikerin,** der bzw. die: zur Erstellung technischer Gutachten und Projekte befugte/-r Techniker/-in (Berufsbez.): *Auf welche Witterungsphänomene Bausachverständige, Baumeister, Ziviltechniker oder Unternehmen vor allem reagieren werden müssen ...* (PR 14. 9. 07) ◆ **Ziviltechnikerbüro**

**Zivilteilung,** die (Rechtsspr.): Teilung von gemeinsamem Eigentum, indem es verkauft und der Erlös geteilt wird (Ggs. ↑Realteilung): *Bei dieser Versteigerung handelt es sich um die Versteigerung einer gemeinschaftlichen*

*Liegenschaft aufgrund einer Ziviltteilung.* (WZ 2. 2. 07)

**zizerlweis** (ugs., auch bayr.): nach und nach, kleinweise: *Prölls Mitarbeiter können Informationen nur zizerlweise hinausgeben.* (KZ 7. 4. 11). ↑ **-weis**

**Zniachterl** (mundartnah): dürrer, schmächtiger, unscheinbarer Mensch: *Eine Entwicklungsstörung hemmte sein Wachstum ... Hermann Maier war ... ein Zniachterl. Freilich eines, das sich mit seinem Zniachterltum nicht abfinden wollte.* (ST 10. 2. 05); *eine schwarz- und chromglänzende Maschine ... mit fast 350 Kilogramm Eigengewicht – nicht gerade ein Zniachterl.* (ST 4. 11. 13)

**Znüne,** der und das; -s, - ‹eig. ›zu neun [Uhr]‹› (Vbg., in der Form *Znüni* auch schweiz.): Vormittagsjause: *»Theresia hatte neben ihrer Großfamilie acht weitere Kostgänger am Tisch, und dies zum Znüne, mittags und abends.«* (VN 5. 5. 07)

**Zockel,** der; -s, - (bes. südostösterr. ugs.): Holzpantoffel: *Anton Suntinger fuhr bis jetzt 2500 Mal mit dem Rad von Ferlach nach Windisch Bleiberg – in Zockeln und noch vor dem Frühstück.* (KZ 13. 11. 15); *Josef Feunik (65) ist seit 35 Jahren als Fierant mit seinen Holzzockeln am Bleiburger Wiesenmarkt vertreten.* (KZ 28. 8. 08)

**Zöger,** der (ugs., auch bayr.): Tragkorb, -tasche aus Draht oder Geflecht. – Auch in der Schreibung *Zeger*

**Zollagenden,** die; - /Plural/ ‹lat.›: Aufgabenbereich des Zolls: *Zollagenden wandern in die Finanzsektion.* (WZ 1. 10. 01). ↑ **Agenden**

**Zolleinhebung,** die: das Eintreiben des Zolls: *Die serbische Volksgruppe im Nord-Kosovo lehnt jegliche Zolleinhebung zugunsten der kosovarischen Behörden ab.* (APA 13. 7. 09). ↑ EINHEBUNG

**Zollfreizone,** die (selten auch in D): 1. zollfreies Gebiet, z. B. Samnaun. 2. zollfreier Bereich, z. B. in einem Hafen

**-zöllig:** österr. (und bayr.) Form, (in D auch) -zollig; z. B. **dreizöllig, vierzöllig**

**Zollstab,** der: Zollstock, Meterstab: *Wenn ein Stanley-Messer und ein Zollstab reichen, um sich in Österreich Unternehmer nennen und Angebote abgeben zu dürfen, na dann gute Nacht, Österreich.* (PR 14. 7. 16). ↑ STAB

**Zollstellung,** die (Behördenspr.): Deklaration von zu verzollenden Waren

**Zoom,** das/der: wird österr. auch [tsu:m] ausgesprochen, in D nur [zu:m]

**Zopf,** der (auch schweiz.): Hefegebäck in Zopfform: *Im Rahmen eines Projektes an der Berufsschule in Eisenstadt wurde der Haydn-Zopf aus feinem Germteig mit Ribiseln und Nüssen gebacken. Bei einer Präsentation wurde der Zopf verkostet.* (BVZ 18. 3. 09). ↑ **Germzopf**

**Zores,** die ‹jidd.› /Plural/: Ärger, Unannehmlichkeiten: wird österr. nur im Plural gebraucht, in D im Singular (der; -): *Doch nun plagen ihn Zores: Seine Salinen schreiben rote Zahlen.* (PR 16. 11. 07)

**Zornbinkel,** der (ugs.): jähzorniger Mensch: *Die heimtückische Wunderwaffe, die es schafft, den friedlichsten Bürger in einen Zornbinkel zu verwandeln!* (OÖN 28. 9. 04). – Auch in der Form *Zornbinkerl.* ↑ **Binkel**

**zt:** österr. neben z. T. (zum Teil)

**zu:** steht österr. 1. zur Angabe einer Tageszeit oder eines Termines, z. B. zu Mittag, zu Monatsende, zu Jahresanfang, zu Quartalsanfang, zu Anfang/Mitte/Ende des Jahres usw.: *Weil der Überlieferung nach die Glocken nach Rom geflogen sind, ersetzt das knatternde Geräusch der »Ratschen« aus Holz* **zu** *Mittag und* **zum** *Vesperläuten die Funktion der Glocken.* (PR 13. 4. 17); *Er verweist auf die schwachen Monate* **zu** *Jahresanfang und wartet sehnsüchtig auf den Frühling.* (OÖN 21. 2. 17). 2. zur Angabe eines Festes, z. B. zu ↑ Weihnachten, ↑ Ostern, ↑ Pfingsten, ↑ Silvester, ↑ Neujahr, ↑ Jahreswechsel, ↑ Floriani, Josefi usw. ↑ **zum**

**Zubau,** der: Anbau: *Ein Gasthaus-Zubau ist am Montagabend in ... Vollbrand gestanden.* (PR 11. 4. 17)

**Zuber,** der (auch südd., schweiz.): Bottich: *»Die Füße in einen Zuber mit kaltem Wasser stellen – wenn die Füße kühl sind, fühlt sich der ganze Körper wohler.«* (SN 4. 7. 15); *Ein Holzzuber als Badewanne.* (SN 12. 9. 12) ↑ **Badezuber, Waschzuber, Wasserzuber**

**Zubringung,** die: Transport an einen bestimmten [Sammel]platz: *Sie sprechen sich nun vehement für ein Kombi-Ticket aus, wonach ein Konzertbesucher mit seinem Ticket gleichzeitig einen Beitrag für die Zubringung in einem öffentlichen Verkehrsmittel bezahlt.* (SN 27. 11. 03). ↑ **Bringung, Holzbringung**

**Zucker:** ***gesponnener Zucker:** Zuckerwatte: *all das bauschig-schwebend wie Windbäckerei und gesponnener Zucker: ein Abheben vom Alltag mit den Mitteln der Mode.* (ST 1. 2. 02)

**Zuckerbäcker Zuckerbäckerin,** der bzw. die (auch südd., sonst veraltet): Konditor/-in:

*Für 200 Mitarbeiter in 27 Filialen soll statt des Kollektivvertrags der Zuckerbäcker jener des Gastgewerbes gelten.* (ST 27. 2. 07)

**Zuckerbäckerei,** die: **1.** Konditorei: *1948 übernahmen Knollmayr und seine Frau die Zuckerbäckerei Hummel.* (OÖN 14. 11. 06). **2.** feines Gebäck, Konditorwaren: *Dass er kochen kann, hat er auch mit den zum Kaffee gereichten dalmatinischen Zuckerbäckereien bewiesen.* (ST 20. 6. 08). ↑ BÄCKEREI

**Zuckergoscherl,** das; -s, -n (ostösterr. ugs.): Person, die gerne süß isst: *»Die Erdbeeromelette ist im Sommer auch meine erste Wahl, ich bin ein echtes Zuckergoscherl«.* (OÖN 23. 8. 04). ↑ **Froschgoscherl, Goscherl**

**Zuckerkandl,** das; -s (veraltet): *Kandiszucker*

**Zuckerl,** das; -s, -n (auch bayr.): **1.** Bonbon: *Ob Kekse, Zuckerl, Fertiggerichte, Waschmittel oder Lippenstift: Beim Einkaufen ist Palmöl immer mit dabei.* (KU 26. 7. 16) **2. a)** etwas Günstiges, seltene Gelegenheit: *Zuckerl für die Kläger: Das Gruppenverfahren kommt deutlich billiger als die Verbandsklage.* (PR 1. 8. 07); *Besonderes Zuckerl für Geringverdiener: Die Erhöhung muss zumindest 45 Euro im Monat betragen.* (PR 8. 11. 07). **b)** als zusätzlicher Anreiz Gebotenes, Lockmittel: *Als »Zuckerl« will man Neukunden eine kostenlose Handyversicherung bieten.* (KU 28. 11. 13) ◆ **Himbeerzuckerl**

**-zuckerl:** produktives Grundwort in Zus. mit der Bedeutung ›Vergünstigung, Anreiz‹: **Gehaltszuckerl:** *Bereits wieder gestrichen ist die Besteuerung von Boni – diese Gehaltszuckerln wurden nach dem ersten Schock und trotz hoher Verluste rasch wieder ausgeschüttet.* (ST 14. 12. 10); **Lohnzuckerl:** *Und auch im Finanzsektor der Stadtregierung Wien ist man von möglichen neuen Lohnzuckerln wieder abgekommen.* (ST 10./11. 8. 02); **Preiszuckerl:** *Für Mittwoch wurde der einmillionste Ryanair-Flugpassagier in Pressburg erwartet, und der Billigflieger hält ein neues Preiszuckerl parat.* (SN 15. 11. 07); **Sozialzuckerl:** *Tatsächlich hat sie im Wahlkampf alle möglichen Versprechungen gemacht – nur über die Finanzierung ihrer Sozialzuckerln für jedermann hat sie kaum ein Wort verloren.* (PR 17. 10. 07); **Steuerzuckerl:** *BASF ist einer der größten Chemiekonzerne weltweit. Und er spart sich mit der Ausnutzung von Steuerzuckerln in Europa jährlich eine dreistellige Millionensumme.* (ST 7. 11. 16); **Wahlzuckerl:** *teure Wahlzuckerln werden verteilt und gleichzeitig die Patienten von jeglicher Selbstverantwortung entwöhnt.* (PR 9. 9. 16)

**Zuckerle,** das; -s, -[n] (westösterr., auch südwestd.): ↑ Zuckerl: *Die Albträume der Eltern, die ihren Sprösslingen Zuckerle werfende Clowns versprochen hatten und zu prügelnden Kotzbrocken entsetzt Abstand halten.* (VN 30. 1. 08)

**Zuckerlfarbe,** die /meist Plural/ (abwertend): Pastellfarbe: *rosa Handys sind ein Renner, und bald kommt die PlayStation 3 in der Zuckerlfarbe auf den Markt.* (OÖN 18. 11. 06)

**zuckerlrosa** (abwertend): kitschig rosa: *Bei den kleinen Prinzessinnen sei bereits seit drei Jahren zuckerlrosa »Lillifee«-Mode angesagt.* (OÖN 23. 8. 08)

**Zuckerlsackerl,** das: (in D) Bonbontüte: *Dass Sie eine Brille brauchen, merken Sie, wenn Sie das Zuckerlsackerl in der Schublade aufreißen wollen, und dann waren es geriebene Mandeln.* (PR 15. 3. 15). ↑ SACKERL

**Zuckerlstand,** der: [Markt]stand für Süßigkeiten: *Unternehmergeist zeigte er schon als kleiner Junge, als er einen Zuckerlstand führte.* (PR 11. 2. 06)

**zufleiß, zu Fleiß** ↑ Fleiß

**Zufriedenstellend,** das: Note 4, schlechteste positive Note; ***nicht zufriedenstellend:** Note 5, negative Note

**Zugauskunft,** die: Auskunft der Bahn für Reisende, (in D) Reiseauskunft; häufiger ↑ Zugsauskunft: *Der Bahnvorstand berichtete von einem zwischenzeitlichen Ausfall der zu hoch belasteten Zugauskunft im Internet.* (ST 25. 2. 11)

**Zugeherin,** die; -, -nen (westösterr., auch südd.): Putzfrau; Haushaltshilfe: *Er kann seinen Haushalt mit Hilfe von »Essen auf Rädern« und der Mithilfe einer Zugeherin noch allein bewältigen.* (VN 16. 4. 02). Vgl. Aufräumerin, Bedienerin, Putzerin, Zugehfrau

**Zugehfrau,** die (westösterr., auch südd., schweiz.): ↑ Zugeherin: *Eine Zugehfrau, der mobile Hilfsdienst und ihre Kinder helfen ihr, den Tagesablauf zu erleichtern.* (VN 22. 3. 08)

**Zugehör,** das (auch schweiz., Rechtsspr., in D veraltet): Zubehör: *Perlen in allen Ausformungen, wirklich wertvoller Schmuck und Zugehör sind immer noch das Hauptgeschäft.* (Falter 7. 12. 05)

**Zügenglocke,** die (auch bayr.): Sterbeglocke: *Diese »Zügenglocke« wurde im 19. Jahrhundert im Kirchturm aufgezogen ... und wird noch als*

*Totenglocke geläutet.* (KZ 15. 6. 16) ◆ **Zügenglöcklein**

**Zügenläuten,** das; -s, - (regional): das Läuten der Sterbeglocke: *Deswegen habe ich vor Glocken so Angst. Und vor den kleinen Glocken vor allem. Das Zügenläuten. ... Die kleinste Glocke wird geläutet, wenn der Leichenzug sich in Bewegung setzt* (ST 8. 9. 07)

**Zugs-:** österr. Form mit Fugen-s in allen Zus. aus dem Bereich Eisenbahn, (in D) Zug-: **Zugsabteil:** *Meine jugendliche Nachbarin im Zugsabteil war in ein Buch vertieft.* (PR 8. 4. 06); **Zugsauskunft:** *Die Nummer der ÖBB-Zugsauskunft, auch Mobilitäts-Center genannt, war Freitag Abend kurz nach 18 Uhr minutenlang besetzt.* (KU 15. 11. 03); **Zugsgarnitur; Zugshaltestelle; Zugskatastrophe; Zugsunfall:** *Ohne Verletzte endete gestern abend der Zusammenstoß eines Klein-Lkw mit der Almtalbahn in Sattledt.* (OÖN 17. 8. 04); **Zugsunglück:** *Nur drei Wochen nach dem schweren Zugsunglück in Wieselburg, ist es Donnerstagabend auf der Erlauftalbahn erneut zu einem Zwischenfall gekommen.* (KU 17. 11. 16); **Zugsverbindung:** *Schon jetzt sieht man in vielen dünner besiedelten Landstrichen eine Ausdünnung der Infrastruktur von A wie Autobus bis Z wie Zugsverbindung.* (ST 30. 12. 05); **Zugsverkehr:** *Einem Normalverbraucher in Österreich ist es praktisch nicht möglich, eine Auskunft über einen Bus- oder Zugsverkehr in Österreich zu erlangen.* (SN 15. 11. 03); **Zugsverspätung:** *Entschädigungen bei Zugsverspätungen.* (OÖN 4. 3. 04). – Die ÖBB verwenden im amtlichen Sprachgebrauch die Formen ohne -s, z. B. Zugverkehr

**Zugsführer Zugsführerin,** der bzw. die: 1. Person, die einen Zug der Eisenbahn, einer Standseilbahn o. Ä. führt; Lokomotivführer/-in: *Der Zugsführer konnte eine Schnellbremsung einleiten und rechtzeitig vor dem Mann stoppen.* (PR 17. 7. 16). 2. Zugbegleiter/-in: *An einer Zugsfahrt nehmen vier ÖGEG-Mitarbeiter teil: zwei in der Lok, ein Zugsführer und ein Schaffner.* (OÖN 28. 2. 2012). 3. /ein militärischer Dienstgrad/: *Und der Oberbefehlshaber des Bundesheeres? Ist vom Dienstgrad Zugsführer, also immerhin im höchsten Chargen-Rang.* (PR 10. 10. 10)

**zuhanden** /Präposition mit Genitiv oder mit *von*/ (auch schweiz.): zu übergeben an, (in D) zu Händen: *»Zuhanden von Herrn Marius Kohl« ist das Schreiben adressiert.* (PR 6. 11. 14). – Auch in der Schreibung *zu Handen.* Abkürzung auch zH

**Zuhaus,** das (regional, auch bayr.): Nebengebäude, bei Bauernhöfen oft ↑Austraghaus: *Zum Brand in einem Zuhaus unweit des Krankenhauses wurde am Mittwoch kurz vor 23 Uhr die Freiwillige Feuerwehr Hallein gerufen.* (OÖN 10. 3. 05)

**Zuhäusl,** das (ugs., auch bayr.): kleineres Wohnhaus neben dem Bauernhof, meist als Wohnung für Altenteiler: *Abwässer aus dem Bauernhof und dem Zuhäusl versickerten auf dem Gelände.* (SN 25. 3. 03). ↑Häusl

**zuhorchen:** zuhören: *Wie sie reden (und nicht zuhorchen), hat sehr oft den Charakter eines Verhörs.* (PR 27. 3. 10)

**zukehren** (ugs., veraltend): einkehren; einen kurzen Besuch machen: *Wer hier nicht mehr zukehren möchte, kann bereits kurz davor auf dem direkten Talschluss-Höhenweg nach Lengau absteigen.* (SN 21. 6. 02)

**zuknöpfeln** (ugs.): zuknöpfen: *Durch den übertriebenen Ganslkonsum schwellen die Bäuche und Bäuchinnen derartig an, dass sich die Samt- und Pelzmanterl vor dem Zuknöpfeln vorn wie von selber teilen.* (OÖN 12. 11. 04). ↑**abknöpfeln**

**Zulassung,** die: 1. (Universität) Immatrikulation, Anmeldung an einer Hochschule: *Zulassungsvoraussetzung für das Masterstudium ist ein Bachelorabschluss in Biologie, Ökologie, Umweltwissenschaften oder Meereskunde.* (PR 3. 6. 16). 2. (salopp, kurz für) ↑Zulassungsschein: *»Führerschein und Zulassung, bitte!«, könnte es schon bald für Drohnenpiloten heißen.* (KU 13. 4. 16). – Das Verb *zulassen* ist in allen Bedeutungen gemeind.

**Zulassungsschein,** der: Ausweis, der die Betriebserlaubnis eines Fahrzeugs für den Straßenverkehr beweist, Zulassungsbescheinigung, (in D) [Kraft]fahrzeugschein, Kraftfahrzulassung: *Dem bulgarischen Fahrer wurden Kennzeichen und Zulassungsschein abgenommen.* (PR 1. 2. 17)

**zulieb:** österr. (und südd.) Form neben *zuliebe*

**zum:** 1. steht österr. (und südd.) ugs. in Verbindung mit einem substantivierten Infinitiv statt Infinitiv mit *zu*): *er bekommt etwas* **zum** *Essen* (in D *er bekommt etwas zu essen*); *während die erwachsenen Besucher ... schmökern können, haben Kinder die Gelegenheit* **zum** *Basteln.* 2. /in Verbindung mit *Abgeordnete/-r* zur Angabe der Volksvertretung/: *Ein Auszug daraus wurde kürzlich im Beisein von Paul Rü-*

*big, VP-Abgeordneter* **zum** *Europäischen Parlament, und vor einer Journalistengruppe präsentiert.* (OÖN 16. 7. 16). **3.** an /zur Angabe der Richtung/: *Eine andere Zeichnung zeigt ein Kind, das für eine Geburtstagsfeier eine Torte* **zum** *Tisch trägt.* (OÖN 18. 10. 16). ↑**zu**

**Zụmpf,** der; -en, -en (ugs., derb): Penis: *Wann ist ein Mann ein Mann? Wenn er sich durch zünftigen Griff in den Schritt ab und an versichert, dass sein Zumpf noch dran ist.* (KU 6. 6. 12)

**Zụmpferl,** das; -s, -n (ugs., derb): Penis: *Und sie lassen sich beim Pinkeln von einem Greis das Zumpferl führen.* (SN 5. 11. 08); selten auch in der Form **Zumpfi:** *Die drei erzählen auch gleich frisch von der Prostata weg, was ihnen alles zu Beschaffenheit und Funktionsweise ihrer Zumpfis einfällt.* (ST 26. 3. 10)

**Zụnder,** die /Plural/: (kurz für) ↑Zündhölzer: *Im Auto der Großmutter hatte die Kleine ein Packerl Zünder gefunden.* (OÖN 27. 6. 07)

**Zụ̈ndholz,** das (auch südd., schweiz., ): Streichholz: *Durch das Zündholz geriet der Kübel in Brand.* (SN 22. 11. 16). ◆ **Zündhölzchen:** *Der kleine Bub trägt statt Zündhölzchen ein Feuerzeug mit sich herum.* (WZ 20. 2. 16); **Zündhölzl:** *Einer der Verdächtigen stand bereits im Fokus der Ermittlungen. »Das letzte Zündhölzl hat uns aber gefehlt.«* (PR 29. 12. 11)

**Zụ̈ndholzschachtel,** die (auch südd., schweiz.): Streichholzschachtel: *Das durchsichtige Plastikteil ist kleiner als eine Zündholzschachtel.* (PR 25. 11. 16)

**Zụ̈ndler Zụ̈ndlerin,** der bzw. die (auch südd.): Person, die mit Feuer spielt; Brandstifter: *Einen erst 13 Jahre alten Zündler hat die Salzburger Polizei jetzt ausgeforscht.* (ST 11. 2. 15)

**zụpfen,** sich (ugs.): **1.** sich verdrücken, vor etwas Unangenehmem davonstehlen: *sie hat sich vom Abwaschen gezupft.* **2.** abhauen, verschwinden (meist als drohende Aufforderung): *Jetzt zupf dich, Sieg ist Sieg, das muss i auskosten.* (KU 11. 10. 10). ↑**verzupfen**

**zu̲picken:** zukleben: *Wie sich herausstellte, waren dem Tier Nase und Mund mit einem Superkleber zugepickt worden.* (OÖN 6. 3. 03). ↑PICKEN

**zu̲reden:** ***jmdm. zureden wie einem kranken Ross** ↑Ross

**Zu̲reicher Zu̲reicherin,** der bzw. die (veraltet): Hilfsarbeiter/-in: *Als Turnusarzt ist man im Operationssaal allerdings nicht viel mehr als ein Zureicher.* (ST 14. 11. 13)

**zurụ̈cklegen:** bedeutet österr. neben den anderen Bedeutungen auch: **1.** (ein Amt, eine Funktion) niederlegen: *Mit ihrer Bestellung in den Vorstand wird Silvia Angelo ihr Aufsichtsratsmandat in der ÖBB-Infrastruktur AG zurücklegen.* (PR 29. 11. 16). **2.** auf etwas verzichten: *einen Pass, die Staatsbürgerschaft zurücklegen; im Sommer musste ein Wolfurter Anwalt seine Berufsbefugnis zurücklegen.* (ST 9. 9. 07); *G. selbst will sich ... aber nicht darauf festlegen, dass er das Mandat zurücklegt.* (ST 3. 6. 02). **3.** (eine Anzeige) niederschlagen, nicht weiter verfolgen: *Bei der im Jahr 2000 eingeführten Diversion ... kann der Staatsanwalt bei leichten Taten die Strafverfolgung zurücklegen, wenn der Täter sich Auflagen ... unterwirft.* (SN 15. 6. 07)

**zurụ̈ckschieben:** zurückfahren, rückwärtsfahren: *Eine Pistenraupe übersah im Zurückschieben den Skifahrer und überfuhr ihn.* (PR 30. 3. 07)

**zurụ̈ckstellen:** **1.** Ausgeborgtes wieder zurückgeben, -legen, -senden, -bringen: *Die Leihnehmer waren eingerückt, ohne die Bücher zurückzustellen oder hatten diese gleich ins Feld mitgenommen.* (Augustin 16. 4. 14). **2.** restituieren: *Von insgesamt 52.403 Einzelobjekten (Bücher, Fotos, Negative, Autografen, Handschriften, Karten und Musikalien) konnte die ÖNB bereits 31.807 zurückstellen.* (ST 28. 3. 06)

**zusạmmen-:** in der Ugs. sehr häufige, in der Standardsprache teils nicht als korrekt geltende Vorsilbe bei Verben, wobei nicht die Grundbedeutung von *zusammen,* ›gemeinsam‹, vorliegt ◆ **zusammenessen** (ugs.): aufessen: *Dass die Portionen dabei zu groß geraten, mag allerdings bei denen zu Bauchweh führen, die nicht wissen, dass man nicht immer alles zusammenessen muss.* (OÖN 20. 7. 00); **zusammenfahren** (ugs.): überfahren: *»Man wird manchmal fast zusammengefahren, wenn man in der Mittagspause zur Bäckerei geht.«* (OÖN 22. 4. 11), vgl. niederfahren; **zusammenfallen** (ugs.): hinfallen: *Der ausgewachsene Feldhase sprang auf die Frau los und biss Adele in die Wade: »Vor lauter Angst bin ich zusammengefallen.«* (KR 17. 4. 07); **zusammenführen** (ugs.): ↑zusammenfahren, ↑führen; **zusammenhauen** (ugs.): zerbrechen (in D nur ›mit Gewalt, im Rausch usw. zertrümmern‹, z. B. die Möbel zusammenhauen): *Du kannst jetzt schon den Gleichenbaum anbringen ... und anschließend das Glas beim Wirt* *zusammenhauen.* (NÖN 7. 12. 16); **zusammenhelfen** (auch südd.): einander helfen: *Es ist schön zu sehen, dass alle zusammenhelfen, wenn Hilfe benötigt wird.* (KZ 31. 10. 14); **zusammenkehren** (ugs.): durch Kehren, Fegen säubern (südd. in der Bedeutung ›auf einen Haufen kehren‹ üblich): *»Zuletzt konnte er nur mehr die Scherben zusammenkehren, die im Kastanien-Stadion weit verstreut wurden.«* (BVZ 13. 11. 14); *Der neue Konzernchef ... soll den Scherbenhaufen, den ihm sein geschasster Vorgänger ... hinterließ, zusammenkehren und die Leuchtkraft wiederherstellen.* (PR 29. 6. 18); **zusammenklauben** (ugs., auch südd.): (Früchte, Holz usw.) einsammeln, ↑aufklauben: *Das Obst wird mühsam zusammengeklaubt, bevor es zu jährlich 9.000 Litern Most, 4.000 Litern Saft sowie zu Schnaps, Likör und Marmelade verarbeitet wird.* (OÖN 6. 3. 17); ↑klauben; **zusammenkommen** (ugs.): fertig werden, zu Rande kommen: *Natürlich kommen Tage, an denen du aufgeben willst, du fast nicht mehr zusammenkommst und nicht weißt, wie du das alles in den Kopf bekommen sollst.* (OÖN 10. 12. 03); **zusammenpappen** sw. V. / ist: zusammenkleben, haften: *Ihre Blüten sind weich, pappen bei Regen zusammen und beginnen dann zu faulen oder müssen mühsam abgezupft werden.* (SN 26. 4. 02). ↑aufpappen; **zusammenputzen** (ugs.): (Boden, Straße u. Ä.) reinigen: *Zusammenputzen durfte allerdings jemand anderer.* (OÖN 7. 5. 04); ↑putzen; **zusạmmenpicken** (ugs., auch bayr.): a) zusammenkleben: *Die meisten als Modelle hinter Plexiglas, das mit bewundernswerter Unbekümmertheit zusammengepickt wurde.* (OÖN 19. 10. 04). b) auf engem Raum beieinander leben: *Lagerkoller: Für die Vielfahrer ist das Zusammenpicken oft zu viel.* (OÖN 11. 2. 09). ↑picken; **zusammenräumen** (ugs., auch südd., schweiz.): aufräumen: *Wenn die beiden zehnmal ihre Kameras auspacken und aufstellen, müssen sie achtmal unverrichteter Dinge wieder zusammenräumen, weil irgendetwas die Aufnahme verhindert hat.* (OÖN 17. 12. 16); **zusammenrechen:** durch Rechen säubern: den Hof zusammenrechen; (auch südd., schweiz.) mit einem ↑Rechen auf einen Haufen oder in Zeilen rechen, harken: *Die freiwillige Helferin Judith beim Zusammenrechen nach den Lawinenschäden.* (OÖN 30. 8. 05), ↑rechen; **zusammenrichten** (ugs.): 1. herrichten, zurechtlegen: *die Schulsachen für den nächsten Tag zusammenrichten.* 2. fertig machen, aufputzen: *die Kinder für die Feier zusammenrichten;* ↑richten; **zusammenscheiben** (ugs.): überfahren: *pass auf, dass dich kein Auto zusammenscheibt;* **zusammenschimpfen** (ugs.): schimpfen, schelten, maßregeln: *Ich habe den Kulturservice-Chef ... dafür furchtbar zusammengeschimpft.* (PR 31. 12. 05); **zusammenschneiden** (ugs.): mit einer Säge zerkleinern: *Das Hochwasser im Doblbach unterspülte gestern drei Bäume ... Die Feuerwehr konnte sie von der Drehleiter aus von oben her zusammenschneiden.* (OÖN 28. 3. 06); **zusammensteigen** (ugs.): niedertreten; **zusammentelefonieren** sich (ugs.): telefonisch etwas vereinbaren: *Nach einer Feier heute Abend werde man sich morgen ausgeruht zusammentelefonieren und Termine ausmachen.* (ST 24. 11. 02)

**zu̲schauen** (auch südd., schweiz.): zusehen: *Wer weder läuft noch zuschaut, sondern etwa Auto fährt, muss sich auf etliche Sperren gefasst machen.* (PR 21. 4. 17). ↑SCHAUEN

**Zu̲seher Zu̲seherin,** der bzw. die: Zuschauer: *Im Semper Depot erwartet den Zuseher ein ungewöhnliches Bild.* (FU 19. 4. 07)

**Zu̲speise,** die (veraltet auch in D): Beilage zu Speisen, bes. Gemüse: *Auf schwere Zuspeisen wird konsequent verzichtet.* (PR 18. 8. 06)

**zu̲sperren** (auch bayr.): 1. abschließen, verschließen: *Als er* (das Lokal) *verließ und die Tür zusperren wollte, wurde er überrumpelt.* (OÖN 19. 2. 09). 2. (vorübergehend) geschlossen halten: *Der Arzt sperrt die Ordination heute früher zu; In der Zwischensaison sperren viele Hotels zu und schicken ihre Mitarbeiter stempeln.* (PR 25. 9. 07). 3. geschlossen sein: *Das Museum sperrt über Mittag zu; Bereits vor einem Jahr gab es Gerüchte, dass das Racino bald zusperren müsse.* (PR 10. 8. 07). 4. den Betrieb aufgeben, stilllegen: *Im Gegenzug müssen aber 15 unabhängige Händler, die keiner Filialorganisation angehören, für immer zusperren.* (PR 29. 6. 07). ↑SPERREN

**zustạnde:** ***zustande bringen, zu Stande bringen** (Behördenspr. veraltet): beibringen, zurückbringen, herbeischaffen: *Durch geschickte Befragung wurde dem Mann ein Geständnis entlockt und die Tasche zur Gänze zustande gebracht.* (Polizei aktuell, Sept 2007, Int); *die gestohlenen Bilder zustande bringen*
◆ **Zustandebringung**

**zu̲ständig:** ***zuständig nach** (Behördenspr.): heimatberechtigt in: *er ist nach Innsbruck zuständig*

**zustellen:** zum Kochen auf die Herdplatte stellen: *Reis mit Wasser zustellen, aufkochen und zugedeckt auf kleiner Flamme köcheln lassen.* (OÖN 27. 5. 13)

**Zustelldienst,** der: Unternehmen, das Waren, Zeitungen usw. zustellt: *US-Shoppingriesen wie Wal-Mart und Target zittern, auch Zustelldienste wie UPS und FedEx müssen bangen.* (PR 3. 2. 17)

**Zustellnachweis,** der (Behördenspr.): Nachweis der Zustellung eines gerichtlichen oder verwaltungsbehördlichen Schriftstücks: *Auch bei einem RSa-Brief warte man im Rathaus vergeblich auf den Zustellnachweis.* (OÖN 20. 5. 14)

**zustoppeln** (auch bayr.): mit einem Korken, Pfropfen o. Ä. verschließen: *Dabei wird das Herzohr ... mit einem kleinen Implantat einfach zugestoppelt* (KZ 23. 4. 12)

**zustreifen** (veraltet): zustellen, zubringen, hinschaffen: *Waren, Obst* (zum Markt) *zustreifen* ◆ **Zustreifer/-in; Zustreifung**

**Zutz, Zutzel** ↑Zuz, Zuzel

**zutzeln** ↑zuzeln

**Zuverdienstgrenze,** die: Limit, bis zu dem man für die Berechtigung zu einer Sozialleistung verdienen kann: *Alleinerzieherinnen werde mit der Anhebung der Zuverdienstgrenze geholfen.* (KU 15. 6. 16)

**Zuwaage,** die (auch bayr.): 1. (veraltet) Knochen als (dazugewogene) Zugabe zum Fleisch. 2. etwas Zusätzliches; (angenehmer oder unangenehmer) Nebeneffekt, Begleiterscheinung; Draufgabe: *Der Lohn dafür ist eine fette Zuwaage um die Leibesmitte* (ST 27. 11. 16); *Als Zuwaag' gibt es – im Adagio nicht minder feierlich – Bruckners Siebente in einer klangschönen, leuchtenden, ruhevoll strömenden Wiedergabe.* (PR 20. 7. 16)

**zuwider:** kann österr. ugs. (in D regional) auch attributiv verwendet werden, meist in der Form ↑**zwider**

**Zuz,** der; -es, -en (mundartnah): Sauger, Schnuller: *Im Herbst zerbiss »Moritz« seinen Fopper. »Ich hab' ihm einen Neuen gekauft.« Doch den »Gummi-Zuz« lehnte er ab.* (OÖN 15. 12. 00). Vgl. Fopper

**Zuzel,** der; -s, -n (mundartnah): ↑Zuz

**zuzeln,** sw. V. / hat (ugs.): 1. (auch bayr.) saugen, lutschen: *Herumliegen, schlafen, zuzeln an Mamas Zitzen – junge Robben bersten nicht gerade vor Aktivität.* (PR 19. 12. 09); ***sich etwas aus den Fingern zuzeln** ↑Finger. 2. lispeln: *Wie ... er das »S« mit zugestoppeltem Mund zuzelt und die Unterlippe gequält erzittern lässt – das sollte jeder Schauspielklasse vorgeführt werden.* (PR 3. 1. 03). ↑**abzuzeln, auszuzeln**

**Zwangsausgleich,** der: Vertrag zwischen Schuldnern und Gläubigern bei einem Konkurs, (in D) Zwangsvergleich: *Dem Land steht auch die Möglichkeit eines Zwangsausgleichs offen.* (PR 6. 2. 16)

**zwangsbeglücken** /nur im Inf. und Part./ (selten auch in D): jmdm. etwas von fragwürdigem Wert zuteil werden lassen und ihm keine Möglichkeit lassen, sich dem zu entziehen: *Der heimische Mobilfunker T-Mobile muss eine Strafe von 5000 Euro zahlen, weil er Kunden via SMS mit kostenpflichtigen Zusatzdiensten zwangsbeglückt hat.* (PR 12. 6. 14); *Eltern, Lehrer und Kinder werden nicht nach ihren wahren Bedürfnissen befragt, sondern zwangsbeglückt.* (PR 14. 11. 16)

**Zwanziger,** der: 1. Geldschein oder Münze im Wert von 20, z. B. 20-Euro-Schein. 2. der 20. Geburtstag, ein zwanzigjähriges Jubiläum: *sie feiert den Zwanziger.* 3. /eine Ansage im Kartenspiel ↑Schnapsen/. Vgl. Vierziger

**zweckwidmen:** (Gelder oder Grundstücke) an eine bestimmte Verwendung binden: *Wohnbaumittel sollten dringend wieder zweckgewidmet werden.* (SN 27. 8. 14) ◆ **Zweckwidmung:** *Denn im bereits verhandelten Finanzausgleich ist Zweckwidmung der Wohnbauförderung wieder nicht verankert worden.* (SN 23. 10. 07)

**Zweier,** der (auch südd., schweiz.): Ziffer, Note, Linie Zwei, (in D) die Zwei: *»Ein 2er vor dem Komma ist eigentlich nicht diskutabel.«* (PR 3. 11. 11); *Die Linien werden demnächst umgetauft: in 1er, 2er, 3er, 4er.* (PR 7. 7. 08). ↑Achter

**zweifärbig** ↑färbig

**Zweigelt,** der; -s ⟨nach dem Züchter Fritz Zweigelt in Klosterneuburg⟩: 1. /eine Rebsorte/: *An zweiter Stelle lag die Rotweinsorte Zweigelt.* (PR 18. 6. 16). 2. Wein dieser Sorte: *Beim Kochen trinken wir Bier, beim Essen Zweigelt.* (ST 8. 3. 13)

**Zweitere,** der: selten auch für ›Letztere‹ (als Verweis auf eine zurückliegende Nennung): *Zweiterer legte die Latte hoch.* (FU 12. 4. 07)

**zweitgereiht** ↑-gereiht

**Zwergerlrennen,** das (ugs.): Kinderskirennen: *Mit jedem Tag auf Skiern aber wuchs die Freude am Tun, »irgendwann habe ich also begonnen, Zwergerlrennen zu fahren, später auch Vereinsmeisterschaften.«* (PR 9. 2. 17)

**Zwẹtschke,** die; -, -n: (in D) Zwetsche, (südd., schweiz., fachspr.) Zwetschge, (südwestd., westmitteld.) Quetsche: *Besonders das Steinobst wie Kirschen, Pfirsiche und Zwetschken sollte damit vor den Minusgraden geschützt werden.* (KZ 21. 4. 17); ***seine sieben Zwetschken [ein-, zusammen]packen** (ugs., scherzhaft): seine Habe zusammenpacken und sich entfernen: *Am Wochenende packen wir unsere sieben Zwetschken ein.* (PR 29. 4. 05); ***die sieben Zwetschken beisammen haben/zusammenhalten:** seine Sachen in Ordnung haben: *Wenn man seine sieben Zwetschken zusammen hat, ist auch mit wenig Mitteln viel zu erreichen.* (OÖN 27. 2. 06); – Die Verben können variieren: *Eilig und nervös ging ich daran, meine sieben Zwetschken zusammenzusuchen.* (WZ 23. 3. 04); *Das sei ein Nachteil für Frauen, weil sie nicht, wie Männer, mal eben ihre sieben Zwetschken in die Hosentasche stecken können.* (WZ 3. 10. 14). ↑**Dörrzwetschke** ◆ **Zwetschkenbaum; Zwetschkenkern; Zwetschkenholz; Zwetschkenkuchen; Zwetschkenkompott; Zwetschkenmarmelade:** *Zur Nachspeise gibt's beim Rathwieser unter anderem Apfeltascherl und gebackene Mäuse mit Zwetschkenmarmelade.* (OÖN 27. 4. 07); **Zwetschkenmus:** *Roterübenrot findet man noch und ein Dunkelpurpur vom Zwetschkenmus – das übrige Menü ist samt und sonders in Wüstenfarben gehalten.* (ST 8. 12. 11); **Zwetschkenschnaps:** *Sepp Leitner erhielt für ein weiteres Vogelbeer-Produkt und für einen Zwetschkenschnaps jeweils das Prädikat »ausgezeichnet«.* (SN 4. 7. 02)

**Zwẹtschkenfleck,** der: mit ↑Zwetschken belegter Kuchen, Fleck: *Und aus ihr, wie auch aus allen anderen Prunusfrüchten, lassen sich nicht nur saftige und wunderbare Zwetschkenfleck und herrlicher Powidl, sondern auch ungemein schöne und geschmacklich hervorragende Brände machen.* (ST 5. 8. 07). ↑FLECK

**Zwẹtschkenknödel,** der: Knödel aus Kartoffelteig mit einer ↑Zwetschke in der Mitte: *Einmal habe ich für uns alle Zwetschkenknödel gemacht, mehrere hundert!* (WZ 10. 9. 14). ↑KNÖDEL

**Zwẹtschkenkrampus,** der; -/-ses, -se: [Krampus]figur aus gedörrten ↑Zwetschken: *Christoph Franken ist keiner von den Zwetschkenkrampussen, die es schon in manchen »Jedermann«-Inszenierungen gab, sondern ein etwas korpulenterer Teufel.* (WZ 20. 7. 15). ↑**Krampus**

**Zwẹtschkenpfeffer,** der; -s: Mus aus gedörrten ↑Zwetschken: *Dieser Zwetschkenpfeffer wird zu Semmelknödeln oder Grießsemmelknödeln gereicht.* (NÖN 18. 11. 08). ↑**Pfeffer, Kletzenpfeffer**

**Zwẹtschkenpofese, Zwẹtschkenpafese,** die (auch bayr.): mit ↑Zwetschkenmarmelade gefüllte Pofese: *Vom Schnitzel bis zur Zwetschkenpofese gibt es alles, was die Leute mögen.* (OÖN 20. 8. 09). ↑POFESE

**Zwẹtschkenröster,** der: Kompott, Mus aus gedörrten ↑Zwetschken: *Dazu* (zum Kaiserschmarren) *schmeckt auch Zwetschkenröster und/oder Apfelmus.* (ST 5. 4. 16). ↑RÖSTER

**Zwẹtschkenstrudel,** der: Strudel mit ↑Zwetschken belegt: *Den Apfel- und Zwetschkenstrudel, die Schoko-Nougatknödel und die flambierten Pfeffersteaks ... beeindruckten die international besetzte Jury.* (OÖN 28. 10. 03). ↑STRUDEL

**Zwẹtschkerne,** der; -n, -n: Schnaps aus ↑Zwetschken: *Jahrhundertmost und Top-Zwetschkerner.* (OÖN 18. 10. 03)

**Zwịckeltag,** der: Tag zwischen einem Feiertag und einem Wochenende, der häufig als Urlaubstag oder schulfreier Tag verwendet wird; ↑Fenstertag, (in D) Brückentag: *Diskutiert wird über schulautonome Tage regelmäßig im Herbst um den Nationalfeiertag bzw. Allerheiligen sowie anlässlich der Zwickeltage um Christi Himmelfahrt und Fronleichnam.* (PR 25. 10. 16)

**Zwịcken,** das; -s, (auch bayr., schweiz.): /ein Kartenspiel/: *Das »Zwicken« war eines der verbotenen Hasardspiele.* (VN 15. 4. 00)

**zwịcken,** sw. V. / hat: **1.** (auch südd., schweiz.): [leicht] kneifen: *Dann ... erinnern sie sich hoffentlich daran, dass Hannah neulich zur Marlene gesagt hat, sie sei zu blöd für Mathe, woraufhin Marlene Hannah in den Unterarm gezwickt hat, woraufhin Hannah sie geschubst hat.* (PR 29. 4. 12). **2.** (auch südd.) **a)** wegen der Enge unangenehm in die Haut eindrücken: *»Der Bauch stört mich motorisch, die Hosen zwicken.«* (News 18. 3. 04); *»Aber ich mag es nicht, wenn etwas beißt, kratzt und zwickt.«* (PR 17. 9. 07). **b)** kleinere gesundheitliche Beschwerden verursachen: *Ein leichtes Zwicken in der Wade, und man befürchtet eine Thrombose.* (PR 12. 7. 07). **3.** (ugs., veraltet) (Fahrschein, Eintrittskarte) lochen, entwerten: *Für die Altstadtgarage muss man die Tickets zwicken lassen.* (SN 17. 7. 00). **4.** (ugs., salopp, bes. Wien) konsumieren: *ein Hendl,* *eine Flasche Wein zwicken.* ↑**einzwicken, Zwickzange**

**Zwicker,** der (auch südd., schweiz.): Brille ohne Bügel, die auf die Nase geklemmt wird, (in D) Kneifer: *... den aus gutbürgerlichen Verhältnissen stammenden Hoffmann, mit strengem Zwicker auf der Nase und in einen Dreiteiler aus feinem Tuch.* (ST 24. 10. 01)

**Zwickerbussi,** das; -s, - (ugs., fam., auch bayr.): Küsschen, wobei man leicht in die Backen kneift: *Sie streichen ihnen morgens über das Köpfchen, ein Zwickerbussi auf die pralle Babybacke – und dann raus und weg.* (PR 7. 6. 03). ↑**Bussi**

**Zwickzange,** die (veraltend): Lochzange des Schaffners. ↑**zwicken**

**zwider:** (urspr. dialektale Form von) ↑zuwider: *Er kriecht in der Dämmerung aus den Löchern, ist zwider und hat einen schlechten Geschmack im Mund.* (ST 17. 5. 16); *Gelungen ist ihr ein kluges Großstadtdrama mit pointierten Dialogen um einen zwideren Schnösel.* (SN 24. 5. 14); ***alle Menschen san mir zwider** (an »Alle Menschen werden Brüder« angelehnte Redensart, mit der ein grantiger Mensch charakterisiert wird): *... bis zu Kurt Sowinetz's Schillerverhunzung »Alle Menschen san ma zwider« ist für Käuze, Misanthropen, Weltverächter alles dabei.* (PR 18. 1. 05); *»Olle Menschn samma zwider, i mecht s' in die Goschn haun.«* (ST 22. 5. 15) ↑**anzwidern**

**Zwiderwurzen,** die; -, - (ugs., abwertend, auch bayr.): mürrischer Mensch: *»Da darf ich dann eine richtige Zwiderwurzn sein«, sagt sie und setzt ein Lächeln auf, an dessen Rändern mädchenhafter Schalk hervorblitzt.* (ST 31. 10. 12) ◆ **Zwiderwurzigkeit**

**Zwieback,** der: der Plural lautet österr. Zwiebacke, in D auch Zwiebäcke

**Zwiebel,** der; -s, -: ist österr. ugs. (unter dem Einfluss von dialektalem *der Zwiefel*) auch Maskulinum, standardsprachlich wie gemeind. die; -, -n: *Etwas Butter in einem Topf schmelzen lassen und die Schalotten oder den Zwiebel darin gut anschwitzen.* (News 11. 5. 06)

**Zwiebelhäuptel,** das (bes. ostösterr.): Zwiebelknolle: *Ich hab diesen Silvesterbrauch ausprobiert. Er funktioniert so, dass man ein Zwiebelhäuptl auseinanderschneidet und schaut, wie dick die einzelnen Ringe sind.* (OÖN 7. 1. 05). ↑HÄUPTEL

**Zwiebelrostbraten,** der: ↑Rostbraten mit angerösteten Zwiebelringen: *Das merkt man auch an der Karte, auf der Klassiker wie Wiener Schnitzel, Zwiebelrostbraten oder Kalbsbeuscherl zu finden sind.* (PR 10. 11. 12). ↑**Rostbraten, Vanillerostbraten**

**Zwiefache,** der; -n, -n (auch bayr.): Volkstanz mit häufigem Wechsel von geradem und ungeradem Takt: *Walzer, Polkas, Zwiefache, Wienerisches und Gustostückerl aus Ungarn und anderen Ländern – die Besucher erwartet ein Querschnitt aus dem Repertoire der temperamentvollen Geigerinnen und ihrem Bassisten.* (OÖN 29. 1. 04)

**Zwiemandl,** das; -s, -n: **1.** (mundartnah, ostösterr.) Doppelliterflasche: *So lange es bei einem Bierchen oder einem Schnapserl bleibt, ist es auch nicht weiter problematisch. Schlimm ist es, wenn einer allein einen Zwiemandl trinkt.* (KU 27. 7. 05). **2.** (fachspr.) Hobel, der von zwei Personen bedient wird: *Bei den Hobeln ist das Zwiemandl mit den vier Griffen besonders bemerkenswert.* (Wien konkret/Wirtschaft, 2007, Int). ↑MANDL

**Zwischenrang,** der (auch schweiz.): vorläufiger Rang während des noch laufenden Wettkampfes: *Der Oberösterreicher segelte nach dem vierten Zwischenrang mit einem 129-m-Sprung noch zu seinem zweiten Weltcup-Sieg.* (WZ 19. 2. 16)

**Zwölfer,** der; -s, - **1.** (auch südd., schweiz.) Ziffer, Linie Zwölf, (in D) die Zwölf: *er ist mit dem Zwölfer gefahren.* **2.** höchster Gewinn im Toto: *Mit dem System 823 knackte er nicht nur den Vierfachjackpot ..., sondern erzielte noch zusätzliche Zwölfer, Elfer und Zehner im Ausmaß von rund 6.000 Euro.* (WZ 16. 9. 15). ↑ACHTER

**Zwutschkerl,** das; -s, -n (ugs.): kleines Kind; Zwerg: *was Schneewittchen von der bösen Stiefmutter trennt, sind sieben Zwerge. Äh, zählen die Zwutschkerln überhaupt voll?* (WZ 5. 8. 10); *Kommt ein Vater mit zwei Töchtern herein, die eine noch ein Butzi im Kinderwagen, die zweite ein Zwutschkerl, das sich mehr ziehen lässt, als dass es geht.* (PR 20. 5. 12)

**Zyklame,** die; -, -n ⟨griech.⟩: österr. (und bayr., schweiz.) Form, (in D) das Zyklamen: *Cyclamen purpurescens, die in freier Natur selten vorkommende Art der bekannten Zimmerpflanze Zyklame.* (SN 10. 8. 08)

**Zyklus,** der: wird österr. mit kurzem *y* ausgesprochen, in D mit langem